Walter Jaeschke

Hegel-Handbuch

Leben – Werk – Schule

3. Auflage

J. B. Metzler Verlag

Der Autor
Walter Jaeschke war Professor für Philosophie an der Ruhr-Universität Bochum
und ist Direktor des dortigen Hegel-Archivs.

Gedruckt auf chlorfrei gebleichtem, säurefreiem und alterungsbeständigem Papier

Bibliografische Information der Deutschen Nationalbibliothek
Die Deutsche Nationalbibliothek verzeichnet diese Publikation in der
Deutschen Nationalbibliografie; detaillierte bibliografische Daten
sind im Internet über http://dnb.d-nb.de abrufbar.

ISBN 978-3-476-02610-1

© 2016 J. B. Metzler Verlag GmbH
www.metzlerverlag.de
info@metzlerverlag.de

Einbandgestaltung: Finken & Bumiller, Stuttgart
Satz: Claudia Wild, Konstanz, in Kooperation mit primustype Hurler GmbH
Druck und Bindung: Kösel, Krugzell

Printed in Germany

Inhaltsübersicht

Inhaltsverzeichnis

Vorwort

Hegel: Für den jungen Karl Marx repräsentiert er die »Weltphilosophie unserer Zeit«, und noch gegen Ende des 19. Jahrhunderts ist er für Carl Ludwig Michelet, den letzten seiner Getreuen, der »unwiderlegte Weltphilosoph«. Schon seine Zeitgenossen nennen ihn den »deutschen Aristoteles« oder den »deutschen Proklos«, und im 20. Jahrhundert stellt Karl Barth die – wenn auch rhetorische – Frage, warum er für den Protestantismus nicht dasselbe geworden sei wie Thomas von Aquin für die römische Kirche. Doch andererseits: Für Schopenhauer ist er ein bloßer »Scharlatan« – und vieles andere und Schlimme mehr; Friedrich Schlegel bescheinigt ihm, als einem kastrierten und nachgeäfften Fichte, »absoluten Stumpfsinn für alles Göttliche«. Aufs Tierreich greift auch Schelling zurück: Hegel sei ein »ins Affenartige« geratener, durch und durch prosaischer und »verneinender Geist«, der jedoch »belustigend wird, sobald er sich übers Negieren versteigt«. Ein Vierteljahrhundert nach Hegels Tod entwirft Rudolf Haym das Phantasiebild des Berliner Hegel als eines satten und selbstzufriedenen Übermächtigen und Übermütigen: »Getragen von der Gunst der Mächtigen, schwelgend in den Erfolgen und in dem Ruhm seines Werkes, sah er sich, ein philosophischer Dictator über Deutschland, am Ziel seines Strebens.« Und nachdem Hegel zuvor die Unvereinbarkeit seiner philosophischen Prinzipien mit dem preußischen Staate bescheinigt worden ist, erhält er nun, rückwirkend, seine Ernennungsurkunde zum »preußischen Staatsphilosophen« ausgestellt. Im 20. Jahrhundert wird er gar zu dem mittleren Pfeiler stilisiert, der das Verhängnis der deutschen Geistesgeschichte trägt: von Luther über Hegel zu Hitler.

Diese Blütenlese ist kurz – allzu kurz, gemessen an der Zahl der in zwei Jahrhunderten gewachsenen Blüten, zumal der übelriechenden. Dennoch vermittelt schon sie einen Eindruck von den Kämpfen, die um Hegels Werk geführt worden sind und geführt werden. Auch heute sind die religiösen und politischen Motive der Auseinandersetzung um ihn noch lebendig. Freilich stehen sie nicht mehr im Vordergrund, zumindest nicht der akademischen Diskussionen: Diese werden nicht mehr um seine Person, sondern um seine Philosophie geführt. Aber auch sie gleiten häufig zurück – von der Orientierung an der »Sache«, nämlich am »Begriff«, in die alten ideenpolitischen Gegensätze und Grabenkämpfe um seine politischen und religiösen Optionen, die sich, so scheint es, nicht ignorieren lassen, zumindest noch nicht. Dies allerdings verschafft der Auseinandersetzung um Hegel eine Lebendigkeit und eine Gegenwart, die für andere, uns zeitlich näherstehende Denker nicht in gleicher Weise zu verzeichnen ist. Wie alle »klassischen« Werke der Philosophie widersetzt sich auch Hegels Werk der vollständigen Historisierung, der Versenkung in die Philosophiegeschichte – aber darüber hinaus ist es gegenwärtig als ein Werk, das trotz der historischen Distanz von zwei Jahrhunderten in vielem noch in den zeitgenössischen Streit hineinreicht. Es ist präsent in den gegenwärtigen Debatten um Politik und Geschichte, um Kunst und Religion, um Philosophie der Natur und Philosophie des Geistes – und nicht zuletzt um die Metaphysik. Denn deren Geister lassen sich auch durch die Proklamation des »Endes der Metaphysik« und eines »nachmetaphysischen Zeitalters« nicht schlechthin bannen – zumal sie sich nicht dort aufhalten, wo sie vermutet werden.

Und so oft Hegels Denken heute »Eurozentrismus« vorgeworfen wird – ein anachronistischer Vorwurf für einen Denker des frühen 19. Jahrhunderts, der zudem nicht einmal zutrifft! –: Die Wirkung seines Denkens beschränkt sich seit langem nicht auf Europa. Sie unterliegt Konjunkturen, aber sie ist nicht allein in Europa, sondern ebenso in Asien zu greifen wie auch in Nord- und in Südamerika. Sie ist weder an Regionen noch an Religionen gebunden, und auch nicht an Voraussetzungen wie die Herrschaft spezifischer gesellschaftlicher Systeme.

In dieser weltweiten Anknüpfung – und Abstoßung – stehen nicht immer dieselben Themen im Vordergrund. Im Wechsel der Zeiten und Orte und der bewußtseinsgeschichtlichen Konstellationen richtet sich das Interesse auf jeweils wechselnde Partien seines Werkes. Es antwortet auf Hegels umfassenden Erkenntnisanspruch: zu erkennen, »was die Welt im Innersten zusammenhält« – aber freilich nicht, wie für Faust, in Form der Magie, sondern des begreifenden Denkens, des »Begriffs«, wie Hegel kurz und kryptisch sagt. Und er beläßt es ja nicht beim bloßen Anspruch auf Erkenntnis, sondern er bietet eine Fülle von Erkenntnis und von Wegen zur Erkenntnis, die sich auch dort noch produktiv erweist, wo wir sie nicht einfach übernehmen können – und wo wäre dies schon der Fall.

Es ist aber gerade diese Breite seines Werkes, die Vielzahl seiner Aspekte, verbunden mit dem allseits

bekannten hohen Schwierigkeitsgrad seines Verständnisses, die es heute nicht allein dem Philosophen von Profession, sondern selbst dem »Hegel-
Forscher« erschwert, dieses Werk als ein Ganzes zu
überschauen – und zudem sowohl in seiner entwicklungsgeschichtlichen Differenziertheit wie in
seiner systematischen Grundlegung und Ausfal-
tung. Dieser Schwierigkeit soll das vorliegende
Handbuch abhelfen. Es beginnt mit einer knappen
Darstellung von Hegels Leben (Teil I). Der dem
»Werk« gewidmete Hauptteil ist in sich nochmals
zweigeteilt: in eine entwicklungsgeschichtlich angelegte Darstellung von Hegels Manuskripten und
veröffentlichten Werken, von seinen ersten Aufzeichnungen bis zu seinen letzten Publikationen
(Teil II, Kapitel 1–8), und in eine Darstellung des
späten »Systems«, das Hegel freilich nie ausgeführt,
sondern abgesehen vom ersten Teil, der *Wissenschaft der Logik,* nur in Vorlesungen skizziert und
antizipiert hat (Teil II, Kapitel 9). Den Abschluß bildet ein Blick auf die Wirkungsgeschichte seiner
Philosophie (Teil III). Die Breite und die Kontinuität dieser Wirkung erzwingen jedoch eine Beschränkung auf die erste, entscheidende Phase dieser Wirkung, die zugleich noch erheblichen Einfluß
auf die Überlieferungsgestalt dieser Philosophie genommen hat – auf die Auseinandersetzungen in
Hegels letzten Lebensjahren und vor allem innerhalb der »Schule«. Sie lassen sich jedoch nicht rein
schul-immanent verstehen, sondern nur als Folge
der Streitigkeiten der »Schule« mit ihrer geistigen
Umwelt in der repressiven Atmosphäre des »Vormärz«. In diesem Kontext gewinnt Hegels Werk erst
diejenige Gestalt, die seiner weiteren Wirkungsgeschichte zu Grunde liegt. Und zugleich werden
damals die Grundlinien des Verständnisses seines
Werks gezogen, die dessen Rezeption bis in die Gegenwart leiten.

***

Diese einleitenden Bemerkungen zur immer noch
kontroversen Einschätzung der Philosophie Hegels
sind erstmals im Frühjahr 2003 niedergeschrieben
worden; sie gelten unverändert. Unverändert ist aber
auch das überaus große Interesse an der Klassischen
Deutschen Philosophie und insbesondere an der
Philosophie Hegels – auch wenn diesem Interesse
zur Zeit nicht mehr, wie früher, die Breite des akademischen Lehrangebots korrespondiert. Die Lebendigkeit der Forschung ist von dieser Verengung
der Lehre jedoch nicht tangiert worden, wie sich an
den vielen seit der ersten Aktualisierung des Hegel-
Handbuchs erschienenen Buch- und Aufsatztiteln
ablesen läßt, die nun neu aufzunehmen waren. Doch
konnte ein sehr erfreulicher Aspekt dieser reichen
Produktion leider nicht gebührend berücksichtigt
werden: Die bestehenden Sprachgrenzen erlauben es
nicht, die sehr erfreuliche zunehmende ›Internatio-
nalisierung‹ der Hegelforschung in diesem Handbuch angemessen abzubilden.

Ein weiterer Aspekt der gegenwärtigen Forschung
sei hier noch eigens angesprochen: die Verbreiterung
des Corpus Hegelianum durch die rasch fortschreitende Edition des Hegelschen Werks. Die überlieferten Werke und Manuskripte Hegels liegen nun sämtlich in historisch-kritischen Ausgaben vor (GW
1–22), und auch die Edition seiner Vorlesungen ist für
einige Disziplinen wie die Wissenschaft der Logik, die
Naturphilosophie, die Philosophie des (subjektiven)
Geistes und die Rechtsphilosophie bereits abgeschlossen (GW 23–26); für die anderen schreitet sie rasch
voran, wovon bereits die ersten Teilbände Zeugnis ablegen (GW 27–30). Hierdurch wird die Auseinandersetzung mit Hegels Werk auf eine neue, verbindliche
Grundlage gestellt – und aus den neuen Texten erwächst eine Fülle von neuen Fragen und Antworten,
von Ergänzungen und Korrekturen unseres bisherigen Wissens von der Philosophie Hegels.

Berlin, im Herbst 2015

Hinweise zur Lektüre, Siglen

Ein Hegel-Handbuch kann sich nicht auf die Darstellung der vergleichsweise wenigen zentralen Werke beschränken, die Hegel selber veröffentlicht hat. Es muß die gesamte Breite seines Werks einbeziehen – ja sogar »kleineren Texten«, wenn sie nicht im Ganzen verschwinden sollen, eine überproportionale Aufmerksamkeit widmen. Und es muß auch diejenigen Partien umfassend berücksichtigen, in denen Hegel seine Philosophie jenseits der systematischen Hauptwerke im akademischen Vortrag entfaltet hat, zumal sie die Wirkung seiner Philosophie entscheidend geprägt haben: die Vorlesungen.

Für alle Teile seines Werks, insbesondere aber für diejenigen, die erst spätere Editoren veröffentlicht haben, ist die Qualität der Edition von entscheidender Bedeutung. Soweit es der gegenwärtige Bearbeitungsstand erlaubt, werden Hegels Schriften nach der historisch-kritischen Ausgabe zitiert: Hegel: *Gesammelte Werke*. Hamburg 1968 ff. (»GW«). Hegels Vorlesungen werden nach Möglichkeit zitiert nach der Reihe Hegel: *Vorlesungen. Ausgewählte Nachschriften und Manuskripte*. Hamburg 1983 ff. (»V«), die die Neuausgabe der Vorlesungen im Rahmen der *Gesammelten Werke* gegenwärtig vorbereitet. Auf frühere, oft unter dubiosen Bedingungen veranstaltete und heutigen wissenschaftlichen Anforderungen nicht genügende Ausgaben wird nur in dem Ausnahmefall zurückgegriffen, daß Texte in den beiden genannten kritischen Reihen noch nicht zur Verfügung stehen.

Lang ist die Liste der im Folgenden, jeweils am Ende eines Abschnitts, aufgeführten Titel – aber weit länger ist die – imaginäre – Liste der nicht genannten. In einer forschungsgeschichtlichen Situation, in der eine tendenziell vollständige Bibliographie umfangreicher ist als dieses Handbuch, ist dies unausweichlich. Die Auswahl der zitierten Titel ist geleitet von ihrer Bedeutung für die gegenwärtige Forschung, sie dient nicht der Dokumentation der Forschungsgeschichte. Durch die neuere Forschung überholte Arbeiten werden nicht erwähnt, auch wenn sie sich zu ihrer Zeit erhebliche Verdienste erworben haben mögen. Die Literaturhinweise sind vergleichsweise ausführlicher bei »kleineren Texten«, begrenzter bei den großen Werken, zu denen es ohnehin in neueren Editionen umfangreiche Literaturhinweise oder gar eigene Bibliographien gibt. Öfter als zweimal zitierte Titel werden beim ersten Mal in ausführlicher Form, danach als Kurztitel mit dem Erscheinungsjahr zitiert (bei Werken, die im selben Jahr erschienen sind, unter Hinzufügung von Buchstaben) und nochmals in ausführlicher Form im Literaturverzeichnis.

AA   Akademie-Ausgaben:
Kant: Werke. Hg. von der Preußischen Akademie der Wissenschaften. Berlin 1902 ff. Schelling: Historisch-kritische Ausgabe. Im Auftrag der Schelling-Kommission der Bayerischen Akademie der Wissenschaften hg. von Hans Michael Baumgartner, Wilhelm G. Jacobs, Hermann Krings, Hermann Zeltner und Jörg Jantzen. Stuttgart-Bad Cannstatt 1976 ff.

ADB   Allgemeine Deutsche Biographie. Berlin 1877 ff.

B   Immanuel Kant: Critik der reinen Vernunft. Zweyte hin und wieder verbesserte Auflage. Riga 1787.

Br   Briefe von und an Hegel. Hg. von Johannes Hoffmeister. Hamburg [1]1956, Bde. I–III: Hamburg [3]1969, Bde. IV/1 und IV/2: Hg. von Friedhelm Nicolin. Hamburg 1977 bzw. 1981.

BSchr   Hegel: Berliner Schriften (1818–1831). Voran gehen Heidelberger Schriften (1816–1818). Hg. von Walter Jaeschke. Hamburg 1997.

GA   Johann Gottlieb Fichte: Gesamtausgabe. Hg. von Reinhard Lauth u. a. Stuttgart-Bad Cannstatt 1962 ff.

GW   Hegel: Gesammelte Werke. In Verbindung mit der Deutschen Forschungsgemeinschaft hg. von der Nordrhein-Westfälischen (1968–1995. Rheinisch-Westfälischen) Akademie der Wissenschaften. Hamburg 1968 ff.

HBZ   Hegel in Berichten seiner Zeitgenossen. Hg. von Günther Nicolin. Hamburg 1970.

HJb   Hegel-Jahrbuch. Begründet von Wilhelm Raimund Beyer. Hg. von Andreas Arndt, Karol Bal und Henning Ottmann. Seit HJb 1993/94: Berlin.

HS   Hegel-Studien. Hg. von Friedhelm Nicolin und Otto Pöggeler (Bde. 1–35) bzw. Walter Jaeschke und Ludwig Siep (Bde. 36 ff.) bzw. Michael Quante und Birgit Sandkaulen (Bde. 47 ff.). Bonn 1961–1997 bzw. Hamburg 1998 ff.

HSB   Hegel-Studien Beihefte. Hg. von Friedhelm Nicolin und Otto Pöggeler (Bde. 1–46) bzw. Walter Jaeschke und Ludwig Siep (Bde. 47 ff.) bzw. Michael Quante und Birgit Sandkaulen (Bde. 61 ff.). Bonn 1963–1999 bzw. Hamburg 2000 ff.

Jb, Jbb   Jahrbuch, Jahrbücher

JWA   Friedrich Heinrich Jacobi: Werke. Gesamtausgabe hg. von Klaus Hammacher und Walter Jaeschke. Hamburg und Stuttgart-Bad Cannstatt 1998 ff.

KFSA   Friedrich Schlegel: Kritische Ausgabe. Hg. von Ernst Behler unter Mitwirkung von Jean Jacques Anstett und Hans Eichner. Paderborn u. a. 1958 ff.

KGA   Friedrich Daniel Ernst Schleiermacher: Kritische Gesamtausgabe. Hg. von Hans-Joachim Birkner u. a. Berlin / New York 1980 ff.

LM   Gotthold Ephraim Lessing: Sämtliche Werke. Hg. von Karl Lachmann und Franz Muncker. Stuttgart 1886–1924, ND Berlin 1979.

MEW   Karl Marx / Friedrich Engels: Werke. Hg. vom Institut für Marxismus-Leninismus beim ZK der SED. Berlin 1956 ff.

N   Hegel's theologische Jugendschriften nach den Handschriften der Kgl. Bibliothek in Berlin hg. von Herman Nohl. Tübingen 1907, ND Frankfurt am Main 1966.

PhJb   Philosophisches Jahrbuch. Im Auftrag der Görres-Gesellschaft herausgegeben. Freiburg / München.

PLS   Philosophisch-literarische Streitsachen. 4 Doppelbände, hg. von Walter Jaeschke. Hamburg 1990–1995. Auch erschienen unter den Einzeltiteln Bd. 1: Der Streit um die Grundlagen der Ästhetik (1795–1805); Bd. 2: Der Streit um die Gestalt einer Ersten Philosophie; Bd. 3: Der Streit um die Göttlichen Dinge; Bd. 4: Der Streit um die Romantik. Hamburg 1999.

R   Karl Rosenkranz: G. W. F. Hegel's Leben. Berlin 1844.

StA   Friedrich Hölderlin: Sämtliche Werke. Große Stuttgarter Ausgabe. Hg. von Friedrich Beißner und Adolf Beck. Stuttgart 1943–1985.

SW   Friedrich Wilhelm Joseph Schelling: Sämtliche Werke. Hg. von Karl Friedrich August Schelling. Stuttgart und Augsburg 1856–1861.

V   Hegel: Vorlesungen. Ausgewählte Manuskripte und Nachschriften. Hamburg 1983 ff.

W   Hegel: Werke. Hg. von einem Verein von Freunden des Verewigten. Berlin 1832–1845.

WA   Goethe: Werke. Hg. im Auftrage der Großherzogin Sophie von Sachsen. Weimar 1887–1919 (Weimarer Ausgabe).

ZphF   Zeitschrift für philosophische Forschung. Frankfurt am Main.

I Leben

0 Stuttgart (1770–1788)

Nach einem Dictum von Hegels Biographen Karl Rosenkranz ist die Geschichte eines Philosophen »die Geschichte seines Denkens, die Geschichte der Bildung seines Systems.« Doch läßt sich diese Geschichte des Denkens zumeist nicht unter Ausblendung der Geschichte des Lebens darstellen. Auch Rosenkranz hat deshalb jene Geschichte mit dieser verknüpft. Ohnehin gibt es wohl kaum einen Philosophen, bei dem die Stationen seines Lebenswegs so eng an die Stationen seines Denkwegs gebunden sind wie bei Hegel. Er widerlegt gleichsam antizipierend Diltheys Behauptung über ihn, »daß die Epochen der inneren Entwicklung des Philosophen nicht übereinstimmen mit dem jeweiligen Wechsel des Aufenthaltsorts.« Eine weitere Übereinstimmung der Geschichten des Denkens und des Lebens sieht Rosenkranz zurecht darin, daß sie, trotz aller Wandlungen, die sie durchlaufen, einer eigentlichen Dramatik entbehren: Wie der Lebensweg zwar durch mehrere geistige und politische Epochen und Katastrophen hindurchführt, jedoch keine »Katastrophen seines Schicksals« aufweist, so ist auch der Denkweg trotz einer Reihe von Zäsuren insgesamt durch Kontinuität geprägt – und dies, obgleich er nicht einmal als Weg eines Philosophen beginnt.

Hegel besucht wahrscheinlich seit 1776 das Gymnasium, seit 1784 das »Obergymnasium« seiner Vaterstadt Stuttgart – und bereits hier tritt er durch schriftliche Leistungen hervor, während sein schlechter Vortrag schon damals mehrfach getadelt wird. Über seine damaligen Interessen geben seine Exzerpte und auch sein »Tagebuch« Auskunft (Juni 1785 bis Januar 1787, GW 1.1–33) – letzteres eigentlich eine Art »Bildungschronik«, ein Itinerar seiner Bildung, in dem er teils in deutscher, teils in lateinischer Sprache vor allem Details seines Werdegangs festhält. Die Eintragungen lassen jedoch nicht speziell philosophische, sondern sehr breit gefächerte Interessen erkennen. Hegel wird zwar schon im Gymnasium in die damals herrschende Philosophie eingeführt. Nach seinem eigenen Bericht hat er die Wolffsche Logik »schon von seinem vierzehnten, die Definitionen der idea clara schon von seinem zwölften Jahr völlig inne« (R 26) – wahrscheinlich auf Grund des Wolffianischen Handbuchs *Elementa philosophiae rationalis*

sive compendium logicae. In usum publicum scholarum Wirtembergicarum adornatum, dessen Verfasser vermutlich der bis 1774 amtierende Rektor des Gymnasium illustre, Johann Christoph Knaus, ist (Pozzo 1989, 8–10; 1999, 16). Die ersten Eintragungen des Tagebuchs gelten jedoch der Geschichte. Am 26.6.85 notiert Hegel sich nach einer Predigt über die »Confessio Augustana« von 1530, eine Bekenntnisschrift der Lutheraner, daß hierdurch zumindest seine »Historische Kenntniß« vermehrt worden sei; die Eintragung des folgenden Tages: »Noch keine Weltgeschichte hat mir besser gefallen als Schröks« impliziert eine frühere Lektüre anderer, uns unbekannter »Weltgeschichten«, und in derselben Woche, am 1.7.85, notiert er sich eine Definition von »pragmatischer Geschichte«. Sein »HauptAugenmerk« richtet er aber auf das »Griechische und Lateinische« (GW 1.30) und auf die Welt der Antike; sie bildet auch den Gegenstand einiger Pflichtaufsätze aus diesen Jahren (GW 1.37–50). Eine Reihe weiterer Tagebuch-Eintragungen gilt der Mathematik – ein Interesse, das dadurch verstärkt worden sein dürfte, daß Hegel zusätzlichen Privatunterricht in »Geometrie und etwas Astronomie« beim »Obristen Duttenhofer« erhält, der ihn auch –mit anderen Schülern – »zum Feldmessen vor's Thor hinaus« nimmt (R 6). Zeitgenössische Politik wird im Tagebuch nicht erwähnt – abgesehen von der Bemerkung, daß Bauern, »verwünschte Leute«, »dem Herzog alle Fenster in dem Schloß zu Scharnhausen eingeworfen« haben (GW 1.5). Auch neuere Literatur wird hier nicht genannt – nur das Faktum, daß der etwa Achtjährige von einem seiner »verehrungswürdigsten Lehrer«, dem Praeceptor Johann Jakob Löffler, 18 Bände von Eschenburgs Shakespeare-Übersetzung geschenkt erhält (GW 1.8). Ergänzend zum Tagebuch erwähnt Rosenkranz nicht mehr überlieferte Exzerpte aus »Rousseaus Bekenntnissen«, eine Abschrift von Klopstocks *Oden* sowie Exzerptsammlungen zur Ästhetik, in denen »alle Lieblingsschriftsteller jener Zeit« erscheinen: »Rammler, Dusch, Lessing, Wieland, Engel, Eberhard u. a.«. In der Herzoglichen Bibliothek in Stuttgart liest Hegel ein Kapitel aus »Batteux Einleitung in die schöne Wissenschaften« in Ramlers Übersetzung – allerdings mit der Begründung, »weil andere Bücher nicht da waren« (GW 1.10). Kein Echo findet sich im *Tagebuch* und in den Abhandlungen von den die Epoche der klassischen deutschen Philosophie einläutenden philosophischen Werken dieser Jahre: von Kants *Kritik der reinen Vernunft* oder von Jacobis *Ueber die Lehre des Spinoza in Briefen an den Herrn Moses Mendelssohn.* Gegenstand des Schulunterrichts – wie auch der Unterhaltung mit seinem Lehrer bei Spaziergängen – ist vielmehr die Lektüre von Mendelssohns *Phädon* (GW 1.10), und ausführlich exzerpiert Hegel Mendelssohns Abhandlung *Über die Frage: was heißt aufklären?* aus der *Berlinischen Monatsschrift* vom September 1784.

Trotz der thematischen Orientierung an der Antike atmen die überlieferten Texte Hegels den Geist der etwas trockenen Spätaufklärung der zweiten Jahrhunderthälfte, der am Stuttgarter Gymnasium sicherlich stärker ausgebildet war als in den Klosterschulen des Landes, die Hölderlin und Schelling besucht haben. Er durchzieht nicht allein Hegels offizielle *Rede beim Abgang vom Gymnasium* (25.9.88), die den »allgemeinen und ausgebreiteten Nutzen der Wissenschaften« insbesondere darin sieht, »dem Staat für seine Bedürfnisse brauchbare und nützliche Mitglieder zu erziehen« (GW 1.49), sondern auch das *Tagebuch* und die Abhandlungen. Der Aufsatz *Ueber die Religion der Griechen und Römer* (10.8.87) sieht in den Anhängern der antiken Volksreligionen »Menschen ohne Aufklärung, mit einer lebhaften Einbildungskraft« (GW 1.43), die allzu leicht den klügeren und listigeren Priestern zum Opfer fallen. Dieses Verhältnis charakterisiert aber nicht nur die Anfänge der Religionsgeschichte: »Der Pöbel aller Völker schreibt der Gottheit sinnliche und menschliche Eigenschaften zu und glaubt an willkührliche Belohnungen und Bestrafungen« – und dies »war beinahe zu allen Zeiten gleich.« (GW 1.44) Im Aberglauben auch noch seiner »aufgeklärten« Zeitgenossen findet Hegel diese Einschätzung bestätigt – etwa in deren Glauben an das »Wütende Heer« –, der ihn mit Cicero ausrufen läßt: »o tempora! o mores!« (GW 1.9).

Der Grundton der Spätaufklärung prägt auch die – nur noch sekundär überlieferten – Exzerpte aus den Jahren 1785–1788 (GW 3.1–206). Sie bilden eine wichtige, aber insofern einseitige Quelle unseres Wissens von Hegels Bildungsgang, als seine gut belegte Beschäftigung mit antiker Literatur und Geschichte hier keinen Niederschlag findet. Gegenstand der Exzerpte sind primär philosophisch-pädagogische Werke – Feders *Der neue Emil*, Dusch' *Briefe zur Bildung des Geschmacks*, Wünsch' *Kosmologische Unterhaltungen für die Jugend*, Zimmermanns *Über die Einsamkeit*, Campes *Kleine Seelenlehre für Kinder*, Garves *Versuch über die Prüfung der Fähigkeiten* sowie Sulzers *Kurzer Begriff aller Wissen-*

schaften. Charakteristisch für die Spätaufklärung sind auch Friedrich Nicolais *Beschreibung einer Reise durch Deutschland und die Schweiz* sowie die exzerpierten Periodica: die *Allgemeine deutsche Bibliothek* (die Hegels Vater abonniert hat), die *Neue Bibliothek der schönen Wissenschaften und freyen Künste*, die *Berlinische Monatsschrift* und die *Allgemeine Literaturzeitung.* Zumindest in dort erschienenen Rezensionen ist Hegel erstmals der Philosophie Kants begegnet: seinem Begriff der Freiheit und seiner Bestimmung des Verhältnisses von Metaphysik und Religion (GW 3.189 ff.).

Text: GW 1.1–50, GW 3.1–205. – **Quellen:** Lebensdokumente in Br IV/1.3–17; Christiane Hegel, in HBZ 3 f. – Periodica: Friedrich Nicolai (Hg.): Allgemeine deutsche Bibliothek. 1765–1796. Bde. 1–106: Berlin / Stettin, Bde. 107–118: Kiel; Allgemeine Literatur-Zeitung. Jena / Leipzig 1788, 1792, 1796; Friedrich Gedike / Johann Erich Biester (Hg.): Berlinische Monatsschrift. Berlin 1784, 1787; Neue Bibliothek der schönen Wissenschaften und freyen Künste. Bd. 8. Leipzig 1769; darin: Christian Garve: Versuch über die Prüfung der Fähigkeiten. – Monographien: Johann Georg Sulzer: Kurzer Begriff aller Wissenschaften und andern Theile der Gelehrsamkeit, worin jeder nach seinem Inhalt, Nuzen und Vollkommenheit kürzlich beschrieben wird. 2. ganz veränderte und sehr vermehrte Auflage. Leipzig 1759; Johann Jakob Dusch: Briefe zur Bildung des Geschmacks. An einen jungen Herrn von Stande, T. 2. Leipzig / Breslau 1765; Charles Batteux: Einleitung in die Schönen Wissenschaften. Nach dem Französischen des Herrn Batteux, mit Zusätzen vermehret von Karl Wilhelm Ramler, 3. und verbesserte Auflage, 4 Bde. Leipzig 1769, ND Wien 1770; Moses Mendelssohn: Phädon oder über die Unsterblichkeit der Seele, in drey Gesprächen, 3. vermehrte und verbesserte Auflage. Berlin / Stettin 1769; [J. G. H. Feder]: Der neue Emil oder von der Erziehung nach bewährten Grundsätzen. Erlangen ³1774; Willhelm Shakespeare: Schauspiele. Hg. von Joh. Joach. Eschenburg. Neue verbesserte Auflage. 22 Bde. Straßburg 1778 / Mannheim 1783; Christian Ernst Wünsch: Kosmologische Unterhaltungen für die Jugend. Bd. 2: Von den auf der Erde sich ereignenden Phänomenen. Leipzig 1779; Johann Heinrich Campe: Kleine Seelenlehre für Kinder. o. O. 1784; Johann Georg Zimmermann: Ueber die Einsamkeit. Leipzig 1784; Friedrich Nicolai: Beschreibung einer Reise durch Deutschland und die Schweiz, im Jahre 1781. Nebst Bemerkungen über Gelehrsamkeit, Industrie, Religion und Sitten. Bde. 4–5. Berlin / Stettin 1785. – **Literatur:** Grundlegend für Hegels Biographie, wenn auch in manche Details zu korrigieren, ist immer noch Karl Rosenkranz: G. W. F. Hegel's Leben. Berlin 1844. – Neuere Biographien: Jacques D'Hondt: Hegel. Biographie. Paris 1998; Terry Pinkard: Hegel. A Biography. Cambridge u. a. 2000; Hans Friedrich Fulda: Georg Wilhelm Friedrich Hegel. München 2003, 22–61, 268–301. – Die lebendig geschriebene, aber mit Fehlern durchsetzte Darstellung von Horst Althaus: Hegel und Die heroischen Jahre der Philosophie. Eine Biographie. München / Wien 1992, gleitet mehrfach ins Romanhafte ab. – **Zu Stuttgart:** R 3–25; Carmelo Lacorte: Il primo Hegel. Firenze 1959; Bernhard Teyssèdre: Hegel à Stuttgart. In: Revue philosophique de la France et de l'étranger 150 (1960), 197–227; Hegel 1770–1970. Leben, Werk, Wirkung. Eine Ausstellung des Archivs der Stadt Stuttgart. Katalog von Friedhelm Nicolin. Stuttgart 1970, 9–57; Friedhelm Nicolin (Hg.): Der junge Hegel in Stuttgart. Aufsätze und Tagebuchaufzeichnungen 1785–1788. Stuttgart 1970; Hölderlin. Zum 200. Geburtstag. Eine Ausstellung des Schiller-Nationalmuseums Marbach a. N. Katalog von Werner Volke. München 1970, 11–45; José Maria Ripalda: Poesie und Politik beim frühen Hegel. HS 8 (1973), 91–118; Christoph Jamme / Otto Pöggeler (Hg.): »O Fürstin der Heimath! Glückliches Stuttgart«. Politik, Kultur und Gesellschaft im deutschen Südwesten um 1800. Stuttgart 1988; Riccardo Pozzo: Hegel: »Introductio in philosophiam«. Dagli studi ginnasiali alla prima logica (1782–1801). Firenze 1989; Volker Schäfer: Hegel im Landexamen. Eine Ergänzung. HS 24 (1989), 15–20; Friedhelm Nicolin: Von Stuttgart nach Berlin. Die Lebensstationen Hegels. In: Marbacher Magazin. Sonderheft 56 (1991); Gonzalo Portales: Hegels frühe Idee der Philosophie. Zum Verhältnis von Politik, Religion, Geschichte und Philosophie in seinen Manuskripten von 1785 bis 1800. Stuttgart-Bad Cannstatt 1994; Ricardo Pozzo: Zu Hegels Kantverständnis im Manuskript zur Psychologie und Transzendentalphilosophie aus dem Jahre 1794 (GW 1, Text Nr. 27). In: Martin Bondeli / Helmut LinneweberLammerskitten (Hg.): Hegels Denkentwicklung in der Berner und Frankfurter Zeit. München 1999, 15–29; Hermes Spiegel: Zur Entstehung der Hegelschen Philosophie – Frühe Denkmotive. Die Stuttgarter Jahre 1770–1788. Frankfurt am Main 2001; Georg Wilhelm Friedrich Hegel. Tagebuch aus der Schulzeit in Stuttgart (1785–1787). Kulturstiftung der Länder – Patrimonia 214. Hg. von der Kulturstiftung der Länder in Verbindung mit der Staatsbibliothek zu Berlin – Preußischer Kulturbesitz. Berlin 2002.

1 Tübingen (1788–1793)

1.1 Aufnahme in die Universität Tübingen und ins »Stift«

Mehr noch als Karl Rosenkranz hat Rudolf Haym hervorgehoben, daß in den Tübinger Studienjahren »im Stillen« eine geistige Entwicklung Hegels erfolgt sei, »die wir nicht übersehen und nicht unterschätzen dürfen, wenn wir seine späteren Leistungen begreifen wollen« (31); die spätere Forschung ist ihm hierin gefolgt. Doch sind aus dieser Zeit keine direkten Zeugnisse überliefert, die ausführliche oder wenigstens zuverlässige Auskunft über sein Leben und seine Interessen gäben. Die Forschung ist deshalb angewiesen auf allgemeine Übersichten über die Situation an der Universität und im herzoglichen »stipendium theologicum«, dem »Tübinger Stift«, sowie auf

spätere Nachrichten Dritter. Auch die ausführlicheren Nachrichten über Hölderlins und Schellings Leben im Stift erlauben einige Rückschlüsse auf Hegel.

Die bekannten Namen dieses »Dreigestirns« lassen heute leicht übersehen, daß die damalige Lage der Universität wie des Stifts keineswegs als günstig zu beurteilen ist. Hegel wird am 27.10.88 an der – damals bereits 300 Jahre alten – Eberhard-Karls-Universität immatrikuliert, die zu dieser Zeit von Herzog Carl Eugen zu Gunsten der von ihm gegründeten »Karlsschule« vernachlässigt wird, was auch in stark sinkenden Studentenzahlen zum Ausdruck kommt. Bereits am 21.10.88 wird Hegel – auf herzoglichen Befehl vom 16.9. – in das »Stift« aufgenommen, dem allerdings die besondere Sorgfalt des Herzogs gilt. Im Stift lebt ein Großteil der Studenten; sie werden dort über die universitäre Lehre hinausgehend sowohl durch die klösterlich-strenge Lebensführung wie auch durch wissenschaftliche und praktische Übungen auf den künftigen Beruf des Pfarrers vorbereitet, und diese »Stiftler« bilden gegenüber den übrigen, in der Stadt Tübingen lebenden Studenten, den »oppidani«, eine besondere – und auch etwas elitäre – Gruppierung. In der vorgeschriebenen Verpflichtungsurkunde, die Hegel und sein Vater bei der Aufnahme ins Stift unterzeichnet haben, wird Hegel in den Mund gelegt, er sei »auf mein untertänigstes Bitten und Anhalten, mich zu fruchtbarer Vollbringung meiner angefangenen Studien (die ich dann mit Verleihung göttlicher Gnade, allein auf die Theologiam, damit ich mit der Zeit in der Kirchen GOttes, oder bei Schulen, zu einem Diener, nach seinem göttlichen Willen, und Ihrer Herzogl. Durchlaucht, auch Dero verordnetem Beruf gemäß, gebraucht werden möge, zu richten, endlichen fürnehmens) in Ihrer Herzoglichen Durchlaucht Theologisches Stipendium zu Tübingen gnädigst aufgenommen« – mit der Maßgabe, im Falle einer Verweigerung künftiger Dienste oder der Unwürdigkeit zu solchen Diensten die »a dato meiner Rezeption auf mich gewendeten Unkosten, und zwar für jedes Jahr, allein vor die Kost, Sechzig Gulden, ohngeweigert und vollkommentlich zu refundieren« (Br IV/1.19 f.).

Die Aufnahme in das Tübinger Stift zeigt nicht etwa Bedürftigkeit an; es werden vielmehr in der Regel die Söhne aus der geistig führenden und keineswegs mittellosen Schicht der Beamten und Geistlichen, der »Ehrbarkeit«, aufgenommen. Die Jahre, die Hegel im Stift verbringt, dürften zu den spannungsreichsten in dessen Geschichte zählen. Wenige Jahre vor seinem Eintritt haben Wilhelm Ludwig Wekhrlin und Karl Friedrich Reinhardt (der spätere Pair von Frankreich) heftige Kritik an den dortigen Zuständen geübt; die Differenz, so Reinhardt, zwischen »der freyen, beynahe ausgelassenen Denkungsart [...] und der höchst sclavischen Behandlungsart, der man unterworfen ist« – etwa den Karzerstrafen, die auch Hegel 1791 wegen unerlaubter Abwesenheit verbüßen mußte – lasse »den Denker eine Revolution ahnden, die beynahe unvermeidlich ist« (Hegel 1770–1970, 80). Neue Statuten werden aber erst am 12. Mai 1793 eingeführt, also zwei Monate bevor Hegel Stift und Universität wieder verläßt.

1.2 Studium der Philosophie

Das Studium baut sich auf aus einem zweijährigen Studium der Philosophie, gefolgt von einem dreijährigen Studium der Theologie. Im Philosophiestudium erhalten die Studenten bereits sechs Wochen nach ihrer Immatrikulation, am 3. Dezember 1788, in einem feierlichen Akt die Baccalaureatswürde. Als Primus der Stuttgarter »Promotion«, d. h. der Absolventen eines Jahrgangs, hat Hegel hierbei die – nicht überlieferte – Dankesrede zu halten (Br 4/1.34). Die gleichzeitig im Rückgriff auf ein Stuttgarter Manuskript (GW 1.46–48) entstandene, dem Bildungssystem gegenüber kritische Abhandlung *Über einige Vortheile, welche uns die Lektüre der alten klassischen Griechischen und Römischen Schriftsteller gewährt* (GW 1.51–54) könnte mit der Verleihung der Würde, wenn auch nicht mit der Rede in Verbindung stehen.

An der Philosophischen Fakultät lehren damals der Ephorus des Stifts und Orientalist Christian Friedrich Schnurrer, der Naturwissenschaftler und Mathematiker Christoph Friedrich Pfleiderer (ein hervorragender Kenner Euklids), der Historiker Christian Friedrich Roesler sowie die Philosophen August Friedrich Boek, der an der späten Aufklärung orientiert ist, aber auch über Geschichte der Philosophie und alte klassische Schriftsteller lehrt, und Johann Friedrich Flatt, der sich kritisch mit Kant und auch mit Jacobi auseinandersetzt und 1792 in die Theologische Fakultät wechselt; an seine Stelle tritt der vormalige Repetent Johann Friedrich Gaab. Der Logiker Gottfried Ploucquet hält damals seiner Erkrankung wegen keine Vorlesungen mehr; er stirbt 1790 (Br 4/1.23–25). Welche der damals in der Philosophischen Fakultät gehaltenen Vorlesungen (Br 4/1.23–25) Hegel gehört hat, ist nicht bekannt; das Magisterprogramm hält lediglich fest: »Praeter consueta audiit Dn. Prof. R o e s l e r, novellas tradentem; Dn. Prof. F l a t t libros de natura Deorum et Psych. empiricam explicantem; nec non Dn. M. Rep. B a r -

d i l i de usu scriptorum profanorum in Theologia disserentem« (letzteres ist eine Lehrveranstaltung im Stift) (Br 4/1.34). Parallel zu den philosophischen hört Hegel auch theologische Vorlesungen. Rosenkranz erwähnt die »sehr gut nachgeschriebenen Collegienhefte« Hegels zu Schnurrers öffentlicher Vorlesung über Apostelgeschichte und Privatvorlesung über den ersten Teil der Psalmen (1788/89), den zweiten Teil der Psalmen und die öffentliche Vorlesung über die katholischen Briefe (1789), zu Roeslers Privatvorlesung von 1789/90 über Geschichte der Philosophie (»fata et opiniones praecipuorum Philosophorum«) und zu Flatts Vorlesungen über Ciceros De natura deorum (1789) sowie über Metaphysik und über natürliche Religion (1790). Diese Hefte sind 1855 bei einer Reduzierung von Hegels Nachlaß durch die Söhne vernichtet worden. – Ferner lassen sich aus den Inauguralthesen zum Magisterprogramm (Br 4/1.30–32) und aus den Themen der Specimina dieser Jahrgänge die an der Universität behandelten Themen ersehen – wobei der starke Anteil an mathematischen Arbeiten überrascht.

Der Einfluß dieser Professoren auf Hegel läßt sich durch die Wirkung von Flatts Psychologie-Vorlesung auf Hegels Berner *Manuskript zur Psychologie und Transzendentalphilosophie* (s. Kap. II.2.2) belegen, sonst jedoch allenfalls vermuten – etwa auf Grund der Bedeutung, die Pfleiderer für Schellings Platon-Studien gewinnt. Mehr noch als die Professoren der Universität haben anscheinend die Repetenten im Stift – und insbesondere die kantianisierenden Repetenten, allen voran Immanuel Carl Diez, der »Kantische enragé« – auf die Bildung der Studenten Einfluß gewonnen. Diese Beziehungen scheinen jedoch mehr individueller Natur gewesen zu sein; es lassen sich keine Rückschlüsse etwa von der gesicherten Bedeutung Karl Philipp Conz' für Hölderlin auf sein Verhältnis zu Hegel ziehen.

Am 22.9.90 erhält Hegel das Magisterdiplom, das zwar weniger angesehen ist als der anderenorts verliehene Grad eines »Doktors der Weltweisheit«, diesem aber formell als gleichrangig gilt. Das für diesen Tag angekündigte Magister-Programm hält – neben dem Rückblick auf von Hegel besuchte Vorlesungen sowie auf seine Baccalaureatsrede – hierzu fest: »Dissertationem defendit Praeside Dn. Prof. B o e k, de limite officiorum humanorum seposita animi immortalitate.« Rosenkranz hat dies mißverstanden, als sei Hegel der Verfasser dieser Dissertation gewesen; Hegel verteidigt aber nur – gemeinsam mit Fink, Autenrieth und Hölderlin – dem vorherrschenden Brauch entsprechend die von Boek geschriebene Dissertation. Ferner erwähnt das Magister-Programm noch zwei von Hegel (im Jahr 1790 ebenfalls im Umkreis von Boek) geschriebene, jedoch bereits Rosenkranz unbekannt gebliebene Specimina: »Ueber das Urtheil des gemeinen Menschenverstands über Objectivitaet und Subjectivitaet der Vorstellungen« und »Ueber das Studium der Geschichte der Philosophie« – ein Thema, das Hegel sein Leben lang gefesselt hat.

1.3 Studium der Theologie

Am 22. November 1790 immatrikuliert Hegel sich an der theologischen Fakultät; dort lehren damals Gottlob Christian Storr sowie der Kanzler der Universität, Johann Friedrich Le Bret, Johann Friedrich Märklin und Ludwig Joseph Uhland, seit 1792 auch Flatt. Nach Rosenkranz hört Hegel im »eigentlich theologischen Cursus 1790–93« fast nur bei Storr, und zwar »das Evangelium Lukas, Matthäus, Johannes, den Römerbrief und andere Briefe, außerdem aber die Dogmatik« (R 25). Bekannt ist ferner, daß im Stift drei Jahre lang, bis 1793, die *loci* nach dem *Compendium Theologiae Dogmaticae* (1782) von Christoph Friedrich Sartorius, einer sehr konservativen Dogmatik, durchgearbeitet werden. Hegel mischt sich jedoch (nach Christoph Theodor Schwab) in diese Erörterungen und Streitigkeiten nicht ein und kann die angesehene Glaubenslehre Storrs auch nicht leiden. Dies spricht sowohl für die Glaubwürdigkeit von Christiane Hegels Bericht, daß er »als Magister noch die Rechte studieren« will, als auch von Leutweins Bemerkung, es sei »seines Vaters Entgegenstreben« gewesen, was ihn davon abgehalten habe. Mit dem Wechsel des Studiums wäre auch ein Austritt aus dem Stift – mit Rückerstattung der entstandenen Kosten – verbunden gewesen.

Während des Theologiestudiums ist Hegel im Jahr 1791 wegen eines anhaltenden Fiebers mehrfach für eine Kur nach Stuttgart beurlaubt, ebenso zu Beginn des Jahres 1793. Die einzigen Zeugnisse seines Studiums, die vier überlieferten Predigten aus den Jahren 1792/93, bilden Pflichtübungen, die noch nirgends auf Hegels etwa gleichzeitig einsetzende Studien über die Religion vorausweisen. Im Juni 1793 schließt er sein Theologiestudium ab; er verteidigt gemeinsam mit Hölderlin und sieben weiteren Kandidaten eine theologische Dissertation Le Brets: »De ecclesiae Wirtembergicae renascentis calamitatibus«. In seiner Promotion nimmt Hegel den vierten Rang ein. Das Abschlußexamen aus dem Tübinger Stift hält sowohl seine Stärken als auch seine Schwächen fest; so heißt

es unter anderem »Studia theologica non neglexit« und »Philologiae non ignarus«, jedoch »philosophiae multam operam impendit« – und nicht, wie durch einen späteren Abschreibefehler entstanden und durch Eduard Zeller verbreitet, »philosophiae nullam operam impendit« (1845, 205 f.) – ein Fehler, der Hegels späteren Kritiker Rudolf Haym (1857, 40) zu der Behauptung veranlaßt, Hegels Lehrer hätten ihm das Zeugnis auf den Weg mitgegeben, daß er »ein Idiot in der Philosophie sei«.

Wenig später, am 10.7., also noch vor dem Höhepunkt der Auseinandersetzungen um die »Irreligiosität« im Stift, verläßt Hegel Tübingen – wie der Ephorus Schnurrer leicht mißgünstig an J. E. H. Scholl schreibt, »unter dem Vorwande einer Cur«; und Schnurrer fährt fort: »sein langer Aufenthalt zu Hauß, wo er selbst vielleicht mehr gilt als der Vater, möchte keine eigentliche Vorbereitung auf das nicht eben zwanglose Leben eines Hofmeisters seyn.« Wahrscheinlich entsteht erst in der Muße dieser Sommer- und Herbstmonate in Stuttgart das sog. »Tübinger Fragment«, zumal dieses (GW 1.99 f.) – wie auch seine vierte Predigt (vom 16.6.93) (GW 1.70–72) – die Kenntnis von Kants erst zur Ostermesse 1793 erschienener Religionsschrift voraussetzt.

1.4 Freundeskreis im Tübinger Stift

Etwas reichhaltiger, wiewohl keineswegs lückenlos sind die Nachrichten über Hegels geselligen Umgang im Stift. Sie stimmen darin überein, daß Hegel trotz seines gelegentlich »genialischen Betragens« ein angenehmer und gern gesehener Gesellschafter gewesen sei – auch beim Kartenspiel und beim reichhaltig genossenen Wein. Und obgleich ihm sein Mangel an körperlicher Gewandtheit, ja seine Unbeholfenheit oft hinderlich gewesen sei, und dies nicht allein beim Tanzen, sei er gegenüber den Mädchen sehr »küsselustig« gewesen. Sein Kommilitone Georg Friedrich Fallot zeichnet Hegel allerdings in dessen Stammbuch als einen gebückten, auf zwei Stöcke gestützten alten Mann und fügt die Worte hinzu: »Gott stehe dem alten Mann bey« – allerdings auch die Losung »Vive A!«, die nicht auf die Heroen der Revolution anspielt, sondern auf Auguste Hegelmeier, die Tochter eines verstorbenen Tübinger Theologieprofessors, der damals viele und so auch Hegel den Hof machen.

Die Quellen aus der Tübinger Zeit deuten nicht an, daß Hegel damals in einer besonders engen Verbindung mit Hölderlin und Schelling gestanden habe. Ihr Schweigen scheint jedoch durch die ersten Briefe korrigiert zu werden, die die Freunde nach ihrer räumlichen Trennung gewechselt haben. In seinem ersten Brief an Hegel erinnert Hölderlin daran, daß sie »mit der Losung ›Reich Gottes‹ voneinander schieden« (10.7.94). Ähnlich betont Hegel gegenüber Schelling: »Vernunft und Freiheit bleiben unsre Losung, und unser Vereinigungspunkt die unsichtbare Kirche« – und: »Das Reich Gottes komme, und unsre Hände seien nicht müßig im Schoße« (Ende Januar 95). Es gibt aber keinen Anlaß, diese Formeln als Zeugnisse für eine exklusive Freundschaftsbeziehung Hegels, Hölderlins und Schellings zu interpretieren. Für Hegels Freundeskreis werden vorwiegend andere Namen genannt – Christian Philipp Friedrich Leutwein, der bereits erwähnte Fallot, aber auch Hegels Kompromotionalen Karl Christian Renz, Jakob Friedrich Märklin und insbesondere Johann Christian Friedrich Fink. Hegel hat ihn mehrfach in seinem Heimatort besucht, wie auch jener ihn in Stuttgart und auch später noch in Frankfurt auf der Durchreise (R 34); beide haben auch im Briefwechsel gestanden. Rosenkranz bezeichnet ihn als »Hegel's treuesten Camaraden« oder »Herzenscamaraden« (R 29 f.) – wobei allerdings zu berücksichtigen ist, daß Fink eine Hauptquelle seiner Darstellung der Stiftszeit ist.

Die Nachrichten über Schelling und Hölderlin widersprechen dem aber nicht. Hölderlin steht in engem Freundschaftsbund mit Christian Ludwig Neuffer und Rudolf Magenau, der auch durch Briefe hinreichend belegt ist. Mitte November 1790 schreibt er zwar seiner Schwester, er wolle mit Hegel einen Spaziergang zur Wurmlinger Kapelle machen – aber dies verrät keine besondere Beziehung, ebensowenig wie Hölderlins in einem Brief an die Mutter ausgedrückter Schmerz darüber, daß er »in der Lokation um die zwei Stuttgarter, Hegel und Märklin, hinuntergekommen« sei. Auch die Nachricht, Hegel habe mit Hölderlin und Schelling – also nach dessen Eintritt ins Stift im Jahre 1790 – dieselbe Stube bewohnt, darf nicht zur Retrojektion des aus späterer Zeit berühmten Dreigestirns in die Tübinger Studienzeit führen. Denn Hölderlin schreibt im erwähnten Brief an die Schwester weiter: »Sieben von meiner Promotion sind drauf. Ich darf Dir nicht erst sagen, daß das angenemer ist, als 6 andere Unbekannte. Und die Wenigen andern sind auch brave Leute, darunter [Karl Wilhelm Friedrich] Breier und Schelling« – also zumindest zehn Studenten. (Bertaux 1969, 50, wörtlich übernommen von Jamme 1983, 35, unterdrückt den Hinweis auf die sieben Kompromotionalen und re-

sümiert, Hölderlin habe also mit Hegel, Schelling und Breyer die Stube geteilt.)

Über damalige Verbindungen Hegels mit Schelling sind keine Zeugnisse erhalten. Schellings Sohn Karl Friedrich August hingegen berichtet, die Freundschaft zwischen seinem Vater und Hegel habe sich »mehr auf ihre wissenschaftliche Denkweise« bezogen »als aufs Gesellige, dem Hegel anderwärts nachging«. Vielleicht habe nur *ein* »starkes, dauerndes Verbindungsmittel« Hegel und Schelling einander genähert, »nämlich Kant.« Im Blick auf die philosophische Lektüre Hegels bieten die Quellen jedoch gegensätzliche Nachrichten. Leutwein berichtet, Hegels »Held war Jean Jacques Rousseau, in dessen Emil, contrat social, confessions; […] Auf seine nachmaligen Ansichten gerieth er erst im Auslande; denn in Tübingen war ihm nicht einmal Vater Kant recht bekannt.« Über Kant habe Leutwein deshalb in einem anderen Kreis konversiert; bei Hegel habe er damit »wenig Anklang finden« können. »Dieser war ein Eklektiker; und schweifte noch im Reiche des Wissens cavalieremente herum.« Schwab hingegen berichtet von eben den frühen Studienjahren, in denen Leutwein mit Hegel befreundet war, dieser sei »eifrig mit der Philosophie beschäftigt« gewesen; »er ›pritschte‹, wie seine Freunde erzählten, den Kant«. Die Briefe, die Hegel aus Bern an Hölderlin und Schelling gerichtet hat, lassen jedoch nicht auf ein sehr intensives Kant-Studium in der Tübinger Zeit schließen; sie sprechen eher für Leutweins Bericht. (Auch im Blick auf die Behauptung, Hegel sei ein »derber Jakobiner« gewesen, und auf die Legende vom Freiheitsbaum ist Schwabs Überlieferung mit Vorsicht zu betrachten.)

Rosenkranz – dessen Urteil sich auf Aussagen nicht genannter Dritter, vermutlich Finks, stützt – setzt den Ursprung der späteren Bindungen zwischen Hegel und Schelling nicht in ein gemeinsames Interesse an Kants Philosophie, sondern in politische Sympathie und in das Zusammentreffen im politischen »Clubb«, dem sog. »Unsinnskollegium«: »Daß die Philosophie als solche damals eine d i r e c t e Verbindung unter ihnen begründet hätte, scheint nicht der Fall gewesen zu sein.« (R 41) Die Sympathie für die Französische Revolution war allerdings im Stift weit verbreitet – und nicht nur wegen der zahlreichen Studenten aus dem französischen, jedoch dem Herzog von Württemberg unterstehenden Mömpelgard (Montbéliard) (Jacobs 1989, 12 f.; Kondylis, 186–217). Gerade deshalb kann sie aber die Behauptung besonders enger Beziehungen zwischen Hegel und Schelling nicht stützen. Und die von Albert

Schwegler mehr ausgeschmückte als überlieferte »mythische« (R 29) Erzählung, Schelling und Hegel seien an einem schönen klaren Frühlingsmorgen »mit noch einigen Freunden auf eine Wiese unweit Tübingen gegangen und hätten dort einen Freiheitsbaum aufgerichtet«, ist jetzt durch Vergleich mit Schweglers Quelle – dem Bericht Leutweins – als Produkt seiner mythopoietischen Kraft zu verwerfen – bestenfalls als Kontamination mit einem späteren Vorgang (Plitt 3.251 f.). Nach einer anderen Nachricht sollen revolutionär gesinnte Stiftler den Freiheitsbaum am 14.7.93 errichtet haben, dem Jahrestag des Sturms auf die Bastille (StA VI.618; Beck 1947, 38) – doch hat Hegel damals Tübingen bereits verlassen; von der Zeit der Terreur (2.6.93–27.7.94) verbringt Hegel ohnehin nur noch die ersten vier Wochen in Tübingen.

An die Stelle dieser früheren mythopoietischen Ausgestaltung der Überzeugung von der Revolutionsbegeisterung »der Stiftler« treten heute quasi-historische Detailaussagen – daß etwa Hegel und Hölderlin den Untergang der »Gironde« am 31.5.93 als Katastrophe erlebt hätten (Jamme 1983, 197), oder daß »die Stiftler« die Hinrichtung Ludwigs XVI. am 21.1.93 nicht als »Vatermord«, sondern als einen (gerechtfertigten) Tyrannenmord gedeutet hätten (Bertaux 1969, 53, unter Hinweis auf StA III.63,95). Solche Behauptungen lassen eines leicht übersehen: Es gibt keine einzige zeitgenössische Aussage von oder über Hegel zu seiner damaligen Stellung zur Revolution und den in ihrem Gefolge entstandenen Richtungen – anders als etwa bei Hölderlin. Die Spärlichkeit der Überlieferung verleitet zu Generalisierungen einzelner Nachrichten. Diese zwar verständliche, aber für eine historische Forschung unakzeptable Tendenz manifestiert sich bereits im gängigen, potentielle Differenzen methodisch einebnenden Plural »die Stiftler« oder gar in der Rede von einer »Tübinger Axiomatik« (Kondylis, passim) – als ob »die Stiftler« in politischen und theologischen Dingen jeweils homogener Ansicht gewesen sein müßten.

Die Grenzen zur Mythisierung überschreitet wiederum die Rede von einer »apokalyptischen Stimmung«, »die die Schriften der Tübinger Freunde beseelt«. »Die eschatologische Erwartung, der Glaube, das Reich Gottes stehe vor der Tür und die Schicksalstunde der Menschheit habe schon geschlagen, sowie die Lust, an diesem Vorgang, in dem sich Himmel und Erde zu verschmelzen scheinen, zumindest geistig teilzunehmen, bilden die eigentliche Quelle der Inspiration der Stiftler [...]. Ihre Theologie ist Offenbarung und revolutionäres Sektierertum, ihre

Politik ist Übertragung von eschatologischen Erwartungen auf weltliche Vorgänge.« (Kondylis, 46 et passim) Diese Deutung kann sich zwar auf Hölderlins Berufung auf die »Reich-Gottes«-Losung stützen – und doch braucht man nur Hegels Briefe oder Manuskripte zu lesen, um diese Losung zu relativieren. Auch Kondylis räumt ein, daß »die apokalyptische Stimmung im Tübinger Fragment [s. Kap. II.1.1] selbst nicht ausdrücklich zur Sprache gebracht wird«; dennoch sei sie »seine tragende Kraft: sie treibt Hegel an, zur Feder zu greifen, und zwar [...] als selbstbewußter Volkserzieher« (77). Man muß sehr wenig von der ursprünglichen Bedeutung der Worte »Apokalyptik« oder »eschatologische Erwartung« wissen, wenn man sie in Verbindung mit dem Denken »der Stiftler« oder gar mit dem allgemein spätaufklärerischen Programm einer Volkserziehung bringt. – Ein plastisches, wiewohl ironisches Bild der damals im Stift und seinem weiteren Umkreis herrschenden Spannungen zwischen Revolutionsbegeisterung und Ernüchterung entwirft hingegen Pahls zeitgenössischer Roman, die Geschichte des Magisters Ulrich Höllriegel (1802).

Quellen: GW 1; Lebensdokumente in Br IV/1.17–55; HBZ 7–19; Hölderlin: Sämtliche Werke. Große Stuttgarter Ausgabe, Bd. 6,1.53,57; Gottlob Christian Storr: Adnotationes quasdam theologicas ad philosophicam Kantii de religione doctrinam. Tübingen 1793; deutsch: Bemerkungen über Kant's philosophische Religionslehre. Aus dem Lateinischen. Nebst einigen Bemerkungen des Uebersezers über den aus Principien der praktischen Vernunft hergeleiteten Ueberzeugungsgrund von der Möglichkeit und Wirklichkeit einer Offenbarung in Beziehung auf Fichte's Versuch einer Critik aller Offenbarung. Tübingen 1794, ND Bruxelles 1968. – **Literatur:** Johann Gottfried Pahl: Ulrich Höllriegel. Kurzweilige und lehrreiche Geschichte eines Württembergischen Magisters [1802]. Hg., eingeleitet und kommentiert von Johannes Weber. Frankfurt am Main 1989; R 25–41; Immanuel Hermann Fichte: Hegels philosophische Magister-Dissertation und sein Verhältniß zu Schelling. In: Zeitschrift für Philosophie und speculative Theologie 13 (1844), 142–154; Christoph Theodor Schwab: Hölderlins Leben. In: Hölderlin: Sämtliche Werke. Bd. 2. Stuttgart und Tübingen 1846, 279; Rudolf Haym: Hegel und seine Zeit. Vorlesungen über Entstehung und Entwickelung, Wesen und Werth der Hegel'schen Philosophie. Berlin 1857, 29–38; Karl Klüpfel: Geschichte und Beschreibung der Universität Tübingen. Tübingen 1849, 260–275; Eduard Zeller: Ueber Hegels theologische Entwicklung. In: Theologische Jbb 4 (1845), 192–206; K. F. A. Schelling: Schellings Leben. In: G. L. Plitt (Hg.): Aus Schellings Leben. In Briefen. 3 Bde. Leipzig 1869, Bd. 1. 1–89; Julius Klaiber: Hölderlin, Hegel und Schelling in ihren schwäbischen Jugendjahren. Eine Festschrift zur Jubelfeier der Universität Tübingen. Stuttgart 1877, ND Frankfurt am Main 1981, 61–102; Wilhelm Dilthey: Die Jugendgeschichte Hegels und andere Abhandlungen zur Geschichte des deutschen Idealismus [1905]. In: Dilthey: Gesammelte Schriften.

Bd. 4. Stuttgart 1959, 5–187; Walter Betzendörfer: Hölderlins Studienjahre im Tübinger Stift. Heilbronn 1922, 99; Adolf Beck: Aus der Umwelt des jungen Hölderlin. Stamm- und Tagebucheinträge. In: Hölderlin-Jb 1947, 18–46; Heinrich Hermelink: Geschichte der evangelischen Kirche in Württemberg von der Reformation bis zur Gegenwart. Das Reich Gottes in Wirtemberg. Stuttgart / Tübingen 1949, 310–314; Martin Leube: Das Tübinger Stift 1770–1950. Stuttgart 1954, 106–113; Gisela Schüler: Zur Chronologie von Hegels Jugendschriften. HS 2 (1963), 111–159; Dieter Henrich: Leutwein über Hegel. Ein Dokument zu Hegels Biographie. HS 3 (1965), 39–77; Martin Brecht / Jörg Sandberger: Hegels Begegnung mit der Theologie im Tübinger Stift. Eine neue Quelle für die Studienzeit Hegels. HS 5 (1969), 47–81; Pierre Bertaux: Hölderlin und die Französische Revolution. Frankfurt am Main 1969; Joachim Ritter: Hegel und die französische Revolution. In: Ritter: Metaphysik und Politik. Studien zu Aristoteles und Hegel. Frankfurt am Main 1969, 183–255; Manfred Riedel: Studien zu Hegels Rechtsphilosophie. Frankfurt am Main 1969, 1Stuttgart 21982; Hegel 1770–1970, 58–95; Hölderlin. Zum 200. Geburtstag, 84–143; Dieter Henrich: Historische Voraussetzungen von Hegels System. In ders.: Hegel im Kontext. Frankfurt am Main 1971, 41–72; Martin Brecht: Hölderlin und das Tübinger Stift 1788–1793. In: Hölderlin-Jb 18 (1973/74), 20–48; Martin Brecht: Die Anfänge der idealistischen Philosophie und die Rezeption Kants in Tübingen (1788–1795). In: Beiträge zur Geschichte der Universität Tübingen 1477–1977. Tübingen 1977, 381 ff.; Panajotis Kondylis: Die Entstehung der Dialektik. Eine Analyse der geistigen Entwicklung von Hölderlin, Schelling und Hegel bis 1802. Stuttgart 1979; Philippe Muller (Hg.): Religion et politique dans les années de formation de Hegel. Lausanne 1982; Christoph Jamme: ›Ein ungelehrtes Buch‹. Die philosophische Gemeinschaft zwischen Hölderlin und Hegel in Frankfurt 1797–1800. HSB 23 (1983); Dieter Henrich: Philosophisch-theologische Problemlagen im Tübinger Stift zur Studienzeit Hegels, Hölderlins und Schellings. In: Hölderlin-Jb 25 (1986/87), 60–92, ND in Henrich: Konstellationen. Probleme und Debatten am Ursprung der idealistischen Philosophie (1789–1795), 171–213; Wilhelm G. Jacobs: Zwischen Revolution und Orthodoxie? Schelling und seine Freunde im Stift und an der Universität Tübingen. Texte und Untersuchungen. Stuttgart-Bad Cannstatt 1989; Riccardo Pozzo: Hegel: »Introductio in philosophiam«. Dagli studi ginnasiali alla prima logica (1782–1801). Firenze 1989; Michael Franz: Schellings Tübinger Platon-Studie. Göttingen 1996; Dieter Henrich (Hg.): Immanuel Carl Diez: Briefwechsel und Kantische Schriften. Wissensbegründung in der Glaubenskrise. Tübingen / Jena (1790–1792). Stuttgart 1997; Dieter Henrich: Grundlegung aus dem Ich. Untersuchungen zur Vorgeschichte des Idealismus. Tübingen – Jena 1790–1794. Frankfurt a. M. 2004. – **Zur Schwabenväter-Legende:** Robert Schneider: Schellings und Hegels schwäbische Geistesahnen. WürzburgAumühle 1938; Ernst Benz: Johann Albrecht Bengel und die Philosophie des deutschen Idealismus. In: Deutsche Vierteljahresschrift für Literaturwissenschaft und Geistesgeschichte 27 (1953), 528–554; Günter Rohrmoser: Zur Vorgeschichte der Jugendschriften Hegels. ZphF 14 (1960), 182–208. – **Zur Kritik an ihr:** Martin Brecht / Jörg Sandberger: Hegels Begegnung mit der Theologie im Tübinger Stift. Eine neue Quelle für die Studienzeit Hegels. HS 5 (1969), 47–51; Rainer

Piepmeier: Aporien des Lebensbegriffs seit Oetinger. Freiburg / München 1978, 233 f. (Fußnote).

1.5 Übersiedelung nach Bern

Die Umstände der Übersiedelung Hegels nach Bern sind durch Hans Strahms Forschungen nahezu lückenlos erhellt. Der Berner Patrizier Carl Friedrich v. Steiger bittet zunächst den Berner Schulschreiber oder Schreibmeister, David v. Rütte, um Vermittlung bei der Bestallung eines Hauslehrers; dieser bekommt einen Magister Schwindrazheim aus Tübingen empfohlen. Ein sonst nicht weiter bekannter Berner Friedrich v. Sinner zieht bei seinem Freund (Johann Karl Friedrich?) Hauff, einem Stuttgarter, der derzeit in Tübingen lebt, Erkundigungen über diesen Kandidaten ein, der von Hauff wie auch von anderen als wenig geeignet eingestuft wird; statt seiner empfiehlt Hauff am 10.7.93 Hegel – vielleicht nicht zufällig am Tage von dessen Abreise aus Tübingen. v. Sinner teilt dies v. Rütte mit, und dieser wendet sich nun an den »Gastgeber zum goldenen Ochsen« in Stuttgart, Johannes Brodhag, der auch zuvor schon in die Vermittlung Schwindrazheims eingeschaltet gewesen ist; Brodhag zieht über Hegel Erkundigungen ein und teilt am 28.7. v. Rütte mit, daß seine Gewährsmänner »dem H.M: Hegel das Beste zeugnis gegeben, daß er ein rechtschaffener Mensch seye, u. sehr guth vor Junge Herren als Hofmeister Tauge«. Brodhag ist auch Ende August nochmals vermittelnd tätig, durch Weiterleitung des Briefes Hegels an v. Rütte vom 24.8. 93. Hier erwähnt Hegel »gegenwärtige Verhältnisse«, die es ihm nicht erlauben, »eine bestimmte Erklärung vor 14 Tagen« geben zu können, aber auch gewisse Bedenken, ob die ihm angebotenen »15 Louisd'or zur Bestreitung der notwendigen Bedürfnisse hinreichend sein werden«. In seinem Beibrief vom 25.8. präzisiert Brodhag diese Bedenken durch die Erwähnung von »25 Louisd'or Salarium«, die ein Hegel bekannter Hofmeister in Genf erhalte (HBZ 20–23). Mit Schreiben vom 11.9. teilt Hegel v. Rütte mit, die zuvor erwähnten Umstände hätten sich nun so gefügt, daß ihn nichts mehr abhalte, die Berner Stellung anzunehmen. Diese »Umstände« könnten darin liegen, daß Hegel vor einer Zusage noch die Zulassung zur vorzeitigen Prüfung durch das Stuttgarter Konsistorium und die Erlaubnis zum Verlassen Württembergs benötigt; sie könnten auch darin liegen, daß Hegel von einer Hofmeisterstelle in Schillers Umkreis (bei Frau von Kalb) gehört hat und sich die Entscheidung noch offenhalten will. Am 20.9. schreibt Gotthold Friedrich Stäudlin an Schiller, daß Hegel »bereits als Hofmeister nach Bern engagiert ist und nunmehr allen andern Absichten auf immer entsagt« und seinen Freund Hölderlin auf die Stelle bei Frau von Kalb aufmerksam gemacht habe. Auch Hölderlin kommt in seinem ersten, über Neuffer und Christiane Hegel gesandten Brief nach Bern (10.7.94) hierauf zurück: »Wäre unsere Freundschaft nicht, Du müßtest ein wenig ärgerlich sein, daß Du Dein gutes Schicksal mir abtratest.« Ob Hegel diese »Abtretung« vornimmt, weil er die Republik Bern dem abgelegenen Waltershausen vorzieht oder weil er sich dort den revolutionären Ereignissen in Frankreich näher glaubt oder ob ein dritter Grund den Ausschlag für den Vorzug Berns gibt, ist nicht mehr zu erkennen. Doch sind Hölderlins spätere Bemühungen, Hegel eine Hofmeister-Stelle in Frankfurt zu verschaffen, auch vor dem Hintergrund dieser »Abtretung« zu sehen.

Ende August, spätestens Anfang September dürfte Hegel wegen der ihm angebotenen Stellung beantragt haben, das Abschlußexamen vor dem Stuttgarter Konsistorium vorzeitig abzulegen; am 13.9. ist ihm dies »auf den 19. Sept. a. c. morgens um 8 Uhr« bewilligt worden, und am 20.9. hat Hegel die Prüfung »zur Zufriedenheit erstanden«. Vom Konsistorium wird Hegel »die Annahme einer Hofmeisterstelle bei dem Hauptmann von Steiger in Bern unter der Bedingung gestattet, daß er sich fleißig im Predigen übe, woran es ihm noch sehr fehle, und jedem Ruf in sein Vaterland sogleich Folge leiste. Man versehe sich überhaupt, daß er seiner Hauptbestimmung eingedenk das Studium der Theologie nicht vernachlässigen und dem H[ochwürdigen] Cons[istorio] von Zeit zu Zeit von seiner Lage Nachricht geben solle.« Den »Abend des Abschieds«, den 9. 10., feiert Hegel im Kreis seiner Stuttgarter Freunde; am 10.10. wird er nach Bern abgereist sein.

2 Bern (1793–1796)

2.1 Politische Lage

In Bern erwartet ihn nicht allein die ungewohnte berufliche Situation des Hofmeister-Daseins, sondern auch die ihm fremde politische Atmosphäre eines oligarchischen Patrizierstaates. Zudem ist dieser damals durch die Französische Revolution politisch gespalten in die an Preußen und England orientierte »Kriegspartei« um den Schultheißen Niklaus Friedrich Steiger und die der Entwicklung in Frankreich gegenüber freundliche »Neutralisten- oder Friedenspartei«. Aber auch abgesehen von diesen Spannungen zeichnet Hegel ein abschreckendes Bild von den politischen Zuständen Berns. Vom Urteil im Brief an Schelling vom 16.4.95 über Wahlen zum »conseil souverain«, bei denen es so menschlich zugehe, daß »alle Intrigen an Fürstenhöfen durch Vettern und Basen nichts sind gegen die Kombinationen, die hier gemacht werden«, über Carts *Vertrauliche Briefe* (s. Kap. II.3.2) zieht sich seine Kritik dieses Patriziats bis in die *Reformbill-Schrift* (GW 16.330). Als partiellen Nachhall seiner aus diesen Jahren stammenden Abneigung gegen das Berner Patriziat läßt sich auch Hegels Polemik gegen Carl Ludwig v. Haller, einen Wortführer der Restauration, in den *Grundlinien der Philosophie des Rechts* §§ 219 und 258 verstehen; Haller war zu Hegels Berner Zeit als Kommissionssekretär der Regierung tätig. Bei seiner Kritik orientiert Hegel sich aber nicht nur an der vordergründig wahrnehmbaren politischen Atmosphäre; Exzerpte aus dieser Zeit (GW 3.223–233) wie auch seine späteren Anmerkungen zu Carts *Vertraulichen Briefen* belegen, daß er sich ein fundiertes Bild der Berner Verfassung zu verschaffen sucht.

Aber nicht allein die Berner Verhältnisse beanspruchen Hegels Aufmerksamkeit – ebenso die Ereignisse in Frankreich. In den Berner Jahren werden erstmals die Grundzüge von Hegels Stellung zur Französischen Revolution faßbar, die in Tübingen noch etwas blaß geblieben sind. Am Weihnachtsabend 1794 berichtet er Schelling, er habe mit Konrad Engelbert Oelsner, dem »Verfasser der Dir wohl bekannten Briefe in Archenholz' Minerva« gesprochen (D'Hondt 1968, 7–43), der ihm »Nachricht von einigen Württembergern in Paris« gegeben habe, und ebenso, daß der Prozeß gegen (den für Massenhinrichtungen in Nantes verantwortlichen und am 16.12.94 guillotinierten) Jean Baptiste Carrier »die ganze Schändlichkeit der Robespierroten enthüllt« habe. Diese, für die Zeitgenossen insgesamt charakteristische Ambivalenz von Zustimmung zu den Idealen der Revolution und Enttäuschung über ihren Verlauf bleibt für Hegel konstant. Noch in den späten *Vorlesungen über die Ästhetik* rühmt er an Klopstocks späten Revolutionsoden, »dem Herzen des Greisen« mache »die Theilnahme an der Erscheinung Ehre, daß ein Volk die Ketten aller Art zerbrach, tausendjähriges Unrecht mit Füßen trat, und zum erstenmale auf Vernunft und Recht sein politisches Leben gründen wollte« – während ein »um so schärferer

Grimm« sich des Dichters bemächtigte, »als dieser schöne Morgen der Freiheit sich in einen greuelvollen, blutigen, freiheitsmordenden Tag verwandelte« (W X/3.477 f.). In diesen Worten schildert Hegel im Rückblick nicht weniger den Wandel seiner eigenen Stellung zur Französischen Revolution.

2.2 Hofmeister im Hause Steiger

Die spärlichen Nachrichten lassen nicht erkennen, wiewiet diese regionalen und weltpolitischen Probleme den Alltag Hegels als »Gouverneur des enfants de notre cher et féal Citoyen Steiguer de Tschougg« (Br 4/1.70) in Bern, in einem prächtigen Haus an der Junkerngasse (Nr. 51), bzw. in den Sommermonaten auf dem Landsitz in Tschugg berühren. Sein Dienstherr, der Hauptmann Carl Friedrich von Steiger, ist Angehöriger einer der führenden Patrizierfamilien, wenn auch in gewisser Distanz zur Berner Regierung. Auch über Hegels Unterricht und sein Verhältnis zu den ihm anvertrauten Kindern – der bei Dienstantritt achtjährigen Maria Catharina und dem sechsjährigen Friedrich Rudolf – ist weiter nichts bekannt. Aus dem von Strahm mitgeteilten Briefwechsel geht jedoch hervor, daß Steiger »Kenntnisse in der reformierten Religion, in den Sprachen, besonders in den französischen Schriftstellern, über Naturgeschichte, Geschichte, Geographie und Arithmetik«, ferner »gute Conduite und Kenntnisse in der Musik« erwartet. Dem einzigen erhaltenen Brief Hegels an seinen Dienstherrn (9.7.95) läßt sich lediglich entnehmen, daß er, wie auch sonst bei Hofmeistern üblich, bei Abwesenheit des Hausherrn neben den pädagogischen Aufgaben Aufsichtsfunktionen für das Hauswesen, etwa über die Arbeiten in der Kiesgrube, wahrnehmen und darüber berichten muß. So ist es nicht unverständlich, daß er gegenüber Schelling klagt, seine »zu heterogene und oft unterbrochene Beschäftigung« lasse ihn »zu nichts Rechtem kommen« (24.12.94, ähnlich Ende Januar 1795). Eine Konfliktsituation läßt sich hieraus nicht ersehen; nur ein Brief des Bruders von Hegels Dienstherrn an diesen deutet eine Mißstimmung an – doch stammt dieser Brief vom 7.11.96, also aus der Zeit von Hegels Weggang von Bern; sie könnte hierdurch – aber auch durch mannigfache andere Gründe – veranlaßt sein. Ein vages Indiz für den Hintergrund der Mißstimmung könnte in dem Anflug von Resignation hinsichtlich seines Berner Erziehungserfolgs zu erkennen sein, die er gleichzeitig (November 1796) gegenüber Hölderlin im Blick auf seinen bevorstehenden

Wechsel zur Familie Gogel und seine künftigen Zöglinge ausspricht: »den Kopf derselben mit Worten und Begriffen zu füllen, gelingt zwar gewöhnlich, aber auf das Wesentlichere der Charakterbildung wird ein Hofmeister nur wenig Einfluß haben können, wenn der Geist der Eltern nicht mit seinen Bemühungen harmoniert.«

Zu dieser Klage über die Hofmeister-Situation tritt die Klage über die »Entfernung von den Schauplätzen literarischer Tätigkeit« hinzu. Schelling gegenüber betont Hegel, »wie wohl es mir tut, in meiner Einsamkeit von Dir und meinen andern Freunden von Zeit zu Zeit etwas zu hören« (30.8.95). Strahm und Bondeli haben den daraus entstandenen und insbesondere durch Hugo Falkenheim gezeichneten negativen Eindruck abzuschwächen gesucht durch Verweis auf die reiche Bibliothek in Tschugg wie auch auf die Berner Burger-Bibliothek und das damalige geistige Leben Berns. Doch bleibt die Frage offen, wiewiet Hegels Stellung es ihm ermöglicht hat, an diesem Leben teilzunehmen. Die Grüße, die Hölderlin und Schelling mehrfach an den Tübinger Kompromotionalen Friedrich Heinrich Wolfgang Mögling auftragen, der ebenfalls als Hofmeister in Bern, oder, wie Schelling ironisch schreibt, »auf seinem Dörfchen« wirkt (Br 1.10,13,29,34,36), deuten auf eine zumindest gelegentliche Verbindung; es ist jedoch nur bekannt, daß Mögling auch im Hause Steiger verkehrt hat. So bleibt als Nachricht über Hegels gesellige Kontakte nur Rosenkranz' Hinweis auf den früheren Bildhauer und Stukkateur Johann Valentin Sonnenschein, damals Professor für »akademische Zeichnung«, einen aus seiner Heimat geflohenen und nun in Bern ansässigen Schwaben, in dessen Familie Klavier gespielt wird und insbesondere Schillers Gedichte gesungen werden (R 43). Hölderlin erwähnt am 10.7.94 den Aufenthalt von Emilie von Berlepsch und Jens Baggesen in Bern und bittet, daß Hegel »recht viel von beiden« schreiben solle – doch erwähnt Hegel sie in den erhaltenen Briefen nie. Auch mit dem Kreis um den Aufklärungsphilosophen Philipp Albert Stapfer scheint Hegel nicht in Berührung gekommen zu sein. Ein Grund für diese Isolierung mag in den gesellschaftlichen Problemen liegen, die mit seiner Tätigkeit als Hofmeister verbunden sind; aber auch die langen Sommeraufenthalte auf dem Landsitz der Familie Steiger in Tschugg, nahe dem Bieler See, mögen der Pflege der Berner Geselligkeit nicht eben förderlich gewesen sein.

Diese Aufenthalte dürften Hegel jedoch durch die dortige reiche Bibliothek entschädigt haben. Gleichwohl versteckt sich hinter seiner Klage über die »Entfernung von mancherlei Büchern«, oder daß ihm »Gebrauch einer Bibliothek abgeht« (16.4.95), wohl nicht bloß der Wunsch nach Entschuldigung für seine Unproduktivität, für sein philosophisches Zurückbleiben hinter den Freunden, die teils in Tübingen, teils in der Nähe Jenas an den philosophischen Zeitereignissen unmittelbaren Anteil nehmen. Denn trotz aller Schätze, die diese Bibliothek fraglos birgt – wie sich aus dem von Schneider und Waszek veröffentlichten späteren Versteigerungskatalog ersehen läßt –, fehlen in ihr doch diejenigen Werke, an denen sich der rasche Gang der damaligen Diskussion verfolgen läßt, die den Briefwechsel Hegels mit Hölderlin und Schelling bestimmt.

2.3 Briefwechsel mit Hölderlin und Schelling

Dieser Briefwechsel setzt erst spät ein – mit Hölderlins Brief vom 10.7.94 bzw. Hegels Brief an Schelling vom 24.12.94 – also ein Jahr bzw. eineinhalb Jahre nach seinem Weggang aus Tübingen. Hegels erster Brief an Schelling ist veranlaßt durch seine Lektüre von dessen Abhandlung *Ueber Mythen, historische Sagen und Philosopheme der ältesten Welt* in Paulus' *Memorabilien* (AA I/1.183–246). Hegel findet Schelling hier auf dem »alten Wege […], wichtige theologische Begriffe aufzuklären und nach und nach den alten Sauerteig auf die Seite zu schaffen zu helfen« (24.12.94). Auffallend im Briefwechsel ist die Differenz der Sichtweisen: Schelling führt beredte Klage über die korrumpierende Adaptation der Kantischen Philosophie durch die Tübinger Theologie, die nun »alle möglichen Dogmen« »zu Postulaten der praktischen Vernunft« stempelt und den moralischen Gottesbeweis so »an der Schnur zu ziehen« weiß, daß als deus ex machina »das persönliche, individuelle Wesen, das oben im Himmel sitzt«, hervorspringt (6.1.95). Hegel geht zwar darauf ein – aber nicht auf die von Schelling beklagte Manipulation der praktischen Vernunft, sondern er gibt dem Thema eine religionspolitische Wendung: Die Orthodoxie sei »nicht zu erschüttern, solang ihre Profession mit weltlichen Vorteilen verknüpft in das Ganze eines Staats verwebt ist« (Ende Januar 1795). Auch im Brief vom 16.4.95 schlägt er dieses Thema an: »Religion und Politik haben unter e i n e r Decke gespielt, jene hat gelehrt, was der Despotismus wollte, Verachtung des Menschengeschlechts, Unfähigkeit desselben zu irgend einem Guten, durch sich selbst etwas zu sein.« Wie in dieser Analyse ein Nachhall von

Kants *Was ist Aufklärung?* mitschwingt, so auch in Hegels Versuch, diese Situation mit Kant zu bewältigen: Er habe seit einiger Zeit »das Studium der Kantischen Philosophie wieder hervorgenommen« (Ende Januar 1795). Entgegen Schellings Diagnose, »daß die Theologie, welche schon hektisch zu werden anfing, nun bald gesünder und stärker als jemals einhertreten wird«, äußert Hegel die Zuversicht, daß die Theologen, indem sie »dem Kantischen Scheiterhaufen« kritisches »Bauzeug« »entführen, um die Feuersbrunst der Dogmatik zu verhindern«, »immer auch brennende Kohlen«, nämlich philosophische Ideen heimtragen und verbreiten. Schellings enthusiastischer Hoffnung auf Fichte setzt Hegel etwas distanziert entgegen, daß Fichtes *Versuch einer Kritik aller Offenbarung* der theologischen Mißdeutung Kants »Tür und Angel geöffnet« habe. Statt die Wurzeln dieses »Unfugs« bereits in Kants Postulatenlehre zu finden, bemerkt er vielmehr, wenn er Zeit hätte, würde er untersuchen, »wieweit wir – nach Befestigung des moralischen Glaubens die legitimierte Idee von Gott jetzt rückwärts brauchen, z. B. in Erklärung der Zweckbeziehung u. s. w., sie von der Ethikotheologie her jetzt zur Physikotheologie mitnehmen und da jetzt mit ihr walten dürften.« Mit diesem Programm ist er nicht so weit entfernt von der Aneignung Kants durch die Tübinger Theologie. Er hält auch fest an dem von Kant erhobenen Anspruch, das Dasein eines persönlichen Gottes wenigstens mit den Mitteln der Ethikotheologie zu sichern, und fragt deshalb etwas verständnislos bei Schelling nach, ob dieser denn glaube, daß wir nicht bis zum Gedanken des individuellen, persönlichen Wesens hinreichten. Wohl um Hegel nicht zu kränken, wendet Schelling diese Rückfrage so, als habe jener sich nur hinsichtlich Schellings Denkart zu vergewissern gesucht, da es für Hegel, als den Vertrauten Lessings, ja als entschieden gelten müsse, daß die orthodoxen Begriffe von der Gottheit nicht mehr für uns seien – und er fügt dem das Bekenntnis hinzu, er sei inzwischen Spinozist geworden (4.2.95).

Während Hegel noch vom »Kantischen System und dessen höchster Vollendung […] eine Revolution in Deutschland« erwartet und zu einem »neuern Studium der Postulate der praktischen Vernunft« ansetzt (16.4.95), gelingt es ihm nur mühsam, die philosophische Revolution nachzuvollziehen, über die ihm Hölderlin und Schelling berichten. Ihr erstes Moment liegt in Fichtes *Grundlage der gesamten Wissenschaftslehre* (1794/95) – doch während die Freunde in der Rezeption bereits fortgeschritten sind und Schelling sogar in zwei Schriften auf Fichte repliziert hat, nimmt Hegel sich am 16.4.95 erst vor, die *Wissenschaftslehre* »auf den Sommer zu studieren«. Hegel ignoriert zunächst auch ihr zweites Moment, die durch Jacobis *Ueber die Lehre des Spinoza in Briefen an den Herrn Moses Mendelssohn* wider Willen ausgelöste Spinoza-Renaissance der 1790er Jahre – obgleich er Spinozas Philosophie zumindest am Ende seiner Gymnasialzeit in der Rezension einer Schrift Rehbergs begegnet ist (GW 3.192). Auf Schellings Bekenntnis zu Spinoza geht Hegel in seinem Antwortschreiben mit keinem Wort ein. Deshalb verfehlt er auch das dritte Moment dieser Revolution, die Gleichsetzung von Fichtes »absolutem Ich« mit Spinozas Substanz in den Briefen Schellings vom 6. 1. und 4.2.95 sowie Hölderlins vom 26.1. 95.

Es ist aber nicht nur Hegels Entfernung von den literarischen Schauplätzen, die ihn hinter den Freunden zurückbleiben läßt: Die neueren Bemühungen, in »tiefere Tiefen einzudringen«, scheinen ihm mehr »nur für die theoretische Vernunft von näherer Bedeutung als von großer Anwendbarkeit auf allgemeiner brauchbare Begriffe zu sein«. »Ich kenne daher diese Bemühungen in Ansehung ihres Zwecks nicht näher« (Ende Januar 1795). Er bleibt am Kantischen Sollen orientiert (16.4.95) und antwortet auf die von Schelling angeschnittenen Probleme mehrfach mit Worten des »Lebensläufers«, d. h. aus Theodor v. Hippels Roman *Lebensläufe in aufsteigender Linie*; hingegen geht er nur um »wenigstens den guten Willen« zu beweisen, auf Schellings Fichte-Rezeption ein (30.8.95).

Die Überlegungen zur Ethikotheologie und Physikotheologie und zur Idee der Vorsehung, die Hegel Ende Januar 1795 gegenüber Schelling äußert, muß er zuvor schon Hölderlin mitgeteilt haben, denn dieser bestärkt Hegel bereits am 26.1.95 in seinem Vorhaben, wenn auch nicht ohne kritischen Unterton: »Daß Du Dich an die Religionsbegriffe machst, ist gewiß in mancher Rücksicht gut und wichtig; den Begriff der Vorsehung behandelst Du wohl ganz parallel mit Kants Teleologie.« Auf diesen Plan dürfte Hegel in seinem Brief an Schelling vom 30.8.95 zurückblicken: »Ich war einmal im Begriff, es mir in einem Aufsatz deutlich zu machen, was es heißen könne, sich Gott zu nähern, und glaubte, darin eine Befriedigung des Postulats zu finden, daß die praktische Vernunft der Welt der Erscheinungen gebiete, und der übrigen Postulate.« Keines der überlieferten Fragmente läßt sich mit diesem »Aufsatz« identifizieren, wenn auch das Thema GW 1.105 anklingt und GW 1.195 unter Rekurs auf Schelling wieder aufgenommen wird.

Hegels Berner Jahre werden von zwei Reisen unterbrochen. Die erste läßt sich nur erschließen: Am 15. Mai 1795 stellt die Berner Kanzlei Hegel einen Paß für eine Reise nach Genf aus, und am 23. Mai erhält Hegel bei seiner Rückreise eine »Torbescheinigung« (Br 4/1.70 f.). Als Grund dieser – nirgends von ihm erwähnten – Reise mag man seine Hochschätzung Rousseaus vermuten – aber ebensogut einen Besuch bei einem ihm bekannten Hofmeister (Br 1.433). Die zweite Reise unternimmt Hegel vom 25.–31.7.96 gemeinsam mit drei sächsischen Hofmeistern; hierüber informiert sein durch Rosenkranz überlieferter ausführlicher *Bericht über eine Alpenwanderung* (s. Kap. II.2.5).

2.4 Übergang nach Frankfurt

Zu dieser Zeit erwartet Hegel sehnlichst die Gelegenheit, Bern verlassen zu können. Die Pläne für diesen Wechsel reichen weit zurück: Hölderlins Brief vom 25.11.95 läßt erkennen, daß er sich schon zuvor bemüht hat, Hegel eine Hofmeisterstelle in Frankfurt zu vermitteln, während dieser sich zur gleichen Zeit auch mit dem Gedanken an eine Repetentenstelle in Tübingen trägt – wovor Hölderlin ihn am 24.10.96 durch ein abstoßendes Bild warnt: »Das Stipendium riecht durch ganz Württemberg und die Pfalz herunter mich an wie eine Bahre, worin schon allerlei Gewürm sich regt.«

»Anfang des Sommers« 1796 unterrichtet Hölderlin, wie er ebenfalls am 24.10.96 erinnert, Hegel erstmals über die Hofmeisterstelle im Hause Noë Gogels. Auf diesen (verlorenen) Brief geht die im Gedicht *Eleusis* (s. Kap. II.2.6) gestaltete Erwartung des Wiedersehens mit Hölderlin zurück. Auch Schelling bemüht sich zu dieser Zeit um eine Stelle für Hegel in Jena oder Weimar, weiß aber bereits am 20.6.96 durch Johann Gottlob Süsskind, daß Hegel die Stelle in Frankfurt vorziehen würde. Am 24.10.96 kann Hölderlin endlich dem Freund mitteilen, daß die Stelle im Hause Gogel für ihn bereitstehe. Hegel folgt erfreut Hölderlins Ruf, teilt diesem aber im November 1796 mit, daß er erst »gegen das Ende des Jahres« seine Berner Stellung verlassen und nicht früher als Mitte Januar in Frankfurt ankommen könne. Am 10.1.97 genehmigt das Stuttgarter Konsistorium Hegels Übersiedelung nach Frankfurt (Br 4/1.71); unter demselben Datum berichtet Hölderlin jedoch bereits Johann Gottfried Ebel, Hegel sei inzwischen eingetroffen (HBZ 33).

Den Jahreswechsel verbringt Hegel bei seinem Vater und seiner Schwester in Stuttgart; hier lernt er

auch deren Freundin Nanette Endel kennen, die damals im Hause des Vaters lebt. Sie hat in einem, an
Hegels Schwester Christiane gerichteten Gedicht zu
Hegels 57. Geburtstag nicht allein berichtet, daß sie
für seine Krawatten gesorgt habe und genötigt gewesen sei, seinen Kuß abzuhalten, sondern auch, er habe
»In des 96er Jahres letzter Stunde« aus Karoline v.
Wolzogens Roman »Agnes von Lilien« vorgelesen, soweit er 1796 in Schillers *Horen* erschienen war (HBZ
28 f.): »Wir ließen Schlaf und Traum, / Wagten zu atmen kaum, / Aug und Ohr hing an seinem Munde.«

Mehrere Quellen belegen übereinstimmend eine
psychische Veränderung Hegels durch die Berner
Jahre. Schelling diagnostiziert und kritisiert an Hegel
bereits am 20.7.96 einen »Zustand der Unentschlos-
senheit und […] sogar Niedergeschlagenheit«, und
auch Hölderlin warnt Hegel am 20.11.96: »Ich sehe,
daß Deine Lage Dich auch ein wenig um den wohl-
bekannten immerheitern Sinn gebracht hat.« Auf diese Phase dürfte sich Hegels Rückblick im Brief an
Windischmann (27.5.10) beziehen: »Ich kenne aus
eigner Erfahrung diese Stimmung des Gemüts oder
vielmehr der Vernunft, wenn sie sich einmal mit Interesse und ihren Ahndungen in ein Chaos der Erscheinungen hineingemacht hat […]. Ich habe an dieser Hypochondrie ein paar Jahre bis zur Entkräftung
gelitten; jeder Mensch hat wohl überhaupt einen solchen Wendungspunkt im Leben, den nächtlichen
Punkt der Kontraktion seines Wesens, durch dessen
Enge er hindurchgezwängt und zur Sicherheit seiner
selbst befestigt und vergewissert wird«. Und auch Hegels Schwester Christiane erinnert sich noch nach
seinem Tod hieran: »Herbst 1793 Schweiz, über 3 Jahre; kam in sich gekehrt zurück, nur im traulichen Zirkel fidel. Anfang 1797 nach Frankfurt.« (HBZ 27)

Text: GW 1, GW 3.221–233; Br 1.4–6,9–45. – Literatur: R
41–80; Hugo Falkenheim: Eine unbekannte politische
Druckschrift Hegels. In: Preußische Jahrbücher 138 (1909),
193–210, ND in: Schneider / Waszek (Hg.):
Hegel in der Schweiz (1793–1796). Frankfurt am Main u. a.
1997, 261–285; Hans Strahm: Aus Hegels Berner Zeit. In:
Archiv für Geschichte der Philosophie 41 (1932), 514–533,
ND in: Schneider / Waszek (Hg.): Hegel in der Schweiz
(1997), 287–316; Paul Chamley: Les origines de la pensée
économique de Hegel. HS 3 (1965), 228 ff.; Hans Haeberli:
Die Bibliothek von Tschugg und ihre Besitzer. In: Festgabe
Hans v. Greyerz zum 60. Geburtstag 5. April 1967. Hg. von
E. Walder, P. Gilg, U. Im Hof, B. Mesmer. Bern 1967, 731–
745; Jacques D'Hondt: Hegel secret. Recherches sur les
sources cachées de la pensée de Hegel. Paris 1968, 7–43:
»Minerva«; deutsch: Verborgene Quellen des Hegelschen
Denkens. Berlin 1972; Ludwig Hasler: Aus Hegels philosophischer Berner Zeit. HS 11 (1976), 205–211; Wilhelm Raimund Beyer: Aus Hegels Berner Zeit. In: Deutsche Zeitschrift für Philosophie 26 (1978), 246–250; Martin Bondeli:

Hegel in Bern. HSB 33 (1990); Christoph Jamme / Helmut
Schneider (Hg.): Der Weg zum System. Materialien zum
jungen Hegel. Frankfurt am Main 1990; Cinzia Ferrini: Die
Bibliothek in Tschugg: Hegels Vorbereitung für seine frühe
Naturphilosophie. In: Schneider / Waszek (Hg.): Hegel in
der Schweiz (1997), 237–259; Catalogue de la précieuse bi-
bliothèque de feu M. l'Avoyer Christoph de Steiger de
Tschugg. […] Ebd. 319–379; Alexandra Birkert: Hegels
Schwester. Auf den Spuren einer ungewöhnlichen Frau um
1800. Ostfildern 2008, 88–92. – **Zur Französischen Revo-**
lution: Quellen: GW 3.217 f. – **Literatur:** Georg Lukács:
Der junge Hegel. Über die Beziehungen von Dialektik und
Ökonomie. Zürich / Wien 1948; Joachim Ritter: Hegel und
die Französische Revolution. Köln / Opladen 1957, ND
Frankfurt am Main 1965 sowie in Ritter: Metaphysik und
Politik. Frankfurt am Main 1969; Jacques D'Hondt: Hegel
secret; Andreas Wildt: Hegels Kritik des Jakobinismus. In:
Oskar Negt (Hg.): Aktualität und Folgen der Philosophie
Hegels. Frankfurt am Main 1971, 269–296; Jürgen Haber-
mas: Hegels Kritik der Französischen Revolution. In: Theo-
rie und Praxis. Sozialphilosophische Studien. Neuwied /
Berlin 1967, 89–107; Henry Silton Harris: Hegel and the
French Revolution. In: Clio 7 (1977), N. 1, 5–17; Norbert
Waszek: 1789, 1830 und kein Ende. Hegel und die Französische Revolution. In: U. Herrmann / J. Oelkers (Hg.): Französische Revolution und Pädagogik der Moderne. Weinheim / Basel 1990, 347–359.

3 Frankfurt (1797–1800)

3.1 Hofmeisterleben und Geselligkeit

Die bereits für die Tübinger wie auch für die Berner
Zeit charakteristische Diskrepanz zwischen dem
philosophischen Ertrag dieser Perioden und dem,
was aus ihnen von Hegels Leben bekannt ist, gilt verstärkt für die Frankfurter Zeit. Die überraschende
Dürftigkeit der Quellen wird überspielt durch volu-
minöse, mittels einer Addition von Informationen
unterschiedlicher Herkunft fast schon romanhaft
ausgeschmückte Kollagen: Die jeweils zu einer der
Personen aus Hegels Lebenskreis überlieferten Nachrichten werden summiert, mit der Versicherung,
»die Freunde« hätten so gedacht, die Lektüre des einen müsse auch der andere geteilt haben, und an einem Vorgang, der aus dem Leben des einen berichtet
wird, müsse der andere ebenso teilgenommen haben. Auf diese Weise entsteht auch aus kargen Quellen ein gleichwohl dichtes und farbenfreudiges, methodologisch allerdings fragwürdiges Bild.

Über die Bedingungen seiner Hauslehrertätigkeit
im Hause des Weinhändlers und späteren Senators
Noë Gogel berichten lediglich Hölderlins Briefe nach

Bern vom 24.10. und 20.11.96: Herr und Frau Gogel seien »anspruchslose, unbefangene, vernünftige Menschen«, die trotz ihrer gesellschaftlichen Stellung und ihres Reichtums »doch größtenteils sich selbst leben«. Hegel werde »zwei gute Jungen zunächst zu bilden haben, von neun bis zehn Jahren«, daneben aber auch einige Mädchen, und Hölderlin beruhigt Hegel wegen der zu befürchtenden zusätzlichen pädagogischen Aufgabe, daß auch er sich gern »mit so einem guten Dinge eine Viertelstunde« unterhalten, und dieses wohl behalten werde, daß Deutschland in Europa liege. Hegel werde »durchgängig ungeniert« leben können in Gogels Haus, »das eines der schönsten in Frankfurt ist und auf einem der schönsten Plätze in Frankfurt, dem Roßmarkte, steht«. Hegel werde dort, »was nicht unwichtig ist, ein eigenes Zimmer bewohnen«, ein Gehalt von 400 Gulden sowie die Reisekosten erhalten und »sehr guten Rheinwein oder französischen Wein über Tisch trinken«. Gegenüber Nanette Endel bestätigt Hegel am 9.2.97 Hölderlins Bemerkungen hinsichtlich der Familie Gogel: »der Ton in unserem Haus ist gleich weit entfernt von Steifheit als von müßigen geist- und herzlosen Gesprächen; was getan, gesagt wird, kommt aus Freundschaft und Heiterkeit«. Und auch dem Berner Freund Sonnenschein teilt Hegel mit, daß es ihm gut gehe (R 80).

Aus Frankfurt haben sich – neben dem Brief an Schelling vom 2.11.00 – nur Hegels Briefe an Nanette Endel erhalten. Sie zeichnen ein nicht sehr tiefgründiges Bild seines Lebens: die Lektüre der Fortsetzungen des Romans *Agnes von Lilien*, den Besuch von Bällen, denen Hegel »sehr gut« ist, aber auch der Komödie – zumindest einmal wöchentlich – und der Oper; namentlich genannt werden die *Zauberflöte* und der *Don Juan*, auf den Hegel »der Musik wegen sehr begierig« ist. Andererseits spricht er gesellschaftskritisch-rousseauistisch »von den Schlacken, die die Gesellschaft, das Stadtleben, die daraus entspringende Zerstreuungssucht in uns einmischt«, und preist der Freundin das Landleben: wie er sich auf dem Lande im Arme der Natur mit sich selbst und den Menschen aussöhnte, so flüchte er sich nun »oft zu dieser treuen Mutter, um bei ihr mich mit den Menschen, mit denen ich in Frieden lebe, wieder zu entzweien und mich unter ihrer Aegide von ihrem Einflusse zu bewahren und einen Bund mit ihnen zu hintertreiben.« Und er gesteht der Freundin: »Seit Sie mich nicht mehr zur Frömmigkeit anhalten, ist es ganz aus damit; ich komme an den Kirchen immer nur vorbei« (13.11.97). Statt dessen erwähnt er das Baden im Main (das er auch in einem »seinsollenden« Gedicht *Mondscheinbad* vom 21.8.00 verherr-

licht, GW 2.610), aber auch einen Besuch in Mainz im Frühjahr 1798, nach dem er die Verwüstungen durch das Vordringen der französischen Revolutionstruppen schildert – ohne jegliche politische Kommentierung, als ob es sich bei ihnen um ein Naturereignis gehandelt hätte. Vom 19.–22.9.00 besucht er, wie wiederum ein Reisepaß belegt, nochmals das inzwischen französisch gewordene Mainz (Br 4/1.77) – wobei sich über den Zweck seiner Reise nur Mutmaßungen anstellen lassen.

Gesellige Kontakte unterhält Hegel in Frankfurt zu Wilhelm Friedrich Hufnagel, damals Senior des Geistlichen Ministeriums in Frankfurt, dessen Gattin Caroline die Tochter von Hegels Taufpaten Johann Friedrich Breyer (eines Vetters seines Vaters) ist. Auch wenn die Behauptung nicht belegt werden kann, daß Hegel wie auch andere berühmte Männer der Fürsprache Hufnagels, »welche sie als Hauslehrer in Frankfurter Familien einführte, wichtige Verbindungen, Mittel zu weiterer Fortbildung und damit den Weg zu ihrem Ruhme« verdankten (HBZ 35), so beweist doch Hegels Brief vom 30.12.01 aus Jena – mit Dank für »Schuhe, Tee, Geld, Würste« – ein sehr herzliches Verhältnis.

Rosenkranz berichtet ferner, daß Hegel, »als ein ächter Faust«, damals einen Pudel gehalten habe, dessen »Nothwendigkeit« er akkurat in Versen beschrieben habe, »welche wahrscheinlich nach seiner Intention Distichen sein sollten« (R 83). Auch über die weiteren problematischen Resultate der poetischen Ambitionen Hegels fällt Rosenkranz ein – verständliches – vernichtendes Urteil. Günstiger fällt sein Hinweis auf Hegels philosophische Interessen aus: Damals noch vorhandenen Bücherrechnungen entnimmt Rosenkranz, daß Hegel »vorzüglich S c h e l l i n g s Schriften und G r i e c h i s c h e C l a s s i k e r in den besten, neuesten Ausgaben kaufte. Besonders muß er den P l a t o n und S e x t u s E m p i r i k u s viel studirt haben« (R 100).

3.2 »Bund der Geister«

Eigentümlich ist es, daß keines der aus Hegels Umkreis erhaltenen Zeugnisse die in der heutigen Forschung zum Frankfurter Hegel vielbesprochene Konstellation berührt: den Frankfurt-Homburger »Bund der Geister« mit Hölderlin, Jacob Zwilling und Isaak von Sinclair. Sinclair hat sich im Oktober 1792 an der Universität Tübingen für Rechtswissenschaften immatrikuliert; Hölderlins Hinweis im Brief an Hegel vom 25.11.95 läßt eine Bekanntschaft

Hegels mit Sinclair aus dieser Zeit vermuten. Nach einem Studium in Jena steht er seit 1796 im Dienst des Landgrafen von Hessen-Homburg. Auch Rosenkranz' Hinweise lassen eine Bedeutung dieses Kreises nicht erahnen; als Bekannte in dieser Zeit erwähnt er ferner – ohne Quellen anzugeben – Friedrich Muhrbeck, Johann Erich v. Berger (wohl nur wegen seiner Verlesung »Berger« statt »Breyer«, R 144), Johann Erichson (*1777, damals Student der Theologie in Jena und Greifswald) und Johann Benjamin Erhard (der damals aber Arzt in Ansbach und seit 1799 in Berlin war; siehe ADB 6.201). Daß Hegel zu Joseph Franz Molitor, Nicolaus Vogt und Johann Gottfried Ebel hingegen kein persönliches Verhältnis gehabt habe (R 81), entnimmt Rosenkranz wahrscheinlich Sinclairs Brief vom 16.8.10 – wobei sein Hinweis auf Ebel nicht berücksichtigt, daß dieser ohnehin 1796–1802 in Paris gelebt hat.

Die vielfältigen und voluminösen Studien zu diesem Freundschaftsbund verdecken das Schweigen der überlieferten Quellen – insbesondere was Hegels Stellung in diesem Kreis betrifft. Dies bestätigt indirekt auch noch die jüngste Darstellung dieses Bundes (Waibel 2002). Um dem abzuhelfen, erlangen sogar dubiose Quellen großes Gewicht: Dieter Henrich und Hannelore Hegel deuten Sinclairs Reportage-Gedicht *Die Bekanntschaft* auf eine Begegnung mit Hegel (1797), Otto Pöggeler (1983) und Christoph Jamme auf eine Begegnung mit Friedrich Schlegel (1806) – und dies mit besseren Argumenten. Hölderlins Briefe bieten zwar einen Hinweis auf sein Verhältnis zu Hegel, aber keinen Einblick in den damaligen »Bund der Geister«. An Neuffer schreibt er am 16.2.97: »Hegels Umgang ist sehr wohlthätig für mich. Ich liebe die ruhigen Verstandesmenschen, weil man sich so gut bei ihnen orientiren kann, wcnn man nicht recht weiß, in welchem Falle man mit sich und der Welt begriffen ist«. Bereits am 20.11.96 prophezeit er Hegel: »Du bist so manchmal mein Mentor gewesen, wenn mein Gemüt zum dummen Jungen mich machte, und wirst's noch manchmal sein müssen.« In den anderen noch erhaltenen Briefen des Freundeskreises – Sinclairs oder Zwillings – wird Hegel nicht erwähnt. 1797 erscheint Hölderlins *Hyperion*, und Hegel besitzt ein Exemplar – aber es gibt kein Zeugnis, wie er Hölderlins Dichtung gelesen hat. Einige wenige Hinweise gibt Hegels späterer Briefwechsel mit Sinclair – aber Hegels Briefe an Sinclair sind vernichtet. Im Entwurf eines Briefes an Sinclair vom Oktober 1810 läßt Hegel den ihm persönlich unbekannten Molitor grüßen und sich entschuldigen, weil er für die Zusen-

dung eines Aufsatzes nicht gedankt habe; und er fährt fort: »Grüße mir auch den hohen Feldberg und Alkin, nach dem ich von dem unglückseligen Frankfurt so oft und so gern hinübersah, weil ich Dich an ihrem Fuße wußte.«

Dem entspricht auch das ausführlichste Zeugnis; es stammt aus späterer Zeit und von einer am »Bund der Geister« Unbeteiligten. Die Prinzessin Wilhelm von Preußen, geb. Marianne von Hessen-Homburg, notiert 1830 nach einem Essen mit dem »weltberühmten Professor Hegel« in ihrem Tagebuch, sie habe Hegel auf Sinclair angesprochen: »da sprach er von ihm, von Bonamös [sc. dem Frankfurter Vorort Bonames], von seinen Wanderungen mit ihm auf unseren Bergen, nannte jeden beim Namen – da fing er von Hölderlin an, der für die Welt verschollen ist – von seinem Buch Hyperion« (GW 2.659).

Literatur: Käthe Hengsberger: Isaak von Sinclair, der Freund Hölderlins. Berlin 1920; Ludwig Strauß: Jacob Zwilling und sein Nachlaß. In: Euphorion 29 (1928), 368–396; Dieter Henrich: Hegel und Hölderlin. In ders.: Hegel im Kontext (1971), 9–40; Hannelore Hegel: Isaak von Sinclair zwischen Fichte, Hölderlin und Hegel. Ein Beitrag zur Entstehungsgeschichte der idealistischen Philosophie. Frankfurt am Main 1971; dies.: Reflexion und Einheit. Sinclair und der »Bund der Geister« – Frankfurt 1795–1800. In: Rüdiger Bubner (Hg.): Das älteste Systemprogramm. HSB 9 (1973), 91–106; Otto Pöggeler: Hölderlin, Hegel und das älteste Systemprogramm. Ebd. 211–259; Pöggeler: Sinclair – Hölderlin – Hegel. Ein Brief von Karl Rosenkranz an Christoph Th. Schwab. HS 8 (1973), 9–53; Pöggeler: Hegels praktische Philosophie in Frankfurt. HS 9 (1974), 73–107; Christoph Jamme (Hg.): Sinclairs Briefe an Hegel 1806/07. HS 13 (1978), 17–52; Jamme: »Ein ungelehrtes Buch« (1983); Jamme / Pöggeler (Hg.): Homburg vor der Höhe in der deutschen Geistesgeschichte. Stuttgart 1981; Jamme / Pöggeler (Hg.): »Frankfurt aber ist der Nabel dieser Erde«. Das Schicksal einer Generation der Goethezeit. Stuttgart 1983; Jakob Zwillings Nachlaß. Eine Rekonstruktion. Mit Beiträgen zur Geschichte des spekulativen Denkens. Hg. und erläutert von Dieter Henrich und Christoph Jamme. HSB 28 (1986); Isaak von Sinclair. Politiker, Philosoph und Dichter zwischen Revolution und Restauration. Anhand von Originaldokumenten dargestellt von Christoph Jamme. Bonn 1988; Violetta Waibel: »Bund unserer Geister«. In: Ulrich Gaier u. a.: »Wo sind jetzt Dichter?« Homburg, Stuttgart 1798–1800 (= Hölderlin Texturen 4). Tübingen 2002, 24–55.

3.3 Literarische Projekte

Trotz der fehlenden direkten Zeugnisse ist es nicht zweifelhaft, daß der Frankfurt-Homburger Freundeskreis große Bedeutung für die Entwicklung von Hegels Philosophie gehabt hat – insbesondere für die

im weiten Sinn religionsphilosophischen Manuskripte. Auch die Ausarbeitung der Schrift über die
Verfassung Deutschlands dürfte in diesem Freundeskreis zumindest insofern eine Wurzel haben, als Sinclair seit 1796 im Dienst des Landgrafen von Homburg steht und in dieser Funktion in die damaligen
diplomatischen Aktivitäten verstrickt ist; so nimmt
er 1798 auch am Rastatter Kongreß teil. Doch nicht
alle damaligen Projekte Hegels lassen sich auf diesen
Kreis zurückführen. Das rege politische Interesse,
das er bereits in Bern ausgebildet hat, führt im Jahr
1798 zur ersten Publikation: Er veröffentlicht anonym *Vertrauliche Briefe über das vormalige staatsrechtliche Verhältniß des Waadtlandes (Pays de Vaud)
zur Stadt Bern* – die mit Anmerkungen versehene
Übersetzung einer Streitschrift Jean-Jacques Carts
gegen die Politik des Berner Patriziats (s. Kap. II.3.2).
Die Anonymität wird zwar schon in Meusels *Gelehr-
tem Teutschland* von 1805 gelüftet (HBZ 57), doch
wird Hegels Verfasserschaft erst durch Hugo Falkenheim allgemein bekannt. Die Veröffentlichung einer
nur noch fragmentarisch erhaltenen Flugschrift über
die politischen Verhältnisse in Württemberg hat Hegel vermutlich auf den Rat seiner Freunde hin unterlassen (s. Kap. II.3.3).

Auch über diese beiden Projekte hinaus haben in
einem weiten Sinn politische Ereignisse seine Aufmerksamkeit auf sich gezogen. Rosenkranz berichtet
über – nunmehr verschollene – Exzerpte Hegels aus
englischen Zeitungen und überliefert Auszüge aus
seiner kritischen Stellungnahme zum *Allgemeinen
Landrecht für die Preußischen Staaten*. Die Überlegungen des verantwortlichen Großkanzlers v. Car-
mer, die Leibesstrafen abzuschaffen und statt dessen
den Strafvollzug »durch gänzliche Einsamkeit und
Isolirung von aller Communication mit Menschen,
durch Abschneidung gewohnter Bedürfnisse und
Bequemlichkeiten« zu erschweren, verwirft Hegel als
»I r o k e s e n - mäßig, die auf Qualen für ihre gefange-
nen Feinde sinnen und mit Wollust jede neue Marter
ausüben? Die m o r a l i s c h e W o l l u s t des Strafens
und der Absicht der Besserung ist nicht viel verschieden von der Wollust der Rache« (GW 2.586).

Unter diesen politischen Interessen sind jedoch
auch die im engeren Sinne philosophischen Arbeiten
nicht zu kurz gekommen. Rosenkranz berichtet, Hegel habe vom 10.8.98 ab Kants *Metaphysik der Sitten*
»einem strengen Studium« unterworfen und »hier
schon« versucht, Kants Entgegensetzung von Legalität und Moralität »in einem höheren Begriffe zu vereinigen, den er in diesen Commentaren häufig
schlechthin L e b e n , später S i t t l i c h k e i t nannte.«

Als ein weiteres Interesse dieses jetzt ebenfalls verschollenen Kommentars hebt Rosenkranz die Überwindung des Dualismus von Staat und Kirche hervor. Wenn das Prinzip des Staates ein vollständiges
Ganzes sei, »so k a n n K i r c h e u n d S t a a t u n -
m ö g l i c h v e r s c h i e d e n s e i n . Was diesem das
Gedachte, Herrschende ist, das ist jener eben dasselbe
Ganze als ein lebendiges, von der Phantasie dargestelltes. Das Ganze der Kirche ist nur dann ein
Fragment, wenn der Mensch im Ganzen in einen besondern S t a a t s - und besondern K i r c h e n m e n -
s c h e n zertrümmert ist.« (GW 2.588)

Rosenkranz gewährt noch einen weiteren Einblick
in Hegels Frankfurter Arbeiten: Vom 19.2. bis zum
16.5.99 habe er einen glossierenden Kommentar zur
deutschen Übersetzung von Steuarts *Untersuchung
der Grundsätze der Staatswirtschaft* geschrieben, »der
noch vollständig erhalten ist. Es kommen darin viel
großartige Blicke in Politik und Geschichte, viel feine Bemerkungen vor. Stewart war noch ein Anhänger des Merkantilsystems. Mit edlem Pathos, mit
einer Fülle interessanter Beispiele bekämpfte Hegel
das Todte desselben, indem er inmitten der Concur-
renz und im Mechanismus der Arbeit wie des Ver-
kehrs das G e m ü t h des Menschen zu retten streb-
te.« (R 86)

Ein weiteres Gebiet der philosophischen Studien
nennt Rosenkranz zunächst jedoch nicht: die Naturphilosophie. Man kann sie nur aus seiner späteren
Nachricht erschließen, Hegel habe das Thema seiner
Habilitation vom Sommer 1801 »schon lange mit
sich herum« getragen: »Auszüge aus Kant's Schriften
zur Mechanik und Astronomie, aus Kepler, Newton
u. A. finden sich bei ihm schon viel früher. [...] Diese
Manuscripte und ein Wust von zu ihnen gehörigen
Rechnungen sind noch vorhanden.« (R 151 f.) In Anbetracht der vielfältigen Projekte Hegels im ersten
Halbjahr seiner Jenaer Tätigkeit muß man annehmen, daß er diese – heute verschollenen – naturphilosophischen Untersuchungen schon in Frankfurt
angestellt und in einer gereiften Form nach Jena mit-
gebracht habe (vgl. GW 5.624, 634).

3.4 Übergang nach Jena

Genau in der Mitte der Frankfurter Jahre erhält Hegel von seiner Schwester Christiane die Nachricht,
daß ihr Vater am 15.1.99 gestorben sei. Zur Regelung
der Nachlaßfragen erteilt er am 24.2.99 dem Stief-
bruder seines Vaters, Johann Christoph Günzler, damals Expeditionsrat in Stuttgart, »die uneinge-

schränkte Vollmacht, alles bei der Inventur und dem etwa folgenden Verkauf von, was es sei, Gehörige von mir Vorzunehmende in meinem Namen vorzunehmen«. In dieser Vollmacht erklärt er auch seinen Willen, »daß nach Inventur sogleich zum Verkauf und dann erst zur Teilung geschritten werde«; vom 9.–28.3.99 reist er aber auch selber nach Stuttgart. Das hinterlassene Vermögen wird unter den Geschwistern – Hegel, seinem Bruder Georg Ludwig und der Schwester – zu gleichen Teilen geteilt; darüber hinaus wird vereinbart, daß die beiden Brüder von ihrem Erbteil »der Schwester eine Entschädigung für die durch ihre Ausbildung entstandenen Kosten in Höhe von 500 f zum Voraus geben wollen« – und zwar der »Magister« 350 f und Georg Ludwig 150 f (Br 4/1.72–74). Der Hegel verbleibende Anteil von 3154 Gulden bietet ihm die Möglichkeit, ein Ende seiner Hauslehrertätigkeit anzustreben.

Es gibt jedoch keinen Beleg für Rosenkranz' Bericht, Hegel habe »jetzt sehr lebhaft« daran gedacht, »in die akademische Sphäre überzutreten«, oder gar für seine Ergänzung: »Hegel wollte nach Jena, dem damaligen philosophischen Eldorado, gleichsam als verstünde es sich von selbst.« (R 142) Erst gut ein Jahr nach dem Tod des Vaters, am 23.5.00, bittet Hegel das Stuttgarter Konsistorium »um Erlaubnis, einige auswärtige Universitäten besuchen zu dörfen und zugleich um einen Beitrag zu den Reisekosten«. Jena ist hier zumindest nicht ausdrücklich genannt. Noch in der »Summarischen Übersicht von 1804« über die examinierten Stipendiaten wird Hegel als »auf der Reise« aufgeführt (Br 4/1.75 f.).

Den ersten Beleg für das Reiseziel Jena bietet Hegels Brief an Schelling vom 2.11.00, mit dem er die mehrere Jahre unterbrochene Korrespondenz wieder aufnimmt – jedoch schreibt er nur »um eines partikulären Wunsches willen«, nämlich wegen einiger Adressen in Bamberg. Dort hat Hegel den Freund zu treffen und einige Zeit zu verbringen gehofft, jedoch erfahren, daß Schelling bereits nach Jena zurückgekehrt sei, und so bittet er ihn um Adressen für einen Aufenthalt in Bamberg oder in einer anderen Stadt – und er fügt hinzu, er würde »eine katholische Stadt einer protestantischen vorziehen; ich will jene Religion einmal in der Nähe sehen.« Rosenkranz berichtet jedoch, Hegel habe sich (von Schelling?) bestimmen lassen, »von Frankfurt sogleich nach Jena zu gehen«, und sei dort im Januar 1801 eingetroffen (R 147 f.).

Die Spärlichkeit der Überlieferung läßt leicht übersehen, daß Hegel den Freund nicht wegen einer geplanten akademischen Tätigkeit anspricht. Sein

Brief unterstellt, daß sein Wunsch, sich »dem literarischen Saus von Jena« anzuvertrauen, Schelling bereits von dritter Seite bekannt sei. Hegels eigentlicher Korrespondenzpartner in Jena ist uns nicht bekannt; es kann der im Brief genannte Karl Wilhelm Friedrich Breyer, ein Vetter Schellings, sein, damals Privatdozent in Jena, aber auch Friedrich Immanuel Niethammer, der damals mit Hölderlin in enger Verbindung steht, 1801 an Hegels Habilitationsverfahren beteiligt ist und bis ans Ende der Nürnberger Jahre Hegels Mentor bleibt. Daß Hegel »mit N[iethammer] seit 1800 in engem Freundschaftsverhältnis« gestanden habe (Br 4/2.241), hat sich jedoch bisher nicht bestätigen lassen. Die Verbindung nach Jena könnte auch zu Heinrich Eberhard Gottlob Paulus bestanden haben, der, wie Hegels Brief an Hufnagel vom 30.12.01 zeigt, ebenfalls mit diesem bekannt ist; an Paulus und seine Familie schließt Hegel sich in Jena bald sehr eng an. Gleichwohl zeichnet Hegel Schelling aus: »Von allen Menschen, die ich um mich sehe, sehe ich nur in Dir denjenigen, den ich auch in Rücksicht auf die Aeußerung und die Wirkung auf die Welt als meinen Freund finden möchte«. Insbesondere in der genannten »Rücksicht« schwingt die Erfahrung der Trennung von Hölderlin mit, dessen Bild Hegel bei seinem Kommen nach Frankfurt vorgeschwebt hat.

Quellen: GW 2; Hegel's Theologische Jugendschriften nach den Handschriften der Kgl. Bibliothek in Berlin. Hg. von Herman Nohl. Tübingen 1907. – **Literatur:** R 80–99,141–143; Haym: Hegel und seine Zeit (1857), 123; Hegel 1770–1970, 112–125; Hölderlin. Zum 200. Geburtstag (1970), 164–239; Hartmut Buchner: Hegel im Übergang von Religion zu Philosophie. Philosophisches Jb 78 (1971), 82–97; Dieter Henrich: Der Grund im Bewußtsein. Untersuchungen zu Hölderlins Denken (1795–1795). [Stuttgart 1992], insbesondere 23–31.

4 Jena (1801–1806)

4.1 Hegel und Schelling

Die einzigartige Situation des geistigen Lebens in Jena um 1800, die große Zahl von bedeutenden Namen – genannt seien nur Fichte, Schelling, Friedrich und August Wilhelm Schlegel und nicht zuletzt Schiller und Goethe – läßt leicht die Fraktionierungen, ja die »Kabalen« unter den Genannten vergessen. Zudem verblaßt der Ruhm Jenas damals bereits: Fichte ist bei Hegels Ankunft bereits in Folge des »Atheismusstreits« entlassen (1799) und nach Berlin gegangen; dort nimmt zur gleichen Zeit auch August Wilhelm Schlegel seine *Vorlesungen über schöne Literatur und Kunst* auf. Und parallel zur räumlichen Entfernung Fichtes von Jena vollzieht sich auch der philosophische Bruch zwischen Schelling und Fichte. Die immer schon vorhandenen Differenzen werden mit Schellings Konzeption des *System des transzendentalen Idealismus* auch für Fichte deutlicher, und nach außen hin wird der Bruch offenkundig durch Schellings *Darstellung meines Systems der Philosophie*, die bereits im Titel die Distanz zu Fichte sucht. Auch für die erstaunten Zeitgenossen tritt Schelling damals heraus aus der Rolle eines Jüngers Fichtes, in der sowohl dieser als auch jene ihn zunächst gesehen haben; zugleich tritt Hegel – für das Publikum wie für den Meister – in die Rolle eines Jüngers Schellings. Diese Zuordnung zeigt sich nicht so sehr dadurch, daß Schelling etwa G. E. A. Mehmel, dem Herausgeber der Erlanger Literaturzeitung, statt seiner »Dr. Hegel im Klipsteinischen Garten in Jena« als einen Rezensenten empfiehlt, von dem er eine »durchaus tüchtige und eindringende Arbeit erwarten« dürfe (HBZ 39); Hegel wohnt auch mit Schelling zusammen, wie er seinen Frankfurter Bekannten Hufnagel am 30.12.01 mitteilt.

Doch gerade diese Zeit des Umbruchs erleichtert es Hegel, in Jena Fuß zu fassen. Trotz des Fehlens von biographischen Zeugnissen aus den ersten Monaten seines Aufenthalts läßt sich erkennen, daß er sich ohne Zögern in den »literarischen Saus von Jena« stürzt. Das erste Zeugnis seiner Zusammenarbeit mit Schelling bildet seine Schrift über die *Differenz des Fichteschen und Schellingschen Systems der Philosophie*. Ihre Ausarbeitung muß Hegel kurz nach seiner Ankunft in Jena begonnen haben, zumal er die »Vorerinnerung« bereits »im Juli 1801« unterschreibt. Fraglos hat er die *Differenz-Schrift* nicht ohne enge Abstimmung mit Schelling niedergeschrieben, auch wenn dieser sie am 3.10.01 mit den diplomatisch-distanzierten Worten an Fichte sendet, es handle sich um ein Buch, »an dem ich keinen Anteil habe, das ich aber auch auf keine Weise verhindern konnte«.

Ein zweites Zeugnis der Zusammenarbeit bildet das *Kritische Journal der Philosophie*. Nachdem zuvor mehrere Pläne für eine gemeinsame Zeitschrift Fichtes, Schellings und der Brüder Schlegel oder gar unter Mitwirkung Goethes und Schillers gescheitert sind, sind Schelling und Hegel bei diesem neuen Projekt die einzigen Herausgeber, und nach den Absagen August Wilhelm Schlegels und Schleiermachers sind sie auch die einzigen Autoren. Ihre philosophi-

sche Übereinstimmung manifestieren sie dadurch, daß sie ihre Beiträge nicht namentlich kennzeichnen. Daß auch dieses Projekt eine Spitze gegen Fichte enthält, sieht man an Schellings Absicht, das erste Heft des ersten Bandes Fichte »unverhofft« zuzusenden – wie Caroline Schlegel, damals bereits in engem Verhältnis zu Schelling, ihrem Mann August Wilhelm am 23.11.01 mitteilt. Bereits am 4.1.02 übersendet Schelling dieses Heft – zu dem Hegel die beiden Abhandlungen *Über das Wesen der philosophischen Kritik überhaupt* und *Wie der gemeine Menschenverstand die Philosophie nehme* beigesteuert hat – an August Wilhelm Schlegel und Fichte (HBZ 43). Der Plan zu diesem Journal reicht also fraglos in die erste Jahreshälfte 1801 zurück; im März 1802 erscheint bereits das zweite Heft, mit Hegels ausführlicher Abhandlung über das *Verhältniß des Skepticismus zur Philosophie*, und während Schelling das dritte Heft allein bestreitet, enthalten die beiden ersten Hefte des zweiten Bandes Hegels Abhandlungen *Glauben und Wissen* sowie *Über die wissenschaftlichen Behandlungsarten des Naturrechts*.

Quellen: GW 4. – **Literatur:** Hartmut Buchner: Hegel und das Kritische Journal der Philosophie. HS 3 (1965), 95–156.

4.2 Habilitation

Gleichwohl ist das erste Jenaer Jahr Hegels nicht allein dieser Auseinandersetzung mit der Philosophie der Gegenwart gewidmet. Wichtiger für seinen Eintritt in den nicht nur literarischen, sondern auch akademischen Saus Jenas ist seine Habilitation im August 1801. Hierfür aber hat Hegel sich ein anderes Thema gewählt: die Naturphilosophie. Angesichts der eben erwähnten Arbeiten des ersten Halbjahres 1801 muß man annehmen, daß die von Rosenkranz erwähnten (R 151 f.) ausführlichen Vorarbeiten hierfür aus der Frankfurter Zeit stammen.

Im Blick auf das Habilitationsverfahren scheint Hegel von falschen Erwartungen ausgegangen zu sein. Am 8.8.01 sucht er bei der philosophischen Fakultät um die »Nostrifikation« seines in Tübingen erworbenen Magister-Titels nach, und dies heißt, nicht allein um dessen Anerkennung als gleichrangig mit dem Titel eines Doktors der Philosophie, sondern um seine Anerkennung als Voraussetzung der Lehrbefugnis. Der Dekan der philosophischen Fakultät fordert jedoch, daß Hegel – neben einigen Formalitäten – »Eine Habilitationsdisputation, oder eine Probevorlesung noch vor dem Abdruk des C a -

t a l o g i [d. i. des Vorlesungsverzeichnisses] zu halten hätte; im letztern Falle aber doch noch vor Abdruk des zu Ostern herauskommenden Lectionscatalogs eine Disputation halten müsse.« Die Hälfte der Fakultätsmitglieder verwirft jedoch diesen sehr entgegenkommenden Vorschlag des Dekans – nicht ohne besorgten Blick auf das starke Anwachsen des Lehrkörpers durch die Emigration der »Herren Schwaben« – unter Verweis auf die Statuten, namentlich darauf, daß die Fakultät gerade »vor 6. Tagen einmüthig festgesetzt« habe, daß die Disputation der Erteilung der venia legendi vorausgehen müsse. Aus der Unkenntnis dieses Beschlusses dürfte sich Hegels Annahme erklären, daß es zur Erteilung der venia allein eines Nostrifikationsgesuchs bedürfe. Der Dekan übermittelt Hegel am 15.8. diesen Fakultätsbeschluß; am gleichen Tag sucht Hegel eine Modifikation dieser Auflagen zu erreichen: Der Dekan könne »selbst urtheilen, daß in den zwölf bis vierzehn Tagen innerhalb welcher die Anzeigen für den Katalog der Praelektionen eingegeben werden müssen, eine Disputation nicht geschrieben, gedrukt, ausgegeben und vertheidigt werden kan; aber ich zweifle nicht, daß, wenn ich den größten Theil oder die ganze Dissertation vor diesem Termin eingebe, Sie und die philosophische Fakultät befriedigt seyn werden; indem, so wenig ich die Nostrifikation ohne die Erlaubniß zu lesen, und die Ankündigung hievon suchen würde, ich ebensowenig, durch Verspätung des Druks und der Vertheidigung der Dissertation, welche alsdenn im Lauffe des nächsten Monats geschehen könnte, etwas erreichen würde, da ja die philosophische Fakultät eine Suspension der Erlaubniß in Händen hat.« (Dokumente, 31 f.) Die Fakultät verwirft diesen Vorschlag und besteht auf der Disputation; in weiteren Verhandlungen wird Hegel jedoch – wie ein Jahr zuvor Friedrich Schlegel – überraschend erlaubt, über »Theses« zu disputieren, wenn er sich verpflichte, die Habilitationsschrift und auch die Probevorlesung vor dem Beginn der Vorlesungen nachzuliefern. Hegel läßt deshalb innerhalb von fünf Tagen zwölf *Dissertationi Philosophicae de Orbitis Planetarum Praemissae Theses* drucken. Die Disputation findet am 27.8.01 statt, seinem 31. Geburtstag; Opponenten sind die Professoren Niethammer, Schelling und der Student Schwarzott, Respondent ist Schellings Bruder Karl. In den folgenden Wochen arbeitet Hegel – fraglos gestützt auf das bereits genannte naturphilosophische Konvolut – seine lateinische Dissertation *de Orbitis Planetarum* aus, und zwar ursprünglich in deutscher Sprache. Am 18.10.01 reicht er sie der Fakultät

ein, und am Tage darauf hält er seine Probevorlesung; über sie ist leider nichts bekannt.

Quellen: GW 5.221–253. – **Literatur:** Dokumente zu Hegels Jenaer Dozententätigkeit (1801–1807). Hg. von Heinz Kimmerle, HS 4 (1967), 21–99; Kurt Rainer Meist: Texte zur Habilitation (1801), GW 5.611–651.

4.3 Lehrtätigkeit

Mit dem Beginn seiner Lehrtätigkeit im Winter 1801/02 beginnt Hegel die Ausarbeitung seines Systems. Die zuerst nur flüchtigen Skizzen vertieft er in den sechs folgenden Jahren in seinen Vorlesungen über grundlegende Disziplinen dieses Systems: Einleitung in die Philosophie, Logik und Metaphysik, Naturrecht, Enzyklopädie der Philosophie, Natur- und Geistesphilosophie (wobei das lateinische »philosophia mentis« in der deutschen Übertragung im *Intelligenzblatt* der *Allgemeinen Literatur-Zeitung* mehrfach fälschlich als »Philosophie des menschlichen Verstandes« wiedergegeben wird) und Geschichte der Philosophie, aber auch einmal über Arithmetik. Einer seiner ersten Hörer, Ignaz Paul Vitalis Troxler, hält freilich auch fest, daß diesen Vorlesungen anfangs kein voller Erfolg beschieden ist: Hegels Logik-Kolleg 1801/02, zu dem sich zunächst elf Hörer einschreiben, »löste sich auf, da nur wenige wie Friedrich Schlosser (Goethes Neffe […]) und Troxler dem Vortrag zu folgen vermochten. Letztere setzten sich dann mit Hegel in Privatbeziehung« (Düsing 1988, 13). Diesen Mißerfolg hat Hegel selber teils prognostiziert, teils herbeigeführt: Ein weiterer Hörer der Logik-Vorlesung, Bernhard Rudolf Abeken, berichtet, »Gott, Glaube, Erlösung, Unsterblichkeit, wie sie sich früher in mir festgesetzt, wollten sich mit der neuen Lehre nicht verbinden, ja schienen ihr zu widersprechen; und Hegel, den Schelling bald herangezogen, hatte beim Beginn seiner Vorträge uns die Worte Dantes zugerufen: Lasciate ogni speranza voi ch' entrate. Ich weinte die bittersten Tränen …« (HBZ 41).

In Hegels Ankündigung für dieses erste Semester heißt es zudem, »disputatorium philosophicum communiter cum Excell. S c h e l l i n g i o diriget.« Karl Wilhelm Ferdinand Solger, Abeken und Troxler belegen, daß dieses Disputatorium entgegen Rosenkranz' Vermutungen stattgefunden hat. Ihren Berichten lassen sich auch Einzelheiten über den Verlauf des Disputatoriums entnehmen: Es wurden von den Teilnehmern thematisch vielleicht an Schellings gleichzeitige Vorlesung angelehnte, aber nicht gebundene Thesen »von der damaligen Art metaphysischer Speculation« aufgestellt und in damals üblichen Formen »lebhaft« diskutiert (GW 16.79) Hegel hielt sich jedoch – obgleich er als Mitveranstalter auftrat – in diesem Disputatorium so zurück, daß sein Name in den Berichten der Teilnehmer nicht einmal genannt wird.

Quellen: Br 4/1.83–85. – **Literatur:** Kimmerle: Dokumente zu Hegels Jenaer Dozententätigkeit, 21–99; Friedhelm Nicolin: Aus Schellings und Hegels Disputatorium im Winter 1801/02. Ein Hinweis. HS 9 (1974), 43–48; Solgers Schellingstudium in Jena 1801/02. Fünf unveröffentlichte Briefe. Mitgeteilt und erläutert von Wolfhart Henckmann. HS 13 (1978), 53–74; Schellings und Hegels erste absolute Metaphysik (1801–1802). Zusammenfassende Vorlesungsnachschriften von I. P. V. Troxler, hg., eingeleitet und mit Interpretationen versehen von Klaus Düsing. Köln 1988.

4.4 Geselligkeit

Schelling hat Hegel nicht allein den Eintritt in das akademische, sondern auch in das gesellschaftliche Leben Jenas erleichtert. So vermittelt er den Besuch Hegels bei Goethe am 21.10.01 und führt ihn auch in den illustren Kreis um Johann Diederich Gries ein (HBZ 39,41), eines Juristen, der insbesondere als Übersetzer Tassos, Ariosts und Calderons bekannt geworden ist. Hingegen ist ungewiß, ob Hegel damals auch Friedrich Schlegel persönlich kennengelernt habe. Er berichtet zwar später: »Friedrich Schlegels Auftreten mit Vorlesungen über Transzendentalphilosophie erlebte ich noch in Jena«, jedoch nur im Blick auf den angeblich vorzeitigen Abbruch dieser Vorlesungen. Hierin wiederholt Hegel aber nur eine Behauptung Schellings gegenüber Fichte (31.10.1800), so daß sich eine persönliche Bekanntschaft zwischen ihm und Friedrich Schlegel dadurch nicht belegen läßt. So bleibt nur ein in einem anonymen Pamphlet gegen Hegels Philosophie aus dem Jahre 1831 überliefertes Zeugnis eines »durchaus glaubwürdigen Mannes« und Augenzeugen, daß Hegel Schlegels »1800 in Jena gehaltenen Vorlesungen über Transzendentalphilosophie« beigewohnt habe (Anonymus 1831, XXVII) – was sich allenfalls auf die Zeit zwischen Mitte Januar und Ende März 1801 beziehen könnte. Auch Schlegels drastischer Äußerung vom 26.3.04 gegenüber dem Bruder läßt sich keine persönliche Bekanntschaft entnehmen: Schelling sei »nun einmal an das Stehlen gewohnt« – aber: »Noch eckelhafter jedoch sind mir die Hegeleien. – Schwerlich werde ich von diesem Menschen je etwas wieder lesen; die Zeit wird mir immer kost-

barer.« (HBZ 56) Spätestens im Sommer 1802 wird Hegel August Wilhelm Schlegel kennengelernt haben (HBZ 46), der jedoch Schelling gegenüber Hegels *Glauben und Wissen* tadelt. Und wie Schelling sich Fichte gegenüber von Hegels *Differenz-Schrift* distanziert, so stimmt er auch Schlegel am 19.8.02 »in allen Stücken bei, ausgenommen, daß er [sc. Hegel] Fichtes Bestimmung des Menschen als in philosophischer Rücksicht nicht geschrieben hätte betrachten sollen«. (HBZ 48) Caroline, damals formell noch Schlegels Frau, steht jedoch – wiederum über Schelling – in persönlicher Beziehung auch zu Hegel und erwähnt ihn häufig in ihrer Korrespondenz – als Besuch, anläßlich gemeinsamer Weinbestellungen und als Liebhaber von Würsten (HBZ 44 f.,47,49). Später, am 4.10.09, kolportiert Hegel jedoch eine recht despektierliche Äußerung (aus der Familie Paulus?) über ihren Tod: Er bezeichnet sie »als jene Septem« – also als ein zänkisches altes Weib (freundlicher Hinweis von Orrin F. Summerell) –, »deren Tod wir neulich hier vernommen, und von der einige hier die Hypothese aufgestellt haben, daß der Teufel sie geholt habe.«

Zu Beginn der Jenaer Zeit knüpft Hegel jedoch zwei Freundschaften, die jahrzehnte- bzw. lebenslang dauern: mit dem vier Jahre älteren Friedrich Immanuel Niethammer und mit dem neun Jahre älteren Heinrich Eberhard Gottlob Paulus. Beide kamen aus dem Tübinger Stift und waren damals Professoren der Theologie in Jena. Niethammer hat sich nach seinem Konsistorialexamen 1789 noch bis April 1790 in Tübingen aufgehalten und auch im Stift Privatunterricht erteilt (Henrich 1997, CI); damals könnte Hegel ihn bereits kennengelernt haben; 1801 nimmt er an Hegels Disputation teil. Die Verbindung mit Paulus scheint durch Hegels Frankfurter Bekannte Hufnagel vermittelt, denen Hegel am 30.12.01 berichtet, daß Paulus »auf Ostern« eine neue Spinoza-Ausgabe veröffentlichen werde. Von seiner späteren Mitarbeit an Band 2 dieser Ausgabe (GW 5.513–516) erwähnt er hier noch nichts, sondern nur von dem voraussichtlichen Eindruck auf die Zeitgenossen: »das gelehrte alttheologische Publikum aber, das diesen Paulus schon lang für einen Saulus ansah, wird ohne Zweifel finden, daß er sich durch die Auflage des Spinoza (die er noch dazu auf eigne Kosten macht!) in die zweite Potenz des Saulus erhoben habe.«

Literatur: Anonymus [Hülsemann]: Ueber die Wissenschaft der Idee. Erste Abtheilung. Die neueste Identitätsphilosophie und Atheismus oder über immanente Polemik. Breslau 1831; Ernst Behler: Friedrich Schlegel und Hegel.

HS 2 (1963), 203–250; Ernst Behler: Friedrich Schlegels Vorlesungen über Transzendentalphilosophie Jena 1800–1801. PLS 2.52–71; Henrich (Hg.): Diez (1997).

4.5 Außerordentliche Professur für Philosophie

Wie der Weggang Fichtes aus Jena und sein späteres Zerwürfnis mit Schelling dessen enge Verbindung mit Hegel fraglos begünstigt hat, so scheint auch der weitere Verfall der Universität Hegels Etablierung entgegengekommen zu sein. 1803 verlassen mehrere angesehene Lehrer Jena; Schelling spricht am 31.8.03 geradezu von einem »Auseinanderspringen des bisherigen Indifferenzpunktes von Norden und Süden in Jena, wo nun ein Teil nach Süden, ein andrer nach Norden geworfen wird.« Die *Allgemeine Literatur-Zeitung* wird ins preußische Halle verlegt; Gottlieb Hufeland und Paulus werden im Zuge der Neuorganisation der dortigen Universität nach Würzburg berufen; ihnen folgt ein Jahr später Niethammer. Auch Hegel trägt sich bereits damals mit dem Gedanken, Jena zu verlassen und zurück nach Frankfurt an ein Gymnasium zu gehen, wie aus Hufnagels Brief vom 4.5.03 zu erschließen ist: Ich konnte »kaum ahnen, daß Sie die akademische Laufbahn mit einer gymnasiastischen vertauschen würden. Unser Consistorium ist mit einem gothaischen Lehrer durch mich in Unterhandlungen getreten, da das Prorektorat erledigt ist am Gymnasium; aber das E n d w o r t erwarte ich noch«.

Auch Schelling verläßt zusammen mit Caroline, damals noch »Mme. Schlegel«, im Mai Jena und reist nach Württemberg, von wo er am 11.7.03 Hegel mitteilt, daß er nun mit seiner Freundin verheiratet sei. Um diese Zeit kursieren bereits Gerüchte über seine Berufung nach Würzburg, und während er am 31.8.03 nur von einer »sehr entschiednen Stimmung« für ihn berichten kann, gratuliert Hegel ihm am 16.11.03 dazu, daß er nun an seinem »fixen Ort und Stelle angekommen« sei. Damit ist zugleich das Ende des von beiden herausgegebenen *Kritischen Journals* besiegelt, wie überhaupt das Ende ihrer philosophischen Zusammenarbeit. Ihre enge Verbindung lebt noch eine Weile insofern fort, als Schelling in seinem Rechtsstreit mit dem Verleger Gabler Hegel als Vertreter benennt und seinen Anwalt Assal anweist, »keinen Schritt zu tun oder etwas Bedeutendes einzureichen, als mit seiner [sc. Hegels] vorläufigen Genehmigung« (HBZ 51). Schelling lädt Hegel am 14.7.04 auch ein zur Mitarbeit an seiner künfti-

gen Zeitschrift, den *Jahrbüchern der Medizin als Wissenschaft*, doch Hegel antwortet hierauf erst am 3.1.07 – weil er seine Bereitschaft hierzu »zugleich durch die Tat« beweisen wollte, aber keine Gelegenheit dazu fand.

Diese neue, für die Universität Jena prekäre Situation erlaubt es Hegel andererseits, aus dem Schatten Schellings herauszutreten. Bereits am 16.11.03, mit der Gratulation zum Ruf nach Würzburg, meldet er Schelling: »ich habe das Lesen wieder angefangen und komme damit besser aus als sonst.« Seine Einschätzung wird auch durch Urteile anderer gestützt: Im Sommer 1803 empfiehlt Schiller gegenüber Wilhelm v. Humboldt Hegel als »einen gründlichen philosophischen Kopf«, der jedoch »etwas kränklich und grämlich« sei – letzteres eine Charakterisierung, die sich aus anderen Äußerungen nicht belegen läßt. Aber am 9.11.03 berichtet er Goethe, »unser Dr. Hegel soll viel Zuhörer bekommen haben, die selbst mit seinem Vortrag nicht unzufrieden sind« (HBZ 52 f.). Schiller und Goethe schmieden im November / Dezember 1803 den Plan, Hegel und Fernow einander anzunähern, damit Hegel lerne, seinen Idealismus zu verständigen, und Fernow, aus seiner Flachheit herauszugehen. Goethe erwähnt Hegel mehrfach in seinem Tagebuch als Gesprächspartner oder Teilnehmer einer Abendgesellschaft, und Charlotte Schiller empfiehlt ihn als Gesprächspartner für Madame de Staël (HBZ 54 f.).

Ein gutes Jahr später schreibt K. F. E. Frommann, Hegel werde »diesen Winter von seinen Zuhörern sehr gelobt und geliebt« (HBZ 58), und selbst K. Ch. F. Krauses Freund Ch. F. Lange, der im Winter 1804/05 noch »unbefriedigt durch Hegel und Fries« gewesen ist, berichtet nun Krause: »Hegels Vortrag hat sich sehr gebessert, und ich hoffe, daß er bei dem hohen ihn beseelenden Geiste mir die Bahn zum Besseren wird zeigen können.« (HBZ 57 f.) Seit diesen Jahren sammelt Hegel einen Kreis von Schülern um sich, mit denen er zum Teil auch später noch in Verbindung steht – u. a. Georg Andreas Gabler, seinen späteren Nachfolger in Berlin, der auch über weitere Schüler berichtet: über den Niederländer Peter Gabriel van Ghert, den Hegel später auf seinen Reisen besucht hat (s. Kap. I.8.7 f.), sowie über den etwas genialischen Hermann Suthmeyer und den bereits von der Schwindsucht gezeichneten Christian Gotthilf Zellmann, der »am meisten in das innere Verständnis von Hegel eingedrungen« sei (HBZ 59–62).

In diesen Jahren verfolgt Hegel – in Verbindung mit Goethe, Thomas Johann Seebeck und Franz Joseph Schelver – ein starkes naturphilosophisches Interesse; Goethe sagt von den drei Genannten, sie machten »allein eine Akademie aus« (HBZ 86). Mit Goethe und Seebeck macht Hegel in der camera obscura »Versuche wegen der mehr oder weniger wärmenden Kraft der gefärbten Lichter« (HBZ 73). Am 30.1.04 wird Hegel zum Assessor der Herzoglichen Mineralogischen Sozietät ernannt; am 1.8.04 wird er Mitglied der naturforschenden Gesellschaft Westfalens. In diesem Zusammenhang könnte auch eine geplante Reise nach Göttingen und in den Harz stehen, für die er am 30.5.04 einen Paß erhält (Br 4/1.87 f.). Doch trotz dieser freundlichen Kontakte zu Goethe auf Grund des gemeinsamen naturphilosophischen Interesses gibt es – entgegen Eckhart Förster – keinen Grund dafür, Goethe eine Schlüsselrolle für die Ausbildung von Hegels Philosophie in Jena zuzuschreiben.

Trotz solcher erfreulichen Entwicklungen bleibt seine Situation als Privatdozent der Philosophie – und somit ohne Besoldung – jedoch unbefriedigend. Am 7.9.04 bittet er den nach Heidelberg gereisten Gries zu erkunden, »wie die Witterung in Ansehung der Universität dort steht; [...] Ich höre, daß dort noch ein Lehrstuhl unbesetzt ist«. Nahezu gleichzeitig, am 29.9.04, wendet er sich an Goethe: Er höre, daß einige Kollegen »der gnädigsten Ernennung zur Professur der Philosophie entgegensehen« und werde hierdurch daran erinnert, daß er »der älteste der hiesigen Privatdozenten der Philosophie« sei, und er glaube, »wenigstens vorigen Winter nicht ohne die Zufriedenheit meiner zahlreichen Hörer gelesen zu haben« – und er kündigt eine im Winter 1804/05 zu vollendende »rein wissenschaftliche Bearbeitung der Philosophie« an. Im Februar 1805 wird er zum außerordentlichen Professor der Philosophie ernannt – allerdings gemeinsam mit Fries (Br 1.456), der sich damals bereits als Gegner der Philosophie Fichtes und Schellings profiliert hat.

Trotz dieser Anerkennung bleibt seine Situation weiterhin unbefriedigend, zumal mit der Ernennung kein Gehalt verbunden ist. Im Sommer 1805 bemüht Hegel sich deshalb in einem, nach den überlieferten Entwürfen sehr eindringlichen Schreiben an Johann Heinrich Voß, der von Jena nach Heidelberg gegangen ist, dort um eine Stelle: In Heidelberg werde »eine neue Morgenröte für das Heil der Wissenschaften aufgehen« – doch Voß antwortet, daß vorerst, »bis die notwendigen Fächer versorgt sein werden, an nichts Außerordentliches zu denken ist.« Auch Karl Wilhelm Gottlob Kastner, der als Professor für Chemie ebenfalls von Jena nach Heidelberg geht, berichtet, Voß habe von zuständiger Stelle eine »durchaus

abschlägige Antwort erhalten« (Br 1.95–103). Lange, der zuvor in Jena Krause favorisiert und sich dann Hegel genähert hat, berichtet diesem am 4.12.05 aus Heidelberg, daß Carl Daub sich sehr für ihn interessiere – jedoch: »isoliert steht der Treffliche da und will von Geist sprechen solchen, die von Wasser übergossen sind.« Niethammer gegenüber, der sich anscheinend für einen Ruf Hegels nach Würzburg eingesetzt hat, das durch den Frieden von Preßburg zunächst wieder von Bayern abgetrennt wurde, äußert Hegel am 14.1.06 gleichwohl ein Interesse sei es an Würzburg, sei es an einer neugegründeten oder erweiterten Universität in Bayern oder in der reorganisierten Universität Tübingen; aus Sinclairs Brief vom 25.5.06 geht hervor, daß Hegel auch Hoffnung auf die Gründung einer Universität in Berlin gesetzt hat. Alle diese Hoffnungen aber erfüllen sich nicht. Niethammer ruft ihm deshalb am 26.5.06 zum Trost zu: »Der Herr wird aber schon noch Israel erlösen«, und Goethe erwirkt Hegel am 24.6.06 wenigstens ein Jahresgehalt von 100 Talern: »Zwar wünschte ich mehr anzukündigen; allein in solchen Fällen ist manches für die Zukunft gewonnen, wenn nur einmal ein Anfang gemacht ist.«

4.6 Das Ende der Jenaer Jahre

Diese Zukunft nimmt jedoch eine unerwartete Gestalt an: Kurz nach dem erneuten Ausbruch des Krieges mit Frankreich wird Jena am 13.10.06 von den Franzosen besetzt. Am selben Tage berichtet Hegel Niethammer: »den Kaiser – diese Weltseele – sah ich durch die Stadt zum Rekognoszieren hinausreiten; – es ist in der Tat eine wunderbare Empfindung, ein solches Individuum zu sehen, das hier auf einen Punkt konzentriert, auf einem Pferde sitzend, über die Welt übergreift und sie beherrscht.« Nur einige Einwohner seien »durch ungeschicktes Verhalten und unterlassene Vorsicht« in Verlegenheit gesetzt worden. Dies stimmt etwa überein mit der späteren Schilderung Gablers: Hegel habe ihm erzählt, »daß er anfangs noch ziemlich glücklich gewesen sei. Es seien einige Infanteristen in seine Wohnung gedrungen mit drohendem Aussehen und fähig, das Schlimmste zu verüben; er habe jedoch einen derselben, welcher das Kreuz der Ehrenlegion trug, bei der Ehre, deren Zeichen er auf der Brust trage, zu packen gewußt und ihn mit seinen Kameraden dazu gebracht, daß sie die von ihm ausgesprochene Erwartung einer ehrenhaften Behandlung wirklich rechtfertigen; er habe ihnen zu essen und zu trinken gegeben, was er hatte, und sei so, bis sie wieder gingen, ganz friedlich mit ihnen ausgekommen.« Diese Nacht hat er, wie sein Postscriptum zum Brief vom 13.10. ausweist, in »Amtskommissär Hellfelds Haus« logiert und die Feuer »der französischen Bataillons, die sie aus den Fleischbänken, Trödelbuden und dergl. auf dem ganzen Markte haben«, angesehen.

Fünf Tage später lauten Hegels Nachrichten anders: Am 13.10. hat Jena gebrannt, »der Stadt ist es so schlecht als uns gegangen«; er sei – wie viele andere – geplündert worden. Gabler erzählt weiter: »Als in den Tagen des 14. Okt. überall in der Stadt Zerstörung und Verwüstung war und nur wenige Häuser der Plünderung entgingen, kam Hegel, der in seiner Wohnung sich nicht für sicher hielt, nebst seiner Wärterin, welche einen Korb auf dem Rücken trug, zu uns, um in unserem Hause eine einstweilige Unterkunft zu finden.« Gabler vermittelte ihm eine leerstehende Studentenstube, »in welcher er einstweilen seine Aufwärterin mit der mitgebrachten Habe ließ. Es dauerte dies indessen nicht lange. Als ich nach einigen Stunden wieder nach Hause kam, hörte ich, daß er alles wieder abgeholt habe.« (HBZ 67 f.) Er scheint aber nicht in seine Wohnung gegangen zu sein, in der er nach Gablers Bericht »dem Ungestüm und Andrang der überall einbrechenden französischen Soldaten ebenfalls ausgesetzt war und zuletzt [sc. zu Gabler] weichen mußte«, sondern zu Karl Friedrich Ernst Frommann und dessen Sohn Friedrich Johannes, die übereinstimmend berichten, daß Hegel »mit seinem ganzen Hause, sechs Personen, bei uns logierte« und sich an der Rettung von Gegenständen aus dem vom Brand bedrohten Haus Seebecks beteiligte (HBZ 75 f.).

Größer noch als seine Sorge um das Wohlergehen der Stadt scheint Hegels Sorge um seine Manuskripte zur *Phänomenologie des Geistes* gewesen zu sein. Der größte Teil des Manuskripts ist zwar, wie er am 13.10. schreibt, bereits am 8. und 10.10. abgegangen, und er ist in Sorge, ob es auch im Verlag in Bamberg angekommen sei. Die letzten Bogen aber hat Hegel bei der Plünderung noch bei sich. Sie sind zwar nicht vernichtet worden, aber »freilich haben die Kerls meine Papiere wie Lotterielose in Unordnung gebracht, so daß es mich die größte Mühe kosten wird, das Nötige herauszufinden«. Am 20.10., so teilt er zwei Tage zuvor Niethammer mit, will er diese letzten Bogen absenden, »die ich seitdem immer in der Tasche herumschleppe mit einem Briefe aus der Schreckensnacht vor dem Brande.«

Wegen der Kriegsereignisse ist die akademische Tätigkeit unterbrochen; da Hegel den zu erwarten-

den Unannehmlichkeiten – »Teurung, Dieberei u. s. f.« – entgehen und lieber in Bamberg den Druck der *Phänomenologie* überwachen will, hält er sich von Anfang November bis Mitte Dezember in Bamberg in der Nähe Niethammers auf. Von seiner Reise nach Bamberg gibt er Frommann am 17.11.06 einen ironischen Bericht: »Auf dem ganzen Wege habe ich von den Franzosen genug zu Rühmens [!] gehört; – sie haben allenthalben den Leuten die Langeweile erspart, täglich von ihrem Korn, Stroh, Heu und den übrigen häuslichen Effekten etwas Weniges zu gebrauchen und denselben Akt immer zu wiederholen; wozu dieses langsame Volk sonst Jahre und Tage nöthig hatte, dies haben die Franzosen in einem Tage bewerkstelligt. Weil es jedoch nicht gut ist, daß der Mensch ohne Arbeit sei, haben sie ihnen die hinterlassen, ihre Häuser von neuem zu erbauen und somit sie jetzt moderner einrichten zu können.« Am 3.1.07 schreibt Hegel wieder aus Jena an Schelling, und noch vor dem 16.1.07 sendet er das Manuskript der Vorrede zur *Phänomenologie* nach Bamberg.

Die ohnehin schwierige Situation in Jena ist durch den Krieg noch drückender geworden. Franz Joseph Schelver, der inzwischen aus Jena nach Heidelberg berufen ist, ermuntert Hegel Ende Januar 1807, wenn er »als einzelner Mann Jena verlassen« könne, ebenfalls nach Heidelberg zu kommen und an einem »kritischen Institut«, d. h. an den zu gründenden *Heidelberger Jahrbüchern* mitzuarbeiten. Gleichzeitig richtet Hegel ein Gesuch an Goethe, sowohl die durch Schelvers Weggang freie Besoldung zu erhalten als auch »die gegenwärtig unbenutzte Wohnung des herzoglichen botanischen Gartens zu beziehen«. Er plane, seine in die Schweizer Zeit zurückreichenden botanischen Studien wieder aufzunehmen, so daß er bald auch »botanische Vorlesungen neben den philosophischen« halten und Goethe über den Siderismus unterhalten könne. Über diesen hatte ihm Schelling am 11.1.07 neuere Nachrichten mitgeteilt.

Sowohl Schelvers Hinweis, Hegel solle »als einzelner Mann« kommen, als auch die Bitte um die Wohnung haben wahrscheinlich denselben Hintergrund: Am 5.2.07 wird in Jena Georg Ludwig Friedrich Fischer geboren (zu ihm s. insbesondere Birkert 2008); sein Vater ist Hegel, seine Mutter Christiane Charlotte Burckhardt, »eines Gräflichen Bedienten verlassenes Eheweib«; die Taufpaten sind »Friedrich Frommann, Buchhändler allhier«, und Hegels Bruder »Georg Ludwig Hegel, Lieutenant im Königl. Würtemberg. Regiment Kronprinz«. Den Namen Fischer erhält der Sohn nach dem Geburtsnamen seiner Mutter, die zuvor bereits zwei andere Kinder »in Unehren« geboren hat: Auguste Theresia, am 18.10.01, und am 9.3.04 einen Sohn, der aber am 30.11.06, also zwischen der Plünderung Jenas und der Geburt Ludwigs, gestorben ist (Br 4/1.231). Der Sohn wird in Jena im Knabenerziehungsinstitut einer Schwägerin Frommanns, Johanna Sophia Bohn, und ihrer Schwester Betty Wesselhöft aufgezogen, bis Hegel ihn 1817 in seine Familie aufnimmt.

4.7 Übergang nach Bamberg

Die durch die Geburt des Sohnes nochmals erschwerte Situation löst sich auf unerwartete Weise durch einen Vorschlag Niethammers vom 16.2.07: In Bamberg ist die Redaktion der dortigen Zeitung verwaist; Niethammer wird angefragt, ob er diese Aufgabe nicht übernehmen könne, und schlägt statt seiner Hegel vor. In Anbetracht einer unerwarteten Kürzung des Honorars macht Niethammer Hegel Hoffnung, ihm als Ausgleich »die Stelle eines Religionslehrers bei dem Seminar« zu verschaffen; vor allem aber verrät er Hegel das »Geheimnis«, daß er bereits Ostern »als Referendär bei dem geheimen Schul- und Studien-bureau in München« beschäftigt werde. Hegel dankt ihm am 20.2. »mit umlaufender Post« für diesen Hinweis, zumal er ja auch stets »die Weltbegebenheiten mit Neugierde verfolge«. Er könne jedoch »dieses Engagement nicht für etwas Definitives ansehen« – wobei er sowohl auf Niethammers künftige einflußreiche Stellung als auch auf die Möglichkeit eines Rufs nach Heidelberg verweist. Auch Schelling teilt er am 23.2.07 den Plan mit, »die Redaktion der politischen Bamberger Zeitung« zu übernehmen, doch er erwähnt ebenfalls seine Hoffnung, künftig als Redakteur eines *Kritischen Journals der Deutschen Literatur* nach Heidelberg zu gehen, und zugleich entwirft er *Maximen des Journals der deutschen Literatur* (GW 4.509–514).

Anfang März trifft Hegel in Bamberg ein, und von dort richtet er über Goethe ein Gesuch an den Herzog um Urlaub von seiner Jenaer Professur zur Wahrnehmung »eines Privatgeschäfts, das temporär ist«. Seine Hoffnung, auf Grund dieser Formulierung noch etwas länger im Genuß seines Gehalts von 100 Talern zu bleiben, erfüllt sich jedoch nicht: Wie er Knebel am 30.08.07 mitteilt, ist die Zahlung bereits mit Ablauf des April eingestellt worden.

Quellen: GW 4, GW 5. – **Literatur:** R 147–230; Hegel 1770–1970, 126–142; Birkert 2008, 280–292; Eckhart Förster: Die 25 Jahre der Philosophie. Eine systematische Rekonstruktion. Frankfurt am Main 2011.

5 Bamberg (1807–1808)

5.1 Die Bamberger Zeitung

In Bamberg erwartet Hegel eine im Vergleich mit Jena angenehme Situation: Sein Engagement für die *Bamberger Zeitung* läßt ihm Zeit, seiner »wissenschaftlichen Arbeit fortzuleben«; er vereinbart mit dem Verleger Schneiderbanger die Möglichkeit einer kurzfristigen Beendigung seiner Redaktionstätigkeit im Fall weiterer Berufungen, und er einigt sich mit ihm auf eine Halbierung des Gewinns, so daß ihm gut 1300 Gulden bleiben. Zudem kommt die neue Aufgabe seinen politischen Interessen entgegen. Allerdings schreibt er bereits am 30.8.07 an Knebel, sein »Hang zur Politik« habe sich durch die Zeitung »vielmehr geschwächt, als daß er dadurch Nahrung gefunden hätte«. Und zugleich sucht er Knebel als Berichterstatter zu gewinnen: Dessen Einweihung »in die höhere Politik« sei »imstande, die niedrigere Zeitungsschreibers-Politik in etwas zu erheben«. Und Knebel steuert auch wirklich – obgleich dies nicht sein »Fach« ist – ein paar »politische Neuigkeiten« zu Hegels Zeitung bei.

5.2 Weitere Pläne

Diese günstigen Verhältnisse lassen Hegel denn auch ausrufen: »Was will ich in dieser Welt viel Zeitliches mehr?« Und dennoch empfindet er seine Redaktionstätigkeit als eine Verbannung von seiner eigentlichen, philosophischen Aufgabe. Um dieser wieder näherzukommen, faßt er gleich zu Beginn seiner Bamberger Zeit eine Tätigkeit an Gymnasien ins Auge, für die er auf die Unterstützung Niethammers rechnet. Über diesen sendet er am 30.5.07 eine – verschollene – Denkschrift »Ansichten in Ansehung einer Lyzeums- oder Gymnasiums-Stelle« an den bayerischen Geheimrat v. Zentner. Dem von Niethammer anvisierten »Auftrag zur Ausarbeitung einer Logik für die Lyzeen« steht Hegel hingegen recht skeptisch gegenüber, weil eine solche Logik nur eine faßliche Form der »alten Logik« sei und es vielmehr auf eine »neue Wissenschaft« ankomme (20.5.08). Noch weniger kann er sich freilich mit dem Gedanken anfreunden, an Bamberger Schulen unter Aufsicht der protestantischen Kirche »aufgeklärte Religionslehre« zu unterrichten – dies heiße, »Weißtüncher und Schornsteinfeger zugleich sein«. Er, »der viele Jahre lang auf dem freien Felsen bei dem

Adler nistete und reine Gebirgsluft zu atmen gewohnt war, sollte jetzt lernen, von den Leichnamen
verstorbener oder (der modernen) totgeborner Gedanken zehren und in der Bleiluft des leeren Geschwätzes vegetieren« (November 07).

5.3 Geselligkeit

Bereits einen Monat nach Hegels Ankunft verläßt
Niethammer Bamberg, um in München als Landes-
direktionsrat für Schul- und Kirchenwesen zu wirken. Etwa zu dieser Zeit kommt aber Hegels Jenaer
Bekannter Paulus als Kreis- und Schulrat nach vier-
jähriger Tätigkeit in Würzburg mit seiner Familie
nach Bamberg; ihr herzliches Verhältnis ist jedoch –
gerade wegen der engen Verbindung – heute nur
noch in den Briefen faßbar, die während einer
Krankheit Hegels gewechselt wurden. Dorothea
Schlegel berichtet Sulpiz Boisserée am 20.8.08 sogar,
Hegel sei »alle Abend bei Paulus«, und beide hätten
sie so weit gebracht, »daß ich über allerlei mit ihnen
disputieren und mich blosgeben mußte«: »Dabei
sind aber Grundsätze von ihrer Seite zum Vorschein
gekommen, von denen man gar keinen Begriff hat!
Nicht allein eine total verkehrte Ansicht, sondern
ganz und gar nicht die geringste Kenntnis von dem
Stand der Dinge! Kurz über alle Begriffe verkehrt! –
Es darf nicht besser gehen in der Welt, solange dergleichen regiert.« (HBZ 89)

Freilich beschränkt sich Hegels geselliger Verkehr
nicht auf die Familie Paulus. Am 8.7.07 schreibt er
Niethammer, Oberjustizrat Johann Heinrich Liebes-
kind und seine Frau, die beide auch mit Schelling
und seiner Frau bekannt sind, »sind für mich eine
große Akquisition, ich gehe fast nur in dieses Haus«.
Gleichwohl liebt er es, nach dem Abendessen ein
Glas Wein »bei dem ehrlichen Hofrat Ritter« zu trinken (8.8.07). Im Juli 1807 lernt Hegel auch Jean Paul
bei dessen Besuch in Bamberg kennen, und dieser
urteilt trotz seiner Freundschaft mit Jacobi: »Hegel
gefällt mir über alle Erwartungen hinaus« (HBZ 86).
Daneben pflegt Hegel den Briefwechsel mit seinen
Jenaer Freunden Knebel und Thomas Johann Seebeck, der ihn über neue chemische Versuche unterrichtet. Der Briefwechsel mit Schelling hingegen
bricht mit dessen Brief vom 2.11.07 ab, in dem er Hegel mitteilt, er habe bisher nur die Vorrede zur *Phänomenologie* gelesen und sei nicht gewillt, die dort
vorgetragene Polemik gegen den Formalismus auf
sich selbst zu beziehen statt lediglich auf die »Nach-
schwätzer«, die er selber »vom Hals zu bekommen«

wünsche. Sinclair hingegen gewinnt aus Bachmanns
Rezension der *Phänomenologie* den Eindruck, daß
Hegel sich dort gegen »die Scharlatanerie Schellings
und seiner Konsorten« richte, die »nichts als Metho-
delosigkeit und unerwiesenes Geschwätz ist, das sich
heuchlerisch hinter einem läppischen Enthusiasmus
verbirgt« (16.8.10).

5.4 Politische Zensur

Die von Hegel geleitete *Bamberger Zeitung* ist damals, verglichen mit den regierungsamtlichen Zeitungen, ein privates Blatt mit regionaler Verbreitung;
sie untersteht gleichwohl der strengen Zensur durch
die örtlichen Behörden. Bei der politischen Redaktion ist es Hegel fraglos zugute gekommen, daß er die
Tendenz der damaligen Regierung durchaus teilt: die
Neugliederung und innere Strukturierung der deutschen Staaten durch Napoleon. Ihm schreibt Hegel
die Aufgabe zu, all das zu organisieren, wovon die
deutschen Fürsten keinen Begriff haben: »Der große
Staatsrechtslehrer sitzt in Paris.« (29.8.07). Der politische Zustand in Frankreich ist für Hegel schlechthin vorbildlich, und zwar durchaus nach der Seite
der größeren Demokratisierung: »dies Sprechen der
Regierung mit dem Volke über ihre und seine Interessen ist eines der größten Elemente der Kraft des
französischen und englischen Volkes.« (22.2.08)

Die kleineren Zeitungen, die keine eigenen Verbindungen zu politischen Kreisen und auch keine
Möglichkeiten zu recherchieren haben, entnehmen
damals ihre Artikel gemeinhin anderen Blättern, sofern diese ebenfalls unter Zensur erscheinen. Die
Handschrift des Redakteurs kommt somit nur bei
der Auswahl und Verbindung solcher Nachrichten
zur Geltung. Im Konfliktfall bietet diese Praxis ein
Moment der Sicherheit für den Redakteur: Auch Hegel hat sich am 9.11.08 genötigt gesehen, sich auf die
von ihm ausgewerteten, in Gotha und Erfurt erscheinenden Blätter zu berufen. Dieses Verfahren scheint
jedoch nicht den von der bayerischen Regierung gewünschten Disziplinierungseffekt gehabt zu haben,
denn sie schreibt bereits am 16.3.08 verbindlich vor,
daß »nur o f f i z i e l l e Nachrichten aus o f f i z i e l l e n
Quellen in die Zeitung eingerückt werden« dürften –
und als »offiziell« gelten, wie der für Bamberg zuständige »Regierungs-Commissär des Main-Krei-
ses«, Baron v. Stengel, Hegel mitteilt, nur noch der
französische und der westfälische *Moniteur* (GW
5.688). Das gereizte und nicht kalkulierbare Vorgehen der bayerischen Regierung hat Hegel das Re-

daktionsgeschäft insbesondere in den letzten Monaten sehr problematisch werden lassen: »Das Zeitungs-Etablissement enthält den beträchtlichen Teil des Vermögens einer Familie, meine Subsistenz hängt ganz davon ab, ebenso die Subsistenz zweier verheirateter Arbeiter und einiger andern Personen. Dies alles wird durch einen einzigen Artikel, der als anstößig gefunden wird, aufs Spiel gesetzt; ich bin es, der einen solchen Artikel aufgenommen hätte und zugleich ist mehr als je ungewiß, was Anstoß geben kann; ein Zeitungsschreiber tappt darüber nur im Blinden herum.« Und dies sind keine bloßen Befürchtungen: Die »Bayreuther und Erlanger Zeitung« sind damals bereits suspendiert, und wenige Monate nach Hegels Weggang wird auch die Bamberger Zeitung verboten, und die Druckerpressen werden versiegelt (20.2.09). So sehnt er sich auch aus diesem guten Grunde danach, von seiner »Zeitungs-Galeere endlich wegzukommen« (15.9.08).

5.5 Erlösung vom Zeitungsjoche

Diese Befreiung steht damals kurz bevor – wenn auch nicht in der eigentlich erwünschten Weise. Wie schon in den späten Jenaer Jahren, so richtet sich Hegels Blick auch jetzt auf unterschiedliche Orte und Tätigkeiten. Dem Jenaer Freund Friedrich Frommann teilt er am 9.7.08 mit, er ginge am liebsten nach Jena zurück, aber: »ohne ordentliche Besoldung kann ich nicht hin, mit einer solchen aber würde ich herzlich gern, und wenn ich's recht bedenke, nirgend lieber hingehen; zu einer honetten Arbeit zurückzukommen, verzweifle ich fast außer Jena«. Zugleich pflegt er jedoch seine Heidelberger Kontakte, und als Creuzer ihn am 29.5.08 zur Mitarbeit an den *Heidelberger Jahrbüchern der Literatur* einlädt, schlägt er am 28.6.08 neben dem allgemeinen Hinweis auf philosophische Werke einige Titel namentlich vor: etwa August Wilhelm Schlegels *Comparaison entre la Phèdre de Racine et celle d'Euripide* (das sich auch in seiner Bibliothek erhalten hat), Fichtes *Reden an die deutsche Nation,* aber auch Jacobis und Schellings Akademie-Reden mit den gegen sie erschienenen Broschüren, die »das allgemeinere Interesse haben könnten, die bayerische Art und Weise überhaupt und insbesondere, Produkte höherer fremder Bildung aufzunehmen.«

In dieser letzteren Hinsicht lebt Hegel damals im Zwiespalt: Einerseits wendet er sich gegen den »neukatholischen Dünkel« gegenüber den aus dem nördlichen Deutschland nach Bayern gekommenen Gelehrten (November 1807). Heftige Kritik übt er am 23.12.07 an Karl Rottmanners Pamphlet gegen Jacobi: »Herr R.« habe sich »mit allen bayrisch-pöbelhaften Ansichten assoziiert und die Aeußerung derselben für Pflicht der Philosophie ausgegeben«. Auffallend ist der Gegensatz dieser Wertung gegenüber Schellings Bericht an Windischmann vom 31.12.07: Rottmanners Schrift gegen Jacobi sei »immer gut genug für den Gegenstand«, und es sei erfreulich, einen jungen Mann wie ihn hier zu Lande zu erblicken, und hingegen traurig, »daß endlich sogar Kinder und Unmündige schreien müssen, was die Erwachsenen und Alten nicht sehen wollen.« In diesem Konflikt deutet sich bereits die Abwendung Hegels von Schelling und seine Zuwendung zu Jacobi an.

Auch sonst spart Hegel bereits in Bamberg nicht mit seiner Kritik an den Zuständen in Bayern, wie er sich zuvor in Jena gegen Preußen gewandt hat. Doch andererseits richtet er seine Hoffnung auf eine Anstellung in Bayern durch die Fürsorge Niethammers. An ihn richtet er bereits am 23.12.07 die beschwörende Bitte: »Hier und an der Zeitung lassen Sie mich nicht.« Er denkt dabei insbesondere an eine protestantische Universität wie Erlangen (11.2.08), freut sich aber auch über Niethammers Anfrage vom 8.5.08, ob er nicht »Rektor eines Gymnasiums« »in irgend einer unsrer Hauptprovinzstädte« werden wolle – ein Vorschlag, den Hegel am 20.5.08 aufgreift und in die von ihm gewünschte Richtung zu lenken sucht: »Man sei in einem Staate, was man sei, so ist es am besten, es in der Hauptstadt zu sein; der Aufenthalt in einer Provinzialstadt kann immer für eine Verweisung angesehen werden«. Allenfalls eine Universitätsstadt könne »mit einer Hauptstadt rivalisieren«. Und so spielt er mit dem Gedanken einer kurzfristigen Tätigkeit in München und dem baldigen Wechsel nach Erlangen.

Bei einem Besuch Hegels in Nürnberg am 5.8.08 scheinen dann nähere Details für Hegels Tätigkeit an einem Gymnasium abgesprochen worden zu sein, denn Hegel spricht am 20.8.08 gegenüber Niethammer bereits von seiner »Nomination«, auch wenn diese »nicht obenan stehen« werde. Doch treibt ihn die Besorgnis um, daß ein erneuter Ausbruch des Krieges auch seine eigene »Erlösung vom Zeitungsjoche« verzögern könne: »jede Minute bei meinem Zeitungswesen ist verlornes, verdorbenes Leben« (1.10.08). Am 26.10.08 benachrichtigt Niethammer Hegel, er sei »zum Professor der philosophischen Vorbereitungswissenschaften und zugleich zum Rektor des Gymnasiums zu Nürnberg ernannt worden«, also in der Stadt, in der auch sein Freund Paulus bereits kurz zuvor zum Kreisschulrat berufen worden ist. Und so stattet Hegel am 28./29.10.08 Niethammer seinen Dank ab – freilich nicht ohne zugleich einen Blick auf die Erneuerung der protestantischen Universität Altdorf und eine dortige wissenschaftliche Zusammenarbeit mit Niethammer zu werfen, aber doch mit deutlichen Worten: »Sie sind dieser mein Schöpfer, ich Ihr Geschöpf«. Clemens Brentano hingegen schreibt gegenüber Savigny Hegels Berufung dem Einfluß Schellings zu (HBZ 93) – wie Brentanos »Berichte« auch sonst mehrfach in den Bereich der Dichtung gehören.

Auch für seinen Dienstantritt in Nürnberg beantragt Hegel noch die Genehmigung des Württembergischen Ministeriums für Geistliche Angelegenheiten, schon um das Recht zur Rückkehr nach Württemberg nicht zu verlieren, und diese Genehmigung wird ihm auch – mit einer wenig schmeichelhaften Begründung – erteilt: »Professor Hegel scheint, nach der Richtung, welche seit mehreren Jahren seine Studien genommen haben, zu einem kirchlichen Amte weder die gehörige Tüchtigkeit noch die erforderliche Neigung mehr zu haben, und eine Lehrstelle, wozu derselbe tauglich wäre, ist gegenwärtig nicht vakant.« (Br 4/1.96)

Der Dienstantritt verzögert sich zwar etwas, weil das »allerhöchste Rescript« vom 4.11.08 erst den Weg der Bürokratie durchlaufen muß; Paulus sendet den bereits nach Nürnberg gereisten Hegel zunächst noch einmal nach Bamberg zurück, und Niethammer muß am 17.11.08 seinen »kleingläubigen Freund« beruhigen und ihn ein zweites Mal nach Nürnberg beordern. Am 23.11.08 erhält Hegel endlich seine Ernennung – und er richtet an den Herzog Karl August die Bitte um Entlassung aus dem Dienst als außerordentlicher Professor der Philosophie zu Jena im November 1808. So entfernt Hegel sich mit seinem Amtsantritt in Nürnberg einerseits von der Universität; andererseits kommt er der Wissenschaft wieder einen Schritt näher, und damit derjenigen Tätigkeit, die ihm geboten erscheint: »Die theoretische Arbeit, überzeuge ich mich täglich mehr, bringt mehr zustande in der Welt als die praktische; ist erst das Reich der Vorstellung revolutioniert, so hält die Wirklichkeit nicht aus.« (28.10.08)

Quellen: GW 5.389–447,682–696. – **Literatur:** R 230–235; Hegel 1770–1970, 143–148; Wilhelm Raimund Beyer: Zwischen Phänomenologie und Logik. Hegel als Redakteur der Bamberger Zeitung. Köln ²1974; Manfred Baum / Kurt Rainer Meist: Politik und Philosophie in der Bamberger Zeitung. Dokumente zu Hegels Redaktionstätigkeit 1807–1808. HS 10 (1975), 87–127.

6 Nürnberg (1808–1816)

6.1 Hegel als Professor und Rektor

Das Doppelamt des Professors für die philosophischen Vorbereitungswissenschaften und Rektors hat Hegel völlig unvorbereitet angetreten. Noch am 22.11.08 teilt er Niethammer mit: »Ich weiß auch noch gar nichts weder über die philosophischen Lehrgegenstände oder Wissenschaften, die auf einem Gymnasium zu lehren sein werden, noch über Bücher, die dabei als Leitfaden zugrunde zu liegen haben, noch ob mein Unterricht verschiedenen Klassen, also verschieden, wie ich […] fast fürchten muß, zugeteilt werden wird.« Seine persönliche Unkenntnis ist jedoch nur das Komplement zur damals allgemeinen Verwirrung, die Hegel am 12.2.09 so ausdrückt, daß »für nichts eine Fürsorge noch getroffen ist und eben allenthalben das Geld fehlt«. Sein Freund und – als Kreis- und Schulrat – auch Vorgesetzter Paulus warnt Hegel bereits am 28.11.08, daß »die Herrn Idealisten von oben« uns von dem materiellen, schmutzigen Wesen des Mammons ganz rein erhalten – freilich nicht ohne hinzuzufügen: »God damn all the Idealism.«

Auch die Organisation der Lehrtätigkeit ist zunächst noch nicht allgemein bekannt, doch ist Niethammers *Normativ*, das die Lehrinhalte regelt, schon »antecedenter« in Paulus' Hand, und so kann dieser in ironischer Form Hegel anweisen, »die letzte Weihung« der in Kürze zur Universität übergehenden Schüler der I. Klasse werde sich »durch Dero os aureum über sie unvermeidlich […] ergießen müssen; bestehend bei der II. Classis in der Einleitung in die Philosophie nebst logikalischen Uebungen 4 Stunden, bei der III. in der Einleitung in die Kenntnis des allgemeinen Zusammenhangs der Wissenschaften 4 St. und bei der I. in Religions-Rechts- und Pflichtenkenntnis 4 St., wozu ich Heil und Salbung wünsche.«

Anfang Dezember wird das Gymnasium mit einer Rede von Paulus und der Eidesleistung Hegels neu eröffnet. Hegel berichtet Niethammer am 14.12.08, es habe dreißig Schüler, »davon acht in der Oberklasse«, und nachdem zuvor Prüfungen zur Einstufung der Schüler stattgefunden hätten, habe auch der Unterricht inzwischen begonnen. Er dankt Niethammer »drei-, sieben- und neunmal« für die in dessen *Normativ* vorgesehene »Emporhebung des Studiums der Griechen« wie auch für die »Ausmerzung aller der Schnurrpfeifereien von Technologie, Oekonomie, Papillonfangen u. s. f.« Hegels »eigentümliches Pensum« gilt den »philosophischen Vorbereitungswissenschaften«; er übernimmt aber auch den mathematischen Unterricht in der Oberklasse, da der hierfür vorgesehene Lehrer »keine Buchstabenrechnung versteht«, und überläßt ihm dafür »die Religions- und Pflichtenlehre in der Unterklasse« (s. Kap. II.6.1.5).

Hegels Unterricht in der »philosophischen Propädeutik« ist teils durch seine Manuskripte, teils durch Diktatnachschriften von Schülern (von Schreiberhand ausgefertigt) oder durch Nachschriften seiner frei vorgetragenen Erläuterungen überliefert. Diese Materialien vermitteln weniger den Eindruck eines Gymnasialunterrichts denn denjenigen einer kontinuierlichen Ausarbeitung weiter Partien seines Systems, insbesondere der Logik und der Enzyklopädie. Und er selber äußert am 24.3.12 gegenüber Niethammer zunächst die Ansicht, im Gymnasium werde zuviel Philosophie gelehrt: »in der Unterklasse ließe sie sich füglich entbehren«. Am 23.10.12 sendet er Niethammer seine »Gedanken über den Vortrag der Philosophie auf Gymnasien« – und hier erwägt er die provokante Ansicht, »daß vielleicht aller philosophischer Unterricht an Gymnasien überflüssig scheinen könnte, daß das Studium der Alten das der Gymnasialjugend angemessenste und seiner S u b s t a n z nach die wahrhafte Einleitung in die Philosophie sei.«

Trotz dieser Zweifel am Sinn des Philosophieunterrichts treffen sich alle von Dritten überlieferten Aussagen in der Hochschätzung von Hegels Unterrichtsweise und Amtsführung. Selbst ein damaliger Schüler und späterer Gegner, der dem »spekulativen Theismus« zuzurechnende Johann Georg August Wirth, rühmt aus seiner Erinnerung sowohl Hegels Lehrmethode als auch die Form seines Umgangs mit den Schülern, die »freie Erziehung«: »als Rektor in Nürnberg wirkte Hegel unendlich segensreich« (HBZ 114–116, 128–136).

Dieses Wirken als Rektor umfaßt jedoch auch eine Vielzahl von Dingen jenseits der eigentlichen pädagogischen Aufgabe: zunächst die Sorge dafür, daß zwei Schulgebäude mit einem »Abtritt« ausgestattet werden. So muß sich Hegel an das Generalkommissariat wenden, »um durch die Polizei Abhülfe zu erhalten – weil in einem der Lokale das Militär und die Nachtwächter den notwendigen Ort in Besitz haben« –, und er klagt darüber, daß er mit diesem »Abtrittsjammer« seine Zeit vertrödele (12.2.09).

Seine Bemühungen um die Beseitigung dieser und anderer Bedrängnisse dürften zudem in einer wenig erfreulichen Atmosphäre stattgefunden haben. Hegels Freund, der Marktvorsteher Paul Wolf-

gang Merkel, berichtet 1812 hierüber an Knebel: »Die Forderungen der Regierung an ihre Diener sind kaum zu erfüllen, und man kann es in zehn Fällen kaum einmal recht machen, und dann wird man so undelikat behandelt und zum Mißmut gereizt. Das meiste, was man verlangt, besteht in elenden, geistlosen Formen und Tabellen, womit man halb tot geplagt wird.« (HBZ 112) Ähnlich beklagt sich Hegel am 26.6.09 gegenüber Niethammer: »Dieses Abschreiben von allen möglichen Berichten, Attestaten, Kommunikationen, Listen u. s. f. ist die verdrießlichste Seite meines Amtes, und ich dächte, dies Geschäfte sollte dem Rektor nicht zugemutet werden«. Doch trotz Hegels Klage über seine vielen administrativen Verpflichtungen wird ihm am 13.12.13 als Nachfolger von Paulus das »Referat in Schul- und Studiensachen bei dem Königlichen Stadtkommissariat dahier allergnädigst übertragen« – was Hegel sich wegen der damit verbundenen Gehaltsverbesserung um 300 Gulden gefallen läßt. Und nur ein Jahr nach Aufnahme seiner Amtsgeschäfte wird – während Niethammers Abwesenheit – in München die Schließung des Nürnberger Gymnasiums beschlossen (was allerdings durch verschiedentliche Interventionen wieder rückgängig gemacht wird). Hegel sieht sich hierdurch in einen Widerspruch zwischen seinem »Nürnberger Patriotismus« und seinem »Privatinteresse« gebracht – denn das Ende des Gymnasiums hätte ihn vielleicht der Erfüllung seiner eigentlichen Bestimmung, der Rückkehr an die Universität, nähergebracht (3. 11. und 22.12.10).

6.2 Heirat, Geselligkeit

Die Sicherung seiner Lebensverhältnisse erweckt in Hegel einen anderen Wunsch, den er am 4.10.09 Niethammer gegenüber erstmals ausspricht: »ein anderes Geschäfte wünschte ich auch endlich vorzunehmen, und auszuführen, nämlich eine Frau zu nehmen oder vielmehr zu finden! […] Ich bin nächstens 40 Jahre alt und ein Schwabe; ich weiß daher nicht eigentlich, ob ich nicht geschwind vorher noch, eh ich es ganz werde, diesen Schritt zu tun habe, weil es nachher nicht mehr erlaubt wäre; oder aber ob sich bereits die Wirkung der schwäbischen 40 Jahre bei mir äußert …« Trotz dieser, wohl auf ein Sprichwort zurückgehenden Befürchtung und jenes Wunsches ist er aber am 15.3.10 wenig erbaut, als sein Freund Paulus ihm seine Tochter »Emmi« »überträgt« – hierfür sei er nicht der Mann. Vielleicht kennt er damals bereits seine künftige Frau, die gut zwanzig Jahre jüngere Maria Helena Susanna v. Tucher, denn am 11.5.10 spricht er bereits Niethammer gegenüber davon, er stehe auf dem Punkte, entweder ewig glücklich zu werden oder einen Korb zu bekommen – und auch davon, daß sein Freund Merkel in dieser Sache vermittle. Auch die Familie Paulus ist in Hegels Pläne eingeweiht, denn am 15.12.10 läßt Caroline Paulus sich bereits durch Hegel bei Fräulein von Tucher empfehlen. Am 13.4.11 wirbt er in einem Gedicht um Marie, drei Tage später kann er sie »mein« nennen, und am folgenden Tag besingt er sein Glück in einem weiteren Gedicht. Doch selbst Niethammer, dem vertrautesten Freund, teilt er erst am 18.4.11 den Namen seiner Braut mit – allerdings ebenso (wohl nicht ganz ohne Absicht), daß sein Glück zum Teil an die Bedingung gebunden sei, daß er eine Universitätsprofessur erhalte. Doch obgleich diese Hoffnung zunächst nicht erfüllt wird, findet die Hochzeit am 16.9.11 statt, und Hegel resumiert am 10.10.11 an Niethammer: »Ich habe damit im ganzen – einige noch wünschenswerte Modifikationen abgerechnet – mein irdisches Ziel erreicht, denn mit einem Amte und einem lieben Weibe ist man fertig in dieser Welt.« Nach dem raschen Verlust eines am 27.6.12 geborenen Mädchens wird am 7.6.13 Karl Friedrich Wilhelm geboren, am 25.9.14 Thomas Immanuel Christian.

Nach Hegels Heirat, und wohl nicht ohne Zusammenhang mit ihr, zeigen sich bei seiner Schwester Christiane die ersten Spuren einer Gemütskrankheit. Hegel bietet ihr am 9.4.14 an, zu ihm nach Nürnberg zu ziehen; sie besucht ihn dort, doch entschließt sie sich im November 1815, in den Umkreis ihres Vetters Ludwig Friedrich Göriz nach Aalen zu ziehen, mit sehr herzlichem Dank für »alle mir erwiesene Liebe und alles Gute, das mir bei Euch (sc. Hegel und seiner Frau) zuteil wurde« (Br 2.58), und doch zugleich »voll ›tiefen Hasses‹ gegen ihre Schwägerin« Marie Hegel und »›hoher Unzufriedenheit‹ mit ihrem Bruder«, aber auch über etliche andere ihr nahestehende Personen (Br 2.486 f.). Nach einer erneuten Verschlechterung ihres Zustands lebt sie von 1820 bis Mitte 1821 in einer Anstalt in Zwiefalten, danach in Stuttgart, ärztlich betreut durch Karl Eberhard Schelling (den Bruder des Philosophen) und finanziell durch Hegel in geringem Umfang unterstützt. Nur drei Monate nach dessen Tod, aber wohl unabhängig davon, macht sie – nach mehreren gescheiterten Versuchen – ihrem Leben durch einen Sprung in die Nagold ein Ende (R 425, Birkert 2008).

Bis 1810, dem Jahr der Berufung von Paulus nach Ansbach und Heidelberg, lebt Hegel insbesondere mit ihm und seiner Familie in sehr herzlichem Einvernehmen und Fortführung der langen Freundschaft aus den Jenaer und Bamberger Jahren. Auch mit anderen Kollegen steht Hegel in freundschaftlicher Verbindung, vor allem mit Kollegen vom »Realinstitut«, der zweiten höheren Schule neben dem Gymnasium. 1809 wird Johann Wilhelm Andreas Pfaff dorthin berufen, der von 1791–1793 im Tübinger Stift und von daher Hegel sicherlich bekannt war; mit Pfaff hat Hegel in freundschaftlichem Umgang gestanden, wie auch Pfaffs ausführliche, sachlich kritische Stellungnahme zu Hegels *Logik* im Sommer 1812 beweist. Am 7.5.09 dankt Hegel Niethammer: Dieser habe ihm für das »Realinstitut« »wackre Männer zur Freundschaft und Umgang« gesandt – seinen und Schellings Jenaer Hörer Gotthilf Heinrich Schubert als Rektor und Johann Arnold Kanne als Professor für Geschichte. Alle drei haben sich in diesen Jahren in der Wissenschaft einen Namen gemacht: Pfaff als Mathematiker, Kanne als Philologe und »Mythologe«, Schubert bereits zuvor durch seine *Ansichten von der Nachtseite der Naturwissenschaft* (1808), die Hegel schon am 28.6.08 rezensieren wollte. Hegel bezeichnet Schubert gegenüber Dritten mehrfach als »Freund«, äußert aber am 13.3.10 an Niethammer etwas spitz, auch »irdischer Trost« werde Schubert »noch wohltun neben dem himmlischen, den er bei den Pietisten zu suchen anfängt und, Gott stärke ihn! vielleicht erst in der Alleinseligmachenden findet«. Schubert hat Schelling über sein erneutes Zusammentreffen mit Hegel berichtet, und Schelling charakterisiert in seiner Antwort Hegel: »Ein solches reines Exemplar innerlicher und äußerlicher Prosa muß in unsern überpoetischen Zeiten heilig gehalten werden. Uns alle wandelt da und dort Sentimentalität an; dagegen ist ein solcher verneinender Geist ein treffliches Korrektiv, wie er im Gegenteil belustigend wird, sobald er sich übers Negieren versteigt. Die Wirkung, wegen der Faust über Mephistopheles klagt, kann er bei dem, der ihn einmal begreift und übersieht, nicht hervorbringen.« In seinen späteren *Lebenserinnerungen* hat Schubert diese Charakteristik – um die kritischen Töne gekürzt – mitgeteilt und betont, man müsse Schellings Worte »in jenem ehrend anerkennenden Sinne nehmen, welchen der Schreiber des Briefes damit verband.« (HBZ 95 f., 101) Wie groß die philosophische Differenz zwischen Schelling und Hegel damals aber schon geworden war, läßt eine Bemerkung Hegels gegenüber Niethammer vom 23.10.12 erkennen: »Schelling hat mich hier freundschaftlich besucht; Philosophica haben wir nicht berührt« – und dies im Jahr des Erscheinens von Schellings Polemik gegen Jacobi im »Streit um die Göttlichen Dinge« oder besser: im »Theismusstreit«.

Während sich Hegels Verhältnis zu Schelling abkühlt, bessert sich das durch seine Polemik in *Glauben und Wissen* (1802) sehr gespannte Verhältnis zu Friedrich Heinrich Jacobi, vor allem durch Vermittlung Niethammers. Die Wurzeln des Wandels in Hegels Verhältnis zu Jacobi liegen vor allem im Politischen und im Persönlichen, weniger im Philosophischen. Seit seinen Bamberger Jahren erwähnt Hegel Jacobi im Briefwechsel mit Niethammer häufig, im Interesse einer Versöhnung mit Jacobi – auch aus beruflichen Gründen. Implizit gesteht Hegel seine Schuld an der Belastung des Verhältnisses zu Jacobi ein, wenn er schreibt, daß die erwünschte Änderung nicht möglich sei, »ohne feurige Kohlen aufs Haupt zu bekommen, die ich sogar selbst aufzulegen helfen würde.« (30.05.07). Und obgleich er zunächst distanziert und ironisch bleibt (8.8.07), erwähnt er doch in der *Bamberger Zeitung* vom 1.8.07 Jacobis Rede zur Neubegründung der Bayerischen Akademie der Wissenschaften. Er läßt sich sogar aus München Exemplare senden und vertreibt sie im »Komptoir der Zeitung« – wenn auch in unmittelbarer Nachbarschaft mit einem Buch über »Obstbaumzucht« (GW 5.427). Über die Rede selber schreibt er Niethammer am 29.8.07, Jacobis Zitationen abgerechnet, sei »sich der darin ausgedrückten edlen Gesinnungen über Wissenschaft u. s. f. gewiß zu freuen, und ich habe Ihren biblischen Spruch wiederholt: wenn solches am dürren Holze geschieht, was wirds erst am grünen werden?«

Wie man seinen folgenden Briefen an Niethammer (23.12.07) und an Creuzer (28.6.08) entnehmen kann, bilden die vielfachen Verdächtigungen und Angriffe, denen Jacobi als fremder und zudem protestantischer Präsident der Bayerischen Akademie der Wissenschaften ausgesetzt ist, den Anlaß für eine Revision des zuvor so gespannten Verhältnisses. Niethammer macht Jacobi von sich aus mit Hegels freundlichen Äußerungen vertraut (22.1.08) und leitet damit die Verbesserung der Beziehungen zwischen beiden ein, die zunächst durch die Übermittlung von Grüßen gepflegt wird. Zu einer Begegnung zwischen Hegel und Jacobi und einem herzlichen Verhältnis kommt es wenig später in zeitlicher Nachbarschaft eines erneuten philosophisch-theologischen Streites: des Streits zwischen Jacobi und Schelling um die Göttlichen Dinge (1811/12).

In diesem dritten philosophisch-theologischen Streit (nach dem Pantheismusstreit von 1785 und

dem Atheismus-Streit von 1798) geht es nicht mehr um einen fixen Gegensatz des Theismus einerseits und des Pantheismus oder Atheismus andererseits, sondern um einen vertretbaren Begriff des Theismus selbst – weshalb jüngst vorgeschlagen worden ist, diesen Streit als »Theismusstreit« zu bezeichnen (PLS 3. 4 f.). Ausgelöst hat ihn Jacobi, indem er Schelling öffentlich des Atheismus bezichtigt hat, und Schelling hat hierauf mit der ganzen Kraft seiner Polemik geantwortet (PLS 3/1). Hegels Stellung zu diesem Streit ist eigentümlich zurückhaltend. Durch seinen Freundeskreis wird er auf Jacobis Seite gezogen, was insbesondere aus einem Brief von Caroline und Heinrich Eberhard Gottlob Paulus vom Sommer 1812 erhellt. Paulus ruft hier gegen Schelling aus: »Und daß der Wicht den Galgen für Jacobi aus Ihren und Schlegels Beinen baut und seine Hände in Unschuld waschen will!!«. Es ist wohl aus diesen persönlichen Beziehungen zu verstehen, daß Hegel zu diesem Streit nie ausdrücklich Stellung bezogen hat. Denn obgleich Hegel dem Programm einer vernünftigen, »wissenschaftlichen« Erkenntnis Gottes – das Schelling hier noch ein letztes Mal vertritt – in der Sache nahesteht, so läßt er sich doch durch dessen mehrfache Lockungen nicht in den Streit hineinziehen. Auch in seiner Rezension der Werke Jacobis sagt er hierzu wenig mehr als nur, Jacobis diesen Streit auslösende Schrift sei »noch so in der Erinnerung des Publikums, daß es unzweckmäßig seyn würde, sich länger dabey aufzuhalten.« (GW 15.22; s. Kap. II.7.1.2)

Zur gleichen Zeit, im Sommer 1812, besucht Jacobi auf einer Reise auch Nürnberg; im Vorblick hierauf notiert er, er werde dort »Hegel, Kanne, Schubert, lauter Menschen« finden, »die ich nie gesprochen habe.« Nach diesem Aufenthalt konstatiert Jean Paul, es sei unmöglich, Jacobi »nicht zu lieben; und sogar sein philosophischer Feind Hegel liebt ihn jetzt.« (HBZ 108) Dieser schreibt am 19.7.12 an Niethammer, Jacobis »gütige Gesinnungen gegen mich und die gute Aufnahme habe ich Ihnen zu danken und halte es recht hoch, was ich Ihnen darüber zu danken habe.« (vgl. 13.8.12) Hegels Logik allerdings hat Jacobi – wie er Fries am 29.10.12 mitteilt – »nur einmal angesetzt und dann auf immer bei Seite gelegt« (Henke, 324). Zu solcher Reaktion sieht Jacobi sich damals, seines fortgeschrittenen Alters wegen, immer häufiger gedrängt. Im zitierten Brief räumt er außerdem ein, Reinhold mache es ihm »zu sauer«, und für Herbarts Philosophie sei sein Kopf »ganz vernagelt«. – Allerdings nennt Jacobi Fries' Rezension der Logik Hegels »trefflich« und eine »großmüthige Schonung gegen Grobianismus« (ebd. 330 bzw. HBZ 118,142 f.).

Im Frühherbst 1815 besucht Hegel in München auch Jacobi, und kurz darauf, am 21.10.15, setzt sich Jacobi bei Nicolovius für Hegels Berufung nach Berlin ein – allerdings nur als Ersatz für Jakob Friedrich Fries: »Ich versprach Hegeln, da er jüngst hier war, seiner bei Dir zu erwähnen. Er ist gar nicht mehr, der er in Jena war, und ich könnte ihn Dir, wenn die Partei wider Fries dort zu mächtig war, nach diesem wohl empfehlen. Dieses will ich denn auf alle Fälle noch getan haben, und zwar auf das nachdrücklichste« (HBZ 119). Danach senden beide sich neben den Grüßen nun auch ihre Publikationen: Hegel durch Vermittlung Niethammers (20.9.15) vermutlich den zweiten Band der *Logik* (nicht, wie Hoffmeister annimmt, den dritten, da dieser erst ein Jahr später erschienen ist (GW 12.326) und von Hegel durch den Verleger Schrag am 6.10.16 an Jacobi gesandt wird). Jacobi sendet Hegel Bd. 2 der Ausgabe seiner *Werke* (28.12.15), den Hegel vom »liebsten, besten Jacobi« bereits im November »mit Sehnsucht« erwartet, »um wieder einmal an Philosophie erinnert und erregt zu werden« (23.11.15). – Am 28.12.15 schreibt Hegel darüber an Niethammer: »Ich habe nur noch die erste Lektüre, die der Neugierde vornehmlich angehört, gemacht, und des Trefflichen und Neuen in der schönen Zugabe sehr vieles gefunden. Sie wirft auf die ganze Idee ein neues, erhellendes und erwärmendes Licht. Des Wunsches für den lieben Greis konnte ich mich nicht enthalten, daß das Schmerzliche der polemischen Seite ihm für immer untergesunken und nur der Genuß seines edlen Geistes und herrlichen Gemüts ihm ungetrübt und ganz abgeschlossen erhalten werde.« Wie man Niethammers Schreiben vom 19.1.16 entnehmen kann, war Jacobi sogar für eine Patenschaft ausersehen – ein Plan, der wegen einer Fehlgeburt Marie Hegels Ende 1815 nicht verwirklicht werden konnte: »Unser herrlicher Jacobi hat über die verlorne Gevatterschaft ein so aufrichtiges Bedauern geäußert, daß sie (!) in der Tat ernstlich auf einen Ersatz werden Bedacht zu nehmen haben«. Zu solchem »Ersatz« ist es jedoch wegen weiterer Fehlgeburten nicht mehr gekommen, deshalb auch nicht zu einer Patenschaft Jacobis und auch nicht mehr zu einem persönlichen Treffen.

In den letzten Nürnberger oder ersten Heidelberger Monaten schreibt Hegel jedoch die Rezension des im Sommer 1816 erschienenen dritten Bandes der Werkausgabe Jacobis (s. Kap. II.7.1.1). Daneben haben Hegels vielfältige neue Verpflichtungen, zunächst in Heidelberg und kurze Zeit darauf sein Wechsel nach Berlin, seinen Briefwechsel mit Niethammer und damit auch die Verbindung zu Jacobi

weniger dicht werden lassen. Unberührt davon ist die Herzlichkeit des Verhältnisses geblieben: Zu Beginn der Berliner Zeit, am 19.1.19, teilt Niethammer Hegel mit: »Jacobi hat mich zuletzt fast jedesmal, so oft er mich sah, gefragt: Noch immer kein Brief von Hegel?« Aber noch bevor Hegel antwortet, erhält er die Nachricht von Jacobis Tod, und er schreibt mit Trauer an Niethammer: »Jacobis Tod hat mich außer dem persönlichen Schmerz auch darum überfallen, daß, wie Sie schreiben, er öfters nach Nachrichten von mir gefragt und nun keine von mir aus Berlin mehr erhalten hat. Man fühlt sich immer verlassen, je mehr dieser alten Stämme, zu denen [man] von Jugend auf hinaufgeschaut hat, eingehen. Er war einer von denen, die einen Wendepunkt der geistigen Bildung der Zeit sowie der Individuen formierten und die für die Welt, in der wir uns unsere Existenz vorstellen, einer der festen Halte waren.« (26.3.19)

Literatur: Gotthilf Heinrich Schubert: Der Erwerb aus einem vergangenen und die Erwartungen von einem künftigen Leben. 2 Bde. Erlangen 1855; Ernst Theodor Ludwig Henke: Jakob Friedrich Fries. Aus seinem handschriftlichen Nachlasse dargestellt. Leipzig 1867; Hans-Christian Lucas (Hg.): »An Mademoiselle Christiane Hegel«. Ein unveröffentlichter Brief Hegels und ein Briefkonzept des Dekans Göriz. HS 22 (1987), 9–16; Birkert 2008, 198, 225–264, 293–307.

6.3 Politik

Politisch gesehen sind Hegels Nürnberger Jahre die Jahre zunächst des größten Triumphes Napoleons, dann aber auch seiner Niederlage. An diesem Punkt markiert Hegels Kollege Schubert einen tiefen Dissens zwischen ihm selbst sowie Pfaff und Kanne einerseits und Hegel andererseits: Dieser erschien ihnen »als ein zu unbedingter Verehrer des großen Feldherrn und Völkerbezwingers«. In Hegels politischer Option verbinden sich, wie schon in Jena, zwei Momente: die Faszination für Napoleons Größe und der Abscheu gegenüber der reaktionären Politik, als deren Vertreter ihm in diesen Jahren Österreich und Rußland vor Augen stehen. Am 7.5.09 gratuliert er Niethammer zur »Befreiung von den Feinden«, d. h. den Österreichern, und äußert seine Genugtuung darüber, daß »die Friedrich Schlegelsche Befreiung und Katholizierung unser aller, geradezu vor die Schweine gegangen ist und derselbe es für Glück wird anzusehen haben, wenn nur der Galgen von ihm befreit bleibt.« Daß einige Nürnberger eingedrungenen österreichischen Ulanen »ein brüderliches Vivat! entgegenbracht« haben, führt er nicht

darauf zurück, daß in der ehemaligen Freien Reichs-
stadt viele Einwohner traditionell »kaiserlich« und
nicht bayerisch gesinnt waren, sondern daß »Fr.
Schlegel hier viele seinesgleichen, arbeitslose und
ausgehauste Lumpen hat«. Völlig verständnislos ist
er angesichts der nationalen Begeisterung über die
Befreiung von Fremdherrschaft. Wenn er über die
»vortrefflichen Befreier« spricht, assoziiert er »Kosa-
ken, Baschkiren, preußische Patrioten« (21.5.13). Er
verschmäht es, »unsere Befreier durchziehen zu sehen«, und stellt dafür in Aussicht: »wenn einmal par
hazard Befreite zu sehen sein werden, werde ich
mich auch auf die Beine machen«. Vorerst aber vergleicht er das Verhalten und die Kosten für die Einquartierung eines Franzosen mit denen eines Bayern, Österreichers oder gar Russen, räumt aber auch
ein, daß einer »honetten Bürgersfrau« drei Russen
noch lieber waren als einer von den 44 Freiwilligen
der Stadt (23.12.13). Die Sorge vor der Restauration
der »alten Herrlichkeit« verstellt ihm sogar ein nüch-
ternes Urteil über die militärische Situation. Noch
am 10.4.14, als die alliierten Truppen bereits in Paris
eingezogen sind, hofft er darauf, daß sie sich »damit
nur von ihrem Untergang in Etwas herausgerissen
haben«. Das einzige Befreiungserlebnis besteht für
ihn darin, »des Surrogatsaufens enthoben« zu sein
und wieder Kaffee trinken zu können (29.4.14).
Doch beansprucht er jetzt, nach Napoleons Abdan-
kung, nicht allein, die »Umwälzung« bereits mit seiner Kritik der absoluten Freiheit in der *Phänomenologie* vorausgesagt zu haben. Er gibt ihr auch eine
überraschende, aber nachdenkenswerte Wendung:
»Es sind große Dinge um uns geschehen. Es ist ein
ungeheures Schauspiel, ein enormes Genie sich
selbst zerstören zu sehen. – Das ist das τραγικοτατον,
das es gibt. Die ganze Masse des Mittelmäßigen mit
seiner absoluten bleiernen Schwerkraft drückt ohne
Rast und Versöhnung so lang bleiern fort, bis es das
Höhere herunter, auf gleichem Niveau oder unter
sich hat. Der Wendepunkt des Ganzen, der Grund,
daß diese Masse Gewalt hat und als der Chor übrig
und obenauf bleibt, ist, daß die große Individualität
selbst das Recht dazu geben muß und somit sich
selbst zugrunde richtet.«

Und nicht allein diese Umwälzung – auch die mit
ihr einsetzende Reaktion beansprucht Hegel vorausgesagt zu haben (5.7.16). Sie äußert sich damals in
Bayern in der Revision der in den Jahren 1808/09 liberal begonnenen Konfessions- und Schulpolitik, die
Niethammer bereits am 19.11.15 zu der Bemerkung
veranlaßt: »zum Glück bedarf die Bildung ihr Asyl
nicht mehr in Bayern zu suchen, wo man sie ohnehin

nur hereingelockt zu haben scheint, um sie tot-
zuschlagen!« Der König tadelt Niethammers Bemühungen um eine Verbesserung der Ausbildung für
die Protestanten, und dieser sieht darin den Beweis,
»daß die Protestanten in diesem Lande förmlich
rechtlos sind. [...] Doch, was wollten auch die Protestanten darüber klagen? Wessen Rechte sind denn
überhaupt durch die Konstitution gesichert?«
(16.7.16). Hegel setzt diesen Klagen am 5.7.16 die
Gewißheit entgegen, daß die »ungeheuerste Reaktion, die wir gesehen, gegen Bonaparte«, im Wesen der
Dinge nicht viel verändert habe, und »daß der Weltgeist der Zeit das Kommandowort zu avancieren gegeben. Solchem Kommando wird pariert; dies Wesen schreitet wie eine gepanzerte, festgeschlossene
Phalanx unwiderstehlich und mit so unmerklicher
Bewegung, als die Sonne schreitet, vorwärts durch
dick und dünn.«

In dieser Gewißheit bestärkt er am 12.7.16 Niethammer in dessen konfessionspolitischen Bemühungen durch seine eigene Sicht des Unterschieds
»des Katholischen und Protestantischen«: »Wir haben keine Laien; der Protestantismus ist nicht der
hierarchischen Organisation einer Kirche anvertraut, sondern liegt allein in der allgemeinen Einsicht
und Bildung. Diesen Gesichtspunkt möchte ich noch
zu dem des Bedürfnisses vorzüglicherer Geistesbildung der protestantischen Geistlichen hinzufügen;
er scheint mir sogar der wesentlichste. Ich will Gelegenheit nehmen, ihn wo anzubringen und auszuführen. Unsere Universitäten und Schulen sind unsere
Kirche.« Diese, den späteren Kulturprotestantismus
vorbereitende Sicht macht Hegel bereits am 3.11.10
und noch am 10.10.16 in etwa gleichlautenden Wendungen geltend: »der Protestantismus besteht nicht
so sehr in einer besondern Konfession als im Geiste
des Nachdenkens und höherer, vernünftiger Bildung«; die höheren Bildungsanstalten sind ihm deshalb so teuer »als die Kirchen, und gewiß sind sie so
viel wert als diese«, und auf sie »blicken alle Protestanten als auf ihr Rom und bischöfliche Sitze hin«.

6.4 Erlösung aus dem Schul-Katzenjammer

Trotz des Erreichens seiner irdischen Ziele – Amt
und Ehe – bezeichnet Hegel am 10.10.11 pauschal einige »Modifikationen« »wünschenswert«; Anfang
1813 präzisiert er sie in einem Briefentwurf an Sinclair: »mein einziges und letztes Ziel ist, Lehrer auf
einer Universität zu sein«. Um dieses Ziel zu errei-

chen, richtet Hegel seinen Blick auch von Nürnberg aus auf viele Orte – auf Tübingen (28.12.11, 5.2.12), auf Heidelberg und nach Fichtes Tod auf Berlin (30.7.14), ja selbst auf Holland, wo sein Jenaer Schüler van Ghert eine Chance für ihn sieht (4.8.09, 16.12.09). Doch selbst Niethammers kontinuierliche Bemühungen, Hegel einen Ruf nach Erlangen zu verschaffen, bleiben lange Jahre ebenso erfolglos wie Hegels andere Vorstöße.

Eine Gelegenheit ergibt sich erst, als Hegel von Fries' Berufung von Heidelberg nach Jena hört. Am 2.5.16 fragt er Paulus in Heidelberg nach seinen Aussichten; Caroline Paulus hatte ja schon am 16.8.14 bekräftigt, daß Hegel nach ihrer »Schicksalstheorie« nun ebenfalls nach Heidelberg kommen müsse, nachdem sie bereits in Jena, Bamberg und Nürnberg vereint gewesen seien, und hinzugefügt: »Was wollen Sie in dem sandigen Berlin, wo man den Wein aus Fingerhüten trinkt?« Auch Sulpiz Boisserée wendet sich am 11.6.16, bei seinem Besuch in Nürnberg, an seinen Bruder Melchior, um in Heidelberg Erkundigungen über Hegels Chancen einzuholen (HBZ 122), und Paulus rät Hegel am 28.5.16, ihm einen »ostensiblen Brief« zu schreiben, was Hegel nur zu gern am 13.6.16 erledigt. Paulus' Antwort vom 11.7. ist zwar verloren, doch läßt Hegels Antwort vom 20.7. erkennen, daß die Dinge an der Universität bereits weitgehend geregelt sind: Es geht bereits um Reisegeld, Miete und die Höhe des Witwengehalts; nur die Entscheidung der Regierung in Karlsruhe steht noch aus, wie Hegel ebenfalls am 20.7. auch gegenüber Boisserée erwähnt, dem er für sein »ganz freundschaftliches Interesse« an seiner Berufung dankt. Am 30.7. gibt Paulus Hegel nochmals einige Ratschläge wegen letzter finanzieller Regelungen, und schon am gleichen Tag fragt der Theologe und spätere Freund Hegels, Carl Daub, an, ob Hegel »geneigt« sei, »die Stelle eines ordentlichen Professors der Philosophie bei der hiesigen Universität anzunehmen.« Nun sieht Hegel, wie er Paulus am 8.8.16 schreibt, der »Erlösung aus dem Katzenjammer unseres Schul- und Studienwesens« entgegen; an Niethammer fügt er am 11.8. auch noch den »Organisationskatzenjammer« hinzu. Nach einem präzisierenden Schreiben Carl Daubs vom 16.8. sagt Hegel am 20.8. zu.

Nachdem Hegel so lange vergeblich auf einen Ruf gewartet hat, erhält er im Sommer 1816 deren gleich drei. In Berlin war noch über die Nachfolge des 1814 verstorbenen Fichte zu entscheiden. Dort hatte de Wette die Berufung von Fries betrieben und hierbei auf Nicolovius' Hilfe gehofft (s. Kap. I.6.2) – doch der sei »Mitglied der Bibelgesellschaft, zu welcher auch Marheineke gehört, und dieser soll öfter zu ihm gehen und gegen Sie und für Hegel sprechen. Es war einmal das Gerücht, daß Hegel gerufen werden solle. Ich erklärte mich sehr stark dagegen in Beisein Solgers, und dieser nahm ihn als einen sehr tiefsinnigen Kopf in Schutz. Was ist da zu machen? ... Der Mystizismus herrscht hier ungeheuer, und wie tief man gesunken ist, zeigt der Gedanke an Hegel. Keinen verwirrtern Kopf kenne ich nicht!« (HBZ 117) Bei der Abstimmung am 6.3.16 erhält Hegel die meisten Stimmen für den Lehrstuhl für spekulative Philosophie, Fries jedoch die meisten für die praktische Philosophie. Die Berufung verzögert sich jedoch, denn de Wette gibt ein Separatvotum gegen Hegel ab; er nennt seinen Vortrag verworren und sucht ihn beim zuständigen Minister v. Schuckmann – der die Naturphilosophie haßt – als einen Schellingianer und somit Naturphilosophen zu diskreditieren (HBZ 121). So bedarf es erst eines Besuchs Friedrich Georg Ludwig v. Raumers im Juli in Nürnberg, um wieder Bewegung in das Verfahren zu bringen. Er berichtet v. Schuckmann über mannigfache Gespräche mit Hegel und über dessen am 2.8.16 brieflich mitgeteilte »Gedanken über den Vortrag der Philosophie auf Universitäten«; Hegels Gespräch sei »geläufig und verständig«, so daß er nicht glaube, »dem Kathedervortrag mangeln diese Eigenschaften« (HBZ 124). Um diese Zeit besucht auch Barthold Georg Niebuhr auf der Durchreise Hegel und teilt am 4. 8. Nicolovius Hegels Interesse an Berlin und auch seinen guten Eindruck von Hegel mit (HBZ 123 f.). Am 24.8. trifft schließlich bei Hegel ein Schreiben v. Schuckmanns ein, in dem ihn dieser bittet, zu den Bedenken gegen seinen Vortrag selber Stellung zu nehmen. Doch am gleichen Tag trifft das Schreiben Hegels in Heidelberg ein, mit dem er den Ruf dorthin annimmt, und wiederum vom gleichen Tag datiert Hegels Gesuch um Entlassung aus bayerischen Diensten.

Am Tage darauf beschließt endlich das Ministerium in München – dem Hegel sein alsbaldiges Entlassungsgesuch bereits angekündigt hat – ihn auf die »Direktorsstelle an dem philologischen Seminarium zu Erlangen nebst der ordentlichen Lehrstelle der Beredsamkeit, Dichtkunst, dann der klassischen, griechisch und römischen Litteratur« zu berufen. Hegel muß sich dem Stadtkommissariat in Nürnberg gegenüber erklären, ob er »nicht die nunmehr zu Erlangen erhaltene Stelle dem Rufe nach Heidelberg vorziehe?« (5.9.16). In seiner Antwort verweist Hegel darauf, daß er inzwischen sogar seine Berufung an die »berühmte Universität zu Berlin« wegen seiner bereits erfolgten Entscheidung für Heidelberg ablehnen mußte.

In dieser Formulierung schwingt nicht allein die Genugtuung über die Ablehnung des lange erhofften und nun zu spät eingetroffenen Rufes nach Erlangen mit, sondern auch die bereits am 11.8. Niethammer mitgeteilte Erwägung: »Vielleicht auch, so wenig meine Frau davon hören will, wäre die dasige (sc. Berliner) Stelle das Vorzüglichere, das töricht wäre, dem erstern (sc. Heidelberg) nachzusetzen.« Und so drückt er auch am 28.8. v. Schuckmann gegenüber sein Bedauern darüber aus, durch die Annahme des Rufs nach Heidelberg »auf die Aussicht zu dem ausgebreitetern Standpunkt an der Universität in Berlin […] bereits Verzicht geleistet zu haben.«

Quellen: GW 10/1–2. – **Literatur:** R 246–295; Max Lenz: Geschichte der Königlichen Friedrich-Wilhelms-Universität zu Berlin. Halle 1910, Bd. 1.578–580; K. Goldmann: Hegel als Referent für das Nürnberger Lehrerseminar und Volksschulwesen 1813–1816. ZphF 11 (1957), 387–394; Kurt Hussel: Hegel als Rektor und Lehrer am Gymnasium in Nürnberg. In: Mitteilungen des Vereins für Geschichte der Stadt Nürnberg 48 (1958), 306–313; Wilhelm Raimund Beyer: Hegel als praktischer Verwaltungsbeamter (Lokal-Schulrat in Nürnberg). In: Deutsche Zeitschrift für Philosophie 9 (1961), 747–766; Georg Wilhelm Friedrich Hegel in Nürnberg 1808–1816. Mit Beiträgen von Wilhelm Raimund Beyer, Karl Lanig, Karlheinz Goldmann. Nürnberg 1966 (Beiträge zur Geschichte und Kultur der Stadt Nürnberg, Bd. 13); Hegel 1770–1970, 149–171; Georg Wilhelm Friedrich Hegel als Rektor des Nürnberger Gymnasiums 1808–1816. Ausgewählte Dokumente. Nürnberg 1977; Wilhelm Raimund Beyer (Hg.): Die Logik des Wissens und das Problem der Erziehung. Nürnberger Hegel-Tage 1981. Hamburg 1982, 1–39; Friedrich Strack: Hegels Persönlichkeit im Spiegel der Tagebücher Sulpiz Boisserées und der Lebenserinnerungen C. H. A. Pagenstechers. HS 17 (1982), 25–40; Wilhelm Raimund Beyer: Nürnberg als die Geburtsstadt der entoptischen Farben. (»Gevatter« Hegel). In ders.: Gegenwartsbezüge Hegelscher Themen. Mit unbekannten Hegel-Texten zur Farbenlehre. Königstein / Ts. 1985, 49–120.

7 Heidelberg (1816–1818)

7.1 Lehrtätigkeit

Mit Rückkehr an die Universität ist Hegel – nach Amt und Ehe – auch der letzte noch offen gebliebene Wunsch erfüllt. Am 28.10.16 leitet er seine Vorlesungen mit einer »Antrittsrede« ein: Es sei ihm besonders erfreulich, seine philosophische Laufbahn zu diesem Zeitpunkt wieder aufzunehmen, zu dem die Kämpfe um die Wirklichkeit beendet seien und die Philosophie sich wieder Aufmerksamkeit und Liebe

versprechen dürfe. Die »d e u t s c h e N a t i o n« habe »s i c h a u s d e m G r ö b s t e n h e r a u s g e h a u e n , da sie ihre N a t i o n a l i t ä t , d e n G r u n d a l l e s l e b e n d i g e n L e b e n s g e r e t t e t h a t«. Diesen Ton hat Hegel, von Napoleon fasziniert, zuvor nicht angeschlagen – aber er präzisiert sehr genau, was er sich von solcher nationalen Wiedergeburt erhofft: »daß neben dem S t a a t e , der alles Interesse in sich verschlungen, […] auch wieder an d a s R e i c h G o t t e s gedacht werde, mit andern Worten, daß neben d e m p o l i t i s c h e n u n d s o n s t i g e n an die gemeine W i r k l i c h k e i t gebundene Interesse auch die reine W i s s e n s c h a f t , die f r e y e v e r n ü n f t i g e W e l t d e s G e i s t e s w i e d e r e m p o r b l ü h e«. Die Eigentümlichkeit und der besondere Beruf der deutschen Nation bestehen darin, die Bewahrer des heiligen Feuers der Philosophie zu sein, »wie früher der Weltgeist die jüdische Nation für das höchste Bewußtseyn seiner selber sich aufgespart hatte, daß er aus ihr als ein neuer Geist hervorginge.« (GW 18.3–8) Und so polemisiert er gegen die »F l a c h h e i t u n d S e i c h t i g k e i t« der Philosophie seiner Zeit – mit einer jedem seiner Hörer verständlichen Wendung gegen seinen Vorgänger Fries, der sich gerade in diesen Jahren durch »Judenhaß und Teutonismus« hervortut (Boisserée an Goethe, 9.10.17).

Die Rückkehr an die Universität hat Hegel aber zugleich als Übergang zu etwas Neuem empfunden. Trotz der Jahre als Privatdozent und außerordentlicher Professor in Jena bekennt er Niethammer am 11.12.17: »Ich bin erst ein angehender Universitätsprofessor« – und zudem habe er die von ihm vorgetragenen Wissenschaften »eigentlich meist erst zu machen«. Daraus erklärt sich, daß Hegel in den vier Heidelberger Semestern seine Vorlesungen wiederholt: Er liest dreimal über Enzyklopädie (1816/17, 1818 sowie als Privatvorlesung für Prinz Gustav von Schweden 1817/18, s. GW 13.628), zweimal über Geschichte der Philosophie (1816/17, 1817/18), zweimal über Ästhetik (1817, 1818) sowie je einmal über Logik (1817), Anthropologie und Psychologie (1817) und Naturrecht (1817/18). Zumindest im späten Winter 1816/17, wahrscheinlich geringfügig zeitlich versetzt zur ersten Enzyklopädie-Vorlesung, läßt er seine *Enzyklopädie der philosophischen Wissenschaften im Grundrisse* (s. Kap. II.7.2) als Kompendium für künftige Vorlesungen drucken, und er bedauert am 19.4.17, daß nicht rechtzeitig zum Sommersemester fertiggeworden sei; sie erscheint erst »zwischen Anfang Juni und dem 23. Juni« 1817 (GW 13.631; HBZ 145).

Mit seinem Lehrerfolg ist Hegel zufrieden. Nachdem er am 29.10.16 seiner Frau klagt, er habe zu einem Kollegium nur vier Hörer, teilt er Frommann am 19.4.17 mit, daß seine Logik-Vorlesung siebzig Hörer habe, »und es ist mir lieber, sie in meinem zweiten Semester als im ersten zu haben«. Auch wenn »die meisten seiner zahlreichen Zuhörer« über seinen Vortrag klagen (HBZ 144), schließen sich doch einige an ihn an, mit denen er lebenslang verbunden bleibt: Friedrich Wilhelm Carové, der sich wegen seiner Tätigkeit als Burschenschaftler später nicht habilitieren kann, Isaak Rust, mit dem Hegel später wegen religionsphilosophischer und kirchenpolitischer Fragen in Verbindung steht, und Hermann Friedrich Wilhelm Hinrichs, zu dessen Religionsphilosophie er 1822 ein Vorwort schreibt (s. Kap. II.8.2). Zu nennen sind aber auch Richard Rothe, der seinem Vater mehrfach über Hegels Vorlesungen berichtet und diesem auch mit etwas Verzögerung nach Berlin folgt (HBZ 683), und der estnische Baron Boris v. Uexküll. Dieser besucht noch nach Hegels Weggang aus Heidelberg, im Winter 1818/19, ein »Conversatorium des Doctor H i n r i c h s , worin sich Disputirende aus allen vier Facultäten einfanden und bei welchem die Erklärung der Phänomenologie des Geistes den Leitfaden ausmachte« (R 303), bevor er ebenfalls Hegel nach Berlin folgt (Kreysing 1996, 6–10).

7.2 Die Heidelberger Jahrbücher

Noch in Jena hat Hegel sich mit dem Plan eines »kritischen Instituts« in Heidelberg getragen (Schelver an Hegel, Ende Januar 1807; Hegel an Schelling, 23.2.07); nach seiner Ankunft in Heidelberg tritt er in die Redaktion der *Heidelbergischen Jahrbücher der Litteratur* ein, die in den wenigen Jahren ihres Bestehens bereits ein respektiertes Rezensionsorgan geworden sind. Ein frühes, unerwartetes Resultat dieser Tätigkeit ist jedoch der Bruch seines ebenfalls noch in Jena begründeten herzlichen Verhältnisses mit Paulus. Dessen *Philosophische Beurteilung der von Wangenheim'schen Idee der Staatsverfassung* wird von der Gesamtheit der Redaktoren als zu lang abgelehnt – woraufhin Paulus die Verbindung mit Hegel abbricht. Entscheidend ist freilich weniger die Länge der Rezension als vielmehr der Umstand, »daß sie in der Art und Weise, wie sie sich als Ganzes zeigte, aufzunehmen nicht tunlich sei« – so die Redaktoren Hegel, Wilken und Thibaut am 29.1.17. Deutlicher wird der politische Hintergrund in Hegels Brief an Niethammer vom 19.4.17: Paulus' Kritik an Karl August v. Wangenheim, dem württembergischen

Minister und Gesandten beim Bundestag (der dort die »Triasidee«, d. h. den Plan einer dritten Kraft im deutschen Bund zwischen den Großmächten Preußen und Österreich vertrat), nennt Hegel »quoad personam hämisch« und »quoad rem höchst philisterhaftig«.

Die wohl immer schon vorhandene – wenngleich nirgends ausgesprochene – theologische Differenz zwischen Paulus' Rationalismus und Hegels spekulativer Religionsdeutung läßt sich aus dem sehr drastischem Vergleich zwischen Paulus und dem an Hegel angelehnten Carl Daub ermessen, den Ludwig Feuerbach wenig später (1823) in Briefen an seinen Vater zieht; sie scheint aber die Herzlichkeit des privaten Umgangs nicht beeinträchtigt zu haben, zumal sie lange Zeit durch eine politische Übereinstimmung ausbalanciert wird. Noch am 23.5.13 schreibt Paulus – bereits aus Heidelberg – an Hegel, er blicke »auf den Rhein und die Vogesen hinüber, woher alles Heil kommt«; Caroline Paulus entrüstet sich am 12.12.15 über das »erzdumme Menschenvolk«, das »den salto mortale in das Deutsch d u m m gemacht hat und sich mit Kreuzen aller Art behängt«, an denen nur die deutsche Freiheit gekreuzigt werde. Doch bereits in diesem Brief spricht sie die »vaterländischen Landstands-Geschichten« an, in denen Paulus sich in den Folgejahren sehr nachdrücklich engagiert; Hegel nennt ihn am 19.4.17 geradezu den »Gott unserer Landstände«.

Die politische Differenz scheint auch sonst das gesellige Leben Heidelbergs beeinträchtigt zu haben. Sulpiz Boisserée notiert am 13.7.17 Eindrücke von einer Bootsfahrt: »Revolutionäres respektloses Pack. […] Flegelei unterdessen im Schiff, von Welcker gegen Daub bei Gelegenheit, daß Hegel des Kronprinzen von Schweden Gesundheit ausbringt. ›Der mag sich seinen Lorbeer erst verdienen, die Deutsch Freiheit – die Stände sollen leben!!‹« (HBZ 147 f.) In diese Auseinandersetzungen greift auch Hegel im Herbst dieses Jahres mit seiner Schrift *Verhandlungen in der Versammlung der Landstände des Königreichs Würtemberg* ein, in der er sich gegen die Verfechter des »alten Rechts« auf den Boden der durch Napoleon geschaffenen staatlichen Verfassung in Deutschland stellt (Kap. II.7.1.2).

7.3 Familienleben

Nach Nürnberg ist Hegel 1808 als Junggeselle übergesiedelt; nach Heidelberg folgt ihm seine Frau mit den beiden Söhnen, und auch »Fritz«, Maries jüngere Schwester, bleibt bis zum Herbst 1817 in Heidelberg. Sein Hausstand vergrößert sich ferner dadurch, daß er sich jetzt in der Lage sieht, seinen Sohn Ludwig (s. Kap. I.4.6) zu sich zu nehmen. Bereits am 28.8.16 teilt Hegel seinem Jenaer Bekannten Frommann diese Absicht mit; im April 1817 verläßt Ludwig Jena und trifft – nach einem Aufenthalt in Franken – in Heidelberg ein (Br 4/1.234 f.). Am 31.5.17 teilt Hegel wiederum Frommann mit, Heinrich Voß habe Ludwig »überbracht«, und er habe ihm den Tod seiner Mutter (den er durch Voß erfahren habe) eröffnet: »Er hat ihn mehr als mich affiziert. Mein Gemüt ist längst mit ihr fertig gewesen; ich konnte nur noch unangenehme Berührungen derselben mit Ludwig – und damit indirekt mit meiner Frau – und mir äußerst Unangenehmes besorgen.« Am 9.7.08 hat Hegel noch gegenüber Frommann bedauert, daß er Frau Burkhardt, »die die Mutter meines Kindes ist und die dadurch jede Art von Pflicht an mich aufzufordern hat, aus ihrer Lage nicht ganz bisher herausreißen konnte«; bereits am 18.5.11 hat er jedoch von der »Unverschämtheit der Burkhardt« gesprochen und darum gebeten, daß seine Heiratspläne dieser nicht vorzeitig bekannt werden.

Über den Sohn jedoch schreibt Hegel weiter: »An Ludwig erfreue ich mich und meine Frau. [...] er zeigt einen guten Kopf; er geht jetzt ins hiesige Gymnasium, das freilich besser sein könnte. Aber ich bin höchst verwundert, wie viel er im Lateinischen diesen Winter gelernt hat.« Die Nachrichten aus den folgenden Jahren sind – für alle drei Söhne – spärlich. In Berlin schreibt Ludwig sich am 5.11.21 im Collège Français ein – unter dem Namen »Georgius Ludovicus Fredericus Hegel«. Nach Ludwigs Konfirmation wendet Hegel sich am 8.4.22 an Frommann mit dem Vorschlag, Ludwig – der nach eigenen Angaben den Wunsch gehabt hat, Medizin zu studieren – in einer beiden bekannten Stuttgarter Handlung in die Lehre zu geben. Er habe sich sehr gebessert, sei reifer geworden und habe ein Ehrgefühl bekommen, aber die Gesellschaft sei für ihn nach wie vor gefährlich, und deshalb wolle er ihn nicht »unter Unbekannten ohne freundschaftliche Aufsicht« lassen. 1823 trägt Ludwig wieder den Namen »Fischer« – ob von Hegel erzwungen, wie Varnhagen auf Grund einer Erzählung Heinrich Leos aus dem Jahr 1844 berichtet, muß angesichts anderer Irrtümer seines Berichts offenbleiben (Br 3.434 f.). Im gleichen Jahr ist Ludwig wohl gegen seinen Wunsch in diese Stuttgarter Handlung eingetreten und hat sie 1825 nach einem Streit mit seinem »Prinzipal« wieder verlassen. Briefe von Johan-

na Frommann aus den Jahren 1824/25 an Sophie Bohn und Betty Wesselhöft, die Ludwig aufgezogen haben, schreiben ihm ein »verstocktes Herz« oder gar einen Stein an Stelle des Herzens zu. Ein inniges Verhältnis hat er zu seiner (sechs Jahre älteren) Schwester Therese Burckhardt gehabt. Sein Verhältnis zu Hegel hat Ludwig aus seiner Perspektive beschrieben: »Als ich von Jena nach Heidelberg kam, täuschte ich mich in der Hoffnung, eine liebevolle Erziehung und Behandlung zu genießen, ganz gewaltig. Als Stiefkind, denn mein Vater, – wie ich ihn jetzt nicht mehr nennen werde, – ward ich von der Stiefmutter, die selbst 2 Kinder hatte, nachgesetzt, und auf diese Art lebte ich immer in Furcht, nie aber in der Liebe zu meinen Eltern, – ein Verhältnis, das eine stete Spannung hervorbringen mußte, die niemals gut tun konnte.« Nach seiner Abreise aus Stuttgart ist Ludwig in niederländische Militärdienste getreten. Nach Hegels Besuch in den Vereinigten Niederlanden im Herbst 1827 (s. Kap. I.8.7) erbietet sich sein Schüler und Freund aus der Jenaer Zeit, van Ghert, Ludwig zu nützen (23.5.28); eine Antwort Hegels ist nicht bekannt. Am 28.8.31 ist Ludwig in Djokjakarta an »Febris Inflammatoria« verstorben (Br 4/1.237–246; Birkert 2008, 280–292).

7.4 Kollegenkreis

Im bereits genannten Brief vom 31.5.17 an Frommann geht Hegel auch auf die geselligen Kontakte im Kollegenkreis ein: Es finde zwar kein häufiges Zusammenleben statt, jedoch ein kordiales Verhältnis ohne Sauerteig, »der glücklicherweise vor meiner Ankunft zu Ihnen exorziert worden ist« – nämlich Fries. Paulus' Unruhe und Vieltuerei verderbe nichts, nütze aber auch nichts, und mit Thibaut stehe er »auf einem freundschaftlichen, fast vertraulichen Fuß; er ist ein ehrlicher und gern ein offener Mann«. Thibauts Auseinandersetzung mit Savigny um die Kodifikation eines bürgerlichen Gesetzbuchs lag damals nur kurz zurück; Hegels massive Kritik an Savignys Kodifikationsfeindlichkeit in § 211 der *Grundlinien der Philosophie des Rechts* dürfte noch ein Nachklang dieser Verbindung mit Thibaut sein. Bei ihm nimmt Hegel auch an musikalischen Abenden teil. Ferdinand Walter berichtet über Hegels Interesse: »Dieser kalte, scharfe, aber für alles Wahre und Große empfängliche Geist, horchte erst genau zu und legte sich dann die Sache für seine Zwecke zurecht. Er ging so darauf ein, daß er sich mehrmals Aufführungen in seinem Hause erbat.« (HBZ 157)

Zu seinen Freunden zählt Hegel auch Carl Daub und Friedrich Creuzer. Mit diesem verbindet ihn das Interesse am Neuplatonismus, insbesondere an Proclus. Obgleich die Wege beider sich Mitte der 1820er Jahre getrennt haben, hat Creuzer in seinen Lebenserinnerungen Hegel einen großen Anteil am Zustandekommen seiner Edition von Proclus' *Institutio theologica* zugesprochen: Hegel hat die Druckbogen durchgearbeitet und mit Bemerkungen versehen, und Creuzer hat ihm diese Edition gewidmet (s. Kap. II.8.3). – Daub jedoch ist derjenige der Heidelberger Freunde, bei dem sich die persönliche Freundschaft am engsten mit der philosophischen Rezeption verbindet. Nach Hegels Übersiedelung nach Berlin hält Daub Vorlesungen über die *Phänomenologie des Geistes;* er ist es, der den jungen Ludwig Feuerbach nach Berlin zu Hegel schickt; auf dessen Bitte hin überwacht er 1826/27 in Heidelberg den Korrekturgang für die zweite Auflage der *Enzyklopädie*, und nach Hegels Tod stellt er seiner *Dogmatischen Theologie* die Widmung voran: »Dem Andenken Hegels, seines verewigten Freundes, in der Aussicht auf baldige Nachfolge freudig gewidmet.«

Einen Höhepunkt des kollegialen Zusammenseins in Heidelberg bildet nach den erhaltenen Quellen der erste Besuch Jean Pauls in den Sommermonaten 1817. Am Ende eines Punschabends bei Heinrich Voß am 11.7.17 regt Hegel die Ehrenpromotion Jean Pauls an; schon fünf Tage später beschließt die Fakultät, »dem edlen Dichter Jean Paul Friedr. Richter, der gerade jetzt in unsern Mauern weilt, ein vom Dekan abzufassendes Ehrendiplom zu überreichen« – einmütig zwar, aber gegen Bedenken eines Kollegen, »erstens, weil es mit Jean Pauls Christentum nicht ganz geheuer stünde, zweitens, weil seine Moralität auch nicht ganz koscher wäre, sintemalen Jean Paul gern ein Glas über den Durst tränke«. Hegel aber habe diesem Kollegen mit großem Ernst und ungewohnter Beredtsamkeit – und einem Schalk im Nacken – bewiesen, »daß Jean Paul ein ganz herrlicher Christ sei«. Am 17.7. überbringen Hegel und Creuzer das Doktordiplom, und am 19.7. feiern alle »einen großen Doktorschmaus«, bei dem Hegel »seine königliche Freude« darüber hat, daß der Argwohn des einen Kollegen hinsichtlich der Christlichkeit Jean Pauls doch noch nicht ganz ausgeräumt ist. Auch Jean Paul berichtet seiner Frau über diesen »herrlichen Abendzirkel und Regenbogen« mit lauter Professoren, Künstlern und »Kunstkennern und -inhabern wie Boisserée« (HBZ 149–152).

Mit Sulpiz Boisserée ist Hegel bereits seit Nürnberg vielfältig verbunden; er genießt seine Gemäldesammlung, die damals noch in Heidelberg aufgestellt ist, und lernt dort die Maler Xeller, Schlesinger und Köster kennen, mit denen er auch später noch in Berlin in Verbindung stehen wird (HBZ 452). Sulpiz Boisserée vermittelt jedoch auch die Erneuerung der seit Jena unterbrochenen Verbindung Hegels mit Goethe. Zum Jahreswechsel 1812/13 ist Goethe sogar über Hegel betrübt, weil er ein von Troxler aus dem Zusammenhang gerissenes und als Motto verwendetes Zitat aus Hegels *Phänomenologie* als gegen »die herrlichen Bemühungen« der Naturphilosophie gerichtet empfindet – ein Verdacht, den Hegels Freund Seebeck jedoch ausräumen kann (V 6.413 f.) Sogleich bei Erscheinen der *Enzyklopädie* sendet Boisserée einige Blätter über das Licht und »Newtons Lehre von der Bewegung der Himmelskörper«; Goethe bedankt sich umgehend dafür, daß Hegel ihm »so mächtig zu Hülfe kommt«, und sendet ihm zunächst über Boisserée Materialien zur Farbenlehre, am 8.7.17 aber auch direkt seine soeben erschienene Abhandlung *Zur Naturwissenschaft überhaupt*. Damit wird die bereits in Jena bestehende und auch in Berlin weitergeführte Zusammenarbeit beider an der Farbenlehre wieder aufgenommen.

7.5 Berufung nach Berlin

In Hegels Briefen aus Heidelberg fehlt erstmals ein Thema, das das vorangehende Jahrzehnt durchzieht: der Wunsch nach einer Veränderung seiner beruflichen Situation, nach der Erlösung sei es von der Zeitungsgaleere, sei es vom Schulkatzenjammer. Und doch erfolgt gerade hier die Veränderung überraschend schnell. Bereits im Herbst besucht Karl Siegmund Franz v. Stein zum Altenstein Heidelberg, wahrscheinlich insbesondere der Gemäldesammlung Boisserées wegen, und dabei lernt er auch Hegel persönlich kennen – mit dem Bedauern, daß der Ruf nach Berlin »durch einen unglücklichen Zufall« zu spät gekommen sei. Nach seiner Ernennung zum Chef eines neu gebildeten »Ministeriums für Geistliche, Unterrichts- und Medizinalangelegenheiten« im Jahre 1817 – ein Amt, das er bis 1839, in das Jahr vor seinem Tod, ausüben wird – bemüht er sich unter anderem um die Wiederbesetzung von Fichtes Lehrstuhl. Hierfür wendet er sich in einem persönlich gehaltenen Schreiben vom 26.12.17 an Hegel: »Ich mißkenne die Verpflichtungen nicht, welche Sie an Heidelberg zurückhalten können, allein Sie haben noch größere Verpflichtungen für die Wissenschaft, für die sich Ihnen hier ein ausgebreiteterer und wichtigerer Wirkungskreis eröffnet. Sie wissen, was Ihnen Berlin in dieser Hinsicht gewähren kann. Ihre Erwartungen sollen aber, wie ich hoffe, noch übertroffen werden, wenn sich verschiedene Pläne näher entwickeln, deren Verfolgung für mich Pflicht ist« – womit er auf die geplante Reorganisation der Berliner Akademie der Wissenschaften anspielt. Hegel dankt am 24.1.18, nicht ohne noch einige finanzielle Wünsche geltend zu machen, und hierauf trägt Altenstein dem König seinen Vorschlag vor: »Der einzige Gelehrte, welchem der Unterricht in der Philosophie auf der Universität hier in einem hohen Grade mit Zuversicht […] anvertraut werden könnte, ist nach meiner Überzeugung der Professor Hegel […], ein Mann von reinstem Charakter, von seltenen mannigfaltigen Kenntnissen, von Reife des Geistes und von philosophischem Scharfsinn, wovon seine verschiedenen Schriften zeugen. Gleich weit entfernt von religiöser Schwärmerei und von Unglauben, hat er bei seiner philosophischen Tiefe doch auch schätzbare Ansichten in der allgemeinen Erziehungskunst und sogar praktische Kenntnisse in solcher.« (HBZ 168) Am 16.3.18 teilt das Ministerium Hegel mit, daß seine Forderungen bewilligt seien, und Altenstein fügt dem am 18.3. noch ein privates Schreiben an; am 31.3. nimmt Hegel den Ruf an.

Bereits am 20.5.08 hat Hegel an Niethammer geschrieben, es sei am besten, in einer Hauptstadt zu leben – und dabei an München gedacht. Am 12.9.18 stützt er sich seiner Schwester gegenüber auf dasselbe Argument: »Berlin ist ein großer Mittelpunkt für sich« – und er fügt noch hinzu: »die Philosophie war von jeher mehr im nördlichen Deutschland Bedürfnis und zu Haus als im südlichen«. Noch am 9.6.21 schreibt er an Niethammer, er sei nach Berlin gegangen, »um in einem Mittelpunkt und nicht in einer Provinz zu sein.« Diese Erwägungen haben offenbar auch seine Frau überzeugt; Hegel schreibt der Schwester weiter, der Gedanke, Heidelberg zu verlassen, sei Marie anfangs sauer geworden, »aber sie gibt sich jetzt mit Mut und Zuversicht darein«. Und auch die Mutter Susanna v. Tucher bestärkt sie: »man muß die Landkarte nehmen und das kleine Fleckchen Land neben das Große stellen, wo Kinder und Kindeskinder ihre Hütten zu bauen, Platz genug finden werden.« (HBZ 171)

Richard Rothe, Hegels Heidelberger und nachmals Berliner Schüler, berichtet allerdings auch noch von anderen Erwägungen: Der damalige Streit um die badische Erbfolge sei »auch mit eine von den Ur-sachen, welche Hegeln bewogen haben, den Ruf nach Berlin anzunehmen; denn da auf diese Weise Heidelberg leicht bayrisch werden könnte, hätte er zu fürchten gehabt, einmal wieder unter den bayerischen Zepter zu kommen, der ihm überaus verhaßt ist.« (HBZ 174) Und einen weiteren Grund deutet Hegel in seinem Entlassungsgesuch vom 21.4.18 an das badische Innenministerium an: »vornehmlich die Aussicht zu mehrerer Gelegenheit in weiter vorrückendem Alter von der prekären Funktion, Philosophie auf einer Universität zu dozieren, zu einer andern Tätigkeit übergeben und gebraucht werden zu können«. Er stützt sich hierbei auf die Andeutungen, die v. Altenstein ihm am 18. März 1818 konkretisiert hat: »Ich beabsichtige eine große Veränderung bei der Königlichen Akademie der Wissenschaften hier und hoffe dabei Gelegenheit zu haben, Ihnen eine sehr schöne Wirksamkeit zu eröffnen und Ihre Einnahme künftig zu erhöhen.«

Wahrscheinlich am 18.9.18 verläßt Hegel mit seiner Familie Heidelberg; am 19.9. schreibt er von Frankfurt aus an das Preußische Kultusministerium, vom 23.–26.9. besucht er die Bekannten in Jena und Weimar – Frommann, Goethe und Knebel –, und etwa am 29.9. trifft er – über Weißenfels, Leipzig und Wittenberg – in Berlin ein.

Quellen: GW 13, GW 15, GW 18; Ludwig Feuerbach: Gesammelte Werke. Hg. von Werner Schuffenhauer. Bd. 17. Briefwechsel I (1817–1839). Berlin 1984, 33–38. – **Literatur:** R 295–312; Pöggeler: Hegel und die Romantik. Bonn 1956; Friedhelm Nicolin: Hegel als Professor in Heidelberg. Aus den Akten der philosophischen Fakultät 1816–18. HS 2 (1963), 71–98; Wilhelm Raimund Beyer: Aus Hegels Familienleben. Die Briefe der Susanne von Tucher an ihre Tochter Marie Hegel (1816–1832) (Fortsetzung). In: HJb 1967, 114–137; Hegel 1770–1970, 172–188; Hans-Georg Gadamer: Hegel und die Heidelberger Romantik. In Gadamer: Hegels Dialektik. Fünf hermeneutische Studien. Tübingen 1971, 71–81; Pöggeler: Hegel und Heidelberg. HS 6 (1971), 65–133; Strack: Hegels Persönlichkeit im Spiegel der Tagebücher Sulpiz Boisserées und der Lebenserinnerungen C. H. A. Pagenstechers. HS 17 (1982), 25–40; Wilhelm Raimund Beyer: Sulpiz Boisserée als Wegbegleiter Hegels in Nürnberg und Heidelberg. In ders.: Gegenwartsbezüge Hegelscher Themen. Mit unbekannten Hegel-Texten zur Farbenlehre. Königstein / Ts. 1985, 78–84; Christoph Burchard: H. E. G. Paulus in Heidelberg (1811–1851). In: Semper Apertus. Sechshundert Jahre Ruprecht-Karls-Universität Heidelberg 1386–1986. Festschrift in sechs Bänden. Bd. 2. Berlin u. a. 1985, 222–297; Katharina Comoth: Ein Dokument über Hegels Aufenthalt in Heidelberg. HS 20 (1985), 117–120; Helmuth Kreysing: Boris Uexkülls Aufzeichnungen zum subjektiven Geist – Eine Vorlesungsnachschrift? In: Jahrbuch für Hegelforschung. Hg. von Helmut Schneider. Bd. 2. Sankt Augustin 1996, 5–25.

8 Berlin (1818–1831)

8.1 Politische Situation

Das Preußen, in das Hegel im Oktober 1818 kommt, ist durch tiefgreifende Spannungen zwischen Reform- und Restaurationstendenzen gekennzeichnet. Der Höhepunkt des Wirkens der Reformer wie auch die Universitätsgründung liegen fast ein Jahrzehnt zurück, und an sein Versprechen vom 22.5.15, dem Staat eine Verfassung zu geben, läßt König Friedrich Wilhelm III. sich nicht mehr gern erinnern – auch wenn der Staatskanzler von Hardenberg ihm am 17.1.20 durch den Zwang der tagespolitischen Ereignisse eine Wiederholung des Verfassungsversprechens abnötigen kann. Preußen hat sich auf dem Wiener Kongreß als eine europäische Großmacht etabliert – neben und in enger Verbindung mit Österreich und Rußland, mit denen es in der »Heiligen Allianz« zusammengeschlossen ist. Die Politik Metternichs wird von der Versammlung der deutschen Staaten, dem Bundestag in Frankfurt, allgemein unterstützt. Reformer wie Wilhelm v. Humboldt und Karl Friedrich v. Beyme treten 1819 zurück; statt dessen formiert sich allmählich die »Kronprinzenpartei« – oder mit dem despektierlichen Namen: die »Hofkamarilla« – als politischer Faktor, dem v. Hardenberg in seinen letzten Lebensjahren keine persönliche Energie und politische Macht mehr entgegenzusetzen hat. Insbesondere die Universitäten werden zum Objekt einer zunehmend restaurativen Politik. Als ein glücklicher Umstand erweist sich jedoch, daß im Jahr 1817 die für die Kulturpolitik zuständige Abteilung aus dem Innenministerium herausgelöst und zu einem neugebildeten Ministerium unter Führung Altensteins ausgebaut worden ist, das den direkten Zugriff der Restaurationspartei auf die Universitäten verhindert und viele restriktive Anordnungen so lange verschleppt und verwässert, bis sie gegenstandslos geworden sind.

Diese komplexen Zusammenhänge sind Hegel noch nicht deutlich, als er in Berlin eintrifft und in seiner, gegenüber der Heidelberger nur geringfügig erweiterten Berliner Antrittsrede vom 22.10.18 an die Reformzeit anknüpft, indem er deren Topos aufgreift, daß »Preussen auf Intelligenz gebaut« sei (GW 18.4). Für die Kulturpolitik dieser Jahre bleibt dieser Topos auch in den folgenden Jahren leitend: Hegels Berufung bildet ein zwar wichtiges, aber doch nur e i n Beispiel für Altensteins Bestrebungen, namhafte Gelehrte sehr unterschiedlicher Strömungen für Preußen und insbesondere für die Berliner Universität zu gewinnen. Diese Bestrebungen sind zwar nicht immer erfolgreich – August Wilhelm Schlegel zieht die neue preußische Universität Bonn vor, und Ludwig Tieck lehnt schon aus Pietät den Ruf auf die Nachfolge seines Freundes Solger ab –, doch entsteht verbreitet der Eindruck, den Goethe angesichts der Berufungen Hegels und Seebecks gegenüber Sulpiz Boisserée so formuliert: »Minister Altenstein scheint sich eine wissenschaftliche Leibgarde anschaffen zu wollen.« (HBZ 173)

Nicht allein in Berlin herrscht damals eine politisch gespannte Atmosphäre. Die bereits bestehenden Königreiche (Preußen und Österreich) wie auch die von Napoleon neu begründeten behaupten sich – und nicht selten mit repressiven Maßnahmen – gegen die häufig mit den Befreiungskriegen verbundenen Hoffnungen auf die Begründung eines Nationalstaats. Zur Reformationsfeier im Oktober 1817, beim Wartburgfest, manifestiert sich das neu erwachte Nationalbewußtsein – aber mit ihm zugleich zeigen sich bereits die finsteren Seiten dieses Nationalbewußtseins: Judenhaß und Bücherverbrennung, darunter die *Geschichte des deutschen Reiches* des Literaten und russischen Staatsrats August Kotzebue. Als Abgeordneter der Erlanger Burschenschaft marschiert Karl Ludwig Sand als Ehrenwache neben dem Fahnenträger zur Wartburg – und gut ein Jahr später ermordet er in Mannheim Kotzebue. Es ist ein Indiz für die Vergiftung des politischen Klimas, daß dieser Meuchelmord damals nicht nur von seinen Gesinnungsgenossen unter den Burschenschaftlern, sondern auch von einigen mit ihnen sympathisierenden Professoren als eine aus der »besten Überzeugung« entsprungene und somit auch gute, ja »beste« Tat beschönigt wird.

Mit diesem radikal gesinnungsethischen (und somit für Hegel gegen die wirkliche Sittlichkeit des Staates verstoßenden) Argument rechtfertigt Hegels Berliner Kollege, der protestantische Theologe de Wette, ein enger Freund von Fries, der Mutter Sands gegenüber den Mord, und er fährt fort: die durch »diesen reinen frommen Jüngling, mit diesem Glauben, mit dieser Zuversicht« geschehene Tat sei »ein schönes Zeugnis der Zeit. Ein Jüngling setzt sein Leben daran, einen Menschen auszurotten, den so viele als einen Götzen verehren; sollte dieses ohne alle Wirkung sein?« (Br 2.445) De Wette wird daraufhin fristlos entlassen; einen Protest des akademischen Senats gegen die Entlassung weist der König schroff zurück: »Ich würde mein Gewissen verletzen, wenn ich einem Manne, der den Meuchelmord unter Bedingungen und Voraussetzungen gerechtfertigt hält, den Unterricht der Jugend ferner anvertrauen wollte.« (Br 2.446) Unter den Professoren aber führt die Entlassung zu einer scharfen Konfrontation darüber, ob der Staat das Recht hierzu habe. Hegel tritt für dieses Recht des Staates ein, »einen Lehrer abzusetzen, wenn er ihm nur seinen Gehalt lasse«; Schleiermacher, mit dem Hegel noch am 2.5.19 am Fest der Burschenschaftler auf dem Pichelsberg teilgenommen hat (HBZ 193 f.), bezeichnet diese Ansicht als »erbärmlich«, und Hegel repliziert darauf »mit gleicher Grobheit« (Br 2.450) – doch beteiligt er sich mit 25 Talern an einer Sammlung der Kollegen für de Wette (HBZ 199).

Die Regierungen beantworten jenen Mord und diese Rechtfertigungen mit einer erneuten Verschärfung der Repression durch die »Karlsbader Beschlüsse« vom August 1819, die am 20.9.19 einstimmig vom Frankfurter Bundestag angenommen werden: Die frühere Zensurfreiheit der Universitäten wird aufgehoben, an den Universitäten werden Regierungskommissare eingesetzt, die mit großer Macht ausgestattet sind; Professoren wie Studenten, die im Verdacht demagogischer Umtriebe stehen, droht die Entlassung bzw. die Relegation. Die neuere Empörung über diese weit überzogene und zu Gesinnungsschnüffelei führende »Demagogenverfolgung« ist jedoch geneigt, deren Opfer pauschal als »liberal« zu stilisieren und hinwegzusehen über die damals enge Verbindung solcher Berufung auf die »deutsche Freiheit« mit dumpfem Fremden-, insbesondere Franzosenhaß etwa im Umkreis des »Turnvaters Jahn« und mit dem Haß auf die Juden, der sich auch bei einem Treffen der Burschenschaftler in Darmstadt in einem Pogrom entlädt.

Der Eindruck, den die politischen Konflikte dieser Zeit auf Hegel machen, spiegelt sich wohl am besten in seinen Worten an den Heidelberger Freund Friedrich Creuzer vom 30.10.19: »Ich bin gleich 50 Jahre alt, habe 30 davon in diesen ewig unruhvollen Zeiten des Fürchtens und Hoffens zugebracht und hoffte, es sei einmal mit dem Fürchten und Hoffen aus. Nun muß ich sehen, daß es immer fortwährt, ja, meint man in trüben Stunden, immer ärger wird.« Schon in seinem ersten Berliner Jahr wird Hegel mehrfach in solche Auseinandersetzungen hineingezogen. Noch in Heidelberg promoviert bei ihm Friedrich Wilhelm Carové mit einer Arbeit über eine Verfassung der Burschenschaft. Carové (Br 2.455–468) nimmt auch am Wartburgfest teil; er ist eine führende Gestalt in der Heidelberger Burschenschaft, setzt sich jedoch für eine nicht-nationalistische Ausrichtung der Bur-

schenschaft ein. Gustav Asverus, ein Sohn von Hegels Jenaer Bekannten, kommt im Sommer 1818 aus Jena und tritt auch der Heidelberger Burschenschaft bei – doch berichtet er empört einem Freund über die dort übergroße Liberalität: »Denke nur, wenn Du dies denken kannst, wir haben jetzt eine a l l g e m e i n e Burschenschaft, [...] Sie wollen alle Juden, alle Ausländer, daß Gott erbarm. [...] Vorzüglich ist aber daran schuld der dumme Hundsfott Carové, den ich immer in der letzten Zeit in Jena schon haßte und den ich nun noch viel ärger hasse. [...] Nur glauben auch die Ungleichen gleich zu sein. Freund Carové oder Gar-o-weh! nun hat sie so ans Allgemeine und rein Vernünftige gewöhnt, daß sie in ihrem höchst allgemeinen Schlendrian gern noch fortgegangen wären ... Ist die Burschenschaft deutsch und faßt sie einmal einen kräftigen Entschluß, liederliche Bestien oder dergl. abzuschaffen, so müßte sie doch das Zeug sein lassen«. In dieser Spannung läßt sich deutlich die auf das »Allgemeine und rein Vernünftige« zielende »Hegelsche« Linie von der gegen Juden und Ausländer sowie auf die Liquidierung »liederlicher Bestien« gerichteten Linie unterscheiden. Asverus geht jedoch mit Hegel nach Berlin; in Briefen an seine Eltern legt er klar den mäßigenden Einfluß von Hegels Staatslehre auf sein Denken dar. Dennoch wird er am 15.7.19 im Zuge der Demagogenverfolgung verhaftet; Hegel sucht – auch durch Stellung einer Bürgschaft – seine Freilassung zu erreichen, die sich jedoch noch bis zum 7.6.20 hinzieht. Am 11.10.21 schreibt Asverus an einen Freund, die Burschenschaft dürfe »keine politischen Zwecke haben; denn das ist Torheit. Wie wollen wir junge Laffen, die keine Idee vom Staat haben, unsere verwickelten politischen Verhältnisse übersehen und resp. verbessern? [...] Nur das Politische weg, [...] weil sonst die Burschenschaft nichts als ein politischer Klub ist und zu Torheiten verleitet wird. [...] Dieser Unsinn kommt aber von niemandem in die Burschenschaft als von Mr. Luden und Mr. Wesselhoeft, denen ich beiden von Herzen gram bin. Freiheit, Wahrheit, Vaterland kommt immer aus ihrem infamen Rachen, und dabei sind sie die größten Egoisten, eitelsten Narren und schauderhaftesten Spiegelfechter und Lügner« – und er beschließt den Brief, indem er dem Freund empfiehlt, sich an Hegel anzuschließen (Br 2.432–442). Arnold Ruge berichtet später, daß Asverus seiner Begeisterung für Hegel wegen »von der Jenaer Burschenschaft förmlich in Verruf erklärt worden war.« (HBZ 424)

Ein abschließendes Urteil formuliert Hegel im Brief vom 9.6.21 an Niethammer: »Die demagogische Not habe ich ohne Gefährde bestanden«. Er habe beide Seiten kennengelernt, »einesteils die Jämmerlichkeit und das wohlverdiente Schicksal« der »demagogischen Individuen«, anderenteils »die bei so nebulosen Dingen freilich nicht gleich anfängliche, aber schließliche Gerechtigkeit der Behörden und noch mehr als dies« – womit er auf die Anstellung des zuvor als Demagogen verdächtigten und inhaftierten v. Henning als Repetenten verweist.

In der Sache ähnlich äußert sich sein Kollege Solger über »das Gewäsch der W a r t b u r g s r e d n e r« oder über diejenigen, die den Studenten seit zehn Jahren *vorgepredigt* haben, »sie seien die Weisen und Vortrefflichen, von denen die Wiedergeburt des Staats und der Kirche ausgehen müsse«. Und Solger nennt auch diejenigen beim Namen, denen er die Verbreitung dieses »aufgeblasenen dummen Hochmuts« zuschreibt: S[chleiermache]r, F[rie]s und d[e] W[ette]. Hegel zitiert diese Sätze – ohne Nennung der drei Namen – später in seiner *Solger-Rezension* (GW 16.90 f.), und er kommentiert sie aus seiner eigenen Erfahrung: So bedauerlich es sei, daß Solger damals die nötige Auseinandersetzung nicht öffentlich geführt habe, so sei es ihm doch zu gönnen, daß ihm dadurch für seine letzten, wenigen Lebensmonate »die zu erwartende böse Anfeindung, Verunglimpfung von serviler Gesinnung usf. erspart« geblieben sei (s. Kap. II.8.7.3).

Denn gegen ihn selber ist dieser Vorwurf der Servilität und der Akkomodation an die bestehenden Verhältnisse erhoben worden – auch sein späterer Titel eines »preußischen Staatsphilosophen« besagt ja nichts anderes. Veranlaßt haben dies seine kompromißlose Ablehnung des politischen Mordes und sein mäßigender Einfluß auf die Studentenschaft, seine *Grundlinien der Philosophie des Rechts* (1821) und schließlich der Umstand, daß er und über seinen Tod hinaus auch seine Philosophie sich der stetigen Unterstützung seitens des Kultusministers Altenstein erfreuen durften. Doch zum einen ließ Altenstein seine Unterstützung – und auf Grund der Lage der Dinge sogar in weit höherem Maße – auch denen angedeihen, die politisch anders optierten, wie etwa Schleiermacher, den er mehrfach dem Zugriff der Restaurationspartei entzog. Und zum anderen mußte Altenstein seine überaus erfolgreiche Linie der Kulturpolitik gegen erhebliche Widerstände und Angriffe seitens der zunehmend einflußreichen restaurativen »Kronprinzenpartei« und »Hofkamarilla« verteidigen. Aus den langen Jahren sind nur zwei Gelegenheiten bekannt, an denen Hegel in direkte Verbindung zum »Hof« getreten ist: durch den Bericht der Prinzessin Wilhelm von Preußen von einem Festmahl

während seines Rektorats (s. Kap. I.3.2) und durch einen dubiosen Bericht Arnold Ruges von einem Gespräch mit dem Kronprinzen (s. Kap. II.9.5.1). Es gelingt Altenstein auch nicht, die im Berufungsschreiben angedeuteten Pläne zu verwirklichen, Hegel zum Präsidenten der Königlichen Akademie der Wissenschaften zu berufen; anders als viele seiner Kollegen wird Hegel nicht einmal zum Geheimrat ernannt, und auch der Rote Adlerorden 3. Klasse, den er in seinem letzten Lebensjahr – gemeinsam mit Schleiermacher – erhält, bestätigt nur noch die Distanz zum Hof. Denn es handelt sich hierbei um eine recht geringe Auszeichnung, und zudem notiert Varnhagen in seinem Tagebuch, daß diese Ordenverleihung bereits 1827 erwartet worden sei und daß 1830 nicht der von Altenstein vorgeschlagene Hegel, sondern die durch Alexander v. Humboldt vorgeschlagenen Professoren Encke und Mitscherlich diesen Orden erhalten hätten – und er wertet dies als Beleg dafür, »daß eine Art Nebenministerium besteht, das mehr Gunst hat, als das eigentliche.« (HBZ 335,410)

Hegel zählt fraglos nicht allein zur »wissenschaftlichen«, sondern auch zur politischen »Leibgarde« des Ministeriums Altenstein. Darüber hinaus aber ist das Spektrum seiner politischen Optionen erstaunlich weit gespannt: Er trinkt jährlich am 14. Juli auf die Erstürmung der Bastille (HBZ 299, vgl. 214); sein Interesse und seine Verehrung für Napoleon bleiben ungeschmälert – aber er hält auch seine Familie an, am Geburtstag des Königs ein Glas auf dessen Gesundheit zu leeren – denn »es ist eine würdige, werte Gesundheit« (10.8.26). Die blinde Formel vom »preußischen Staatsphilosophen« hingegen identifiziert die selbst stets umstrittene Politik des Ministeriums Altenstein mit dem »preußischen Staat« und ignoriert die unterschiedlichen, ja gegensätzlichen politischen Gruppierungen und Bestrebungen dieser Jahre.

Literatur: Max Lenz: Geschichte der Universität Berlin (1910), Bd. 2/1: Ministerium Altenstein, 177–404: Unter dem Gestirn Hegels; Hans-Joachim Schoeps: Das andere Preussen. Konservative Gestalten und Probleme im Zeitalter Friedrich Wilhelms IV. Berlin [4]1974; Reinhart Koselleck: Preußen zwischen Reform und Revolution. Allgemeines Landrecht, Verwaltung und soziale Bewegung von 1791 bis 1848. Stuttgart 21975.

8.2 Lehrtätigkeit

Die zeitgenössischen Nachrichten über Hegels Lehrtätigkeit unterscheiden sich sehr stark, je nach der politischen und gesellschaftlichen Perspektive.

Sein Kollege Karl Wilhelm Ferdinand Solger – mit dem er sich noch von Heidelberg aus über die Lehrveranstaltungen im Winter 1818/19 abgestimmt hat (Br 2.189) – schreibt damals an Tieck: »Ich war begierig, was der gute Hegel hier für einen Eindruck machen würde. Es spricht niemand von ihm, denn er ist still und fleißig. Es dürfte nur der dümmste Nachbeter hergekommen sein, dergleichen sie gar zu gern einen hätten, so würde großer Lärm geschlagen, und die Studenten zu Heil und Rettung ihrer Seelen in seine Collegia gewiesen werden.« (GW 16.121)

Zwei Grundzüge seiner Berliner Wirksamkeit sind jedoch unstrittig. Zum einen sind Hegels Berliner Jahre eine Zeit des konsequenten Ausbaus des Systems – eines Ausbaus weniger durch Publikationen als durch seine Vorlesungen. Er veröffentlicht in diesen Jahren nur noch ein größeres Werk: Im Oktober 1820 erscheinen die *Grundlinien der Philosophie des Rechts*. Die *Enzyklopädie der philosophischen Wissenschaften* und das erste Buch der *Wissenschaft der Logik* legt Hegel nur in zweiten Auflagen vor, die allerdings fast den Charakter neuer Bücher haben, während die rasch folgende dritte Auflage der *Enzyklopädie* sich nur noch geringfügig von der zweiten unterscheidet. Diese neuen Auflagen wie auch die Neubearbeitung der Disziplinen seines Systems im Rahmen von Vorlesungen sind gekennzeichnet einerseits von der tieferen Durchdringung und Ausarbeitung seines Systemgedankens, andererseits von der Fülle der Materien, die Hegel sich in diesen Jahren auf allen Gebieten seiner Philosophie erarbeitet. Eigens hervorgehoben seien seine intensive Rezeption der zeitgenössischen naturwissenschaftlichen, aber auch der »asiatischen« Forschungen.

Der andere Charakterzug seiner Lehrtätigkeit liegt in der deutlichen Tendenz zur Schulbildung. Savigny berichtet bereits am 26.11.21 nach Marburg: »In der Philosophie herrscht Hegel, der sehr eifrige unduldsame Schüler zieht, von den allermeisten gar nicht verstanden, und von den Polen (die weder deutsch können, noch etwas begreifen) schwärmerisch verehrt wird.« (HBZ 230) Wilhelm v. Humboldt berichtet seinem Freund Friedrich v. Gentz, dem Sekretär Metternichs, Hegel gehöre »nicht zu den Philosophen, die ihre Wirkung bloß ihren Ideen überlassen wollen, er macht Schule und macht sie mit Absicht.« (HBZ 380) Hegels Hörer Wilhelm Haering, bekannt unter seinem Schriftsteller-Pseudonym Willibald Alexis, drückt dies noch etwas plastischer aus: »Der große Philosoph war noch ein viel

größerer Feldherr, der seine Truppen aus Kantonen rekrutiert, wo andere Feldherren kaum ihren Troß herbeigezogen hätten. Er wußte alle Kräfte zu benutzen.« (HBZ 302)

Hegels Lehrerfolg und seine Tendenz zur Schulbildung sind zumindest nicht selbstverständlich angesichts seines Vortragsstils, der ja noch 1816 Bedenken gegen seine Berufung nach Berlin genährt hatte. Die zahlreichen Schilderungen (HBZ 181, 203, 207, 246, 274, 276, 284, 375–379, 421 f., 442–444, 548) stimmen überein in der Beschreibung seines, von Husten und Räuspern wie auch vom Blättern in unterschiedlichen Manuskripten unterbrochenen Vortrags, seines mehr nach innen als den Hörern zugewandten Sprechens, das gegen Schleiermachers glänzende Rhetorik abstach. Sie stimmen aber ebenso darin überein, daß Hegels Vortrag, wenn man sich erst einmal an seine Absonderlichkeit gewöhnt habe, einen gedanklichen Reichtum offenbarte, den mancher äußerlich glänzende Vortrag vermissen ließ. Hegel hat deshalb stets vor einem großen – und durchaus nicht auf Studenten beschränkten – Publikum gelesen. Die »Akme der Lehrtätigkeit« – nicht im Blick auf die Hörerzahlen, sondern auf Hegels Vortrag – datiert Johann Eduard Erdmann auf den Beginn des Wintersemesters 1827/28, nach Hegels Rückkehr aus Paris (HBZ 355).

Einige, auch vertraute dieser Schüler sind nicht durch philosophische Schriften, sondern nur aus dem lebensgeschichtlichen Umkreis Hegels bekannt geworden: Heinrich Wilhelm August Stieglitz, Heinrich Beer oder Friedrich Förster; viele nehmen bereits in diesen oder in späteren Jahren an der weiteren Ausbildung der Hegelschen Philosophie oder an den Auseinandersetzungen der Schule teil, wie Gans, Erdmann, v. Henning, Hinrichs, Hotho oder Michelet. In den Berichten über das gesellige Leben fehlen jedoch die Namen der drei Schüler, die über den Kreis der Schule hinaus Hegels Denken aufgenommen, aber auch weiter verarbeitet und dadurch eine eigene geschichtliche Bedeutung in der Philosophie, der Theologie und der Geschichtswissenschaft erlangt haben: Ludwig Feuerbach, David Friedrich Strauß und Johann Gustav Droysen.

Literatur – **zu Feuerbach:** Simon Rawidowicz: Ludwig Feuerbachs Philosophie. Ursprung und Schicksal. Berlin 21964. – **zu Droysen:** Jörn Rüsen: Begriffene Geschichte. Genesis und Begründung der Geschichtstheorie Johann Gustav Droysens. Paderborn 1969; Christoph Johannes Bauer: »Das Geheimnis aller Bewegung ist ihr Zweck«. Geschichtsphilosophie bei Hegel und Droysen. HSB 44 (2001).

8.3 Gesselligkeit

Einen Höhepunkt des geselligen Lebens im Kreis der Schüler bildet die Feier zu Hegels Geburtstag am 27.8.26 – wobei die Feier seines Geburtstags traditionell mit der Feier von Goethes Geburtstag am folgenden Tage verknüpft wurde. Die *Vossische Zeitung* hat dieses »schöne Doppelfest« für wichtig genug gehalten, um ausführlich über es zu berichten – sehr zum Mißfallen des ebenfalls im August geborenen Königs, der daraufhin Berichte über private Feiern untersagt (HBZ 303–315, 318).

Zunächst jedoch bildet der Wechsel nach Berlin für Hegels geselligen Umgang keine erfreuliche Zäsur. Noch ein Jahr nach seiner Ankunft vergleicht Hegel in einem Brief an Creuzer seine neue Situation mit der Heidelberger, die allerdings in den Jahren, die er dort verbracht hat, noch nicht von den immer heftiger werden Fraktionierungen zerrissen war: »Den Kreis der Freunde habe ich noch nicht gefunden.« (30.11.19) Auch in den folgenden Jahren findet Hegel seine Freunde weniger im Kollegenkreis – abgesehen von dem Theologen Philipp Marheineke und dem Sprachwissenschaftler und Indologen Franz Bopp. Eng befreundet ist er hingegen mit Johannes Schulze, dem Ministerialrat im Ministerium Altenstein, aber auch Hörer und Nachbarn Hegels. Hegels Beziehung zum Minister v. Altenstein enthält private Züge, die sich trotz der Distanz in der gesellschaftlichen Stellung auch daraus ergeben, daß Altensteins Schwester wohl mit Marie Hegel bekannt und deshalb bereits bei der Übersiedelung nach Berlin behilflich ist (Br 2.180,188,192). Das Kondolenzschreiben, das Hegel am 27.5.30 nach ihrem Tod an Altenstein sendet, beeindruckt den Minister so tief, daß er Hegel in seinem Dankesschreiben entgegen der Etikette stets als »Euer Hochwohlgeboren« anredet. – Mit Karl August Varnhagen von Ense steht Hegel in langjähriger und guter, wiewohl nicht sonderlich enger Verbindung, in die auch Rahel Varnhagen einbezogen ist (HBZ 345 f.). Das Verhältnis zu den Kollegen beschränkt sich hingegen im besseren Fall auf den – zur inneren Reserve hinzutretenden – gegenseitigen Respekt, wie etwa seitens August Boeckhs (HBZ 298,302,318–322), aber auch Wilhelm v. Humboldts (HBZ 379 f.), und im weniger guten auf die allzu diplomatische Förmlichkeit, die Alexander v. Humboldt bei einem Konflikt an den Tag legt (Br 3.424–426). Daneben steht die kaum verhüllte Gegnerschaft, die das Verhältnis zu Savigny oder zu Schleiermacher prägt – wobei beide paradigmatisch für ihre Fakultäten stehen.

Sehr eng knüpft sich in diesen Jahren das Verhältnis zu Goethe – vor allem durch Hegels bereits in die Jenaer Jahre zurückreichendes Interesse an Goethes Farbenlehre, die freilich schon von den Zeitgenossen nicht als eine wissenschaftlich seriöse Alternative zu Newtons Optik anerkannt wird (s. Kap. II.8.5). Goethe sieht Hegel nicht allein als einen willkommenen Mitstreiter, sondern als den Philosophen, dessen Blick manches auch für ihn selber zur tiefern Klarheit bringt (HBZ 224–226). Zudem steht Hegel in engem Kontakt mit Christoph Ludwig Friedrich Schultz, der nicht allein Regierungsbevollmächtigter für die Universität ist, sondern ebenfalls ein Anhänger der Farbenlehre. Auch seinen Schüler v. Henning begeistert Hegel für Goethes Farbenlehre: v. Henning hält sogar Vorlesungen über die Farbenlehre, besucht Goethe öfters in Weimar und experimentiert in einem eigens hierfür eingerichteten Raum in der Berliner Akademie der Wissenschaften. Dieses gemeinsamen Interesses wegen schenkt Goethe Hegel am 13.4.21 ein »getrübtes Glas«, an dem man das »Urphänomen«, die Entstehung der Farben an der Grenze zwischen Hellem und Dunklem, studieren kann – und er setzt die Widmung hinzu: »Dem Absoluten empfiehlt sich schönstens zu freundlicher Aufnahme das Urphänomen. Weimar Sommers-Anfang 1821«.

Die Beziehung beider beschränkt sich jedoch nicht nur auf die Farbenlehre. Goethe steht der schriftlichen Darstellung der Philosophie Hegels zwar stets befremdet gegenüber, doch: »was bei gedruckten Mitteilungen eines solchen Mannes uns unklar und abstrus erscheint, weil wir solches nicht unmittelbar unserem Bedürfnis aneignen können, das wird im lebendigen Gespräch alsobald unser Eigentum, weil wir gewahr werden, daß wir in den Grundgedanken und Gesinnungen mit ihm übereinstimmen und man also in beiderseitigem Entwickeln und Aufschließen sich gar wohl annähern und vereinigen könne.« (HBZ 358) Hegel besucht deshalb Goethe mehrfach in Weimar – 1818 beim Umzug nach Berlin, 1827 bei seiner Rückkehr aus Paris und 1829 auf der Rückreise von Karlsbad.

Literatur: Max Lenz: Geschichte der Universität Berlin (1910), Bd. 2/1: Ministerium Altenstein, 177–404: Unter dem Gestirn Hegels; Hugo Falkenheim: Anhang zu Kuno Fischer: Hegels Leben, Werke und Lehre. Bd 2. Heidelberg [2]1911, 1216–1223 bzw. 1223–1229; Hegel in Berlin. Preußische Kulturpolitik und idealistische Ästhetik. Zum 150. Todestag des Philosophen. Hg. von Otto Pöggeler. Berlin 1981; Hegel und die »Gesetzlose Gesellschaft«. Ein neu aufgefundenes Dokument mitgeteilt von Andreas Arndt und Wolfgang Virmond. HS 20 (1985), 113–116.

8.4 Akademie der Wissenschaften

Nicht alles ist jedoch in diesen Jahren nach Wunsch verlaufen. Unerfüllt geblieben ist vor allem die 1817/18 von Altenstein geweckte »Aussicht zu mehrerer Gelegenheit in weiter vorrückendem Alter von der prekären Funktion, Philosophie auf einer Universität zu dozieren, zu einer andern Tätigkeit übergeben und gebraucht werden zu können« – wie Hegel sich in seinem am 21.4.18 an das Badische Innenministerium gesandten Entlassungsgesuch ausdrückt. Gemeint ist hiermit die Präsidentschaft der Königlichen Akademie der Wissenschaften nach ihrer Neustrukturierung – ähnlich den Positionen Jacobis und Schellings in München. Doch Hegel hat nicht einmal Aufnahme in diese Akademie gefunden. Die jahrelangen, für die Akademie nicht eben rühmlichen und für ihre philosophische, dann philologisch-historische Klasse auch schädlichen Auseinandersetzungen um seine Aufnahme sind erst durch seinen Tod beendet worden. Schleiermacher hat lange Zeit Hegels Aufnahme in die Akademie verhindert – mit dem bereits in seinem ersten Akademievortrag am 29.1.11 vertretenen, vorgeblich sachorientierten, aber zunächst nicht weniger gegen eine Aufnahme Fichtes gerichteten Argument, die höchste und allgemeinste transzendentale und metaphysische Spekulation sei »ein ganz einsames Geschäft, welches jeder im Innern seines Geistes vollenden muß«; es gehöre deshalb nicht in die Akademie, in der gemeinschaftliche Werke unternommen werden sollen (KGA I/11.11) – ein Argument, das Schleiermacher nicht daran gehindert hat, seine eigene Philosophie in der Akademie vorzutragen und das schließlich zur Austrocknung und völligen Aufhebung der philosophischen Klasse und zur Bildung einer historisch-philologischen Klasse beigetragen hat. Erst 1830 hat sich zumindest in dieser Klasse die Einsicht durchgesetzt, daß eine Aufnahme Hegels nicht zu umgehen sei, und selbst Schleiermacher hat sich genötigt gesehen, gemeinsam mit Wilhelm und Alexander v. Humboldt (HBZ 412) lebhaft dafür zu plädieren – doch ist Hegel verstorben, noch bevor die Zuwahl stattgefunden hat.

Literatur: Adolf Harnack (Hg.): Geschichte der Königlich Preußischen Akademie der Wissenschaften zu Berlin. Bd 1/2. Berlin 1900, 691 ff.,726–730,734–741, 753 ff.,760–763; Max Lenz: Geschichte der Universität Berlin (1910), Bd. 2/1.177–404: Unter dem Gestirn Hegels.

8.5 Jahrbücher für wissenschaftliche Kritik

Als eine Kompensation für Hegels Nichtaufnahme in die Akademie wird zuweilen die Begründung der »Sozietät für wissenschaftliche Kritik« und ihrer *Jahrbücher* angesehen – eine Deutung, die sich vornehmlich auf Hegels nunmehr ebenso entschlossenen Widerwillen gegen die Aufnahme Schleiermachers in die »Sozietät« berufen kann. Die Gründung der *Jahrbücher* darf aber nicht primär in dieser Perspektive verstanden und beurteilt werden. Hegel hat bereits in Jena einen derartigen Plan verfolgt (GW 4.507–514,549–553) und in Heidelberg als Redakteur der *Heidelbergischen Jahrbücher* (s. Kap. I.7.2) gewirkt. So ist es naheliegend, daß er nach seiner Berufung nach Berlin den Plan zur Begründung einer Zeitschrift wieder aufnimmt – zumal die Berliner Universität damals noch nicht über ein repräsentatives Publikationsorgan verfügt. Die *Allgemeine Literaturzeitung* ist zwar 1804 von Jena nach Preußen verlegt worden – aber nicht nach Berlin, sondern nach Halle, in die Stadt der damals angesehensten preußischen Universität. Im Winter 1819/20 finden Gespräche zwischen Hegel und dem zuständigen Minister v. Altenstein über die Gründung einer Zeitschrift statt, und am 27. Februar 1820 überreicht Hegel dem Minister einen Vorschlag *Über die Einrichtung einer kritischen Zeitschrift der Literatur* (s. II.8.7.1). Dieser Plan Hegels ist auf eine Zeitschrift unter staatlichem Patronat gerichtet, analog zu den auf Veranlassung Metternichs begründeten Wiener *Jahrbüchern der Literatur* und insbesondere zum *Journal des Savans*. Er ist aber nicht verwirklicht worden – aus einer Reihe von Gründen, die man nicht einfach auf die Schlagwörter »liberal« und »staatlich« reduzieren darf (Obenaus 1994).

Trotz der über fast zwei Jahrzehnte verfolgten Journal-Pläne Hegels ist die Begründung der *Jahrbücher für wissenschaftliche Kritik* im Jahr 1826 nicht auf seine Initiative hin erfolgt, sondern im wesentlichen ein Verdienst seines Freundes und jüngeren Kollegen an der juristischen Fakultät, Eduard Gans (Br 3.390–399). Dessen eigenständigem Vorstoß vom Sommer 1825 beim Verleger Johann Friedrich v. Cotta zur Gründung einer Berliner Literaturzeitung steht Hegel zunächst durchaus zögerlich gegenüber (HBZ 325–330) – schon deshalb, weil er eine Literaturzeitschrift unter einer privaten Trägerschaft sowohl aus ökonomischen als auch aus wissenschaftlichen Gründen als nicht tragfähig ansieht (GW 16.432 f.). Den ersten Hinweis auf die geplanten *Jahrbücher* gibt Carl Daubs Brief an Hegel vom 29.3.26, nach einem Besuch von Gans in Heidelberg; im Frühjahr führt Gans Gespräche insbesondere mit Hegel und Varnhagen von Ense, und am 18.7.26 lädt Hegel zu einer Sitzung am 23.7.26 ein, auf der sich die »Societät für wissenschaftliche Kritik« konstituiert. Sie gliedert sich in die philosophische, naturwissenschaftliche und historisch-philologische Klasse, denen jeweils ein Sekretär vorsteht; ihr erster Generalsekretär ist zunächst Gans, seit 1828 Leopold v. Henning.

Schon die Gründungsmodalitäten lassen erkennen, daß zwei bereits von Zeitgenossen gegen die *Jahrbücher* erhobene Bedenken ihren Charakter und Zweck verfehlen: Sie sind weder eine »Hegel-Zeitung« noch eine »Staatszeitung«. In letzterer Hinsicht sind sie von Beginn an in einer prekären Lage: Da es wenig Hoffnung gibt, daß sie sich ohne finanzielle Unterstützung tragen könnten, beantragt die Redaktion bereits 1826 eine staatliche Unterstützung – denn andere Förderinstanzen gibt es damals nicht. Dem Wunsch nach staatlicher Förderung steht jedoch immer schon die Befürchtung entgegen, daß derartige Zuwendungen auch den Versuch der staatlichen Einflußnahme nach sich ziehen würden (HBZ 336). Doch trotz der erheblichen finanziellen Schwierigkeiten und der jahrelangen Bemühungen seitens der »Societät« bewilligt das Kultusministerium erst – nach Intervention des Verlegers Cotta und nach Verlegung des Druckorts nach Berlin – ab 1830 jährlich eine vergleichsweise geringe Beihilfe von 800 Talern für das defizitäre Unternehmen –, nicht, um es hierdurch zu einer »Staats-Zeitung« zu machen, sondern um seine drohende Einstellung zu verhindern. Die Möglichkeit zur staatlichen Einflußnahme besteht ohnehin schon deshalb, weil die *Jahrbücher* wie andere Publikationen der Zensur unterworfen sind. Zu Lebzeiten Hegels versucht die preußische Regierung nur einmal, im Februar 1831, inhaltlichen Einfluß auf die *Jahrbücher* zu nehmen und eine kritische Besprechung einer Schrift Jarckes durch Gans zu verhindern, da Jarcke als Redakteur des Berliner *Politischen Wochenblatts* vorgesehen ist, das als Vereinigungspunkt der konservativen und restaurativen Tendenzen in Preußen gedacht ist (Obenaus 1994, 28–38).

Der Vorwurf andererseits, daß die *Jahrbücher* eine »Hegel-Zeitung« seien, ist dadurch heraufbeschworen, daß Hegel und seine Schüler fraglos in der »Societät« wie auch in der Redaktion der *Jahrbücher* eine zentrale Rolle spielen. Andererseits ist das Bemühen der Initiatoren nicht zu verkennen,

das Unternehmen von Anfang an auf eine breite, keineswegs nur durch Hegels Schule gebildete Basis zu stellen – und nicht ohne Erfolg, wie die Namen Boeckh, Bopp, Creuzer, Goethe (vgl. WA 42/1.20–54), W. v. Humboldt, A. W. Schlegel, Rückert, Thibaut, Varnhagen zeigen – wenn auch einige der Genannten dem Unternehmen nicht ohne Bedenken beigetreten und andere aus Verärgerung über einzelne Rezensionen oder über den Stil der »Societät« wieder ausgetreten sind. Schwerlich dürfte sich jemals wieder eine so illustre Schar zur Herausgabe einer Zeitschrift vereint haben. Das heutige Interesse an den Rezensionen Hegels und einiger seiner Schüler verdeckt den Umstand, daß deren Arbeiten einen quantitativ geringen Anteil an den *Jahrbüchern* haben. Ihnen stehen naturwissenschaftliche, mathematische, medizinische, historische Rezensionen gegenüber, die keinerlei Bezug zu Hegels Philosophie haben. Zum Zwecke der Propagierung der Philosophie Hegels hingegen wäre eine personelle Beschränkung auf seine Schule und eine thematische Beschränkung auf die Philosophie und verwandte Gebiete vorteilhaft gewesen. Treffend beschreibt Varnhagen Hegels Vorgehen: Er suche »eine Faktion zu bilden […], einen persönlichen, mehr auf Umstände als auf Gesinnung gegründeten Anhang« (HBZ 323). Dem entspricht auch Hegels Begründung gegenüber Niethammer und Roth: »Il faut enfin avoir la parole« (11.9.26, vgl. GW 16.428). Und am 29.10.29 spricht Hegel sich nochmals gegenüber Niethammer über das Ziel der *Jahrbücher* aus: er habe »mit den Jahrbüchern ein Organ, ja mehr als ein Organ, eine ›schneidende Waffe‹ gegen Obskurantismus, gleich ob er von dieser oder von jener Seite, ob in mystischen Verquerungen oder in plattester Trivialität sich bemerkbar mache […] schaffen wollen« (Br IV/2.72).

Bemerkenswert im Blick auf den Streit um die *Jahrbücher* ist ein Zeugnis August Boeckhs. In den frühen Berliner Jahren betont er mehrfach, er und Hegel seien keine Freunde; am 5.8.27 jedoch schreibt er an Karl Otfried Müller: »Übrigens wird Hegel jetzt hier von allen Seiten attackiert, und zwar auf eine plumpe und ungerechte Weise, während er gerade anfängt, sich zu mäßigen; alle dergleichen leidenschaftlichen Angriffe sind mir so zuwider, daß gerade nichts mehr als diese mich mit ihm aussöhnen. Und es ist gerade nicht zu verkennen, daß diejenigen, die gegen ihn Partei machen, von einer blinden Leidenschaft hingerissen sind, die ohne alles Maß ist, und daß es ihnen nicht um die Sache, sondern bloß um Persönlichkeit zu tun ist« (HBZ 345).

Quellen: GW 16; BSchr 101–428. – **Literatur:** Max Lenz: Geschichte der Universität Berlin (1910), Bd 2/1.308; Pöggeler (Hg.): Hegel in Berlin (1981); Christoph Jamme (Hg.): Die »Jahrbücher für wissenschaftliche Kritik« – Hegels Berliner Gegenakademie. Stuttgart-Bad Cannstatt 1994; darin 15–56: Sibylle Obenaus: Berliner Allgemeine Literaturzeitung oder »Hegelblatt«? Die »Jahrbücher für wissenschaftliche Kritik« im Spannungsfeld preußischer Universitäts- und Pressepolitik der Restauration und des Vormärz.

8.6 Philosophische Gegner

Mit der öffentlichen Anerkennung, die Hegels Philosophie seit Mitte der 1820er Jahre zuteil wird, steigt auch die Zahl derer, denen er »ungemein verhaßt« ist, wie etwa Johann Peter Friedrich Ancillon (HBZ 345), dem Verfasser einer restaurativen Staatslehre (1820) und »Wirklichem Geheimen Legationsrat« im Außenministerium. Eine nicht politische, sondern philosophische, aber zugleich über alle philosophische Differenz hinausgehende, nahezu krankhafte Aversion bestimmt Arthur Schopenhauers Verhältnis zu Hegel. Schon vor seiner Habilitation findet er als Zeit für seine Vorlesungen »am passendsten« die Stunde, »wo Herr Prof. Hegel sein Hauptkollegium liest«; auch die Reibereien bei der Habilitation lassen sich nicht als rein philosophische Auseinandersetzungen verstehen (HBZ 202, 212).

Der Hauptgegner der Philosophie Hegels in den Jahren bis 1828 ist jedoch Friedrich Schlegel. Er sieht in Hegel »nicht sowohl, wie er selbst glaubt, einen verbesserten und durch allerhand innere Luftstreiche der Abstraktion, höher potenzierten, als vielmehr nur einen kastrierten Fichte« (HBZ 227). An Stelle der »edlen Inkonsequenz« Fichtes sieht er in Hegels Schriften »die viel gemeinere Beschränkung eines absoluten Stumpfsinns für alles Göttliche bei einem unendlichen Fluß und Zufluß des leeren abstrakten Denkens eintreten«; »die abstrakten Verzerrungen eines solchen nachgeäfften F i c h t e « könnten »nur Widerwillen erregen«. Auf der Rückreise von Wien im Herbst 1824 begegnet Hegel in einem Freundeskreis in Dresden auch Schlegel, der ihm jedoch, wie er am 8.10.24 seiner Frau schreibt, »erst nach seinem Weggehen bekannt wurde.« Ranke berichtet am 10.3.28 bei einem Besuch in Wien, Schlegel nenne »Hegel den letzten aller Menschen« (HBZ 381). Dennoch geht es in diesem Streit nicht um das Persönliche, sondern um die Entscheidung zwischen Vernunftphilosophie und christlicher Philosophie (s. Kap. III.2.1). August Wilhelm Schlegel hat dies 1827

in den Anfangsversen seines Spottgedichts zum Ausdruck gebracht (HBZ 362):

> Schlegel predigt gegen Hegel,
> Für den Teufel schieb' er Kegel.
> Hegel spottet über Schlegel,
> Sagt, er schwatzt' ohn' alle Regel.

Zum Teil durch dasselbe Motiv bestimmt, jedoch weniger offen ist die Gegnerschaft Schellings, seit er im gleichen Jahr an der neugegründeten Universität München seine Vorlesungen wieder aufnimmt. Sulpiz Boisserée berichtet am 16.1.28 Goethe, Schelling habe eingeräumt, daß ihm in seiner früheren Naturphilosophie nicht alles nach Wunsch gelungen sei; Hegel habe »seinen Versuch wiederholt, und habe gerade alles Unvollkommene, Willkürliche und Unnatürliche nachgeahmt, so daß er ganz ins Affenartige geraten« sei (HBZ 372 f.). Hermann v. Leonhardi berichtet K. Ch. F. Krause, Schellings »Polemik gegen Hegel, Jacobi usf. ist sehr gehässig, und darin mißfällt er den meisten«, und Krause – nicht eben ein Freund Hegels – räumt ein: »Es ist nicht gut, daß Schelling sich in nur zum Teil treffenden Witzreden wider Hegel gefällt.« (HBZ 412 f., 417)

Hegel scheint dies verborgen geblieben zu sein. Dies wird aus den beiden Schilderungen deutlich, die Schelling und Hegel von ihrem zufälligen Zusammentreffen in Karlsbad ihren Frauen geben. Schelling schreibt, er habe »eine etwas unangenehme, halb bekannte Stimme« nach ihm fragen hören; nachmittags sei Hegel nochmals »sehr empressiert und ungemein freundschaftlich« gekommen, »als wäre zwischen uns nichts in der Mitte«. Es sei aber nicht zu einem wissenschaftlichen Gespräch gekommen, und da Hegel ein gescheiter Mensch sei, habe er sich mit ihm in den Abendstunden gut unterhalten, ihn aber nicht besucht: Es sei ihm »etwas zu weit« (HBZ 403). Hegel hingegen berichtet Marie am 3.9.29 – etwas naiv – über diese Begegnung: »Wir sind beide darüber erfreut und als alte kordate Freunde zusammen. Diesen Nachmittag haben wir einen Spaziergang miteinander gemacht und dann im Caffeehaus die Einnahme von Adrianopel in dem österreichischen Beobachter offiziell gelesen und den Abend miteinander zugebracht«; den nächsten Tag habe er mit Schelling zu Mittag gespeist. Daub teilt am 27.9.29 mit: »ich lebte in Karlsbad 5 Tage mit Schelling in alter kordater Freundschaft zusammen«; ebenso an Friedrich Förster am 3.10.29 und auch Varnhagen (HBZ 404).

Quellen: Friedrich Schlegel: Kritische Ausgabe (hg. Behler), VIII.595; Schelling: System der Weltalter. Münchener Vorlesung 1827/28 in einer Nachschrift von Ernst von Lasaulx. Hg. und eingeleitet von Siegbert Peetz. Frankfurt am Main 1990. – **Literatur:** BSchr LXIII–LXVII.

8.7 Kunst und Kunstreisen

Es läßt sich schwer mit dem Bild Hegels als des grämlichen, bleichen Philosophen vereinigen, daß er zugleich – neben der Sopranistin Henriette Sontag und dem Kritiker Moritz Saphir – als eines der »Hauptelemente des damaligen Berliner Lebens, welche öffentlich zündeten«, genannt wird (HBZ 301). Seine Liebe zu Ausstellungen, aber insbesondere zum Theater und zur Oper führt ihn anscheinend mehr als viele seiner Kollegen in die Kreise der Kunst und auch in die Salons, in denen die Künstler verkehren, insbesondere in die Häuser Mendelssohn und Beer (HBZ 344). Und sein Urteil scheint Gewicht gehabt zu haben. Henriette Sontag singt damals am Königsstädtischen Theater; Ludwig Wilhelm Wichmann, ein Schüler Rauchs, hat ihre und Hegels Büste geschaffen, und Goethe hat beide Büsten »günstig aufgestellt« (HBZ 418, Br 3.401). Moritz Saphir, der dritte Genannte, stammt aus Ungarn und ist über Wien nach Berlin gekommen, wo er sich insbesondere als Verfasser von Satiren und als Begründer der *Berliner Schnellpost für Literatur, Theater und Geselligkeit* bekannt macht; auch Hegel trägt 1826 hierzu eine Besprechung der *Bekehrten,* eines Stücks des mit ihm befreundeten Autors Ernst Benjamin Salomo Raupach, bei (s. Kap. II.8.6). Auch den *Berliner Courier* und den literarischen Verein »Tunnel über der Spree«, dem später noch Fontane angehört hat, begründet Saphir in den wenigen Jahren seines Berliner Aufenthalts; Hegel dient ihm sogar einmal als Cartellträger bei einem Streit – und sorgt zugleich für dessen unblutige Beilegung.

Über Hegels Vorliebe für Oper und Theater kursieren zahlreiche, fraglos oft stilisierte Berichte. Theodor Mundt erinnert sich später: Man habe Hegel gesehen, »sobald die Universitätsglocke sechs geschlagen und er eben seinen Satz beendigt hatte: ›daß die Musik die Kunst des leeren Träumens‹, nun hastig in das geradüberliegende Opernhaus hinüberzuschweifen, wo eine Oper von Gluck gegeben wurde und er die Sängerin Milder enthusiastisch beklatschte. Oder er nahm sich wohl eine Droschke und fuhr nach dem königstädtischen Theater hinaus, um die Sontag zu hören.« Hegel verehrt die großen Sängerinnen dieser Jahre: Anna Pauline Milder-Hauptmann, die auch oft bei ihm zu Gast ist, Angelica Catalani, und Henriette Sontag. Auch mit der Schauspielerin Auguste Stich, nachmals Crelinger, ist er persönlich bekannt.

Die überkommenen Berichte lassen nicht mehr erkennen, wie Hegel seine Gunst zwischen der Königlichen Oper, dem Hoftheater und dem Königstädtischen Theater verteilt; sie können insbesondere nicht die Urteile seiner Vorlesungen über Ästhetik ersetzen. Hegel schätzt die Komödien des befreundeten Raupach – aber er beklatscht ebenso Ludwig Devrient in Molières *Tartüffe* (HBZ 276). Er läßt – angeblich – keine Gluck-Oper aus, schätzt Mozarts *Zauberflöte* und *Don Juan* und betitelt hingegen mit seiner Frau Carl Maria von Webers *Preziosa* als »Zierliesel« (11.9.24) – aber dennoch will er im Jahr darauf Webers *Euryanthe* hören (HBZ 284), ohne freilich in die nationale Begeisterung für den deutschen Weber gegen den italienischen Spontini einzustimmen. Er läßt sich »ein Parkett-Billet zur Olympia« von Gasparo Spontini reservieren (7.2.24) – aber er hält ein anderes Mal mit Kritik nicht zurück: »Es war soviel Skandal auf der Bühne und im Orchester, daß ich die Musik nicht gehört habe.« (HBZ 378) Nach seinem Erlebnis der Opern Rossinis in Wien äußert er sich begeistert – aber dessen *Zelmira* hat ihn »im ersten Teile besonders ennuyiert« (23.9.24), und in Paris, nach einer Aufführung von Rossinis *Semiramide,* bedauert er am 30.9.27, »daß man in Berlin vorzüglich nur solches Zeug, wie ›Italiener [!] in Algier‹ als Rossini'sches kennt oder dafür ausgibt«. 1829 wird er Zeuge eines musikgeschichtlichen und zugleich kulturpolitischen Ereignisses: Zweimal besucht er die von Mendelssohn dirigierte *Matthäus-Passion.* Nach Zelters Zeugnis notiert Mendelssohn zwar in Hegels Vorlesungen über Ästhetik, Bach »sei keine rechte Musik; man sei jetzt weiter gekommen, wie wohl noch lange nicht aufs Rechte« (HBZ 392), doch nach dem Zeugnis der Edition spricht er – offensichtlich im Blick auf die Aufführung der *Matthäus-*Passion – von Bach als dem »Meister, dessen großartige, echt protestantische, kernige und doch gleichsam gelehrte Genialität man erst neuerdings wieder vollständig hat schätzen lernen.« (W X/3.208)

Seiner Liebe zur Malerei hat Hegel in Heidelberg an der Sammlung Boisserée huldigen können – seiner Liebe zur Oper hingegen erstmals seit seinen Frankfurter Jahren wieder in Berlin. Der Reichtum der Berliner Sammlungen und Aufführungen ermuntert ihn jedoch nur noch mehr, auch andere Städte und Länder kennenzulernen – Dresden, die Niederlande, Wien und Paris.

Seine erste »Kunstreise« führt ihn im August / September 1820 nach Dresden. Er kommt dort am 26.8. an (HBZ 215) und steht zum ersten Mal »vor der Madonna Sistina Raphaels, vor der Nacht Correggios« (HBZ 213 f.; Friedrich Förster vermischt jedoch Hegels ersten Besuch in Dresden mit seiner Erinnerung an die Erstürmung der Bastille und verlegt ihn somit auf Mitte Juli). Hegel trifft dort auch Böttiger und bei einer Feier zu Goethes Geburtstag auch Ludwig Tieck, der den Othello vorliest – wobei es wahrscheinlich zu einer Differenz über die Einschätzung von Shakespeares Gemüt kommt, die aber keineswegs zum Bruch zwischen Hegel und Tieck führt (HBZ 217) – denn schon ein Jahr später ist Hegel wieder in Dresden, besucht die Umgebung und Pillnitz, wo er die königliche Familie speisen sieht; in der Galerie mustert er »die alten lieben Bekannten«, abends hört wiederum Tieck vorlesen und läßt sich von Böttiger »die Antiken im Fackelschein zeigen« (20.9.21), und auch auf seiner Rückreise aus Wien geht er nach der Ankunft in Dresden am 10.10.24 »sogleich zu Tieck«.

Im September / Oktober 1822 reist Hegel in die Vereinigten Niederlande – über Magdeburg (wo er den vormaligen Kriegsminister der Revolutionszeit und Napoleons besucht: Lazare Nicolas Carnot), Köln (wo er Windischmann persönlich kennenlernt und die Gemäldesammlungen Lyversbergs und Wallraffs sowie die Glasfenstersammlung von Frau Hirn sieht) und Aachen (wo er die Gemäldesammlung Bettendorf sieht und sich auch auf den Stuhl Karls des Großen setzt – doch »die ganze Satisfaktion ist, daß man darauf gesessen hat«). Er reist durch Leuven (»eine große Stadt mit schönen Häusern, gotischem Rathaus«), besucht in Brüssel seinen Jenaer Schüler van Ghert und fährt zunächst mit ihm nach Gent und Antwerpen, sodann über Breda (wo er ein fälschlich Michelangelo zugeschriebenes Mausoleum besucht), Den Haag, Amsterdam und Hamburg zurück. In Brüssel spürt er die »Versuchung«, in nur drei Tagen mit der »Diligence« nach Paris zu fahren – und ähnlich von Rotterdam aus in nur 24 Stunden mit dem »Dampfboot« nach London.

Die nächste Reise, im September / Oktober 1824 führt Hegel nach Wien – dank einer finanziellen Unterstützung durch das Ministerium Altenstein. Auf dem Wege besucht er zunächst wieder Dresden (wo er wieder die Gemäldegalerie und mit Böttiger die Antiken »durchsieht« und auch wieder Tieck besucht, schließlich aber bekennt: »ich habe überhaupt genug an Dresden«); dann reist er über Teplitz nach Prag, wo er sein Besichtigungsprogramm gemäß der Instruktion seines Kollegen Hirt einrichtet. Der Hradschin sei ein moderner Palast, »nicht so ein eckiges, winkelhaftes, unförmliches, unwohnliches, fensterloses, fünfeckiges, ungestaltetes und indefinissables Ding wie die Burg von Nürnberg«. Karlstein charakterisiert er als ein altes Schloß, »wo noch alte Bilder hängen, sonst aber nichts zu sehen ist«. Am 20.9. kommt er abends in Wien an und geht sofort in die italienische Oper, die damals mit der »Elite von ganz Italien« dort gastiert: »denn Mde. Milder […] hatte mir so befohlen«; sie habe ihm »Ordre« gegeben, »nach Wien zu gehen – der italienischen Oper wegen – und des Volksgartens«. Am ersten Abend hört er Doralice von Mercadante, am zweiten von Rossini Otello, am dritten dessen Zelmira und am vierten ist er »beim weltberühmten Kasperl, d. h. im Leopoldstädtischen Theater«, da es keine italienische Oper gibt; am fünften aber hört er wieder Rossini, den Barbier von Sevilla, am sechsten geht er wieder »zum geliebten Harlekin und seiner teuren – ach rührend teuren und getreuen Colombine«, am siebten in Mozarts Figaro, am achten ins Burgtheater, am neunten in Rossinis Corradino, und am zehnten nochmals in den Barbier von Sevilla usf. Und er gesteht: »ich habe nun bereits meinen Geschmack so verdorben, daß dieser Rossinische ›Figaro‹ mich unendlich mehr vergnügt hat als Mozarts ›Nozze‹«, weil nämlich »die italienischen Kehlen in dieser gehaltnern Musik nicht so viele Gelegenheit zu haben schienen, ihre brillianten Touren zu entwickeln, die es so süß war zu hören«; von Rossinis Musik hingegen sagt er, sie habe »nur Sinn als gesungen« und sie mache auch ihm »zuweilen als Musik Langeweile«.

Während die Abende somit zumeist dem italienischen Gastspiel gewidmet sind, gelten die Tage den Sammlungen – der kaiserlichen, der Lichtensteinschen und Esterhazyschen Galerie, der Zoologischen Sammlung, der Bibliothek, der Schatzkammer, der Sammlung des Erzherzogs Karl – und er resümiert: »was man bei uns mühselig zusammenklaubt, unvollständig besitzt, große Aufsätze darüber macht, ist hier in Hülle und vollauf.« Er sieht den Kaiser und die Kaiserin – »jener ist in der Tat ein sehr würdiger, schöner Kopf«, aber er sieht »auch den kleinen Napoleon, […] ein schöner Knabenkopf, dunkelblonde Haare, ruhig ernst und natürliche Haltung«. Er erregt sich über die »Berlinisch-Potsdamische Schmutzigkeit«, überall Eintrittsgelder zu verlangen, selbst für die Grabstätte der Hunde Friedrich des Großen – aber er lobt den Flor der Berliner Pfaueninsel gegenüber dem kaiserlichen Privatgarten.

Drei Jahre später, von August bis Oktober 1827, unternimmt Hegel seine längste und weiteste Reise: über Kassel, Koblenz, Trier (wo er sich »die merkwürdigen römischen Ruinen« zeigen läßt), Luxemburg und Metz vorbei an den Stätten aus dem ersten Revolutionskrieg und an den Katalaunischen Feldern nach Paris, in die »Hauptstadt der zivilisierten Welt«. Diese Tage verbringt er zumeist mit dem französischen Philosophen Victor Cousin, den er bereits in Heidelberg kennengelernt hat (HBZ 158 f.); in Berlin hat er sich für ihn eingesetzt, als er im Auftrag der eifrigen Demagogenverfolger der Mainzer Untersuchungskommission in Dresden verhaftet worden ist (HBZ 272 f.). Er schildert seiner Frau Paris als eine Stadt, in der »seit vielen Jahrhunderten kunst- und prachtliebende Könige und zuletzt vollends der Kaiser Napoleon und reiche Große […] Reichtümer aller Art zusammengehäuft haben«; alles sei drei-, vier-, zehnfach größer als in Berlin. Im Louvre findet er »von den edelsten Meistern berühmte Stücke« – »von Raphael, Correggio, Leonardo da Vinci, Tizian u. s. f.«; im Theater sieht er Voltaires *Alzire* und Molières *L'école des maris* und auch eine englische Schauspielertruppe um Charles Kemble, deren Spielweise ihm aber ebensowenig zusagt wie v. Raumer, den er in Paris trifft: »Das englische Wüten habe ich nun in seinem ganzen Glanze gesehen; es ist wunderbar, wie sie den Shakespeare verhunzen.« Sein Gesamteindruck ist nicht so überwältigend wie in Wien; am 13.9. schreibt er gar seiner Frau: »Mein Pariser Lebwesen von dieser Woche wirft nicht viel Mannigfaltiges ab, Dir zu erzählen; im Gegenteil, es ist sehr einförmig gewesen«.

Die Rückreise führt über Brüssel – von wo er nochmals einen Ausflug nach Gent und Brügge macht, um die in Gent verbliebenen Teile des Altars und weitere Gemälde von van Eyck und Memling zu sehen –, Leuven, Lüttich und Aachen nach Köln; bis hierhin begleitet ihn Victor Cousin. Auf der Weiterreise besucht er nochmals Windischmann und auch August Wilhelm Schlegel in Bonn sowie Goethe in Weimar (HBZ 350).

Literatur: Inge Blank (Hg.): Dokumente zu Hegels Reise nach Österreich. HS 16 (1981), 41–55; Rudolf Honegger: Goethe und Hegel. Eine […] literarhistorische Untersuchung. In: Jb der Goethe-Gesellschaft 11 (1925), 38–111; Emil Wolff: Hegel und Shakespeare. […] In: Fritz Martini (Hg.): Vom Geist der Dichtung. Gedächtnisschrift für Robert Petsch. Hamburg 1949, 120–179; Pöggeler (Hg.): Hegel in Berlin; Otto Pöggeler / Annemarie Gethmann-Siefert (Hg.): Kunsterfahrung und Kulturpolitik im Berlin Hegels. HSB 22 (1983).

8.8 Religionsstreit

Ein wichtiges Thema bei Hegels zweiten Besuch bei van Ghert (7.10.27) bilden die Fragen nach dem Verhältnis von Kirchen und Staat wie auch der Konfessionen zueinander. Auch zuvor berichtet van Ghert – der in Brüssel als Staats-Referendar für kirchliche Angelegenheiten zuständig ist – brieflich über die Konfessionskämpfe in den Niederlanden, und Hegel antwortet ihm sehr zuversichtlich am 8.3.26: »Wir sind hier in Preußen aus allem diesem heraus und wissen von Anfechtungen dieser Art nichts; es ist ein Zustand der Freiheit bei uns, der ausgezeichnet ist.«

Diese sehr affirmative Aussage muß vor einem aktuellen Hintergrund gesehen werden. Im Wintersemester 1825/26 wird Hegel von einem Kaplan der St. Hedwigskathedrale beim Minister Altenstein wegen Verunglimpfung der katholischen Religion verklagt: Er hatte bei der Abhandlung der Transsubstantiationslehre die Bemerkung gemacht, daß eine Maus, die die geweihte Hostie gefressen habe, dann ebenso wie auch ihre Exkremente göttliche Verehrung genießen müßten. Der Minister hat darauf hin eine Äußerung von Hegel erbeten und die Anklage zurückgewiesen, doch trotz dieses staatlichen Schutzes bleibt bei Hegel die Furcht zurück, das »armselige Pfaffengeköch in Berlin« könnte ihm doch noch den Kupfergraben, in dem er »leben und sterben« wollte, »vollends entleiden« (12.10.27).

Dieser konfessionelle Konflikt hat jedoch nur punktuelle Bedeutung. Gravierender ist es, daß sich schon seit der Mitte der 1820er Jahre die Verdächtigungen der Philosophie Hegels als Pantheismus und wenig später gar als Atheismus häufen. Vorgebracht werden sie auch von bekannten Autoren wie dem pietistischen Theologen Friedrich August Gotttreu Tholuck (freilich anonym) und dem Philosophiehistoriker Gottlob Benjamin Jäsche. Der Zurückweisung solcher Angriffe gibt Hegel nicht allein in seinen Vorlesungen breiten Raum (V 3.273–277); er sieht sich auch genötigt, sich in Publikationen dagegen zu verwahren – bereits in der Vorrede und in [2]§ 573 der *Enzyklopädie* (s. Kap. II.7.2.3) wie auch in eigens gegen solche Schriften gerichteten *Repliken* (s. Kap. II.8.7.6). Denn derartige Angriffe sind damals nichts weniger als harmlos. Noch keine drei Jahrzehnte zuvor hat Fichte im Atheismus-Streit seinen Jenaer Lehrstuhl verloren – was noch in Hegels letzten Lebenstagen heftig diskutiert wird (Varnhagen an Hegel, 4.11.31), vermutlich im Blick auf den damals aktuellen »Hallischen Streit«: In Halle herrscht in den 1820er Jahren noch der bereits etwas abgelebte theologische Rationalismus (dem auch Hegels früherer Freund Paulus zugehört), vertreten durch Julius August Ludwig Wegscheider und Wilhelm Gesenius. Als Friedrich August Gottreu Tholuck 1826 von Berlin nach Halle geht, ermuntert Hegel ihn noch: »bringen Sie ein Pereat dem alten Hallischen Rationalismus« (HBZ 289). 1830 jedoch werden Wegscheider und Gesenius von seiten des Bündnisses der wiedererstarkten Orthodoxie, des Neupietismus und der politischen Restauration (vertreten durch die der Kronprinzenpartei bzw. der »Hofkamarilla« angehörenden Brüder Gerlach) als theologisch unorthodox denunziert – und dies bedeutet damals zugleich: als politisch unzuverlässig. Auch dieser erneute Anschlag auf die Freiheit wird damals durch das besonnene Vorgehen des Ministeriums Altenstein vereitelt (Schrader 1894, 165 ff.) – doch deuten sich hier bereits die Konstellationen an, die ein Jahrzehnt später, nach Altensteins Tod, die Auseinandersetzung um Hegels Schule prägen.

Quellen: BSchr (hg. Hoffmeister) 572–575. – **Literatur:** Wilhelm Schrader: Geschichte der Friedrichs-Universität zu Halle. Bd 2. Berlin 1894; Rolf J. de Folter: Van Ghert und der Hegelianismus in der Politik der Niederlande. HS 14 (1979), 243–277.

8.9 Hegels letztes Jahr

Hegels letztes Lebensjahr zeigt ihn nach außen auf dem Höhepunkt seines Wirkens und Ansehens. Vom Herbst 1829 bis zum Herbst 1830 bekleidet er das Amt des Rektors der Universität, das er zur allgemeinen Zufriedenheit verwaltet – und eben nicht des Rektors einer beliebigen Universität, sondern der Universität des »Mittelpunkts« Preußens. Sie hatte auf Grund ihrer durch Wilhelm v. Humboldt und andere geprägten Konzeption schon in den gerade zwei Jahrzehnten ihres Bestehens eine Vorrangstellung unter den deutschen Universitäten erlangt. Hegel wird mit dem Roten Adlerorden 3. Klasse ausgezeichnet (was allerdings keine sehr hohe Ehrung ist). Seine Hörer überraschen ihn mit einer von August Ludwig Held gestochenen Medaille (HBZ 419 f.), die er vielen seiner Freunde schenkt – wobei Zelter und Goethe jedoch mit der Rückseite, die ein Kreuz zeigt, nichts anzufangen wissen (HBZ 420,430).

Aus der Anerkennung, die ihm zuteil wird, läßt sich jedoch nicht schließen, daß auch seine Philosophie breite Anerkennung erfahre. Daub klagt ihm am 11.10.29 aus Heidelberg: »geht es Ihrem System jetzt hier nicht wie anderwärts, Berlin ausgenommen?« Aber selbst in Berlin beschränkt Hegels Einfluß sich auf die Philosophische Fakultät. Die Theologische Fakultät wird von Schleiermacher beherrscht, hier hat er nur Konrad Philipp Marheineke zum Freund und Mitstreiter für eine spekulative Theologie; und in der Juristischen Fakultät ist Eduard Gans nicht allein isoliert, sondern gehaßt und verachtet; v. Savigny hat sich seit Gans' Berufung sogar von den Fakultätsgeschäften zurückgezogen. Auch an den anderen preußischen Universitäten ist seine Philosophie keineswegs stark vertreten – weder in Königsberg noch in Bonn, weder in Breslau noch in Greifswald; allein in Halle lehrt sein früherer Heidelberger Schüler Hinrichs; Karl Rosenkranz, sein späterer Biograph, findet erst in diesen Jahren zu Hegels Philosophie. Und an den Universitäten außerhalb Preußens – etwa Göttingen, Heidelberg, München oder Tübingen – trifft seine Philosophie ohnehin auf geschlossene Ablehnung.

Nur einen Monat nach Hegels Rede zur Säkularfeier der *Confessio Augustana* im Juni 1830 erschüttert die Nachricht von der Juli-Revolution in Frankreich die politische Ruhe – und in ihrem Gefolge die Nachrichten von den Unruhen in Polen und der belgischen Revolution, an der Hegel besonderen Anteil nimmt, weil hierdurch das Werk seines Freundes van Ghert zerstört wird. Varnhagen, der zuvor mehrfach notiert, wieviel Konstitutionelles, ja Französisches und Englisches in Hegel sei, berichtet, Hegel sei unter dem Eindruck dieser Unruhen »ganz absolutistisch« geworden: »Die belgischen Unruhen besonders haßte er voll Grimm, und als dieselben nicht gedämpft werden konnten, war er ganz außer sich.« (vgl. HBZ 323,355 mit 333) Neigungen für das Restaurationsregime in Frankreich lastet auch der spätere Historiker Johann Gustav Droysen Hegel an. Einem Freunde schreibt er, er wolle sich »das Privatvergnügen ausbitten, Hegel als den Philosophen der Restauration darzustellen und womöglich nach Cherbourg zu begleiten« (HBZ 431) – eine Anspielung auf den Ort, von dem aus Charles X. die Fahrt ins Exil nach England angetreten hat. Haym schreibt später, »ein Mißbehagen ohne Grenzen« habe sich der reaktionären Politiker des Wiener Kongresses wie auch Hegels, des Philosophen der Restauration, bemächtigt (459). Auch Rosenkranz berichtet, die Julirevolution habe Hegel »auf das Furchtbarste« erschüttert; er räumt zwar ein, es fehle »an größeren schriftlichen Dokumenten, den Gemütszustand Hegels in dieser Zeit genauer zu schildern«, um dann einen prekären Ausweg zu suchen: »allein man kann ihn gewiß dem von

Niebuhr vergleichen, wenn Hegel auch ruhiger, ge-faßter und nicht so von der Vorstellung eines verwil-dernden Kriegs- und Militärdespotismus gemartert war, als der Römische Historiker« (R 418) – eine Be-hauptung, die Karl Hegel später korrigiert hat, indem er zwar bestätigt, daß sein Vater »mit Schrecken« in der Julirevolution eine Katastrophe gesehen habe, »die den sicheren Boden des vernünftigen Staates wankend zu machen schien, aber anders als Niebuhr dachte er doch nicht, daß sie uns zum Despotismus und zur Barbarei hinführen werde« (HBZ 415). Hegel ist ja in all diesen Jahren ein Gegner der deutschen wie der französischen Restaurationsideologie; er kri-tisiert v. Haller und Friedrich v. Schlegel ebenso wie den Abbé Lamennais und v. Eckstein (GW 18.188 f.). Carl Ludwig Michelet, einer seiner getreuesten Schü-ler, notiert etwas differenzierter, daß Hegel »nicht einmal der Julirevolution seine Billigung gewährte«, weil nämlich die neue Regierung »schwankend und somit unzuverlässig sei«. An Ancillons Tisch aber – also im Gespräch mit einem Vertreter der Restaurati-on – habe Hegel bemerkt, »man werde mit dem Bür-gerkönige wohl auskommen, wenn er vernünftig handle« (HBZ 415). Sein Freund Victor Cousin wird, wie er Hegel schreibt, von der neuen Regierung zum »Conseiller d'Etat, et officier de la legion d'hon-neur« ernannt (13.9.31).

Fraglos erlebt Hegel den partiellen Zusammen-bruch der mühsam genug etablierten politischen Ordnung nicht mit der Begeisterung seiner Studen-ten, die sich bereits als Zeugen einer Revolution wäh-nen, deren welthistorische Bedeutung die der Revo-lution von 1789 noch bei weitem übersteigt. Er er-liegt nicht den Verlockungen der »Enthusiasmuspe-riode«, mit der Heinrich Heine wenig später in seiner Denkschrift *Ludwig Börne* abrechnet (DHA 11.9–132). Auch Droysen schreibt nach Hegels Tod, also wenig später, die nachdenklichen Sätze: »Wir haben es verabredet, daß Niebuhrs und Hegels Weise mit dem Juli zu Ende war, aber es scheint fast mehr der Impuls des Juli selbst zu Ende zu sein. Warum sonst die Gewitterschwüle über der Welt?« (HBZ 490)

Schriftliche Zeugnisse aus dieser Zeit fehlen. He-gel spielt zwar in einigen Briefen auf die politischen Ereignisse an – aber diese Anspielungen nehmen in den Briefen vom August 1830 bis Januar 1831 nicht mehr Raum ein als die Erwähnung seiner Krankheit, eines »kalten Fiebers«, die Korrespondenz über Weinlieferungen und vor allem die Honorarabrech-nung für die Neuauflage der *Enzyklopädie*. Fraglos dominiert für Hegel die geschichtliche Erfahrung, daß sich an die erste Revolution in Frankreich ein Vierteljahrhundert Krieg angeschlossen hat – und ein neuer Krieg war sowohl durch Frankreichs Er-neuerung des Anspruchs auf die Rheingrenze (also gegen Preußens Westgrenze gerichtet) als auch durch den polnischen Aufstand (an Preußens Ostgrenze) in den Bereich des Möglichen gerückt. Dieser Furcht vor einem neuen Krieg gibt er in ähnlichen Formu-lierungen Ausdruck wie Jahrzehnte früher, wenige Tage vor der Schlacht bei Jena: Wenn es damals (17.9.06) heißt, daß eine Sorge alles andere ver-schlinge – die Sorge, daß »Gott sei bei uns – der Krieg ausbricht«, wodurch am meisten die Gelehrten in Mitleidenschaft gezogen würden, so schreibt er jetzt, am 13.12.30, an Göschel: »Doch hat gegenwärtig das ungeheure politisches Interesse alle anderen ver-schlungen, – eine Krise, in der alles, was sonst gegol-ten, problematisch gemacht zu werden scheint.« (vgl. 30.3.31 an Rakow). Noch am 29.1.31 schreibt Hegel an Schultz, es liege »noch eine Schwüle über diesen Verhältnissen durch das Erscheinen von französi-schen, gegen die gerechte Demütigung noch erbitter-ten, ruhms- und eroberungssüchtigen Gesinnungen, die sich so laut zu vernehmen geben«.

In seinen Vorlesungen hat Hegel sich an zwei Stel-len mit der Juli-Revolution beschäftigt: am Schluß der Vorlesungen über die Philosophie der Welt-geschichte sowie in einem Passus der religionsphi-losophischen Vorlesungen (V 3.339 ff.), der – wohl seines von der Weltgeschichte abgelegenen Ortes we-gen – selten zur Interpretation herangezogen wird. Das Bild, das Hegel von der Juli-Revolution entwirft, hat allerdings wenig Ähnlichkeit mit dem Gemälde von Eugène Delacroix: Es fehlt ihm die Begeisterung für die revolutionären Volksmassen; es fehlt ihm vor allem die Zuversicht, daß die Freiheit, die das Volk führt, eine recht verstandene Freiheit sei. Anderer-seits ist seine zögernde Stellungnahme aber auch nicht geeignet, die vorschnellen Behauptungen über das namenlose Entsetzen des Restaurationsphiloso-phen über die Revolution zu bestätigen. In den voran-gehenden Jahren und noch im Folgejahr macht Hegel ja erhebliche Vorbehalte gegen das französische Res-taurationsregime geltend – insbesondere im Blick auf den Zusammenhang von Politik und Religion.

Das alles verschlingende politische Interesse wird auch manifest in Hegels Abhandlung über die *Reform-Bill*, die er Ende April 1831 in der preußischen *All-gemeinen Staatszeitung* veröffentlicht (s. Kap. II.8.9). Wie von den französischen Ereignissen, so befürchtet er auch von diesen englischen Auseinandersetzun-gen um die Neuregelung der Wahlen zum Unterhaus eine Destabilisierung der staatlichen Ordnung.

Diese politischen Unruhen bedrücken Hegel zudem in einer persönlich bedrohlichen Situation: Vom September bis Dezember 1830 plagt ihn und seine Frau ein »kaltes Fieber«, das den Verlauf seiner Vorlesungen stört und Zelter zu mehreren besorgten Berichten an Goethe veranlaßt (HBZ 417–420). Zur »Befestigung der Gesundheit«, wie Hegel am 29.5.31 an Cotta schreibt, mietet er im Sommer 1831 eine Wohnung im ersten Stock eines Gartenhauses auf dem Kreuzberg, vor den Toren des damaligen Berlin; in diesem »Schlößchen am Kreuzberg« verbringt Hegel die Sommermonate; dort feiert er auch seinen letzten Geburtstag mit seiner Familie sowie Zelter und Stieglitz samt dessen Frau Charlotte (nach der Überlieferung durch Stieglitz und Zelter, HBZ 434,436), und am folgenden Tag im nahegelegenen »Lustort« Tivoli Goethes Geburtstag, unter anderem mit Zelter, Rösel, dem Maler Xeller und Rosenkranz, der »als Gast Marheinekes mit diesem und seiner Frau« ebenfalls teilnimmt (HBZ 433; Rosenkranz bezeichnet diese Feier als »Geburtstagsfeier Hegels«)

Auch in dieser heiteren Runde verstummt das Gesprächsthema dieser Tage nicht ganz, und Hegel berührt es ebenso in seiner Danksagung für die Glückwünsche Heinrich Beers: »gegen die bei uns Tag und Nacht immerfort besprochene Cholera, die langsam herankriecht, ist nach allem Gesundheit und Konduite nebst einigen Präservationen das zuverlässigste [...] Mittel. [...] Ich bin noch immer des Glaubens, daß wir sie gänzlich entfernt halten können. Ich habe Freitags geschlossen, mich auf mein Schlößchen einquartiert und werde hier abwarten, was da werden soll« (29.8.31). Mit dem Verlag Duncker & Humblot, bei dem dann die *Sämtlichen Werke* erscheinen, schließt er noch zwei vom 1.10.31 datierte Verträge für eine Neuauflage der *Phänomenologie des Geistes* und für eine Schrift *Über das Dasein Gottes*. Ende Oktober, zum Beginn des Wintersemesters, zieht Hegel jedoch wieder in die Stadt; hier unterzeichnet er am 7.11.31 noch das Vorwort zur Neuauflage des ersten Bandes der *Wissenschaft der Logik* – im »Zweifel,

ob der laute Lerm des Tages und die betäubende Geschwätzigkeit der Einbildung [...] noch Raum für die Theilnahme an der leidenschaftslosen Stille der nur denkenden Erkenntniß offen lasse« (GW 21.20).

Am Freitag, den 11.11.31, hält Hegel seine letzten Vorlesungen über Geschichte der Philosophie und Rechtsphilosophie; als letzten Satz notiert David Friedrich Strauß: »Die Freyheit ist das Innerste, und aus ihr ist es, daß der ganze Bau der geistigen Welt hervorsteigt.« (GW 26/3.1495) Am Sonnabend hält Hegel noch gemeinsam mit v. Raumer Prüfungen ab (HBZ 465); am Sonntag Vormittag klagt er nach einem heiteren Frühstück über Magenschmerz und Übelkeit, und trotz ärztlicher Bemühungen stirbt er am 14.11. nachmittags – nach der immer wieder bezweifelten und auch in einem kürzlich bekannt gewordenen Brief von Marie Hegel an ihre Mutter entschieden dementierten Diagnose der Ärzte »an der intensivsten Cholera« (HBZ 457). Mit einer besonderen Genehmigung wird er nicht außerhalb der Stadt, sondern neben Fichte und Solger bestattet – wie er dies anläßlich der Beerdigung Solgers selber gewünscht hat (30.10.19, an Creuzer). In seiner Trauerrede im großen Hörsaal der Universität vergleicht Marheineke ihn mit dem »Erlöser [...], dessen Namen er stets verherrlicht hat in allem seinem Denken und Tun«; in der Rede am Grabe zieht Friedrich Förster einen anderen Vergleich: »den erledigten Thron Alexanders kein Nachfolger besteigen, Satrapen werden sich in die verwaisten Provinzen teilen« (HBZ 473–478).

Quellen: GW 14–21; BSchr; Hegel: Berliner Schriften. Hg. von J. Hoffmeister. Hamburg 1956, 507–577: Gutachten und Stellungnahmen; 579–674: Aus den Akten der philosophischen Fakultät; Heinrich Heine: Ludwig Börne. Eine Denkschrift [1840]. In: Heinrich Heine: Historisch-kritische Gesamtausgabe der Werke. Hg. von Manfred Windfuhr. Bd. 11. Hamburg 1978. – **Literatur:** R 315–428; Hegel 1770–1970, 189–242; Pöggeler (Hg.): Hegel in Berlin (1981); Walter Jaeschke: Politik, Kultur und Philosophie in Preußen. In: Pöggeler / Gethmann-Siefert (Hg.): Kunsterfahrung und Kulturpolitik im Berlin Hegels. HSB 22 (1983), 29–48.

II   Werk

1 Der Übergang von Tübingen nach Bern (1793–1794)

Angeregt durch Wilhelm Diltheys *Jugendgeschichte Hegels* hat sein Schüler Herman Nohl die aus Tübingen, Bern und Frankfurt überlieferten Aufzeichnungen Hegels im Jahre 1907 erstmals umfassend herausgegeben und damit eine neue Epoche der Auseinandersetzung mit Hegels Philosophie eingeleitet. Er hat diese Texte jedoch unter den Titel *Theologische Jugendschriften* gestellt – obgleich sie weder im gängigen Sinn theologisch noch auch philosophisch-theologisch sind und er auch selber in seiner Vorrede von »philosophischen Arbeiten« spricht. Sie sind frühe Zeugnisse der Religionsphilosophie, die sich in Anlehnung an Kants Ethikotheologie im letzten Jahrzehnt des 18. Jahrhunderts allererst als eigenständige Disziplin im Kanon der philosophischen Wissenschaften herausbildet, als Surrogat der von Kant vernichteten natürlichen Theologie – und sie sind zugleich Zeugnisse für Hegels politisches, auf die gesellschaftspolitische Dimension der Religion gerichtetes Interesse. Zudem haben die gezielten Säuberungen seines Nachlasses durch die Erben – die seine religionsphilosophischen Texte aufbewahrt und den größten Teil der anderen Manuskripte vernichtet haben – den Eindruck entstehen lassen, als habe sich der junge Hegel nur mit solchen oder gar theologischen Themen beschäftigt – ein Eindruck, gegen den Georg Lukács nachdrücklich protestiert hat.

Diese Studien sind ausnahmslos Fragmente, wenn auch zum Teil erst durch fragmentarische Überlieferung. Daß sie in das von den »Freunden des Verewigten« geschaffene Corpus Hegelianum keinen Eingang gefunden haben, liegt jedoch nicht allein an dieser fragmentarischen Gestalt, sondern fraglos auch daran, daß sie sich nicht der Systemform einfügen, an deren öffentlichkeitswirksamer Präsentation die *Freundesvereinsausgabe* primär interessiert ist. Gleichwohl sind sie von Rosenkranz noch in der Abschlußphase dieser Ausgabe 1843 und 1844 auszugsweise bekannt gemacht worden. Zeller und Noack haben über sie gehandelt; Haym hat sie bereits gegen den späten Hegel ausgespielt, und Dilthey ist ihm hierin – wie in so vielem – später

gefolgt. Gleichwohl haben sie keine Bedeutung für die damalige Diskussion um Hegels Religionsphilosophie und die Möglichkeit einer spekulativen Theologie erlangt. Rosenkranz prognostiziert diesen Texten jedoch eine Funktion für die künftige Theologie: »man wird auf sie zurückkommen und besonders die Theologen werden es thun müssen, denn sie enthalten im wesentlichen auf positive Weise die neue Theologie, deren wir bedürfen« (1870, 40 f.) – eine trotz der intensiven Rezeption dieser Texte fast durch das ganze 20. Jahrhundert gleichwohl irrige Prognose.

Literatur: Karl Rosenkranz: Aus Hegels Leben. In: R. E. Prutz (Hg.): Literarhistorisches Taschenbuch. Bd. 1. Leipzig 1843, 89–200; R 45–62,462–470; Eduard Zeller: Ueber Hegels theologische Entwicklung. In: Theologische Jbb 4 (1845), 192–206; Ludwig Noack: Der Religionsbegriff Hegels. Darmstadt 1845; Haym: Hegel und seine Zeit (1857); Rosenkranz: Hegel als deutscher Nationalphilosoph. Leipzig 1870, 35–43; Wilhelm Dilthey: Die Jugendgeschichte Hegels. Berlin 1905, in: Dilthey: Gesammelte Schriften. Bd. 4. Stuttgart / Göttingen 1959, 8–16; Theodor Steinbüchel: Das Grundproblem der Hegelschen Philosophie. Darstellung und Würdigung. Bd. 1. Die Entdeckung des Geistes. Bonn 1933; Georg Lukács: Der junge Hegel. Über die Beziehungen von Dialektik und Ökonomie. Zürich / Wien 1948; Antonio Negri: Stato e diritto nel giovane Hegel. Studio sulla genesi illuministica della filosofia giuridica e politica di Hegel. Padova 1958; Carmelo Lacorte: Il primo Hegel. Firenze 1959; Adrian Peperzak: Le jeune Hegel et la vision morale du monde. La Haye 1960; Wolf-Dieter Marsch: Gegenwart Christi in der Gesellschaft. Eine Studie zu Hegels Dialektik. München 1965; Hans-Otto Rebstock: Hegels Auffassung des Mythos in seinen Frühschriften. München 1971; Henry S. Harris: Hegel's Development. Toward the Sunlight. 1770–1801. Oxford 1972; Herbert Scheit: Geist und Gemeinde. Zum Verhältnis von Religion und Politik bei Hegel. München / Salzburg 1973, 13–95; Masakatsu Fujita: Philosophie und Religion beim jungen Hegel. Unter besonderer Berücksichtigung seiner Auseinandersetzung mit Schelling (HSB 26); Hubertus Busche: Das Leben der Lebendigen. Hegels politisch-religiöse Begründung der Philosophie freier Verbundenheit in seinen frühen Manuskripten HSB 31 (1987); Gonzalo Portales: Hegels frühe Idee der Philosophie. Zum Verhältnis von Politik, Religion, Geschichte und Philosophie in seinen Manuskripten von 1785 bis 1800. Stuttgart-Bad Cannstatt 1994; Thomas Sören Hoffmann: Hegel. Eine Propädeutik. Wiesbaden 2004, 73–113; Nikolaj Plotnikov: Gelebte Vernunft. Konzepte praktischer Rationalität beim frühen Hegel. Stuttgart-Bad Cannstatt 2004.

1.1 Volksreligion und Christentum

(1) Für die erste Gruppe dieser Fragmente, aus den Jahren 1793/94, hat Nohl den glücklichen Titel *Volksreligion und Christentum* gewählt. In ihnen tritt Hegel erstmals als der Philosoph hervor, als den ihn seine Tübinger Kommilitonen noch nicht kennengelernt haben. Die aus der Stuttgarter Gymnasialzeit überlieferten Aufzeichnungen (GW 1.1–54) erlauben einen Einblick in Hegels geistige Entwicklung im Spannungsfeld von Aufklärung und Orientierung an der Antike; ihnen kommt aber noch kein eigentlicher Werkcharakter zu (s. Kap. I.0). Gleiches ist für die vier Niederschriften für Übungspredigten zu sagen, die Hegel gemäß den »Statuten des Theologischen Stipendii« 1792/93 im Speisesaal während des Essens zu halten hat (GW 1.55–72). Ihre schablonenhafte Durchführung läßt noch weniger Eigenes erkennen als seine Schulaufsätze (anders Nicolin 1998). Und auch der Umstand, daß Hegel selber sie aufbewahrt hat, berechtigt nicht zu der Annahme, er habe sie im emphatischen Sinne als sein Werk anerkannt – er hat ja noch weit mehr aufbewahrt, was seine Erben jedoch vernichtet haben.

(2) Innerhalb der Textgruppe *Volksreligion und Christentum* lassen sich zwei Arbeitsphasen unterscheiden. Die erste umfaßt das Fragment *Religion ist eine der wichtigsten Angelegenheiten* (Text 16) und die darauf bezogenen Notizenblätter (Texte 12–15). Zur Bezeichnung des Fragments hat sich der Name »Tübinger Fragment« eingebürgert, doch ist es eher wahrscheinlich, daß es erst nach Hegels Abreise aus Tübingen entstanden sei. Es setzt die Kenntnis nicht allein von Fichtes *Versuch einer Kritik aller Offenbarung* voraus – wahrscheinlich nach der im Frühjahr 1793 erschienenen zweiten Auflage –, sondern auch von Kants Schrift über *Die Religion innerhalb der Grenzen der bloßen Vernunft*, die zur Ostermesse 1793 erschienen ist (GW 1.99 f.); Reflexe von ihr zeigen sich auch in der Predigt vom 16.6. 93. Seit dem 10.7. ist Hegel ohnehin nicht mehr in Tübingen, und so ist anzunehmen, daß das »Tübinger Fragment« vielmehr nach dem Ende des Studiums in den Stuttgarter Sommermonaten vor der Abreise nach Bern geschrieben sei. Vielleicht bedurfte es zu seiner Abfassung auch nicht allein dieser Muße, sondern mehr noch der Befreiung von der drückenden Atmosphäre des Stifts.

Diese Studien führt Hegel auch noch in der ersten Hälfte seiner Berner Jahre weiter (Texte 17–26, 28–30); einige der späteren Texte sind deutlich als Überarbeitungen früherer zu erkennen (vgl. u. a. GW 1.103 mit 138 und 155). Der erstmalige Wechsel des

Ortes bedeutet also noch keine Zäsur im Blick auf das Projekt, wenngleich eine Verschiebung des Akzents die gedankliche Einheit dieser Fragmente allmählich aufbricht.

Erstausgabe: N 3–71. – **Text:** GW 1.55–164,195–203. – **Literatur:** Friedhelm Nicolin: Verschlüsselte Losung. Hegels letzte Tübinger Predigt. In: Philosophie und Poesie. Otto Pöggeler zum 60. Geburtstag. Hg. Annemarie Gethmann-Siefert. Bd. 1. Stuttgart-Bad Cannstatt 1988, 367–399; Thomas M. Schmidt: Anerkennung und absolute Religion. Formierung der Gesellschaftstheorie und Genese der spekulativen Religionsphilosophie in Hegels Frühschriften. Stuttgart-Bad Cannstatt 1997, 24–55.

1.2 Die erste Bearbeitungsphase

(1) Der im Blick auf die verhandelte Thematik passende Titel *Volksreligion und Christentum* bringt jedoch nicht zum Ausdruck, daß diese Fragmente einen selber durch innere Spannungen zerrissenen Protest gegen die Zerreißung des neuzeitlichen gesellschaftlich-religiösen Lebens bilden. Sie fragen nicht nach der Wahrheit der Religion, sondern ausschließlich nach ihrer Eignung als Remedium für die gedankliche und die gesellschaftliche Entzweiung – übrigens in Übereinstimmung mit der Debatte um die gesellschaftliche Rolle der Religion im revolutionären Frankreich. Hegels Aussage, wenn man von öffentlicher Religion spreche, so verstehe »man darunter die Begriffe von Gott und Unsterblichkeit« (GW 1.86), nimmt diese, auch von Robespierre verfolgte Thematik auf. Diese zeitgeschichtlichen Elemente stehen wenig ausgeglichen neben Anspielungen auf Rousseau, der damaligen Empfindsamkeitskultur, der Begeisterung für das schöne griechische Leben und einem sich kontinuierlich verstärkenden Kantianismus, der ja ebenfalls »Gott und Unsterblichkeit« als Postulate der praktischen Vernunft in die philosophische Debatte dieser Jahre zurückführt.

Unter Rückgriff auf Kants *Religionsschrift* läßt sich schließlich die zentrale Problemstellung des Fragments formulieren – auch wenn es nicht ursprünglich aus dieser Thematik erwachsen sein mag: Wenn die Diskrepanz zwischen dem Vernunft- und dem Fetischglauben, dem Glauben an die religiöse Relevanz äußerlicher Gegenstände und Handlungen, unüberbrückbar ist, Volksreligion aber anscheinend nicht auf bloße Vernunft gebaut sein kann, sondern stets positive Momente – Geschichte, Tradition, mithin Ansatzpunkte dieses Fetischglaubens – einschließt, »so fragt es sich, […] wie eine Volksreligion im allgemeinen eingerichtet seyn müsse«, um – ne-

gativ – möglichst wenig am Buchstaben und den Zeremonien zu kleben und – positiv – zu erreichen,
»daß das Volk zur VernunftReligion geführt [würde],
Empfänglichkeit dafür bekäme« –, aber auch, was
solche Volksreligion zu vermeiden habe, um diesen
Zweck nicht zu verfehlen (GW 1.99 f., 103).

Kant hat in seiner *Religionsschrift* dieses Problem
der Notwendigkeit einer Vermittlung zwischen Vernunftreligion und positiver, durch göttliche Offenbarung gegebener Religion berührt, doch hat er es
schwerlich überzeugend gelöst. Denn er hat weder
die Frage behandelt, wie es angesichts des rein moralischen Charakters der Religion überhaupt zur Ausbildung von Positivität, von nicht-moralischen, geschichtlich vorgegebenen Inhalten komme, noch hat
er plausibel gemacht, wie eine positive, nicht-ver-
nünftige Religion der moralischen Religion »Faßlichkeit« geben und als »Vehikel« der Vernunftreligion fungieren könne (VI.165,118), wenn doch die
Vernunftreligion allgemein einsichtig, die positive
Religion aber sowohl in ihrer Geltung regional begrenzt als auch einer geschichtlichen Erläuterung bedürftig sei (Jaeschke 1986a, 89).

(2) Zur Lösung dieses Problems arbeitet Hegel eine neuartige, sowohl in der Anschauung des geschichtlichen Phänomens »Religion« als auch in der
Theorielage seiner Zeit verankerte Religionsphilosophie aus. Sein Religionsbegriff ist durch eine
doppelte Dichotomie strukturiert: durch den – von
ihm bereits vorgefundenen – Gegensatz von subjektiver und objektiver Religion einerseits, Privatreligion und Volksreligion andererseits. Subjektive Religion ist aber keineswegs mit Privatreligion kongruent,
ebensowenig wie objektive mit Volksreligion. Als
objektive Religion bezeichnet Hegel mit dem traditionellen Terminus die »fides quae creditur«, also
den Glaubensinhalt, der in Form eines theologischen
Systems gelehrt und an den geglaubt wird. Unter
subjektiver Religion versteht er aber nicht – wie es
der Parallelismus nahegelegt hätte – die »fides qua
creditur«, also denjenigen inneren Glauben, auf
Grund dessen ein Inhalt geglaubt wird. An ihr interessiert Hegel nur die praktische Seite: Sie »äussert
sich nur in Empfindungen und Handlungen«, sie ist
Wirksamkeit im Inneren und Tätigkeit nach außen.
Auf sie kommt alles an; sie ist tendenziell allgemein,
tritt aber anscheinend geschichtlich nicht ohne objektive Religion auf, wiewohl diese »nur einen kleinen, zimlich unwirksamen Theil« der subjektiven
ausmacht (GW 1.87 f.). Die Privatreligion – die erst
in der zweiten Bearbeitungsphase an Bedeutung gewinnt – umfaßt nur »die Ausbildung des einzelen

seinem Charakter gemäß« (GW 1.102); eine Volksreligion hingegen muß die Vermittlung von objektiver und subjektiver Religion leisten, durch die objektive Seite auf Einbildungskraft und Herz wirken und
der Seele Kraft und Enthusiasmus einhauchen. Sie ist
damit deutlich umfassender bestimmt als die »religion civile« in Rousseaus *Contrat social* IV,8, deren
Konzeption sich aus dem naturrechtlichen Problem
des Prioritätsstreits zwischen staatlicher und religiöser Verbindlichkeit herleitet.

Wie Kant, so sieht auch Hegel die Religion als primär »praktisch«, aber nicht als streng auf Moral, auf
die Gültigkeit des Sittengesetzes bezogen. Sein Blick
ist hier – wie der Jacobis oder später Feuerbachs – auf
den »ganzen Menschen«, den »Menschen überhaupt« gerichtet – und dabei findet er, »daß Sinnlichkeit das HauptElement bei allem Handeln und Streben der Menschen ist«. Auf Sinnlichkeit sei aber nur
durch Sinnlichkeit einzuwirken; auch die religiösen
Triebfedern müßten somit sinnlich sein (GW 1.84–
86). Hegel verharrt insofern zunächst bei der Triebfederlehre der *Kritik der reinen Vernunft*, die auch
derb sinnliche Triebfedern wie die Verheißungen
von Belohnungen oder die Androhung von Bestrafungen im Jenseits als Triebfedern zuläßt, weil nur
durch sie das Sittengesetz davor bewahrt werde, zum
bloßen »Hirngespinst« herabzusinken (KrV B 839).
Seine Überzeugung von der Notwendigkeit sinnlicher Triebfedern dürfte ihm in dieser ersten Bearbeitungsphase den Blick auf Kants Selbstrevision
in der *Kritik der praktischen Vernunft* verstellt haben,
daß um der Reinheit der Moral willen nicht allein das
Gesetz, sondern auch die zum Handeln bewegenden
Triebfedern rein moralisch sein müßten: wie im moralischen Gefühl der Achtung vor dem Sittengesetz.

(3) Aus diesem vage gefaßten, zwar praktischen,
aber nicht im Kantischen Sinn rein moralischen Religionsbegriff in Verbindung mit der ebenfalls weiter
gefaßten Triebfederlehre folgen die Antworten auf
die beiden Fragen nach den Kriterien einer Volksreligion, die das Fragment stellt: wie muß Volksreligion
beschaffen sein, und was hat sie zu vermeiden? Die
Antwort auf die letztere fällt ohnehin kurz aus: Sie
hat den Fetischglauben zu vermeiden, und zwar auch
den aufgeklärten, »daß man den Forderungen der
Vernunft durch Tiraden über Aufklärung u. drgl. Genüge geleistet zu haben glaubt« und »sich über dogmatische Lehren ewig in den Haaren liegt« (GW
1.103). Komplexer, nämlich dreifach ist die Antwort
auf die erstgenannte Frage.

»I. Ihre Lehren müssen auf der allgemeinen Vernunft gegründet seyn.« Denn nur solche Lehren, die

jedem denkenden Menschen angemutet werden
können, beziehen sich unmittelbar auf Moralität,
während all jene Empfehlungen eines besonderen
Weges zum göttlichen Wohlgefallen teils Gegenstand
der Kritik, teils Gegenstand des Mißbrauchs, der
»Herrschsucht der Priester« werden. Ein Implikat
dieser Allgemeinheit ist die Einfachheit; die Lehren
bedürfen »weder eines Apparats von Gelehrsamkeit,
noch eines Aufwands von mühsamen Beweisen«. Als
ein zweites Implikat nennt Hegel die Menschlichkeit
– »eine große und schwere Forderung« –, die er jedoch primär als Angemessenheit zu der jeweiligen
Stufe der »GeistesCultur« und Moralität versteht. Als
ein Beispiel hierfür nennt er den Glauben »an eine
weise und gütige Vorsehung«, der auf rechte Weise
zur »gänzlichen Ergebenheit in Gott« führt, während
der »anmaßende Vorwitz« die Wege Gottes erkunden und meistern zu können vermeint (GW 1.103 f.).

(4) Mit diesem ersten Kriterium der Lehren einer
Volksreligion bleibt Hegel auf dem Boden der Aufklärung. Mit dem zweiten scheint er ihn zu verlassen:
»II. Phantasie, Herz und Sinnlichkeit müssen dabei
nicht leer ausgehen«; die Volksreligion soll die schönen Fäden der Natur in ein edles Band flechten.
Doch kommt Hegels kritisches und normatives Interesse gerade hier am stärksten zum Ausdruck: denn
die sich selbst überlassene Phantasie kann auch Ungeheuer gebähren. So rät er dazu, »um abentheuerli-
che Ausschweifungen der Phantasie zu verhüten,
schon mit der Religion selbst Mythen zu verbinden,
um der Phantasie wenigstens einen schönen Weg zu
zeigen, den sie sich dann mit Blumen bestreuen
kan«. Die christliche Religion mit ihrer Orientierung
auf den »Schauplatz« Erde stecke zwar der Phantasie
ein Ziel, lasse daneben aber »noch eine Menge Pläze
übrig«, wo sie, »wenn sie mit schwarzer Galle gefärbt
ist – sich eine fürchterliche Welt ausmahlen kann«,
während andererseits gerade hier »unser großer
christlicher Epopeendichter majestätischere Gemählde, schauerlichere Szenen, und rührendere Züge geschöpft hat, als je in eines Dichters Seele vorher
gekommen waren.« (GW 1.79) Klopstocks *Messias* –
denn dieser ist hier gemeint – ist gleichwohl aus zwei
Gründen nicht geeignet, die Forderung nach Befriedigung der Phantasie und Sinnlichkeit zu erfüllen:
Zum einen wendet er sich an die Gebildeten, aber
»die Einbildungskraft des Volks hat keine Leitung« –
und zum anderen schließt die hier entworfene Phantasiewelt an eine fremde Vorstellungswelt an. Diesem
Argument liegt eine auf Herder gestützte Theorie
über die Einheit einer mythischen Bilderwelt mit
dem sie produzierenden Volksgeist zu Grunde. Sie

betrifft nicht nur die künstlerische Produktion, sondern ebenso die schlichte, an geschichtlich gemein-
ten Erzählungen orientierte Vorstellungswelt. In der
christlichen Religion sei die Phantasie »mit der Urgeschichte der Menschheit – mit der Geschichte eines fremden Volkes – den Thaten und Unthaten ihrer
Könige angefüllt die uns nichts angehen« (GW 1.80).
Einem Volk hingegen, das durch seinen Gottesdienst
Phantasie, Herz und Vernunft zugleich befriedigt,
würde es nicht genügen, »die Ohren alle 7 Tage Phra-
sen und Bildern zu leihen, die nur vor einigen 1000
Jahren in Syrien verständlich und an ihrem Plaze waren« (GW 1.126). Denn diese Bilder seien »oriental-
isch – nicht auf unserm Boden gewachsen«; der Bekenner der Religion »kan sich nie damit assimiliren«
(GW 1.140). Die Befriedigung von Herz, Phantasie
und Sinnlichkeit, die die Volksreligion leisten soll,
unterstellt Hegel somit nationalen Beschränkungen,
die er jedoch gegenüber der griechischen Phantasiewelt nicht in gleicher Weise geltend macht.

(5) Umfassend ist das dritte Kriterium einer
Volksreligion: »III. sie muß so beschaffen sein, daß
sich alle Bedürfnisse des Lebens – die öffentlichen
StaatsHandlungen daran anschliessen«. Sie muß den
Menschen überall hin begleiten – den ernsten Angelegenheiten ihre Würde geben und selbst seine Ausschweifungen heiligen. Schleiermachers bekannter,
wenig später niedergeschriebener Satz könnte auch
diesem Hegelschen Fragment entstammen: »die religiösen Gefühle sollen wie eine heilige Musik alles
Thun des Menschen begleiten; er soll alles mit Religion tun, nichts aus Religion.« (KGA I/2.219) Zusammen mit den politischen Verhältnissen hat sie den
Geist eines Volkes zu bilden – denn dieser Geist, Geschichte, Religion und der Grad der politischen Freiheit sind »in ein Band zusammenverflochten« (GW
1.103,109–111).

Die christliche Religion wird diesem Idealbild einer Volksreligion freilich in keiner der drei Hinsichten gerecht: Ihre Lehre geht über die allgemeine, einfache und menschliche Vernunft hinaus; ihre Ausbildung für die Phantasie wird bereits verhindert durch
ihre programmatische Forderung, Gott im Geist und
in der Wahrheit zu verehren, und ihrer umfassenden
politischen Aufgabe kann sie schon deshalb nicht gerecht werden, weil sie die Menschen zu »Bürgern des
Himmels« erziehen will. Auf allen drei genannten
Ebenen expliziert sich die Philosophie der Religion
als Kritik der christlichen Religion. Doch beansprucht Hegel, der christlichen Religion nicht ein
bloßes Ideal einer Volksreligion entgegengesetzt zu
haben; deren geschichtliches Urbild glaubt er in den

schönen Lebensverhältnissen der Griechen erkennen zu können.

Die naheliegende Frage nach den Ursachen der Diskrepanz der schönen griechischen Welt und der modernen bleibt allerdings ohne prägnante Antwort. Man kann sie in Hegels Kontrastierung des »Genius der Griechen und Deutschen« implizit beantwortet und zugleich blockiert finden – zumal der »Genius der Deutschen« (»ihre gröste Ergözlichkeit z. B. schrekliches Saufen überhaupt«, GW 1.81) dann den Genius der germanischen und eigentlich auch der romanischen Welt einschließen müßte. Man kann sie auch durch Hegels Hinweise auf die jüdische, der griechischen in so vielen Hinsichten entgegengesetzte Religion beantwortet finden – wobei sich gleichwohl die weitere Frage nach der Ursache des geschichtlichen Erfolgs dieser Tradition stellt. Hegel verfügt damals noch nicht über eine Theorie der gesellschaftlich-geschichtlichen Differenzierung der Bedingungen menschlichen Lebens, die im Stande wäre, zumindest Ansatzpunkte für eine befriedigende Antwort zu markieren.

1.3 Die zweite Bearbeitungsphase

(1) In der ersten Hälfte seiner Berner Jahre, bis etwa Mitte 1795, hat Hegel diese frühen Ansätze teils erweitert, teils überarbeitet und dabei mit schärferen Akzenten versehen. Den einen Brennpunkt der Überarbeitung bildet sein nunmehr strengerer Kantianismus (Kondylis 1979, 235–256), den anderen der Begriff der Privatreligion.

Dieser Begriff ist in der ersten Phase noch wenig konturiert, so daß er irrtümlich sogar mit dem der »subjektiven Religion« identifiziert worden ist (Timm 1979, 35). In der zweiten Phase wird er zu einem Schlüsselbegriff für die Beurteilung der christlichen Religion. Die in der ersten Bearbeitungsstufe erwiesene mangelnde Eignung des Christentums zur Volksreligion erklärt Hegel nun daraus, daß die von Jesu gestiftete Religion ursprünglich Privatreligion sei. Die Moral Jesu sieht er in Übereinstimmung mit der »erhabensten Moral« – eigentümlicher Weise deshalb, weil »der unbedingteste Gehorsam gegen das Gesez darin eingeschärft wird«. Dann aber ist zu erklären, wie es von dieser frühen Form zur späteren Perversion kommen kann. Eine Ursache sieht Hegel darin, daß »fälschlich was nur für eine kleine Familie angeht – auf die bürgerliche Gesellschaft ausgedehnt wurde«. Frühchristliche Sitten wie das Almosengeben, die Gütergemeinschaft oder der Verzicht auf

bewaffneten Widerstand seien nur im Rahmen einer Privatreligion möglich, nicht einmal »als Grundsatz nur einer kleinen Gemeine, eines geringen Dorfs«; auch für eine Privatreligion passende Zeremonien verlören ihren Sinn und Geist, wenn sie in eine öffentliche Religion übernommen würden. Insofern wäre die spätere Ausartung der christlichen Religion eine nicht vorhersehbare und gleichwohl unausweichliche Folge ihres weltgeschichtlichen Erfolgs (GW 1.150,129–131).

(2) Neben dieser Argumentationslinie steht aber noch eine zweite: Der Übergang von der Privat- zur Volksreligion hat deshalb fatale Konsequenzen, weil bereits in der ursprünglichen Gestalt ein »Keim« liegt, dessen ganze Schädlichkeit sich erst unter der Bedingung der geschichtlichen Entfaltung offenbart – die Hegel sich nun durch Edward Gibbons Schilderungen des Greuels und Elends bereits der christlich gewordenen Spätantike illustriert. Die Kirchenzucht etwa liegt bereits in der Privatreligion – aber hier, im Kreis der Familie, zunächst noch ohne die Folgen, die »Herrschsucht und Heuchelei« (GW 1.133) heraufbeschworen haben. Weitere solcher negativen Keime fördert der für die späte Aufklärung typische Vergleich zwischen Sokrates und Christus zu Tage: Jener lehrt, dieser predigt; jener hat eine offene Schülerschar, dieser einen geschlossenen Kreis von Jüngern, die dereinst »General- und HofmarschallStellen« einzunehmen wünschen; und auch »die verkehrten und unmoralischen Begriffe der Juden« – ihr Haß »gegen andre Völker« und die »Intoleranz ihres Jehova« – dringen »in die Praktik und Theorie der christlichen Religion« ein und stiften dort fortwährenden Schaden (GW 1.121). Der Abweg von der Moral ist somit bereits in der Urgeschichte der christlichen Religion angelegt: vom »tut Buße« Johannes des Täufers über Jesu »tut Buße und glaubet an das Evangelium« bis zum »Glaubet an Christum« der Apostel (GW 1.151). Erst auf dem Umweg über die Verehrung Christi und Gottes führt das Christentum wieder zur Moral zurück. Im Hintergrund der Kritik Hegels stehen die Worte der Sittah aus Lessings *Nathan* über die Christen (2. Aufzug, V. 82–85):

> Selbst das, was, noch von ihrem Stifter her,
> Mit Menschlichkeit den Aberglauben wirzt,
> Das lieben sie, nicht weil es menschlich ist:
> Weils Christus lehrt; weils Christus hat gethan.

Daraus erwächst ihm die Aufgabe, »manches in dieser Heilsordnung zu beleuchten – bis gesündere Vorstellungen allgemeiner Plaz gegriffen haben« (GW 1.153).

Doch andererseits weiß auch Hegel um die praktische Bedeutsamkeit dieses Umwegs, da er zur Bildung eines Ideals führt. Er analysiert eine merkwürdige Verkehrung: Sokrates, ein Mensch, der mit menschlichen Kräften menschliche Konflikte überwindet, wäre zugleich ein würdiges Vorbild der Tugend; Christus hingegen, mit göttlicher Kraft ausgestattet, kennt weder den Konflikt von Sinnlichkeit und Pflicht noch den Mangel an Mitteln. Und dennoch qualifiziert gerade diese Beimischung des Göttlichen den tugendhaften Menschen Jesus zu einem Ideal der Tugend – entsprechend »unserm Hang zu Idealen, die Mehr als menschlich sind« (GW 1.149).

(3) Diese Auffassung Jesu als eines Ideals, einer personifizierten Idee der Tugend, entnimmt Hegel Kants *Religionsschrift*, deren Rezeption – zusammen mit der Rezeption der *Kritik der praktischen Vernunft* – diese zweite Phase prägt. Während er in der ersten betont, daß nur sinnliche Triebfedern auf Sinnlichkeit wirken könnten, folgt er nun Kants Hochschätzung der praktischen Vernunft: Die Vernunft führe unwiderstehlich »auf den grossen Grundsaz von der Selbstgenügsamkeit der Pflicht und der Tugend«, gegen den »heterogenere Beweggründe« schon Entheiligung seien (GW 1.141 f.). Mit diesem Thema beschäftigt sich auch eine Rezension von Maucharts *Allgemeinem Repertorium für empirische Psychologie, und verwandte Wissenschaften* in der *Oberdeutschen allgemeinen Literaturzeitung*, die Hegel sich am 24.12.94 von Schelling erbittet. Die Wirkung der Religion setzt Hegel nun nur noch in die »Verstärkung der Triebfedern der Sittlichkeit durch die Idee von Gott als moralischen Gesezgebers« (GW 1.153) – womit er sich zwar auf das gedankliche Niveau der Kantischen Lösung erhebt, aber zugleich die Probleme ihrer religionsgeschichtlichen Angemessenheit und ihrer internen Stimmigkeit in seine eigene Position einführt. Der Konflikt der Sinnlichkeit und Phantasie mit der Vernunft wird nun zu deren Gunsten entschieden: Sie fordert Handlungen der Pflicht, und damit sind die »heiligen Gebräuche« nicht mehr vereinbar. Hegel sieht hierin aber nicht allein einen Angriff von außen; diesem entspricht eine innere Erosion der religiösen Einrichtungen und Phantasiewelt, die teils nicht mehr verstanden, teils als Ausgeburten von Herrschsucht entlarvt werden. Er registriert aber auch, daß mit diesen geschichtlichen »Fortschritten der Vernunft« viele Empfindungen unaufhaltsam verloren gingen – ein Verlust, den »wir oft nicht mit Unrecht bedauern« (GW 1.124).

(4) Einer analogen immanenten Erosion sieht Hegel die Geschichtswahrheiten unterworfen, auf die die christliche Religion gebaut ist. Daß das Wunderbare in ihnen stets dem Unglauben unterworfen ist, ist solange gleichgültig, als sie Privatreligion ist, wird aber zum ernsten Problem, wenn sie als öffentliche Religion den Glauben daran fordert. Wenn aber die Vernunft sich erst ihrer Autonomie vergewissert und den »historischen Glauben und seine Beweisgründe gänzlich nicht achtet« und deshalb verklagt wird, sucht sie im Gegenzug diese Geschichtswahrheiten zu zerstören. Hegel erkennt damit die in der Aufklärung beginnende historische Kritik der biblischen Texte als einen Kampf, in dem sich die Vernunft auf die Ebene des Historischen begibt, um »den historischen Glauben mit seinen eigenen Waffen« zu schlagen – und er stellt sich auch in diesem Kampf auf die Seite der »Avtonomie« der Vernunft – gegen die Autorität derer, denen die Sorge um die »Fortpflanzung der Geschichtswahrheiten anvertraut« ist (GW 1.140,159 f.).

(5) Auf einem dritten Gebiet bleibt aber auch Hegel noch schwankend: in der Beurteilung der Reichweite der Vernunft angesichts der Jenseitserwartungen. Er verwirft zwar die bekannten »religiösen Ausschweifungen der Phantasie« ins Jenseits als »Ausbrüche der traurigsten ängstlichsten Verzweiflung, die die Organe von Grund aus zerrüttet und häufig unheilbar« – doch sieht er die in allen Religionen vorkommende »Erwartung der Belohnungen und Strafen in einer andern Welt« mit Kant als »natürlich in dem praktischen Bedürfnis der Vernunft« gegründet, einen moralischen Zusammenhang dieses Lebens mit dem zukünftigen herzustellen. So beschränkt er sich lediglich darauf, Vorsicht bei der Ausschmückung der Jenseitserwartung zu empfehlen, damit sie einer moralischen Religion würdig bleibe. Daneben erwägt er aber auch, ob nicht unser modernes, der Antike entgegengesetztes Verständnis eines Unglücks als eines Unrechts und die daraus erwachsende Forderung nach ausgleichender Gerechtigkeit eine überzogene Vorstellung von einer moralischen Weltordnung voraussetze: »wir müssen uns mehr gewöhnen, uns mehr von der Natur abhängig zu betrachten« (GW 1.146 f.).

(6) Die – auch durch die Briefe an Schelling belegte – Wiederaufnahme der Lektüre Kants, später auch Fichtes und im Frühjahr 1795 schließlich der philosophischen Erstlingsschrift Schellings *Ueber die Möglichkeit einer Form der Philosophie überhaupt* (AA I/1.263–300) überzeugt Hegel davon, daß »nur praktische Vernunft einen Glauben an einen Gott gründen« könne. Hieraus erhellt auch die Möglichkeit einer allgemeinen Verbreitung der Tugend. Bei

Annahme des Glaubens an Christum und an die »abgeschmackte Vorstellung« seines Strafleidens als einer Vorbedingung der Tugend bleibt nur »die elende Antwort«, »die ein herzleerer Kirchenvater [nämlich Augustin] ausgebrütet« hat: die Tugenden der Heiden als »glänzende Laster« zu denunzieren (GW 1.164,195–203,156).

Tendenziell vollständiger Erstdruck: Hegels theologische Jugendschriften nach den Handschriften der Kgl. Bibliothek in Berlin hg. von Herman Nohl. Tübingen 1907, 3–71,355–367. – **Text:** GW 1.75–114 (erste Phase) bzw. 115–164,195–203 (zweite Phase). – **Quellen:** Gotthold Ephraim Lessing: Nathan der Weise. Ein Dramatisches Gedicht, in fünf Aufzügen. Berlin 1779; Edward Gibbon: The History of the Decline and Fall of the Roman Empire. A new edition. Bd. 1. Basil 1787; H. C. A. Hänlein und C. F. Ammon (Hg.): Neues theologisches Journal. Bde. 2–4. Nürnberg 1793–1794. – **Literatur:** Franz Rosenzweig: Hegel und der Staat. München / Berlin 1920, Bd. 1.17–30; Hans Liebeschütz: Das Judentum im deutschen Geschichtsbild von Hegel bis Max Weber. Tübingen 1967; Klaus Düsing: Die Rezeption der Kantischen Postulatenlehre in den frühen philosophischen Entwürfen Schellings und Hegels. In: Rüdiger Bubner (Hg.): Das älteste Systemprogramm (1973), 53–90; José Maria Ripalda: Poesie und Politik beim frühen Hegel. HS 8 (1973), 91–118; Bernhard Dinkel: Der junge Hegel und die Aufhebung des subjektiven Idealismus. Bonn 1974; Ripalda: The Divided Nation. The Roots of a Bourgeois Thinker. G. W. F. Hegel. Assen / Amsterdam 1977, 15–84; Kondylis: Entstehung der Dialektik (1979); Hermann Timm: Fallhöhe des Geistes. Frankfurt am Main 1979; Robert Legros: Le jeune Hegel et la naissance de la pensée romantique. Bruxelles 1980, 11–69,260–308; Laurent Paul Luc: Le statut philosophique du Tübinger Fragment. HS 16 (1981), 69–98; Bondeli: Hegel in Bern (1990), 96–146; Hans Friedrich Fulda / Rolf-Peter Horstmann (Hg.): Rousseau, die Revolution und der junge Hegel. Stuttgart 1991; Schmidt: Anerkennung und absolute Religion (1997), 24–55.

2 Berner Entwürfe (1795–1796)

2.1 Das Leben Jesu (1795)

(1) »Von sehr grosser praktischer Wichtigkeit aber ist die Geschichte Jesu« (GW 1.148). Dieser Satz aus der zweiten Phase der Arbeit an *Volksreligion und Christentum* weist gleichsam auf das Manuskript Hegels voraus, das unter dem Titel *Das Leben Jesu* bekanntgeworden ist. Ihm kommt in mehrfacher Hinsicht eine Sonderstellung zu. Als einziges aus den Berner Jahren ist es – trotz einer inneren Bruchstelle (GW 1.216) – als Ganzes nicht fragmentarisch.

Durch die Notierung der Anfangs- und Enddaten »9. Mai 1795–24. Juli 1795« zeichnet Hegel es als ein abgeschlossenes, gleichsam zur Publikation fertiges Werk aus. Dennoch erwähnt er es nicht in seinem Brief an Schelling vom 30.8. 95. Möglicher Weise hat Hegel beabsichtigt, seinem *Leben Jesu* noch »eine Paraphrase der Paulinischen Briefe« folgen zu lassen; zumindest läßt sich eine Notiz Hölderlins im Brief vom 25.11.95 so deuten.

(2) Den Titel *Leben Jesu* hat Rosenkranz auf einem Umschlagblatt notiert – unter dem Eindruck der damals erbitterten theologischen und auch theologisch-politischen Kontroversen um das *Leben Jesu* des Hegels-Schülers David Friedrich Strauß von 1835/36 – das gravierende Folgen auch für den Zusammenhalt der Hegel-Schule und darüber hinaus für das Verhältnis von systematischer Theologie und historisch-kritischer Forschung gehabt hat (s. Kap. III.2.3). Rosenkranz stellt Hegels Berner Manuskript somit in eine Tradition, die man mit dem *Leben Jesu* des Zürchers Johann Jakob Heß (1768) beginnen lassen und in die man auch das Werk eines anderen Zürchers stellen kann: Johann Kaspar Lavaters *Pontius Pilatus*. Doch auch wenn Heß' Werk theologiegeschichtlich dem frühen Rationalismus zugerechnet wird, wirkt es auf den mit Schleiermachers Leben-Jesu-Vorlesungen oder gar mit Strauß Vertrauten kaum weniger empfindsam als das Werk Lavaters. Dem kritischen Gehalt nach steht Hegels Paraphrase des *Leben Jesu* dem Werk näher, das kurz zuvor einen epochalen Streit ausgelöst hat: den Fragmenten des »Wolfenbütteler Ungenannten«, d. h. Hermann Samuel Reimarus' *Apologie oder Schutzschrift für die vernünftigen Verehrer Gottes,* aus der Lessing in den 1770er Jahren u. a. die beiden Fragmente »Über die Auferstehungsgeschichte« und »Von dem Zwecke Jesu und seiner Jünger« veröffentlicht hat – und Schelling nennt Hegel den »Vertrauten Lessings« (4.2.95). Auch wenn diese Wendung primär durch die große Bedeutung veranlaßt sein könnte, die Lessings *Nathan der Weise* für Hegel gewonnen hat, so ist es doch schwer vorstellbar, daß Hegel von Lessings theologischen Streitschriften keine Kenntnis gehabt haben sollte.

(3) Freilich fehlt Hegels *Leben Jesu* völlig der kaum verborgene Haß, der die Zeitgenossen gegen Reimarus' Werk (bzw. dessen von Lessing herausgegebene Fragmente) empört hat, und insbesondere Reimarus' Versuch, Jesu gescheiterte politische sowie seinen Jüngern betrügerische Absichten zu unterstellen. Reimarus kämpft gegen den Schein der historischen Fundierung der Glaubensaussagen; Hegel geht darauf nicht mehr mit einem Wort ein. Er

stützt sich auf die Evangelien und arbeitet hierzu
wahrscheinlich, wie man ebenfalls der Aufschrift
des Deckblattes durch Rosenkranz entnehmen
kann, eine »Harmonie der Evangelien nach eigener
Übersetzung« bzw. »Schemata zu einer Vereinigung
der in den verschiedenen Evangelien teils verstreuten, teils abweichend erzählten Tatsachen« aus (R
51) – doch er berücksichtigt alle Zeugnisse nur »innerhalb der Grenzen der bloßen Vernunft«. Die mythischen Partien der Geburtserzählung entfallen; Jesus hat Maria und Joseph zu seinen Eltern; die Ver-
suchungsgeschichte geht – wie manches andere –
nur vor seiner Einbildungskraft vorüber; er tritt als
Lehrer der Moral auf; er tut keinerlei Wunder, und er
verweist die Samariterin auf die Zeit, in der alle
Gott verehren werden in dem Geist, »in dem allein
Vernunft und ihre Blüthe, das Sittengesez herrscht«.
Hegels frühere Bedenken gegen die Phantasiefeind-
lichkeit dieser Aussage verstummen jetzt vor seinem
Kantianismus. Die Gebete und die Rede vom
»himmlischen Vater«, die er Jesu über die bloße Moralität hinaus zugesteht, halten sich noch im Rahmen eines aufgeklärten Deismus. Nur einmal fällt
Jesus aus der ihm zugewiesenen Rolle des Predigers
der Moral: Auf die Frage des Oberpriesters, ob er
»ein Sohn der Gottheit« sei, antwortet er: »Ja, ich bin
es, [...] und diesen verachteten Menschen, der der
Gottheit und der Tugend geheiligt war, werdet ihr
einst mit Herrlichkeit bekleidet und über die Sterne
erhaben erblicken« (GW 1.213,271). Daraufhin wird
er verurteilt, gekreuzigt, und begraben. Weiter ist
nichts über ihn zu berichten.

(4) Die »Entmythologisierung«, die Hegel hier –
noch ohne den Mythosbegriff heranzuziehen – mit
seiner moralischen Reduktion an den evangelischen
Berichten vollzieht, geht erheblich über die erst auf
ihn folgende Leben-Jesu-Forschung des Rationalismus – auch seines persönlichen Freundes H. E. G.
Paulus oder Karl August Hases – oder gar Schleiermachers hinaus. Trotz seiner akribischen Evan-
gelienharmonie verhält er sich gegenüber dem biblischen Text erheblich freier als die Genannten: Er
nimmt die in das Leben Jesu verwobenen supranatu-
ralen Züge gar nicht zur Kenntnis und entgeht so den
Peinlichkeiten der rationalistischen Exegese, sie
mehr schlecht als recht ins Menschlich-Vernünftige
umbiegen zu müssen. Statt dessen macht Hegel sich
das von Kants *Religionsschrift* empfohlene probate
hermeneutische Prinzip vernünftiger und wohlden-
kender Volkslehrer zu eigen: die heiligen Schriften so
lange zu deuten, »bis sie dieselben ihrem wesentlichen Inhalte nach nachgerade mit den allgemeinen

moralischen Glaubenssätzen in Übereinstimmung
brachten« (AA VI.111). Er schließt sich niemals enger an Kant an als in den Jahren 1794/95 und insbesondere in seiner Schrift über das *Leben Jesu*. Auch
aus anderer Feder gibt es keinen Text, der Kants moralische Interpretation der biblischen Texte in gleicher Weise bis ins Extrem triebe, um die historische
Tragfähigkeit des moralischen Religionsbegriffs aus-
zuloten.

(5) Deshalb läßt gerade das Scheitern dieser extremen Interpretation das *Leben Jesu* folgerichtig zur
Peripetie in Hegels Kantianismus insgesamt und des
moralischen Religionsbegriffs im besonderen werden. Denn die Evangelien erweisen sich als resistent
gegenüber dem Versuch ihrer totalen Restriktion auf
Moral. Nicht-moralische Züge gehen selbst in Hegels
Leben Jesu ein, und in unmittelbarer zeitlicher Nachbarschaft zu diesem Text verbirgt er sich auch damals
nicht, daß zur Religion Jesu weit mehr als moralisches Leben und Lehren gehört: »Neben der Empfehlung einer Tugendreligion muste Jesus auch nothwendig immer sich, den Lehrer derselben, ins Spiel
bringen – und Glauben an seine Person fordern«.
Seine Autorität wurde zum »Princip der Verbindlichkeit zur Moralität« (GW 1.290 f.) – und damit ist
das Moment der Positivität wiederum als das Kriterium für den Unterschied von reiner Moral und Religion geltend gemacht. Um dieses Thema kreisen Hegels religionsphilosophische Überlegungen in seinem letzten Berner Jahr.

Erstdruck: Hegels theologische Jugendschriften, 73–136. –
Text: GW 1.205–278. – **Quellen zur damaligen Leben-Jesu-Forschung:** Johann Jakob Heß: Geschichte der drey letzten Lebensjahre Jesu. Nebst einer Einleitung, welche die Jugendgeschichte Jesu enthält. 2 Bde. durchaus verbesserte Auflage Zürich 1774 (¹1768); G. E. Lessing: Zur
Geschichte und Literatur. Aus den Schätzen der Herzoglichen Bibliothek zu Wolfenbüttel. 4. Beitrag 1777, darin u. a.
»Über die Auferstehungsgeschichte«; Von dem Zwecke Jesu
und seiner Jünger. Noch ein Fragment des Wolfenbüttel-
schen Ungenannten. Hg. von G. E. Lessing. Braunschweig
1778; Johann Kaspar Lavater: Pontius Pilatus. Oder Die Bibel im Kleinen und Der Mensch im Großen. 4 Bde. Zürich
1781–85; Heinrich Eberhard Gottlob Paulus: Philologisch-
kritischer und historischer Kommentar über das neue Testament, in welchem der griechische Text, nach einer Recognition der Varianten, Interpunctionen und Abschnitte,
durch Einleitungen, Inhaltsanzeigen und ununterbrochene
Scholien als Grundlage der Geschichte des Urchristentums
bearbeitet ist. 4 Bde. Lübeck 1800–1812; ders.: Das Leben
Jesu, als Grundlage einer reinen Geschichte des Urchristen-
thums. Die Geschichterzählung nach den vier vereint geordneten Evangelien in Beziehung auf eine wortgetreue, erklä-
rende, synoptische Uebersetzung derselben. 2 Bde. Heidelberg 1828; David Friedrich Strauß: Das Leben Jesu, kritisch

bearbeitet. 2 Bde. Tübingen 1835/36; Friedrich Daniel Ernst Schleiermacher: Vorlesungen über das Leben Jesu [1819–1832]; KGA II/15. – **Literatur:** Horst Renz: Geschichtsgedanke und Christusfrage. Zur Christusanschauung Kants und deren Fortbildung durch Hegel. Göttingen 1977, 55–75; Bondeli: Hegel in Bern (1990), 147–165.

2.2 Manuskript zur Psychologie und Transzendentalphilosophie (1795/96)

(1) In eine den religionsphilosophischen Studien gegenüber fremde Denkwelt führt Hegels *Manuskript zur Psychologie und Transzendentalphilosophie*. Seine Entstehungszeit wird unterschiedlich beurteilt: Die Herausgeber datieren es – nach der buchstabenstatistischen Methode, also der Datierung mittels signifikanter Veränderungen in der Schreibung einzelner Buchstaben – auf 1794 (GW 1.484), Eva Ziesche – wegen der Übereinstimmung des Wasserzeichens des Papiers mit dem Großteil der *Positivitätsschrift* – auf 1795/96.

Das Manuskript beginnt mit einer Einteilung der Psychologie in die empirische, die die Seele »durch Aufzählung der Theile« erkenne, und die rationale, deren Begriff in keiner Erfahrung liege und der somit eine Untersuchung ihrer Möglichkeit vorausgehen müsse. Der »I. Abschnitt. ErkenntnisVermögen« (auf den aber kein zweiter folgt) ist gegliedert in Empfindung und Phantasie, d. i. die beiden unteren Erkenntnisvermögen, und Verstand und Vernunft, d. i. das obere Erkenntnisvermögen. Das Kapitel »Empfindung« handelt vom äußeren und inneren Sinn (GW 1.169–173), das Kapitel »Phantasie« von Aufbehalten und Wiedererweckung der Vorstellungen, Rekognition, Erinnerung und Dichtungsvermögen; hierbei kommen auch Themen wie Somnambulismus und Swedenborgs Geisterseherei zur Sprache (GW 1.173–184). Das Kapitel »Verstand« schließlich thematisiert zunächst »A. Vermögen der Begriffe« und »B Vermögen zu urtheilen« (GW 1.184,16–186,11), dann folgt ein Einschub über Kants transzendentale Logik (GW 1.186,12–189,19), bevor die Hauptlinie der Erörterung mit den Worten »Die Vernunft ist das Vermögen zu schliessen« nochmals kurz aufgenommen wird; danach geht es unter dem zuvor nicht angekündigten Titel »Kosmologie« (GW 1.190–192) zu einer knappen Skizze von Kants Einteilung der Ideenlehre in rationale Psychologie und Kosmologie über und bricht mit Bemerkungen zur Antinomie der reinen Vernunft (ohne Verwendung dieses Terminus) ab. Das dritte Hauptstück der

transzendentalen Dialektik Kants, die Lehre vom Ideal der reinen Vernunft, wird nicht erwähnt. Das Thema »Transzendentalphilosophie« ist somit hier in die Erörterung der Erkenntnisvermögen innerhalb der Psychologie eingebettet.

(2) Dieses Manuskript unterbricht die Reihe der religionsphilosophischen Fragmente. Dies könnte der Grund sein, weshalb diejenigen, die es vermutlich zuerst in Händen hatten, es nicht erwähnt haben. Rosenkranz nennt neben Hegels »theologischen Studien« nur »historische« (R 59), aber nicht das Manuskript zur Psychologie (es sei denn, man deutet den knappen Hinweis R 86 f. darauf), und auch Haym und Nohl verschweigen es – vermutlich um die Geschlossenheit der Deutung dieser Epoche als einer theologischen nicht zu durchbrechen. Doch belegen auch andere Quellen aus dieser Zeit Hegels Interesse an der Psychologie: Er exzerpiert eine 1792 erschienene Rezension von Schmids *Empirischer Psychologie* (GW 3.209 f.), und am 24.12.94 bittet er Schelling, Johann Gottlob Süsskind (Schellings Kompromotionale, nicht zu verwechseln mit seinem Bruder Friedrich Gottlieb Süsskind, dem damaligen Repetenten und Verfasser der Bemerkungen zur Übersetzung von Storrs *Annotationes*) möge ihm eine Rezension von Maucharts *Allgemeinem Repertorium für empirische Psychologie* in der *Oberdeutschen allgemeinen Literaturzeitung* übersenden. Hegels Interesse an dieser – sehr ausführlichen – Rezension kann sich jedoch auch auf eine dort enthaltene Besprechung des Aufsatzes von Rapp: *Ueber moralische Triebfedern* beziehen.

(3) Aber nicht allein wegen seines Themas nimmt dieses Manuskript eine Sonderstellung ein, sondern auch deshalb, weil Hegel zumindest nicht im strengen Sinn als sein geistiger Urheber bezeichnet werden kann: Es folgt inhaltlich weitgehend Flatts Psychologie-Kolleg, wahrscheinlich vom Winter 1789/90, das Hegel – wie das Magisterprogramm von 1790 festhält – gehört hat (Br 4/1.34). Die in den Anmerkungen zur Edition partiell wiedergegebene, von Dieter Henrich (1965, 70 f.) in der Universitätsbibliothek Tübingen aufgefundene Nachschrift dieses Kollegs durch Hegels Kommilitonen August Friedrich Klüpfel »deckt sich über weite Passagen inhaltlich und vielfach wörtlich mit Hegels Ms« (GW 1.484). Doch schließen die in die Berner Periode weisende Buchstabenstatistik und Papierqualität aus, daß es sich bei Hegels Manuskript ebenfalls um eine Vorlesungsnachschrift handle, wie sein erster Herausgeber Hoffmeister vermutet. Dem Manuskript liegt jedoch fraglos eine Nachschrift zu Grunde – sei es eine fremde

(vielleicht aus dem Kreise der Berner Kantianer, über dessen Verbindung mit Hegel wir jedoch nichts wissen, oder durch seinen Kompromotionalen Mögling, der damals ebenfalls in Bern lebt und mit dem vorhin erwähnten Süskind Kontakt hält), sei es eine eigene, die Hegel nach der Überarbeitung vernichtet haben könnte, zumal Rosenkranz bei seiner Auflistung von Hegels Nachschriften keine aus diesem Kolleg erwähnt (R 25).

(4) Rätselhaft ist jedoch der Zweck des Manuskripts zur Psychologie. Um einen Publikationsplan Hegels kann es sich wegen der Nähe zu Flatts Vorlesung nicht handeln, auch wenn das Manuskript sich nicht auf die bloße Wiedergabe des Vortrags beschränkt, sondern bei der Behandlung von »Verstand und Vernunft« weitere Quellen einbezieht: Zunächst, bei der Abhandlung der niederen Erkenntnisvermögen und dem Beginn des Kapitels »Verstand« (GW 1.167–186,11), lehnt es sich eng an Flatts Kolleg an; bei der Darstellung des »Vermögen zu urtheilen« orientiert es sich an Kants *Kritik der reinen Vernunft* und *Kritik der Urteilskraft* sowie insbesondere an Johann Schulze (d. i. Schultz): *Erläuterungen über des Herrn Professor Kant Critik der reinen Vernunft*, und nur noch einmal, zu Beginn der Abhandlung der Vernunft als »Vermögen zu schliessen« (GW 1.189,20–190,6), folgt es kurz Flatts Kolleg, dann wieder Kant und Schulze, während der Fortgang von Flatts Kolleg nicht berücksichtigt ist.

Diese Ergänzung der Kollegnachschrift durch Kant und Schulze ist fraglos ein aufwendiges Verfahren; sie wäre überdies der früheste Beleg für eine Auseinandersetzung Hegels mit Kants *Kritik der reinen Vernunft*. Riccardo Pozzo (1999, 24) hat jedoch die Vermutung geäußert, »daß Hegel keine eigene Kompilation abgefaßt, sondern aus einer ihm zur Verfügung stehenden Nachschrift exzerpiert hat«, die nicht – wie die Nachschrift Klüpfel – allein das Kolleg Flatts wiedergibt, sondern bereits die Verbindung der genannten drei Quellen enthält. Diese Hypothese hat den Vorzug, daß sie die – erratische – Stellung dieses Manuskripts im Kontext der Berner Arbeiten erklärt und sowohl sein Verschweigen durch Rosenkranz wie auch das Fehlen aller Hegel eigentümlicher Wendungen plausibel macht; es gäbe – abgesehen von der Handschrift – ja keinerlei Grund, Hegel als Verfasser zu vermuten. Gegen Pozzos Hypothese scheinen die – freilich nur blassen – Spuren zu sprechen, die Hegels Lektüre einer Rezension von Schmids *Empirischer Psychologie im Manuskript zur Psychologie und Transzendentalphilosophie* hinterlassen hat (GW 1.167,1–3; 167,15;

167,16); aus dieser Rezension hat Hegel sich auch »eher etwas später« (GW 1.486) eine Passage exzerpiert (GW 3.209 f.). Da die erstgenannte der drei Belegstellen jedoch nur den – damals durchaus geläufigen – Terminus »rationale Psychologie« betrifft und die beiden weiteren sich auf Hegels Marginalien zum Manuskript beziehen, kann man aus diesem Verhältnis auch ein Indiz für Pozzos Hypothese gewinnen.

Erstdruck: Hoffmeister (Hg.): Hegels erster Entwurf einer Philosophie des subjektiven Geistes (Bern 1796). In: Logos 20 (1931), 141–168. – **Text:** GW 1.165–192. – **Quellen:** Johann Schulze [d. i. Schultz]: Erläuterungen über des Herrn Professor Kant Critik der reinen Vernunft. Königsberg 1789, Neue und verbesserte Auflage Frankfurt / Leipzig 1791; Carl Christian Erhard Schmid: Empirische Psychologie. Jena 1791: vgl. GW 3.209 f.; Oberdeutsche allgemeine Literaturzeitung (1792/93); J. D. Mauchart (Hg.): Allgemeines Repertorium für empirische Psychologie. Nürnberg 1792 ff. – **Literatur:** Dieter Henrich: Leutwein über Hegel. Ein Dokument zu Hegels Biographie. HS 3 (1965), 39–77; Eva Ziesche: Der handschriftliche Nachlaß Georg Wilhelm Friedrich Hegels und die Hegel-Bestände der Staatsbibliothek zu Berlin Preußischer Kulturbesitz. Wiesbaden 1995, 2 Teile. (=Staatsbibliothek zu Berlin Preußischer Kulturbesitz. Kataloge der Handschriftenabteilung. Hg. von Tilo Brandis. Zweite Reihe: Nachlässe. Bd. 4). II.26,65 f.; Riccardo Pozzo: Zu Hegels Kantverständnis im Manuskript zur Psychologie und Transzendentalphilosophie aus dem Jahre 1794 (GW 1, Text Nr. 27). In: Bondeli / Linneweber-Lammerskitten (Hg.): Hegels Denkentwicklung in der Berner und Frankfurter Zeit (1999), 15–29.

2.3 Studien zur Positivität der christlichen Religion (1795/96)

(1) Etwa gleichzeitig mit dem Manuskript zur Psychologie nimmt Hegel in seinem letzten Berner Jahr die bereits im Übergang von Tübingen nach Bern begonnenen Arbeiten wieder auf; einige Partien können wiederum als Überarbeitungen sowohl dieser als auch der frühen Berner Manuskripte angesehen werden. Seine Ausführungen bewegen sich jetzt jedoch auf einem durchgängig höheren Reflexionsniveau; auch die Fähigkeit zu umfassenden Problemlösungen ist augenfällig höher entwickelt. Die drei überlieferten Fragmente bilden vermutlich Teile eines Gesamtplans, auch wenn sich dessen Disposition nicht mehr erkennen läßt.

(2) Die Niederschrift des ausführlichsten Fragments *man mag die widersprechendste Betrachtungen ...* (GW 1.281–351) hat Hegel wohl um die Jahresmitte 1795 begonnen; bereits gegen Ende des Manu-

skripts notiert er das Datum »2. Nov.« 1795, und auf den letzten Seiten den »29 Apr. 96«. An diesem Tag könnte er die Niederschrift auch abgeschlossen haben. – In diesem Fragment entwickelt Hegel seine neue Problemstellung. Seine Frage ist nun nicht mehr, wie eine Volksreligion beschaffen sein müsse, sondern wie es sich begreifen lasse, daß eine zunächst moralische Religion zu einer positiven pervertiert sei. Anders als im *Leben Jesu*, in der moralisch stilisierten und purifizierten Darstellung Jesu als eines Ideals der reinen praktischen Vernunft, geht es hier um das Verstehen der inneren Logik der Geschichte der christlichen Religion, in Verbindung mit den äußeren Umständen, die die Herausbildung der christlichen als einer positiven Religion bestimmt haben. Doch auch für diese historische Problemstellung bleibt Kants moralischer Begriff der Religion konstitutiv: Mit Kant betont Hegel, daß »der Zwek und das Wesen aller wahren Religion und auch unserer Religion – Moralität der Menschen sei« (GW 1.282). Zum Problem wird jedoch Kants Lösung des Verhältnisses von moralischer und statutarischer Religion. Dem geschichtlichen Rückblick erweist sich sehr rasch, daß die statutarische Religion keineswegs die von Kant behauptete Funktion eines Vehikels der moralischen übernimmt – im Gegenteil. Die Entwicklung führt von der anfänglich moralischen Religion Jesu ab und mündet in die positive, statutarische Religion ein. In diese, von Kants *Religionsschrift* her konzipierte Problemstellung läßt sich zudem zwanglos das in Lessings *Nathan* herausgearbeitete Problem einbeziehen, daß die Bekenner der christlichen Religion die Leitlinien ihres Handelns nicht aus ihrer eigenen Vernunft gewinnen, sondern stets erst auf dem Umweg über die Gestalt Jesu – der glücklicher Weise ein guter Mensch gewesen sei (2. Auftritt, Vers 86 f.).

(3) Auf die Frage nach den Ursachen für den rapiden und verhängnisvollen Abfall der christlichen Religion von ihrem Ursprung in der reinen Moralität Jesu in die Positivität begnügt Hegel sich nicht mit einer einzigen Antwort; er listet vielmehr eine lange Reihe ihrem Charakter wie auch ihrem Gewicht nach sehr unterschiedlicher, sowohl struktureller als auch psychologischer Argumente dafür auf, daß der Lehrer der reinen Moral Veranlassung zu einer positiven Religion wird. Jesus ist zwar »selbst frei von der anstekenden Krankheit seines Zeitalters und seiner Nation«; er ist »Lehrer einer reinmoralischen, nicht positiven Religion« (GW 1.283,285). Gleichwohl ist die Tendenz zur Positivität nicht eine erst nachträgliche Verfallserscheinung; sie ist bereits in den Bedingungen seines Wirkens angelegt.

(4) Hegels erstes Argument bedient sich der von der zeitgenössischen Neologie zu apologetischen Zwecken ausgebildeten Akkomodationsthese, spitzt sie aber kritisch zu: Um überhaupt wirken zu können, muß Jesus seine Wirkungsweise der statutarischen Verfassung der jüdischen Religion, deren blindem Gehorsam gegen positive Gebote anpassen. So muß er seine Lehre »auf die gleiche Autorität gründen, auf Vernunft allein sich berufen zu wollen, hätte den Fischen predigen geheissen« (GW 1.289). In eine vom Prinzip der Legalität beherrschte Religion kann auch Moralität nicht anders als durch Rekurs auf Legalität eingeführt werden. Die damals verbreitete Messiaserwartung bildet zwar eine Alternative zum Gesetzesdenken – aber auch sie bleibt in den Fesseln des Autoritätsglaubens befangen. Auch unter ihren Auspizien kann Jesu Lehre nur Eingang finden, wenn er den auf ihn gerichteten messianischen Hoffnungen nicht direkt widerspricht, sondern sie vorsichtig ins Moralische umzubiegen sucht. Es ist gleichsam die Tragik des Lehrers der reinen Moral, daß er seiner Lehre nur dadurch Gehör verschaffen kann, daß er ihr Proprium verrät und damit den Grund zur späteren Fehlentwicklung legt.

An diesen Kristalisationskern der Positivität schließen sich zwanglos eine Reihe weiterer Züge an. Der außerordentliche Eindruck der Erscheinung Jesu, seine Lebens- und Leidensgeschichte, sein ungerechter Tod nehmen die Einbildungskraft gefangen, so daß sie bald den Gehalt seiner Lehre überwuchert. Auch hierfür ist die religiöse Umwelt der Verkündigung Jesu entscheidend, doch fällt ein Makel auch auf den Lehrer der Moral – etwa durch die Wahl seiner Jünger wie überhaupt die Bildung eines begrenzten Jüngerkreises, durch die institutionelle Formen in die reine Tugendreligion hineingetragen werden. Hegel greift hier nochmals auf die früher schon bemühte Sokrates-Christus-Parallele zurück: Die Weise, wie Sokrates mit seinen Freunden verkehrt, verhindert ein Hineinleiten in Positivität. Er wird um seiner Tugend und Philosophie willen geliebt, und nicht die Tugend um seinetwillen. Wenn zudem die Bedingung der Seligkeit nicht allein in der Tugend, sondern im Glauben an Jesum liegt, so ist »die Vernunft zu einem bloß empfangenden, nicht gesetzgebenden Vermögen« gemacht. Von ihm sind Worte überliefert, die »nur in dem Munde eines Lehrers einer positiven Religion, nicht in dem Munde eines Tugendlehrers möglich« sind (GW 1.297).

Weitere, nicht allein auf die Verstrickung der Juden im Legalitätsdenken rückführbare Züge seiner Verkündigung verstärken diese Positivität – etwa die

kurzfristige Aussendung der Jünger, die auf rasche
Erfolge angelegt ist und das Bild eines moralischen
Lebens gar nicht entstehen lassen kann, und insbesondere natürlich die Wunder, die Jesu zugeschrieben werden. Selbst wenn sie in der damals wunder-
süchtigen Zeit gar nicht sonderlich aufgefallen zu
sein scheinen, gilt doch: »Nichts hat wohl sosehr als
dieser Glauben an Wunder dazu beigetragen, die Religion Jesu positiv zu machen, sie gänzlich selbst ihrer Tugendlehre nach auf Autorität zu gründen.«
(GW 1.291)

(5) Diese Hinweise beantworten die Eingangsfra-
ge, wie es von der rein moralischen Religion Jesu zur
positiven Lehre des Christentums gekommen sei,
mit einer Korrektur der Fragestellung: Die Religion
Jesu ist von Anfang an keine reine, sondern eine »positive Tugendlehre«. Damit aber ist Jesus auch nicht
mehr ein Ideal der reinen praktischen Vernunft. Und
die geschichtliche Entwicklung führt ständig tiefer in
diese immer schon angelegte Positivität hinein. Zur
Erklärung greift Hegel zurück auf seine Überlegungen zur Logik des Übergangs von einer Privatreligion zu einer öffentlichen Religion. Er macht jedoch
die Differenz nicht so sehr an der bloßen Zahl der
Bekenner fest, sondern an dem Umschlag in die qualitativ veränderten Rechtsverhältnisse auf Grund der
Stiftung einer Gemeinschaft. Mit dem Eintritt in eine
solche Gesellschaft unterwirft man sich ihren Statuten; man glaubt, »weil es die Gesellschaft gebot zu
glauben« (GW 1.310). Und diese Unterwerfung
nimmt noch in dem Maße zu, als die kirchliche Gemeinschaft sich an die staatliche anlehnt und endlich
diese für ihre Zwecke instrumentalisiert.

Diese Überlegungen münden in einen generellen
Zweifel, daß die Kirche Moral befördern könne – in
die Alternative zwischen »Abhängigkeit von der
Gottheit« und Autorität einerseits, Freiheit und Autonomie des Willens andererseits (GW 1.342 f.). Hegels über Kants Buchstaben hinaus gesteigerter Kantianismus zersprengt die Einheit von Moral und Religion, die Kant in seiner Formel festzuhalten sucht,
es gebe einen unumgänglichen, unausbleiblichen
Übergang von der Moral zur Religion (VI.618), und
Religion sei das Verständnis der moralischen Gebote
als göttlicher Gebote (V.129,480). Denn diese Formel
ignoriert nicht allein die Bedeutung der mannigfaltig
induzierten Positivität für den Religionsbegriff; sie
verdeckt vor allem, daß ein solches Verständnis der
moralischen Gebote als göttlicher Gebote eben diese
moralischen Gebote als moralische aufhebt und in
positive transformiert. Vordringlich im Begriff der
positiven Religion wird jetzt das Moment, daß sie

»das Sittengesetz den Menschen als etwas gegebenes
aufstellt«, während doch – mit Kant – die einzig moralische Triebfeder die Achtung für das Sittengesetz
sei. Und so beantwortet Hegel seine abschließende
Frage: »Was hat dann das Menschengeschlecht durch
das mühsame RegelSystem der Kirche gewonnen?«
(GW 1.344) lediglich mit dem Hinweis darauf, daß es
dem Despotismus den Weg geebnet habe. Damit
aber ist der Gedanke einer »rein moralischen Religion« als ein hölzernes Eisen durchschaut.

(6) Das kleine Fragment *Ein positiver Glaube …*
(GW 1.352–358) unterstreicht diese Kritik, indem es
vom Begriff der Autorität aus zu einer scharfen Kritik der Postulatenlehre Kants übergeht, die man als
ein Echo des Briefwechsels zwischen Hegel und
Schelling verstehen kann: Nachdem die Orthodoxie
eingestehen muß, daß eine Begründung der Moral
durch reine Vernunft sehr wohl möglich sei, sucht
sie sich an einem letzten Punkt festzuhalten: Sie bestimmt den Endzweck der Menschheit so, daß seine
Realisierung als abhängig gedacht wird von einem
dem Menschen fremden Wesen, dem die Zuteilung
der Glückseligkeit und somit die Herrschaft über die
Natur zugesprochen werden kann. Dieses, wie Hegel
ironisch sagt, »berühmte Bedürfniß« (GW 1.358)
nach Harmonie von Sittlichkeit und Glückseligkeit –
angeblich ein Bedürfnis der Vernunft, in Wahrheit
aber der Sinnlichkeit – hat freilich kein anderer als
Kant zu einem Postulat der reinen praktischen Vernunft erhoben und der Orthodoxie ins Arsenal ge-
liefert.

(7) Das dritte Fragment, *Jedes Volk …* (GW 1.359–
378), ist wahrscheinlich als letztes geschrieben worden, wie sowohl die Buchstabenstatistik als auch Anspielungen auf Schellings *Philosophische Briefe über
Dogmatismus und Kritizismus* (AA I/3.47–112) erkennen lassen. – Es bildet zunächst eine Reprise des
bereits bekannten Themas der nationalen Eigenart
des Mythos und der Klage, das Christentum habe die
»Nationalphantasie« aller Völker zerstört, die es in
seinen Bann gezogen habe. Auch das schon früher
damit verknüpfte Thema der gesellschaftlichen Kluft
zwischen Gebildeten und »Volk« findet sich hier erneut. Hegel schärft sehr nachdrücklich ein, daß es
»von jeher vergeblich« gewesen sei, »die verlorne
Phantasie einer Nation wiederherzustellen«. Die
Empfänglichkeit des gebildeteren Teils der Nation
für die griechische Mythologie wertet er als Indiz für
deren »grössere Selbstständigkeit und Unabhängigkeit vom Verstande«, die einen freien ästhetischen
Genuß ermögliche. Die rhetorische Frage hingegen,
die Klopstock in der Ode *Der Hügel und der Hain* ge-

gen die beginnende Graecomanie seiner Zeitgenossen richtet, »ist denn Achaja der Tuiskonen Vaterland?« beantwortet Hegel jetzt mit der Gegenfrage: »Ist denn Judäa der Thuiskonen Vaterland?« Allerdings wird das Problem der gesellschaftlichen Entfremdung durch den Rückweg nach Achaia ebensowenig behoben wie durch Klopstocks Weg nach Judäa: Beide bleiben den »Gebildeten« vorbehalten (GW 1.362).

Neben diese Wiederaufnahme des Bekannten in sowohl sprachlich wie auch gedanklich gereifterer Form tritt eine Deutung des Niedergangs der antiken Welt in der Perspektive der gesellschaftlichen Arbeitsteilung und des Verlusts der politischen Freiheit und Unabhängigkeit. Diese, zumindest teilweise durch Edward Gibbons *History of the Decline and Fall of the Roman Empire* angeregte Schilderung der gesellschaftlichen Depravation der nach-republikanischen Antike, ihrer Ohnmacht und Schwäche, ihrer Sittenverderbnis, bildet zugleich den Ausgangspunkt für eine generelle, die Religion des spätantiken Rom insgesamt und auch speziell die christliche betreffende Religionskritik. Sie bleibt zwar an Radikalität hinter der französischen Aufklärung eines Baron d'Holbach zurück, weist aber ersichtlich auf die spätere Kritik Ludwig Feuerbachs voraus.

Unter den drückenden Lebensverhältnissen der spätantiken Welt wird dieser beklagenswerten irdischen Sphäre eine himmlische entgegengestellt, deren Ausstattung reziprok zur irdischen entworfen wird. Die Menschen erdenken eine bestens ausstaffierte Gegenwelt als Komplement ihrer Bedürfnisse: Dem irdischen Elend korrespondiert die himmlische Glückseligkeit, der Verworfenheit hier die Gnade dort – und die Armut hier kann allenfalls durch einen Teil des dorthin projizierten Reichtums gelindert werden. Es ist aber nicht eigentlich ein Ressentiment, das solche Gegenwelten erdenkt, in denen es dereinst über seine Peiniger triumphieren wird; die Erfindung der Gegenwelt verdankt sich eher einem unvermeidlichen psychischen Mechanismus. Seine Gegenwart sieht Hegel jedoch bereits auf dem Wege der Überwindung dieser metaphysischen Kluft: »Ausser früheren Versuchen blieb es unsern Tagen vorzüglich aufbehalten, die Schäze, die an den Himmel verschleudert worden sind, als Eigenthum der Menschen wenigstens in der Theorie zu vindiciren, aber welches Zeitalter wird die Kraft haben, dieses Recht geltend zu machen, und sich in den Besiz zu setzen?« (GW 1.372)

Das eigentliche Komplement aber ist der Gedanke des objektiven Gottes selbst – als ein Komplement der Bedürfnisnatur des Menschen; die Generierung von Komplementen ist zuhöchst ein theogonischer Prozeß, parallel zur sozialen und geschichtlichen Entwicklung des Menschen. »Die Objektivität der Gottheit ist mit der Verdorbenheit und Sklaverei des Menschen in gleichem Schritte gegangen, und jene ist eigentlich nur eine Offenbahrung, nur eine Erscheinung dieses Geists der Zeiten. Auf diese Art, durch seinen Objektiven Gott offenbarte sich dieser Geist, als die Menschen so erstaunlich viel von Gott zu wissen anfingen«.

Erstdruck: Hegels theologische Jugendschriften, 152–239. – **Text:** GW 1.279–351,352–358,359–378. – **Literatur:** Peter Cornehl: Die Zukunft der Versöhnung. Eschatologie und Emanzipation in der Aufklärung, bei Hegel und in der Hegelschen Schule. Göttingen 1971, 93–119; José Maria Ripalda: Poesie und Politik beim frühen Hegel. HS 8 (1973), 91–118; Ripalda: The Divided Nation. The Roots of a Bourgeois Thinker. G. W. F. Hegel. Assen / Amsterdam 1977, 15–84; Bondeli: Hegel in Bern, 165–207; Schmidt: Anerkennung und absolute Religion (1997), 61–87.

2.4 Staatsrecht und Kirchenrecht

(1) Der philosophische Gehalt des Fragments *man mag die widersprechendste Betrachtungen* erschöpft sich aber keineswegs in der Frage nach den Ursachen der Positivität der christlichen Religion. Die beiden im Kontext der Entstehung von Positivität vorkommenden Stichworte »Staat« und »Kirche« lassen Hegel sein eigentliches Thema nahezu vergessen und zu einer Analyse der unterschiedlichen Logik der Erscheinungsformen kirchlicher und staatlicher Gemeinschaft übergehen – also zu einem Thema, das ihn bis in seine letzten Arbeiten beschäftigen wird. Hegel verbindet diese staatskirchenrechtlichen Ausführungen zwar mit dem Thema »Positivität«, und er verklammert sie hiermit auch augenfällig durch ausführliche Zitate aus Lessings *Nathan*. Sie setzen aber rechtsphilosophische Studien über das Verhältnis von Recht und Moral sowie über die Begründung von Rechten und Pflichten voraus, die aus dem Kontext der damaligen staatsrechtlichen Arbeiten Hegels stammen und erst sekundär in den Kontext »Positivität« übernommen sein dürften. Man wird sie auch als Reflex der gerade in diesen Jahren leidenschaftlichen französischen Diskussionen um das Verhältnis von Kirche und Staat lesen müssen.

(2) Hegels Interesse gilt hier nicht mehr der Entstehung von Positivität, sondern der Veränderung der Rechtslage beim Übergang von der frühen Kirche zu einem »geistlichen Staat«, d. h. zu einer staats-

förmigen Organisation der Kirche. Während ein Verlassen der frühen Kirche die bürgerlichen Rechte nicht berührt, verliert derjenige, der aus dem »geistlichen Staat« austritt oder ausgeschlossen wird, wegen der Kongruenz dieses »geistlichen Staates« mit dem bürgerlichen Staat zugleich seine bürgerliche Existenz. Den Staatscharakter sowohl der protestantischen als auch der katholischen Kirche begründet Hegel hier noch – gut aufklärerisch – damit, »daß die Kirche ein Vertrag eines mit allen, und aller mit einem ist, sich, jedes Mitglied der Gesellschaft in einem bestimmten Glauben, und bestimmten religiösen Meinungen zu beschüzen, zur Erhaltung derselben, zu Befestigung jedes Mitgliedes in demselben Anstalten zu machen«. Diese vertragsrechtliche Konstruktion denkt Hegel – analog zum bürgerlichen Unterwerfungsvertrag – als Unterwerfung (und zwar im Fall der Kirche als freiwillige Unterwerfung) unter den allgemeinen, durch den Souverän ausgedrückten Willen des geistlichen Staates; dieser wird dadurch »eine von bürgerlichen ganz unabhängige Quelle von Rechten und Pflichten«. Hegel faßt sie unter dem Titel »reines Kirchenrecht« zusammen und betont ausdrücklich, daß dieses Recht – schon wegen seiner vertragsrechtlichen Begründung – die »natürlichen Rechte jedes Menschen« nicht beeinträchtige (GW 1.315).

(3) Probleme ergeben sich jedoch daraus, daß der Kirche dieses reine Kirchenrecht nicht genügt. Sie verbindet sich mit dem Staat, obgleich reines Kirchenrecht und bürgerliches Recht unterschiedlichen Gesetzgebungen folgen. Aus ihrer Nivellierung entsteht das »vermischte Kirchenrecht«. Der Staat hat die Rechte seiner Bürger – ungeachtet ihres Glaubens – zu schützen, sofern diese die Rechte anderer nicht verletzen. Die Kirche hingegen kann mit Recht denjenigen ausschließen, der sich ihrer Gesetzgebung nicht unterwirft. Der bürgerliche Staat brauchte zwar dem geistlichen Staate hierin nicht zu folgen – da beide aber dem Umfang nach kongruent sind, entsteht eine Kollision, in der regelmäßig die Kirchen ihr Recht gegen das des Staates durchsetzen. Der Verlust der kirchlichen Rechte führt somit zum Verlust auch der bürgerlichen. Der geistliche Staat kann sich im Konfliktfall gegen den bürgerlichen behaupten, weil er für diesen konstituierende Funktionen ausübt. Schon der Akt des Eintritts in den bürgerlichen Staat ist – damals – ja ein kirchlicher Akt: die Taufe; gleiches gilt für die Eheschließung als Begründung einer bürgerlichen Lebensgemeinschaft wie auch für den Todesfall. In diesen Dingen hat der bürgerliche dem geistlichen Staat »seine Rechte und sein Amt abge-

treten« – oder historisch angemessener: Er wird diese Rechte erst im 19. Jahrhundert beanspruchen. Er überläßt der Kirche auch das Recht zur Erziehung – und sie versteht dies zugleich als die Pflicht, »den Glauben so bis ins Mark der Seele einzudrükken«, daß das gesamte menschliche Denken und Handeln dadurch geprägt ist (GW 1.317,325).

(4) Hegel sieht jedoch auch, daß die jeweiligen Inhalte der vertragsrechtlichen Konstitution von bürgerlichem und geistlichem Staat keine genaue Entsprechung erlauben: Im bürgerlichen Vertrag könne man den individuellen Willen dem allgemeinen Willen unterwerfen und ihn als Gesetz anerkennen; es sei aber »gegen die Natur der Meinung«, die eigene Meinung einer Stimmenmehrheit zu unterwerfen. Ein gesellschaftlicher Vertrag in Glaubenssachen sei deshalb »ganz null und nichtig«. Dies gelte auch für Konzilsbeschlüsse, die mit Stimmenmehrheit über Glaubensfragen entscheiden wollen, selbst wenn die Versammlungen, wie in der Frühzeit, repräsentativen Charakter haben, geschweige denn später (GW 1.328 f.).

(5) Die freie Religionsausübung bezeichnet Hegel hier als ein Recht, das dem Menschen nicht erst als Mitglied einer Kirche, sondern als Staatsbürger zukomme, ja als »ein Menschenrecht, das durch keinen Eintritt, in welche Art von Gesellschaft es sei, aufgegeben werden kan« – als »das unveräußerliche MenschenRecht« auf Selbstgesetzgebung (GW 1.335,351). Er lobt deshalb – hier wie noch 1830 – die Fürsten, die bei der Überreichung der *Confessio Augustana* (1530, s. Kap. II.8.8) für dieses Recht der freien Religionsausübung eingetreten seien. Hegel artikuliert bereits hier die eigentümliche geschichtliche Grunderfahrung des deutschen Protestantismus und insbesondere des Luthertums, daß der Schutz der freien Religionsausübung und damit auch der Denkfreiheit bei den staatlichen Instanzen weit besser aufgehoben sei als auf Seiten der Kirche. Aus dieser Erfahrung speist sich auch seine spätere Option für den Staat als den Garanten der Freiheit. Der Grundfehler des Systems der Kirche sei »die Verkennung der Rechte einer jeden Fähigkeit des menschlichen Geistes, besonders der ersten unter ihnen, der Vernunft« – und dem entsprechend könne das kirchliche System nur eines »der Verachtung der Menschen sein« (GW 1.349). Weil die Kirche auf die Gesinnungen wirken wolle, unterdrücke sie die Freiheit des Willens; sie lehre die bürgerliche Freiheit und den Genuß des Lebens »als Koth gegen die himmlischen Güter verachten« (so dürfte der Satz entgegen GW 1.345 zu lesen sein), und damit leiste sie dem

Despotismus Vorschub – womit Hegel gleichsam seine Bemerkung gegenüber Schelling konkretisiert, daß Despotismus und Kirche unter einer Decke gespielt hätten (16.4.95; s. Kap. I.2.3).

Text: GW 1.306–351. – **Literatur:** Rosenzweig: Hegel und der Staat (1920), Bd. 1.34–39.

2.5 Bericht über eine Alpenwanderung (1796)

(1) Über Hegels Reise nach Genf unterrichten nur die offiziellen Reisepapiere; über seine einwöchige Wanderung durch das Berner Oberland ins Rhonetal und zurück über den Vierwaldstätter See bis nach Luzern berichtet er hingegen selber sehr ausführlich. Rosenkranz hat diesen Bericht in *Hegels Leben* überliefert; seitdem ist er verschollen. Es handelt sich nicht um Tagebuch-Aufzeichnungen, sondern um einen nach der Reise geschriebenen, vermutlich mit der Absicht einer Veröffentlichung literarisch stilisierten Bericht – eine ausgewogene Mischung von Schilderungen der Landschaft, ihrer Bewohner, ihrer Lebensweise, Kleidung und Nahrung, ihrer Gewohnheiten, Geschäftstüchtigkeit, ihrer politischen Rechte und Sprache, durchflochten mit ästhetischen Urteilen, historischen Erinnerungen an Wilhelm Tell und belehrenden Hinweisen auf die Käsezubereitung oder die Anstrengungen zur Lawinensicherung.

(2) Diese Wanderung dürfte Hegel im Blick auf seinen bevorstehenden Abschied von Bern unternommen haben, denn zu dieser Zeit hat Hölderlin ihm bereits die erste Nachricht von der Hofmeisterstelle im Hause Gogel zukommen lassen. Am 25. Juli 1796 bricht Hegel morgens in Bern »mit drei sächsischen Hofmeistern, Thomas, Stolde und Hohenbaum« auf. Thomas war Hauslehrer bei Johann Rudolf Steiger, dem Bruder von Hegels Dienstherrn; sonst ist über Hegels Beziehung zu ihnen nichts bekannt. Der Weg folgt weitgehend der von Christoph Meiners in seinen *Briefen über die Schweiz* beschriebenen Reiseroute; Meiners Berichte und Hinweise werden nach Möglichkeit geprüft und teils bestätigt, teils modifiziert oder gar durch die Mitteilung eines Scherzgedichts aus einem Hüttenbuch korrigiert. Insgesamt ziehen Meiners *Briefe* sich wie ein roter Faden durch Hegels Darstellung.

(3) Philosophisch interessant ist diese wegen ihrer Stellung zur Natur. Bereits zu Beginn der Reise hat die Enge der Täler für Hegel »etwas Einengendes, Beängstigendes«. Das »Gedonner« der Lütschinen verursacht »zuletzt Langeweile«. Vom Staubbach in Lauterbrunnen hingegen sieht er sich – entgegen Meiners, aber als Leser von Schillers *Anmut und Würde* (1793) – »völlig befriedigt«, denn »das anmutige, zwanglose, freie Niederspielen dieses Wasserstaubs« hat »etwas Liebliches« – und dies nicht im Sinne einer schlechten Idylle: »Indem man nicht eine Macht, eine große Kraft erblickt, so bleibt der Gedanke an den Zwang, an das M u ß d e r N a t u r entfernt und das Lebendige, immer sich Auflösende, Auseinanderspringende, nicht in Eine Masse Vereinigte, ewig sich Fortregende und Thätige bringt vielmehr das Bild eines freien Spieles hervor« – als ob sich hier gleichsam die Notwendigkeit der Natur in die Freiheit der Kunst auflöste. Hingegen bietet die Betrachtung der Gletscher »weiter nichts Interessantes dar. Man kann es nur e i n e n e u e A r t v o n S e h e n nennen, die aber dem Geist schlechterdings keine weitere Beschäftigung gibt«; ihr Anblick hat »weder etwas Großes noch Liebliches«. Und so resümiert Hegel – in einer Weise, die auf seine Schilderung des Sitzens auf dem Stuhl Karls des Großen in Aachen (s. Kap. I.8.7) vorausweist: »Außer der Befriedigung, jetzt einem solchen Gletscher so nahe zu sein, daß ich ihn berührte und sein Eis anblicken konnte, habe ich weiter keine gefunden«. Statt der Leblosigkeit der Bergwände und Gletscher beeindruckt den Zuschauer Hegel wiederum »das ewige Leben, die gewaltige Regsamkeit« des Wasserfalls des Reichenbachs: »i n d i e s e m F a l l e s i e h t e r e w i g d a s g l e i c h e B i l d, u n d s i e h t z u g l e i c h, d a ß e s n i e d a s s e l b e i s t.« Das Andrängen der tosenden Wellen gegen die Felsen gibt ihm hingegen einen »reinen Begriff vom M ü s s e n d e r N a t u r« – es fehlt darin das Moment des freien Spiels. Der Anblick der Felsen, »dieser ewig toten Masen«, erweckt in ihm lediglich »die einförmige und in die Länge langweilige Vorstellung: e s i s t s o.« (GW 1.383–392) Und so spricht Hegel der Natur nirgends Schönheit zu, ja nicht einmal Erhabenheit.

(4) Von einer Ästhetisierung der Natur hält Hegel sich ebenso entfernt wie von ihrer Moralisierung und Theologisierung: sei es in der frühneuzeitlichen Form, die die gewaltigen Formen der Berge als Folgen des Sündenfalls versteht, sei es in der zeitgenössischen, die Natur als von Gott für den Menschen zweckmäßig eingerichtet begreifen will. Vielmehr könne man an dieser Natur studieren, daß sie die Felsblöcke »zwecklos« über einander türmt, und auch wenn der Mensch dann und wann deren zufällige Lage für seine Zwecke zu benutzen weiß, so darf doch selbst »der gläubigste T h e o l o g e« es

nicht wagen, der trostlos-zwecklosen Natur »den Zweck der Brauchbarkeit für den Menschen zu unterlegen«. Die Bergbewohner zumindest hätten niemals den Teil der Physikotheologie erfunden, »der dem Stolze des Menschen beweist, wie die Natur für seinen Genuß und Wohlleben Alles hinbereitet habe; ein Stolz, der zugleich unser Zeitalter characterisirt.« (GW 1.390 f.) Und noch in einer weiteren Hinsicht begleiten Hegels religionsphilosophische Studien ihn auch auf dieser Wanderung: Immer wenn der »Kindersinn dieser Hirtenvölker« an Naturgestalten einen Mythos anknüpft, so bringt doch »die christliche Einbildungskraft nichts als eine abgeschmackte Legende« hervor – und darum dürfte es sich auch bei der von den Schiffern erzählten »rührenden Geschichte« handeln, wie die »Kindleinmord«-Kapelle zu ihrem Namen kam (GW 1.396 f.).

Erstdruck: R 470–490. – **Text:** GW 1.381–398. – **Quelle:** Christoph Meiners: Briefe über die Schweiz. T. 1–4. Berlin [1]1784–1790, T. 1–2 [2]1788. – **Literatur:** Ruth und Dieter Groh: Zur Kulturgeschichte der Natur. Bd. 1: Weltbild und Naturaneignung. Frankfurt am Main 11991; Hegel: Journal d'un voyage dans les alpes bernoises (du 25 au 31 juillet). Traduction de Robert Legros et Fabienne Verstraeten. Grenoble 1988 (mit Rekonstruktion der Reiseroute und Illustrationen); Bondeli: Hegel in Bern (1990), 212–214.

2.6 Eleusis. An Hölderlin (August 1796)

(1) Karl Rosenkranz hat harte, wenn auch nicht ungerechte Urteile über Hegels »seinsollende« Gedichte gefällt (R 84). Nicht eingeschlossen in diese Kritik hat er das »mystische« Gedicht *Eleusis*, das Hegel, »voll der glühendsten Sehnsucht nach dem Freunde«, im August 1796 an Hölderlin richtet – obschon auch diese vergleichsweise vollkommenen Verse Hegels überreich an metrischen Sünden sind.

Das Gedicht erinnert an die in Tübingen gemeinsam verbrachte Zeit, an den »alten Bund«, und vor diese Erinnerung schiebt sich die Erwartung des Wiedersehens und der Befestigung des alten Bundes, »der freyen Wahrheit nur zu leben, Frieden mit der Sazung, die Meinung und Empfindung regelt, nie nie einzugehn«. Geschrieben ist es noch im Monat nach der Rückkehr von der Alpenwanderung am Sommersitz der Familie Steiger in Tschugg, am Bieler See, dessen »heller Streif« im Gedicht freundlich herüberblinkt. Hierin schwingt fraglos die Erinnerung an Rousseau mit, der diese Gegend um den Bieler See und die St. Petersinsel nicht mehr verlassen wollte. Doch steht die Zeitgleichheit mit dem

Bericht von der Wanderung allen Versuche entgegen, im Gedicht »Naturmystik« finden zu wollen. Der beherrschende Kontrast ist nicht der zwischen (rousseauistischer) Natur und Gesellschaft, sondern zwischen dem »langweiligen Lärmen« des Tages und der »Befreierin Nacht«; es ist mehr »Hymne an die Nacht« als »Naturhymnus«. Den Gegensatz zwischen der Geschäftigkeit des Tages und der Ruhe und Freiheit der Nacht setzt Hegel in Parallele mit dem Gegensatz zwischen dem Schweigen des von der hohen Lehre erfüllten Mysten und dem jetzt alles erfüllenden »hohlen Wörterkram« der neueren Ewigtoten – in einer Schillers *Die Götter Griechenlands* nachempfundenen Klage über den Verlust der schönen Welt.

(2) Bei seiner Erstedition dieses Gedichts hat Rosenkranz nicht eigens darauf hingewiesen, daß er es gemeinsam mit den anderen Manuskripten aus Hegels Nachlaß erhalten habe. Doch gehörte es in diesen Nachlaß, und deshalb ist es wahrscheinlich, daß Hegel das Gedicht zwar »An Hölderlin« gerichtet, ihm aber gar nicht gesandt habe. Die freimaurerische »klandestine Kommunikation« (Bondeli 1990, 67, im Blick auf d'Hondt) hat somit wahrscheinlich gar nicht stattgefunden; die Hölderlin zugedachte doppelt verschlüsselte Warnung, nicht so unvorsichtig zu schreiben (Bertaux 1969, 111 f.), ist nie an ihren Adressaten abgegangen. Es gibt auch weder von Hegels noch von Hölderlins Seite einen Hinweis darauf, daß dieser eine Abschrift des Gedichts erhalten habe, und die einzige Stelle, an der *Eleusis* kurz anklingt, deutet auf das Gegenteil: In dem Brief vom November 1796, in dem er Hölderlin hocherfreut sein Kommen zusagt (aber dennoch eine Reihe von finanziellen Regelungen anspricht), schreibt Hegel: »Wie viel Anteil an meiner geschwinden Entschließung die Sehnsucht nach Dir habe, wie mir das Bild unseres Wiedersehens, der frohen Zukunft, mit Dir zu sein, diese Zwischenzeit vor Augen schweben würde – davon nichts.«

Erstdruck: Rosenkranz: Aus Hegels Leben. In: R. E. Prutz (Hg.): Literarhistorisches Taschenbuch. Bd. 1. Leipzig 1843, 89–200, hier 94–102; vgl. R 78–80. – **Text:** GW 1.399–402. – **Literatur:** Johannes Hoffmeister: Hegels Eleusis. Eine geistesgeschichtliche Studie über die Erlebnisgrundlagen der Hegelschen Philosophie. In: Geisteskultur 40 (1931), 209–226; Jacques d'Hondt: Hegel secret. Recherches sur les sources cachées de la pensée de Hegel. Paris 1968, 227–281; deutsch: 193–237; Bertaux: Hölderlin und die Französische Revolution (1969); Manfred Züfle: Prosa der Welt. Die Sprache Hegels. Einsiedeln [1968], 269–301; Herbert Anton: »Eleusis«. Hegel an Hölderlin. In: Hölderlin-Jb 19/20 (1975–77), 285–302; Jamme: »Ein ungelehrtes Buch« (1983), 133–138; Bondeli: Hegel in Bern (1990), 72–83.

3 Frankfurter Entwürfe (1797–1800)

Die vier Frankfurter Jahre Hegels sind stets als eine Zeit des Übergangs zwischen der (selbstgewählten) Berner Isolation und dem »literarischen – und akademischen – Saus« von Jena verstanden worden – aber fraglos als eine überaus produktive Zeit, in der Hegel – vor allem dank seiner Verbindung mit Hölderlin und dem Frankfurt-Homburger Freundeskreis (s. Kap. I.3.2) – soweit Anschluß an die zeitgenössischen Debatten gefunden hat, daß er schließlich den Schritt nach Jena wagen konnte. Seit der Veröffentlichung der *Theologischen Jugendschriften* Hegels durch Herman Nohl schien der Zugang zu den Frankfurter Texten und damit zur Entwicklung von Hegels Denken auch unproblematisch. Sie hat den Blick der Forschung weitgehend focussiert, eben damit aber auch verengt und sowohl viele andere Texte als auch viele Interpretationsprobleme in den Hintergrund verdrängt. Deshalb muß die Entwicklung von Hegels Denken in diesen Jahren auf mehreren Ebenen nochmals neu in den Blick genommen werden.

3.1 Hegels (?) Forderung einer neuen Mythologie (»…eine Ethik«)

(1) Am Übergang Hegels von Bern nach Frankfurt steht einer der im 20. Jahrhundert meist umstrittenen Texte aus seiner Feder: das mit den Worten »eine Ethik« beginnende Fragment. Anfang des 20. Jahrhunderts ist es von Franz Rosenzweig aufgefunden und veröffentlicht worden – unter dem sehr anspruchsvollen Titel »Das älteste Systemprogramm des deutschen Idealismus«. Aus chronologischen Gründen wird es hier an den Beginn der Frankfurter Zeit Hegels gestellt, obgleich es nicht als gesichert gelten kann, daß es dort entstanden sei. Gesichert ist nicht einmal, daß Hegel nicht nur der Schreiber dieses Fragments, sondern auch sein Verfasser sei. Rosenzweig spricht Hegel die Verfasserschaft am Inhalt dieses eindeutig von seiner Hand stammenden Fragments ab und nimmt es für Schelling in Anspruch – schon wegen des »jugendlich-sieghaften Tons«, den 1796 in Deutschland nur einer gehabt habe, und auch wegen der sorglos-stolzen Programmatik »ich werde« (wobei der Wunsch des Anti-Hegelianers, durch gleichsam höhere Fügung ein Schelling-Manuskript zu entdecken, nicht ganz

unbeteiligt ist). Adolf Allwohn und Kurt Schilling bezweifeln die gedankliche Zuordnung zu Schelling, insbesondere zum Zeitpunkt 1796; Wilhelm Böhm nimmt das Manuskript aus gleichem Grund für Hölderlin in Anspruch, und Ludwig Strauss sucht Böhm zu widerlegen (worauf dieser jedoch repliziert) und optiert wiederum für Rosenzweigs Zuweisung des Textes an Schelling. Nach längerer Pause im Verfasserstreit plädiert Otto Pöggeler für Hegel auch als Verfasser, und auf einer 1969 zur Klärung veranstalteten Tagung votieren Hermann Braun und Xavier Tilliette wiederum für Schelling, Friedrich Strack für Hölderlin, während Klaus Düsing und Otto Pöggeler (wie später auch Michael Franz) wiederum für Hegel eintreten. Frank-Peter Hansen schließt sich dem in seiner ausführlichen Darstellung der Rezeptionsgeschichte und Interpretation an, zieht jedoch die bisher einmütig angenommene Datierung 1796/97 in Zweifel und plädiert für Frühjahr/Sommer 1795. In den letzten Jahren werden die alten Optionen von einer neuen Generation wieder neu gehandelt, teils auch mit neuen Argumenten gestützt: Eckart Förster votiert für Hölderlin, Manfred Baum für Schelling, Helmut Hühn, Hubertus Busche und Violetta Waibel für Hegel. Und selbst in der – für Rosenzweig noch in der göttlichen Ökonomie begründeten – Prämisse, daß nur einer der drei Genannten der Verfasser sein könne, besteht heute keine Einmütigkeit mehr – wenn auch der Versuch, es Friedrich Schlegel zuzuschreiben, wenig überzeugend ist. Dennoch sollte die kürzlich erfolgte überraschende Aufklärung der lange umstrittenen Autorschaft Klingers an den *Nachtwachen des Bonaventura* etwas zur Vorsicht gegenüber einer engen Begrenzung des Kreises der möglichen Verfasser mahnen – denn dieser Kreis ist erheblich weiter als die Perspektive der heutigen Forschung.

(2) Der Streit über die Verfasserfrage ist – nach nunmehr genau einem Jahrhundert – noch nicht beigelegt; gleichwohl ist er nicht vergebens geführt worden: Er hat die gedankliche Erschließung dieses Textes, vor allem aber seines weiteren Umfelds in einem Maße gefördert, wie es bei Eindeutigkeit der Urheberschaft schwerlich der Fall gewesen wäre. Er hat auch ein reich gefülltes Arsenal philologischer und philosophischer Methoden erschlossen: die Nachlaßforschung, die Analyse des Wasserzeichens, der Schrift – einschließlich der Techniken des Abschreibens von Eigenem oder Fremdem und sogar potentieller Hörfehler –, des Stils, des Sprachrhythmus, der Worthäufigkeit, des biographischen und gedanklichen Kontextes, der literarischen Form, der

Entwicklungsgeschichte der Verfasserkandidaten und schließlich der theoretischen Potentiale für die Entwicklung philosophischer Systeme. Stark beeinträchtigt wurden diese Forschungen dadurch, daß das Manuskript in Folge der durch den 2. Weltkrieg bedingten Ereignisse bis vor kurzem nicht zugänglich war und durch eine Photographie aus dem Besitz von Rosenzweig (später von Ludwig Strauss und Martin Buber) vertreten werden mußte. Erst seit rund drei Jahrzehnten ist es in der Biblioteka Jagiellonska, Krakow, mit den anderen Beständen der Handschriftenabteilung der ehemaligen Preußischen Staatsbibliothek, wieder zugänglich. So konnten die erforderlichen Schritte der Forschung nicht in der natürlichen Reihenfolge durchgeführt werden; wichtige Informationen sind erst in den letzten drei Jahrzehnten bekannt geworden.

Das Blatt ist im März 1913 bei einer Versteigerung der Autographenfirma Leo Liepmannssohn angeboten und von der Königlichen Bibliothek zu Berlin, der nachmaligen Preußischen Staatsbibliothek, erworben worden. Dieter Henrich hat herausgefunden, daß das Handexemplar des Lagerkatalogs vermerkt, das Manuskript stamme »Aus Friedrich Försters Nachlaß«, also des Hegelschülers, der – gemeinsam mit Ludwig Boumann – im Rahmen der *Freundesvereinsausgabe* die *Vermischten Schriften* zu edieren und als erster den gesamten schriftlichen Nachlaß Hegels in Händen hatte. Dabei hat er die meisten der von ihm edierten Stücke behalten (was damals durchaus nicht unüblich ist); sie sind zu Beginn des 20. Jahrhunderts, kurz vor dem Manuskript … *eine Ethik*, ebenfalls aus seinem Nachlaß in den Autographenhandel gelangt.

Rosenzweig datiert das Fragment mit den – durch Herman Nohls Edition der *Theologischen Jugendschriften* zur Verfügung gestellten – Mitteln der Buchstabenstatistik »mit einer an Sicherheit grenzenden Wahrscheinlichkeit vor der Niederschrift des Gedichtes« *Eleusis*, nämlich auf die Monate zwischen dem 29.4. (den Schlußpartien der *Positivitätsschrift*) und dem August 1796. Diese Datierung – und damit auch das Instrument, mit dessen Hilfe sie vorgenommen worden ist – erweist sich jetzt als brüchig: Das Fragment ist auf Papier einer Memminger Papiermühle geschrieben, das im Jahr 1796 hergestellt und nachweislich um die Jahreswende 1796/97 benutzt worden ist. Daß Hegel dieses Papier bereits in Bern verwendet haben könnte, ist angesichts der damals nur regionalen Verbreitung von Papieren sehr unwahrscheinlich. Im Brief an Nanette Endel vom 22.3.97 erinnert Hegel sich, »durch Memmingen gereist zu sein« – vermutlich Ende 1796 auf der Rück-

reise von Bern nach Stuttgart; dabei könnte er das Papier erworben haben. Es ist aber nicht auszuschließen, daß es nur wenige Tage später auch im – näher an Memmingen gelegenen – Stuttgart erhältlich war. Hierauf deutet, daß Hegel bereits für ein frühes Tübinger Notizenblatt (GW 1.80) – älteres – Memminger Papier verwendet.

(3) Der Text beginnt fragmentarisch – auch wenn es den Anschein hat, als sei sein Gedankengang auf diesem Blatt vollständig erhalten. Die beiden ersten Worte »eine Ethik.« bilden deutlich den Schluß eines vorhergehenden Satzes. Es gibt keinen Anlaß, sie als Titel zu lesen, und ebensowenig für die Annahme, Hegel habe seine Niederschrift mit diesen Worten erst begonnen. Man könnte diese Annahme darauf stützen wollen, daß Hegel das – jetzt vorhandene – einzelne Blatt wahrscheinlich erst nach dessen Abtrennung am linken Rande von einem damit zusammenhängenden Blatt beschrieben hat. Denn es ist ohne Textverlust abgetrennt, obgleich es ohne Rand beschrieben ist. Doch kann der Beginn des Textes auf einem beliebigen anderen Blatt gestanden haben, das später entweder von Hegel oder von Förster oder einem Dritten aus unbekanntem Grund vernichtet worden ist.

Einmütigkeit bestand bis vor kurzem darüber, daß es sich bei dem – in der für Hegel atypischen Weise ohne Rand geschriebenen – Fragment nicht um einen Entwurf handle, sondern um eine Abschrift; es zeigt mehrere Fehler, die sich als Abschriftfehler interpretieren lassen. Rosenzweig hat darüber hinaus (und nicht sehr überzeugend) einen leicht vergrößerten Wortabstand und ein (unnötiger Weise gestrichenes) Komma so gedeutet, daß Hegel seine Vorlage sorgfältiger bewahren wollte, als es bei einer Abschrift von Eigenem der Fall zu sein pflegt. Hieraus hat er geschlossen, Hegel habe hier eine fremde Urschrift abgeschrieben – die ihn auch dazu angeregt habe, für ihn damals nicht-typische s-Formen zu verwenden.

Der Reinschriftcharakter des Blattes und die Suche nach dem Verfasser haben eigentümlicher Weise die Textkritik in den Hintergrund treten lassen, obgleich das Fragment … *eine Ethik* wohl der meistedierte Text dieser Epoche ist. Zwei wichtige Emendationen hat Dieter Bremer erst jüngst beigesteuert: Statt des Anakoluths recto Z. 33–34 »Ich bin nun überzeugt, daß der höchste Akt der Vernunft, der, indem sie alle Ideen umfaßt, ein ästhetischer Akt ist«, muß verstanden werden: »… daß der höchste Akt der Vernunft, der, in dem sie alle Ideen umfaßt, ein ästhetischer ist«. Plausibel ist auch sein Vorschlag,

verso Z. 23–25 statt »die Mythologie muß philosophisch werden, und das Volk vernünftig, und die
Philosophie muß mythologisch werden, um die Philosophen sinnlich zu machen«, den Parallelismus
herzustellen: »die Mythologie muß philosophisch
werden, um das Volk vernünftig, und die Philosophie muß mythologisch werden, um …«. Beide Vorschläge überzeugen auch unabhängig von Bremers
Begründung, daß es sich hier nicht um Abschreibefehler, sondern um Hörfehler Hegels handle – wofür
er auch noch den Wechsel von Klein- zu Großschrei-
bung bei »So müssen endlich aufgeklärte und Un-
aufgeklärte sich die Hand reichen« (verso Z. 22–23)
anführt. Alle bisher als Abschreibefehler aufgefaßten Verschreibungen lassen sich auch als Hörfehler
deuten – selbst (gegen Rosenzweig) die Streichung
von »Geschichte« verso Z. 9, da man den hierfür ursächlichen Vorgriff auf das darunterstehende Wort
ebensogut als Lesefehler des Diktierenden verstehen
kann.

Auch weitere Verfahren haben bislang nicht zu einer eindeutigen Zuschreibung geführt. Xavier Tilliette – der die rauhe Hand Esau-Hegels zu sehen und
die lautere Stimme Jakob-Schellings zu hören glaubt
– sucht die philosophische Argumentation für die
Urheberschaft Schellings durch einen wortstatisti-
schen Vergleich zwischen Hegel und Schelling zu untermauern, der, wenn auch nicht eindeutig, zu
Gunsten des letzteren ausfällt; eine von Friedhelm
Nicolin mitgeteilte ältere Statistik des Sprachrhythmus spricht hingegen für Hegel. – Das nicht-philosophische Instrumentarium für eine Zuschreibung
dürfte damit – ohne eindeutiges Resultat – aus-
geschöpft sein.

(4) Dem Streit um die Verfasserschaft steht hingegen eine weitgehende Einmütigkeit in der philosophischen Beurteilung des Textes gegenüber. Das
Fragment … eine Ethik stammt aus einem theoretischen Umfeld, wie es etwa durch das Tübinger Stift
bestellt ist; es wendet sich (»Ihr seht …«) an einen
Kreis von Rezipienten, der mit der Kantischen – und
durch Schiller erweiterten – Problemlage vertraut ist.
Als programmatische Selbstdarstellung in einem
Kreis, der auch mit den Diskussionen um Fichtes
Wissenschaftslehre vertraut ist, wäre es zumindest
deplaziert.

Entgegen Rosenzweigs Ansicht ist es jedoch nicht
bloß nicht das älteste Systemprogramm des deutschen Idealismus, sondern es ist eigentlich gar kein
Systemprogramm – eher ein philosophisches Agitati-
onsprogramm oder zumindest die bloße Ankündigung dessen, was der Verfasser auszuführen gedenkt,

ohne daß die Mittel erkennbar wären, die ihm für eine systematische Durchführung zu Gebote stehen.
Doch die bloße Aneinanderreihung von Absichts-
erklärungen ergibt noch kein Systemprogramm.

Dieter Henrich hat die Doppelbödigkeit dieses
Fragments herausgestellt: Es bedient sich einer an
Kant angelehnten Begrifflichkeit, um ein philosophisches Programm zu entwickeln, das nicht auf Kants
Boden angesiedelt werden kann. Da alle Metaphysik
künftig in die Moral falle – »wovon Kant mit seinen
beiden praktischen Postulaten nur ein Beispiel gegeben« (übrigens eine Mißdeutung Kants) –, versteht
das Fragment die Ethik als vollständiges System aller
Ideen oder aller praktischen Postulate. Die erste Idee
sei »die Vorstellung von m i r s e l b s t , als einem absolut freien Wesen«, mit der zugleich »eine ganze
Welt« aus dem Nichts hervortrete. Von hier aus will
der Verfasser »auf die Felder der Physik herabstei-
gen« und die Frage beantworten: »Wie muß eine Welt
für ein moralisches Wesen beschaffen sein?« Von der
Natur will er »aufs Menschenwerk« übergehen, zur
»Idee der Menschheit« – und zeigen, daß es vom Staat
keine Idee gebe, weil der Staat etwas Mechanisches sei
und freie Menschen nur wie »Räderwerk« behandle;
er will »die Prinzipien für eine G e s c h i c h t e d e r
M e n s c h h e i t niederlegen, das ganze elende Menschenwerk von Staat, Verfassung, Regierung, Gesetzgebung bis auf die Haut entblößen« und sodann auf
»die Ideen von einer moralischen Welt, Gottheit, Unsterblichkeit« zu sprechen kommen – und auf den
»Umsturz alles Afterglaubens« und des Vernunft
heuchelnden Priestertums »durch die Vernunft
selbst«. Der höchste Akt der Vernunft, der, in dem (so
die Konjektur Bremers) sie alle Ideen umfaßt, sei ein
ästhetischer; die höchste Idee, die alle anderen vereinigt, sei die Idee der Schönheit. – Mit diesem Auf-
blick endet die eigentliche Skizze des Vorhabens, und
der Verfasser leitet auf sein volkspädagogisches Anliegen über: auf die Vermittlung des Monotheismus
der Vernunft und des Herzens mit dem Polytheismus
der Einbildungskraft und der Kunst (vgl. zu Goethe
PLS 3/1.324 f.) – und auf die Forderung einer »neuen
Mythologie«, die eine »Mythologie der Vernunft«
sein müsse, um das Volk vernünftig und die Philosophen sinnlich zu machen.

(5) Die vielfältigen Bemühungen um das Fragment
… eine Ethik haben – mit der Korrektur der Datierung und der Aufklärung der Herkunft des Manuskripts aus dem Hegel-Nachlaß – zwei wichtige Resultate erbracht. Ferner haben sie die Unzuverlässigkeit
der Datierung kurzer Manuskripte mittels buchsta-
benstatistischer Methoden erneut in Erinnerung ge-

rufen – zu Gunsten der Wasserzeichenanalyse. Die Debatte um die Verfasserfrage haben sie aber nicht entscheiden, ja kaum beeinflussen können; hierzu bedarf es inhaltlicher Argumente. Erschwert wird die Zuschreibung jedoch durch eine in der Sache liegende Asymmetrie: Daß ein im Fragment ausgedrückter Gedanke sich in die Denkentwicklung eines potentiellen Verfassers einfügt, reicht für die Zuschreibung nicht aus; daß er sich nicht einfügt, ist jedoch ein hinreichender Grund gegen die Zuschreibung. Die mit hohem und mittlerweile wohl erschöpfendem argumentativen Aufwand vorgetragenen Analysen sind deshalb jeweils dort überzeugend, wo sie nachweisen, daß ein Begriff oder Gedankengang eines Textes mit der Entwicklungsgeschichte eines der zur Diskussion stehenden Verfasser zur fraglichen Zeit unvereinbar sei – wobei freilich zu berücksichtigen ist, daß der Jahreswechsel 1796/97 als Terminus post quem auch ein früheres Entstehen der Vorlage der Niederschrift (oder des Diktats) keineswegs ausschließt. Denn zum Jahreswechsel 1796/97 haben sowohl Schelling als auch Hölderlin in ihren theoretischen Entwürfen sowohl eine Fragestellung als auch ein Instrumentarium zu ihrer Beantwortung ausgebildet, die den Stand des Fragments ... *eine Ethik* deutlich hinter sich lassen. Gegen Hegels Verfasserschaft spricht trotz mancher Elemente, die sich in sein Denken einfügen, nach wie vor der allzu vollmundige Stil, in dem das *Fragment* abgefaßt ist. Der Forderung nach einer »neuen Mythologie« steht Hegel in allen seinen Äußerungen sehr kritisch gegenüber, und vor allem: Die Absicht des Verfassers, »das ganze elende Menschenwerk von Staat, Verfassung, Regierung, Gesetzgebung bis auf die Haut [zu] entblößen«, steht – trotz der zeitüblich-neutralen Erwähnung der »Staatsmaschine« (vgl. GW 1.369) – so sehr im Widerspruch zu allen Zeugnissen über sein Staatsdenken und insbesondere zu seinem Interesse an der Entwicklung in Frankreich, die sich ja in den Verfassungen widerspiegelt, daß er aus dem Kreise der potentiellen Verfasser ausscheidet. Auch das heutige Wissen über den Diskussionsstand der Mitte der 1790er Jahre ist noch nicht detailliert und umfassend genug, um das von diesem Text aufgegebene Rätsel zu lösen.

Erstdruck: Das älteste Systemprogramm des deutschen Idealismus. Ein handschriftlicher Fund. Mitgeteilt von Franz Rosenzweig. Heidelberg 1917 (Sitzungsberichte der Heidelberger Akademie der Wissenschaften, Phil.hist. Klasse 1917, Abh. 5). – **Text:** u. a. GW 2. – **Literatur:** Wilhelm Böhm: Hölderlin als Verfasser des »Ältesten Systemprogramms des deutschen Idealismus«. In: Deutsche Vierteljahrsschrift für Literaturwissenschaft und Geistesgeschichte 4 (1926), 339–426; Adolf Allwohn: Der Mythos bei Schelling. Berlin 1927

(Kant-Studien, Ergänzungsheft 61), ND Vaduz 1978; Ludwig Strauss: Hölderlins Anteil an Schellings frühem Systemprogramm. In: Deutsche Vierteljahrsschrift [...] 5 (1927), 679–734; Böhm: Zum »Systemprogramm«: Eine Erwiderung. Ebd. 734–743; Otto Burger: »Eine Idee, die noch in keines Menschen Sinn gekommen ist.« (Ästhetische Religion in deutscher Klassik und Romantik). In: Albert Fuchs und Helmut Motekat (Hg.): Stoffe, Formen, Strukturen. Studien zur deutschen Literatur. München 1962, 1–20; Otto Pöggeler: Hegel, der Verfasser des Ältesten Systemprogramms des Deutschen Idealismus. HSB 4 (1969), 17–32; Bubner (Hg.): Das älteste Systemprogramm (1973); Pöggeler: Hölderlin, Hegel und das älteste Systemprogramm. In: HSB 9 (1973); Bernhard Dinkel: Der junge Hegel und die Aufhebung des subjektiven Idealismus. Bonn 1974, 215–244; Michael Franz: Hölderlin und das »Älteste Systemprogramm des deutschen Idealismus«. In: Hölderlin-Jb 19/20 (1975/77), 328–357; Friedhelm Nicolin: Aus der Überlieferungs- und Diskussionsgeschichte des Ältesten Systemprogramms. HS 12 (1977), 29–42; Friedrich Strack: Nachtrag zum »Systemprogramm« und zu Hölderlins Philosophie. In: Hölderlin-Jb 21 (1978/79), 67–87; Manfred Frank: Die Dichtung als »Neue Mythologie«. In: Recherches Germaniques 9 (1979), 122–140, ND in Karl-Heinz Bohrer (Hg.): Mythos und Moderne. Begriff und Bild einer Rekonstruktion. Frankfurt am Main 1983, 15–40; Klaus Düsing: Ästhetischer Platonismus bei Hölderlin und Hegel. In: Christoph Jamme / Otto Pöggeler (Hg.): Homburg vor der Höhe in der deutschen Geistesgeschichte. Stuttgart 1981, 101–117; Frank: Der kommende Gott. Vorlesungen über die Neue Mythologie. 1. Teil. Frankfurt am Main 1982, 153–187; Christoph Jamme / Helmut Schneider (Hg.): Mythologie der Vernunft. Hegels »ältestes Systemprogramm« des deutschen Idealismus. Frankfurt am Main 1984; Bernhard Dinkel: Neuere Diskussionen um das sog. »Älteste Systemprogramm des deutschen Idealismus«. PhJb 94 (1987), 342–361; Jamme: Ideen und Mythos. Replik zu B. Dinkel: Neuere Diskussionen um das sog. »Älteste Systemprogramm des deutschen Idealismus«. PhJb 95 (1988), 371–375; Frank-Peter Hansen: »Das älteste Systemprogramm des deutschen Idealismus«. Rezeptionsgeschichte und Interpretation. Berlin / New York 1989; Jamme: »Ist denn Judäa der Tuiskonen Vaterland?« Die Mythos-Auffassung des jungen Hegel (1787–1807). PLS 1.137–158; Ulrich Stadler: System und Systemlosigkeit. Bemerkungen zu einer Darstellungsform im Umkreis idealistischer Philosophie und frühromantischer Literatur. Ebd. 52–68; Eckart Förster: »To Lend Wings to Physics Once Again«: Hölderlin and the »Oldest System-Programm« of German Idealism. In: European Journal of Philosophy 3 (1995), 174–198; Helmut Hühn: Mnemosyne. Zeit und Erinnerung in Hölderlins Denken. Stuttgart / Weimar 1997, 106–110; Dieter Bremer: Zum Text des sogenannten ältesten Systemprogramms des deutschen Idealismus. In: Hölderlin-Jb 30 (1996/97), 432–438; Hubertus Busche: Hegels frühes Interesse an einer Mythologie der Vernunft – Zur Vorgeschichte des ›Ältesten Systemprogramms‹. In: Bondeli / Linneweber-Lammerskitten (Hg.): Hegels Denkentwicklung in der Berner und Frankfurter Zeit (1999), 295–320; Manfred Baum: Nochmals: Zum Ältesten Systemprogramm des deutschen Idealismus, ebd. 321–340; Violetta L. Waibel: »ein vollständiges System aller Ideen«. Zum ältesten Systemprogramm des deutschen Idealismus, ebd. 341–363.

3.2 Vertrauliche Briefe über das vormalige staatsrechtliche Verhältniß des Waadtlandes (Pays de Vaud) zur Stadt Bern

(1) Auch die zweite »Frankfurter« Arbeit Hegels ist nur mit Einschränkungen dieser Periode zuzurechnen: seine anonyme Veröffentlichung der *Vertraulichen Briefe*, einer kommentierten Übersetzung der *Lettres de Jean-Jacques Cart à Bernard Demuralt, Trésorier du Pays de Vaud, sur le droit public de ce Pays, et sur les événemens actuels*, Paris 1793. In den Auseinandersetzungen um seine politische Philosophie im 19. Jahrhundert ist diese erste Veröffentlichung Hegels unbekannt; erst Hugo Falkenheim macht 1909 einen »anspruchslosen, aber nicht ganz uninteressanten Fund«: Die Bücherverzeichnisse von Meusel (1805) und Kayser (1834/35) schreiben diese Schrift Hegel als Herausgeber zu. Als weiteren Beleg für seine Herausgeberschaft führt Falkenheim die Analogie zwischen dem Spott über das Verfahren der Wahlen zum Großen Rat (in der Anmerkung, 194–198) mit Hegels Brief an Schelling vom 16.4.95 an (s. Kap. I.2.1). Inzwischen sind weitere Indizien für die Richtigkeit der Zuschreibung hinzugetreten: die Verzeichnung dieser Schrift im Versteigerungskatalog der Bibliothek Hegels (Nrn. 1219–1221) und seine *Exzerpte zum Berner Staatswesen* (GW 3.221–233).

(2) Carts Schrift hat Hegel fraglos in Bern kennengelernt, und auch die Materialien für seine Anmerkungen haben ihm eher in Bern und Tschugg als in Frankfurt zur Verfügung gestanden; da die genannten Exzerpte auf Berner Papier geschrieben sind, wird Hegel auch die Anmerkungen in Bern abgefaßt haben. Es fehlt allerdings jeder sekundäre Hinweis auf den Plan zu dieser Veröffentlichung, so daß nicht mehr zu entscheiden ist, ob er die Niederschrift der Druckvorlage bereits in Bern oder erst in Frankfurt beendet habe. Eine Publikation war in Bern freilich ausgeschlossen, da bereits die Lektüre des französischen Originals verboten war.

(3) Hegel übersetzt Carts Schrift nicht bloß, er verschärft ihre Wirkung durch Kürzungen – nicht allein persönlicher Schlußwendungen, sondern bis hin zur Streichung der Briefe 8 und 9 des Originals. Statt dessen fügt er ihr Anmerkungen hinzu – teils als Fußnoten, teils ausführlicher am Ende eines jeden der zwölf Briefe. Sie betreffen in thematischer Übereinstimmung mit dem Inhalt der Briefe sowohl Details der Schweizer Geschichte (für die Hegel sich unter anderem auf den von ihm auch exzerpierten

François Seigneux sowie auf Johannes v. Müller stützt) als auch Einzelheiten des Abgabenwesens und die Zusammensetzung des Großen wie des Kleinen Rats und schließlich die als Mittel politischer Repression eingesetzten Verfahrensweisen bei der Einquartierung der Berner Truppen in der Waadt (1791/92). Hierdurch vertieft Hegel mit wenigen Strichen das von Cart entworfene Bild der Berner Oligarchie, die das sogenannte »alte Recht« der Waadt allenthalben verletzt. Nur dort, wo Cart einen Zusammenhang zwischen der englischen Freiheit und der Selbstbesteuerung herstellt, weicht Hegel von ihm mit dem Hinweis ab, daß »in den letztverflossenen Jahren« (also unter William Pitt d. J.) die politischen Umstände sich dort so verschlechtert hätten, daß das Volk im Parlament seine Stimme nicht mehr geltend machen könne; hierdurch sei »die Achtung der englischen Nation selbst bei vielen ihrer stärksten Bewunderer gesunken« (GW 2.470) – wobei die Rolle Englands in den Koalitionen gegen Frankreich Hegels kritischen Blick in die englischen Zeitungen (R 85) geschärft haben dürfte. Ein besonders abschreckendes Bild zeichnet Hegel von der in anderen Quellen gerühmten Berner Rechtspflege: Es werde noch »torquiert«; das Bekenntnis des Delinquenten sei für ein Todesurteil nicht notwendig, Angeklagte würden so eingeschüchtert, daß sie sich selber nicht verteidigten; bis vor kurzem habe die öffentliche Verteidigung erst nach dem Urteilsspruch (und ohne Rückwirkung auf diesen) als ein verbales Schaugefecht stattgefunden, und nun sei mit der Abschaffung dieser empörenden Farce auch der noch übrige »Schatten eines der schätzbarsten Rechte der Bürger gesitteter Staaten vertilgt«. Und so werde in keinem Kanton im Verhältnis zur Größe »so viel gehängt, gerädert, geköpft, verbrannt« (GW 2.496 f. Fußnote, von Hegel eingefügt).

(4) Einen Teil der Gründe für die Veröffentlichung dieser scharfen Anklage der politischen Verhältnisse Berns vermutet Falkenheim – und im Anschluß an ihn Rosenzweig – in »dem Dünkel, der ihm [sc. Hegel] im Kreise des Steigerschen Hauses stündlich entgegentrat«, sowie im sprichwörtlichen Berner Stolz und Hochmut des Patriziats. Strahm ist dem unter Hinweis auf die freundliche und noble Atmosphäre im Hause Steiger und auf die Distanz von Hegels Dienstherrn zum Berner Patriziat entgegengetreten; er deutet Hegels Schrift eher als Nachhall des Steigerschen »Familiengrolls gegen das Regiment in Bern« – vermutlich eine Übertreibung nach der gegenteiligen Seite, zumal es keinen Hinweis darauf gibt, daß Hegel sich dem Haus Steiger so verbunden gefühlt

hätte, daß er in dessen Interesse die Bearbeitung der Schrift Carts auf sich genommen hätte.

Weit näher liegen die von Falkenheim genannten politischen Gründe: Hegels publizistischer Kampf gegen eine Staatsform, die eine Politik fördert, die unter dem Deckmantel freiheitlicher Elemente und des Rechts noch unter das Niveau der Intrigen an Fürstenhöfen zurückfällt. Hegel offenbart mit dieser Schrift ja nicht einen privaten Groll; er greift mit ihr in die politischen Auseinandersetzungen um Bern und die Waadt ein. Auf deren Seite stehen Frédéric César de La Harpe, das nachmalige Mitglied des Direktoriums der Helvetischen Republik, und Jean-Jacques Cart, ein Anwalt, der Anfang 1790 die Rechte eines Teils der Waadt gegen Bern verteidigt und im Zuge der entstehenden Unruhen von Bern proskribiert wird; er flieht im März 1793 nach Frankreich sowie wegen der Niederlage der Gironde weiter nach Amerika – wo er aber keineswegs stirbt, wie das Titelblatt von Hegels Schrift, aus Unwissenheit oder um Spuren zu verwischen, behauptet. Auf der Berner Seite tut sich u. a. Carl Ludwig v. Haller hervor, insbesondere mit seiner auch gegen den zurückgekehrten Cart persönlich gerichteten Polemik in den *Helvetischen Annalen* 1799. Von daher dürfte Hegels Aversion gegen v. Haller datieren, die noch 1821 in § 219 und § 258 der *Grundlinien der Philosophie des Rechts* zum Ausdruck kommt und sich dort mit aktuellen Befürchtungen mischt (s. Kap. II.8.1.1).

(5) Falkenheim macht darauf aufmerksam, daß Hegels Schrift bei ihrem Erscheinen »bis zu einem gewissen Grade« veraltet gewesen sei: durch den Einmarsch der von La Harpe zur Intervention in der Schweiz aufgeforderten Franzosen am 28.1.98 und die Kapitulation Berns vom 5.3.98. Die Rede vom »vormaligen« Verhältnis und der »ehemaligen« Oligarchie Bern auf dem Titelblatt wie auch Hegels »Vorerinnerung« setzen diese Entwicklungen voraus, so daß man eine nachträgliche Änderung des Titels der Schrift vermuten muß. Es ist aber nicht auszuschließen, daß Hegel sich erst unter dem Eindruck der kriegerischen Zuspitzung der Ereignisse und der gesteigerten öffentlichen Aufmerksamkeit zur Publikation entschlossen hat. Denn in den Auseinandersetzungen Berns mit der Waadt und Frankreich hätte seine Anprangerung der Berner Politik ohnehin neben Carts Original keine Bedeutung erlangen können. Vordringlich für Hegel dürften die »Nutzanwendungen« für die deutschen Verhältnisse gewesen sein, von denen er in der »Vorerinnerung« sagt, er brauche sie nicht eigens auszuführen, da die Begebenheiten der Zeit für sich laut genug sprä-

chen: »sie schreien laut über die Erde: Discite justitiam moniti, die Tauben aber wird ihr Schicksal schwer ergreifen« (vgl. Vergil: *Aeneis* VI,620). Für diese Beweisabsicht seiner Schrift ist das Ende der Berner Oligarchie eine notwendige Voraussetzung: Als Beispiel für den politischen Erfolg einer zwar nicht nur, aber auch publizistisch betriebenen Agitation bildet Carts Schrift ein Menetekel für die ebenfalls unhaltbaren Zustände im absolutistischen Deutschland, denen Hegel hier ein analoges Schicksal prognostiziert.

Erstdruck und Text: [Anonym:] Vertrauliche Briefe über das vormalige staatsrechtliche Verhältniß des Waadtlandes (Pays de Vaud) zur Stadt Bern. Eine völlige Aufdeckung der ehemaligen Oligarchie des Standes Bern. Aus dem Französischen eines verstorbenen Schweizers übersetzt und mit Anmerkungen versehen. Frankfurt am Main 1798, ND Göttingen 1970; GW 2.395–591. – **Quellen:** Jean Jacques Cart: Lettres à Bernard Demuralt, Trésorier du Pays de Vaud, sur le droit public de ce Pays, et sur les événements actuels. Paris 1793; GW 3.221–233: Exzerpte zum Berner Staatswesen. – **Literatur:** Hugo Falkenheim: Eine unbekannte politische Druckschrift Hegels. In: Preußische Jahrbücher 138 (1909), 193–210, ND in Schneider / Waszek (Hg.): Hegel in der Schweiz (1997), 261–285; Rosenzweig: Hegel und der Staat (1920), Bd. 1.47–54; Strahm: Aus Hegels Berner Zeit (1932), 514–533, ND in Schneider / Waszek (Hg.): Hegel in der Schweiz (1997), 287–316; Jacques d'Hondt: Hegel secret, 76 ff.; Rolf Konrad Hočevar: Stände und Repräsentation beim jungen Hegel. Ein Beitrag zu seiner Staats- und Gesellschaftslehre sowie zur Theorie der Repräsentation. München 1968, 128–137; Wolfgang Wieland: Nachwort zu: Hegels erste Druckschrift. Göttingen 1970; Wilhelm Raimund Beyer: Der »alte Politicus« Hegel. Frankfurt am Main 1980, 14–20: Hegel und die Waadtlandschrift; Bondeli: Hegel in Bern (1990), 25–36; Hans-Christian Lucas: Hegels Vergessen der (in Bern noch gewürdigten) nordamerikanischen Revolution. Von der Cart-Schrift zu den Vorlesungen über die Philosophie der Geschichte. In: Schneider / Waszek (Hg.): Hegel in der Schweiz (1997), 207–236; ders.: Der junge Hegel zwischen Revolution und Reform. Politische und rechtsphilosophische Optionen Hegels im Übergang von Bern nach Frankfurt. In: Bondeli / Linneweber-Lammerskitten (Hg.): Hegels Denkentwicklung in der Berner und Frankfurter Zeit (1999), 251–276.

3.3 Zur Verfassung Württembergs. Vier Fragmente

(1) Von der zweiten politischen Schrift des Jahres 1798, der sog. *Ersten Württemberg-Schrift* (im Kontrast zur zweiten von 1817), hat bereits Karl Hegel – ausweislich einer Bleistiftnotiz auf dem Manuskript – nur »Ein Fragment« (R 91: »einige Fragmente«) vorgefunden. Da Hegel diese Schrift aber – wie Rosenkranz erwähnt – drei Freunden in Stuttgart mit-

geteilt hat, ist sie nur durch die Überlieferung fragmentarisch – und als Grund dafür läßt sich unschwer der politisch brisante Inhalt erraten. Rosenkranz teilt den »schönen Eingang« der Schrift mit; einige weitere Passagen ergänzt wenig später Rudolf Haym aus einer ihm noch vorliegenden Abschrift.

Rosenkranz berichtet über Änderungen des Titels der Schrift, jedoch unpräzise und inkorrekt. Im ursprünglich von Hegel notierten Titel »Daß die Magistrate von den Bürgern gewählt werden müssen. An das Wirtembergische Volk. 1798.« ergänzt er »Magistrate« zu »W ü r t e m b e r g e r Magistrate«, und er läßt auch nicht erkennen, daß Hegel diesen Titel seiner Flugschrift bereits während der Niederschrift zweifach geändert habe: zunächst »Daß die Stä[nde]« in »Daß die Magistrate«, und sodann »vom Vol[k]« in »von den Bürgern«. Als gültigen Titel nennt er: »Ueber die neuesten i n n e r e n Verhältnisse W ü r t e m b e r g s, besonders über die Magistratsverfassung«. Schon Haym hat moniert, daß der Schluß heißen müsse: »über die Gebrechen der Magistratsverfassung«. Vor allem aber verdeckt Rosenkranz, daß der vorhin genannte ursprüngliche Titel von fremder Hand gestrichen und durch den zweiten ersetzt sei. Und auch die Dedikation »An das Wirtembergische Volk« ist nicht von Hegel, sondern von der fremden Hand gestrichen und zunächst durch »Wirtembergs Patrioten gewidmet« ersetzt, das aber wiederum gestrichen ist. Diese Änderung des Titels wirft wahrscheinlich Licht auf eine veränderte politische Situation und eine dadurch bedingte interne Verschiebung in der Argumentation der Schrift: von einer politischen Forderung nach Wahl der Magistrate durch die Bürger zu einer Betrachtung über die inneren Verhältnisse Württembergs.

(2) Auf seinem Weg von Bern nach Frankfurt hält Hegel sich zum Jahreswechsel 1796/97 für einige Wochen in Stuttgart auf und findet dort eine politisch äußerst angespannte Situation vor: Zum 22.9.96 beruft der Herzog erstmals seit 1770 einen Landtag ein, um neue Steuern bewilligen zu lassen. Sie sind erforderlich, um die an Frankreich zu zahlende Kriegsentschädigung aufbringen zu können. Die Einberufung des Landtags verschärft jedoch nur die ohnehin brisanten Auseinandersetzungen: Die früheren Spannungen zwischen Herzog und »ständischem Ausschuß« werden nun überlagert durch den erbitterten Machtkampf zwischen Herzog und Landtag, der insbesondere durch den Regierungsantritt von Herzog Friedrich Ende 1797 aufs schärfste zugespitzt wird.

(3) Die noch überlieferten wenigen Bruchstücke der Schrift erlauben keinen klaren Überblick über Hegels Position im Kontext dieses Konflikts und der heute in 18 Bänden gesammelten 168 Einzelschriften der »Landtagspublizistik«, von denen Hegel auch mehrere in seiner Bibliothek hatte (Lucas 1983, 80). Für die landesgeschichtliche Forschung (Hölzle, Vopelius-Holtzendorff) sind Hegels Fragmente deshalb allein wegen des klangvollen Namens ihres Verfassers von Interesse. Die von Rosenkranz mitgeteilten Einleitungspartien beschränken sich auf allgemeine Betrachtungen. Hierunter fällt auch die bereits aus der *Cart-Schrift* bekannte Forderung, das kleine Privatinteresse aufzugeben und »G e r e c h t i g k e i t z u ü b e n « – aber darin sind sich stets alle Parteien einig, so lange es nicht zur Konkretion kommt, was im gegebenen Fall gerecht sei. Ebenso einmütig werden sich alle gewesen sein hinsichtlich des Satzes »Wenn eine Veränderung geschehen soll, so muß etwas verändert werden«. Hegel glaubt diese »kahle Wahrheit« jedoch aussprechen zu müssen, um den Unterschied ins Bewußtsein zu heben, ob die notwendigen Veränderungen mit der »A n g s t, d i e m u ß,« gefühlt oder mit dem »M u t, d e r w i l l,« vollzogen werden – eine rhetorische Formel, bei der dem Kenner der Antike Senecas Wort »ducunt volentem fata, nolentem trahunt« vor Augen gestanden haben dürfte. Hingegen läßt die Einleitung sowohl offen, ob die unterstellte »Nothwendigkeit einer Veränderung« wirklich gegeben ist (GW 2.104; 1842 wird dies eine Programmformel Ludwig Feuerbachs werden), und ebenso, wie im gegebenen Fall zu verfahren sei.

Im Blick auf die ihm in Abschrift noch vorliegenden anschließenden Partien attestiert Haym jedoch, Hegel habe »mit kundiger Feder« die Schwachstellen der Württembergischen Verfassung und die daraus entspringenden Mißbräuche analysiert. Seine »kritischen Nachweisungen« seien »schlagend«, seine Reformvorschläge hingegen blieben in Bedenken stecken, die er unter Hinweis auf die Unterscheidung des englischen Oppositionsführers Charles James Fox zwischen freiheitsgewohnten Engländern (denen man weitere Freiheitsrechte zugestehen könne) und vom Absolutismus verknechteten Franzosen (als Analogon der Württemberger) politisch absichert: Es sei vielleicht nicht ratsam, »einem unaufgeklärten, an blinden Gehorsam gewöhnten und von dem Eindruck des Augenblicks abhängigen Haufen plötzlich die Wahl der Vertreter zu überlassen«. In der herrschenden Situation »würden Volkswahlen nur dazu dienen, den völligen Umsturz unserer Verfassung herbeizuführen. Die Hauptsache wäre, das

Wahlrecht in die Hände eines vom Hofe unabhängigen Corps von aufgeklärten und rechtschaffenen Männern niederzulegen. Aber ich sehe nicht ein, von welcher Wahlart man sich eine solche Versammlung versprechen könnte, sei es auch, daß man die aktive und passive Wahlfähigkeit noch so sorgfältig bestimmte.« So sieht Haym einen unaufgelösten Kontrast: Die eine Seite der Schrift Hegels bilden »die positivsten und detailliertesten Auseinandersetzungen über den Inhalt und die Konsequenzen der alten zwischen Herrschaft und Landschaft geschlossenen Recesse«, verbunden mit scharfer Kritik der durch die Herzöge Carl Eugen und Friedrich korrumpierten Spitzen der Beamtenschaft, der Advokaten und Konsulenten (vermutlich insbesondere des Konsulenten Amandus Stockmayer d. Ä.) und auch des Herzogs selbst, »der ex providentia majorum alle Gewalten in sich vereinigt und für seine Anerkennung und Achtung der Menschenrechte keine Garantie gibt«; die andere Seite jedoch bildet das Eingeständnis, keinen Ausweg zu wissen, »so lange« die Situation so sei, wie sie sei, und die Hoffnung, daß die geschichtliche Entwicklung selber den Ausweg finden werde, der sich der prognostischen Kraft des Theoretikers verschließe. Und so resümiert Haym: Hegels »Forderungen werden stumpf an der Wahrnehmung der tatsächlichen Zustände als der notwendigen Bedingungen aller Reformen, und sein Reformeifer wie sein rednerisches Pathos schlägt in die Resignation des Nichtwissens und in theoretische Ratlosigkeit um.« Eine ähnliche Konstellation wird auch noch Hegels letzte politische Schrift – die *Reformbill-Schrift* (s. Kap. II.8.9) – charakterisieren.

(4) Über Hegels persönliche Beziehungen zu anderen Kritikern der Württembergischen Zustände gibt es wenige sichere Nachrichten – außer der Verstrickung sogar der Schwester Hegels in das revolutionäre Umfeld und Hegels Übermittlung eine konspirativen Briefes (Birkert 2008). Zwar ist Sinclair mit Christian Friedrich Baz, der beherrschenden Figur der »Patrioten«, seit Mai 1798 befreundet – aber da dürfte Hegels Schrift zumindest nahezu vollendet gewesen sein. Sicherlich werden Sinclair, Hölderlin und Hegel über diese alle bewegenden Fragen gesprochen haben – aber diese Annahme bleibt inhalts- und folgenlos, solange sie nicht konkretisiert werden kann. – Rosenkranz berichtet, Hegel habe seine Schrift drei Stuttgarter Freunden mitgeteilt: »Diese gaben ihm noch einige Winke für passende Änderungen, verstärkten noch seine Materialien, rieten aber am Ende, den Druck zu unterlassen, da die Schrift nicht nur nichts helfen, vielmehr unter

den herrschenden Umständen eher schaden würde.« Man muß daraus auf eine ausführlichere Korrespondenz schließen, die jedoch verloren ist; auch die Namen der Freunde teilt Rosenkranz (aus politischen Gründen?) nicht mit. Die Einblicke, die diese Korrespondenz gewährt, tragen auch nur wenig zur Übersicht über das Themenspektrum von Hegels Schrift bei – z. B. nichts zu der Frage, ob er sich über den Anspruch der Stände auf selbständige Außenpolitik geäußert habe (in deren Tendenz auf die Vergrößerung Württembergs die einzige Übereinstimmung mit der Politik des Herzogs gelegen haben dürfte). Nur in einer Hinsicht erlaubt die Korrespondenz einen Rückschluß: Hegel hat wahrscheinlich die Forderung nach Periodizität der Sitzungen des Landtags erhoben, denn einer der Freunde äußert sich hierzu am 7.8.98 skeptisch: »So lange« (auch hier begegnet wieder das von Haym inkriminierte »So lange«) »übrigens nicht andere Einrichtungen in Absicht auf die Gesetzgebung gemacht sind, kommt bei vielen Landtagen gerade so viel heraus, als wenn in 27 Jahren einmal Einer gehalten wird. Sie sind nicht viel mehr, als eine neue Last für das getäuschte Volk. Auch die Entlassung der Landstände, welche Sie ganz allgemein hingelegt haben, ist eben so nichts weniger, als willkürlich.« Dieser »Rat« offenbart selber eine tiefe Ratlosigkeit angesichts der verfahrenen innenpolitischen Lage.

Die innere Problematik wird zudem noch durch die außenpolitische verstärkt: durch das Verhalten der Franzosen, das die württembergischen »Patrioten« nur als Verrat empfinden können. Das Direktorium und Napoleon torpedieren einen von »Wirtembergs Patrioten« mit dem Stab General Augereaus abgesprochenen Aufstandsplan (Bertaux 1969, 97), und auch sonst unterstützen die Franzosen aus militär- und bündnistaktischen Gründen seit 1796 die revolutionären Strömungen nicht mehr; statt dessen ist ihr Interesse beim Frieden von Campo Formio wie auf dem Rastatter Kongreß gänzlich auf den Ländererwerb, zunächst auf das linke Rheinufer, gerichtet. Deshalb heißt es im Brief an Hegel weiter: »Die Sachwalter der großen Nation haben die heiligsten Rechte der Menschheit der Verachtung und dem Hohn unserer Feinde Preis gegeben. Ich kenne keine Rache, die ihrem Verbrechen angemessen wäre. Unter diesen Umständen würde auch die Bekanntmachung Ihres Aufsatzes für uns mehr ein Übel als eine Wohltat sein.« (R 91) – Es ist wahrscheinlich kein Zufall, daß die Rede von den »Menschenrechten«, deren Hegel sich in seinen späteren Berner Manuskripten und auch in der *Ersten Württemberg-*

Schrift (Haym, 67) ganz geläufig bedient, seitdem bei ihm zurücktritt (Arndt 2001).

Erstdruck: Fragmentarische Überlieferung durch Rosenkranz, R 91–94, und Haym: Hegel und seine Zeit, 65–68,483–485; Hegel: Kritik der Verfassung Deutschlands. Aus dem handschriftlichen Nachlasse des Verfassers hg. von Georg Mollat. Nebst einer Beilage. Kassel 1893, 138–143. – **Text:** GW 2.99–109. – **Literatur:** R 90–94; Rosenzweig: Hegel und der Staat (1920), Bd. 1.54–63; Erwin Hölzle: Das alte Recht und die Revolution. München / Berlin 1931, 181–184; Hočevar: Stände und Repräsentation (1968), 137–147; Bertaux: Hölderlin und die Französische Revolution (1969), 96–103; Hans-Christian Lucas: »Sehnsucht nach einem reineren, freieren Zustande«. Hegel und der württembergische Verfassungsstreit. In: Jamme / Pöggeler (Hg.): »Frankfurt aber ist der Nabel dieser Erde« (1983), 73–103; Barbara Vopelius-Holtzendorff: Das Recht des Volkes auf Revolution? Christian Friedrich Baz und die Politik der württembergischen Landstände von 1797–1800 unter Berücksichtigung von Hegels Frankfurter Schrift von 1798. Ebd. 104–134; Andreas Arndt: Zum Problem der Menschenrechte bei Hegel und Marx. In: Konrad Wegmann u. a. (Hg.): Menschenrechte: Rechte und Pflichten in Ost und West. Münster 2001, 213–236; Birkert 2008, 100–124.

3.4 Fragmente zur jüdischen und christlichen Religion (1795–1800)

(1) Es ist nicht die Gunst oder Ungunst eines nicht-imputablen Schicksals gewesen, durch dessen Wirken von Hegels politischer Flugschrift nur ein kurzes Fragment im Original überliefert ist, von seinen religionsphilosophischen Studien hingegen mehrere hundert Blätter. Diese Ungleichheit ist vielmehr das Resultat eines sorgfältigen Selektionsprozesses, der teils durch Hegel selbst, teils durch seine Erben ins Werk gesetzt worden ist. Die Gründe für Hegels Vernichtung seiner politischen Flugschrift über die Verhältnisse in Württemberg sind offenkundig; der Absicht der Selektion durch seine Erben und seinen späteren Editor hingegen verdankt sich nicht allein die reiche Überlieferung der religionsphilosophischen Studien, sondern auch die Präsentationsform des in ihnen überlieferten Materials: Sie stilisiert Hegel nicht allein zum Autor »*Theologischer* Jugendschriften«, sondern sie unterschiebt ihm auch noch ein Hauptwerk mit dem Titel »Der Geist des Christentums«. Herman Nohl, der (nach einem vorangegangenen Versuch von Paul Roques) erste Herausgeber dieser Manuskripte, ist für beide – wirkungsmächtige! – Titel verantwortlich, und es ist nicht fraglich, daß er mit ihnen der zu Beginn des 20. Jahrhunderts einsetzenden ›Hegel-Renaissance‹ wichtige

Anstöße gegeben hat. In seiner »Vorrede« spricht er zwar noch von Hegels »philosophischen« Arbeiten, im Titel jedoch von »Theologischen Jugendschriften«, und er sieht auch das »Hauptresultat« seiner herausgeberischen Arbeit (»neben der völlig durchgeführten chronologischen Ordnung«) in der »Rekonstruktion eines der schönsten Werke Hegels über den Geist des Christentums und sein Schicksal« (N V). Doch diese Aussage ist nach zwei Seiten hin irreführend: Hegel hat weder ein »Werk« verfaßt, noch hat er ihm den Titel »Der Geist des Christentums« gegeben. Beides sind Schöpfungen der editorischen Phantasie Herman Nohls – oder genauer: Der letztere Titel verdankt sich einer Nach-Schöpfung, nämlich der Inspiration durch den Titel von Johann Gottfried Herders 4. Sammlung seiner »Christlichen Schriften«: »Vom Geist des Christenthums. Nebst einigen Abhandlungen verwandten Inhalts.« Wie tief dieser angeblich Hegelsche Titel in der Rezeption verankert ist, zeigt sich auch in dem possierlichen Umstand, daß noch jüngst Hegels (!) Wahl dieses Herderschen Titels als Indiz für seine Abhängigkeit von Herder in Anspruch genommen worden ist (und dies, obschon Hegel Herders Konzeption des Verhältnisses von »Geist« und Gestaltung keineswegs teilt).

Hegel hat aber, wie schon angedeutet, nicht allein keinem seiner Werke den Titel »Der Geist des Christentums« gegeben (und auch nicht einigen Partien davon den analog gebildeten Titel »Der Geist des Judentums«); er hat weder von diesem noch von jenem Geist etwas gewußt, und er hat auch gar nicht das »Werk« verfaßt, das Nohl – nach Herders Vorgang – so benannt hat. Was wir in dieser Epoche aus Hegels Hand haben, sind rund zwanzig Fragmente, unterschiedlich in Thematik und Ausarbeitungsgrad, schwankend zwischen ausformuliertem und überarbeitetem Text und Notierung von Bibelstellen, thematisch teils mehrfach überlappend, teils in hohem Maße lückenhaft. Hegel hat auch keine Hinweise auf eine geplante Reihenfolge dieser Fragmente gegeben. Nohl hingegen hat sie zur Grundlage seiner vermeintlichen »Rekonstruktion« des Hegelschen »Werks« genommen, und was sich dieser »Rekonstruktion« nicht fügen wollte, hat er, nach dem bewährten Vorbild des Prokrustes, amputiert und in den »Anhang« verwiesen – auch wenn es sich dabei um philosophisch besonders wichtige Fragmente wie etwa »Positiv wird ein Glauben genannt« oder »welchem Zwekke« (GW 2.5–7 bzw. 83–95) handelte.

Angesichts dieses Befundes verwundert es nicht, daß Nohl seine »Rekonstruktion« auch weitgehend unbekümmert um die Chronologie der Fragmente vorgenommen hat. Sie sind sämtlich undatiert – übrigens ein weiteres Indiz dafür, daß Hegel sie als ›Arbeitsmaterialien‹ betrachtet hat; denn Manuskripte, die er als abgeschlossen betrachtet hat, hat er damals auch mit Datum versehen. Nohl behauptet zwar, die – wenigen! – datierten Texte aus dem weiteren Umfeld gäben »ein ganz einfaches Schema der Entwicklung von Hegels Handschrift, […] das ermöglicht, mit einer gleichsam mathematischen Sicherheit auch die übrigen Manuskripte einzuordnen«. Dies trifft allenfalls für die grobe Einteilung der Tübinger(?), Berner und Frankfurter Texte zu; die Datierung des »Geistes des Christentums« jedoch unternimmt Nohl eher auf der Basis von Überlegungen, wann Hegel – eingezwängt durch andere Arbeiten – dafür Zeit gehabt haben könne (N 405). Aber auch die von Gisela Schüler auf den Spuren der Buchstabenstatistik Nohls erarbeitete Chronologie ist hier wenig erfolgreich – und es ist anzuerkennen, daß sie dies selber eingesteht (Schüler 1963, 151 f.): Die kurzen, teils in ausgeschriebener Schrift, teils in winzigen Überschreibungen und Marginalien vorliegenden – also ganz unvergleichbaren – Texte lassen sich gar nicht buchstabenstatistisch auswerten. Zudem hat Hegel durch mehrfaches Abschreiben immer wieder neue, oft nur geringfügig variierende Fassungen erstellt, und auch einzelne der erst mühsam herauszupräparierenden Fragmente bestehen aus Materialien aus unterschiedlichen Zeiten. Die jüngst erschienene historisch-kritische Ausgabe dieser Fragmente (GW 2) orientiert sich deshalb an der durch Eva Ziesche und Dierk Schnitger in die Hegel-Forschung eingeführten Wasserzeichenanalyse. Auch sie kann nicht alle Datierungsprobleme lösen, doch kann sie für jedes einzelne Blatt den terminus post quem mit hoher Sicherheit angeben (Jaeschke 2015) – und hierdurch werden die bisherigen buchstabenstatistischen Datierungen in das Reich der Fabel verwiesen. Stellvertretend für die vielen erfolgten Revisionen sei hier nur *ein* Resultat der Anwendung dieser Methode genannt: Fragmente, die bisher in die Mitte der Frankfurt Zeit datiert und als Indizien für den Einfluß Hölderlins in Anspruch genommen wurden, erweisen sich nun als bereits in Bern niedergeschrieben. Hierdurch wird die bisher angenommene scharfe Zäsur zwischen den Berner und den Frankfurter Jahren zwar nicht völlig aufgehoben, aber doch etwas eingeebnet.

Gegenüber den in der späten Berner Zeit zumindest begonnenen Arbeiten (GW 2.3–13) weisen bereits die ersten Texte der Frankfurter Jahre einen deutlich veränderten Charakter auf. Sie schließen zwar insofern an die frühere Fragestellung an, als sie die Wurzel der Positivität nun ausführlich hinter das Neue Testament zurückverfolgen und sie im jüdischen Denken auffinden, letztlich im Verlust des Glaubens an die Natur durch eine Naturkatastrophe, nämlich die Sintflut (die insofern als datierbares Ereignis fungiert, wie damals auch noch in Frans Hemsterhuis' *Alexis* (JWA 5.7–102) und bei Hölderlin; vgl. Kondylis 1979, 69,468). Die durch diese Katastrophe bedingte »Entzweiung mit der Natur« treibe den unwiderstehlichen Wunsch hervor, die »Herrschaft über die Natur« zu gewinnen – und damit ist das Paradigma aller weiteren Deutungen etabliert. Als weitere Kristallisationspunkte dieses in Entgegensetzungen verharrenden Denkens behandelt Hegel Abraham und Moses – Moses, der in der Schule der Priester und am ägyptischen Hofe herangebildet ist und in der Einsamkeit den Plan zur Befreiung seines Volkes schmiedet, das freilich zwischen Sendungsbewußtsein und Abfall schwankt und nur durch Zwang gebändigt werden kann. Noch charakteristischer für dieses Denken ist die Figur Abrahams, des Nomaden, der sich von den Vereinigungen mit der Natur losreißt – der sein Vaterland verläßt und seinen Erhaltungstrieb im Spiegel seines »hohen«, »unendlichen Objekts«, seiner Gottheit anschaut (hierin liegt zugleich ein Ansatzpunkt zu einer Religionssoziologie des Nomadentums, aber auch für eine Feuerbachsche Projektionstheorie) (GW 2.29–31, 17 f., 35–40). Hegel vergleicht den für Abrahams Schicksal bestimmenden Akt der Entzweiung sogar mit dem Schicksal Macbeths (GW 2.78), das August Wilhelm Schlegels Shakespeare-Übersetzung damals eindringlich vor Augen stellt. Doch anders als bei der Figur des Macbeth bleibt dieser Akt der Entzweiung konstitutiv auch für das Volk, das durch ihn begründet wird, und für dessen Religion. Wie Abraham die Beziehungen zu seinen Mitmenschen und zur Natur zerreißt, weil er nicht lieben will, so verharrt auch sein Volk in »strenger Entgegensetzung« gegen die feindselige Natur und die es umgebenden Völker – gegen eine »schlechthin entgegengesetzte Welt«, die von einem »fremden Gott« (GW 2.41) beherrscht wird (wie Hegel einen Terminus Marcions in anti-marcionitischer Weise verwendet). An diesem Gott hat nichts in der Natur Anteil; er läßt aber auch keine anderen Götter neben sich gelten, er ist ein unsichtbares absolutes Objekt – und eben deshalb behauptet sich der Mensch ihm gegenüber als absolutes Subjekt. In diesem Verhältnis sieht Hegel »sozusagen die einzige Synthese, und die dazu gehörigen Antithesen sind das jüdische Volk einerseits und andererseits das ganze übrige Menschengeschlecht und die Welt.« (GW 2.48) Die Beziehungen des jüdischen Volkes zu anderen Völkern werden deshalb durch den »Dämon des Hasses« (GW 2.57) regiert, durch das »odium generis humani« (GW 2.70), und alle späteren »Zustände des jüdischen Volkes, bis auf den schäbigten, niederträchtigen laüsigten Zustand, in dem es sich noch heutigtags befindet, sind weiter nichts als Folgen und Entwicklungen ihres ursprünglichen Schiksals«, von dem sie so lange mißhandelt werden, »bis sie es durch den Geist der Schönheit aussöhnen und so durch die Versöhnung aufheben« (GW 2.67). Diese Prognose ließe sich als Aufforderung zur Emanzipation durch Assimilation an das Christentum verstehen – wenn nicht die im jüdischen Denken verankerte Entgegensetzung auch diesem zum Schicksal geworden wäre: Der erhabene Versuch Jesu, »das Ganze des Schicksals zu überwinden, mußte darum in seinem Volke fehlschlagen und er selbst ein Opfer desselben werden.« (GW 2.331–336,35–78)

(2) Den begrifflichen Horizont dieser Deutung Israels bildet nicht mehr die Frage nach der Entstehung von Positivität im Umkreis einer rein-moralischen Religion, sondern die Kontrastierung von Entzweiung und Vereinigung. Dilthey hat diesen Wandel als eine Wendung Hegels vom Kantianismus zum »mystischen Pantheismus« gefaßt (43–187) und beklagt, daß die Wirkung von Shaftesbury, Hemsterhuis und Herder auf Hegel nicht durch Zitate nachweisbar sei (148). Henrich hat diese von Dilthey nur berührte Tradition näher charakterisiert als die aus platonischen Quellen fließende Vereinigungsphilosophie, und er hat sie als bestimmendes Motiv bei Shaftesbury, in Hemsterhuis' *Lettre sur les désirs*, Herders *Liebe und Selbstheit* und darüber hinaus in Schillers *Theosophie des Julius* und auch noch in Hölderlins *Hyperion* aufgewiesen; Kondylis (261–409, 450–529) hat diese Beziehungen breit ausgeführt, und Halfwassen hat jüngst den neuplatonischen Hintergrund von Hegels Frankfurter Konzeption betont. (Eigentümlicher Weise charakterisiert Kondylis (501) gleichwohl den Ton auch der Frankfurter Texte Hegels als »ohne jeden Zweifel apokalyptisch« – weil Hegel einmal im Durchlaufen mehrerer Bibelstellen Mt 4,17 zitiert.)

Aus Hegels damaliger Vertrautheit mit Hölderlin und mit dessen durch Fichte hindurchgegangenem Denken läßt sich begreifen, daß er mit Beginn der Frankfurter Jahre die Kantische und Fichtesche praktische Philosophie durch die Vereinigungsphilosophie ersetzt – und somit »Moralität« (den Leitbegriff seiner bisherigen Religionsdeutung) zunächst durch »Liebe«, unmittelbar anschließend und bis in die späten Frankfurter Jahre durch »Leben« und schließlich in Jena durch »Geist«. Die früheren Kontrastierungen »Moralität vs. Positivität« werden nun selber im Denkhorizont der Vereinigungsphilosophie interpretiert: »Positivität«, zuvor als nicht in Moralität auflösbare Bestimmtheit einer Religion, wird nun als Vereinigung von Unvereinbarem verstanden (GW 2.97), und »Moralität« im Kantischen Sinne gilt Hegel nun als Herrschaft, »Unterjochung des einzelnen unter das allgemeine, der Sieg des Allgemeinen über sein entgegengesetztes einzelnes«. Richtig verstanden sei sie jedoch »Erhebung des einzelnen zum Allgemeinen, Vereinigung – Aufhebung beider entgegengesetzter durch Vereinigung« (GW 2.116). Das Kantische Pflichtgebot komplementiert Hegel nun – in den Spuren von Schillers *Anmut und Würde* – durch die »Neigung«, die »Gesinnung«. Doch indem Hegel die Entgegensetzung von Gesetz und Neigung überwindet und ihre Übereinstimmung als »das πληρωμα des Gesetzes« denkt, wird die moralische Terminologie Kants für ihn insgesamt gegenstandslos: Die Übereinstimmung ist »Leben, und als Beziehung verschiedener, Liebe« (GW 2.159).

Das systematische Gewicht dieses zu Beginn der Frankfurter Jahre neu gewonnenen Liebesbegriffs nötigt Hegel zur genaueren Analyse wie auch zur prophylaktischen Abwehr potentieller Mißverständnisse: Als Vereinigung des Lebens setzt Liebe Entzweiung voraus, und je mannigfaltiger die Anknüpfungspunkte sind, desto inniger kann die Liebe sein – doch gilt auch: je inniger sie ist, »desto ausschließender ist sie, desto gleichgültiger für andere Lebensformen«; sie sondert sich ab und erschafft sich im Interesse der Vertiefung der Innigkeit sogar Feindschaften. Schon diese Einsicht verbietet es Hegel, solche Liebe zu vermischen mit der »Unnatur und Schalheit der prächtigen Idee einer allgemeinen Menschenliebe« (GW 2.284); diese hält er für eine »charakteristische Erfindung der Zeiten, welche nicht umhin können, idealische Foderungen, Tugenden gegen ein Gedankending aufzustellen, um in solchen gedachten Objekten recht prächtig zu erscheinen« (GW 2.229) – ein Seitenhieb, der insbesondere Schillers Ode *An die Freude* gelten dürfte, die Hegel in Bern noch mit seinen Freunden gesungen hat (s. Kap. I.2.2).

Die Fragmente dieser Frankfurter Jahre liegen zum Teil in mehreren Fassungen vor, die ihr erster Herausgeber in einander gearbeitet hat; zum Teil sind sie – wie das Fragment *Moralität, Liebe, Religion* – schwerlich in einem Zuge niedergeschrieben: Sein Beginn orientiert sich an der Begrifflichkeit des praktischen Teils von Fichtes *Grundlage der gesamten Wissenschaftslehre,* die vermutlich etwas spätere Fortsetzung (»Religion, eine Religion stiften«) an der Vereinigungsphilosophie (Kondylis, 444,451, vgl. GW 2.5–7 gegenüber 8 f.) – es könnte sich beim zweiten Fragment um eine Frankfurter Ergänzung eines in Bern begonnenen Textes handeln. Auch auf der Basis der historisch-kritischen Ausgabe läßt sich die Herausbildung von Hegels neuer Begrifflichkeit nicht stets mit der erforderlichen Bestimmtheit nachvollziehen, da Hegel seine Niederschriften mehrfach später ergänzt hat. Er scheint bereits in den ersten Frankfurter Monaten den Begriff der Liebe – als Vereinigung von Natur und Freiheit, von Subjekt und Objekt – als einen religionsphilosophischen Grundbegriff eingeführt zu haben: »Die Religion ist eins mit der Liebe .« (GW 2.97) Andererseits ist Religion kein bloßes Einssein mit dem Objekt; das religiöse Verhältnis bedarf einer Objektivierung – und auch hier ließe sich von »Projektion« sprechen: »Diese Liebe von der Einbildungskraft zum Wesen gemacht, ist die Gottheit« (GW 2.9). Insofern versteht Hegel »Religion« als ein Verhältnis, das über »Liebe« hinausgeht: »Gesinnung hebt die Positivität Objektivität der Gebote auf; Liebe die Schranken der Gesinnung; Religion die Schranken der Liebe.« (GW 2.123) Diese Differenzierung zwischen Liebe und Religion prägt etwa Hegels Deutung des Abendmahls als eines Liebesmahls: »Liebe ist noch nicht Religion, dieses Mahl also auch keine eigentlich religiöse Handlung; denn nur eine durch Einbildungskraft objektivirte Vereinigung in Liebe, kann Gegenstand einer religiösen Verehrung seyn« (GW 2.232). Denselben Gedanken wiederholt Hegel im anderen Kontext: »Diese Liebe [sc. der Mitglieder der Gemeinde unter einander] ist ein göttlicher Geist, aber noch nicht Religion; daß sie dazu würde, mußte sie zugleich in einer objektiven Form sich darstellen; sie, eine Empfindung, ein subjektives mußte mit dem Vorgestellten, dem Allgemeinen zusammenschmelzen, und damit die Form eines anbetungsfähigen, und würdigen Wesens gewinnen.« (GW 2.302)

Diesem vom »Vereinigungsgedanken« (im Sinne der Entfaltung einer zunächst unentwickelten Einigkeit) her gedachten Liebesbegriff stellt Hegel jedoch einen konkreteren entgegen, der den Begriff der Reflexion (logisch gesprochen: des Nicht-Identischen) als sein inneres Komplement enthält – und dieser entwickelte Liebesbegriff hebe sowohl den der sich selbst zerstörenden Einseitigkeit der Reflexion wie auch den des unentwickelten Einigen in sich auf. »(Reflexion und Liebe vereint, – religiöses ist also das πληρωμα der Liebe, beide verbunden gedacht).« (GW 2.246 f.) In diesem Gedanken des Religiösen ist ein Begriffsverhältnis erreicht, in dem die logische Struktur der Identität der Identität und der Nichtidentität vorgebildet ist.

(3) Dieses Begriffsinstrumentarium setzt Hegel zur Deutung nicht nur der jüdischen, sondern auch der christlichen Religion ein: Er deutet sie als Versuch Jesu, die Entzweiungen, die er in seinem Volk vorfindet, durch Liebe zu vereinigen, die Knechtschaft der Gebote durch die Subjektivität zu überwinden und »den Menschen in seiner Ganzheit wieder her[zu]stellen« (GW 2.153). Diese beabsichtigte Restitution läßt sich nicht schon dadurch vollziehen, daß der Positivität oder Legalität der moralischen Gebote der Gedanke der moralischen Autonomie entgegengesetzt wird: denn so wird nur die zuvor äußere Herrschaft durch eine innere Herrschaft, eine »theilweise Knechtschaft unter einem eignen Gesetze« (GW 2.224) abgelöst: »für das Besondre, Triebe Neigungen, pathologische Liebe, Sinnlichkeit, oder wie man es nennt, ist das Allgemeine nothwendig und ewig ein fremdes, ein objektives; es bleibt eine unzerstörbare Positivität übrig« (GW 2.152). Der Gedanke der Liebe gewinnt sein Profil aus der Entgegensetzung gegen Herrschaft, auch gegen die innere Herrschaft des Moralgesetzes, »den Selbstzwang der Kantischen Tugend« (GW 2.224). Jesus, in Hegels *Leben Jesu* ein Kantianer strenger Observanz und in der *Positivitätsschrift* bereits in merklicher Distanz zur rein-moralischen Interpretation der Religion, wird nun zum Antikantianer schlechthin: Er predigt nicht Achtung für das Gesetz, sondern tritt – in Umdeutung von Mt 5,17 – als derjenige auf, der das Gesetz erfüllt und damit als solches aufhebt: durch das πληρωμα des Gesetzes, die Übereinstimmung der Neigung mit dem Gesetz, die »Leben« ist (GW 2.158 f.).

Hegels Wendung gegen die dominierende Bedeutung der Kantisch gefaßten Moralität wird besonders anschaulich in seiner Deutung der (wie er weiß: aus mehreren Überlieferungen verbundenen) Erzählung, »die berühmte schöne Sünderin« Maria Magdalena habe Jesu mit kostbarem Nardenwasser die Füße gesalbt. Gegenüber den denunziatorischen, gegen ihren Lebenswandel gerichteten Worten des Pharisäers Simon zeichnet Hegel die Ansicht der Jünger, das Wasser hätte zu Gunsten der Armen verkauft werden können, als »ein viel edleres, ein moralisches Interesse« aus. Dennoch bleiben auch die Jünger von seiner Kritik nicht verschont: »ihre wohlberechnende Klugheit, ihre aufmerksame Tugend mit Verstand verbunden ist nur eine Rohheit; denn sie faßten die schöne Situation nicht nur nicht, sie beleidigten sogar den heiligen Erguß eines liebenden Gemüths«, das »ein s c h ö n e s Werk« an Jesu getan habe (GW 2.221 f.).

Der Regelung des menschlichen Lebens durch das Herrschen und Beherrschtwerden in moralischen Verhältnissen läßt Hegel nun Jesum »das reine Gefühl des Lebens« entgegensetzen. Als solches entzieht es sich der begrifflichen Fixierung. »Gott lieben ist sich im All des Lebens schrankenlos im Unendlichen fühlen« (GW 2.231). Das in diesem Gefühl gegenwärtige Göttliche ist reines Leben, und deshalb darf, »wenn von ihm, und was von ihm gesprochen wird, nichts entgegengesetztes in sich enthalten; und alle Ausdrüke der Reflexion über Verhältnisse des objektiven oder über Thätigkeit gegen objektive Behandlung desselben [müssen] vermieden werden«. »Ueber Göttliches kan darum nur in Begeisterung gesprochen werden.« Präsent ist es allein in seiner Wirkung, der liebenden »Vereinigung der Geister« (GW 2.250 f.). In der Entgegensetzung des Bewußtseinsverhältnisses läßt es sich nicht fixieren. Um reines Leben zu denken, wäre es erforderlich, »alle Thaten, alles zu entfernen, was der Mensch war, oder seyn wird« – also seine reine Gegenwart festzuhalten. Aber nicht zufällig ersetzt Hegel hier zweimal die Begriffe »Selbstbewußtsein« bzw. »reines Selbstbewußtsein« durch »Reines Leben« bzw. »Bewußtsein reinen Lebens«, und gleichwohl spricht er im Irrealis: »Bewußtseyn reinen Lebens wäre Bewußtseyn dessen, was der Mensch ist« – aber nicht im Sinne einer Abstraktion von allem Bestimmten, deren Resultat nur »das negative Unbestimmte« ist. Man könnte dieses »reine Leben« auszusprechen suchen als Einheit des Unendlichen und des Endlichen oder als substantielle Einheit der göttlichen und menschlichen Natur – aber auch diese Wendungen befestigen sprachlich noch die Differenz, deren Überwindung sie auszusagen vorgeben. »Reines Leben« kann deshalb allein mit der Formel angedeutet werden, die Hegel aus Hölderlins Denken und insbesondere wohl aus dem Fragment *Urtheil und Seyn* (StA IV.216 f.) vertraut ist, zur Bezeichnung dessen, was aller Entgegensetzung vorausliegt: »Reines Leben ist Seyn.« (GW 2.248) Kondylis und Baum haben darüber hinaus gezeigt, daß Hegels Rede von diesem »Seyn« wie auch von »Leben« »nahezu unverständlich« bleiben müsse, wenn man hinter ihr (und damit

auch hinter Hölderlins Lebensbegriff) nicht Jacobis »Grundgedanken der Liebe als der Selbsterfahrung des Lebens in der Beziehung der Lebendigen aufeinander und der darin liegenden Darstellung Gottes« höre – wenn auch unter Absehen von Jacobis »theistischer Schöpfungsmetaphysik« und statt dessen vor dem Hintergrund von Jacobis Formel des Pantheismus, Gott sei das Sein in allem Dasein (JWA 1.39,117; Baum, 47 f.; vgl. Kondylis, 513).

Mit der Lokalisierung dieses Gefühls des reinen Lebens in Jesu Bewußtsein der gott-menschlichen Einheit ist freilich das geschichtliche Scheitern dieses Gefühls ebenso entschieden wie in der *Positivitätsschrift* das des Gedankens der reinen Moralität Jesu; die Erklärung braucht nicht einmal modifiziert zu werden. Die Bedingungen des Mißerfolgs dieser Vereinigung sieht Hegel auch hier in der kulturellen Umwelt Jesu, doch spricht er sie sehr viel drastischer aus als zuvor: »die an geistigen Beziehungen so arme jüdische Bildung« nötigt Jesum, das Geistigste in sprachliche Wendungen hineinzuzwingen, die »der dürren Wirklichkeit« angehören (GW 2.251 f.) Wegen der »Verunreinigung des Lebens«, der Gefangenschaft »unter der Gewalt des Jüdischen« könne Jesus das Reich Gottes nur im Herzen tragen (GW 2.293). »Die Idee von Gott mag noch sublimirt werden, so bleibt immer das jüdische Princip der Entgegensezung des Gedanken gegen die Wirklichkeit, des vernünftigen gegen das sinnliche, die Zerreissung des Lebens, ein todter Zusammenhang Gottes und der Welt, eine Verbindung, die nur als lebendiger Zusammenhang genommen, und bei welchem von den Verhältnissen der Bezogenen nur mystisch gesprochen werden kan.« (GW 2.257) Der unendliche Geist hat »nicht Raum in dem Kerker einer Judenseele« (GW 2.267).

(4) In einer philosophiegeschichtlichen Situation, die dem späteren Systemgedanken Hegels nicht einmal mehr historisch gerecht zu werden vermochte, hat Diltheys Behauptung dogmatisierend gewirkt, Hegel habe »nichts Schöneres geschrieben« als diese religionsphilosophischen Fragmente der Frankfurter Jahre; in ihnen offenbare sich »die ganze historische Genialität Hegels in ihrer ersten Frische und noch frei von den Fesseln des Systems« (Dilthey 1905, 68). So hat die von ihm angeregte Forschung nicht allein über so manches nun wahrhaft Nicht-Schöne, ja völlig Inakzeptable wortlos-großzügig hinweggesehen; sie hat auch Hegels Texte als ein καλὸν ἔργον, als ein sich sowohl über die Kantischen Entzweiungen erhebendes als auch dem späteren angeblich verknöcherten System überlegenes »schönes Werk« aufgefaßt,

ohne auch nur die Frage zu stellen, wiewiet die an Hölderlins Vereinigungsphilosophie im *Hyperion* und im *Empedokles* gewonnene Begrifflichkeit sich als ein religionsphilosophisch fruchtbares Instrumentarium erweise.

Dabei hätte bereits der Umstand, daß die zitierten, nicht entschuldbaren Wendungen gegen die jüdische Religion sämtlich aus Hegels Frankfurter Zeit stammen (mit einem schwächeren Nachhall in der in Frankfurt begonnenen *Verfassungsschrift*, GW 5.158), zur Warnung dienen können. Geschichtliche Züge, die ihm in Bern als Indiz einer republikanischen Tradition des Judentums gelten (GW 1.371), interpretiert er nun als ein letztes Aufbäumen des jüdischen Fanatismus (vgl. GW 2.285). Man kann sie zwar auf die lokale Bedingung zurückführen, daß Hegel erst damals in nähere Berührung mit jüdischem Leben gekommen sein könnte – zumal das Frankfurter Ghetto 1796 durch die Kriegshandlungen zerstört worden ist und die jüdische Bevölkerung notdürftig untergebracht werden mußte. Doch Hegels hier so verständnislose und historisch verfehlte Abwertung der jüdischen Religion ist das begriffliche Resultat der prekären Logik der religionstheoretischen Applikation des Vereinigungsgedankens: Sie setzt sich die Absonderung, die Entzweiung als eine geschichtliche Realität voraus, um den aus völlig heterogenen Quellen entsprungenen Vereinigungsgedanken systematisch plausibel einführen zu können – ähnlich wie in Hegels Berner Deutung der Gedanke der reinen Moral sich die bloße Positivität voraussetzt oder wie allgemein im religionsgeschichtlichen Kontext der Erlösungsgedanke erst sekundär die Deutung der Welt als einer solcher Erlösung harrenden erzeugt. Die zufällig-kulturellen Gründe, die Hegel für das Scheitern des religiösen Vereinigungsprogramms verantwortlich macht, müssen vielmehr als strukturelle Gründe erkannt werden, die teils aus der Logik der Vereinigungsphilosophie, teils aus der Logik des religiösen Verhältnisses überhaupt folgen.

Diese doppelte Determination von Hegels Deutung des Schicksals Jesu spiegelt sich wider in dessen doppelter Entgegensetzung: gegen den »Genius« des jüdischen Volkes (GW 2.275) und gegen die »Welt«. Die strenge Focussierung des Prinzips der Liebe und der Vereinigung in der Gestalt Jesu depraviert erst den alttestamentlichen Bund zum »alten Bund des Hasses«, wie sie andererseits den periodischen Abfall Israels zum Baalsdienst als Ahndung »schöner*er* Geister« stilisiert (GW 2.68). Jesu Bewußtsein von seiner Einheit mit Gott erzeugt hingegen seine Ent-

gegensetzung gegen »Natur« und »Welt« als das strukturelle Komplement jener Einheit: »Die Existenz des Jesus war also Trennung von der Welt, und Flucht von ihr in den Himmel« (GW 2.296). Diese Entgegensetzung läßt sich aber nicht als Folge der ersten begreifen.

Im Blick auf die Entstehung der christlichen Gemeinde sieht Hegel aber sehr scharf, daß eine Vereinigung, die sich der Absonderung gegenüber anderen Menschen verdankt, die Struktur der Entgegensetzung perpetuiert und im Negativen befangen bleibt: »Das Wesen ihres Bundes war Aussonderung von den Menschen, und Liebe untereinander; beides ist nothwendig verbunden, diese Liebe sollte und konnte nicht eine Vereinigung der Individualitäten seyn, sondern die Vereinigung in Gott, und in Gott allein, im Glauben kan nur das sich vereinigen, was eine Wirklichkeit sich entgegensezt«. Das Verhältnis zur Welt bleibt hingegen durch eine »Ängstlichkeit vor ihren Berührungen […], eine Furcht vor jeder LebensForm« geprägt, weil jedes Sicheinlassen mit der Objektivität der Welt die Entzweiung mit Gott zur Folge hätte (GW 2.298). Die von Jesus gelebte und noch mehr die von ihm gestiftete Vereinigung ist deshalb immer auch partiell mißlungen, und dies aus logischen Gründen, nicht auf Grund der jüdischen Bildung der Evangelisten. Die Einsicht in diese Struktur deutet Hegel selber einmal an, indem er einräumt, um der Liebe willen sei »es nothwendig, daß sie sich absondert, daß sie sich sogar Feindschaften erschafft« (GW 2.283) – und analog erschafft auch Hegels vereinigungsphilosophische Deutung der evangelischen Texte sich notwendig Feindschaften.

(5) Dieses Verfehlen der Vereinigung analysiert Hegel an mehreren Themen der späteren christlichen Religion. In der symbolischen Handlung des Abendmahls »soll das Essen und Trinken – und das Gefühl des Einsseyn in Jesu Geist zusammenfliessen; aber das Ding und die Empfindung, der Geist und die Wirklichkeit vermischen sich nicht«; »es ist immer zweierlei vorhanden, der Glauben, und das Ding, die Andacht und das Sehen oder Schmekken« (GW 2.241 f.). »Etwas göttliches kan indem es göttlich ist, nicht in der Gestalt eines zu essenden und zu trinkenden vorhanden seyn«; »es war etwas göttliches versprochen, und es ist im Munde zerronnen« (GW 2.241,244).

Wie in der Sakramentenlehre, so mißlingt die Vereinigung von Geist und Wirklichkeit auch – und in doppelter Weise – in der Christologie. Jesu Bewußtsein der Vereinigung mit Gott wird als »Verschiedenheit des Wesens Jesu, und derer, in denen der Glauben an ihn zum Leben geworden in denen selbst das Göttliche ist« (GW 2.272), mißverstanden, und aller Protest Jesu »gegen Persönlichkeit, gegen eine seinen vollendeten Freunden entgegengesetzte Individualität seines Wesens, gegen den Gedanken eines persönlichen Gottes, von welcher der Grund eine absolute Besonderheit seines Seyns gegen sie wäre«, verhallt (GW 2.274). Und nach Jesu Tod findet zwar das in Jesu angeschaute, durch den Tod vernichtete reine Leben im Bild des Auferstandenen, »in dieser gestalteten Liebe«, eine das religiöse Bedürfnis befriedigende Form. Dennoch tritt in dieser »Apotheose«, in der »Deifikation«, zum Bilde des Auferstandenen etwas »vollkommen Objektives, individuelles hinzu«, das »dem Vergötterten immer wie Blei an den Füssen hängt, das ihn zur Erde zieht«: die eigentlich »im Grabe abgestreifte Hülle der Wirklichkeit« und Individualität. Während die Griechen nur dem zum Gott gewordenen Herakles Altäre weihen, beten die Christen auch den am Kreuz Hängenden an. »Diese ungeheure Verbindung ist es, über welche seit so vielen Jahrhunderten Millionen gottsuchender Seelen sich abgekämpft und gemartert haben.« Doch die Vereinigung mit einem Individuum ist ewig unmöglich (GW 2.309–311).

(6) Die Gültigkeit der in Hegels Satz ausgedrückten Bewertung beruht darauf, daß sich der Vereinigungsgedanke als religionsphilosophischer Zentralbegriff erweist und bewährt. Dies ist aber nicht einmal für die griechische Volksreligion vorauszusetzen. Ferner hat es den Anschein, daß Hegel die Plausibilität seiner Deutung durch Ignorieren weiter Partien sowohl der alttestamentlichen als auch der neutestamentlichen Überlieferungen erkauft – die Paulinische Theologie etwa blendet er völlig aus. Und schließlich stellt seine vereinigungsphilosophische Sicht gerade denjenigen Zug der Religion Israels unter ein pauschales Verdikt, der in neuerer Zeit gern als Indiz der weltgeschichtlichen Rationalisierungsleistung dieser Religion angeführt wird: Die Entgötterung der Welt erscheint in vereinigungsphilosophischer Terminologie lediglich als ein fundamentaler Mißgriff der trennenden Verstandesreflexion. Daß diese durchaus auch im Dienste des Lebens stehen könnte, läßt sich an einem von Hegel gewählten Beispiel veranschaulichen: Die dem Verstandesdenken entgegengesetzte »lebendige Beziehung Lebendiger« etwa führe zur Identifizierung des Einzelnen mit dem Ganzen, seinem Stamm, und daraus folge für die Kriegführung »bei einem solchen natürlichen ungetheilten Volke«, daß »jeder einzelne auf [das] grausamste niedergemacht wird«, während »im jetzigen Europa« »nicht gegen den Einzelnen, sondern gegen das ausser jedem liegende Ganze Krieg geführt« werde (GW 2.257 f.) – eine Humanisierung des Krieges, die vereinigungsphilosophisch gesehen freilich ein Manko darstellt.

Unabhängig vom Ansatz an der Vereinigungsphilosophie ist Hegels Analyse der christlichen Religion in zumindest einem Aspekt methodologisch vorbildlich: in seiner Unterscheidung der »Wahrheit« eines religiösen Gedankens von der »Wirklichkeit« im Sinne einer der historischen Forschung zugänglichen Realität (GW 2.322). Für Hegel, den »Vertrauten Lessings« (Br 1.21), steht es außer Frage, daß Religion nicht in Geschichtswahrheiten gründen könne. Es geht in einer Religion nicht um eine historische Begebenheit, sondern stets darum, »wie sie in der Phantasie und in dem erinnernden Leben der Juden vorhanden war« (GW 2.44). Über die Wirklichkeit im historischen Sinn ist »damit nichts gesprochen« (GW 22.219). Die von der Religion berichteten »Facta« entstammen ohnehin erst aus der Zeit, nachdem der Geist über die Zeugen gekommen war (GW 2.323). Die biblischen Zeugnisse sind keine historischen Dokumente; sie verdanken sich erst der Ausgießung des Geistes; sie bieten – mit dem modernen Ausdruck – ein kerygmatisches Geschichtsbild, aber keine historische Wirklichkeit.

(7) Ähnlich wie die Fragmente der Berner *Positivitätsschrift* enthalten auch die Fragmente zur christlichen Religion eine vom dominierenden religionsphilosophischen Interesse weitgehend unabhängige Partie. Analog zu den staatskirchenrechtlichen Ausführungen dort findet sich hier ein Exkurs zum Thema »Verbrechen, Strafe und Versöhnung« (GW 2.179–211). Inhaltlich berührt er sich mehr mit den von Rosenkranz überlieferten, oben (s. Kap. I.3.3) erwähnten Ausführungen zur Strafrechtsbegründung im preußischen *Allgemeinen Landrecht*, und er weist zugleich auf die spätere Theorie des Verbrechens und der Strafe in den *Grundlinien* voraus. Doch unterscheidet er sich davon durch die Einbettung der Thematik von Verbrechen und Strafe in den Zusammenhang des »Lebens«: »das Verbrechen ist eine Zerstöhrung der Natur; und da die Natur einig ist, so ist im zerstöhrenden so viel zerstöhrt als im zerstöhrten.« (GW 2.181) »die Strafe ist Wirkung eines übertretenen Gesetzes« (GW 2.188), und in diesem Gebiet ist die Entgegensetzung von Verbrechen und Strafe unüberwindlich und keine Versöhnung möglich – aber »die Strafe als Schiksal [ist] die gleiche Rükwirkung der That des Verbrechers selbst« (GW 2.188 f., 192); im Schicksal erkennt der Mensch sein eigenes Leben,

es »bewirkt eine Sehnsucht nach dem verlohrnen Leben.« (GW 2.194 f.) – Und noch an einem weiteren Punkt setzt sich das in diesen Jahren an Kant, dem *Allgemeinen Landrecht* und Steuart geschulte rechtsphilosophische Interesse Hegels gegen sein religionsphilosophisches durch: die religiöse Forderung nach Verachtung des Reichtums etwa gilt ihm als »eine Litanei, die nur in Predigten oder in Reimen verziehen wird, denn eine solche Foderung hat keine Wahrheit für uns. Das Schicksal des Eigenthums ist uns zu mächtig geworden, als daß Reflexionen darüber erträglich, seine Trennung von uns, uns denkbar wäre.« (GW 2.173)

Erstdruck: N 243–402. – **Text:** GW 2.3–97,111–338. – **Literatur:** Johann Gottfried Herder: Christliche Schriften. 4. Sammlung: Vom Geist des Christenthums. Nebst einigen Abhandlungen verwandten Inhalts. Leipzig 1798; Dilthey: Die Jugendgeschichte Hegels (1905), 54–60; Dilthey: Friedrich Hölderlin. In: ders.: Das Erlebnis und die Dichtung. Lessing-Goethe-Novalis-Hölderlin. Göttingen ¹⁴o.J., 242–317; Gisela Schüler: Zur Chronologie von Hegels Jugendschriften. In: Hegel-Studien 2 (1963), 111–159; Dieter Henrich: Hölderlin über Urteil und Sein. Eine Studie zur Entwicklungsgeschichte des Idealismus. In: Hölderlin-Jb 14 (1965/66), 73–96, ND in ders.: Konstellationen. Probleme und Debatten am Ursprung der idealistischen Philosophie (1789–1795). Stuttgart 1990, 49–80; Bernard Bourgeois: Hegel à Francfort ou Judaisme – Christianisme – Hégélianisme. Paris 1970; Dieter Henrich: Hegel und Hölderlin. In: ders.: Hegel im Kontext. Frankfurt am Main 1971, 9–40; Thomas Baumeister: Hegels frühe Kritik an Kants Ethik. Heidelberg 1976; Werner Hartkopf: Der Durchbruch zur Dialektik in Hegels Denken. Studien zur Entwicklung der modernen Dialektik III. Meisenheim am Glan 1976, 103–156; pleroma – zur Genesis und Struktur einer dialektischen Hermeneutik bei Hegel. In: Hegel: »Der Geist des Christentums«. Schriften 1796–1800. Mit bislang unveröffentlichten Texten. Hg. und eingeleitet von Werner Hamacher. Frankfurt am Main u. a. 1978; Hegels Frankfurter Fragment »welchem Zwekke denn«. Mitgeteilt und erläutert von Christoph Jamme. HS 17 (1982), 9–23; Jamme: »Ein ungelehrtes Buch« (1983); Jamme: Liebe, Schicksal und Tragik. Hegels »Geist des Christentums« und Hölderlins »Empedokles«. In: Jamme / Pöggeler (Hg.): »Frankfurt aber ist der Nabel dieser Erde« (1983), 300–324; Baum: Entstehung der Hegelschen Dialektik (1986), 38–75; Ziesche: Der handschriftliche Nachlaß Hegels (1995); Schmidt: Anerkennung und absolute Religion (1997), 88–122; Jens Halfwassen: Die Rezeption des Neuplatonismus beim Frankfurter Hegel – Neue Quellen und Perspektiven. In: Bondeli / Linneweber-Lammerskitten (Hg.): Hegels Denkentwicklung in der Berner und Frankfurter Zeit (1999), 105–125; ders.: Hegel und der spätantike Neuplatonismus. Untersuchungen zur Metaphysik des Einen und des Nous in Hegels spekulativer und geschichtlicher Deutung. HSB 40 (1999); Yoichi Kubo: Der Weg zur Metaphysik. Entstehung und Entwicklung der Vereinigungsphilosophie beim frühen Hegel. München 2000; Nikolaj Plotnikov: Gelebte Vernunft. Konzepte praktischer Rationalität beim frühen

Hegel. Stuttgart-Bad Cannstatt 2004; Thomas Hanke: Bewusste Religion. Eine Konstellationsskizze zum jungen Hegel. Regensburg 2012; Walter Jaeschke: Hegels Frankfurter Schriften. Zum jüngst erschienenen Band 2 der Gesammten Werke Hegels. In: Thomas Hanke / Thomas M. Schmidt (Hrsg.): Der Frankfurter Hegel in seinem Kontext. Hegel-Tagung in Bad Homburg vor der Höhe im November 2013. Frankfurt am Main 2015, 31–50.

3.5 Über Religion. Zwei Fragmente

(1) In seiner Ausgabe der *Theologischen Jugendschriften* hat Herman Nohl zwei Fragmente eines umfangreichen Manuskripts, dessen Ende Hegel datiert hat: »14. Sept. 1800«, unter den Titel *Systemfragment* gestellt. Da die beiden noch erhaltenen Bogen die Zählung »hh« bzw. »yy« tragen, ist es wahrscheinlich, daß der Umfang des ursprünglichen Textes knapp zwei »Alphabete« zu je 24 Bogen, d. h. eine mit »a, b, c« usf. und eine mit »aa, bb, cc« usf. gezählte Folge, also 47 Bogen umfaßt hat – gegenüber den 19 Bogen der *Positivitätsschrift*. Bereits Rosenkranz hat umfangreiche Auszüge aus beiden Fragmenten mitgeteilt (R 94–99; nicht allein, wie er irrtümlich schreibt, aus dem Mitte September vollendeten »Schluß«). Er hat sie zwar in den Kontext von Hegels »Kritik des Begriffs der positiven Religion« gestellt, jedoch bereits erwogen, ob Hegel in diesem Manuskript »den Begriff der Religion mit Beziehung auf sein System der gesammten Philosophie, woran er in diesen Jahren arbeitete, in einem Manuscript entwickelte, von welchem noch einige [!] mit Buchstaben bezeichnete Bogen vorhanden sind« (R 94). Auch Haym sieht Hegel hier an der »Schwelle« (86) seines Systems stehen, von der es nur noch eines letzten Schrittes bedarf.

Zum Titel *Systemfragment* hat Nohl (N 345 Fußnote) sich teils durch den errechneten erheblichen Umfang des ursprünglichen Manuskripts berechtigt gesehen, teils durch Hegels Bemerkung gegenüber Schelling – wenige Wochen nach der Vollendung dieses Manuskripts –, »das Ideal des Jünglingsalters« habe sich »zur Reflexionsform, in ein System zugleich verwandeln« müssen (2.11.00). Welche Gestalt und welche Begründungsstruktur dieses »System« gehabt haben könnte, ist jedoch auf Grund der gegenwärtigen Überlieferungslage nicht mehr festzustellen; es ist nicht einmal gewiß, daß das ursprüngliche Manuskript sich nicht wiederum nur auf Religion bezogen, sondern tatsächlich Systemcharakter gehabt habe und insofern für die beiden erhaltenen Bogen der eingebürgerte Name *System-*

fragment berechtigt sei. Wenn man jedoch bedenkt, daß Hegel noch Ende 1799 / Anfang 1800 die ausführliche Darstellung der Religion Israels (GW 2.331–336), mit der Nohl seinen »Geist des Christentums« beginnen läßt, in Form einer viele vorausgegangene Einzelheiten resümierenden Reinschrift niedergeschrieben und diese zugleich erneut überarbeitet hat, so ist es weitaus wahrscheinlicher, daß die ausführliche Schrift, der die beiden überlieferten Fragmente entstammen, eine zusammenhängende Darstellung zum Thema ›Religion‹ gewesen ist – was ja auch schon Rosenkranz erwägt (R 94). Dies läßt sich nicht mehr klären; erwähnt sei aber noch ein Kuriosum: Die Ähnlichkeit der beiden in den Jahren 1907 bzw. 1917 eingeführten Titel hat Anlaß dazu gegeben, daß das sogenannte *Systemfragment* selbst von einer Reihe namhafter Hegel-Interpreten bis in die jüngste Zeit mit dem sogenannten *Ältesten Systemprogramm* verwechselt worden ist – was vielleicht dadurch verständlich wird, daß das »Systemprogramm« kein Systemprogramm und das »Systemfragment« kein Systemfragment ist.

(2) Dilthey hat zurecht betont, daß die eigentümlichen Züge der religionsphilosophischen Fragmente dieser Jahre »am deutlichsten« in den beiden *Systemfragmenten* entgegentreten (141). Die Niederschrift des Ganzen hat Hegel wahrscheinlich unmittelbar nach Beendigung der eben erwähnten Abschrift zur Religion Israels Anfang des Jahres 1800 (und gegebenenfalls weiterer Überarbeitungen der Fragmente zur christlichen Religion) begonnen. Deren Begrifflichkeit prägt auch die beiden *Fragmente* Über Religion, doch wird sie von ihnen in freier Form, ohne die stete Rückbeziehung auf die jüdische oder christliche Religion entfaltet.

(3) Das erste der beiden Fragmente (GW 2.341–344) bildet etwa den Beginn des letzten Viertels des Gesamttextes. Es setzt ein mit der bekannten Terminologie von Entgegensetzung und Vereinigung, wendet sich jedoch der Klärung der hierin implizierten logischen Struktur zu: »Der Begriff der Individualität schließt Entgegensetzung gegen unendliche Mannigfaltigkeit, und Verbindung mit demselben in sich«; das Individuum hat sein Sein in der Beziehung auf alles Leben außer ihm, aber ebenso in der Entgegensetzung gegen sie. Für unsere Betrachtung ist das »ausser unserem beschränkten Leben gesetzte Leben ein unendliches Leben […]; als Vielheit, eine unendliche Vielheit von Organisationen, Individuen, als Einheit, ein einziges organisirtes getrenntes und vereinigtes Ganzes – die Natur«. (GW 2.342) Die Natur ist also »diese Vereinigung des Endlichen und Unendlichen

und die Trennung desselben in ihr«; weil sie aber nicht selbst Leben ist, hebt das die »Natur betrachtende, denkende Leben« aus ihren Entgegensetzungen ein Lebendiges heraus, das »frey vom Vergehenden« ist, ein »alllebendiges, allkräftiges, unendliches Leben, und nennt es Gott« – und könnte es auch »einen Geist nennen, […] denn Geist ist die lebendige Einigkeit des Mannichfaltigen, im Gegensaz gegen dasselbe als seine Gestalt« (GW 2.342 f.).

Durch die Verbindung mit dem Geist als dem belebenden Gesetz werden die mannigfaltigen »Einzelleben Organe, das unendliche Ganze ein unendliches All des Lebens«. Auch aus dieser Vereinigung der Einzelleben wäre jedoch »eine Entgegensetzung, nämlich das Tote«, ausgeschlossen – »aber das Leben kann eben nicht als Vereinigung, Beziehung allein, sondern muß zugleich als Entgegensetzung betrachtet« werden, als »Verbindung der Entgegensetzung und Beziehung«. Aber auch diese komplexe Formel gilt Hegel hier nicht als befriedigende begriffliche Lösung, sondern lediglich als Indiz der Unangemessenheit der Reflexion, und deshalb wählt er den Konjunktiv, um sie einzuführen: »ich müßte mich ausdrücken, das Leben sei die Verbindung der Verbindung und der Nichtverbindung«. Und auch diese Formel führt noch in einen unendlichen Regreß, in ein »Fortgetriebenwerden ohne Ruhepunkt«. Aus ihm befreit nur die Reflexion (die Hegel hier aber nicht mehr so nennt, sondern mit der Formel umschreibt, es dürfe nicht vergessen werden), daß diese sogenannte »Verbindung der Synthesis und Antithesis« nicht ein Reflektiertes sei, »sondern sein für die Reflexion einziger Charakter sei, daß es ein Sein außer der Reflexion ist.«

In der Beziehung zu diesem »Objekt« (wie Hegel dieses Sein dennoch, eigentlich inkorrekt, nennt), ist das »denkende Leben« »nimmer denkend«; sie ist nicht mehr philosophische Reflexion, die im Frankfurt-Homburger Freundeskreis mit »Trennung« konnotiert wird, sondern eine »Erhebung« »vom endlichen Leben zum unendlichen Leben«, und damit Religion, Anbetung Gottes. »Die Philosophie muß eben darum mit der Religion aufhören, weil jene ein Denken ist, also einen Gegensatz teils des Nichtdenkens hat, teils des Denkenden und des Gedachten«. Philosophie hat – als Reflexion – nicht nur ihre Grenze an der Religion; sie hat für diese eine propädeutische Funktion: »sie hat in allem Endlichen die Endlichkeit aufzuzeigen, und durch Vernunft die Vervollständigung desselben [zu] fordern […] und so das wahre Unendliche außerhalb ihres Umkreises [zu] setzen.«

Diese Formulierungen zeigen einen in der Tat an mystisches Denken erinnernden Kampf Hegels mit der Sprache, auch das noch sprachlich fassen zu müssen, was doch über alle Fixierungen der Sprache und des Denkens hinausliegen soll. So spricht er von einem denkenden Leben, das »nimmer denkend« sei, von einem »Objekt«, das aber »nichts Reflektiertes« sei, von einem »Sein des Unendlichen«, das jedoch nicht durch Reflexion gesetzt werde und nicht durch Komplementierung des Beschränkten durch das Beschränkende zu denken sei, weil sonst auch das Beschränkende wieder als Beschränktes gedacht werden müsse, und von einem Charakter des Seins für die Reflexion, der einzig darin bestehe, »daß es ein Sein außer der Reflexion ist«. Der unendliche Regreß der philosophischen Reflexion, der durch die religiöse Erhebung ersetzt und überwunden werden soll, reproduziert sich in einem nicht minder unendlichen Progreß der Erhebung – und in einem Progreß der Formulierungen zu seiner Vermeidung, dessen potentielle Unendlichkeit jedoch durch das Abbrechen des Fragments umgangen wird.

(4) Das zweite der beiden Fragmente (GW 2.345–348) bildet den Abschluß des Manuskripts. Vom ersten ist es durch 15 Bogen, also sechzig Seiten getrennt. Die Grundbegriffe der Konzeption sind hier bereits entwickelt, doch bietet dieses Fragment Ansatzpunkte zur Lehre vom religiösen Kultus wie auch zum Verständnis der Totalität der Religionen und schließlich Gesichtspunkte zur Stellung Hegels zu einigen seiner Zeitgenossen.

Der Beginn von Hegels Deutung des Kultus ist verloren, doch ist einem Rückblick zu entnehmen, daß er zuvor die Objektivität des Göttlichen im Kultus im Blick auf die Zeit behandelt hat. Nachdem »oben« »die Antinomie der Zeit, der Moment und die Zeit des Lebens als notwendig gesetzt« worden sei, beschreibt Hegel nun eine analoge Antinomie im Blick auf den Raum. Religionen verleihen auch dem Raum eine religiöse Qualität – die Richtung nach Sonnenaufgang oder auch nur das »Gestaltlose des bestimmten Raums«. Mit der Präsenz Gottes im Kult sei »die objektive Antinomie in Ansehung des Gegenstands gesetzt; das in der Unermeßlichkeit des Raums unendliche Wesen ist zugleich im bestimmten Raume« – eine Bestimmung, der etwa der Vers des Kirchenlieds Ausdruck gibt:

Den aller Himmel Himmel nicht umschloß,
Der liegt nun in Mariä Schoß.

Bereits Dilthey (1905, 150) hat vermutet, daß ein in diese Thematik eingestreut wirkender Gedanke eine implizite Auseinandersetzung Hegels mit Schleiermachers 1799 anonym erschienenen Reden *Über die Religion. Reden an die Gebildeten unter ihren Verächtern* (KGA I/2.187–326) enthalte. Hegel unterscheidet hier – soweit sich wegen des fragmentarischen Beginns noch erkennen läßt – zwischen einer reinen räumlichen Objektivität, die den »Vereinigungspunkt für viele« gebe, und einer aus der Subjektivität geborenen, aber nur »möglichen Objektivität«. Gegen eine etwaige Betonung solcher Subjektivität wendet er ein: »Göttliches Gefühl, das Unendliche vom Endlichen gefühlt, wird erst dadurch vervollständigt, daß Reflexion hinzukommt, über ihm verweilt«. Ihr Verhältnis zum Gefühl sei aber nur ein Erkennen des Gefühls, »getrennte Reflexion über dem getrennten Gefühl«. Gegenüber Schleiermachers Subjektivierung des religiösen Verhältnisses, seiner Akzentuierung des Gefühls (oder der Anschauung) als des zentralen Begriffs der Religion, betont Hegel somit bereits hier die »Objektivität« als die bestimmende Kategorie für das religiöse Verhältnis.

Dem scheint zu widersprechen, daß Hegel es als »das Wesen des Gottesdienstes« bestimmt, »die beschauende oder denkende Betrachtung des objektiven Gottes aufzuheben, oder vielmehr mit Subjektivität Lebendiger in Freude zu verschmelzen«. Solche Subjektivität manifestiert sich jedoch nicht in Form der von Schleiermacher propagierten individuellen »Anschauung des Universums«; sie hat ihren Ort in den Formen kultischen Gemeinschaftslebens – in Gesang und Tanz – und erfordert deshalb eine »Ordnung, die als Lebendes ein Ordnender« ist. Diese Argumentationsfigur der Deduktion des »Priesters« weist sowohl auf die *Wissenschaft der Logik* (GW 12.236) als auf die *Grundlinien der Philosophie des Rechts* (§ 279) voraus: Bei bedürfnisvollem äußeren Leben – also in der arbeitsteiligen Gesellschaft – ist der Priester gleichfalls ein Ausgesonderter.

Im Kontext dieser Ausführungen über den religiösen Kultus skizziert Hegel ferner eine Theorie des Opfers – und hierbei greift er auch wieder auf Elemente der Vereinigungsphilosophie zurück. Im religiösen Leben herrsche ein durchaus ambivalentes Verhältnis zum »Objekt« – Belebung der Objekte, aber auch Bestehenlassen des Objektiven als Objektiven und sogar Objektivierung von Lebendigem. Denn in den religiösen Vereinigungen könne der Mensch die Bedingungen der Religion nicht erfüllen, »von absoluter Objektivität frei zu sein« und sich völlig über endliches Leben zu erheben, weil er sich nicht vom Eigentum und der Vernichtung von Objekten im Dienst endlicher Zwecke befreien könne.

Im Opfer aber vernichte der Mensch einen Teil seines Eigentums vor der Gottheit, ohne dabei einen endlichen Zweck zu verfolgen, »und durch diese Zwecklosigkeit des Vernichtens allein, durch dies Vernichten um des Vernichtens willen macht er sein sonstiges partikuläres Verhältnis des zweckmäßigen Vernichtens gut, und hat zugleich die Objektivität der Objekte durch eine auf sich nicht bezogene Vernichtung, ihre völlige Beziehungslosigkeit, Tod, vollendet«.

Hegel beschließt sein Manuskript mit einem Ausblick auf die Totalität der Religionen, der im Vergleich mit anderen Religionsdeutungen seiner Zeit in mehrfacher Hinsicht überrascht. Ein erstes Charakteristikum liegt im Stillschweigen hinsichtlich des damals noch dominierenden Gedankens einer natürlichen Religion. Er zeichnet auch keine Religion als ›Normalreligion‹ aus, sondern er operiert nur mit einem formalen Begriff von Religion: Sie sei »irgend eine Erhebung des Endlichen zum Unendlichen« – aber es sei keineswegs nötig, daß in dieser Erhebung »so wenig Endliches […] bleibe als möglich«. Analog wird Hegel später die Religionen insgesamt unter den Begriff des absoluten Geistes stellen. Auch damit ist nicht eine normative, eine Vollendungsgestalt bezeichnet; vielmehr gilt wie schon hier: »auf welcher Stufe der Entgegensetzung und Vereinigung die bestimmte Natur eines Geschlechts von Menschen stehen bleibe, ist zufällig in Rücksicht auf die unbestimmte Natur.« Deshalb sucht Hegel hier nicht, die Religionen am Maßstab des Gelingens der Vereinigung in einer hierarchisch geordneten Religionsgeschichte zu systematisieren. Die geschichtlichen Ausformungen der religiösen Erhebung unterscheiden sich auch nicht danach, ob den Völkern eine Offenbarung zuteil geworden sei oder nicht, sondern einzig in Relation zu ihrer geschichtlich zufälligen Lebensform. Glückliche Völker gelangen zu einer vollkommeneren Vereinigung, unglückliche hingegen »müssen in der Trennung um Erhaltung eines Gliedes derselben, um Selbständigkeit sich bekümmern; sie dürfen diese nicht zu verlieren suchen, ihr höchster Stolz muß sein, die Trennung fest, und das Eine zu erhalten«: mit der Selbständigkeit der Subjektivität zugleich das unerreichbare göttliche Objekt. Und unter dieser kulturellen Bedingung der Entgegensetzung, des Fixierens des Subjektiven und Objektiven, ist es nochmals »zufällig«, die Übermacht Gottes zu fürchten »oder sich als reines Ich, über den Trümmern dieses Leibes und den leuchtenden Sonnen, über den tausendmaltausend Weltkörpern, und den so viele Male neuen Sonnensystemen

als eurer alle sind, ihr leuchtenden Sonnen – zu setzen« – wie Hegel Fichtes *Appellation an das Publikum* zitiert (GA I/5.451 f. – und nicht etwa »parodiert« wie Kondylis 1979, 497, annimmt).

Und obgleich Hegel in seinen religionsphilosophischen Fragmenten, insbesondere im *Fragment* Zu der Zeit da Jesus … (GW 2.116–118) den Kantischen Moralbegriff und damit implizit auch das nach diesem Vorbild modellierte Gottesverhältnis um der darin implizierten Entgegensetzung, ja ›Unterjochung‹ willen scharf kritisiert, beschließt er nun sein vermeintliches »System« – oder besser: seine *Religionsschrift* – mit dieser Apologie des als Atheisten angeklagten Fichte (die allerdings in der Literatur zum Atheismusstreit nicht zur Kenntnis genommen wird): Fichtes Gottesgedanke sei zwar nicht »schön menschlich«, sondern »fürchterlich erhaben«, und die Seligkeit seines durch Herrschaft ausgezeichneten Ich sei »gleichbedeutend im Grunde« mit dem christlichen Gott, diesem »absolut fremden Wesen, das nicht Mensch werden kann« oder »wenn es dies (also in der Zeit) geworden wäre, auch in dieser Vereinigung ein absolut Besonderes, nur ein absolutes Eins bliebe« – so daß es also keinerlei Grund für die Anklage des Atheismus gibt. Unter den zeitgenössischen Bedingungen, unter denen »die Vereinigung mit der Zeit unedel und niederträchtig wäre« (und dieser Konjunktiv »wäre« ist hier nicht als Irrealis zu lesen wie im vorigen Satz!), erscheint die Fichtische Entgegensetzung des Ich gegen alle Objektivität sogar nicht allein als »gleichbedeutend«, sondern als »das Würdigste und Edelste«.

Erstdruck: N 345–351. – **Text:** GW 2.339–348. – **Literatur:** Dilthey: Jugendgeschichte Hegels (1905), 141–144,148–153; Manfred Baum: Zur Vorgeschichte des Hegelschen Unendlichkeitsbegriffs. HS 11 (1976), 89–124; Baum: Entstehung der Hegelschen Dialektik (1986), 68–75; Shen Zhang: Hegels Übergang zum System. Eine Untersuchung zum sogenannten »Systemfragment von 1800«. HSB 32 (1992).

3.6 Überarbeitung der Positivitätsschrift

(1) Nur zehn Tage nach dem Abschluß des sog. »Systems« und unmittelbar nach der Rückkehr von seiner zweiten Reise nach Mainz beginnt Hegel am 24.9.00, den Anfang der *Positivitätsschrift* zu überarbeiten – ein Zeichen dafür, daß er weiterhin auf ihre Publikation hofft, obgleich sich sein philosophischer Ansatz seit den beiden späten Berner Jahren erheblich gewandelt hat. Eigentümlicher Weise zei-

gen sowohl die Überarbeitung der Einleitung wie auch des Beginns der eigentlichen Abhandlung zwar einen deutlichen Fortschritt im Blick auf die Exposition der Problemstellung, aber keine Spuren der Vereinigungsphilosophie der Frankfurter Jahre – als ob Hegel bestrebt gewesen sei, den historischen Charakter und damit auch die gedankliche Einheit dieser Schrift nicht durch seine spätere Begrifflichkeit gravierend zu verändern. Die von ihm beabsichtigten Änderungen betreffen den Begriff der Positivität (2), die Präzision der Problemstellung (3) und die Stellung zur Religionskritik der Aufklärung (4).

(2) Das wichtigste Ergebnis der Überarbeitung besteht darin, daß der Begriff der Positivität, den Hegel zuvor ohne Bedenken verwendet hat, selber fraglich wird. Während er ursprünglich die »Positivität« einer Religion in Entgegensetzung gegen ihren moralischen Charakter bestimmt, erscheinen nun die Begriffe der menschlichen Natur und der natürlichen Religion als ihre Gegenbegriffe. Doch erweist Hegel eben diese Gegenbegriffe als problematisch: Sie beruhen auf der in einer jahrhundertelangen Entwicklung erworbenen und gleichwohl unzutreffenden Voraussetzung, daß sich die geschichtliche Mannigfaltigkeit der Erscheinungen der menschlichen Natur in Einen Begriff zusammenfassen lasse – doch lasse der Begriff der menschlichen Natur unendliche Modifikationen zu. Diese seien aber nicht bloß Zufälliges gegen den Begriff, sondern das eigentliche Lebendige, Natürliche und Schöne.

Die Positivität einer Religion kann somit nicht im Kontrast gegen reine Moralität oder gegen eine abstrakte menschliche Natur bestimmt werden; sie kann überhaupt nicht inhaltlich fixiert werden, sondern nur als Gegenbegriff gegen die geschichtlich variable Ausformung der menschlichen Natur und ihrer Bedürfnisse: Eine Religion, die »der Natur ihres Zeitalters« angemessen ist, ist nicht als positive zu bezeichnen – selbst wenn diese Natur als noch so elend erscheinen mag. Denn die »allgemeinen Begriffe von der menschlichen Natur sind zu leer, als daß sie einen Maasstab für die besondern und nothwendig mannichfaltigern Bedürfnisse der Religiosität abgeben könnten.« (GW 2.354) Erst durch einen geschichtlichen Wandel, etwa im Freiheitsbewußtsein, also durch die bewußtseinsgeschichtliche Herausbildung eines Mißverhältnisses zwischen ihrer stabilen Erscheinungsform und dem gewandelten Bedürfnis wird eine Religion zu einer positiven.

Diese Korrektur des Begriffs einer positiven Religion führt jedoch in einen massiven historischen Relativismus, der nur noch über den Maßstab der Übereinstimmung einer Epoche mit sich selbst verfügt: »der schwachsinnigste, härteste Aberglauben ist für ein seelenloses, menschliche Gestalt habendes Wesen nichts Positives«; der Aberglaube unterschiede sich nur dadurch vom Glauben, daß er nicht mehr allgemein geteilt würde. Hegel sieht sich deshalb genötigt, die Folgen seiner Korrektur des Positivitätsbegriffs durch eine Differenzierung zwischen den Perspektiven der Anhänger und der Betrachter einer Religion zu entschärfen: Für seine Anhänger hat der Aberglaube nichts Positives; »für den Beurtheiler aber ist er nothwendig ein positives, eben weil diesem als Beurtheiler ein Ideal von Menschheit vorschweben muß.« Damit scheint die Entscheidung über »Positivität« doch wieder der Vernunft anheim zu fallen – und so ist Hegel genötigt, nochmals zu präzisieren: »Ein Ideal der menschlichen Natur ist aber ganz etwas anderes, als allgemeine Begriffe über die menschliche Bestimmung«. Es lasse Besonderheit zu; es fordere sogar religiöse Gefühle und Handlungen, die »vor dem Laternenlicht der allgemeinen Begriffe« als überflüssig erscheinen – unbefangene Handlungen, unschuldige Gefühle, schöne Darstellungen der Phantasie, die das Ewige an ein Zufälliges knüpfen. Mit dieser Forderung kehrt Hegel jedoch nicht zum Ausgangspunkt seiner Religionsphilosophie zurück; vielmehr markiert er nun sehr scharf den Punkt des Abgleitens in die Positivität: »Nur wenn das Überflüssige die Freyheit aufhebt, wird es positiv, das heißt wenn es Prätension gegen den Verstand und die Vernunft macht, und deren nothwendigen Gesezen widerspricht.« Verstand und Vernunft haben auch keine Kompetenz, sich in alle menschlichen Verhältnisse einzumischen; sie sind nur dann legitime Richter, »wenn an sie appellirt wird; was keinen Anspruch darauf macht, verständig, oder vernünftig zu seyn, gehört durchaus nicht in ihre Gerichtsbarkeit.« (GW 2.354 f.)

Mit diesen Überlegungen zur Deutung der Religion verschafft Hegel sich ein flexibles, die historische Besonderheit der Religionen berücksichtigendes Instrumentarium. Dessen kritisches Potential ist jedoch stark limitiert: Verwerfliche »Positivität« liegt nicht schon dort vor, wo der Mensch das Ewige und Heilige an etwas Zufälliges knüpft, sondern nur, »wenn das Zufällige als solches, als dasjenige, was es für den Verstand ist, Ansprüche auf Unvergänglichkeit, und Heiligkeit, und auf Verehrung macht. Dann tritt das Recht der Vernunft ein, von Positivität zu sprechen.« (GW 2.355) Diese Bedingung trifft aber auf frühere Religionen nicht zu, weil sie nicht unter der Herrschaft des Verstandes und des Gerichtshofs der Vernunft stehen. Ihre moderne Verketzerung als Aberglauben verrate umgekehrt »einen grellen Aberglauben« an den Verstand, der schon terminologisch als Pendant zum »grellen Positiven« der Religion fungiert, d. h. zu der Ansicht, daß »die menschliche Natur absolut geschieden wird von der göttlichen« und »keine Vermittlung derselben, – ausser nur in Einem Individuum , – zugelassen« wird. Der Versuch jedoch, eine solche Vermittlung zu denken, müsse »am Ende in eine metaphysische Betrachtung des Verhältnisses des Endlichen zum Unendlichen übergehen« – und damit würde sie den Horizont der Frankfurter und a fortiori der Berner Manuskripte überschreiten (GW 2.361).

Gegenüber dem »entsetzlichen Geschwäze« eines sich aufgeklärt dünkenden religionskritischen Gestus spricht Hegel das Prinzip, das seine Interpretation nun leitet, fast provozierend aus – die Annahme, »daß die Überzeugung vieler Jahrhunderte, das, was die Millionen, die in diesen Jahrhunderten darauf lebten und starben, für Pflicht und heilige Wahrheit hielten, – daß diß nicht baarer Unsinn und gar Immoralität wenigstens den Meinungen nach, gewesen ist.« Aufgabe einer Interpretation sei es, »die Angemessenheit der Religion an die Natur zu zeigen, wie die Natur in verschiedenen Jahrhunderten modificirt war« (GW 2.356 f.). Dieses Prinzip bestimmt auch noch seine späteren religionsphilosophischen Vorlesungen (V 3.107).

Diese Modifikationen der menschlichen Natur versteht Hegel hier aber als statisch und geschichtlich-zufällig – gleichsam positivistisch und relativistisch. Er sieht sie zwar »in Verbindung mit den Sitten und dem Charakter der Völker und Zeiten« (GW 2.357), als Ausdruck eines jeweils in unterschiedlicher Weise vorhandenen Bedürfnisses der menschlichen Natur – aber er denkt diese Mannigfaltigkeit noch nicht als durch ein Prinzip geordnet. Auf dieser Basis wäre eine Religionsgeschichte nur möglich als Naturgeschichte des menschlichen Bedürfnisses – »Naturgeschichte« verstanden im traditionellen Sinne einer »historia«, einer Erzählung von den differenten Erscheinungsformen der menschlichen Natur, nicht als kontinuierliche Entwicklung dieser Natur.

Ein Grundzug aber bleibt anscheinend von solcher Modifikation ausgenommen: »daß in der menschlichen Natur selbst das Bedürfnis [liegt,] ein höheres Wesen, als das menschliche Thun in unserem Bewußtseyn ist, anzuerkennen« und sich der Anschauung dieses Wesens auch abgesehen von den Nützlichkeiten des Lebens zu widmen (GW 2.361).

Hegel sieht es nun als »Bedürfnis der Zeit« an, aus diesem Bedürfnis der menschlichen Natur die von der Aufklärung »verworfene Dogmatik abzuleiten, ihre Natürlichkeit und Nothwendigkeit aufzuzeigen.« (GW 2.356) Diese Aufgabenstellung verrät eine zwar implizite, aber gleichwohl deutliche Selbstkritik. Denn seit dem Beginn der Berner Zeit sind Hegels religionsphilosophische Schriften von demjenigen Geist der Aufklärung geprägt, von dem er nun sagt, er biete dem nach Brot verlangenden Kind Steine dar (GW 2.355). So bewährt sich Hegel auch in dieser Revision als »Vertrauter Lessings« – denn dieser bekennt am 9.1.71 gegenüber Moses Mendelssohn: »Doch ich besorge es nicht erst seit gestern, daß, indem ich gewisse Vorurteile weggeworfen, ich ein wenig zu viel mit weggeworfen habe, was ich werde wiederholen müssen.«

(3) Im Anschluß an diese religionswissenschaftliche Methodologie in nuce bestimmt Hegel den Zweck seiner Abhandlung: als Untersuchung, »ob in der unmittelbaren Entstehung der christlichen Religion Veranlassungen lagen, daß sie positiv wurde« – ob in der Art, wie die christliche Lehre »aus Jesu Mund und Leben entsprang […] Umstände vorkommen, welche eine unmittelbare Veranlassung zur Positivität geben konnten, dazu, daß Zufälligkeiten, als solche, für Ewiges genommen wurden, daß die christliche Religion überhaupt auf einer solchen Zufälligkeit gegründet wäre, eine Behauptung welche von der Vernunft verworfen und von der Freyheit zurükgestossen würde.« (GW 2.362,358) Unter dem Eindruck der Abwendung des Frankfurter Hegel von seinem Berner Kantianismus ist übersehen worden, daß diese Problemstellung wörtlich an Kants *Religionsschrift* anschließt. Für Kant hat die christliche Religion »den großen Vorzug vor dem Judenthum, daß sie a u s d e m M u n d e d e s e r s t e n L e h r e r s als eine nicht statutarische, sondern moralische Religion hervorgegangen, vorgestellt wird« (AA VI.167). Den Gegenpol hierzu bildet die Fraktion derer, die den Vorzug der christlichen Religion darin sehen, daß sie »positiv aus dem Munde Jesu gekommen« sei (GW 2.359). Der Zweck der *Positivitätsschrift* liegt somit in der historischen Klärung der Richtigkeit der Behauptung Kants – im Lichte des zumindest späteren positiven oder – mit Kant – »statutarischen« Charakters der christlichen Religion.

Es geht Hegel nicht um die Frage, ob die Lehren der Religion, gemessen an den allgemeinen Begriffen des modernen Verstandes, etwas Zufälliges, »etwas überflüssiges und damit unvernünftiges und unnöthiges wären«. Denn solches Zufällige ver-

dankt sich erst den Abstraktionsleistungen der aufklärerischen Reflexion. Es geht ihm vielmehr um
solche Zufälligkeiten, »die als Gegenstand der Religion selbst als Zufälligkeiten bestehen sollen, die als
etwas vergängliches eine hohe Bedeutung, als etwas
beschränktes, Heiligkeit haben und der Verehrung
würdig seyn sollen«. Denn nur das der Religion immanente, für sie selber Zufällige kann nach dem
neuen Begriff von Positivität als Positives verworfen
werden (GW 2.362).

Wenn jedoch die Entscheidung über die Positivität
einer Religion von der Entscheidung zwischen den
beiden Arten des Zufälligen – dem des modernen
Verstandes und dem der Religion immanenten – abhängt, so stellt sich die Frage: »Was ist nun das Zufällige, das in der Handlungs- und Sprechart des Jesus
vorkommt, und fähig war, für sich als Zufälliges, für
ein Heiliges genommen und so verehrt zu werden?«
(GW 2.367) Doch mit dieser Frage bricht die Überarbeitung des Beginns der *Positivitätsschrift* ab.

Erstdruck: N 139–151. – **Text:** GW 2.349–367.

3.7 Entstehung der Dialektik und enzyklopädischer Blick

(1) Die Texte, die Hegel bis in die letzten Frankfurter
Monate schreibt, unterscheiden sich sowohl in formeller wie in inhaltlicher Hinsicht von denjenigen,
die er seit Beginn der Jenaer Zeit verfaßt. Er schreibt
sie zwar mit der Absicht einer Publikation, doch bleiben zumindest einige von ihnen Fragment, und auch
die nicht-fragmentarischen hält Hegel zurück (auch
wenn er sie, wie vieles andere, ein Leben lang aufbewahrt) – sei es, daß er keinem von ihnen den für
eine Publikation erforderlichen Reifegrad zuerkannt
hat, sei es, daß er zugleich mit der Vollendung eines
Manuskripts die darin jeweils ausgearbeitete Position wieder verlassen hat, oder sei es lediglich, daß sich
keine Möglichkeit zur Publikation ergab. Die Texte
hingegen, die er vom Jahr 1801 ab schreibt, sind zum
unmittelbaren Eingreifen in die zeitgenössische Diskussion bestimmt. Vor allem aber sind diese Texte
nicht mehr primär religionsphilosophischen Fragestellungen oder aktuellen politischen (*Cart-Schrift*,
Württemberg-Schrift) oder literarischen (Kants *Metaphysik der Sitten*) Anlässen gewidmet; sie entstehen
im Umkreis der akademischen Lehre der Philosophie, und sie bilden Beiträge zu einem System der
Philosophie oder zumindest zur Kontroverse um ein
solches System. Schon von den frühesten Systement-

würfen des Semesters 1801/02 läßt sich eine ununterbrochene Linie zum späten System der Berliner
Jahre ziehen. Dies berechtigt dazu, hier – und nicht
erst mit der »Entscheidung« für die Erkennbarkeit
des Absoluten (1802) (Kondylis 1979, 526) – eine Zäsur anzusetzen und die noch nicht durch den Systemgedanken organisierten Schriften als »Frühe
Schriften« – wenn auch nicht als »Theologische Jugendschriften« – zu bezeichnen.

Die Rede von einem Einschnitt unterstellt aber
zugleich Kontinuität – und nicht allein die Kontinuität eines Lebenszusammenhangs, sondern auch
Kontinuitätsmomente innerhalb der Entwicklung
des Denkens. Denn diese wird durch eine Zäsur
wohl nie völlig durchtrennt, sondern nur periodisiert
oder in ihrer Richtung abgewandelt. So stellt sich mit
der Frage nach der Zäsur zugleich die Frage nach der
Identifikation von Momenten einer Problemkon-
tinuität – und die weitergehende Frage nach dem
auch im späteren System aufbewahrten philosophischen Ertrag der frühen Schriften.

(2) Die Einsichten, die Hegel in seinen Berner Manuskripten in die durch Kant (und einige nach-kanti-
sche Variationen) bestimmte Problemlage der moralischen Interpretation von Religion gewinnt, bleiben
auch in seinem späteren Denken gültig: Von der Moral her läßt Religion sich nicht umfassend verstehen
– und sie läßt sich auch nicht, könnte man mit Schleiermachers *Reden* sagen, aus Metaphysik und Moral
übel zusammennähen (KGA I/2.199). Sie ist eine
Denk- und Lebensform, in der sich der Mensch zu
derjenigen umfassenden Wirklichkeit ins Verhältnis
setzt, deren Moment er doch zugleich ist. Die von
Hegel – vor dem Hintergrund der Religionspolitik
im revolutionären Frankreich – im Anschluß an
Kants *Religionsschrift* formulierten Problemstellungen, seine Fragen nach dem Verhältnis von rein-mo-
ralischer und positiver Religion und nach der Entstehung von Positivität, sind jedoch nur in diesem Kan-
tisch-nachkantischen Problemkontext relevant. Sie
sind Folgeprobleme der (unzutreffenden) Kantischen Prämisse von der Ursprünglichkeit der rein-
moralischen Religion (AA VI.167); schon deshalb
kann ihnen nach dem Ende des Streits um die moralische Religion Ende der 1790er Jahre für seine spätere Philosophie keine konstitutive Bedeutung mehr
zukommen. Sowohl im Blick auf die Entwicklung
der nachkantischen Philosophie insgesamt wie auch
im Blick auf seinen individuellen Denkweg erweist
sich diese Thematik als eine Sackgasse. Ihre Erkun-
dung führt Hegel zwar zu mannigfaltigen Einsichten
in die gedanklichen, geschichtlichen und politischen

Bedingungen religiösen Lebens, hindert ihn aber zugleich daran, den Gang der zeitgenössischen Philosophie zu verfolgen.

(3) In religionsphilosophischer Perspektive ist Analoges über seinen Frankfurter Versuch zu sagen, Religion mit dem Instrumentarium der Vereinigungsphilosophie zu begreifen. Er verschafft sich eine scheinbare Plausibilität, indem er ein einseitiges – um die Eschatologie und die Paulinische Theologie verkürztes – und zudem verfehltes Bild der christlichen Religion entwirft und ihm eine ärgerliche Karikatur der Religion Israels vorordnet, um diesem schiefen Bild mehr Plausibilität zu verleihen. Religionstheoretisch gesehen führt auch dieser Ansatz in eine Sackgasse – und Hegels Absicht in den letzten Frankfurter Monaten, die Berner Fragmente der *Positivitätsschrift* für eine Publikation zu überarbeiten, könnte ein Indiz dafür sein, daß ihm dies bewußt geworden ist. Zumindest ist sein Frankfurter Religionsbegriff für seine späteren religionsphilosophischen Vorlesungen ebenso irrelevant wie der Berner.

(4) Dennoch bleibt der Ertrag dieser Jahre nicht nur, wie der der Berner, negativ. Denn aus der Problemstellung der Vereinigungsphilosophie lassen sich teils mit ihr, teils gegen sie, Einsichten in Begriffsverhältnisse gewinnen, die gänzlich unabhängig von der verfehlten religionstheoretischen Applikation dieses Ansatzes sind und die Hegel in Stand setzen, in die zeitgenössischen Auseinandersetzungen um Transzendentalphilosophie und Substanzphilosophie einzugreifen – schon deshalb, weil das Begriffsinstrumentarium der damaligen Gestalt der Vereinigungsphilosophie selber dieser Debatte entstammt. Henrich (1971, 39) hat dies auf die Formel gebracht: »Vor der Frankfurter Begegnung mit Hölderlin war Hegel ein Kritiker der Kirche und ein Analytiker historischer und politischer Verhältnisse im Bund mit der Gironde. Im Anschluß an Hölderlin u n d im Abstoß von ihm ist er zum Philosophen seiner Epoche geworden.« Doch das dieser Deutung zu Grunde liegende Modell des *einen* Grundgedankens, aus dem sich »ohne Bruch« das spätere System – und in eins mit ihm die Hegelsche »Dialektik« – herleiten ließe, ist durchaus problematisch.

(5) In dieser Ausbildung dialektischen Denkens wird häufig der systematische Gewinn der frühen Schriften Hegels gesehen – eine Überzeugung, in der sich sehr gegensätzliche Deutungen berühren. Für eine theologische Interpretation hat sie das Interesse, daß Hegel an biblischen Texten, insbesondere am Prolog des Johannesevangeliums und am Trinitätsgedanken, zum Philosophen geworden sei; für die

marxistische Interpretation im Umkreis von Lukács haben Hegels Analysen gesellschaftlicher Verhältnisse dazu geführt; und auch für einen Kritiker von Lukács wie Hartkopf lassen die frühen Schriften »die Grundschicht des Dialektischen und entscheidende Motive für die Entfaltung der Dialektik erkennen« (222 f.). Er sieht den »Durchbruch zur Dialektik in Hegels Denken« schon sehr früh, bereits in der *Positivitätsschrift* (37, vgl. GW 1.365–376), aber nicht als originäre Entdeckung, sondern als eine eigentümliche, auf dem Felde des Humanen geerntete Frucht der Anregung durch Fichtes *Wissenschaftslehre* und Schellings Frühschriften – und auch als Rückfall hinter dessen Dialektik (29,220 ff.). Deshalb könne »Hegel keineswegs die Konzeption der modernen Dialektik zugesprochen werden, nicht einmal der Hauptteil an ihrer Entfaltung« (208). – Eine derart äußerliche Erklärung kann nicht als Lösung des Problems gelten; ein berechtigtes Moment enthält sie jedoch insofern, als sie den Ursprung der Dialektik in Hegels Begrifflichkeit und nicht in seinen Quellen oder Themen (wie der Trinität) zu finden sucht. Hegels Auseinandersetzung mit dem Prolog des Johannesevangeliums (GW 2.255 f.) zeigt ja sehr deutlich, daß er wie auch Fichte seine Begrifflichkeit nicht am Text gewinnt, sondern diesen im Lichte seiner Begrifflichkeit liest.

Gegenüber dem Rückgang auf die Berner Manuskripte hat sich in den drei letzten Jahrzehnten die Ansicht durchgesetzt, daß die Genese der Dialektik – wenn überhaupt in den frühen Schriften – in Hegels eigentümlicher Rezeption der Vereinigungsphilosophie zu finden sei, in den Begriffen der Liebe und des Lebens. Baum unterscheidet eine »Vorgeschichte« dieser Genese, die er vornehmlich am Fragment *welchem Zwecke …* (GW 2.83–95) illustriert: Es enthalte »Beschreibungen des Menschen und der Liebe, die den späteren Beschreibungen dialektischer Sachverhalte sehr nahe kommen«; eine eigentliche logische Terminologie sei aber noch nicht ausgebildet. »Ansätze zu einer dialektischen Behandlung von Gegensätzen beziehungsweise Widersprüchen« sieht Baum erst in der Überarbeitungsphase dieses Fragments im Winter 98/99, in der Hegel das Leben »im Selbstgefühl der Liebe als Einheit von Verdoppelung und Einigkeit« denkt (1986, 38,43).

Die eigentlichen »Anfänge der Dialektik« (48–75) findet Baum erst in dem (wie sich jetzt herausgestellt hat: jedoch viel früheren) Fragment *Glaube und Sein* (GW 2.10–13), das er als Auseinandersetzung Hegels mit Kant – auf der Basis der Begriffe des Glaubens und des Seins in Jacobis Briefen *Ueber die Lehre des*

Spinoza (vgl. JWA 1) deutet. Dieses Fragment ist allerdings – wie erst in GW 2.634 berichtet wird – auf Berner Papier geschrieben, stammt also mit sehr hoher Wahrscheinlichkeit aus der Berner Zeit, in der Hegel sich ja sehr intensiv mit Kant auseinandergesetzt hat. Es führt das aus der *Kritik der reinen Vernunft* bekannte Wort »Antinomie« in die Vereinigungsproblematik ein. Die Einheit, in der die »Antinomie«, d. i. zwei Entgegengesetzte vereinigt sind, sei hier »nicht ein von den vereinigten Entgegengesetzten verschiedenes drittes Relat, sondern die Tätigkeit des Vereinigens selbst«, die als reflektierte zum Gegenstand des Glaubens werde (49). Dieser Gedanke bereitet aber – nach Baum – auf dieser Stufe der Ausbildung von Hegels Denken noch Probleme, die dieser im Kontext einer »Lebensmetaphysik« zu bewältigen suche.

Hegels Einsicht in die Bedingung von Vereinigung läßt sich auch in das erste der beiden Fragmente *Über Religion* verfolgen, in dem er die angezielte Einheit von Verbindung und Nichtverbindung dadurch vor dem unendlichen Progreß einer stets erneuerten Komplementierung durch das Moment der »Nichtverbindung« zu bewahren sucht, daß er die Formel von der »Verbindung der Verbindung und der Nichtverbindung« als unpassend verwirft und den Progreß durch den Gedanken eines nur noch dem Glauben zugänglichen »Seins außer der Reflexion« abschneidet (s. Kap. II.3.5).

Dennoch kommt Hegel mit diesem Gedanken seinem späteren Begriff der Dialektik so nahe wie an keiner anderen Stelle seiner frühen Schriften – allerdings ohne ihn zu erreichen. Denn die erhaltenen Frankfurter Quellen belegen nicht mehr den hierfür erforderlichen letzten Schritt von der konjunktivischen Einführung der Formel »Verbindung der Verbindung und der Nichtverbindung« hin zu ihrer Ausformung im Gedanken einer »dialektischen« Philosophie des Absoluten – im Prinzip der Identität der Identität und der Nichtidentität. Dieser gedankliche Schritt deutet sich an mit dem Ortswechsel von Frankfurt nach Jena, von der religions- und vereinigungsphilosophischen Thematik zur Explikation des Absoluten im System der Philosophie. Hegel vollzieht ihn aber erst durch die Einsicht, daß diejenige Verbindung, die er als »Verbindung der Verbindung und der Nichtverbindung« zu denken sucht, nicht eine den beiden Relaten vorausgehende Einheit sei, sondern »nur der entwickelte Begriff der Relation selber ist« (Henrich 1971, 36) Doch bedarf es noch etlicher Jahre der Systementwicklung, bis es Hegel gelingt, seinen ›spekulativen‹ Begriff nicht allein als

ein Kriterium gegen eine ›tote‹ Auffassung von Identität zu setzen, sondern ihn, verbunden mit dem Gedanken der Negation, zum Prinzip der dialektischen Entfaltung der logischen Bestimmungen zu machen – und es bedarf vor allem der Einführung und Entfaltung des Begriffs des Geistes als des Grundbegriffs des späteren Systems.

(6) Doch so wichtig diese Thematik auch für die weitere Ausbildung von Hegels Philosophie ist: Es wäre verfehlt, den gedanklichen Ertrag der Frankfurter Jahre Hegels nur in dieser verengten Perspektive auf Hegels religionsphilosophische Schriften und ihren Beitrag zur Ausbildung seines Begrifflichkeit, insbesondere seiner ›Dialektik‹, in den Blick zu nehmen. Eine derartige Beschränkung des Blickwinkels ist eine naheliegende Folge von Nohls Edition der *Theologischen Jugendschriften*, denn sie blendet Hegels auch damals bereits bekannte politische Schriften bewußt aus, und sie gibt sich sehr zuversichtlich, daß selbst ein etwaiges Auftauchen von Hegels Kommentaren über Stewarts *Staatswirtschaft* und über Kants *Metaphysik der Sitten* das von ihm gezeichnete Bild der Philosophie Hegels nicht »wesentlich umwerfen könnte« (N VII). Angesichts der beiden genannten Schriften Hegels und der von Karl Rosenkranz erwähnten historischen und politischen Studien, insbesondere von Hegels Entwürfen zur *Verfassungsschrift*, ist diese Behauptung schon damals irreführend, und wenige Jahre später hat sich durch die Entdeckung von Hegels Übersetzung und Kommentierung der *Cart-Schrift* der Akzent nochmals gravierend verschoben. Aber nicht minder verfehlt als Nohls Versuch, Hegel zum Theologen zu machen, wäre es, ihn jetzt primär als ›Politiker‹ zu stilisieren. Gleichzeitig mit den letzten religionsphilosophischen Fragmenten schreibt Hegel ausgedehnte *Geometrische Studien* (GW 2.369–383) wie auch eine Beurteilung von Schillers *Wallenstein* (GW 2.385–388); Rosenkranz berichtet ferner von Hegels ausgedehnten Studien zur griechischen Philosophie, besonders zu Platon und Sextus Empiricus (R 100) (denen man sicherlich auch das Studium der Neuplatoniker hinzufügen darf), und von seinen ebenfalls umfänglichen Studien zur Naturphilosophie (aus denen wenige Monate nach dem Ende der Frankfurter Zeit Hegels Habilitationsschrift hervorgegangen ist). Dies alles verlangt eine Korrektur des Bildes, das Nohls Edition von diesen vier Lebensjahren Hegels vermittelt. Das politische Geschehen seiner Zeit – ob in der Schweiz oder in Württemberg oder im verwesenden Deutschen Reich –, und daneben das breite Feld der Weltgeschichte wie auch die Nationalökonomie, die

zeitgenössische praktische Philosophie, die Gesetzgebung und die Geometrie – und auch die Geschichte der Philosophie, der griechischen wie der neuesten Naturphilosophie: Bereits die Frankfurter Jahre sind also – *mutatis mutandis* – von der nahezu unfaßbaren, uneinholbaren Breite und Intensität des Erkenntnisinteresses geprägt, das den späteren Hegel wie wenige andere Denker charakterisiert. Schon in den Frankfurter Jahren ist Hegel von dem enzyklopädischen Interesse durchdrungen, das er wenig später in Jena ausbaut und das ihn dann Zeit seines Lebens auszeichnet.

Literatur: Henrich: Hegel und Hölderlin (1971), 27–34; Hartkopf: Durchbruch zur Dialektik (1976); Kondylis: Entstehung der Dialektik (1979), 494–526; Baum: Entstehung der Hegelschen Dialektik (1986), 48–73; Henrich: Der Grund im Bewußtsein. [Stuttgart 1992]; Jaeschke: Hegels Frankfurter Schriften (2015), 43–49.

4 Jenaer Schriften und Entwürfe (1801–1806)

Hegels Wechsel von Frankfurt nach Jena, vom Hauslehrerdasein zur akademischen Lehrtätigkeit im Umkreis Schellings, von privaten literarischen Versuchen zur öffentlichen Wirksamkeit durch Lehre und Publikation, bildet den stärksten Einschnitt in seinem Schaffen – nicht allein lebensgeschichtlich, sondern auch werkgeschichtlich: Noch im Jahr seiner Ankunft in Jena beginnt Hegel im Kontext seiner im Wintersemester 1801/02 begonnenen Vorlesungen, seine Philosophie in Systemform auszuarbeiten – und zumal in einer Systemform, die die spätere antizipiert. Kontinuitäten mit den Frankfurter Schriften sind freilich auch hier zu verzeichnen (s. 4.1 und 4.2) – doch die Differenzen überwiegen bei weitem.

Dies ist allerdings erst in der gegenwärtigen Rezeptionsphase deutlich geworden. Rosenkranz hat diese Zäsur durch seine Fehldatierung des *Systementwurfs II* (1804/05) in die Frankfurter Zeit verwischt (R 102–133), und Rudolf Haym hat seine Angaben zwar partiell, aber nicht im erforderlichen Umfang korrigiert. Nach Hoffmeisters Editionen der Realphilosophien haben letztlich erst die Arbeiten im Vorfeld der historisch-kritischen Edition, vor allem durch Heinz Kimmerle, die Chronologie der Texte vollständig revidiert – gestützt vor allem auf die buchstabenstatistische Analyse der Entwicklung

von Hegels Handschrift und auf Vorlesungsankündigungen. Diese neue Chronologie ist im wesentlichen bestätigt worden durch Eva Ziesches Analyse der Wasserzeichen. Erst durch diese Arbeiten sind die Schritte auf Hegels Denkweg, die zuvor einer Springprozession zur »phänomenologischen Krisis des Systems« (R 201) zu ähneln schienen, in ihrer geradlinigen, für Hegel so charakteristischen Konsequenz deutlich geworden.

Literatur: Heinz Kimmerle: Zur Chronologie von Hegels Jenaer Schriften. HS 4 (1967), 125–176; Kimmerle: Die Chronologie der Manuskripte Hegels in den Bänden 4 bis 9. In: GW 8.348–361; Henrich / Düsing (Hg.): Hegel in Jena. Die Entwicklung des Systems und die Zusammenarbeit mit Schelling. HSB 20 (1980); Henry S. Harris: Hegel's Development. Night Thoughts (Jena 1801–1806). Oxford 1983; Eva Ziesche: Der handschriftliche Nachlaß Hegels (1995).

4.1 Fragmente einer Kritik der Verfassung Deutschlands (1799–1803)

(1) Zwei Projekte Hegels werden jedoch von der genannten Zäsur nicht betroffen: seine naturphilosophischen (4. 2.) und seine politischen Studien. Sein Plan zu einer *Kritik der Verfassung Deutschlands,* oder kurz, zu seiner *Verfassungsschrift,* reicht bis in die Mitte der Frankfurter Jahre zurück, etwa in die Zeit, in der er sich entschlossen hat, die *Württemberg-Schrift* nicht zu veröffentlichen. Aber noch die ersten drei Jahre seiner Jenaer Zeit hält er an diesem Plan fest, der jedoch stets aufs neue überrollt wird durch die rasch auf einander folgenden politischen Ereignisse (1798 Rastatter Kongreß, zweiter Koalitionskrieg gegen Frankreich, 9.2.01 Frieden von Lunéville). Erst nach dem »Reichsdeputationshauptschluß« (25.2.03), der Entscheidung über die Entschädigungen für die an Frankreich verlorenen linksrheinischen Gebiete und die dafür durchgeführte Säkularisation, gibt Hegel seinen Publikationsplan auf – ohne daß sein Anliegen inzwischen erfüllt gewesen wäre. Der Leitsatz der *Verfassungsschrift,* »Deutschland ist kein Staat mehr«, ist ja sogar erst am 6.8.06, mit dem von Napoleon erzwungenen Verzicht Franz II. auf die deutsche Kaiserkrone, in einer Weise bestätigt worden, die Hegel selbst bei der Beendigung seiner Arbeiten so gar nicht antizipieren konnte.

Die *Verfassungsschrift* hat keine Aufnahme in die *Freundesvereinsausgabe* gefunden. Rosenkranz hat als erster über sie berichtet und auch Auszüge mitgeteilt – unter der irrtümlichen Annahme, Hegel ha be diese Texte erst nach der formellen Auflösung des Deutschen Reiches 1806, also im Umkreis seiner Redaktion der *Bamberger Zeitung*, geschrieben, und zwar als Analogon zu Fichtes *Reden an die deutsche Nation*. Schon Haym (1857, 485) hat aus besserer Kenntnis der Ereignisse um 1800 diese Fehleinschätzung korrigiert und weitere Fragmente veröffentlicht.

(2) Bei der *Verfassungsschrift* handelt es sich streng genommen nicht um eine »Schrift«, sondern um ein umfangreiches, wenn auch sowohl vor als auch nochmals nach Rosenkranz' und Hayms Durchsicht reduziertes Konvolut von fragmentarischen Vorarbeiten, Entwürfen, einer Reinschrift vom Spätherbst 1802 und Exzerpten, letztere vornehmlich aus dem Werk des damals führenden Staatsrechtlers Johann Stephan Pütter sowie aus zeitgeschichtlichen Quellen. Auf Grund von Heinz Kimmerles Chronologie der Jenaer Schriften (GW 8.352–355) und im Zusammenhang mit zeitgeschichtlichen Ereignissen, z. T. in leichter Differenz zu Eva Ziesche (27–29), sind die einzelnen Texte nun durch die Herausgeber von GW 5 datiert und vier Bearbeitungsstufen zugeordnet worden. Es muß allerdings offen bleiben, in welchem Umfang es verlorene Vorstufen aus der Frankfurter Zeit gegeben hat.

(3) Die Fragmente der *Verfassungsschrift* sind insgesamt in einem Gestus geschrieben, der sich markant von den wenigen Überbleibseln der ersten *Württemberg-Schrift* unterscheidet: durch die bittere Ironie. Die damals von seinen Freunden formulierte Erfahrung, daß die Sachwalter der Menschenrechte diese zu Gunsten einer zynischen Machtpolitik preisgegeben hätten, bildet nicht allein den zeitlichen, sondern auch den sachlichen Ausgangspunkt der *Verfassungsschrift*. Sie bildet insgesamt eine schonungslose Analyse des damaligen Zustands des Deutschen Reiches und der hierfür ausschlaggebenden Faktoren seit dem Dreißigjährigen Krieg, durchzogen mit bitterer Ironie gegenüber denen, die mit ihren Verlautbarungen und Handlungen das Deutsche Reich seinen inneren wie auch äußeren Feinden zum Gespött werden ließen. Die Spätphase dieser Entwicklung hat Haym (1857, 69) in die prägnante Formel gefaßt: »Die Reichsstände verließen und verriethen den Kaiser: der Kaiser verließ die Stände und verrieth das Reich.«

Die Misere Deutschlands ist aber auch von äußeren Faktoren abhängig. Neu gegenüber der *Württemberg-Schrift* – und durch die zeitgeschichtlichen Erfahrungen vermittelt – ist Hegels kritische Sicht der Außenpolitik des revolutionären Frankreich:

Das von dort herüberdringende (und in Deutschland begierig aufgenommene) »Freyheitsgeschrey«, der »Freyheitswahn« (GW 5.132,148) verdecke lediglich die faktisch auf Länderschacher und die Auflösung des Reichs gerichtete sehr zielstrebige Machtpolitik – wie schon im Dreißigjährigen Krieg die »treuherzigsten menschenfreundlichsten Manifeste« Gustav Adolphs (GW 5.215,126) nur über dessen Machtpolitik hinwegtäuschen sollten. Hegels Kritik gilt hier auch Napoleon, der einerseits die Republik Genf von der politischen Landkarte verschwinden läßt, aber der Republik San Marino »ein paar Kanonen zum Geschenk« macht, weil es hier nur gilt, »den Mund mit den Nahmen einer Achtung für Republiken vollzunehmen« (GW 5.141). Die Schärfe der Kritik Hegels an solcher Zweizüngigkeit ist wohl daraus zu verstehen, daß er hierbei mit Illusionen abrechnet, die er früher selber geteilt hat. Alle geschichtlichen Beispiele lehren, daß es vergebens sei, der inneren Logik der Machtpolitik souveräner Staaten moralische Appelle entgegenzusetzen: »So thöricht sind die Menschen, über idealischen Gesichten der uneigennützigen Rettung von Gewissen und politischer Freyheit, und in der innern Hitze der Begeisterung die Wahrheit, die in der Macht liegt, zu übersehen, und so ein Menschenwerk der Gerechtigkeit, und ersonnene Träume gegen die höhere Gerechtigkeit der Natur und der Wahrheit sicher zu glauben, welche aber der Noth sich bedient, die Menschen unter ihre Gewalt, aller Überzeugung und Theorie und innern Hitze zum Trotz zu zwingen.« (GW 5.107)

Diese Formel von der »Wahrheit, die in der Macht liegt«, ist mehrfach unter lautstarker und publikumswirksamer Beschwörung moralischen Entsetzens zitiert und verworfen worden – als frühestes Indiz des Hegelschen »Machtstaat-Denkens« (Heller 1921). Solche Kritik sucht aber durch Isolierung der Formel von ihrem Kontext vergessen zu machen, daß sie nicht als moralischer Maßstab für das Verhalten von Staaten beurteilt werden will, sondern als Beschreibung ihres faktischen Verhaltens, als illusionsloses »fabula docet« der politischen Geschichte der frühen – und nicht nur der frühen – Neuzeit. Seine Formel ist deshalb nicht durch moralische Entrüstung, sondern allein durch historische Kritik zu entkräften – durch den Nachweis, daß die geschichtliche Entwicklung durch andere Motive bestimmt worden sei. Doch verständlicher Weise unternimmt keiner der moralisierenden Kritiker auch nur einen (ohnehin vergeblichen) Versuch zur Korrektur des Bildes der damaligen politischen Lage, das Hegel auf mehreren hundert Seiten akribisch zeichnet.

> Das liebe heil'ge Röm'sche Reich
> Wie hält's nur noch zusammen?
> (*Faust*. Auerbachs Keller)

(4) Diese Frage haben damals nicht allein die Zechgenossen in Auerbachs Keller gestellt. Hegel hat sich nicht gescheut, dieses politisch und deshalb garstig Lied zu singen. Die überkommenen Fragmente der *Verfassungsschrift* bilden den wiederholten Erweis des immer wieder angeschlagenen provozierenden Kernsatzes: »Deutschland ist kein Staat mehr«. Ihre retrospektive Analyse der deutschen Misere reicht über den Dreißigjährigen Krieg zurück ins Lehenssystem und zum Prinzip der »deutschen Freiheit«, das er – mit Montesquieu – in den »germanischen Wäldern« beheimatet sieht. Verfehlt sei jedoch nicht dieses Prinzip der »deutschen Freiheit«, sondern die Form seiner neueren Entfaltung. Sie perpetuiert die gleichsam privatrechtlichen Lehensverhältnisse unter den Bedingungen der souveränen Staaten der Neuzeit und verwechselt somit Privatrecht und Staatsrecht (GW 5.11 et passim). In dieser Verwechselung liegt für Hegel die Wurzel der zeitgenössischen Misere: Deutschland ist kein Staat mehr, weil dasjenige Recht, das sein öffentliches Recht bilden müßte, als Privatrecht gehandhabt wird. Diese Einsicht erklärt einen Teil der Vehemenz, mit der er später in § 258 der *Grundlinien der Philosophie des Rechts* gegen v. Hallers Programm der *Restauration der Staatswissenschaften* polemisiert, das auf die Abschaffung der neu begründeten öffentlich-rechtlichen Verhältnisse zu Gunsten privatrechtlicher, patrimonialer zielt.

Diese von Hegel beklagte Verwechselung von Privatrecht und Staatsrecht ist freilich kein bloßer »Kategorienfehler«: Sie ist der begriffliche Ausdruck der (vermeinten) Interessenlage der deutschen Fürsten, die das – zudem mit ihrem Privatinteresse verwechselte – Interesse ihres Staates auf Kosten sowohl anderer Einzelstaaten als auch des Deutschen Reiches verfolgen – ohne gewahr zu werden, daß sie mit dieser Politik auch ihr eigenes wohlverstandenes Interesse schädigen. Trotz dieser verderblichen Orientierung an ihrem Partikularinteresse halten die souveränen Staaten am Reichsverband und an der Forderung fest, daß Deutschland ein Staat sein solle. Hierin liegt der »Widerspruch«, »die Verhältnisse der Stände so zu bestimmen, daß kein Staat möglich noch wirklich ist, und doch soll Deutschland schlechthin als ein Staat gelten« (GW 5.194). Auf der Ebene des

Interesses löst sich dieser »Widerspruch« allerdings insofern, als auch das vermeintliche Interesse am »Reichszusammenhang« letztlich nur ein Interesse am eigenen Vorteil ist (GW 5.44). Auf der Ebene des Staatsrechts hingegen bleibt er bestehen. Hegel greift deshalb zu paradox anmutenden Formulierungen: Die Deutschen seien »wohl das einzige Volk, dessen StaatsVerbindung so organisirt ist, daß keine Staats-Verbindung statt finde«; das Staatsrecht sei »gegen das Recht des Staates« organisirt (GW 5.56 f.). Der staatsrechtliche Ausdruck »Reich« sei ein bloßer Euphemismus an Stelle des Faktums, daß Deutschland kein Staat mehr sei. Die Verbindung der souveränen Einzelstaaten unter einander sei lockerer als sonstige Bündnisse mit Staaten außerhalb des Reiches; die Einzelstaaten verbänden sich nur mit einander, »ohne doch etwas gemeinschafftliches haben zu wollen«. Deutschland sei deshalb ein Staat nur »in Gedanken, und kein Staat in der Wirklichkeit«: der »Formalität« nach ein Staat, der Realität nach ein »NichtSeyn des Staates«, also ein bloßes Gedankending oder »Gedankenstaat« (GW 5.194).

(5) Über dieser schonungslosen Entlarvung sowohl der staatsrechtlichen als auch der faktischen Realität des damaligen Deutschland – und zudem über der moralischen Entrüstung über die von Hegel akzentuierte reale Bedeutung politischer Macht – ist ein zweiter, kaum weniger wichtiger Aspekt übersehen worden: die in der *Verfassungsschrift* gewonnene Einsicht in das Verhältnis von Religion und Staat. Hegel erarbeitet sich hier eine Einsicht, die im Anschluß an Carl Schmitt erst von der politischen Ideengeschichte der letzten Jahrzehnte aufgenommen und zur Geltung gebracht worden ist: Die Entstehung des modernen Staates ist wesentlich das Produkt der konfessionellen Bürgerkriege des späten 16. und des 17. Jahrhunderts.

In diesem Prozeß sind jedoch zwei Phasen zu unterscheiden, die man als »Destruktion« und »Adaptation« unterscheiden kann. Die Konfessionsspaltung zerreißt den traditionellen Staat – weil dieser Staat seinem Selbstverständnis zufolge mit der Religion eine Einheit bildet. »Die Religion, statt durch ihre eigne Spaltung sich vom Staate abzusondern, hat vielmehr diese Spaltung in den Staat hineingetragen, und am meisten beygetragen, den Staat aufzuheben, und sich so in das was Verfassung heißt hineingeflochten, daß sie Bedingung von Staatsrechten ist.« Für Deutschland ist dieses Zerreißen der Einheit von Religion und Staat besonders bedrohlich, da auf Grund des gegenüber anderen Ländern lockeren Staatsverbandes hierdurch »gewissermassen fast das

einzige Band zerrissen war« (GW 5.96). Eben deshalb wird diese Destruktion hier noch zielbewußt
gefördert: Es liegt damals im partikularistischen Interesse der Fürsten, am Prinzip der Einheit von Religion und Staat festhalten, um dadurch den Reichsverband zu schwächen: »die Trennung der Religion
hat wohl am meisten beigetragen, diß Staatsverband
zu zerreissen, und diß Zerreissen gesezlich zu machen; weil die Fürsten keine bessere Hülfe dazu als
im Gewissen ihrer Unterthanen finden konnten,
oder auch weil die Zeiten worein diese Religions-
Trennungen fielen, zu ungeschikt waren, die Kirche
vom Staat zu trennen, und der Trennungen des Glaubens ungeachtet, den Staat ganz zu erhalten.« (GW
5.20–22, vgl. 98) Ein Beispiel hierfür bietet etwa das
staatsrechtliche Institut der »itio in partes«: daß der
Reichstag in verschiedene konfessionelle Gruppierungen auseinandergeht, ohne daß die eine die andere überstimmt. Für Religionssachen durchaus angemessen, wirkt es darüber hinaus als fatales Instrument zur Blockierung eigentlich politischer Entscheidungen. Dieses Interesse an der politischen
Paralysierung des Reiches durch die Konfessionsspaltung wird auch von der französischen Politik geteilt, die sehr bewußt den religiösen Gegensatz als ein
machtpolitisches Instrument zur Schwächung
Deutschlands einsetzt und somit dort eine Situation
fördert, die sie im eigenen Lande mit Gewalt verhindert (GW 5.128).

Doch diese destruktiven Tendenzen und Zwecke
werden durch die geschichtliche Herausbildung eines neuen Prinzips korrigiert, gleichsam durch eine
den bewußten Zwecken überlegene immanente Vernunft der gesellschaftlichen Verhältnisse: Da sich unter den politischen Bedingungen der deutschen Staaten die Einheit von Konfession und Staat nicht mehr
verwirklichen läßt, erhält die faktische »Trennung«
einen anderen Gegenstand und eine andere Funktion: Sie zerreißt nicht den Staat, sondern sie hebt das
Prinzip der Einheit von Religion und Staat auf und
führt zur Einsicht, »daß verschiedener Religionen
ungeachtet, ein Staat möglich ist.« (GW 5.22) Indem
»die Religion den Staat vollständig zerrissen hat, hat
sie auf eine wunderbare Weise doch zugleich die
Ahndung einiger Grundsätze gegeben, worauf ein
Staat beruhen kan; indem ihre Spaltung die Menschen in dem innersten Wesen auseinanderriß, und
doch noch eine Verbindung bleiben sollte, so muß sie
sich über äussere Dinge, Kriegführen u. s. w. äusserlich verbinden; eine Verbindung, die das Princip der
modernen Staaten ist.« (GW 5.99) Hegel faßt deshalb
den Ertrag der geschichtlichen Entwicklung zu ei-

nem staatsrechtlichen Prinzip zusammen: »Daß nur
ein Staat möglich ist, ist die Trennung der Religion
und Politik nothwendig« (GW 5.46).

Diese Einsicht Hegels steht konträr zu der roman-
tisierenden Tendenz nicht allein seiner Zeit, die von
einer Rückkehr zur Einheit der Konfessionen im größeren Rahmen einer idealisierten mittelalterlichen
Einheit von Kirche und Staat träumt – exemplarisch
in Novalis' *Die Christenheit oder Europa* (1799). In
Hegels Perspektive wäre solche Rückkehr – ungeachtet der Frage ihrer Realisierbarkeit – genau der falsche Weg zur Gestaltung des gesellschaftlichen Lebens, weil er ein mühsam errungenes Prinzip politischer Freiheit wieder aufhöbe.

(6) Rudolf Haym kritisiert den Hegel der *Verfassungsschrift* wie schon den der *Württemberg-Schrift*
als »den Theoretiker, welcher in's Schwanken gerät,
sobald er aus seinen Vordersätzen den praktischen
Schluß ziehen soll« (1857, 74). Man kann diese Ansicht teilen, wenn man die *Verfassungsschrift* ausschließlich als eine politische Flugschrift liest. Hierhin mag man Hegels Vorschlag rechnen, die Neu-
gestaltung Deutschlands einem Repräsentativsys-
tem anzuvertrauen, das sich an Österreich anlehnt,
dessen Verfassung bereits das Moment der Repräsentation enthalte – im Unterschied zu Preußen.
Aber schon Hegels Behauptung, eine Einigung
Deutschlands zu einem »Staat« könne angesichts des
herrschenden Partikularismus nur durch Gewalt erfolgen, läßt sich als ein solcher wankelmütiger
»praktischer Schluß« betrachten, sondern als eine
vielleicht mißliebige, gleichwohl hellsichtige Prognose: »Der gemeine Hauffen des deutschen Volks,
nebst ihren Landständen, die von gar nicht anderm
als von Trennung der deutschen Völkerschafften
wissen, und denen die Vereinigung derselben etwas
ganz fremdes ist, müßte durch die Gewalt eines Er-
oberers in Eine Masse versammelt sie müßten ge-
zwungen werden, sich zu Deutschland gehörig zu
betrachten.« (GW 5.157) Die Forschung hat sich
mehr mit Identifikationsbemühungen abgegeben,
wen Hegel denn mit dem »Theseus« gemeint habe,
dem er diese Vereinigungstat zuschreibt – ob Napoleon (Dilthey 1905, 137) oder Erzherzog Karl, den
Bruder des Kaisers Franz II. und als Leiter der Staats-
kanzlei und Hofkriegsrat um 1800 den ›starken
Mann‹ Habsburgs (Rosenzweig 1920, Bd 1. 126 f.,
Pöggeler 1977, 99). Wichtiger ist es zu sehen, daß die
Vorgeschichte der Reichsgründung siebzig Jahre
später diese Prognose bestätigt hat: Der Partikularismus der deutschen Staaten hat sich allein durch
»Gewalt« überwinden lassen – wobei die Ebene des

Faktischen nicht mit der des Erwünschten zu verwechseln ist.

(7) Die Bedeutung der *Verfassungsschrift* liegt jedoch weniger in dem – ihr fraglos zukommenden – Charakter einer politischen Flugschrift als vielmehr darin, daß Hegel in ihr die politische Publizistik zu einer Staatsphilosophie weiterentwickelt und hierbei entscheidende und bleibende Charakteristika seines Staatsverständnisses erarbeitet – etwa im Blick auf das eben berührte Verhältnis von Staat und Religion.

In dem Begriff des Staats, den Hegel aus der kontrastierenden Erfahrung der deutschen und der französischen Geschichte seit dem Westfälischen Frieden gewinnt, dominiert das Moment der »Macht« – und damit das Moment, das Hegel als einen der Vorreiter des Machtstaatsgedankens erscheinen läßt. Franz Rosenzweig hat stilbildend für einen Zweig der Hegelkritik gewirkt, als er im Blick auf die *Verfassungsschrift* seine ganze Abneigung gegen Hegel in den Satz gekleidet hat: »›Macht, Macht und abermals Macht‹ steht über dem Eingang dieses Staatsgebäudes geschrieben; vor dem Licht dieser Sonne verschwindet dem geblendeten Blick des Denkers alle innere Mannigfaltigkeit staatlichen, alle geistige Fülle nationalen Lebens.« (109) Doch hier entschwindet dem geblendeten Blick des Interpreten weit mehr als dem von ihm fast böswillig entstellten Denker.

Deutschland ist kein Staat mehr, weil dem Reich nicht die Souveränität im Sinne Jean Bodins, die »summa potestas«, die höchste Gewalt, zukommt – allenfalls noch als gedachte, aber nicht als wirkliche. Ein politisches Gebilde ohne Souveränität aber ist nicht »Staat« im prägnanten neuzeitlichen Sinne. Die Ignorierung dieses Grundbegriffs des modernen Staates als des Zentrums der politischen Macht läßt den Reichsverband zum Gespött sowohl der eigenen Fürsten als auch der auswärtigen Eroberer werden und gibt ihn deren Machtinteressen Preis. Gegen diese basale theoretische und von Deutschlands Nachbarstaaten auch praktizierte Einsicht hilft es nichts, mit Rosenzweig die »geistige Fülle nationalen Lebens« aufzubieten; die Machtlosigkeit des Staates führt vielmehr zum Verlust eben dieses »nationalen Lebens« – zur faktischen Zersplitterung und über die Jahrhunderte hinweg kontinuierlichen Amputation des Reiches durch diejenigen Mächte, deren Politik Hegel die zuvor träumerisch geschlossenen Augen geöffnet und über das Wesen des modernen Staates belehrt hat.

Die Kritik des Hegelschen »Machtstaates« verschweigt ferner den grundlegend defensiven Charakter dieses Staates: Unter dem Titel »Begriff des Staats« beginnt Hegel mit der Definition: »Eine Menschenmenge kann sich nur einen Staat nennen, wenn sie zur gemeinschafftlichen Vertheidigung der Gesammtheit ihres Eigenthums verbunden ist« (GW 5.165, vgl. 66–68). Dieser Zusammenschluß zur Bildung einer obersten Gewalt im Interesse der Verteidigung des Eigentums (wie Hegel mehrfach wiederholt) macht den Kern des Staates und den Kristallisationspunkt für zwei essentielle »HauptGewalten« aus: Auch in einer politischen Situation, die von der früher offenen Gewalt zu berechneter, wohldosierter Gewalt übergegangen ist (GW 5.92), bedarf es eines einheitlich geführten, schlagkräftigen Heeres, das nicht, wie die »Reichsarmee«, nur zum Material für Anekdoten taugt. Und es bedarf einer einheitlichen Finanzverwaltung (GW 5.81–87), die nicht durch die periodischen öffentlichen Berichte darüber, daß die Reichskriegskasse noch 500 und wenig später nur noch 300 Gulden enthalte, allenfalls zur Erheiterung der Feinde des Reiches beitrage (GW 5.84,184).

Die Kritik des Hegelschen »Machtstaates« verschweigt ferner beharrlich, daß Hegel vehement dafür plädiert, die aus dem Gedanken des Staates als der höchsten Gewalt fließenden Funktionen auf die beiden genannten zu begrenzen: auf die Gewalt zur Verteidigung und auf die Finanzhoheit. Rosenzweig räumt dies zwar einmal ein (111), sucht diesen markanten Zug gerade dieses frühen Hegelschen Staatsbegriffs aber möglichst herunterzuspielen – obschon Hegel hier überaus klar ist: Was nicht für die Organisation der höchsten Gewalt zur Erhaltung der äußeren und inneren Sicherheit erforderlich ist, müsse die Regierung »der Freyheit der Bürger überlassen«, und Hegel betont, »daß ihr nichts so heilig seyn müsse, als das freye Thun der Bürger in solchen Dingen gewähren zu lassen und zu schützen, ohne alle Rücksicht auf Nutzen, denn diese Freyheit ist an sich selbst heilig« (GW 5.175). Nicht einmal die Einheit des bürgerlichen Rechts gilt ihm als konstitutiv für einen Staat – eine Behauptung, die er durch einen Rückblick auf die sehr partikularistische Rechtsverfassung des vorrevolutionären Frankreich und durch das Gedankenexperiment zu erweisen sucht, daß auch eine einheitliche Geltung des römischen Rechts in den europäischen Staaten diese nicht zu einem Gesamtstaat konstituierte (GW 5.69 f.). Der vielgeschmähte Hegelsche ›Machtstaat‹ umfaßt insofern weit weniger Funktionen als irgendein beliebiger heutiger Staat; er ist eher ein ›Minimalstaat‹, und in diesem Sinne ist er erheblich »liberaler« als jeder heutige Staat.

Das Gegenteil eines solchen Freiheit gewährenden Staates sieht Hegel nunmehr dort verwirklicht,

wo die Ideologie der Freiheit und der Menschenrechte nur noch als Schild dient, um die faktische
Unfreiheit und das Niedertrampeln der Menschenrechte notdürftig zu verdecken: im revolutionären
Frankreich. Jetzt unterzieht er dessen innere Struktur einer scharfen Kritik: Die von »seynwollenden
Philosophen und Menschheitrechtelehrern« auf-
gestellte und in Frankreich verwirklichte Politik suche mit »pedantischer Sucht«, alle Lebensverhältnisse bis ins kleinste Detail »von oben herunter« zu regeln. Sie lebe von dem »Grundvorurtheil, daß ein
Staat eine Maschine mit einer einzigen Feder ist, die
allem übrigen unendlichen Räderwerk die Bewegung mittheilt« – aber sie erzeuge nur ein »ledernes,
geistloses Leben« – im revolutionären Frankreich
wie unter anderen Prämissen in seinem scheinbaren
Gegensatz, im absolutistischen Preußen. Ein alt-
europäisches Ideal der unmittelbaren Teilnahme an
der zentralen Beratung und Entscheidung sei zwar
unter den Bedingungen der modernen Flächenstaa-
ten nicht mehr möglich; gleichwohl seien die nicht
zur Verteidigung des Eigentums erforderlichen Geschäfte der Verwaltung durch die Bürger zu überlassen (GW 5.172–177).

(8) Trotz seiner erklärten Absicht, die von ihm
schonungslos bloßgestellten verkehrten Verhältnisse
»zum Bewußtseyn zu bringen« (GW 5.54), erwartet
Hegel von solchem besseren Bewußtsein keine unmittelbaren politischen Auswirkungen, weil »der Begriff
und die Einsicht der Nothwendigkeit viel zu schwach
ist, um aufs Handeln selbst zu wirken; der Begriff und
Einsicht führt etwas so mistrauisches gegen sich, mit,
daß er durch die Gewalt gerechtfertigt werden muß,
dann unterwirft sich ihm der Mensch.« (GW 5.158)
Auch dies ist eine – vielleicht defätistische – Deskription, die jedoch nicht schon aus moralischen Bedenken zu verwerfen, sondern gegebenenfalls durch eine
historisch angemessenere zu ersetzen ist. Freilich läßt
eine derartige Einschätzung am Sinn einer politischen
Flugschrift zweifeln. Andererseits sieht Hegel aber
dennoch einen Zweck seiner Ausführungen: »das
Verstehen dessen was ist, und damit die ruhigere Ansicht, so wie ein in der wirklichen Berührung und in
Worten gemässigtes Ertragen derselben zu befördern.« (GW 5.163) Mit diesen Worten spricht Hegel
erstmals programmatisch aus, was für ihn später nicht
mehr die enge Aufgabe politischer Publizistik bezeichnet, sondern die Aufgabe seiner Philosophie insgesamt: »das Verstehen dessen was ist«.

Erstdruck: Hegel: Kritik der Verfassung Deutschlands. Aus
dem handschriftlichen Nachlasse des Verfassers herausgegeben von Dr. Georg Mollat. Nebst einer Beilage. Kassel

1893. – **Text:** GW 5.1–219, 453 f.; Editorischer Bericht:
552–611. – **Quelle:** Johann Stephan Pütter: Historische
Entwickelung der heutigen Staatsverfassung des Teutschen
Reiches. 3 Bde. Göttingen 1786–1787. – **Literatur:** R 235–
246; Haym: Hegel und seine Zeit (1857), 68–80,485–492;
Dilthey: Jugendgeschichte Hegels (1905), 126–137; Rosenzweig: Hegel und der Staat (1920), Bd. 1.104–130; Hermann
Heller: Hegel und der nationale Machtstaatsgedanke in
Deutschland. Ein Beitrag zur politischen Geistesgeschichte.
¹1921, ND Aalen 1963; Hans Maier: Einige historische Vor-
bemerkungen zu Hegels politischer Philosophie. In: Bubner
(Hg.): Das älteste Systemprogramm (1973), 151–165; Shlomo Avineri: Hegels Theorie des modernen Staates. Frankfurt am Main 1976 (englisch 1972), 49–81; Hočevar: Stände und Repräsentation (1968), 147–182; Otto Pöggeler: Hegels Option für Österreich. Die Konzeption korporativer
Repräsentation. HS 12 (1977), 83–128; Marie Jeanne Kö-
nigson-Montain: L'écrit de Hegel sur la constitution de l'Al-
lemagne (1799–1802). In: Henrich / Horstmann (Hg.): Hegels Philosophie des Rechts. Die Theorie der Rechtsformen
und ihre Logik. Stuttgart 1982, 38–55; Udo Rameil: Restitu-
tio Imperii? Betrachtungen zu Sinclairs Entwurf einer Verfassung Deutschlands mit Rücksicht auf Hegels Verfassungsschrift. In: Jamme / Pöggeler (Hg.): »Frankfurt aber ist
der Nabel dieser Erde« (1983), 135–167; Domenico Losurdo: Hegel und das deutsche Erbe. Philosophie und nationale Frage zwischen Revolution und Reaktion. Köln 1989, insbesondere 135–141; Matthias Pape: Revolution und Reichsverfassung – Die Verfassungsdiskussion zwischen Fürsten-
bund und Rheinbund. In: Elisabeth Weisser-Lohmann /
Dietmar Köhler (Hg.): Verfassung und Revolution. Hegels
Verfassungskonzeption und die Revolutionen der Neuzeit.
HSB 42 (2000), 40–84; Hegel: Über die Reichsverfassung.
Hg. von Hans Maier. Nach der Textfassung von Kurt Rainer
Meist. München 2002.

4.2 Dissertatio philosophica de orbitis planetarum

(1) Es ist nicht mehr bekannt, wann und unter welchen Umständen Hegel sich entschlossen hat, die Habilitation in Jena anzustreben (s. Kap. I.4.2). Genau
bekannt sind hingegen seit Kimmerles Forschungen
die einzelnen Schritte des Verfahrens. Sie sind im sog.
»Modell-Buch« der Universität Jena sowie durch zusätzliche Fakultätsbeschlüsse geregelt. Zumindest mit
den letzteren scheint Hegel nicht vollständig vertraut
gewesen zu sein; er scheint angenommen zu haben,
sein Gesuch vom 8.8.01 um »Nostrifikation«, d. h. um
Anerkennung seines Tübinger Magistergrades durch
die Jenaer Fakultät, reiche als Voraussetzung für die
Aufnahme von Vorlesungen aus. Er wird jedoch
durch die Fakultät darauf verwiesen, daß er vor Erteilung der Lehrerlaubnis und der Aufnahme in den
Lektionskatalog eine Habilitationsdisputation oder
eine Probevorlesung zu halten habe. Soweit sich er-

kennen läßt, ist dieses Verfahren erst Anfang August von der Fakultät »einmüthig festgesetzt« worden (Kimmerle 1967, 30). Hierdurch ist Hegel erheblich in Zeitnot geraten. Er hat erst am 18.8. Nachricht erhalten, daß er, wenn schon nicht auf der Grundlage einer gedruckten Schrift nebst beigefügter Thesen, doch zumindest (wie zuvor schon Friedrich Schlegel) auf Grund gedruckter Thesen disputieren und vor Beginn des Semesters seine Probevorlesung halten und seine Dissertation drucken lassen müsse, um noch im Winter lesen zu können. Trotz der knappen Zeit hat Hegel die Auflagen der Fakultät erfüllt und am 27.8., seinem Geburtstag, disputiert: »R e s p o n d e n s war Herr S c h e l l i n g [sc. der Bruder des Philosophen] aus dem Wirtembergischen o p p o n e n t e s Herr Prof. N i e t h a m m e r, Herr Prof. S c h e l l i n g und Herr S c h w a r z o t t«, ein Student (Kimmerle 1967, 43).

(2) Die zwölf *Praemissae Theses* hat Hegel als Grundlage für seine Disputation somit zwischen dem 18. und dem 22.8. entworfen und drucken lassen. Sie sollten über die *Dissertatio* hinaus die Tiefe und Breite des akademischen Profils des Habilitanden in der theoretischen und praktischen Philosophie verdeutlichen und natürlich auch durch ihre paradoxe Formulierung Stoff zur regen Diskussion bieten (GW 5.616–618). Sie deuten mehrere Themen an, die für die weitere Ausbildung der Philosophie Hegels bestimmend geworden sind – insbesondere die Thesen I (»Contradictio est regula veri, non contradictio, falsi.«), II (»Syllogismus est principium Idealismi.«) und VI (»Idea est synthesis infiniti et finiti, et philosophia omnis est in ideis.«). Auffällig ist die Kritik an Kant (VII: »Philosophia critica caret ideis, et imperfecta est Scepticismi forma.«) und im Gegenzug die Hervorhebung Spinozas (These VIII); auch von den Thesen zur praktischen Philosophie (IX–XII) wenden sich die Thesen X und XII implizit gegen den Kritizismus.

(3) Hinweise auf den Verlauf der Disputation geben ein Doppelblatt, auf dem Hegel sich lateinische Wendungen *Zur Disputation* notiert hat, sowie Notizen Schellings auf dessen Exemplar der *Praemissae Theses*. Die letzteren machen deutlich, daß die festgefügte Rollenverteilung während der Disputation ins Wanken geraten ist, so daß der »Opponent« Schelling zu Gunsten Hegels seinen Bruder auf dessen Funktion als »Respondent« hinweist (GW 5.229–231,611–616).

(4) Die vorgeschriebene lateinische Dissertation – *De orbitis planetarum* – hat Hegel erst zwischen der Disputation und dem Beginn seiner Vorlesungen

Mitte Oktober 1801 drucken lassen – und zwar auf der Grundlage einer umfangreicheren deutschsprachigen Vorstufe. Rosenkranz berichtet, er habe im Nachlaß »eine sehr schöne Arbeit über das Verhältniß Kepplers und Newtons gefunden«; Hegel habe »die Arbeit über das Gesetz der Planetenabstände offenbar drei mal gemacht, erstens im reinen Calcul, den ich auch noch gefunden habe; zweitens in dieser deutschen Abhandlung, die eigentlich dasselbe Thema hat, als Schellings Buch von der Weltseele, d. h. die Unterscheidung des Mechanischen und Organischen und vorzüglich der absoluten Mechanik von der endlichen. Drittens in der lateinischen Dissertation die nur 1/3 der deutschen umfaßt.« (GW 5.537, vgl. 634 sowie R 151 f.)

Diese Arbeit ist fraglos aus den Frankfurter Exzerpten zur Naturphilosophie erwachsen, auf die Rosenkranz durch seine Bemerkung anspielt, Hegel habe das Thema der Planetenabstände schon lange mit sich herumgetragen (R 151). Hegels vielfältige Arbeiten des Jahres 1801 machen es zudem wahrscheinlich, daß die deutschsprachige Schrift bereits in Frankfurt entstanden sei. Unklar ist jedoch, wann Hegel aus der umfangreichen deutschen Vorlage die lateinische Druckfassung hergestellt hat. Mit Datum vom 16. August betont Hegel gegenüber dem Dekan, daß in den »zwölf bis vierzehn Tagen« bis zur Redaktion des Vorlesungsverzeichnisses »eine Disputation nicht geschrieben, gedrukt, ausgegeben und vertheidigt werden kann; aber ich zweifle nicht, daß, wenn ich den größten Theil oder die ganze Dissertation vor diesem Termin eingebe, Sie und die philosophische Fakultät befriedigt seyn werden«. (Kimmerle 1967, 31) Da Hegel hier nichts von einer deutschsprachigen Fassung erwähnt, steht zu vermuten, daß er damals bereits über einen zumindest partiellen lateinischen Text der Dissertation verfügte (anders GW 5.630). Auch das Titelblatt der Ende August gedruckten Disputationsthesen nennt bereits den Titel der zwei Monate später erscheinenden Dissertation: *Dissertationi philosophicae de orbitis planetarum praemissae theses.*

(5) Sowohl von den *Frühen Schriften* Hegels als auch vom späteren Werk her, in dem Logik und Geistesphilosophie dominieren, verwundert es, daß Hegel sich mit einer naturphilosophischen Arbeit habilitiert. Dies erregt den Verdacht, daß er mit der Wahl dieses Themas entgegen seinen philosophischen Schwerpunkten, Schellings naturphilosophischen Interessen Tribut zollt. Doch der Eindruck der naturphilosophischen Abstinenz des jungen Hegel entspringt lediglich der Ungunst der Überliefe-

rungslage. Rosenkranz' Berichte über Frankfurter Studien, auch über Hegels Lektüre der einschlägigen Schriften Schellings (R 100), belegen hinlänglich ein genuines Interesse Hegels an der Naturphilosophie. Mit der Wahl des Themas der Himmelsmechanik wie auch mit seiner Deutung des Verhältnisses Newtons zu Kepler betritt er zudem ein Gebiet, das für Schelling allenfalls am Rande steht (AA I/5.193; vgl. aber SW I/4.473). Rosenkranz urteilt zwar, wie eben zitiert, Hegels umfangreiche deutschsprachige Schrift habe ganz dasselbe Thema wie Schellings *Weltseele*. Gleichwohl gewinnt Hegel mit der lateinischen Dissertation sowohl thematisch als auch methodisch ein eigenes Profil – was Schelling damals durch Hinweise auf Hegels Arbeiten ausdrücklich anerkennt (SW I/4.330,432).

Der Abhandlung der Planetenbahnen liegt letztlich ein methodologisches, ja ein ›wissenschaftstheoretisches‹ Problem zu Grunde: die Frage nach dem Verhältnis von Mathematik, Physik und Philosophie bei der Erklärung der Natur. Hegel geht davon aus, daß die Gesetze, »quas scientia astronomica exhibet, ab alia scientia, a Mathematica potius originem ducere, quam ex ipsa natura vere petitas, seu a ratione constructas esse« – und gegen diese Vermischung von Mathematik und Physik richtet sich der Stoß seiner Dissertation: »caveamus, ne rationes pure mathematicas cum rationibus physicis confundamus, lineas, quibus geometria ad construendas theorematum demonstrationes utitur, temere vires aut virium directiones putantes.« (GW 5.238) Hegel sucht diesen Kritikpunkt in immer neuen Wendungen einzuschärfen: Demjenigen, das bloß in der Mathematik Realität hat, darf man nicht physikalische Realität zugestehen. Und diese inkriminierte blinde Vermischung wirft er Newton (und wohl richtiger dem Newtonianismus des späten 18. Jahrhunderts) vor. Kepler hingegen hätte die von ihm entdeckte physikalische Gestalt der unveränderlichen Gesetze leicht in eine rein mathematische Formel kleiden können – doch habe er solche Konfusion nicht ertragen können.

(6) Die Dissertation *De orbitis planetarum* hat Hegel die akademische Laufbahn eröffnet; sie hat jedoch zugleich Vorurteile gegenüber seiner Philosophie geschaffen und zementiert – und dies auf Grund einer Verkehrung des Sinnes seines Textes und einer gefälligen Anekdote, die sich um ihn rankt – als habe der spekulative Philosoph mittels der Empirie entdeckte Planeten mit der Floskel »um so schlimmer für die Tatsachen« wegdemonstrieren wollen.

Am Schluß seiner Dissertation kommt Hegel im Kontext des Verhältnisses von »natura« und »ratio«,

von Empirie und rationaler Erklärung, auf den damals als mißlich empfundenen Umstand zu sprechen, daß in der Titius-Bodeschen Planetenreihe dem fünften Glied der arithmetischen Progression (4, 7, 10, 16, 28, 52, 100) kein (damals bekannter) Planet entspreche. Er verweist die Berufung auf eine derartige arithmetische Progression aus der Philosophie (»ad philosophiam nullomodo pertinet«) und macht darauf aufmerksam, daß, w e n n man statt dessen die pythagoräische Reihe (1, 2, 3, 4, 9, 16, 27) zu Grunde legte, an dieser Stelle kein Planet zu erwarten wäre: »Quae series si verior naturae ordo sit, quam illa arithmetica progressio, inter quartum et quintum locum magnum esse spatium, neque ibi planetam desiderari apparet.« (GW 5.252) Es ist jedoch keineswegs Hegels Absicht, mit seiner ausdrücklich hypothetischen Überlegung diese zweite Reihe als die wahrhafte zu behaupten. Er wendet sich vielmehr generell dagegen, die Existenz natürlicher Dinge durch Rekurs auf vergleichsweise beliebige Reihen begründen zu wollen, aus denen sich gleichermaßen beliebige Ergebnisse ableiten lassen (vgl. Schelling, SW I/4.472 f.).

Nun schien Piazzis Entdeckung des ›Planeten‹ Ceres zwischen Mars und Jupiter (1.1.01), die im Verlauf der folgenden Jahre von der Vermutung zur gesicherten Erkenntnis erhoben wurde, die heuristische Funktion der Titius-Bodeschen Reihe und somit die Reduzierbarkeit natürlicher Verhältnisse auf arithmetische Reihen zunächst glanzvoll zu bestätigen und Hegels Zweifel – wie übrigens auch die Zweifel anderer namhafter Astronomen – zu dementieren. Die wenig späteren Entdeckungen der Planetoiden Pallas (1801), Juno (1804) und Vesta (1807) dementierten jedoch wiederum eben diese Engführung von Planetenabständen und arithmetischer Progression. Denn gerade w e n n man die Titius-Bodesche Reihe zu Grunde legt, dürften diese drei Planetoiden und vor allem der Planet Neptun nicht existieren – und so haben diese letzteren Entdeckungen Hegels Zweifel an der existenzbeweisenden Kraft arithmetischer Progressionen wiederum bestätigt (von den modernen ganz zu schweigen). Es ist deshalb zwar verständlich, wenn Hegel später, in der ersten Auflage der *Enzyklopädie*, von seiner Planetenschrift abrückt: »Was die Reihe der Planeten betrifft, so hat die Astronomie über die nächste Bestimmtheit derselben, die E n t f e r n u n g, noch kein wirkliches Gesetz, vielweniger etwas Vernünftiges entdeckt. – Was ich in einer früheren Dissertation hierüber versucht habe, kann ich nicht mehr für befriedigend ansehen.« ([1]§ 225, vgl. V 7.43) In dem entscheidenden

Punkt allerdings, ob diese Entfernungen durch mathematische Reihen zu fassen seien, bedarf es ersichtlich gerade keiner Selbstkorrektur. Die bis in die Gegenwart verbreitete Kritik bietet hier in einer konfusen Mischung aus Ressentiment und Ignoranz das Beispiel einer »verkehrten Welt«: Der vermeintliche Spekulant und Empiriefeind Hegel argumentiert gerade gegen den Schluß aus abstrakten Modellen auf empirische Realität, während die angeblich naturwissenschaftlich arrivierte Titius-Bodesche Reihe gerade nicht auf Empirie, sondern auf eben der »theologisch-apriorischen« Annahme über die Tätigkeit des Schöpfers beruht, die Hegel zum Vorwurf gemacht wird (Neuser 1986, 56).

Erstdrucke bzw. Manuskript: Dissertationi Philosophicae de Orbitis Planetarvm Praemissae Theses […]. Ienae o. J. – Manuskript: Zur Disputation. – Dissertatio philosophica de orbitis planetarum […]. Jena 1801. – **Text:** GW 5.223–228 bzw. 229–231 bzw. 233–253. – **Literatur:** R 151–159; Kimmerle: Dokumente zu Hegels Jenaer Dozententätigkeit (1801–1807). HS 4 (1967), 21–99, bes. 28–43; Theodor G. Bucher: Wissenschaftstheoretische Überlegungen zu Hegels Planetenschrift. HS 18 (1983), 65–137; Hegel: Dissertatio Philosophica de Orbitis Planetarum. Philosophische Erörterung über die Planetenbahnen. Übersetzt, eingeleitet und kommentiert von Wolfgang Neuser. Weinheim 1986; Riccardo Pozzo: »Der Natur näher«. Zu Hegels Kritik an Descartes in der Dissertatio de orbitis planetarum. HJb 1989, 57–62; Stefan Büttner: Wozu taugt Hegels spekulative Naturphilosophie? Eine unzeitgemäße Naturbetrachtung dargestellt am Beispiel der spekulativen Rekonstruktion des Sonnensystems. In: Philosophie und Religion. Schriftenreihe des Forschungsinstituts für Philosophie Hannover. Jb 1990/91. Hg. von Peter Koslowski und Reinhard Löw. Hildesheim 1990, 68–97; Cinzia Ferrini: Guida al »De orbitis planetarum« di Hegel ed alle sue edizioni e traduzioni. Bern / Stuttgart / Wien 1995; Kurt Rainer Meist: Editorischer Bericht. GW 5.622–651.

4.3 Differenz des Fichte'schen und Schelling'schen Systems der Philosophie

4.3.1 Zur Entstehungssituation

(1) Die Situation der Philosophie, die Hegel zu Beginn des Jahres 1801 in Jena vorfindet, unterscheidet sich prägnant von der Lage des Jahres 1798, in dem Schelling nach Jena berufen wird. Diese Veränderung ist teils unmittelbar durch den »Atheismusstreit« der Jahre 1798/99, teils durch seine Folgen bewirkt. Wegen dieses Streites hat Fichte 1799 seine Professur verloren und ist von Jena nach Berlin übergesiedelt (Kodalle / Ohst 1999). Und auch über

die lokalen Umstände hinaus ist die philosophische Lage durch zunehmende Zersplitterung gekennzeichnet. Der Brief Jacobis an Fichte vom März 1799 (PLS 2/1.3–43, JWA 2.189–258), der zunächst der Entlastung Fichtes von der Anklage des Atheismus dienen sollte, erscheint in der Form, in der er als »Sendschreiben« veröffentlicht wird, eher als Verstärkung der Beschuldigung, und somit bewirkt er eine bleibende Entfremdung zwischen Jacobi und Fichte. Auch zwischen Reinhold und Fichte kommt es zum Bruch – und zwar nicht wegen seines mit dem Brief Jacobis gleichzeitigen »Sendschreibens« an Fichte (PLS 2/1.47–56), sondern wegen Reinholds wenig später vollzogener Anlehnung an Christoph Gottfried Bardilis *Grundriß der Ersten Logik* (1800). Im ersten Heft seiner *Beyträge zur leichtern Uebersicht des Zustandes der Philosophie beym Anfange des 19. Jahrhunderts* (1801) verkündet Reinhold seinen Übergang von der *Wissenschaftslehre* Fichtes zur *Logik* Bardilis; seine Versuche, auch Fichte zu diesem Schritt zu bekehren, weist dieser mit seiner *Bardili-Rezension* (1800) schroff ab – und provoziert dadurch ein erneutes »Sendschreiben« Reinholds, auf das er mit einem »Antwortsschreiben« repliziert, auf das wiederum Reinhold dupliziert (PLS 2/1.126–181).

Die räumliche Trennung zwischen Fichte und Schelling begünstigt aber auch die Artikulation ihrer ohnehin schon lange Jahre vorhandenen, zuvor jedoch überspielten philosophischen »Differenz«. Spätestens durch die Veröffentlichung von Schellings *System des transscendentalen Idealismus* (1800) zeichnet sich ab, daß Schellings Naturphilosophie nicht einen Teilbereich oder eine Ergänzung der *Wissenschaftslehre* darstellt. Schelling schreibt ihr einen spezifischen systematischen Sinn zu, der einen eigenen, dualen Aufriß der Philosophie erfordert und mit dem Ansatz der *Wissenschaftslehre* Fichtes nicht vereinbaren ist. Diese Differenzen schlagen sich nieder in Fichtes *Bemerkungen bei der Lektüre von Schellings transscendentalem Idealismus* (1800) und dem Briefwechsel beider (PLS 2/1.183–232) – auch wenn sie damals zunächst noch nicht für das Publikum offenkundig geworden sind.

(2) Diese, durch fortschreitende Fraktionierung charakterisierte philosophische Situation bietet Hegel nach seiner Ankunft in Jena sehr rasch die Gelegenheit zu der »Rückkehr zum Eingreifen in das Leben der Menschen«, nach der er im Brief an Schelling vom 2.11.00 noch sucht. Nach vielen vorangegangenen – und abgesehen von der *Cart-Schrift* nicht zur Publikation gediehenen – Projekten ist seine Schrift

über die *Differenz des Fichte'schen und Schelling'schen Systems der Philosophie* seine erste eigentliche und zudem seine erste philosophische Veröffentlichung. Er hat sie unmittelbar nach seinem Eintreffen in Jena, Anfang 1801, begonnen – vermutlich unter partiellem Rückgriff auf Frankfurter Vorlagen. Das erste Heft von Reinholds *Beiträgen,* auf das Hegel sich häufig bezieht, ist vielleicht schon Ende Januar erschienen. Wahrscheinlich hat Hegel die Niederschrift bereits im April 1801 abgeschlossen, denn er erwähnt das zweite, wohl im April erschienene Heft von Reinholds *Beiträgen* nur in einer Fußnote als eine seit der ursprünglichen Niederschrift erschienene Publikation (GW 4.80), und Schellings im Mai 1801 erschienene *Darstellung meines Systems der Philosophie* wird gar nicht genannt. Dies läßt sich durch die Annahme erklären, daß die *Differenz-Schrift* im Mai und Juni 1801 gesetzt worden sei; die – üblicher Weise erst nach dem Satz des Haupttextes geschriebene – »Vorerinnerung« ist mit »Jena im Juli 1801« datiert. Noch vor Mitte August ist das Buch, wie Hegel an Mehmel schreibt (Br IV/2.6), »unter der Presse«, also im Druck. Dieses Datum wird auch vom Jenaer Professor Ulrich indirekt bestätigt; am 13.8.01 teilt er seinen Kollegen mit, er habe für Hegels Schrift »die Censur geholt« – wobei jedoch das Datum für diesen Vorgang nicht genannt wird. In den letzten September- oder in den ersten Oktobertagen ist die *Differenz-Schrift* erschienen, denn Schelling bezieht sich in seinem Brief vom 3.10.01 an Fichte auf sie als auf ein Buch, das »erst dieser Tage [...] erschienen« sei (GW 4.524).

4.3.2 Das Absolute und das System

(1) Der geläufige Kurztitel *Differenz-Schrift* bringt nicht zum Ausdruck, daß der Akzent des ausführlichen Titels dieser Schrift auf dem Wort »System« liegt – und somit auf demselben Wort, das Hegel bereits im Brief an Schelling vom 2.11.00 überraschend einführt. Das systematische Interesse seiner Schrift besteht nicht darin, dem staunenden Publikum die Einsicht in die Differenz zwischen Fichte und Schelling zu eröffnen oder gar diesem selbst »im Spiegel der D i f f e r e n z die Echtheit seines Standpunktes gegenüber Fichte« anschaulich zu machen (Tilliette 1980, 15), von der doch im Briefwechsel zwischen beiden aus dem Jahre 1801 ohnehin ständig die Rede ist. Hegels Interesse gilt vielmehr der Frage nach dem Systemgedanken und der Systemform der Philosophie. Nicht erst bei der »Darstellung des Fichte'schen Systems«, sondern bereits in den auf den eigenen

Ansatz vorausweisenden Vorüberlegungen »Mancherlei Formen, die bey dem jetzigen Philosophiren vorkommen« wendet sich Hegel sehr nachdrücklich gegen einen Systemgedanken, der ein »System als eine Organisation von Sätzen« in einem obersten, durch sich selbst gewissen und somit absoluten Fundamentalsatz begründen zu können glaubt. Dies jedoch ist der Systemgedanke, den zunächst Reinhold in seiner »Elementarphilosophie« entfaltet hat, um hierdurch Kants Vorstellung von »der Form eines Ganzen der Erkenntnis«, von einem »nach notwendigen Gesetzen zusammenhängenden System« der Transzendentalphilosophie »aus einem Prinzip« zu verwirklichen (B 673). Hegel wendet sich jedoch nicht mehr ausdrücklich gegen Reinhold, dessen Versuch, die Philosophie aus Einem Prinzip zu entwerfen, Gottlob Ernst Schulze in seiner Schrift *Aenesidemus oder über die Fundamente der von dem Herrn Prof. Reinhold in Jena gelieferten Elementar-Philosophie* (1792) vernichtend kritisiert hat, sondern gegen die Form, in der Fichte in seiner *Grundlage der gesammten Wissenschaftslehre* diesen Systemgedanken in modifizierter Form aufgenommen und durch die Formulierung dreier Grundsätze weitergebildet hat (GA I/2.255–282) – wobei er nicht wissen kann, daß Fichte in seinem Vortrag der »Wissenschaftslehre nova methodo« im akademischen Jahr 98/99 selber von diesem ersten Ansatz abrückt. Auch der gegenüber Reinhold bereits verbesserte Begründungsversuch Fichtes aus dem Jahr 94/95 trage seine »Nichtigkeit schon in sich; denn ein durch die Reflexion gesetztes, ein Satz ist für sich ein Beschränktes und Bedingtes, und bedarf einen andern zu seiner Begründung u. s. f. ins Unendliche.« Und so nennt Hegel einen derartigen Systemgedanken sehr drastisch einen »Wahn«, der sich insbesondere dann für gerechtfertigt halte, »wenn das System selbst das Absolute, das sein Princip ist, in der Form eines Satzes oder einer Definition ausdrükt, die aber im Grunde eine Antinomie ist, und sich deßwegen als ein Gesetztes für die blosse Reflexion selbst aufhebt« (GW 4.23 f.).

(2) In der *Differenz-Schrift* führt Hegel den Begriff des Absoluten in seine Philosophie ein – einen Begriff, der seit dem ersten Drittel der 1790er Jahre zentrale Bedeutung für die an Kant anschließende Philosophie gewinnt. Kant selber spricht zwar dem Adjektiv »absolut« große Bedeutung zu (A 324), doch die Nominalform »das Absolute« findet sich anscheinend nur einmal in einer Randbemerkung seines Handexemplars (A 265), obgleich Kant nicht allein mehrfach vom »Unbedingten« oder vom »Vernunft-

begriff der unbedingten Totalität« spricht, sondern auch keinen Zweifel darüber läßt, daß es eigentlich um dieses Unbedingte zu tun sei (B XX, 444, 592 f., 787 f.). In der Philosophie vor Kant aber finden sich – wenn auch nur sporadisch – zwei unterschiedliche Traditionen, den Begriff des Absoluten zu fassen. Einerseits wird das Absolute gedacht als ein schlechthin Erstes, Unbedingtes, das alles weitere bedingt – und zwar sowohl im ontologischen wie im logischen Sinne. In diesem Sinne eines »Unbedingten« spricht auch Leibniz mehrfach von der »idée de l'absolû« (ed. Gerhardt 6.592; auch *Nouveaux Essais* II,2,17, § 3), und noch Fichtes Rede von einem »absolutesten, schlechthin unbedingten Grundsatz« (GA I/2.255) steht in dieser Tradition.

Andererseits wird das Absolute seit Nicolaus Cusanus' *De docta ignorantia* I,2 gedacht als »absolute Größe« (»maximitas absoluta«): »Maximum itaque absolutum unum est quod est omnia; in quo omnia, quia maximum. Et quoniam nihil sibi opponitur, secum simul coincidit minimum. Quare et in omnibus. Et quia absolutum, tunc est actu omne possibile esse«. Cusanus zwar ist um 1800 nahezu unbekannt, doch dieser Gedanke des Absoluten findet sich auch bei Giordano Bruno, der im Jahr 1600 in Rom als Ketzer verbrannt worden ist. Die Wirkungsgeschichte seiner Philosophie ist zwar wegen der Vernichtung seiner Bücher nur schmal; Jacobi aber stellt Brunos Philosophie – in Beilage I zu *Ueber die Lehre des Spinoza* (JWA 1.185–205) – als »Spinozismus ante Spinozam« heraus und löst hierdurch ihre breite Rezeption aus – von philosophiegeschichtlichen Werken bis hin zu Schellings Dialog *Bruno oder über das göttliche und natürliche Princip der Dinge* (1802). In seiner Schrift *De la causa, principio e uno* (1584), insbesondere zu Beginn des fünften Dialogs, versteht Bruno das Absolute als das alles umfassende, nichts außer sich habende und in sich differenzierte Ganze. Gerade diese – im Licht der Diskussionen um 1800 brisante – Passage bezieht Jacobi aber nicht in seine Teilübersetzung von *De la causa* ein – ein Indiz dafür, daß der Terminus »das Absolute« Ende der 1780er Jahre noch kein »Reizwort« ist und erst im Zuge der von Jacobi ausgelösten Spinoza- und Bruno-Renaissance der 1790er Jahre zu einem gängigen Begriff wird: Das »unum quod est omnia« – oder mit dem ebenfalls von Jacobi überlieferten griechischen Ausdruck: das ἓν καὶ πᾶν (JWA 1.16) – ist das Absolute.

(3) Hegels Rede vom »Absoluten« steht in dieser zweiten Tradition – und dies nicht zufällig. Er denkt das Absolute nicht als ein vorangestelltes Unbedingtes, da er diesen Gedanken entweder in einen unend-

lichen Regreß führen oder in Leerheit verharren sieht. Selbst wenn es ein schlechthin Erstes und Unbedingtes gäbe, hätte dieses gleichwohl das von ihm Bedingte außer ihm – zwar nicht als seine Bedingung, aber doch so, daß es hierdurch begrenzt und somit eben nicht das schlechthin Unbedingte wäre. In der Problemgeschichte des Begriffs des Absoluten manifestiert sich eine interne Logik, die von der Semantik dieses Begriffs angetrieben wird: Auch dasjenige, was nicht durch anderes bedingt ist, jedoch anderes bedingt, ist eben durch dieses Bedingungsverhältnis von seinem Bedingten nicht losgelöst und somit nicht »ab-solut«. Nur dasjenige kann im vollen Sinne als »das Absolute« gedacht werden, das nicht in Relation zu einem Anderen steht. Und weil das Absolute somit – wenn es denn richtig gedacht ist – nichts außer sich haben kann, muß es notwendig alle Bestimmtheit in sich haben und als seine eigene Bestimmtheit setzen. »Das Absolute« muß deshalb – wenn man denn diesen Begriff gemäß seiner internen Logik denken will und ihn nicht schlechthin verwirft – in der hier eingeführten zweiten Bedeutung gedacht werden, die Hegel später prägnant so ausgesprochen: »Das Wahre ist das Ganze.« (GW 9.19) Denselben Gedanken drückt Hegel bereits in der *Differenz-Schrift* mit ähnlichen Worten aus: Das »Absolute, weil es im Philosophiren von der Reflexion fürs Bewußtseyn producirt wird, wird hierdurch eine objektive Totalität, ein Ganzes von Wissen, eine Organisation von Erkenntnissen; in dieser Organisation ist jeder Theil zugleich das Ganze, denn er besteht als Beziehung auf das Absolute; als Theil, der andre außer sich hat, ist er ein Beschränktes und nur durch die andern; isolirt als Beschränkung ist er mangelhaft, Sinn und Bedeutung hat er nur durch seinen Zusammenhang mit dem Ganzen.« (GW 4.19)

(4) Mit dem Verständnis des Absoluten als des Ganzen ist die Entscheidung für eine spezifische Systemform verknüpft. Ein »System« der Philosophie ist nicht zu konzipieren als eine Folge von Sätzen, die sich auf einen schlechthin unbedingten Grundsatz gründet – oder auf eine Sequenz von sei es der Form, sei es dem Inhalt nach bedingten und unbedingten Grundsätzen. Ein System der Philosophie ist vielmehr so zu entwerfen, daß das Absolute als das in sich differenzierte »Ganze« oder der intern strukturierte Gesamtzusammenhang von Wirklichkeit im Denken erfaßt und nachkonstruiert wird. »Das Absolute soll fürs Bewußtseyn konstruirt werden«, und es kann nur nach seiner inneren (»organischen«) Verfassung, also als »System« konstruiert werden. Das Absolute zu begreifen heißt somit, es als »Sys-

tem« zu begreifen. Das System ist gleichsam die Abbildung der inneren Struktur des Absoluten als des Ganzen oder die »Anschauung des sich selbst in vollendeter Totalität objektiv werdenden Absoluten« – eine Sicht, der Hegel zudem religiöse Konnotationen verleiht: Sie sei »die Anschauung der ewigen Menschwerdung Gottes« (GW 4.75). Den hinter dieser religiösen Wendung verborgenen systematischen Sinn sieht Hegel eben darin, daß im Gedanken des Absoluten das innerste Prinzip aller Wirklichkeit zur äußeren Wirklichkeit gestaltet wird und Objektivität gewinnt – und insofern gleichsam der Logos Fleisch wird.

(5) In dieser Konstruktion des Absoluten durch das Bewußtsein sieht Hegel die »Aufgabe der Philosophie«. Man könnte diese »Konstruktion« angemessener als »Rekonstruktion« beschreiben: Das Absolute wird ja nicht erst durch das Bewußtsein hervorgebracht. Es bildet vielmehr die »Voraussetzung« des Bewußtseins – wenn man dies in der »Form der Reflexion« ausdrücken will. Als »Instrument des Philosophirens«, also der Konstruktion des Absoluten als System, nennt Hegel die »Reflexion als Vernunft« (GW 4.16). Das Wort »Reflexion« verwendet Hegel hier (wie auch in den gleichzeitigen Systementwürfen, s. Kap. II.4.6.1) nicht bloß als Gegenbegriff zur »Spekulation« (Düsing, 1969), sondern in einem breiten und auch ambivalenten Sinne, der erst durch eine Vielzahl von Hinzufügungen präzisiert wird: Hegel spricht in einem Kontext von der »isolirten Reflexion« und der »Reflexion als Vermögen des Endlichen«, aber auch von der »Reflexion … als Spekulation« und der »Reflexion … als Vernunft« (GW 4.16–18). Die »Reflexion« setzt die Bestimmtheit und Entgegensetzung; aber sie verharrt nicht (wie der Verstand) in der Entgegensetzung, sondern hebt diese (als Vernunft) auch wieder auf und produziert hierdurch das Absolute für das Bewußtsein. Diese Produktion umfaßt beide Momente – das Setzen und das Aufheben von Bestimmtheit. »Reflexion« bezeichnet somit hier nichts als die Bewegung des Denkens in seinen gegensätzlichen Funktionen. Sie produziert die Philosophie als die zu einem System organisierte Totalität des Wissens, die als solche gleichsam ein Bild des Absoluten ist und somit seine »Anschauung« ermöglicht.

(6) Diese Spannung im Begriff der »Reflexion« und ihrer Produktion resultiert nicht aus einer Defizienz, die von der Reflexion selber zu überwinden oder durch eine andere Erkenntnisform zu beseitigen wäre. Sie ist vielmehr in der internen Verfassung oder im »Leben« des Absoluten begründet: in der

Spannung zwischen der Ausdifferenzierung des Vielen, des Endlichen, und der Aufhebung dieses Nichtidentischen in die übergreifende Identität. Das Absolute sei sowohl Identität als auch Differenz, also »Identität von Identität und Nichtidentität«. In der Philosophie könne »kein gesetztes ohne Beziehung aufs Absolute stehen« (GW 4.27). Eine Philosophie, die sich nur mit dem Nichtidentischen befaßte, also das Endliche nicht in Beziehung auf die Identität setzte, verfehlte die »Aufgabe der Philosophie« – die Konstruktion des Absoluten für das Bewußtsein: Sie würde zu einer Wissenschaft des Endlichen. In den entgegengesetzten Fehler verfiele eine Philosophie, die allein die Identität thematisieren und das Nichtidentische verdrängen wollte: Sie verlöre darüber sowohl die Sprache als auch das Denken.

In dieser Verfassung des Absoluten als des in sich differenzierten »Ganzen« sind die Schwierigkeiten begründet, es in der Form von Sätzen auszusagen. Denn »ein Satz ist für sich ein Beschränktes und Bedingtes, und bedarf einen andern zu seiner Begründung u. s. f. ins Unendliche.« Von allem, was »ist«, muß sowohl das Sein als auch das Nichtsein, sowohl es selbst als auch sein Entgegengesetztes ausgesagt werden. Die Reflexion als Verstand »hat die Entgegengesetzten seines Gesetzten, seine Gräntze, Grund und Bedingung richtig aufzuzeigen, aber die Vernunft vereint diese Widersprechenden, setzt beyde zugleich und hebt beyde auf.« Die Reflexion »vermag nicht die absolute Synthese in einem Satz auszudrükken, wenn nemlich dieser Satz als ein eigentlicher Satz für den Verstand gelten soll; sie muß, was in der absoluten Identität Eins ist, trennen und die Synthese und die Antithese getrennt, in Zwei Sätzen, in einem die Identität, im andern die Entzweyung, ausdrükken.« (GW 4.23 f.)

Die formale Struktur dieses Sachverhalts sucht Hegel an den beiden Sätzen »A = A« und »A = nicht-A« (oder »A = B«) zu veranschaulichen: Im Satz »A = A« sei nur auf die »reine Gleichheit« abgehoben und von der Ungleichheit abstrahiert, die darin besteht, daß das auf der einen Seite des Gleichheitszeichens stehende »A« ein anderes sei als das andere – und diese Ungleichheit werde durch den zweiten Satz »A = nicht-A« ausgedrückt. Das Gleichsetzen von Etwas mit Etwas erfordert, daß eine Differenz von Etwas und Anderem vorhanden sei und von ihr abstrahiert werde. Zur weiteren – und nicht unproblematischen – Veranschaulichung dient die aus Fichtes *Grundlage der gesammten Wissenschaftslehre* (GA I/2.256 f.) geläufige Substitution des »A« durch »Ich«: Denn das Ich, das sich auf sich beziehe, sei ein anderes Ich als das andere – und diese das zweite; jenes sei Subjekt, dieses Objekt. Beide Sätze seien »Sätze des Widerspruchs«; »der erste *[d. h. der Satz]* der Identität sagt aus, daß der Widerspruch = 0 ist; der Zweyte, insofern er auf den ersten bezogen wird, daß der Widerspruch eben so nothwendig ist, als der Nichtwiderspruch; beyde sind als Sätze, für sich Gesetzte von gleicher Potenz.« Die Gleich-Gültigkeit (d. h. die skeptische »Isosthenie«) beider Sätze bezeichnet Hegel im verbalen Rückgriff auf Kants transzendentale Dialektik als »Antinomie«, und in ihr sieht er den »Ausdruk der absoluten Identität« – allerdings als einen Ausdruck, der nicht wirklich adäquat ist (GW 4.25 f.).

Deshalb schränkt Hegel in der *Differenz-Schrift* die Bedeutung der »Antinomie« auf das Formelle und Negative ein: »Wenn man bloß auf das formelle der Spekulation reflektirt, und die Synthese des Wissens, in analytischer Form festhält, so ist die Antinomie, der sich selbst aufhebende Widerspruch, der höchste formelle Ausdruk des Wissens und der Wahrheit« – oder mit anderen Worten: Der Widerspruch ist nur »die rein formale Erscheinung des Absoluten«. Die Antinomie ist nur »die negative Seite des Wissens, das formale, das von der Vernunft regiert *[negiert?]*, sich selbst zerstört« (GW 4.26 f.) – und zwar im denkbar größten Umfang: »die Spekulation fordert in ihrer höchsten Synthese des Bewußten und Bewußtlosen, auch die Vernichtung des Bewußtseyns selbst, und die Vernunft versenkt damit ihr Reflektiren der absoluten Identität und ihr Wissen und sich selbst in ihren eignen Abgrund«, in die »Nacht der blossen Reflexion und des räsonnirenden Verstandes, die der Mittag des Lebens ist« (GW 4.23).

In dieser Entgegensetzung von Reflexion oder Verstand und »Leben« schwingt noch ein Nachhall der Antithesen fort, die in Hegels Frankfurter Entwürfen zur Überordnung der Religion über die Reflexionskultur der Philosophie führen (s. Kap. II.3.5). Doch bereits seit Beginn der Jenaer Jahre beseitigt Hegel diese Relikte: Die vehementen Angriffe der »Vorrede« zum System von 1807 auf die Reflexionslosigkeit lassen sich auch als eine Spur dieser Selbstkorrektur lesen. In ihnen wird die »Nacht« nicht durch die Reflexion verursacht, sondern durch den Verzicht auf sie (s. Kap. II.4.7.2). Nicht allein im Blick auf ihren thematischen Zuschnitt und auf den geringen Stand ihrer Durcharbeitung, auch im Blick auf solche entwicklungsgeschichtlichen Differenzen ist es nicht unproblematisch, die *Differenz-Schrift* als Einleitung in Hegels Philosophie zu lesen.

Freilich bleibt auch in der *Differenz-Schrift* das Wissen nicht rein negativ, durch »Vernichtung« konstatiert: »Ausser dieser negativen Seite hat das Wissen eine positive Seite, nemlich die Anschauung.« Diese beiden Seiten, die »negative« der Reflexion und die »positive« der Anschauung, hält Hegel hier methodologisch noch strikt getrennt: Das »positive« ist nicht – wie später (s. Kap. II.6.2.4) – ein Resultat des Widerspruchs, sondern es tritt von außen zu ihm hinzu (wie Fichte dies ja auch gegen Schelling eingewandt hat; siehe PLS 2/1.200). Beide sind jedoch notwendige Momente des Wissens, wie Hegel in einer sprachlich an Kant (B 75) erinnernden Wendung erläutert: »Wissen ohne Anschauung« sei »Vernichtung der Entgegengesetzten im Widerspruch; Anschauung ohne diese Synthese Entgegengesetzter ist empirisch, gegeben, bewußtlos. Das transcendentale Wissen vereinigt beydes, Reflexion und Anschauung« (GW 4.27).

Mit »Reflexion und Anschauung« ist das für das »philosophische« oder »transzendentale« oder »spekulative Wissen« konstitutive Begriffspaar bezeichnet. »Anschauung« versteht Hegel hier nicht im Sinne von empirischer, sondern von »transzendentaler«, auf »die Identität des Subjektiven und Objektiven« gerichteter Anschauung – ein eigentümlicher, von Hegel später nicht mehr in dieser Grundlegungsfunktion verwendeter Begriff (Zimmerli 1974, 205 f.). Der systematische Sinn der Einführung des Begriffspaars »Reflexion und Anschauung« liegt aber weniger im Nachweis der Herkunft der »positiven« gegenüber der »negativen Seite« des Widerspruchs als in der Einführung der Differenzierung der Sphären des Subjektiven und des Objektiven: Als »Reflexion und Anschauung« sei das transzendentale Wissen »Begriff und Seyn zugleich« – wobei Hegel die Reflexion zwar primär dem Begriff, die Anschauung primär dem Sein zuordnet, aber gleichwohl eine »absolute Entgegensetzung des Seyns und Begriffs« vermeidet. Ding und Begriff sind beide »Form des Absoluten« und können nicht auseinandergerissen werden: »Im philosophischen Wissen ist das Angeschaute eine Thätigkeit der Intelligenz und der Natur, des Bewußtseyns und des Bewußtlosen zugleich; es gehört beyden Welten, der ideellen und reellen zugleich an – der ideellen, indem es in der Intelligenz, und dadurch in Freyheit gesetzt ist, – der reellen, indem es seine Stelle in der objektiven Totalität hat, als ein Ring in der Kette der Nothwendigkeit deducirt wird.« (GW 4.27 f.)

(7) Diese Betonung der Dualität von »Begriff« und »Sein« – nicht im Sinne ihrer Entgegensetzung, sondern ihrer differenzierten Harmonie – weist bereits voraus auf die spätere Unterscheidung von »Begriff« und »Realität« als Seiten der »Idee« (s. Kap.

II.6.2.7). In einem anderen Aspekt bilden die skizzenartigen Einführungspassagen der *Differenz-Schrift* hingegen ein Dokument des Übergangs von Frankfurt nach Jena, wie bereits im Blick auf die Abwertung der »Nacht der Reflexion« gegenüber dem »Leben«: in Hegels Ausführungen über das »Bedürfnis der Philosophie«. Auch hierbei spielt wiederum der Begriff des »Lebens« die entscheidende Rolle: Es ist eigentlich ein Defekt des Lebens, der die Philosophie hervortreibt – seine »Entzweyung«. Dieser Begriff fungiert bereits in der »Vereinigungsphilosophie« der Frankfurter Jahre als Gegenbegriff zu »Vereinigung« (s. Kap. II.3.4), doch erst die *Differenz-Schrift* versteht »Entzweyung« als »Quell d e s B e d ü r f n i s s e s   d e r   P h i l o s o p h i e« (GW 4.12).

Zudem erhält der Begriff der Entzweiung jetzt etwas prägnantere Konturen durch Hegels Unterscheidung zwischen »relativer« und »absoluter Entzweiung«. »Relative Entzweyung« ist eine unaufhebbare Bestimmung, die mit dem Begriff der absoluten Identität selber gegeben ist. Solche Entzweiung liegt bereits in der internen Relationsstruktur des Absoluten und in der notwendigen Form seiner Erscheinung. Ohne sie wäre »Identität« relationslos und somit ein sinnloses Wort. In dieser ersten Bedeutung bezeichnet »Entzweyung« eine ontologische Voraussetzung für Leben überhaupt: »die nothwendige Entzweyung ist Ein Faktor des Lebens« (GW 4.13). Die davon unterschiedene »absolute Entzweyung« hingegen besteht in der Isolierung der Erscheinung des Absoluten vom Absoluten, in der Fixierung der Selbständigkeit des Endlichen. Sie ist ein Indikator eines verletzten Lebens, und erst aus ihr geht das Bedürfnis der Wiederherstellung dieses Lebens – und damit das »Bedürfniß der Philosophie« – hervor: »Wenn die Macht der Vereinigung aus dem Leben der Menschen verschwindet, und die Gegensätze ihre lebendige Beziehung und Wechselwirkung verloren haben, und Selbstständigkeit gewinnen, entsteht das Bedürfniß der Philosophie« (GW 4.14).

Zu der »Aufgabe der Philosophie«, die vorhin (s. Kap. II.4.3.2) theoretisch als Konstruktion des Absoluten für das Bewußtsein bestimmt worden ist, tritt hiermit eine praktische Komponente hinzu: Hegel bezeichnet es nun als »Aufgabe der Philosophie, die Entzweyung aufzuheben« (GW 4.64). In diesem Bedürfnis nach »Wiederherstellung der Totalität« sieht er sogar »das einzige Interesse der Vernunft« – womit er auf einen eigentümlichen, aber systematisch wichtigen Begriff Kants zurückgreift (B 832 u. ö.). Diesem praktischen Interesse läßt sich auch die theoretische Seite zuordnen: Die Konstruktion des Absoluten für

das Bewußtsein erfolgt im Dienste des Interesses der Vernunft an der Aufhebung der festgewordenen Gegensätze. Hegel weist der Philosophie hier eine therapeutische Funktion zu, die sie in Frankfurt noch nicht übernehmen konnte – denn der damaligen Konzeption zufolge überwindet sie nicht die Sphäre der Entzweiung. Die Philosophie kann die absolute Entzweiung im Gedanken aufheben, weil diese ihren Ort auch nur im Gedanken hat und weil die Philosophie eben im Gedanken des Absoluten über diese Entzweiung hinausgeht. Sie vernichtet die »Totalität der Beschränkungen«, indem sie diese als Erscheinung des Absoluten begreift und damit als fixierte zum Verschwinden bringt (GW 4.15,13).

Während »relative Entzweiung« eine ontologische Kategorie ist, die die interne Struktur und das Verhältnis des Absoluten zur Erscheinung aussagt, ist »absolute Entzweiung« eine kulturphilosophische Kategorie. Ihr Gebrauch provoziert die beiden Fragen, wie es denn auf der Basis der notwendigen relativen zu solcher verfehlten absoluten Entzweiung komme – warum die Macht der Vereinigung schwinde und welchen Status ihre Aufhebung habe. Würde sie durch die Philosophie dauerhaft aufgehoben, so würde diese sich selber überflüssig machen. Auf diese Fragen geht Hegel jedoch nicht ausdrücklich ein. Zwar setzt er die Entzweiung ins Verhältnis zur »Bildung des Zeitalters« und zur modernen Verstandeskultur, doch forscht er hier nicht nach der Bedingung dafür, daß die genannten Kulturformen sich zu herrschenden Formen zumindest des modernen Lebens entwickeln. Hegels Rede von einer »zerrissenen Harmonie« (GW 4.12) läßt einen einstigen Zustand der unversehrten Harmonie wie auch einen einstigen Zustand ihrer Wiederherstellung assoziieren – gemäß dem beliebten, aber inakzeptablen mythischen Denkmodell, das auch noch das Fragment seiner *Naturrechtsvorlesung* prägt (s. Kap. II.4.6.3). Für eine befriedigende Antwort (etwa durch den Hinweis auf eine invariante Struktur des Denkens oder durch die Skizze einer sogar erwähnten »Geschichte der Vernunft«) läßt die *Differenz-Schrift* jedoch noch keine Ansätze erkennen – und dies wohl nicht unabhängig von der Weise, wie Hegel sich in ihr dem Thema »Geschichte« überhaupt zuwendet.

(8) Hegel beginnt seine »allgemeinen Reflexionen« sogar mit Bemerkungen über die »Geschichtliche Ansicht philosophischer Systeme« (GW 4.9–12) – veranlaßt durch die damals einsetzenden Debatten über die Theorie der Philosophiegeschichtsschreibung (Geldsetzer 1968) und insbesondere den Beitrag Reinholds zu ihnen. Erst in diesen Debatten

kristallisiert sich gegenüber der »historia critica« des 18. Jahrhunderts diejenige Konzeption der Philosophiegeschichtsschreibung als einer eigenständigen Disziplin innerhalb des Kanons der philosophischen Wissenschaften heraus, die zwei Jahrzehnte später in Hegels Vorlesungen ihre klassische Gestalt gewinnt (s. Kap. II.9.9).

In der *Differenz-Schrift* verhält Hegel sich jedoch fast ausschließlich polemisch gegen die »Geschichtliche Ansicht philosophischer Systeme« (Kolmer 1998, 154 ff.). Sein abschätziges Urteil dürfte noch durch die Erinnerung an frühere »Geschichten der Philosophie« (im Sinne von Historien = Erzählungen über Lebensumstände und Entwürfe von Philosophen) vorgeformt sein, und ebenso durch die – für den Rationalismus charakteristische – Annahme einer unüberbrückbaren Differenz zwischen den Sphären des Apriorischen und des Geschichtlichen. Sie hat auch noch Schellings unmittelbar vorausgehende Antithese von Wissen und Geschichte und seinen Nachweis der Unmöglichkeit einer Geschichtsphilosophie am Ende seiner *Allgemeinen Uebersicht der neuesten philosophischen Litteratur* (1797/98) geprägt (AA I/4.188–190).

Die gleiche Antithetik von »Wissen« und »Geschichte« liegt Hegels Kritik der geschichtlichen Behandlung philosophischer Systeme zu Grunde. Zwar könnten alle Systeme der Philosophie geschichtlich behandelt werden – aber nur in dem Sinne, daß sich keines vor solcher verfehlten Behandlung schützen könne. Der lebendige Geist eines Systems offenbare sich jedoch nur einem »verwandten Geist« und nicht der geschichtlichen Behandlung, die eine Philosophie nur in Augenschein nehme, um damit »die übrige Kollektion von Mumien und den allgemeinen Hauffen der Zufälligkeiten zu vergrößern«.

Hegels Kritik richtet sich jedoch nicht allein gegen eine registrierende und musealisierende Philosophiehistorie. Sie gilt nicht minder dem damals neuartigen Ansatz – und Hegel nennt wiederum Reinhold –, Philosophiegeschichte als Geschichte einer fortschreitenden Entwicklung zu schreiben. Die »teleologische Ansicht« der Philosophie, der Gedanke ihrer »Perfektibilität«, erniedrigten die Philosophie zu einer »Art von Handwerkskunst«, zu einer mechanischen Kunst, die einer fortschreitenden Verbesserung fähig sei. Gegen eine derartige Sicht führt Hegel zwei Argumente ins Feld, deren erstes später von anderen gegen seine Philosophie gerichtet wird: Die »teleologische Ansicht« degradiere die bisherigen Systeme zu »Vorübungen großer Köpfe«. Der geschichtlich spätere Denker wäre dann gegen den frü-

heren immer schon im Recht. Dies ist – streng genommen – kein Argument, sondern eher eine moralische Mißbilligung der überheblichen Gewißheit der Gnade der späten Geburt. Philosophisch ist hingegen das zweite Argument: Das Absolute und seine Erscheinung, die Vernunft, seien ewig ein und dasselbe; jede Vernunft, die sich auf sich selbst gerichtet und sich erkannt hat, hat »eine wahre Philosophie producirt, und sich die Aufgabe gelöst, welche, wie ihre Auflösung, zu allen Zeiten dieselbe ist.« »Jede Philosophie ist in sich vollendet, und hat, wie ein ächtes Kunstwerk, die Totalität in sich.«

Aber auch dieses Argument hat eher Bekenntnischarakter. Es bietet kein Kriterium dafür, wann ein Entwurf, der sich für Philosophie ausgibt, dieser Aussage genügt, und es unterstellt eine konkurrierende Sicht des Verhältnisses des »Absoluten« zur Gestalt eines philosophischen Systems, die nicht weniger strittig ist als der Perfektibilitätsgedanke. Zusätzlich ist es mit dem Problem der Mannigfaltigkeit der Erscheinungsformen des ewig identischen Absoluten konfrontiert, das sich im Bereich der Kunst – für Apelles und Raphael, für Homer und Shakespeare – zumindest nicht in derselben Weise stellt wie für die Philosophie, die durch ihren Wahrheitsanspruch charakterisiert ist.

Diese Identität der Vernunft macht Hegel auch gegen die Rede von »Eigenthümlichkeiten« in der Philosophie geltend: Die Erhebung der philosophischen Spekulation zur ewig »einen und allgemeinen Vernunft« sei gerade eine Befreiung von solchen Schranken der Eigentümlichkeit. Und doch formuliert er hier den einen Satz, der geeignet ist, seine brüske Ablehnung des Geschichtlichen wenig später aufzubrechen: »Das wahre Eigenthümliche einer Philosophie ist die interessante Individualität, in welcher die Vernunft aus dem Bauzeug eines besondern Zeitalters sich eine Gestalt organisirt hat«. Diese Formulierung (in der man – historisch wohl zu Unrecht – einen Anklang an Friedrich Schlegel zu hören glaubt) stellt eben den Bezug zwischen Vernunft und Geschichte her, den Hegel zuvor so vehement bestreitet. Die Richtung auf die Geschichte wird auch zu Beginn des folgenden Abschnitts über das »Bedürfniß der Philosophie« verstärkt: Die besondere Form einer Philosophie entspringe einerseits aus der »lebendigen Originalität des Geistes«, der sich in ihr ausspreche, doch andererseits »aus der besondern Form, welche die Entzweiung trägt, aus der das System hervorgeht«. Trotz dieses Ansatzpunktes reflektiert Hegel jedoch nicht darauf, daß diese »besondere Form« nicht eine zufällig-besondere und somit unbegreifliche ist, sondern daß sie geschichtlich vermittelt ist – und daß hierdurch der Faktor »Geschichte« auf die Konstitution der philosophischen Systeme einwirkt, die aus solcher Entzweiung hervorgehen (GW 4.9–12).

4.3.3 Darstellung des Fichte'schen Systems

(1) Hegels Kritik der »geschichtlichen Ansicht philosophischer Systeme« schließt keineswegs den kritischen Rückbezug auf vorangegangene Philosophie aus. Sie erschöpft sich auch nicht in der etwas unbestimmten Forderung, daß der »lebendige Geist« einer Philosophie »durch einen verwandten Geist geboren« werden müsse (GW 4.9). Schon die systematische Absicht der *Differenz-Schrift* erfordert ja eine Basis für Kritik und Affirmation. Das Kriterium zur Beurteilung solcher Philosophien sieht Hegel in der Übereinstimmung von »ächter Spekulation« und »System« oder von »Philosophie des Systems« und »System« – oder nochmals anders: in der Übereinstimmung zwischen dem »Princip« einer Philosophie und der Form seiner systematischen Explikation.

Dieses vermeintlich immanente Kriterium spricht jedoch dem Interpreten die Kompetenz zu, angesichts eines philosophischen Systems zwischen »Princip« und »System« zu differenzieren: besser als der Autor zu beurteilen, ob dessen philosophische Intention in der gewählten systematischen Form zur Geltung gekommen sei – oder ob beide auseinander fielen. Ein System, in dem »sich das zum Grunde liegende Bedürfniß nicht vollkommen gestaltet hat,« werde zwar als solches Dogmatismus, »aber die wahre Spekulation kann sich in den verschiedensten sich gegenseitig als Dogmatismen und Geistesverirrungen verschreyenden Philosophieen finden.« Die kritische Aufgabe des Interpreten besteht demnach darin, diese innere Intention einer Philosophie auch gegen deren äußere Systemgestalt herauszuheben und zu aktualisieren: »Die Geschichte der Philosophie hat allein Werth und Interesse, wenn sie diesen Gesichtspunkt festhält; sonst giebt sie nicht die Geschichte der in unendlich mannichfaltigen Formen sich darstellenden ewigen und einen Vernunft« (GW 4.31).

(2) Diesen Ansatz zu einer möglichen – philosophischen! – Geschichte der Philosophie skizziert Hegel nicht in seinen methodologischen Bemerkungen über die »geschichtliche Ansicht philosophischer Systeme«, sondern – nach einer Antizipation in der »Vorrede« – erst im Übergang zu seiner »Darstellung des Fichte'schen Systems«. Man könnte ihn als Ge-

neralisierung der Leitlinien seiner Fichtekritik beschreiben: Hegel gesteht Fichte wiederholt »die gründlichste und tiefste Spekulation, ein ächtes Philosophiren« zu (GW 4.34), »das kühn ausgesprochne ächte Princip der Spekulation.« Doch er fährt fort: »So wie aber die Spekulation, aus dem Begriff, den sie von sich selbst aufstellt, heraustritt, und sich zum System bildet, so verläßt sie sich und ihr Princip und kommt nicht in dasselbe zurück« (GW 4.6). Es handelt sich hierbei aber nicht etwa um eine Vorwegnahme des modernen Verdachts gegen die Systemgestalt von Philosophie überhaupt, sondern lediglich um die Kontrastierung eines philosophischen Prinzips mit seiner – in Hegels Augen – spezifisch-inadäquaten Systemform.

(3) Hegels Ausführungen über die Inadäquatheit der Form des Fichteschen Systems basieren unausgesprochen auf seiner Option für die Systemform Schellings. Diese stellt er als die glückliche Einlösung der Aufgaben einer systematischen Philosophie und somit auch als das Kriterium vor, an dem andere Entwürfe zu messen seien. In dieser Perspektive erscheint Fichtes Philosophie als ein herausragender und dennoch defizienter Ansatz – gleichsam als ein erster Schritt auf dem Wege zu Schellings System. Dennoch finden sich in Hegels Kritik mehrere Aspekte, die auch im Kontext einer immanenten Kritik berechtigt wären.

Seine Kritik an der Systemform Fichtes orientiert sich ausschließlich an dessen *Grundlage der gesammten Wissenschaftslehre* (1794/95) (GA I/2); andere Texte – etwa den im *Philosophischen Journal* 1797/98 veröffentlichten *Versuch einer neuen Darstellung der Wissenschaftslehre* (GA I/4.183–281) – zieht Hegel nicht heran. Und obwohl er die *Wissenschaftslehre* zum Gegenstand seiner Kritik macht, kommt das Wort »Wissenschaftslehre« im Text fast nicht vor – denn Hegel interpretiert Fichtes frühes Hauptwerk nicht als »Wissenschaft des Wissens«, sondern als eine defiziente Identitätsphilosophie.

Seine »Darstellung des Fichte'schen Systems« beginnt mit einer Reformulierung des Programms der *Wissenschaftslehre* auf dem Boden des Schellingschen Systemkonzepts. Den Begriff des Wissens bestimmt Hegel als »identischseyn alles empirischen Bewußtseyns mit dem reinen«, »und die Philosophie, die dieß identischseyn weiß, ist die Wissenschaft des Wissens; sie hat die Mannichfaltigkeit des empirischen Bewußtseyns als identisch mit dem reinen, durch die That, durch die wirkliche Entwiklung des Objektiven aus dem Ich zu zeigen und die Totalität des empirischen Bewußtseyns als die objektive

Totalität des Selbstbewußtseyns zu beschreiben«. Durch die Philosophie werde »die scheinbare Entgegensetzung des transcendentalen Bewußtseyns und des empirischen« aufgehoben bzw. »die objektive Totalität des empirischen Wissens gleich gesetzt dem reinen Selbstbewußtseyn« (GW 4.35 f.).

Diese Bestimmung der Philosophie sieht Hegel jedoch durch Fichtes *Wissenschaftslehre* verletzt: Deren erster Grundsatz »Ich=Ich« habe nur die Bedeutung des reinen, dem empirischen entgegengesetzten Selbstbewußtseins, und auch in der weiteren Entfaltung komme es nicht zur wirklichen Vereinigung beider. Diese Kritik verbindet Hegel mit der Kritik an der durch Reinhold geprägten Systemform, die von einem vorangestellten »Grundsatz« ausgeht, oder eben wie bei Fichte gar von einer »Mehrheit absoluter Akte« oder Grundsätze: dem unendlichen Setzen des Ich, dem absoluten Entgegensetzen, und der (versuchten) Vereinigung der beiden ersten. In dieser Synthese aber sei das reine Bewußtsein, das subjektive Ich, Ich=Ich, und das empirische Bewußtsein, das objektive Ich, »Ich=Ich + Nicht-Ich«; eine wirkliche Synthese sei schon deshalb unmöglich, weil »die Akte des ersten und zweiten Grundsatzes absolut entgegengesetzte Thätigkeiten sind« (GW 4.37 f.).

Fichtes System sei deshalb nicht – wie Reinhold behaupte – ein »System der absoluten Subjektivität« oder ein »dogmatischer Idealismus« – denn dies bedeutete, daß er »das Subjektive als Realgrund des Objektiven« setzte. Fichte setze vielmehr »das Subjektive und Objektive auf gleichen Rang der Realität und Gewißheit«. Da es aber dem Ich zukomme, sich selbst oder Dinge zu setzen, »so wird Ich sich im System nicht selbst Subjekt = Objekt; das Subjektive ist wohl Subjekt = Objekt, aber das Objektive nicht, und also nicht Subjekt gleich Objekt.« (GW 4.40) Oder anders: Das Ich sei zwar ein »subjektives Subjektobjekt«, das Objektive jedoch kein »objektives Subjektobjekt« (GW 4.65).

Es gelinge Fichte somit nicht, die am Beginn der *Wissenschaftslehre* konstatierte »absolute Entgegensetzung«, den als Faktum aufgenommenen »Anstoß« durch ein »absolutes Objekt« zu überwinden – und dies scheidet ihn in Hegels Augen selbst vom »Idealismus«. Denn für Fichte erscheine die objektive Welt als unaufhebbare Bedingung des Selbstbewußtseins; das »Princip des Idealismus« hingegen sei, daß »die Welt ein Produkt der Freyheit der Intelligenz ist« – und es könne Fichte nicht gelingen, dieses Prinzip zu einem System zu konstruieren (GW 4.43). Und dies gelte nicht allein für den theoretischen, sondern auch für den praktischen Teil der *Wissenschaftslehre*. Ihre

höchste Synthese sei das »Sollen«: »Ich soll gleich Ich seyn« – aber eben damit nur eine gedachte oder geforderte und nicht eine wirkliche Synthese. Unter diesen Bedingungen sei auch Freiheit »nicht das Aufheben der Entgegengesetzten, sondern die Entgegensetzung gegen dieselben« (GW 4.45).

Diese Entgegensetzung erscheine auch unter der Form einer Entgegensetzung von Natur und Ich im subjektiven Subjektobjekt. Während Freiheit und Natur für den transzendentalen Standpunkt »eines und ebendasselbe« seien und ihre Verschiedenheit nur in die Erscheinung falle, bilde für die Reflexion »eins die Bedingung des andern«, und statt zu einer wirklichen »Synthesis der Natur und der Freyheit« zu kommen, gerate die Natur in die Botmäßigkeit der Reflexion; das Subjektive werde zum Herrschenden, das Objektive, die Natur, zu einem Beherrschten; sie erhalte »den Charakter der absoluten Objektivität oder des Todes« (GW 4.49–51).

(4) In dieser Insistenz Hegels auf dem Gedanken einer wahrhaften Versöhnung der Natur klingt Schellings Systemkonzept am deutlichsten an. Den Übergang zu dessen Darstellung bereitet Hegel jedoch zusätzlich dadurch vor, daß er das Thema »Knechtschaft der Natur unter dem Begriff« in Fichtes praktischer Philosophie weiterverfolgt – zunächst in der *Grundlage des Naturrechts* (1796; GA I/3–4). In der dort geführten »Deduktion der Natur« zeige sich »die absolute Entgegensetzung der Natur und der Vernunft, und die Herrschaft der Reflexion in ihrer ganzen Härte.« Hegel beschränkt seine Bemerkungen zum *Naturrecht* auf dieses Thema der Entgegensetzung von Freiheit und »Knechtschaft unter dem Begriff«. Seine Ausführungen lassen bereits ein Thema anklingen, das auch noch seine späte Rechtsphilosophie durchzieht: Der Begriff der Freiheit wird verfehlt, wenn man sie zunächst als einen rein ideellen Faktor, als »absolute Unbestimmtheit« denkt, die erst sekundär in der Gemeinschaft mit anderen einzuschränken sei. Hegels Kritik richtet sich ebenso gegen Rousseau und Kant – hier noch unausgesprochen, später ausdrücklich: »Wenn die Gemeinschaft der Vernunftwesen wesentlich ein Beschränken der wahren Freyheit wäre, so würde sie an und für sich die höchste Tirannei seyn«.

Unter diesen Bedingungen gilt die Beschränkung, der »Nothstand«, als »absolute Nothwendigkeit«, und Hegel befürchtet, daß sie – einmal etabliert – bis zur »Antinomie der unbegränzten Begränztheit« ausgeweitet wird – bis zur Rechtfertigung von Zwangsmaßnahmen zur Vorbeugung gegen potentielle Verletzungen der Freiheit und bis in das Detail der Regulierung der gesellschaftlichen Verhältnisse, wo »die Policey so ziemlich weiß, wo jeder Bürger zu jeder Stunde des Tages sey und was er treibe«. Mit den einzelnen Vorschlägen, die Fichte hier macht, antizipiert er allerdings weitgehend das gegenwärtig übliche Verfahren auch sogenannter »liberaler« Staaten; Hegel hingegen setzt diesem »Nothstaat« hier noch eine an die Frankfurter Entwürfe gemahnende Vision entgegen: das »wahrhaft freye, für sich selbst unendliche und unbeschränkte, d. h. schöne Wechselverhältniß des Lebens«, oder das Volk als einen »organischen Körper eines gemeinsamen und reichen Lebens«. Seine Kritik steht aber auch im größeren Kontext der nachrevolutionären Entgegensetzung der Metapher des Staates als eines Mechanismus bzw. eines Organismus: Die in den 1790er Jahren im Umkreis der Romantik aufkommende Kritik einer mechanistischen – und somit deterministischen – Weltdeutung trennt die beiden seit der frühen Neuzeit bedeutungsgleichen Metaphern der Welt oder des Staates als einer vollkommenen Maschine und eines vollkommenen Organismus – ein Prozeß, der sich bis in Jacobis zweimalige Ersetzung von »organische Maschine« durch »organisches Wesen« in der zweiten Auflage seines *David Hume* (1815) verfolgen läßt (JWA 2.82). Das atomistische Gesellschaftsmodell, das ausschließlich am Individuum, an der Vielheit der »absoluten Substantialität der Punkte« orientiert sei, könne die Verbindung zwischen ihnen nur noch durch einen äußeren Verstand, durch das Recht als Zwangsrecht herstellen (GW 4.53–58).

(5) Diesen verfehlten Ansatz von Herrschaft und Unterwerfung sieht Hegel auch Fichtes *System der Sittenlehre* bestimmen (1798, GA I/5) – mit dem Unterschied, daß im naturrechtlich konzipierten Staat das Herrschende über den Individuen bestehe, während in der Moralität dieses Herrschaftsverhältnis in das Individuum verlagert werde: »in der Sittenlehre muß der Begriff und die Natur in einer und ebenderselben Person vereinigt gesetzt werden«. Durch diese Hineinnahme des Gegensatzes von Freiheit und Natur in den Menschen aber werde er zu einer inneren und deshalb widernatürlichen »Unterdrükkung der Natur«: Wenn »das Gebietende in den Menschen selbst verlegt, und in ihm ein Gebietendes und ein Bottmäßiges absolut entgegengesetzt ist, so ist die innre Harmonie zerstört, Uneinigkeit und absolute Entzweyung machen das Wesen des Menschen aus.« Angesichts der »fixen, absoluten Polarität der Freyheit und Nothwendigkeit« sei »an keine Synthese und an keinen Indifferenz-Punkt zu denken«; »abso-

lute Bestimmung der Natur nach einem Begriff ist die absolute Beherrschung des Herzens durch den Verstand« (GW 4.58–61).

Trotz dieser Diagnose sieht Hegel in Fichtes praktischer Philosophie einen Ansatzpunkt für eine bessere Lösung: Auch Fichte spreche »von dem ästhetischen Sinne als einem Vereinigungsband zwischen Verstand und Herz«. Doch die »ästhetische Bildung« sei hier nur zur »Beförderung des Vernunft-Zweks« funktionalisiert: Sie sei kein Selbstzweck, sondern habe nur die Aufgabe, der Moralität den Boden zu bereiten, »so daß, wenn die Moralität eintritt, sie schon die halbe Arbeit gethan findet, nemlich die Befreiung aus den Banden der Sinnlichkeit«. Zum anderen sieht Hegel in Fichtes Modell der »Beherrschung« gar keinen Raum für eine derartige Vermittlung. Fichte drücke sich »vortreflich aber inkonsequent in Rüksicht auf sein System« aus. Daß das Gehorchen ein unsselbst-Gehorchen sei, bedeute lediglich, daß unsere Naturneigung unserem Sittengesetz gehorchen müsse, und ein solches »Getrenntsein des Gehorchens« widerstrebe einer ästhetischen Anschauung. So perpetuiere Fichte selbst auf dem Punkt, an dem er sich am nächsten mit Schelling berühre – in der Wertung der ästhetischen Anschauung – doch nur den Grundmangel seines Systems, die absolute Entgegensetzung. (GW 4.60–62)

4.3.4 Schellings Princip und System der Philosophie

(1) Im Anschluß an diese Kritik der Kluft zwischen dem Prinzip und der Systemform der Philosophie Fichtes referiert Hegel das Systemkonzept Schellings, das das bisher verschwiegene Kriterium seiner Kritik bildet. Der Titel dieses Abschnitts – »Vergleichung des Schelling'schen Princips der Philosophie mit dem Fichte'schen« – ist in doppelter Hinsicht nicht angemessen. Zum einen geht es hier weniger um einen Vergleich des »Princips«, sondern der Systemform. Denn die Differenz zwischen Fichte und Schelling liegt primär in dieser Form und nicht so sehr im Prinzip. Und zum anderen handelt es sich nicht eigentlich um einen »Vergleich«, zumindest nicht um einen unvoreingenommenen, sondern Hegel stellt der Systemform Fichtes die Konzeption Schellings als überlegene entgegen. Dabei orientiert er sich eigentümlicher Weise fast ausschließlich an dem Stand der Ausbildung, den Schellings Philosophie nach seinen Entwürfen zur Naturphilosophie im Jahr 1800 im *System des transscendentalen Idealismus* gefunden hat – obgleich Schellings *Darstellung meines Systems der*

Philosophie bereits im Mai 1801 erschienen ist (PLS 2/1.196 f.), also zwei Monate vor Unterzeichnung der Vorrede zur *Differenz-Schrift*. Vermutlich hat Hegel die *Differenz-Schrift* damals bereits in Satz gegeben. Dieser Rückgriff auf Schellings *System des transzendentalen Idealismus* – also auf einen durch Schellings Entwicklung überholten Standpunkt – verrät sich in den zahlreichen Zitaten, aber auch schon in Hegels Skizze von Schellings Parallelführung von Transzendental- und Naturphilosophie (GW 4.67 f.), als deren Hintergrund Spinozas Lehrsatz »ordo, et connexio idearum idem est, ac ordo et connexio rerum« (*Ethica* II, 7) durchscheint (GW 4.71).

Da Hegels Fichte-Kritik von Schellings Systemkonzept her entworfen ist, deutet sie bereits diejenigen Aspekte an, in denen Hegel Schellings Überlegenheit sieht. Ein erster Aspekt besteht in der Einheit von »Princip« und »System«. Beide fallen hier nicht mehr, wie bei Fichte, auseinander, sondern stehen in Harmonie, denn das Prinzip, das Subjekt-Objekt, bildet nicht nur den Anfang, ohne im Fortgang des Systems zu sich selbst zurückzufinden; Prinzip und System bilden hier eine Einheit – und zwar deshalb, weil Schelling dem »subjektiven Subjektobjekt« als ein Komplement ein »objektives Subjektobjekt« gegenüberstellt, weil er also die Natur, die für Fichte ein vom Subjekt, vom »Begriff« bloß Beherrschtes ist, selber als ein Subjekt-Objekt denkt. »Hierinn besteht allein die wahre Identität, daß beyde ein Subjektobjekt sind, und zugleich die wahre Entgegensetzung, deren sie fähig sind.« (GW 4.66)

(2) Hinter diesen etwas schematisch wirkenden Formeln verbirgt sich eine unterschiedliche, nicht auf Entgegensetzung, sondern auf Vermittlung des Entgegengesetzten ausgerichtete Auffassung von Wirklichkeit und von Philosophie als Begreifen dieser Wirklichkeit. Man verkennt die Struktur, und man zerstört den Gedanken der Einheit von Wirklichkeit, wenn man sie auf die Entgegensetzungen – von Subjekt und Objekt, Unendlichem und Endlichem, Selbstbewußtsein und Natur – restringiert sieht, in denen die Reflexion sich vollendet. Hegel setzt die »formale Aufgabe der Philosophie« in die »Aufhebung der Entzweyung«. Solche Aufhebung könne aber nicht durch Vernichtung eines der Entgegengesetzten vollzogen werden, auch nicht durch dessen Steigerung ins Unendliche, sondern: »Um die Entzweyung aufzuheben, müssen beyde Entgegengesetzte, Subjekt, und Objekt aufgehoben werden; sie werden als Subjekt und Objekt aufgehoben, indem sie identisch gesetzt sind«, aber auch ihre Differenz bewahrt bleibt. Hierdurch seien sie in der »absoluten

Identität« nicht bloß vernichtet, sondern sie haben in ihr auch ihre Realität: Sie sind Getrennte und davon ungetrennt zugleich Identische. Philosophie müsse deshalb beides – Trennung und Identität – in ihrem Zugleich festhalten: »Das Absolute selbst aber ist darum die Identität der Identität und der Nichtidentität; Entgegensetzen und Einsseyn ist zugleich in ihm.« (GW 4.63 f.)

(3) Dieser Gedanke der Identität und Differenz von »Subjekt« und »Objekt« findet hier keine erkenntnistheoretische Vertiefung; es geht Hegel allein um Schellings Systemkonzept, um das Verhältnis von Transzendental- und Naturphilosophie. Im *System des transzendentalen Idealismus* wird ja offenkundig, was zuvor erschlossen werden mußte: daß Schelling »Transzendentalphilosophie« nicht im Sinne Kants, Fichtes oder auch Jacobis als Titel eines philosophischen Ansatzes versteht, im Gegensatz etwa gegen eine Form des »Realismus«, und auch nicht als ein anderes Wort für »Wissenschaftslehre«, sondern als die eine der beiden Seiten eines dualen Systems der Philosophie, als »System der Intelligenz« gegenüber dem »System der Natur«. Thematisch ist deshalb nicht das Verhältnis von Subjekt und Objekt im engeren Sinne, sondern allein das Verhältnis dieser beiden »Systeme« oder Wissenschaften. Anders als Fichte, für den die »Wissenschaftslehre« als »Transzendentalphilosophie« den allein wahrhaften Ansatz der Philosophie überhaupt bildet, auf dessen Grundlage auch erst »Natur« zum Gegenstand werden kann, sucht Schelling »Natur« und »Selbstbewußtsein« in eigenen Wissenschaften zu entfalten, jedoch so, daß ihre parallele Struktur, ihre Bezogenheit aufeinander, ihre innere Einheit erhellt – eben indem sie beide als »Subjekt-Objekt« begriffen und im System expliziert werden. Anders als die Transzendentalphilosophie Fichtescher Prägung versteht dieser Ansatz die Bestimmtheit der Natur nicht nur als »eine ihr vom Wissen geliehene Form«, sondern als ihre eigene Bestimmtheit: »Natur und Selbstbewußtseyn sind a n s i c h so, wie sie in der eigenen Wissenschaft einer jeden von der Spekulation gesetzt werden«. Die beiden Wissenschaften verhalten sich nicht so zu einander, daß die eine nur das »Subjekt« und die andere nur das »Objekt« thematisierte; sie haben ja beide ein »Subjekt-Objekt« zum Gegenstand, und ihr Unterschied liege nur darin, daß in der Transzendentalphilosophie die Intelligenz und in der Naturphilosophie die Natur das Erste, die Substanz, sei, und das jeweils andere das Accidenz – oder anders: in der einen das subjektive, in der anderen das objektive Subjektobjekt (GW 4.65–67).

(4) Über diese, durch Schellings *System des transzendentalen Idealismus* repräsentierte Systemkonzeption blickt Hegel jedoch hinaus – auf Schellings »Identitätssystem«: Es gebe einen »höheren Standpunkt« als den der Explikation des Absoluten in den beiden Systemen der Intelligenz und der Natur – allerdings auch eine dreifache Gefahr, ihn zu verfehlen. Er skizziert hier – um den späteren Ausdruck vorwegzunehmen – drei »Stellungen des Gedankens zur Objektivität« (s. Kap. II.7.2.5). Die erste Fehlentwicklung sieht Hegel in einem »Vermengen« beider Wissenschaften durch ihre kausale Beziehung auf einander, das bei Einmischung der Naturwissenschaft ins System der Intelligenz zu »transcendenten Hypothesen«, bei Einmischung der Intelligenz ins System der Natur zu »hyperphysischen, besonders teleologischen Erklärungen« führe – also zu der im 18. Jahrhundert herrschenden Physikotheologie. Diese Kritik dürfte sich insgesamt gegen die traditionelle Metaphysik richten. – Die zweite mögliche Verfehlung sieht Hegel in einem – wohl die empirische Wissenschaft charakterisierenden – friedlichen »Dualismus« der beiden Systeme, der sie nicht ihrem – widersprechenden – Anspruch nach als »Wissenschaften des Absoluten« nehme – und dagegen erklärt Hegel kategorisch: »das Absolute ist kein Nebeneinander« – eine Wendung, die man aber auch als Kritik der dualen Systemkonzeption Schellings lesen kann.

Als den dritten und »merkwürdigsten Standpunkt« führt er den »gewöhnlich so genannten transcendentalen Idealismus« an, für den die »Wissenschaft des subjektiven Subjektobjekts selbst eine der integrirenden Wissenschaften der Philosophie, aber auch nur die Eine ist.« Diesen Ansatz erläutert Hegel überraschender Weise – vielleicht unter Rückgriff auf ein älteres Manuskript – nur an Hand des Kantischen Naturbegriffs. Die *Kritik der Urteilskraft* betrachte zwar das Naturprodukt als Naturzweck und mache somit scheinbar die Natur zum Subjekt-Objekt – aber doch nur für die reflektierende Urteilskraft, die nichts über die Realität der Natur aussage: »die Betrachtungsart bleibt also ein durchaus subjektives, und die Natur ein rein objektives, ein bloß gedachtes«. Für Kants *Metaphysische Anfangsgründe der Naturwissenschaft* sei die Natur ohnehin nur eine Materie, ein Gegenstand der Mechanik, der »mit der Armuth von Anzieh- und Zurükstoßungskräften« »schon zu reich gemacht« sei, da solche Kraft bereits »ein sich selbst setzen, = Ich«, sei, das vom rein idealistischen Standpunkt der Materie nicht zukommen könne. Entgegen dem Anschein sei somit die Natur für diesen dritten Standpunkt »nur Materie, nicht

Subjekt-Objekt«, und der gesuchte höhere Standpunkt sei somit verfehlt. Hegel schreibt sogar der physikotheologischen Betrachtungsweise »in Rüksicht der Vollständigkeit« einen Vorzug zu – was übrigens auf Grund der großen wissenschaftsgeschichtlichen Bedeutung der Physikotheologie für das 18. Jahrhundert nicht unplausibel ist (GW 4.68–71).

(5) Nach dieser Abgrenzung gegen solche Konzeptionen von Wissenschaft, die die Explikation des Absoluten verfehlen, setzt Hegel durch weitere Erläuterungen des Verhältnisses der beiden »Systeme« der Intelligenz und der Natur zum entscheidenden Schritt zu dem »höheren Standpunkt« an, indem er die Notwendigkeit sowohl der dualen Verfassung der beiden Wissenschaften als auch ihrer Identität betont. Die polare Struktur sei nichts bloß Faktisches; sie sei im Begriff der Erscheinung des Absoluten selbst begründet: »Erscheinen und sich entzweien ist Eins«. Hierfür versichert Hegel sich auch noch der Autorität eines ungenannten »älteren Philosophen«, nämlich Spinozas, der die Einheit der beiden unterschiedenen »Systeme« ausgesprochen habe (s. Kap. II.4.3.4). Und er sucht die Verzahnung der beiden »Systeme« nicht allein über die Terminologie des – subjektiven oder objektiven – Subjekt-Objekts herzustellen, sondern auch über die Begriffe von Freiheit und Notwendigkeit sowie des Theoretischen und des Praktischen: Auch Freiheit und Notwendigkeit lassen sich nicht auf die beiden »Systeme« verteilen; sie kommen beiden zu – Notwendigkeit auch dem »System der Intelligenz« und Freiheit auch dem »System der Natur«: Sie sei nicht nur ein Sein, sondern auch ein Werden; »ihre bewußtlose Entwiklung ist eine Reflexion der lebendigen Kraft, die sich endlos entzweit, aber in jeder beschränkten Gestalt sich selbst setzt, und identisch ist; und insofern ist keine Gestalt der Natur beschränkt, sondern frei.« Und obgleich die »Wissenschaft der Natur« insgesamt der theoretische Teil der Philosophie sei, so habe sie doch auch einen praktischen Teil, wie auch andererseits die »Wissenschaft der Intelligenz« einen theoretischen Teil.

Indem aber diese beiden Wissenschaften als Formen der Darstellung des Absoluten auf einander bezogen sind, »müssen sie zugleich in Einer Kontinuität, als Eine zusammenhängende Wissenschaft betrachtet werden.« In ihrer Zweiheit sind sie »relative Totalitäten«; sie streben nach dem »Indifferenzpunkt«, der als Identität in ihnen, als Totalität außer ihnen liege; so seien sie die Formen der »Selbstkonstruktion der Identität zur Totalität«, und diese die »Selbstkonstruktion des Absoluten«. Damit ist »die

Aufhebung der Trennung beyder Wissenschaften« vollzogen, und Hegel resumiert: »dieß ist der einzige höhere Standpunkt, auf welchem beyde Wissenschaften ineinander verlohren sind«.

Von diesem »höheren« und höchsten Punkt aus beschreibt Hegel den immanenten Prozeß des Systems der Philosophie mit einem – vielleicht blasphemisch erscheinenden – Rückgriff auf traditionelle Mythologeme und Theologeme: »Die ursprüngliche Identität, welche ihre bewußtlose Kontraktion – subjektiv, des Fühlens, – objektiv der Materie, in das endlos organisirte Neben- und Nacheinander des Raums und der Zeit, in objektive Totalität ausbreitete, und dieser Expansion die durch Vernichtung derselben sich konstituirende Kontraktion in den sich erkennenden Punkt (subjektiver) Vernunft, – die subjektive Totalität entgegensetzte, muß beydes vereinigen in die Anschauung des sich selbst in vollendeter Totalität objektiv werdenden Absoluten, – in die Anschauung der ewigen Menschwerdung Gottes, des Zeugens des Worts vom Anfang.« Wie aber die auf neuplatonische Gedanken zurückgehenden und in der Kabbala geläufigen Termini »Expansion« und »Kontraktion« hier ihren früheren Sinn verlieren, indem sie nicht mehr Phasen des kosmogonischen Prozesses benennen, sondern die strukturelle Polarität von Natur und Intelligenz, so auch die Rede von der »Anschauung der ewigen Menschwerdung Gottes«: Die Darstellung der Selbstproduktion des Absoluten im System der Philosophie ist die Wahrheit des Gedankens, der in der Religion unter dem Titel »Menschwerdung Gottes« ausgesprochen ist (GW 4.71–75).

(6) Hegel beschließt seine Darstellung der Systemkonzeption Schellings mit einer Skizze des Verhältnisses der Philosophie zu anderen Formen des geistigen Lebens – nicht eigentlich mit einer »Systemskizze«, wie zumeist formuliert wird (Jaeschke 1986a, 149), und schon gar nicht mit einem eigenen Systemkonzept, wie schon aus der eigentümlichen Unbestimmtheit der Terminologie durch den häufigen Gebrauch der Wörter »mehr« bzw. »überwiegend« zu erkennen ist, der etwa auch in Schellings *Vorlesungen über die Philosophie der Kunst* begegnet (SW I/5.380). – Die im Wesen des Absoluten selber liegende Polaritätsstruktur durchziehe auch noch die Formen seiner Anschauung, nämlich Kunst und Spekulation, und auf Seiten der Kunst kontinuiere sich die Polarität abermals in die beiden Formen der Kunst im engeren Sinne und der Religion. Die Religion wird somit der Kunst im weiten Sinne untergeordnet und der Kunst im engeren Sinne nebengeordnet. Das Kunstwerk sei

dauernd, Produkt »des Genies, aber der Menschheit angehörend«, die Religion »ein lebendiges Bewegen«, Produkt »einer allgemeinen Genialität, aber auch jedem einzelen angehörend«. In der Kunst erscheine die Anschauung des Absoluten »mehr in einen Punkt koncentrirt und das Bewußtseyn niederschlagend« und »mehr in der Form des absoluten Seyns«, in der Spekulation »mehr als Bewußtseyn, und im Bewußtseyn ausgebreitetes Thun subjektiver Vernunft, welche die Objektivität und das Bewußtlose aufhebt«, oder »mehr als ein in seiner unendlichen Anschauung sich selbst erzeugendes«. Kunst und Spekulation seien »in ihrem Wesen der Gottesdienst; beydes ein lebendiges Anschauen des absoluten Lebens, und somit ein Einsseyn mit ihm.« (GW 4.75–77)

4.3.5 Kritik der Philosophie Reinholds

(1) Die eigentliche Darstellung der Differenz der Philosophie Fichtes und Schellings ist damit abgeschlossen; Hegel fügt ihr jedoch noch eine scharfe Kritik der Philosophie Reinholds an, die er bereits im selten zitierten vollständigen Titel seiner Schrift ankündigt – als Replik auf Reinholds, der Absicht nach vernichtende, Kritik an Schellings *System des transzendentalen Idealismus* (vgl. GW 4.564–566). Auch Schelling macht deswegen Reinhold zu dieser Zeit zur vornehmsten Zielscheibe seiner Polemik (PLS 2/1.261–333). Um den in der Einbeziehung Reinholds liegenden konzeptionellen Bruch zu vertuschen, leitet Hegel diesen Abschnitt mit der Bemerkung ein, es sei noch »theils etwas von R e i n h o l d s A n s i c h t d e r F i c h t e ' s c h e n u n d S c h e l l i n g s c h e n P h i l o s o - p h i e, theils von seiner eigenen zu sprechen.«

Im Blick auf die Systeme Fichtes und Schellings wirft Hegel Reinhold vor, »fürs erste die Differenz beyder als Systeme übersehen, und sie fürs andere nicht als Philosophieen genommen« zu haben. Der erste Vorwurf betrifft freilich ebenso Fichte – und mit ihm alle anderen an den damaligen Debatten Beteiligten. Denn die seit Beginn der Publikationstätigkeit Schellings zwischen ihm und Fichte vorhandenen systematischen Differenzen bleiben bis zum Erscheinen seines *Systems des transzendentalen Idealismus* bewußt unterdrückt, und selbst hier werden sie nicht offen ausgesprochen. Auch Fichte legt sich erst nach Erscheinen von Schellings *System* über diese zuvor schon geahnten Differenzen zusammenhängend Rechenschaft ab – und im Interesse der geschichtlichen Wirkung der Transzendentalphilosophie ist er zugleich bemüht, diese Differenzen nicht öffentlich bekannt werden zu lassen (PLS 2/1.216).

Den zweiten Vorwurf konkretisiert Hegel nicht durch Kritik an Reinholds Fichte-, sondern an seiner Schelling-Deutung. Hegel wirft Reinhold ein Mißverständnis der Einleitung zum *System des transzendentalen Idealismus* vor – aber er verweist auch auf spätere Texte Schellings aus der *Zeitschrift für spekulative Physik,* die gleichzeitig mit oder gar erst nach der Abfassung von Reinholds *Beiträgen* veröffentlicht wurden.

Hegels Kritik wendet sich zum einen gegen Reinholds Mißverständnis von Schellings Begriff des Absoluten als der »absoluten Identität«, der Subjekt-Objektivität. Zum anderen weist er Reinholds Vorwurf zurück, daß die bisherige Philosophie – gleichsam psychologistisch – »das Denken unter dem Charakter einer blos subjektiven Thätigkeit vorgestellt hat«. Die »Abstraktion vom subjektiven der transcendentalen Anschauung« sei vielmehr »der formelle Grundcharakter« der Philosophie Schellings – und er belegt dies mit einem Zitat: »Wenn die Menschen erst lernen werden, rein theoretisch, BLOSS OBJEKTIV OHNE ALLE EINMISCHUNG VON SUBJEKTIVEM zu denken, so werden sie dieß verstehen lernen.« Hierin liegen die ersten Wurzeln für Hegels späteren Begriff des »objektiven Denkens«.

Ein dritter Aspekt betrifft die Differenz der Methode und der Zielsetzung von Philosophie: Für Reinhold bestehe »das wesentlichste Geschäfte« der Philosophie darin, »die Realität der Erkenntniß durch Analysis d. h. Trennen zu begründen«; die »höchste Aufgabe« der Spekulation hingegen liege darin, »die Trennung in der Identität des Subjekts und Objekts aufzuheben«, »absolute Vereinigung« zu bewirken. Die hierdurch markierte Differenz illustriert Hegel an der Stellung zum Materialismus; Reinhold nehme ihn nur »von der Seite einer Geistesverirrung, die Deutschland nicht einheimisch sey, und er erkennt darin nichts von dem ächten philosophischen Bedürfniß, die Entzweyung in der Form von Geist und Materie aufzuheben« – und ebensowenig, daß die Fremdheit des Materialismus in Deutschland die Folge »einer entgegengesetzten Einseitigkeit der Bildung« sein könne.

Schließlich wendet Hegel sich noch sehr nachdrücklich gegen Reinholds moralische Imputation der Systeme Fichtes und Schellings: daß er »die Partikularität dieser Systeme aus der Unsittlichkeit erklären wird, und zwar so, daß die Unsittlichkeit in diesen Systemen die Form eines Princips, und der Philosophie erhalten hätte. Man kann eine solche Wendung eine Erbärmlichkeit, einen Nothbehelf

der Erbitterung, u. s. w. wie man will, nennen und schimpfen; denn so was ist vogelfrey.« Philosophie gehe zwar aus der »Unsittlichkeit« hervor, nämlich aus der »Zerrüttung des Zeitalters« – aber nur um gegen sie »den Menschen aus sich wiederherzustellen« (GW 4.77–81). In ähnlicher Weise kritisiert Schelling schon in den *Philosophischen Briefen* (AA I/3.58) diese Verquickung von philosophischer Differenz und moralischer Anklage: »Wer an die Demonstrationen unsrer neusten Philosophen nicht glaubt, auf dem haftet das Anathem m o r a l i s c h e r Verworfenheit.«

(2) Der Rückblick auf Reinholds Verhältnis zu Fichte und Schelling dient jedoch nur als Vorspiel – zur Auseinandersetzung mit Reinhold um die Form der Begründung eines philosophischen Systems, aber auch zu Hegels Spott über die vielfachen »Revolutionen«, die Reinhold in den Jahren zuvor durchlaufen habe – vom Kantianer zum Fichteaner und Jacobianer –, vor allem aber zu Hegels Auseinandersetzung mit Reinholds letztem Standpunkt: seiner Konversion zu Christoph Gottfried Bardilis *Grundriß der Ersten Logik.*

Reinhold hat diese – schon im Herbst 1799 erschienene – Schrift Bardilis mit »Jubel« und »Entzücken« begrüßt – sehr zum Verdruß vieler seiner Freunde. Er hat sie sowohl Jacobi als auch Fichte wärmstens empfohlen, letzterem als »eine völlig neue Darstellung des transcendentalen Idealismus – oder eigentlich eine Erfindung deßelben von neuen und auf einem völlig anderen Wege« (PLS 2/1.67,69) – obgleich er selber wenig später seinen durch Bardili vermittelten Standpunkt als »rationalen Realismus« benennt. Fichte hat Bardilis *Grundriß* sowohl in Briefen an Reinhold als auch in einer Rezension als völlig unzulänglich kritisiert; Reinhold hat öffentlich auf diese Rezension geantwortet – und über dieser Frage ist es zum Bruch zwischen Fichte und Reinhold gekommen (PLS 2/1.110–134). Hegel knüpft an Fichtes Kritik an; sein Votum gegen Bardili und Reinhold ist ein indirektes Votum für Fichte, wie er auch andererseits Jacobi von Reinhold zu trennen sucht (GW 4.88, 34–35, 84–85 Fußnote).

Hegel erhebt gegen Bardilis *Grundriß* den Vorwurf der »Verwandlung der Philosophie ins Formale des Erkennens, in Logik«, ja der Reduktion der Philosophie auf Logik – einen Vorwurf, der in der Wirkungsgeschichte seiner Philosophie gegen ihn selber gewendet wird. In der Darstellung dieser »Reduktion« orientiert Hegel sich fast ausschließlich an Reinholds Präsentation Bardilis – an der Unterscheidung der Begriffe des Denkens, der »Anwendung des Denkens« und der »Materie der Anwendung des Denkens« – einer Unterscheidung, die in Hegels Sicht das Denken geradezu zu einer bloß subjektiven Tätigkeit macht und insofern Reinholds Forderung widerspricht. Auf Logik werde die Philosophie dadurch reduziert, daß Reinhold in der Nachfolge Bardilis die »wahre Philosophie« in »die Analysis der Anwendung des Denkens als Denkens« setze, durch die »das Urwahre mit dem Wahren, und das Wahre durch das Urwahre« entdeckt und aufgestellt werden solle.

Ausführlicher geht Hegel auf das Verhältnis Bardilis zu Reinholds »Elementarphilosophie« ein – und hierin folgt er trotz Reinholds Protestes wiederum Fichtes *Bardili-Rezension,* der Bardilis Buch »eine Umarbeitung der Reinholdischen, weiland Elementar-Philosophie« genannt hat (PLS 2/1.115 f.). Hegel fügt dem nur noch einen ausführlicheren Vergleich der »Logik« Bardilis mit Reinholds *Versuch einer neuen Theorie des menschlichen Vorstellungsvermögens* zum Beweis hinzu – und charakterisiert deshalb Reinholds Freude über Bardilis *Grundriß* als die Freude eines Mannes, »der zu seiner größten Zufriedenheit, aus dem eigenen Keller unwissenderweise bewirthet wurde« (GW 4.81–90).

(3) In anderer Hinsicht ist jedoch Reinholds Verabschiedung seiner früheren »Elementarphilosophie« offenkundig: im Blick auf das Begründungsproblem der Philosophie. In seinen Schriften aus den Jahren 1789–1791 hatte Reinhold versucht, das Begründungsproblem eines Systems der Philosophie durch den Rückgang auf einen durch sich selbst gewissen Satz, den Satz des Bewußtseins, zu lösen (s. Kap. II.4.3.2). Das Scheitern dieses Ansatzes, auch die Bedenken gegen dessen Modifikation durch Fichtes *Wissenschaftslehre,* haben Reinhold davon überzeugt, das Begründungsproblem auf vorsichtigere Weise zu lösen: Die Philosophie müsse mit einem bloß hypothetisch und problematisch vorausgesetzten Wahren beginnen und erst im Fortgang von ihm zum Urwahren gelangen – ein Ansatz, den Hegel noch in seiner *Wissenschaft der Logik* bedenkt und verwirft (GW 11.34 f.). In der *Differenz-Schrift* wendet Hegel ein, daß »mit einem hypothetischen und problematischen [Wahren] überhaupt gar nichts begründet« sei. Und er äußert den Verdacht, derartige Vorübungen seien nur Ausdruck einer »haltungslosen Ängstlichkeit, die sich in ihrer Geschäftigkeit immer nur vermehrt« – einer »Angst, ins Wissen hineinzugerathen«, der nichts übrig bleibe, »als an ihrer Liebe und ihrem Glauben, und ihrer zielenden fixen Tendenz mit Analysiren, Methodisiren und Erzählen sich zu erwärmen.«

Dieser Begründungsreflexion, die schließlich eben »dieß Anlaufen zum wahren Werk« mache, stellt Hegel eine andere, nicht mehr externe Form der Begründung entgegen: Philosophie begründet »als Ganzes sich, und die Realität der Erkenntnisse, ihrer Form und ihrem Inhalt nach, in sich selbst«. Als Explikation und Selbstexplikation des Absoluten ist sie gar keiner anderen Begründung fähig als einer derartigen immanenten Ausbildung des Zusammenhangs des Wissens. Sie begründet sich dadurch, »daß sie jeden ihrer Theile absolut setzt, und hierdurch in dem Anfang und in jedem einzelnen Punkt eine Identität und ein Wissen konstituiert; als objektive Totalität begründet das Wissen – sich zugleich immer mehr, je mehr es sich bildet, und seine Theile sind nur gleichzeitig mit diesem Ganzen der Erkenntnisse begründet«. Mit diesen Worten greift Hegel bereits voraus auf die Begründungsform des Systems der Philosophie, mit dessen Ausarbeitung er jedoch erst nach Beendigung der *Differenz-Schrift* beginnt (GW 4.81–83).

4.3.6 Philosophiehistorische Bedeutung

(1) In der *Differenz-Schrift* gibt der eben in Jena Angekommene sein philosophisches Debut. Der damals hitzige Streit um die Grundlagen der Philosophie bietet ihm rasch die Gelegenheit »zum Eingreifen in das Leben der Menschen«, auf die er in seinem Brief an Schelling vom 2.11.00 noch sehr unbestimmt hofft. Die Weise, wie er sie nutzt, ist durch seine damals enge Verbindung mit Schelling geprägt. Denn die Nötigung, »Fichtes und Schellings Sache immer mehr zu trennen« (an Mehmel, Br IV/2.6), entspricht der Tendenz zur Distanzierung von Fichte, die Schelling bereits im *System des transzendentalen Idealismus* angebahnt hat, die er seit November 1800 in seinem – Hegel sicherlich bekannten – Briefwechsel mit Fichte betreibt (PLS 2/1.185–232) und die er mit der Veröffentlichung der *Darstellung meines Systems der Philosophie* im Mai 1801 publik macht. Der Titel »meines Systems« ist mit Bedacht gewählt, um die Eigenständigkeit dieses Systemprogramms vor dem Publikum zu unterstreichen.

Der Briefwechsel zwischen Fichte und Schelling zeigt, daß die »Differenzen« beider – von denen in ihm so viel die Rede ist – fast an den Beginn ihrer philosophischen Bekanntschaft zurückreichen. Auch ihre öffentliche Artikulation im Jahr 1801 ist nicht durch Hegels Ankunft in Jena veranlaßt, sondern teils durch die Auseinanderentwicklung der philosophischen Ansätze beider, teils durch persönliche Empfindlichkeiten. Auch Reinhold hebt im zweiten Heft seiner *Beiträge* auf solche Differenzen ab. Hegels Rolle in diesem Streit beschränkt sich darauf, diese an sich vorhandenen Differenzen nicht nur von außen, wie Reinhold, zu bemerken – denn dies konnte leicht als Taktik eines Gegners abgewertet werden. Hegel hingegen vollzieht den Bruch zwischen »Fichtes und Schellings Sache« von innen, aus dem Lager der Transzendentalphilosophie heraus und macht ihn dadurch unwidersprechlich glaubhaft. Gegenüber Fichte aber gibt Schelling am 3.10.01 die *Differenz-Schrift* als eine gleichsam neutrale Stimme des Publikums aus: »So ist erst dieser Tage ein Buch von einem sehr vorzüglichen Kopf erschienen, das zum Titel hat: D i f f e r e n z d e s F i c h t e s c h e n u n d S c h e l l i n g s c h e n S y s t e m s d e r P h i l o s o p h i e , an dem ich keinen Antheil habe, das ich aber auch auf keine Weise verhindern konnte.« (PLS 2/1.222) Darin liegt die »philosophiepolitische«, wirkungsgeschichtliche Bedeutung der *Differenz-Schrift*: Sie beendet die Periode, in der die Transzendentalphilosophie als Einheit erscheinen konnte.

(2) Um dieser Bedeutung willen ist der *Differenz-Schrift* bis heute große Aufmerksamkeit entgegengebracht worden – und sei es auch nur darin, daß sie von Anhängern Fichtes erbittert bekämpft worden ist (Girndt 1965, Lauth 1987). Andererseits erscheint sie – als eine Erstlingsschrift – besonders zur Einführung in die systematischen Intentionen Hegels geeignet. Doch ist sie gerade zu diesem Zweck weniger geeignet als jeder andere Text Hegels. Sie ist ein Zeugnis für das Denken des eben erst in Jena Angekommenen, der sich offensichtlich bei seinem ersten öffentlichen Schritt in der Philosophie den systematischen Absichten und der Leitung seines Mentors anvertraut – und sie zumindest nicht ausdrücklich in Frage stellt.

Vor allem aber zeigt sie Hegel noch vor seiner Habilitation – und somit auch noch vor der Ausbildung seines Systems. Sie handelt aus der Perspektive Schellings über das Verhältnis des Fichteschen und des Schellingschen Systems, aber nicht aus einer eigenen Systemkonzeption Hegels heraus. Soweit für die ersten Monate des Jahres 1801 überhaupt von einem solchen »System« zu sprechen ist, wird es durch die letzten Frankfurter Texte repräsentiert. Deshalb ist die *Differenz-Schrift* ein Text, der sich weder zur Einführung in Hegels Philosophie noch zur Kritik seines späteren Systems und auch nicht zur authentischen Darlegung der »Differenz« Fichtes und Schellings eignet. Die Ausbildung der spezifischen, heute mit

dem Namen Hegel verknüpften Systemform setzt erst mit dem Beginn seiner Vorlesungen im Winter 1801/02 ein (s. Kap. II.4.6.1).

Erstdruck: Differenz des Fichte'schen und Schelling'schen Systems der Philosophie in Beziehung auf Reinhold's Beyträge zur leichtern Übersicht des Zustands der Philosophie zu Anfang des neunzehnten Jahrhunderts, Istes Heft. Jena 1801. – **Text:** GW 4.1–92. – **Quellen:** Carl Leonhard Reinhold: Versuch einer neuen Theorie des menschlichen Vorstellungsvermögens. Prag / Jena 1789; Reinhold: Beyträge zur Berichtigung bisheriger Mißverständnisse der Philosophen. Jena 1790–1794; Reinhold: Ueber das Fundament des philosophischen Wissens nebst einigen Erläuterungen über die Theorie des Vorstellungsvermögens. Jena 1791; [Gottlob Ernst Schulze:] Aenesidemus oder über die Fundamente der von dem Herrn Prof. Reinhold in Jena gelieferten Elementar-Philosophie. Nebst einer Vertheidigung des Skepticismus gegen die Anmaaßungen der Vernunftkritik. [Helmstädt] 1792; Christoph Gottfried Bardili: Grundriß der Ersten Logik, gereiniget von den Irrthümern bisheriger Logiken überhaupt, der Kantischen insbesondere; […]. Stuttgart 1800; Fichte: Bardili-Rezension. PLS 2/1.115–123; Carl Leonhard Reinhold (Hg.): Beyträge zur leichtern Uebersicht des Zustandes der Philosophie beym Anfange des 19. Jahrhunderts (1801). – **Literatur:** Helmut Girndt: Die Differenz des Fichteschen und Hegelschen Systems in der Hegelschen »Differenzschrift«. Bonn 1965; Manfred Zahn: Fichtes, Schellings und Hegels Auseinandersetzung mit dem »Logischen Realismus« Christoph Gottfried Bardilis. ZphF 19 (1965), 201–223, 453–479; Ingtraud Görland: Die Kantkritik des jungen Hegel. Frankfurt am Main 1966, 16–53; Lutz Geldsetzer: Die Philosophie der Philosophiegeschichte im 19. Jahrhundert. Zur Wissenschaftstheorie der Philosophiegeschichtsschreibung und -betrachtung. Meisenheim 1968; Ludwig Siep: Hegels Fichtekritik und die Wissenschaftslehre von 1804. Freiburg / München 1970; Helmut Girndt: Hegel und Reinhold. In: Reinhard Lauth (Hg.): Philosophie aus Einem Prinzip. Karl Leonhard Reinhold. Sieben Beiträge nebst einem Briefekatalog aus Anlaß seines 150. Todestages. Bonn 1974, 202–224; Walter Christoph Zimmerli: Die Frage nach der Philosophie. Interpretationen zu Hegels »Differenzschrift«. HSB 12 (1974); Xavier Tilliette: Hegel in Jena als Mitarbeiter Schellings. In: Henrich / Düsing (Hg.): Hegel in Jena (1980), 11–24; Reinhard Lauth: Hegel vor der Wissenschaftslehre. Mainz / Stuttgart 1987; Petra Kolmer: Philosophiegeschichte als philosophisches Problem. Kritische Überlegungen namentlich zu Kant und Hegel. Freiburg / München 1998; Klaus-M. Kodalle / Martin Ohst (Hg.): Fichtes Entlassung. Der Atheismusstreit vor 200 Jahren. Würzburg 1999; Ludwig Siep: Der Weg der »Phänomenologie des Geistes«. Ein einführender Kommentar zu Hegels »Differenzschrift« und zur »Phänomenologie des Geistes«. Frankfurt am Main 2000, 24–51; zu Bardili siehe jetzt Rebecca Paimann: Das Denken als Denken. Die Philosophie des Christoph Gottfried Bardili. sowie Christoph Gottfried Bardili: Kleine Schriften zur Logik. Mit Einleitung und ausführlichem textkritischem Kommentar herausgegeben von Rebecca Paimann. Stuttgart-Bad Cannstatt 2009 bzw. 2012; Jaeschke / Arndt: Die Klassische Deutsche Philosophie nach Kant, 314–334.

4.4 Kritiken aus der Erlanger Litteratur-Zeitung

(1) Schon vor der Veröffentlichung der *Differenz-Schrift* bietet sich Hegel noch eine weitere Gelegenheit zum erhofften »Eingreifen in das Leben der Menschen«: Durch Rezensionen stürzt er sich in den »literarischen Saus« nicht allein Jenas, sondern der Epoche überhaupt. Die Bahn hierzu eröffnet ihm eine Empfehlung durch Schelling: Am 4.7.01 nennt dieser dem Herausgeber der Erlanger *Litteratur-Zeitung*, Gottlieb Ernst August Mehmel, als Rezensenten von Bouterweks *Anfangsgründen der spekulativen Philosophie* an seiner statt Hegel; von ihm dürfe Mehmel eine »durchaus tüchtige und eindringende Arbeit erwarten« (GW 4.527). Hieran knüpft sich ein Briefwechsel zwischen Mehmel und Hegel; dieser nimmt Anfang August 1801 die Einladung zur Rezension an und schlägt weitere Schriften vor: »Fichtes sonnenklaren Beweis« (den er »als einen unseligen, subjektiven Versuch, die Spekulation zu popularisieren«, behandeln müßte) sowie die in den Meßkatalogen angezeigten, ihm noch nicht bekannten Bücher »Rückerts Idealismus, Schulzes Kritik der theoretischen Philosophie, – vielleicht: Über Offenbarung und Mythologie als Nachtrag zu Kants Religion. Soviel ich mich erinnere, ist Duttenhofer, Versuch, schon angezeigt.« (Br IV/2. 5 f.) Die Schriften Fichtes, Grohmanns und Duttenhofers waren damals jedoch schon in der Erlanger *Litteratur-Zeitung* besprochen; Rückerts *Idealismus* und Schulzes *Kritik* werden von Schelling bzw. Hegel nach dem Ende der Erlanger *Litteratur-Zeitung* im *Kritischen Journal* scharf kritisiert (GW 4.239 ff. bzw. 197 ff.; s. Kap. II.4.5.4); für die Erlanger *Litteratur-Zeitung* rezensiert Hegel – dem Gebrauch der Zeit folgend anonym – statt dessen Bücher von Werneburg, Krug, Gerstäcker, Fischhaber und Herder.

(2) Mehmel sendet Bouterweks *Anfangsgründe* am 16.08.01 an Hegel, und dieser antwortet bereits am 26.8.01 mit der umfangreichen fertigen Rezension – nur einen Tag vor seiner Habilitationsdisputation. Hegel findet in den *Anfangsgründen* Eklektizismus, und zudem einen Eklektizismus von Positionen, die er fast sämtlich als der Philosophie widerstreitend verwirft: die bereits in der *Differenz-Schrift* kritisierte Methode des provisorischen Philosophierens, den Rückgriff auf die Psychologie zur Grundlegung der Philosophie sowie einen lockeren Rückgriff auf Momente der Transzendentalphilosophie Kants – vorgetragen zudem in einer empörend laxen Sprache. Selbst wo Bouterwek sich zur »Idee des Ab-

soluten« erheben wolle, bleibe er in der Entgegensetzung eines »Idealprincips« und eines »Realprincips« befangen. Damit würden die *Anfangsgründe* dem selbst gestellten Problem keineswegs gerecht, das gerade in den Jahren bis zur *Phänomenologie des Geistes* auch ein zentrales Problem Hegels ist: der Begründung einer spekulativen Philosophie durch eine Widerlegung des Skeptizismus, die sich zunächst selbst der »skeptischen Methode« bediene und den Skeptizismus von innen heraus überwinden wolle. Bouterweks sogenannte »Widerlegung« bestehe jedoch lediglich »in der positiven Behauptung dessen, was der Skeptiker negirt; – wenn sie gründlicher genommen wird, in der Einsicht, daß der Skepticismus eigentlich unwiderlegbar ist.« Deshalb setzt Hegel Bouterweks »Realprincip« der Entgegensetzung von Subjekt und Objekt schließlich die eigene Konzeption entgegen: »daß ganz allein darum philosophirt wird, um die Entgegensetzung des Subjekts und Objekts [...] aufzuheben« (GW 4.95–104).

(3) Bouterweks Programm der Begründung apodiktischer Gewißheit durch immanente Überwindung des Skeptizismus ist formal vergleichbar mit demjenigen, das Hegel in seinen Jenaer Jahren skizziert. Die drei anderen, ebenfalls sehr scharfen Rezensionen in der Erlanger *Litteratur-Zeitung* zu Schriften Werneburgs, Gerstäckers und Krugs stehen hingegen in größerer Distanz zu Hegels systematischen Intentionen; es handelt sich um Gelegenheitsarbeiten ohne tiefere Bedeutung für die Ausbildung seiner eigenen Philosophie. Hegel hat sie zu Beginn des Jahres 1802 geschrieben, vermutlich in Einem Zuge, denn am 26.3.02 sendet er sie – mit einer Rezension über Fischhaber – an den Herausgeber Mehmel.

An den beiden »Broschüren« Werneburgs verwirft Hegel die »sehr großen Prätensionen«, mit denen der Verfasser nicht allein »die Grundlosigkeit des Fichte'schen Systems beweisen«, sondern sich als der ersehnte »Schiedsrichter« über den philosophischen Parteien der Zeit aufspielen wolle. Der Kern von Hegels Anzeige besteht in einem längeren Zitat, das das »Hauptprincip« Werneburgs formuliert – die Aufgabe des Philosophen, das »im Bewußtseyn Urvereinte« zu trennen und das Urgeteilte wieder zu »urvereinen«; »d a s D i n g (d a s D u), das Urnothwendige« und »d i e I n t e l l i g e n z, d e r G e i s t (das Ich), das U r f r e y e«, seien »urvereint«; die Abstraktion vom ersten sei Idealismus, vom zweiten Dogmatismus. Insgesamt sei Werneburgs Schrift ein »eintöniges, hypochondrisches, apostrophirendes Entgegensetzen des Idealismus und Dogmatismus«; Hegel räumt zwar ein, daß in ihrer »Grundidee« »die Idee der Philosophie ausgedrückt seyn könnte« – aber darüber entscheide die (hier nicht gegebene) wissenschaftliche Durchführung (GW 4.105 f.).

Ausführlicher, aber nicht wohlwollender referiert Hegel Gerstäckers »Deduktion des Rechtsbegriffs« – als einen Versuch, »die Deduktion aus den höchsten Gründen des Wissens mit Gemeinfaßlichkeit zu vereinigen« – wobei aber wie gewöhnlich die Gemeinfaßlichkeit die Oberhand gewinne. Er verwirft Gerstäckers einleitende Unterscheidung von »Metaphysik« und »Physik des Rechts« als Trennung des formalen Rechtsbegriffs von der Realität des Rechts. Im ersten der drei Teile der Abhandlung suche Gerstäcker »dem gemeinen Menschenverstand den allgemeinen Begriff seines rechtlichen Urtheilens abzuhören« – wobei er aber sogleich nur seine eigenen Begriffe anhöre. Im zweiten Teil wolle Gerstäcker »zu den höchsten Gründen des Wissens emporsteigen« bzw. die Deduktion des Rechts »aus den tiefsten Tiefen der Vernunft heraufpumpen« – und dabei gelange er zu den beiden Unendlichen, dem freien Ich und den äußeren Kräften, über deren Verbindung aber nichts mehr auszusagen sei: »Beyde müssen ewig unvereinbar bleiben, jedes der entgegengesetzten ist ein Absolutes für sich, und doch jedes auch durch das andere bedingt.« In dieser Antwort sieht Hegel den »allergewöhnlichsten und formellsten Dualismus mit Fichte'schen Farben, und gehörig erbaulichen und rednerischen Amplifikationen übertüncht«. Eine wirkliche Deduktion des Rechts sei nirgends zu erblicken, »sondern nichts als Kantische Moralphilosophie und Worte des Fichte'schen Idealismus als ein Dualismus aufgefaßt, mit leerem deklamatorischem Schwung vorgetragen« (GW 4.107–111).

Am kürzesten verfährt Hegel mit der Anzeige von Krugs Entwurf eines neuen Organon's der Philosophie: Statt auf das Buch einzugehen, verschanzt er sich einerseits hinter Krugs Forderung, sein Organon nicht ohne Kenntnis einer erst noch erscheinen sollenden Beilage zu beurteilen, andererseits verweist er auf »die Beurtheilung der philosophischen Bestrebungen des Hrn. Kr's überhaupt in dem krit. Journal der Philosophie von Schelling und Hegel« – also auf seine eigene Kritik Krugs (s. Kap. II.4.5.3) – und er schließt mit dem Rat an Krug, sich in der geplanten Beilage »die Mühe, in diesem Organon eine philosophische Tendenz nachzuweisen, zu ersparen, da es offenbar eine vergebliche Mühe ist« (GW 4.112).

(4) Neben diesen drei Rezensionen schreibt Hegel drei weitere, heute jedoch verschollene. Die Rezension über Fischhabers Fichte-Darstellung sendet er am 26.3.02 an Mehmel, gemeinsam mit den genannten Rezensionen; über ihren Inhalt und die Gründe ihrer Nichtveröffentlichung ist nichts bekannt. Der Beginn der Rezension – so schreibt Hegel an Mehmel – beziehe sich »auf eine tönende Recens. in der hiesigen Zeitung«; dies läßt vermuten, daß seine eigene Rezension demgegenüber eine kritische Tendenz gehabt habe (GW 4.517,554 f.).

Die Rezension der Neuauflage von Herders Gott hat Hegel zunächst zurückgestellt, wie er Mehmel im genannten Brief vom 28.8.01 mitteilt: »von Herder muß ich den alten Gott vorher zu Handen bekommen, da ich mein Exempl. nicht hier habe, um vom neuen Rechenschafft geben zu können; – soviel seh ich daß er das weggelassen hat, wovon Jacobi in den Briefen spricht [sc. JWA 1.219–231]; wenn er diß eigentlich gefaßt hätte, so hätte er alles müssen weglassen.« Am 26.3.02 berichtet er Mehmel, er werde die Erstausgabe »in ein paar Tagen« erhalten und dann »auch diesen Posten vollends schleunig berichtigen«. Hegel stellt diese Rezension auch fertig; Rosenkranz hat sie noch in Händen und teilt mit, daß sie »den Unterschied derselben von der ersten Ausgabe mit milder Schärfe auseinandersetzt« (R 223). Wahrscheinlich sendet Hegel sie nicht mehr ab, weil die Erlanger Litteratur-Zeitung 1802 ihr Erscheinen einstellt (GW 4.517,554).

Verschollen ist noch eine weitere von Hegel geschriebene Rezension für die Hallische Allgemeine Litteratur-Zeitung. Sie geht auf eine Empfehlung Niethammers an den Herausgeber, Christian Gottfried Schütz, vom 29.11.05 zurück. Aus der Korrespondenz geht hervor, daß Hegel auf Wunsch Niethammers ein Buch von Jakob Salat rezensieren sollte, doch ist nicht bekannt, welche der zahlreichen Schriften sein Gegenstand war – vielleicht Ueber den Geist der Verbesserung im Gegensatze mit dem Geiste der Zerstörung (1805). Hegel stellt die Rezension etwa im Mai 1806 fertig und sendet sie an die Allgemeine Litteratur-Zeitung. Am 6.8.06 bemerkt Hegel gegenüber Niethammer, die Rezension sei noch nicht erschienen und »sie wird auch wohl nicht erscheinen – sie hat unter anderem auch den Fehler zu groß zu seyn«. Seine Vermutung bestätigt sich – trotz einiger Interventionen Niethammers –, wenn auch wohl nicht aus dem von ihm genannten Grund, sondern weil die Allgemeine Litteratur-Zeitung sehr kritisch gegen Schellings und Hegels, doch sehr affirmativ gegen Salats Philosophie eingestellt ist; und da Niethammers Verhältnis zu Salat gespannt ist, dürfte auch Hegels Rezension sehr kritisch ausgefallen sein (GW 4.518,555 f.).

Erstdruck: Zu Bouterwek: Litteratur-Zeitung. Hg. von G. E. A. Mehmel. Erlangen 1801, Bd. 2, Nr 181, 15. September (Sp. 1441–1448), Nr 182, 16. September (Sp. 1449–1451). – Zu Werneburg: Litteratur-Zeitung. Hg. von G. E. A. Mehmel und K.Chr. Langsdorf. Erlangen 1802. Anzeigenblatt. Nr 14, 9. April (Sp. 105–107). – Zu Gerstäcker: ebd. Kritikenblatt. Nr 35 (28. April) (Sp. 276–280). – Zu Krug: ebd. Anzeigenblatt. Nr 22, 4. Juni (Sp. 169). – **Texte:** GW 4.93–112. – **Rezensiert:** Friedrich Bouterwek: Anfangsgründe der speculativen Philosophie. Versuch eines Lehrbuchs. Göttingen 1800; Johann Friedrich Christian Werneburg: Kurze wissenschaftliche Darlegung der Unhaltbarkeit und Grundlosigkeit sowohl des transcendentalidealistischen Systems von Fichte, als auch des Systems der eitlen Genußlehre seiner Gegenfüßler und des kritischen Systems. Leipzig 1800; Werneburg: Versuchte, kurze, faßliche Vorschilderung der AllWissenschaft-Lehre oder der alleinigen sogenannten Philosophie, und faßlichere Darstellung der Grundlosigkeit beider extrematischen Systeme des Idealismus und des Dogmatismus, […]. O. O. 1060 [d. i. 1800]; Johann Gottfried Herder: Gott. Einige Gespräche. Gotha ¹1787 bzw. Gott. Einige Gespräche über Spinoza's System; nebst Schaftesburi's Naturhymnus. Zweite, verkürzte und vermehrte Ausgabe. Gotha 1800; Wilhelm Traugott Krug: Entwurf eines neuen Organon's der Philosophie oder Versuch über die Prinzipien der philosophischen Erkenntniß. Meissen und Lübben 1801; Karl Friedrich Wilhelm Gerstäcker: Versuch einer gemeinfaßlichen Deduction des Rechtsbegriffs aus den höchsten Gründen des Wissens als Grundlage zu einem künftigen System System der Philosophie des Rechts. Breslau 1801; Gottlob Christian Friedrich Fischhaber: Ueber das Prinzip und die Haupt-Probleme des Fichteschen Systems, nebst einem Entwurff zu einer neuen Aufloesung derselben. Carlsruhe 1801; Jakob Salat: (wahrscheinlich:) Ueber den Geist der Verbesserung im Gegensatze mit dem Geiste der Zerstörung. Ein Versuch, mit besonderer Hinsicht auf gewisse Zeichen unserer Zeit. Den Freunden des Vaterlandes und der Menschheit gewidmet. München 1805. – **Literatur:** Ulrich Dierse: Bouterweks Idee einer Apodiktik. PLS 2.32–51.

4.5 Abhandlungen aus dem Kritischen Journal der Philosophie

4.5.1 Zur Herausgabe des Kritischen Journals

Die Zusammenarbeit Hegels und Schellings, die für die *Differenz-Schrift* und die Rezensionen für die Erlanger *Litteratur-Zeitung* zu unterstellen ist, wird durch die gemeinsame Herausgabe des *Kritischen Journals der Philosophie* (1802/03) auf einen institutionellen Boden gestellt. Die vorausgehenden Bemühungen teils Fichtes und Schellings, teils Schellings, der Brüder Schlegel und Schleiermachers, in wechselnden Koalitionen ein »kritisches Institut« zu begründen, möglichst unter Teilnahme Goethes und

Schillers, verlaufen unerfreulich und fruchtlos – wegen wechselseitiger Berührungsängste und (wirklichen oder befürchteten) Vormachtstrebens der einen oder anderen Seite sowie schließlich wegen der im Jahr 1801 erfolgenden Parteiungen in transzendentalen Idealismus, Spekulation, rationalen Realismus und Romantikerkreis sowie schließlich wegen der damit verbundenen persönlichen Auseinandersetzungen zwischen Fichte und Reinhold sowie Fichte und Schelling und der Streitigkeiten zwischen Schelling und Friedrich Schlegel. In dieser Situation gewinnt Schelling den renommierten Verleger Cotta für den Plan, gemeinsam mit Hegel das *Kritische Journal* zu veröffentlichen – einen Plan, den er auch vor Fichte geheim hält. Seine spätere Frau Caroline schreibt am 23.11.01 an ihren (damaligen) Mann August Wilhelm Schlegel in Berlin (wo sich auch Fichte aufhält), Schelling veröffentliche mit Hegel ein kritisches Journal: »Du sollst Fichte noch nicht sagen, er will ihm gern das erste Stück unverhofft zuschicken« (HBZ 40). Einen guten Monat später, in den letzten Dezembertagen 1801 oder den ersten Januartagen 1802, erscheint bereits das erste Stück des ersten Bandes.

Daß Hegel bei diesem Unternehmen die Rolle des ›Juniorpartners‹ zugedacht ist – also die Rolle, in der Fichte stets Schelling gesehen hat –, kommt schon auf dem Titelblatt zum Ausdruck, das nicht allein gegen die alphabetische Folge verstößt (»herausgegeben von Fr. Wilh. Joseph Schelling und Ge. Wilhelm Fr. Hegel«), sondern Schellings Namen auch noch typographisch hervorhebt und den nahezu unbekannten Hegel somit zu seinem Famulus degradiert. Die Zeitgenossen fassen das Verhältnis beider weithin so auf; Friedrich Köppen bezeichnet Hegel als eine bloß »dem Schellingischen Systeme angehörige Individualität« (GW 4.541) – obschon er nach Jacobis Wort nicht »a u s seinem V o r t r a g e als ein Schüler Schellings zu erkennen« wäre (JWA 2.339). So ist es verständlich, daß Hegel die Gelegenheit nicht verstreichen läßt, wenigstens den Verfasser der objektiv falschen Nachricht, »daß Schelling sich einen rüstigen Vorfechter aus seinem Vaterlande nach Jena g e h o h l t habe, und d u r c h denselben dem staunenden Publicum k u n d t h u e, daß auch Fichte tief unter seinen Ansichten stehe«, für einen »L ü g n e r« zu erklären (GW 4.190).

Schelling und Hegel sind nicht allein die Herausgeber; sie sind auch die einzigen Autoren des *Kritischen Journals* – denn Schellings Versuch, A. W. Schlegel und Schleiermacher zu einem Beitrag gegen Jacobi zu gewinnen, schlägt fehl (GW 4.535). Vom

Umfang her sind ihre Beiträge etwa gleichgewichtig; Hegels Abhandlungen kommt allerdings für die Entwicklung seiner Philosophie eine größere Bedeutung zu als den drei längeren Beiträgen Schellings – einer Polemik gegen Reinholds *Ueber das absolute Identitäts-System und sein Verhältniß zu dem neuesten (Reinholdischen) Dualismus* sowie den beiden Abhandlungen *Ueber das Verhältniß der Naturphilosophie zur Philosophie überhaupt* und *Ueber die Construction in der Philosophie* (Bd. 1, 1. bzw. 3. Stück).

Die Abhandlungen sind sämtlich nicht namentlich gezeichnet, wohl nicht nur dem damaligen Rezensionswesen entsprechend, sondern um den Eindruck einer nahtlosen Übereinstimmung der Autoren zu vermitteln. Und obgleich die Zeitgenossen Hegels Beiträge schon wegen ihres »schlechten Vortrags« (GW 4.541) identifizieren, kommt es doch nach seinem Tod zu einer Auseinandersetzung um die Autorschaft, als seine Freunde und Schüler auch die Abhandlung *Ueber das Verhältniß der Naturphilosophie zur Philosophie überhaupt* in die Werkausgabe aufnehmen, unter Hinweis auf eine (wirkliche oder vermeintliche) Behauptung Hegels, er sei der Autor (GW 4.543–546) – was nicht allein wegen des ausdrücklichen Anspruchs Schellings, sondern auch aus inhaltlichen Gründen unplausibel ist (Jaeschke 1986a, 162–181). Über die Zuschreibung der größeren Abhandlungen gibt es keinen Dissens; gleichwohl wird auch der jeweilige Partner einen nicht mehr meßbaren Einfluß auf die Niederschrift genommen haben (GW 4.533–536).

Literatur: Hartmut Buchner: »Hegel und das Kritische Journal der Philosophie.« HS 3 (1965), 95–156; GW 4.529–549: Editorischer Bericht; Klaus Vieweg (Hg.): Gegen das ›unphilosophische Unwesen‹ – Das Kritische Journal der Philosophie von Schelling und Hegel. In: Kritisches Jahrbuch der Philosophie 7, Würzburg 2002.

4.5.2 Einleitung. Ueber das Wesen der philosophischen Kritik überhaupt, und ihr Verhältniß zum gegenwärtigen Zustand der Philosophie insbesondere.

(1) Während sich die größeren Abhandlungen mit der genannten Einschränkung jeweils einem der beiden Verfasser zuweisen lassen, erlaubt die *Einleitung* keine gesonderte Zuschreibung. Hegel bezeichnet sie in einem Lebenslauf aus der Jenaer Zeit als sein Werk; Schelling teilt am 31.10.38 C. H. Weiße mit, sie sei »zum Theil von H[egel] geschrieben, viele Stellen, die ich jedoch im Augenblick nicht genau zu bezeichnen wüßte, so wie die Hauptgedanken sind indes von

mir; es mag wohl keine Stelle sein, die ich nicht wenigstens revidirt« (GW 4.541 f.). Ein Hegel fremder Zungenschlag begegnet etwa in dem Satz: »Die Philosophie ist ihrer Natur nach etwas exoterisches, für sich weder für den Pöbel gemacht, noch einer Zubereitung für den Pöbel fähig«; auch die Abwehr der Folgen des Cartesischen Dualismus erinnert an Schellings unmittelbar anschließende Kritik des »neuesten (Reinholdischen) Dualismus« (GW 4.124 bzw. 126). Doch ist es nicht sinnvoll, in Gemeinschaftswerken einzelne Anteile abgrenzen zu wollen, die selbst die Verfasser später nicht mehr zu identifizieren gewußt haben.

(2) Die *Einleitung* formuliert die Bedingung für die Aufgabe des *Kritischen Journals*, nämlich die Bedingung, unter der Kritik als objektive Beurteilung erst möglich werde: Wie in der Kunst »die Idee schöner Kunst«, so sei in der Philosophie »die Idee der Philosophie« die unverzichtbare Bedingung und Voraussetzung einer immanenten Kritik, die nicht allein Subjektivitäten gegen Subjektivitäten, sondern »das Absolute gegen das Bedingte« setzen und dadurch Objektivität des Urteils beanspruchen könne. Gleichwohl sei die »Idee der Philosophie« ein nicht überall geteiltes Kriterium, und demnach richte sich »die Kritik« (eine Wendung, die auf die Junghegelianer vorausweist) an einen unterschiedlichen, vierfachen Kreis von Adressaten.

Für die »Unphilosophie« sei sie »ein fremder Gerichtshof«, und ihr gegenüber bleibe kein Weg, als ihre »Plattheit« bloßzustellen. Auf diese Fälle läßt sich beziehen, was Hegel am 30.12.01 Hufnagel berichtet: Das *Journal* habe die Tendenz, »dem unphilosophischen Unwesen Ziel und Maß zu setzen; die Waffen, deren sich das Journal bedienen wird, sind sehr mannigfaltig; man wird sie Knittel, Peitschen und Pritschen nennen; – es geschieht alles der guten Sache und der gloriae Dei wegen; man wird sich wohl hie und da darüber beschweren; aber das Kauterisieren ist in der Tat notwendig gewesen.«

Zu begrüßen sei hingegen der – zweite – Fall, daß »die reine Idee der Philosophie ohne wissenschaftlichen Umfang mit Geist als eine Naivetät sich ausdrückt, welche nicht zur Objectivität eines systematischen Bewußtseins gelangt; es ist der Abdruck einer schönen Seele, welche die Trägheit hatte, sich vor dem Sündenfall des Denkens zu bewahren, aber auch des Muths entbehrte, sich in ihn zu stürzen, und seine Schuld bis zu ihrer Auflösung durchzuführen, darum aber auch zur Selbstanschauung in einem objectiven Ganzen der Wissenschaft nicht gelangte.« Repräsentant dieser Gruppe dürfte Jacobi sein; bemerkenswert ist der Anklang an Fichtes Brief an Jacobi vom 30.8.95: Hätte die Menschheit von der verbotenen Frucht der Philosophie nie gekostet, so könnte sie ihrer entbehren – doch der Trieb zu diesem Sündenfall sei ihr eingepflanzt und könne »nur durch kühnes Vorschreiten bis zum höchsten Punkte, von welchem aus der spekulative und praktische vereinigt erscheinen, beigelegt werden«. »Wir fingen an zu philosophiren aus Uebermuth, und brachten uns dadurch um unsre Unschuld; wir erblickten unsere Nacktheit, und philosophiren seitdem aus Noth für unsere Erlösung.« (GA III/2.392 f.)

Eine dritte Gruppierung nehme die »Idee der Philosophie« bereits »wissenschaftlicher« – aber entweder noch nicht »zur Klarheit freyer Anschauung erhoben«, und hier dürfe »die Kritik […] das Streben nicht verkennen«; oder die Idee sei deutlicher erkannt worden, doch die Subjektivität suche sich der Philosophie zu erwehren, um sich zu retten – und in diesem Fall seien »die Winkelzüge aufzudecken, welche die Subjectivität, um der Philosophie zu entgehen, anwendet«.

Die vierte Gruppierung schließlich kommt mit der ersten in der »Plattheit« überein – doch besteht sie aus jenen, die sich im Besitze der Philosophie wähnen, aber nur leeren Wortdunst ohne Gehalt von sich geben: »Da es nichts ekelhafteres giebt, als diese Verwandlung des Ernsts der Philosophie in Plattheit, so hat die Kritik alles aufzubieten, um dieß Unglück abzuwehren.« (GW 4.117–120)

(3) Das durch Kant und Fichte etablierte Selbstverständnis der Philosophie als einer Wissenschaft habe bewirkt, daß »jedes philosophische Beginnen sich zu einer Wissenschaft und einem System erweitert« – daß es für Schande gelte, sich nach einer schon vorhandenen Philosophie zu nennen »und das Selbstdenken meynt sich allein durch Originalität, die ein ganz eigenes und neues System erfindet, ankündigen zu müssen«. Doch handle es sich hierbei nur um eine »besondere Reflexionsform«, um »B e s o n d e r h e i t, die sich für O r i g i n a l i t ä t hält und ausgibt« – was sich schon darin zeige, daß sie sich »den Nahmen einer e i g e n e n P h i l o s o p h i e« beilege, statt die Idee der Philosophie in anderen Systemen zu erkennen. Die kritische Philosophie habe diesem Treiben »einen vorzüglich guten Dienst geleistet«; sie habe nämlich durch ihre Lehre, daß sich die theoretische Vernunft »nur in Widersprüche verwickelt«, dem Empirismus Vorschub geleistet, doch habe sie andererseits »wenigstens einen großen Umfang endlicher Formen verdächtig oder unbrauchbar gemacht« und damit den Zeitgenossen

zur »Einsicht in ihre Beschränktheit und einer Art von bösem Gewissen« verholfen; dies resultiere jedoch nur in einem problematischen und hypothetischen Ausgang vom Endlichen, dem es trotz seiner Prätention, zum Wahren zu gelangen, »hauptsächlich um die Rettung der Endlichkeit zu thun« sei. Diese Kritik richtet sich somit, wie schon in der *Differenz-Schrift,* gegen Reinholds, durch Bardili vermittelten, »rationalen Realismus«.

»Rettungen des Beschränkten« – unter diesen Titel stellen die Verfasser (und hier ist Hegels Stimme zu hören) die zeitgenössischen philosophischen Entwürfe – aber obschon sie der »Reflexionskultur« verhaftet blieben, so sei doch »die Form der höchsten Abstraktion des Gegensatzes von der höchsten Wichtigkeit und von diesem schärfsten Extrem der Uebergang zur ächten Philosophie um so leichter«. Die gleiche Tendenz gehe auch vom Gebiet der Wissenschaften aus; sie hätten sich auf die der nordwestlichen Welt immanente, von Descartes in philosophischer Form ausgesprochene dualistische Zerreißung des Lebendigen gegründet – doch »die Langeweile der Wissenschaften – dieser Gebäude eines von der Vernunft verlassenen Verstandes, der, was das ärgste ist, mit dem geborgten Nahmen entweder einer aufklärenden oder der moralischen Vernunft, am Ende auch die Theologie ruinirt hat«, mache »die ganze flache Expansion unerträglich« und errege wenigstens die Sehnsucht »nach einer Erkenntniß des Lebendigen, die allein durch Vernunft möglich ist«. Hier deutet sich bereits der leitende Gedanke aus *Glauben und Wissen* an, daß in der vollständigen Exposition der Reflexionsphilosophie und überhaupt der Reflexionskultur der Zeit die geschichtliche Vermittlung zur wahren Philosophie liege (GW 4.120–128).

Erstdruck: Kritisches Journal der Philosophie. Bd. 1, Stück 1. Tübingen 1802, III–XXIV. – **Text:** GW 4.117–128.

4.5.3 Wie der gemeine Menschenverstand die Philosophie nehme

Die zunächst für die Erlanger *Litteratur-Zeitung* geplante (s. Kap. II.4.4) Rezension von Wilhelm Traugott Krugs *Entwurf eines neuen Organon's der Philosophie* veröffentlicht Hegel statt dessen im *Kritischen Journal* – gemeinsam mit der Kritik zweier weiterer Schriften Krugs: seiner gegen Fichte gerichteten *Briefe über die Wissenschaftslehre* und seiner *Briefe über den neuesten Idealism,* d. h. über Schellings *System des transzendentalen Idealismus.*

Krugs Schriften gelten Hegel fraglos als Repräsentanten der vorhin genannten vierten, durch die »Verwandlung des Ernsts der Philosophie in Plattheit«
charakterisierten Gruppe. Krugs Kritik der *Wissenschaftslehre* wirft er vor, sie verfehle im Theoretischen
deren entscheidenden Punkt, nämlich die transzendentalphilosophische Lehre von der Idealität u n d
Realität der Außenwelt, und sie stehe dem Gedanken
der Selbstbeschränkung des Ich verständnislos gegenüber. Krugs Kritik an Schellings *System* sei gleichen Inhalts, jedoch »kecker« in der Darstellung. Ihr
erster Einwand richte sich gegen den (angeblichen)
Widerspruch zwischen der beanspruchten Voraussetzungslosigkeit der Philosophie und ihrer Voraussetzung des Absoluten; die »z w e y t e Inconsequenz«
sehe Krug im Anspruch des transzendentalen Idealismus, alles zu deduzieren, obgleich dieser weder Hund
noch Katze, ja nicht einmal »Hrn. Krug's Schreibfeder« deducire.

»Krug's Schreibfeder« ist seitdem zu einem Topos
geworden – nicht zuletzt durch die beiden Versuche
Hegels, die Forderung nach ihrer Deduktion ab-
zuweisen. Dabei gerät aus dem Blick, daß Krug diese
Forderung weder (wie behauptet wird) gegen »die
Wissenschaftslehre« noch überhaupt erhebt, sondern
lediglich ein Argument Schellings umdreht und damit zurückweist. Dieser wendet gegen eine »dogmatische« bzw. realistische Erkenntnistheorie ein, es habe
noch niemand »unternommen die Art und Weise jener äußern Einwirkung zu beschreiben oder darzuthun, welches doch als nothwendiges Erforderniß
einer Theorie, von welcher nichts weniger als die ganze Realität des Wissens abhängt, billiger Weise erwartet werden könnte.« (SW I/3.429) Krug repliziert lediglich: Der Realist »könnte« auf die idealistische
Forderung erwidern: »Es hat noch kein Idealist unternommen, die Art und Weise der Entstehung einer
bestimmten Vorstellung von einem äußern Gegenstande (z. B. meiner Schreibfeder) zu beschreiben
oder darzuthun« (*Briefe über den neuesten Idealism*,
74). Schon dieser – heute allgemein mißachtete –
Kontext der Forderung Krugs macht zweierlei deutlich: Krug fordert nicht die Deduktion des Daseins
der Schreibfeder, sondern er weist die idealistische
Kritik der realistischen Erkenntnistheorie ab, indem
er zeigt, daß der Idealismus ebenfalls mit unerfüllbaren Forderungen konfrontiert werden kann; das
Scheitern dieser »Deduktion« der Schreibfeder bedeutet für Krug deshalb lediglich den Erweis der Isosthenie von Realismus und Idealismus: Wie dieser
das einzelne Endliche nicht deduzieren könne, so jener nicht das Detail des Erkenntnisvorgangs erklären.

Hegel mißversteht die erkenntnistheoretische
Forderung, die Entstehung der Vorstellung einer
Schreibfeder zu beschreiben, als eine ontologische
und aus dem Interesse an der Endlichkeit entspringende – doch sei es »überhaupt im jetzigen Augen-
blicke zunächst Interesse der Philosophie«, »einmal
wieder Gott absolut vornehin an die Spitze der Philosophie als den alleinigen Grund von allem, als das
einzige principium essendi und cognoscendi zu stellen« – und nicht mehr neben die Endlichkeiten oder
gar »ganz ans Ende als ein Postulat, das von einer absoluten Endlichkeit ausgeht«. Diese Wendung kann
den Anschein erwecken, als habe Hegel es für möglich gehalten, im Zuge des Fortschritts der Wissenschaften dereinst auch Krugs Forderung zu erfüllen
– wenn die Spekulation »mit allem Wichtigern im
Himmel und auf Erden in der Gegenwart und Vergangenheit im Reinen sey«, wie er später im Rückblick formuliert, als er die »Ohnmacht« und die »Zufälligkeit« als konstitutive Momente der Natur bezeichnet und deshalb die Deduktionsforderung abweist (§ 250).

Doch Hegels eigentliches Argument ist auch in
der *Krug-Rezension* nicht die Verschiebung der Deduktion ad calendas graecas. Er weist Krugs Angriff
auf Schelling mit einer doppelten Strategie zurück:
Die vermeintlich gnädige Forderung einer Deduktio-
on von etwas vermeintlich Unbedeutendem kompli-
ziere solche Deduktion in Wahrheit, da sie die Deduktion des Allgemeineren (hier etwa des Metalls)
voraussetze – und für diese verweist er Krug an die
Naturphilosophie, »von deren Unterschied vom
transscendentalen Idealismus er gar nichts zu wissen
scheint«. Solche für den transzendentalen Idealismus unbegreiflichen Bestimmtheiten gehörten der
Naturphilosophie an – allerdings nur, »so weit von
ihnen – wie von Hrn. Krs. Schreibfeder nicht – in der
Philosophie die Rede seyn kann«. Hegel schreibt somit hier der Naturphilosophie diese Aufgabe der
»Deduktion« zu – im Sinne des Begreifens auch der
»Organisation einer Eiche, Rose, Hund und Katze« –,
und zwar ebenso ausdrücklich, wie er die Forderung
nach Deduktion einzelner Gegenstände abweist. Die
Phänomenologie des Geistes pariert wenig später die
Forderung nach Deduktion durch die Gegenforde-
rung, daß jene »s a g e, welches d i e s e s Ding oder
welchen d i e s e n Ich, sie meyne; aber diß zu sagen ist
unmöglich.« (GW 9.66)

Erstdruck: Kritisches Journal der Philosophie. Bd. 1, Stück
1. Tübingen 1802, 91–115. – **Text:** GW 4.174–187. – **Rezensiert:** Wilhelm Traugott Krug: Briefe über die Wissenschaftslehre. Nebst einer Abhandlung über die von dersel-

ben versuchte Bestimmung des religiösen Glaubens. Leipzig 1800; ders.: Briefe über den neuesten Idealism. Eine Fortsetzung der Briefe über die Wissenschaftslehre. Leipzig 1801; ders.: Entwurf eines neuen Organon's der Philosophie oder Versuch über die Prinzipien der philosophischen Erkenntniß. Meissen und Lübben 1801. – **Literatur:** Henrich: Hegels Theorie über den Zufall. In ders.: Hegel im Kontext (1971), 157–186; Konrad Utz: Die Notwendigkeit des Zufalls. Hegels spekulative Dialektik in der »Wissenschaft der Logik«. Paderborn u. a. 2001, 298–310.

4.5.4 Verhältniß des Skepticismus zur Philosophie

(1) Hegels *Skeptizismus-Aufsatz* ist erwachsen aus dem Plan, Gottlob Ernst Schulzes *Kritik der theoretischen Philosophie* für die Erlanger *Litteratur-Zeitung* zu rezensieren. Es handelt sich hier um ein neues Werk des Mannes, der 1792 unter dem Namen des antiken Skeptikers *Aenesidemus* die Vernunftkritik Kants und Reinholds Versuch der Grundlegung zu ihrer Entfaltung in systematischer Gestalt kritisiert hat (s. Kap. II.4.3.2). Hegel selbst schlägt Mehmel, dem Herausgeber der *Litteratur-Zeitung,* diesen Titel zur Rezension vor (s. Kap. II.4.4); sie erscheint jedoch nicht dort, sondern im März 1802 im *Kritischen Journal.* Die Form der Rezension ist sogar noch insofern gewahrt, als die bibliographischen Angaben von Schulzes Werk zu Beginn des Textes genannt werden; inhaltlich jedoch handelt es sich nicht mehr um eine Rezension, sondern um eine eigenständige Abhandlung. Über Hegels Autorschaft hat es von Beginn an keinen Zweifel gegeben; schon Goethe notiert am 15.03.02, zwei Tage nach einem Besuch Schellings, der ihm vermutlich das neue Heft übergibt, in seinem Tagebuch: »Hegel Skeptizismus« (GW 4.538).

(2) Die thematischen Schwerpunkte seiner Abhandlung nennt Hegel im – selten vollständig zitierten – Titel dieser Abhandlung: »Verhältniß des Skeptizismus zur Philosophie, Darstellung seiner verschiedenen Modificationen, und Vergleichung des neuesten mit dem alten«. Es geht Hegel dabei nicht allein um den Skeptizismus Schulzes, sondern allgemein um das Verhältnis des Skeptizismus, des alten wie des neuen, zur Philosophie – und dies aus aktuellem Anlaß: Am Ende des 18. Jahrhunderts genießt der Skeptizismus in weiten Kreisen Ansehen und Aufmerksamkeit. Seine neue Stoßrichtung erhellt aus dem Untertitel bzw. dem Titel der Schriften Schulzes: Sie zielen teils auf die »Vertheidigung des Skepticismus gegen die Anmaaßungen der Vernunftkritik« (1792), teils auf die »Kritik der Systeme des realistischen Dogmatismus« und – nochmals –

»des Kantischen transscendentalen Idealismus«. Im selben Kontext steht auch Salomon Maimons Skepsis. Doch anders als in der frühen Neuzeit, in der Tradition, der auch noch Pierre Bayle angehört, dient die skeptische Verwickelung der Vernunft in Widersprüche nun nicht mehr dem apologetischen Interesse der Inthronisierung des Glaubens – eher der Etablierung der Position des »common sense«.

Aber auch den antiken Skeptizismus hat Hegel schon früh kennengelernt. Er ist Gegenstand der akademischen Lehre in Tübingen; Niethammer veröffentlicht noch zu Hegels Studienzeit die »Probe« einer Übersetzung des Sextus Empiricus, und Stäudlin schreibt eine Geschichte des Skeptizismus – die Hegel allerdings später als »Geschwätz« apostrophiert (GW 4.211). In den Berner Jahren verweist Schelling Hegel auf eine Schrift Zeenders, die sowohl den neuen als den alten Skeptizismus betrifft; wahrscheinlich war Hegel mit dem in Bern lebenden Zeender persönlich bekannt (Hasler 1976). Für die Frankfurter Jahre schließlich läßt sich – nach Rosenkranz – aus Buchhändlerrechnungen ersehen, daß Hegel insbesondere »den P l a t o n und S e x t u s E m p i r i k u s viel studirt haben« müsse (R 100). Und auch andere Zeitgenossen – namentlich Schlegel – schenken dem Skeptizismus ihre Aufmerksamkeit (Vieweg 1999).

(3) Hegels Abhandlung zeigt eine enge Vertrautheit mit dem antiken sowohl als mit dem modernen Skeptizismus – und den letzteren charakterisiert sie als einen schwächlichen »Bastard« (GW 4.206): Vom systematischen Gehalt und von der Differenziertheit des antiken habe der moderne nicht einmal ein historisch angemessenes Verständnis, obgleich er sich mit dem Namen eines antiken Skeptikers (Aenesidemus) schmücke. Der moderne sei vielmehr das genaue Gegenteil des antiken: Denn die zehn älteren Tropen des pyrrhonischen Skeptizismus, mit denen der antike beginne, beträfen allein die »Unsicherheit der sinnlichen Wahrnehmung«; sie seien nicht gegen die Philosophie, sondern »gegen den Dogmatismus des gemeinen Menschenverstandes«, gegen das gemeine Bewußtsein gerichtet, das sich auf »Thatsachen«, auf die vermeintliche Wahrheit des Endlichen berufe.

Erst mit dem geschichtlichen Differenzierungsprozeß in der nachklassischen Philosophie setze die Wendung des Skeptizismus »theils gegen den Dogmatismus [sc. der Stoiker] theils gegen die Philosophie selbst« ein – formuliert in den »s p ä t e r n f ü n f T r o p e n«. Diese wertet Hegel ambivalent: »Es gibt keine tauglicheren Waffen gegen den Dogmatismus der Endlichkeiten, aber sie sind völlig unbrauchbar gegen die Philosophie« (GW 4.218 f.). Denn sie gehören der Vernunft an, »die neben den einen vom Dogmatismus behaupteten Theil der nothwendigen Antinomie den andern stellt« – aber die Philosophie gehe über diesen Reflexionsgegensatz hinaus. Hegel sucht die vermeintliche – und desaströse – Alternative »Dogmatismus oder Skeptizismus« zur Dreiheit von Dogmatismus, Skeptizismus und Philosophie zu erweitern – zu einer Dreiheit, die er bereits in der antiken Kontrastierung von Dogmatismus, Skeptizismus und neuerer Akademie vorgebildet sieht. Die »Philosophie« müsse sich der skeptischen Kritik gegen den – ebenfalls unphilosophischen – Dogmatismus bedienen; sie dürfe aber nicht bei der bloßen Entgegensetzung, der »Antinomie«, verharren. Die Bedingung der Möglichkeit der »Philosophie« im emphatischen Sinne liegt somit darin, daß der vom Skeptizismus heraufbeschworene Widerspruch kein Letztes ist, sondern ein positives Resultat hat.

(4) Dem vorgeblichen Skeptizismus Schulzes hingegen wirft Hegel nicht allein vor, unter Mißachtung der Philosophie in der Alternative von Dogmatismus und Skeptizismus zu verharren. Er vereinige sich zudem mit dem »rohsten Dogmatismus«, denn er verfalle im strikten Gegensatz zum Pyrrhonismus in die »Barbarey, die unläugbare Gewißheit und Wahrheit in die Thatsachen des Bewußtseyns zu legen«. Darüber hinaus verstehe er »auch noch die Physik und Astronomie neuerer Zeiten« als »Wissenschaften, die allem vernünftigen Skepticism Trotz böten«. Er beginne mit populären Deklamationen über die Vergeblichkeit der so oft wiederholten Versuche der Philosophen, Wahrheit zu finden, als einen »Erbfehler« der Philosophie, und er propagiere statt solcher erfolgloser Bemühungen die »philosophische Apragmosyne«, die »für sich selbst mit dem Tode speculativer Vernunft behaftet« sei.

Schulzes Kritik der theoretischen Philosophie kulminiert in der Formulierung von drei Gründen gegen die Möglichkeit einer sich als Wissenschaft begreifenden theoretischen Philosophie: (a) Eine als Wissenschaft auftretende Philosophie bedürfe unbedingt wahrer Grundsätze – doch solche Grundsätze seien unmöglich; (b) die obersten Prinzipien der theoretischen Philosophie seien »bloß in Begriffen aufgefaßt und gedacht« – doch der mit bloßen Begriffen beschäftigte Verstand sei »kein Vermögen, etwas der Wirklichkeit gemäß auch nur vorstellig machen zu können«; (c) die theoretische Philosophie stütze ihr Wissen von den absoluten Prinzipien auf Schlüsse von der Beschaffenheit der Wirkung auf die

Beschaffenheit der Ursache – und so lasse sich nicht schließen. Für Hegel sind diese Gründe keineswegs »skeptisch«; sie drücken »nichts als das Eine Dogma aus: daß Begriff und Seyn nicht Eins ist« – also ein auch von Kant geltend gemachtes »Dogma«. Diesen Zusammenhang zwischen Skeptizismus und Kantianismus spricht Hegel bereits in seiner Habilitationsthese VII aus: »Philosophia critica caret ideis, et imperfecta est Scepticismi forma.« (GW 5.227) Und so sieht er Schulzes »Skeptizismus« weniger in der Tradition des wirklichen Skeptizismus als vielmehr Kants – und näher eines Kantianismus, der sich nach der Kritik an Locke und Leibniz schließlich auf sechshundert Seiten gegen Kant selbst richte (GW 4.224–228).

(5) Die Bedeutung des *Skeptizismus-Aufsatzes* liegt nicht in der Kritik an Schulze; sie liegt darin, daß Hegel in Auseinandersetzung insbesondere mit dem antiken Skeptizismus das Verhältnis von Skepsis und Philosophie neu bestimmt und vor diesem Hintergrund erstmals die Bedeutung des skeptischen Verfahrens für die Methode seiner eigenen Philosophie herausgearbeitet. Seine neue Sicht faßt er in dem Satz zusammen: »Ohne die Bestimmung des wahren Verhältnisses des Skepticismus zur Philosophie, und ohne die Einsicht, daß mit jeder wahren Philosophie der Skepticismus selbst aufs innigste Eins ist, und daß es also eine Philosophie gibt, die weder Skepticismus noch Dogmatismus, und also beydes zugleich ist, können alle die Geschichten und Erzählungen und neue Auflagen des Skepticismus zu nichts führen.« (GW 4.206) Skeptizismus und Philosophie stünden sich nicht feindselig gegenüber; der »ächte Skepticismus«, dessen »edles Wesen so oft verkannt werde, sei nicht ein besonderes, dem Dogmatismus entgegengesetztes System, sondern habe seinen Ort in der Philosophie selbst, da die »wahre Philosophie nothwendig selbst zugleich eine negative Seite hat, welche gegen alles Beschränkte, und damit gegen den Haufen der Thatsachen des Bewußtseyns« gekehrt ist; er sei nur »die negative Seite der Erkenntniß des Absoluten«. Als das vollendete »Dokument und System des ächten Skepticismus« erkennt Hegel Platons *Parmenides*, da dieser Dialog nicht einen bloßen Zweifel an Verstandeswahrheiten enthalte, »sondern auf ein gänzliches Negiren aller Wahrheit eines solchen Erkennens« ausgehe – und hierin schließt Hegel sich der Interpretation des *Parmenides* an, die sein Resultat für rein negativ hält, im Gegensatz zur theologischen Deutung der Neuplatoniker (GW 4.197,206–208).

In Platons *Parmenides* trete der Skeptizismus »in seiner reinen e x p l i c i t e n Gestalt« auf, in jedem anderen »ächten« philosophischen System in impliziter Gestalt – denn »ächte« Philosophie verlange die Vernichtung der Endlichkeit, auch des in endlichen Entgegensetzungen befangenen Verstandes. Sie werde durch das von Sextus Empiricus formulierte »Princip des Skepticismus« vollzogen: λογῳ λογος ἰσος ἀντικειται (GW 4.208). Jedem »Logos« einen gleichwertigen entgegenzustellen heiße aber, jeweils gegen den Satz des Widerspruchs zu verstoßen. Die Integration des Skeptizismus in die Philosophie gelinge somit nur um den Preis der Aufhebung des Satzes vom Widerspruch – und Hegel ist sich dieser Konsequenz bewußt: »Der sogenannte Satz des Widerspruchs ist daher so wenig auch nur von formeller Wahrheit für die Vernunft, daß im Gegentheil jeder Vernunftsatz in Rücksicht auf die Begriffe einen Verstoß gegen denselben enthalten muß«.

(6) Das skeptische Verfahren der Aufstellung kontradiktorisch entgegengesetzter Sätze bezeichnet Hegel hier nicht als »Dialektik«, sondern als Aufstellung von »Antinomien«. Durch die Wahl dieses Ausdrucks verbindet er verbal den Skeptizismus mit Kants Lehre von der Antinomie der reinen Vernunft (B 432–595). Sowohl hierdurch als auch durch sein Programm der Integration des Skeptizismus als eines Moments der wahren Philosophie deutet Hegel die Möglichkeit einer Auflösung dieser Antinomien an – und diese Aufgabe schreibt er der Vernunft zu. Sie liege jedoch nicht schon in der bloßen kontradiktorischen Entgegensetzung und damit in der Aufhebung zweier Sätze. Auch wenn Hegel sich in diesem Kontext nicht in eine ausführliche Erörterung des Schrittes von der (negativen) Aufhebung des Widerspruchs zur (positiven) Vernunfterkenntnis einläßt, deutet er doch an, auf welcher Ebene der Widerspruch und auch das Vernünftige angesiedelt sei: »wenn in irgend einem Satze, der eine Vernunfterkenntniß ausdrückt, das Reflectirte desselben, die Begriffe, die in ihm enthalten sind, isolirt, und die Art, wie sie verbunden sind, betrachtet wird, so muß es sich zeigen, daß diese Begriffe zugleich aufgehoben, oder auf eine solche Art vereinigt sind, daß sie sich widersprechen«. Der Widerspruch liegt somit in der Repugnanz der in einem Vernunftsatz enthaltenen Begriffe, in der negativen Beziehung, die sie um ihrer Bestimmtheit willen gegen einander haben. Doch zeigt Hegel nicht, inwiefern der Widerspruch zweier Sätze nicht ein bloß negatives Resultat habe, die Vernichtung des Endlichen, sondern zugleich ein positives. Diese Beschränkung der »Dialektik« auf das später so genannte »negativ-Vernünftige« ist jedoch keine Besonderheit des Skeptizis-

mus-Aufsatzes; sie entspricht seiner gleichzeitigen Logik (s. Kap. II.4.6.1; GW 4.208).

(7) Hegels Skeptizismus-Aufsatz hat eine bis vor kurzem unbekannte, jetzt von Kurt Rainer Meist aufgedeckte Nachgeschichte gehabt, die zugleich eine wichtige Etappe in der Vorgeschichte der Phänomenologie des Geistes bildet. Nur ein Jahr nach Hegels Abhandlung erscheinen – so der Untertitel – »Von einem für dieses Mal ungenannten, aber nichts weniger als unbekannten Verfasser« Aphorismen über das Absolute – vermeintlich eine Arbeit zumindest aus dem Umkreis Schellings und Hegels, wenn nicht gar aus ihrer eigenen Feder, doch in Wahrheit von G. E. Schulze. Er verfolgt die Absicht, »durch eine konsequente (trügerische) Akkomodation an die methodischen bzw. metatheoretischen Postulate des von Schelling (und Hegel) propagierten Begriffs des Absoluten als der Grundlage eines ›absoluten‹ Systems der Wissenschaften jedermann unwidersprechlich zu demonstrieren, daß hier eine verfehlte Prinzipiendisposition widersinnig schon in ihrem Ansatz scheitern müsse« (Meist 1993, 192). Trotz dieser Einwände Schulzes vertritt Schelling in seinen Aphorismen zur Einleitung in die Naturphilosophie (1806) weiterhin diesen Begriff des Absoluten. Zudem verweist er Schulze zur Belehrung auf den »trefflichen« Skeptizismus-Aufsatz (SW I/7.153) – als ob nicht Schulzes Aphorismen über das Absolute eine Replik auf eben diesen Aufsatz wären. Schulze antwortet noch ein zweites Mal – diesmal unter seinem Namen – mit seiner Schrift Die Hauptmomente der skeptischen Denkart über die menschliche Erkenntniß (1805), in der er sich prinzipiell mit dem »absoluten Idealismus« auseinandersetzt.

Im Anschluß an die Lehre des Skeptizismus-Aufsatzes von der Aufhebung des Entgegengesetzten im Absoluten entlarvt Schulze das Absolute der spekulativen Philosophie als »lauterste Einfachheit und reinste Einheit, in der nichts voneinander unterschieden werden kann« (PLS 2/1.344) – eine Formulierung, die Hegels spätere Kritik an dem Absoluten als der Nacht, »worin [...] alle Kühe schwarz sind« (GW 9.17), als eine durch Schulze veranlaßte Selbstrevision seiner zuvor mit Schelling geteilten Position erkennen läßt. Und noch weitere polemische Wendungen Schulzes werden von Hegel in der »Vorrede« zur Phänomenologie aufgenommen – etwa durch die Wendung, daß die im Schlaf empfangene Weisheit auch nur aus Träumen bestehe (vgl. PLS 2/1.378 mit GW 9.14), oder daß die Wissenschaft dem Individuum die »Leiter« zu reichen habe und daß die Substanz als Geist die »verklärte Wesenheit« sei (vgl. PLS 2/1.350 mit GW 9.22 f.). Wichtiger noch als diese pointierte Anknüpfung an Schulze in der »Vorrede« ist es, daß Hegel in der »Einleitung« in Auseinandersetzung mit Schulzes skeptizistischer Argumentation seine Konzeption der »Wissenschaft des erscheinenden Wissens« als eines »sich vollbringenden Skepticismus« (GW 9.56) entwickelt. Dieses programmatische Selbstverständnis der *Phänomenologie* ist durch die jahrelange Kontroverse mit Schulze geprägt – und insofern kommt dessen – in Hegels Sicht unvollkommenem – Skeptizismus eine nicht geringe sollizitierende Bedeutung für deren Konzeption zu.

Erstdruck: Kritisches Journal der Philosophie. Bd. 1, Stück 2. Tübingen 1802, 1–74. – **Text:** GW 4.197–238. – **Rezensiert:** Gottlob Ernst Schulze: Kritik der theoretischen Philosophie. 2 Bde. Hamburg 1801. – **Quellen:** F. I. Niethammer: Probe einer Uebersetzung aus des Sextus Empirikus drei Büchern von den Grundlehren der Pyrrhoniker. In: Georg Gustav Fülleborn (Hg.): Beyträge zur Geschichte der Philosophie. H. 2, Züllichau / Freystadt 1792; Salomon Maimon: Versuch einer neuen Logik oder Theorie des Denkens. Nebst angehängten Briefen des Philaletes an Aenesidemus. Berlin 1794; [Gottlob Ernst Schulze:] Aphorismen über das Absolute. Von einem für dieses Mal ungenannten, aber nichts weniger als unbekannten Verfasser. In: Neues Museum der Philosophie und Litteratur. Hg. von Friedrich Bouterwek. Bd 1, H. 2. Leipzig 1803, 107–148 (PLS 2/1.337–355); Schulze: Die Hauptmomente der skeptischen Denkart über die menschliche Erkenntniß. Ebd. Bd. 3, H. 2. Leipzig 1805, 3–57 (PLS 2/1.356–383); Schelling: Aphorismen zur Einleitung in die Naturphilosophie. In: Jahrbücher der Medicin als Wissenschaft. Hg. von A. F. Marcus und F. W. J. Schelling. 1805/06. SW I/7.140–197. – **Literatur:** Hartmut Buchner: Zur Bedeutung des Skeptizismus beim jungen Hegel. HSB 4 (1965), 49–56; Ludwig Hasler: Aus Hegels philosophischer Berner Zeit. HS 11 (1976), 205–211; Valerio Verra: Hegel e lo scetticismo antico: la funcione dei tropi. In: Lo scetticismo antico. Napoli 1981, Bd. 1.47–60; Giuseppe Varnier: Skeptizismus und Dialektik. HS 21 (1986), 129–141; Michael Forster: Hegel and Skepticism. Cambridge, Mass., London 1989; Hartmut Buchner: Skeptizismus und Dialektik. In: Manfred Riedel (Hg.): Hegel und die antike Dialektik. Frankfurt am Main 1990, 227–244; Giuseppe Varnier: Ragione, negatività, autocoscienza. La genesi della dialettica hegeliana a Jena tra teoria della conoscenza e razionalità assoluta. Napoli 1990; Kurt Rainer Meist: »Sich vollbringender Skeptizismus«. G. E. Schulzes Replik auf Hegel und Schelling (1993). PLS 2.192–230; Hans Friedrich Fulda / Rolf Peter Horstmann (Hg.): Skeptizismus und spekulatives Denken in der Philosophie Hegels. Stuttgart 1996; Klaus Vieweg: Philosophie des Remis. Der junge Hegel und das ›Gespenst des Skeptizismus‹. München 1999; Dietmar H. Heidemann: Hegels Realismus-Kritik. Philosophisches Jb 109 (2002), 129–147; Massimiliano Biscuso: Hegel, lo scetticismo antico e Sesto Empirico. Lo scetticismo e Hegel. Napoli 2005; Klaus Vieweg: Skepsis und Freiheit. Hegel über den Skeptizismus zwischen Literatur und Philosophie. München 2007; Gilles Marmasse: Hegel und

der antike Skeptizismus in den Jenaer Jahren. In: Thomas Sören Hoffmann (Hg.): Hegel als Schlüsseldenker der modernen Welt. Hamburg 2009 (HSB 50), 134–150.

4.5.5 Glauben und Wissen

(1) Nur vier Monate nach dem *Skeptizismus-Aufsatz* erscheint Hegels Abhandlung *Glauben und Wissen* – entgegen der Zeitfolge als erstes Heft des zweiten Bandes des *Kritischen Journals*, um, wie es auf dem Titelblatt und in einer Verlagsanzeige heißt, »den ersten Band dieses Journals nicht unverhältnißmäßig zu vergrößern« (GW 4.313,505). Diese Begründung ist nicht bloß vorgeschoben: Das im Dezember 1802 nachgelieferte dritte Heft des Bandes I mit Abhandlungen Schellings umfaßt tatsächlich rund hundert Seiten weniger. Schelling sendet *Glauben und Wissen* am 16.07.92 an A. W. Schlegel und distanziert sich abermals von Hegel (s. Kap. II.4.1): Jacobis spekulative Seite sei »recht gut verfolgt; nur finden Sie vielleicht zu wünschen, daß der Theil, welcher ihn betrifft, selbst gezänk- und wolkenloser wäre, [...]; so wie es um die erste Idee, die vortrefflich ist, wirklich Schade scheinen könnte, daß sie nicht mit mehr Klarheit und Correctheit herausgearbeitet ist. Wegen Fichte's könnte Ihre Freundschaft wirklich einigermaßen ins Gedränge kommen; jedoch, wenn Sie es nur immer damit vereinigen können, wünsche ich fast, daß Sie ihm dieses Stück nicht zeigen, da ich für meinen Theil wirklich überzeugt bin, daß er nicht das Geringste davon versteht, und es ganz unbegreiflich findet, wie man ihn mit der Aufklärerei und dem Berlinismus zusammenarbeiten kann«. Einem Brief Schellings vom 19.08.02 ist zu entnehmen, daß Schlegel Hegels Aufsatz tadelt – wenn auch u. a. mit dem Argument: er hätte »Fichte's Bestimmung des Menschen als in philosophischer Rücksicht nicht geschrieben« betrachten sollen. Gegen diesen Vorwurf allerdings verteidigt Schelling den Freund: Er habe wenigstens gezeigt, daß Fichtes Schrift »in dieser Rücksicht wirklich null ist« – und doch sei sie »wirklich die Blüthe seiner Philosophie« (GW 4.538 f.).

(2) *Glauben und Wissen* ist Hegels erste Abhandlung, die keinen Rezensionscharakter hat; sie setzt sich in freier Form mit dem Gesamtwerk Kants, Jacobis und Fichtes auseinander und stellt deren Philosophie überraschend unter den gemeinsamen Titel »Reflexionsphilosophie«. Mit diesem Wort bezeichnet Hegel die Position, »daß das Wissen ein formales ist, und die Vernunft als eine reine Negativität ein absolutes Jenseits, das als Jenseits und Negativität bedingt ist, durch ein Dießeits und Positivität«, so daß

»Unendlichkeit und Endlichkeit, beyde mit ihrer Entgegensetzung gleich absolut sind« (GW 4.346). Kant, Jacobi und Fichte seien in dieser Entgegensetzung befangen geblieben, und so seien sie – entgegen ihrem Selbstverständnis – auch nicht aus dem »Grundcharakter des Eudämonismus und der Aufklärung« herausgetreten, sondern hätten diesen »vielmehr nur aufs höchste vervollkommnet«: »Ihre bewußte Richtung geht unmittelbar gegen das Princip des Eudämonismus, aber dadurch, daß sie nichts als diese Richtung sind, ist ihr positiver Charakter jenes Princip selbst«. Sie verharrten in der absoluten Entgegensetzung des Unendlichen und des Endlichen, nämlich eines der Vernunft unbegreiflichen Göttlichen und des endlichen »absoluten Subjekts«, und so bleibe »über dieser absoluten Endlichkeit und absoluten Unendlichkeit, das Absolute als eine Leerheit der Vernunft, und der fixen Unbegreifflichkeit und des Glaubens«. Innerhalb dieses Prinzips bildeten sie zwar Gegensätze: Kant die objektive, Jacobi die subjektive Seite und Fichte die Synthese beider. Doch weil sie somit die Totalität der möglichen Formen dieses Princips repräsentierten, erschöpfe es sich in ihnen geschichtlich (GW 4.319–321).

Mit dieser philosophiegeschichtlichen Argumentationsfigur greift Hegel vorangegangene Sukzessionsmodelle auf: Kants Präsentation des kritischen Weges als des dritten gegenüber dem dogmatischen und dem skeptischen (B 789) und Fichtes – dann von Schelling aufgegriffene – neue Entgegensetzung des Dogmatismus und Kritizismus (GA I/2.264–282). Ähnlich zeichnet Jacobi später ein Bild der kritischen Philosophie und ihrer älteren (Fichteschen) und jüngeren (Schellingschen) Tochter (JWA 3.75 f.). Gegenüber diesem einflußreichen Modell einer (verlängerbaren) geschichtlichen Linie von Kant über Fichte zu Schelling hebt Hegel – mit Kant und Fichte – auf die Vollständigkeit des Zyklus der durchlaufenen Formen ab: Ihr Erweis bildet die hinlängliche Berechtigung zur geschichtlichen Introduktion einer neuen, und zwar der wahren Gestalt des Denkens. Deshalb läßt auch Hegel in einem größer gefaßten geschichtlichen Rahmen der »Reflexionsphilosophie« als dem »Dogmatismus des Denkens« noch den »Dogmatismus des Seins« vorangehen; in diesem weiteren Sinne umfaßt »die Vollständigkeit der Bildung« die dogmatische »Metaphysik der Objectivität« und die »Metaphysik der Subjectivität« (GW 4.412 f.) – ein Terminus, dem Hegel später im *Systementwurf II* eine andere Bedeutung gibt (s. Kap. II.4.6.6).

(3) Hegels überraschende Parallelisierung Kants, seines Kritikers Jacobi und des von diesem ebenfalls

kritisierten Fichte erhält eine vorläufige Legitimation dadurch, daß die zeitgenössische Ausformung des traditionellen Gegensatzes von »Glauben und Wissen« in besonderer Weise mit dem Werk der drei Genannten verbunden ist: mit Kants Wendung, er habe das Wissen aufheben müssen, »um zum G l a u b e n Platz zu bekommen« (B XXX), mit Jacobis (auf Hamann gestützter) Einführung des Glaubensbegriffs (JWA 1.115 f.) sowie ihrer (auf Hume gestützten) Rechtfertigung (JWA 2.7–100); und in Fichtes *Bestimmung des Menschen* schließlich bilden »Wissen« und »Glaube« die Titel des zweiten bzw. dritten Buches. Hegel verknüpft diese drei – sehr unterschiedlichen – Rückgriffe vom Wissen auf den Glauben, indem er sie als Indizien einer von ihm – wie schon zuvor von Jacobi – erkannten, wenn auch noch nicht so genannten »Dialektik der Aufklärung« interpretiert: Die aufklärende Vernunft, die sich dem religiösen Glauben (und man könnte erweitern: der Positivität überhaupt) nur entgegensetze, gelange in den herausragenden Denkern der Zeit zur Selbsterkenntnis ihrer Beschränktheit und werde hierdurch dazu genötigt, »daß sie das Bessere, als sie ist, da sie nur Verstand ist, als ein J e n s e i t s in einem G l a u b e n a u ß e r u n d ü b e r sich setzt«. Die Aufklärung erfasse ihre eigene Negativität, doch hierbei zerfalle sie teils in ein positives Wissen des Endlichen und Empirischen, teils in die »Subjectivität des Sehnens und Ahndens« des Ewigen, mit der sie den sonst unendlich leeren Raum des Wissens erfülle. – Hegel analysiert damit an den philosophischen Systemen seiner Zeit dieselbe Tendenz, die seine Schüler Heine, Echtermeyer und Ruge später in der Entstehung der Romantik aufzeigen: Entgegen dem Anschein ihrer »katholisierenden« Züge sei sie das Produkt eines unbefriedigten Protestantismus – vornehmlich der »armen Dursthälse, die im Märk'schen Sande saßen« und nach einem Wunderelixier lechzten (PLS 4/1.141–325, insbes. 153).

Hegel thematisiert damit erstmals den inneren Zusammenhang zwischen der transzendentalphilosophischen Ausformung des Prinzips der Subjektivität und dessen übergreifender bewußtseinsgeschichtlicher Bedeutung als einer »mächtigen Geistesform«. Geographisch gesehen bestimmt er es als »Princip des Nordens«, konfessionsgeschichtlich als Prinzip des Protestantismus. Die Vertiefung der »schönen Subjectivität des Protestantismus« in sich reiße eine Kluft zur Objektivität auf; sie degradiere das Objektive zu demjenigen, »was keinen Werth hat, und Nichts ist« – zum bloß Positiven, das das Subjekt lediglich beflecke. Weil es aber seine Tempel und Altäre nur noch im Herzen erbaue und seine Versöhnung nicht mehr in dieser äußeren Wirklichkeit finden könne, greife es in seiner Sehnsucht notwendig über die Endlichkeit hinaus – in ein leeres, unbegreifliches Jenseits, zu einem unerkennbaren Gott, »der jenseits der Gräntzpfähle der Vernunft liegt« und kein Gegenstand der Anschauung sein könne, weil diese sich nur auf Positives, Endliches beziehen könne. Die hier noch nicht ausdrücklich erwähnte »schöne Seele« bildet dafür ebenso ein Beispiel wie etwa Jacobis Wendung gegen den »religiösen Materialismus« (JWA 3.46–48).

Hegel gibt somit – wiederum erstmals – eine zwar nur skizzenhafte, aber gleichwohl übergreifende Deutung des Teilprozesses der neueren Bewußtseinsgeschichte, der von seinen Schülern später erstmals unter den Titel »Säkularisierung« (im Sinne einer kulturgeschichtlichen Kategorie) gestellt wird. Die Wurzeln dieses Prozesses bleiben jedoch im Dunkeln; Hegel bemüht lediglich ein »Princip des Nordens«, das, »religiös angesehen«, der Protestantismus sei. Die Vertiefung des Subjekts in sich erscheint damit noch nicht als späte, aber notwendige Etappe einer weltgeschichtlichen Ausbildung der Subjektivität, und auch nicht als eine Folge der christlichen Religion überhaupt.

Gleichwohl beschreibt er die ambivalente Wirkung dieses Prinzips sehr anschaulich: Die Flucht der in sich fixierten Subjektivität über das als nichtig geltende Endliche hinaus überläßt dieses dem verdinglichenden Verstand: Das Schöne wird »zu Dingen überhaupt, der Hayn zu Hölzern«, und wenn die Ideale nicht »in der völlig verständigen Realität genommen werden können als Klötze und Steine«, so würden sie zu »Erdichtungen«, und jede Beziehung auf sie erscheine »als wesenloses Spiel oder als Abhängigkeit von Objecten und als Aberglauben«. In dieser Bewegung sieht Hegel somit eben das geschehen, was Jacobi lediglich als Folge des Kantischen Kritizismus anprangert (JWA 2.261–330): Die Vernunft wird zu Verstande gebracht.

Hegels Deutung erkennt die bewußtseinsgeschichtlichen Voraussetzungen der neuzeitlichen, durch den Verstand geprägten Weltinterpretation in der Vertiefung des Subjekts in sich. Deren Verhältnis zur Verstandesdeutung der Welt läßt sich jedoch auch unter dem Primat des Verstandesbegriffs beschreiben. In dieser Weise sucht der von Hegel unter dem Stichwort »Sehnsucht nach dem Unendlichen« kritisierte Jacobi denselben Prozeß zu verstehen. Der Primat darin kommt der neuzeitlichen Verstandeswissenschaft zu: Angesichts ihrer Erfolge werfe sich

der Mensch nicht mehr vor der »Herrlichkeit und Majestät des Himmels« auf die Knie; er erstaune »allein vor dem menschlichen Verstande, der [...] durch Wissenschaft dem Wunder ein Ende zu machen, den Himmel seiner Götter zu berauben, das Weltall zu entzaubern vermochte« (JWA 2.399). Jacobi gibt damit – wohl erstmals – das seit Max Webers *Wissenschaft als Beruf* geläufige Stichwort der »Entzauberung« – aber anders als Hegel versteht er die Entzauberung der Welt nicht als Folge, sondern vielmehr als Voraussetzung der Vertiefung der Subjektivität in sich. Denn die Entzauberung durch die Naturwissenschaften bewirkt eine mechanistische, ja deterministische Deutung des Weltzusammenhangs; sie schmiedet damit das (um nochmals mit Weber zu sprechen) »stahlharte Gehäuse«, das das Subjekt zum Rückzug in sich selbst zwingt, weil es nur noch in dieser Vertiefung in sich das Bewußtsein seiner Freiheit und seines Gottes festzuhalten vermag (Jaeschke 2003).

Weder Hegels »subjektivitätsgeschichtliche« noch Jacobis »rationalitätsgeschichtliche« Deutung beantworten die Frage, was die betreffenden Prozesse letztlich ausgelöst habe – doch fraglos läßt sich Jacobis Deutung leichter mit Max Webers Analysen vereinen. Hegel wirft jedoch ein von Jacobi nicht behandeltes Problem auf: die Diskrepanz zwischen dem ursprünglich nach ewiger Schönheit und Seligkeit sich sehnenden Subjekt und dem schließlichen Eudämonismus seines sich Einhausens in der Endlichkeit. Dieses letztere sieht Hegel als Wirkung des »Grundcharakters des Eudämonismus und der Aufklärung, welcher die schöne Subjectivität des Protestantismus in eine empirische, die Poesie seines Schmerzes, der mit dem empirischen Daseyn alle Versöhnung verschmäht, in die Prosa der Befriedigung mit dieser Endlichkeit und des guten Gewissens darüber, umgeschaffen hatte«. Doch an die Stelle der geforderten Einsicht in die Gründe dieses Umschlagens setzt Hegel eine ironische Anspielung: »Nachdem die Zeit gekommen war, hatte die unendliche Sehnsucht über den Leib und die Welt hinaus, mit dem Daseyn sich versöhnt«. Die biblische Wendung für das Kommen des Gottesreiches bezeichnet hier ironischer Weise den Beginn der schlechten Versöhnung mit dem Reiche der »gemeinen Wirklichkeit«, in der das empirische Subjekt bei sich ist und sich genießt: Die »allmächtige Zeit und ihre Cultur« haben diesen Standpunkt einer mit Sinnlichkeit affizierten Vernunft für die Philosophie fixiert. Die Philosophie einer Zeit muß somit zwar in ihrer immanenten geschichtlichen Entwicklung thematisiert werden – doch stellt

Hegel diese Entwicklung zugleich in den größeren Rahmen einer allgemeinen Bewußtseinsgeschichte, zu deren Thematisierung ihm allerdings das erforderliche Instrumentarium hier noch fehlt (GW 4.315–324,412–414).

(4) Im Kapitel über die »Kantische Philosophie« tritt Hegel, der nachmalige Philosoph der Subjektivität, als Kritiker des »Princips der Subjectivität« auf, und er wertet es als einen mildernden Umstand zu Gunsten Kants, daß er dieses Prinzips wenigstens »geradezu geständig« sei. Mit der wahren Philosophie, deren einzige Idee »das absolute Aufgehobenseyn« der Reflexionsgegensätze Geist und Welt, Seele und Leib oder Ich und Natur sei, komme die Kantische zwar darin überein, daß sie »Idealismus« sei. Doch indem sie die endliche Erkenntnis für die einzig mögliche erkläre, falle sie zurück »in absolute Endlichkeit und Subjectivität« und sei »nicht das Erkennen des Absoluten, sondern das Erkennen dieser Subjectivität oder eine Kritik der Erkenntnißvermögen«. Diese Behauptung sucht Hegel zudem durch ein langes Zitat aus Lockes *Essay* zu untermauern.

Auf Grund dieser Zuordnung erscheinen einige spekulative Einsichten, die Hegel beim raschen Durchlaufen der drei Kritiken Kants hervorhebt, als eher zufällige Funde. Eine »wahrhafte Vernunftidee« erkennt Hegel bereits in Kants Frage nach der Möglichkeit synthetischer Urteile a priori – doch er versteht »a priori« als »absolut identisch« und attestiert Kant, die richtige Antwort auf seine Frage gefunden zu haben: Synthetische Urteile a priori seien möglich »durch die absolute Identität von ungleichartigem«. In ähnlicher Weise kommentiert und bewertet Hegel auch weitere zentrale Lehrstücke der *Kritik der reinen Vernunft* aus der Perspektive einer Philosophie der absoluten Identität: die transzendentale Deduktion, den Paralogismus und die Antinomie der reinen Vernunft, schließlich auch die Kritik der spekulativen Theologie, ferner äußerst knapp die *Kritik der praktischen Vernunft* und die *Kritik der Urteilskraft*.

Als ein »Verdienst Kants« hebt Hegel hervor, »daß er das Denken oder die Form, nicht subjectiv, sondern an sich genommen, nicht als etwas formloses, die leere Apperception, sondern daß er das Denken als Verstand, als wahrhafte Form, nemlich als Triplizität begriffen hat«. In ihr liege »der Keim des Speculativen«, weil in ihr »die Möglichkeit der Aposteriorität selbst liegt,« und diese dadurch »aufhört, dem Apriori absolut entgegengesetzt« zu sein. Doch insgesamt überwiegt eine scharfe Kritik.

Am Paralogismus bemängelt Hegel, Kant habe »das Ich denke zu einem absoluten intellectuellen Puncte« gemacht und somit »die vorherige dogmatische objective in eine dogmatische subjective absolute Endlichkeit umgewandelt«; an der Antinomie, Kant habe die Vernunft allein nach ihrer negativen Seite gebraucht, zur Aufhebung der Reflexionsgegensätze. In der Kritik der spekulativen Theologie jedoch sei »über die entsetzliche Verblendung der vorhergehenden Philosophie der vollständige Sieg der Unphilosophie davon getragen«, zumal Kant den ontologischen Gottesbeweis »in der schlechtesten Form, welcher er fähig ist«, widerlegt habe, nämlich in der Form Mendelssohns, die die Existenz als eine unter den Eigenschaften Gottes behaupte – wogegen sich bereits Hobbes' Einwand gegen Descartes' *Meditationen* richtet.

Das Resultat der *Kritik der reinen Vernunft* sieht Hegel hier in der »völligen Zertretung der Vernunft, und dem gehörigen Jubel des Verstandes, und der Endlichkeit sich als das Absolute decretirt zu haben«. In ihrer positiven Form heiße diese Endlichkeit »praktische Vernunft«. Von ihr behandelt Hegel nur die Dialektik, und zwar nicht das Postulat der Unsterblichkeit (denn Kants Darstellung entbehre hier »aller eigenen Seiten, von denen sie einer philosophischen Betrachtung fähig wäre«), sondern das Postulat Gottes. Hegel sieht in ihm »nichts ausgedrückt, als die Idee, daß die Vernunft zugleich absolute Realität habe, daß in dieser Idee aller Gegensatz der Freyheit und Nothwendigkeit aufgehoben, daß das unendliche Denken zugleich absolute Realität ist, oder die absolute Identität des Denkens und des Seyns« – aber all dies in einer bloß subjektiven, unzulänglichen Darstellung.

Als »der interessanteste Punct des Kantischen Systems« erscheint Hegel bereits hier, daß es »eine Region erkennt, welche eine Mitte ist zwischen dem empirisch Mannichfaltigen und der absoluten abstracten Einheit«, ein »Mittelglied zwischen Naturbegriff und Freiheitsbegriff« – nämlich in der *Kritik der Urteilskraft*. Hier werde Kant auf die Idee eines »urbildlichen, i n t u i t i v e n   V e r s t a n d e s« als auf eine »absolut nothwendige Idee geführt« – auf die Idee »einer Vernunft, in welcher Möglichkeit und Wirklichkeit absolut identisch« sind. Doch Kant mache diese Idee nicht zum organisierenden Zentrum eines philosophischen Systems; vielmehr zeige sich in der Weise, wie Kant über sie spreche, »nicht die leiseste Ahndung, daß man sich hier auf dem Gebiet der Vernunft befinde« (GW 4.325–346).

(5) Auch Jacobis Position stellt Hegel an Hand aller seiner größeren Werke dar, einschließlich einer Anspielung auf den Roman *Woldemar;* das Send-

schreiben *Jacobi an Fichte* bleibt jedoch für das Fichte-Kapitel aufgespart. – Innerhalb der von der absoluten Endlichkeit geprägten gemeinschaftlichen Sphäre deutet Hegel Jacobis Werk als »den entgegengesetzten Pol zu der Kantischen Philosophie«. Gegenüber deren objektiver Form mache Jacobi »die Subjectivität ganz subjectiv zur Individualität; dieß Subjective des Subjectiven gewinnt, als solches, wieder ein inneres Leben, und scheint damit der Schönheit der Empfindung fähig zu werden.« Andererseits scheine Jacobi wegen seiner im Namen des Realismus vorgetragenen Kritik am transzendentalen Idealismus Kants das Moment des Objektiven zuzukommen – doch die hierin liegende scheinbare Verbesserung konstituiere »in Wahrheit einen absoluten Dogmatismus und Erhebung des Endlichen zu einem Ansich«.

Hegel läßt sich mit Jacobi in eine detaillierte Auseinandersetzung über Spinoza ein. Seine Spinoza-Kenntnis dürfte auch durch die Mitarbeit an der Spinoza-Ausgabe seines damaligen Freundes und Mentors H. E. G. Paulus gefördert worden sein (GW 5.513,720–729). Hegel kritisiert, Jacobi habe an vielen Stellen erst Verhältnisse der Endlichkeit in Spinozas Philosophie hineingetragen – nicht unverständlich, denn Jacobi könne sich ohnehin nicht von der Endlichkeit und der Erscheinung lösen, die für ihn absolut seien. Bei ihm und Herder findet Hegel übereinstimmend das Bemühen, eine für das wissenschaftliche Erkennen vorhandene Form wegzuschaffen; Jacobis »Instinkt gegen das vernünftige Erkennen« wende sich gerade gegen den spekulativen Punkt der Kantischen Philosophie und suche durch falsches Zitieren einen leichten Sieg über ihn davonzutragen – und dies heiße, mit Kant noch »schlechter als mit einem todten Hunde umgehen« – eine Verschärfung des von Jacobi in den *Spinoza-Briefen* überlieferten Wortes Lessings, die Leute redeten »von Spinoza wie von einem todten Hunde« (JWA 1.27).

Hegels Abhandlung enthüllt eine reichhaltige Palette massiver Vorwürfe – »frostiges und schaales Herzergießen«, »Galimathias fortschwatzen«, »Verdrehungen bis zum Hämischen«, »Schmähen«, »Gepolter«, »Gepoche«, »Gezänke«, »Schnur von Unsinnigkeiten« –, die in der Folge jedoch gegen seine eigene Darstellung gewendet wird. Die Heftigkeit dieser Vorwürfe läßt vermuten, daß erst Jacobis, gegen Ende des Jahres 1801, also kurz zuvor erschienene Kant-kritische Abhandlung *Ueber das Unternehmen des Kriticismus, die Vernunft zu Verstande zu bringen* (JWA 2.261–330) zum endgültigen Zerwürf-

nis zwischen Jacobi und Schelling sowie Hegel geführt habe.

Hegel wirft Jacobi einen »Dogmatismus der absoluten Endlichkeit und Subjektivität« vor, der über die Vernichtung des Endlichen durch die idealistische Philosophie »ein ungebährdiges Zettergeschrey« erhebe. Selbst den Begriff des Glaubens nehme Jacobi »von den Ur- und Grundempirikern Hume und Locke« auf (womit Hegel Hamanns Vermittlungsrolle ignoriert), und er bezeichne mit diesem Wort die Gewißheit empirischer Wirklichkeit. Deshalb verteidigt Hegel sogar Mendelssohn, der dies in seiner Auseinandersetzung mit Jacobi nicht für möglich gehalten habe. Und doch kenne Jacobi neben diesem Glauben an die Endlichkeit auch noch einen Glauben an das Ewige »als absolutes Object«. Im unbefangenen, wahrhaften Glauben versinke die »ganze Sphäre der Endlichkeit, des selbst Etwas seyns, der Sinnlichkeit, […] vor dem Denken und Schauen des Ewigen, was hier Eins wird, alle Mücken der Subjectivität verbrennen in diesem verzehrendem Feuer«. Dieser unbefangene Glaube lasse sich jedoch nicht in die Philosophie hinüberretten: »Glaube in die Philosophie eingeführt, verliert völlig jene reine Unbefangenheit«; er sei vom Reflexionsgegensatz infiziert, und deshalb stehe seinem Übersinnlichen »eine unverrückte Sinnlichkeit« entgegen (GW 4.346–380).

Auf dem Gebiet der praktischen Philosophie verkehrt sich jedoch Hegels Bewertung Kants und Jacobis. Er kritisiert Kants praktische Vernunft ähnlich wie in der *Differenz-Schrift*: Sie könne wegen ihres Objektivitätsverlangens »nichts anderes als ein System der Tyrannei und des Zerreißens der Sittlichkeit und Schönheit produciren«; seine *Rechtslehre* habe »nothwendig die sittliche Natur mit den grellsten Schändlichkeiten besudeln müssen«. Jacobis Haß gegen den Begriff verschmähe hingegen die Form des Gesetzes – und so gelange er hier zu einer Position, die Hegel als »schön und ganz rein« bezeichnet: Jacobis Bekenntnis, er wolle lügen, »wie Desdemona sterbend log; […] Aehren ausraufen am Sabbath, auch nur darum, weil mich hungert, und das Gesetz um des Menschen willen gemacht ist, nicht der Mensch um des Gesetzes willen« (JWA 2.211). Auch später zitiert Hegel diese Passage (GW 15.20, s. Kap. II.7.1.1), obschon sie – wie auch weitere Beispiele Jacobis – für sich genommen als »Vernachlässigung der gesetzlichen und objectiven Seite«, als »bewußter Mangel an Objectivität« ebenfalls nur eine Einseitigkeit gegenüber der Kantisch-Fichteschen Gesetzlichkeit ausdrücke. Dennoch schätzt Hegel sie sehr hoch – wohl deshalb, weil »bey Jacobi die protestantische Subjectivität aus der Kantischen Begriffsform zu ihrer wahren Gestalt, einer subjectiven Schönheit der Empfindung und der Lyrik himmlischer Sehnsucht zurückzukehren scheint«. Unter den Bedingungen der Absolutheit des Gegensatzes von Endlichem und Unendlichem aber kann eine solche Rückkehr nicht gelingen: An die Stelle einer schönen Individualität setze Jacobi »höchste Peinlichkeit, sehnsüchtigen Egoismus und sittliche Siechheit«, und seine Romanhelden lebten in der »Quaal der ewigen Beschauung ihrer selbst« und trieben »Unzucht mit sich selbst«, um »affektirte oder unbedeutende Weiber und empfindsame Bürger« dadurch zu erbauen (GW 4.380–384).

(6) Ähnlich wie in der *Differenz-Schrift* schlägt Hegel auch hier einen Bogen zu Schleiermacher, den sich Schelling und Hegel ja auch – erfolglos – als Mitstreiter im *Kritischen Journal* gegen Jacobi gewünscht hatten (s. Kap. II.4.5.1). Doch Schleiermachers Reden *Über die Religion* (KGA I/2.185–326) erscheinen nun als »die höchste Potenzirung« des Jacobischen Prinzips, als die höchste Spitze eines Protestantismus, »der im Diesseits Versöhnung sucht, [...] ohne aus seinem Character der Subjectivität herauszutreten«. Damit verändere aber auch das Diesseits seine Gestalt: In den *Reden* sei »die Natur als eine Sammlung von endlichen Wirklichkeiten vertilgt, und als Universum anerkannt, dadurch die Sehnsucht aus ihrem über Wirklichkeit Hinausfliehen nach einem ewigen Jenseits zurückgehohlt, die Scheidewand zwischen dem Subject, oder dem Erkennen und dem absoluten unerreichbaren Objecte niedergerissen« und somit die Versöhnung beider verwirklicht. Gleichwohl solle »diese Subject-objectivität der Anschauung des Universums doch wieder ein Besonderes und Subjectives bleiben«, ein Werk der »Virtuosität des religiösen Künstlers«, der »subjectiven Eigenheit der Anschauung« – und Hegel fügt spitz hinzu: »Idiot heißt einer, insofern Eigenheit in ihm ist«. Die »wahrhafte Virtuosität« hätte »in den Gesetzen und in dem Körper eines Volkes und einer allgemeinen Kirche ihre Objectivität und Realität erhalten« müssen – statt in einer »allgemeinen Atomistik« der Virtuosen auf alle Objectivität Verzicht zu thun (GW 4.383–386).

(7) Kant und Fichte haben Hegels scharfe Kritik nicht erwidert, ja sie wahrscheinlich gar nicht zur Kenntnis genommen; Jacobi hingegen schreibt am 10.08.02 an Reinhold, er habe einen argen Angriff Schellings und Hegels auf ihn vorausgesagt – und nun sei dies eingetreten. »Wegen des schlechten Vortrags« sei er gewiß, daß Hegel der Verfasser sei: »Wenn nur der verwünschte Hegel besser schriebe;

ich habe oft Mühe, ihn zu verstehen.« Und er beantwortet Hegels Angriff mit gleicher Schärfe: in seinen (lediglich literarischen) *Drei Briefen an Friedrich Köppen* vom August und September 1802, die er als Anhang zu Köppens *Schellings Lehre oder das Ganze der Philosophie des absoluten Nichts* veröffentlicht (JWA 2.331–372). Im ersten dieser *Briefe* referiert Jacobi Hegels Schimpfworte und Vorwürfe sehr ausführlich, wohl um sie schon dadurch bloßzustellen, und er sucht sie ins Lächerliche zu ziehen. Den Vorwurf der falschen Zitation weist er gegenüber Köppen im Detail zurück, doch erspart Jacobi sich eine prinzipielle Auseinandersetzung – wohl in der Annahme, daß sich das Problem von selbst erledigen werde: »Lustig ist es, wie diese Leute nun auf einmal über Fichte herfallen, als hätten sie nie etwas mit ihm gemein gehabt. [...] Diese ganze Sippschaft ist rein toll; man muß sie unter einander sich die Hälse brechen und toben lassen, bis sie umfallen.« (Zoeppritz I.311 f.)

(8) Jacobis Bemerkung bezieht sich darauf, daß Hegel – zumindest zum Teil wegen des inzwischen vollzogenen Bruchs zwischen Schelling und Fichte – dessen Philosophie in *Glauben und Wissen* weitaus schärfer kritisiert als in der *Differenz-Schrift*. Dort wendet er sich gegen ihre Systemform, billigt ihr aber ein »ächt speculatives Princip« zu (s. Kap. II.4.3.3); jetzt hingegen wirft er Fichtes System vor, es trete »nicht aus dem Princip des allgemeinen Menschenverstandes heraus, und nachdem das falsche Vorurtheil sich verbreitet hatte, daß es nicht das System des gemeinen Menschenverstands, sondern ein speculatives System seye, gibt es sich wie billig alle Mühe, in neuern Darstellungen dieß Vorurtheil auszureuten.« Dieser Seitenhieb zielt auf Fichtes *Bestimmung des Menschen* (1800), die bei Abfassung der *Differenz-Schrift* (in der auch Hegel dieses »Vorurteil« verbreitet) zwar schon erschienen ist, aber von ihm nicht mehr berücksichtigt wird und nun »vorzüglich« zum Gegenstand der Kritik wird. Eigentümlicher Weise geht Hegel nirgends darauf ein, daß Fichtes *Bestimmung des Menschen* bis in den Wortlaut hinein eine unmittelbare Replik auf Jacobis Sendschreiben *Jacobi an Fichte* bildet (JWA 2.187–258) – obgleich er doch Jacobis »Grundsatz« des absoluten Dualismus mit Fichtes »Princip« identifiziert.

Trotz der behaupteten Orientierung »vorzüglich« an der *Bestimmung des Menschen* geht Hegel wiederum sehr breit und detailliert auf Fichtes Philosophie ein – von der *Grundlage der gesammten Wissenschaftslehre* über seine praktische Philosophie bis hin zu den Schriften zum Atheismusstreit, und er ignoriert die Zäsur, die die *Bestimmung des Menschen* von diesen früheren Schriften trennt.

Schon durch die Anlage seiner Abhandlung konstruiert Hegel Fichtes Philosophie als Synthese von Jacobis »Sehnen« und Kants »Objectivität«. Und wie zuvor Kant, so stellt er nun Fichte in die »durch die Lockesche und Humesche Cultur« (und nicht etwa durch Descartes!) geprägte Tradition, die Welt »vom Standpunct des Subjects« aus zu berechnen und zu erklären. Damit sei die »absolute Entgegensetzung« von Subjekt und Objekt schon vorgezeichnet, die entgegen der Programmatik auch durch die Ausarbeitung des Systems nicht wieder aufgehoben werde: Fichte gehe von etwas schlechthin Wahrem und Gewissem aus, doch dieses werde zum Prinzip der Deduktion allein dadurch, daß es sich als unvollständig und somit als das Unwahre erweise. Das Ideelle müsse durch das Reelle integriert, d. h. das anfangs ganz leere Wissen durch die empirische Realität aufgefüllt werden, die auch für Fichte »absolute Realität« habe. Deshalb gelange Fichtes Philosophie der absoluten Subjektivität nie über den von Jacobi geforderten Dualismus hinaus, und somit habe Jacobi gar keinen Anlaß zu befürchten, Fichtes »Nihilismus der Transcendental-Philosophie wolle ihm sein Herz aus dem Busen reißen« (GW 4.387–401).

Die »absolute Entgegensetzung« zeichne ebenso die Grundstruktur der praktischen Philosophie vor: »die Subjectivität, Ich, reiner Wille, entgegengesetzt der Objectivität ist in absolutem Gegensatz, und die Aufgabe der Identität und Integration schlechthin nicht zu lösen.« Unter diesen Bedingungen werde Moralität zu Herrschaft, ja zu »absoluter Tyrannei«, und es bleibe »nichts als die hohle Declamation, daß das Gesetz um des Gesetzes willen, die Pflicht um der Pflicht willen erfüllt werden müsse, und wie das Ich sich über das Sinnliche und Uebersinnliche erhebe, über den Trümmern der Welten schwebe« – letzteres eine Anspielung auf eine Formulierung Fichtes, der Hegel am Ende seiner Frankfurter Zeit affirmative Seiten abzugewinnen gewußt hat (s. Kap. 3.5).

Gegen diese »erhabene Hohlheit und einzig consequente Leerheit« stellt Hegel einen an Schelling orientierten Begriff der »Natur« – und er kritisiert den »ungeheuren Hochmuth« und »Wahnsinn des Dünkels« des »Ich« im ersten »Aufzug« der *Bestimmung des Menschen,* der darüber wehmütig werde, »daß die ewige Natur in ihm handle«. Die in diesem »Aufzug« (so Hegel ihrer theatralischen Szenerie wegen) vorhandene »Natur« zeichnet Fichte allerdings als rein deterministisch, als aller Freiheit des Ich unvermittelbar entgegengesetzt – aber er entwirft hier nur das Bild einer verfehlten, zu überwindenden Konzeption (was aus Hegels Kritik nicht deutlich wird). Gleiches gilt für den zweiten »Aufzug«, in dem der »Ich« nunmehr über den Verlust dieser Natur durch das Wissen der Transzendentalphilosophie »wieder ebenso trostlos« klage; auch hier entwirft Fichte zwar ein an seiner vorherigen Transzendentalphilosophie orientiertes, nun aber zu überwindendes Bild.

Doch daß Hegel der Aufstiegsbewegung innerhalb der *Bestimmung des Menschen* – vom Determinismus über die Transzendentalphilosophie zum Glauben – nicht gerecht wird, entkräftet nicht schon seinen eigentlichen Einwand: Für den Determinismus wie für die Physikotheologie und auch für die Transzendentalphilosophie sei die »Natur« an sich selbst »ein absolut Unheiliges und Todtes«, das seinen Zweck nicht in sich selbst habe. Sie werde zum bloßen Material – und sei es zum »Material der Pflicht« – und gegebenenfalls auch zu Trümmern, über denen die freien Vernunftwesen schweben könnten: »wie die Natur in der Physikotheologie der Ausdruck ewiger Wahrheit ist, so ist sie in der Kantischen und Fichteschen Moraltheologie [!], ein zu Vernichtendes, an dem der Vernunftzweck ewig erst zu realisiren ist, von Wahrheit entblößt, das Gesetz der Häßlichkeit und Vernunftwidrigkeit an sich tragend«. Eine so, als Gegenstand, aber auch als Impediment der moralischen Handlungen gedachte Natur wird konsequent zum (ungeeigneten) Adressaten der moralischen Forderung: »so kann es aber nicht immerdar bleiben sollen.«

Gegen diese »absolute Entgegensetzung« stellt Hegel nicht allein einen von der »absoluten Identität« her gedachten Naturbegriff; er sucht sich auch der Hilfe Platons und der Religion zu vergewissern. Für jenen habe die Vernunft Gottes die Welt »als einen seligen Gott gebohren«, und diese fasse das Übel nicht als vermeidbar und im Fichteschen Progreß des allmählichen Erlöschens der Vulkane, der Linderung der Krankheiten und Orkane minimierbar. Sie begreife »vielmehr das Böse als Nothwendigkeit der endlichen Natur, als Eins mit dem Begriff derselben«, setze aber dieser Notwendigkeit eine ewige, nämlich »wahrhaft reale und vorhandene Erlösung« entgegen und biete der Natur »eine mögliche Versöhnung«: »deren ursprüngliche Möglichkeit, das Subjective, im ursprünglichen Abbilde Gottes, ihr Objectives aber, die Wirklichkeit in seiner ewigen Menschwerdung, die Identität jener Möglichkeit und dieser Wirklichkeit aber durch den Geist als das Einsseyn des Subjectiven mit dem Mensch gewordenen Gotte, also die Welt an sich reconstruirt, erlöst, und auf eine ganz andere Weise geheiligt« als durch die von Fichte anvisierte Welt, die schlechthin nicht so bleiben soll, wie sie ist, aber doch auch nicht anders werden darf, weil sie sonst nicht mehr zum Material der Pflicht taugte.

(9) Angesichts der kein Detail verschmähenden Ausführlichkeit und Schärfe der Kritik Hegels überrascht die versöhnliche Wendung, mit der er in den Schlußpartien der »Reflexionsphilosophie« gleichwohl eine gute Seite abgewinnt: Obschon sie in der Entgegensetzung von Endlichkeit und Unendlichkeit befangen bleibe, mache sie doch die Unendlichkeit zu ihrem Absoluten, und solche »Philosophie der Unendlichkeit« stehe »der Philosophie des Absoluten näher als die des Endlichen«. Der »Philosophie des Absoluten« kommt damit eine gedoppelte Aufgabe zu: Sie muß verhindern, daß »die Unendlichkeit, Ich, […] auf diesem Punkt sich fixirte und zur Subjectivität wurde«, und sie muß das in den genannten Philosophien vorhandene Moment der Negativität, »den Schmerz, der vorher nur in der Bildung geschichtlich und als das Gefühl war, worauf die Religion der neuen Zeit beruht, das Gefühl: Gott selbst ist todt, […] rein als Moment, aber auch nicht als mehr denn als Moment, der höchsten Idee bezeichnen«. Mit der Formel »Religion der neuen Zeit« stellt Hegel die Reflexion über die Aufgabenstellung der Philosophie nicht so sehr in einen zeitdiagnostischen als in einen umfassenden religionsgeschichtlichen Kontext: Das »Heitre, Ungründlichere und Einzelnere der dogmatischen Philosophieen, so wie der Naturreligionen« ermangelt der Tiefe der Negativität, der Vernichtung des Endlichen, und so muß es verschwinden; aber ebenso muß eine Philosophie überwunden werden, die diese – auch von der Religion ausgesprochene, aber als Moment ausgesprochene – Negativität zwar erkennt, jedoch in absoluter Entgegensetzung gegen das Endliche festhält. Indem die Philosophie den unendlichen Schmerz in ein Moment der höchsten Idee verwandelt, geht sie nicht allein über die dogmatische und die kritische Philosophie hinaus. Sie schließt auch an die Religion an, aber sie gibt dem historischen Karfreitag der Religion seine angemessene Existenz in einem »speculativen Charfreytag« und macht ihn somit zur Vorbedingung einer Auferstehung der Totalität in der heitersten Freiheit ihrer Gestalt (GW 4.401–414).

Erstdruck: »Glauben und Wissen oder die Reflexionsphilosophie der Subjectivität, in der Vollständigkeit ihrer Formen, als Kantische, Jacobische, und Fichtesche Philosophie.« In: Kritisches Journal der Philosophie. Bd. 2, Stück 1. Tübingen 1802, 1–189. – **Text:** GW 4.315–414. – **Quellen:** Fichte: Die Bestimmung des Menschen. Berlin 1800, GA I/6.189–309; Friedrich Köppen: Schellings Lehre oder das Ganze der Philosophie des absoluten Nichts. Hamburg 1803; Rudolf Zoeppritz (Hg.): Aus F. H. Jacobi's Nachlaß. Ungedruckte Briefe von und an Jacobi […]. 2 Bde. Leipzig 1869. – **Literatur:** Görland: Kantkritik des jungen Hegel (1966), 16–53; Jaeschke: Der Zauber der Entzauberung. In: Glauben und Wissen. HJb 2004. Berlin 2004, 11–19; Jaeschke / Arndt: Die Klassische Deutsche Philosophie nach Kant, 353–356.

4.5.6 Über die wissenschaftlichen Behandlungsarten des Naturrechts

(1) Hegels *Naturrechtsaufsatz* ist die letzte größere Abhandlung des *Kritischen Journals*. Sein Hauptteil erscheint 1802 im zweiten, der Beschluß 1803 im dritten Stück – wahrscheinlich aus verlegerischen Erwägungen, um das zweite Stück nach dem umfangreichen ersten (mit *Glauben und Wissen*) nicht erneut übermäßig anschwellen zu lassen; es sind jedoch auch Exemplare bekannt geworden, in denen beide Teile (mit unterschiedlichem Seitenumbruch) im zweiten Stück zusammengebunden sind. Hegel hat beide Teile wahrscheinlich gleichzeitig in Satz gegeben; da das zweite Stück des *Kritischen Journals* im Dezember 1802 erschienen ist (GW 4.539), wird er seine Abhandlung im Sommer und Frühherbst verfaßt haben – also etwa parallel zu seiner ersten Vorlesung über »ius naturae, civitatis et gentium« im Sommer 1802.

(2) Auch wenn Probleme der praktischen Philosophie bereits in Hegels frühere Texte, insbesondere in die politischen Schriften hineinspielen, bildet der *Naturrechtsaufsatz* Hegels erste – erhaltene – Arbeit auf diesem, ihm gegenüber Schelling eigentümlichen Gebiet. Die größere Eigenständigkeit zeigt sich auch in der literarischen Form: Entgegen den bisherigen Abhandlungen löst Hegel sich hier sowohl von der Rezensionsform als auch von der Form der übergreifenden Kritik vorausgegangener Systeme, die noch *Glauben und Wissen* prägt. Die philosophische Grundlegung seines Ansatzes oszilliert hingegen noch zwischen der identitätsphilosophischen Systemkonzeption Schellings – so in seiner Systemskizze (GW 4.433) – und seinem eigenen, im Wintersemester 1801/02 erstmals skizzierten Ansatz – so insbesondere in Hegels Wendungen, auch der empirischen Wissenschaft müsse in all ihrer Mannigfaltigkeit »zugleich das Bild und das Bedürfnis der absoluten Einheit aller dieser zusammenhanglosen Bestimmtheiten und einer ursprünglichen einfachen

Nothwendigkeit vorschweben«, ein »Reflex […] des Absoluten«. (GW 4.418,422 f., s. Kap. II.4.6.1).

(3) Gemeinsam mit dem wenig späteren *System der Sittlichkeit* dient der *Naturrechtsaufsatz* der »Rehabilitierung der klassischen praktischen Philosophie« (Siep 1979, 159) – im Gegenzug gegen das neuzeitliche Naturrecht insbesondere in seiner Kantisch-Fichteschen Form als »Vernunftrecht«. Zum Ausgangspunkt nimmt Hegel das Verhältnis der »Wissenschaft des Naturrechts« zur Philosophie überhaupt. Sie sei zwar eine philosophische Wissenschaft, jedoch – wie auch andere Teile der Philosophie – aus dem von der Metaphysik besetzten Zentrum der Philosophie in immer größere Entfernung von ihr und in die Nähe der Erfahrung gedrängt worden. Hegel versteht somit die diagnostizierte Akzentverschiebung in der »Wissenschaft des Naturrechts« vom Apriorischen zur Erfahrung nicht als ihr freiwilliges Abwandern in das Gebiet der Erfahrungswissenschaften, sondern als einen, von einem starken Philosophiebegriff erzwungenen, dann aber akzeptierten Ausbürgerungsprozeß, der zugleich die Aberkennung des Wissenschaftscharakters des Naturrechts einschließt. Folgerichtig spricht Hegel den »frühern Behandlungsarten des Naturrechts […] für das Wesen der Wissenschaft alle Bedeutung« ab und erklärt sie zum Gegenstand einer bloßen »Neugierde über das geschichtliche der Wissenschaft«. Den transzendentalen Idealismus Kants und Fichtes hingegen, der »das Absolute ganz in die praktische Philosophie gelegt« habe, versteht er als eine Gegenbewegung gegen diesen Prozeß der unendlichen Ausbreitung der Empirie – jedoch als eine Erneuerung der Wissenschaftsform, die sich nicht mit der Empirie vermittle und somit als eine »reinformelle Wissenschaft« der empirischen als Komplement bloß entgegensetze (GW 4.417–421).

(4) Für Hegel hingegen gibt es keine bloße, von allem Widerschein des Absoluten unberührte Empirie, und so charakterisiert er auch die erste dieser beiden »unächten Arten« der wissenschaftlichen Behandlung des Naturrechts – in Antizipation seiner hier noch nicht entfalteten Idee der »absoluten Sittlichkeit« – hinsichtlich der »Weise, wie die absolute Idee nach den Momenten der absoluten Form in ihr erscheint«. Auch die Empirie suche sich durch Vorstellung und interne Strukturierung einer Totalität die Form der Wissenschaft zu geben. Aus der »Einheit eines organischen Verhältnisses« sondere sie einzelne Bestimmungen ab (wie etwa die einzelnen Begründungen staatlichen Strafens) und setze sie zu anderen in ein Herrschaftsverhältnis. Doch

über der aus diesem Verfahren resultierenden Mannigfaltigkeit von Grundsätzen, Gesetzen, Zwecken, Pflichten und Rechten schwebe »zugleich das Bild und das Bedürfniß der absoluten Einheit aller dieser zusammenhanglosen Bestimmungen«, als »Reflex […] des Absoluten«. Diese absolute Einheit erscheine zum einen als »einfache Einheit, die wir die ursprüngliche nennen können« – teils als fiktiver Naturzustand, teils als Natur und Bestimmung des Menschen –, zum anderen »als Totalität in dem Reflex des empirischen Wissens«. Die empirischwissenschaftliche Behandlung fasse jedoch beide Einheiten als getrennte, nicht in ihrer Identität. Sie bringe es nur zu einer »trüben Ahndung von ursprünglicher und absoluter Einheit«; sie sehe die widerstreitenden Bestimmungen sich in ein »bellum omnium contra omnes« verwickeln und erkenne nicht, daß sie sich auf Nichts reduzierten. Schließlich stelle sie diesem Naturzustand das Gegenbild der Göttlichkeit des Rechtszustandes gegenüber – und damit sei folgerichtig »das Verhältniß der absoluten Unterwürfigkeit der Subjecte unter jene höchste Gewalt« gesetzt.

Hegel analysiert somit den Widerspruch, in den diese »wissenschaftliche Empirie« durch ihre immanente Struktur treibt: Die Wissenschaftsform trägt in die eigentlich empirische Anschauung der Totalität ein Moment von Reflektiertheit, von Über- und Unterordnung und damit von Herrschaft ein. Die Nachahmung des Bildes des Absoluten mit unzureichenden begrifflichen Mitteln endet in dessen Verzerrung. Gegenüber solcher »Consequenz« nicht erst der zweiten »unächten« Form, sondern schon der wissenschaftlichen Empirie spricht Hegel der »alten durchaus inconsequenten Empirie« ein relatives Recht zu. Für den Verstand sei zwar nichts leichter, als mit seinen »wesenlosen Abstractionen« über diese herzufallen – und doch habe sie der Vermischung von Empirie und Reflexion gegenüber ein vielfaches Recht: indem sie fordere, daß die Wissenschaft des Naturrechts »sich an der Erfahrung orientiren müsse«; indem sie das »Gerüste und Künsteley von Grundsätzen« verwerfe; indem sie behaupte, »daß die Theorie […] der nothwendigen Praxis widerspreche«; und indem sie daran erinnere, daß die Empirie dem Philosophieren »den Inhalt seiner Begriffe liefert«. So sieht Hegel die naive Empirie trotz ihrer inkonsequenten Vernetzungen des Inhalts näher an der Idee der organischen Totalität als die »Zerstückung« und »Erhebung wesenloser Abstractionen und Einzelheiten zur Absolutheit« schon durch die wissenschaftliche Empirie (GW 4.421–430).

(5) Diese Kritik an der Reflexion verschärft Hegel gegenüber der »reinformellen« Behandlung des Naturrechts. Er entfaltet sie in zwei Stufen: Das reinformelle Naturrecht legt einen falschen Begriff des Absoluten zu Grunde, und deshalb ist es ihm unmöglich, von diesem Begriff aus zum sittlichen Inhalt, zu einem »System der Sittlichkeit« zu gelangen.

In weiterer Ausführung seiner bereits in der *Differenz-Schrift* und in *Glauben und Wissen* erhobenen Einwände kritisiert Hegel, dieses formelle »Naturrecht« – d. h. Fichtes *Grundlage des Naturrechts* (1796, GA I/3–4) und Kants *Metaphysik der Sitten* (1797, AA VI) – habe zwar »das Absolute ganz in die praktische Philosophie gelegt« (GW 4.419), aber es sei statt zum wahren zu einem nur negativen Absoluten gelangt. Deshalb polemisiert er gegen dessen »falschen Versuch in dem negativ Absoluten ein wahrhaft Absolutes aufzuzeigen«. Als »negativ« bezeichnet Hegel dieses Absolute, weil es nur die »Abstraction der Form«, und als »reine Identität, unmittelbar reine Nichtidentität oder absolute Entgegensetzung« sei. Somit sei das Prinzip dieser Philosophie die Entgegensetzung der reinen Einheit der Vernunft gegen das Viele, Reelle, das eben dadurch als ein Unvernünftiges, zu Negierendes bestimmt, mit dem »Ekelnahmen des Empirischen« (GW 4.423) gebrandmarkt sei, während umgekehrt das Ideelle ihm bloß entgegengesetzt bleibe und nicht zur Realität komme. Hegel räumt zwar ein, daß beides, sowohl dieser Zwiespalt als auch die reine Einheit der praktischen Vernunft, im empirischen Bewußtsein zu finden sei – aber er sucht diesen Standpunkt als die eine Seite der relativen Identität des Unendlichen und Endlichen zu begreifen und bestreitet, daß er »der absolute Standpunkt« sei. Als einseitiger Standpunkt, der sich zum absoluten aufspreizt, sei er vielmehr »das Princip der Unsittlichkeit« (GW 4.430–437).

(6) In einem exkursartigen Einschub (GW 4.431–433) sucht Hegel die Grundlinien seiner Kritik am negativen Begriff des Absoluten in einem Systemgedanken zu verankern, der ungeachtet seiner Neuartigkeit und Eigenständigkeit sowohl konzeptionell als auch terminologisch deutliche Spuren seiner damals noch engen Zusammenarbeit mit Schelling aufweist. Als – verfehlte – systematische Grundlegung des Gedankens des negativen Absoluten identifiziert er zunächst den dritten Grundsatz aus Fichtes *Grundlage der gesamten Wissenschaftslehre*: »das Entgegensetzen eines theilbaren Ichs einem theilbaren Nicht-Ich im Ich« (vgl. GA I/2.272). Eine so begründete Konzeption bringt es in Hegels Augen nur zu einer »Nichtidentität des ideellen und reel-

len«; deshalb setzt er ihr eine an Schellings Identitätsphilosophie angelehnte Konzeption des Absoluten als der »absoluten Identität des ideellen und reellen« entgegen. Es sei zu denken als »die Einheit der Indifferenz und des Verhältnisses; und weil dieses ein gedoppeltes ist, ist die Erscheinung des Absoluten bestimmt, als Einheit der Indifferenz, und desjenigen Verhältnisses, oder derjenigen relativen Identität, in welcher das Viele das Erste, das positive ist, – und als Einheit der Indifferenz und desjenigen Verhältnisses, in welchem die Einheit des Erste und positive ist; jene ist die physische, diese die sittliche Natur.« (GW 4.433) Auch den gedanklichen Hintergrund dieser Konzeption spricht Hegel deutlich aus: Spinozas Metaphysik der Substanz, deren beide Attribute die Substanz ausdrückten und absolut und unendlich seien. Neu gegenüber Spinoza und Schelling ist jedoch Hegels Versuch, die »Erscheinung des Absoluten« relational zu bestimmen, als ein komplexes, mehrstufiges Verhältnis von Einheit und Vielheit. Doch trotz dieses Hegelschen Spezifikums steht diese Systemskizze nicht allein isoliert im Kontext des *Naturrechtsaufsatzes*; sie steht zudem in einem Kontrast zu der relativ konstanten Systementwicklung in seinen damaligen Vorlesungen (s. Kap. II.4.6), der sich allein aus der damaligen philosophischen Gemeinschaft mit Schelling erklären läßt.

(7) Im Anschluß an die Grundlegung analysiert Hegel in einem zweiten Schritt, gleichsam als Probe auf die Richtigkeit der Kritik des Prinzips, »wie das Unendliche, oder das negative Absolute es vergebens zu einer positiven Organisation zu bringen sucht« (GW 4.421). Hierbei kann er durchaus an das Selbstverständnis Kants anknüpfen, daß es erforderlich sei, die praktische Philosophie auf ein formales Prinzip zu begründen. Die Differenz beider zeigt sich erst in der Beurteilung der Leistung eines solchen Ansatzes für die praktische Philosophie – und hier liegt das gedankliche Zentrum des *Naturrechtsaufsatzes* und zugleich der Punkt, an dem sich Kants und Hegels Ethik und auch ihr Vernunftbegriff von einander trennen. Die Abstraktion von aller Materie des Willens, die Beschränkung der Vernunft auf eine Selbstgesetzgebung, die die Prüfung der Tauglichkeit der Maximen des Willens zum Prinzip einer allgemeinen Gesetzgebung zum einzigen Inhalt hat, sieht Hegel notwendig in Tautologien enden: »Und in der Production von Tautologien besteht nach der Wahrheit das erhabene Vermögen der Avtonomie der Gesetzgebung der reinen praktischen Vernunft« (GW 4.435).

Diese Kritik ist nicht schon durch den naheliegenden Einwand zu entkräften, daß Kant sich keineswegs in bloßen Tautologien herumtreibe, sondern sowohl eine Ethik als eine Rechtslehre auf sein Prinzip baue. Doch dies ist auch Hegel nicht unbekannt geblieben – sein Vorwurf ist vielmehr, daß solcher Inhalt sich aus dem formalen Prinzip nicht auf redlichem Wege herleiten lasse, sondern durch Vermischung der absoluten Form mit bedingtem Inhalt erschlichen, ja durch »Taschenspielerei« hervorgezaubert sei. Allerdings hat Hegel es hier versäumt, sich – seiner eigenen Forderung gemäß – in den Umkreis der Stärke des Gegners zu stellen und seine Kritik auch an dem komplexen Verhältnis der Formalität des kategorischen Imperativs zu Kants Gedanken eines Endzwecks zu bewähren (GW 4.434–449).

(8) Der entscheidende Punkt des Dissenses zwischen Kant und Hegel läßt sich zudem auch unter Absehen von der Möglichkeit ethischer und rechtlicher Orientierung auf Grund formaler Sätze der praktischen Vernunft formulieren. Erst in den Schlußpartien des *Naturrechtsaufsatzes* notiert Hegel dessen organisierenden Gedanken – und er beruft sich hierfür auf Montesquieus »unsterbliches Werk« *De l'esprit des lois*: Im Gegensatz zu den beiden »unächten Arten« des Naturrechts habe es »die einzelnen Einrichtungen und Gesetze nicht aus der sogenannten Vernunft deducirt, noch sie aus Erfahrung abstrahirt, sondern [...] ganz allein aus dem Charakter des Ganzen und seiner Individualität begriffen« – und damit habe es gezeigt, »daß die Vernunft, und der Menschenverstand, und die Erfahrung, aus welchen die bestimmten Gesetze herkommen, keine Vernunft und Menschenverstand a priori, auch keine Erfahrung a priori, was eine absolut allgemeine wäre, sind, sondern ganz allein die lebendige Individualität eines Volkes« (GW 4.481).

Damit ist Hegels Differenz gegenüber Kants praktischer Philosophie auf den Punkt gebracht: Ist praktische Vernunft als apriorische Vernunft oder als eine mit »dem Charakter des Ganzen und seiner Individualität«, also mit Geschichte vermittelte Vernunft zu begreifen? Es wird Hegel damals nicht bewußt gewesen sein, daß seine Option für Montesquieu und einen mit Geschichte vermittelten Begriff von Vernunft ihn einem Denker nahebringt, den er nur wenige Monate zuvor scharf angegriffen hat: in die Nähe der Kritik an einer aufklärerischen »Vernunft, welche nicht die Vernunft ist«, die Jacobi ebenfalls unter gelegentlicher Berufung auf Montesquieu formuliert (JWA 4.410–412).

Den hier ausgesprochenen Gedanken entfaltet Hegel zuvor, im Anschluß an seine Kritik der beiden »unächten Arten« des Naturrechts, unter dem Titel

»absolute Idee der Sittlichkeit« – und in diesem Zusammenhang greift er bereits auf die zitierten Schlußpartien voraus, indem er dem »negativen Absoluten« des reinformellen Naturrechts das Positive entgegensetzt, »daß die absolute sittliche Totalität nichts anderes als ein Volk ist«. Trotz der – nach der Französischen Revolution aufgekommenen, damals also »modernen« – Entgegensetzung der »organischen Einheit« gegen das »bloß Mechanische« und trotz der sich später dem Organismusbegriff anheftenden biologistischen Modelle versteht Hegel »Volk« hier nicht in einem naturalistischen, sondern im »politischen Sinn«, als »ein sittlich verfaßtes Kollektiv« (Schnädelbach 2000, 43). Mit dieser Orientierung am Begriff des Volkes verbinden sich jedoch die Ablehnung der »Gestaltlosigkeit des Kosmopolitismus« und »der Leerheit der Rechte der Menschheit, und der gleichen Leerheit eines Völkerstaats und der Weltrepublik«, zwischen denen Hegel hier nicht unterscheidet (GW 4.484).

Die »absolute Sittlichkeit« denkt Hegel jedoch nicht als einen in sich struktur- und spannungslosen, geschichtslosen Gesellschaftszustand. Unter Berufung auf Platon und Aristoteles führt er eine – in der »absoluten Nothwendigkeit des Sittlichen« begründete Gliederung in die beiden Stände der Freien und Nicht-Freien ein – eine Differenz, die gleichwohl dem geschichtlichen Wandel unterliegen kann, wie Hegels Berufung auf Gibbons *History of the Decline and Fall of the Roman Empire* zeigt: »der lange Friede und die gleichförmige Herrschaft der Römer führte ein langsames und geheimes Gift in die Lebenskräfte des Reichs.« (GW 4.456; hiermit hängt Hegels, zu seiner Zeit nicht unübliche und in der Retrospektive nicht völlig unverständliche Überzeugung von der »Nothwendigkeit des Krieges« zusammen – nicht bloß im Sinne seiner Unvermeidlichkeit, sondern im Dienste der »sittlichen Gesundheit der Völker«, ihrer Bewahrung vor der »Fäulniß«, in welche sie »ein dauernder, oder gar ein ewiger Frieden versetzen würde«; GW 4.450; s. Kap. II.9.5.9). Weite Kreise des römischen Reiches seien damals »in die matte Gleichgültigkeit des P r i v a t l e b e n s« gesunken, das Volk sei insgesamt in den Stand der Nicht-Freien herabgesunken – und diese Allgemeinheit des Privatlebens beschreibt Hegel als das »formale Rechtsverhältniß« – wie er ja auch in der *Phänomenologie* die römische Welt als »Rechtszustand« (GW 9.260–264) charakterisiert.

Die »absolute Sittlichkeit« aber bedarf einer ständischen Differenzierung. In der modernen Welt nimmt sie die Spannung zwischen dem »absoluten Bewußtseyn der Sittlichkeit« und dem »bourgeois« an, der seine »politische Nullität« durch den sicheren Genuß der Früchte seines Erwerbs kompensieren kann. Die hierin liegende Entgegensetzung, aber auch Versöhnung sucht Hegel durch einen überraschenden, exkursartigen Rückgriff auf die Theorie der Tragödie und Komödie begreiflich zu machen: Das Absolute spiele ewig mit sich selbst eine »Tragödie im sittlichen«: »Das Göttliche in seiner Gestalt und Objectivität hat unmittelbar eine gedoppelte Natur, und sein Leben ist das absolute Einsseyn dieser Naturen« – aber zugleich eine Bewegung des absoluten Widerstreits und der Aufopferung beider Naturen. Diese Deutung, die Hegel durch ein kurzes Referat der *Orestie* veranschaulicht, ist fraglos ein Reflex von Schellings gleichzeitigen Vorlesungen über die »Philosophie der Kunst« – und zwar bis in den Wortlaut hinein (vgl. GW 4.459 mit SW I/5.698). Auch Hegels Rede von der »göttlichen Komödie« spielt auf Schellings damalige Begeisterung für Dante an – doch versteht Hegel unter der »göttlichen« die antike Komödie im Unterschied zur modernen. Und ohnehin ist der Rückgriff auf die Tragödientheorie zur Deutung der gesellschaftlichen Verhältnisse ein Proprium Hegels. Er ist hier jedoch nicht modernitätskritisch, da Hegel durch ihn die in seinen Augen notwendige, zeitinvariante Differenzierung der Gesellschaft in absolutes vs. empirisches Bewußtsein, in lebendigen Geist vs. leibliche und sterbliche Seele erläutert und legitimiert; modernitätskritische Aspekte kommen lediglich in der Deutung der neueren Komödie zur Geltung (GW 4.454–462).

Der systematische Akzent der Ausführungen Hegels liegt ohnehin nicht auf der Anwendung ästhetischer Kategorien auf die ständische Gliederung der Gesellschaft; er liegt auf dem Erweis der strukturellen Überlegenheit des Geistes über die Natur. Hegel sucht hier unter Rückgriff auf Schellings Begrifflichkeit dessen identitätsphilosophische Konzeption gleichwohl zu überbieten. Die »Idee des absoluten Lebens der Sittlichkeit« manifestiere ein »Einsseyn der Unendlichkeit und der Realität«, in dem »die göttliche Natur« erscheine. Das »System« der Erde »resumirt sich erst in der absoluten Indifferenz der sittlichen Natur allein in die vollkommene Gleichheit aller Theile und das absolute reale Einsseyn des einzelnen mit dem Absoluten«. Die Natur bringe es nie »zur absoluten Indifferenz mit dem Wesen und der Substanz«; allein die Intelligenz sei als »absolute Einzelheit« zugleich »absolute Allgemeinheit«, als »absolute Negation und Subjektivität« zugleich »absolute Position und Objectivität«. Die Natur sei wohl »das absolute Selbstanschauen«, doch der Geist sei »das Anschauen seiner als seiner selbst oder das absolute Erkennen«, und somit sei der Geist höher als die Natur und der eigentliche Begriff des Absoluten (GW 4.462–464).

(9) Die zuletzt betrachteten Ausführungen am Schluß des zweiten Stücks lesen sich wie abschließende Partien; doch kann der im dritten Stück folgende »Beschluß« (GW 4.467–470) nicht nachträglich angefügt sein, da sein Inhalt bereits im Titel des *Naturrechtsaufsatzes* angekündigt wird: das »Verhältniß des Naturrechts zu den positiven Rechtswissenschaften« (GW 4.470). Dessen Erörterung schickt Hegel noch kurze Ausführungen über das Verhältnis der »absoluten Sittlichkeit« zur »realen absoluten Sittlichkeit« des Einzelnen und zum Verhältnis von Naturrecht und Moral voraus, in denen er »der Moral nur das Gebiet des an sich negativen«, »die Sittlichkeit des bourgeois oder des Privatmenschen« zuweist, »dem Naturrecht aber das wahrhaft positive, nach seinem Nahmen, daß es construiren soll, wie die sittliche Natur zu ihrem wahrhaften Rechte gelangt« – womit er diesem, bei Kant bereits ambivalent erscheinenden Wort eine eigentümliche Bedeutung unterschiebt.

Es dürfte eine Folge von Hegels früher Erkenntnis der Notwendigkeit der »Positivität« einer Religion sein, daß er die »Positivität« der Rechtswissenschaften im Sinne ihres empirischen Verfahrens, ihres Bezugs »auf individuelle Systeme bestehender Verfassungen und Gesetzgebungen«, nicht schon als einen Grund ansieht, sie aus der Philosophie auszuschließen – denn es müsse »nichts so anwendbar auf die Wirklichkeit seyn, […] als das, was aus der Philosophie kommt«. Zu »positiven Wissenschaften« in kritischer Bedeutung werden sie für Hegel auf zweierlei Weise: zum einen dadurch, daß sie sich nicht allein auf das Geschichtliche, sondern auf dasjenige beziehen, »was an sich der Vernunft angehört und eine innere Wahrheit und Nothwendigkeit ausdrücken soll«, dieses jedoch gegen die Philosophie festhalten und dadurch dem »Meynen« verfallen. Dieser Grund für die Positivität der Rechtswissenschaft liege in der Form: »indem nemlich dasjenige, was ideell, ein entgegengesetztes, einseitiges ist, und allein in der absoluten Identität mit dem entgegengesetzten Realität hat, isolirt, für sich seyend gesetzt, und als etwas reelles ausgesprochen wird« – als etwas dem absoluten Zusammenhang des Ganzen gegenüber Selbständiges.

Aber auch von Seiten der »Materie« kann »Positivität« entstehen – und nicht etwa durch die notwendige Besonderheit überhaupt, sondern durch eine Ungleichzeitigkeit im Leben eines Volkes, die in einem Nebeneinander von Lebendigem und Abgestorbenem und in der hierin begründeten Trennung von Sitte und Gesetz resultiert: »Als Sitte und Gesetz Eins war, war die Bestimmtheit nichts positives, aber wie mit dem Wachsthum des Individuums das Ganze nicht gleichmäßig fortschreitet, so trennt sich Gesetz und Sitte, […] und es ist in der Gegenwart des Ganzen kein absoluter Zusammenhang und Nothwendigkeit mehr.« Hegel arbeitet hier mit einem geschichtsphilosophischen Begriff von »Positivität«, von dem er die Brücke zu einer geschichtlichen Rechtswissenschaft schlagen kann: Die geschichtliche Entwicklung eines Volkes führe zu einem »inneren Widerspruch der Gesetze unter sich«; die geschichtliche Rechtswissenschaft zeige den Grund dessen, »was in der Gegenwart keinen wahrhaften lebendigen Grund hat«, in der Vergangenheit auf – aber sie bleibe auf die rein geschichtliche Erklärung beschränkt: Sie würde »ihre Bestimmung und Wahrheit überschreiten, wenn durch sie das Gesetz, das nur in einem vergangenen Leben Wahrheit hatte, für die Gegenwart gerechtfertigt werden soll«. Somit erarbeitet Hegel sich bereits hier die Position, die er zwei Jahrzehnte später gegen die erst dann formierte »historische Rechtsschule« geltend machen wird (s. Kap. II.9.5.4): Die geschichtliche Rechtskenntnis ist bloß an »verlornen Sitten und einem erstorbenen Leben« orientiert; für die Gestaltung gegenwärtiger Rechtsverhältnisse hat sie weder kritische noch affirmative Bedeutung, während es der Philosophie zukommt, den Gedanken der »absoluten Sittlichkeit« zu entfalten – als den Gedanken der Selbstanschauung und Selbsterkenntnis des absoluten Geistes (GW 4.470–485).

Erstdruck: Ueber die wissenschaftlichen Behandlungsarten des Naturrechts, seine Stelle in der praktischen Philosophie, und sein Verhältniß zu den positiven Rechtswissenschaften. In: Kritisches Journal der Philosophie. Bd. 2, Stück 2 bzw. Stück 3. Tübingen 1802, 1–88, bzw. 1803, 1–34. – **Text:** GW 4.417–485. – **Literatur:** Rosenzweig: Hegel und der Staat (1920). Bd. 1. 155–174; Manfred Riedel: Hegels Kritik des Naturrechts. HS 4 (1967), 177–204; Scheit: Geist und Gemeinde (1973), 96–126; Hegel: Frühe politische Systeme. System der Sittlichkeit; Über die wissenschaftliche Behandlungsarten des Naturrechts; Jenaer Realphilosophie. Hg. und kommentiert von Gerhard Göhler. Frankfurt u. a. 1974; Ulrich Claesges: Legalität und Moralität in Hegels Naturrechtsschrift. Zur Problematik der praktischen Philosophie im Deutschen Idealismus. In: Ute Guzzoni / Bernhard Rang / Ludwig Siep (Hg.): Der Idealismus und seine Gegenwart. Festschrift für Werner Marx zum 65. Geburtstag. Hamburg 1976, 53–74; Ludwig Siep: Anerkennung als Prinzip der praktischen Philosophie. Untersuchungen zu Hegels Jenaer Philosophie des Geistes. Freiburg / München 1979; Andreas Wildt: Autonomie und Anerkennung. Hegels Moralitätskritik im Lichte seiner Fichte-Rezeption. Stuttgart 1982, 312–320; Bernard Bourgeois: Le droit naturel de Hegel (1802–1803). Commentaire. Contribution à l'étude de la genèse de la spéculation hégélienne à Iéna. Paris 1986; Pierluigi Valenza: Logica e filosofia pratica nello Hegel di Jena. Dagli scritti giovanili al sistema dell'eticità. Padova 1999, 299–353; Herbert Schnädelbach: Hegels praktische Philosophie. Ein Kommentar der Texte in der Reihenfolge ihrer Entstehung. Frankfurt am Main 2000, 11–75.

4.6 Systementwürfe (1801–1806)

4.6.1 Fragmente aus Vorlesungs-
     manuskripten (1801/02)

(1) Seine akademische Lehrtätigkeit beginnt Hegel im Wintersemester 1801/02 an der Universität Jena mit zwei Vorlesungen über *Logik und Metaphysik* und über *Einleitung in die Philosophie;* neben ihnen leitet er gemeinsam mit Schelling ein philosophisches Disputatorium (s. Kap. I.4.3). Rosenkranz hat einige Fragmente aus diesen Vorlesungen mitgeteilt, und seine – bereits fragmentarischen – Nachrichten haben lange Zeit die einzige Quelle für unser Wissen gebildet. Inzwischen sind aber die von ihm benutzten Fragmente wieder aufgefunden worden. Sie geben kein ausführliches Bild dieser beiden Vorlesungen, aber sie bieten doch einen Einblick sowohl in Hegels erste übergreifende Systemskizze als auch in seinen frühesten Versuch, die erste Disziplin dieses Systems zu konzipieren. Ergänzt und bestätigt werden diese Fragmente durch eine kurze Zusammenfassung der »Hauptideen von Hegels Vorlesung über Logik und Metaphysik« durch Ignaz Paul Vital Troxler, einen damaligen Hörer Schellings und Hegels.

(2) Die Vorlesungen *Introductio in philosophiam* kündigt Hegel auf einem handschriftlichen Anschlag als »unentgeldliche Vorlesungen ü b e r d a s p r a k t i s c h e I n t e r e s s e d e r P h i l o s o p h i e« an. Man müßte hierunter eine dritte Vorlesung verstehen, hätte er nicht – vielleicht genötigt durch den Ordinarius Hennings, der der Ankündigung zustimmen mußte – am Rande präzisiert: »als Einleitung in dieselbe« (sc. in die Philosophie). Demnach scheint die Konzeption dieses Kollegs bis kurz vor Vorlesungsbeginn unbestimmt gewesen zu sein – zunächst als allgemeine Einleitungsvorlesung angekündigt, dann als Vorlesung »über das praktische Interesse der Philosophie« geplant.

Das erste der beiden überlieferten Fragmente *Diese Vorlesungen ...* beginnt denn auch mit der – für eine Einleitungsvorlesung überraschenden, gegen »Kriticismus, skeptische Methode, Verwahrung von Dogmatismus« gerichteten – Wendung, »daß die Philosophie als Wissenschafft weder einer Einleitung bedarf, noch eine Einleitung verträgt«. Vielmehr sei »nichts so sehr zu vermeiden, als daß nicht die ganze Philosophie selbst in ein Einleiten verwandelt, oder daß das Einleiten für Philosophie genommen werde«. In dieser Überzeugung mag der Grund liegen, weshalb Hegel später nie wieder eine Vorlesung zur »Einleitung in die Philosophie« gehalten hat. In der Vorlesung 1801/02 zeichnet er allerdings eine Hinsicht aus, in der eine Einleitung in die Philosophie gleichwohl möglich sei: »als eine Art von Bindungsmittel und Brükke zwischen den subjektiven Formen und der objektiven und absoluten Philosophie«. In diesem Zusammenhang verbindet Hegel die beiden angekündigten Themen – die Verständigung über das »praktische Interesse« und die Einleitungsfunktion – mit einander, und dabei kommt er – wie gleichzeitig in der *Differenz-Schrift* – auf das »Bedürfniß der Philosophie« zu sprechen: Die Frage nach dem Bedürfnis der Philosophie sei eins mit der Frage »inwiefern ist die Philosophie praktisch?« – und »das wahre Bedürfniß der Philosophie geht doch wohl auf nichts anders als darauf, von ihr und durch sie leben zu lernen« (GW 5.259–261). Die prägnante Schärfe dieser Bestimmung der Philosophie erhellt erst vor dem Hintergrund des Gegensatzes von Philosophie und Leben, den Fichte nur kurz zuvor so ausgesprochen hat: »LEBEN ist ganz eigentlich NICHT-PHILOSOPHIREN; PHILOSOPHIREN ist ganz eigentlich NICHT-LEBEN; und ich kenne keine treffendere Bestimmung beider Begriffe als diese« (PLS 2/1.61).

Anders als das erste Fragment bietet das zweite, *Die Idee des absoluten Wesens ...*, Einblick in die früheste Systemkonzeption Hegels – und hierdurch erweist es zugleich die erstaunliche Konstanz dieser Systemkonzeption, von der ersten Vorlesung Hegels bis zu seinen letzten Texten. Die Systemform der Philosophie ist durch den Begriff des Absoluten als des sich selbst realisierenden Wahren vorgegeben: Wie das absolute Wesen in der Idee gleichsam sein Bild entwerfe, sich in der Natur realisiere und als Geist in sich zurückkehre und sich selbst erkenne, so müsse auch die Philosophie zunächst die Idee für die Erkenntnis entfalten, sodann in die Differenz auseinandergehen, sie aber immer zugleich in der Einheit erhalten, und schließlich »die ganze Entfaltung

der sittlichen und geistigen Natur in der Einen Idee zusammenfassen, oder vielmehr nur die Reflexion am Ende noch darauf machen, daß sie immer in die Eine Idee zusammengefaßt geblieben ist.«

Bereits diese Systemskizze zeigt keine Spuren der spezifisch identitätsphilosophischen Balance von Naturphilosophie und Transzendentalphilosophie im »Indifferenzpunkt« des Absoluten und auch keine Spuren einer Konstruktion von »Subjekt-Objekten« – anders als die Systemskizzen, die Hegel damals unter den Augen Schellings publizirt. Aufgabe der Philosophie ist die Rekonstruktion der Bewegung des Absoluten, von der »Idee« über die Realisierung in der Natur bis zu seiner Resumtion und Selbsterkenntnis im Geiste. Diese Bestimmung der »Idee des absoluten Wesens« prägt die Grundstruktur des Systems der Philosophie – und zwar bis in die Struktur der *Enzyklopädie* mit ihrer Folge von Logik und Metaphysik, Naturphilosophie und Geistesphilosophie. Man kann die gesamte spätere Systementwicklung Hegels als modifizierende, konkretisierende, aber bruchlose Entfaltung dieser ersten Systemskizze betrachten. Sie weist sogar schon die systematische Höherstufung der – erst ansatzweise skizzierten – Philosophie des Geistes gegenüber der Naturphilosophie aus: Den Fortgang von der Natur zum Geist beschreibt Hegel als ein »sich emporreissen« zu derjenigen Gestalt, in der die Idee in sich zurückkehrt und sich erkennt.

Gegenüber dieser erstaunlichen Konstanz der Systemkonzeption ist die – wegen des temporären Verlustes der Texte – vieldiskutierte Frage nebensächlich, ob Hegels System damals drei- oder viergliedrig gewesen sei. Fraglos trifft letzteres zu, denn Hegel spricht davon, daß ein »freyes Volk« »endlich im 4ten Theil in der Philosophie der Religion und Kunst zur reinen Idee zurükkehrt, und die Anschauung Gottes organisirt«. Dies bedeutet aber lediglich, daß Hegel die später so genannte »Philosophie des absoluten Geistes« damals nicht als dritten, abschließenden Teil seiner Geistesphilosophie konzipiert, sondern als einen eigenständigen Systemteil im Anschluß an das – primär als »Reich des Bedürfnisses und des Rechts« konzipierte Reich des Geistes (GW 5.262–265).

(3) Die zweite Vorlesung, *Logica et Metaphysica*, muß Hegel wegen der Abwanderung zumindest einiger seiner anfangs elf Hörer abbrechen, doch setzt er sie noch eine Weile in Form eines Privatvortrags für zwei Studenten – Troxler und Schlosser – fort. Den Titel dieser Vorlesung rechtfertigt Hegel hier nicht allein durch den Verweis auf die Tradition, sondern

auch in »Rüksicht der Tauglichkeit«, und er hält an ihm drei Jahrzehnte bis in seine letzte Berliner Vorlesung fest, obgleich sich ihm das Verhältnis der beiden Komponenten »Logik« und »Metaphysik« am Ende der Jenaer Zeit verschiebt (s. Kap. II.5.2, Kap. II.6.6.2).

In dieser ersten Vorlesung über *Logik und Metaphysik* ist das interne Verhältnis der beiden Teildisziplinen noch nicht eindeutig festgelegt. Der Logik schreibt Hegel die Aufgabe zu, die vom Verstand isolierten Formen der Endlichkeit aufzustellen und sie zu vernichten – eine Aufgabe, die aber in allen erforderlichen Schritten durch die Vernunft geleitet sein muß. Insofern verhalten sich Logik und Metaphysik nicht als die Wissenschaften des Verstandes und der Vernunft, der Reflexion und der Spekulation zu einander. Denn auch der Verstand ist vernunftgeleitet, und auch in der »Reflexion« der Logik muß die Vernunft präsent sein – teils als vom Verstand kopiertes »Urbild«, teils als »negatives Erkennen« der Vernunft. Von der »spekulativen Seite« her, daß die Logik den Gehalt der endlichen Formen des Erkennens für die Vernunft aufzeigt, könne zwar »allein die Logik als Einleitung in die Philosophie dienen«, und von ihr werde »der Übergang zur eigentlichen Philosophie oder zur Metaphysik gemacht«. Daraus ist aber nicht (mit Düsing 1969 sowie 1988, 158) zu schließen, daß sie als Einleitung noch im Vorhof der »Wissenschaft« stehe. Denn dann könnte sie der Reflexion auch nicht »gleichsam in einem Widerschein immer das Bild des Absoluten« vorhalten. Als Einleitung in die Wissenschaft gehört sie doch zugleich schon zur Wissenschaft – ein Verhältnis, das auch in den anschließenden Jahren bis hin zur *Phänomenologie des Geistes* in Kraft bleibt. Hegel bezeichnet die Logik oder den »Idealismus« deshalb auch ausdrücklich als »ausgedehnte Wissenschafft der Idee als solche«, und er sagt von ihr, sie werde, »wie [sie] als Wissenschaft der Idee selbst Metaphysik ist, die falsche Metaphysik der Beschränkten philosophischen Systeme vernichten« (GW 5.263).

Im Kontrast zu diesen sehr detaillierten Aussagen über die – negative – systematische Funktion der Logik bleibt Hegels Auskunft über die Inhalte der Metaphysik sehr blaß. Sie habe »das Princip aller Philosophie vollständig zu konstruiren«; aus ihr werde die Überzeugung hervorgehen, »daß es zu allen Zeiten nur Eine und eben dieselbe Philosophie gegeben hat«, und sie habe »das älteste Alte herzustellen« und vom Mißverstand der modernen Unphilosophie zu reinigen. Ferner verspricht Hegel seinen Hörern, er werde »das Gespenst des Skepticismus mit dem man die

Philosophie zu schrekken gesucht hat, [...] dem Tage zeigen, und in seiner Blösse erkennen« und schließlich eine Darstellung des Kantischen und des Fichteschen Systems anschließen. Doch gerade dieser Vorblick sowohl auf seinen *Skeptizismus-Aufsatz* als auf *Glauben und Wissen* unterstreicht, daß zumindest die überlieferten Fragmente keinen gegenüber der Logik eigenständigen systematischen Gehalt der Metaphysik erkennen lassen (GW 5.269–275). Das Verhältnis beider Teildisziplinen ist von Anfang an in der Schwebe – bis Hegel es in seinen Bamberger Entwürfen (s. Kap. II.6.6.2) zu Gunsten der Logik entscheidet.

Partieller Erstdruck: R 189–192. – **Text:** GW 5.255–275. – **Literatur:** Klaus Düsing: Spekulation und Reflexion. Zur Zusammenarbeit Schellings und Hegels in Jena. HS 5 (1969), 95–128; Eva Ziesche: Unbekannte Manuskripte aus der Jenaer und Nürnberger Zeit im Berliner Hegel-Nachlaß. ZphF 29 (1975), 430–444; Jaeschke: Äußerliche Reflexion und immanente Reflexion. Eine Skizze der systematischen Geschichte des Reflexionsbegriffs in Hegels Logik-Entwürfen. HS 13 (1979), 85–117; Manfred Baum: Zur Methode der Logik und Metaphysik beim Jenaer Hegel. In: Henrich / Düsing (Hg.): Hegel in Jena (1980), 119–138; Düsing: Schellings und Hegels erste absolute Metaphysik (1801–1802). Zusammenfassende Vorlesungsnachschriften von I. P. V. Troxler, hrsg., eingeleitet und mit Interpretationen versehen von Klaus Düsing. Köln 1988; Varnier: Ragione, negatività, autocoscienza (1990), 41–132; Anne-Kristina Kwade: Grenze. Hegels »Grenz«-Begriff 1804/5 als Keimzelle der Dialektik. Würzburg 2000, 36–68.

4.6.2 System der Sittlichkeit

(1) In Hegels Nachlaß hat Rosenkranz ein Reinschriftmanuskript zur praktischen Philosophie gefunden und ihm – im Anschluß an eine hier vorkommende Wendung – den inhaltlich angemessenen Namen *System der Sittlichkeit* gegeben. Er hat dieses Manuskript jedoch irrtümlich für den Abschluß von Hegels Frankfurter »ursprünglichem System« gehalten, das er – wiederum irrig – aus späteren Jenaer Systementwürfen zu einem in sich heterogenen Ganzen zusammengestellt hat. Neuere Forschungen datieren die Reinschrift hingegen auf den Herbst/Winter 1802/03 (GW 8.354), also in die Nähe des *Naturrechtsaufsatzes* wie auch der letzten Niederschriften zur *Verfassungsschrift* und der beiden ersten Vorlesungen Hegels über Naturrecht im Sommer 1802 und im Winter 1802/03. Das *System der Sittlichkeit* ist jedoch kein Vorlesungsmanuskript, auch keine Manuskriptvorlage für die von Hegel 1802/03 angekündigten Diktate, sondern eine im Blick auf eine Publikation verfaßte Reinschrift – auch wenn sie, wie häufig bei ihm, gegen Ende flüchtiger wird.

(2) Dem *System der Sittlichkeit* kommt in Hegels Werk eine Ausnahmestellung zu – nicht allein als seiner ersten systematischen Gestaltung der praktischen Philosophie, sondern durch seine doppelte Prägung durch die Bedingungen seiner Entstehungszeit: die Zusammenarbeit mit Schelling und den Gegensatz gegen Fichte. Wahrscheinlich steht seine Abfassung im weiteren Zusammenhang mit Hegels Plan einer Kritik des Fichteschen Naturrechts (Meist 2002), den er zunächst in einer Vorlesung des Winters 1802/03 auszuführen gedachte – bis ihm dies auf Grund der Statuten der Jenaer Fakultät untersagt wurde. Doch obgleich das *System der Sittlichkeit* insgesamt einen Gegenentwurf gegen das neuzeitliche Naturrecht bildet, wie es Hegel in Kants *Metaphysik der Sitten* (AA VI) und insbesondere in Fichtes *Grundlage des Naturrechts* (GA I/3–4) vor Augen stand, enthält es sich fast stets der unmittelbaren Polemik; deren Ort ist der gleichzeitig veröffentlichte *Naturrechtsaufsatz*.

Ein zweites Indiz für die Entstehungszeit dieses Werks bildet seine Schellingianisierende Methode: Die Form seiner Begriffsentwicklung, die Methode der wechselseitigen Subsumtion von Anschauung und Begriff, von Allgemeinem und Besonderem, um die »vollkommene Gleichheit« von Begriff und Anschauung zu erzielen, die Methode der Konstruktion von »Potenzen« ist eine einzigartige Hommage an Schelling. Bereits Haym hat diesen typischen Zug des *Systems der Sittlichkeit* drastisch ausgesprochen als »Schematismus des gegenseitigen Subsumirens und Adäquatsetzens, des Different- und wieder Indifferentsetzens von Begriff und Anschauung«; »auf der Oberfläche b r e i t e t   s i c h   d i e   S c h e l l i n g'sche C o n s t r u c t i o n s m a n i e r   aus, und vor unseren Augen zeigt sich der absolute Geist und dessen Momente unter dem Namen und Charakter der Schelling'schen absoluten Indifferenz oder Identität und der Schelling'schen Potenzen dieser Identität« (Haym 1857, 174).

(3) Doch unter dieser schematischen »Oberfläche« – die Hegel später niemals erneuert hat – bewährt sich sein scharfer Blick für das reiche Detail des Aufbaus der sittlichen Welt. Er beschränkt sich nicht auf die im neuzeitlichen Naturrecht stereotyp wiederkehrenden Themen – Naturzustand, Vertrag, Pflichtenlehre, Rechtslehre – und auf die Methode ihrer Ableitung, sondern er bezieht tendenziell sämtliche Phänomene der sozialen Welt in seinen Ansatz ein und baut ihn erst hierdurch zu einem wirklichen *System der Sittlichkeit* aus: Er bietet eine vollständige »Phänomenologie« der »absoluten Sittlichkeit« als

der sozialen »Natur« – und hierdurch wird die schematische und gleichwohl inkonsequente Grundkonstruktion aufgebrochen. Der gedankliche Gehalt erschließt sich nicht von der Konstruktion, sondern von der Fülle der behandelten Themen her – praktisches Gefühl, Arbeit, Werkzeug, Maschine, Anerkennung, Tausch, Vertrag, Geld, Handel, Herrschaft und Knechtschaft, Verbrechen, bis hin zur »absoluten Sittlichkeit« – Volk, Staatsverfassung, Regierung, Gerechtigkeit, Staatsformenlehre und ihrer Verbindung mit der Religion.

Nicht minder bemerkenswert als diese thematische Ausweitung ist andererseits eine thematische Verkürzung, die zur Signatur der praktischen Philosophie Hegels insgesamt geworden ist: Bereits das *System der Sittlichkeit* kennt keine von der Beschreibung der gesellschaftlichen Verhältnisse systematisch gesonderte Ethik. Die Dualität von »Rechtslehre« und »Tugendlehre« (Kant) bzw. von *Grundlage des Naturrechts* und *System der Sittenlehre* (Fichte), die sich erst im Verlauf des 18. Jahrhunderts aus dem zuvor einheitlichen Naturrecht ausdifferenziert hat, wird hier wieder in eine intern differenzierte Einheit zurückgenommen: »Hier ist denn der Unterschied der Moral vom Naturrecht gesetzt, nicht als ob sie getrennt, jene von diesem ausgeschlossen wäre, sondern ihr Innhalt ist völlig im Naturrecht, die Tugenden erscheinen am absolut sittlichen, aber nur in ihrer Vergänglichkeit.« (GW 5.328)

(4) Der Schlüsselbegriff für die erneute Integration der beiden zuvor getrennten Disziplinen ist jedoch nicht mehr der des neuzeitlichen Naturrechts, sondern der Begriff der »Sittlichkeit«. In ihm ist die Gesamtheit der menschlichen Lebensverhältnisse gedacht, innerhalb deren Moral oder Recht lediglich abstrakte Momente bilden. Unter dem Titel »Sittlichkeit« begreift Hegel Formen, in denen sich menschliches Leben gestaltet. Sie können – wie bei der Ehe – bis in die Sphäre des Biologisch-Natürlichen hinabreichen, bilden aber im wesentlichen eine eigene, dem geistigen Leben immanente, ihm gleichsam natürliche und dennoch geschichtlich wandelbare Form.

Hegel entwirft dieses Bild eines ursprünglich-sozialen, nicht erst sekundär aus menschlichen Atomen konstruierten »sittlichen Lebens« im Widerspruch gegen die spezifisch neuzeitliche vertragstheoretische Begründung menschlichen Zusammenlebens. Er erweckt hierdurch den Eindruck einer »antikisierenden«, antimodernen Deutung des gesellschaftlichen Lebens, ja den Eindruck, es gehe ihm stillschweigend um die »Wiederherstellung des antiken Lebensgehalts« (Haym 1857, 161). Die »absolute« sittliche Gemeinschaft des Volkes bildet hier den letzten Horizont menschlichen Lebens, gemäß dem aristotelischen (GW 8.257), übrigens auch von Jacobi häufig zitierten Prinzip: »Totum parte prius esse necesse est« (JWA 1.111,115).

Es geht hier aber nicht allein um die Differenz zwischen einer individualistischen und einer kollektivistischen Deutung sozialer Verhältnisse. Das sittliche Volk ist nicht die numerische Gesamtheit der Bürger der modernen Staaten – wie ja überhaupt im *System der Sittlichkeit* der Begriff des Staates geradezu provokativ fehlt –; es ist aber zudem das idealisierte Volk der antiken Polis. Es ist »lebendige Indifferenz«; »alle natürliche Differenz« ist in ihm vernichtet; »es gelangt zur höchsten Subjectobjectivität; und diese Identität aller ist ebendadurch nicht eine abstracte, nicht eine Gleichheit der Bürgerlichkeit, sondern eine absolute, und eine angeschaute im empirischen Bewußtseyn«. Das »Anschauen und Einsseyn« ist unmittelbar, nicht bloß symbolisch; die formell noch vorhandenen Gegensätze »fallen so sehr innerhalb der absoluten Anschauung selbst, daß sie nur als Spiele sich darstellen«; die »Allgemeinheit, welche die Besonderheit schlechthin mit sich vereinigt hat, ist die Göttlichkeit des Volkes, und dieses Allgemeine in der ideellen Form der Besonderheit angeschaut, ist der Gott des Volks« (GW 5.325 f.). Was in Hegels späterem Denken eine Defizienz der antiken Sittlichkeit anzeigen wird – daß sich die Sphäre des absoluten Geistes noch nicht vom objektiven Geist gesondert hat –, erscheint hier noch uneingeschränkt als Indiz der erwünschten Geschlossenheit des sittlichen Lebens.

(5) Und doch ist der auf die genannten Indizien gestützte »antikisierende« Eindruck nur einseitig. Selbst der Hinweis auf das idealisierte Volk der antiken Polis wird ambivalent in einer Zeit, in der Strömungen innerhalb der Französischen Revolution eine Erneuerung solcher antiken Formen beabsichtigen. Und ohnehin wird das antik-moderne Doppelantlitz des *Systems der Sittlichkeit* gleich zu Beginn durch die Begriffswahl sichtbar: Von der »absoluten Sittlichkeit« sagt Hegel, »ihre Anschauung ist ein absolutes Volk; ihr Begriff ist das absolute Einsseyn der Individualitäten« (GW 5.279). Beides – »absolutes Volk« und »absolutes Einsseyn« ist konstitutiv für den Begriff der Sittlichkeit. Und so verwundert es nicht, daß Hegel trotz seiner sehr bewußt bewahrten Distanz zum Naturrecht nicht allein dessen Themen – Tausch, Vertrag, Geld – abhandelt; er greift sogar über das Naturrecht hinaus zu den Themen der mo-

dernen »Nationalökonomie« und führt den Begriff der Arbeit in einen »naturrechtlichen« Kontext ein. Es liegt in der internen Logik der Arbeit, daß sie sich in sich »vertheilt« und »ein einzelnes Arbeiten« wird; »das Werkzeug geht in die M a s c h i n e über«, und als Komplement zu dieser mechanischen Produktion, die nicht der Befriedigung des eigenen Bedürfnisses dient, sondern dem Gebrauch anderer, wird die Befriedigung der anderen Bedürfnisse durch gesellschaftliche Arbeitsteilung vorausgesetzt (GW 5.297). Das »System des Bedürfnisses« wird hierdurch zum »System der allgemein gegenseitigen physischen Abhängigkeit von einander«; »keiner ist für die Totalität seines Bedürfnisses für sich selbst, seine Arbeit, oder welche Weise des Vermögens der Befriedigung seines Bedürfnisses, sichert ihm nicht diese Befriedigung; es ist eine fremde Macht, über welche er nichts vermag, von welcher es abhängt, ob der Überfluß, den er besitzt, für ihn eine Totalität der Befriedigung ist; der Werth desselben, d. h. dasjenige, was die Beziehung des Überflusses auf das Bedürfniß ausdrückt, ist unabhängig von ihm, und wandelbar.« (GW 5.350)

(6) Rosenzweig hat diesen Analysen Hegels und seinen – einem »gemäßigten Merkantilismus« nahestehenden – Überlegungen zur Regulierung solcher Verhältnisse eine »Mischung von tiefbohrender Erkenntnis und hoffender Utopie« attestiert, die sich allerdings später verloren habe (1920, Bd. 1. 148–153). Diesem Ziel einer Vermittlung des politisch und ökonomisch depotenzierten Einzelnen mit einem von ihm nicht mehr erkennbaren Ganzen dient auch Hegels Lehre von den Ständen – dem »Stand der absoluten freyen Sittlichkeit«, dem »Stand der Rechtschaffenheit« und dem »Stand der unfreyen, oder natürlichen Sittlichkeit« (GW 5.334) – wobei es bemerkenswert ist, daß Hegel den damaligen »zweiten Stand«, die Geistlichkeit, in der Vorbereitungsphase des Reichsdeputationshauptschlusses (1803) keiner Erwähnung mehr würdigt. Der Umstand, daß seit den politischen Auseinandersetzungen des späteren 19. Jahrhunderts eine ständische Gliederung als ein untaugliches Relikt erscheint, verstellt den Blick darauf, daß gerade einer revidierten Ständelehre damals eine »moderne« Funktion zugeschrieben wird: Gegenüber dem mechanischen Staatsideal der Aufklärung sollen die Stände die neue, »organische« Strukturierung des gesellschaftlichen Lebens durch Einbettung des Einzelnen in das Ganze bewirken.

Und schließlich berührt Hegel hier erstmals noch zwei weitere Themen, die er erst in den folgenden Jenaer Ansätzen weiter ausführt: die Themen »Anerkennung« sowie »Herrschaft und Knechtschaft« (GW 5.290 bzw. 305; s. Kap. II.4.6.5). Es ist eine eigentümliche Korrektur der Wirkungsgeschichte seiner – gegen Fichtes *Grundlage des Naturrechts* gerichteten – Schrift, daß sich ihre gegenwärtige Reputation gerade diesen beiden, durch Fichtes Werk initiierten Themen verdankt.

Partieller Erstdruck: Hegel: System der Sittlichkeit. Aus dem handschriftlichen Nachlasse des Verfassers hrsg. von Georg Mollat. Osterwieck / Harz 1893. – **Text:** GW 5.277–361. – **Literatur:** R 103, 124–133; Haym: Hegel und seine Zeit (1857), 159–179; Rosenzweig: Hegel und der Staat (1920), Bd. 1. 130–155; Heinz Kimmerle: Das Problem der Abgeschlossenheit des Denkens. Hegels »System der Philosophie« in den Jahren 1800–1804. HSB 8 (1970), 215–243; Scheit: Geist und Gemeinde (1973), 96–126; Hegel: Frühe politische Systeme. System der Sittlichkeit; Über die wissenschaftlichen Behandlungsarten des Naturrechts; Jenaer Realphilosophie. Hg. und kommentiert von Gerhard Göhler. Frankfurt u. a. 1974; Walter Christoph Zimmerli: Schelling in Hegel. Zur Potenzmethode in Hegels »System der Sittlichkeit«. In: Hasler (Hg.): Schelling. Seine Bedeutung für eine Philosophie der Natur und der Geschichte. Stuttgart 1981, 255–278; Pierluigi Valenza: Logica e filosofia pratica nello Hegel di Jena. Dagli scritti giovanili al sistema dell'eticità. Padova 1999, 299–353; Schnädelbach: Hegels praktische Philosophie (2000), 76–116; Christine Weckwerth: Metaphysik als Phänomenologie. Eine Studie zur Entstehung und Struktur der Hegelschen »Phänomenologie des Geistes«. Würzburg 2000, 37–69; Hans-Christoph Schmidt am Busch: Hegels Begriff der Arbeit. Berlin 2002; Kurt Rainer Meist: Einleitung zu: Hegel: System der Sittlichkeit [Critik des Fichteschen Naturrechts]. Hg. von Horst D. Brandt. Hamburg 2002, IX–XXXIX; Steffen Schmidt: Hegels System der Sittlichkeit. Berlin 2007.

4.6.3 Vorlesungen über Naturrecht

(1) In unmittelbarem Zusammenhang mit dem *System der Sittlichkeit* stellt Rosenkranz zwei weitere, heute verschollene Manuskripte Hegels: Eine kurze, angeblich noch aus Frankfurt stammende Passage betrachtet er als ersten Abschluß der Geistesphilosophie. Dieser Abschluß habe Hegel jedoch nicht mehr genügt, »als er später in Jena mit seiner Philosophie zur mündlichen Mittheilung kam« – also in seinen von Sommer 1802 bis zum Sommer 1805 häufig wiederholten Vorlesungen über Naturrecht. Hegel habe nun »den Begriff des Unterschiedes der Verfassungen« weiter ausgearbeitet und vor allem sein ursprüngliches System mit einer Abhandlung der Religion beschlossen (R 132 f.). Aus ihr teilt Rosenkranz, bestätigt durch Haym, ein kürzeres und ein ausführlicheres Fragment mit; sie bilden jedoch keinen fortlaufenden Gedankengang und dürften unterschiedlichen Kollegien der genannten Jahre angehören.

(2) Beide Fragmente unterscheiden sich durch ihre Thematik deutlich von den letzten Frankfurter Texten, aber auch von der Schellingianischen ›Systemskizze‹ der *Differenz-Schrift* (GW 4.75 f.), und ebenso von Schellings »historischer Construktion des Christenthums« (Jaeschke 1986a, 159–181) – obgleich sie partiell der Begrifflichkeit Schellings verpflichtet bleiben. Ein gleichgroßer Abstand trennt sie jedoch von den religionsphilosophischen Partien des *Systementwurfs* III. Im ersten Fragment sind Kunst, Religion und Philosophie nicht mehr im identitätsphilosophischen Schema vereinigt, sondern in einer Form, die bereits auf ihre spätere Zuordnung vorausweist. Religion und »Wissenschaft« haben denselben Inhalt, doch sei er in der »Wissenschaft« in Form der Idealität, in der Religion in Form der Realität, und deshalb habe diese neben der spekulativen noch eine »p o s i t i v e Seite«, nämlich eine »aus dem e m p i r i s c h e n Dasein des Volkes entnommene Begrenzung«. Nach Hayms Bericht sieht Hegel in der Religion eines Volkes »durchaus und nur das Spiegelbild seines national-politischen Gesammtzustandes; sein Gott ist der Maaßstab für den Grad der Göttlichkeit des Volkes, oder für den Grad, bis zu welchem die Idee der Sittlichkeit in ihm entwickelt ist« (GW 5.465).

Als ein weiteres Proprium der Religion (im Unterschied zu Kunst und »Wissenschaft«) begreift Hegel das Praktische – aber dieses nicht im Sinne der Kantischen Ethikotheologie, sondern, komplementär zu Kunst und Wissenschaft, als ein Tun: Religion ist primär »der C u l t u s , der die Subjectivität und Freiheit zu ihrem höchsten Genuß erhebt, indem er […] einen Theil der Einzelheit o p f e r t , und durch diese Hingabe das übrige Eigenthum frei macht.« Diesen, auch für den *Naturrechtsaufsatz* und das *System der Sittlichkeit* wichtigen Gedanken des Opfers setzt Hegel jedoch in Beziehung zu einem zentralen Begriff der Frühromantik: »Dies Thun, die I r o n i e auf das sterbliche und nützliche Thun der Menschen, ist die V e r s ö h n u n g , die Grundidee der Religion.«

(3) Das zweite, ausführlichere Fragment entwirft ein mythisches, wenn auch historisch konkretisiertes Schema der »Religionsgeschichte« – eine Folge von ursprünglicher Einheit, Entzweiung und Rekonstruktion der Einheit, oder von Identität, Differenz mit relativer Identität und Subsumtion der relativen Identität unter die absolute. Als Epoche der ursprünglichen Versöhnung bezeichnet Hegel die griechische »Naturreligion«: »Der Phantasie ihres Pantheismus ist die Natur an und für sich selbst ein Geist und heilig.« Auf Einzelnem mag hier zwar ein Fluch

liegen, »aber kein Allgemeines der Natur ist von Gott verlassen.« Gegen diese »schöne Götterwelt« bietet Hegel eine strenge Notwendigkeit auf: Sie »muß« untergehen; das »ideelle Princip muß sich in der Form der Allgemeinheit constituiren«, der »Geist muß seine Wohnung in der lebendigen Natur verlassen«; der »sittliche Schmerz mußte unendlich sein«. Doch über den Grund dieses vielfachen »muß« schweigt Hegel – und dies nicht zufällig, da er hier noch nicht über den ausgearbeiteten Geistbegriff verfügt, mit dem er später derartige Entwicklungen nicht bloß mythisch schematisieren, sondern historisch begreifen wird. Hier hingegen unterwirft er zunächst nur eine historisch nachweisbare Folge einer anonymen Notwendigkeit.

Gleichwohl lassen sich einige seiner Aussagen, die formal als Setzungen erscheinen, als Resultate von Analysen erkennen: Indem das ideelle Prinzip sich in Form der Allgemeinheit konstituiert, setzt sich das reelle als Einzelheit, und die Natur bleibt »zwischen beiden als ein e n t w e i h e t e r L e i c h n a m liegen«. In der Zeit der Zerrissenheit »mußte die ursprüngliche Identität […] ihre ewige Kraft über ihren Schmerz erheben«, und der Schauplatz dieser Wiedererweckung »mußte« das verworfenste Volk sein, »weil in ihm der S c h m e r z am tiefsten und sein Aussprechen eine der ganzen Welt verständliche Wahrheit haben mußte«. Dieses stereotype »Müssen« erscheint unvermeidlich dubios, wenn man es als eine teleologische Geschichtskonstruktion versteht – und nicht als Versuch eines Begreifens der gedanklichen Implikate des spätantiken Synkretismus und ihrer Wirkungsgeschichte.

Durch diese weltgeschichtliche Situation sieht Hegel die »zwei nothwendigen Elemente« der neuen Religion präformiert: »die Entgötterung der Natur, also die Verachtung der Welt, und daß in dieser unendlichen Trennung doch ein Mensch die Zuversicht des Einssein mit dem Absoluten in sich trug.« Diese interne Polarität von Identität und Differenz, die Christus zum »N a t i o n a l g o t t d e s G e s c h l e c h t s« erhebt, bleibt konstitutiv für die weitere, ambivalente Geschichte der christlichen Religion: Die Göttlichkeit des Menschen Jesus stiftet eine neue Weihe der Welt, seine Einzigkeit hingegen ihre kontinuierte Verachtung, ja einen »Vertilgungskrieg« gegen sie. Die christliche Religion vereinigt diese beiden widerstrebenden Tendenzen, die Versöhnung und den unendlichen Schmerz: Ohne den Schmerz hat die Versöhnung keine Bedeutung, und deshalb muß die christliche Religion »e w i g d i e s e n S c h m e r z p r o d u c i r e n, u m e w i g v e r s ö h n e n z u k ö n n e n.«

Im Katholizismus sieht Hegel jedoch das Moment einer individualisierten »neuen Weihe« dominieren, und hierdurch werde er zu einer »schönen Religion«; der Protestantismus hingegen hebe diese »Poesie der Weihe« zwar zunächst auf, aber er verwandle den »Cyklus des Schmerzes und seiner Versöhnung in die Sehnsucht, die Sehnsucht aber in das Denken und Wissen von der Versöhnung«, und hierdurch konnte er »in die empirische Versöhnung mit der Wirklichkeit des Daseins, und ein unvermitteltes, nicht gestörtes Versenken in die Gemeinheit der empirischen Existenz und der alltäglichen Nothwendigkeit übergehen.«

Rosenkranz referiert weiter, Hegel habe geglaubt, »daß aus dem Christenthum durch die V e r m i t t e l u n g d e r P h i l o s o p h i e eine d r i t t e Form der Religion sich hervorbilden werde«. Denn nachdem »der Protestantismus die fremde Weihe ausgezogen, kann der Geist sich als Geist in eigener Gestalt zu heiligen und die ursprüngliche Versöhnung mit sich in einer n e u e n R e l i g i o n herzustellen wagen, in welche der unendliche Schmerz und die ganze Schwere seines Gegensatzes aufgenommen, aber ungetrübt und rein sich auflöst, wenn es nämlich ein f r e i e s V o l k geben und die Vernunft ihre Realität als einen sittlichen Geist wiedergeboren haben wird, der die Kühnheit haben kann, auf e i g e n e m B o d e n u n d a u s e i g e n e r M a j e s t ä t s i c h s e i n e r e i n e« (Haym: religiöse) »G e s t a l t z u n e h m e n.« (Haym 1857, 165)

Es ist hervorzuheben, daß Hegel sich hier nicht der vom Fragment … *eine Ethik* (s. Kap. II.3.1) oder von Friedrich Schlegels *Rede über die Mythologie* erhobenen Forderung einer »neuen Mythologie« anschließt (KFSA II.311–322). Gefordert ist nicht eine neue Mythologie, die unter den Bedingungen der Moderne bestenfalls eine Traumwelt erschaffen oder gar den ideologischen Schein einer vermeintlich unmittelbaren Einheit verbreiten könnte; gefordert ist vielmehr die Erkenntnis, »wohin die große Nothwendigkeit will«, also die Erkenntnis der der Geschichte immanenten Tendenzen. Und diese Erkenntnis schreibt Hegel der Philosophie zu: Allein sie vermöge die Erkenntnis der ganzen »Energie des Leidens und des Gegensatzes, der ein paar tausend Jahre die Welt und alle Formen ihrer Ausbildung beherrscht hat, zugleich in sich zu schließen und sich über ihn zu erheben«.

Erstdruck: R 133–135 bzw. 135–141; Haym: Hegel und seine Zeit (1857), 164 f.,414–416. – **Text:** GW 5.459–460 bzw. 460–465; 465–467. – **Literatur:** Johann Heinrich Trede: Mythologie und Idee. Die systematische Stellung der

»Volksreligion« in Hegels Jenaer Philosophie der Sittlichkeit (1801/03). In: Bubner (Hg.): Das älteste Systemprogramm (1973), 167–210; Jaeschke: Kunst und Religion. In: Falk Wagner / Friedrich Wilhelm Graf (Hg.): Die Flucht in den Begriff. Materialien zu Hegels Religionsphilosophie. Stuttgart 1982, 163–195; Jaeschke: Die Vernunft in der Religion. Studien zur Grundlegung der Religionsphilosophie Hegels. Stuttgart-Bad Cannstatt 1986, 157–181.

4.6.4 Fragmente aus Vorlesungsmanuskripten (1803)

(1) Unter diesem Titel stehen drei Fragmente, die bereits Rosenkranz in dieser Form vorgefunden hat, da sein Referat nirgends über den heute vorliegenden Textumfang hinausgeht. Ihre Zuordnung zu einer bestimmten Vorlesung ist nicht in gleicher Weise gesichert wie bei den *Vorlesungsmanuskripten (1801/02)*. Die Handschrift weist ins Sommersemester 1803, in dem Hegel Vorlesungen über Naturrecht sowie über »Philosophiae universae delineationem, ex compendio currente aestate (Tub. Cotta.)« angekündigt hat. Das Kompendium ist jedoch ebensowenig wie die anderen damals von Hegel angekündigten Bücher erschienen, und ob die Vorlesung stattgefunden hat, ist nicht bekannt. Möglicherweise handelt es sich bei den drei Fragmenten um Ausarbeitungen sowohl für die Vorlesung als auch für das Lehrbuch; ein Indiz hierfür bildet ihre – im Vergleich zu den *Vorlesungsmanuskripten (1801/02)* – zugleich freiere und anspruchsvollere Gedankenführung.

(2) Das Fragment *ist auf das Allgemeine …* thematisiert das Verhältnis des »erwachenden Bewußtseyns« »zu Gott und Welt«. Hegel schließt hier insofern zunächst an Einsichten des transzendentalen Idealismus an, als er die ›Ichkonstitution‹ nicht als einen gesonderten, der ›Weltkonstitution‹ vorhergehenden Akt des Bewußtseins betrachtet, sondern die Identität beider betont: »unmittelbar in einem und demselben Akte ist ihm ein Verhältniß zu anderem entstanden«.

Doch trotz dieses Beginns geht es Hegel nicht um eine Theorie des Verhältnisses von Ich- und Weltkonstitution, sondern um eine Diagnose und Therapie der Entzweiungen seiner Zeit – auch wenn er dies zunächst verbirgt. Die Welt, zu der das erwachende Bewußtsein ins Verhältnis tritt, erscheint diesem nicht als ein transzendentalphilosophisch konstituiertes und kontrolliertes Reich seiner Gegenstände, sondern als eine »Sammlung von Zufälligkeiten, […] deren Einzelheiten doch zugleich die Fäden sind, woran eine blinde verborgene Macht den einzelnen

in ihr verwirrtes Spiel unwiderstehlich mit fortreißt und wie alles andere verschwinden macht.«

Das Bewußtsein suche sich zwar »dem Spiele jener Nothwendigkeit« zu entreißen: »Dieses Stemmen aber gegen jene absolute blinde Macht ist nur ein Betrug, die Überzeugung, ihr ein Stück ihres Reichthums abgerungen, und eine eigene Sphäre eingerichtet zu haben, ist nur eine Täuschung; denn jene Fäden die du meynst in dein Gewebe verflochten zu haben, sind der Macht der Welt, der sie angehören nicht entgangen, und deine Thätigkeit des Zurechtrichtens derselben ist nichts anders als daß du dich selbst in sie hineingeflochten und dich jener Macht vollkommen zu eigen gegeben hast.« Das Ich stehe in seinem »Kampf« gegen die »blinde Macht der Nothwendigkeit« und das »Gewebe von Zufälligkeiten« »selbst in dessen Gewalt«.

Diese dramatische Beschreibung scheint das Weltverhältnis des Ich überhaupt zu betreffen; ein spezifischer Zeitbezug scheint erst durch eine weitere Bemerkung Hegels zu erfolgen: Das reine Ich stehe eben in seiner »absoluten Entgegensetzung« in »absoluter Beziehung« auf die Welt, und die »absolute Freyheit«, die es für sich in Anspruch nehme, sei »nur der höchste Ausdruck jener Taüschung«. Selbst der Versuch, »eine Art von gemeinschafftlichem Thun« zu ersinnen – nämlich die Determiniertheit der Natur als ihre vom Bewußtsein selbst intendierte Zweckmäßigkeit auszugeben –, führe lediglich in eine »betrüglich vorgespiegelte Übereinstimmung«.

Gleichwohl bestimmt Hegel es als »Aufgabe der Philosophie, die Einzelnheit des Individuums mit dem allgemeinen der Welt zu versöhnen« – und er hält hierfür zwei Lösungen bereit. Die erste korrigiert die Ausgangsannahme über das Verhältnis von Ich und Welt: »die Welt selbst enthält die Auflösung des Gegensatzes der Einzelnheit gegen sie«. Wenn aber die Welt die zuvor genannte »blinde verborgene Macht« wäre, könnte der Hinweis, daß jeder sich immer schon im Verhältnis zur Welt vorfinde, dieses Problem nicht lösen. Deshalb bedarf es offensichtlich einer Korrektur des zunächst als allgemein eingeführten Weltbegriffs: An sich sei die Welt keineswegs das vermeintlich verwirrte Spiel der blinden Notwendigkeit, als das sie dem erwachenden Bewußtsein erscheine, sondern »in dem Systeme der Gesetze des zweckmässigen Betragens gegen die Natur, und der Klugheit, alsdenn in dem Systeme der Sitten und dessen, was als gerecht und gut gilt, in dem Ganzen der Wissenschafften und endlich in der Gestaltung der religiösen Anschauung, ist die Organisation eines Ganzen und Allgemeinen errichtet, das als allgemeines für sich ist, und wieder, indem es der Geist jedes einzelnen ist, die gefoderte Harmonie vollkommen leistet.«

Dieser Hinweis auf die an sich vorhandene Versöhnung von Welt und Ich ist jedoch nur retrospektiv; er ignoriert, daß eben diese Harmonie durch das »Erwachen des Bewußtseyns« zerstört werde. Hierdurch werde ihre ideale Differenzierung zur realen Entgegensetzung, und die Bestimmtheit der gesellschaftlichen und religiösen Verhältnisse erscheine nun erst als die in so düsteren Farben gemalte »formlose, blinde Nothwendigkeit«. Eben in dem zuvor so dramatisch beschriebenen Weltverständnis finden die, durch die Transzendentalphilosophie radikalisierten kulturellen Auflösungstendenzen der Zeit einen spezifischen Ausdruck.

Aber auch diese Diagnose ist nicht Hegels letztes Wort: Aus dem »Zwist« zwischen Ich, Welt und Gott entstehe das Bedürfnis der Philosophie, und zwar – wie eben die geschichtliche Entgegensetzung gegen die Transzendentalphilosophie zeigt – nicht irgendeiner Philosophie, sondern »der Philosophie« im emphatischen Sinn. Ihr schreibt Hegel die zweite, prospektive Lösung des Verhältnisses von Ich und Welt zu. Denn in dieser Philosophie gebe »der Geist des lebendigen Lebens« sich eine neue, ideale, absolut freie Gestalt. Dieser Ausblick ist offensichtlich eine modifizierte Konkretion des Gedankens, den Hegel am Schluß der *Naturrechtsvorlesung* formuliert: Während er dort die Geburt einer neuen Religion aus dem Geiste der Philosophie erwartet (s. Kap. II.4.6.3), ist hier nur noch von der Philosophie die Rede – vom reinen durchsichtigen Äther des Erkennens, »das sich unendlich in sich gestaltet.« (GW 5.365–369)

(3) Das eigentliche Thema des Fragments *Das Wesen des Geistes ...* ist nicht der Geist-, sondern der Naturbegriff. Gleichwohl ist es von herausragender Bedeutung für die Entwicklungsgeschichte von Hegels Geistesphilosophie. Auch wenn Hegel die Überlegenheit des Geistes über die Natur bereits zuvor mehrfach vermerkt (s. Kap. II.4.5.6), legt er den Begriff des Geistes doch erstmals hier vergleichsweise ausführlich dar – in Wendungen, deren Eindringlichkeit bereits sein spätes Fragment zur Geistesphilosophie anklingen läßt (s. Kap. II.8.4): Geist ist nicht ein Sein, sondern ein Gewordensein, Tätigkeit, Erkenntnis der Natur als seines Anderen und eben darin Aufheben seines Anderen, Befreiung seiner selbst, Rückkehr zu sich, Beisichsein und Sichselbstgleichheit.

Hegel formuliert hier einen auch später nicht mehr revidierten Grundgedanken seiner Geistesphilosophie – und zwar unter Berücksichtigung von

Einsichten, die er im Rahmen seiner Auseinandersetzung mit der Transzendentalphilosophie erworben hat, insbesondere der Problematik der Entgegensetzung: In der »Energie des Charakters« könne der einzelne Geist die Natur von sich entfernt halten und verachten – und »in der That ist der einzelne nur insoweit groß und frei, als groß seine Naturverachtung ist.« Aber in dieser Entgegensetzung wird er selber nur »ein besonderes«, und »darin nicht wahrhaffter Geist«. Die scheinbare Überlegenheit über die Natur durch Abstraktion von ihr und Verachtung »ist also nicht ein beysichselbstseyn, und bleiben des Geistes«.

In komplexen und dennoch prägnanten Wendungen bestimmt Hegel das Verhältnis von Natur und Geist – und er setzt sich hierin sowohl von ihrer transzendental- als auch von ihrer identitätsphilosophischen Bestimmung ab: »die Natur, indem sie das Andersseyn des Geistes ist, ist sie für sich das sich selbstgleiche, das nicht weiß, daß es ein anderes, entgegengesetztes ist, oder das s i c h in seiner sichselbstgleichheit nicht ein anderes ist, und daher in Wahrheit ein anderes an sich selbst ist.« Der Geist schaue sein Bild in der Natur an, stelle sich sich gegenüber, höre darin auf, Natur zu sein, und verliere sich selbst: »er ist das Leere, dem die ganze Fülle des Universums gegenübersteht, hiedurch ist das negative der Befreyung gesetzt«. Doch diese negative Befreiung ist noch nicht die wahrhafte: »die lebendige Befreyung oder das [Setzen des] Lebens in ihn ist, diß daß er diß Universum als sich selbst erkennt« – oder mit anderen Worten: »er ist frey, indem er das leere wird, das die ganze Natur gegen sich hat, und er ist lebendig, indem er dieses Ganze als ihm selbst gleich setzt.«

Dieses Verhältnis erläutert Hegel näher durch eine Skizze von ›drei Stellungen des Gedankens zur Natur‹: Das gemeine Erkennen nehme die Natur nur als das Anderssein des Geistes, als geistlose, empirische Notwendigkeit. Diesem Erkennen bleibe die »Natur selbst« »ein unbekanntes, ein Jenseits, das gleichgültig ist, Gott oder Natur zu nennen« – eine Anspielung auf Spinozas Formel »Deus sive Natura«. Die ›zweite Stellung‹ bildet die poetische Anschauung; sie fasse die Natur als Ganzes und erkenne – wie Hegel in Anspielung auf Goethes *Faust* (WA I,14.163) sagt – »im Busche, in der Lufft und im Wasser die Brüder«. Aber diese Lebendigkeit sei in der Gestaltung eine Unendlichkeit von einzelnen Individualitäten, die sich gegenseitig zerstörten. Die Poesie müsse das Unendliche gestalten und somit über die Natur hinausgehen, zu den sittlichen Individuen und den Göttergestalten – aber auch sie blieben beschränkt, und »der absolute Geist« (der hier noch nicht im späteren Sinne zu verstehen ist) »entflieht der Poësie selbst; er ist allein in der Philosophie auszusprechen«. Die ›dritte Stellung des Gedankens zur Natur‹ schließlich bildet die Philosophie der Natur. Erst sie erhebe »die Natur zu einem nicht formalen sondern zu einem absoluten Ganzen«, über die einzelnen, beschränkten Lebendigkeiten hinaus zum Reichtum ihres Lebens (GW 5.370–373).

(4) Anders als die beiden ersten behandelt das Fragment *seiner Form ... ein* spezielles Gebiet, nämlich die Gestaltung des ›absoluten Geistes‹ eines Volkes durch die Kunst. Das Fragment beginnt mit einem Rückblick auf die griechische Mythologie – aber diese wird nun nicht mehr schlicht zur »Naturreligion« und Stufe der »ursprünglichen Versöhnung« erklärt, wie in der *Naturrechtsvorlesung* (s. Kap. II.4.6.3). Der absolute Inhalt läßt sich – aus strukturellen Gründen – nicht durch eine einzelne Gestalt erschöpfen; die eine »Gestalt muß nothwendig andere Gestalten neben sich haben, und der Himmel sich mit Göttern bevölkern«. Der »Stoff« für diese Gestaltungen wird zunächst aus der Natur, später aus dem sittlichen Leben genommen; die alten Naturgötter »treten zurück an die Gräntzen der bewußten Welt«, während das Selbstbewußtsein des sittlichen Lebens die Mannigfaltigkeit seiner Aspekte in einer Vielzahl der sittlichen Götter gestaltet, die jedoch, als Individualitäten, »ihr bestimmtes Werk in absoluter Freyheit vollbringen«, aber eben hierdurch mit sich und den anderen Göttern in Konflikt geraten und insofern (mit einem Anklang an die Frühromantik) »die Ironie in sich selbst haben«.

Diese Theogonie durch lebendig-freie Gestaltung des ›absoluten Geistes‹ zu einer der Differenziertheit des Sittlichen angemessenen Fülle göttlicher Individualitäten erfolgt für Hegel stets im Horizont eines jeweils beschränkten Volksgeistes – und dies veranlaßt ihn in einer Randbemerkung zu einem keineswegs unproblematischen, zumindest sehr einseitigen Seitenhieb auf einen Aspekt der Religion Israels: »der Geist eines Volkes, muß die Geister anderer Völker neben sich anerkennen und diese Individuen sind in seinem Gotte selbst als lebendige Momente, und als besondere Götter, ein Volk, das neben seinem Gott keine andre erkennen den seinigen zum allgemeinen und als Volksgeist doch nur zu seinem machen würde, würde das schlechteste, und seine Religion abscheulich seyn«.

Die Ausbildung der Mythologie schreibt Hegel hier der »Mnemosyne« und mehr noch der Kunst als der »absoluten Muse« zu. Die Mythologie sei selbst ein »Kunstwerk«, aber nicht das Werk eines einzelnen Künstlers (etwa Hesiods oder Homers, wie Hegel später häufig Herodot zitiert); vielmehr sei sie »das Werk aller«, und der einzelne Künstler, der das Werk vollendet, sei zwar der »Liebling der Mnemosyne«, aber dennoch nur ein ›Agent des Volksgeistes‹. Und weil die Mythologie ein Werk nicht des Einzelnen, sondern des Geistes als eines allgemeinen ist, hat sie eine Geschichte; sie entwickelt sich von Generation zu Generation, nach dem Maßstab der »Befreyung des absoluten Bewußtseyns«. Der Schein der Unmittelbarkeit und Ursprünglichkeit, der noch in der *Naturrechtsvorlesung* die schöne Mythologie umgibt, ist bereits hier einer geschichtlichen Sicht gewichen. Eben deshalb verweist Hegels geschichtliche Interpretation des Zusammenhangs von Mythologie und Kunst schon hier auf seine spätere These vom »Ende der Kunst« voraus: Wenn die lebendige Welt das Kunstwerk nicht mehr in sich bildet, »muß der Künstler sich [in] seiner Einbildung in eine vergangene Welt versetzen, er muß sich eine Welt träumen, aber es ist seinem Werke auch der Charakter der Traümerey, oder des nichtlebendigseyns, der Vergangenheit schlechthin aufgedrückt« (GW 5.374–377).

Partieller Erstdruck: R 180 f., 187 f. – **Text:** GW 5.363–377. – **Literatur:** Henrich / Düsing (Hg.): Hegel in Jena (1980).

4.6.5 Systementwurf I (1803/04)

(1) Von Hegels frühestem Jenaer System haben sich lediglich die oben (s. Kap. II.4.6.1, 4.6.4) besprochenen wenigen Fragmente erhalten. Der erste, wenn auch nicht vollständig, so doch vergleichsweise ausführlich überlieferte Systementwurf stammt aus dem Wintersemester 1803/04, aus dem Umkreis der Vorlesung »philosophiae speculativae systema, complectens a) Logicam et Metaphysicam, sive Idealismum transscendentalem b) philosophiam naturae et c) mentis.« Der Ausdruck »spekulative Philosophie« umfaßt hier also nicht bloß Logik und Metaphysik, sondern auch Natur- und Geistesphilosophie. Schiller schreibt damals, am 9.11.03, an Goethe: »unser Dr. Hegel soll viele Zuhörer bekommen haben, die selbst mit seinem Vortrag nicht unzufrieden sind« (HBZ 53); eine noch erhaltene Liste verzeichnet dreißig eingeschriebene Hörer.

Die aus dieser Vorlesung überlieferten Texte bilden jedoch kein fortlaufendes Vorlesungsmanuskript, sondern eine Reihe von Fragmenten, deren wiederholte Ansätze, einen Gedanken prägnant auszudrücken, sich mehrfach inhaltlich überschneiden. Zum ersten Systemteil, zu Logik und Metaphysik, sind keine Fragmente erhalten – vermutlich, weil Hegel die hier verwendeten Materialien später überarbeitet und die ursprünglichen Fassungen vernichtet hat. Daß er damals auch »Logik und Metaphysik« vorgetragen hat, belegt lediglich ein Rückverweis zu Beginn der Geistesphilosophie: »Der erste Theil der Philosophie construirte den Geist als Idee; und gelangte zu der absoluten sichselbstgleichheit zur absoluten Substanz« (GW 6.268). Die »Systementwürfe« der folgenden Jahre 1804/05 und 1805/06 umfassen hingegen nie alle Teile des Systems – vermutlich wegen der fortschreitenden Ausarbeitung, die es nicht mehr erlaubt hat, das Ganze zum Gegenstand des Vortrags zu machen: Der *Systementwurf II* enthält nur noch Logik, Metaphysik und Naturphilosophie, und der *Systementwurf III* gar nur die Philosophien der Natur und des Geistes.

(2) Mehr als drei Viertel der überlieferten Fragmente des *Systementwurfs I* betreffen die Naturphilosophie. Dies überrascht angesichts des Umstands, daß die bisher behandelten Texte – abgesehen von der Habilitationsschrift *De orbitis planetarum* – keine Ausbildung der Naturphilosophie erkennen lassen. Doch der Zufall der Überlieferung hat hier ein verzerrtes Bild der Schwerpunkte von Hegels philosophischer Arbeit entstehen lassen. Rosenkranz berichtet ja über Hegels Arbeit an der Naturphilosophie schon in der späten Frankfurter Zeit. Für einen deutlichen naturphilosophischen Akzent sprechen ferner seine Habilitation und die bis 1803 enge Zusammenarbeit mit Schelling – auf dessen Deutung auch gleich die Anfangspartien des *Systementwurfs I* Bezug nehmen.

Und auch über sie hinaus ist Schelling in der Naturphilosophie des *Systementwurfs I* weithin präsent – schon durch die identitätsphilosophische Terminologie, von der Hegel sich hier noch nicht völlig gelöst hat. Dennoch reduziert sich sein Entwurf nicht auf eine Kopie der Naturphilosophie Schellings – schon deshalb nicht, weil er die Natur bereits hier als eine Gestalt auf dem Wege vom »absoluten Wesen« zum Geiste faßt, als das Andere des Geistes. Leider fehlt – vielleicht wegen des fragmentarischen Anfangs – eine ausführliche Abhandlung dieses Verhältnisses von Natur- und Geistbegriff. Deutlich ist jedoch Hegels Versuch, »Natur« nicht bloß in ihrer Faktizität hinzunehmen, sondern ihren Aufbau, ihre »Gliederung« als ein System von Stufen zu verstehen, das zum Bereich des Geistes hinführt.

Die überlieferten Fragmente addieren sich nicht zu einem tendenziell fortlaufenden Argumentationsgang. Zum Teil bilden sie parallele Ansätze, in denen Hegel einen Gedanken in unterschiedlicher Weise und Konkretion ausführt. Sie beginnen mit einer Thematik, die in *De orbitis planetarum* nicht mehr abgehandelt wird: mit dem Übergang vom »himmlischen« zum »irdischen System«. Hegel beschreibt ihn als »Reduction der Bewegung zur Ruhe« und »Aussereinanderfallen beyder«, durch das beide jedoch »schlechthin a u f e i n a n d e r   b e z o g e n« sind. Das »irdische System« entfaltet sich in drei »Potenzen« – zunächst im Mechanismus, der in den Chemismus und schließlich in die organische Physik übergeht (GW 6.19 f.).

Die Mechanik (GW 6.23–42) stellt Hegel unter den Titel »EINSSEYN DER TODTEN MASSE UND DER BEWEGUNG«. Neben den Themen, die hier zu erwarten sind, wie Hebelgesetz, Schwere und Fallbewegung, spricht er hier aber auch andere Phänomene an, wie Ebbe und Flut als »Ausdrücke der himmlischen Bewegung an die Erde«, oder Elektrizität (GW 6.32 bzw. 40). Im Chemismus (GW 6.42–109) entwickelt Hegel zunächst den Begriff der chemischen Elemente, als zwar nicht teilbar und auflösbar, aber nicht als schlechthin unveränderbar, sondern als mit einander verbindbar. Hegel setzt sich hier auch mit Begriffen der zeitgenössischen Chemie auseinander, etwa mit dem Begriff des »Wärmestoffs«, dessen angebliche Imponderabilität gerade seiner Materialität widerstreite, oder mit dem Begriff der »Latescenz«, mit dem die Chemie an der Grenze von Realität und Idealität stehenbleibe und nicht zum absoluten Begriff übergehe, »daß die Realität als eine Bestimmtheit an sich ideell ist, und in ihrem seyn in ihr entgegengesetztes übergeht«, während die Chemie diese Stoffe »a l s   S t o f f e festhält, und selbst in ihrem Verschwinden sie noch existiren läßt mit der Ausrede ihrer V e r b o r g e n h e i t« (GW 6.48). Hegel hebt hervor, daß die Chemie »den todten Begriff« der Einfachheit der chemischen Elemente aufhebe und auf eine Einheit hindeute, »die der Einfachheit entgegengesetzt ist« (GW 6.59). Gegen den Begriff der chemischen Elemente setzt er hier den der »physischen Elemente« (Feuer, Luft, Wasser, Erde) (GW 6.74), deren Aspekte er im folgenden abhandelt – unter dem Titel »Feuer« auch das Phänomen der Farbe, wobei er auch kurz auf die Differenz zwischen Newton und Goethe eingeht (GW 6.83) – ein Thema, das ihn dann bis in seine Berliner Zeit begleitet (s. Kap. II.8.5). Das Verhältnis dieser Elemente behandelt Hegel sodann nochmals ausführlich unter dem

Titel »Physik« (GW 6.110–173) – ohne jedoch das Verhältnis dieses Abschnitts zum »Chemismus« zu klären. So kommt er auch hier wieder auf Begriffe der Chemie zu sprechen, etwa auf den Streit um den Begriff der »Wahlverwandtschaft« (GW 6.151–156). – Den ausführlichsten Teil der Naturphilosophie bildet die Abhandlung des Organischen – als der »Reflexion die die Natur auf sich, wie sie im chemischen Processe ist, selbst macht« (GW 6.173–265). Diese Sphäre unterscheidet sich von den vorhergehenden methodisch: »Was bisher unsre Reflexion war, daß die Momente der Totalität wesentlich eine Beziehung in der Unendlichkeit Einsseyn, diß existirt in d e m o r g a n i s c h e n.« (GW 6.184) Hegel entwickelt zunächst dessen allgemeine Idee und geht dann zu einer sehr detaillierten Abhandlung »der Existenz des organischen« über (GW 6.193).

Diese erste erhaltene naturphilosophische Konzeption zeigt ein Ringen um das angemessene Verhältnis von naturwissenschaftlicher Empirie und philosophischer Spekulation. Hegel bezieht sich auf eine Fülle physikalischer oder chemischer Arbeiten seiner Zeit; er nennt die Namen Bergmann, Berthollet, Blumenbach, Chenevix, Forster, Lichtenberg, de Luc, Prévost, Priestley, J. W. Ritter, Steffens, Trommsdorff, Volta und Winterl, und seine Kenntnis einer gleich großen Zahl weiterer zeitgenössischer, insbesondere chemischer Werke läßt sich aus seinen Fragmenten erschließen. Dies belegt eine intensive Rezeption der Forschung seiner Zeit. Rosenkranz berichtet für diese Jahre von einem »kleinen Folianten«, der vornehmlich »seinen Excerpten aus naturwissenschaftlichen Büchern gewidmet war« (GW 5.485). Auch im Gebiet der Naturphilosophie ist Hegels Intention auf die – schwierige – Vermittlung zwischen empirischer Forschung und gedanklicher Durchdringung gerichtet – nicht anders als in der Geistesphilosophie.

(3) Den auf die Naturphilosophie folgenden Systemteil kündigt Hegel im Winter 1803/04 erstmals als »philosophia mentis« an – in einer damals mißverständlichen Wendung, denn die deutsche Version der Ankündigung lautet hier »Seelenlehre«. Diese Übersetzung dürfte indessen ebensowenig von Hegel stammen wie die spätere der Ankündigung für den Sommer 1806, in der »philosophia mentis« als »Philosophie […] des menschlichen Verstandes« wiedergegeben wird – was Hegel nachträglich zu »Geistesphilosophie« korrigiert (Kimmerle 1967, 54 f.).

Denn unter »Geist« versteht Hegel jetzt weit mehr, als traditionell mit »mens« ausgedrückt wird – und darin formuliert er hier, über seine frühere Rede von

»Geist« hinaus, die eigentümliche Struktur des Geistes (Henrich 1980, 109 ff.): Geist ist Beziehung auf sich im Anderen seiner selbst. Deshalb ist Geist nicht eine eigentümliche Wirklichkeit bloß neben der Natur, wie die »res cogitans« neben der »res extensa«, sondern er ist das Wesen der Natur: »I m G e i s t e e x i s t i r t d i e N a t u r, a l s d a s w a s i h r W e s e n i s t.« In der Natur existiert der Geist nicht als solcher, sondern »als verborgen, nur als ein andres seiner selbst«. In ihr ist deshalb »unser Erkennen« »der existirende Geist« – eine Äußerlichkeit und Ungleichheit, die dort aufgehoben ist, wo Geist sich auf Geist richtet, also »unser Erkennen« »ein Erkennen des Geistes selbst« und somit seine Selbsterkenntnis ist. Als erste Form der Existenz des Geistes bestimmt Hegel hier das Bewußtsein, das in der Natur existiert und deshalb auf die natürlichen Elemente zurückbezogen ist, obgleich es sich doch negativ auf die Natur bezieht, also »die I d e a l i t ä t d e r N a t u r i s t« (GW 6.265–281).

Diese negative Beziehung entwickelt Hegel hier – noch in terminologischer Anlehnung an Schellings Methode – in Form der drei »Potenzen« Sprache / Gedächtnis, Werkzeug / Arbeit und Gut / Familie – wobei unter jedem Begriffspaar eine Totalität abgehandelt wird. »Sprache« ist die »Totalität des idealen« (GW 6.297), »theoretische Potenz« – und unter diesem Titel entfaltet Hegel eine rudimentäre Zeichentheorie, ferner das »Gedächtniß«, d. h. aber im allgemeineren Sinne diejenige ›Instanz‹, die das Sinnliche, Raum und Zeit »zu einem gedachten macht« oder das noch äußerliche »Zeichen« zu einem »Nahmen«, einem Element der Sprache. An keiner späteren Stelle seines Systems hat Hegel sich so intensiv mit dem Problem der Sprache befaßt wie hier (Bodammer 1969; GW 6.282–289).

In dieser frühen »Geistesphilosophie« entwickelt Hegel keine Lehre von verschiedenen Formen des Erkennens; vielmehr formuliert er hier programmatisch seinen spezifischen Ansatz am Bewußtsein als einer Totalität: »Wir betrachten die Momente des sich organisirenden Bewußtseyns weder auf der Seite des Subjects in der Form von Vermögen, Neigungen, Leidenschafften Trieben u. s. w. noch auf der andern Seite des Gegensatzes, als eine Bestimmtheit der Dinge, sondern wie es als Einheit und Mitte von beydem, absolut für sich ist«. Es ist nicht nur die eine Seite des Gegensatzes gegen die Seite der Gegenständlichkeit, sondern das Ganze, »das Wesen«, »die absolute Substanz«. Mit diesem Ansatz wendet Hegel sich nachdrücklich gegen die seit Jacobis *David Hume* scharf ausgetragene erkenntnistheoretische Debatte zwischen »sog. Idealismus« und »sog. Realismus«: Beide seien einseitige Standpunkte, die eine Bestimmtheit entweder in das Objekt oder in das Subjekt setzten. Auf diese Weise aber sei »die Streitfrage auf die rohste Weise« gestellt – und deshalb sei »über einen solchen unvernünftigen Streit eigentlich nichts vernünftiges zu sagen«. Der Idealismus, der die Bestimmtheit nur ins Subjekt setze und damit das Subjekt bewahren wolle, sei »ein vollkommen lächerlicher Idealismus«, der nicht begreife, daß durch die Vernichtung der Relation auch das Subjekt nicht mehr Subjekt sei. Gleiches wäre gegen den Realismus zu sagen: Er wäre ein ebenso alberner Realismus, wie jener ein lächerlicher Idealismus. Und so wendet Hegel sich prononciert gegen diese beiden einseitigen Erkenntnismodelle und ihren nicht zu schlichtenden Streit: »der Geist das Bewußtseyn diß Absolute ist es was wir betrachten« (GW 6.290–296).

In der »praktischen Potenz«, der Potenz des Werkzeugs, bezieht das Bewußtsein sich »auf ein absolut Entgegengesetztes ein todtes Ding«. Diese negative Beziehung entfaltet Hegel in den Stufen der animalischen Begierde, der Arbeit und des Werkzeugs im engeren Sinne, das »die existirende vernünftige Mitte existirende Allgemeinheit des praktischen Processes« ist – denn »es erscheint auf der Seite des thätigen gegen das passive; ist selbst passiv nach der Seite des arbeitenden, und thätig gegen das bearbeitete« (GW 6.297–299).

Gegenüber diesen beiden »idealen Potenzen« ist die »Potenz des Besitzes, und der Familie« eine Totalität, da in ihr die Vermittlung auf beiden Seiten erfolgt – im »lebendigen Einsseyn« in Liebe und Ehe. Im Hintergrund der Betonung des »Familienguts« steht (wie selbst noch im *Systementwurf III*, GW 8.213) fraglos die Aristotelische Tradition des οἶκος, und traditionell erscheint auch Hegels vehemente Polemik gegen Kants bloß vertragstheoretische Deutung der Ehe. Doch neben diesen traditionsverhafteten Zügen zeigen sich auch sehr ›moderne‹ wie die anerkennungstheoretische Deutung der Familie: In ihr sei das Bewußtsein für sich selbst geworden: »das Individuum schaut in dem andern sich selbst an; das andre ist dasselbe Ganze des Bewußtseyns und es hat sein Bewußtseyn in dem andern« (GW 6.301–306).

Im letzten Fragment dieses *Systementwurfs I* zeigt Hegel, wie die drei Potenzen sich in ihrer Wirklichkeit »im Volke« gegenüber ihrem zunächst entwickelten Begriff verändern, indem jeweils das Natürliche in Geistiges oder die zunächst vorhandene Einzelheit in Allgemeinheit umschlägt. Anschaulich

wird dies insbesondere an der Arbeit: Sie zielt zwar nur auf das Bedürfnis des Einzelnen, doch sie wird im Volk eine allgemeine. Sie ist nicht Instinkt, sondern etwas Geistiges, und deshalb muß sie erlernt werden. Das Werkzeug wird durch die Maschine ersetzt, die für den Menschen arbeitet – doch dieser Betrug an der Natur rächt sich am Menschen, und die ihm verbleibende Arbeit wird nun selbst maschinenmäßiger, und je mehr sie dies wird, desto weniger Wert hat sie, obgleich die Produktion steigt – wie Hegel unter Hinweis auf Adam Smith's *Inquiry into the Nature and Causes of the Wealth of Nations* ausführt. Die Arbeit wird gesellschaftlich organisiert; sie richtet sich nicht mehr auf die Wirklichkeit der Befriedigung der Bedürfnisse, sondern nur noch auf deren Möglichkeit, die im Geld liegt. Zwischen die Arbeit des Einzelnen und die Befriedigung seiner Bedürfnisse schiebt sich »die Arbeit des ganzen Volkes ein« – doch dieser Zusammenhang wird unübersehbar und somit zu einer »blinden Abhängigkeit«.

(4) Die wirkliche Totalität und »Substanz« bildet aber noch nicht – wie es zunächst scheint – die Familie, sondern erst »der absolute Geist eines Volkes«. Erst in ihm haben die ideellen »Potenzen« wie die Sprache ihr Bestehen, und auch der Einzelne ist erst als Mitglied eines Volkes »ein sittliches Wesen«, durch Teilhabe an den Sitten des Volkes. Erst hier, im Aufgehobensein im »absoluten Bewußtseyn« des Volksgeistes, sieht Hegel das empirische Bewußtsein am Ende seines Weges als Geist realisiert. Den Volksgeist bezeichnet Hegel als »absolute«, ja als »die absolut einfache lebendige, einzige Substanz« – und damit spricht er ihm wiederum den Primat vor dem Einzelnen zu: Ein rechtliches, sittliches und religiöses, aber auch ein arbeitendes Wesen ist der Einzelne nur als Mitglied einer Gemeinschaft. Wegen dieses Primats lehnt Hegel eine vertragstheoretische Konstruktion des Volkes hier ausdrücklich ab.

Gleichwohl ist die Relation zwischen Einzelnem und »Volksgeist« komplexer, als dieser Ansatz zunächst erwarten läßt. »Substanz« ist ja keine mysteriöse Entität, aber auch keine biologisch vorgegebene Einheit, sondern eben die sich mit sich vermittelnde Wirklichkeit des geistigen Lebens eines Volkes. Zu ihrer Basis hat sie »das gegenseitige Anerkennen überhaupt«. Zudem nennt Hegel den Volksgeist das »gemeinschaftliche Werk aller« – also mit dem Begriff, der zuvor die Mythologie bezeichnet (s. Kap. II.4.6.4). Mit dem Werkbegriff ist auf das Moment der »Thätigkeit« abgehoben, entgegen der bloßen Unmittelbarkeit des Vorhandenseins: Der Volksgeist »ist nur als ein ewiges Werden zum Geiste«, und dieses Werden ist er nur als die »That« der Einzelnen, die aber eben in dieser »That« als Einzelne aufgehoben sind: »diß ihr Werk ist s o m i t ihr eigner Geist selbst. Sie erzeugen ihn, aber sie verehren ihn als ein für sich selbst seyendes« (GW 6.274,281,307–326).

(5) Diesen Begriff des »Anerkennens« führt Hegel bereits im *Naturrechtsaufsatz* und im *System der Sittlichkeit* ein. Doch erst im *Systementwurf I* gewinnt er systematische Bedeutung, und im *Systementwurf III* wird er schließlich zum grundlegenden Begriff der Vergesellschaftung. Eine zentrale Funktion behält er auch in der *Phänomenologie des Geistes* (s. Kap. II.4.7.4); danach verliert er an Bedeutung, bis hin zu dem harten Wort, auf den Standpunkt der Anerkennung gehöre die Sklaverei (GW 25.114).

Als erster hat Fichte in seiner *Grundlage des Naturrechts* (GA I/3.349–360) »Anerkennung« als ein für die Genese von Individualität konstitutives Prinzip herausgearbeitet – als einen wechselseitigen praktischen Akt, auf dem die interpersonale Struktur des Rechts beruht. Hegel stellt diesen Begriff in den Kontext der Genese des »absoluten Geistes« eines Volkes, und dadurch erhält der Prozeß der Anerkennung über Fichte hinaus eine Zuspitzung zum »Kampf auf Leben und Tod«. Denn Hegel faßt das Bewußtsein des Einzelnen als ein »ideellseyn der Welt«, so daß »jede Einzelheit seines Besitzes, und seines Seyns, an sein ganzes Wesen geknüpft erscheint, in seine Indifferenz aufgenommen ist«. So sind die Einzelnen »als negative absolute Einzelnheit Totalität«; darin verletzen sie den anderen, negieren ihn als Totalität, gehen »auf den Tod des andern« und setzen sich dabei selbst dem Tod aus. Sie geraten somit in den »absoluten Widerspruch«, sich als Totalität der Einzelheit zu setzen und zugleich sich als diese Totalität aufzuheben. Doch das Bewußtsein erkennt selbst diese Bewegung, »daß die einzelne Totalität indem sie als solche sich erhalten, seyn will, sich selbst absolut aufopfert, sich aufhebt; und damit das Gegentheil dessen thut, worauf sie geht«. Dieser Kampf um Anerkennung wird jedoch nur auf der Ebene der Einzelnen ausgetragen, nicht zwischen dem einzelnen und dem allgemeinen Bewußtsein. Dieses ist nicht Kontrahent, sondern Resultat: Das einzelne Bewußtsein setzt sich selbst als ein aufgehobenes und »ist hiemit absolut allgemeines Bewußtseyn. Diß Seyn des aufgehobenseyn der einzelnen Totalität ist die Totalität als absolut allgemeine als absoluter G e i s t« (GW 6.307–312).

(6) Soweit die fragmentarische Überlieferung erkennen läßt, ist der »absolute Geist« hier noch strikt innerhalb des Horizonts des Volksgeistes angesiedelt. Doch das in den Umkreis des *Systementwurfs I* gehörende Fragment *ist nur die Form* (GW 6.330 f.) erweckt den Eindruck, daß der Abschluß des Systems bereits hier nicht mehr in den Begriffen der sittlichen Sphäre formulierbar sei. Es nennt als letztes die Beziehung des einzelnen Bewußtseins auf das absolute: »die lebendige Beziehung wäre, daß ein Volk als das Bewußtseyn in der Form der Einzelnheit ein allgemeines Werk vollbrächte, in welchem sie ihr absolutes Bewußtseyn als Gestalt anschauten«. Aber dieses absolute Bewußtseyn, das vorgestellte Göttliche, ist für das einzelne ein »absolutes Jenseits«, vor dem es »sich nur vernichten kann«; auch die Kunst kann dem absoluten Bewußtsein keine angemessene Gestalt geben. Auch hier klingt wieder das von den frühen bis zu den späten Schriften konstante Motiv der Eschatologiekritik an: Die Aufsplitterung des absoluten Inhalts in ein »Jenseits der Vergangenheit und der Zukunft« ist zu überwinden und der absolute Selbstgenuß muß in Form der Spekulation verwirklicht werden (Jaeschke 1986a, 190 f.).

Erstdruck: Jenenser Realphilosophie I. Die Vorlesungen von 1803/04. Aus dem Manuskript hg. von Johannes Hoffmeister. Leipzig 1932. – **Text:** GW 6. – **Quellen:** Adam Smith: An Inquiry into the Nature and Causes of the Wealth of Nations. London ^1 1776, ^3 1791; Edward Gibbon: The History of the Decline and Fall of the Roman Empire. A new edition. Bd. 1. Basil 1787. – **Literatur:** Theo Bodammer: Hegels Deutung der Sprache. Interpretationen zu Hegels Äußerungen über die Sprache. Hamburg 1969; Jürgen Habermas: Arbeit und Interaktion. Bemerkungen zu Hegels Jenaer »Philosophie des Geistes«. In ders.: Technik und Wissenschaft als Ideologie. Frankfurt am Main 1969; Kimmerle: Dokumente zu Hegels Jenaer Dozententätigkeit (1967), 21–99; Kimmerle: Problem der Abgeschlossenheit des Denkens (1970), 147–161; Kimmerle: Die Chronologie der Manuskripte Hegels in den Bänden 4 bis 9 (1976), GW 8.348–361; Dieter Henrich: Absoluter Geist und Logik des Endlichen. In: Henrich / Düsing (Hg.): Hegel in Jena (1980), 103–118; Wildt: Autonomie und Anerkennung (1982), 325–336; Jaeschke: Vernunft in der Religion (1986); Varnier: Ragione, negatività, autocoscienza (1990), 133–206; Paul Ziche: Mathematische und naturwissenschaftliche Modelle in der Philosophie Schellings und Hegels. Stuttgart-Bad Cannstatt 1996; Klaus Vieweg (Hg.): Hegels Jenaer Naturphilosophie. München 1998; Nicolas Février: La théorie hégélienne du mouvement à Iéna. Paris 1999; Schnädelbach: Hegels praktische Philosophie (2000), 117–157; Hans-Christoph Schmidt am Busch: Hegels Begriff der Arbeit. Berlin 2002. – **Zu Anerkennung:** Ludwig Siep: Anerkennung als Prinzip der praktischen Philosophie (1979); Henry S. Harris: The Concept of Recognition in Hegel's Jena Manuscripts. HSB 20 (1980), 229–248; Wildt: Autonomie und Anerkennung (1982), 336–343; Edith Düsing: Intersubjektivität und Selbstbewußtsein. Behavioristische, phänomenologische und idealistische Begründungstheorien bei Mead, Schütz, Fichte und Hegel. Köln 1986, 308–327; Axel Honneth: Kampf um Anerkennung. Zur moralischen Grammatik sozialer Konflikte. Frankfurt am Main 1992; Robert R. Williams: Recognition. Fichte and Hegel on the Other. Albany 1992; Williams: Hegel's Ethics of Recognition. Berkeley u. a. 1997; Hans-Peter Krüger: Heroismus und Arbeit in der Entstehung der Hegelschen Philosophie (1793–1806). Berlin 2014.

4.6.6 Systementwurf II (1804/05)

(1) Wie der *Systementwurf I*, so ist auch dieses »Fragment einer Reinschrift« fragmentarisch sowohl durch Abfassung als auch durch Überlieferung: Es enthält das System nicht in seinem gesamten Umfang, sondern ohne die – im *Systementwurf I* ja bereits ausgeführte – »Geistesphilosophie«, und es hat schon Rosenkranz fragmentarisch vorgelegen: Zu Beginn der Logik fehlen aus unbekanntem Grund mehrere Bogen und Lagen. Sein Reinschriftcharakter verweist auf die vom Sommer 1803 bis 1805 stereotypen Ankündigungen einer Publikation über das »System der Philosophie« – sowohl in Verlags- als auch in Vorlesungsanzeigen. Und zu Beginn seiner Vorlesungen über »totam philosophiae scientiam, i. e. philosophiam speculativam, (logicam et metaphysicam) naturae et mentis, ex dictatis« schreibt Hegel am 29.09.04 auch an Goethe, er wolle »diesen Winter« für seine Vorlesungen »eine rein wissenschaftliche Bearbeitung der Philosophie« fertigstellen und sie Goethe vorlegen. An diesem Publikationsplan hat Hegel noch im Hauptentwurf zu einem Brief an Voss vom Mai 1805 festgehalten; hier kündigt er eine Arbeit an, die aus seinen »Vorlesungen über die gesamte Wissenschaft der Philosophie« erwachsen sei; er werde sie »auf den Herbst als ein System der Philosophie darlegen«. Doch auch diesen Publikationsplan hat Hegel wenig später aufgegeben und statt dessen das zunächst als Reinschrift begonnene Manuskript stellenweise stark überarbeitet – insbesondere die Logik.

(2) Der »Logik« dieses Manuskripts kommt eine Sonderstellung für die Entwicklung dieser Disziplin zu. Nach den nur flüchtig skizzierten und zudem stark fragmentarischen Partien aus dem Wintersemester 1801/02 (s. Kap. II.4.6.1) ist sie die einzige in den drei Jenaer *Systementwürfen* überlieferte Logik – und sie steht im Blick sowohl auf ihre interne Struktur als auch auf den Grad ihrer Ausarbeitung näher an der *Wissenschaft der Logik* als an den ersten Skizzen. Ihr Entwicklungsstand setzt eine intensive Bearbeitung dieser Disziplin voraus, die vor allem im Umkreis der speziellen Vorlesungen Hegels über »Logik und Meta-

physik« erfolgt sein wird. Sie hat ihn dazu verleitet, vom Sommer 1802 bis zum Frühjahr 1803 sowohl in Vorlesungs- als auch in Verlagsankündigungen ein Buch speziell über »Logik und Metaphysik« anzuzeigen – sogar als »nundinis instantibus proditurum« –, ohne daß es dazu gekommen wäre. Die Früchte seiner Arbeit an der Logik zeigen sich deshalb erstmals und allein im *Systementwurf II* – und danach erst wieder in den Nürnberger Entwürfen.

Dieser fortgeschrittene Entwicklungsstand erlaubt sogar einen Vergleich mit der *Wissenschaft der Logik* – auch wenn die Gliederung des Jenaer Manuskripts in [»I. Einfache Beziehung«], »II. Das Verhältniß« und »III. Proportion« zunächst keine Berührungen erkennen läßt. Doch unterhalb dieser Gliederungsebene zeigt sich ein analoger gedanklicher Aufbau. Hegel beginnt mit den Begriffen der Qualität, geht dann über zu Quantität und Quantum und weiter zur »Unendlichkeit«. Der Begriffsrahmen der späteren »Seinslogik« ist hierin unschwer zu erkennen. Gleiches gilt für Teil II, Abschnitt »A. Verhältniß des Seyns«: Hier behandelt Hegel, wie später in der Wesenslogik, die Relationskategorien Substantialität, Kausalität und Wechselwirkung, während in Abschnitt »B. Verhältniß des Denkens«, mit »Begriff«, »Urtheil« und »Schluß« der erste Teil der späteren Begriffslogik vorgeformt ist. Und die unter »III. Proportion« abgehandelten Themen Definition, Einteilung und Erkennen weisen auf deren dritten Teil, die Ideenlehre, voraus. Damit zeichnet sich nicht allein der Themenbestand der *Wissenschaft der Logik* im Umriß ab, sondern auch die übereinstimmende Folge von seins-, wesens- und begriffslogischen Denkbestimmungen. – Doch trotz dieser inhaltlichen Gemeinsamkeit ist die Jenaer Logik durch ihren systematischen Sinn von der späteren strikt geschieden: Auch hier versteht Hegel sie noch als eine von der Metaphysik getrennte, ihr vorgeordnete Disziplin.

(3) Die Metaphysik dieses Entwurfs hat eine der Logik analoge Sonderstellung: Abgesehen von der genannten dürftigen Skizze des Winters 1801/02 ist sie die einzige aus den Jenaer Jahren überlieferte Fassung dieser Disziplin – und anders als die Logik ist sie vollständig erhalten. Dadurch werden aber auch die Schwierigkeiten der Konzeption einer Metaphysik nach Kant augenfällig. Ihr zentraler Begriff ist der des Erkennens, das sich hier nicht auf Anderes richtet, sondern sich selber zum Gegenstand wird. Im ersten Teil dieser Metaphysik handelt Hegel unter dem Titel »Das Erkennen als System von Grundsätzen« die Sätze der Identität, des ausgeschlossenen Dritten und des Grundes ab – und somit Inhalte, die

traditionell ihren Platz in der Logik gefunden haben, zuletzt in Kants transzendentaler Logik im »System aller Grundsätze des reinen Verstandes« (B 187) – und hierauf spielt ja auch der Titel dieses ersten Teils an. Hegel ordnet sie jedoch der Metaphysik zu – mit dem methodologischen Argument, daß die für die Logik charakteristische Form der in unser Bewußtsein fallenden, sich bewegenden Reflexion hier verabschiedet und das Erkennen in diesen Grundsätzen auf sich selbst bezogen sei (GW 7.128–138).

Der zweite Teil läßt die ambivalente Stellung dieser Metaphysik gegenüber der früheren besonders deutlich hervortreten. Selbst Rosenkranz nennt diese »mit äußerster Anstrengung durchgeführte Entwicklung« »sehr dunkel« (R 110). Dieser Teil führt zwar den neuen Titel »Metaphysik der Objectivität«, folgt aber – mit den Themen Seele, Welt und »höchstes Wesen« – strikt dem Aufbau der vorkantischen »metaphysica specialis«. Doch die Ausgestaltung dieses vorgegebenen Rahmens dementiert wiederum den plakativen Traditionsbezug: Zur Seele leitet Hegel über von den Begriffen des Grundes und des Erkennens; sie sei verwickelt mit dem Inhalt des Erkennens, aber sie hebe zugleich ihre Beziehung auf diesen Inhalt und somit ihre Bestimmtheit auf und sei »absolute Reflexion in sich selbst«. Nur im Vorübergehen streift er die früheren Versuche, »die Unsterblichkeit der Seele zu behaupten und zu beweisen«. Er bezeichnet die Seele zwar als »Substanz« – aber nicht mehr im Sinne der vorkritischen »substantia simplex«, sondern auf Grund ihrer Tätigkeit als Reflexion in sich. Und so präzisiert er den Substanzbegriff zugleich in einer Wendung, die die spätere, berühmte antizipiert: »die Substanz ist vielmehr, Subject«, ja »das Eins der Substantialität und Subjectivität; und weder wahrhaffte Substanz, noch wahrhafftes Subject« (GW 7.138–142; s. Kap. II.4.7.2).

Mehr noch als die Ausführungen über die Seele spiegelt die Behandlung der beiden anderen Themen der metaphysica specialis, »Welt« und »höchstes Wesen«, die methodischen und inhaltlichen Schwierigkeiten des Versuchs, eine nachkritische Metaphysik zu entwerfen. Sie erscheinen fast als Parodie der früheren rationalen Kosmologie und Theologie. Die traditionellen und durch Kants Antinomienlehre verabschiedeten Themen ›Begrenztheit oder Nichtbegrenztheit der Welt‹ oder ›Einfachheit der Materie‹ bleiben ausgespart. Das Thema des ›dritten Widerstreits‹ der reinen Vernunft, ›Freiheit und Notwendigkeit‹, nimmt Hegel zwar auf, sucht es jedoch – anders als Kant – nicht durch eine Verteilung dieses Begriffspaars auf die ›Dinge an sich selbst‹ und die

›Erscheinung‹ zu lösen: Freiheit und Notwendigkeit seien nicht »verschiedene Ansichten einer und derselben Sache«; ihr »Zugleichseyn […]« ist nicht ein Schein«, sondern »jedes ist das Moment des andern«.

Neben dieses Begriffspaar treten zwei weitere: Den Begriff der Seele bestimmt Hegel näher als den der Monade, und mittels des – ebenfalls Leibnizischen – Begriffs der »Verkettung der Monaden« geht er zu den Begriffen des Gattungs- und Selbsterhaltungsprozesses – wobei wiederum Leibnizens, aber insbesondere Spinozas Begriff des »conatus in suo esse perseverandi« anklingt. Den Weltprozeß bestimmt Hegel als »Gattungsproceß«, und diesen als das Scheitern der Selbsterhaltung des Einzelnen und dessen Untergang; der Gattungsprozeß wird so zur »Existenz der Welt« (GW 7.142–150).

Diese, vermeintlich der Sphäre des natürlichen Lebens zugehörenden Begriffe »Selbsterhaltung« und »Gattung« bilden das tragende Begriffspaar nicht allein dieser ›rationalen Kosmologie‹, sondern auch noch der ›theologia naturalis‹, nämlich des Kapitels vom »höchsten Wesen«. In einer überraschenden Wende sucht Hegel von ihnen aus sogar den zentralen Gedanken der Metaphysik zu gewinnen – die Identität von Denken und Sein: »Wenn wir den Proceß der Selbsterhaltung, als den, in welchem das absolutbestimmte sich selbst gleich, die vielen Bestimmtheiten in sich ideell setzt, und indifferent in ihrem Aufheben sich selbst [gleich] bleibt, Denken nennen; den Proceß der Gattung aber, worin das Einzelne selbst nur im Allgemeinen, […] Seyn oder Ausdehnung, als das für welches schlechthin ein mögliches ist, nennen, welches beydes Eins ist, so ist Denken und Ausdehnung oder Seyn schlechthin Eins.« Die Gattung als »absolute Gattung« ist selbst »das höchste Wesen« – nicht eine Existenz gegen andere, »vielmehr die absolute Existenz selbst, nicht ein Nothwendiges, sondern die Nothwendigkeit selbst, nicht das gemeinschaftliche leere Allgemeine, sondern die Idealität dessen, dessen gemeinschaftliches es nur wäre, also ihr Wesen oder ihre Substanz ist.« Und Hegel unterstreicht noch die anti-cartesianische, spinozistische Färbung dieses Gedankens: »Diß höchste Wesen hat den Gegensatz des sich selbsterhaltenden oder des Denkens, und des Seyns, oder der Ausdehnung, schlechthin nur als ein Attribut, als Moment, als ideelles in sich, nicht als Substanz, ansichseyendes, sondern es ist vielmehr dessen An sich seyn, und die Unterschiede gehören nur der Idealität, dem Nichts an sich an.«

Auf Grund dieser Bestimmungen betont Hegel – und zwar mit zunächst feierlich wirkender Wiederholung –, es sei »erwiesen«, daß das höchste Wesen das An sich, und nur das höchste Wesen das An sich sei. Ihm stehe die erschaffene Welt als Negation, als Nichtexistenz, und auch das Böse als das sich in sich einbildende Prinzip gegenüber. Und doch hebt Hegel sowohl diese Gegenüberstellung als auch die Kraft des Beweises wieder auf: Das Negative verschwinde zwar im höchsten Wesen, aber eben darin habe es sein Fürsichsein und bleibe getrennt vom »absoluten Wesen« – das somit entgegen seinem Begriff nicht wirklich ein »höchstes Wesen« ist. Und er kritisiert auch die Form des Beweises dieses (vermeintlich) »höchsten Wesens«: Der (kosmologische) Beweis gehe nur in dieses zurück, aber nicht aus ihm, sondern aus der »Existenz« hervor. In seiner Wahrheit ist das »höchste Wesen« somit »die absolute Negation«, und zwar »als diß einfache, als absoluteinfache Reflexion in sich selbst, als Ich oder Intelligenz« (GW 7.150–154).

Dieser Übergang von der »Metaphysik der Objectivität« zur »Metaphysik der Subjectivität«, vom »höchsten Wesen« zum theoretischen und praktischen Ich zerstört die systematische Funktion der früheren metaphysica specialis. Die Anknüpfung an die traditionelle Struktur der Metaphysik ist nicht ein Indiz dafür, daß die im Systemaufriß auf sie folgende »Bewußtseinsthematik nur als eine Entfaltung des absoluten Bewußtseins vorkommen« könne (Kimmerle 1970, 130). Hegel überführt vielmehr die Themen der metaphysica specialis ihrer inneren Unwahrheit: Das Ich ist die Wahrheit des »höchsten Wesens«; denn für die Monade, und mehr noch für das »höchste Wesen«, ist das Andere nur die Negation; für das Ich hingegen »ein dem Ich gleiches«. Die Darstellung der Metaphysik ist auch hier zugleich ihre Kritik.

Dieses »Ich« ist aber kein Einfaches, Unstrukturiertes. Hegel arbeitet deshalb die widersprüchliche Struktur des theoretischen Ich, weniger des praktischen, heraus, und diese Analysen zählen zu den ausführlichsten und eindringlichsten auf diesem Gebiet. In seiner Einzelheit sei das Ich »absolut allgemeines«; es sei in sich reflektiert und doch »Theil der Welt«, sich selbst Gleiches und doch »absolut bestimmtes«. Und als ursprüngliche erscheine diese Bestimmtheit (mit Fichtes Ausdruck) als »unendlicher Anstoß […] im inneren absoluten Wesen des Ich selbst«. Das Ich sei nur »als ein sich findendes,« nichts zuvor Vorhandenes, und »daß es diß Finden seiner selbst [ist], diß ist seine absolute Unendlichkeit.« Als sich Findendes sei das theoretische Ich Geist überhaupt, und als realisiertes praktisches Ich »absoluter Geist«.

Mit diesem Begriff bezeichnet Hegel hier noch nicht – wie später in seiner *Enzyklopädie* – das Dritte zum »subjektiven« und »objektiven Geist«: Kunst, Religion und Philosophie. Er analysiert hier zunächst die Struktur von Geist überhaupt: »Geist« ist das Ich, das sich gefunden hat, und seine Struktur »ist die Einheit der beyden Reflexionen, sich auf sich selbst beziehend; die eine ist die sich selbst erhaltende, die aber allgemein geworden ist, und die andere die der Gattung, die allgemeine welche in sich selbst die absolute Einzelnheit hat.« Der Geist ist Selbstbeziehung in der Beziehung zum Anderen; er setzt sich die Unendlichkeit aus sich selbst entgegen, aber diese »ist dasselbe, was der Geist ist.« Er schaut deshalb nicht nur sich, sondern auch sein Anderes als sich an, ist sich und dem Anderen gleich, und: »Diese Einheit ist der absolute Geist«.

In diesem Begriff des absoluten Geistes kulminiert Hegels »Metaphysik«. Er wendet ihn auch gegen Schelling, der unmittelbar zuvor, in *Philosophie und Religion* (1804), die von Spinoza abgewehrte Frage nach einem Übergang vom Unendlichen zum Endlichen (JWA 1.18,31) erneut aufwirft und sie durch die Metapher des »Sprunges« oder des »Abfalls vom Absoluten« zu entscheiden sucht (SW I/6.38 ff.). Ihm hält Hegel entgegen: »Es kann nicht gefragt werden, wie das Unendliche zum endlichen werde, oder herausgehe, und was dergleichen begrifflose Ausdrücke sind.« Denn eine andere Unendlichkeit, ein anderes, ›höheres‹ Absolutes als das des Geistes gibt es nicht. Allerdings ist dieser »absolute Geist« in der Metaphysik zunächst nur für das Erkennen, »für uns«, absoluter Geist, oder: »Der Geist, wie er aufgezeigt worden ist, ist darum nur Idee« – »absolute Idee«, könnte man von der *Wissenschaft der Logik* her sagen –, und »seine Idee ist absolut realisirt, erst indem die Momente des Geistes selbst dieser Geist sind, aber dann ist auch kein darüberhinausgehen mehr.« (GW 7.154–178)

(4) Der *Systementwurf II* ist – zumindest für uns – der erste, der ausführlichen Einblick in die Differenz von Logik und Metaphysik erlaubt – und er ist zugleich der letzte, der diese Differenzierung durchführt. Bereits in den Skizzen von 1801/02 wirkt die traditionelle und bereits durch Kant unterhöhlte Unterscheidung beider Disziplinen künstlich, und sie ist selbst dort schon terminologisch partiell durchbrochen (s. Kap. II.4.6.1). Die Ausgestaltung beider Disziplinen im ausgeführten *Systementwurf II* läßt dann entgegen Hegels ursprünglicher Absicht offenkundig werden, daß sie weder methodologisch noch inhaltlich von einander zu scheiden sind.

Hegel sucht die Trennung von Logik und Metaphysik auf die methodologische Unterscheidung von Dialektik (oder »Idealismus«) und Nicht-Dialektik, von Reflexion und »Negation der Reflexion überhaupt« zu stützen (GW 7.127, 111 f.). Doch entgegen diesem Methodenkonzept übergreift »Dialektik« als Form der immanenten Reflexion, der »Selbstbewegung des Begriffs«, beide Disziplinen. Deren Methodendifferenz wäre präziser als je besondere Ausprägung des Verhältnisses von Selbstbeziehung und Beziehung auf Anderes zu fassen, wie sie aber auch innerhalb der Logik variiert. Und auch die Differenz zwischen dem »Fürsich« und »Füruns«, zwischen immanenter und äußerlicher Reflexion, die Hegel wenig später zum Motor der Begriffsentwicklung der *Phänomenologie des Geistes* macht (s. Kap. II.4.7.3), durchzieht sowohl Logik als auch Metaphysik (Jaeschke 1978, 106 ff.)

Wenn aber die Annahme einer Methodendifferenz entfällt, läßt sich auch die inhaltliche Trennung der Disziplinen nicht aufrecht erhalten. Ihre Vereinigung ist aber nicht als Zusammenwachsen zu beschreiben, sondern als Zerfall der – ohnehin nur noch verkümmerten – »Metaphysik« und als Inkorporation ihrer materialen Relikte in andere Disziplinen. Der erste Teil der »Metaphysik«, das »System von Grundsätzen«, ist traditionell ohnehin Bestandteil der Logik, und es findet später seinen systematischen Ort in der »Wesenslogik«. Wegen des Zerfalls der »Metaphysik« bezeichnet Hegel die aus diesem Prozeß entstehende Wissenschaft als »Logik« – obgleich bis zum *Systementwurf II* die »Metaphysik« den systematischen Primat gegenüber der »Logik« gehabt hat. Schon in der Bezeichnung dieses Kollegs wie auch in der Ankündigung eines folgenden dominiert die Bezeichnung »Logik« (Kimmerle 1967, 62,87). Und während die Thematik der »Metaphysik der Subjectivität« später in die »Philosophie des Geistes« wandert – wenn auch mit Ausstrahlung auf den Begriff der »absoluten Idee« –, ist dem Zentrum der »Metaphysik«, der in Anlehnung an die metaphysica specialis konzipierten »Metaphysik der Objectivität«, im späteren System kein Weiterleben beschieden.

(5) Die systematische Stellung des absoluten Geistes antizipiert die spätere der »absoluten Idee« auch darin, daß Hegel die weiteren Gestalten des Systems als »Werden des absoluten Geistes«, dieses »lebendigen Gottes«, versteht – und »das erste Moment des sich realisirenden Geistes« ist die Natur (GW 7.187,177 f.). Sie ist »der sich auf sich beziehende absolute Geist« – aber als »befangener Geist«, so daß sie

»an sich selbst den Widerspruch [...] gegen ihr Wesen, absoluter Geist zu seyn, hat«; sie ist »der absolute Geist als das Andre seiner selbst.«

Material lehnt sich die Naturphilosophie des *Systementwurfs II* weitgehend an den nur ein Jahr früheren *Systementwurf I* an, wobei dessen fragmentarischer Charakter einen durchgehenden Vergleich verhindert. Auch die Beziehung zwischen der Logik und der Naturphilosophie beider Entwürfe ist dadurch nicht klar ersichtlich. Augenfällig ist jedoch, daß sich die spätere Fassung terminologisch stark an der »Logik« dieses Entwurfs orientiert und dadurch fast vollständig von der in der früheren Fassung noch vorherrschenden Terminologie der Identitätsphilosophie Schellings löst.

Im neuen, sehr ausführlichen Entwurf ist erstmals der Beginn der Naturphilosophie überliefert, mit dem allgemeinen Begriff der Natur und dem vollständigen »System der Sonne« – doch endet das Manuskript fragmentarisch vor der Abhandlung des Organischen, und somit fehlt das Zentrum der Naturphilosophie, der Begriff des Lebens. Denn die Natur ist Geist, und wenn auch nicht »in Geistesgestalt«, als sich erkennender Geist, so doch als in sich reflektiert, als »Leben«, das sich im Lebensprozeß in einer Reihe von fürsichseienden Momenten entfaltet (GW 7.179–186)..

Der Detailreichtum dieser Reihe verbietet eine ausführliche Darstellung und nötigt zur Beschränkung auf einige herausragende Aspekte. – Wie der frühere, so ist auch dieser Entwurf noch einer älteren Kosmologie verhaftet, indem er die Hauptdifferenz zwischen das »System der Sonne« und das »Irrdische System« legt. Als Grundbegriffe des ersten nennt Hegel den »Äther« oder die »absolute Materie«, ein allgemeines, unendliches, sich absolut gleiches, »absolut elastisches«, formloses und deshalb jede Form annehmendes Substrat der Natur überhaupt. Schon in ihm sucht Hegel die Struktur der Selbstbeziehung aufzuweisen und in Aufnahme der pythagoräischen Tradition metaphorisch auszudrücken – als ein »Sprechen« des Äthers, als »Articulation der Töne der Unendlichkeit, die vernommen vom sichselbstgleichen als absolute Melodie absolute Harmonie des Universums sind.« Auch die Rede von einer »Contraction der Gediegenheit des Äthers« in den Punkt des Sterns bedient sich einer geschichtlich weit zurückreichenden Terminologie. Doch für die »absolute Vielheit« dieser Contractionen zeigt Hegel nur Verachtung: Sie sei »an sich unvernünftig, und eine Erhabenheit, so leer, als ihre Bewunderung gedankenlos ist« – offensichtlich eine schroffe Antithese gegen Kants »Bewunderung und Ehrfurcht« für den gestirnten Himmel (AA V.161).

Ausgehend vom Grundbegriff des Äthers, aber in wachsender Distanz zu ihm wie auch zur Begrifflichkeit der Logik und Metaphysik sucht Hegel den Begriff der Natur in ihrer Totalität zu entfalten: zunächst die Begriffe von Raum und Zeit und mit ihnen den der Bewegung als den tragenden Begriff dieses »Systems der Sonne«. Er prägt auch noch die Anfangspartien der Darstellung des »irrdischen Systems«, jedoch nun in den irdischen Formen der Fallbewegung, Wurfbewegung und Pendelbewegung als Gegenstand der Mechanik, die Hegel jedoch bis zu einer »Construction der realen Materie« weiterzuführen gedachte (GW 7.250) . Im zweiten, dem idealen und realen »Proceß der Materie« gewidmeten Teil dominiert der Begriff des Chemismus, der »Flüssigkeit der chemischen Elemente«. Hieran schließt Hegel noch einen sehr ausführlichen dritten, »Physik« überschriebenen Teil, dessen Aufgabe wohl als zusammenfassende Vertiefung der beiden vorangehenden Teile zu beschreiben ist – in Antizipation des Abschnitts »III. Totaler Proceß« aus der Naturphilosophie des *Systementwurfs III.* Doch anders als dort folgt im *Systementwurf II* nicht noch eine Abhandlung des Organischen. Hegel führt zwar den Begriff des Neutralisierungsprozesses bis hin zum Begriff des Organischen – doch damit bricht dieses »Fragment einer Reinschrift« ab. Es ist wenig wahrscheinlich, daß es ursprünglich auch noch eine Philosophie des Organischen oder gar eine Geistesphilosophie umfaßt habe – auch wenn Hegel fraglos über Materialien hierzu verfügt hat. Zu ihnen könnte das »Gliederungsfragment zur Naturphilosophie« gehören, das nach der neuen »Chronologie der Manuskripte Hegels« jedoch als Vorarbeit zum *Systementwurf III* einzustufen ist (GW 8.294–308,359).

Partieller Erstdruck: R 104–123. – **Erstdruck:** Hegels erstes System. Hg. von H. Ehrenberg und H. Link. Heidelberg 1915. – **Text:** GW 7. – **Literatur:** Kimmerle (Hg.): Dokumente zu Hegels Jenaer Dozententätigkeit (1967); Kimmerle: Problem der Abgeschlossenheit des Denkens (1970), 120–200; Scheit: Geist und Gemeinde (1973), 127–140; Klaus Düsing: Problem der Subjektivität in Hegels Logik (1976), 150–198; Jaeschke: Äußerliche Reflexion und immanente Reflexion (1978); Rolf P. Horstmann: Über das Verhältnis von Metaphysik der Subjektivität und Philosophie der Subjektivität in Hegels Jenaer Schriften. In: Henrich / Düsing (Hg.) Hegel in Jena (1980), 181–195; Varnier: Ragione, negatività, autocoscienza (1990), 206–222; Christophe Bouton: Temps et esprit dans la philosophie de Hegel. De Francfort à Iéna. Paris 2000; Rainer Schäfer: Die Dialektik und ihre besonderen Formen in Hegels Logik. Hamburg 2001 (HSB 45), 91–157; Catia Goretzki: Die Selbstbewegung des Begriffs. Stufen der Realisierung der spekulativen Metaphysik Hegels in den Jahren 1801–1804/05. Hamburg 2011.

4.6.7 Systementwurf III (1805/06)

(1) Auch der partielle, nur die Realphilosophie enthaltende *Systementwurf III*, das Manuskript zur »Naturphilosophie und Philosophie des Geistes«, ist im Zusammenhang mit Hegels Vorlesungen entstanden. Für das Wintersemester 1805/06, und nochmals für den Sommer 1806, kündigt er an: »Philosophiam realem, i. e. naturae et mentis ex dictatis«; außerdem liest er im Winter erstmals »Historiam philosophiae« und im Sommer »Philosophiam speculativam s. logicam«. Neben diesen philosophischen Vorlesungen kündigt Hegel vom Wintersemester 1805/06 bis zum Sommersemester 1807 auch Vorlesungen an über Conrad Diedrich Martin »Stahls Anfangsgründe der reinen Arithmetik« und Johann Friedrich »Lorenz erster Cursus der reinen Mathematik« – doch haben sich hierüber keine Nachrichten erhalten. Der *Systementwurf III* ist hingegen fast vollständig überliefert; es fehlen lediglich der Beginn der Naturphilosophie sowie der Übergang von der Natur- zur Geistesphilosophie.

(2) Die Abhandlung der Naturphilosophie beginnt mit der Überschrift »I Mechanik« – und darin liegt bereits der wichtigste Unterschied dieses Entwurfs gegenüber dem vorhergehenden. Dort war zwar auch eine derartige Überschrift zu erschließen (GW 7.228) – aber erst zu Beginn des »irrdischen Systems«. Jetzt hingegen geht dem irdischen nicht wie früher ein getrenntes »System der Sonne« voraus: Hegel gibt diese Unterscheidung auf und integriert den Inhalt des früheren »Systems der Sonne« in die Mechanik, die nunmehr sowohl Himmels- als auch irdische Mechanik umfaßt – entsprechend der Aufhebung der Trennung von Himmels- und sublunarer Sphäre in die differenzierte Einheit des neuzeitlichen Weltbildes. Die zweite gravierende Differenz zum *Systementwurf II* besteht in der erneuten Abhandlung des Organischen im dritten Teil. Durch diese beiden Änderungen gelangt Hegel hier zu der Dreigliederung der Naturphilosophie, die auch noch den enzyklopädischen Grundriß bestimmt – auch wenn er später den Titel des zweiten Teils von »Gestaltung und Chemismus« in »Physik« ändert.

Die erstgenannte Veränderung führt jedoch zu einer weitgehenden Umgestaltung dieser »Mechanik«: Während in der Mechanik des *Systementwurfs II* Wurfbewegung, Pendelbewegung, Hebelgesetz und die Begriffe der Masse und der Flüssigkeit im Zentrum stehen, beginnt Hegel nun mit den Begriffen des früheren »Systems der Sonne« – Raum und Zeit –, bevor er zu Masse und Bewegung übergeht (GW 8.3–34). Im zweiten Abschnitt bringt Hegel Themen der Physik (»Gestaltung«) und Chemie in eine eher äußerliche Verbindung. Dem Begriff der »Schwere« in der Physik läßt Hegel im »Chemismus« den der »Wärme« entsprechen. Doch er sucht ohnehin die physikalisch-chemische Differenz im Begriff des »Totalen Processes« zu vermitteln, in dem nochmals »Mechanik« und »Chemismus« des »physischen Körpers« oder des »irrdischen Feuers« ins Verhältnis gesetzt werden (GW 8.34–108). Unter dem Titel »Das Organische« thematisiert er zunächst den Rückgang des Unorganischen ins Organische und im Organischen in sich selbst, bevor er in einer zweifachen Untergliederung den »Vegetabilischen Organismus« und den »Animalischen Proceß« abhandelt (GW 8.108–184).

Anders als im Reinschriftmanuskript, im *Systementwurf II*, bezieht Hegel sich in diesem dritten Entwurf seiner Naturphilosophie wieder im Detail auf naturwissenschaftliche Forschungen seiner Zeit – von einer Studie *Ueber die Aehnlichkeit der ehemaligen Erdoberfläche mit der gegenwärtigen des Mondes* (J. L. Heim, 1802) über die Fallgesetze und Theorien über den Wärmestoff bis hin zu soeben erschienenen Arbeiten über die Differenz der männlichen und weiblichen Geschlechtsorgane (J. F. Ackermann 1805, G. H. Schubert 1806; s. die Anmerkungen zu GW 8). Es scheint, als habe Hegel beabsichtigt, bei der beabsichtigten Publikation seines zweiten Systementwurfs das Detail zu Gunsten der übergreifenden Linien zurückzustellen. – Leider hat sich der Abschluß der Naturphilosophie wie auch der Beginn der Geistesphilosophie nicht erhalten, so daß nicht mehr zu erkennen ist, wie Hegel damals den Übergang von der Natur zum Geist gestaltet hat.

(3) Von diesem fragmentarischen Anfang abgesehen enthält der zweite Teil dieses Manuskripts die erste vollständige Durchführung der Geistesphilosophie. Augenfällig ist ihre Distanz gegenüber dem *Systementwurf I*: Die frühere schellingianisierende Terminologie und Anlehnung an die Form einer Potenzenlehre ist entfallen; die Geisteslehre gliedert sich nun in die drei Abschnitte »I. Der Geist nach seinem Begriffe« (so eine erschlossene Formulierung als Ersatz für die verlorene erste Überschrift), »II. Wirklicher Geist« und »III. Constitution«.

Im ersten Abschnitt entwickelt Hegel unter den Titeln »Intelligenz« und »Willen« eine – noch sehr

rudimentäre – Vorform der späteren Philosophie des subjektiven Geistes. Das erste, der »Intelligenz« gewidmete Kapitel weist mit der Abhandlung von »Zeichen« und »Nahme« noch eine enge materiale Beziehung zum *Systementwurf I* auf. Vor dem Hintergrund dieser Ähnlichkeit hebt sich jedoch das Hervortreten des Geistbegriffs gegenüber dem früheren Bewußtseinsbegriff ab: Das Verhältnis des Geistes ist nicht ein Bewußtseinsverhältnis (als Verhältnis zu Anderem), sondern ein Selbstverhältnis. Der Gegenstand ist hier nicht mehr ein äußerer; er ist überhaupt nicht mehr das, »w a s er ist«, sondern sein selbständiges Sein ist aufgehoben, »mein F ü r m i c h s e y n ist Gegenstand als We s e n des Dings«; der Gegenstand ist in den Geist aufgenommen, im Schatze des Geistes aufbewahrt.

Damit gilt er aber nicht als in das Licht des Geistes getaucht, sondern als in seine »Nacht«, in den Schacht des Geistes versenkt. Dieses Bild gestaltet Hegel in düsteren Wendungen aus, die an die Entdeckung der »Nachtseite« des Menschen im Umkreis der Romantik erinnern: »Der Mensch ist diese Nacht, diß leere Nichts, das alles in ihrer Einfachheit enthält – ein Reichthum unendlich vieler Vorstellungen, Bilder, deren keines ihm gerade einfällt –, oder die nicht als gegenwärtige sind. Diß die Nacht, das Innre der Natur, das hier existirt – r e i n e s S e l b s t, – in phantasmagorischen Vorstellungen ist es rings um Nacht, hier schießt dann ein blutig Kopf, – dort eine andere weisse Gestalt plötzlich hervor, und verschwinden ebenso – Diese Nacht erblickt man wenn man dem Menschen ins Auge blickt – in eine Nacht hinein, die f u r c h t b a r wird, – es hängt die Nacht der Welt hier einem entgegen.« (GW 8.187 f.)

Die Seite des Praktischen, die – nach der fragmentarischen Überlieferung zu urteilen – im *Systementwurf I* im Kapitel über die »Potenz des Werkzeugs« lediglich am Rande erwähnt wird, stellt Hegel nun erstmals unter den Titel »Willen«. Dieses Kapitel umfaßt aber auch die Themen »Trieb«, »Arbeit« sowie »Erkennen«, »Liebe« und »Familie«, um von hier zu den Themen »Anerkennen« und »Erzeugen des Rechts« überzuleiten. Recht ist Anerkennen, somit nicht ein natürliches, sondern ein geistiges, aus dem Begriff erzeugtes Verhältnis. Gegen die naturrechtliche Lehre vom Recht der »ursprünglichen Besitzergreifung« (prima occupatio) beharrt Hegel darauf, daß ein Rechtsverhältnis allein durch die Bewegung des Anerkennens begründet wird. Damit setzt er sich implizit von Kants *Metaphysischen Anfangsgründen der Rechtslehre* (AA VI.258–270) ab, die in dieser Frage ambivalent bleiben, und er schließt sich enger als im *Systementwurf I* an Fichtes Begriff der Anerkennung an. Das Anerkannte gilt durch sein Sein – aber dieses Sein ist nichts Unmittelbares, sondern ein geistiges, »e r z e u g t a u s d e m B e g r i f f e«. Den Akt der Aufhebung konstruiert Hegel im neuen geistesphilosophischen Ansatz nicht mehr über den Begriff der Totalität des Bewußtseins, sondern über den des Willens: Das einzelne Fürsichsein stellt sich als Willen dar, »als ein solches dem nicht mehr sein Dasein, das es als Besitz hatte, gilt, sondern d i ß sein gewußtes F ü r s i c h s e y n; dessen Seyn die reine Bedeutung des Wissens von sich hat, und so zur Existenz kommt. Solches Darstellen aber ist das durch sich vollbrachte Aufheben des Daseyns«. Die sich als Fürsichsein Wissenden gehen aus dem »Kampf auf Leben und Tod« so hervor, daß jedes »das andre als reines Selbst gesehen« hat und »ein W i s s e n d e s W i l l e n s« ist, der dadurch allgemeiner Wille, Anerkanntsein ist (s. Kap. II.4.7.4).

(4) Wie im ersten Abschnitt sich erstmals Strukturen der späteren Lehre vom »subjektiven Geist« andeuten, so im zweiten Abschnitt, »Wirklicher Geist«, Strukturen des »objektiven Geistes«. Auch dieser Abschnitt ist zweigeteilt; und da der erste Teil auf der Grundlage des »Anerkanntseyns« zunächst die Bestimmungen Arbeit, Tausch und Eigentum expliziert und von ihnen zu »b. Vertrag« und »c. Verbrechen und Strafe« fortgeht, zeichnet sich hier schon die Gliederung des späteren Abschnitts über das »abstrakte Recht« ab. Im zweiten Teil, »das Gewalt habende Gesetz«, handelt Hegel hingegen in noch wenig strukturierter Folge eine Fülle weiterer rechtsphilosophischer Themen ab – von der Ehe über die Rechtspflege bis zur peinlichen Gerichtsbarkeit.

Auch der dritte Abschnitt, »Constitution«, weist deutliche Kompositionsprobleme auf. Zum einen gehört sein Gegenstand, der Staat, fraglos in das vorherige Gebiet des »Wirklichen Geistes«; zum anderen findet sich auch hier an Stelle einer systematischen Durchbildung eine rhapsodische Folge prinzipieller Ausführungen zum Staatsbegriff, zu einer Ständelehre und einer rudimentären Philosophie des absoluten Geistes. Der in der frühen Jenaer Zeit dominante Begriff des Volkes ist hier – trotz terminologischer Schwankungen – wegen seiner Unstrukturiertheit durch den Begriff des Staates abgelöst. Ihn führt Hegel ein als die absolute geistige Macht, die sich selbst zum Zweck macht – als »Allgemeinheit in der vollkommnen Freyheit und Selbstständigkeit der Einzelnen«, Das Grundproblem des Staates ist deshalb die Vermittlung von Einzelnem und Allgemeinem – das »Werden des einzelnen zum Allgemeinen und Wer

den des Allgemeinen [zum Einzelnen?]«, jedoch nicht als »blinde Nothwendigkeit, sondern durchs Wissen vermittelte; oder jeder ist sich selbst Zweck dabey, d. h. der Zweck ist schon das bewegende«. Diese doppelte Bewegung weist Hegel – mit Aristoteles gegen Rousseau – in dessen Begriff des »allgemeinen Willens« auf: »Er hat s i c h z u e r s t a u s d e m W i l l e n d e r E i n z e l n e n zu constituiren als allgemeiner, so daß jener das Princip und Element scheint, aber umgekehrt ist er d a s E r s t e und das W e s e n, und die einzelnen haben sich durch N e g at i o n ihrer, Entäusserung und Bildung, zum allgemeinen zu machen, er ist früher als sie, e r i s t a bs o l u t d a f ü r s i e, s i e s i n d g a r n i c h t u n m i t t e l b a r derselbe« – und damit thematisiert Hegel die innere Dialektik des neuzeitlichen Staates (GW 8.253–257).

In dieser Spannung kehrt das Problem wieder, das bereits im vorhergehenden Teil Hegels Abhandlung der Ehe prägt: Er akzentuiert die Bedeutung der freien Willenserklärung, doch verwirft er eine kontraktualistische Interpretation der Ehe. Im Politischen löst Hegel diese Spannung, indem er den einzelnen Willen als an sich allgemeinen versteht – und die Erhebung des wirklichen, nur an sich allgemeinen in einen wirklich allgemeinen Willen ist die Wirkung des »grossen Menschen«, der den reinen, an sich allgemeinen Willen der Einzelnen gegen ihren bewußten Willen mobilisiert: er »hat jenen auf seiner Seite, und sie m ü s s e n, ob sie schon nicht wollen«.

In dieser spannungsvollen Einheit von Individualität und Allgemeinheit, die den Staat charakterisiert, liegt auch seine Differenz zur griechischen Sittlichkeit. Hegel operiert hier nicht mehr mit den mythischen Formeln vom Zerbrechen einer unmittelbaren Einheit, und es ist auch nicht allein sein geschichtlicher Realitätssinn, der ihn darüber belehrt, daß »die schöne glükliche Freyheit der Griechen, die so sehr beneidet worden und wird«, nicht mehr wiederkehrt. Dies wäre nun auch gar nicht mehr wünschenswert. Denn der neuzeitliche Staat ist durch eine »höhere Abstraction«, einen »tieferen Geist« charakterisiert. Das »h ö h e r e P r i n c i p d e r n e u e r n Z e i t, das die Alten das Plato nicht kannte«, liege eben in der »höheren Entzweyung«, sein Selbst als das allgemeine Wesen zu wissen, »vom daseyenden Allgemeinen abgetrennt, doch absolut zu seyn – i n s e i n e m W i s s e n s e i n A b s o l u t e s u n m i tt e l b a r z u b e s i t z e n« (GW 8.258–265).

Mit diesen den Abschnitt »Constitution« einleitenden Überlegungen zur Signatur des neuzeitlichen Staates vollzieht Hegel eine dramatische Wendung in seiner praktischen Philosophie – und zugleich einen

Abschied vom Ideal auch seiner Jugend. Die beiden folgenden Teile hingegen entwickeln in vertrauter Form die Gliederung des »sich selbst wissenden Geistes« als des »daseyenden Organismus« in »die niedern Stände und Gesinnungen« (Bauernstand und Gewerbsstand) und den »Stand der Allgemeinheit«, den »Geschäftsmann« (im Sinne der Sorge für die Staatsgeschäfte), zu dem er auch den Gelehrten und den Soldatenstand rechnet. Auch hier wiederholt Hegel seine Bedenken im Blick auf das Verhältnis der Staaten zu einander: Sie stehen im Naturzustand, und selbst wenn sie sich durch Verträge binden, so haben diese – wegen der fehlenden Sanktion von Verletzungen – nicht den Charakter bürgerlicher Verträge: »Es ist dieser ewige Betrug, Tractaten zu schliessen, sich zu verpflichten, und diese Verpflichtung wieder verschwinden zu lassen. – Ein allgemeiner Völkerverein zum ewigen Frieden, wäre die Herrschafft Eines Volks, oder es wäre nur ein Volk – ihre Individualität vertilgt – Universalmonarchie.« (GW 8.266–277)

(5) Von dieser Ständelehre geht Hegel wenig vermittelt zur Abhandlung von »Kunst, Religion und Wissenschafft« über – und hier gewinnt der Begriff des »absoluten Geistes« die Bedeutung, die für die weitere Systementwicklung bestimmend bleibt. Der Ausdruck »absoluter Geist« hat stets dem latenten Verdacht neue Nahrung gegeben, daß Hegel mythologische Wesen in die Philosophie introduziere – und wenn sich dieser Verdacht schon gegen den »Geist« überhaupt oder den »Volksgeist« und den »Weltgeist« richtet, so noch viel mehr gegen den »absoluten Geist«. Andere sehen in ihr ein Indiz für die Abwendung des späten Hegel von der Analyse gesellschaftlicher Widersprüche und für seinen Rückfall in eine überkommene, aber überholte Vorstellungswelt.

Und doch liegt alle Mythologie hier ebenso fern wie der vermutete Quietismus. »Absoluter Geist« bezeichnet lediglich diejenige Sphäre geistigen Lebens, in der der Geist sich aus der äußeren Wirklichkeit löst, sich auf sich zurückwendet und sich zum Gegenstand macht – und eben insofern absolut ist: bei sich ist und darin frei ist. Diese Erkenntnis seines Wesens gewinnt der Geist in drei Formen: in Kunst, Religion und Philosophie. »Absolut« also ist derjenige Geist, der nicht – als subjektiver – als eine Form von ›Innerlichkeit‹ (etwa Bewußtsein oder Wille) auf ein ihm Äußerliches, nicht Geistiges bezogen ist; aber auch nicht – als objektiver – die von den einzelnen Subjekten zwar hervorgebrachte, aber gleichsam über ihnen und in sich selbst ruhende Sphäre der Sittlichkeit ist. Die Strukturdifferenz des »absoluten

Geistes« als der höchsten Sphäre des geistigen Lebens vom subjektiven und objektiven ist leicht einsehbar: Als »absoluter« wendet er sich auf sich zurück, macht sich zum Gegenstand und erkennt sich als das, was er ist. Erst hier ist damit der Begriff des Geistes – als Begriff einer denkenden Selbstbeziehung – vollendet.

Als den Boden dieser Rückwendung des Geistes auf sich selbst versteht Hegel das Selbstbewußtsein einer geistigen Gemeinschaft, also einer »Gemeinde«, wie es sich in Kunst, Religion und Philosophie oder »Wissenschaft« darstellt – und es lassen sich schwerlich weitere Formen geistigen Lebens finden, von denen sich Gleiches sagen ließe. Sie unterscheiden sich dadurch, daß der Kunst primär die Anschauung zugeordnet ist, der Religion die Vorstellung und der Philosophie das begreifende Denken. Man mag daran zweifeln, ob diese drei Formen wirklich in der von Hegel als »absolut« ausgezeichneten Weise als Selbstverhältnisse des Geistes zu begreifen seien – als Formen, in denen Geistiges sich auf sich selbst wendet und sich erkennt. Doch kann kein Zweifel sein, daß »absoluter Geist« nicht ein philosophisch domestiziertes mythologisches Wesen ist, und auch nicht etwas, über dessen Existenz sich sinnvoll streiten ließe.

(6) Spezifisch für den *Systementwurf III* ist jedoch der eigentümliche systematische Ort des »absoluten Geistes«: Formal gesehen ist er weiterhin in die Sphäre des Staates eingebunden; Hegel bezeichnet den Staat sogar als den »einfachen absoluten Geist, der seiner selbst gewiß ist« (GW 8.258). Inhaltlich jedoch hat sich diese Sphäre gegenüber dem Staat emanzipiert – und deshalb heißt es zu Beginn, der absolut freie Geist bringe »eine andre Welt hervor; eine Welt, welche die G e s t a l t seiner selbst hat; wo sein Werk vollendet in sich ist, und er zur Anschauung s e i n e r als s e i n e r gelangt.« Vom »daseyenden Geist« der sittlichen Welt unterscheidet sich diese »andre Welt« als »wissender Geist«, und sein Wissen hat in Relation zu den subjektiven Formen »Anschauung«, »Vorstellung« und »begreifendes Denken« die dreifache Gestalt der Kunst, Religion und Philosophie – wobei jedoch der Trias des absoluten Geistes entwicklungsgeschichtlich gesehen der Primat vor derjenigen des subjektiven Geistes zukommt.

Schon hier verfügt Hegel über die Skizze eines Systems der Künste – von der Plastik über die Malerei und die Poesie zur Musik –, und auch die Hierarchie der Formen des absoluten Geistes liegt bereits fest. Zwar heißt es »Die absolute Kunst ist die, deren Inhalt der Form gleich ist« – doch eben diese Forderung kann die Kunst für Hegel nicht einlösen. Sie »erzeugt die Welt als geistige« – aber ihr Element, die Anschauung, ist dem Geist unangemessen; sie kann deshalb »nur einen beschränkten Geist geben«. Die Schönheit ist Form – aber sie ist nur Form: eine »Taüschung der absoluten Lebendigkeit«; die dargestellte Unendlichkeit ist nur »gemeynte Unendlichkeit«. Gegen die Verbindung von Schönheit und Wahrheit, wie sie sowohl Schiller in *Die Künstler* (Nationalausgabe. I.202) als auch Schelling im *Bruno* (SW I/4.226 f.,220) knüpfen, wendet Hegel lapidar ein: »die Schönheit ist vielmehr der Schleyer, der die Wahrheit bedeckt, als die Darstellung derselben«. Und die für die Kunst charakteristische Diskrepanz von schöner Form und beschränktem Inhalt läßt sich auch nicht durch die Reduktion von Kunst auf die bloße Form und den Verzicht auf den Inhalt überwinden: denn »diesen Inhalt lassen sich die Menschen nicht nehmen«. Und so ist die Kunst in ihrer Wahrheit Religion: »Wissen des a b s o l u t e n Geistes von sich als absolutem G e i s t e« (GW 8.277–280).

(7) »In der Religion aber wird der Geist sich Gegenstand, als absolut allgemeines, oder als Wesen aller Natur [, des] Seyns und Thuns, und in d e r G e - s t a l t des unmittelbaren Selbsts«. Diesen Begriff der Religion gewinnt Hegel an der christlichen, der »absoluten Religion«. Denn wie im staatlichen Leben, so gilt jetzt auch im religiösen die griechische Welt als durch ein inferiores Prinzip bestimmt. In der mytho-logischen »schönen Religion« herrsche zwar nicht mehr die »Naturmacht, worin das Selbst nur nichtig ist«, doch ihr Gehalt sei »ein Spiel, das des Wesens nicht würdig, ohne G r ü n d l i c h k e i t und T i e f e ist, wo das T i e f e das u n b e k a n n t e S c h i c k - s a l ist. D i e a b s o l u t e R e l i g i o n a b e r i s t d a s T i e f e, d a s z u T a g e h e r a u s g e t r e t e n – diß Tiefe ist das Ich – es ist der Begriff, die absolute reine Macht.«

Doch schon diese Rede vom »Ich« macht deutlich, daß Hegels neue geistesphilosophische Interpretation der christlichen Religion sich unmittelbar in einer Spannung zu deren traditionellem Verständnis expliziert: »Die absolute Religion ist diß Wissen – d a ß G o t t d i e T i e f e d e s s e i n e r s e l b s t g e w i s s e n G e i s t e s i s t, – dadurch ist er das Selbst aller – Es ist das Wesen das reine Denken, – aber d i e s e r A b s t r a c t i o n e n t ä u s s e r t, i s t e r w i r k l i c h e s S e l b s t; e r i s t e i n M e n s c h, d e r g e m e i n e s r a ü m l i c h e s u n d z e i t l i c h e s D a s e y n h a t – u n d d i e s e r e i n z e l n e s i n d a l l e E i n z e l n e n – d i e g ö t t l i c h e N a t u r i s t n i c h t e i n e a n d r e a l s d i e m e n s c h l i c h e«. Und dieser »Entäüsse-

rung« des abstrakten göttlichen Wesens korrespon-diert die Entäußerung des Menschen: eine vollstän-dige Entäußerung nicht allein der Bildung und des sinnlichen Daseins, sondern »der ganzen Wirklich-keit« – eine Zuspitzung, die Hegel später (GW 17.277) an der Differenz zwischen stoischer und christlicher, aus dem »unendlichen Schmerz« her-vorgehender Freiheit erläutert.

Es ist somit die dem Geistbegriff analoge Struktur der christlichen Religion, die sie zur »absoluten« macht. Ihr Gedanke der Menschwerdung Gottes ist ein in Vorstellungsform gekleideter spekulativer Ge-danke: »Der Gedanke – Innre Idee – der absoluten Religion ist diese speculative Idee, daß das Selbst, das Wirkliche, Denken ist; – Wesen und Seyn dasselbe, – und diß so gesetzt, daß G o t t, d a s j e n s e i t i g e a b s o l u t e W e s e n, M e n s c h g e w o r d e n – die-ser w i r k l i c h e« – aber ebenso als Wirklichkeit in den Geist der Gemeinde aufgehoben ist. Der Inhalt des reinen Bewußtseins wird vorgestellt in der im-manenten Trinitätslehre, wie die Vermittlung dieses reinen Bewußtseins und der Welt in der ökonomi-schen Trinitätslehre: »das a n s i c h s e y e n d e Wesen; d. h. GOTT TRITT IN der Natur auf – als w i r k - l i c h e s; alles Jenseits ist entflohen« (so ist statt GW 8.283,4–6 zu lesen).

Wie die Deutung der Kunst, so impliziert auch die geistesphilosophische Religionsdeutung nicht allein eine vielleicht ungewöhnliche Akzentuierung, son-dern mit der Affirmation der Religion zugleich ihre Kritik: Die religiösen Lehren sind »eine Vorstellung für das Bewußtseyn«, und der Kultus ist »die Er-greiffung jener Vorstellung«. Doch es ist nicht für die Religion, daß sie solches Wissen in Form von Vorstellung ist. Sie ist »der vorgestellte Geist, das Selbst das sein reines Bewußtseyn und sein wirk-liches nicht zusammen bringt, dem der Inhalt von jenem in diesem als ein anderes gegenübertritt«. Deshalb kann sie dem Inhalt dieses reinen Bewußt-seins auch nicht gerecht werden. Sie ist »der denken-de Geist, der sich aber n i c h t s e l b s t denkt«; ihr In-halt ist »nur gesagt nicht eingesehen – nicht Begriff, nicht Selbst«. Daraus resultiert ihre Ambivalenz: Ei-nerseits trennt sie die »Reiche der Wirklichkeit und des Himmels« und findet die Versöhnung nur im »Jenseits dieser Welt«, nicht in der Gegenwart. An-dererseits schlägt diese Diskrepanz in den »Fanatis-mus der Kirche« um, »das Ewige, das Himmelreich als solches auf Erden einführen zu wollen, d. h. der Wirklichkeit des Staates entgegen« – weil sie nicht bedenkt, daß eben der Staat »die W i r k l i c h k e i t d e s H i m m e l r e i c h s« ist. Der Religion fällt beides auseinander, sie ist der Geist in der Form des Mißverständnisses seiner selbst; ihr Inhalt »ist wohl w a h r ; aber diß W a h r s e y n ist eine Versicherung – ohne Einsicht.« (GW 8.280–286)

(8) »Diese Einsicht ist die Philosophie, absolute W i s s e n s c h a f f t «. Hier ist somit der Ort im System, an dem die Philosophie sich selbst zum Gegenstand wird – doch wie später im Schlußabschnitt der *Enzyklopädie,* so weiß Hegel auch hier nicht viel über sie zu sagen. Er bestimmt ihren Begriff im Rückblick teils auf das »Volk«, vor allem aber auf die Religion, und dies in der bereits habituellen eschatologiekritischen Wende: Sie ist ein »Wissen des absoluten Geistes« im Begriff; sie zielt nicht auf »eine a n d r e Natur«, eine »u n g e g e n w ä r t i g e Einheit«; sie ist »nicht eine Versöhnung, deren Genuß und Daseyn jenseits und zukünftig ist, sondern h i e r – h i e r ERKENNT Ich das Absolute« (GW 8.286 f.).

(9) In diesem Abschnitt über die Philosophie ist jedoch eine, für die Entwicklung der Systemkonzeption Hegels sehr wichtige Skizze versteckt. Zu »Form des B e g r i f f s « führt Hegel aus: »α) speculative Philosophie absolutes S e y n, das sich andres, (Ve r h ä l t n i ß wird) Leben und Erkennen – und wissendes Wissen, Geist, Wissen des Geistes von sich«. Diese knappe Skizze hat besonderes Interesse erweckt und eine ausführliche Debatte ausgelöst (Schäfer 2001, 159–176) – denn sie hat eine Schlüsselstellung für das Wissen um Hegels damalige Logik-Konzeption, vor allem aber um deren Verhältnis zur *Phänomenologie des Geistes.* Von ihr sagt Hegel, daß ihre Gestalten jeweils einem Begriff der Logik entsprächen – wobei er unausgesprochen läßt, auf welche Logik-Konzeption er sich bezieht – schwerlich auf die des *Systementwurfs II,* aber auch nicht auf die noch gar nicht ausgearbeiteten der Bamberger und Nürnberger Jahre, und der *Systementwurf III.* Sie ermöglicht – eigentlich bloß eine Realphilosophie – enthält keine Logik. So ist es plausibel, die Logik der *Phänomenologie* von dieser Skizze aus zu erschließen und Argumente für die Konsistenz ihres Baus zu gewinnen.

Weniger Aufmerksamkeit gefunden hat der nicht weniger wichtige Hinweis, mit dem Hegel diese Geistesphilosophie schließt, obschon auch er auf die *Phänomenologie* vorausweist: der Hinweis auf die Entzweiung des Geistes in die Natur und in Wissen von sich, in sich als »r u h e n d e s Kunstwerk – das s e y - e n d e U n i v e r s u m, und die We l t g e s c h i c h t e.« Diese Entzweiung liegt dem Prozeß des Geistes zu Grunde: Denn das seiende Universum ist »unmittelbar frey vom Geiste – aber muß zu ihm zurückkeh-

ren«. Die Weltgeschichte ist die Bewegung des Geistes, diese Entzweiung zu vermitteln: »In ihr hebt sich diß auf, daß nur a n s i c h die Natur und Geist ein We s e n ist – der Geist wird zum Wissen derselben.« (GW 8.286 f.)

Partieller Erstdruck: R 193–198. – **Erstdruck:** Jenenser Realphilosophie II. Die Vorlesungen von 1805/06. Aus dem Manuskript hg. von Johannes Hoffmeister. Leipzig 1931. – **Text:** GW 8. – **Literatur:** Kimmerle: Problem der Abgeschlossenheit des Denkens (1970), 162–165; Düsing: Problem der Subjektivität (1976), 156–189; Wildt: Autonomie und Anerkennung (1982), 343–370; Jaeschke: Vernunft in der Religion (1986), 191–198; Schnädelbach: Hegels praktische Philosophie (2000), 117–162; Schäfer: Dialektik und ihre besonderen Formen (2001), 164–176.

4.7 Phänomenologie des Geistes

Mit der *Phänomenologie des Geistes* stellt Hegel sich, nach mehrfachen uneingelösten Publikationsankündigungen, den Zeitgenossen erstmals als Philosoph vor – nicht nur als scharfsinniger Analytiker der *Differenz des Fichte'schen und Schelling'schen Systems der Philosophie,* sondern als gleichrangiger Denker, der sich mittels eines eigenen »Systems« ausweist. Doch der Zeitpunkt ihres Erscheinens, das Frühjahr 1807, wenige Monate nach der Besetzung Jenas durch die Franzosen, ist denkbar ungünstig: Die Kriegshandlungen dauern an, die Universität Jena ist zwar wieder geöffnet, doch ist sie von Professoren und Studenten entblößt; ihre große Epoche ist vorüber. Und auch die philosophische Diskussion, in die Hegels Werk eingreifen sollte, ist bei dessen Erscheinen verstummt: die Furie des Widerlegens, die ein ›System‹, das doch selbst kaum erschienen war, sogleich durch das nächste verdrängte, so daß Jean Paul in seinen *Politischen Fastenpredigten* dazu geraten hat, jeweils sechs bis acht solcher Systeme zusammenkommen zu lassen, das widerlegende früher als die widerlegten zu lesen und sich durch dieses Rückwärtslesen so glücklich zu e n t zaubern, wie sich die Hexen durch das Rückwärtsbeten des Vaterunser b e zaubern lassen (SW I/14.286). Kant ist 1804 verstorben, Novalis bereits 1801, und Fichte, Schelling, Hegel wie auch Schlegel und Schleiermacher lehren nicht mehr an Universitäten. Fichte produziert zwar rastlos neue Entwürfe seiner »Wissenschaftslehre«, ohne sie jedoch zu veröffentlichen, und Schelling wendet sich zwei Jahre später sehr dezidiert gegen den »Idealismus« und damit implizit gegen seine eigenen Anfänge (SW I/ 7.333–352), bevor er für Jahrzehnte fast völlig verstummt. Jedoch läßt sich dieser

Situation auch eine symbolische Seite abgewinnen: Hegels Werk erscheint – zumindest für die philosophische Öffentlichkeit – nicht so sehr als eine Variante der vorangegangenen Philosophie, sondern als neuer Anfang, ja als »wahre Geburtsstätte und Geheimnis der Hegelschen Philosophie« (Marx, MEW Ergänzungsband 1.571) – was ihre zeitgenössische Rezeption allerdings zusätzlich erschwert hat.

Für Hegel selber wie auch für die gegenwärtige Forschung bildet die *Phänomenologie* hingegen die Frucht der Systementwicklung der Jenaer Jahre. Dennoch hat sie eine eigentümliche Stellung in der Entwicklungsgeschichte der Hegelschen Philosophie überhaupt: Sie ist gleichsam ein ›erratischer Block‹, der sich nicht als Moment in die lineare Systementwicklung integrieren läßt. Man kann die Entwicklung des Hegelschen Denkens – der Logik wie auch der Natur- und Geistesphilosophie – im Übergang von Jena nach Bamberg und Nürnberg rekonstruieren, ohne die *Phänomenologie* auch nur zu erwähnen. Doch dies macht sie keineswegs überflüssig; es unterstreicht vielmehr ihre Eigenständigkeit und ihren außergewöhnlichen Rang.

Bis an die Schwelle der gegenwärtigen Rezeptionsphase seit Beginn der 1960er Jahre hat diese Sonderstellung der *Phänomenologie* dazu verleitet, in ihr eine eigenständige Systemgestalt neben dem späteren *enzyklopädischen* zu sehen – vielleicht sogar die bessere, noch nicht durch die spätere ›Begriffsscholastik‹ belastete Alternative, wenn nicht überhaupt die eigentlich produktive und geniale, ja ›faustische‹ Gestalt der Hegelschen Philosophie. Ungeachtet ihrer Unangemessenheit hat diese Deutung der *Phänomenologie* als eigenständiger Systemgestalt ihre Wirkungsgeschichte im Marxismus, im französischen Existentialismus und im Neuhegelianismus stark geprägt; sie ist hier jedoch nicht darzustellen (vgl. zuletzt Siep 2000, 259–268, Weckwerth 2000, 13,103–127).

Erstdruck: Bamberg 1807. – **Text:** GW 9. – **Literatur:** Jean Paul: Politische Fastenpredigten. In ders.: Sämtliche Werke. Historisch-kritische Ausgabe. Abt. I, Bd. 14. Weimar 1939, 286; Karl Marx: Ökonomisch-philosophische Manuskripte. MEW Ergänzungsband 1. Berlin 1968; Haym: Hegel und seine Zeit (1857), 232–260; Hans-Georg Gadamer (Hg.): Hegel-Tage Royaumont 1964. HSB 3 (1966); Pierre-Jean Labarrière: Structures et mouvement dialectique dans la »Phénoménologie de l'Esprit« de Hegel. Paris 1968; Werner Becker: Hegels Phänomenologie des Geistes. Eine Interpretation. Stuttgart 1971; Hans Friedrich Fulda / Dieter Henrich (Hg.): Materialien zu Hegels »Phänomenologie des Geistes«. Frankfurt am Main 1973; Otto Pöggeler: Hegels Idee einer Phänomenologie des Geistes. Freiburg / München 1973, ²1993; Reinhold Aschenberg: Der Wahrheitsbegriff in Hegels »Phänomenologie des Geistes«. In: Klaus

Hartmann (Hg.): Die ontologische Option. Studien zu Hegels Propädeutik, Schellings Hegel-Kritik und Hegels Phänomenologie des Geistes. Berlin / New York 1976, 211–308; Eugen Fink: Phänomenologische Interpretationen der »Phänomenologie des Geistes«. Frankfurt am Main 1977; Claus-Artur Scheier: Analytischer Kommentar zu Hegels Phänomenologie des Geistes. Die Architektonik des erscheinenden Wissens. Freiburg / München 1980, ²1986; Ulrich Claesges: Darstellung des erscheinenden Wissens. Systematische Einleitung in Hegels Phänomenologie des Geistes. HSB 21 (1981); Michael N. Forster: Hegel's Idea of a Phenomenology of Spirit. Chicago / London 1993; Terry Pinkard: Hegel's Phenomenology. The Sociality of Reason. Cambridge, Melbourne 1994; Gustav-H. H. Falke: Begriffne Geschichte. Das historische Substrat und die systematische Anordnung der Bewußtseinsgestalten in Hegels Phänomenologie des Geistes. Interpretation und Kommentar. Berlin 1996; Henry S. Harris: Hegel's Ladder. 2 Bde. Indianapolis 1997; Robert B. Pippin: Hegel's Idealism. The Satisfaction of Self-Consciousness. Cambridge / New York 1997; Dietmar Köhler / Otto Pöggeler (Hg.): Hegel. Phänomenologie des Geistes. Berlin 1998; Jon Bartley Stewart (Hg.): The Phenomenology of Spirit Reader. Critical and Interpretive Essays. Albany 1998; Siep: Weg der »Phänomenologie des Geistes« (2000), 63–258; Weckwerth: Metaphysik (2000); Arndt / Bal / Ottmann (Hg.): Phänomenologie des Geistes. T. 1. HJb 2001. Berlin 2002; Hegels ›Phänomenologie des Geistes‹ heute. Hg. von Andreas Arndt / Ernst Müller. Berlin 2004; Klaus Vieweg / Wolfgang Welsch (Hg.): Hegels Phänomenologie des Geistes. Ein kooperativer Kommentar zu einem Schlüsselwerk der Moderne. Frankfurt a. M. 2008; Hoffmann (Hg.): Hegel als Schlüsseldenker der modernen Welt (2009); Birgit Sandkaulen u. a. (Hg.): Gestalten des Bewußtseins. Genealogisches Denken im Kontext Hegels. Hamburg 2009, HSB 52; Brendan Theunissen: Hegels Phänomenologie als metaphilosophische Theorie. Hegel und das Problem der Vielfalt philosophischer Theorien. Eine Studie zur systemexternen Rechtfertigungsfunktion der Phänomenologie des Geistes. Hamburg 2014; Pirmin Stekeler-Weithofer: Hegels Phänomenologie des Geistes. 2 Bde. Hamburg 2014.

4.7.1 Werkgeschichte und systematische Funktion

(1) Rosenkranz berichtet, Hegel habe in seinen Einleitungen zur Logik und Metaphysik »den Begriff der Erfahrung, welche das Bewußtsein von sich selbst macht«, entwickelt, und hieraus sei »seit 1804 die Anlage zur Phänomenologie« entsprungen (R 202,214). Das erste Zeugnis für die Arbeit an der späteren *Phänomenologie* bietet das Fragment *Das absolute Wissen*, das nach dem Mai 1805 geschrieben ist (GW 9.465) – vermutlich bald danach, da der Druck der *Phänomenologie* bereits im Februar 1806 begonnen worden ist (an Niethammer, 6.8.06) –, und auch in der gleichzeitigen *Geistesphilosophie* (1805/06) ist – nicht weiter konkretisiert – von der

»Erfahrung des Bewußtseyns« die Rede (GW 8.196). Zu Beginn des Druckes geht Hegel noch davon aus, sein gesamtes »System« in diesem Buch zu veröffentlichen, denn er kündigt für den Sommer 1806 an: »Philosophiam speculativam s. logicam ex libro suo: System der Wissenschaft, proxime proditura«. Hier sind jedoch weder der spätere Titel noch die Gliederung in zwei oder mehr Teile erwähnt.

Rosenkranz berichtet sodann, Hegel habe im Sommer 1806 bereits die *Phänomenologie* vorgetragen und seinen Hörern einzelne Druckbogen ausgehändigt, und ferner: »Hegel's Auszug aus dem Ganzen, den er zum Behuf des Vortrags machte, ist noch vorhanden. Er verknüpfte die Phänomenologie in der Weise mit der Logik, daß er jene als Einleitung zu dieser nahm und aus dem Begriff des absoluten Wissens unmittelbar zu dem des Seins überging.« (R 214) Während des Sommers ist Hegels Manuskript jedoch noch nicht vollendet; erst am 20.10.06 hat er die letzten Bogen an den Verlag gesandt (an Niethammer, 18.10.06) – und auch sie wohl noch ohne die »Vorrede«.

Erst zu diesem Zeitpunkt wird das Werk den endgültigen Titel erhalten haben. Denn im Sommer kündigt Hegel für den Winter 1806/07 noch an: »Logicam et Metaphysicam s[ive] philosophiam speculativam, praemissa Phaenomenologia mentis ex libri sui [!]: System der Wissenschaft, proxime proditura parte prima«. Damit ist zwar bereits das Stichwort »Phänomenologie« genannt, doch geht Hegel noch davon aus, daß dieser erste Teilband seines »Systems« im wesentlichen »Logik und Metaphysik« enthalten, und die »Phänomenologie« nur »vorausgeschickt« werde. Daß Hegel nicht mehr mit dem Einschluß auch der Natur- und Geistesphilosophie rechnet, folgt aus seiner Ankündigung, diese Disziplinen »ex dictatis« zu lesen. In der Selbstanzeige seines Buches – in der nun von ihm redigierten *Bamberger Zeitung* vom 25.11.07 – heißt es schließlich, der zweite Band werde »das System der Logik als speculativer Philosophie, und der zwey übrigen Theile der Philosophie, die Wissenschaften der Natur und des Geistes enthalten« (GW 9.447).

Doch nicht allein die Amputation des *Systems der Wissenschaft* zur – eigentlich nur vorauszuschickenden – *Phänomenologie* fällt in die Zeit des Drucks; Hegel ändert auch den Titel dieses ersten Teils. Dessen ursprünglicher (zwischen »Vorrede« und »Einleitung« stehender) Zwischentitel lautet: »Wissenschaft der Erfahrung des Bewußtseyns« – eine Formulierung, die erst in der »Einleitung« gerechtfertigt

wird (GW 9.61). Erst nach dem Druck des gesamten Werkes einschließlich der Vorrede, also erst Anfang 1807, läßt Hegel diesen Titel durch »I. Wissenschaft der Phänomenologie des Geistes« austauschen – eine Anweisung, die jedoch nicht alle Buchbinder befolgt haben, so daß einige Exemplare beide Titelblätter enthalten (GW 9.51,444,469–471). Dies ist zwar verwirrend, doch impliziert der Wechsel des Titels keine Konzeptionsdifferenz: »Erfahrungsgeschichte und Phänomenologie sind eher zwei Aspekte derselben Sache als zwei Methoden, die verschiedene Teile des Buches charakterisierten.« (Siep 2000, 63).

(2) Fraglos hat der zeitliche und schließlich auch der politische Druck, unter dem Hegel die *Phänomenologie* geschrieben hat, seine Spuren im Werk hinterlassen. Im Brief an Schelling vom 1.5.07 spricht Hegel selber sich hierüber rückhaltlos aus: »Das Hineinarbeiten in das Detail hat, wie ich fühle, dem Ueberblick des Ganzen geschadet; dieses aber selbst ist, seiner Natur nach, ein so verschränktes Herüber- und Hinübergehen, daß es selbst, wenn es besser herausgehoben wäre, mich noch viele Zeit kosten würde, bis es klarer und fertiger dastünde. – Daß auch einzelne Partien noch mannigfaltiger Unterarbeitung, um sie unterzukriegen, bedürften, brauche ich nicht zu sagen, Du wirst es selbst nur zu sehr finden. – Die größere Unform der letztern Partien [betreffend] halte Deine Nachsicht auch dem zugute, daß ich die Redaktion überhaupt in der Mitternacht vor der Schlacht bei Jena geendigt habe.«

Die hierin schwingenden Befürchtungen hinsichtlich der Rezeption sind sehr berechtigt gewesen: Fries schreibt an Jacobi, Hegels Werk sei »seiner Sprache wegen mir fast ungenießbar«; Hegel wolle »eine allgemeine philosophische Geschichte des menschlichen Geistes oder der Vernunft geben. Diese ist völlig Schellings Naturphilosophie nur auf der Seite der Geistes ausgeführt, auf die Schelling in der Regel nie hat hinüber kommen können.« Schelling hingegen schreibt recht verächtlich an Windischmann, ihn verlange zu sehen, »wie Sie den Weichselzopf entwirrt haben; hoffentlich haben Sie diesen nicht von der gottesfürchtigen Seite genommen, so unrecht es wäre, ihm andrenteils die Art hingehen zu lassen, womit er, was seiner individuellen Natur gemäß und vergönnt ist, zum allgemeinen Maß aufrichten will« – analog zu dem Vorwurf Friedrich Schlegels, Jacobi verwechsle die »Friedrich-Heinrich-Jakobiheit« mit der »Menschheit« (PLS 1/1.263). Anders als Fries hat Jean Paul diese Distanz Hegels zu Schelling empfunden; Hegel habe ihn überrascht »durch seine Klarheit, Schreibart, Freiheit und Kraft; auch er hat sich vom

Vater-Polypen Schelling abgelöset; wiewohl man alle diese nach einander abgehenden Arm- und Kopf-polypen leicht wieder in den Vater-Polypen stecken kann.« (HBZ 87–89)

(3) Diese von der Entstehungsgeschichte hinter-lassenen Spuren, aber auch das Problem der zweifa-chen Gliederung des Werkes durch römische Ziffern bzw. Großbuchstaben und schließlich die spätere Einbeziehung einer – stark verkürzten – »Phäno-menologie des Geistes« in die Philosophie des subjekti-ven Geistes in den drei Fassungen der *Enzyklopädie* haben seit dem Neuhegelianismus zu unzutreffen-den Hypothesen über die ursprüngliche Konzeption, über angebliche Brüche und nachträgliche Erweite-rung der *Phänomenologie* geführt. Diese Irrwege der werkgeschichtlichen Deutung sind inzwischen er-kannt (s. Pöggeler und Fulda); sie sind hier nicht nachzuzeichnen.

Für die Ursprünglichkeit der 1807 verwirklichten Konzeption sprechen – neben dem Fehlen von Bele-gen für eine nachträgliche Erweiterung und zahlrei-chen positiven Hinweisen des Textes selbst – Rosen-kranz' Bericht, Hegel sei im Sommer 1806 vom »Ab-soluten Wissen« zum »Sein« der Logik übergegan-gen, sowie die neueren Untersuchungen zur »Logik« der *Phänomenologie*. Hegel behauptet ja an deren Ende, »jedem abstracten Moment der Wissenschaft« (also der Logik) entspreche »eine Gestalt des erschei-nenden Geistes« (GW 9.432). Diese Auskunft hat die Forschung zunächst insofern ebenfalls irregeführt, als Hegels damalige Logikkonzeption ja nicht allein in raschem Wandel begriffen ist, sondern im Um-bruch von der Trennung von Logik und Metaphysik zur einheitlichen metaphysischen Logik. Deshalb können weder die frühere Konzeption von 1804/05 noch die späteren der frühen Nürnberger Zeit oder gar diejenige der *Wissenschaft der Logik* zur Erläute-rung der internen Logik der *Phänomenologie* heran-gezogen werden; am nächsten kommt ihr die knappe Systemskizze im *Systementwurf III*. Sie ermöglicht es, den Gesamtaufriß der »Gestalten« der *Phäno-menologie* auf die Struktur der Logik abzubilden (s. Kap. II.4.6.7). Dies ist allerdings nicht überraschend, denn Hegel hat sie parallel zum Druck der *Phäno-menologie* und wohl im Blick auf sie niedergeschrieben – doch ist keine Logik bekannt, die diese Skizze reali-sierte. Sie bildet eher eine Abstraktion von der *Phä-nomenologie* denn einen Grundriß für ihre Kon-struktion.

(4) Die zentrale Frage an die *Phänomenologie* ist deshalb nicht die Frage nach derartigen Überein-stimmungen, sondern die Frage nach ihrem Status

im und ihrer Funktion für das »System«. Laut Rosen-kranz' Bericht (R 214) und Hegels Brief an Schelling (1.5.07), nicht aber nach dem Text der *Phänomenolo-gie*, ist sie »Einleitung« in das System, und somit steht sie eigentlich außerhalb desselben; laut Titelblatt und Zwischentitel ist sie hingegen selber erster Teil des Systems. Die Zuschreibung einer derartigen Ambi-valenz ist ein Charakteristikum der Jenaer Entwürfe Hegels; sie läßt sich über den *Systementwurf II* bis in seine erste Skizze vom Winter 1801/02 zurückverfol-gen – doch dort kommt diese Doppelfunktion der Logik zu: Als erster Systemteil dient sie zugleich der Einleitung in das System, näher in die Metaphysik (s. Kap. II.4.6.1). Indem die Logik jedoch ihren Charak-ter wandelt und schrittweise die Metaphysik als die eigentlich spekulative Wissenschaft verdrängt und ersetzt, kann sie die Funktion der Einleitung nicht mehr wahrnehmen.

Diese Vakanz bildet jedoch keinen hinreichenden Grund für die Ausarbeitung eines neuen Systemteils, für den es zudem keinerlei Vorbild gibt. Die Notwen-digkeit einer Rechtfertigung, einer Begründung der »Wissenschaft« spricht Hegel in »Vorrede« und »Einleitung« übereinstimmend aus – trotz des Schei-terns sowohl des Kantisch-Fichteschen System-gedankens der Begründung der Wissenschaft auf e i n Prinzip, e i n e n absolut ersten Grundsatz (s. Kap. II.4.3.2), als auch von Reinholds späterem Ver-such des Anfangs mit einem hypothetischen und problematischen Wahren (s. Kap. II.4.3.5) als schließlich von Schellings Berufung auf die »intellek-tuelle Anschauung« (SW I/4.368). Die Differenz zwi-schen dem Wissen des »natürlichen Bewußtseins«, des unmittelbaren Daseins des Geistes, und der »Wissenschaft« nötigt diese dazu, über ein »trocke-nes Versichern« hinauszugehen und ihren Wahr-heitsanspruch unter Beweis zu stellen – denn das un-mittelbare Selbstbewußtsein ist ein »Absolutes«: Es hat »absolute Selbstständigkeit«, ist »absolute Form« und hat »unbedingtes S e y n« (GW 9.23). Die »Wis-senschaft« kann deshalb nicht mit sich selbst und ei-nem Appell an das unmittelbare Selbstbewußtsein beginnen, sich zu ihr zu erheben. Sie muß den Nach-weis führen, daß das natürliche Bewußtsein die Be-wegung zum wahren Wissen an ihm selbst hat und durch seine immanente Bewegung »zum wahren Wissen dringt« (GW 9.55) – daß die aufgezeigte Be-wegung seine eigene Bewegung ist: »Diß Werden der W i s s e n s c h a f t überhaupt, oder des W i s s e n s, ist es, was diese P h ä n o m e n o l o g i e des Geistes, als der erste Theil des Systems derselben, darstellt.« (GW 9.24) Und dieser »Weg, wodurch der Begriff des Wissens erreicht wird«, kann nicht beliebig sein, so daß die »Wissenschaft« zu einem zufälligen Fund würde. Er erhält seine Richtung und Bestimmtheit durch die Denkbestimmungen »und wird durch sie gleichfalls ein nothwendiges und vollständiges Werden, so daß diese Vorbereitung aufhört, ein zufälliges Philosophiren zu seyn, […] sondern dieser Weg wird durch die Bewegung des Begriffs die vollständige Weltlichkeit des Bewußtseyns in ihrer Nothwendigkeit umfassen.« (GW 9.28 f.) »Die Wissenschaft dieses Wegs ist Wissenschaft der E r f a h r u n g, die das Bewußtseyn macht« (GW 9.29,61). Sofern die *Phänomenologie* diesen Weg als »Darstellung des erscheinenden Wissens« nachzeichnet, steht sie außerhalb der immanenten Entfaltung der Wissenschaft; sofern dieser Weg aber selber ein notwendiger und damit im Element der Wissenschaft ist, steht auch sie nicht außerhalb des »Systems der Wissenschaft«, sondern bildet ihren ersten Teil.

(5) Der Weg des natürlichen Bewußtseins zur Wissenschaft aber ist ein Weg nicht der naiven oder feierlichen Erhebung, sondern ein Weg der Zerstörung und des Zweifels – und nicht bloß des Zweifels an dieser oder jener vermeintlichen Wahrheit, sondern der »Weg der Verzweiflung«. Er erweist »die Unwahrheit des erscheinenden Wissens« überhaupt. Darin berührt er sich mit der Skepsis – denn auch der antike Skeptizismus zerstört die vermeintlichen Wahrheiten des natürlichen Bewußtseins (s. Kap. II.4.5.4): »Der sich auf den ganzen Umfang des erscheinenden Bewußtseyns richtende Skepticismus macht […] den Geist erst geschickt zu prüffen, was Wahrheit ist, indem er eine Verzweiflung an den sogenannten natürlichen Vorstellungen […] zustande bringt.« Doch in der Perspektive der *Phänomenologie* fällt der Skeptizismus schließlich selber in die Reihe der unwahren Bewußtseinsgestalten, denn er gelangt bei seiner Aufhebung des unwahren Bewußtseins immer nur zum reinen Nichts und abstrahiert davon, »daß diß Nichts, bestimmt das Nichts d e s - s e n ist, w o r a u s e s r e s u l t i r t«, also »bestimmte Negation« und somit eine neue in der Reihe der Bewußtseinsgestalten. Deshalb ist er für sich genommen auch nicht als Einleitung brauchbar, und die *Phänomenologie* ist erst der wahrhafte, der »sich vollbringende Skepticismus« (GW 9.56 f.)

Hegel reklamiert diesen Begriff des Skeptizismus für seine Position nicht, um sich in die antike Tradition zu stellen. Wie schon im *Skeptizismus-Aufsatz* empfiehlt er sein Verfahren als die bessere Alternative gegenüber dem zeitgenössischen Skeptizismus Gottlob Ernst Schulzes (s. Kap. II.4.5.4). Von ihm ist zwar

nicht explizit die Rede. Hegel antwortet jedoch ersichtlich auf den Spott, den Schulze in seinen anonymen *Aphorismen über das Absolute* über Schellings Begriffe des Absoluten und der »intellektuellen Anschauung« ergießt – und zwar nicht durch eine ebenso spöttische Zurückweisung, sondern durch eine veränderte Konzeption, die auch Züge einer Selbstrevision trägt. Schulzes Ironie, das Absolute der Identitätsphilosophie sei »die lauterste Einfachheit und reinste Einheit, in der nichts von einander unterschieden werden kann« (PLS 2/1.344), verstärkt Hegel durch seine Invektive gegen »die Naivität der Leere an Erkenntniß«, das Absolute »für die Nacht auszugeben, worin, wie man zu sagen pflegt, alle Kühe schwarz sind« (GW 9.17). Schulze ironisiert die von der Identitätsphilosophie angepriesene Erkenntnis des Absoluten als eine »Verklärung des Geistes vermittelst seiner Versenkung in das Absolute« (PLS 2/1.350); Hegel repliziert, indem er den Begriff der Substanz durch die Einbeziehung der Reflexion konkretisiert und zugleich dynamisiert: das Element der Philosophie habe »seine Vollendung und Durchsichtigkeit selbst nur durch die Bewegung seines Werdens«; die Substanz des Geistes sei zwar »die v e r - k l ä r t e W e s e n h e i t«, jedoch als »die Reflexion, die selbst einfach oder die Unmittelbarkeit ist« (GW 9.22). Von der Philosophie als der »Tochter des Himmels« spottet Schulze, die »irdischen Dinge« bildeten keine »Leiter, auf der man zu ihr nach und nach emporsteigen könnte« (PLS 2/1.350); Hegel räumt ihm ein, das Individuum habe »das Recht zu fordern, daß die Wissenschaft ihm die Leiter wenigstens zu diesem Standpunkte reiche« (GW 9.23; vgl. Meist 1993). So sucht Hegel (nach Rosenkranz: seit 1804), berechtigte Momente der skeptischen Kritik an der Identitätsphilosophie (aus dem Jahre 1803) in seinen Ansatz zu integrieren, um dem skeptischen Vorstoß die Spitze abzubrechen. Denn erst diejenige »Wissenschaft«, die den Skeptizismus nicht außer sich hat, sondern sich auf dem Fundament des »durchgeführten« oder »vollbrachten Skepticismus« ([1]§ 36) erhebt, kann sich vor dessen Angriffen sicher wissen.

Durch diesen Kontext der Auseinandersetzung zwischen Identitätsphilosophie und Skeptizismus um den Begriff des Absoluten sind fraglos einige zeitspezifische Momente in die *Phänomenologie,* vor allem aber in die »Vorrede« zu ihr eingegangen. Am Ende seines Lebens, bei der Vorbereitung der zweiten Auflage der *Phänomenologie,* hat Hegel sich hierüber Rechenschaft abgelegt, in einer *Notiz zur Überarbeitung des Werkes von 1807*: »Eigenthümliche frühere Arbeit, nicht Umarbeiten, – auf die damalige Zeit der

Abfassung bezüglich – in Vorrede: d a s a b s t r a c t e
A b s o l u t e – herrschte damals« (GW 9.448). Hiermit bezieht er sich auf seine frühere Polemik gegen
die »Eintönigkeit und die abstracte Allgemeinheit für
das Absolute« (GW 9.17). Diese Zeitbedingtheit gilt
jedoch nicht für den Text der *Phänomenologie* insgesamt, sondern für die »Vorrede«. Auch die *Notiz
zur Überarbeitung des Werkes von 1807* ist als ›Notiz
für eine neue Vorrede‹ zu verstehen – wie es ja auch in
ihrer ersten Zeile heißt: »n[eu]e Vorrede« (statt »re.
Vorrede«, GW 9.448). Auch Hegels Freund Johannes
Schulze berichtet – unter Berufung auf diese *Notiz*
wie auch auf Gespräche –, die Überarbeitung, die Hegel noch begonnen habe, sollte den Text »im Wesentlichen unverändert lassen und nur im Einzelnen, wo
ihm der Ausdruck weniger angemessen, oder die
Gliederung der Sätze nicht deutlich genug hervorzu-
treten schien, der Darstellung durch leichte Aen-
derungen nachzuhelfen suchen.« (GW 9.478; s. den
Auflagenvergleich, GW 9.9–26)

(6) Die schwerwiegende Veränderung in Hegels
späterer Sicht betrifft nicht den Gedankengang, sondern die systematische Stellung der *Phänomenologie*:
Er nimmt sie nicht in den enzyklopädischen Grundriß seines Systems auf und erklärt statt dessen, die geforderte »Verzweiflung« sei »eigentlich in dem Entschluß, r e i n d e n k e n z u w o l l e n, durch die
Freyheit vollbracht, welche von Allem abstrahirt,
und ihre reine Abstraction, die Einfachheit des Denkens, erfaßt.« (¹§ 36) Gleichwohl schließt Hegel die
Thematik ihrer Anfangskapitel in den enzyklopädischen Grundriß ein, jedoch in die Philosophie des
subjektiven Geistes – zunächst nur implizit, als die
»Erhebung der Gewißheit zur Wahrheit«, bis hin zur
»Vernunft« als dem Begriff des Geistes (¹§ 334), später auch ausdrücklich (§§ 413–439). – Statt der *Phänomenologie* stellt er den drei Fassungen der *Enzyklopädie* eine neue Einleitung voran, und in den beiden
späteren Fassungen auch noch eine ausführliche Einleitung in die Logik: die Abhandlung der drei Stellungen des Gedankens zur Objektivität (§§ 26–78).
Hierdurch scheint sich die systematische Funktion
der *Phänomenologie* von der ursprünglichen Einleitung zu einem Teil der Geistesphilosophie zu ver-
lagern – und damit stellt sich zugleich die weitere
Frage nach dem systematischen Anspruch der *Phänomenologie* überhaupt.

Bereits Hegels Schüler und Gegner haben diese
verwirrende Situation ausführlich erörtert, und sie
sind dabei mitunter zu phantasievollen Lösungen gelangt (Fulda 1965, 57–78). Doch im Grundzug ist
Hegels Lösung sehr klar: (1) Er hält an der Einlei-

tungsfunktion der *Phänomenologie* fest: Diese erzeugt den Begriff der »reinen Wissenschaft«, also der
Logik (¹§ 36), oder mit anderen Worten: Sie erweist
die Notwendigkeit des Standpunkts der philosophischen Wissenschaft (§ 25). (2) Er berücksichtigt jetzt
jedoch, daß auch das Bewußtsein als Gegenstand der
Phänomenologie »nicht ein absoluter Anfang [ist],
sondern ein Glied in dem Kreise der Philosophie«
(¹§ 36). (3) Er bezeichnet die *Phänomenologie* jedoch
nicht mehr als ersten Teil des Systems der Wissenschaft. Er bezeichnet die erste Auflage der *Wissenschaft der Logik* zwar nicht ausdrücklich als den zweiten Teil der »Wissenschaft«, aber er nennt die Logik
in der Vorrede doch »die erste Folge zur Phänomenologie« (GW 11.8). In einem Zusatz zur zweiten
Auflage der *Logik* stellt er jedoch klar, der ursprüngliche Titel eines ersten Teils des Systems der Wissenschaft werde der für das Frühjahr 1832 geplanten
Neuauflage der *Phänomenologie* »nicht mehr beyge-
geben werden« (GW 21.9).

Auch in der gleichzeitig entstandenen *Notiz zur
Überarbeitung des Werkes von 1807* erläutert Hegel:
»erster Theil eigentlich a) Voraus, der Wissenschaft«
(GW 9.448). Dies ist jedoch keine späte Revision der
Einschätzung ihrer systematischen Funktion: Schon
die erste Auflage der *Enzyklopädie* spricht davon, daß
die *Phänomenologie* »der reinen Wissenschaft vorausgehen solle« (¹§ 36), und bereits der Lektionskatalog für den Winter 1806/07 kündigt noch vor ihrer Veröffentlichung spekulative Philosophie »praemissa P h a e n o m e n o l o g i a mentis« an; auch hier
gilt die *Phänomenologie* also bereits als »Voraus, der
Wissenschaft«.

Literatur: Otto Pöggeler: Zur Deutung der Phänomenologie des Geistes. HS 1 (1961), 255–294; Hans Friedrich Fulda:
Das Problem einer Einleitung in Hegels Wissenschaft der
Logik. Frankfurt am Main 1965; Pöggeler: Die Komposition
der Phänomenologie des Geistes. HSB 3 (1966), 27–74; Fulda: Zur Logik der Phänomenologie. HSB 3 (1966), 75–101,
beide auch in: Fulda / Henrich (Hg.): Materialien zu Hegels
»Phänomenologie des Geistes« (1973), 329–390 bzw. 391–
425; Horst Henning Ottmann: Das Scheitern einer Einleitung in Hegels Philosophie. Eine Analyse der Phänomenologie des Geistes. München 1973; Kurt Rainer Meist: »Sich
vollbringender Skeptizismus«. G. E. Schulzes Replik auf Hegel und Schelling (1993). PLS 2.192–230; Siep: Weg der
»Phänomenologie des Geistes« (2000), 63–82; Schäfer: Dialektik und ihre besonderen Formen (2001), 164–176.

4.7.2 Vorrede zum System

(1) Vorreden werden zu Hegels Zeit erst nach dem
Druck eines Werkes geschrieben. Sie blicken zwar
auf das Werk voraus, jedoch in der Retrospektive

vom gedruckten Werk aus. Für Hegels »Vorrede« gilt dies nur zum Teil, denn sie ist die Vorrede nicht speziell zur *Phänomenologie*, sondern zum System überhaupt, dessen erster Teil im Aufbau des Buches konsequent erst auf sie folgt. So bezieht sie sich teils im Modus des Vorblicks zurück auf die *Phänomenologie*, teils jedoch voraus auf die ihr erst folgende »Wissenschaft des Wahren« (GW 9.9–30 bzw. 30–49). Nach Hegels *Selbstanzeige der Phänomenologie* erklärt sich die Vorrede über das, was ihrem Verfasser »Bedürfniß der Philosophie auf ihrem itzigen Standpuncte zu seyn scheint; ferner über die Anmaßung und den Unfug der philosophischen Formeln, der gegenwärtig die Philosophie herabwürdigt, und über das, worauf es überhaupt bey ihr und ihrem Studium ankommt.« (GW 9.446 f.)

(2) Dieses gegenwärtige »Bedürfniß der Philosophie« ist ihre Erhebung zur Wissenschaft – denn ihre wahre Gestalt sei »allein das wissenschaftliche System derselben«. Das Denken der Gegenwart aber ist keineswegs homogen; sie ist »eine Zeit der Geburt und des Uebergangs zu einer neuen Periode«: »Der Geist hat mit der bisherigen Welt seines Daseins und Vorstellens gebrochen«. Und anders als zu Beginn der Jenaer Jahre geht für Hegel das Bedürfnis der Philosophie jetzt nicht mehr darauf, »das älteste Alte herzustellen« und vom Mißverstand der modernen Unphilosophie zu reinigen (s. Kap. II.4.6.1). Der Geist ist zwar stets »in immer fortschreitender Bewegung begriffen«, doch insbesondere die Gegenwart ist die Zeit eines qualitativen Sprunges in seiner Umgestaltung. Die Reflexion auf die geschichtlichen Bedingungen einer Philosophie gewinnt jetzt eine konstitutive Funktion für deren Begriff – und nicht mehr im Sinne einer, dem Wandel entgegenwirkenden Orientierung an ihrer vermeintlich zeitlosen Gestalt. Hegel setzt die Philosophie jetzt in ein produktives Verhältnis zu diesem ständigen Fortschreiten des Geistes, da er es jetzt als dessen eigene Entfaltung erkennt: Geschichte ist gleichsam das Leben des Geistes.

Das Programm der »Erhebung der Philosophie zur Wissenschaft«, der »L i e b e zum W i s s e n« zum »w i r k l i c h e n W i s s e n«, richtet sich gegen das zeitgenössische – empfindsame oder romantisierende – Verlangen nach Gefühl, Anschauung oder unmittelbarem Wissen des Absoluten – letztlich nach »E r b a u u n g«, statt nach »E i n s i c h t«. Diesen Forderungen billigt Hegel zwar insofern eine gewisse Plausibilität zu, als es nach der früheren ausschließlichen Richtung des Blicks auf die »jenseitige Gegenwart« Gottes geboten scheinen kann, die Menschen der neueren Zeit »aus der Versunkenheit ins Sinnliche, Gemeine und Einzelne herauszureissen«. Vom Wissenschaftscharakter der Philosophie her seien derartige Forderungen jedoch abschlägig zu bescheiden: »Wer nur Erbauung sucht, […] mag zusehen, wo er diß findet; […] Die Philosophie aber muß sich hüten, erbaulich seyn zu wollen.« (GW 9.9–15)

(3) Der erwünschte Umbruch des Denkens zeigt jedoch auch prekäre Züge: den Verlust des Reichtums früherer Formen, das Fehlen von Bestimmung, von »Ausbreitung und Besonderung des Inhalts«. Hierauf führt Hegel den Mangel an allgemeiner Verständlichkeit und den Anschein zurück, Philosophie sei nun ein »esoterisches Besitzthum einiger Einzelnen«. Gegen diese Tendenz – und gegen seine eigene frühere Abwertung des Verstandes – rechtfertigt er nun die Forderung des Bewußtseins, »durch den Verstand zum vernünftigen Wissen zu gelangen«. Diese Forderung nach »verständiger Form der Wissenschaft« richtet Hegel insbesondere gegen den neuen »Formalismus«, der alles Bestimmte nur im »Abgrund des Leeren« versenkt und versichert, im Absoluten sei alles eins – wodurch das Absolute als die Nacht ausgegeben wird, in der »alle Kühe schwarz sind« (s. Kap. II.4.5.4). Die Alternative hierzu ist jedoch nicht, auf den Gedanken des Absoluten zu verzichten, sondern das »Erkennen der absoluten Wirklichkeit« über seine eigene Natur zu verständigen (GW 9.15–18).

(4) Die für solches Erkennen entscheidende »Einsicht« spricht Hegel in seinem wohl am häufigsten zitierten und gleichwohl am wenigsten verstandenen Wort aus, es komme »alles darauf an, das Wahre nicht als S u b s t a n z, sondern eben so sehr als S u b j e c t aufzufassen und auszudrücken« (GW 9.18). Probleme für das Verständnis bereitet nicht so sehr der Substanz- als der Subjektbegriff. Denn »Substanz« ist das, was ist, das eigentlich, in Wahrheit Seiende. Die Rede vom »Subject« hingegen löst Assoziationen an das »neuzeitliche Subjekt« oder gar an das Kantisch-Fichtesche »absolute Subjekt« aus – und nichts trifft weniger zu. Man kann die Philosophie sowohl Kants als auch Hegels als »Philosophie des Subjekts« bezeichnen – doch sind sie es in grundverschiedener Bedeutung. Das Wahre oder das Absolute als Subjekt zu begreifen, heißt zu erkennen, daß es die Verfassung von Subjektivität habe. Und Hegel sucht deshalb, im Vorgriff auf die »Darstellung des Systems«, zu skizzieren, was damit gesagt ist.

Das basale Charakteristikum von Subjektivität ist Tätigkeit, und diese Tätigkeit muß – als Tätigkeit des

Absoluten – zwei Bedingungen genügen: Sie kann – erstens – nicht einem vorausgesetzten Substrat zugeschrieben werden – denn was wäre dies für ein Substrat außerhalb des Absoluten? Und sie kann – zweitens – nicht auf etwas anderes als auf sich selbst gerichtet sein – denn worauf sonst könnte sie bezogen sein, wenn nichts außerhalb des Absoluten ist? Für eine solche Tätigkeit hat die Philosophiegeschichte einen – freilich paradoxen – Begriff geprägt: Spinozas Begriff der »causa sui«. Bereits in diesem Begriff sind zwei Momente des Subjektivitätsbegriffs gedacht: absolute Spontaneität und Selbstbezüglichkeit. Sie sind jedoch aus ihren ursprünglichen Kontexten einer Theorie der reinen bzw. der empirischen Subjektivität herausgelöst und zu Momenten der Subjektivität des Absoluten – oder der »absoluten Subjektivität« – geworden.

Die auf sich selbst gerichtete, sich selbst hervorbringende Tätigkeit der als Subjekt begriffenen Substanz wird von Hegel näher bestimmt als »Werden seiner selbst«. Im Begriff der Subjektivität spricht Hegel dieses Werden der Substanz zu sich aus: »Subject, oder sich selbst Werden«. Diese »Bewegung des sich selbst Setzens« ist jedoch nicht allein die interne Struktur eines denkenden Subjekts, sondern die Struktur der Wirklichkeit überhaupt – der logischen wie auch der natürlichen und der geistigen. »Leben« etwa läßt sich nicht anders deuten denn als natürliche Form von Reflexivität, die wir im Selbstbezug eines Organismus erkennen können. Hegel erinnert in diesem Zusammenhang auch an Aristoteles' Begriff des Zwecks: »der Zweck ist das Unmittelbare, das Ruhende, welches selbst bewegend, oder Subject ist«. Im täglichen Leben ist es wohl richtig, daß sich selbstbewußte Subjekte ein Handeln nach Zwecken zuschreiben. In Analogie hierzu hat sich deshalb die große, keineswegs bloß erbauliche, sondern wissenschaftsgeschichtlich bedeutende Bewegung der Physikotheologie eine in der Natur vorkommende Zweckbeziehung nur als eine durch ein göttliches Subjekt gestiftete Beziehung denken können. Mit dem prinzipiellen Ende der Physikotheologie aber sind solche Zweckbeziehungen, soweit sie als objektiv in der Natur vorhanden gedacht werden, nicht mehr als Indizien für das Dasein eines selbstbewußten göttlichen Subjekts zu denken. Die Struktur der immanenten Zweckmäßigkeit der Wirklichkeit ist vielmehr zu denken entweder transzendentalphilosophisch als Begriff der reflektierenden Urteilskraft oder spekulativ als Ausdruck der Subjekthaftigkeit der Substanz.

Tätigkeit, Beziehung, Selbstbeziehung und Zweckbeziehung sind basale Momente des Begriffs von Subjektivität; sie erschöpfen ihn jedoch nicht. Höherstufige Momente sind Wissen und Sich-Wissen des Geistes. Indiz der Subjektivitätsverfassung der Substanz ist deshalb zum einen das Auftreten geistiger Wesen oder »Subjekte«, die durch solches Wissen von Anderem und durch wissende Selbstbeziehung ausgezeichnet sind. Zum anderen prägt diese Struktur der wissenden Selbstbeziehung – über diese isolierten Subjekte hinaus – die Verfassung des gesamten geistigen Lebens. Denn die Formen der wissenden Selbstbeziehung des Geistes, also die drei Formen des »absoluten Geistes«, sind für Hegel solche Formen seines Sich-Wissens, die zwar nicht ohne das Sich-Wissen einzelner Subjekte gedacht werden können; die höherstufigen, geistigen Momente von Subjektivität – Wissen und Sich-Wissen – sind fraglos an die Wirklichkeit geistiger Wesen gebunden. Doch läßt sich ihre Verfassung nicht einfach aus dem Sich-Wissen einzelner Subjekte ableiten; sie erschöpfen sich nicht im Wissen und Sich-Wissen solcher Subjekte, sondern sie bilden über diese hinausgehend die höchste Sphäre der Wirklichkeit als geistiger. Denn die Substanz ist nicht schon dadurch Subjekt, daß sie einzelne Subjekte hervorbringt, sondern daß sie insgesamt die Verfassung von Subjektivität hat.

Daß das Wahre als Substanz, und diese ebensosehr als Subjekt zu begreifen sei, findet für Hegel seinen höchsten Ausdruck in der Formulierung, daß das Absolute Geist sei. Im Begriff des Geistes sind die vorhin aufgezählten Momente von Subjektivität versammelt und in einen systematischen Zusammenhang gebracht: Tätigkeit, Werden, Selbstbeziehung, Wissen und – als höchste Form – wissende Selbstbeziehung, die Identität von Wissendem und Gewußtem. In der Entfaltung dieser Momente tritt Hegels Begriff des Geistes die Nachfolge des transzendentalphilosophischen Begriffs des Ich oder des Selbstbewußtseins an.

»Geist« ist die Substanz, die ebensosehr als Subjekt zu denken ist. »Geist« ist ein Dasein, das als Wissen wirklich ist und keine andere Wirklichkeitsform hat als das Wissen. Er ist diejenige Form der Wirklichkeit, in der Begriff und Realität ineins fallen. Deshalb ist der Begriff des Geistes der zunächst im Substanzbegriff gesuchte und zum Subjektbegriff weiterbestimmte Begriff des Absoluten. Aber auch wenn Geist ein Dasein ist, das Wissen ist – und auch dies gehört zum entfalteten Begriff von Subjektivität –, so ist doch der Inhalt dieses Wissens nicht notwendig zugleich dieses Dasein. Das Dasein, das Wissen ist, kann auch anderes als sich wissen – auch solches, in dem es nicht zu sich selbst im Verhältnis steht, sondern zu anderem. Die vollendete, die absolute Gestalt des Geistes ist deshalb erst diejenige, in der einerseits seine Realität als Wissen des Geistes von sich selbst zu begreifen ist und andererseits der Gegenstand des Wissens nichts anderes als der Begriff des Geistes ist – oder, wie Hegel später sagt, in der sowohl die Realität des Geistes als auch sein Begriff »das W i s s e n der absoluten Idee« ist (§ 553).

(5) Ein naheliegendes Mißverständnis seiner Rede vom »Subject« hat Hegel selber antizipiert und widerlegt – freilich ohne durchschlagenden Erfolg: das Mißverständnis nämlich, als wolle seine Formel sagen, daß das Absolute als fixiertes »Subjekt« im durch die Sprache geläufigen Sinne zu fassen sei – oder noch deutlicher: daß damit – in einem der kirchlichen Lehre vergleichbaren Sinn – die Persönlichkeit oder gar die Menschwerdung Gottes behauptet sei. Dieser Ansicht liegt zwar ein berechtigtes »Bedürfniß« zu Grunde – eben das »Bedürfniß, das Absolute als S u b j e c t vorzustellen«. Schon Hegels Wahl des Wortes »vorstellen« ist jedoch charakteristisch und kritisch, und so sieht er auch die Sätze, in denen sich dieses Bedürfnis ausspricht, als eher geeignet an, die richtige Erkenntnis der Subjektivität des Absoluten zu verstellen. Denn mit Hilfe solcher Sätze wird das Absolute als ein fixes Subjekt vorgestellt, dem nachträglich Prädikate angeheftet werden – und damit ist die Erkenntnis der Subjektivität der Substanz oder des Absoluten vielmehr verstellt. Hegel ist deshalb hier überraschend eindeutig: »Jene Anticipation, daß das Absolute Subject ist, ist daher nicht nur nicht die Wirklichkeit dieses Begriffs, sondern macht sie sogar unmöglich, denn jene setzt ihn als ruhenden Punkt, diese aber ist die Selbstbewegung.« Und positiv formuliert: »Der Geist, der sich so als Geist weiß, ist die W i s s e n s c h a f t.« (GW 9.18–22)

(6) Der zweite Teil der »Vorrede« antwortet auf die Frage, wieso es sinnvoll sei, zunächst den Weg des erscheinenden Geistes bis zur »Wissenschaft des Wahren« nachzugehen, statt sich sogleich dem Wahren zuzuwenden. Die Frage selbst erweist sich als verkürzt: Sie setzt eine fixe Unterscheidung des Wahren und Falschen voraus, und sie unterschlägt die unterschiedliche Natur der historischen, mathematischen und philosophischen Wahrheiten. Historische Wahrheiten betreffen zwar nur ein einzelnes Dasein nach der Seite seiner Zufälligkeit – aber selbst sie sind kein bloßes »naktes Resultat«, sondern bedürfen einer »Bewegung des Selbstbewußtseyns«. Mathematische Wahrheiten sind zwar, wie die philosophischen, Gegenstand der Einsicht, aber »die Bewegung des mathematischen Beweises [...] ist ein der

Sache ä u s s e r l i c h e s T h u n«. Dieser Äußerlichkeit wegen sieht Hegel sie – trotz ihrer unbestreitbaren Evidenz – als Beispiele für ein mangelhaftes Erkennen. Die Philosophie hingegen betrachte »das W i r k l i c h e, sich selbst setzende und in sich lebende, das Daseyn in seinem Begriffe«, als einen Prozeß, »und diese ganze Bewegung macht das Positive und seine Wahrheit aus«. »Wahrheit« ist für Hegel hier nicht Wahrheit von Urteilen, nicht epistemische, sondern ontologische Wahrheit.

Der eigentliche Begriff dieser Bewegung aber, so Hegel, »gehört der Logik an oder ist vielmehr diese selbst«; die Beschreibung, die Hegel hier von ihr gibt, ist nichts als »eine anticipirte Versicherung«. Abgesehen von dieser Antizipation weist die »Vorrede« zur *Phänomenologie* nur verfehlte Formen zurück: insbesondere die geometrische Methode, aber auch die »noch unbegriffne T r i p l i z i t ä t« Kants und sogar die »Construction« Schellings. Beide stehen hier im Verdacht des »Formalismus« und damit der »Taschenspielerkunst«. »Die Wissenschaft darf sich nur durch das eigne Leben des Begriffs organisiren«. Zur Legitimation dieses Methodenideals bezieht Hegel sich auf seine zuvor formulierte ontologische »Einsicht, welche sich durch die Darstellung des Systems selbst rechtfertigen muß« (GW 9.18): Da »die Substanz an ihr selbst Subject ist, ist aller Inhalt seine eigene Reflexion in sich«, seine »Selbstbewegung«, und es bedarf keiner ihm fremden, äußerlichen Reflexion, die lediglich »den immanenten Rythmus der Begriffe« störte. Selbst die geforderte »Anstrengung des Begriffs« charakterisiert Hegel nicht konstruktiv, sondern fast kontemplativ, als »Aufmerksamkeit auf ihn als solchen«, als ein »Zusehen« bei der »Arbeit des Begriffs« (GW 9.30–42).

(7) Ein weiteres Mißverständnis des »Begriffs des philosophischen Beweisens« erwächst nicht aus einem äußerlichen Formalismus, sondern aus der Struktur der Sprache: Sie suggeriert die Vorstellung eines ruhenden Subjekts, auf das der Inhalt als Akzidenz oder Prädikat bezogen wird – während eigentlich »das Prädicat die Substanz ausdrückt, und das Subject selbst ins Allgemeine fällt«. Es handelt sich hier um einen »Conflict der Form eines Satzes überhaupt, und der sie zerstörenden Einheit des Begriffs«, in dem »die Natur des Urtheils oder Satzes überhaupt, die den Unterschied des Subjects und Prädicats in sich schließt, durch den speculativen Satz zerstört wird«. Hegel erläutert diese Umkehrung an den Sätzen »G o t t ist das S e y n« und »das W i r k l i c h e ist das A l l g e m e i n e«: Das vermeintliche Subjekt »zerfließt« jeweils in das ver-

meintliche Prädikat; dieses erhält substantielle Bedeutung, die »Bedeutung seines Begriffs« (GW
9.42–49).

Diese Problematik des spekulativen Satzes bildet
den Hintergrund der späteren Urteilslogik Hegels,
insbesondere seiner Einschätzung, Wahrheit lasse
sich nicht in Form eines Urteils ausdrücken (GW
12.28). Sie bezeichnet jedoch nicht ein spezifisches
Methodenproblem der Philosophie Hegels, sondern
philosophischer Aussage überhaupt; im Anschluß
an ihn hat Ludwig Feuerbach später Sätze der theologischen Tradition umgekehrt und umgewertet: den
Satz »Gott ist die Liebe« in »Die Liebe ist göttlich«.
Doch hat er diese bei Hegel gelernte Verwandlung
des Prädikats in das Subjekt zur »Methode der refor-
matorischen Kritik der spekulativen Philosophie überhaupt« ausgeweitet (Feuerbach, GW
9.244).

Literatur: Frank-Peter Hansen: Hegels »Phänomenologie
des Geistes«. »Erster Teil« des »Systems der Wissenschaft«
dargestellt an Hand der »System-Vorrede« von 1807. Würzburg 1994; Jaeschke: Substanz und Subjekt. In: Tijdschrift
voor Filosofie 62 (2000), 439–458; Hoffmann: Hegel 2004,
197–278. **Zum spekulativen Satz:** Reinhard Heede: Die
göttliche Idee und ihre Erscheinung in der Religion. Untersuchungen zum Verhältnis von Logik und Religionsphilosophie bei Hegel. Diss. phil. Münster 1972, 205–254: »Der
spekulative Satz«; Günter Wohlfart: Der spekulative Satz.
Bemerkungen zum Begriff der Spekulation bei Hegel. Berlin / New York 1981; Schäfer: Dialektik und ihre besonderen Formen (2001), 177–193.

4.7.3 Einleitung

(1) Die »Vorrede« ist die zuletzt, die »Einleitung« die
zuerst, etwa ein Jahr früher gedruckte Textpartie.
Gleichwohl gibt es keine konzeptionellen Differenzen zwischen ihnen. Die »Einleitung« hat jedoch nur
›regionale‹ Bedeutung, nur für die *Phänomenologie;*
sie beginnt damit, daß sie deren Methode als bessere
Alternative zu der »natürlichen Vorstellung« einer
der Erkenntnis vorausgehenden Kritik empfiehlt –
freilich nicht, ohne diese vermeintlich berechtigte
Forderung als eine Vorstellung zu entlarven, die sich
eines plumpen Instrumentariums bedient (»Werkzeug«, »Leimruthe«). Zudem beruhe dieses vermeintlich sorgfältige Vorgehen auf unausgewiesenen
und sogar obsoleten Annahmen über das Erkennen
und sein Getrenntsein vom Absoluten: Denn außerhalb des Absoluten kann es weder Erkenntnis noch
Wahrheit geben. Die Erkenntnis der Wahrheit erfolgt deshalb nicht vor, sondern vielmehr im Prozeß der »Darstellung des erscheinenden Wissens«,

als Befreiung der Wissenschaft vom Schein und Erhebung »zum wahren Wissen«.

Das Erreichen dieses Zieles steht unter einer doppelten Bedingung: zunächst des Durchlaufens der
»Vollständigkeit der Formen des nicht realen
Bewußtseyns« in ihrem notwendigen, durch die
»bestimmte Negation« gestifteten Zusammenhang.
Diesem Vollständigkeitskriterium hat Hegel später
seine Darstellung geschichtlicher Prozesse nicht
mehr unterworfen – und dies aus dem gutem
Grund, daß es sich weder einlösen läßt noch auch
nur zum Erreichen des Ziels erforderlich ist. Die
zweite Bedingung liegt in der Verwirklichung der
Entsprechung von Begriff und Gegenstand. Sie ist
dort erreicht, »wo die Erscheinung dem Wesen
gleich wird, seine Darstellung hiemit mit eben
diesem Punkte der eigentlichen Wissenschaft des
Geistes zusammenfällt [sc. also im Geist-Kapitel],
und endlich, indem es selbst diß sein Wesen erfaßt,
wird es die Natur des absoluten Wissens selbst bezeichnen.«

(2) Fundamental für diese Konzeption ist Hegels
Überzeugung, der Weg der Erfahrung des Bewußtseins lasse sich als Prozeß der »bestimmten Negation« rekonstruieren, also eines Bewußtseinsprozes-
ses, in dem das Resultat des Widerspruchs nicht
bloß Nichts ist, sondern einen neuen Gegenstand
bildet. Diesen Prozeß denkt Hegel nicht als eine
»Prüfung der Realität des Erkennens«
durch die »Wissenschaft« – denn hierzu bedürfte es
eines vorausgesetzten Maßstabs. Er denkt ihn vielmehr als »Wissenschaft der Erfahrung des Bewußtseyns«, als Prozeß der Selbstprüfung des Bewußtseins mittels der Bestimmungen »Wissen« und
»Wahrheit« – und nirgends wird das transzendentalphilosophische Erbe Hegels deutlicher sichtbar
als in der Beschreibung dieses Verfahrens. Das Bewußtsein unterscheidet von sich einen Gegenstand,
sein Wahres, sein »Ansich« – aber es bezieht sich zugleich durch sein Wissen auf diesen Gegenstand; das
»Ansich« ist also ein »Ansich« nur für das Bewußtsein. Das, was das Bewußtsein zum Wahren erklärt,
ist der »Maßstab«, an dem sein Wissen gemessen
wird – aber dieser Maßstab fällt offenbar ebenfalls in
das Wissen. Ob das Wahre dem Wissen oder das
Wissen dem Wahren, ob der Gegenstand dem Begriff oder der Begriff dem Gegenstand entspricht, ist
jeweils dasselbe; »Begriff und Gegenstand,
für ein anderes, und an sich selbst seyn«,
fallen beide in das untersuchte Bewußtsein. Es ist
Bewußtsein des Gegenstandes und Bewußtsein seiner selbst, des Wahren und seines Wissens von die-

sem, des An-sich und des Für-es dieses An-sich. Der Versuch, den Gegenstand gegen das Bewußtsein auszuspielen, scheitert notwendig, da ja jeder Gegenstand ein gewußter ist. Jeder Versuch, das Wissen auf ein Wahres jenseits des Wissens hin zu übersteigen, endet doch stets im Wissen dieses vermeintlich jenseits seiner angesiedelten Wahren. Wenn das Bewußtsein sein Wissen dem Gegenstand nicht angemessen findet, verändert sich auch sein Gegenstand. Und Hegel resümiert: »Diese dialektische Bewegung, welche das Bewußtseyn an ihm selbst, sowohl an seinem Wissen, als an seinem Gegenstande ausübt, i n s o f e r n i h m d e r n e u e G e g e n s t a n d daraus e n t s p r i n g t , ist eigentlich dasjenige, was E r f a h r u n g genannt wird.«

In dieser Analyse fehlt jedoch noch ein wesentliches Moment. Daß der neue Gegenstand durch eine »Umkehrung des Bewußtseyns« entstanden ist, ist eine dem untersuchten Bewußtsein fremde Betrachtung, ist »unsere Zuthat« – und diese erst ist es, »wodurch sich die Reihe der Erfahrungen des Bewußtseyns zum wissenschaftlichen Gange erhebt«. Die notwendige Bewegung, in der dem Bewußtsein der neue Gegenstand entsteht, geht »gleichsam hinter seinem Rücken« vor. Sie ist ein An-sich, das nicht für es, sondern nur für uns Betrachter ist – und erst: »Durch diese Nothwendigkeit ist dieser Weg zur Wissenschaft selbst schon W i s s e n s c h a f t , und nach ihrem Inhalte hiemit Wissenschaft der E r f a h - r u n g des Bewußtseyns.« (GW 9.53–62; vgl. GW 9.29)

Literatur: Martin Heidegger: Hegels Begriff der Erfahrung. In ders.: Holzwege. Frankfurt [4]1963, 105–192; Werner Marx: Hegels Phänomenologie des Geistes. Die Bestimmung ihrer Idee in »Vorrede« und »Einleitung«. Frankfurt am Main 1971; Konrad Cramer: Bemerkungen zu Hegels Begriff vom Bewußtsein in der Einleitung zur Phänomenologie des Geistes (1976). In: Rolf Peter Horstmann (Hg.): Seminar: Dialektik in der Philosophie Hegels. Frankfurt am Main 1978, 360–393; Annette Sell: Martin Heideggers Gang durch Hegels »Phänomenologie des Geistes«. HSB 39 (1998).

4.7.4 Formen und Gestalten des erscheinenden Geistes

(1) Die Erfahrung des Bewußtseins als Gegenstand der *Phänomenologie* umfaßt »das ganze System desselben, oder das ganze Reich der Wahrheit des Geistes«. Der Weg der »Bildung« zur Wissenschaft, den das natürliche oder unmittelbare Bewußtsein zu durchlaufen hat, ist deshalb ein gedoppelter: Er ist Geschichte der Formen des einzelnen Bewußtseins, sei-

ner »abstracten, reinen Momente« (in Anlehnung an die transzendentalphilosophische »Geschichte des Selbstbewußtseins«) und zugleich allgemeine, datierbare Geschichte der »G e s t a l t e n d e s B e w u ß t - s e y n s« (GW 9.61). Hegel hat diese beiden Wege nicht streng unterschieden. Er beginnt mit der Abhandlung der Erfahrung, die das einzelne Bewußtsein macht. Doch Momente des Bewußtseins, die zunächst nur dem ersten Weg anzugehören scheinen, können auch »als ihrer bewußte Erscheinung in der Geschichte des Geistes« auftreten (GW 9.117), und im Verlauf des Werkes werden die Momente zunehmend durch Gestalten dieser Geschichte ersetzt. Erst von ihr her, die für ihn zur neuen und eigentlichen Geschichte des Selbstbewußtseins wird, macht er schließlich den Übergang zur »Wissenschaft«.

Die systematische Funktion der *Phänomenologie* besteht im Durchlaufen dieses Weges. Für ihren Leser sind jedoch häufig bereits die Stationen dieses Weges das Ziel. Denn ihre Beschreibungen zeichnen sich aus durch erschreckend hellsichtige Analysen wie durch überraschende Pointen, aber auch durch spitz gezeichnete Karikaturen und beißenden Sarkasmus, durch den der Denker des Absoluten die gar nicht so absolut scheinende Wirklichkeit geißelt. Die Bilder dieser Galerie des sich verwirklichenden Absoluten faszinieren die Forschung in unterschiedlicher Intensität auch als einzelne – unabhängig von ihrer Stellung innerhalb des Ganzen oder gar ihrer systematischen Funktion innerhalb dieses Ganzen. Den überschäumenden Reichtum dieses Ganges, dieses »bachantische[n] Taumel[s], an dem kein Glied nicht trunken ist« (GW 9.35), kann jedoch allein die Lektüre des Buches vermitteln; selbst ein ausführlicher Kommentar kann ihn nicht ersetzen.

(2) Hegel beginnt den Weg des Geistes mit der Thematisierung dreier Formen des Bewußtseins (A). Am Beginn des Weges muß die einfachste Form stehen, die »sinnliche Gewißheit« (I), das »W i s s e n des u n m i t t e l b a r e n oder S e y e n d e n«. Doch dieses Wissen, das zugleich den »unendlichen Reichthum« der Sinneserkenntnis beansprucht, erweist sich als ein armes, da es als unmittelbares nur das Sein seines Gegenstandes aussagt – und im Versuch des Aussagens entschwindet ihm zudem sein Gegenstand. Allerdings erscheint Hegels Darstellung weniger als eine ›Phänomenologie der sinnlichen Gewißheit‹ denn als Variation philosophiegeschichtlich vertrauter Argumentationsmuster – wie bereits ein Blick in seine *Vorlesungen über die Geschichte der Philosophie,* insbesondere zum Megariker Stilpo, zu den Kyrenaikern, zu Gorgias, Epikur

und Sextus Empiricus, aber auch zu David Hume zeigt. Gleichwohl läßt sich seine Darstellung der »sinnlichen Gewißheit« nicht als bloße philosophiegeschichtliche Reminiszenz lesen. Sie ist fraglos ein Konstrukt, wie auch die folgenden Formen – doch erfüllt es seine systematische Funktion, nämlich den Nachweis, daß eine Erkenntnisform, die die Wahrheit in die unmittelbare sinnliche Gewißheit setzt, vielmehr sprachlos und überhaupt nicht wahrheitsfähig ist (GW 9.63–70).

Für die zweite Bewußtseinsform, die »Wahrnehmung« (II), ist der Gegenstand zunächst »das Allgemeine, in seiner Einfachheit ein ver mitteltes« und somit ein »Ding von vielen Eigenschaften« – in Form einer »atomistischen Dingontologie« (Siep 2000, 90). Doch hier erfährt das Bewußtsein, daß »der in der Wahrnehmung für wahrgehaltene Inhalt, in der That nur der Form angehört, und in ihre Einheit sich auflöst« (GW 9.83,71–81).

In Kapitel III, »Krafft und Verstand«, ist der Gegenstand nicht unmittelbar für das Bewußtsein, sondern er ist ein »inneres Wahres« und liegt in einem »Jenseits«, einer übersinnlichen wahren Welt als einem ruhigen Reich von Gesetzen. Dieses wird jedoch zu einer »verkehrten Welt« gemacht, wenn es wiederum als sinnliche Welt vorgestellt wird – wobei die Differenz zwischen den beiden Welten verlorengeht. Hier arbeitet Hegel wiederum mit mannigfachen, wenn auch sehr verdeckten Anspielungen auf Leibniz, Kant und wiederum auf den Skeptizismus, aber auch auf die neuere Wissenschaftsgeschichte und das Gravitationsgesetz. Und auch hier überführt er das Bewußtseinsverhältnis, also die Trennung zwischen einem Bewußtsein und einem »Ding«, seiner inneren Unwahrheit. Das Bewußtsein stehe vielmehr auf beiden Seiten der Relation, so daß »nicht allein das Bewußtseyn vom Dinge nur für ein Selbstbewußtseyn möglich ist, sondern daß diß allein die Wahrheit jener Gestalten ist.« Das ›Selbstbewußtsein‹, das hier entsteht, ist somit nicht individualpsychologisch zu fassen, sondern als epistemisches Prinzip (GW 9.82–102).

Literatur: Joachim C. Horn: Hegels »Wahrheit des Sinnlichen« oder die »Zweite übersinnliche Welt«. In: Kant-Studien 54 (1963), 252–258; Hans-Georg Gadamer: Die verkehrte Welt; Reiner Wiehl: Über den Sinn der sinnlichen Gewißheit in Hegels »Phänomenologie des Geistes«. Beide in: Hegel-Tage Royaumont (1964), HSB 3 (1966), 135–154 bzw. 103–134; Wolfgang Wieland: Hegels Dialektik der sinnlichen Gewißheit (1966). In: Materialien zu Hegels »Phänomenologie des Geistes« (1973), 67–82; Klaus Düsing: Die Bedeutung des antiken Skeptizismus für Hegels Kritik der sinnlichen Gewißheit. HS 8 (1973), 119–130;

Robert Zimmerman: Hegel's »Inverted World« Revisited. In: The Philosophical Forum 13/4 (1982), 342–370; L. J. Goldstein: Force and the Inverted World in Dialectical Retrospection. In: International Studies in Philosophy 20/3 (1988), 13–28; Kenneth R. Westphal: Hegel's epistemological realism: A study of the aim and method of Hegel's Phenomenology of Spirit. Dordrecht / Boston 1989; Matthias Kettner: Hegels »Sinnliche Gewißheit«. Diskursanalytischer Kommentar. Frankfurt / New York 1990; Annette Sell: Das Problem der sinnlichen Gewißheit. Neuere Arbeiten zum Anfang der Phänomenologie des Geistes. HS 30 (1995), 197–206; Fulda / Horstmann (Hg.): Skeptizismus und spekulatives Denken in der Philosophie Hegels. Stuttgart 1996; Kenneth R. Westphal: Hegel, Hume und die Identität wahrnehmbarer Dinge. Historisch-kritische Analyse zum Kapitel »Wahrnehmung« in der Phänomenologie von 1807. Frankfurt am Main 1998; Andreas Graeser: Hegels Porträt der sinnlichen Gewißheit; Joseph C. Flay: Hegel's Inverted World (1970). Beide in: Köhler / Pöggeler (Hg.): Hegel. Phänomenologie des Geistes, 33–51 bzw. 89–105; Dietmar H. Heidemann: Kann man sagen, was man meint? Untersuchungen zu Hegels »Sinnlicher Gewißheit«. Archiv für Geschichte der Philosophie 84 (2002), 46–63; Brady Bowman: Sinnliche Gewißheit. Zur systematischen Vorgeschichte eines Problems des Deutschen Idealismus. Berlin 2003.

(3) Zur systematischen Einführung des Begriffs des Selbstbewußtseins (B) oder der »Wahrheit der Gewißheit seiner selbst« (IV) greift Hegel auf seine Geistesphilosophie zurück, auf das Thema »Anerkennung« (s. Kap. II.4.6.5, 4.6.7). Doch während »Anerkennung« dort ihren Ort im Kontext der Genese von Rechtsverhältnissen hat, steht sie hier im Kontext der Genese des Selbstbewußtseins, und damit wiederum näher an Fichtes Einführung des Anerkennungsbegriffs. Erst in der Anerkennung ist »ein Selbstbewußtseyn für ein Selbstbewußtseyn«. Dessen Wirklichkeit erfordert seine »Verdopplung«, denn erst das Selbstbewußtsein ist sowohl Ich als Gegenstand: »Das Selbstbewußtseyn erreicht seine Befriedigung nur in einem andern Selbstbewußtseyn.«

Anders als im *Systementwurf III* verbindet Hegel den ›Kampf um Anerkennung‹ hier mit den Themen ›Herrschaft und Knechtschaft‹ und ›Arbeit‹. Und auch darüber hinaus bezieht Hegel nun in seine »›transzendentale‹ Frage nach dem Verhältnis von Wissen und Gegenstandskonzeptionen Themen und Inhalte ein, die in keiner traditionellen und kaum einer gegenwärtigen Epistemologie zu finden sind« (Siep 2000, 97) – im Interesse einer breiten bewußtseinsgeschichtlichen Fundierung des Wissensbegriffs. Hierfür greift er weit hinter die neuzeitliche Wissenschaftsgeschichte zurück, auf ein frühes Stadium der Philosophie- und Religionsgeschichte: auf die »Freyheit des Selbstbewußtseyns«, die im Stoizismus als selbstbewußte Gestalt aufgetreten sei. Im Skeptizismus sei sie zu einem Moment des Selbstbewußtseins geworden, das »in der Gewißheit seiner Freyheit« seine Gegenstände in einer negativ-dialektischen Bewegung verschwinden lasse. Er erscheint als »Ataraxie des sich selbst Denkens«, als »unwandelbare und w a h r h a f f t e Gewißheit seiner s e l b s t« – doch weil das Bewußtsein »die a b s o l u t e d i a l e k t i s c h e U n r u h e« ist, erweist sich sein ständiger Widerspruch schließlich als gedankenloses »Gezänke eigensinniger Jungen«, die sich durch ihren Selbstwiderspruch die Freude erkaufen, mit einander im Widerspruch zu bleiben (GW 9.103–121).

Diesen Rückgriff wird man mit Hegels gleichzeitigen *Vorlesungen über die Geschichte der Philosophie* (1805/06) in Verbindung bringen dürfen (s. Kap. II.9.9.2) – ebenso wie seinen Begriff des »unglücklichen Bewußtseins« mit den religionsphilosophischen Studien. In seinem breiten, Wissenschafts-, Philosophie- und Religionsgeschichte übergreifenden bewußtseinsgeschichtlichen Ansatz führt Hegel dieses »unglückliche Bewußtsein« als eine auf den Skeptizismus folgende Gestalt ein, die »f ü r s i c h das gedoppelte Bewußtseyn seiner, als des sich befreyenden, unwandelbaren und sichselbstgleichen, und seiner als des absolut sich verwirrenden und verkehrenden, – und das Bewußtseyn dieses seines Widerspruchs ist.« Diese Momente des Unwandelbaren und Einzelnen gestaltet das »unglückliche Bewußtseyn« zu einem trinitarischen Gottesgedanken. Doch auch hier wiederholt Hegel seine von den frühen Schriften bis in die späten Vorlesungen stereotype Kritik (s. Kap. II.4.6.5, 9.8.6): Eben »durch die G e s t a l t u n g des Unwandelbaren«, die als Vermittlungsinstanz zu fungieren bestimmt ist, ist »das Moment des Jenseits nicht nur geblieben, sondern vielmehr noch befestigt«. Denn diese Gestaltung ist nun »ein undurchsichtiges sinnliches E i n s, mit der ganzen Sprödigkeit eines W i r k l i c h e n« behaftet. Deshalb weiß das »unglückliche Bewußtseyn« nicht, »daß dieser sein Gegenstand, das Unwandelbare, welches ihm wesentlich die Gestalt der Einzelnheit hat, e s s e l b s t ist«. Und so stellt es sich zu diesem Gegenstand in die drei Verhältnisse der »Andacht«, der »Begierde und Arbeit«, und des Kampfes gegen seine »thierischen Functionen«. Letztere – an sich gleichgültig und nichtig – werden dadurch »gerade zum Wichtigsten«, und das sich stets von neuem als verunreinigt empfindende »unglückliche Bewußtseyn« fristet schließlich sein Dasein als »sich bebrütende, eben so unglückliche als ärmliche Persönlichkeit« (GW 9.122–131).

Literatur: Fulda / Henrich (Hg.): Materialien zu Hegels »Phänomenologie des Geistes« (1973). Darin 133–188: Alexandre Kojève: Zusammenfassender Kommentar zu den ersten sechs Kapiteln der »Phänomenologie des Geistes« (1958); 189–216: George Armstrong Kelly: Bemerkungen zu Hegels »Herrschaft und Knechtschaft« (1965); 217–242: Hans-Georg Gadamer: Hegels Dialektik des Selbstbewußtseins; Siep: Anerkennung als Prinzip der praktischen Philosophie (1979), 68 ff., 97 ff., 203–222; Edith Düsing: Intersubjektivität und Selbstbewußtsein. Behavioristische, phänomenologische und idealistische Begründungstheorien bei Mead, Schütz, Fichte und Hegel. Köln 1986, 312–327; Werner Marx: Das Selbstbewußtsein in Hegels Phänomenologie des Geistes. Frankfurt am Main 1986; Valentin Pluder: Die Vermittlung von Idealismus und Realismus in der Klassischen Deutschen Philosophie. Eine Studie zu Jacobi, Kant, Fichte, Schelling und Hegel. Stuttgart-Bad Cannstatt 2013, 467–550: Hegels Phänomenologie des Geistes.

(4) Die folgende Stufe, »Gewißheit und Wahrheit der Vernunft« (C/AA, V), verklammert Hegel mit der des Selbstbewußtseins auch geschichtlich: Erst, nachdem das Bewußtsein als »unglückliches« »das Grab seiner Wahrheit verloren« hat und »die Einzelnheit des Bewußtseyns ihm an sich absolutes Wesen ist, entdeckt es sie als s e i n e neue wirkliche Welt«, in der es »seine eigne W a h r h e i t und G e g e n w a r t« hat. Den Begriff dieser neuen Epoche läßt Hegel den »Idealismus« aussprechen: »Die Vernunft ist die Gewißheit des Bewußtseyns alle Realität zu seyn«.

Trotz dieses spezifischen Bezugs ist »Idealismus« hier primär eine umfassende kulturgeschichtliche Kategorie. Sie bezeichnet das neue Verhältnis von Denken und Wirklichkeit, das grundlegend auch für solche Bereiche der Wirklichkeit ist, die man sonst nicht mit »Idealismus« zu assoziieren pflegt: Das Bewußtsein weiß die Vernunft »als gleiches Wesen der Dinge und seiner selbst«. Und diese Gewißheit der Vernunft, in der Welt Gegenwart zu haben »oder daß die Gegenwart vernünftig ist«, liegt dem neuzeitlichen Weltverhältnis insgesamt zu Grunde – selbst der Wissenschaft als »beobachtender Vernunft«, und der »Beobachtung der Natur« ebenso wie der »Beobachtung des Selbstbewußtseins« und seiner Beziehung »auf seine unmittelbare Wirklichkeit«, in der »Physiognomik und Schädellehre«. Auch das Beobachtete soll ja nicht die Bedeutung eines »s i n n l i c h e n d i e s e n«, sondern »eines A l l g e m e i n e n«, eines Falles von allgemeiner Gesetzlichkeit haben. Allerdings sieht Hegel dieses Beobachten noch in einem Mißverständnis seiner selbst befangen: Weil es nämlich »Vernunft i s t aber ihm die Vernunft noch nicht als solche Gegenstand ist«, sage es, »daß e s n i c h t s i c h s e l b s t, sondern im Gegentheil das Wesen der Dinge als der Dinge erfahren wolle«. Dieses Mißverständnis gipfelt schließlich in der Aussage, »daß das Selbst ein Ding ist« oder »daß das Seyn des Geistes ein Knochen ist« – in Lavaters Physiognomik und in der Schädellehre Galls (vgl. GW 5.507 f.). Aber selbst darin findet das Bewußtsein »das Ding als sich, und sich als Ding« (GW 9.132–192,193).

Die Korrespondenzstruktur der Vernunft, die bereits der »beobachtenden Vernunft« zu Grunde liegt, erhellt jedoch insbesondere dort, wo das Selbstbewußtsein sich nicht auf ein »Ding«, sondern auf ein anderes Selbstbewußtsein richtet. Im Blick auf dieses Verhältnis spricht Hegel bereits vorgreifend vom »Geist«, »der die Gewißheit hat in der Verdopplung seines Selbstbewußtseyns und in der Selbstständigkeit beyder seine Einheit mit sich selbst zu haben.« Diese »Verwirklichung des vernünftigen Selbstbewußtseyns« oder der »selbstbewußten Vernunft« findet ihre »vollendete Realität« darin, »in der Selbstständigkeit des Andern die vollständige Einheit mit ihm anzuschauen«. Doch das glückliche Leben des »freyen Volks« der Antike ist noch nicht die Verwirklichung dieser Vernunft. Hegels Darstellung des erforderlichen Weges ist zugleich beides: Legitimation und kaustische Kritik der Neuzeit. Unter den ebenso spannungsgeladenen wie kryptischen Titeln »Die Lust und die Nothwendigkeit«, »Das Gesetz des Herzens, und der Wahnsinn des Eigendünkels« und »Die Tugend und der Weltlauff« arbeitet Hegel die Widersprüche heraus, die sich im Versuch der Verwirklichung der Einheit des Selbstbewußtseins und seines Anderen einstellen – teils mit Anspielungen auf Goethes *Faust* und Jacobis *Woldemar*, teils als unbestechlicher Beobachter seiner aufklärerischen und den höchsten Idealen der Menschheit huldigenden revolutionären Gegenwart: »Das Herzklopfen für das Wohl der Menschheit geht darum in das Toben des verrückten Eigendünkels über.« »Was öffentliche Ordnung scheint, ist also diese allgemeine Befehdung, worin jeder an sich reißt, was er kann«. Die »pomphafften Reden vom Besten der Menschheit« und die Kämpfe der »Ritter der Tugend« erweisen sich als leere »Spiegelfechterey« – und so sieht Hegel nicht ohne Sympathie, wie die »Tugend« vom »Weltlauff« besiegt wird. Dieser sollte zwar »die Verkehrung des Guten seyn, weil er die Individualität zu seinem Princip hatte; allein diese ist das Princip der Wirklichkeit«. Das »Fürsichseyn des Weltlauffs« und »das Ansich der Tugend« erweisen sich somit als zusammengehörige, notwen-

dige Momente der Vernunft, »die itzt an und für sich ihrer Realität gewiß, sich nicht mehr als Zweck im Gegensatze gegen die unmittelbarseyende Wirklichkeit erst hervorzubringen sucht« (GW 9.193–214).

Eine analoge Entwicklung zeigt Hegel auch im ersten Abschnitt des letzten Teils des Vernunft-Kapitels auf: »Das geistige Thierreich und der Betrug, oder die Sache selbst«. Wie zuvor die Differenz von »Tugend« und »Weltlauff«, so hebt er hier die Entgegensetzung von »Thun« und »Sache« auf. Die Prätention, bloß um der »reinen Sache« willen zu handeln, erweist sich als »Betrug«, der vielmehr am »Genuß seines eigenen Thuns« interessiert ist. Das Bewußtsein macht hier die Erfahrung, »was die Natur der Sache selbst ist«, nemlich weder nur Sache noch nur Tun zu sein, »sondern ein Wesen, dessen Seyn das Thun des einzelnen Individuums und aller Individuen, und dessen Thun unmittelbar für andre, oder eine Sache ist, und nur Sache ist als Thun Aller und Jeder; das Wesen, welches das Wesen aller Wesen, das geistige Wesen ist« – »von der Individualität durchdrungene Substanz« und damit »Subject« (GW 9.214–228).

In den Abschnitten über die »gesetzgebende« und die »gesetzprüfende Vernunfft« kritisiert Hegel die naive Annahme, »daß die gesunde Vernunft unmittelbar weiß, was recht und gut ist«. Die beiden vermeintlichen Gesetze »Jeder soll die Wahrheit sprechen« und »Liebe deinen Nächsten, als dich selbst« blieben beim Sollen stehen; sie drückten keinen absoluten Inhalt aus, sondern nur »die reine Form der Allgemeinheit« oder die Tautologie des Bewußtseins. Mit dieser Wendung leitet Hegel über zur Kritik an Kants Begriff der praktischen Vernunft, die er hier jedoch nicht als autonome, sondern nur als »gesetzprüfende Vernunfft« thematisiert. Zur Prüfung wäre ein Maßstab erforderlich – doch der Maßstab, den die reine praktische Vernunft anzulegen sucht, ist der Gedanke der Widerspruchsfreiheit. Hegel zeigt nun nicht, daß etwa die Prinzipien »Eigenthum« und »Nichteigenthum« beide widerspruchsfrei seien, sondern daß vielmehr beide gleichermaßen widersprechend und – als einfach vorgestellt – »nicht widersprechend« seien, und so kommt er zum Resultat: »Der Maßstab des Gesetzes, den die Vernunft an ihr selbst hat, paßt daher allem gleich gut, und ist hiemit in der That kein Maßstab.« Gegen die Vorstellungen des Gesetzgebens als des Gesetzprüfens betont Hegel unter Berufung auf Sophokles' *Antigone* das Sein des ungeschriebenen und untrüglichen Rechts: »Nicht darum also, weil ich etwas nicht widersprechend finde, ist es Recht; sondern weil es das Rechte ist, ist es Recht.« Dies ist für ihn nun nicht eine andere Form der Tautologie, denn »ob diese oder die entgegengesetzte Bestimmung das Rechte sey, ist a n und f ü r s i c h bestimmt«, nämlich »in der sittlichen Substanz« (GW 9.228–237).

Literatur: Klaus Düsing: Der Begriff der Vernunft in Hegels »Phänomenologie«. In: Hans Friedrich Fulda / Rolf Peter Horstmann (Hg.): Vernunftbegriffe in der Moderne. Stuttgart 1994, 245–260; Klaus Erich Kähler / Werner Marx: Die Vernunft in Hegels »Phänomenologie des Geistes«. Frankfurt am Main 1992; Gary Shapiro: Notes on the Animal Kingdom of the Spirit. In: Stewart (Hg.): The Phenomenology of Spirit Reader (1998), 225–239; Maria Daskalaki: Vernunft als Bewusstsein der absoluten Substanz. Zur Darstellung des Vernunftbegriffs in Hegels »Phänomenologie des Geistes«. Berlin 2012.

(5) Den »Geist« führt Hegel erst in der Mitte seiner *Phänomenologie des Geistes* als eigene Gestalt ein (C/ BB, VI): Er ist das »a n und f ü r s i c h s e y e n d e We sen [...], welches sich zugleich als Bewußtseyn wirklich und sich sich selbst vorstellt«. Erst er ist »das sich selbsttragende absolute reale Wesen« und Bewußtsein, Selbstbewußtsein und Vernunft nur »Abstractionen desselben«, »Momente«. Deshalb sind erst seine Gestalten »Gestalten einer Welt«, und nicht nur des Bewußtseins. Dennoch schließt Hegel von diesem Begriff des Geistes hier noch die Religion aus – so sehr er auch hier schon auf religiöse Phänomene eingeht. Deshalb entspricht der Umfang dieses Begriffs des »Geistes« am ehesten dem des späteren »objektiven Geistes«. Hegel thematisiert hier aber nicht Begriffe, wie später im Kontext der Geistesphilosophie, sondern eben »Gestalten einer Welt« in ihrer geschichtlichen Bewegung – vom »wahren Geist« der antiken Sittlichkeit über den »sich entfremdeten Geist« der Bildung bis zum »seiner selbst gewissen Geist« seiner Gegenwart.

Gleichwohl erscheint die Abfolge dieser Gestalten, als geschichtliche genommen, willkürlich und zu sehr auf die Neuzeit konzentriert. Es scheint jedoch, als habe Hegel zunächst einen anderen Aufriß beabsichtigt. Als die drei Gestalten, »als deren Ziel und Resultat das wirkliche Selbstbewußtseyn des absoluten Geistes hervortreten wird«, nennt er in einer Gliederungsskizze die »sittliche Welt, die in das Disseits und Jenseits zerrissene Welt und die moralische Weltanschauung« (GW 9.240). Dies läßt vermuten, daß er zunächst beabsichtigt hat, als »zerrissene Welt« das Mittelalter zu behandeln. Hierauf deuten auch mehrere Anspielungen: die Anknüpfung an

den Rechtszustand der römischen Welt, die Betonung des »Jenseits« sowie eines Reiches, das nur »im Glauben« ist, oder der »F l u c h t aus der wirklichen Welt« (GW 9.264–266). Dann wäre die Darstellung der »zerrissenen Welt« ersetzt worden durch die des »sich entfremdeten Geistes« (GW 9.238–240).

»Geist« ist, wie schon im *Systementwurf III,* der Begriff, in dem das komplexe Verhältnis zwischen den ›geistigen Leistungen‹ der einzelnen Subjekte und der ihnen vorausliegenden, aber auch durch sie hervorgebrachten »Substanz« gedacht ist – und spezifischer die Relation zwischen der Substantialität des geistigen Lebens eines Volkes, deren Differenz zur vereinzelten Wirklichkeit und der »unendlichen Mitte« des Selbstbewußtseins, das beide vereint und damit »die Einheit seines Selbsts und der Substanz als s e i n W e r k« hervorbringt. Unter dem Titel »Der wahre Geist« skizziert Hegel, im Rückgriff auf Aischylos' *Sieben gegen Theben* und Sophokles' *Antigone,* den Weg von der einfachen »sittlichen Substanz« durch die in ihr aufbrechenden Widersprüche zum »w i r k l i c h e n S e l b s t b e w u ß t s e y n«, in dem die Sittlichkeit zu Grunde geht – im Rechtszustand der römischen Welt (GW 9.240–264).

Schon im Titel des zweiten Teils stellt Hegel eine provokante Beziehung zwischen »Bildung« und »Entfremdung« her – und er gebraucht dieses Wort in vielfacher Bedeutung (Siep 2000, 189–191), jedoch nicht in der durch Karl Marx geprägten gesellschaftskritischen. Fundamental ist die Bedeutung von »Entfremdung« als Strukturprinzip des Geistes. »Geist« ist ja nach dem (durchaus problematischen) Modell von Selbstbewußtsein als vermittelter Selbstbeziehung gedacht, und deshalb bildet auch »Entfremdung« als Relation des einzelnen Geistes zu seiner Substanz als zu einem Anderen die Grundstruktur des Geistes: »das u n m i t t e l b a r d. h. o h n e E n t f r e m d u n g an und für sich geltende Selbst ist ohne Substanz, [...] s e i n e Substanz ist also seine Entäußerung selbst«. »Entfremdung« ist somit konstitutiv für Geistigkeit überhaupt – sie ist geradezu die »Substanz« des Geistes: es gibt nichts Geistiges, das nicht ein Entfremdetes wäre.

An diese Grundbedeutung schließen die weiteren, geschichtlich variablen Bedeutungen an – denn sie bezeichnen sämtlich Formen der Entzweiung, die eine konstitutive Funktion für die Ausbildung geistigen Lebens haben, auch wenn sie jeweils wieder überwunden werden müssen. Zu ihnen zählt zunächst die religionskritische »Entfremdung« in eine »in das Disseits und Jenseits zerrissene Welt« (GW 9.240), deren eines die entfremdete Wirklichkeit des anderen bildet. »Das Ganze ist daher, wie jedes einzelne Moment, eine sich entfremdete Realität«. Die Entfremdung besteht darin, »in zweyerlei Welten das Bewußtseyn zu haben«, da der Glaube »die Flucht aus der wirklichen Welt« ist (GW 9.264–267).

Anderer Art – und für dieses Kapitel tragend – ist die im Begriff »Bildung« gedachte Entfremdung: Sie beruht darauf, daß das Selbstbewußtsein seines natürlichen Seins, »seiner Persönlichkeit sich entäussert, hiedurch seine Welt hervorbringt, und sich gegen sie als eine Fremde so verhält, daß es sich ihrer nunmehr zu bemächtigen hat«; es erhebt sich in dieser Beziehung zum Allgemeinen und hat darin seine Wirklichkeit.

Den historischen Bezug des Abschnitts »I. Die Welt des sich entfremdeten Geistes« hat Hegel vage gelassen. Einige Wendungen lassen sich als Anspielungen auf die Religion und den Feudalismus des Mittelalters lesen (»Glaube«, »Flucht«, »stolzer Vasall«); andere auf den Absolutismus der frühen Neuzeit (»Staatsmacht« als »die absolute Sache selbst« oder die Rede von den Edlen, die »nicht nur als zum Dienst der Staatsmacht bereit, sondern als Zierrathen sich um den Thron stellen« und »dem, der darauf sitzt, es immer sagen, was er ist«). Die Signatur dieser Welt der Entfremdung als Bildung sieht Hegel in der Sprache, die hier »in ihrer eigenthümlichen Bedeutung« auftrete – als Sprache des Preises, der Schmeichelei, der Zerrissenheit, zu deren Charakteristik er sich mehrfach auf Goethes 1805 erschienene Übersetzung von Diderots *Rameaus Neffe* bezieht (GW 9.266–286).

Innerhalb dieser entfremdeten Welt stellt Hegel der Bildung »die unwirkliche Welt des reinen Bewußtseyns oder des Denkens« gegenüber – durch Erinnerung an die gesetzgebende und gesetzprüfende Vernunft (s. Kap. II.4.7.4), deren Begriffe »nicht die Bestimmung der Wirklichkeit« haben, aber insbesondere in Gestalt der Religion. Ihr ist auch hier noch »nicht die Form des Gedankens das Geltende«; sie hat die »Bestimmtheit des Gegensatzes gegen die Wirklichkeit als diese überhaupt, und gegen die des Selbstbewußtseyns insbesondere, sie ist daher wesentlich nur ein Glauben.« Da das »reine Bewußtseyn des absoluten Wesens« die Welt der Wirklichkeit sich gegenüber hat, hat es sie auch an sich selbst, und so ist es nicht bloß »ein entfremdetes«, sondern »wesentlich an ihm selbst sich entfremdet«, unterschieden in die beiden Seiten der »reinen Einsicht« und des Glaubens. Dessen Gegenstand liege »zwar ebenfalls im Element des reinen Selbstbewußtseyns, aber im Denken, nicht in Be-

griffen, im reinen Bewußtseyn, nicht im reinen Selbstbewußtseyn«; er sei zwar »reiner Gedanke«, erhalte jedoch im Bewußtsein die Bedeutung eines gegenständlichen »Seyns, das jenseits des Bewußtseyns des Selbst liegt«; der Gegenstand fällt aus dem Denken in die Vorstellung herab und wird zu einer übersinnlichen Welt, »welche wesentlich ein Anders des Selbstbewußtseyns sey.« Wegen dieser Abkunft aus der realen Welt liegt deren Gliederung der trinitarischen »Organisation« des »absoluten Gegenstandes« zu Grunde. – In der »reinen Einsicht« hingegen ist allein das Selbst sich Gegenstand, »oder der Gegenstand hat nur Wahrheit, insofern er die Form des Selbsts hat.« Und Hegel resümiert: »das Selbst weiß sich als reines Selbst sein Gegenstand zu seyn; und diese absolute Gleichheit beyder Seiten ist das Element der reinen Einsicht.« Somit sei sie »der Geist, der allem Bewußtseyn zurufft: seyd für euch selbst, was ihr Alle an euch selbst seyd, – vernünftig.« (GW 9.286–292)

Mit dieser Variation des Kantischen »sapere aude« (AA VIII.35) macht Hegel den Übergang zu »II. Die Aufklärung«. Sie sei die »Verbreitung« der »reinen Einsicht«, die erst in ihrer Entgegensetzung gegen den Glauben »in eigentlicher Thätigkeit« erscheine. Sie führe ihren »Kampf mit dem Aberglauben« als Kampf gegen »Pfaffenbetrug und Volkstäuschung«, gegen den »Hokuspokus der taschenspielerischen Priester« »schmerzlos« und »nicht blutig«: Als »unsichtbarer und unbemerkter Geist, durchschleicht sie die edlen Theile durch und durch, und hat sich bald aller Eingeweide und Glieder des bewußtlosen Götzen gründlich bemächtigt«. Doch mache sie sich in diesem Kampf einer ähnlichen Taschenspielerei schuldig: Erst sie beraube den absoluten Inhalt des Glaubens seiner Bedeutung und mache »das, was dem Geiste ewiges Leben und heiliger Geist ist, zu einem wirklichen vergänglichen Dinge«, zu einem Stein, einem Holzblock oder Brotteig, zu einem »Ungeheuer des Aberglaubens«. Hegel wirft der Aufklärung sogar vor, erst sie verführe den Glauben zu einer Berufung auf »zufälliges Wissen von zufälligen Begebenheiten«, die als solche den absoluten Inhalt fraglos nicht tragen können – wie er in impliziter Anknüpfung an Lessings theologische Kontroversen zugesteht (LM 13.1–8). So schließe sie alle Bestimmtheit aus dem Absoluten aus und mache es zu einem jenseitigen Leeren, das aber positiv auf die sinnliche Wirklichkeit bezogen sei und diese zu einem Nützlichen mache. Dies wiederum sei dem Glauben »ein Greuel« und »schlechthin abscheulich«. Er habe somit gegen die Aufklärung »das göttliche Recht«, weil sie ihn verdrehe; die Aufklärung hingegen habe »nur menschliches Recht« gegen den Glauben. Doch weil ihr Recht »das Recht des Selbstbewußtseyns« sei, behaupte sie zugleich »das absolute Recht«, und der Glaube könne es ihr nicht verweigern. Denn sie bringe nur die Gedanken des Glaubens zusammen, die er, als irdische und himmlische Welt, in doppelter Haushaltsführung und doppeltem Bewußtsein nebeneinander bestehen lasse. Die Aufklärung verbündet sich gleichsam mit dem »wachen« Bewußtsein des Glaubens gegen sein schlafendes, dem der Inhalt des Glaubens begrifflos, »eine Reihe von selbstständigen Gestalten und ihre Bewegung ein Geschehen«, also eine mit sinnlichem Sein verknüpfte »Vorstellung« sei. Hierdurch werde das Reich des Glaubens »ausgeplündert« und sein vormaliger Inhalt der Erde als ihr Eigentum vindiziert und zurückgegeben (s. Kap. II.2.3). Durch diesen Verlust werde der Glaube dasselbe wie die Aufklärung: »Bewußtseyn der Beziehung des ansichseyenden Endlichen auf das prädicatlose, unerkannte und unerkennbare Absolute« – doch sei sie »die befriedigte, er aber die unbefriedigte Aufklärung« – ein »Sehnen des trüben Geistes, der über den Verlust seiner geistigen Welt trauert«, »im Hinterhalte«.

Die vorherige Entzweiung zwischen Aufklärung und Glauben erzeuge sich hierdurch erneut innerhalb der Aufklärung; als siegende Partei nehme sie das ihr zuvor entgegengesetzte Prinzip in sich auf. Ihre eine Richtung verstehe das absolute Wesen als das »prädicatlose Absolute«, »die andere nennt es Materie«. In ihrer Trennung seien sie jedoch »nicht zum Begriffe der Cartesischen Metaphysik gekommen, daß an sich Seyn und Denken dasselbe ist«, also zu dem für Hegels Epistemologie wichtigen Resultat: »das Denken ist Dingheit, oder Dingheit ist Denken«. Hegel versteht den Cartesianismus somit nicht, wie im allgemeinen in dessen Wirkungsgeschichte, als Dualismus, sondern als Monismus, dessen eigentlicher Begriffsgehalt zwar durch die Aufhebung des Gegensatzes zwischen Glauben und Aufklärung innerhalb dieser an sich realisiert, aber noch nicht für sie selbst geworden ist (GW 9.292–316).

Die praktischen Konsequenzen der Aufhebung des Gegensatzes zwischen realer und übersinnlicher Welt sowie zwischen Gegenstands- und Selbstgewißheit bei gleichzeitigem Fortbestehen der Trennung zwischen reinem Denken und abstrakter Materie thematisiert Hegel in »III. Die absolute Freyheit und der Schrecken« – in seiner Deutung der Französischen Revolution. Der Geist sei sich nun in seiner reinen Persönlichkeit aller Realität bewußt; »alle Realität ist nur geistiges; die Welt ist ihm schlechthin sein Willen, und dieser ist allgemeiner Willen«, und er erhebe sich »auf den Thron der Welt, ohne daß irgend eine Macht ihr Widerstand zu leisten vermöchte«. In diesen Worten faßt Hegel – kurz vor Napoleons Sieg bei Jena – die Bedeutung von Rousseaus »volonté générale« für die Französische Revolution. Auch den Gegensatz zwischen einzelnem und allgemeinem Bewußtsein sieht Hegel hier aufgehoben, indem das einzelne selbst zum allgemeinen geworden ist: »Das Jenseits dieser seiner Wirklichkeit schwebt über dem Leichname der verschwundenen Selbstständigkeit des realen oder geglaubten Seyns nur als die Ausdünstung eines faden Gases, des leeren Etre suprême.«

Doch eben wegen dieser Negativität gegenüber allem Bestimmten kann die »absolute Freyheit« nicht zu einem positiven Werk kommen; »sie ist nur die Furie des Verschwindens«, die »unvermittelte reine Negation«: »Das einzige Werk und That der allgemeinen Freyheit ist daher der Tod, und zwar ein Tod, der keinen innern Umfang und Erfüllung hat, denn was negirt wird, ist der unerfüllte Punkt des absolutfreyen Selbsts; er ist also der kälteste, platteste Tod, ohne mehr Bedeutung, als das Durchhauen eines Kohlhaupts oder ein Schluck Wassers.« Und Hegels Analyse der Französischen Revolution antizipiert zugleich die Menschenverachtung neuerer totalitärer Systeme: »Verdächtig werden tritt daher an die Stelle, oder hat die Bedeutung und Wirkung des Schuldigseyns, und die äusserliche Reaction gegen diese Wirklichkeit, die in dem einfachen Innern der Absicht liegt, besteht in dem trocknen Vertilgen dieses seyenden Selbsts, an dem nichts sonst wegzunehmen ist, als nur sein Seyn selbst.«

Diese »absolute Freyheit« ist aber weder geschichtlich noch gedanklich ein Letztes. Hegel deutet an, wie es aus ihr in der politischen Welt wieder zu einer »Organisation« kommt – aber dieser Schritt liegt nicht eigentlich in der Logik der »absoluten Freyheit«, weil in ihr nicht die Besonderheit liegt. Um hier zu einer begrifflichen Lösung zu kommen, »geht die absolute Freyheit aus ihrer sich selbst zerstörenden Wirklichkeit in ein anderes Land des selbstbewußten Geistes über« – des Geistes, in dem der »allgemeine Wille« »reines Wissen und Wollen« ist (GW 9.316–323).

Dieses neue Land trägt den Namen »C. Der seiner selbst gewisse Geist. Die Moralität«. In ihm sieht Hegel den Gegensatz des Bewußtseins, »der Gewißheit seiner selbst und des Gegenstandes«, aufgehoben und hierdurch das Wissen des Selbstbewußtseins zur Substanz geworden: »Das absolute Wesen ist daher nicht in der Bestimmung erschöpft, das einfache W e s e n des D e n k e n s zu seyn, sondern es ist alle W i r k l i c h k e i t, und diese Wirklichkeit ist nur als Wissen«. Das Bewußtsein hat hier alle Gegenständlichkeit in sich hineingezogen und ist »absolut frey, darin daß es seine Freyheit weiß«. Und doch erscheint das Bewußtsein gerade hier als »zur Verrüktheit zerrüttet« und »in sehnsüchtiger Schwindsucht« zu zerfließen.

Zwischen diesen beiden Polen oszilliert Hegels Auseinandersetzung mit der »moralischen Weltanschauung« – der Ethik Kants und Fichtes und der an sie anschließenden Romantik. Die Lehre der *Kritik der praktischen Vernunft* vom »höchsten Gut« und von den Postulaten des Daseins Gottes und der Unsterblichkeit der Seele ist für Hegel seit seinem frühen Briefwechsel mit Schelling obsolet (s. Kap. II.2.3); die spezifische Kritik der *Phänomenologie* an ihr ist, daß die »moralische Weltanschauung« zwar den Gegenstand erzeuge, somit als sich selbst setze und ihn doch »a u s s e r sich hinaus, als ein Jenseits seiner« setze und damit letztlich Moralität unmöglich mache. Zudem fordere sie, aus reiner Pflicht zu handeln – doch dies bedeute, gar nicht zu handeln, weil Handeln stets einen bestimmten Zweck habe. So sei sie, mit Kant gegen Kant, »e i n g a n z e s N e s t gedankenloser Widersprüche«, die »Antinomie«, »daß es ein moralisches Bewußtseyn gibt, und daß es keines gibt« (GW 9.323–340).

Aus der Auflösung dieser Widersprüche geht für Hegel hier ein »drittes Selbst« hervor, das »S e l b s t d e s G e w i s s e n s, der seiner unmittelbar als der absoluten Wahrheit und des Seyns gewisse Geist«. Für die Überordnung dieses »Selbst« über die »Pflicht« spielt Hegel auf Jacobis Satz an, das Gesetz sei um des Menschen, und nicht der Mensch um des Gesetzes willen (JWA 2.211, s. Kap. II.4.5.5). Doch hierdurch verrät dieses Gewissen seine Verwandtschaft mit der »absoluten Freyheit«: Es »erkennt keinen Inhalt für es als absolut, denn es ist absolute Negativität alles Bestimmten«, es hat »die Majestät der absoluten Avtarkie, zu binden und zu lösen«. Eine Objektivität finde es erst in der Transformation seiner unmittelbaren Gewißheit in die »Versicherung«, also in der Sprache als dem »Daseyn des Geistes« – einer dem »dritten Selbst« eigenen dritten Form der Sprache, deren Inhalt »d a s s i c h a l s W e s e n w i s s e n d e S e l b s t« sei. In der Erhebung über alle Bestimmtheit

sei das Gewissen »schöne Seele«, die kraftlos in sich verglimmt, aber auch »moralische Genialität, welche die innere Stimme ihres unmittelbaren Wissens als göttliche Stimme weiß«, und somit selber »göttliche Schöpferkrafft« und Anschauen seiner eigenen Göttlichkeit, aber durch seine Sprachlichkeit auch Allgemeines. Durch diese Sprachlichkeit gehe es über in den »Gottesdienst einer G e m e i n d e« und in Religion, »die als angeschautes oder daseyendes Wissen das Sprechen der Gemeinde über ihren Geist ist.«

Hier sieht Hegel zugleich die Versöhnung des Geistes mit sich vollzogen: Dieser ist »das reine Wissen seiner selbst als a l l g e m e i n e n Wesens« – aber »in seinem Gegentheile, in dem reinen Wissen seiner als der absolut in sich seyenden E i n z e l n h e i t«. Beide Ich, allgemeines sich selbst Wissen und insichseiendes Wissen, sind »reines Wissen«, also dasselbe, und damit sind Allgemeinheit und Einzelheit vermittelt. Ihr »versöhnendes JA« faßt Hegel als ein »gegenseitiges Anerkennen, welches der a b s o l u t e G e i s t ist«, ja als »den erscheinenden Gott mitten unter ihnen, die sich als das reine Wissen wissen.« (GW 9.340–362)

Literatur: Emanuel Hirsch: Die Beisetzung der Romantiker in Hegels Phänomenologie (1924). In: Fulda / Henrich (Hg.): Materialien zu Hegels »Phänomenologie des Geistes« (1973), 245–275; Willi Oelmüller: Die unbefriedigte Aufklärung. Beiträge zu einer Theorie der Moderne von Lessing, Kant und Hegel. Frankfurt am Main 1969, 9–34; Judith N. Shklar: Freedom and Independence. A Study of the Political Ideas in Hegel's »Phenomenology of Mind«. Cambridge / New York 1976; Sergio Dellavalle: Freiheit und Intersubjektivität. Zur historischen Entwicklung von Hegels geschichtsphilosophischen und politischen Auffassungen. Berlin 1998, 137–171; Moltke S. Gram: Moral and Literary Ideals in Hegel's Critique of the Moral World View (1978). In: Stewart (Hg.): The Phenomenology of Spirit Reader (1998), 307–333.

(6) Die Stellung des Kapitels »VII. Die Religion« (C/CC) ist umstritten; es durchtrennt den Anschluß des »Absoluten Wissens« an den »Seiner selbst gewissen Geist«, während sich von seinem Ende kein Übergang zum »Absoluten Wissen« abzeichnet (Jaeschke 1983, 61–63). Eigentümlich ist zudem, daß Hegel zu Beginn des Geist-Kapitels den Geist als »das sich selbsttragende absolute reale Wesen«, und Bewußtsein, Selbstbewußtsein und Vernunft als seine »Abstractionen« und »Momente« versteht (GW 9.239); zu Beginn des Religions-Kapitels hingegen nennt er auch den »Geist« als eines der »Momente«, deren Verlauf weder im Verhältnis zu einander noch zur Religion »in der Zeit vorzustellen« sei, und er unterscheidet den »Geist in seinem weltlichen Daseyn« als

»zusammengefaßte« und die Religion als »e i n f a c h e Totalität«. Erst sie sei »die d a s e y e n d e W i r k l i c h - k e i t des ganzen Geistes«, der »sich als seiner selbst- bewußter Geist wirklich und G e g e n s t a n d s e i n e s B e w u ß t s e y n s« wird, somit Selbstbewußtsein des Geistes, in dem seine Selbstgewißheit seiner Wahr- heit gleich ist. Und auch diese Identität denkt Hegel nicht als unmittelbare, sondern als Bewegung von der Unmittelbarkeit des Sichwissens des Geistes zur voll- kommenen Gleichheit seiner Gestalt und seines Wis- sens – von der »Natürlichen Religion« des Orients über die »Kunst-Religion« der griechischen Antike zur »Offenbaren Religion« (GW 9.363–368).

Diese geistesphilosophische Deutung der Religi- onsgeschichte bietet Hegel den Schlüssel zu ihrer Ein- heit: Sie ist die fortschreitende Aufhebung der Diffe- renz zwischen dem Bewußtsein und dem Selbst- bewußtsein des Geistes; sie gibt dem Gegenstand des Bewußtseins die Form des Selbstbewußtseins – und so ist sie insgesamt Geschichte der »Menschwerdung Gottes«. Dies bedeutet aber, wie Hegel ausdrücklich betont, keineswegs, daß der Gott in Menschengestalt und »als S e l b s t b e w u ß t s e y n vorgestellt wird« – sonst wäre die Religionsgeschichte bereits an ihrem Beginn vollendet. Doch das »v o r g e s t e l l t e Selbst ist nicht das w i r k l i c h e«: »das Vorgestellte hört nur dadurch auf, vorgestelltes und seinem Wissen fremd zu seyn, daß das Selbst es hervorgebracht hat, und al- so die Bestimmung des Gegenstandes als die s e i n i - g e, somit sich in ihm anschaut«. »Menschwerdung Gottes« ist die Religionsgeschichte eben als fort- schreitende Ersetzung des vorgestellten Selbstes durch das wirkliche – als Rückgabe der an den Him- mel verschleuderten Schätze an die Erde (s. Kap. II.2.3) oder – mit Feuerbach – als Durchschauen und damit als Rückholung der Projektion. Für Hegel ist dieses Durchschauen jedoch nicht gegen die Religi- onsgeschichte gerichtet, sondern deren spekulativer Sinn liegt eben in der sukzessiven Herausarbeitung dieser Einsicht in den Zusammenhang von wirk- lichem Geist und religiöser Vorstellung.

Die hier anvisierte Religionsgeschichte hält sich indessen fast ausschließlich im Rahmen der abend- ländischen Tradition – abgesehen von den vagen, schematischen Hinweisen auf die »Blumenreligion« (Herder, SW XVI.68) und »Thierreligion«, die beide in Indien beheimatet sind (GW 9.376: »Kasten«). Die (ägyptische) Religion des »Werkmeisters« hat ja seit Herodot und Plutarch im Gesichtskreis griechischer Historiker und Philosophen und somit der Kultur des Mittelmeerraumes gestanden. Und das »Licht- wesen«, das früher als Hinweis auf die iranische Re-

ligion gedeutet worden ist, ist vielmehr eine Chiffre für den Gott Israels, wie ein Vergleich mit Hegels re- ligionsphilosophischem Manuskript belegt (Jaesch- ke 1986a, 210–214). Am Ende der Jenaer, ja noch zu Beginn der Berliner Jahre verfügt Hegel nicht über differenzierte Kenntnisse der Religionen des Orients oder gar Afrikas (GW 9.369–375).

Eng vertraut ist ihm hingegen die »Kunst-Religi- on« Griechenlands. Sie ist dem sittlichen oder wah- ren Geist zugeordnet, doch da sie, anders als er, be- reits »das Princip der reinen Einzelnheit des Selbst- bewußtseyns« kennt, tritt sie »in ihrer Vollendung erst im S c h e i d e n von seinem B e s t e h e n auf«, wenn nämlich »die Substanz des Volks in sich ge- knickt ist«. Sie ist bereits die Frucht der »Nacht, wo- rin die Substanz verraten ward, und sich zum Subjec- te machte«. Die Kunst-Religion wird »Meister« über das »ungestaltete Wesen«; sie nimmt den eigentümli- chen Stoff für ihre Götter aus den Leidenschaften des Menschen (GW 9.378) – wie Hegel die Kritik, die Clemens Alexandrinus an den heidnischen Philoso- phen übt (V 4.662), auf die Künstler bezieht und ins Affirmative umwertet. Dieser Welt spricht Hegel gar eine »absolute Kunst« zu. Mit diesem Begriff be- zeichnet er hier, anders als im *Systementwurf III* (s. Kap. II.4.6.7), prägnant die geschichtliche Stufe zwi- schen dem früheren »instinctartigen Arbeiten« des Geistes und der späteren »höheren Darstellung«, die den Begriff zu ihrer Gestalt hat.

Gleichwohl umfaßt die Kunst-Religion noch eine weite Spanne von Formen des Gottesgedankens und des religiösen Lebens. Zunächst sei das Wesen des Gottes »die Einheit des allgemeinen Daseyns der Na- tur und des selbstbewußten Geistes«. In der Diffe- renz zwischen der Bildsäule und der selbstbewußten Tätigkeit des Künstlers lasse sich diese Einheit je- doch nicht verwirklichen; dem Götterbild fehle das Selbstbewußtsein, und der Künstler sei Meister des Gottes. Ein höheres Moment des göttlichen Daseins sei die Sprache. Als Sprache des Orakels sei sie »für das religiöse Selbstbewußtseyn Sprache eines f r e m - d e n Selbstbewußtseyns«, ebenso als Sprache des So- kratischen Daimonion, die ebenfalls nur über Zufäl- liges spricht. Selbstbewußtes Dasein habe sie in den Hymnen des Kultus, als der tätigen Erhebung des Be- wußtseins zum Selbstbewußtsein – zunächst in den Mysterien; nicht so sehr im »lebendigen Kunstwerk«, in dem die Bildsäule des menschengestaltigen Gottes durch ein »l e b e n d i g e s Selbst« ersetzt sei, jedoch insbesondere im »geistigen Kunstwerk«. Im Epos stelle sich »dem Bewußtseyn dar, was im Cultus a n s i c h zu Stande kommt, die Beziehung des Göttlichen auf das Menschliche«, und in höherer Form in der Tragödie: Sie zeige »selbstbewußte Menschen, die ihr Recht und ihren Zweck, die Macht und den Willen ihrer Bestimmtheit wissen und zu sagen wissen.« Indem diese wirklichen Menschen Schauspieler sind und Masken tragen, zeige sich zwar, »daß die Kunst das wahre eigentliche Selbst noch nicht in ihr enthält.« Doch die Entwicklung der Individualität führe zur Auflösung »der gedankenlosen Vermischung der Individualität und des Wesens« und somit zur »Entvölkerung des Himmels«, zur »Vertreibung solcher wesenlosen Vorstellungen«. Die Komödie setze diesen Prozeß fort, und schließlich enthebe das vernünftige Denken »das göttliche Wesen seiner zufälligen Gestalt« und erhebt sie »in die einfachen Ideen des Schönen und Guten empor«. Im »Bewußtseyn der Dialectik«, im Denken und Handeln hebe sich alles auf, was gegen das Selbstbewußtsein »die Form von Wesenheit gegen es annimmt«; alles Allgemeine werde in das »Eine Pantheon« der Gewißheit seiner selbst versammelt (GW 9.402), so daß der Gehalt der Kunst-Religion in dem Satz kulminiere: »das Selbst ist das absolute Wesen« (GW 9.376–400).

Die dritte Stufe, die christliche Religion, nennt Hegel die »offenbare«, weil in ihr »das göttliche Wesen geoffenbart« sei – und das heißt: »Sein Offenbarseyn besteht offenbar darin, daß gewußt wird, was es ist«, nämlich Selbstbewußtsein. Das Bewußtsein wisse den Gegenstand, das absolute Wesen, hier als ein nicht Fremdes, Geheimes, sondern als sich selbst. Sein Gegenstand sei das Selbst, und dieses »ist eben diß in sich reflectirte Innre, das unmittelbar da, und die eigne Gewißheit desjenigen Selbsts ist, für welches es da ist.« Damit erläutert er zugleich die kurze Formulierung des *Systementwurfs* III, »daß Gott die Tiefe des seiner selbst gewissen Geistes ist« (s. Kap. II.4.6.7). Und er grenzt diesen Gedanken auch noch implizit gegen die christliche Dogmatik ab: »die göttliche Natur ist dasselbe, was die menschliche ist, und diese Einheit ist es, die angeschaut wird.«

Den geschichtlichen Weg zur »offenbaren Religion« nimmt Hegel nochmals über die Gestalten des ›Selbstbewußtseins‹, über die »gedachte Person des Stoicismus und die haltlose Unruhe des skeptischen Bewußtseyns« hin zum »unglücklichen Bewußtseyn«. Dieses zeichnet Hegel hier als Gegenposition zum »komischen Bewußtseyn«, als »das Bewußtseyn des Verlustes aller Wesenheit in dieser Gewißheit seiner und des Verlustes eben dieses Wissens von sich – der Substanz wie des Selbsts, es ist

der Schmerz, der sich als das harte Wort ausspricht, daß Gott gestorben ist.« (zum »Tod Gottes« vgl. Jaeschke 1983, 64–68)

Der von Hegel hier rekonstruierte Prozeß umfaßt zwei gegenläufige Bewegungen: die Entäußerung des Selbstbewußtseins zur Substanz – daß es sich als das allgemeine Wesen weiß und »für es es ist, daß die Substanz Selbstbewußtseyn, und ebendadurch Geist ist«, und die Entäußerung der Substanz zum Selbstbewußtsein. So lange die letztere noch unzureichend oder nur eingebildet ist, muß die Kluft zwischen dem Ansich des Gegenstandes und seiner Erscheinung für das Bewußtsein durch allegorische Exegese überbrückt werden: ein Indiz dafür, daß der Geist des Interpreten weiter in Richtung der Vergeistigung des Absoluten fortgeschritten ist als der gegenständliche Geist.

Die Religionsgeschichte ist die Geschichte der Menschwerdung Gottes, und die christliche Religion ist die »absolute Religion«, denn ihr Inhalt ist eben diese »Menschwerdung des göttlichen Wesens, oder daß es wesentlich und unmittelbar die Gestalt des Selbstbewußtseyns hat« – und zwar nicht nur in der »Einbildung, sondern es ist wirklich an dem.« Diese »Wirklichkeit« kann aber nirgend anders als im Wissen sein. Deshalb formuliert Hegel etwas gewunden: Die Menschwerdung »erscheint nun so, daß es der Glaube der Welt ist, daß der Geist als ein Selbstbewußtseyn d. h. als ein wirklicher Mensch da ist, daß er für die unmittelbare Gewißheit ist, daß das glaubende Bewußtseyn diese Göttlichkeit sieht und fühlt und hört.« Und doch bildet gerade die Aufhebung dieser sinnlichen Gegenwart des absoluten Gegenstandes die Voraussetzung des Selbstbewußtseins des Geistes: »erst dadurch, daß es ihn nur gesehen, gehört hat, wird es selbst geistiges Bewußtseyn«. Erst in dem »Verschwinden des unmittelbaren Daseyns des als absoluten Wesen gewußten« entsteht »das allgemeine Selbstbewußtseyn der Gemeine«: Sie entsteht nicht vor ›Ostern‹, sondern erst in der mit ›Pfingsten‹ beginnenden Ausbildung des absoluten Inhalts. Deshalb wendet Hegel sich vehement – und sehr unlutherisch – dagegen, hinter die geschichtliche Ausbildung oder gar hinter ›Pfingsten‹ zurückgehen zu wollen »auf die Vorstellungen der ersten unvollkommen Gemeine, oder gar auf das, was der wirkliche Mensch gesprochen hat« – auf »die geistlose Erinnerung einer einzelnen gemeynten Gestalt und ihrer Vergangenheit«.

Hegels Deutung der christlichen Religion ist hier erheblich breiter ausgeführt als im fast gleichzeitigen *Systementwurf III*. Insbesondere ein Begriff, den er dort fast zögernd einführt, wird seit der *Phänomenologie* zum Schlüsselbegriff für das Verständnis zunächst der christlichen Religion und später der Religion überhaupt: der Begriff der Vorstellung. Hegel versteht »Vorstellung« nun als »synthetische Verbindung der sinnlichen Unmittelbarkeit, und ihrer Allgemeinheit oder des Denkens«. Darin ist die Kritik der Vorstellung bereits angedeutet: Sie ist die unvollendete Vermittlung beider, und noch nicht Denken in Begriffsform. Das Vorgestellte ist noch nicht begriffen – doch erst die Begriffsform gibt dem wahren Inhalt seine wahre Form. Die Vorstellung gibt dem Inhalt die Form eines äußeren und als solchen unbegreiflichen Geschehens, natürlicher Verhältnisse, einer zeitlichen Einmaligkeit, einer »unversöhnten Entzweyung in ein Disseits und Jenseits«. Sie fixiert das »absolute Wesen« in Gestalt eines isolierten Subjekts und verstellt eben damit die Einsicht in das Selbstbewußtsein des Geistes, das die christliche zur »offenbaren Religion« macht.

Diese durch die Vorstellungsform bedingten Verzerrungen analysiert Hegel im Durchlaufen der drei von der religiösen Vorstellung vorgegebenen, isolierten »Elemente« des Denkens, der Vorstellung i. e. Sinn und des Selbstbewußtseins (vgl. V 3.12–69). Doch weil dieser Inhalt insgesamt in der Vorstellungsform verbleibe, habe die Gemeinde »nicht auch das Bewußtseyn über das, was sie ist; sie ist das geistige Selbstbewußtseyn, das sich nicht als dieses Gegenstand ist«. Sie verstehe das Selbstbewußtsein des Geistes als »Handlung einer f r e m d e n Genugthuung«. Die Versöhnung zerfalle ihr in ein »Fernes der Z u k u n f t« und eine »Ferne der V e r g a n g e n h e i t«; sie sei zwar »in ihrem Herzen, aber mit ihrem Bewußtseyn noch entzweyt, und ihre Wirklichkeit noch gebrochen.« Das Ansich werde ihr zum Jenseits, und das Diesseits zu etwas, was seine »Verklärung noch zu gewarten hat«. So ist Hegels Darstellung der christlichen als der »offenbaren Religion« zugleich eine scharfe Kritik – und zudem in einem Umfeld, das noch keine Religionskritik ausgebildet hat (GW 9.400–421).

Literatur: Harald Schöndorff: Anderswerden und Versöhnung Gottes in Hegels »Phänomenologie des Geistes«. Ein Kommentar zum zweiten Teil von VII.C. »Die offenbare Religion«. In: Theologie und Philosophie 57 (1982), 550–567; Jaeschke: Die Religionsphilosophie Hegels. Darmstadt 1983, 59–68; Jaeschke: Vernunft in der Religion (1986), 198–218; Josef Schmidt: »Geist«, »Religion« und »absolutes Wissen«. Ein Kommentar zu den drei gleichnamigen Kapiteln aus Hegels Phänomenologie des Geistes. Stuttgart / Berlin / Köln 1997; Luis Mariano de la Maza: Knoten und Bund. Zum Verhältnis von Logik, Geschichte und Religion

in Hegels Phänomenologie des Geistes. Bonn 1998; Matthias Häußler: Der Religionsbegriff in Hegels »Phänomenologie des Geistes«. Freiburg / München 2008.

(7) Dem kurzen abschließenden Kapitel, »Das absolute Wissen« (C/DD, VIII), fällt die Aufgabe zu, im Rückblick auf den Gang des erscheinenden Geistes die Grundlegungsfunktion der *Phänomenologie* für das »System« zu verdeutlichen. Doch gilt es weithin schon wegen seines im Titel erhobenen Anspruchs als diskreditiert – als »unhaltbare Anmaßung«, als »hybrid« (vgl. Siep 2000, 18 f.): Absolut zu wissen sei lediglich, daß es kein absolutes Wissen gebe. Im Zeitalter des antimetaphysischen Affekts scheint dies so einleuchtend, daß man sich die Frage ersparen zu können scheint, was Hegel denn eigentlich unter diesem Reiztitel behandle – nämlich weder epistemologische Allmachts- und Allwissenheitsphantasien, noch eine mögliche Gestalt des Wissens, die es künftig zu verwirklichen gelte: sondern diejenige Form des Wissens, die er am Ende der Aufklärung geschichtlich verwirklicht sieht.

»Absolut« nennt Hegel dieses Wissen – analog zu anderen Wortbildungen wie »absolute Kunst« oder »absolute Religion« –, weil es sich auf sich selbst bezieht, Wissen des Geistes von sich, von seinem Wesen ist: »der sich als Geist wissende Geist«. Er weiß von sich, indem er das ihm vermeintlich vorgegebene, ihm gegenüberstehende und es zu begrenzen scheinende Objekt in Bestimmungen der Subjektivität transformiert und somit in seinem Gegenstand, in seinem Anderen sich weiß und bei sich ist – als »der sich in Geistgestalt wissende Geist oder das b e g r e i f e n d e Wissen.« Der Weg des erscheinenden Wissens ist der Weg der Herausbildung des »absoluten Wissens«; es ist geschichtlich vermitteltes Wissen, der Knoten, in dem sich die Fäden der Bewußtseinsgeschichte – des Bewußtseins, des Selbstbewußtseins, der Vernunft, des Geistes und der Religion – in einander verschlingen und die »Substanz« als »Subject« erweisen.

Für das Verständnis dieses Prozesses verweist Hegel jedoch nicht einfach auf eine amorphe Bewußtseinsgeschichte. Er sucht ihre Struktur detailliert zu beschreiben. Ihre beiden Stränge werden gebildet durch den »h a n d e l n d e n seiner selbst gewissen Geist« und durch die Religion. Diese bildet die Seite des Ansich, der Entwicklung des absoluten Inhalts in der Vorstellung – aber somit als Vorstellung des Tuns eines Anderen. Der seiner selbst gewisse Geist hingegen, die Seite des Fürsich, sei »eignes T h u n des S e l b s t s« – »Wissen des Thuns des Selbsts in sich als aller Wesenheit und alles Daseyns, das Wissen von diesem Subjecte als der Substanz, und von der Substanz als diesem Wissen seines Thuns«. In dieses Wissen fällt deshalb die Vereinigung der beiden Stränge, die Gleichheit von Wahrheit und Gewißheit als die Bedingung der spekulativen »Wissenschaft«.

Hegel schreibt somit der Religion – als der Seite der »Substanz« – eine zwar konstitutive, aber dennoch begrenzte Bedeutung für die Bewußtseinsgeschichte zu. Sie vollziehe auf ihrer Seite ebenfalls eine Vermittlung des Einzelnen und des Allgemeinen – und doch sei sie »das rohe Bewußtseyn, das ein um so barbarischeres und härteres Daseyn hat, je tiefer sein innerer Geist ist«. Ihre Offenbarkeit »ist in der That Verborgenheit, [...] und offenbar ist sich nur die Gewißheit seiner selbst.« Die Religion spreche wohl »früher in der Zeit, als die Wissenschaft, es aus, was der Geist ist, aber diese ist allein sein wahres Wissen von ihm selbst.« Hegels Rückblick auf die »wirkliche Geschichte« des »absoluten Wissens« beginnt deshalb zwar mit der Religion, doch verläßt er sie mit dem Mittelalter und geht über zur Renaissance sowie zur Philosophie- und Wissenschaftsgeschichte der Neuzeit. Sowohl ihre theoretische Seite – den Empirismus und Rationalismus – als ihre praktische Seite führt Hegel – mit einem Seitenblick auf die Aufklärung und die Französische Revolution – über die Philosophie Fichtes und Schellings bis an die Schwelle seiner eigenen Philosophie, also zur Überwindung des Gegensatzes des Bewußtseins und zum Begriff des »Begriffs« und der »Wissenschaft« – und damit auf die Ebene, auf der sein »System« angesiedelt ist (GW 9.422–434).

Literatur: Jaeschke: »Das absolute Wissen.« In: Arndt / Bal / Ottmann (Hg.): Phänomenologie des Geistes. T. 1. HJb 2001. Berlin 2002, 286–295; Hans-Friedrich Fulda: Das absolute Wissen – sein Begriff, Erscheinen und Wirklichwerden. In: Revue de Métaphysique et de Moral. Paris 55 (2007), 3, 338–401.

4.7.5 Geist und Geschichte

(1) Die neuere Forschung hat versucht, bei Hegels Vorgängern oder Zeitgenossen, bei Lambert oder beim späten Fichte, terminologische Anknüpfungspunkte für das Projekt einer »Phänomenologie« aufzuzeigen. Doch die Konzeption der Hegelschen *Phänomenologie des Geistes* ist einzigartig in der Philosophiegeschichte. Wenn sie auch keine ausdrückliche Nachfolge gefunden hat, so hat sie doch den begrifflichen Zusammenhang von »Geist« und »Geschichte« bleibend verändert: »Geist« ist seitdem als geschichtlich, wie auch umgekehrt »Geschichte«

als geistig zu denken. Dieser Zusammenhang von Geist- und Geschichtsbegriff ist so auch noch nicht der »Geistesphilosophie« des *Systementwurfs* III (1805/06) zu entnehmen, trotz ihrer Überleitung von der »Philosophie« zur »Weltgeschichte« (GW 8.286 f.); Hegel hat ihn erstmals in der *Phänomenologie* ausgearbeitet – vielleicht auch im verschollenen Manuskript seiner ersten *Vorlesung über die Geschichte der Philosophie* (1805/06).

(2) Vor dem Hintergrund der ohnehin unstrittigen Kompositionsprobleme hat dieses neue Verhältnis von Geist und Geschichte Kritiker wie Rudolf Haym zu einem vernichtenden (Fehl-)Urteil veranlaßt: »die Phänomenologie ist eine durch die Geschichte in Verwirrung und Unordnung gebrachte Psychologie und eine durch die Psychologie in Zerrüttung gebrachte Geschichte.« (Haym 1857, 243) Es ist in der Tat wenig aussichtsreich, sämtliche Entscheidungen Hegels über Methodologie und Architektonik wie auch alle Urteile seines Werkes nachträglich rechtfertigen zu wollen. Entscheidend ist jedoch seine Einsicht in die Geschichtlichkeit des Geistes und deshalb in die Notwendigkeit einer bewußtseinsgeschichtlichen Grundlegung des Erkenntnisanspruchs seines Systems – oder weiter gefaßt: einer geschichtlichen Grundlegung der Epistemologie überhaupt. Es kann ja nicht ernstlich bestritten werden, daß die Begriffe, in denen sich das Denken explizit, selber geschichtlichen Charakter haben: daß sie durch mannigfache geschichtliche Konnotationen erst ihre spezifische Bestimmtheit erhalten – auch wenn diese geschichtliche Prägung in ihrem Gebrauch nur selten reflektiert wird. Zumeist liegt sie dem Bewußtsein, das sie als unmittelbar gebraucht, unerkannt ›im Rücken‹ – und dies nicht ohne Folgen.

Hegel hat das philosophische Bewußtsein wegen dessen Blindheit für seine Genese mehrfach kritisiert. Im »Idealismus« etwa trete das Selbstbewußtsein mit dem Anspruch auf, »alle Realität zu seyn« – aber es sei diese Realität »erst dadurch, daß es diese Realität wird, oder vielmehr sich als solche erweist.« Sofern der »Idealismus« jedoch mit diesem Anspruch auftrete, bleibe er eine unmittelbare Gewißheit, eine »reine Versicherung, welche sich selbst nicht begreift, noch sich andern begreiflich machen kann« – »denn jener vergessene Weg ist das Begreifen dieser unmittelbar ausgedrückten Behauptung.« Der »absolute Begriff« umfasse auch »die Bewegung seines Gewordenseyns« (GW 9.133 f.). Eine analoge Kritik ließe sich für alle Stationen der Geschichte der Philosophie formulieren, und auch für Hegels System, sofern es sich nicht seiner geschichtlichen Bedingtheit vergewisserte – sei es in Form philosophiegeschichtlicher, besser noch bewußtseinsgeschichtlicher Vorlesungen oder der *Phänomenologie*, die diese Vergewisserung nicht bloß historisch, sondern in einer Verbindung historischer Rückblenden mit systematischen Argumenten durchführt.

Somit leitet die *Phänomenologie* in das System ein, indem sie dessen Voraussetzung, die Einheit von Denken und Sein, rechtfertigt, und dies, indem sie die Herausbildung des Gedankens dieser Einheit in der Geschichte der Gestalten des Geistes aufzeigt. Diese ist ja nichts bloß Faktisches, sondern eben die Explikation des Geistes als der »Substanz«, die sich darin als »Subject« erweist. Dem hier erreichten »Wissen« schreibt Hegel die Aufgabe zu, daß es »nur betrachtet, wie das Unterschiedne sich an ihm selbst bewegt, und in seine Einheit zurückkehrt.« Diese Bestimmung unterschlägt fraglos die konstruktive Rolle der Momente, die in jeder ›Betrachtung‹ und a fortiori in der *Phänomenologie* als der Darstellung des erscheinenden Geistes wirksam sind. Und doch kann Hegel für seine Konzeption in Anspruch nehmen, daß sie die innere »Nothwendigkeit« aufzeige, mit der die »reine Bewegung« (GW 9.431 f.) von früheren Epochen der Bewußtseinsgeschichte bis an das Ende der Aufklärung fortgehe – nicht in dem Sinne, daß diese »Bewegung« auf Hegels Philosophie zuliefe, sondern daß diese Philosophie ihren eigenen systematischen Ansatz durch die Vergewisserung dieser Geschichte des erscheinenden Geistes formuliert und rechtfertigt.

4.8 Sekundäre Überlieferung, Zweifelhaftes, Verschollenes

4.8.1 Jenaer Notizenbuch (1803–1806)

Aus dem Umkreis seiner Arbeiten an Hegels Biographie berichtet Rosenkranz im *Königsberger Literatur-Blatt* 1842, nach Schellings Weggang aus Jena habe Hegel in einem »kleinen Folianten, der eigentlich seinen Excerpten aus naturwissenschaftlichen Büchern gewidmet war«, auch »kritische Bemerkungen über den Charakter der Zeit, über das Wesen der Philosophie, über das Verhältniß derselben zur Epoche, in der sie hervortritt«, eingestreut. Eine Auswahl solcher »im momentanen Drang hingeschleuderten« *Kritischen Xenien* hat Rosenkranz zunächst im *Königsberger Literatur-Blatt*, später – teils absichtlich, teils unabsichtlich verkürzt – im Anhang zu *Hegel's Leben* veröffentlicht.

Es ist Rosenkranz jedoch entgangen, daß viele dieser »Aphorismen« ebenfalls Exzerpte bilden. So ist der umfangreiche Faust-Aphorismus, den er zu einer »Prometheischen Confession« Hegels stilisiert, ein Exzerpt aus einer anonym erschienenen, von Johann Gottfried Gruber stammenden Sammelrezension der Romane Friedrich Maximilian Klingers. – Diese Herkunft wie auch die anderer »Aphorismen« ist erst im Zuge der historisch-kritischen Ausgabe durch Manfred Baum und Kurt Rainer Meist aufgeklärt worden; für weitere »Aphorismen« ist zu vermuten, daß sie ebenfalls Exzerpte bilden.

Erstdruck: Kritische Xenien Hegel's aus der Jenenser Periode 1803–6, mitgetheilt von Karl Rosenkranz. In: Königsberger Literatur-Blatt redigirt von Alexander Jung. 1.Jg. Königsberg 1841/42, Nr. 31,32,38,42,43; vgl. R 537–555. – **Text:** GW 5.488–508. – **Literatur:** R 198–201: Hegel's Wastebook 1803–1806; Unbekannte Aphorismen Hegels aus der Jenaer Periode. Mitgetheilt von Friedhelm Nicolin. HS 4 (1968), 9–19; Manfred Baum / Kurt Meist: Hegels »Prometheische Confession«. Quellen für vier Jenaer Aphorismen Hegels. HS 8 (1973), 79–90; GW 5.709–716,812–824.

4.8.2 Fragment vom Dreieck der Dreiecke

In Hegels frühe Frankfurter Zeit datiert Rosenkranz das von ihm im Kontext einer längeren Paraphrase im Auszug mitgeteilte, seitdem verschollene Fragment »vom göttlichen Dreieck«. In ihm interpretiert Hegel mit Hilfe von Dreiecksverhältnissen, aber auch unter Rückgriff auf Platons *Timaeus* das trinitarische Verhältnis der Reiche des Vaters, des Sohnes und des Geistes – als ein Verhältnis, in dem durch eine Folge jeweils unterschiedlicher »Mitten« eine vollständige Vermittlung von Gott und Universum bewirkt wird, so daß das dritte Dreieck »die Rückkehr von Allem in Gott selbst, oder das Ausgegossensein der Idee über Alles« darstellt.

Rosenkranz wertet dieses Fragment als Beleg dafür, daß Hegels »Speculation anfänglich einen theosophischen Charakter hatte, in welchem aber die Energie des dialektischen Denkens mit der Bildlichkeit der gnostischen Anschauungsformen in arge Entzweiung geriet und bald zu einer reineren, logischeren Form nöthigte.« (R 101) Kimmerle (1967, 162) datiert das Fragment in den Umkreis des *Systementwurfs I* (1803/04), weil Rosenkranz berichtet, Hegels »trianguläre Construction« sei »im Speciellen noch durch die Natur hindurchgeführt« und breche bei der »Construction des Thieres« ab. Dieser Hinweis dürfte das Fragment jedoch nicht in den Kontext des *Systementwurfs I*, sondern der platonischen und pythagoräischen Kosmosspekulation stellen (GW 5.707 f.).

Erstdruck: Karl Rosenkranz: Hegel's ursprüngliches System. – In: Literaturhistorisches Taschenbuch. 2. Jg. Leipzig 1844, 158–164; vgl. R 101 f. – **Text:** GW 5.479–482. – **Literatur:** Heinz Kimmerle: Zur Chronologie von Hegels Jenaer Schriften. HS 4 (1967), 125–176; GW 5.706–708.

4.8.3 Zeichnung aus Dreiecken

In Hegels Nachlaß hat sich eine sorgfältig ausgeführte Zeichnung erhalten, die ein Dreieck zeigt, an dessen Spitzen jeweils ein kleines Dreieck steht. Beschriftet ist sie auf jeder Seite des zentralen Dreiecks mit dem Wort »spiritus« sowie mit magisch-astrologischen Symbolen. Dies hat Behauptungen über Hegels »Beziehungen zu Alchemie, Gnosis, Rosenkreuzerei, Freimaurerei, Astrologie« sowie über sein »Interesse für alle mystischen und irgendwie obskur-geheimnisvollen Dinge« veranlaßt (Schneider, 73), die indes nirgends belegt sind – anders als bei manchem seiner Zeitgenossen.

Die Zeichnung bildet keine Illustration des eben behandelten *Fragments vom Dreieck der Dreiecke;* sie steht auch nicht im Zusammenhang mit anderen Texten Hegels. Da das Wasserzeichen des Papiers bei seinen Manuskripten sonst nicht vorkommt, ist zu vermuten, daß er sie nicht selber gezeichnet, sondern vielleicht als Geschenk erhalten hat. Merkwürdig ist zudem, daß Rosenkranz sie nicht erwähnt, obgleich er für die Zeit von Hegels früher Entgegensetzung gegen die Aufklärung »eine mystische Phase« (R 199) behauptet und zudem das *Fragment vom Dreieck der Dreiecke* überliefert. Es kann somit nicht ausgeschlossen werden, daß die Zeichnung sogar erst nach Hegels Tod in seinen Nachlaß gelangt sei.

Erstdruck: Georg Stuhlfauth: Das Dreieck. Die Geschichte eines religiösen Symbols. Stuttgart 1937, Abb. 16. – **Abbildung:** GW 5.533. – **Literatur:** Helmut Schneider: Zur Dreiecks-Symbolik bei Hegel. HS 8 (1973), 55–77; GW 5.734–736.

5 Bamberger Abhandlungen und Fragmente (1807–1808)

5.1 Wer denkt abstract?

(1) Dieser Aufsatz ist in seiner Art einzig im Corpus Hegelianum – eine Gelegenheitsarbeit, im Ton eher satirisch als philosophisch-wissenschaftlich, enthält er doch eine dezidiert-philosophische Aussage.

Überliefert ist er als Manuskript; ein Druck zu Hegels Lebzeiten ist nicht bekannt. Die Herausgeber des Bandes XVII der *Freundesvereinsausgabe,* Förster und Boumann, haben ihn unter die *Vermischten Schriften* aus der Berliner Zeit aufgenommen, und deshalb haben sie Hegels Wendung, beim »preussischen« Militär habe der Soldat als »Canaille« das passive Recht, geprügelt zu werden, durch »österreichischen« ersetzt – wohl nicht allein, weil Hegels Wendung in den 1830er Jahren politisch inopportun, sondern weil sie nach Scharnhorsts Reformen (1808/13) auch nicht mehr korrekt gewesen wäre. – Durch diese implizite Datierung in die Berliner Zeit verleitet, hat Rosenkranz den Aufsatz nicht allein ausdrücklich in diese Jahre gesetzt, sondern ihn auch als »merkwürdiges Product« der »Berliner Manier« betrachtet – als »seltsame, einzige Mischung von Metaphysik, Spaß, Satire, schneidenster [!] Satire, ja erschütterndem Humor«. Allerdings räumt schon Rosenkranz ein, Hegels »Schwäbischer Naivetät« fehle »das eigenthümlich Coquette, was im Allgemeinen den Berliner bis zu Nante Strumpf hinunter, oft mit großem Reiz, charakterisirt« (R 355 f.). Hoffmeister hat den Aufsatz in die »Jenaer Zeit (1807/08)« [!] datiert, und Kimmerle hat die Datierung schließlich auf »April 1807 oder einige Monate später«, also auf die frühe Bamberger Zeit präzisiert – teils wegen des Schriftbefundes, teils wegen der Anspielung des Aufsatzes auf ein Preisausschreiben im *Morgenblatt für gebildete Stände* vom 2.1.07; Einsendeschluß war der 1.7.07 (GW 5.678 f., GW 8.360).

(2) Hegels Aufsatz wird nicht als Einsendung für dieses Preisausschreiben gedacht gewesen sein, denn der Preis war auf eine »Satire in gereimten Versen über den Egoismus« ausgesetzt. Gleichwohl wendet er sich an solche »gebildeten Stände«, an die »schöne Welt«, und er sucht sie weniger zu »amüsiren«, wie Rosenkranz meint, als sie über sich aufzuklären. Hegel dementiert zwar, daß er sich hierzu einer »Hinterlist« bediene, mit der »unter dem Scheine einer leichten Conversation das Denken und das Abstracte eingeschwärtzt« und schließlich der »fremde Gast« als alter Bekannter entdeckt werden sollte. Doch besteht seine eigentliche Hinterlist eben in der Beruhigung, die dieses Dementi erzeugt. Denn Hegel unterstellt zunächst, daß man »in guter Gesellschafft«, in der »wir« uns befinden (wodurch er sich mit dieser Gesellschaft zu identificiren scheint und sie in Wahrheit als nicht-gute entlarvt), immer schon wisse, »Was Denken, was Abstract ist«. Lediglich die Frage bleibe noch, »w e r es sey, der abstract denke?«.

Auf sie gibt Hegel eine Antwort, die zwar nicht den mit seiner Philosophie Vertrauten, wohl aber »die gute Gesellschaft« mit ihrem »Vorurtheil« und ihrer »Achtung für das abstracte Denken« überrascht: Es ist »der ungebildete Mensch, nicht der gebildete.« ›Abstrakt denken‹ heißt, aus einer konkreten Totalität eine einzelne Eigenschaft herauszusondern, zu abstrahieren, und sie zum einzigen Gesichtspunkt zu erheben – etwa »in dem Mörder nichts als diß Abstracte, daß er ein Mörder ist, zu sehen, und durch diese einfache Qualität alles übrige menschliche Wesen an ihm vertilgen«: »Dem gemeinen Volke ist er nichts weiter als ein Mörder.« Es wehrt mit Heftigkeit alle Versuche ab, in dem Verurteilten mehr zu sehen als eben nur den Mörder – ob nun »Damen« frivoler Weise ihn als schönen, interessanten Mann wahrnehmen oder ein »Menschenkenner« widrige Umstände seiner Bildungsgeschichte hervorhebt, oder ob es bei anderer Gelegenheit das Elaborat eines »Bücherschreibers« (Goethe) abstrakt auf die »Vertheidigung des Selbstmordes« (des jungen Werther) reduziert. Wer solche Abstraktion vermeiden will, kann allerdings in »die entgegengesetzte Abstraction« verfallen – wie »eine feine empfindsame Leipziger Welt«, die das Rad, auf das ein Verbrecher geflochten war, und ihn selbst mit Blumenkränzen »bestreute und beband« – vermutlich eine Anspielung auf einen nicht mehr bekannten Vorfall oder eine literarische Fiktion. Dieses Blumenstreuen sei vielmehr »eine oberflächliche, kotzebuische Versöhnung, eine Art liederlicher Verträglichkeit der Empfindsamkeit mit dem Schlechten.« Und während Hegel zunächst sagt, dem »gemeinen Volke« sei der Mörder nichts als Mörder, sieht er schließlich eine »gemeine alte Frau, ein Spitalweib, die Abstraction des Mörders tödten«: indem sie dessen abgeschlagenes Haupt von »Gottes Gnadensonne« beschienen und somit »in der höhern Sonne ihn zu Gnaden angenommen« sieht.

(3) In einer detaillierten Stilanalyse, wie sie für Hegels Werke sonst nicht durchgeführt worden ist, hat Anke Bennholdt-Thomsen Hegels Aufsatz, der ja »eine Erkennungsszene intendiert«, »als eine Art von Komödie« bezeichnet, deren Subjekt die Gesellschaft sei (182,193). »Wie der Gedankengang den Handlungsverlauf auf der Bühne ersetzt, so der Stil eine lustspielhafte Gestaltung.« (195) Die von Hegel hier beabsichtigte Versöhnung der Gesellschaft mit sich selbst sei »eine Versöhnung, die mit einer Komödie vergleichbar ist«. Insofern widerspricht sie der im Preisausschreiben angeregten »Satire«, die nach Hegels späterer Sicht keine »ächte poetische Auflösung« und somit keine »ächte Versöhnung« zu Stande bringen kann. Die »gebildete Gesellschaft« hingegen werde versöhnt, »indem sie erkennt, daß das D e n k e n es ist, das sie zu einer gebildeten o d e r ungebildeten Gesellschaft macht« (194) – d. h. zu einer konkret oder abstrakt denkenden.

Erstdruck: W XVII. 400–405. – Text: GW 5.379–387. – Literatur: Anke Bennholdt-Thomsen: Hegels Aufsatz: Wer denkt abstract? Eine Stilanalyse. HS 5 (1969), 165–199; GW 5.677–681.

5.2 Zwei Fragmente zur Logik

(1) Parallel zur Gelegenheitsarbeit *Wer denkt abstract?* nimmt Hegel die Arbeit an seinem System wieder auf, von dem er ja – entgegen seinen Ankündigungen – bisher erst die *Phänomenologie* als Einleitung veröffentlicht hat. In der Selbstanzeige der *Phänomenologie* – in der nun von ihm redigierten *Bamberger Zeitung* vom 25.11.07 – kündigt er an, der zweite Band werde »das System der L o g i k als speculativer Philosophie, und der zwey übrigen Theile der Philosophie, die W i s s e n s c h a f t e n der N a t u r und des G e i s t e s enthalten« (GW 9.447). Zu den beiden realphilosophischen Disziplinen haben sich aus Bamberg keine Zeugnisse erhalten, wohl aber zur Logik. Als Niethammer ihm den Auftrag zur »Ausarbeitung einer Logik für die Lyzeen« in Aussicht stellt, antwortet Hegel am 8.7.07: »Ich arbeite, so viel sichs tun läßt, an meiner allgemeinen Logik und werde so bald damit nicht fertig seyn«. Ein Jahr später, am 20.5.08, spricht er Niethammer gegenüber von seiner »Logik, wie sie jetzt zu werden anfängt, zu der ich in Jena kaum den Grund gelegt und nicht ausführlich gelesen habe«. Eine Frucht dieses »Werdens« bilden die beiden Fragmente *Zum Erkennen* und *Zum Mechanismus, Chemismus, Organismus und Erkennen*. Sie sind sowohl von der Schriftentwicklung als auch von der Papierqualität in die Bamberger Jahre zu datieren, und auch in der Entwicklungsgeschichte der Logik nehmen sie einen Platz zwischen den letzten Jenaer und den ersten Nürnberger Arbeiten ein.

(2) Das erste Fragment, *Zum Erkennen*, bildet eine vollständig formulierte Vorstufe zum letzten Abschnitt des zweiten, »Das Erkennen«. Dieses letztere Fragment ist die einzige Quelle für einen Ausschnitt aus einer Logik-Konzeption, die ausschließlich den Bamberger Jahren angehört. Die zentralen Fragen der Umgestaltung der Logik-Konzeption lassen sich an Hand dieses Fragments zwar nicht erörtern.

Gleichwohl leistet es insofern einen wichtigen Beitrag zur Entwicklungsgeschichte der Logik, als es – mit der Abhandlung des »Freyen Mechanismus« und des »Chemismus« – Elemente enthält, die zum späteren Kapitel »Objectivität« hinführen. Damit geht das Fragment über die Jenaer Konzeptionen hinaus, auch über die letzte Logik-Skizze (GW 8.286).

Der eigentümliche Ansatz dieses Fragments besteht darin, daß es erstmals die Themen »Mechanismus«, »Chemismus« und »Organismus« nicht als naturphilosophische, sondern als Themen der Logik behandelt, übrigens unter starker Akzentuierung des Begriffs des Schlusses und vermutlich in Fortsetzung einer vorausgegangenen Schlußlehre. Es geht jedoch ohne Abhandlung des Zweckbegriffs und ohne Zäsur vom »Chemismus« zum »Organismus« und zum »Erkennen« über, während »Leben« und »Erkennen« seit dem ersten Nürnberger Entwurf ihren systematischen Ort in einer gesonderten »Ideenlehre« finden. Das Fragment ist somit ein Zeugnis für eine Station der Entwicklung der Logik, in der sie zwar die später unter dem Titel »Objectivität« abgehandelten Themen zu integrieren beginnt, ihren Abschluß jedoch noch nicht in einer »Ideenlehre« findet.

Erstdruck: Otto Pöggeler (Hg.): Fragment aus einer Hegelschen Logik. Mit einem Nachwort zur Entwicklungsgeschichte von Hegels Logik. HS 2 (1963), 11–70. – **Text:** GW 12.257 f. bzw. 259–298.

6 Nürnberger Schriften und Entwürfe (1808–1816)

6.1 Gymnasialkurse

6.1.1 Quellen, Lehrgegenstände, Methode

(1) Die Ausarbeitung des Systems im Kontext der philosophischen Lehrtätigkeit Hegels am Nürnberger Gymnasium in den Jahren 1808–1816 hat stets im Schatten seines in diesen Jahren veröffentlichten Hauptwerks gestanden: der *Wissenschaft der Logik.* Die im »Verein von Freunden des Verewigten« verbundenen Freunde und Schüler haben zwar über umfangreiche Manuskripte Hegels aus dieser Zeit verfügt, doch haben sie diese zunächst aus ihrer Ausgabe ausgeschlossen. Ihre Bedeutung für die Entwicklung von Hegels Philosophie hat als erster Karl Rosenkranz erkannt, als er diese Texte »auf einer

Durchreise durch Berlin im Herbst 1838« entdeckt hat; daraufhin sind sie – nach Überwindung einiger Widerstände seitens des »Vereins von Freunden des Verewigten« – der *Freundesvereinsausgabe* nachträglich als Band XVIII angehängt worden.

Rosenkranz' Verdienst um die Einführung eines entwicklungsgeschichtlichen Elements in das Corpus Hegelianum durch die Einbeziehung der Nürnberger Texte wird jedoch dadurch geschmälert, daß er sie in einer für neuere Ansprüche an eine Interpretation gänzlich unzureichenden Form dargeboten hat: Er hat die Differenzen zwischen den mehrfach wiederholten Kursen eingeebnet und sich erhebliche Freiheiten in ihrer Darbietung erlaubt, so daß diese Texte zwar als ein Moment der Entwicklungsgeschichte der Philosophie Hegels zwischen Jena und Heidelberg erkennbar werden, ihre interne Differenziertheit jedoch nicht sichtbar wird. Und noch in anderer Hinsicht hat Rosenkranz den Texten dieser Epoche geschadet: Nicht alle entliehenen Manuskripte hat er Hegels Witwe und dem Freundesverein zurückgegeben; einige sind über seinen Großneffen Arnold Genthe in die Vereinigten Staaten von Amerika gelangt, und dort scheint ein Teil verlorengegangen und nur ein zweiter in die Houghton Library der Harvard University gelangt zu sein (Henrich 1981, 586 f.). Aus diesem hat Jakob Löwenberg zu Beginn des 20. Jahrhunderts einige Texte veröffentlicht; danach hat Johannes Hoffmeister eine neue Ausgabe der *Nürnberger Schriften* veranstaltet, für die er jedoch wegen des inzwischen eingetretenen Verlustes einiger Manuskripte teilweise auf Rosenkranz' Erstedition zurückgreifen mußte. Einen weiteren, lange verloren geglaubten Teil hat Eva Ziesche vor vier Jahrzehnten in der Staatsbibliothek zu Berlin wieder aufgefunden, und zusätzlich sind einige Nachschriften von Schülern Hegels (Meinel, Abegg) neu zum Corpus der Texte dieser Zeit hinzugetreten.

Der bisher sehr unbefriedigende Editionsstand ist erst jetzt durch Band 10 der *Gesammelten Werke* soweit behoben, als es die Überlieferungslage erlaubt. Diese ist nicht allein lückenhaft, sondern auch einseitig: Die erhaltenen Quellen – teils Manuskripte Hegels, teils (von fremder Hand abgeschriebene und von ihm überarbeitete) Diktatnachschriften der Schüler, teils freie Nachschriften Hegelscher Erläuterungen – stammen ausschließlich vom Beginn und aus der Mitte der Nürnberger Jahre (1808–1813). Dies ist aber wohl kein bloßer Zufall der Überlieferungslage, sondern eine Folge des Umstands, daß Hegel sich in den späteren Jahren nicht in derselben Weise intensiv auf seinen Unterricht vorbereitet hat wie in den frühen. Vor allem aber hat er Materialien aus früheren Jahren weiterverwendet und überarbeitet, ohne daß man diese Überarbeitungen stets zweifelsfrei einzelnen späteren Kursen zuweisen könnte.

(2) Die Ziele wie auch die Gegenstände des Unterrichts sind Hegel im Umriß vorgegeben durch den Unterrichtsplan, das *Allgemeine Normativ der Einrichtung der öffentlichen Unterrichts-Anstalten in dem Königreiche* aus der Feder seines Freundes Immanuel Niethammer, des damals als Oberschulrat für das Schulwesen in Bayern Zuständigen – und somit nicht unabhängig von Hegels eigenem Konzept von Philosophie. Als »wesentliche Aufgabe« nennt das *Normativ,* »die Schüler zum s p e c u l a t i v e n Denken anzuleiten, und sie darinn durch stufenweise Übung bis zu dem Punkte zu führen, auf dem sie für das systematische Studium der Philosophie, womit der Universitäts-Unterricht beginnt, reif seyn sollen.« In der Unterklasse solle »der Anfang der Übung des s p e c u l a t i v e n D e n k e n s mit dem formellen Theil der Philosophie, nämlich mit der L o g i k, gemacht werden.« Für die Mittelklasse ist der Aufriß der traditionellen metaphysica specialis bestimmend, allerdings in der Perspektive der Kantischen Kritik an ihr: in der unteren Mittelklasse die Kosmologie und natürliche Theologie, für die auf Kants Kritik des kosmologischen und des physikotheologischen Gottesbeweises verwiesen wird, und in der oberen Mittelklasse die Psychologie sowie die sich hier anschließenden »e t i s c h e n u n d r e c h t l i c h e n B e g r i f f e«, wobei für die Psychologie auf [Friedrich August] Carus (ganz gegen Hegels Urteil; s. Kap. II.9.4.1) und für Ethik und Recht wiederum Kant verwiesen wird; in der Oberklasse schließlich »werden die zuvor einzeln behandelten Objecte des speculativen Denkens in einer p h i l o s o p h i s c h e n E n c y k l o p ä d i e zusammengefaßt.« (65, vgl. R 254 f.)

Hegel begrüßt dieses *Normativ* – so sehr, daß er noch im Winter 1820/21 bei der Vorbereitung eines preußischen Schulgesetzes mit dem Gedanken spielt, auf der Grundlage dieses Plans »ein Buch über Staatspädagogik zu schreiben« (an Niethammer, 9.6.21). Dennoch folgt er dem *Normativ* nicht bis in die Einzelheiten. Soweit die lückenhafte Überlieferung erkennen läßt, handelt Hegel die angegebenen Gegenstände mit bemerkenswerten Freiheiten in sehr unterschiedlicher Akzentuierung ab. Zwar bleibt die »Enzyklopädie« – auch in ihrer um die »Logik« verkürzten Form als »System der besonderen Wissenschaften« – der Oberklasse vorbehalten, ebenso wie die Geisteslehre der Mittelklasse. Die Logik jedoch behandelt Hegel auch in der Mittelklasse

(1810/11) und sogar in der Oberklasse (1809/10), während er die Rechts-, Pflichten- und Religionslehre primär in die Unterklassen verlegt. Diese Abweichungen begründet Hegel in einem *Privatgutachten* für Niethammer über den Vortrag der Philosophie auf Gymnasien, in dem er seine Erfahrungen und Absichten zusammenfaßt – wobei er unter anderem bemerkt, daß die Naturphilosophie weniger für den Gymnasialunterricht geeignet sei, da »die Naturbetrachtung noch wenig Reize für die Jugend« habe, und auch »eine p h i l o s o p h i s c h e A n s i c h t d e r G e s c h i c h t e« könne teils entbehrt, teils in der Religionswissenschaft abgehandelt werden. Die Ästhetik aber fehle im Unterrichtsplan: Es wäre »höchst nützlich, wenn die Gymnasiasten […] bestimmtere Begriffe von der N a t u r d e s E p o s, der T r a g ö d i e, der K o m ö d i e u. dergl. erhielten. Die Aesthetik könnte einer Seits die neuern, bessern Ansichten von dem Wesen und dem Zwecke der Kunst geben, anderer Seits aber müßte sie ja nicht ein bloßes Gewäsche von der Kunst bleiben – sondern sich, wie gesagt, auf die besonderen Dichtungsarten und die besonderen antiken und modernen Dichtungsweisen einlassen, in die charakteristische Bekanntschaft mit den vornehmsten Dichtern der verschiedenen Nationen und Zeiten einleiten, und diese Bekanntschaft mit Beispielen unterstützen. – Es würde dieß eben ein so lehrreicher als angenehmer Kursus seyn; er enthielte lauter solche Kenntnisse, die für Gymnasiasten höchst passend sind; und es kann als ein reeller Mangel gelten, dass diese Wissenschaft keinen Lehrgegenstand in einer Gymnasial-Anstalt ausmacht.« (GW 10.823–828).

(3) Über die Methode seines Unterrichts äußert Hegel sich ebenfalls in diesem *Privatgutachten* sowie in dem Brief an Niethammer vom 23.10.12, dem das Gutachten beiliegt. Auch nach dem Niedergang der Schulphilosophie des 18. Jahrhunderts bleibe die Philosophie »nicht weniger ein systematischer Komplex i n h a l t s v o l l e r S c i e n t i e n«, und »die Erkenntniß des a b s o l u t A b s o l u t e n« erfordere »die Erkenntniß der T o t a l i t ä t in ihren Stufen eines Systems«. Der Philosophieunterricht habe zum Ziel, »die höchsten v e r n ü n f t i g e n G e d a n k e n über die w e s e n t l i c h e n G e g e n s t ä n d e […] i n d e n K o p f z u b e k o m m e n«: »Die Philosophie muß g e l e h r t u n d g e l e r n t w e r d e n, so gut, als jede andere Wissenschaft.« Hegel polemisiert hier gegen die »moderne Sucht, besonders der Pädagogik, […] daß man ohne Inhalt p h i l o s o p h i r e n l e r n e n soll«. Der Philosophieunterricht habe nicht »zum S e l b s t d e n k e n u n d

eigenen Produciren zu erziehen« – freilich
nicht deshalb, weil Hegel etwas gegen das »Selbstdenken« einzuwenden hätte, sondern weil er ein
vom Inhalt der Philosophie losgelöstes »Selbstdenken« für Illusion hält und dieses Denken gerade
durch die Rezeption dieses Inhalts am besten fördern zu können glaubt: Allein dadurch trete die
Wahrheit an die Stelle von »Meinung, Wahn,
Halbheit, Schiefheit, Unbestimmtheit.«
(GW 10.828–830)

Entgegen der Forderung des *Normativs*, »die
Schüler zum speculativen Denken anzuleiten«,
glaubt Hegel den Gymnasialunterricht auf das »abstrakte« und allenfalls auf das »dialektische« Denken
beschränken zu müssen. Die abstrakte Form sei zunächst die Hauptsache: »Der Jugend muß zuerst das
Sehen und Hören vergehen, sie muß vom konkreten
Vorstellen abgezogen, in die innere Nacht der Seele
zurückgezogen werden«. Der Aufstieg vom Sinnlichen zum Abstrakten sei zwar »naturgemäßer,
aber darum der unwissenschaftliche Weg« –
und zudem sei der letztere auch leichter: »Weil das
Abstrakte das Einfachere ist, ist es leichter aufzufassen.« (vgl. an Niethammer, 10.10.11) Diese abstrakte
Form ergebe eine »verständige Philosophie«,
eine »systematische Masse abstrakter gehaltvoller
Begriffe« – aber gerade diese sonst von Hegel kritisierte Form scheint ihm »das Vorherrschende in der
Gymnasial-Sphäre seyn zu müssen«. Die zweite Weise des Denkens, die dialektische, die an Hand der
Kantischen Antinomie der reinen Vernunft geübt
werden sollte, bezeichnet Hegel als schwerer wie
auch als weniger interessant für die Jugend; dem Lehrer stehe es deshalb frei, »allenthalben den Versuch
mit der Dialektik zu machen, so oft er mag, und, wo
sie keinen Eingang findet, ohne sie zum nächsten Begriff überzugehen.« Das »eigentlich Spekulative,
das heißt, die Erkenntniß des Entgegengesetzten in seiner Einheit«, könne »nur sparsam im
Gymnasial-Vortrag vorkommen«. Es bleibe zwar das
Ziel, doch müsse der Unterricht als vorbereitend sich
auf das Abstrakte und allenfalls das Dialektische beschränken (GW 10.830–832).

In Anbetracht dieser Einschätzung ist es nicht verwunderlich, daß Hegel dem Brief an Niethammer,
dem das Gutachten beiliegt, noch eine »Schluß-
anmerkung« anfügt, über die er aber mit sich selbst
noch uneins sei: »nämlich daß vielleicht aller philosophische Unterricht an Gymnasien überflüssig scheinen könnte, daß das Studium der Alten das der Gymnasialjugend angemessenste und seiner Substanz
nach die wahrhafte Einleitung in die Philosophie

sei.« Zwei Gründe hätten ihn davon abgehalten, dieses Fazit in das Gutachten aufzunehmen: Als »Professor der philosophischen Vorbereitungswissenschaften« wolle er sich nicht die eigene ratio essendi entziehen und »selbst das Brot und Wasser abgraben«.
Sein zweiter Grund aber ist sachlicher Natur: Er befürchtet, daß »die ganz gelehrt werdende und zur
Wortweisheit tendierende Philologie«, die »wortkri-
tische und metrische Gelehrsamkeit«, die nun die
frühere »ästhetische Salbaderei« verdränge, die Philosophie ebenso »ziemlich leer ausgehen« lasse.

6.1.2 Logik

(1) Die Nürnberger Jahre bilden – nach den Jenaer
und Bamberger – die dritte und entscheidende Phase
der Entwicklungsgeschichte der Logik. Hegels erklärte Absicht, nun – nach der *Phänomenologie* – die
Logik zu veröffentlichen, hat zur Folge, daß er, wie
schon in Bamberg, auch in der ersten Hälfte der
Nürnberger Jahre einen starken Akzent auf die Ausarbeitung der Logik legt. Er behandelt sie sowohl im
Rahmen spezieller Kurse als auch der »Enzyklopädie« und sogar in Verbindung mit der Geistesphilosophie. Trotz dieser Intensität der Bearbeitung
kommt der propädeutischen Logik, anders als den
Jenaer Entwürfen, wegen ihrer zeitlichen und kon-
zeptuellen Nähe zur *Wissenschaft der Logik* keine eigenständige Bedeutung zu. Ihre Bedeutung liegt
darin, daß sie es erlaubt, die einzelnen Schritte der
Entwicklungsgeschichte der Logik nach dem letzten
Ausarbeitungsstand im Jenaer *Systementwurf II*
(1804/05), also nach den großen Lücken in der späten Jenaer und auch der Bamberger Zeit, nunmehr
von den Bamberger Fragmenten bis hin zur *Wissenschaft der Logik* nahezu lückenlos zu verfolgen. Sie
dokumentiert Hegels kontinuierliche Arbeit an der
Architektur sämtlicher Teilbereiche der *Wissenschaft
der Logik,* von ihrer Zweigliederung in objektive und
subjektive Logik und ihrer Dreigliederung in Seins-,
Wesens- und Begriffslogik über die Einfügung des
Bereichs »Objektivität« in die letztere bis hin zur
Ausbildung der Ideenlehre. In der Entfaltung des Details der »Selbstbewegung des Begriffs« bleibt die
propädeutische Logik jedoch wegen ihrer Bestimmung für den Schulunterricht und des dadurch bedingten geringen Ausarbeitungsgrades hinter der
Logik des Jenaer *Systementwurfs II* zurück.

(2) Die überlieferten Quellen erlauben Einblicke
in drei Entwicklungsphasen der Logik: in das Anfangsstadium 1808/09, die Überarbeitung 1810/11
sowie in eine nochmals spätere Überarbeitung, die

sich wegen des Mangels an Datierungen wie auch an datiertem Vergleichsmaterial zeitlich nicht exakt fixieren läßt. Bereits nach dem frühesten Nürnberger Text, der »Enzyklopädie (Oberklasse 1808/09)«, umfaßt die Logik »sowol das System der Begriffe des seyenden Verstandes überhaupt, als der Begriffe des selbstbewußten Verstandes. In so fern jeder ihrer Begriffe diese beiden Bestimmungen unmittelbar in sich vereinigt, ist sie zugleich reine speculative Philosophie, denn die speculative Betrachtungsart der Dinge ist Nichts Anderes, als die Betrachtung des Wesens der Dinge, welches eben so sehr reiner, der Vernunft eigenthümlicher Begriff, als die Natur und das Gesetz der Dinge ist.« (§ 6)

Unmittelbar zu Beginn der Nürnberger Jahre, im Schuljahr 1808/09, begegnet somit die Logik erstmals als die »reine Wißenschaft« oder die »Wißenschaft der reinen Begriffe«, die nicht mehr der Metaphysik als Einleitung und zugleich erster Systemteil vorangeht, wie noch vier Jahre zuvor im *Systementwurf II*. Nun, nach dem Durchlaufen der *Phänomenologie des Geistes*, sind die vermeintlichen Seinsbestimmungen der Ontologie als identisch mit den Denkbestimmungen der Logik erkannt. Damit ist bereits im frühesten Nürnberger Entwurf der entscheidende Schritt in der Entwicklungsgeschichte zu einer spekulativen Logik zurückgelegt. Und auch seine Durchführung weist stärker auf die *Wissenschaft der Logik* voraus als auf die Jenaer Ansätze zurück (GW 10.61 f.).

Die Grundzüge der publizierten Gestalt der Logik hat Hegel somit zwischen dem letzten Jenaer und dem ersten Nürnberger Entwurf ausgearbeitet. Da die Jahre 1805/06 vor allem der *Phänomenologie des Geistes* gewidmet waren, muß man annehmen, daß die Neukonzeption der Logik insbesondere in die Bamberger Jahre 1807/08 fällt, aus denen auch die beiden oben behandelten Fragmente überliefert sind (s. Kap. II.5.2). Wegen der Bestimmung dieser Texte für den Schulunterricht bleibt die Durcharbeitung des Details freilich hinter dem Stand der Veröffentlichung (1812–1816) zurück – allerdings ebenso hinter dem der Jenaer Logik und der Bamberger Fragmente. Hingegen läßt sich nicht stets mit Bestimmtheit sagen, ob einzelne konzeptionelle Differenzen als spätere Klärung oder ob der frühere, im Rahmen der philosophischen Propädeutik vorgetragene Entwurf als eine bloß ›didaktische Modifikation‹ einer in Wissenschaftsform bereits weiter ausgebildeten Konzeption zu beschreiben seien.

Den ersten Abschnitt dieser Logik, die »ontologische Logik« (vgl. GW 11.32) bezeichnet Hegel als

»System der reinen Begriffe des Seyenden« (§ 8). Sie beginnt hier bereits mit beiden Kapiteln »Seyn« (mit der Begriffstrias Sein, Nichts, Werden) und »Wesen«, doch behandelt Hegel die Relationskategorien Substanz, Ursache, Wechselwirkung hier noch in einem eigenständigen, nach »Seyn« und »Wesen« dritten Kapitel unter dem Titel »Wirklichkeit«. Die markanteste Differenz dieser Seinslogik gegenüber derjenigen der *Wissenschaft der Logik* besteht darin, daß das Dritte zu »Qualität« und »Quantität« noch nicht das »Maß«, sondern die »Unendlichkeit« ist. Größer ist die Distanz im Kapitel »Wesen«, in dem Hegel den »Begriff des Wesens«, den »Satz« (d. h. die drei Sätze der Identität, der Verschiedenheit und der Entgegensetzung, in Anlehnung an die Jenaer Metaphysik, GW 7.128–138) und den »Grund« abhandelt, und in der erwähnten Eigenständigkeit des Kapitels »III.) Wirklichkeit« (GW 10.62–69).

Den zweiten Abschnitt, die »subjektive Logik«, charakterisiert er als »System der reinen Begriffe des Allgemeinen« (§ 9). Sie enthält jedoch nur eine Begriffs-, Urteils- und Schlußlehre. Allein indem Hegel von der Schlußlehre zum Begriff des Zwecks übergeht, deutet sich hier die Keimzelle des späteren Kapitels »Objektivität« an (GW 10.69–75). Die »Ideenlehre« (untergliedert in ›Idee des Lebens‹, »Erkenntniß« und »Absolute Idee oder Das Wißen«) bildet nach dieser ersten Nürnberger Konzeption einen gegenüber der objektiven und subjektiven Logik eigenständigen dritten Abschnitt (GW 10.75–79).

(3) Zeugnisse von Hegels Arbeit an der Logik finden sich im gleichen Jahr auch in der »Geisteslehre als Einleitung in die Philosophie« (Mittelklasse Logik 1808/09), die als Manuskript und als Diktatnachschrift überliefert ist (GW 10.29–60 bzw. 116–136) In ihr leitet Hegel – nach Erreichen des Vernunftbegriffs – in § 30 zur Abhandlung der Gesetze der Vernunft, also zur Logik, über. Doch obgleich er diese Logik ebenfalls in objektive, subjektive und »Logick der Ideen« gliedert (§ 31 – die im Manuskript nachträgliche Einfügung der Ideenlehre ist in der Diktatnachschrift bereits enthalten), unterscheidet sich diese ›psychologische Logik‹ von der ›enzyklopädischen Logik‹, die er im selben Schuljahr in der Oberklasse vorträgt. Hier strukturiert er die objektive Logik nach »Verstand«, »Urtheilskraft« und »Vernunft«: »als festgesetzte« gehören die logischen Bestimmungen »dem Verstande an, in Beziehung gesetzt der Urtheilskraft, nach ihrer dialectischen Seite der Vernunft« (§ 32). Der Abschnitt »Verstand« entspricht inhaltlich dem der »enzyklopädischen Logik«; im Abschnitt »Urtheilskraft« be-

handelt Hegel die »allgemeinen Beziehungen des
Seyns« als »ontologische Urtheile«, und zwar als
identische Urtheile (Identität, Widerspruch) sowie
als synthetische Urtheile (Verschiedenheit, Entgegensetzung, Grund; § 48). Die »Dialecktick der
Vernunft« demonstriert Hegel schließlich an Kants
Antinomie der reinen Vernunft, deren vier Formen
er wiederum auf seine Logik zurückbezieht: Die erste Kantische Form des Widerstreits bezeichnet er als
»Dialecktick der Kategorien des Seyns«, die zweite
als »Dialektik der Kategorie des Wesens« und die
(nicht mehr bezifferte) dritte als »Dialecktick der
unbedingten Verhältniße« (da hierzu ja die Kategorien der Substanz und Kausalität gehören) (§§ 54–
83). Die vierte Kantische Form erwähnt Hegel hier
nicht mehr, sondern er geht – analog dem Übergang
von den Relationskategorien des Kapitels »Wirklichkeit« in der ›enzyklopädischen Logik‹ – zur subjektiven Logik über, deren Ausarbeitung allerdings
mit einer ausführlichen Urteilslehre abbricht (GW
10.29–60).

(4) Einen gegenüber diesen beiden Varianten des
Schuljahres 1808/09 deutlich fortgeschrittenen Grad
der Ausarbeitung weist die »Subjective Logik (Oberklasse 1809/10)« auf. Überliefert ist sie sowohl durch
Hegels Überarbeitung der – nur bis zur Urteilslehre
reichenden – subjektiven Logik aus der »Einleitung
in die Geisteslehre (1808/09)« als durch eine Diktatnachschrift aus dem Jahr 1809/10 (wiederum mit
Überarbeitungen Hegels aus späteren Schuljahren).
Die Veränderungen gegenüber dem Kurs von
1808/09 betreffen sowohl die Urteils- und Schlußlehre als auch die auf die Begriffslehre folgende Abhandlung der »Realisierung des Begriffs«. Hegel stellt sie
unter den Titel »B Teleologischer Schluß« (§ 66), mit
dem er den Begriff des Zwecks aus der »Enzyklopädie (1808/09)« stärker an die Schlußlehre anzuknüp-
fen sucht (GW 10.263–291).

Bei seiner Überarbeitung der Diktatnachschrift
(1809/10) in den Jahren 1811/12, 1812/13 und
1814/15 gestaltet er diesen Abschnitt zu einem gegenüber der »Begriffslehre« eigenständigen Kapitel
»II Die Objectivität« um. Der ursprünglich dritte Teil
dieser subjektiven Logik, »III. Der Proceß« wird
durch diese Überarbeitung zu einer zweiten Unterteilung des neuen Kapitels »Objectivität«, nach dem
»Mechanismus« und gefolgt vom »Zweck«. Die »Ideenlehre« folgt bereits in der Diktatnachschrift
(1809/10) als dritter Abschnitt im Rahmen der »subjectiven Logik«, entgegen ihrer eigenständigen Stellung im Vorjahr 1808/09. Somit ist also die Architektonik der Konzeption der subjektiven Logik bereits

im Jahr 1809/10 weitgehend entworfen, obgleich Hegel sie im Kontext der *Wissenschaft der Logik* erst
1816 veröffentlicht (GW 10.291–309).

Dennoch unterzieht er die Ideenlehre dieses Entwurfs einer späteren Überarbeitung. Die Diktatnachschrift 1809/10 unterteilt sie in einem Vorblick
in »die Idee des Lebens oder der Schönheit«, »die
Idee der Erkenntniß und des Guten« und »die Idee
der Wissenschaft oder der Wahrheit selbst« (§ 82) –
also in Anlehnung an die traditionelle Ideentrias des
Wahren, Guten und Schönen, aber in revidierter Reihenfolge. Bei seiner späteren, nicht genau datierbaren Überarbeitung hat Hegel die Wörter »oder der
Schönheit« eingeklammert, sie jedoch in der folgenden Titelzeile stehenlassen und das Wort »Schönheit« auch nicht aus dem folgenden Text getilgt, obgleich dieser ohnehin weit mehr vom »Leben« als
von der »Schönheit« handelt. Hierin zeigt sich noch
ein deutliches Schwanken hinsichtlich des Umfangs
und der Struktur der Ideenlehre. Die daran anschließenden Ideen der Erkenntnis sowie des Guten und
Wahren nehmen jedoch bereits die Gliederung,
wenn auch nicht den Gehalt der entsprechenden
Partien der *Wissenschaft der Logik* vorweg, obgleich
Hegel im Blick auf die »Idee des Wissens« hier nicht
– wie schon in § 98 der »Enzyklopädie 1808/09« –
von der »absoluten Idee« spricht, sondern in Anlehnung an die *Phänomenologie* vom »absoluten Wissen«: »Das absolute Wissen ist der Begriff der sich
selbst zum Gegenstand, und Inhalt hat, somit seine
eigene Realität ist« (§ 109).

(5) Hegels intensive Überarbeitung der Diktatnachschrift zur »Geisteslehre als Einleitung in die
Philosophie (Mittelklasse 1808/09)« betrifft auch die
»Subjecktive Logik«. Von ihr ist jedoch nur die »Begriffslehre« ausgeführt, und auch diese nur bis zur
Urteilslehre, so daß sich hieraus keine Hinweise auf
eine Fortschreibung der Gesamtkonzeption ergeben
(GW 10.127–136). Eine derartige Änderung zeichnet sich hingegen in der »Logik (Mittelklasse
1810/11)« ab, die sowohl durch ein fragmentari-
sches Manuskript als auch durch eine Diktatnachschrift belegt ist. Sie zeigt zunächst, daß die Seinslogik nunmehr ihre 1812 veröffentlichte Form im
Umriß gefunden hat; sie schließt nicht mehr wie
1808/09 mit der »Unendlichkeit«, sondern mit dem
»Maaß« als dem Begriff eines Quantums, das »durch
die Natur der Sache, durch die Qualität bestimmt
ist« (§ 30). Die Binnendifferenzierung der Kapitel
»Quantität« und »Maaß« hat Hegel jedoch für die
Publikation erheblich weiter entfaltet (GW 10.157 f.
bzw. 221–227).

Die an die Seinslogik anschließende Wesenslogik umfaßt nun, nach den »Bestimmungen des Wesens« und der »Erscheinung« (»Ding«, »Erscheinung«, »Verhältniß«) in einem dritten Abschnitt die »Wirklichkeit«, die in der »Enzyklopädie (1808/09)« als ein dritter Teil der »objectiven Logik« auf die Wesenslogik gefolgt war. Unter dem Titel »Wirklichkeit« handelt Hegel jedoch – wie schon zuvor – nur die Relationskategorien ab. Das erste Kapitel der später veröffentlichten Wesenslogik, »Das Absolute«, fehlt hier noch, und die Modalkategorien sind in die Abhandlung der »Substanz« einbezogen. Den Abschluß der Wesenslogik bildet nun ein sehr ausführlicher »Anhang über die Antinomien«, der wiederum die Bedeutung der Lehre Kants von der »Antinomie der reinen Vernunft« für die Ausbildung der Dialektik Hegels unterstreicht: »Kant hat vornehmlich auf die Antinomien aufmerksam gemacht jedoch die Antithetik der Vernunft nicht erschöpft, indem er nur einige Formen derselben aufgestellt hat.« (§ 79; GW 10.158–181 bzw. 227–246)

Die subjektive Logik dieses Entwurfs von 1810/11 hat denselben Umfang wie bereits in der Logik für die Oberklasse 1809/10. Der erste, dem »Begriff« gewidmete Abschnitt mit der Urteils- und Schlußlehre bildet ohnehin ein weitgehend konstantes Element. Der zweite Abschnitt trägt hier den Titel »Zweck, oder teleologischer Begriff« und bleibt auch gänzlich am Thema »Zweckmäßigkeit« orientiert. Insofern steht er der »Subjectiven Logik für die Oberklasse 1809/10« näher als der vorhin erwähnten späteren Überarbeitung, die diese Thematik zu einem Abschnitt über die »Objectivität« weiterentwickelt. Analog ordnet auch die Ideenlehre der Logik 1810/11 die Idee des Schönen der des Lebens zu, während die erwähnte Überarbeitung bereits dazu ansetzt, die Idee des Schönen aus der Logik zu eliminieren. Daraus läßt sich erschließen, daß diese Überarbeitung eine gegenüber der Logik 1810/11 spätere, mangels datierten Vergleichsmaterials aber nicht exakt datierbare Entwicklungsstufe bilde (GW 10.181–195 bzw. 246–262).

6.1.3 Naturphilosophie

(1) Die »Wissenschaft der Natur« hat Hegel in Nürnberg nicht in einem eigenen Kursus, sondern nur, gemeinsam mit der »Wissenschaft des Geistes«, im Kontext des »Systems der besonderen Wissenschaften« oder der »angewandten Wissenschaften« vorgetragen – und dies sowohl in Übereinstimmung mit dem »Normativ« als auch aus eigener Einschätzung:

Die Naturbetrachtung habe »wenig Reize« für die Jugend, die hierin mehr »eine theoretische Müßigkeit, in Vergleichung gegen menschliches und geistiges Thun und Gestalten« sehe. Zudem sei die Naturbetrachtung schwerer: »denn der Geist, indem er die Natur begreift, hat das G e g e n t h e i l des B e g r i f f s in den Begriff zu verwandeln«, und schließlich setze die Naturphilosophie »Bekanntschaft mit den Naturerscheinungen, – mit der empirischen Physik – voraus« (GW 10.827).

Anders als für die Logik, deren Ausbildung mit den Nürnberger Texten in ein neues und entscheidendes Stadium tritt, greift Hegel für die Naturphilosophie auf seine umfangreichen Jenaer Ausarbeitungen zurück. Deren dreigliedriger Aufbau liegt auch in allen Nürnberger Texten (1808/09, 1809/10, 1810/11) fest – allerdings mit einer doppelten Modifikation gegenüber dem letzten Stand der Jenaer Naturphilosophie: In der »Philosophie der Natur und des Geistes« (1805/06) bezeichnet Hegel den ersten Teil als »Mechanik«, in Nürnberg wie auch noch in der *Enzyklopädie* (1817) als »Mathematik«. Den primären Gegenstand dieses Abschnitts bilden jeweils die Begriffe von Raum und Zeit, die Erörterung ihrer Dimensionen. Doch geht Hegel in Folge dieser abweichenden Organisation in Nürnberg vom Thema »Raum und Zeit« zu Arithmetik und Geometrie sowie zu Differential- und Integralrechnung über, während er in Jena unter dem Titel »Mechanik« im Anschluß an die Begriffe von Raum und Zeit ihre »Realität« in der »Bewegung« sowie den Begriff der Materie abhandelt.

Dieses aus dem neugebildeten Abschnitt »Mathematik« ausgeschlossene Thema stellt Hegel nun – und ebenso noch in der *Enzyklopädie* (1817) – unter dem früheren Titel »Mechanik« an den Beginn des zweiten Abschnitts, den er – wiederum von der Jenaer Naturphilosophie abweichend – als »Physik des Unorganischen« bezeichnet, der in einem dritten Abschnitt die »Wißenschaft der organischen Natur« folgen soll (§ 100). In der Durchführung weist die Diktatnachschrift 1808/09 jedoch eine Unklarheit auf: Den zweiten Abschnitt bezeichnet Hegel als »II.) Physik überhaupt«, und als deren erste Disziplin behandelt er die aus dem ersten Abschnitt ausgeschlossene »Mechanik« (§ 111). Danach beginnt aber nochmals ein Abschnitt, der den Haupttitel trägt, nämlich »II.) Physik des Unorganischen« (§ 116), und mit ihr bricht diese Diktatnachschrift ab; die in § 100 als dritte Disziplin der Naturwissenschaft angekündigte »Wißenschaft der organischen Natur« ist nicht mehr ausgeführt (GW 10.80–83).

(2) Die – nur bis zum Ende der Naturphilosophie reichende – Diktatnachschrift des »Systems der besonderen Wissenschaften« aus dem Jahre 1810 folgt dieser Konzeption, klärt jedoch die vermerkte Unstimmigkeit auf: Sie differenziert den zweiten Teil der Naturphilosophie, die »Physik des Unorganischen«, weiter in »Mechanik« (§§ 23–37), »Allgemeine Physik des Unorganischen oder die Materie im realen Gegensaz« (§§ 38–45: Schwere, Licht, Farbe, Körper, Elemente) und »Besondere Physik des Unorganischen oder die individualisirte Materie« (§§ 46–53: Magnetismus, Elektrizität, Chemismus). Im Anschluß hieran skizziert Hegel auch den in der »Enzyklopädie (1808/09)« nur angekündigten Teil »Physik des Organischen« (§§ 54–61). Bereits hier, wie auch später in der Heidelberger *Enzyklopädie*, behandelt er als erste Gestalt den »Erdkörper«, da dieser »ein organisches System« sei, wenn auch eines, das sich »nicht durch fortdauernde Selbsterzeugung erhält, sondern dessen Bildungsproceß ein vergangener ist«. Nach der Erwähnung der hierauf bezogenen Wissenschaften Geologie und Mineralogie geht Hegel zur Physiologie, Botanik und Zoologie über (GW 10.85–97).

(3) Diese Konzeption bleibt auch – in nochmals weiter ausgeführter Gestalt – im »System der besondern Wissenschaften« für die Oberklasse 1810/11 erhalten, das in einer von Hegel in den Folgejahren stark überarbeiteten Diktatnachschrift vorliegt (GW 10.311–339), und sie bleibt auch für die Erstausgabe der *Enzyklopädie* (1817) bestimmend. Insofern bildet auch die Nürnberger Naturphilosophie trotz der mehr summarischen Abhandlung ihrer Gegenstände ein wichtiges Stadium in der Entwicklungsgeschichte dieser Disziplin.

6.1.4 Geisteslehre

(1) Den – nach der Logik – zweiten Schwerpunkt der Systementwicklung der Nürnberger Zeit bildet die Geistesphilosophie, fraglos im Zusammenhang mit einem Publikationsplan: Bereits am 10.10.11 kündigt Hegel Niethammer an, er wolle seiner Logik – deren Publikation er für Ostern 1812 erhofft – »späterhin« seine »Psychologie« folgen lassen. Die Arbeit an ihr vollzieht sich auf drei Ebenen: (2–4) unter dem Aspekt der Einführungsproblematik im Kursus »Geisteslehre als Einführung in die Philosophie (1808/09)«; (5–6) als systematische Abhandlung der Geisteslehre im Kursus »System der besondern Wissenschaften (1810/11)« und seiner späteren Überarbeitung sowie (7) als Vertiefung eines speziellen Ausschnitts der

Geistesphilosophie in dem mehrfach gehaltenen Kursus »Rechts-, Pflichten- und Religionslehre (1810/11), modifiziert 1811/12)«.

(2) Die Geisteslehre sieht Niethammers *Normativ* für die »obere Mittel-Classe« des Gymnasiums vor. In dieser Klasse könne »der Jüngling mit seinem Philosophiren in sich selbst zurückgeführt, und zum zweiten materiellen Hauptobject der spekulativen Denkübung die P s y c h o l o g i e gewählt werden.« (66, vgl. R 255). Diese Vorgabe der Psychologie als Lehrstoff für die »obere Mittelklasse« greift Hegel jedoch in einer Niethammers Absichten zuwiderlaufenden Weise auf. Denn nach diesem sollte sich die Abhandlung der Psychologie an [Friedrich August] Carus orientieren; Hegel jedoch erklärt im *Privatgutachten* für Niethammer (1812), daß bei Carus für die Psychologie nichts zu holen sei (s. Kap. II.9.4.1).

Und nicht allein durch diese brüske Ablehnung der Verstandespsychologie der späten Aufklärung als eines Gegenstandes seiner philosophischen Propädeutik verstößt Hegel gegen Niethammers Vorgaben. Er verändert auch zweimal die Konzeption dieses – unmittelbar nach seiner Ankunft in Nürnberg begonnenen – Kurses. Er beginnt zunächst mit dem Titel »Geisteslehre. Pneumatologie. Von den Arten des Bewußtseyns, Wissens und Erkennens«, führt jedoch nur drei Paragraphen zu den Themen »sinnliches Bewußtsein«, »Verstand«, »Ding und Eigenschaften« aus (GW 10.5 f.). Damit bricht dieser ursprüngliche, offenbar nur kurz erwogene Ansatz ab. In der Randspalte derselben Seite (206r) schließt Hegel noch zwei Skizzen an, die die zweite Konzeption vorbereiten (§§ 2,6): eine Zweigliederung der »Bewußtseyns- und Seelenlehre« nach den Arten des Gegenstandes des Geistes und »nach den verschiedenen Arten seiner T h ä t i g k e i t« mit den beiden ersten Paragraphen, sowie eine Dreigliederung der Bewußtseinslehre: »A. Das Bewußtseyn von Abstracten Gegenständen«; »B. Das Bewußtseyn von der Welt des endlichen Geistes« und »C. Das Bewußtseyn von dem absoluten Geiste γνωθι σεαυτον« (GW 10.6 f.).

Die zweite Konzeption ist erheblich umfangreicher ausgearbeitet; sie umfaßt 30 Paragraphen. Trotz der Kürze der ursprünglichen Konzeption läßt sich erkennen, daß die zweite signifikant von ihr abweicht. Die eben erwähnte Zweigliederung mit den angehängten Paragraphen nimmt Hegel zum Ausgangspunkt der zweiten Konzeption. Er identifiziert die beiden genannten »Arten« der Behandlung nun als Lehre vom »Bewußtseyn« bzw. von der »Seele« (§ 2). Zum Strukturprinzip der Bewußtseinslehre nimmt er die erwähnte Dreigliederung in das Bewußtsein abstrakter Gegenstände sowie der Welt des endlichen und des absoluten Geistes (§ 6). Die neu konzipierte Bewußtseinslehre hat damit denselben Umfang wie die *Phänomenologie des Geistes,* und diese Nähe unterstreicht Hegel noch dadurch, daß er dieser zweiten Konzeption insgesamt den Titel »Geisteslehre als Einleitung in die Philosophie« gibt. Er beabsichtigt also nicht – wie es nach der ursprünglichen Konzeption scheint – eine Geisteslehre als Disziplin des Systems der Philosophie, sondern als eine der *Phänomenologie* nahestehende »Einleitung in die Philosophie« (GW 10.8–29).

Aber auch diese zweite, sowohl durch ein Manuskript Hegels als auch durch eine von ihm stark überarbeitete Diktatnachschrift belegte Konzeption führt er nur partiell aus. Bereits in ihrem ersten Abschnitt, »Das Bewußtseyn abstracter Gegenstände«, bricht er nach Erreichen des Vernunftbegriffs ab und geht von ihm zur Logik über, wie sie oben (s. Kap. II.6.1.2) bereits als Variante zur ›enzyklopädischen Logik‹ (1808/09) kurz skizziert worden ist – und der Logik widmet er den weitaus größten Teil dieses Kurses. Im Bericht über seine Unterrichtsgegenstände stellt er ihn deshalb folgerichtig unter den Titel »Logik«: »Es wurde mit der L e h r e von dem B e w u ß t s e y n und dessen Arten angefangen; hierauf zu den K a t e g o - r i e n , und dann zu den sich auf sie beziehenden A n t i n o m i e n und deren D i a l e k t i k fortgeschritten, worauf noch zu der eigentlichen L o g i k übergegangen wurde« – d. h. zur subjektiven Logik (GW 10.879, Editorischer Bericht). Somit trägt Hegel in diesem ersten Schuljahr – entgegen dem *Normativ* wie auch entgegen seinem ursprünglichen Ansatz – sowohl in der Ober- wie auch in der Mittelklasse Logik vor, und daneben nur noch Mathematik.

(3) Die erste Konzeptionsänderung wirft, noch vor dem Erscheinen der *Wissenschaft der Logik,* das in neuerer Zeit vieldiskutierte Problem nach der Funktion der *Phänomenologie des Geistes* hinsichtlich des späteren Systems auf. Die beiden erwähnten Skizzen für die zweite Fassung zeigen, daß Hegel mit der Ersetzung des zunächst geplanten Themas »Pneumatologie« durch die »Geisteslehre als Einleitung in die Philosophie« die Absicht verbindet, dem Kurs seine *Phänomenologie des Geistes* zu Grunde zu legen – und zwar tendenziell ihrem Gesamtumfang nach, bis hin zum »Bewußtseyn von dem absoluten Geiste«. Wie seine Datierungen zeigen, steht Hegel am 3. Januar 1809 bei der Abhandlung des Selbstbewußtseins, und hier bricht auch die Zählung der Paragraphen in seinem Manuskript (mit § 17) ab. Sein Entschluß, den bis zum »absoluten Geist« aus-

greifenden Plan fallenzulassen und die »Geisteslehre als Einleitung« nur bis zum Kapitel »Vernunft« zu führen, ist somit nicht durch Zeitknappheit veranlaßt, da er danach ja sehr ausführlich die zunächst gar nicht vorgesehene Logik abhandelt; und auch nicht durch einen Mangel an Material, da er ja nur auf seine *Phänomenologie* zurückzugreifen brauchte. Den Ausschlag zu Gunsten der Themenänderung dürfte seine Einsicht in die Bedeutungsdifferenz zwischen einer wissenschaftlichen »Einleitung in das System der Wissenschaft« und einer didaktischen »Einleitung in die Philosophie« bewirkt haben: Die von der *Phänomenologie* geleistete Rechtfertigung des Standpunktes des Hegelschen Systems durch Rekonstruktion der in ihm kulminierenden Entwicklung der Bewußtseinsgeschichte ist prinzipiell unterschieden von einer auf Gymnasiasten abzielenden Einführung in die Philosophie. Hierzu eignen sich allenfalls diejenigen Partien der *Phänomenologie,* die unmittelbar zugängliche, der Geschichte des Individualbewußtseins angehörende Einsichten betreffen, aber nicht die Gestalten der Geschichte des kollektiven Bewußtseins.

(4) Hegels Rückgriff auf die *Phänomenologie* zum Zwecke einer »Einleitung in die Philosophie« wie auch ihre Verkürzung im Verlauf der »Mittelklasse (1808/09)« erlauben deshalb keine Einsicht in die Gestalt der damaligen »Philosophie des Geistes« oder gar in die Rolle einer verkürzten Phänomenologie in deren Aufbau – eben weil das geänderte Unterrichtsthema gar nicht mehr die »Geistesphilosophie« ist. Sie berechtigen aber auch nicht zu der Annahme, daß sich Hegels Sicht der systematischen Funktion der *Phänomenologie* als »Einleitung« bereits so rasch gewandelt habe; er beabsichtigt ja zunächst, sie als Ganze vorzutragen, bevor er vom Stichwort »Vernunft« aus zu einer modifizierten Gestalt der Logik überleitet – und die Möglichkeit eines solchen Übergangs dementiert weder die Konzeption noch die systematische Funktion der *Phänomenologie des Geistes.* Deren Verkürzung zum Zweck des Unterrichts rechtfertigt Hegel ausdrücklich in seinem *Privatgutachten* für Niethammer von 1812: Er teile die Abhandlung der Psychologie in die des erscheinenden und des an und für sich seienden Geistes; »in jenem handle ich das B e w u ß t s e y n , nach meiner P h ä n o m e n o l o g i e d e s G e i s t e s , aber nur in den dort bezeichneten drei ersten Stufen […], in diesem die Stufenfolge von G e f ü h l , A n s c h a u u n g , V o r s t e l l u n g , E i n - b i l d u n g s k r a f t usf. ab.« (GW 10.825)

Eine veränderte Konzeption – jedoch ein auf Grund der Überlieferungslücken wenig verändertes

Bild – bietet die »Geisteslehre für die Mittelklasse (1809/10)«. Ihr Thema bildet, nach Hegels Bericht, die »Lehre von den Stuffen des Bewußtseyns, alsdann der theoretische Theil der Psychologie, nemlich die Lehre von der Intelligenz« (GW 10.879, Editorischer Bericht). Als Vorlage für diesen Kurs dient Hegel eine von ihm intensiv, wenn auch nicht stets konsequent überarbeitete Diktatnachschrift des Einleitungskurses von 1808/09. So übernimmt er die Überschrift »Geisteslehre als Einleitung in die Philosophie« unkorrigiert. Hingegen ersetzt er konsequent den früheren Ausblick auf den Umfang der an der *Phänomenologie* orientierten Bewußtseinslehre – bis hin zum »Bewußtseyn von dem absoluten Geiste« (§ 6) – durch die Reduktion auf die Stufen des Bewußtseins: »a) Bewußtseyn überhaupt, oder aüsserliches Bewußtseyn; b) Selbstbewußtseyn; c) Vernunft.« Noch im Abschnitt über den Verstand, in § 17, geht seine partielle Überarbeitung in eine zusammenhängende Niederschrift einer neuen, die vorhergehende ersetzenden Textfassung über – allerdings nur bis zur Abhandlung des Vernunftbegriffs (abgesehen von Hegels hier thematisch nicht einschlägiger Überarbeitung der »subjektiven Logik« dieses Heftes für den Logikkurs in der Oberklasse 1809/10) (GW 10.99–115). Mit der Abhandlung des Vernunftbegriffs endet auch die Überlieferung des Mittelklassen-Kurses 1809/10 durch Karl Rosenkranz (W XVIII.79–90). Der in Hegels Bericht über seine Lehrgegenstände erwähnte »theoretische Teil der Psychologie, nämlich die Lehre von der Intelligenz«, ist weder durch ein Manuskript Hegels noch durch eine Diktatnachschrift überliefert.

(5) Einen Einblick in den Stand der Ausarbeitung der Geisteslehre erlaubt deshalb erst das »System der besondern Wissenschaften (1810/11)«. Dieser Text ist nicht im Manuskript, sondern wiederum durch eine Diktatnachschrift überliefert. Im Anschluß an die Naturphilosophie behandelt Hegel, als zweiten Teil der »besonderen Wissenschaften«, »Die Lehre vom Geiste«. Der Kreis ihrer Themen ist gegenüber sowohl der früheren als auch der späteren (1811/12) »Geisteslehre« erheblich ausgeweitet – auf den Umfang der Philosophie des Geistes der *Enzyklopädie*: Sie behandelt »1.) den Geist in seinem Begrif, Psychologie überhaupt. 2) Realisirung des Geistes Staatswissenschaft und Geschichte 3) die Vollendung des Geistes in Kunst, Religion und Wissenschaft« (§ 67). Die sonst abgehandelte »Geisteslehre« wird hier zum ersten Teil eines erweiterten Konzepts. Im Gegenzug wird ihre duale Binnendifferenzierung in »Phänomenologie« und »Psychologie«

zurückgenommen; Hegel erwähnt die »Phänomenologie des Geistes« nur kurz als die Betrachtung des Bewußtseins oder des erscheinenden Geistes (§ 65), ohne sie eigens abzuhandeln (GW 10.339–365).

Somit zeigt dieser Entwurf ein Janusantlitz: In der Reduktion des ersten Teils der systematischen Geisteslehre auf die Lehre vom »Geist in seinem Begriffe« orientiert Hegel sich am Jenaer *Systementwurf III* (1805/06, GW 8.185–222). In der genannten Dreigliederung der umfassenden Geistesphilosophie (die in einem Zwischenkorrekturgang sogar zur Viergliederung wird) zeichnet sich hingegen erstmals eine Vorform ihrer späteren Struktur (subjektiver, objektiver und absoluter Geist) ab, die im *Systementwurf III* trotz der inhaltlichen Selbständigkeit von »Kunst, Religion und Wissenschafft« durch ihre formale Zuordnung zur Ständelehre – unter dem Titel »Constitution« – noch nicht erkennbar ist (GW 8.[VI]).

Die Orientierung über den ersten Abschnitt dieser Geisteslehre wird erschwert durch eine inkonsistente Gliederung: Auf die Überschrift »I. Der Geist in seinem Begriffe« (§§ 68 ff.) folgen eine zweite: »II. Der practische Geist« (§ 125), und hierauf die beiden weiteren Abschnitte: »Zweiter Abschnitt. Realer Geist« und »Dritter Abschnitt. Geist in seiner reinen Darstellung« (§§ 150 bzw. 160). Statt dessen wäre der erste Abschnitt als »Der Geist in seinem Begriffe« zu bezeichnen gewesen, mit der ersten Untergliederung in »I. Der theoretische Geist«. Diese Ungenauigkeit dürfte zu Lasten Hegels gehen; man wird annehmen dürfen, daß Hegel auch im Kursus 1810/11 die Lehre vom »Geist in seinem Begriffe« in diejenige vom theoretischen und vom praktischen Geist einteilen wollte – wie auch bei seiner späteren Überarbeitung dieses Kurses, im *Privatgutachten* für Niethammer (GW 10.826) und bereits in der Geistesphilosophie des *Systementwurfs III* (GW 8.185–222).

Die Grundstruktur der Lehre vom theoretischen Geist bildet die Trias von »Gefühl«, »Vorstellung« und »Denken«. Dem »Gefühl« (gleichgesetzt mit »Empfindung«) sind nur drei Paragraphen gewidmet (§§ 69–71); sehr ausführlich (§§ 72–105) handelt Hegel hingegen über die »Vorstellung«, wenn auch in einer nicht immer plausiblen, sich überschneidenden Zu- und Unterordnung der einzelnen ›Vermögen‹ (ein Wort, das Hegel allerdings vermeidet). So unterteilt er etwa die erste Form der »Vorstellung«, »a. Erinnerung«, nochmals in »Anschauung«, »Vorstellung« und »Erinnerung«; die zweite, »b.) Einbildungskraft«, in »Reproduction der Vorstellung überhaupt«, »thaetige Einbildungskraft« und »productive Einbildungskraft« – wobei er unter der

»thaetigen Einbildungskraft« auch Phänome erörtert, die später in die Anthropologie fallen:
»Traumschlaf«, »Somnambulismus«, »Verrüktheit«
und »Ahndungen, Visionen der Schwaermerei«. Die
dritte Form der »Vorstellung«, »c.) das Gedächtnis«,
gliedert Hegel in »das Zeichen überhaupt«, »die
Sprache« und »reproductives Gedächtnis«. Übersichtlicher ist die Einteilung der letzten Form des
theoretischen Geistes, des »Denkens« (§§ 106–124),
in »Verstand«, »Urtheil« (im Sinne von Urteilskraft)
und »Vernunft« – wobei die letztere nochmals in
»negative oder dialectische«, »raisonirende« und
»schliesende Vernunft« untergliedert wird, und die
letztere nochmals in »formale Vernunft« (im Prozeß
des Schließens), »teleologische Vernunft« (Vernunft,
sofern sie Zwecke betrachtet und setzt) und schließlich »Vernunft Idee«: »der Begriff, in so fern seine
Aeusserlichkeit oder seine Realität, durch ihn vollkommen bestimmt ist, und nur in ihrem Begriffe
existirt« (§ 124). Wie schon bei der Logik, so wirkt
auch hier und im Folgenden die Darstellung im Vergleich mit der Jenaer Geisteslehre weniger argumen-
tierend und diskursiv als schematisch aufzählend –
wohl entsprechend der Absicht Hegels, den Schülern
mehr einen summarischen Überblick über diese
Sphäre zu vermitteln als die einzelnen Begriffe prägnant herauszuarbeiten (GW 10.342–353).

Im Vergleich mit der Konzeption des »theoretischen Geistes« ist die des »praktischen« weit weniger
klar strukturiert. Wie schon in Jena beginnt Hegel
hier mit dem Begriff des Willens, und an ihn schließt
er die Begriffe der Tätigkeit und Handlung sowie des
praktischen Gefühls und des Triebs und der Begierde
an. Mit der Begründung: »Das Verhältnis des Geistes
nach seinem reinen Begriff, wird theils m o r a -
l i s c h e s , theils r e c h t l i c h e s V e r h ä l t n i s «, bezieht er aber auch noch die Abhandlung von Recht
(Eigentum, Vertrag, Strafe) und Moralität (Verhältnisse des Menschen zu sich selbst, Familienverhält-
nis, moralisches Verhältnis) in den ersten Abschnitt
seiner Geisteslehre ein (GW 10.353–359).

Für den zweiten Abschnitt, »Realer Geist«
(§§ 150–159), bleibt deshalb allein der Staat übrig,
der »eben so sehr eine durch die Natur gegründete
als durch freyen Willen eingegangene Verbindung ist
und so sehr auf dem Rechte, als auf der Moralität beruht«. Trotz der Nennung der beiden konstitutiven
Momente – Natur und Willen – betont Hegel aber
auch hier den Primat des Allgemeinen, des in sich einigen individuellen Volksgeistes, vor der Individualität des einzelnen Bürgers. Dieser Primat hebt jedoch
die Relation nicht auf: »Die wesentliche Gesinnung

der Bürger gegen den Staat und dessen Regierung ist
weder der blinde Gehorsam gegen ihre Befehle noch
daß zu den Einrichtungen in Maaßregeln des Staats
jeder seine individuelle Einwilligung zu geben hätte,
sondern Vertrauen und auch einsichtsvoller Gehorsam gegen denselben.« (§§ 150–152) »Sitten, Gesetze
und Verfassung machen das organisirte innere Leben eines Volksgeistes aus« (§ 156). Die Gliederung
nach Ständen beruhe »vornehmlich auf der Ungleichheit des Reichthums der Erziehung und Bildung so wie diese zum Theil wieder auf der Ungleichheit der Geburt ruhen« (§ 154); die Verfassung
regle vornehmlich die »Rechte der Individuen im
Verhältniß zu dem Staat und den Antheil der Mitwirkung derselben« (§ 155). In der Lehre von der Gewaltenteilung unterscheidet Hegel die drei »abstrakten
Momente« – Legislative, Judikative und Exekutive –
von den »realen Gewalten« (gerichtliche und polizei-
liche, finanzielle, administrative, militärische und
polytische [!] Gewalt), »in deren ieder eigentlich iene
3 ersten abstrakten Momente vorkommen« (§ 153).
In diesem Entwurf markiert Hegel erstmals – im Anschluß an die Abhandlung des Staats – den systematischen Ort der Geschichtsphilosophie: Die historische Geschichte betrachte die Entwicklung eines
Volksgeistes in seiner Verfassung und seinen Gesetzen und Schicksalen »auf äußerliche Weise«, die
»philosophische Geschichte« hingegen fasse das
Prinzip eines Volksgeistes und betrachte »hauptsächlich in der Weltgeschichte den allgemeinen Weltgeist, wie er von den Anfängen seines kindlichen Be-
wustseyns an sich in die Höhe seines Selbstbewust-
seyns« durch die getrennt erscheinenden Nationen
hindurch seine Bildungsgeschichte durchläuft
(§§ 157 f.; GW 10.359–362).

Der dritte Abschnitt, »Geist in seiner reinen Darstellung«, umfaßt nur sechs (bzw. fünf gezählte) Paragraphen (§§ 160–[167]), und hiervon sind die ersten vier der Kunst sowie je einer der Religion und der
»Wissenschaft« gewidmet. Die entwicklungsgeschichtliche Bedeutung dieses Abschnitts liegt darin, daß Hegel hier erstmals dem »Geist in seinem
Begriffe« und dem »realen Geist« die Sphäre von
Kunst, Religion und Wissenschaft entgegenstellt und
in ihr sein System kulminieren läßt. Inhaltlich hingegen bleibt dieser Abschnitt – schon seiner Kürze
wegen – hinter der Geistesphilosophie des Jenaer
Systementwurfs III (1805/06) zurück.

Im Abschnitt über die Kunst unterscheidet Hegel,
angelehnt an die Querelle des Anciens et des Modernes, zwischen den beiden Hauptgestalten der antiken
(plastisch-objektiven) und der modernen (roman-

tisch-subjektiven) Kunst. Die Kunstgattungen ordnet er der äußeren Anschauung (Malerei, Skulptur) bzw. der inneren Anschauung zu (Musik, Poesie); Redekunst und Baukunst seien »nicht reine schöne Künste, weil ihnen noch ein anderer Zwek zu Grunde liegt, als die Darstellung des Schönen.« – Die Religion wird ihrer mittleren Stellung insofern gerecht, als sie »die Darstellung des absoluten Geistes nicht bloß für Anschauung und Vorstellung, sondern auch für den Gedanken und die Erkenntniß« gebe. Sie greift somit auch auf die beiden für die anderen Gestalten charakteristischen Erkenntnisweisen aus, um hierdurch das Individuum zum absoluten Geist »zu erheben, seine Einigkeit mit ihm hervorzubringen und es derselben zu vergewissern.« – Die »Wissenschaft« schließlich ist »die begreifende Erkenntniß des absoluten Geistes«; indem sie ihn in Begriffsform faßt, »ist alles Fremdseyn im Wissen aufgehoben und diese hat die vollkommene Gleichheit mit sich selbst erreicht, es ist der Begriff, der sich selbst zum Inhalte hat und sich begreift« (GW 10.363–365).

(6) Nach diesem auf das Ganze des Geistes ausgreifenden Ansatz beschränkt Hegel die »Geisteslehre (1811/12)« wieder auf die »Psychologie«, in der bereits 1809/10 geplanten Form: Ihr erster Teil, die »Lehre vom Bewußtseyn« (§§ 6–48), behandelt erneut den auf einen seienden Gegenstand gerichteten, erscheinenden Geist, in der Bewußtseinslehre oder »Phänomenologie des Geistes« (Diktatnachschrift Meinel, § 4), in der nun schon standardisierten Kurzform der Abhandlung des Bewußtseins, des Selbstbewußtseins und der Vernunft. Ihr stellt Hegel als zweiten Teil wiederum die »eigentliche Geisteslehre« entgegen (§§ 49–94), in der der Geist »durch seine Selbstthätigkeit seine Unabhängigkeit« vom Objekt erzeugt (§ 5). Diese Fassung bestätigt somit einerseits die gegenüber der *Phänomenologie des Geistes* verkürzte Fassung der »Phänomenologie« im Kontext der Geisteslehre; andererseits belegt sie, daß Hegels Übergehen dieser »Phänomenologie« in der »Geisteslehre (1810/11)« als eine Verkürzung zu betrachten ist, die nicht aus einer systematischen Intention, sondern lediglich aus der Zeitnot beim Vortrag des ganzen Geistes geboren ist.

Die Überlieferungslage der »Geisteslehre (1811/12)« erlaubt zugleich einen Einblick in Hegels Unterrichtsgestaltung: Das Manuskript Meinels umfaßt die 94 Paragraphen in doppelter Form: zunächst als Diktatnachschrift (GW 10.523–543), und hiervon getrennt als Nachschrift der freien Erläuterungen Hegels (GW 10.545–606). In gleicher Weise hat Meinel auch die »Philosophische Encyklopädie

(1812/13)« überliefert, deren freie Erläuterungen auch Abegg mitgeschrieben hat (GW 10.641–715 bzw. 717–792).

(7) Nicht nur die Naturphilosophie – auch die Geistesphilosophie des »Systems der besonderen Wissenschaften (1810/11)« überarbeitet Hegel zu einem späteren, nicht genau datierbaren Zeitpunkt. Daß er dabei die Gliederungsziffer »II« (für die Geisteslehre als zweiten Teil der »besonderen Wissenschaften«) durch eine »III« ersetzt (GW 10.339), deutet auf einen Enzyklopädie-Kurs, der die insgesamt in Nürnberg dominierende Zweigliederung in »Logik« und »besondere Wissenschaften« (mit nochmaliger Zweigliederung der letzteren) durch eine Dreigliederung des Ganzen ersetzt. Dies könnte bereits bei der »Philosophischen Enzyklopädie« der Oberklasse 1811/12 gewesen sein, in der Hegel nach »einer Wiederholung der Logik« »die Grundbegriffe der besonderen Wissenschaften in systematischer Ordnung vorgetragen« hat, aber ebensogut bei einem der späteren, ebenfalls dreistündigen Enzyklopädie-Kurse 1812/13, 1813/14 oder 1815/16, während der Kurs 1814/15 anscheinend nur Natur- und Geistesphilosophie umfaßt (GW 10.881–883, Editorischer Bericht). Auf diese Wiederholungen des Enzyklopädie-Kurses deutet auch, daß sich drei Stufen von Hegels Überarbeitung dieser Diktatnachschrift nachweisen lassen, wenn auch nicht stets von einander unterscheiden lassen. Und auch der Umstand, daß Hegels Eingriffe primär Änderungen der Systemarchitektur betreffen und das Detail zumeist unberührt lassen, deutet auf einen Vortragskontext, der einen Überblick über das Ganze der Philosophie zu geben sucht.

Die erste und die zweite Überarbeitungsstufe ordnen dem »Geist in seinem Begriffe« die 1810/11 nicht abgehandelte »Phänomenologie« vor und gelangen so zu einer viergliedrigen Geisteslehre. Erst in der dritten, wohl auf das Ende der Nürnberger Jahre zu datierenden Überarbeitung gelangt Hegel zu der seit der *Enzyklopädie* (1817) üblichen Neustrukturierung des ersten Teils der Geisteslehre in »Anthropologie«, »Phänomenologie« und »Psychologie« (GW 10.339–341). Hier aber ist diese Gliederung insofern noch nicht konsequent durchgeführt, als die »Psychologie« weiterhin als zweite (statt als dritte) Teildisziplin gezählt ist; die vorhandene Überarbeitung deutet nirgends an, daß die drei genannten Teildisziplinen nun zunächst Untergliederungen einer »Philosophie des subjektiven Geistes« bilden, und Hegel zieht auch keine weiteren Folgen für die Neustrukturierung der Geistesphilosophie insgesamt. Zudem sagt er über die neue Disziplin »Anthropologie« nur dies: Sie betrachte den Geist »in seinem bloß natürlichen Daseyn und seiner unmittelbaren Verbindung mit dem organischen Körper, und seiner daher rührenden Abhängigkeit von dessen Affectionen und Zuständen, Astrologie, siderische, terrestrische Einflüsse Krankheiten Klimatische Unterschiede« (GW 10.340). Die gegenwärtige Überlieferungslage läßt nicht erkennen, daß Hegel in seinen Nürnberger Kursen diese Stichworte wenigstens zu Grundlinien einer »Anthropologie« ausgeführt hätte, doch bestätigt die schon etwas ausführlichere Skizze in der *Wissenschaft der Logik* (GW 12.197 f.), daß Hegel nun – 1816 – zu der später gültigen Form dieses ersten Teils der Geisteslehre gefunden hat, auch wenn seine briefliche Erwähnung der »Psychologie mit Anthropologie« (an v. Raumer, 2.8.16) eher geeignet scheint, diesen bereits gefundenen Aufriß zu verdecken.

Ein zweiter Komplex von Überarbeitungsnotizen hat eine vergleichbare Bedeutung für die Konzeption einer Philosophie des objektiven Geistes. Während die Diktatnachschrift (1810/11) Recht und Moralität im ersten Abschnitt der Geisteslehre abhandelt und im zweiten (»Realer Geist«) allein den Staat (GW 10.359 ff.), skizziert Hegel nun in einer Randnotiz zum Titel »1.) Das Recht« den Aufbau der späteren Rechtsphilosophie: »a) Rechtswissenschaft […] b.) Moral […] c) Staatswissenschaft« (GW 10.355 f.) – allerdings auch hier ohne die hieraus folgenden Umstrukturierungen in der Diktatnachschrift vorzunehmen. Ein dritter Komplex von Notizen bezieht sich auf die Philosophie der Kunst, jedoch nicht als Konzeptionsänderung, sondern als Konkretion des zuvor (§ 163) nur pauschal erwähnten Begriffs der Poesie durch dessen Einteilung in seine »Hauptgattungen« episch, lyrisch, dramatisch und die Zuordnung von literarischen Formen zu diesen Gattungen. Diese Ergänzungen nimmt Hegel wahrscheinlich in der »Philosophischen Enzyklopädie« (1814/15) vor, denn im Bericht über seine Lehrgegenstände gibt er an, er habe in diesem Kursus »bei dem ästhetischen Theile« der Geisteslehre »länger verweilt« (GW 10.883, Editorischer Bericht) – und somit das bereits im *Privatgutachten* für Niethammer beklagte Fehlen der Ästhetik im »wissenschaftlichen Zyklus« kompensiert (s. Kap. II.6.1.1).

6.1.5 Rechts-, Pflichten- und Religionslehre

(1) Bei der Bestimmung der Lehrgegenstände für die Unterklasse enthält das *Normativ*, wie Hegel feststellt, eine Unklarheit: In der ausführlichen Darstel-

lung schreibt es »Logik« vor, um »den Scharfsinn der Jünglinge zu üben«, in einer Tabelle ist hingegen die Rede von »Religions-, Recht- und Pflichten-Kenntniß«. Bei seinem ersten Unterricht in der Unterklasse (1809/10) beginnt Hegel zwar mit der »Logik« (GW 10.879), doch geht er auch hier zur »Rechts-, Pflichten- und Religionslehre« über; diese zieht er der »Logik« vor, weil dieser »Lehrgegenstand passend sey, den Anfang der Einleitung in die Philosophie zu machen«. Ihr Inhalt sei »für das Alter dieser Klasse ganz zugänglich« und werde »durch das natürliche Gefühl der Schüler unterstützt, er hat eine Wirklichkeit im Innern derselben; denn er ist die Seite der innern Wirklichkeit selbst«. (GW 10.824) Hegel ändert jedoch die Reihenfolge der Themen: Statt der vom *Normativ* geforderten »Religions-, Recht- und Pflichten-Kenntniß« trägt er, entsprechend seiner Systemkonzeption, »Rechts, Pflichten- und Religions-Lehre« vor (GW 10.369–420), und zwar 1809/10 im zeitlichen Anschluß an die Logik, ab 1810/11 jedoch als einen eigenständigen, vierstündigen Kurs; im letzten Schuljahr, 1815/16, beschränkt er sich sogar auf die Rechtslehre (GW 10.884).

Trotz ihres häufigen Vortrags ist diese »Rechts-, Pflichten- und Religionslehre« nur durch Rosenkranz' Edition überliefert; über seine Quellen und Editionsmethode ist nichts bekannt. Es ist anzunehmen, daß Rosenkranz Schülerhefte, vielleicht auch Manuskripte Hegels aus mehreren Jahren vorgelegen haben, die er zu einem – nahezu – einheitlichen Argumentationsgang verschmolzen hat, der es jedoch nicht mehr erlaubt, die Entwicklung dieser Disziplin zu verfolgen. Rosenkranz teilt nur seine Vermutung mit, daß Hegel die hier mitgeteilten, sehr präzisen Erläuterungen wohl noch »zum Behuf von Abschriften für die Schüler später selbst überarbeitet haben muß.« (W XVIII.VI)

Nicht allein die Einrichtung dieses Kurses – auch seine Ausführung ist auf die Erfordernisse des Schulunterrichts zugeschnitten, was zwar nicht durchgängig, aber doch an mehreren Stellen ersichtlich ist. Soweit aus der Edition zu ersehen ist, stellt Hegel dem Kurs eine allgemeine »Einleitung« voran (§§ 1–12), in der er den Willen »und zwar nach dem Verhältniß des besonderen Willens zum allgemeinen Willen« als allgemeine Grundlage dieser Sphäre des Praktischen bestimmt. Die »rechtlichen, sittlichen und religiösen Begriffe« seien »Gegenstände, die in dem Geist selbst ihren Grund haben«, somit zur intelligiblen Welt gehörten (§ 2) und durch das Handeln »ein äußerliches Dasein« erhielten (§ 4). Als weitere Begriffe dieser Sphäre führt Hegel die Unterscheidung zwischen »Trieb« und »eigentlichem Willen« als dem »höheren Begehrungsvermögen« ein, ferner zwischen »Tat« und »Handlung«, die nur dasjenige umfasse, »was von der That im Entschlusse liegt oder im Bewußtsein war, was somit der Wille als das Seinige anerkennt.« In der Freiheit des Willens, in der Kenntnis der Bestimmungen der Handlungen und im Sichentschließen zu ihnen liege die Möglichkeit der »Schuld«. Als den eigentlichen Grundbegriff der Rechts-, Pflichten- und Religionslehre bestimmt Hegel den Willen, und zwar nicht den bloß formell freien Willen, der mannigfachen äußeren Inhalt in sich aufnehmen könne, sondern den wahrhaft und absolut freien Willen, der nicht auf einen besonderen Inhalt, sondern nur auf sich selbst als freien und allgemeinen Willen gerichtet ist. Mit diesem Begriff des freien Willens, dessen Freiheit eben darin liegt, daß sie sich selber will, ist der Ausgangspunkt der *Grundlinien der Philosophie des Rechts* erreicht (GW 10.369–371).

(2) An diese Einleitung schließt Rosenkranz erheblich detailliertere »Erläuterungen zur Einleitung« an. Deren separate Paragraphenzählung (§§ 1–25) läßt vermuten, daß Rosenkranz hier Material aus einem anderen Schuljahr einschiebt. Denn wenn es sich bei der Differenz zwischen »Einleitung« und »Erläuterungen« um eine Differenz zwischen der Nachschrift von diktiertem und von frei gesprochenem Text handelte, stimmte die Paragraphenzählung überein. – Hegel beginnt diese »Erläuterungen« mit einem Rückgriff auf den Begriff des Bewußtseins und Bestimmungen des theoretischen Geistes, etwa auf das Verhältnis von »Vorstellung«, »Einbildungskraft« und »Denken«, bevor er zum eigentlichen Thema, dem »praktischen Vermögen« übergeht. Hier erörtert er ausführlich die Rolle, die der »Reflexion« als »relativer«, vergleichender und als »absoluter«, d. h. als reiner Selbstbeziehung, für die Sphäre des Praktischen zukommt: In ihr verläßt der Mensch »die Sphäre des niederen Begehrungsvermögens« und erhebt sich in die reine Selbstbeziehung des Ich, das nur sich zum Inhalt hat. Von dieser »praktischen absoluten Reflexion« geht Hegel in § 14 zur »Freiheit des Willens« und bestimmt sie als »die Freiheit im Allgemeinen«; »alle andern F r e i h e i t e n« – wie »Preßfreiheit«, bürgerliche, politische, religiöse Freiheit – sind blos Arten davon.« Im Anschluß hieran erörtert Hegel in § 22 Charakteristika des Rechts – wie dessen Unabhängigkeit von Absicht, Überzeugung und Gesinnung, sodann in § 23 den Unterschied von Recht und Moral, den er insbesondere in

die wesentliche Bedeutung der Gesinnung für die Moral setzt; doch obgleich somit der Wert einer Handlung nicht in ihren Folgen liege, seien diese doch mit in die moralische Betrachtung aufzunehmen. Bereits hierin zeichnet sich ab, daß Hegel Recht und Moral nicht mittels eines einzigen Kriteriums unterscheidet, sondern eine »mehrseitige Betrachtung« vornimmt. Als einen weiteren Gesichtspunkt führt er ein, daß der Mensch für das Recht »als ein absolut freies Wesen« Gegenstand sei, für die Moral hingegen nach seiner Besonderheit »als Familienmitglied, als Freund, als ein solcher Charakter u. s. f.«; sie verlangt nicht allein die Freiheit des Anderen, sondern auch sein Wohl, seine »Glückseligkeit« als einen fortdauernden Zustand des Glückes, der allerdings vom »Glück« – nun im Sinne des Zufalls – abhängig und somit nicht die Gott allein zukommende »Seligkeit« sei. Und noch in anderer Hinsicht unterscheidet Hegel die Sphären der Moralität und der Religion: Der moralische Wille habe zwar »das Z i e l   d e r   V o l l k o m m e n h e i t«, werde zu ihm aber – sehr unkantisch – »auch durch die Triebfeder der Sinnlichkeit und Einzelheit getrieben« und habe auch nicht die Mittel zur Verwirklichung des Wohles anderer in seiner Macht; die Religion hingegen (§ 25) betrachte »das göttliche Wesen, die Vollendung des Willens«, sowohl nach der »V o l l k o m m e n h e i t   d e r   G e s i n n u n g« als der »V o l l k o m m e n h e i t   d e r   M a c h t, die heiligen Zwecke zu erreichen« (GW 10.372–389).

(3) Der erste der drei Abschnitte, die »Rechtslehre«, umfaßt die beiden Kapitel »Recht« und »Staatsgesellschaft«. »Recht« denkt Hegel als Wirklichkeit des allgemeinen, auf sich als freien gerichteten Willens, und hierin liege die Forderung, »daß jeder Einzelne von dem Andern als ein freies Wesen respectirt und behandelt werde« (§ 3), d. i. als Person. Aus diesem Begriff der Freiheit der Person folgert er – hier in Übereinstimmung mit Kant –, daß rechtlicher Weise »Alles, was die Freiheit der Anderen nicht beschränkt oder keinen Act derselben aufhebt«, rechtlich erlaubt sei (§ 7). Eine Handlung hingegen, »welche die Freiheit eines Andern beschränkt oder ihn nicht als freien Willen anerkennt«, sei »widerrechtlich«, und (allein) um diesen widerrechtlichen Zwang aufzuheben, sei rechtlicher Zwang zulässig (§ 6). Diese vorausgesetzte Freiheit verbiete es, den Menschen als Sache – etwa als Sklaven – zu behandeln; positive Gesetze, die dies erlaubten, seien »der Vernunft oder dem absoluten Recht entgegengesetzt« (§ 5) – wobei Hegel ersichtlich den Begriff des »Naturrechts« vermeidet.

In der Folge behandelt er die traditionellen natur- bzw. vernunftrechtlichen Themen: die Erwerbung durch ursprüngliche Besitzergreifung einer herrenlosen Sache oder durch ihre Formierung; das Verhältnis von bloßem Besitz und rechtlichem, durch andere anerkannten Eigentum; die unveräußerlichen Güter, die »meine eigenste Person ausmachen oder in meinem Wesen enthalten sind, als Freiheit des Willens, Sittlichkeit, Religion u. s. f.« (§ 13), und die Formen der Veräußerung, d. h. den Vertrag mit seinen unterschiedlichen Formen. Im Anschluß hieran gewinnt Hegel aus den unterschiedlichen Formen der Verletzung des Rechts die Begriffe des Zivilrechts (im Blick auf die Negation meines besonderen Rechtes) und des »peinlichen Rechts« (im Blick auf die Negation des Rechts überhaupt, die nicht allein unwirksam gemacht, sondern durch »Wiedervergeltung« auf positive Weise, durch Strafe, aufgehoben werden müsse) (§§ 20 f.) (GW 10.389–399).

Das zweite Kapitel behandelt die »Staatsgesellschaft« als die Sphäre der Wirklichkeit des Rechtsbegriffs. Sie gliedert sich hier noch in die »Familie« als »die natürliche Gesellschaft, deren Glieder durch Liebe, Vertrauen und natürlichen Gehorsam (Pietät) verbunden sind«, und den »Staat« als »die Gesellschaft von Menschen unter rechtlichen Verhältnissen« (§ 23). Das Recht sei der »unmittelbare Zweck« des Staates, und nicht »Moralität, Religion, Wohlstand und Reichthum«, wie wichtig diese auch seien. Aus dem gleichen Grund unterscheidet Hegel den Staat als Rechtsgemeinschaft vom »Volk« als einem »durch Sprache, Sitten und Gewohnheit und Bildung« konstituierten Zusammenhang (§ 24) und als Rechtszustand vom »Naturzustand« – als einem Zustand der Gewalt und des Unrechts –, aus dem der Mensch in einen Zustand übergehen müsse, »in welchem der vernünftige Wille das Herrschende ist« (§ 25). Das innere Staatsrecht bestimmt Hegel als Verhältnis der in der »allgemeinen Staatsgewalt« vereinigten besonderen Gewalten: der gesetzgebenden (die den allgemeinen, an und für sich seienden Willen ausdrückt), der Regierungsgewalt (unterteilt in administrative und finanzielle), der unabhängigen richterlichen und polizeilichen Gewalt und der militärischen Gewalt oder der Gewalt, »Krieg zu führen und Frieden zu schließen« (§ 28). In der »Erläuterung« greift Hegel auf die antike Lehre von den Staatsformen und ihren Ausartungen zurück, ohne jedoch einen Kreislauf der Staatsformen zu behaupten. Die Demokratie könne nur »bei einfachen, unverdorbenen Sitten und einem kleinen Umfange des Staates« »stattfinden und sich erhalten«; die Aristokratie privilegiere gewisse Familien; Hegels Präferenz gilt deshalb der Monarchie – und dies aus einem in heutiger Perspektive unerwarteten Grund: weil in ihr »die bürgerliche Freiheit mehr geschützt« sei als in anderen Verfassungen. – Das »äußere Staatsrecht« regele das Verhältnis der Staaten durch besondere Verträge, das Völkerrecht. Doch weil die Staaten »sich mehr in einem natürlichen als rechtlichen Verhältniß zu einander« befänden, werde dieses gebrochen und durch Krieg verdrängt (§ 31) (GW 10.399–403).

(4) Der zweite Abschnitt, die »Pflichtenlehre oder Moral«, beginnt mit längeren Ausführungen über den Begriff der Moralität, die auch dessen Verhältnis zum Rechtsbegriff nochmals erörtern. Dem Recht ordnet Hegel den Begriff der »Schuldigkeit« und der äußeren Befolgung zu, der Moral hingegen den der »Pflicht« und der »Gesinnung«. Er schließt hier einerseits an Kants praktische Philosophie an: Die Moralität »betrifft wesentlich die Gesinnung und fordert, daß die Handlung aus A c h t u n g vor der Pflicht geschehe«, und auch das rechtliche Verhalten sei moralisch, »insofern es die Achtung vor dem Rechte zum Beweggrunde hat«. Doch versteht er die »Gesinnung« nur als »die subjektive Seite der moralischen Handlung«, zu der die inhaltliche Seite hinzutreten müsse. Deshalb erscheint hier die Sphäre der Moral als inhaltlich reicher als die Rechtssphäre, und der Mensch gelte in ihr auch nicht nur als abstrakte Person, deren Freiheit nicht angetastet werden dürfe, sondern nach seiner Besonderheit und einzelnen Wirklichkeit, der positiv Gutes zu erweisen sei (§§ 32–39) (GW 10.403–408).

Das eigentliche Corpus dieses Abschnitts bildet jedoch die Erörterung (I) der »Pflichten gegen sich«, (II) der »Familienpflicht«, (III) der »Staatspflichten« und schließlich (IV) der »Pflichten gegen Andere«. Dieser Aufriß verschränkt die Orientierung an einer Typologie der sozialen Verhältnisse – des Menschen als Einzelwesen, Familienmitglied, Staatsbürger und in Relation zu anderen – mit dem Pflichtenkatalog des traditionellen Naturrechts, doch finden die dort stets aufgeführten »Pflichten gegen Gott« keine Erwähnung. Die »Pflichten gegen sich« (§§ 41–48) leitet Hegel aus dem Doppelcharakter des Menschen als physischen Einzelwesens und geistig-vernünftigen Wesens her – als Pflicht zur Selbsterhaltung und zur Erhebung zu seiner allgemeinen Natur. Die »Familienpflicht« (§§ 49–52) gilt ihm als die erste der Pflichten gegen andere. Sie ergebe sich daraus, daß die Mitglieder einer Familie »wesentlich nur Eine Substanz, nur Eine Person« ausmachen und erst dann Personen gegeneinander werden, »wenn das moralische Band sich aufgelös't hat«. Die Ehe faßt Hegel hier wie auch später als »weder blos n a t ü r l i c h e , thierische Vereinigung, noch bloßer Civilvertrag«, jedoch nicht als sittliche Institution, sondern als »moralische Vereinigung der Gesinnung in gegenseitiger Liebe und Zutrauen«. Dieser weiter gefaßte Begriff des Moralischen zeigt sich auch bei der Abhandlung der »Staatspflichten« (§§ 53–58): Der Staat gehe über die bloße Rechtssphäre hinaus und »vermittelt als ein wahrhaft höheres moralisches Gemeinwesen die Einigkeit in Sitten, Bildung und allgemeiner Denk- und Handlungsweise«. Die »Staatspflichten« (Gehorsam gegen Regierung, Anhänglichkeit an Fürsten und Verfassung sowie Gefühl der Nationalehre) gründet Hegel nicht auf eine »Berechnung« des Vorteils auf Grund der Schutzfunktion des Staates, sondern »auf das Bewußtsein der A b s o l u t h e i t d e s S t a a t s « , d. h. seiner Priorität gegenüber den Einzelwillen und vertragstheoretischen Konstruktionen. Der Abhandlung der »Pflichten gegen Andere« (§§ 59–70) widmet Hegel breiten Raum; er nennt hier »Rechtschaffenheit«, »Wahrhaftigkeit«, die »Pflicht der allgemeinen Menschenliebe«, die sich aber näher auf diejenigen erstrecke, »mit welchen wir im Verhältniß der Bekanntschaft und Freundschaft stehen«, ferner »Klugheit« und »Höflichkeit« (GW 10.408–418).

(5) Zum dritten, sehr kurzen Abschnitt, zur »Religionslehre« (§§ 71–80), leitet der Begriff des »moralischen Gesetzes« über: Es sei das »ewige Vernunftgesetz, das wir unwiderstehlich achten müssen«. »Wir sehen aber eben so unmittelbar die U n a n g e m e s s e n h e i t unserer Individualität zu demselben ein, erkennen es als ein Höheres, als wir, als ein von uns unabhängiges, selbstständiges, absolutes Wesen«, das sich in unserem Bewußtsein offenbare. Dieses »W i s s e n v o n d e m A b s o l u t e n ist selbst ein a b s o l u t e s und unmittelbares Wissen und kann nicht etwas Endliches zu seinem positiven Grunde haben oder durch etwas, das es nicht selbst ist, als einen Beweis vermittelt sein«; es müsse aber vom Gefühl und Glauben zu einer »Erkenntniß Gottes« fortgehen, die »nicht über die Vernunft« sei, da diese vielmehr selber der »Widerschein Gottes« sei. Dann aber führt Hegel den Begriff der Religion als »Vergegenwärtigung« des absoluten Wesens durch Gefühl, Gedanken und Vorstellung ein und bestimmt es weiter als absoluten Geist, als »das reine Wesen, das sich zum Gegenstande macht, aber darin nur sich selbst anschaut« – und dies ergänzt Hegel noch durch die traditionellen Prädikate Gottes: Hei-

ligkeit, Macht, Weisheit, Güte und Gerechtigkeit. Der Mensch könne sich durch seine Freiheit von Gott als dem Allgemeinen trennen und »absolut für sich zu sein« streben, und insofern sei seine Natur als böse zu betrachten. Sie sei aber ebenso »Gleichheit des Wesens mit sich selbst« und insofern »an sich göttlicher Natur«, und diese »Erkenntniß, daß die menschliche Natur der göttlichen Natur nicht wahrhaft ein Fremdes ist«, vergewissert den Menschen der göttlichen G n a d e und läßt ihn dieselbe ergreifen, wodurch die V e r s ö h n u n g Gottes mit der Welt oder das Entschwinden ihrer Entfremdung von Gott zu Stande kommt.« (GW 10.419 f.)

6.1.6 Religionslehre

(1) Die »Religionslehre« trägt Hegel jedoch nicht nur im Rahmen der »Rechts-, Pflichten- und Religionslehre« vor, sondern vom Schuljahr 1811/12 bis 1815/16 in einem separaten einstündigen Kurs, gemeinsam für die Ober- und Mittelklasse. Und Hegel begrüßt diese Änderung, denn es scheine ihm »mit jedem Jahr mehr, daß in dem Gymnasium fast des philosophischen Unterrichts schon etwas zu viel war; daß nun wegen der Religion eine Stunde wegfällt, tut etwas.« (an Niethammer, 10.10.11) Zuvor hat er sich jedoch aus anderem Grund lebhaft dagegen ausgesprochen, Religionsunterricht zu erteilen. Noch im November 1807 schreibt er an Niethammer: »zugleich theologischen Unterricht zu geben, – und zwar der den Trichtern, durch welche er weiter ans Volk kommen sollte, gemäß ist, – und Logik schreiben, wissen Sie wohl, wäre Weißtüncher und Schornsteinfeger zugleich sein, Wiener Tränkchen nehmen und Burgunder dazu trinken; […] Theologie auf einer Universität wollte ich gern vortragen und hätte es wohl nach einigen Jahren fortgesetzter philosophischer Vorlesungen getan, – aber α) aufgeklärte Religionslehre, aber β) für S c h u l e n , aber γ) in Bamberg, aber δ) unter der Aussicht der daraus entstehenden Ansprüche der christlich protestantischen hiesigen Kirche an mich; – eine Berührung, deren Gedanke mir eine Erschütterung durch alle Nerven gibt, als ob die christliche Kirche eine geladene galvanische Batterie wäre, ε, ζ, η u. s. f. – Herr! gib, daß dieser Kelch vorüber gehe!«

(2) Hegels Stoßgebet ist zwar nicht erhört worden, doch hat er sich der zunächst gefürchteten Aufgabe in einer Weise angenommen, die mit den Prinzipien seines sonstigen Unterrichts in Einklang steht. Die Kurse aus den Schuljahren 1811/12 und 1812/13 sind in einem Manuskript Hegels wie auch in Nachschrif-

ten sowohl der Diktate als auch der freien Erläuterungen Hegels durch Meinel (1811–1813) und Abegg (1812–1813) überliefert. Hegels Manuskript beginnt zunächst mit einer Stoffsammlung, an deren Ende er schließlich zu ersten Gliederungsskizzen und zu Formulierungen gelangt, die dann auch in die Diktatvorlage eingehen. Im Schuljahr 1811/12 diktiert Hegel zunächst 11 Paragraphen »Über den Begriff Gottes«. Er beginnt überraschender, fast provokativer Weise mit der Bestimmung »Gott ist 1) das S e y n in allem Seyn« – also mit eben der Formel, in der Jacobi den Gehalt des spinozistischen Gottesbegriffs zusammenfaßt: »Der Gott des Spinoza, ist das l a u t e r e Prinzipium der Würklichkeit in allem Würklichen, des S e y n s in allem Daseyn« (JWA 1.39). Das »reine Seyn« interpretiert Hegel mit Hilfe seiner Logik als »an ihm selbst das Einfache, das negative Beziehung auf sich ist; sich selbst bestimmende R e f l e x i o n«, und er fügt schließlich noch als dritte Bestimmung hinzu: »Gott ist Subject«, »an und für sich und Geist«. Den zweiten Teil des Manuskripts bzw. der Diktatnachschriften bilden Ausführungen »Von der Religion«. Hier entwirft Hegel eine dreistufige Religionsgeschichte – von der »Verehrung Gottes als bildlosen Wesens« über die »Religion der Kunst« zur »geistigen Religion« (§§ 12–18)(GW 10.197–209).

Unter diesem Titel steht sodann der Kursus des Jahres 1812/13. Dennoch behandelt Hegel hier nicht – wie man nach § 18 des Vorjahres erwarten könnte – die christliche Religion; sein Manuskript bezieht sich sogar überwiegend auf die griechische Antike, und im Diktat – das hier etwas freier vom Manuskript abweicht – gibt er eine Phänomenologie einer »geistigen Religion«: Er handelt von der Notwendigkeit der »Belehrung«, von der Differenz zwischen endlichem Geist und reiner Vernunft und schließlich von der Auffassung der Geschichte »als Werk der Vorsehung oder als Darstellung des göttlichen Handelns«. Auch die freien Erläuterungen Hegels, wiedergegeben in den »Anmerkungen«, erweitern diese Darstellung der »geistigen Religion« durch natur- und geistesphilosophische Bestimmungen, ohne sich jedoch auf eine einzelne Religion zu beschränken (GW 10.210–218).

(3) Die Diktate der Schuljahre 1811/12 und 1812/13 wie auch die Anmerkungen zum letzteren zeigen zum einen keine Spur der Religionsauffassung, die sich gleichzeitig in Hegels Briefwechsel mit Niethammer manifestiert und die man mit dem späteren Wort als »Kulturprotestantismus« bezeichnen kann (Jaeschke 2003). Zum anderen bestätigen sie nicht Hegels Bericht über seine Lehrgegenstände

1811/12, daß die Gottesbeweise und ihre Kritik durch Kant eine größere Rolle gespielt hätten. Hegel kommt nur in den einleitenden, noch wenig strukturierten Partien seines Manuskripts auf sie zu sprechen – ob auch im Kursus, ist nicht bekannt. Auch für die Jahre 1813/14 und 1814/15 hebt Hegel in seinen Berichten die Gottesbeweise als zentrales Thema hervor, doch haben sich hierzu keine Zeugnisse erhalten. Die Schlüsselstellung, die er in den Berichten dem Thema »Gottesbeweise« zuweist, bringt Hegel auch in seinem *Privatgutachten* für Niethammer zur Sprache: Kants Kritik der natürlichen Theologie sei »besonders für einen drei- resp. vierjährigen Kursus nicht unwillkommen«. »Es hat Interesse, Theils eine Kenntniß von den so berühmten Beweisen vom Daseyn Gottes zu geben; – Theils mit der eben so berühmten kant'schen Kritik derselben bekannt zu machen; – Theils diese Kritik wieder zu kritisiren« (GW 10.826). Dieses Thema wird für Hegel damals so wichtig, daß er eine Schrift über die Gottesbeweise plant: In der *Wissenschaft der Logik* verweist er 1816 auf »eine andere Gelegenheit, den vielfachen Mißverstand, der durch den logischen Formalismus in den ontologischen, so wie in die übrigen sogenannten Beweise vom Daseyn Gottes gebracht worden ist, wie auch die Kantische Kritik derselben näher zu beleuchten, und durch Herstellen ihrer wahren Bedeutung die dabey zu Grunde liegenden Gedanken in ihren Werth und Würde zurückzuführen.« (GW 12.129)

6.1.7 Philosophische Enzyklopädie

(1) Die Entwicklung der genannten einzelnen Disziplinen resumiert sich in der Ausbildung der Architektonik des Systems als ganzen, in der »Philosophischen Enzyklopädie«. Ihr gilt zudem ein besonderer Kurs, gefordert durch das *Normativ*: »In der O b e r - C l a s s e des Gymnasiums endlich werden die zuvor einzeln behandelten Objecte des speculativen Denkens in einer p h i l o s o p h i s c h e n   E n z y k l o p ä - d i e zusammengefaßt.« (66, vgl. R 255) Diesen Titel für die Darstellung des Systems insgesamt hat Hegel anscheinend erst aus dem *Normativ* aufgegriffen. Die deutschsprachige Ankündigung für das Sommersemester 1803 lautet zwar bereits »Encyklopädie der Philosophie Hr. Adj[unct] Kirsten und nach s. Handb. Hr. D. Hegel« – doch stammen, wie man aus seinen Korrekturen späterer Ankündigungen sehen kann, diese Übersetzungen nicht von Hegel; er selber kündigt »Philosophiae universae delineationem« an (Kimmerle 1967, 54).

Entsprechend der Forderung des *Normativs* trägt Hegel die »Philosophische Enzyklopädie« in allen Schuljahren jeweils in der Oberklasse vor. Doch obgleich dieser Vortrag somit den Kern seiner Lehrtätigkeit bildet, steht er gerade der »Enzyklopädie« sehr distanziert gegenüber. Dies macht er auch in seinem *Privatgutachten* für Niethammer deutlich: »Sie kann nichts Anderes enthalten, als den a l l g e m e i - n e n I n h a l t d e r P h i l o s o p h i e, nämlich die Grundbegriffe und Principien ihrer besondern Wissenschaften«. Sie gebe nur eine Übersicht, die teils zweckmäßig, teils aber überflüssig sei, »weil die in der Encyklopädie k u r z zu betrachtenden Wissenschaften in der That schon selbst a u s f ü h r l i c h e r – g r ö ß t e n t h e i l s d a g e w e s e n s i n d (GW 10.826). Nur eine Disziplin trägt Hegel lediglich im Kontext der »Enzyklopädie« vor, die Naturphilosophie – doch diese hält er ohnehin für weniger geeignet für den Schulunterricht.

Aus der mißlichen Situation, die »Enzyklopädie« vortragen zu sollen und doch nicht nur anderswo ausführlicher Gesagtes in einen flüchtigen Überblick zusammendrängen zu wollen, hilft Hegel sich durch unterschiedliche Akzentuierung seines jeweiligen Vortrags. So behandelt er in der Oberklasse 1808/09 unter dem Titel der »philosophischen Vorbereitungswissenschaften« fast ausschließlich die Logik, gefolgt vom Beginn der Naturphilosophie. Auch in der Oberklasse 1809/10 trägt er bis Ostern 1810 ausführlich die subjektive Logik vor, und erst in den noch verbliebenen Monaten unter dem Titel »System der besondern Wissenschaften« die Naturphilosophie. In der Oberklasse 1810/11 übergeht er die Logik (was sich aus den Angaben über seine Kurse nicht ersehen läßt); er beginnt das »System der besondern Wissenschaften« wiederum mit der Naturphilosophie und geht von ihr zur »Lehre vom Geiste« über, so daß er erstmals hier, im dritten Anlauf, den Bogen bis zum Ende des Systems schlägt, wenn auch unter Verzicht auf die »Logik«. Vom Schuljahr 1811/12 an zweigt Hegel vom vierstündigen Enzyklopädiekursus eine Stunde für die »Religionslehre« ab und trägt nun – wie man dem Überblick über seine Lehrtätigkeit entnehmen kann – im Enzyklopädiekursus die »Grundbegriffe der besondern Wissenschaften in systematischer Ordnung« wohl nochmals komprimiert vor, aber weiterhin mit unterschiedlicher Akzentuierung der einzelnen Disziplinen. So legt er 1811/12 besonderes Gewicht auf die Logik, 1812/13 auf die Naturphilosophie, und 1814/15 übergeht er die Logik ganz zu Gunsten der Geistesphilosophie und insbesondere der Ästhetik,

deren Fehlen im Lehrplan er ohnehin für einen »reellen Mangel« hält (s. Kap. II.6.1.1).

(2) Aus dem Schuljahr 1808/09 liegt eine bis zur Naturphilosophie reichende, von Hegel für das Folgejahr überarbeitete anonyme Diktatnachschrift vor (GW 10.61–83), und ebenso aus dem folgenden Jahr 1809/10, die sich jedoch nur auf das »System der besondern Wissenschaften« erstreckt (GW 10.85–97). Der Kursus 1810/11 ist ebenfalls durch eine – in den vier Folgejahren überarbeitete – Diktatnachschrift belegt (GW 10.311–365), und der Kursus 1812/13 durch die Diktatnachschrift Meinel sowie zwei Nachschriften der Anmerkungen Hegels durch Abegg und Meinel (GW 10.641–792). Somit ist die Entwicklung der »Enzyklopädie« gut belegt, allerdings nur für die erste Hälfte der Nürnberger Zeit. Dennoch lassen die erhaltenen Quellen insgesamt – nicht allein zur »Enzyklopädie« – erkennen, daß Hegels Nürnberger Kurse in einem weit höheren Sinne die Entwicklungsgeschichte der *Enzyklopädie der philosophischen Wissenschaften im Grundrisse* bilden als die Jenaer Systementwürfe. In den Nürnberger Kursen gewinnt das System die Form, in der Hegel es im Herbst 1816, kurz nach seinem Wechsel nach Heidelberg, als Kompendium für seine Vorlesungen in Satz gibt. Der Schein, daß Hegel die *Enzyklopädie* (1817) »ungewöhnlich schnell geschrieben« habe (Fulda 2003, 126), verdankt sich lediglich der bis zur Publikation von GW 10 unzureichenden Editionslage.

Ein äußerliches Charakteristikum dieser Entwicklung besteht in der Vereinheitlichung der Architektonik des Systems: Trotz stets vorhandener triadischer Strukturen dominiert in Nürnberg zunächst die dichotomische Gliederung des Systems in die »Logik« und das »System der besonderen Wissenschaften«. Beide sind zudem wiederum dichotomisch strukturiert. Auch wenn Hegel schon zu Beginn der Nürnberger Jahre eine Dreigliederung in objektive Logik, subjektive Logik und Ideenlehre erwägt, bildet die Einteilung in »objektive« und »subjektive Logik« die dominierende und auch in der *Wissenschaft der Logik* verwirklichte Gestalt – obschon Hegel bereits in der »allgemeinen Eintheilung derselben« vermerkt, daß »auf den Unterschied von Subjectivem und Objectivem […] kein besonderes Gewicht zu legen« sei und die Logik »bestimmter« in die des Seins, des Wesens und des Begriffs zu gliedern sei (GW 11.32). In der *Enzyklopädie* (1817) hat die Zweigliederung der Logik keine architektonische Bedeutung mehr. Nicht minder deutlich ist die dichotomische Unterteilung des »Systems der besonderen Wissenschaften« in »Naturphilosophie« und

»Geistesphilosophie«; deren erster Abschnitt gliedert sich wiederum in »theoretischen« (»Phänomenologie« und »Psychologie«) und »praktischen Geist« (»Recht« und »Moralität«) wie auch der zweite in »Familie« und »Staatsgesellschaft« – und lediglich der dritte in die Trias von Kunst, Religion und Wissenschaft. Seit der Mitte der Nürnberger Jahre nimmt Hegel eine kontinuierliche triadische Umstrukturierung des Systems vor – paradigmatisch mit der Ersetzung der Dichotomie von ›spekulativer Philosophie‹ und ›Realphilosophie‹ durch die Gliederung der Philosophie in die »drei Hauptwissenschaften« Logik, Natur- und Geistesphilosophie im *Privatgutachten* für Niethammer (GW 10.826), aber ebenso durch die Aufwertung der Dreigliederung der Logik in Seins-, Wesens- und Begriffslogik wie auch durch die Einfügung der »Anthropologie« in die Geistesphilosophie zur Trias von Anthropologie, Phänomenologie und Psychologie oder des »freien Geistes« als des Dritten zum theoretischen und praktischen Geist; lediglich die Philosophie des objektiven Geistes hat ihre spätere Form noch nicht gefunden.

Erstdruck: W1XVIII. – **Text:** GW 10. – **Quellen:** Friedrich Immanuel Niethammer: Philanthropinismus – Humanismus. Texte zur Schulreform. Bearbeitet von W. Hillebrecht. Weinheim u. a. 1968. Darin 46–67: Allgemeines Normativ der Einrichtung der öffentlichen Unterrichts-Anstalten in dem Königreiche; Teilabdruck in R 254–258; Hegels Entwürfe zur Enzyklopädie und Propädeutik nach den Handschriften der Harvard-Universität. Mit einer Handschriftenprobe. Hg. von Jakob Löwenberg. In: Hegel-Archiv Bd. 1, Heft 1. Leipzig 1912, 15–58. – **Literatur:** Gerhart Schmidt: Hegel in Nürnberg. Untersuchungen zum Problem der philosophischen Propädeutik. Tübingen 1960; Hegels propädeutische Logik für die Unterklasse des Gymnasiums. Hg. und besprochen von Friedhelm Nicolin. HS 3 (1965), 9–38; Kimmerle: Dokumente zu Hegels Jenaer Dozententätigkeit (1801–1807). HS 4 (1967); Heinz-Joachim Heydorn: Bildungstheorie Hegels. In: Heydorn / Gernot Koneffke: Studien zur Sozialgeschichte und Philosophie der Bildung. II. Aspekte des 19. Jahrhunderts in Deutschland. München 1973, 85–131; Eva Ziesche: Unbekannte Manuskripte aus der Jenaer und Nürnberger Zeit im Berliner Hegel-Nachlaß. In: ZphF 29 (1975), 430–444; Friedhelm Schneider: Hegels Propädeutik und Kants Sittenlehre. In: Hartmann (Hg.): Die ontologische Option (1976), 31–115; Friedhelm Nicolin: Pädagogik – Propädeutik – Enzyklopädie. In: Otto Pöggeler (Hg.): Hegel. Einführung in seine Philosophie. Freiburg / München 1977, 91–105; Fragen und Quellen zur Geschichte von Hegels Nachlaß. I. Dieter Henrich: Auf der Suche nach dem verlorenen Hegel. II. Willi Ferdinand Becker: Hegels hinterlassene Schriften im Briefwechsel seines Sohnes Immanuel. In: ZphF 35 (1981), 585–591 bzw. 592–614; Roland W. Henke: Die didaktischen Prinzipien von Hegels Philosophieunterricht, aufgewiesen an der »Rechts-, Pflichten- und Religionslehre für die Un-

terklasse«. Diss. phil. Bonn 1986; Kunio Kozu: Zur Chronologie von Hegels Nürnberger Fassungen des Selbstbewußtseinskapitels. HS 21 (1986), 27–64; Kunio Kozu: Das Bedürfnis der Philosophie. Ein Überblick über die Entwicklung des Begriffskomplexes ›Bedürfnis‹, ›Trieb‹, ›Streben‹ und ›Begierde‹ bei Hegel. Bonn 1988 (HSB 30); Udo Rameil: Der systematische Aufbau der Geisteslehre in Hegels Nürnberger Propädeutik. HS 23 (1988), 19–49; Udo Rameil: Die Phänomenologie des Geistes in Hegels Nürnberger Propädeutik. In: Lothar Eley (Hg.): Hegels Theorie des subjektiven Geistes in der ›Enzyklopädie der philosophischen Wissenschaften im Grundrisse‹. Stuttgart-Bad Cannstatt 1990, 84–130; Udo Rameil: Bewußtseinsstruktur und Vernunft. Hegels propädeutischer Kursus über Geisteslehre von 1811/12. In: Franz Hespe / Burkhard Tuschling (Hg.): Psychologie und Anthropologie des Geistes. Stuttgart-Bad Cannstatt 1991, 155–187; Udo Rameil: Der teleologische Übergang zur Ideenlehre und die Entstehung des Kapitels ›Objektivität‹ in Hegels propädeutischer Logik. HS 28 (1993), 165–191; Texte zu Hegels Nürnberger Phänomenologie. Hg. und erläutert von Udo Rameil. HS 29 (1994), 9–61; Hegels ›Philosophische Enzyklopädie‹ in Nürnberg. Mit einer Nachschrift von 1812/13 hg. und erläutert von Udo Rameil. HS 30 (1995), 9–38; Udo Rameil: Die Entstehung der ›enzyklopädischen‹ Phänomenologie in Hegels propädeutischer Geisteslehre in Nürnberg. In: Köhler / Pöggeler (Hg.): Hegel. Phänomenologie des Geistes. Berlin 1998, 261–287; Kunio Kozu: Bewußtsein und Wissenschaft. Zu Hegels Nürnberger Systemkonzeption. Frankfurt am Main u. a. 1999; Udo Rameil: Aufbau und systematische Stellung der Ideenlehre in Hegels propädeutischer Logik. In: Ulrich Vogel / Burkhard Tuschling (Hg.): Hegels enzyklopädisches System der Philosophie. Stuttgart-Bad Cannstatt 2003; Fulda: Hegel (2003); Jaeschke: Hegels Begriff des Protestantismus. In: Richard Faber / Gesine Palmer (Hg.): Der Protestantismus – Ideologie, Konfession oder Kultur? Würzburg 2003, 77–91; Kunio Kozu: Bewusstsein, Idee und Realität im System Hegels. Frankfurt am Main 2007; Klaus Grotsch: Editorischer Bericht zu GW 10.

6.2　Die Wissenschaft der Logik

6.2.1　System der Logik – Wissenschaft der Logik

(1) Die Veröffentlichung eines Buches über »Logik und Metaphysik« – oder in der ausführlicheren lateinischen Version: »Logica et Metaphysica sive systema reflexionis et rationis« – kündigt Hegel bereits für das Jahr 1802 an, ohne damals diese Zusage einlösen zu können. Seit 1803 verspricht er – mit dem gleichen Erfolg – sogar das Erscheinen eines Kompendiums seines gesamten Systems (s. Kap. II.4.6.4). In der Selbstanzeige seiner *Phänomenologie* geht er im Juni 1807 davon aus, daß sein »System der L o g i k als speculativer Philosophie« demnächst in einem Band mit den beiden übrigen Teilen der Philosophie, nämlich

den »Wissenschaften der Natur und des Geistes«, erscheinen werde (GW 9.447). Aber auch jetzt gelingt es ihm nicht, diese Ankündigung einzulösen. Vielmehr gelangt er bei seiner Weiterarbeit an der Logik ein Jahr später (20.5.08 an Niethammer) zu der Einschätzung, daß er zur Logik »in Jena kaum den Grund gelegt« habe. Deshalb verstreichen bis zum Erscheinen auch nur des ersten Bandes der *Wissenschaft der Logik*, der »objektiven Logik«, nochmals vier Jahre. Und auch dieser Band wird – allerdings nicht aus inhaltlichen, sondern aus Umfangs- und wohl auch aus Zeitgründen – nochmals unterteilt: Ihr erstes Buch, die Seinslogik, erscheint im April oder Anfang Mai 1812, ihr zweites, die Wesenslogik, trotz des Erscheinungsdatums 1813 bereits im Dezember 1812. Doch bis zum Erscheinen des zweiten Bandes, der subjektiven Logik, verstreichen abermals vier Jahre. Diese Verzögerungen sind fraglos auch durch äußere Umstände bedingt – teils durch Hegels aufwendige Amtstätigkeit (s. Kap. I.6.1), teils durch die erfreulichen Veränderungen in seinem Privatleben. So schreibt er am 5.2.12 an Niethammer: »Es ist keine Kleinigkeit, im ersten Semester seiner Verheuratung ein Buch des abstrusesten Inhalts von 30 Bogen zu schreiben. – Aber injuria temporum! Ich bin kein Akademikus; zur gehörigen Form hätte ich noch ein Jahr gebraucht, aber ich brauche Geld, um zu leben.«

(2) Entsprechend der Veränderung seiner Logik-Konzeption kündigt er das Werk nun nicht mehr, wie in Jena, unter dem Titel »Logik und Metaphysik« an, sondern als »System der Logik« – so bereits in der Selbstanzeige der *Phänomenologie* und noch im Katalog für die Ostermesse 1812 (GW 12.322–325). Daß das Werk bei seinem Erscheinen statt dessen den Titel *Wissenschaft der Logik* trägt, ist wohl nicht als programmatische Akzentuierung des Wissenschaftsanspruchs dieses Werkes zu verstehen, der ohnehin im Titel »System der Wissenschaft« (GW 9.1) mit hinlänglicher Bestimmtheit erhoben wird. Es handelt sich wahrscheinlich um eine Reaktion auf den für Hegel ärgerlichen Umstand, daß im Herbst 1811 bereits ein *System der Logik* erschienen ist – und zwar aus der Feder seines Gegners Jakob Friedrich Fries. Dieses *System* und namentlich die beigegebenen »Erläuterungen« bezeichnet Hegel – in der wohl längsten und schärfsten Polemik, die sich in seinen Briefen findet, als »gänzlich seicht, geistlos, kahl, trivial, das saloppste erläuternde unzusammenhängendste Kathedergewäsche, das nur ein Plattkopf in der Verdauungsstunde von sich geben kann.« (an Niethammer, 10.10.11; vgl. GW 11.23; 12.311 f.)

(3) In der *Wissenschaft der Logik* findet die Logik – nach einem Jahrzehnt der Arbeit an ihr – als die nunmehr erste Disziplin des Systems ihre gültige, wenn auch nicht endgültige Form. In veränderter Fassung geht sie in die drei Auflagen der *Enzyklopädie* und somit auch in Hegels Heidelberger und Berliner »Vorlesungen über die Wissenschaft der Logik« ein (s. Kap. II.9.2.2). Seit 1827, als nur noch geringe Bestände der Erstauflage der *Wissenschaft der Logik* verfügbar sind, trägt Hegel sich mit dem Plan einer Neuausgabe, und hierfür sieht er eine »Umschmelzung in vielen Partien«, die »eine längere Zeit erfodert« (an den Verlag Schrag, 29.10.27) als notwendig an. Im Januar 1831 beendet er die Neubearbeitung; die Vorrede zu ihr, zur »Lehre vom Seyn«, unterzeichnet er am 7.11.31, eine Woche vor seinem Tod. Er plant auch die Überarbeitung der restlichen Teile der *Logik* und verspricht der Setzerei, sie »in einigen Wochen« nach dem Druck des ersten Teils zu liefern – doch haben sich hierzu keine Zeugnisse erhalten (GW 21.400–403).

Erstdruck: Bd. 1, Buch 1 (Seinslogik): Nürnberg [1]1812, Stuttgart und Tübingen [2]1832; Bd. 1, Buch 2 (Wesenslogik): Nürnberg 1813; Bd. 2 (Begriffslogik): Nürnberg 1816. – **Text:** GW 11–12 ; GW 21 (Seinslogik 2. Auflage). – **Quellen:** Jakob Friedrich Fries: System der Logik. Ein Handbuch für Lehrer und zum Selbstgebrauch. Heidelberg 1811.

6.2.2 Metaphysik als Logik

(1) Eine allgemeine Charakteristik des Programms der *Wissenschaft der Logik* kann sich auf die Ausführungen zum Status dieses Systemteils stützen, die Hegel primär in dessen einleitenden Partien (unter Einschluß der »Drei Stellungen des Gedankens zur Objectivität« in der *Enzyklopädie*) vorträgt. Denn das Selbstverständnis, das sich in ihnen ausspricht, steht im Einklang sowohl mit den Tendenzen der Entwicklungsgeschichte seiner Logik als auch mit ihrer 1812–1816 publizierten Konzeption – auch wenn Hegel in den genannten Anfangspartien der Logik kaum auf ihren zweiten Band, die »subjektive Logik«, vorausblickt. Dies mag damit zusammenhängen, daß Hegel zur Zeit der Abfassung der Einleitungspartien die »subjektive Logik« noch nicht ausgearbeitet vorgelegen hat. Aber auch bei der späteren Überarbeitung dieser Partien, in der zweiten Auflage, kommt der »subjektiven Logik« keine gleichrangige Bedeutung für die Entwicklung des Programms der *Logik* zu. Dieser Annahme einer Koinzidenz von Selbstdarstellung und Durchführung widerspricht die – hermeneutisch folgenreiche – Einschätzung, Hegel

tue »mit fast unglaublicher Virtuosität, wovon er zugleich nicht weiß, was es ist«, so daß es die Aufgabe des Interpreten sei, die »Sache« gegen Hegels bloße »Meinung« von ihr zu vertreten und dem von der »Bewußtlosigkeit über sein eigenes Tun« geplagten Verfasser der *Logik* »zu einem angemessenen Bewußtsein dessen zu verhelfen, was er faktisch tut« (Theunissen 1978, 88 f. u. ö.).

Eine andere Frage ist es, ob Hegel das Programm seiner *Logik* vielleicht deshalb nicht stets mit der erforderlichen Präzision zu formulieren vermochte, weil ihm zu seiner Zeit eine hierfür angemessene Wissenschaftssprache noch gar nicht zur Verfügung gestanden hat. Seine *Logik* sei zu verstehen als eine »Metalogik«, als »a l l g e m e i n e M e t h o d e n l e h r e des reflektierenden Denkens und am Ende der Philosophie überhaupt« (Stekeler-Weithofer 1992, XVI,9), als »M e t h o d e n l e h r e jeder […] B e d e u t u n g s - o d e r S i n n a n a l y s e« und eben damit als »s p e k u l a t i v e W i s s e n s c h a f t« (ebd. 21). Diese Interpretationsrichtung stellt Hegels *Logik* in den Horizont einer einflußreichen Strömung der Gegenwartsphilosophie; sie erschließt jene mit deren Instrumentarium, formuliert sie in der Sprache der Gegenwartsphilosophie und begreift sie als einen in vielfacher Hinsicht antizipatorischen Beitrag, der heute nicht allein diskutabel, sondern sogar geeignet sei, als Korrektiv gegen Verkürzungen in der Gegenwartsphilosophie zu wirken.

Trotz der fraglosen Berechtigung eines solchen Versuchs basiert die folgende Skizze auf der Prämisse, daß Hegel sehr wohl über einen adäquaten Begriff der Problemstellung der von ihm entworfenen »Wissenschaft« verfüge – wenn auch nicht aller ihrer problemgeschichtlichen Voraussetzungen oder jedes einzelnen Gedankenschrittes ihrer Durchführung – und daß es darauf ankomme, dieses Selbstverständnis zu entfalten.

(2) Die oben (s. Kap. II.5.2) zitierte Einschätzung Hegels, er habe zur Logik »in Jena kaum den Grund gelegt«, beruht auf dem fundamentalen Konzeptionswandel dieser *Wissenschaft*, der für seinen letzten Jenaer Systementwurf und für die Bamberger Arbeitsphase zu vermuten, in der Nürnberger Propädeutik zu erkennen und in der *Wissenschaft der Logik* ausgearbeitet und begründet ist. Sie vereinigt nun die »Logik« mit einem Restbestand der »Metaphysik« des Jenaer *Systementwurfs II*, »Erkennen als System von Grundsätzen«, das inhaltlich ohnehin der Logik und nicht der Metaphysik zuzuordnen ist.

Diese Absorption der Metaphysik durch die Logik läßt sich nicht vor dem Hintergrund der Entwick-

lungsgeschichte Hegels allein erörtern. Die Eigenständigkeit der beiden traditionell unterschiedenen Disziplinen reicht ja bis in den Anfang der Differenzierung der Philosophie in Disziplinen im antiken Aristotelismus zurück. In dessen *Organon* findet – neben anderem – auch die spätere Logik im Sinne einer ›Wissenschaft von den Denkgesetzen‹ ihren systematischen Ort, während die später so genannte *Metaphysik* als ›Wissenschaft von den Prinzipien‹ von ihr unterschieden ist. Allerdings berühren sich beide Disziplinen bereits bei Aristoteles: Insbesondere die in der *Kategorienschrift* des *Organon* – als einer semantischen Analyse – aufgestellten Kategorien gewinnen in anderen Kontexten seiner Philosophie zugleich ontologische Bedeutung; sie gelten sowohl als Prädikations- wie auch als Seinsformen.

Die nähere Vorgeschichte von Hegels Verbindung der beiden Disziplinen beginnt – nach seinem Selbstverständnis – mit Kant, und deshalb formuliert er auch das Programm seiner *Logik* im Rückbezug fast ausschließlich auf diesen, obgleich Hegel sich an anderer Stelle – insbesondere in seinen philosophiegeschichtlichen Vorlesungen – ausführlich auch auf Fichte und Schelling als Vorläufer seines eigenen Ansatzes beruft. Die von ihm diagnostizierte Verschiebung im Gefüge von Logik und Metaphysik spricht Hegel sehr pointiert aus: Die kritische Philosophie habe bereits die Metaphysik zur Logik gemacht (GW 11.22). Eine derartige Identifikation beider Disziplinen hat letztlich nicht in Kants Absicht gelegen, doch ist sein Ansatz nicht allein von Hegel so verstanden worden, sondern etwa auch von Jacobi (JWA 2.136) und von Fichte – und dies nicht ohne Grund.

Kant versteht ja die »transzendentale Logik« als eine »Wissenschaft, welche den Ursprung, den Umfang und die objektive Gültigkeit« von Erkenntnissen a priori bestimmt (B 76–82). Damit gewinnt die »transzendentale Logik« eine Schlüsselstellung für die Antwort auf die Frage, wie Metaphysik als Wissenschaft möglich sei. Logik und Metaphysik stehen hierdurch nicht in einem bloß engeren Verhältnis als in der Tradition, aber doch weiterhin als eigenständige Disziplinen; vielmehr beruht die epistemologische Legitimität und Dignität der Metaphysik ausschließlich auf der transzendentalen Logik. Hinzu tritt der Umstand, daß Kant die Transzendentalphilosophie als »System aller Prinzipien der reinen Vernunft« nicht ausgearbeitet (B 25–27) und somit nicht verdeutlicht, ob und gegebenenfalls wie sich eine künftige »Metaphysik als Wissenschaft« von der »transzendentalen Logik« unterschiede. Dies wird von seinen Nachfolgern als Indiz dafür gewertet, daß

er die »transzendentale Logik« als legitime Nachfolgedisziplin der früheren Metaphysik verstanden
wissen will. Zudem kann Hegel auch ausdrückliche
Aussagen Kants für seine Deutung in Anspruch
nehmen – etwa dessen Formulierung, man könne
die Kopernikanische Wende in »der Metaphysik«
»auf ähnliche Weise versuchen«, und die hieran anschließende, mit den beiden Teilen der transzendentalen Logik identische Zweiteilung der »Metaphysik«
(B XVII–XIX).

Die Ersetzung der traditionellen »metaphysica generalis« oder »Ontologie« durch den ersten Teil der
transzendentalen Logik, die »transzendentale Analytik«, bildet zudem nur den einen – und eher noch
glimpflichen – Aspekt der Metaphysikkritik Kants.
Die »transzendentale Logik« entscheidet vor allem
insofern über das Geschick der Metaphysik, als sie in
ihrem negativen Teil, als »transzendentale Dialektik«, die Destruktion der vorkritischen metaphysica
specialis vollzieht – der rationalen Psychologie, Kosmologie und Theologie. Die traditionellen Problem-
felder dieser Disziplinen werden jedoch nicht in die
neue »Logik« integriert – auch wenn Kant den Themen der rationalen Psychologie und Theologie –
Gott und Unsterblichkeit der Seele – in der *Kritik der
praktischen Vernunft* eine neue, philosophiegeschichtlich gesehen allerdings ephemere Funktion
zuweist.

(3) Die Grundlinien des Hegelschen Ansatzes sind
durch diese problemgeschichtliche Situation der
transzendentallogischen Kritik Kants an der traditionellen Metaphysik weitgehend vorgezeichnet. Hegel
macht sich auch das negative Resultat zu eigen: die
Zerstörung der metaphysica specialis der Schulphilosophie. Trotz seiner Klage über den Verlust der Metaphysik zu Beginn der *Logik* bilden rationale Psychologie, Kosmologie und Theologie nicht mehr einen
Teil seiner neuen – mit der Metaphysik identischen –
Logik. Der Problembereich der metaphysica generalis, der Ontologie, den Kants »transzendentale Dialektik« hingegen nicht pauschal in Frage stellt, sondern den Bedingungen des transzendentalphilosophischen Ansatzes gemäß reformuliert, erhält auch
bei Hegel eine veränderte systematische Stellung: Die
Seinsbestimmungen der traditionellen Metaphysik,
die nicht in gleicher Weise aus einer philosophischen
Prinzipienlehre verwiesen werden können wie der
Themenbestand der speziellen Metaphysik, werden
als Denkbestimmungen erkannt und abgehandelt.
Ontologie ist nur noch als Logik möglich.

Demgemäß sieht Hegel seinen eigenen Ort in der
Problemgeschichte des Verhältnisses von Logik und

Metaphysik auf der Basis dieser prinzipiellen, in seinen Augen durch Kant eingeleiteten Vereinigung
beider. Er versteht seine eigene Konzeption einer
(Metaphysik und Logik umfassenden) *Wissenschaft
der Logik* als eine Wiederaufnahme des Kantischen
Programms – freilich als eine Erneuerung, die eine
Reihe von Inkonsequenzen und Fehleinschätzungen
dieses Programms zu beseitigen hat. Er weist ihr die
Aufgabe zu, das Problem der systematischen – nämlich vollständigen und methodisch geregelten – Aufstellung der Denkbestimmungen zu lösen, das Kant
– in Hegels Augen – mit seiner Kritik an Aristoteles'
empirischem Aufraffen der Kategorien und mit der
Ableitung der Kategorientafel aus der Urteilstafel (B
107) zwar gestellt, aber sowohl dem Umfang nach als
auch methodologisch verfehlt hat.

Den ersten Teil seiner Logik, die »objektive Logik«, konzipiert Hegel als Nachfolgedisziplin sowohl der traditionellen Ontologie als zugleich der
»transzendentalen Analytik« Kants, die ja bereits
die Umformung der Metaphysik in Logik vorweg-
nimmt, und er nennt sie deshalb mehrfach die »metaphysische oder ontologische Logik« (u. a. an Niethammer, 5.2.12). Über diese Zusammenhänge hat
Hegel sich prägnant in seinem *Privatgutachten* für
Niethammer ausgesprochen, also im Jahr der Publikation des ersten Bandes seiner *Logik*. Dennoch
wird diese zentrale Aussage für die Interpretation
der *Logik* nur selten herangezogen: »Nach meiner
Ansicht des Logischen fällt ohnehin das M e t a -
p h y s i s c h e ganz und gar dahinein. Ich kann hie-
zu Kant als Vorgänger und Autorität citiren. Seine
Kritik reducirt das seitherige Metaphysische in eine
Betrachtung des Verstandes und der Vernunft. Logik kann also nach kant'schem Sinne so genommen
werden, daß außer dem gewöhnlichen Inhalt der
sogenannten a l l g e m e i n e n Logik, die von ihm
als t r a n s c e n d e n t a l e Logik bezeichnete, damit
verbunden und vorausgeschickt wird; nämlich
dem Inhalte nach die Lehre von den K a t e g o r i e n,
R e f l e x i o n s - B e g r i f f e n, und dann den Ver-
n u n f t b e g r i f f e n. – A n a l y t i k und D i a l e k t i k.
– Diese objektiven Denkformen sind ein selbststän-
diger Inhalt, die Parthie des aristotelischen O r g a -
n o n d e c a t e g o r i i s, – oder die vormalige O n -
t o l o g i e. Ferner sind sie unabhängig vom metaphysischen System; – sie kommen beim transcendentalen Idealismus eben so sehr vor, wie beim
Dogmatismus; dieser nennt sie Bestimmungen der
E n t i u m, jener des Verstandes. – Meine objektive
Logik wird, wie ich hoffe, dazu dienen, die Wissenschaft wieder zu reinigen, und sie in ihrer wahren

Würde darzustellen. Bis sie mehr gekannt wird, enthalten jene kant'schen Unterscheidungen bereits das Nothdürftige oder Grobe davon.« (GW 10.825 f.)

(4) Und nicht allein nach dieser Seite der prinzipiellen Programmatik erweist sich Kants »transzendentale Logik« als bestimmend für Hegels Konzeption, sondern auch im Detail: Die Struktur der Kategorientafel Kants zeichnet sogar die Binnenstruktur der »objektiven Logik« Hegels vor. Den Kernbestand ihres ersten Buches, der Lehre vom Sein, bilden – wenn auch in umgekehrter Reihenfolge, wie Hegel selber kritisch anmerkt (GW 11.41) – Kants Kategoriengruppen der Quantität und der Qualität – und nicht allein diese Titel, sondern auch die unter ihnen stehenden Kategorien, wie etwa die Qualitätskategorien Realität, Negation, Limitation. Zu ihnen tritt in der Grundstruktur seit der »Logik (Mittelklasse 1810/11)« die Kategorie des Maßes als dritte hinzu – neben einer Reihe von Bestimmungen (etwa »Sein« und »Nichts«), die Hegel der traditionellen Ontologie entnimmt – etwa Baumgartens *Metaphysica*, § 7 – und dem neuen Kontext einfügt. In ähnlicher Weise bilden Kants Relations- und Modalkategorien den bereits in den propädeutischen Logikentwürfen präsenten und stabilen, wenn auch später vielfach erweiterten kategorialen Grundbestand des zweiten Buches der »objektiven Logik«.

(5) Während somit die traditionelle Ontologie und Kants »transzendentale Logik« den Themenbereich der »objektiven Logik« Hegels vorgeben und auch ihre interne Struktur präformieren, bildet die »allgemeine Logik« – die Begriffs-, Urteils- und Schlußlehre, und nicht speziell in ihrer Kantischen Form – den im Wechsel der Entwürfe beharrenden Kern der »subjektiven Logik«, auch wenn diese – als Aufstellung von Vernunftbegriffen – schon in den frühesten Propädeutiken mehr ist als »allgemeine Logik«. Somit werden die beiden früher eigenständigen Disziplinen »Metaphysik« und »Logik« zur *Wissenschaft der Logik* als »spekulativer Logik« umgeformt – als Folge der durch die »transzendentale Logik« heraufgeführten systematischen Transformation: Denn wenn die Seinsbestimmungen der früheren Ontologie von der kritischen Philosophie als Denkbestimmungen erkannt sind, so ist auch die Kluft überwunden, die die frühere Metaphysik (als Lehre von Seinsbestimmungen) von der Logik (als Lehre von Denkgesetzen) trennt. Beide Disziplinen haben dann dasselbe Thema: die Eine Vernunft oder das Denken – und zwar differenziert nach den beiden auch von Kant hervorgehobenen unterschiedlichen Funktionen des Denkens, der Ausbildung von Ver-

standes- und Vernunftbegriffen einerseits und der Operationsformen des Urteilens und des Schließens andererseits.

Diese erst seit dem Bamberger Neuansatz der Arbeit an der *Logik* gewonnene Einsicht führt Hegel zur Umkehrung des früheren Verhältnisses von Logik und Metaphysik: In den Jenaer Entwürfen hat die Logik der Metaphysik gegenüber eine vorbereitende Funktion (s. Kap. II.4.6.1); nun nimmt die Logik die transformierten Restbestände der Metaphysik in sich auf, und dadurch wird sie zum »System der reinen Vernunft« schlechthin (GW 11.21). Dieser prinzipielle Wandel läßt Hegel – in durchaus angemessener Einschätzung seiner Vorarbeiten – sagen, er habe zur Logik »in Jena kaum den Grund gelegt« (s. Kap. II.5.2).

6.2.3 Logik als Metaphysik

(1) Ungeachtet der dominierenden Rolle der »transzendentalen Logik« Kants und ihrer Kategorien und Reflexionsbegriffe sowohl für die thematischen Begriffe als auch für die Struktur der »objektiven Logik« (und in der Folge für die Gesamtkonzeption der *Logik*) gibt Hegel den Denkbestimmungen jedoch eine Kant-kritische systematische Bedeutung. Denn in Hegels Augen geht Kant bei seiner Ersetzung der Ontologie durch die transzendentale Logik einen Schritt zu weit: Er macht zwar die Metaphysik zur Logik, gibt aber »aus Angst vor dem Object den logischen Bestimmungen eine wesentlich subjective Bedeutung« (GW 11.22). Diesen Fehler schreibt Hegel ebenso dem »späteren Idealismus« – also Fichte und dem frühen Schelling – zu: Er beseitigt zwar das Gespenst des Kantischen Ding-an-sich, verstärke aber somit die Tendenz zur Subjektivierung und gelange zu einem noch radikaleren, konsequenten Idealismus – statt, wie Hegel es für geboten hält, nicht allein mit Kants »transzendentaler Deduktion« die objektive Gültigkeit der Denkbestimmungen, sondern auch ihre Bedeutung als Seinsbestimmungen zu sichern und das Denken als »objektives Denken« zu begreifen (GW 11.19).

Diesen Schritt von der subjektiven Auffassung der Denkbestimmungen zu ihrer Erkenntnis als Bestimmungen des »objektiven Denkens« sieht Hegel erst durch seine *Phänomenologie des Geistes* vollzogen. Er nennt sie die »Deduction« des Begriffs der reinen Wissenschaft und fügt sogar noch hinzu, daß der Begriff der Wissenschaft »keiner andern Rechtfertigung fähig« sei (GW 11.20) – und diese frühen Aussagen, die der *Phänomenologie* eine herausragende Bedeutung zusprechen, wiederholt Hegel unverändert auch in seiner späten Überarbeitung (GW 21.32 f.) Indem die *Phänomenologie* »die Befreyung von dem Gegensatze des Bewußtseyns« vollbringt (GW 11.21), überwindet sie den vermeintlich fixen Gegensatz zwischen subjektiven Bewußtseinsinhalten und objektiver Welt. Trotz der inzwischen erfolgten materialen Einbeziehung eines Teilgebiets der *Phänomenologie* in die »Geisteslehre« (s. Kap. II.6.1.4) bekräftigt Hegel hier die Funktion der *Phänomenologie* als einer »Einleitung« in das System – freilich nicht im Sinne einer didaktischen Heranführung an es, sondern seiner begrifflichen und bewußtseinsgeschichtlichen »Rechtfertigung«, »daß die Wahrheit das reine Selbstbewußtseyn sey, und die Gestalt des Selbsts habe, daß das an sich seyende der Begriff, und der Begriff das an sich seyende ist.« Die »Befreyung von dem Gegensatze des Bewußtseyns« erhebt die Denkbestimmungen über den subjektiven, »ängstlichen, unvollendeten Standpunkt« und resultiert im Begriff des »objectiven Denkens«, im »Gedanken, insofern er eben so sehr die Sache an sich selbst ist«, und: »Dieses objective Denken ist denn der Inhalt der reinen Wissenschaft.« (GW 11.20 f.)

(2) Trotz der materialen Affinität der Hegelschen *Logik* zur Transzendentallogik Kants ist ihre systematische Intention – und im Einklang hiermit ihre gesamte Konzeption – somit durchgreifend verändert: Ihre Aufgabe ist es nicht zu zeigen, wie unter der Voraussetzung der als Denkbestimmungen, als Leistungen der Subjektivität erkannten logischen Bestimmungen Objektivität konstituiert werde und Erfahrung möglich sei. Es geht ihr einzig um die Erkenntnis dieser Bestimmungen an ihnen selbst: »wie sie an und für sich, ohne eine solche Beschränkung und Rüksicht [sc. auf ihren vermeintlich subjektiven Ursprung], das Logische, das Rein-vernünftige sind.« (GW 11.22) Als solches sind sie selbst »das Wahre«, ja die Wahrheit und Wirklichkeit selbst – und in diesem spezifischen Sinne ist die »Logik« eben zugleich »Metaphysik«.

Literatur: Fulda: Problem einer Einleitung (1965); Düsing: Problem der Subjektivität in Hegels Logik (¹1976); Henrich (Hg.): Die Wissenschaft der Logik und die Logik der Reflexion. Hegel-Tage Chantilly 1971. HSB 18 (1978); Michael Theunissen: Sein und Schein. Die kritische Funktion der Hegelschen Logik. Frankfurt am Main 1978; dazu Fulda / Horstmann / Theunissen (Hg.): Kritische Darstellung der Metaphysik. Eine Diskussion über Hegels »Logik«. Frankfurt am Main 1980; Klaus Hartmann: Die ontologische Option. In: Hartmann (Hg.): Die ontologische Option, 1–30; Stefan Majetschak: Die Logik des Absoluten. Spekulation und Zeitlichkeit in der Philosophie Hegels. Berlin 1992;

Hermann Schmitz: Hegels Logik. Bonn 1992; Pirmin Stekeler-Weithofer: Hegels Analytische Philosophie. Die Wissenschaft der Logik als kritische Theorie der Bedeutung. Paderborn u. a. 1992; Klaus Hartmann: Hegels Logik. Berlin / New York 1999; Iris Harnischmacher: Der metaphysische Gehalt der Hegelschen Logik. Stuttgart-Bad Cannstatt 2001; Fulda: Hegel (2003), 93–126; Hoffmann: Hegel 2004, 278–383; Michael Spieker: Wahres Leben denken. Über Sein, Leben und Wahrheit in Hegels Wissenschaft der Logik. Hamburg 2009 (HSB 51); Hegel. Scienza della logica. In: Teoria. Rivista di filosofia […]. Pisa 2013; Hegel – 200 Jahre Wissenschaft der Logik. Hrsg. von Anton Friedrich Koch, Friederike Schick, Klaus Vieweg und Claudia Wirsing. Hamburg 2014.

6.2.4 Methode

Ich habe manche Zeit damit verloren,
Denn ein vollkommner Widerspruch
Bleibt gleich geheimnißvoll für Kluge wie für Thoren.
Mein Freund, die Kunst ist alt und neu.
Es war die Art zu allen Zeiten,
Durch Drei und Eins, und Eins und Drei
Irrthum statt Wahrheit zu verbreiten.
So schwätzt und lehrt man ungestört;
Wer will sich mit den Narrn befassen?
Gewöhnlich glaubt der Mensch, wenn er nur Worte hört,
Es müsse sich dabei doch auch was denken lassen.
Faust. Hexenküche.

(1) Um diesen Mephistophelischen Zweifel zu zerstreuen, muß die Erkenntnis der Denkbestimmungen an ihnen selbst in einer *Wissenschaft der Logik* zwei Bedingungen genügen: Auf Grund ihres Wissenschaftsanspruchs erfordert sie – zum einen – ein Prinzip oder Instrumentarium zur Sicherung der Vollständigkeit der Denkbestimmungen und somit zur Abgrenzung ihres Bereichs. Eine derartige Forderung ist keineswegs Hegel eigentümlich; schon Kant erhebt sie für seine »transzendentale Logik« gegenüber Aristoteles' »empirischem Aufraffen« der Denkbestimmungen, und er sucht sie durch seinen – nicht unproblematischen – Rückgriff auf die »Urteilstafel« der »allgemeinen Logik« zu erfüllen (B 104 f.). Da Hegel diese Begründungsstrategie als zirkulär, als Vorgriff auf ein erst im Gang der Logik zu erweisendes Prinzip verwirft, ist er genötigt, ein alternatives Verfahren zur Sicherung der Vollständigkeit der Denkbestimmungen zu entwickeln.

Aus dem nämlichen Grund erfordert die Erkenntnis der Denkbestimmungen – zum anderen – die methodisch geregelte Erkenntnis ihres Gesamtzusammenhangs – sonst wäre die *Wissenschaft der Logik* weder »Wissenschaft« noch »Logik«, sondern eine auf die Analyse einzelner Begriffe oder partikulärer Begriffsaggregationen ausgerichtete begrenzte Semantik. Und auch für diese über Kant hinausgehende, für den Wissenschaftsanspruch der Logik konstitutive Forderung beruft Hegel sich wiederum auf die Tradition der Transzendentalphilosophie: Fichte habe das (zwar nicht »unendliche«, aber immerhin) »tiefe Verdienst, daran erinnert zu haben, daß die D e n k b e s t i m m u n g e n in ihrer N o t h - w e n d i g k e i t aufzuzeigen, daß sie wesentlich a b - z u l e i t e n seyen.« (§ 42)

Diese Forderung, die Denkbestimmungen »in ihrer N o t h w e n d i g k e i t« abzuleiten, läßt sich jedoch nicht durch Rückgriff auf ein vorausgesetztes Prinzip erfüllen. Denn als ›prima philosophia‹ kann die *Logik* sich nicht auf eine andere, ihr vorausgehende Wissenschaft berufen, die ein solches Deduktionsprinzip zur vollständigen Erfassung ihres Bereichs und für dessen innere Strukturierung bereitstellte. Sie ist die sich selber begründende Wissenschaft und muß deshalb innerhalb ihrer selbst ein Verfahren entwickeln und zugleich begründen, das sich als geeignet zeigt, den beiden genannten Forderungen gerecht zu werden. Sie erweisen sich damit als wesentlich auf einander bezogen: Mangels eines vorauszusetzenden Prinzips, das die Zahl und Ordnung der Denkbestimmungen bestimmte, kann die Vollständigkeit ihrer Verzeichnung wie auch ihre Ordnung und die spezifische Form ihres Zusammenhangs allein auf Grund der methodisch kontrollierten Rekonstruktion ihrer Totalität gesichert werden.

Hierin liegt der Grund sowohl der Bedeutung der »Methode« für Hegels *Logik* als auch der Anforderungen, denen diese gerecht werden muß. Aus ihrem Wissenschaftsanspruch folgt, daß sie die Denkbestimmungen in einem rein immanenten Gang entwickeln muß: daß sie nichts von »außen«, d. h. aus der Erfahrung oder der sich auf sie stützenden subjektiven, »äußeren Reflexion« hineinnehmen darf – auch wenn Hegel auf Grund seiner veränderten Fragerichtung die erfahrungskonstituierende Funktion der Denkbestimmungen weniger emphatisch betont als Kant. Und aus der Stellung der *Logik* als »erster Philosophie« folgt, daß dieser Gang sich auf Grund interner Evidenzen selbst organisieren sein muß. Entgegen dem üblichen Verständnis kann ihre »Methode« nicht ein dem Inhalt äußerliches Prinzip der zweckmäßigen Anordnung des Inhalts sein, das zur freien Disposition des Autors steht. Sie ist gar nichts von der internen Organisation des Inhalts Unterschiedenes, sondern die Rekonstruktion begrifflicher Relationen. Da diese Relationen jedoch nicht bloß partiell oder gar punktuell auftreten, erwächst

aus ihrem Nachvollzug die *Wissenschaft der Logik* als »System der Logik« oder als das von Kant geforderte, aber nicht verwirklichte »System der reinen Vernunft« (GW 11.21).

Der Methodenbegriff der *Logik* läßt sich somit als notwendiges Implikat ihres Begriffs erfassen. Die Möglichkeit einer diesen Begriff realisierenden *Wissenschaft* beruht somit auf der internen Verfassung der in ihr abzuhandelnden Denkbestimmungen. Sie muß von einer Art sein, die es erlaubt, einen logikimmanenten, umfassenden und wohlgeordneten Zusammenhang der Denkbestimmungen aufzuweisen, der als Übergang von der einen Denkbestimmung zur anderen verstanden werden kann und sich in deren vollständigem System vollendet. Er darf deshalb nicht als eine bloß statische Begriffshierarchie gedacht werden, sondern muß sich als dynamischer Zusammenhang ihrer Erzeugung, als »Selbstbewegung« des Begriffs (GW 11.24) erkennen und rekonstruieren lassen.

(2) Diese Bewegung stellt Hegel unter das Stichwort »Dialektik« – obgleich dieser Titel auf seine Zeitgenossen eher als ein Indiz für die Fragwürdigkeit seines Unternehmens gewirkt haben dürfte. In der bis in die Antike zurückreichenden Geschichte des Wortes »Dialektik« dient es zwar über lange Strecken hinweg und bis in die frühe Neuzeit als Äquivalent für »Logik«. Doch läßt die spezifische Bedeutung, die Kant der »Dialektik« gibt, Hegels Wortwahl zunächst als ungeschickt, wenn nicht als verräterisch erscheinen: Für Kant ist »Dialektik« ja eine »Logik des Scheins«. Seine »transzendentale Dialektik« versteht sich deshalb – entgegen der unmittelbaren Wortbedeutung – gerade nicht als »Dialektik«, sondern als »K r i t i k d e s d i a l e k t i s c h e n S c h e i n s« (B 86), als Aufdeckung der »n a t ü r l i c h e n und unvermeidlichen I l l u s i o n«, die allen Urteilen anhängt, die über den Bereich der Erfahrung hinausgehen (B 354).

Gleichwohl gibt gerade Kants Kritik der Dialektik den Ausschlag für Hegels Wortwahl. Denn in Kants »transzendentaler Dialektik« findet Hegel die Erkenntnis des der Vernunft immanenten Widerspruchs ausgesprochen, die er jedoch – entgegen Kants Intention – in das für seine eigene Ausarbeitung des Zusammenhangs der logischen Bestimmungen konstitutive Prinzip transformiert. Hierdurch gewinnt Kants »transzendentale Dialektik« nach der Bedeutung, die sie durch die Aufhebung der »metaphysica specialis« bereits für die Begrenzung des Kernbereichs der *Logik* auf die »metaphysica generalis« und die »allgemeine Logik« hat, noch eine weitere und nicht minder wichtige Bedeutung für die »Methode« der *Logik*.

Hegel macht von Kants Entdeckung jedoch einen eigentümlichen Gebrauch, der geradezu widersinnig scheinen könnte: Zum einen greift er Kants Einsicht in »das Antinomische der Vernunft« auf (GW 10.831), und er übergeht diejenigen Anhaltspunkte in Kants Text, die den von diesem aufgedeckten »Widerspruch« nicht der Vernunft schlechthin, sondern nur einer in ihrem natürlichen Gebrauche behinderten, von fremden Interessen mißleiteten Vernunft zuschreiben. Hegels Interesse ist nicht auf eine Rehabilitierung der Vernunft, auf ihre »Rettung« durch den Nachweis ihrer letztinstanzlichen Widerspruchsfreiheit gerichtet, sondern im Gegenteil auf die noch tiefere Verankerung des Widerspruchs in der Vernunft selbst. Deshalb sind für ihn die einzelnen Partien der »transzendentalen Dialektik« nicht in gleicher Weise wichtig: Dem »Paralogismus« oder der Kritik der Gottesbeweise kommen für die Ausarbeitung der Dialektik Hegels keine Bedeutung zu; hingegen ist Kants Lehre von der »Antinomie der reinen Vernunft« sowohl für Hegels Aneignung Kants wie auch für seine Abstoßung von ihm zentral.

Zum anderen zieht Hegel aus Kants Einsicht in die dialektische Verfassung der Vernunft einen dessen Intention zuwiderlaufenden Schluß: Hegel wertet sie nicht als Erweis der Unfähigkeit der Vernunft, sich in einem Bereich jenseits der Erfahrung zu bewegen, sondern als Einsicht in diejenige interne Verfassung der Vernunft, die die Voraussetzung der Einlösung des Programms der *Logik* bildet – und darüber hinaus als Einsicht in die Verfassung von Wirklichkeit überhaupt. Diese Umdeutung der Einsicht und Intention Kants bildet die Voraussetzung von Hegels Kritik der Lehre von der »Antinomie der reinen Vernunft«, die er in der *Logik* ausführt und auch in seinem *Privatgutachten* für Niethammer formuliert: Kants Antinomien »enthalten eine tiefe Grundlage über das Antinomische der Vernunft, aber diese Grundlage liegt zu verborgen und sozusagen gedankenlos und zu wenig in ihrer Wahrheit erkannt in ihnen«; in ihrer Kantischen Fassung seien die Formen des Widerstreits »weiter nichts, als geschrobene Antithesen«, und die »Dialektik der alten Eleatiker« sei »unendlich besser« (GW 10.831). In der Einleitung zur *Logik* hebt Hegel diese Grundlage jedoch präziser heraus: Kants dialektische Darstellung der Antinomien verdiene »freylich kein großes Lob; aber die allgemeine Idee, die er zu Grunde gelegt und geltend gemacht hat, ist die O b j e c t i v i t ä t d e s S c h e i n s und N o t h w e n d i g k e i t d e s W i d e r s p r u c h s, der

zur N a t u r der Denkbestimmungen gehört« (GW 21.40). Und so schreibt Hegel, in eigentümlicher Häufung des Adjektivs, Kants Lehre zugleich ein »unendliches Verdienst« zu (GW 12.243): »Es ist als ein unendlich wichtiger Schritt anzusehen, daß die Dialektik wieder als der Vernunft nothwendig anerkannt worden, obgleich das entgegengesetzte Resultat gegen das, welches daraus hervorgegangen, gezogen werden muß.« (GW 12.242)

Dieses »unendliche Verdienst«, das Hegel hier Kant zubilligt, liegt somit nicht in dessen Resultat, sondern in dem von Kant bereitgestellten Potential, das letztlich über sein Ergebnis hinausführt. In Hegels Augen leistet Kant einen Beitrag zur Überwindung des bisherigen Standpunkts, den »W i d e r s p r u c h und die N i c h t i g k e i t der aufgestellten Bestimmungen« als Resultat der Dialektik auszugeben (GW 12.243). Dieser Standpunkt komme in der Philosophiegeschichte unter zwei entgegengesetzten Formen vor. Die eine, in klassischer Weise von den Eleaten repräsentierte, denke den Widerspruch als (der Absicht nach) objektiven, in der Wirklichkeit selbst liegenden – aber deshalb schließe sie auf das Nichtsein des vermeintlich Widersprüchlichen. Die zweite, sowohl der antiken Skepsis als auch der Neuzeit angehörende Form denke den Widerspruch als subjektiven, der Erkenntnis angehörenden und werte ihn als Beleg für die Mangelhaftigkeit der Erkenntnis. Beide – entgegengesetzt scheinenden – Deutungen kämen darin überein, daß sie der Dialektik ein nur negatives Resultat zuerkannten. Doch obgleich Hegel Kant zumeist – wie auch am Anfang der *Logik* (GW 11.19) – unter diese letztgenannte, die subjektive Form des Verfehlens von »Dialektik« subsumiert, billigt er ihm am Ende der *Logik* zu, in einer entscheidenden Hinsicht über dieses bloß negative Resultat hinausgegangen zu sein. Die beiden genannten Varianten stimmten nicht allein darin überein, daß sie der Dialektik ein negatives Resultat zuschrieben, sondern auch in dem Verfahren, daß von ihnen die Bestimmungen, die vom subjektiven Erkennen am Gegenstand »als einem D r i t t e n aufgezeigt werden, unbeachtet bleiben, und als für sich gültig vorausgesetzt sind. Auf diß unkritische Verfahren ist es ein unendliches Verdienst der kantischen Philosophie die Aufmerksamkeit gezogen, und damit den Anstoß zur Wiederherstellung der Logik und Dialektik, in dem Sinne der Betrachtung der D e n k b e s t i m m u n g e n a n u n d f ü r s i c h, gegeben zu haben.« (GW 12.243 f.)

(3) Die Leistung, die Hegel hier Kant zubilligt, läßt sich aus dessen Behandlung der Dialektik nicht erse-

hen; es bedarf eines Umwegs, sie Kant zuzuschreiben. Denn Kant erwägt ja zur Auflösung der von ihm herausgearbeiteten Antinomie nirgends eine »Betrachtung der Denkbestimmungen an und für sich«, und er vindiziert der Dialektik auch nicht ein positives begriffliches Resultat, sondern allein »großen Nutzen«, weil sich von ihr her ein zusätzliches Argument für den transzendentalen Idealismus gewinnen lasse (B 519, B 535). Dieser von Kant gewiesene Weg zur Auflösung der Antinomie bleibt der nachkantischen Philosophie jedoch verschlossen, da sie seine Entgegensetzung von »Dingen an sich« und »Erscheinungen« nicht übernimmt. Der kontradiktorische Widerstreit zweier Behauptungen läßt sich nicht mehr »in einen bloß dialektischen« im Sinne eines scheinhaften herabstufen (B 532–535). Da somit Kants »Schlüssel zu Auflösung der kosmologischen Dialektik« (B 518) unter den gewandelten begrifflichen Voraussetzungen nicht mehr schließt, stellt sich das Problem des Widerspruchs erneut und verschärft. Kants »unendliches Verdienst« besteht somit nicht darin, das Problem gelöst, sondern es gestellt zu haben. Den Weg zur Auflösung sieht Hegel erst durch Fichtes *Wissenschaftslehre* vorgezeichnet (§ 42).

Neben diesem philosophiehistorischen Rückblick enthält der vorhin zitierte Satz Hegels zugleich einen wichtigen Hinweis auf sein Verständnis von »Dialektik«: Er verknüpft die Forderung nach »Betrachtung der Denkbestimmungen an und für sich« mit der für seine Konzeption unverzichtbaren Annahme, daß die Dialektik ein nicht bloß negatives Resultat habe. Hätte sie ein bloß negatives Resultat, so käme ihr allenfalls die Funktion eines methodischen Skeptizismus mit partikularer Bedeutung zu. Sie könnte dann lediglich eine dem »System der reinen Vernunft« vorausgehende Funktion wahrnehmen – wenn sie sich überhaupt regional oder temporär beschränken ließe. Als eine solche begrenzte Disziplin mit negativem Resultat sieht auch Hegel in Jena die Dialektik – und deshalb verlegt er sie in eine einleitende Disziplin am Beginn oder gar jenseits des Beginns des Systems (s. Kap. II.4.6.1). Doch mit dem Wandel in Hegels Verständnis der Leistung der Dialektik – von einem bloß negativen zu einem zugleich positiven Verfahren – entfällt sowohl der Grund für die Begrenzung der Dialektik auf die Logik als auch für die (in seinen frühen Entwürfen ohnehin stets problematische) Unterscheidung der Logik von der Metaphysik.

Spuren dieser Geschichte zeigen sich auch noch in der Terminologie der Nürnberger und der späteren Jahre. So verwendet Hegel teils einen engen, teils einen weiten Begriff von »Dialektik«: Indem er »die dialektische oder negativ-vernünftige« und »die speculative oder positiv-vernünftige« Seite des Logischen unterscheidet (§§ 79–82), ist die frühere Restriktion des Begriffs der Dialektik auf das Negative beibehalten. Doch an anderer Stelle läßt die neue Auffassung der Dialektik die Differenz zwischen dieser und der »Spekulation« verschwinden: Im »Dialektischen«, d. h. »in dem Fassen des Entgegengesetzten in seiner Einheit, oder des Positiven im Negativen, besteht das Speculative.« (GW 21.40 f.)

(4) In dieser Formulierung »Fassen des Entgegengesetzten in seiner Einheit« klingt der traditionelle Gedanke der »coincidentia oppositorum« an, als dessen Repräsentant zu Hegels Zeit nicht Nikolaus von Kues, sondern Giordano Bruno gilt. Hegel schenkt diesem Gedanken zwar Aufmerksamkeit, und er notiert ihn, wo er ihn in anderem Kontext – in einem Brief Hamanns – antrifft (GW 16.170). In seinen philosophiegeschichtlichen Vorlesungen sagt er jedoch darüber nur, die »Einheit der Entgegengesetzten« werde von Bruno »näher erörtert« (W XV.239), und es sei »in Bruno ein großer Anfang, die konkrete, absolute Einheit zu denken« (V 9.58). Über diese Erwähnungen hinaus weist Hegel dem Koinzidenz-Prinzip jedoch keine Bedeutung für seine Konzeption der »Dialektik« zu – im Unterschied zur eben zitierten zweiten Formulierung, die »das Dialektische« als ein Erfassen »des Positiven im Negativen« beschreibt.

Dieses Erfassen »des Positiven im Negativen« hat seinen systematischen Ort in der »Betrachtung der Denkbestimmungen an und für sich«. Der »Widerspruch«, den das Denken in diesen Bestimmungen aufdeckt, entsteht somit nicht dadurch, daß ein Denken, das über Erfahrung hinausgeht, Erscheinungen mit Dingen an sich selbst verwechselte und diesen etwa die Prädikate der Anfangslosigkeit oder der Teilbarkeit zuschriebe – und ebensowenig dadurch, daß beliebigen Subjekten kontradiktorisch widersprechende Prädikate beigelegt würden. Von einer weiteren Form, dem »realen Widerspruch«, ist auf der Ebene der *Logik* ohnehin noch nicht die Rede, sondern allein von demjenigen Widerspruch, der – wie Hegel versichert – »zur Natur der Denkbestimmungen« gehört (GW 21.40). Daran knüpft sich die doppelte Frage, zum einen, wie dieser Widerspruch zu denken sei, und zum anderen, was aus dieser Verlagerung des Widerspruchs in die Natur der Denkbestimmungen folge – vor allem, ob hierdurch die desolaten Konsequenzen vermieden werden, die ja

in der Logik zur Formulierung des Widerspruchs-
verbots geführt haben.

(5) Es ist konstitutiv für Hegels Ansatz, daß die
»Dialektik« nicht auf der Ebene der logischen Zu-
und Absprechung zu suchen und zu verhandeln sei,
sondern sich in ihrer Wahrheit allein einer Betrachtung der Denkbestimmungen an und für sich zeige,
also ihren systematischen Ort in den Denkbestimmungen und ihren Relationen habe. Dies setzt voraus, daß sowohl diese vermeintlich bloß positiven
Bestimmungen als auch ihre Beziehungen nicht ohne den Begriff der »Negation« zu denken seien. Vor
allem in den Anfangspartien der *Logik* erläutert und
begründet Hegel diese Annahme mehrfach mit
Wendungen, die ihre systematische Voraussetzung
und zugleich ihre gedankliche Herkunft verraten –
etwa so: »Das N i c h t s e y n so in das Seyn aufgenommen, daß das concrete Ganze in der Form des Seyns,
der Unmittelbarkeit ist, macht die B e s t i m m t h e i t
als solche aus.« (GW 21.97) Anders gesagt: Das »Dialektische« fällt in die Denkb e s t i m m u n g e n, weil
Bestimmtheit Negation ist.

Hierin liegt eine genuin Hegelsche Pointe – und
dennoch beruht sie auf einem weiteren Rückgriff auf
die Philosophiegeschichte. Im Zusammenhang der
Erläuterung seines Begriffs der Dialektik spricht Hegel nicht allein Kant ein »unendliches« und Fichte
ein »tiefes Verdienst« zu. Einen vergleichbaren Rang
weist er einem weiteren Denker zu: »Die Bestimmtheit ist die Negation als affirmativ gesetzt, ist der Satz
des Spinoza: Omnis determinatio est negatio, dieser
Satz ist von unendlicher Wichtigkeit« (GW 21.101).
Damit gibt Hegel auch den Ausführungen Spinozas
aus einem Brief an Jarig Jelles vom 2. Juni 1674 – die
in ihrem Kontext eher beiläufig scheinen – eine
prinzipielle Bedeutung für seinen eigenen Ansatz. Er
greift diesen Satz auch gar nicht in seiner ursprünglichen Fassung auf, sondern in der prägnanten Formulierung, die Jacobi ihm in seinen Briefen *Ueber
die Lehre des Spinoza* (JWA 1.22,100) gegeben hat:
»determinatio est negatio«. Und er unterstreicht die
bereits von Jacobi gespürte fundamentale Bedeutung
dieses Satzes noch dadurch, daß er ihm seit seiner
Jacobi-Rezension (s. Kap. II.7.1.1) – und auch in der
hier zitierten zweiten Auflage der *Logik* – noch ein
»omnis« voranstellt.

Die Bestimmtheit eines Begriffs liegt lediglich in
der Negation, d. h. im negativen Bezug auf sein Anderes. Um einen Begriff zu denken, darf man nicht
im Gedanken bei ihm stehenbleiben, bei seiner bloßen Identität mit sich, sondern muß notwendig zu
seinem Negativen übergehen. Dadurch wird die ne-

gative Beziehung auf sein Anderes einem Begriff immanent, und somit wird sie zu einem konstitutiven
Moment des ersten Begriffs selbst. Dasjenige, was die
Negation eines Begriffs ist, muß in diesen Begriff
selbst hineingedacht werden; ein Begriff enthält somit sich und zugleich sein Negatives in sich, Identität
und Nichtidentität. Hierdurch aber ist der Widerspruch in diesen Begriff hineingelegt, in seiner Beziehung auf sich zugleich Beziehung auf sein Anderes zu sein – und durch sie geht das Denken – oder
der Begriff im emphatischen Hegelschen Sinne –
über von einem Begriff zum nächsten, bis sich dessen
Bestimmtheit in der Totalität begrifflicher Relationen vollendet.

(6) Dieser Gedanke, daß Bestimmtheit durch negative Beziehung tendenziell auf die Totalität des Anderen hergestellt wird, läßt sich noch durch einen
weiteren Rückgriff auf die Philosophiegeschichte erläutern: auf Kants Gedanken der durchgängigen Be-
stimmbarkeit eines Begriffs und der durchgängigen
Bestimmung eines Dinges: »Ein jeder Begriff ist in
Ansehung dessen, was in ihm selbst nicht enthalten
ist, unbestimmt, und steht unter dem Grundsatz der
B e s t i m m b a r k e i t; daß nur eines, von jeden zwei
einander kontradiktorisch-entgegengesetzten Prädikaten ihm zukommen könne« (B 599). Zur durchgängigen Bestimmung eines Dinges bedürfte es der
Vergleichung dieses Dinges mit dem Inbegriff aller
möglichen Prädikate. Aber auch Kant macht diese
Einsicht nicht für eine Methode der Generierung
von Bestimmtheit fruchtbar – denn es bleibt unbestimmt, in welcher Reihenfolge die »Vergleichung«
vorzunehmen ist. Kant hebt ja lediglich darauf ab,
daß von zwei kontradiktorisch entgegengesetzten
Prädikaten jeweils nur eines im Begriff gedacht werden dürfe. Auch dadurch wird das jeweils ausgeschlossene Prädikat zu einem bestimmenden Moment in der Bildung eines Begriffs – jedoch ohne daß
sich aus dieser Einsicht der Begriff eines geregelten
Verfahrens zur Aufstellung von Denkbestimmungen
gewinnen ließe.

(7) Das Proprium Hegels liegt in dieser Annahme,
daß sich aus der Einsicht in den Zusammenhang von
Bestimmtheit und Negation eine Methode der wissenschaftlichen Erzeugung logischer Bestimmungen
gewinnen lasse – nicht allein ein Schaukelsystem
paarweise aufzustellender Negationsbeziehungen,
etwa der Bewegung vom Sein zum Nichts und wieder
zurück zum Sein oder vom Endlichen zum Unendlichen und wieder zurück zum Endlichen, sondern
vielmehr eine kontinuierlich auf ein höchstes Prinzip
fortschreitende »Selbstbewegung des Begriffs«. Die

negative Beziehung – oder der »Widerspruch« – bleibt nichts Statisches, und sie ist auch keine wechselseitige Aufhebung und Vernichtung derer, die sich negativ auf einander beziehen, wie der Skeptizismus meint. Es macht die Natur der Denkbestimmungen, ihre »innere Negativität« aus, die negative Beziehung auf das Andere als konstitutives Moment des eigenen Begriffs zu haben, so daß »in einem systematischen Ganzen jeder neue Begriff durch die Dialektik des Vorhergehenden entsteht« (GW 10.831) – und schließlich ein vollständiges und geordnetes System der Denkbestimmungen, ein System der reinen Vernunft. Denn das Entgegengesetzte wird nicht bloß als Entgegengesetztes aufgefaßt – hierdurch käme keine fortschreitende Bewegung zu Stande –, sondern zugleich »in seiner Einheit«. Dadurch erhält der Widerspruch ein positives Resultat: »In diesem Dialektischen [...] und damit in dem Fassen des Entgegengesetzten in seiner Einheit, oder des Positiven im Negativen besteht das Speculative.« (GW 11.27; vgl. § 81).

(8) Dieses Methodenideal einer Exposition der reinen Denkbestimmungen, die nur der ›Natur des Begriffs‹ folgt und keine äußeren Reflexionen in den immanenten Gang des Denkens hineinmischt, scheint als Resultat ein völlig invariables System der Denkbestimmungen zu fordern. Indessen veranschaulicht die entwicklungsgeschichtliche Betrachtung vielmehr den ständigen Wechsel des systematischen Ortes der einzelnen Denkbestimmungen innerhalb des logischen Zusammenhanges. Gleichwohl ist diese Einsicht in den faktischen Wandel nicht geeignet, Hegels Anspruch außer Kraft zu setzen, daß die Logik die Denkbestimmungen in einem rein immanenten, nichts von außen hineinnehmenden Gange exponiere. Die vielfach wechselnde Disposition der Materie der Logik ist ja nicht als Anzeichen für die Beliebigkeit des Zusammenhangs der Denkbestimmungen zu werten. Sie ist der Ausdruck eines allenfalls in der *Wissenschaft der Logik* und auch in ihr nur zur vorübergehenden Ruhe kommenden Bemühens, denjenigen Zusammenhang aufzufinden und zu explizieren, in dem die Denkbestimmungen zu einander stehen. Es dürfte jedoch aussichtsreicher sein, diesen Zusammenhang über eine Betrachtung der logischen Inhalte – und damit der Denkbestimmungen an ihnen selbst – zu erkennen und zu konstituieren, als ihn mittels genetischer Operationen rekonstruieren zu wollen.

Die Möglichkeit dieser Varianz führt zugleich vor Augen, wie wenig fester Boden mit Hegels viel zitierter Aussage gewonnen ist, daß jeweils die erste und

die dritte Bestimmung einer Sphäre »als die metaphysischen Definitionen Gottes angesehen werden« können, während die zweiten Bestimmungen solche der Differenz und des Endlichen seien. Wenn die entwicklungsgeschichtliche Betrachtung sehen lehrt, wie ein und dieselbe Bestimmung in dem einen Entwurf in dieser, in dem nächsten Entwurf in jener Stellung auftritt, so lassen sich Zweifel an der Aussagekraft, zumindest an der texterschließenden Kraft einer derart glatten Auskunft kaum mehr beschwichtigen. Doch ist nicht allein mit der entwicklungsgeschichtlichen Varianz gegen den Sinn dieser Formel zu argumentieren. Bereits in der weichen Formulierung »können [...] angesehen werden« liegt ja eine merkliche Distanzierung und ein Hinweis, daß es sich hier um eine an traditionelle Vorstellungen adressierte captatio benevolentiae handele, und nicht um eine konstitutive Aussage der Logik. Zudem macht Hegel im Anschluß an diese Formel recht deutlich, was er von der Form von Definitionen hält: Ihr Subjekt wäre »nur ein gemeynter Gedanke, ein für sich unbestimmtes Substrat« – und deshalb »ist die Form eines Satzes, wie jenes Subject, etwas völlig Ueberflüssiges« (³§ 85).

Literatur: Werner Becker: Hegels Begriff der Dialektik und das Prinzip des Idealismus. Stuttgart 1969; Arend Kuhlenkampff: Antinomie und Dialektik. Zur Funktion des Widerspruchs in der Philosophie. Stuttgart 1970; Andries Sarlemijn: Hegelsche Dialektik. Berlin / New York 1971; Günther Maluschke: Kritik und absolute Methode in Hegels Dialektik. HSB 13 (1974); Dieter Henrich: Hegels Grundoperation. Eine Einleitung in die »Wissenschaft der Logik«. In: Ute Guzzoni / Bernhard Rang / Ludwig Siep (Hg.): Der Idealismus und seine Gegenwart. Festschrift für Werner Marx zum 65. Geburtstag. Hamburg 1976, 208–230; Rolf-Peter Horstmann (Hg.): Seminar: Dialektik in der Philosophie Hegels. Frankfurt am Main 1978; Jürgen Naeher: Einführung in die idealistische Dialektik Hegels. Opladen 1981; Michael Wolf: Der Begriff des Widerspruchs. Eine Studie zur Dialektik Kants und Hegels. Meisenheim 1981; Terry Pinkard: Hegel's Dialectic. The Explanation of Possibility. Philadelphia 1984; Wolfgang Röd: Dialektische Philosophie der Neuzeit. München ¹1974, ²1986; Hegel et la dialectique. Revue Internationale de Philosophie 139/140 (1982); Andreas Arndt: Dialektik und Reflexion. Zur Rekonstruktion des Vernunftbegriffs. Hamburg 1994; Dieter Wandschneider: Grundzüge einer Theorie der Dialektik. Rekonstruktion und Revision dialektischer Kategorienentwicklung in Hegels »Wissenschaft der Logik«. Stuttgart 1995; Anton Friedrich Koch: Die Selbstbeziehung der Negation in Hegels Logik. ZphF 53 (1999), 1–29; Konrad Utz: Die Notwendigkeit des Zufalls. Hegels spekulative Dialektik in der »Wissenschaft der Logik«. Paderborn u. a. 2001; Christian Georg Martin: Ontologie der Selbstbestimmung. Eine operationale Rekonstruktion von Hegels »Wissenschaft der Logik«. Tübingen 2012; José María Sánchez de León Serrano: Zeichen und Subjekt im logischen Diskurs Hegels. Hamburg 2013.

6.2.5 Die Lehre vom Sein

(1) Es ist eine zwingende Folge dieses Begriffs von »Methode« – als der immanenten Organisationsform des Inhalts des Systems –, daß das seit Reinhold und Fichte so gravierende Problem des »Anfangs« und der Grundlegung des Systems der Philosophie für Hegel in verschärfter Weise virulent wird. Er ist sich dieser philosophiegeschichtlichen Bedingung seines systematischen Problems wohlbewußt: »In neuern Zeiten erst ist das Bewußtseyn entstanden, daß es eine Schwierigkeit sey, einen A n f a n g in der Philosophie zu finden, und der Grund dieser Schwierigkeit so wie die Möglichkeit, sie zu lösen, ist vielfältig besprochen worden« – insbesondere von Reinhold und Fichte (GW 21.53; vgl. 11.34). Hegel beginnt deshalb seine *Logik* mit der ausführlichen Erörterung dieser Frage »Womit muß der Anfang der Wissenschaft gemacht werden?« – und er beantwortet sie umgehend: »Der Anfang der Philosophie muß entweder ein Ve r m i t t e l t e s oder U n m i t t e l - b a r e s seyn, und es ist leicht zu zeigen, daß es weder das Eine noch das Andre seyn könne«.

Diese Auskunft erinnert wohl nicht zufällig an Friedrich Schlegels *Athenäumsfragment* Nr. 53: »Es ist gleich tödlich für den Geist, ein System zu haben, und keins zu haben. Er wird sich also wohl entschließen müssen, beides zu verbinden.« (KFSA II.173) Auch Hegel entschließt sich, den Anfang der Philosophie sowohl als ein Vermitteltes als auch als ein Unmittelbares zu nehmen. Er durchläuft die dogmatischen und die skeptischen, die kritizistischen und die auf eine »innere Offenbarung« pochenden Antworten – und er kommt zu einer präzisen Antwort: Die Logik setzt aus der *Phänomenologie des Geistes* voraus, »daß sich als dessen letzte, absolute Wahrheit das r e i n e Wi s s e n ergibt.« (GW 11.33) Entgegen der häufig vertretenen Behauptung, die *Phänomenologie* verliere später ihre Einleitungsfunktion, bleibt diese Antwort auch in der zweiten Auflage der *Logik* gültig: »Die Logik hat insofern die Wissenschaft des erscheinenden Geistes zu ihrer Voraussetzung, welche die Nothwendigkeit und damit den Beweis der Wahrheit des Standpunkts, der das reine Wissen ist, wie dessen Vermittlung überhaupt, enthält und aufzeigt.« Das Resultat der *Phänomenologie* – »die Idee als reines Wissen« – bildet weiterhin die Voraussetzung der *Logik,* und von ihr aus geht Hegel jeweils zum Begriff des reinen Seins über (GW 21.54 f.).

In beiden Auflagen erwägt Hegel jedoch eine Alternative: »der A n f a n g d e r a b s o l u t e n Wi s - s e n s c h a f t muß selbst a b s o l u t e r A n f a n g seyn,

er darf n i c h t s v o r a u s s e t z e n . Er muß also durch nichts vermittelt seyn, noch einen Grund haben; er soll vielmehr selbst der Grund der ganzen Wissenschaft seyn. [...] Der Anfang ist also das r e i n e S e y n . « (GW 11.33) Dieser Alternative, die auf die Voraussetzungslosigkeit der reinen Wissenschaft abhebt, stellt Hegel – wie schon in *Enzyklopädie* [1] § 36 – in der zweiten Auflage der *Logik* noch eine Überlegung voran: »Nur der Entschluß, den man auch für eine Willkühr ansehen kann, nemlich daß man nur das D e n k e n a l s s o l c h e s betrachten wolle, ist vorhanden.« (GW 21.56) – Durch diese beiden Wege ist beiden Einsichten Genüge getan: daß der Anfang entweder ein Vermitteltes oder Unmittelbares oder vielmehr keines von beiden sein könne. Daß aber ein derartiger freier »Entschluß« selber einen wohlbestimmten philosophie- und bewußtseinsgeschichtlichen Ort habe – daß er nämlich den in der *Phänomenologie* beschriebenen Gang des erscheinenden Wissens voraussetze –, dies hätte Hegel am wenigsten bestritten.

(2) Das Element der »reinen Wissenschaft« ist im »absoluten Wissen« der *Phänomenologie* erreicht; es liegt in der »Einheit des Subjectiven und Objectiven« oder in der »Einheit, daß das Seyn reiner Begriff an sich selbst, und nur der reine Begriff das wahrhafte Seyn ist.« Diese Einheit ist das Medium aller Denkbestimmungen, auch wenn sie sich im Prozeß ihrer Entfaltung wieder in »objective« und »subjective« und demgemäß in eine »objective« und eine »subjective Logik« differenzieren. Die »objective Logik« entspricht zwar, wie Hegel sagt, »dem Inhalte nach zum Theil dem [...], was bey Kant t r a n s c e n d e n t a l e L o g i k ist.« Doch auch wenn die Denkbestimmungen übereinstimmend lauten, so ist ihre systematische Bedeutung doch strikt unterschieden: Für Hegel sind sie nicht Produkte des Selbstbewußtseins, des subjektiven Ich, die den Dingen, wie sie an sich selber sind, gegenüberstehen, sondern sie sind Produkte eines »ursprünglichen Thuns«, das sich gleichsam ›hinter dem Rücken des Bewußtseins‹ vollzieht – eines »von dem Gegensatze des Bewußtseyns befreyten objectivirenden Thuns«. Deshalb haben sie ebensowohl subjektive als auch objektive Bedeutung (GW 11.30–32).

(3) Die »objective Logik« tritt jedoch nicht allein an die Stelle der »transcendentalen Logik«, sondern eben deshalb – wie diese auch – an die Stelle der metaphysica generalis, der Ontologie, der Wissenschaft des »Ens«, also eigentlich des ›Seienden‹. ›Das Seiende‹ ist für Hegel jedoch eine bereits vermittelte Bestimmung; deshalb beginnt die *Logik* nicht mit ihm,

sondern mit dem »Seyn«. Dieses »Seyn« aber ist eben deshalb nicht mehr der Inbegriff alles Seienden, die überschwengliche Fülle, aus der alles Einzelne nur durch Individualisierung entstünde; es ist für Hegel aber auch nicht – wie für Kant – lediglich die absolute »Position eines Dinges«, eines durch Prädikate gedachten Gegenstandes (B 626 f.), sondern es ist die ärmste Denkbestimmung: diejenige, die allem Gedachten bereits a l s Gedachten notwendig zukommt. Allein auf Grund dieser Unmittelbarkeit und Unbestimmtheit, ja Ubiquität eignet sie sich für den »Anfang« der Wissenschaft – wie dies übrigens auch Fichte zwar noch nicht in seiner *Wissenschaftslehre* (1794) ausführt, wohl aber in seinen privaten Notizen, die Hegel nicht kennen konnte, gegen Schellings *Darstellung meines Systems der Philosophie* einwendet: »Der Anfang kann nur das Unbestimmteste, Unfertigste sein, weil wir sonst von ihm aus weiter zu gehen und ihn durch Fortdenken schärfer zu bestimmen gar keine Ursache hätten« (PLS 2/1.200).

Seit der Abhandlung von Dieter Henrich über »Anfang und Methode der Logik« (1963), die in der Geschichte der Interpretation der *Logik* Epoche gemacht hat, bildet der Anfang der Seinslogik mit der Trias Sein, Nichts und Werden einen Schwerpunkt der Diskussion. Strittig ist zunächst dieser Begriff des Seins: In ihm, als der ersten Gedankenbestimmung, muß »die reine Unbestimmtheit und Leere« gedacht werden, und zwar so gedacht werden, daß aus ihr die Bewegung oder auch der gedankliche Umschlag zur folgenden Denkbestimmung erhellt – die Möglichkeit, von ihr zum Begriff des Nichts und in einem weiteren Schritt zum »Werden« zu gelangen. Strittig ist ebenso das Verhältnis dieses ersten, methodologisch ausgezeichneten Gedankenschrittes der *Logik* zu den folgenden. Die ›Relation‹ – uneigentlich gesprochen – zwischen »Seyn« und »Nichts« charakterisiert Hegel ja als Identität: Das Nichts sei »dieselbe Bestimmung oder vielmehr Bestimmungslosigkeit, und damit überhaupt dasselbe, was das reine S e y n ist.« Das Sein ist in das Nichts immer schon übergegangen; insofern weist Hegel diesem »unmittelbaren Verschwinden« beider in einander eine Sonderrolle zu gegenüber der sonstigen Bewegungsform der seinslogischen Bestimmungen, dem »Übergehen« von einer zur anderen vermittels der Negation (GW 11.43–58; 21.68–95).

(4) Hegel knüpft in seiner *Logik* an Kant nicht allein darin an, daß er die »objective Logik« an die Stelle der transzendentalen Logik treten läßt. Kants Kategorientafel erhält zugleich eine den Inhalt der *Logik* strukturierende Funktion – obschon Hegel die Auf-

stellung dieser Tafel stets als methodologisch unausgewiesen kritisiert hat. Die beiden ersten Gruppen, die Kategorien der Quantität und der Qualität, formen das begriffliche Gerüst der Seinslogik, die Relations- und Modalkategorien bilden einen Schwerpunkt der Wesenslogik. In der Logik der *Enzyklopädie* wird dies noch deutlicher als in der *Wissenschaft der Logik*. Während Kant jedoch diese Kategorien nur auf seiner Tafel einführt und ihre weitere Explikation in das »System der Transzendental-Philosophie« verweist (B 106 f.), sucht Hegel die Bestimmtheit, die internen logischen Beziehungen dieser Begriffe selber zu denken – und nicht allein das Verhältnis von Quantität und Qualität, sondern die Relationen der unter diese Titel subsumierten Kategorien der Einheit, Vielheit und Allheit bzw. der Realität, Negation und Limitation, d. h. der »Grenze«, und tendenziell ebenso sämtlicher anderer. Er beschränkt sich hierbei keineswegs auf Kants Tafel, aber er gewinnt die Denkbestimmungen auch nicht durch eine Art gedanklicher ›Urzeugung‹, sondern er hebt sie in beständigem Rückgriff aus der gesamten Geschichte der Philosophie wie auch der Geschichte der Naturwissenschaften und der Mathematikgeschichte heraus. Diese bieten ein reiches Feld für die Gewinnung der Denkbestimmungen, und so findet sich in der *Logik* eine Fülle philosophie- und wissenschaftsgeschichtlicher Anspielungen und ausdrücklicher Bezüge. Sie bieten freilich nicht das Prinzip der methodischen Exposition der Denkbestimmungen – obschon Hegel, vermutlich noch in Jena, auch diesen Weg einmal verfolgt hat (s. Kap. II.9.8.5). Erst die Logik beansprucht, gleichsam in einem impliziten zweiten Gedankenschritt die Denkbestimmungen in ihrem immanenten Zusammenhang zu entfalten. Die *Logik* ist somit die Philosophiegeschichte, in systematische Form gebracht. Was dort nur in historischer Folge ist, ist hier auf der Ebene des sich denkenden Denkens in systematische Folge gebracht. So exponiert die *Logik* tendenziell die Totalität der reinen Denkbestimmungen, und zwar nicht als eine unstrukturierte oder durch äußerliche Gesichtspunkte geordnete Vielzahl, sondern als einen am Leitfaden der Negation entwickelten Zusammenhang. Die Denkbestimmungen erhalten ihre Bestimmtheit ja allein durch die negative Beziehung auf ihr Anderes, die der »Selbstbewegung des Begriffs« zu Grunde liegt. In dieser Denkbewegung werden die einzelnen Bestimmungen »aufgehoben« – im spezifisch Hegelschen dreifachen Sinn: negiert, aufbewahrt und auf eine höhere Ebene gehoben. Ihre Aufhebung impliziert aber nicht ihre gänzliche Annihilation; sie bleiben ja un-

verzichtbare Bestimmungen des Denkens. Aufgehoben werden sie lediglich nach der Seite ihres Wahr-
heitsanspruchs, die höchsten Begriffe dieses sich
selbst denkenden Denkens zu sein.

Dies läßt sich etwa am Begriff der Unendlichkeit
veranschaulichen. Der Gedanke der Endlichkeit, den
Hegel über die Denkbestimmungen »Negation und
Schranke« einführt, ist ein leerer Gedanke, wenn er
nicht gegen den der Unendlichkeit profiliert wird.
Ohne diese Beziehung kann er gar nicht gedacht werden – denn was hieße es, etwas als »endlich« zu bezeichnen, ohne den impliziten Rückbezug auf einen
vorausgesetzten, zunächst unthematischen Gedanken des Unendlichen. Dieses wird also zunächst als
das Andere des Endlichen eingeführt – aber eine Unendlichkeit, die nur das Andere des Endlichen ist, ist
selber ein Endliches, und somit nicht das Andere des
Endlichen; solche Unendlichkeit hätte am Endlichen
ihre Schranke und erwiese sich dadurch als eine unwahre Form von Unendlichkeit. Der Gedanke der
Unendlichkeit muß also so gedacht werden, daß das
Unendliche nicht erst dort beginnt, wo das Endliche
aufhört, sondern daß es dieses umgreift und es
gleichsam in sich selbst schließt – als Identität von
Endlichkeit und falscher, nämlich selbst endlicher
Unendlichkeit. In der zweiten Auflage sucht Hegel
dieses Verhältnis in nochmals gesteigerter Komplexität zu entfalten. Dieser Gedanke der »affirmativen
Unendlichkeit« hat erhebliche Folgen für andere Bereiche – insbesondere für den Gottesgedanken: Er
dementiert die geläufige Auffassung, die dem Endlichen ein festes Sein zuschreibt, jenseits dessen Gott
als der oder das Unendliche sein Wesen hätte und
triebe. Doch ein solches Unendliches wäre selbst nur
ein anderes Endliches (GW 11.78–85; 21.116–143).

(5) Hegel exponiert den Begriff der Unendlichkeit
jedoch auch im Kontext des Quantitätsbegriffs – und
hier geht er ausführlich auf das damals vieldiskutierte Problem des »infinitum actu« ein, im Zusammenhang mit der Diskussion der Infinitesimalrechnung,
die ihm sowohl in der Newtonschen als in der Leib-
nizschen Form des Kalküls geläufig ist. Hier sucht er
gedankliche Inkonsistenzen in dem damals noch unzureichenden Stand der Grundlegung der Infinitesimalrechnung herauszuheben – insbesondere im
Blick auf die Anweisungen zeitgenössischer Mathematiker, man könne im Kalkül Glieder wegen ihrer
quantitativen Unbedeutendheit weglassen. Statt dessen sucht er die qualitativen Momente dieser zunächst bloß quantitativ erscheinenden Operationen
freizulegen. Ebenso sucht er den Begriff der Endlichkeit von der Vorstellung eines »unendlichen Pro-

gresses« abzukoppeln: Nicht dieser sei das wahrhafte
Unendliche, sondern dasjenige, das in seiner qualita-
tiv-quantitativen Bestimmtheit zwischen endliche
Größen eingeschlossen sei. Und zur Veranschaulichung dieses Gedankens zieht er die Figur aus Spinozas *Ethica* (II,9) heran, die auch dessen *Opera post-
huma* in geringfügig veränderter Form als Vignette
vorangestellt ist (vgl. GW 11.428). Eben so ausführlich behandelt Hegel den ersten und den zweiten Widerstreit der »Antinomie der reinen Vernunft« (B
454–471).

(6) Zu den beiden Titeln »Qualität« und »Quantität« tritt erst spät als Drittes das »Maß« hinzu. Während es zu Beginn der Nürnberger Zeit, in der »Logik
für die Mittelklasse (1808/09)«, noch lapidar heißt:
»Die Kategorien des Seyns sind die Qualität, Quantität, und Unendlichkeit«, führt Hegel 1810/11 das
»Maaß« ein (GW 10.30 bzw. 157) – mit dem Argument, Kant habe nach Quantität, Qualität und Relation die Modalität abgehandelt, damit aber nicht das
richtige Dritte gefunden; er habe »die unendlich
wichtige Form der Triplicität, so sehr sie bey ihm nur
erst als ein formeller Lichtfuncken erschienen, nicht
auf die Gattungen seiner Kategorien (Quantität,
Qualität u. s. f.) wie auch diesen Nahmen, nur auf deren Arten angewendet; daher hat er nicht auf das
Dritte der Qualität und Quantität kommen können.«
Ähnliches gelte für Spinoza; für ihn sei »der Modus
überhaupt die abstracte Aeusserlichkeit, die Gleichgültigkeit gegen die qualitativen wie gegen die quantitativen Bestimmungen«, »das Maaßlose« – und dagegen setzt Hegel: »Hier hat der Modus die bestimmte Bedeutung das M a a ß zu seyn.« Das Maß sei
»zwar äusserliche Art und Weise«, aber zugleich »die
concrete Wahrheit des Seyns; in dem Maaße haben
darum die Völker etwas Unantastbares, Heiliges verehrt«; »Gott ist das M a a ß aller Dinge«.

»Die Entwicklung des Maaßes« bezeichnet Hegel
als »eine der schwierigsten Materien« – nicht zuletzt
deshalb, weil »die verschiedenen Formen, in welchen
sich das Maaß realisirt, auch v e r s c h i e d e n e n
S p h ä r e n   d e r   n a t ü r l i c h e n   R e a l i t ä t angehören«. Von hier aus wäre zu einer »M a t h e m a t i k
d e r   N a t u r« fortzugehen – doch die »vollständige,
abstracte Gültigkeit des entwickelten Maaßes d. i. der
G e s e t z e desselben kann nur in der Sphäre des M e -
c h a n i s m u s Statt haben« (GW 21.324–328).

Gegen Newton gerichtet fordert Hegel, eine »M a -
t h e m a t i k   d e r   N a t u r« müsse »wesentlich die
Wissenschaft der Maaße seyn« – nämlich nicht bloß
die empirische Kenntnis von Größebestimmungen,
aber auch nicht deren bloße Integration zu allgemei-

nen Gesetzen und deren Beweis durch Aufzeigen der Übereinstimmung der einzelnen Wahrnehmung und des Gesetzes. »Es muß aber noch ein höheres B e w e i s e n dieser Gesetze gefodert werden; nemlich nichts anders als daß ihre Quantitätsbestimmungen aus den Qualitäten, oder bestimmten Begriffen, die bezogen sind, (wie Zeit und Raum) erkannt werden.« Davon aber finde sich »in jenen mathematischen Principien der N a t u r p h i l o s o p h i e« oder weiteren Arbeiten dieser Art keine Spur (GW 21.340).

Hegels ausschließliche Orientierung an den Naturwissenschaften bildet aber zugleich ein Indiz für die eingeschränkte Bedeutung dieser Denkbestimmung des Maßes. Im Physikalischen (d. h. hier im Chemismus) und im Organischen werde das Maß bereits durch einen »Conflict von Qualitäten« gestört – obschon Hegels Abhandlung des Maßes insbesondere auf Vorstellungen der zeitgenössischen Chemie wie das Gesetz der Wahlverwandtschaft zurückgreift. Und zudem: »Noch weniger aber findet im Reich des Geistes eine eigenthümliche, freye Entwicklung des Maaßes Statt.« Die Maßverhältnisse sind hier zwar ebenfalls relevant, sie haben etwa Bedeutung für den bekannten Umschlag des Quantitativen ins Qualitative – aber sie lassen sich nicht mehr, wie im Mechanismus, in Form von Gesetzen prägnant formulieren: »Im Geistigen als solchen kommen Unterschiede von I n t e n s i t ä t des Charakters, S t ä r k e der Einbildungskraft, der Empfindungen, der Vorstellungen u. s. f. vor; aber über diß Unbestimmte der S t ä r k e oder S c h w ä c h e geht die Bestimmung nicht hinaus.« (GW 21.328)

Hierin sieht Hegel den Übergang aus der Seinslogik zur Wesenslogik angedeutet: »Es liegt in dem Maaße bereits die Idee des W e s e n s, nemlich in der Unmittelbarkeit des Bestimmtseyns identisch mit sich zu seyn« (GW 21.326). Den eigentlichen Übergang macht Hegel jedoch an der Denkbestimmung »Indifferenz« – und er spielt sehr deutlich auf deren zentrale Stellung in Schellings *Darstellung meines Systems der Philosophie* (1801) und auf die damit verbundene Reduktion der Unterschiede auf ihre quantitative Bedeutung an: »Das A b s o l u t e als Indifferenz hat nach dieser Seite den zweyten Mangel der q u a n t i t a t i v e n Form, daß die Bestimmtheit des Unterschieds nicht durch dasselbe determinirt ist, wie es daran den ersten hat, daß die Unterschiede an ihm nur überhaupt h e r v o r t r e t e n, d. i. das Setzen desselben etwas unmittelbares nicht seine Vermittlung mit sich selbst ist.« Die »absolute Indifferenz« erklärt Hegel zur letzten Bestimmung des Seins, die

die Sphäre des Wesens noch nicht erreiche – und er bezieht sich hierfür zwar expressis verbis auf Spinoza, in Wahrheit jedoch auf Schelling: Die »absolute Indifferenz« habe den Unterschied nur quantitativ an ihr; sie sei »nicht als das f ü r s i c h s e y e n d e Absolute gedacht.« »Oder es ist die ä u s s e r e R e f l e x i o n, welche dabey stehen bleibt, daß die Specifischen a n s i c h oder im Absoluten d a s s e l b e u n d e i n s sind, [...]. Was hier noch fehlt, besteht darin, daß diese Reflexion, nicht die ä u s s e r e Reflexion des d e n k e n d e n, subjectiven Bewußtseyns, sondern die eigene Bestimmung der Unterschiede jener Einheit sey, sich aufzuheben, welche Einheit denn so sich erweist, die absolute Negativität, ihre Gleichgültigkeit g e g e n s i c h s e l b s t, gegen ihre eigene Gleichgültigkeit, eben so sehr als gegen das Andersseyn zu seyn.« Die Bestimmungen sind damit nicht mehr äußerlich, wie die Bestimmungen des Seins; sie sind als unmittelbare aufgehoben: »Das Bestimmen und Bestimmtwerden ist nicht ein Uebergehen, noch äusserliche Veränderung, noch ein H e r v o r t r e t e n der Bestimmungen an ihr, sondern ihr eigenes Beziehen auf sich, das die Negativität ihrer selbst, ihres Ansichseyns, ist« – und dies ist der Begriff des Wesens (GW 21.375 f.,380–383).

Literatur: Dieter Henrich: Anfang und Methode der Logik. HSB 1 (1963), 19–35, sowie in: Henrich: Hegel im Kontext (1971), 73–94; Karin Schrader-Klebert: Das Problem des Anfangs in Hegels Philosophie. Wien / München 1969; Hans Georg Gadamer: Hegels Dialektik. Sechs hermeneutische Studien. Tübingen ²1980, 65–85: Die Idee der Hegelschen Logik; Wolfgang Wieland: Bemerkungen zum Anfang von Hegels Logik. In: Wirklichkeit und Reflexion. Walter Schulz zum 60. Geburtstag. Pfullingen 1973, 375–414; Pirmin Stekeler-Weithofer: Zu Hegels Philosophie der Mathematik. In: Christoph Demmerling / Friedrich Kambartel (Hg.): Analytisch-kritische Interpretationen zur Dialektik. Frankfurt am Main 1992; Ulrich Ruschig: Hegels Logik und die Chemie. Fortlaufender Kommentar zum »Realen Maß«. HSB 37 (1997); Andreas Arndt / Christian Iber (Hg.): Hegels Seinslogik. Interpretationen und Perspektiven. Berlin 2000.

6.2.6 Die Lehre vom Wesen

(1) Daß die Lehre vom Wesen der schwierigste Teil der *Logik* sei (³§ 114), gilt nicht allein – wie es zumeist verstanden wird – für die methodologischen Probleme, die gerade dieses Buch aufwirft. Es bestätigt sich auch in Bezug auf die verwirrenden Umstrukturierungen ihrer Konzeption. Mit der Wesenslogik entwirft Hegel zwar nicht einen neuen Theorietypus, aber doch eine neue Theorie eines so zuvor nicht gesehenen Bereichs der – logischen – Wirklich-

keit. Sie kann sich deshalb nicht in ähnlicher Weise wie die beiden anderen Bücher der Logik an Vorbilder aus der philosophischen Tradition anlehnen. Bei seiner Ausarbeitung der Wesenslogik in den Nürnberger propädeutischen Logikentwürfen (s. Kap. II.6.1.2) ist Hegel deshalb zu einer Vielfalt stark variierender Ansätze genötigt; die anderen Teile seiner Logik – die Seins- und Begriffslehre – sind seit der mittleren Jenaer Zeit (1804/05) zumindest in einem Kernbereich bereits stärker fixiert als die Wesenslogik. Die Seinslogik wird durch die Zweiheit von Qualität und Quantität konzeptionell weitgehend festgelegt. Ähnlich hat die Begriffslogik – ungeachtet der Fragen der Stellung der Ideenlehre zur Begriffslehre und der späteren Einfügung des Objektivitätskapitels – einen Fixpunkt in der Urteils- und Schlußlehre. Sie kann sich hier auf reiches Material der Tradition stützen – auch wenn sie ihre Aufgabe gerade darin sieht, dieses Material neu zu interpretieren. Entsprechend geradliniger sind die Entwicklungen dieser beiden Bücher der Logik verlaufen, während die Relations- und die Modalkategorien für die Wesenslogik nicht in gleicher Weise eine das Ganze organisierende Bedeutung haben. Über deren Integration hinaus hat sie insbesondere diejenigen Konzeptionsprobleme zu bewältigen, die aus der Eingliederung des »Systems von Grundsätzen« aus der Metaphysik des Jenaer *Systementwurfs II* (1804/05) in die Logik resultieren (s. Kap. II.4.6.6).

Aus diesem Grund ist Hegels philosophiegeschichtlicher Hinweis, daß die Wesenslogik »vornehmlich die Kategorien der Metaphysik und der Wissenschaften überhaupt« enthalte ([3]§ 114), zwar nicht unzutreffend, aber auch nicht sonderlich hilfreich, wenn man nicht allein die philosophiegeschichtliche Herkunft der einzelnen Denkbestimmungen, sondern die Kompositionsprobleme dieses Buches der *Logik* verstehen will. Erheblich mehr Aufschluß bietet sein Hinweis auf Kants transzendentale Logik. Ihre Bedeutung speziell für die Wesenslogik tritt in der *Wissenschaft der Logik* zwar nicht mehr so auffällig hervor wie in den frühen Nürnberger Jahren der Formierung der Wesenslogik (s. Kap. II.6.1.2). Die entwicklungsgeschichtliche Betrachtung aber zeigt auf, daß die frühe Wesenslogik gekennzeichnet war von Hegels Bemühen, die in Kants transzendentaler Logik bereitgestellten Theorieelemente in einem neuen Zusammenhang begrifflich konsistent abzuleiten. Im Zuge dieser Durcharbeitung des aus der Tradition überkommenen Materials entwirft Hegel die gültige Gestalt der Wesenslogik. Er nimmt Modal- und Relationskategorien, Reflexionsbegriffe und An-

tinomie auf, ja er wählt sie partiell zum Leitfaden einer Entwicklung der Wesenslogik, der Dialektik der wesenslogischen Bestimmungen – wenn auch stets in der Absicht, durch die Revision des theoretischen Ansatzes auch eine Revision der Kantischen Resultate bewirken zu können.

Der Prozeß der Entstehung der Wesenslogik ist deshalb der Prozeß einer von Entwurf zu Entwurf veränderten und vertieften Disposition derjenigen Theorieelemente, die Hegel als »Bauzeug« seiner Logik vorgegeben waren. Dies macht es zumindest nicht leicht, die Entwicklung der logischen Bestimmungen zugleich als einen Prozeß der Genese eines in sich geschlossenen Zusammenhangs von Denkbestimmungen mittels einer »Methode«, etwa der Wiederholung der Argumentationsfigur von der Selbstbeziehung der Negation oder irgendeiner anderen »Grundoperation« zu beschreiben – so sehr durch derartige Interpretationsansätze die Einsicht in die Struktur der Hegelschen Gedankenentwicklung vertieft worden ist. Die Entwicklung der Wesenslogik zeigt eine derartige Flexibilität, eine derartige Freiheit in der Disposition vorgegebener Theorieelemente, daß sich zumindest der Verdacht aufdrängt, jeder Anspruch auf eine streng immanente Entfaltung der logischen Bestimmungen an Hand vergleichsweise weniger komplexer Strukturen oder Operationen könne kaum etwas anderes beabsichtigen als eine methodologische Indemnitätserklärung vorausgegangener inhaltlicher Entscheidungen.

(2) Wegen des schmaleren Umfangs der Wesens- und der Begriffslogik, also aus buchbinderischen Gründen, ist die Wesenslogik seit der *Freundesvereinsausgabe* zumeist mit der Begriffslogik zusammengebunden worden. Hegel versteht sie jedoch als zweiten Teil der »objectiven Logik«, und somit ebenfalls als Nachfolgedisziplin der früheren Ontologie gleichsam in der zweiten Generation: Wie das »Ens« der Ontologie sowohl mit »Sein« als auch mit »Wesen« zu übersetzen sei, so umfasse die »objective Logik« eine Seins- und eine Wesenslogik (GW 11.32). Und auch den Umstand, daß die Sprache für die Vergangenheitsform von »seyn« die Form »gewesen« gebildet habe, wertet Hegel als Indiz für die Zusammengehörigkeit dieser beiden Bereiche (GW 11.241). In anderen Formulierungen lockert er jedoch diese Dichotomie von objektiver und subjektiver Logik: »Das Wesen steht zwischen S e y n und B e g r i f f und macht die Mitte derselben und seine Bewegung den U e b e r g a n g von Seyn in den Begriff aus.« (GW 11.243) Diese Tendenz verstärkt sich im Aufriß der enzyklopädischen Logik (1817): Diese

ignoriert die Einteilung in objektive und subjektive Logik zu Gunsten der Dreiteilung in Sein, Wesen und Begriff.

(3) Der Sphäre des Seins gegenüber beschreibt Hegel die des Wesens durch das Wortfeld »erinnern, Erinnerung« – in dem wörtlichen Sinne des Innerlichwerdens, des »Insichgehens«, wobei jedoch die Gegenbewegung von innen nach außen, der Entäußerung des »Wesens« in seiner »Erscheinung«, sogleich mitgedacht wird. Dies entspricht ja auch der Unterscheidung von »Sein« und »Wesen« im gewöhnlichen Sprachgebrauch: »Wesen« bezeichnet eine Sphäre, die tiefer liegt als die äußerliche Unmittelbarkeit des Seins; dessen Oberfläche muß erst durchstoßen werden, um zum Wesen zu gelangen. Diesem Übergang vom Sein zum Wesen liegt insgesamt eine Einsicht zu Grunde, die Hegel einmal für die Reflexionsbestimmung des Grundes im besonderen ausspricht: »was i s t , ist nicht als s e y e n d e s u n m i t t e l b a r e s , sondern als g e s e t z t e s zu betrachten« – wodurch also »das Seyn als solches in seiner Unmittelbarkeit für das Unwahre und wesentlich für ein gesetztes, der Grund aber für das wahrhafte Unmittelbare erklärt wird« (GW 11.293). Äußerlich ließe sich diese Bewegung vom Sein zum Wesen beschreiben als Abstraktion, als Negation alles Endlichen und Bestimmten – doch in dieser Perspektive erschiene das Wesen als etwas von der äußerlichen Reflexion durch Aufheben der Bestimmtheit Produziertes, und nicht als Produkt seiner selbst, als eigenes »Aufheben des Andersseyns und der Bestimmtheit« und »vollkommene Rückkehr des Seyns in sich« (GW 11.242).

Die Sphäre des Wesens unterscheidet sich von der des Seins jedoch nicht allein durch diese Vermittlung, sondern ihre Bestimmungen sind durch ihre spezifische logische Struktur von den vorangegangenen unterschieden: Sie sind nicht bloß – über die Sphäre des Seins hinaus – zusätzliche Bestimmungen, sondern »die Bestimmungen des Wesens haben einen andern Charakter als die Bestimmtheiten des Seyns«; sie sind »selbst nicht ein A n d e r e s als anderes, noch Beziehungen a u f A n d e r e s [...]; sie sind Selbstständige aber damit nur solche, die in ihrer Einheit mit einander sind.« (GW 11.242) Die Bestimmungen dieser Sphäre treten deshalb vornehmlich paarweise auf – Wesentliches und Unwesentliches, Identität und Unterschied, Positives und Negatives, Grund und Begründetes, Form und Materie, Form und Inhalt, Bedingtes und Unbedingtes usf. Und sie erhalten ihre Bestimmtheit allererst aus diesem Bezug auf ihr Anderes; sie sind nicht zunächst

etwas für sich, sondern sie haben ihren systematischen Sinn allein in dieser Relation: »Sie sind sich auf sich beziehende und damit der Bestimmtheit gegen Anderes zugleich entnommene Bestimmungen.« (GW 11.259) Darin unterscheiden sie sich von den seinslogischen Kategorien. Qualität und Quantität sind wohl negativ auf einander bezogen, aber nicht in gleicher Weise wie Identität und Unterschied, deren vollständige Bestimmung in ihrer negativen Beziehung auf einander liegt.

(4) Das Hauptthema des ersten Abschnitts, »Das Wesen als Reflexion in ihm selbst«, bildet die Abhandlung der Reflexionsbestimmungen »Identität«, »Unterschied« (Verschiedenheit, Gegensatz) und »Widerspruch« sowie »Grund«. Dieses Thema hat Hegel in Jena der »Metaphysik« zugeordnet: in seinem Kapitel »Das Erkennen als System von Grundsätzen« (GW 7.128–138). Jetzt aber korrigiert Hegel sehr bewußt diese zuvor gängige und auch von ihm selbst vertretene »F o r m v o n S ä t z e n « oder von allgemeinen Denkgesetzen: Den Reflexionsbestimmungen »als in sich reflectirtem Gesetztseyn liegt die Form des Satzes selbst nahe. – Allein indem sie als a l l g e m e i n e D e n k g e s e t z e ausgesprochen werden, so bedürfen sie noch eines Subjects ihrer Beziehung« – also eines vorausgesetzten Subjekts, dem dieses Denken als ein besonderer Akt zugeschrieben wird –, und diese Form von Sätzen mit einem Subjekt sei nicht allein »etwas überflüssiges«, sondern auch etwas Schiefes, weil sie durch den Rekurs auf ein derartiges Subjekt die Sphäre des Seins wiedererweckt. Zudem widersprächen sich derartige Sätze, wenn sie als allgemeine Denkgesetze aufgestellt würden. Es komme deshalb vielmehr darauf an, die Reflexionsbestimmungen »an und für sich zu betrachten« – wie bereits die Kategorien der Seinslogik. Und so analysiert Hegel die Reflexionsbestimmungen in ihrem Verhältnis zu einander – mit exkursähnlichen Rückgriffen auf Lehrstücke der Philosophiegeschichte und auf die Rechenarten –, und er zeigt, daß ihnen in ihrer Isolierung gegeneinander keine Wahrheit zukomme.

Als letzte dieser Reflexionsbestimmungen – oder als vorletzte, wenn man den »Grund« mitzählt – behandelt Hegel die Bestimmung des »Widerspruchs«, als die für seine Dialektik entscheidende Bestimmung. Er macht hier mit Hilfe eines impliziten Rückbezugs auf die Philosophiegeschichte sehr deutlich, wie er diesen »Widerspruch« verstanden wissen will: Der Widerspruch komme den Dingen selber zu; sie dürften nicht – aus übergroßer Zärtlichkeit – von ihm gereinigt und freigesprochen werden. Hegel legt hier wie auch an anderer Stelle großen Wert darauf, daß dieser »Widerspruch« nicht etwa – wie von Kant – »in die subjective Reflexion geschoben« wird. Er sei auch keineswegs eine bloße »Abnormität« oder »vorübergehender Krankheitsparoxysmus«, sondern vielmehr »das Princip aller Selbstbewegung« und deshalb auch in aller Bewegung vorhanden, ja die »äusserliche sinnliche Bewegung selbst ist sein umittelbares Daseyn« – und zwar darin, daß ein bewegter Körper in einem Jetzt an einem Ort und zugleich an einem anderen ist. Wäre er nur an einem Ort, so bewegte er sich nicht – selbst wenn man die Zeitspanne noch so klein dächte. Er wäre vielmehr zum Stillstand gekommen. Deshalb gelangt Hegel zum Resultat: »Man muß den alten Dialektikern [sc. den Eleaten] die Widersprüche zugeben, die sie in der Bewegung aufzeigen, aber daraus folgt nicht, daß darum die Bewegung nicht ist, sondern vielmehr daß die Bewegung der d a s e y e n d e Widerspruch selbst ist.«

Dies gilt freilich nicht allein für die äußerliche Bewegung – es gilt für die Selbstbewegung des Lebendigen, den Trieb, und überhaupt für alles Lebendige: »Etwas ist also lebendig, nur insofern es den Widerspruch in sich enthält, und zwar diese Kraft ist, den Widerspruch in sich zu fassen und auszuhalten« – anderenfalls geht es »in dem Widerspruch zu Grunde«. Und es gilt ebenfalls und insbesondere für die Sphäre des Denkens: »Das s p e c u l a t i v e D e n k e n besteht nur darin, daß das Denken den Widerspruch und in ihm sich selbst festhält« (GW 11.287). Es muß ja den vorhandenen Widerspruch erfassen – und dabei beschränkt es sich nicht bloß darauf, den Widerspruch in der Weise der »g e i s t r e i c h e n Reflexion« in der Vorstellung anzudeuten: »Die d e n k e n d e Vernunft aber spitzt, so zu sagen, den abgestumpften Unterschied des Verschiedenen, die blosse Mannichfaltigkeit der Vorstellung, zum w e s e n t l i c h e n Unterschiede, zum G e g e n s a t z e, zu. Die Mannichfaltigen werden erst, auf die Spitze des Widerspruchs getrieben, regsam und lebendig gegen einander, und erhalten in ihm die Negativität, welche die inwohnende Pulsation der Selbstbewegung und Lebendigkeit ist« – und hierdurch werde der Widerspruch »a b s o l u t e Thätigkeit, und absoluter Grund« (GW 11.288 f.). Mit »Widerspruch« bezeichnet Hegel somit primär diese interne, in der negativen Beziehung gegen einander liegende Struktur von Wirklichkeit – von logischer, natürlicher und geistiger Wirklichkeit –, die sich nicht einfach durch die Formulierung des Satzes vom zu vermeidenden Widerspruch hinwegdekretieren, sondern sich nur in Form einander widersprechender Sätze aussagen läßt.

Gleichwohl »ist der Einwand abwegig, er [sc. Hegel] erkläre ›alles‹ für vernünftig und mache den haarsträubenden Versuch, den Widerspruch zu ›ontologisieren‹.« (Fulda 2003, 119 f.) Tragfähig wäre ein derartiger Einwand nur, wenn er zugleich zeigte, daß die Wirklichkeit eine andere als die von Hegel beschriebene Verfassung habe.

(5) Dieser Abhandlung der Reflexionsbestimmungen schickt Hegel in der *Wissenschaft der Logik* – anders als in der Logik der *Enzyklopädie* – ein Kapitel über den »Schein« voraus, das die Bestimmungen »Wesentliches und Unwesentliches«, »Schein« und vor allem »Reflexion« behandelt – wobei Hegel den »Schein« als »die Reflexion als u n m i t t e l b a r e« versteht; »für den in sich gegangenen, hiemit seiner Unmittelbarkeit entfremdeten Schein, haben wir das Wort der fremden Sprache, die R e f l e x i o n.« (GW 11.249) Unter dieser »Reflexion« oder »absoluten Reflexion«, unterschieden in »setzende«, »äussere« und »bestimmende Reflexion«, versteht Hegel hier ausdrücklich nicht eine Leistung des subjektiven Geistes, etwa des entgegensetzenden Verstandes, sondern Begriffsverhältnisse, unterschiedliche Strukturen interner, »r e i n e r V e r m i t t l u n g« – im Unterschied zum »Grund« als der »r e a l e n V e r - m i t t l u n g des Wesens mit sich« (GW 11.292). Diese Formen der Reflexion und der ihnen zugeordneten Formen von Unmittelbarkeit haben in neuerer Zeit lebhafte Aufmerksamkeit im Blick auf ihren Beitrag zu Hegels Methodenbegriff gefunden, da sie einen Ansatz zu deren Entschlüsselung zu bieten scheinen (Henrich 1971) – wobei allerdings der Umstand, daß Hegel dieses Kapitel nicht in die *Enzyklopädie* aufnimmt, geeignet ist, dessen übergreifenden methodologischen Stellenwert in Zweifel zu ziehen (GW 11.244–322).

(6) Den zweiten Abschnitt der Wesenslogik, »Die Erscheinung«, durchzieht die Auseinandersetzung mit Kant als ein roter Faden. Vor diesem Hintergrund erhellt die implizit provokative Bedeutung zahlreicher Sätze wie etwa: »Die Erscheinung ist das, was das Ding an sich ist, oder seine Wahrheit.« Es geht also nicht allein darum, die transzendentalphilosophische Differenz zwischen »Ding an sich« und »Erscheinung« zu tilgen, sondern indem Hegel die »Erscheinung« zur »Wahrheit« des »Ding an sich« erklärt, kehrt er zudem die Wertigkeit beider Begriffe um: Was etwas an sich ist, zeigt sich nirgends als in seiner Erscheinung – und es ist sinnlos, hinter ihrem Rücken wie auch hinter dem Rücken des Bewußtseins noch ein Reich des »Ansich« erbauen und ihm gar Wahrheit zusprechen zu wollen. Die »Erschei-

nung« ist die »höhere Wahrheit« sowohl gegen das »Ding an sich« als auch gegen die unmittelbare Existenz, denn sie ist die »wesentliche, da hingegen die Existenz die noch wesenlose Erscheinung ist« (GW 11.341). Und noch einen weiteren Gegensatz löst Hegel in den Begriff der Erscheinung auf: den Gegensatz von Gesetz und Erscheinung. Beide haben »einen und denselben Inhalt«. »Das Reich der Gesetze enthält nur den einfachen, wandellosen aber verschiedenen Inhalt der existierenden Welt«; es »ist das r u h i g e Abbild der existirenden und erscheinenden Welt. Aber vielmehr ist beydes Eine Totalität, und die existirende Welt ist selbst das Reich der Gesetze« (GW 11.348,345). Als Totalität ist die an und für sich seiende Welt jedoch wieder »eine gegen die Welt der Erscheinung verschiedene Selbstständigkeit«, und diese ist negativ auf jene bezogen, so daß also »die an und für sich seyende Welt die v e r k e h r t e der erscheinenden ist« – wie Hegel hier fraglos nicht ohne Rückbezug auf die *Phänomenologie des Geistes* formuliert (s. Kap. II.4.7.4; GW 11.323–368).

(7) Im dritten Abschnitt, »Die Wirklichkeit«, erörtert Hegel zentrale Lehrstücke der logischen und metaphysischen Tradition: den Begriff des Absoluten sowie die relations- und die modallogischen Kategorien. Im Begriff des Absoluten sieht er »alle Bestimmtheit des W e s e n s und der E x i s t e n z, oder des S e y n s überhaupt sowohl als der R e f l e x i o n aufgelöst« – denn sonst wäre es ja nicht das schlechthin Unbedingte. Würde es aber bloß als die Negation aller Prädikate gedacht, so wäre es lediglich das Leere – obschon es doch als dessen Gegenteil, nämlich als die Fülle schlechthin gedacht sein soll. Diesem Absoluten – wenn sein Begriff denn adäquat gedacht sein soll – kann nun nicht noch ein Denken als äußere Reflexion gegenüberstehen, denn hierdurch würde ja der Begriff des Absoluten aufgehoben, und es gäbe vielmehr deren zwei und somit gar keines. Wenn aber keine Reflexion jenseits des Absoluten stehen kann, so kann auch die Auslegung des Absoluten nicht in eine ihm äußere Reflexion fallen. Sie muß vielmehr seine eigene Auslegung sein – und diese ist nichts anderes als »das bisherige Ganze der logischen Bewegung der Sphäre des S e y n s u n d d e s W e s e n s, deren Inhalt nicht von aussen als ein gegebener und z u f ä l l i g e r aufgerafft, noch durch eine ihm äussere Reflexion in den Abgrund des Absoluten versenkt worden« ist.

Welche Vorstellungen man sich auch vom »Absoluten« machen mag: Wenn man es zu denken sucht, erfordert die Logik seines Begriffs den Einschluß des Endlichen wie auch der Reflexion. Endlichkeit und

Reflexion können nur als Momente des Absoluten gedacht werden, nicht als etwas ihm Gegenüberstehendes, wenn anders es als das Absolute gedacht sein soll. Es kann auch nicht als etwas »Erstes, Unmittelbares« gedacht werden – sonst fehlte ihm ja das Moment der Vermittlung und der Freiheit. Das Vollkommene kann nicht am Anfang stehen – ein Gedanke, der sich seit den spätantiken Auseinandersetzungen um das Problem der Theodizee bis zu Schelling und Hegel durchhält. Es kann aber auch nicht von etwas anderem hervorgebracht werden – sonst wäre es ja von diesem abhängig –, sondern es muß erst durch sich zu sich werden. Deshalb kann die Auslegung des Absoluten nur gedacht werden als »sein eignes Thun, und das b e y s i c h a n f ä n g t, wie es b e y s i c h a n k o m m t.« Hegel schärft die Kontur dieses Begriffs des Absoluten noch durch eine Kritik an Spinoza, hinter deren Fassade er jedoch die Auseinandersetzung mit Schelling führt: »jenes Absolute, das nur als a b s o l u t e I d e n t i t ä t ist, ist n u r d a s A b s o l u t e e i n e r ä u s s e r n R e f l e x i o n « – nämlich das Absolute der Identitätsphilosophie Schellings (GW 11.370–379).

(8) Auch diese Exposition des Begriffs des Absoluten übernimmt Hegel nicht in die Logik der *Enzyklopädie;* dort geht er vom »Verhältnis« unmittelbar zur Abhandlung der Modalkategorien über, die jedoch nicht ein eigenes Kapitel, sondern lediglich eine Hinführung zu den Relationskategorien bildet (s. Kap. II.9.2.2). Aber auch in der *Wissenschaft der Logik* schließt Hegel den Begriff der »Wirklichkeit« im zweiten Kapitel nicht eigentlich an den Begriff des Absoluten an, sondern er rekapituliert nochmals den Gang der logischen Bestimmungen – vom »Seyn« bis hin zur »Wirklichkeit«, als dem begrifflichen Ausgangspunkt der Modallogik. Anders als Kant weist Hegel den Modalkategorien nicht einen gesonderten Status zu, und ebenfalls im Unterschied zu Kant stellt er sie nicht zu den Kategorienpaaren »Möglichkeit / Unmöglichkeit«, »Dasein / Nichtsein« und »Notwendigkeit / Zufälligkeit« so zusammen, daß die Notwendigkeit als Einheit von Existenz und Möglichkeit gedacht wird (B 106). Hegel ordnet in einem sehr komplexen Argumentationsgang zunächst dem Titel »Zufälligkeit« die »formelle Wirklichkeit, Möglichkeit und Nothwendigkeit« zu, sodann dem Titel »Relative Nothwendigkeit« die »reale Wirklichkeit, Möglichkeit und Nothwendigkeit«, während er schließlich die »absolute Nothwendigkeit« als die Wahrheit von Wirklichkeit und Möglichkeit überhaupt entwickelt. Das absolut Notwendige »ist also, weil es ist«.

Damit erreicht Hegel den Begriff, der gemeinsam mit dem Begriff des »ens realissimum« den Gipfelpunkt des ontologischen Gottesbeweises der vorkritischen natürlichen Theologie gebildet hat: den Begriff des schlechthin notwendigen Wesens, des »ens necessarium«. Kant hat bereits gegen diesen Begriff eingewandt, daß es sich bei ihm um eine bloße Nominaldefinition handle, durch die man »um nichts klüger« werde; es könne sogar sein, daß man durch diesen Begriff »vielleicht gar nichts denke« (B 620 f.). Analog erklärt Hegel die absolute Notwendigkeit für »blind«, für ein »lichtscheues« Wesen, das letztlich nichts anderes als die Zufälligkeit selber sei (GW 11.380–392).

(9) Den Übergang zur Begriffslogik macht Hegel jeweils – in der *Wissenschaft der Logik* wie in der *Enzyklopädie* – von den Relationskategorien aus. Zunächst aber führt er hier den Substanzbegriff im Anschluß an den Begriff der absoluten Notwendigkeit ein: Sie sei »das S e y n, das ist, w e i l es ist, das Seyn als die absolute Vermittlung seiner mit sich selbst« – also »das Seyn in a l l e m Seyn«, wie er hier wiederum mit Jacobi formuliert (JWA 1.39). Er analysiert hier jedoch nicht mehr das Verhältnis von Substanz, Attribut und Modus, das bereits Thema des Kapitels »Das Absolute« ist, sondern das Verhältnis von Substanz – als »absoluter Macht« – und Akzidenz, sowie dessen Weiterbestimmung zum Kausalitätsverhältnis, das er nochmals detailliert in »formelle Causalität«, »bestimmtes Causalitätsverhältniß« und »Wirkung und Gegenwirkung« aufgliedert – letzteres noch im Unterschied zum Begriff der »Wechselwirkung«. In ihr sieht Hegel »die Causalität zu i h r e m a b s o l u t e n Begriffe zurükgekehrt, und zugleich zum B e g r i f f e selbst gekommen.«

Dieser Übergang zum »Begriff«, von der »objectiven« zur »subjectiven Logik«, bereitet Hegel allerdings erhebliche Probleme, so daß er ihn in den einleitenden Partien der Begriffslogik – mit geringen Akzentverschiebungen – wiederholt. Die »objective Logik« sei insgesamt »die g e n e t i s c h e E x p o s i t i o n d e s B e g r i f f e s «; die »d i a l e k t i s c h e B e w e g u n g d e r S u b s t a n z durch die Causalität und Wechselwirkung hindurch ist daher die umittelbare G e n e s i s d e s B e g r i f f e s « – und diese Bewegung sei zugleich »die einzige und wahrhafte Widerlegung des Spinozismus« (GW 12.11–15) – also der nach Jacobi auf dem Boden und mit den Mitteln der reinen Metaphysik unwiderleglichen Philosophie (JWA 1.154). Am Ende der Wesenslogik greift Hegel ebenfalls zurück auf das Verhältnis der Wechselwirkung, doch geht er hier – anders als in der Begriffslogik –

vom Begriff der »passiven Substanz« zum »Allgemeinen« sowie vom Begriff der »activen Substanz« zum »Einzelnen« über, sowie von der Identität beider zur »B e s o n d e r h e i t, welche vom Einzelnen das Moment der B e s t i m m t h e i t, vom Allgemeinen das Moment d e r R e f l e x i o n - i n - s i c h in unmittelbarer Einheit enthält.« In diesen drei Totalitäten – Allgemeinheit, Besonderheit und Einzelheit – sieht Hegel in der Bestimmtheit zugleich »einen v o l l k o m m e n d u r c h s i c h t i g e n U n t e r s c h i e d « erreicht, »b e s t i m m t e E i n f a c h h e i t« oder »e i n f a c h e B e s t i m m t h e i t«, welche ihre Eine und dieselbe Identität ist. – Diß ist der B e g r i f f, das Reich d e r S u b j e c t i v i t ä t oder der F r e y h e i t.« (GW 11.393–409)

Literatur: Peter Rohs: Form und Grund. Interpretation eines Kapitels der Hegelschen Wissenschaft der Logik. HSB 6 ([1]1969, [2]1972); Dieter Henrich: Hegels Logik der Reflexion. In: Henrich (Hg.): Die Wissenschaft der Logik und die Logik der Reflexion. Hegel-Tage Chantilly 1971. HSB 18 (1978), 203–324; Manfred Wetzel: Reflexion und Bestimmtheit in Hegels Wissenschaft der Logik. Hamburg 1971; Christa Hackenesch: Die Logik der Andersheit. Eine Untersuchung zu Hegels Begriff der Reflexion. Frankfurt am Main 1987; Gerhard Martin Wölfle: Die Wesenslogik in Hegels »Wissenschaft der Logik«. Stuttgart-Bad Cannstatt 1994; Klaus J. Schmidt: Georg W. F. Hegel, Wissenschaft der Logik. Die Lehre vom Wesen. Einführender Kommentar. Paderborn 1997; Birgit Sandkaulen: Die Ontologie der Substanz, der Begriff der Subjektivität und die Faktizität des Einzelnen. In: Internationales Jb des Deutschen Idealismus 5 (2007), 235–275; Stefan Schick: Contradictio est regula veri. Die Grundsätze des Denkens in der formalen, transzendentalen und spekulativen Logik. Hamburg 2010. HSB 53.

6.2.7 Die Lehre vom Begriff

(1) Diesen Schritt vom Wesen zum Begriff, aus dem »Reich der Nothwendigkeit« in das »Reich der F r e y h e i t«, sieht Hegel in den einleitenden Partien zur Begriffslogik, »Vom Begriff im allgemeinen«, darin vollzogen, daß »d i e a n u n d f ü r s i c h s e y e n d e I d e n t i t ä t, welche die Nothwendigkeit der Substanz ausmacht, zugleich als aufgehoben, oder als G e s e t z t s e y n ist«. Das Moment der Freiheit also liegt in diesem Hinausgehen über den Rest von »Seyn« oder »Unmittelbarkeit«, der aus dem Begriff der Substanz nicht zu tilgen ist. Unter »Begriff« versteht Hegel die Identität des Allgemeinen und des Einzelnen – nämlich in dem Sinne, daß beide, Allgemeines und Einzelnes, Totalität sind; »jedes enthält die Bestimmung des andern in sich, und darum sind diese Totalitäten eben so schlechthin nur E i n e, als diese Einheit die Diremtion ihrer selbst in den

freyen Schein dieser Zweyheit ist«. Dieses logische Verhältnis findet sich noch nicht in der »objectiven Logik«; Hegel bezeichnet es als den »Begriff des Begriffes« – wohl wissend, daß dieser Begriff »von demjenigen abzuweichen scheinen kann, was man sonst unter Begriff verstehe«. Und so sucht er – auch gegenüber den zeitgenössischen Versuchen, »auf den Begriff alle üble Nachrede zu häufen« – seinen Begriff des Begriffs zu rechtfertigen.

Hierfür erinnert Hegel an die »Natur des Ich« – denn: »Der Begriff, insofern er zu einer solchen Existenz gediehen ist, welche selbst frey ist, ist nichts anderes als Ich oder das reine Selbstbewußtseyn. Ich habe wohl Begriffe, das heißt, bestimmte Begriffe; aber Ich ist der reine Begriff selbst, der als Begriff zum Daseyn gekommen ist.« Um diesen Gedanken philosophiegeschichtlich zu profilieren, bezieht Hegel sich auf Kants Begriff der ursprünglich-synthetischen Einheit der Apperzeption, und er führt hier eine der gedanklich dichtesten Auseinandersetzungen mit Kants Begriffen der »Objectivität« der Erkenntnis und der »Wahrheit« (GW 12.17–28). Doch mit seiner Unterscheidung zwischen dem »Haben« und dem »Sein« des Begriffs greift er primär – ohne dies ausdrücklich zu sagen – Jacobis Unterscheidung zwischen adjektivischer und substantivischer Vernunft auf – zwischen der Vernunft, die der Mensch hat, und derjenigen, die den Menschen hat. Die erste versteht Jacobi als »eine Beschaffenheit des Menschen, die er nach und nach erlangt, ein Werkzeug, dessen er sich bedient, sie gehört ihm zu.« Oder in Hegels Worten: Sie erscheint als »ein Vermögen oder Eigenschaft, die in dem Verhältnisse zu Ich stehe, wie die Eigenschaft des Dings zum Dinge selbst, [...]. Nach dieser Vorstellung habe Ich Begriffe und den Begriff, wie ich auch einen Rock, Farbe und andere äusserliche Eigenschaften habe.« Durch die zweite hingegen »besteht der Mensch; er ist eine Form, die sie angenommen hat« (JWA 1.259 f.) – eben die Form der freien Existenz des Begriffs.

Damit sind »Begriff« und »Ich« nicht etwa schlechthin identifiziert, sondern ihre Identität steht unter der Bedingung des »insofern«: Nicht schon der in der Logik thematische, nicht-existierende, sondern erst der zur freien Existenz gediehene Begriff ist »Ich«. Die Denkbestimmungen der Logik können nicht »Ich« zu sich sagen. Die Voraussetzung dieser differenzierten Identität liegt in der Strukturanalogie von »Begriff« und »Ich«: Wie der Begriff, so ist auch das Ich »erstlich reine sich auf sich beziehende Einheit, und diß nicht unmittelbar,

sondern indem es von aller Bestimmtheit und Inhalt abstrahirt, und in die Freyheit der schrankenlosen Gleichheit mit sich selbst zusammen geht. So ist es Allgemeinheit«. Schon in dieser Wendung ist die Unendlichkeit des Ich, analog der Unendlichkeit des Begriffs, angedeutet – doch noch prägnanter spricht Hegel sie in seiner Erläuterung dieser zuletzt genannten »Allgemeinheit« aus: Die Einheit des Ich ist zwar eine »sich auf sich beziehende Einheit« – aber diese Selbstbeziehung besteht »nur« in dem negativen Verhalten der Abstraktion, im Auflösen »von aller Bestimmtheit und Inhalt«. Diese Allgemeinheit ist »Einheit, welche nur durch jenes negative Verhalten, welches als das Abstrahiren erscheint, Einheit mit sich ist, und dadurch alles Bestimmtseyn in sich aufgelöst enthält.«

Für eine adäquate Erfassung der Strukturidentität von Begriff und Ich ist insbesondere dieses »nur« hervorzuheben: Auch die Einheit des Subjekts ist nicht etwas an sich Vorhandenes, Vorausgesetztes. Sie ist aber ebensowenig das Resultat einer bewußten Selbstbeziehung, die das Ich durch einen Akt der Freiheit erst herstellte, und sie wird deshalb auch nicht durch einen Akt konstituiert, der einer Introspektion zugänglich wäre. Deshalb liegt sie allen Zirkeln voraus, in die das Subjekt sich bei seinem Versuch, sich zu begreifen, verstricken könnte. Das Ich geht nicht auf seine Selbsterkenntnis aus, sondern es geht aus seiner Verwicklung mit Anderem immer wieder in sich selbst zurück – oder richtiger: Es ist aus seiner Bestimmtheit durch Anderes immer schon »in die Freyheit der schrankenlosen Gleichheit mit sich selbst« zurückgegangen. Genau hierin liegt seine Identität mit dem Begriff und seine Unendlichkeit: Das »unendliche Subjekt« hat zwar »Bestimmtheit und Inhalt« – doch wird es hierdurch nicht beschränkt. Im Gegenteil; es löst alles Bestimmtsein in sich auf und ist eben dadurch – und nur dadurch – »schrankenlose Gleichheit mit sich selbst«.

Dieses »negative Verhalten« und »Abstrahiren« kann man als eine Tätigkeit beschreiben – aber als eine notwendige Tätigkeit, oder – um mit Fichte zu sprechen – als ein »nothwendiges Handeln« der Vernunft, und nicht etwa als ein freies. Auch für Fichte hat der »wahre Philosoph« durch den einzigen ihm erlaubten »Akt der Willkühr«, »welcher der freie Entschluß philosophiren zu wollen selbst ist« (s. Kap. II.6.2.5), »die Vernunft in ihrem ursprünglichen und nothwendigen Verfahren, wodurch sein Ich und alles, was für dasselbe ist, da ist, zu beobachten« – »die nach ihren inneren Gesetzen, ohne alles äussere Ziel, nothwendig verfahrende Vernunft

überhaupt« oder »die Vernunft in ihrem nothwendigen Handeln« (GA I/3.316). Ebensowenig ist es ein
Handeln, das von einer vorausgesetzten Substanz
dann und wann als eine sekundäre Tätigkeit vollzogen – oder auch nicht vollzogen – würde, sondern
Subjektivität besteht eben in diesem notwendigen
und kontinuierlichen Handeln. Die zu seiner Beschreibung verwendeten Begriffe gehören deshalb
nicht einer Selbstbetrachtung des Ich an; sie sind
nicht ihm verfügbar, etwa mittels Introspektion oder
psychologischer Betrachtungen, sondern sie sind allein Gegenstand einer transzendentallogischen oder
spekulativen Analyse der Funktionsweise des Ich.
Dies gilt auch für den Begriff der »unendlichen Subjektivität«: Er erfaßt diese, nur der logischen Analyse
zugängliche notwendige Tätigkeit des Ich, die eben
nichts als die Tätigkeit des Begriffs selber ist. – Und
Hegel vervollständigt seine Bestimmung der Identität von Begriff und Ich durch den weiteren Gedanken, daß die sich auf sich beziehende Negativität des
Begriffs zugleich das principium individuationis enthalte: daß sie Allgemeinheit und zugleich Einzelheit,
individuelle Persönlichkeit sei – also »absolute Allgemeinheit, die eben so unmittelbar absolute
Vereinzelung ist.« Absolute Allgemeinheit, die
unmittelbar Vereinzelung ist: Auch wenn hier die logischen Termini gebraucht werden, ist durch sie hindurch die philosophisch-theologische Formel zu hören: Wie der Begriff, so ist das Ich das Eins und Alles,
ἓν καὶ πᾶν (GW 12.15–17).

(2) Diesen »Begriff des Begriffs« leitet Hegel im
ersten Abschnitt, »Subjektivität«, nochmals aus der
»Genesis« des Begriffs her – aus der Bewegung des
Gedankens vom »Seyn« über das »Wesen«, vom
»Uebergehen in Anderes« zum »Setzen« und wieder
zur Rückkehr zum »ursprünglichen Seyn«, das
er hier aber näher als das des »Begriffs« charakterisiert, also als ein logisches Verhältnis, das auf den vorangegangenen Stufen des Gedankens noch nicht erreicht war. Das zunächst vermeintlich Ursprüngliche, schlechthin Unmittelbare, erweist sich auf diesem Wege als ein Vermitteltes, immer schon im
Begriff Enthaltenes. Im »Begriff des Begriffs« ist – im
Unterschied zu einer Vorstellung – die interne logische Struktur eines Sachverhalts gedacht, als seine
Strukturierung durch »Allgemeinheit, Besonderheit und Einzelnheit«. Die vorhergegangenen Denkbestimmungen verhalten sich nicht zu einander wie Allgemeines, Besonderes und Einzelnes;
deshalb gehen sie in einander über bzw. sie »scheinen« in ihr Anderes. Doch ein Sachverhalt ist erst
wirklich »begriffen«, wenn er in den Bestimmungen

von Allgemeinheit, Besonderheit und Einzelheit gedacht ist. Diese Begriffsbestimmungen schließen
sich nicht aus, sie greifen in einander und durch einander hindurch – wie etwa in der Natur im Verhältnis von Gattung, Art und Individuum. Das Besondere ist dem Allgemeinen nicht entgegengesetzt, sondern in ihm enthalten, ebenso wie das Einzelne in
beiden. Das Allgemeine darf nicht als eine bloße
Abstraktion vom Besonderen verstanden werden,
sondern es ist ein konkretes, die Besonderheit in sich
enthaltendes Allgemeines. Den Weg der Abstraktion
zu einem immer höheren und höchsten Allgemeinen
bezeichnet Hegel schlicht als »Abweg« vom Wege des
Begriffs – denn erst die von der Abstraktion »ver-
schmähte Einzelnheit ist die Tiefe, in der der Begriff
sich selbst erfaßt, und als Begriff gesetzt ist.« »Leben,
Geist, Gott, – so wie den reinen Begriff, vermag die
Abstraction deßwegen nicht zu fassen, weil sie von
ihren Erzeugnissen, die Einzelnheit, das Princip der
Individualität und Persönlichkeit abhält, und so zu
nichts, als leb- und geistlosen, farb- und gehaltlosen
Allgemeinheiten kommt.« Das konkrete Allgemeine
hingegen greift über das Besondere und Einzelne
über; Hegel beschreibt es deshalb metaphorisch als
die »freye Macht« oder gar als »die freye Liebe,
und schrankenlose Seeligkeit« – »denn es ist
ein Verhalten seiner zu dem Unterschiedenen
nur als zu sich selbst, in demselben ist es zu sich
selbst zurückgekehrt.« Und auch sonst bedient Hegel
sich mehrfach eines theologischen Vokabulars: Er
bezeichnet den Begriff, das »wahrhafte, unendliche
Allgemeine«, als eine »schöpferische Macht«,
deren »Gesetztseyn die unendliche, durchsichti-
ge Realität ist, worin er seine Schöpfung, und in
ihr sich selbst anschaut.« Dies ist aber nicht als Apotheose des »Begriffs« zu verstehen, sondern als ein
Akt der logischen Reduktion: Das Verhältnis, das in
der Religion als Verhältnis Gottes zu seiner Schöpfung vorgestellt wird, ist vielmehr als Verhältnis des
Begriffs als des konkreten Allgemeinen zum Einzelnen zu denken (GW 12.32–52).

An diese Exposition der Momente des Begriffs
schließt Hegel seine Urteilslogik an – denn »Urtheilen« ist für ihn, neben dem Begreifen, insofern »die
andre Function des Begriffes, als es das Bestimmen des Begriffes durch sich selbst ist«. Erst in diesem Fortgang vom Begriff zum Urteil zeige sich, was
»es für bestimmte Begriffe gibt«. Hegels Urteilslogik unterscheidet sich von zeitgenössischen – etwa
derjenigen Kants – durch drei Spezifika: Da Hegel
das Urteil als ein solches »Bestimmen des Begriffes durch sich selbst« faßt, unterscheidet er es streng

vom bloßen »Satz«, dessen Elemente sich nicht wie Begriffsbestimmungen zu einander verhalten. Das Urteil hat stets die Struktur, daß einem Subjekt ein Prädikat zugeschrieben und somit jenes erst durch dieses bestimmt wird; es ist nicht eine »V e r b i n d u n g   z w e i e r   B e g r i f f e«, zweier ursprünglich selbständiger Extreme, sondern »die Diremtion des Begriffs durch sich selbst« – oder nach der damals – etwa in Hölderlins Fragment »Urteil und Seyn« – kursierenden, wenn auch falschen Etymologie: die ›Ur-Theilung‹ des Begriffs, »die u r s p r ü n g l i c h e   T h e i l u n g des ursprünglich Einen«. Hiermit ist bereits der Primat der »ursprünglichen Einheit des Begriffes« gegenüber »der Selbstständigkeit der Extreme« ausgesprochen.

Durch diese Rückbindung an eine spezifische logische Form ist der Gesamtbereich möglicher Urteile erheblich geringer als derjenige möglicher Sätze. Trotz dieser Beschränkung unterscheidet Hegel ebensoviele Urteilsformen wie Kant in seiner »Urteilstafel« (B 95), nämlich zwölf – und in seinen Urteilsformen sind die Kantischen unschwer zu erkennen, obschon Hegel in den Bezeichnungen und in der Reihenfolge geringfügig variiert: An Stelle der Kantischen Rubrik »Qualität« steht für Hegel das »Urteil des Daseyns«; an Stelle der »Quantität« das »Urteil der Reflexion«, an Stelle der »Relation« das »Urteil der Nothwendigkeit« und an Stelle der »Modalität« das »Urteil des Begriffs« – jeweils mit den zugehörigen einzelnen Formen wie »singuläres Urteil« usf. Hegel führt diese Urteilsformen aber nicht in einer »Tafel« ein, über deren Zustandekommen die *Kritik der reinen Vernunft* bekanntlich keine Auskunft gibt, sondern er sucht sie im kritischen Durchgang allererst zu gewinnen – vom (positiven) »Urteil des Daseyns« bis zum (apodiktischen) »Urteil des Begriffs«. Das Prinzip der Aufstellung der Urteilsformen bildet somit deren logische Genese. Hierdurch sucht Hegel Kants oder Aristoteles' ›empirisches Aufraffen‹ der Urteilsformen durch eine ›wissenschaftliche‹ Ableitung zu ersetzen.

Dieses Programm hat zugleich und unausweichlich zur Konsequenz, daß die Urteile sich nicht als bloß verschiedene zu einander verhalten. Im dialektischen Gange ist ja das folgende jeweils ›die Wahrheit‹ des vorangehenden, und so bilden die Urteilsformen vielmehr eine Hierarchie, geordnet nach dem Kriterium ihrer Wahrheitsfähigkeit. Dieses Kriterium der »Wahrheit« eines Urteils – im Unterschied zu seiner bloßen »Richtigkeit« – liegt im Verhältnis zwischen der jeweiligen Form und dem jeweiligen Inhalt des Urteils. Während es etwa für

Kant keinen Anlaß gibt, die Wahrheit eines korrekt gebildeten »bejahenden« Urteils zu bezweifeln, ist für Hegel das entsprechende »positive Urteil« schon auf Grund seiner Form nicht wahrheitsfähig – denn diese Form ›S ist P‹ habe den logischen Sinn: »D a s   E i n z e l n e   i s t   A l l g e m e i n«. Es ist aber deutlich, daß die Allgemeinheit des Prädikats der Einzelheit des Subjekts nicht entspricht, der Subjektbegriff also durch den Prädikatbegriff nicht angemessen bestimmt wird – und so sei es um »dieses r e i n   l o g i s c h e n   I n h a l t s willen« erforderlich, vom »positiven Urteil« zum »negativen« fortzugehen – und ebenso von diesem zum »unendlichen« usf. Die Form des Urteils liegt jeweils in diesem »logischen Inhalt« – und deshalb ist die Form des Urteils insgesamt nicht geeignet, Wahrheit auszusagen. Doch sind die höherstufigen Urteilsformen wie das »Urteil der Nothwendigkeit« oder das »Urteil des Begriffs« diesem »logischen Inhalt« besser angemessen als die basalen Formen des »Urteils des Daseyns« oder des »Urteils der Reflexion«. Erst im letzten »Urteil des Begriffs«, im »apodiktischen Urteil« (»die Handlung so und so b e s c h a f f e n   i s t   r e c h t«), entsprechen sich Subjekt und Prädikat, denn Subjekt und Prädikat sind »jedes als der ganze Begriff«. Die Begriffseinheit scheint zunächst nur in dieser unmittelbaren Beschaffenheit zu liegen – aber diese verbindet die Extreme des Begriffs: »sie ist die e r f ü l l t e   o d e r   i n h a l t s v o l l e   C o p u l a des Urteils, die aus dem U r t e i l, worin sie in die Extreme verloren war, wieder hervorgetretene Einheit des Begriffs. D u r c h   d i e s e   E r f ü l l u n g   d e r   C o p u l a ist das Urteil zum S c h l u s s e geworden.« (GW 12.53–89)

Der Schluß ist für Hegel nicht allein »das V e r n ü n f t i g e«, sondern »A l l e s   V e r n ü n f t i g e   i s t   e i n   S c h l u ß«. Der Sinn dieser zunächst kryptisch wirkenden Behauptung erhellt aus der Auseinandersetzung, die Hegel zu Beginn dieses Kapitels mit der Tradition, insbesondere wiederum mit Kant führt. Er geht auch hier von Kant aus, von dessen Unterscheidung des logischen und des realen Gebrauchs der Vernunft: Vernunft ist sowohl das Vermögen zu schließen als auch »d a s   V e r m ö g e n   d e r   P r i n z i p i e n«, da sie selbst »den Ursprung gewisser Begriffe und Grundsätze enthält«. Auch für Kant stehen diese beiden Bedeutungen von »Vernunft« keineswegs beziehungslos nebeneinander, denn die Vernunftbegriffe sind auch für ihn »geschlossene Begriffe« (B 355 f.,366). Diese Einheit sieht Hegel von Kant jedoch nicht herausgearbeitet, so daß seines Erachtens bei Kant »nicht erhellt, wie jene Vernunft, welche schließt, und diese Vernunft, welche die Quelle von Gesetzen und sonstigen ewigen Wahrheiten und absoluten Gedanken ist, mit einander zusammenhängen.« Deshalb fordert Hegel, die formelle logische Vernunft müsse »wesentlich auch in der Vernunft, die es mit einem Inhalte zu thun hat, zu erkennen seyn.« Und auf die Frage, »was es in allen jenen Gegenständen [sc. den Vernunftbegriffen] ist, um dessen willen sie vernünftig sind«, lautet die entschiedene Antwort, es sei eben ihr Schlußcharakter: Die Vernunft »ist die Einheit als von bestimmten Extremen; so aber ist das Vernünftige nur der Schluß.« (GW 12.90 f.)

Anders als noch in einem Fragment zur Schlußlogik aus der frühen Nürnberger Zeit (GW 12.299–309) orientiert Hegel sich bei der Abhandlung der einzelnen Schlußformen am Aufriß der Urteilsformen – in den Gruppen »Schluß des Daseyns«, »der Reflexion« und »der Nothwendigkeit« – wobei die vierte Gruppe der Urteilsformen, das »Urtheil des Begriffs«, kein Gegenstück in der Schlußlogik hat. Und wie er die Urteilsformen in einem fortschreitenden Gang hierarchisch entwickelt, so auch die Schlußformen. Beim »Schluß des Daseyns« führt Hegel die traditionellen vier Figuren des Schlusses auf; den »Schluß der Reflexion« untergliedert er in den »Schluß der Allheit«, »der Induction« und »der Analogie«, sowie den »Schluß der Nothwendigkeit« in den kategorischen, hypothetischen und disjunktiven Schluß.

In diesem letzteren habe sich der »Formalismus des Schliessens« aufgehoben, der darin besteht, »daß das Vermittelnde der Extreme, der Begriff als abstracte Bestimmung, und dadurch von ihnen, deren Einheit sie ist, verschieden ist.« »Die verschiedenen Gattungen der Schlüsse aber stellen die Stuffen der Erfüllung oder Concretion der Mitte dar.« In ihrem Durchlaufen sieht Hegel sein Programm der vollständigen Vermittlung verwirklicht, das er bereits in der frühen Jenaer Zeit unter Rückgriff auf Platons Gedanken vom »schönen Band« einführt (vgl. GW 4.65). Die Bestimmungen des Begriffs müssen jeweils einmal als »Mitte« und einmal als Extreme des Schlusses vorkommen, so daß »der Unterschied des Vermittelnden und Vermittelten« wegfällt und keine unvermittelten Voraussetzungen verbleiben: »Das, was vermittelt ist, ist selbst wesentliches Moment seines Vermittelnden, und jedes Moment ist als die Totalität der Vermittelten.« Diese Vollendung des Schlusses sieht Hegel zugleich als Aufhebung der Vermittlungsbewegung insgesamt und als Genese einer neuen »Unmittelbarkeit, die durch Aufheben

der Vermittlung hervorgegangen« ist – der »Objectivität« (GW 12.92–126).

(3) Dieses Kapitel über die »Objectivität« ist dasjenige Hauptstück der *Logik,* das Hegel als letztes in ihre Konzeption eingefügt hat. Ein Fragment über »Mechanismus, Chemismus, Organismus und Erkennen« (GW 12.259–298; s. Kap. II.5.2) stammt zwar bereits aus der Bamberger Zeit, doch scheint es in den größeren Zusammenhang einer Schlußlogik zu gehören, von der aus Hegel ohne Zäsur zu den Themen übergeht, die seit Beginn der Nürnberger Entwürfe in eine abgesonderte Ideenlehre fallen. Erst nachträglich bildet Hegel, vom Zweckbegriff ausgehend, das Kapitel über die »Objectivität« aus, als ein Mittleres zwischen der »Subjectivität« und der Ideenlehre.

Von diesem neu konzipierten Übergang von der »Subjectivität« des Begriffs zu seiner »Objectivität« sagt Hegel, daß er »seiner Bestimmung nach dasselbe ist, was sonst in der Metaphysik als der Schluß vom Begriffe, nemlich vom Begriffe Gottes auf sein Daseyn, oder als der sogenannte ontologische Beweis vom Daseyn Gottes vorkam.« Hieraus erhellt bereits, daß der theoretische Kontext des ontologischen Beweises hier völlig verändert ist. Es geht nicht, wie in der rationalistischen Metaphysik, um den Aufweis, daß im Gedanken Gottes als des »allerrealsten Wesens« das »Sein« als eine der »Realitäten« enthalten sei, und auch nicht um die Explikation des Begriffs Gottes als des »notwendigen Wesens«. Deshalb ist Hegels Versuch einer Erneuerung des systematischen Sinnes des »ontologischen Gottesbeweises« nicht immer schon durch Kants Argumente gegen diese beiden Beweisformen widerlegt. Die frühere »Form jenes Beweises« bezeichnet Hegel ja selber als »schlechte Form des formalen Schlusses«. Andererseits ist sein eigenes Argument hierdurch nicht schon immun gegen eine anders verfahrende Kritik – zumal es keineswegs selbstverständlich ist, daß gerade dieser Übergang zur »Objectivität« im Sinne »des an und für sich seyenden Seyns des Begriffes«, und nicht insgesamt »jener logische Verlauf die unmittelbare Darstellung der Selbstbestimmung Gottes zum Seyn wäre.« Zudem behandelt Hegel dieses Thema nicht erschöpfend; er verweist vielmehr »auf eine andere Gelegenheit, den vielfachen Mißverstand, der durch den logischen Formalismus in den ontologischen, so wie in die übrigen sogenannten Beweise vom Daseyn Gottes gebracht worden ist, wie auch die Kantische Kritik derselben näher zu beleuchten, und durch Herstellen ihrer wahren Bedeutung die dabei zu Grunde liegenden Gedanken in ihren Werth und

Würde zurückzuführen.« (GW 12.127–132; s. Kap. II.9.10)

Als erste Form der Objektivität behandelt Hegel den »Mechanismus«. Die Einführung des »Mechanismus« wie auch des »Chemismus« als logischer und nicht bloß naturphilosophischer Begriffe hat häufig den Verdacht erregt, Hegel vermische hier diese beiden Sphären mit einander. Doch Hegel bestimmt den Mechanismus formal als Verhältnis »vollständiger und selbstständiger Objecte, die sich daher auch in ihrer Beziehung nur als selbstständige zu einander verhalten, und sich in jeder Verbindung äusserlich bleiben« – und hiermit greift er hinter die Naturphilosophie, hinter den »materiellen Mechanismus« zurück, auf die allgemeine Ebene des Logischen – obschon zu seiner Zeit der »Mechanismus« und »Determinismus« fraglos primär Prinzipien einer umfassenden Deutung des Naturzusammenhangs sind. Zudem ist Hegel trotz der dominierenden naturphilosophischen Terminologie offensichtlich bemüht, den Mechanismus als eine logische Bestimmung auszuzeichnen, die ebenso im Reiche des Geistes ihren Ort hat (GW 12.133–147).

Dies gilt auch für die zweite Form der »Objektivität«, für den »Chemismus«: Die Form der elementarischen Natur bezeichnet Hegel zwar als den »eigentlichen« Chemismus, und er greift insbesondere hier häufig auf eine naturphilosophische Terminologie zurück. Dennoch trifft er analoge Verhältnisse auch im Geistigen an: Der Chemismus mache »auch für die geistigen Verhältnisse der Liebe, Freundschaft u. s. f. die formale Grundlage« aus – darin nämlich, daß er »die erste Negation der gleichgültigen Objectivität« ist (GW 12.148–153).

Die dritte Form der »Objectivität«, die Teleologie, bildet den entwicklungsgeschichtlichen und auch systematischen Kristallisationspunkt für die Ausarbeitung des Objektivitätskapitels insgesamt. Am Begriff des Zweckes läßt sich der Übergang aus der Subjektivität in die Objektivität ja insbesondere veranschaulichen: Der Zweck gehört der Subjektivität an, doch seine Realisierung fällt in die Sphäre der Objektivität. Hegels Abhandlung der Teleologie ist in zweifacher Hinsicht durch die zeitgenössische Diskussion geprägt. Für das allgemeine Bewußtsein ist »Zweckmäßigkeit« damals an einen zwecksetzenden Verstand gebunden – und somit die Möglichkeit einer teleologischen Welterklärung an die Annahme »eines ausserweltlichen Verstandes«. Hieraus resultiert ein Dilemma: »Je mehr das teleologische Princip mit dem Begriffe eines ausserweltlichen

Verstandes zusammenhängt, und insofern von der Frömmigkeit begünstigt wurde, desto mehr schien es sich von der wahren Naturforschung zu entfernen, welche die Eigenschaften der Natur nicht als fremdartige, sondern als immanente Bestimmtheiten erkennen will, und nur solches Erkennen als ein Begreifen gelten läßt.« Die teleologische Deutung erscheine deshalb als ein »heterogenes Element«, während der Mechanismus, obschon er die Bestimmtheit eines Objekts nur als äußerliche nimmt, »für eine immanentere Ansicht gilt, als die Teleologie« – während das Zweckverhältnis dem Begriff eigentlich weit angemessener ist als der Mechanismus, zumal es das »Princip der Freyheit« kennt und »die Wahrheit des Mechanismus« ist. Hegel bekräftigt jedoch diese eigentümliche Vertauschung – denn der Mechanismus erweitere sich »durch die abstracte Allgemeinheit zu einem All der Kräfte, einem Ganzen von gegenseitigen Ursachen. Der Mechanismus zeigt sich selbst dadurch als ein Streben der Totalität, daß er die Natur für sich als ein Ganzes zu fassen sucht, das zu seinem Begriffe keines andern bedarf [sc. als »Substanz« im Sinne Spinozas, vgl. *Ethica*. Definitiones, 3], – eine Totalität, die sich in dem Zwecke und dem damit zusammenhängenden ausserweltlichen Verstande nicht findet.« Der Zweck – im Sinne der äußeren Zweckmäßigkeit – geht hingegen immer nur auf Partikuläres – und so resümiert Hegel: »Als Resultat ergibt sich hiemit, daß die äussere Zweckmässigkeit, welche nur erst die Form der Teleologie hat, eigentlich nur zu Mitteln, nicht zu einem objectiven Zwecke kommt«. Sie kommt zu »Mitteln« und auch zu »Werkzeugen«, die ein Höheres sind als die endlichen Zwecke der äußeren Zweckmäßigkeit und dem Menschen von der »List der Vernunft« an die Hand gegeben werden: »An seinen Werkzeugen besitzt der Mensch die Macht über die äusserliche Natur, wenn er auch nach seinen Zwecken ihr vielmehr unterworfen ist.«

Ein Spezifikum der damaligen Diskussion liegt jedoch darin, daß Kant, in Anknüpfung an Aristoteles, dieser äußeren den Gedanken einer inneren Zweckmäßigkeit entgegengestellt hat. Diesen Gedanken erläutert Hegel am dritten Widerstreit der Antinomie der reinen Vernunft und an der *Kritik der Urteilskraft* – und er kritisiert hier, daß Kant das teleologische Prinzip lediglich »einer reflectirenden Urtheilskraft zuschreibt« und es »zu einem verbindenden Mittelgliede zwischen dem Allgemeinen der Vernunft und dem Einzelnen der Anschauung« mache. Dennoch sieht er auch in dieser Differenzierung eines »der grossen Verdienste Kants um die Philosophie« – auch wenn er dieses Prinzip der inneren Zweckmäßigkeit hier nicht mehr ausführlich diskutiert, sondern von ihm – als der Vermittlung von Subjektivität und Objektivität – zur »Idee« übergeht (GW 12.154–172).

(4) Dieses ambivalente Verhältnis zu Kant kennzeichnet auch Hegels Begriff der »Idee«. Er kritisiert zunächst die gängige, vom englischen »idea« herrührende Verwendung des Wortes »Idee« im Sinne von bloßer »Vorstellung«. Kant hingegen habe »den Ausdruck: Idee wieder dem Vernunftbegriff vindicirt.« Allerdings sieht Hegel hierin nur einen ersten Schritt: »Auch Vernunftbegriff ist ein etwas ungeschickter Ausdruck; denn der Begriff ist überhaupt etwas Vernünftiges; und insofern die Vernunft vom Verstande und dem Begriff als solchem unterschieden wird, so ist sie die Totalität des Begriffs und der Objectivität. – In diesem Sinne ist die Idee das Vernünftige«, und damit ist sie auch das Unbedingte, weil nur dasjenige Bedingungen hat, was auf eine nicht durch es selbst gesetzte Objektivität bezogen ist – und »das Unbedingte« ist ja nur ein deutsches Wort für »das Absolute«. Hier ist der Begriff insofern frei, als er nichts Fremdes mehr zum Gegenüber hat, sondern »diese seine objective Welt in seiner Subjectivität, und diese in jener erkennt« (GW 12.30).

Eben deshalb aber ist »Idee« nicht ein bloßes »Ziel«, etwa ein ins – platonische oder transzendentalphilosophische – »Jenseits« verschobenes »Urbild«, dem man sich in einem womöglich unendlichen Progreß anzunähern habe. Alles Wirkliche ist (im emphatischen Sinne) nur insofern, »als es die Idee in sich hat, und sie ausdrückt«. Sie ist der aus der Unmittelbarkeit »zu seiner Subjectivität befreyte Begriff, welcher sich von seiner Objectivität unterscheidet, die aber eben so sehr von ihm bestimmt und ihre Substantialität nur in jenem Begriffe hat.« Damit ist nicht jegliche Inkongruenz zwischen Begriff und Objektivität in Abrede gestellt. Ihre Möglichkeit beruht für Hegel darauf, daß die Idee, »so wesentlich sie Einheit des Begriffs und der Realität, eben so wesentlich auch deren Unterschied ist«. Diese Seite der Inkongruenz ist jedoch die Seite der Endlichkeit und Unwahrheit der Realität, die mit dem Übergang zur »Idee« keineswegs beseitigt ist. Doch ein Wirkliches, dessen Objektivität dem Begriff gar nicht angemessen wäre, wäre schlechthin »das Nichts«. Unter dem Titel »Idee« ist deshalb nicht eine neue, vielleicht gar eine feierlich-erhabene Sphäre neben derjenigen des

Seins gedacht, sondern es ist lediglich dasjenige angemessen gedacht, was bereits im Begriff des Seins zu denken versucht worden ist: »Seyn hat die Bedeutung der Wahrheit erreicht, indem die Idee die Einheit des Begriffs und der Realität ist; es ist also nunmehr nur das, was Idee ist.« Alle Wirklichkeit hat diese Verfassung, in sich differenzierte Einheit von Begriff und Realität zu sein. Wäre sie ohne Begriff, begrifflos, so wüßten wir nichts von ihr; wäre sie ohne Realität, wäre sie ein bloßes Hirngespinst. Was ist, ist ebenso ein Gedachtes als ein Reelles – und dies nicht im Sinne einer äußerlichen Koinzidenz zweier von einander getrennter Sphären, sondern der Bestimmung der Objektivität durch den Gedanken (GW 12.173–178).

Bei der nachfolgenden Konkretion der »Idee« sucht Hegel dem möglichen Mißverständnis vorzubeugen, als stehe das Folgende im Verhältnis einer »angewandten Logik« zur vorangehenden Begriffsentwicklung. Er ist sich noch kurz vor Veröffentlichung der *Wissenschaft der Logik* nicht ganz schlüssig gewesen, welche Themen er hier abzuhandeln habe. So hat er auch mehrfach angesetzt, die »Idee des Schönen« hier einzubeziehen, doch hat er sie ebenso oft wieder getilgt (s. Kap. II.6.1.2). Hingegen gehört das »Erkennen« zum festen Bestandteil der Ideenlehre – denn wenn »die absolute Wahrheit der Gegenstand der Logik, und die Wahrheit als solche wesentlich im Erkennen ist, so müßte das Erkennen wenigstens abgehandelt werden.« Und als dessen notwendige Voraussetzung behandelt Hegel »die unmittelbare Idee; denn indem das Erkennen der Begriff ist, insofern er für sich selbst aber als Subjectives in Beziehung auf Objectives ist, so bezieht er sich auf die Idee, als vorausgesetzte oder unmittelbare. Die unmittelbare Idee aber ist das Leben.«

Beim Begriff des Lebens hat Hegel denselben Verdacht abzuwehren wie beim »Mechanismus« und »Chemismus«: Er sieht sich genötigt, »das logische Leben« gegen das Leben in der Natur- und in der Geistesphilosophie zu profilieren, und so bestimmt er es als eine vom Begriff schlechthin durchdrungene Objektivität: Es »ist nur als diese negative Einheit seiner Objectivität und Besonderung sich auf sich beziehendes, für sich seyendes Leben, eine Seele. Es ist damit wesentlich Einzelnes, welches auf die Objectivität sich als auf ein Anderes, eine unlebendige Natur bezieht.« Schon hier mischen sich jedoch unüberhörbar Anklänge an die Naturphilosophie in den allgemeinen Begriff des Lebens – und noch mehr bei den folgenden Themen »lebendiges Individuum«, »Lebensproceß« und Proceß der Gattung« oder gar bei den Bestimmungen der »Sensibilität«, »Irritabilität« und »Reproduction« wie auch des »Schmerzes«, in dem Hegel »das Vorrecht lebendiger Naturen« sieht (GW 12.179–191).

Erst bei der Abhandlung der »Idee des Erkennens« löst Hegel sich von dieser Natursphäre – er nennt sie ja auch häufig »Idee des Geistes«. Doch gerät er nunmehr in Abgrenzungsprobleme gegenüber seiner Geistesphilosophie: »D e n k e n , G e i s t , S e l b s t b e w u ß t s e y n , sind Bestimmungen der Idee, insofern sie sich selbst zum Gegenstand hat, und ihr D a s e y n d. i. die Bestimmtheit ihres Seyns ihr eigener Unterschied von sich selbst ist.« Hingegen gelingt ihm eine klare Unterscheidung sowohl gegenüber der rationalistischen »M e t a p h y s i k d e s G e i s t e s «, die sich mit »Substanz, Einfachheit, Immaterialität« als Prädikaten der – unsterblichen – Seele zu schaffen gemacht hat, als auch gegenüber Kants Kritik des Paralogismus der rationalen Seelenlehre. Denn sosehr er Kants Kritik zustimmt, sosehr verwirft er doch dessen Rede von der Natur des Selbstbewußtseins und des Ich. Ein Selbstbewußtsein oder ein Ich, das sich zur Erkenntnis des Ichs seiner selbst bedienen müsse und so in einen Zirkel gerate, seien »barbarisch zu nennende Vorstellungen« – und das Selbstbewußtsein sei »eben der d a s e y e n d e , also e m p i r i s c h w a h r n e h m b a r e , reine B e g r i f f , die absolute Beziehung auf sich selbst«.

In Anlehnung an die traditionelle Ideentrias untergliedert Hegel die »Idee des Erkennens« weiter in die »t h e o r e t i s c h e Idee« und die »p r a k t i s c h e Idee«. Bei der ersten, der »Idee des Wahren«, polemisiert Hegel zunächst nochmals gegen Kants Verständnis der Kategorien als lediglich subjektiver Denkbestimmungen, woraus die Annahme einer »unbekannten D i n g h e i t - a n - s i c h h i n t e r dem Erkennen« allerdings notwendig folgt. Im Anschluß daran behandelt er jedoch die Formen »analytisches« und »synthetisches Erkennen«, und hierunter dessen Momente »Definition«, »Eintheilung« und »Lehrsatz« – im Rückgriff sowohl auf die Mathematik- als auf die Philosophiegeschichte. Als Musterbeispiel für synthetisches Erkennen habe lange Spinozas geometrische Methode gegolten: »In der That aber ist durch K a n t und J a c o b i die ganze Weise der vormaligen Metaphysik und damit ihre Methode über den Hauffen geworfen worden.« Und Hegel fährt mit deutlicher Präferenz für Jacobi fort, dieser habe die Metaphysik »vornemlich von Seiten ihrer Weise zu demonstriren angegriffen, und den Punkt, worauf es ankommt, aufs lichteste und tiefste herausgehoben,

daß nemlich solche Methode der Demonstration schlechthin in den Kreis der starren Nothwendigkeit des Endlichen gebunden ist, und die F r e i h e i t , das ist, d e r B e g r i f f , und damit a l l e s , w a s w a h r h a f t i s t , jenseits derselben liegt, und von ihr unerreichbar ist.« Hierdurch sieht Hegel die Einsicht vorbereitet, daß die Idee im synthetischen Erkennen die Wahrheit noch nicht erreiche – »wegen der Unangemessenheit des Gegenstandes zu dem subjectiven Begriffe« (GW 12.192–230).

Die »p r a k t i s c h e Idee, das H a n d e l n «, die »Idee des Guten«, erklärt Hegel für »höher als die Idee des betrachteten Erkennens« – denn im Theoretischen stehe der subjektive Begriff »der objectiven Welt entgegen, aus der er sich den bestimmten Inhalt und die Erfüllung nimmt. In der praktischen Idee aber steht er als Wirkliches, dem Wirklichen gegenüber«. Hier habe der subjektive Begriff die Gewißheit seiner Wirklichkeit und zugleich der Nichtigkeit der ihm gegenüberstehenden Objektivität. Aber auch hier überwinde er seine Endlichkeit nicht: Das Gute, das doch in der Geschichte der Metaphysik so lange den höchsten Rang in der Begriffshierarchie eingenommen hat und von Kant im »guten Willen« zwar der Subjektivität zugeordnet, jedoch in seiner Reinheit bewahrt worden ist (AA IV.393), wird hier zum Inhalt eines endlichen Zwecks – und damit zu einem Endlichen und Unbeständigen: »Ist das Gute auch wieder als ein E n d l i c h e s fixirt, und wesentlich ein solches, so kann es auch, seiner innerlichen Unendlichkeit unerachtet, dem Schicksale der Endlichkeit nicht entgehen«: Es trete ins äußere, zufällige Dasein, werde zerstört, in »die Collision und den Widerstreit des Guten« hineingezogen und zum Bösen korrumpiert, während die »Idee des vollendeten Guten« als ein absolutes Postulat in einem »Reich der Subjectivität in den Räumen des durchsichtigen Gedankens« einem »unaufgeschlossenen Reich der Finsterniß« als einer unüberwindlichen Schranke machtlos gegenüberstehe. Deshalb sucht Hegel die theoretische und die praktische Idee mit einander zu vermitteln: Die Wirklichkeit ist ja nicht ein opakes unmittelbares Dasein, sondern das durch den Begriff Bestimmte, und das Gute nicht ein beschränkter, aus der Reflexion geborener, allererst zu realisirender Zweck: »die vorgefundene Wirklichkeit ist zugleich als der ausgeführte absolute Zweck bestimmt, aber nicht wie im suchenden Erkennen, bloß als objective Welt ohne die Subjectivität des Begriffes, sondern als objective Welt, deren innerer Grund und wirkliches Bestehen der Begriff ist. Diß ist die absolute Idee.« (GW 12.231–235)

Zur Bestimmung dieser höchsten »Definition des Absoluten« – wenn es denn in der *Logik* um Definitionen des Absoluten ginge – schwingt Hegel sich zu beinahe hymnischen Formulierungen auf: »Alles Uebrige ist Irrthum, Trübheit, Meynung, Streben, Willkühr und Vergänglichkeit; die absolute Idee allein ist S e y n, unvergängliches L e b e n, s i c h w i s - s e n d e W a h r h e i t, und ist a l l e W a h r h e i t.« Sie ist für Hegel »der einzige Gegenstand und Inhalt der Philosophie« – aber nicht etwa in dem Sinne, daß die Philosophie ihre anderen Themen zu vergessen hätte, sondern daß sie diese anderen Themen insgesamt als Formen der Selbstbestimmung der absoluten Idee und diese in ihnen erkennt: Natur und Geist als die Formen ihres Daseins sowie Kunst und Religion als »ihre verschiedenen Weisen, sich zu erfassen und ein sich angemessenes Daseyn zu geben« – und die Philosophie schließlich als »die höchste Weise, die absolute Idee zu erfassen«.

Gemessen an diesen euphorischen Wendungen kann die Lektüre des auf sie Folgenden ernüchtern. Denn Hegel führt hier, wie schon am Schluß der *Phänomenologie des Geistes,* im Kapitel »Das absolute Wissen«, nicht eine wirklich neue Denkbestimmung ein, auf welche seine Wendungen zu beziehen wären, sondern er gibt im wesentlichen einen Rückblick auf die zurückgelegten Stationen des Weges des Begriffs. Dieser Rückbezug hat jedoch – hier wie dort – nicht den Status einer erzählenden Verständigung, sondern er ist Ausdruck dessen, daß »die l o g i s c h e W i s s e n s c h a f t ihren eigenen Begriff erfaßt hat«. Das, was sie ist, kann an ihrem Anfang nur in eine äußere Reflexion fallen, aber noch nicht ihr eigenes Wissen sein. Erst in ihrem Verlauf und letztlich an ihrem Ende zeigt sich, daß sie nicht ein äußerliches Wissen eines von ihr unterschiedenen Gegenstandes ist, sondern sie ist »selbst der reine Begriff, der sich zum Gegenstande hat, und [...] sich zum Ganzen seiner Realität, zum Systeme der Wissenschaft ausbildet«. Auf seine prägnanteste Formel gebracht besagt dieses hier erreichte Wissen, »daß die Bestimmtheit nicht die Gestalt eines I n h a l t s hat, sondern schlechthin als F o r m« ist. Statt »daß ein gegebenes Object die Grundlage seyn könnte, zu der sich die absolute Form nur als äusserliche und zufällige Bestimmung verhielte, hat sich diese vielmehr als die absolute Grundlage und letzte Wahrheit erwiesen.« Aller vermeintlich unmittelbare, gegebene Inhalt, jedes »es gibt«, ist hier in die Selbstbewegung des Begriffs, also des reinen Denkens aufgelöst, so daß »der Begriff Alles, und seine Bewegung die a l l g e m e i n e absolute T h ä t i g k e i t, die sich selbst bestim-

mende und realisirende Bewegung ist.« Die am Anfang stehende vermeintliche »S u b s t a n t i a l i t ä t d e r D i n g e« wird nun als ein Produkt des sich wissenden Begriffs erkannt.

In diesen Wendungen spricht sich ein neuer Entwurf von Wirklichkeit überhaupt aus. Daß die äußere, dem Auge sich darbietende Wirklichkeit nicht als die wahre zu gelten hat, ist unter Philosophen zwar nicht ungewöhnlich. Für Hegel ist die wahre aber auch nicht ein Reich der Dinge, wie sie an sich selber sind, als unterschieden von ihrer Erscheinung. Was sie zur Wirklichkeit im emphatischen Sinne macht, ist eben nichts als ihr logischer Gehalt oder das sich denkende Denken selbst. Und auch über dieses hinaus ist keine wahre Welt zu suchen.

Die Logik als die reine Wissenschaft erfaßt ihren Begriff jedoch nicht durch eine nachträgliche Revision und Umwertung ihrer Inhalte, sondern durch die Verständigung über den Weg, der zu diesem Resultat geführt hat, also über ihre Methode. Hegel spricht hier selber häufig von »Methode« – obschon es klar ist, daß es hier nicht um »Methode« im Sinne eines, von der äußerlichen Reflexion gewählten möglichen Weges zum Ziel zu tun sein kann, sondern allein um die »absolute Methode« der immanenten Fortbildung des Gedankens. Zur Konkretion greift Hegel nochmals zurück auf das Anfangsproblem der *Logik,* das sich aus der Retrospektive insofern modifiziert darstellt, als jetzt, an ihrem Ende, gewußt wird, was das Unmittelbare des Anfangs und was das Absolute ist, als dessen »erste Definition« das anfängliche Sein gegolten hat. Auch hier bekräftigt Hegel nochmals – gegen Reinhold –, daß der Anfang nicht ein provisorisch und hypothetisch angenommenes Wahres sein dürfe, sondern das Sein als die ärmste Denkbestimmung sein müsse – aber ihr systematischer Sinn hat sich unvermeidlich im weiteren Fortgang gewandelt: »Die Methode, die sich hiemit in einen Kreis schlingt, kann aber in einer zeitlichen Entwicklung es nicht anticipiren, daß der Anfang schon als solcher ein abgeleitetes sey«. Und wie der Sinn des »Seyns«, so ändert sich auch der Sinn der Logik überhaupt: »Bey dem S e y n, dem Anfange ihres I n h a l t s erscheint ihr Begriff als ein demselben äusserliches Wissen in subjectiver Reflexion. In der Idee des absoluten Erkennens aber ist er zu ihrem eigenen Inhalte geworden. Sie ist selbst der reine Begriff, der sich zum Gegenstande hat«. Man muß zwar mit dem Absoluten anfangen, sonst käme man nie bei ihm an, zumal aller Fortgang notwendig seine Selbstexplikation ist – aber eben deshalb ist sein Begriff erst am Ende erreicht: »Nur in seiner Vollendung ist es das Absolute.«

Seine Ausführungen zur »Methode« stellt Hegel hier ausdrücklich unter den Titel »Dialektik« – und er knüpft nochmals an die beiden Philosophen an, mit denen sich der Begriff der Dialektik in herausragender Weise verbindet: an Platon und an Kant. Bei Platon sieht er seine Methode der immanenten Entwicklung der Denkbestimmungen vorgebildet – fraglos in den späten Dialogen, insbesondere im *Sophistes* und im *Parmenides*: Das Erkennen habe »die Dinge an und für sich selbst zu betrachten, [...] sie allein vor sich zu haben, und was ihnen immanent ist, zum Bewußtseyn zu bringen.« Kant sieht er als denjenigen, der diese Methode wieder erneuert habe, und er betont, es sei »als ein unendlich wichtiger Schritt anzusehen, daß die Dialektik wieder als der Vernunft nothwendig anerkannt worden, obgleich das entgegengesetzte Resultat gegen das, welches daraus hervorgegangen, gezogen werden muß«: nämlich weder, wie schon im spätantiken Skeptizismus, die (subjektive) Nichtigkeit der einander widersprechenden Bestimmungen und die Mangelhaftigkeit des Erkennens, noch die (objektive) Nichtigkeit der sich widersprechenden Dinge, wie schon bei den Eleaten. Und Hegel hebt es nochmals als »ein unendliches Verdienst der kantischen Philosophie« hervor, die Aufmerksamkeit auf das »unkritische Verfahren« gezogen zu haben, daß die Dialektik »nur ein negatives Resultat habe«. Hiermit habe Kant »den Anstoß zur Wiederherstellung der Logik und Dialektik, in dem Sinne der Betrachtung der Denkbestimmungen an und für sich, gegeben [...]. Der Gegenstand, wie er ohne das Denken und den Begriff ist, ist eine Vorstellung oder auch ein Nahmen; die Denk- und Begriffsbestimmungen sind es, in denen er i s t, was er i s t.«

Im Anschluß an diese philosophiehistorische Orientierung gibt Hegel eine gültige, wenn auch vergleichsweise abstrakte und deshalb bei weitem nicht hinreichende Skizze seines logischen Verfahrens: Ein »allgemeines Erstes an und für sich betrachtet« zeige »sich als das Andre seiner selbst«. Das somit entstandene Zweite sei »das Negative des Ersten« und selbst »das erste Negative« – aber eben »nicht das leere Negative, das Nichts«, sondern als »das Andere des Ersten, das Negative des Unmittelbaren«, also das Vermittelte, aber zugleich das Vermittelnde. Diese negative Bestimmung sei auf das Andere bezogen, schließe also »ihr eigenes Andres in sich, und ist somit als der Widerspruch, die gesetzte Dialektik ihrer selbst«, und die Bewegung dieses zweiten Negativen bestehe darin, »die Einheit zu

setzen, die in ihm enthalten ist.« In dieser Negativität liege der »Wendungspunkt der Bewegung des Begriffs« – und damit »der innerste Quell aller Thätigkeit, lebendiger und geistiger Selbstbewegung, die dialektische Seele, die alles Wahre an ihm selbst hat, durch die es allein Wahres ist; denn auf dieser Subjectivität allein ruht das Aufheben des Gegensatzes zwischen Begriff und Realität und die Einheit, welche die Wahrheit ist.« Es sei »das innerste, objectivste Moment des Lebens und Geistes, wodurch ein Subject, Person, Freyes ist.« Diese sind also nichts Unmittelbares, sondern allein von der bezeichneten logischen Struktur her zu begreifen – und: »Die höchste zugeschärfteste Spitze ist die reine Persönlichkeit, die allein durch die absolute Dialektik, die ihre Natur ist, ebensosehr Alles in sich befaßt und hält«.

Hegel sucht diesen Gang des Begriffs durch die Einführung von Zahlen noch weiter zu veranschaulichen – doch zeigt es sich rasch, daß dergleichen Zahlenspiele eher Mißverständnisse evozieren. Das Zweite könne auch als das Dritte, die Triplizität auch als Quadruplizität genommen werden – weil eben nichts an der »abstracten Zahlform« liegt, ebenso wie später bei der Trinität (s. Kap. II.9.8.6). Sie gibt allein zum Mißbrauch Anlaß: »Der Formalismus hat sich zwar der Triplicität gleichfalls bemächtigt, und sich an das leere Schema derselben gehalten; der seichte Unfug und das Kahle des modernen philosophischen sogenannten Construirens, das in nichts besteht, als jenes formelle Schema, ohne Begriff und immanente Bestimmungen überall anzuhängen, und zu einem äusserlichen Ordnen zu gebrauchen, hat jene Form langweilig und übel berüchtigt gemacht.« Hier nimmt Hegel wiederum Schelling und seine naturphilosophischen Anhänger in den Blick – doch läßt sich dem auch eine Warnung vor dem Versuch einer Formalisierung der Hegelschen Dialektik entnehmen, zumal deren bisherige Versuche (u. a. Günther 1978) nicht sonderlich erhellend gewesen sind.

Indem das Resultat der Dialektik nicht ein bloß Negatives ist, sondern ein neuer Begriff, wird der Inhalt des Erkennens im logischen Gange selbst abgeleitet und erwiesen: »Die Methode selbst erweitert sich durch diß Moment zu einem Systeme«, zu einem »System der Totalität«, zunächst jedoch zu einem System nur der Logik. Sie stellt sich »als einen in sich geschlungenen Kreis dar, in dessen Anfang, den einfachen Grund, die Vermittlung das Ende zurückschlingt; dabey ist dieser Kreis ein Kreis von Kreisen«, und die einzelnen Wissenschaften sieht

Hegel als die »Bruchstücke dieser Kette«. Diese Rede
von »einzelnen Wissenschaften« deutet weniger auf
die *Wissenschaft der Logik* denn auf das »System«
überhaupt, doch steht sie zunächst noch im Kontext
des »reinen Gedankens«. Erst im Anschluß daran bereitet Hegel den Übergang von der *Logik* zur Realphilosophie vor: »die reine Wahrheit wird als letztes Resultat auch der A n f a n g e i n e r a n d e r n S p h ä r e
u n d W i s s e n s c h a f t .« (GW 12.236–253)

Literatur: Wolfgang Krohn: Die formale Logik in Hegels
»Wissenschaft der Logik«. Untersuchungen zur Schlußlehre. München 1972; Gotthard Günther: Idee und Grundriß
einer nicht-Aristotelischen Logik. Die Idee und ihre philosophischen Voraussetzungen […]. Hamburg ²1978, darin
Anhang: »›Materialien zur Formalisierung der dialektischen Logik und der Morphogrammatik 1973–1975‹ von
Rudolf Kaehr«; Ludovicus de Vos: Hegels Wissenschaft der
Logik: Die absolute Idee. Einleitung und Kommentar. Bonn
1983; Anton Friedrich Koch / Alexander Oberauer / Konrad Utz (Hg.): Der Begriff als die Wahrheit. Zum Anspruch
der Hegelschen »Subjektiven Logik«. Paderborn u. a. 2003;
Chong-Fuk Lau: Hegels Urteilskritik. Systematische Unter-
suchungen zum Grundproblem der spekulativen Logik.
München 2004; Georg Sans: Die Realisierung des Begriffs.
Eine Untersuchung zu Hegels Schlusslehre. Berlin 2004;
Miriam Wildenauer: Epistemologie freien Denkens. Die lo-
gische Idee in Hegels Philosophie des endlichen Geistes.
Hamburg 2004 (HSB 47); Andreas Arndt / Christian Iber /
Günter Kruck (Hg.): Hegels Lehre vom Begriff, Urteil und
Schluss. Berlin 2006.

6.2.8 Übergang zur Realphilosophie

(1) Ähnlich wie der Anfang der *Logik* hat auch ihr
Übergang zur »Realphilosophie«, im engeren Sinne
zur Naturphilosophie, stets als eine ihrer besonders
problematischen Partien gegolten. Hier jedoch geht
es nicht um die Frage, wie in die *Logik* hineinzukom-
men, sondern wie aus ihr, aus der »Wissenschaft nur
des göttlichen B e g r i f f s«, wieder herauszukommen
sei. Als Problem des Übergangs vom Unendlichen
zum Endlichen hat dieses Problem die gesamte Epoche immer wieder beschäftigt, seit Jacobis Bericht
über sein Gespräch mit Lessing: »Er verwarf also jeden U e b e r g a n g des Unendlichen zum Endlichen;
überhaupt alle Causas transitorias, secundarias oder
remotas; und setzte an die Stelle des emanierenden
ein nur i m m a n e n t e s Ensoph; eine inwohnende,
ewig i n s i c h unveränderliche Ursache der Welt,
welche mit allen ihren Folgen zusammengenommen
– Eins und dasselbe wäre.« (JWA 1.18) Vom Systemanspruch Hegels her ist nicht ein »Sprung« oder ein
»vollkommenes Abbrechen von der Absolutheit«
oder ein »A b f a l l von dem Absoluten« gefordert –
wie Schelling dies einmal formuliert (SW I/6.38) und

später an Hegel kritisiert –, sondern ein systematischer Zusammenhang, eine Vermittlung zwischen
der Sphäre des reinen Gedankens und seiner Wirklichkeit in Natur und Geist, ja seine »Realisation« in
dieser Wirklichkeit. Hegel sucht diesen Übergang
zunächst durch die Bestimmung begreiflich zu machen, daß die Idee »sich nemlich als absolute E i n -
h e i t des reinen Begriffs und seiner Realität setzt, somit in die Unmittelbarkeit des S e y n s zusammen-
nimmt« und als deren Totalität die »N a t u r« sei.
Doch ist er genötigt, diesen Übergang etwa von demjenigen von der Subjektivität zur Objektivität zu unterscheiden. Dies ist schon aus einer formellen Erwägung plausibel: Die *Logik* ist ja mit der »absoluten
Idee« nicht allein an ein Ende, sondern zu ihrer Vollendung gelangt, und so kann schon aus diesem immanenten Grund hier nicht ein logisches Verhältnis
angesetzt werden, das analog zu den früheren zu
denken wäre – sonst wäre die Logik ja vielmehr nicht
vollendet.

Hegel geht deshalb einen anderen, und einen
zweifachen Weg. Zunächst führt er aus, die reine Idee
sei »vielmehr absolute B e f r e y u n g, für welche keine unmittelbare Bestimmung mehr ist, die nicht
ebensosehr g e s e t z t und der Begriff ist; in dieser
Freyheit findet daher kein Uebergang Statt, das einfache Seyn, zu dem sich die Idee bestimmt, bleibt ihr
vollkommen durchsichtig, und ist der in seiner Bestimmung bey sich selbst bleibende Begriff.« Diese
Rede von »absoluter B e f r e y u n g« läßt sich aus ihrem Kontext hinlänglich verstehen: Am Ende der *Logik* ist mit der »absoluten Idee« ein Gedanke erreicht,
gegen den es keine unmittelbare Bestimmung mehr
geben kann. Denn das gesamte ›Reich des reinen Gedankens‹ ist ja nichts als die fortschreitende Entfaltung dieser Idee. Insofern ist sie darin ›frei‹, von allem Gegensatz und aller Unmittelbarkeit befreit –
und dies zeigt sich auch in dem Verhältnis, das innerhalb der *Logik* zwischen der »absoluten Idee« und
dem »Seyn« stattfindet: »das einfache Seyn, zu dem
sich die Idee bestimmt bleibt ihr vollkommen durchsichtig, und ist der in seiner Bestimmung bey sich
selbst bleibende Begriff.«

Von diesem Logik-immanenten Verhältnis unterscheidet Hegel in einem zweiten Ansatz das Übergehen zur »A e u s s e r l i c h k e i t d e s R a u m s u n d
d e r Z e i t«, und auch seine Vorschau, daß der Begriff »i n d e r W i s s e n s c h a f t d e s G e i s t e s seine
Befreyung durch sich vollendet«, setzt eine weitere,
neue Verwicklung der logischen Idee mit Unmittelbarkeit voraus, nämlich in ihrem Verhältnis zur Natur, zum »Anderen« des Begriffs. Hier spricht er da-

von, »daß die Idee sich selbst f r e y e n t l ä ß t«, ja von einem »nächsten Entschluß der reinen Idee sich als äusserliche Idee zu bestimmen«. Diese Auskunft wirft viele Fragen auf, und vor allem diejenige, was hier mit »Befreyung« und »Freyheit« gemeint sein könne – denn von einem Akt des freien Willens kann hier nicht die Rede sein. Sie weckt nicht allein geistesphilosophische Assoziationen, sondern auch theologische, denn sie scheint ein göttliches Subjekt anzusetzen, dem ein solcher freier »Entschluß« zugeschrieben werden könnte. Doch wie von einem freien Willen, so kann auch von einem solchen göttlichen Subjekt hier nicht die Rede sein. Zwar scheint Hegel genau dies behauptet zu haben, wenn man den häufigen und in der Gegenwart noch zunehmenden Zitationen Glauben schenkt, er habe seine *Logik* als Darstellung der Gedanken Gottes vor Erschaffung der Welt ausgegeben. Dann wäre nach einem Kandidaten für einen freien Willensakt nicht lange zu suchen. Doch diese schon fast dogmatische Behauptung ignoriert unbekümmert und großzügig den Text; sie unterstellt Hegel ein neuplatonisches und später christianisiertes Denkmodell, das er seiner *Logik* gerade nicht zu Grunde legt. Vielmehr schreibt er, die *Logik,* »als das System der reinen Vernunft, als das Reich des reinen Gedankens«, sei »die Wahrheit selbst, wie sie ohne Hülle an [und] für sich selbst ist; man kann sich deßwegen ausdrücken, daß dieser Inhalt die Darstellung Gottes ist, wie er in seinem ewigen Wesen, vor der Erschaffung der Natur und eines endlichen Geistes ist.« (GW 11.21). Auch abgesehen also von der distanzierten Formulierung, man könne sich so ausdrücken, ist Hegels Aussage klar: Die *Logik* ist nicht Darstellung der Gedanken eines ihr vorausgesetzten göttlichen Subjekts, sondern gleichsam die Darstellung dieses Göttlichen selbst – nämlich derjenigen wahren Wirklichkeit, die der Natur und dem endlichen Geiste vorausliegt. In der *Enzyklopädie* (¹§ 17) spricht er der Logik deshalb vom Ende des Systems her »die Bedeutung s p e c u l a t i v e r T h e o l o g i e« zu – eine Aussage, die er zwar in den späteren Auflagen so nicht wiederholt, die aber gleichwohl in Kraft bleibt, wie sich auch von der Religionsphilosophie her erkennen läßt (s. Kap. II.9.8.3). Ein vorausgesetztes göttliches Subjekt, dem Gedanken zugeschrieben werden könnten, wäre für Hegel eine bloße religiöse Vorstellung – und zudem eine solche, die das begreifende Denken blockiert, statt es zu befördern (s. Kap. II.4.7.2).

(2) Dennoch bleibt es zweifelhaft, ob dieser Übergang als ein »freies Entlassen« oder als »Entschluß« oder gar als »Abfall« angemessen gedacht sei – ganz

abgesehen von dem unaufhebbar metaphorischen Charakter dieser Wendungen. Für den Systemanspruch entscheidend sind jedoch nicht diese nebulösen Wendungen, die sich als Einsicht in den Übergangsprozeß von der Logik zur Naturphilosophie ausgeben, jedoch eher eine Verlegenheit als eine Lösung indizieren. Entscheidend ist vielmehr, ob sich der »Begriff« in der Wirklichkeit auffinden läßt. In der *Logik* antizipiert Hegel dieses Verhältnis, und er denkt es als ein Begründungsverhältnis: Die *Logik* ist zwar die »Wissenschaft der absoluten Form«, aber die »reinen Bestimmungen von Seyn, Wesen und Begriff, machen […] die Grundlage und das innere einfache Gerüste der Formen des Geistes aus«. Wegen dieses Begründungscharakters ist die logische Form von der ungeistig-natürlichen wie auch von der »geistigen Gestalt des Begriffs« unabhängig, aber sie selber ist das Fundament dieser realphilosophischen Sphären (GW 12.20). Deshalb kann Hegel ebenso formulieren, daß die konkreten Wissenschaften der Natur und des Geistes »das Logische oder den Begriff zum innern Bildner haben und behalten, wie sie es zum Vorbildner hatten« (GW 12.25). Daß dies so sei, erhellt aber nicht schon aus der *Logik,* und schon gar nicht aus den kryptischen Wendungen, in denen sie in ihrem letzten Abschnitt dieses Verhältnis anzudeuten sucht. Im Nachweis, daß ein solches Begründungsverhältnis vorliege, liegt vielmehr erst die systematische Aufgabe der Natur- und der Geistesphilosophie – und allein mit ihrer Auflösung, nicht schon durch die Metaphern am Ende der *Logik,* ist der Systemzusammenhang gewahrt, den Hegel nur ein Jahr später, in seiner *Enzyklopädie der philosophischen Wissenschaften im Grundrisse,* erstmals insgesamt darstellt und auch publiziert.

Literatur: Karl-Heinz Volkmann-Schluck: Die Entäußerung der Idee zur Natur. HSB 1 (1964), 37–44; Hermann Braun: Zur Interpretation der Hegelschen Wendung: frei entlassen. In: Hegel. L'Esprit Objectif. L'Unité de l'Histoire. Actes du IIIeme Congres International de l'Association Internationale pour l'Étude de la Philosophie de Hegel. Lille 1968, 51–64; Henrich: Hegels Theorie über den Zufall, 164 f.; L. Bruno Puntel: Darstellung, Methode und Struktur. Untersuchungen zur Einheit der systematischen Philosophie G. W. F. Hegels. HSB 10 (1973); Dieter Wandschneider / Vittorio Hösle: Die Entäußerung der Idee zur Natur und ihre zeitliche Entfaltung als Geist bei Hegel. HS 18 (1983), 173–199; Brigitte Falkenburg: Die Form der Materie. Zur Metaphysik der Natur bei Kant und Hegel. Frankfurt am Main 1987; Stefan Büttner: Natur als sich fremde Vernunft. Studien zu Hegels Naturphilosophie. Diss. phil. München 1991, Darmstadt 1993, 44–46; Marco Bormann: Der Begriff der Natur. Eine Untersuchung zu Hegels Naturbegriff und dessen Rezeption. Herbolzheim 2000, 30–60.

7 Heidelberger Schriften (1817–1818)

7.1 Aus den Heidelbergischen Jahrbüchern der Literatur

7.1.1 Jacobi-Rezension

(1) Als erstes Werk veröffentlicht Hegel in Heidelberg zu Beginn des Jahres 1817, also nur ein Vierteljahr nach seinem Eintreffen, eine Rezension des im Sommer 1816 erschienenen dritten Bandes der noch von Jacobi veranstalteten Ausgabe seiner *Werke*. Seine Rezension erscheint in den beiden ersten Nummern dieses Jahrgangs der *Heidelbergischen Jahrbücher*, die er damals auch als Redakteur betreut.

Vor dem Hintergrund der überzogenen, weder im Tone noch in der Sache angemessenen Polemik, mit der Hegel 1802 Jacobi in *Glauben und Wissen* (s. Kap. II.4.5.5) bedacht hat, überrascht die hohe und keineswegs nur taktisch motivierte oder vordergründig aufgetragene Wertschätzung Jacobis, die sich in Hegels Rezension ausspricht – trotz aller Kritik im einzelnen, an der Hegel auch jetzt nicht spart. Dieser Umschwung ist nicht etwa durch einen Wandel im Denken Jacobis veranlaßt. Die in dem besprochenen Band veröffentlichten Werke gehören ohnehin zumeist bereits der frühen Zeit vor *Glauben und Wissen* an – wie etwa das Sendschreiben *Jacobi an Fichte* –, und die später verfaßten – wie die Schrift *Von den Göttlichen Dingen und ihrer Offenbarung* – weichen im Ansatz nicht von den frühen ab.

Aber auch Hegels zwischenzeitlich erschienene Schriften lassen noch nicht die neue Stellung zu Jacobi erahnen. In der *Phänomenologie des Geistes* ist Jacobi zwar vielfach präsent (Falke 1996), doch ohne daß aus diesen Anspielungen schon ein prinzipieller Wandel in Hegels Urteil erkennbar wäre. In der *Wissenschaft der Logik* bezieht Hegel sich wenig auf Jacobi – und erst in der 1816 erschienenen Begriffslogik (GW 12.229) –, obschon Jacobis Kant-Kritik bereits zuvor hierzu mannigfachen Anlaß geboten hätte. Erst die Neubearbeitung des ersten Buches der *Logik*, die »Lehre vom Sein« (1832), geht, lange nach Jacobis Tod, ausführlicher auf Elemente seiner Philosophie ein (GW 21.82–85), und zwar offensichtlich entlang den durch die Rezension vorgezeichneten Linien.

(2) Hegels Urteil über Jacobi hat sich in diesen Jahren wohl erst durch die Vermittlung Niethammers und die durch ihn geförderte persönliche Bekannt-

schaft gewandelt (s. Kap. I.6.2). An die Stelle des rauhen polemischen Tons, in dem Hegel in *Glauben und Wissen* Schelling zu überbieten trachtet, ist nun eine philosophisch wie auch historisch gerechtere Sicht der ebenso zentralen wie eigentümlichen Rolle getreten, die Jacobi während der drei Jahrzehnte von 1785 bis 1815 in der Philosophie ausgefüllt hat.

Hegel gehört ja zu der Generation von Philosophen, die am Ausgang der Aufklärung entscheidende Anstöße durch Jacobis Briefe *Ueber die Lehre des Spinoza* (1785, JWA 1) empfangen hat. Die Wirkung dieses Buches beruht nicht so sehr auf der vordergründig erörterten Frage, ob Lessing ein Spinozist gewesen sei – denn dies ist keine philosophische Frage; sie hat kaum mehr als ein biographisch-historisches Interesse, das zudem nicht wirklich befriedigt wird, da als einziges Zeugnis von diesem Gespräch Jacobis Bericht vorliegt. Die Wirkung des Buches beruht vielmehr auf der Einschätzung, die Jacobi in ihm so nachhaltig einschärft: daß die Philosophie Spinozas die einzige konsequente Philosophie sei – daß sie aber als konsequente Verstandesphilosophie unausweichlich in den Pantheismus und gar Atheismus münde und deshalb alle solche Verstandesphilosophie zu verabschieden sei. Mit dieser These hat Jacobi den »Spinozastreit« oder »Pantheismusstreit« ausgelöst, der – entgegen seiner Absicht – eine Welle der Spinoza-Rezeption nach sich gezogen hat. Namen wie Herder, Fichte, Hölderlin, Schelling und Schleiermacher, aber auch Goethe sind hier zu nennen. Im Gefolge dieser Rezeption hat Hegels Freund Heinrich Eberhard Gottlob Paulus eine neue Ausgabe der Werke Spinozas veranstaltet, an der auch Hegel mitgearbeitet hat (s. Kap. I.4.4).

(3) Nur ein gutes Jahrzehnt nach dem Pantheismusstreit hat ein neuer Streit die Zeitgenossen erregt: der Atheismusstreit, in dessen Verlauf Fichte seine Jenaer Professur verloren hat (1798/99). Diesen Streit hat zwar nicht Jacobi ausgelöst, aber er hat in ihn eingegriffen und durch sein zunächst als Verteidigung Fichtes beabsichtigtes, jedoch als Verstärkung der Angriffe wirkendes Sendschreiben *Jacobi an Fichte* (JWA 2.187–258) die innere Verbindung mit dem Pantheismusstreit aufgewiesen: Fichtes Transzendentalphilosophie sei »umgekehrter Spinozismus«, und von ihr gelte, nicht anders als zuvor von der Substanzphilosophie Spinozas, daß sie als konsequente Philosophie den Gottesgedanken nicht denken könne. – Und nach einem weiteren guten Jahrzehnt hat Jacobi einen heftigen Streit mit Schelling um das richtige Verständnis des Theismus geführt, den »Streit um die Göttlichen Dinge« oder

»Theismusstreit«. Der Hegel zur Besprechung vorliegende Band vereint Jacobis ausführliche Kant-Kritik (*Ueber das Unternehmen des Kriticismus die Vernunft zu Verstande zu bringen,* 1802) mit seinen Schriften zum Atheismusstreit (*Jacobi an Fichte,* 1799) und zum Theismusstreit (*Ueber eine Weissagung Lichtenbergs,* 1802, und *Von den Göttlichen Dingen und ihrer Offenbarung,* 1811)

(4) Der Besprechung dieser vier Schriften schickt Hegel eine Eloge auf Jacobis Bedeutung für die Philosophie seiner Zeit voraus: Den »kahlen Resten« gegenüber, in denen die Metaphysik am Ende der Aufklärung »ein ermattetes Leben dürftig fristete«, sei Jacobi in einer »ausgezeichneten Ueberlegenheit« aufgetreten; er habe ihnen »die höchste Anschauung« des Absoluten entgegengesetzt, und zwar nicht bloß in Gefühl und Vorstellung, sondern im Gedanken, denn er habe mit Spinoza erkannt, »daß sie das l e t z t e w a h r h a f t e R e s u l t a t d e s D e n k e n s ist, daß jedes consequente Philosophiren auf den Spinozismus führen muß« – auf den Begriff der absoluten Substanz als der Negation der Negation, in der das Endliche als Negatives gesetzt, also negirt ist. In diesem Rückblick prägt Hegel übrigens erstmals, in Anlehnung an Jacobis Referat Spinozas (JWA 1.22,100), die vollständige Formel »omnis determinatio est negatio«. Doch Hegel schreibt hier Jacobi vor allem die weiterführende Einsicht zu, daß das Wahre gleichwohl nicht in Gestalt der absoluten Substanz Spinozas zu fassen sei, weil es so »noch nicht als der a b s o l u t e G e i s t erfaßt ist«. Jacobi habe »diesen Uebergang von der absoluten Substanz zum absoluten Geiste, in seinem I n n e r s t e n gemacht, und mit dem unwiderstehlichen G e f ü h l e d e r G e w i ß h e i t ausgerufen: G o t t ist G e i s t, das A b s o l u t e ist f r e y und p e r s ö n l i c h.« Diese Einschätzung charakterisiert Jacobi als den Denker, der die Parole für Hegels eigenen gedanklichen Weg von der Substanz zum Subjekt ausgibt. Insbesondere das – in Hegels Denken ja recht unvermittelt auftretende – Wort »Geist« führt er hier auf Jacobi zurück (GW 15.7–13).

Aber auch jetzt noch sieht Hegel Jacobis »B e w u ß t s e y n d e s a b s o l u t e n G e i s t e s in der Form des u n m i t t e l b a r e n, nur s u b s t a n t i e l l e n W i s s e n s«, ja des reflektierenden Bewußtseins verharren. Jacobi mache gleichsam nur den einen Schritt über Spinoza hinaus – nur über dessen Substanzbegriff, aber nicht zugleich den zweiten, über die Unmittelbarkeit, die doch das Komplement der Substantialität bildet, hin zu der Bewegung des Wissens, die dem Geist zukommt. Und so gewinne der Geist- und Vernunftbegriff für Jacobis Denken nicht

die organisierende Funktion, die eigentlich in ihm angelegt sei; er unterlasse es, das Erkennen nach der vorangegangenen »Wassertaufe des Verstandes« nun mit Vernunft und Geist zu taufen. Doch trotz dieser Vorbehalte spricht Hegel Jacobi eine Schlüsselstellung für das Denken seiner Zeit zu: Es sei das »gemeinsame Werk« Jacobis und Kants gewesen, »der v o r m a l i g e n M e t a p h y s i k nicht so sehr ihrem Inhalte nach, als ihrer W e i s e d e r E r k e n n t n i ß, ein Ende gemacht und damit die Nothwendigkeit einer völlig veränderten Ansicht des L o g i s c h e n begründet zu haben. Jacobi hat hiedurch [...] in der Geschichte der Philosophie überhaupt eine bleibende Epoche gemacht.« (GW 15.11–13,24–29)

(5) Von den vier Abhandlungen des zu rezensierenden Bandes sagt Hegel, sie seien »dem Publicum sattsam bekannt; aber die Leidenschaft der Zeit, in der sie erschienen, kann als vorbey gegangen angesehen werden« – und so könne sich die Betrachtung »auf das Wesentliche beschränken«. – Jacobis Abhandlung *Ueber das Unternehmen des Kriticismus die Vernunft zu Verstande zu bringen* (1802, JWA 2.259–330) billigt Hegel zu, Kants Philosophie »auf die wahrhafte Weise, nämlich d i a l e k t i s c h, behandelt« zu haben. Mit Jacobi wertet Hegel Kants Frage nach der Möglichkeit synthetischer Urteile a priori als selbst noch durch die Denkweise der Metaphysik seiner Zeit begrenzt, durch die Herrschaft der abstrakten Identität. Doch macht er gegen Jacobi geltend, daß der Erweis der Leerheit solcher Abstraktionen nicht bloß in eine äußerliche Reflexion fallen dürfe, sondern ihre »immanente Nichtigkeit« durch eine »o b j e c t i v e Dialektik« erwiesen werden müsse. Und er wendet vor allem ein, daß Jacobi »das unendliche Verdienst« der *Kritik der reinen Vernunft* nicht herausgehoben habe: »die F r e y h e i t d e s G e i s t e s auch in der t h e o r e t i s c h e n Seite als Princip erkannt zu haben«, nämlich das im Begriff der transzendentalen Apperzeption liegende Prinzip der Selbstbestimmung. Demgegenüber hebt er wiederum Jacobis Kritik an der »e r z ä h l e n d e n Manier« Kants heraus, um Jacobi als Kronzeugen gegen das Unternehmen seiner »Freunde« anzurufen, die eine »V e r b e s s e r u n g der kritischen Philosophie« darin gefunden zu haben glaubten, »daß sich die Erkenntniß des erkennenden Geistes zur Sache einer A n t h r o p o l o g i e machen lasse, – zu einem simpeln Erzählen von T h a t s a c h e n, die im Bewußtseyn sollen v o r g e f u n d e n werden« – womit er einmal mehr gegen Jakob Friedrich Fries' *Neue Kritik der Vernunft* (1807) polemisiert.

Das Sendschreiben *Jacobi an Fichte* (1799, JWA 2.187–258) stellt Hegel nicht in die ursprüngliche

Perspektive des Atheismusstreits (1798/99), sondern der Kritik Jacobis am Kantisch-Fichteschen »Moral-Princip der Ve r n u n f t« (eigentlich nur des Verstandes). Das gute Recht Jacobis, dieser abstrakten eine »c o n c r e t e Vernunft, unter dem populären Namen H e r z« entgegenzustellen, unterstützt Hegel durch einen Rückgriff auf Aristoteles' Kritik an der Aufhebung der alogischen Seite der Seele durch die Sokratische Moral – doch er kritisiert Jacobi, weil dieser »das H e r z hier dem a n s i c h G u t e n, dem a n s i c h Wa h r e n gegenüberstellt«. Auch hier referiert Hegel die oben (s. Kap. II.4.5.5) bereits zitierte »schöne Stelle«, in der Jacobi dem Kantisch-Fichteschen Vernunftgesetz, dem reinen »Willen, d e r N i c h t s w i l l,« die »Absolutheit« und »g ö t t l i c h e N a t u r« des Selbstbewußtseins entgegensetzt. Aber auch hier macht Hegel geltend, Jacobis Appell »an die unbestimmte Seite der Majestät der Persönlichkeit« spreche ebenfalls »einen absoluten W i l l e n aus, der N i c h t s will« – ein unbestimmtes Allgemeines, das die sittlichen Bestimmungen nur beseitige und ihnen ein »positives G e l t e n« abspreche. Die Philosophie jedoch habe sowohl »diese Nothwendigkeit der sittlichen Bestimmungen und ihres Geltens, als auch das Höhere aufzuzeigen, in welchem sie gegründet sind, das eben darum auch Macht und Majestät über sie hat.« (GW 15.18–22)

Auch die Schrift *Von den Göttlichen Dingen und ihrer Offenbarung* (1811, JWA 3), der Jacobi seine frühere Abhandlung *Ueber eine Weissagung Lichtenbergs* (1802) vorangestellt hat, entnimmt Hegel ihrem ursprünglichen Kontext, dem »Theismusstreit« zwischen Jacobi und Schelling. Sie sei »von ihrer ersten Erscheinung her noch so in der Erinnerung des Publikums, daß es unzweckmäßig seyn würde, sich dabei länger aufzuhalten« – mehr aber wohl aus einem anderen Grund: »Es würde eine vergebliche und unfruchtbare Mühe seyn, die Mißverständnisse entwirren zu wollen, die in den Verhandlungen hierüber vorgekommen sind«. Mit dieser diplomatischen Bemerkung entledigt Hegel sich der heiklen Aufgabe, nachträglich in diesen Streit einzugreifen – zumal er zwar persönlich Jacobi zuneigt, philosophisch jedoch in diesem Streit auf Schellings Seite steht, oder, wie er hier unpersönlich formuliert: auf Seiten der »Naturphilosophie«. Und so wirbt er um Verständnis für Schellings »Naturphilosophie«, die teils ihre »w i s s e n s c h a f t l i c h e F o r m« noch nicht gefunden, teils in keiner ihrer Darstellungen ihren Inhalt erschöpft – und somit »einer Polemik Seiten für vortheilhafte Angriffe« geboten habe. Den »positiven Ideen« Jacobis spricht Hegel nur den Wert »von Ve r s i c h e r u n -

g e n« zu, von glücklichen Eingebungen und sinnreichen Erfindungen. Und so sehr er Jacobis »Dämmerung des Geistreichen« gegenüber der Aufklärung begrüßt, so erscheint sie ihm – gegenüber dem inzwischen hell leuchtenden »Licht der Vernunft« – schlicht als »Dunkelheit«. Um aber seine Rezension nicht mit diesem Mißton zu beenden, kehrt Hegel am Schluß wieder zu einer Charakteristik der allgemeinen Bedeutung Jacobis zurück (GW 15.22–29).

(6) Hegels Rezension hat viel Zustimmung erfahren – etwa durch N. v. Thaden, der am 26.4.18 an Hegel schreibt, die Rezension habe »der guten Sache einen außerordentlichen Dienst geleistet, – und wahrlich, dies Lob haben Sie in hohem Maße verdient: Wie milde die Schwäche berührt! Wie freundlich alles zum Besten gekehrt!« Auch Jacobi hat sie erfreut, obgleich nicht ohne Einwände aufgenommen, wie seine Briefe sowie ein Brief Hegels an Niethammer (19.4.17) und das anhaltend herzliche Verhältnis Hegels und Jacobis belegen. Im Brief an Johann Neeb vom 30.05.17 beschreibt Jacobi sehr präzise den Unterschied zwischen sich und Hegel: Auch für diesen sei der Spinozismus das letzte, wahrhafte Resultat des Denkens, doch Hegel komme auf dem Wege des Gedankens darüber hinaus zu einem System der Freiheit, er, Jacobi, hingegen nur durch einen Sprung: Hegel »mag wohl recht haben, und gern wollte ich mit ihm noch einmal alles durchversuchen, was die Denkkraft allein vermag, wäre nicht der Kopf des Greises zu schwach dazu.« (HBZ 142 f.) Und auch Jean Paul bestätigt diese neue Stellung Hegels zu Jacobi; er schreibt ihm am 3.9.17: »Hegel ist Dir viel näher gekommen, nur einen Punkt über den Willen abgerechnet.« (HBZ 156)

Erstdruck: Heidelbergische Jahrbücher der Litteratur. 10. Jahrgang, 1. Hälfte. 1817. – **Text:** GW 15.7–29; BSchr 8–40. – **Literatur:** Gustav-H. H. Falke: Begriffne Geschichte. Das historische Substrat und die systematische Anordnung der Bewußtseinsgestalten in Hegels Phänomenologie des Geistes. Interpretation und Kommentar. Berlin 1996; Birgit Sandkaulen: Grund und Ursache. Die Vernunftkritik Jacobis. München 2000, 51,55,75,238; Christoph Halbig: Objektives Denken. Erkenntnistheorie und Philosophy of Mind in Hegels System. Stuttgart-Bad Cannstatt 2002, 279–324.

7.1.2 Verhandlungen in der Versammlung der Landstände des Königreichs Würtemberg

(1) Entgegen dieser versöhnlichen Tendenz der *Jacobi-Rezension* hat Hegels zweite, allerdings anonyme Veröffentlichung in den *Heidelbergischen Jahrbüchern* eine polemische Stoßrichtung: seine sogenannte

Zweite Württemberg-Schrift oder *Landstände-Schrift*, d. h. seine Rezension der *Verhandlungen in der Versammlung der Landstände des Königreichs Württemberg.* Formal ist diese Schrift eine Rezension der Publikation der Verhandlungsakten der Jahre 1815 und 1816; material ist sie die umfang- und einflußreichste politische Flugschrift Hegels.

Hegels frühes politisches Engagement im Blick auf Württemberg (s. Kap. II.3.3) und Briefstellen aus mehreren Jahren belegen, daß er an den dortigen politischen Verhältnissen kontinuierlich und zumeist sehr polemisch Anteil genommen hat. Als Redakteur der *Heidelbergischen Jahrbücher* hat er, gemeinsam mit seinen Redaktionskollegen, eine in der Perspektive der Landstände verfaßte, gegenüber dem König und dem Ministerium Wangenheim kritische Auseinandersetzung seines langjährigen Freundes H. E. G. Paulus aus Umfangsgründen zunächst abgelehnt. Paulus, so schreibt Hegel am 19.4.17 an Niethammer, sei »der Gott der Landstände«; er sei mit ihm wegen seiner »quoad personam hämisch behandelten und quoad rem höchst philisterhaftig und Gemeinen-Menschenverstand-mäßigen« Kritik am Ministerium Wangenheim »zu einem Billetieren als Redakteur« gekommen. Dies, und wohl überhaupt ihr in der nachnapoleonischen Zeit aufgebrochener politischer Gegensatz, haben zum unheilbaren Bruch zwischen beiden geführt.

(2) Der Konflikt zwischen König und Landständen wird um die Verfassung ausgetragen, die der König 1815 – als Herrscher des nunmehr souveränen, gegenüber dem früheren Herzogtum territorial erheblich vergrößerten Staates – verkündet, während die von ihm einberufenen Landstände ihn auf das »alte« oder gar »gute alte Recht« der vorrevolutionären Zeit verpflichten wollen. In diesem Streit ergreift Hegel nahezu uneingeschränkt die Partei des Königs – und dies aus einer verfassungsrechtlichen Erwägung und einer historischen Erfahrung: Die politischen Umwälzungen seit der Französischen Revolution, in denen auch »der Unsinn der Einrichtung, welcher d e u t s c h e s R e i c h« und treffender »Constituierung der Anarchie« genannt, »endlich sein verdientes, […] schimpfliches Ende erreicht« hat (GW 15.31, s. Kap. II.4.1) und Württemberg aus einem Reichslehen zum souveränen Königreich aufgestiegen ist, haben in seinen Augen die verfassungsrechtliche Basis so radikal verändert, daß ein Pochen auf das »alte Recht« dem Pochen des Reeders auf das Recht an seinem untergegangenen Schiff gleicht. Hegel begrüßt deshalb die Verfassungsurkunde des Königs als generöse Geste, die (absolutistische und zu-

dem wenig aufgeklärte) »Macht«, auf die das Königreich seit Napoleon gegründet ist, nun durch den »Willen« der Nationalrepräsentation zu ergänzen. Da die Stände sich hingegen auf ihr vorrevolutionäres »altes Recht« berufen, überträgt Hegel den damals gegen die französischen Remigranten erhobenen Vorwurf auf die Landstände: »s i e h a b e n n i c h t s v e r g e s s e n u n d n i c h t g e l e r n t«, sondern die lehrreichen letzten 25 Jahre »v e r s c h l a f e n« (GW 15.61 f.).

In diesem Vergleich der Landstände mit den Remigranten deutet sich bereits der Erfahrungshintergrund für Hegels scharfe Kritik der Stände an: Das »gute alte Recht«, das sie einfordern, sind letztlich die Privilegien einer quasi »bürgerlichen Aristokratie«, deren früher ungehemmte Ausnutzung zur Verelendung der Bevölkerung beigetragen hat. Unter dem Schein der Berufung auf die »Z a u b e r f o r m e l« (GW 15.80) des »alten Rechts« geht es – mit Marx zu sprechen – in Hegels Augen lediglich darum, »die Niederträchtigkeit von gestern« (MEW 1.380) in der künftigen Verfassung Württembergs als Rechtszustand von heute und morgen erneut festzuschreiben. Die angebliche Herrschaft des »alten Rechts« charakterisiert Hegel als einen bloßen Zustand der »Versumpfung ins Privatinteresse«, ja der »intellectuellen Versumpfung« und der »Privat-Plünderung« des Landes, insbesondere durch die Schicht der »Schreiber« (GW 15.48,57,97).

(3) In vielen Partien, insbesondere in der Kritik des »Schreiberey-Unfugs«, zeigt die *Landstände-Schrift* ein kräftiges Lokalkolorit. An anderer Stelle treten aber auch in ihr Grundzüge von Hegels politischer Philosophie überhaupt hervor. Den Grund der politischen Misere sieht Hegel, wie schon in der *Verfassungsschrift* (s. Kap. II.4.1) und später in den *Grundlinien*, in der Depravierung von Staatsrecht zu Privatrecht: »Der Uebergang von Verwaltung eines Privatbesitzes in Verwaltung von S t a a t s r e c h t e n ist einer der wichtigsten, welcher durch die Zeit eingeleitet worden« (GW 15.42). Deshalb polemisiert Hegel auch hier gegen die vertragsrechtliche Interpretation des Verhältnisses von König und Ständen oder Fürst und Unterthanen: Der Vertragsgedanke sei zwar »an die Stelle der vormals gedanken- und vernunftlos genommenen Vorstellung, daß die Regierungen und die Fürsten auf göttlicher Autorität beruhen, getreten« (GW 15.60) – doch zum einen verstößt er gegen das Prinzip der »organischen Ordnung«, und zum anderen ist er verfehlt, weil er einen »Praetor« bzw. eine Staatsmacht erfordert, die im Konfliktfall entscheidet und deshalb nicht ihrerseits

vertragsrechtlich begründet sein kann. Ein weiterer bleibender Zug seiner Rechtsphilosophie liegt in der Kritik an dem vom König vorgesehenen Wahlmodus, und zwar sowohl am Ausschluß gerade der Staatsdiener von der Wahlberechtigung als an der Bindung des Wahlrechts an eine Leibrente. In diesen letztgenannten Bestimmungen wie auch in der spezifischen Fassung des Repräsentationsgedankens, in der Vereinzelung der Wähler zu »isolirten Atomen«, sieht Hegel den königlichen Verfassungsentwurf geradezu »französischen Abstractionen von bloßer Anzahl und Vermögensquantum« verhaftet (GW 15.37 ff.,44).

(4) In dieser Kritik von Wahlmodus und Repräsentationsmodell weicht Hegel vom Entwurf des Königs ab; im allgemeinen jedoch plädiert er für diesen Entwurf in der ursprünglichen, vom Ministerium in den Verhandlungen mit den Ständen sogar schon revidierten Fassung. Seine dezidierte Parteinahme hat nicht allein zu einer zusätzlichen Verbreitung seiner Schrift durch Separatdrucke geführt; sie hat auch die Frage nach den Motiven für seinen »sehr unspekulativen Nebenausfall« (an Niethammer, 31.1.18) zu Gunsten von König und Ministerien heraufbeschworen und nach Hegels Tod die Denunziationen Rudolf Hayms: Hegel habe das württembergische »Zaunkönigthum mit asiatischer Lobberedsamkeit« verherrlicht – letztlich um durch den Minister Wangenheim die Kanzlerstelle der Universität Tübingen zu erhalten. Doch bereits Rosenzweig hat darauf hingewiesen, daß Haym diese (auch heute noch kursierende) Anschuldigung erheblich später an entlegener Stelle zurückgenommen habe und Hegels Argumentation ohnehin der Politik Wangenheims gerade nicht gefolgt sei (Bd. 2.51–55).

(5) Allerdings haben, wie Hegel weiß, auch die Zeitgenossen die *Landstände-Schrift* durchaus zwiespältig aufgenommen. Selbst Niethammer wirft Hegel am 27.12.17 vor, er habe »eine schlimme Sache geistreich« geführt; er geht differenziert und kenntnisreich auf die Auseinandersetzungen zwischen König und Landständen ein und spricht sowohl diesen als auch den Ministerialen gleichermaßen »Vernunft« und Unvernunft zu. Schelling, dem Niethammer die *Landstände-Schrift* mitteilt, beobachtet, daß Hegel den Bund oder Bundestag »indirekt = 0 setzt, indem er sie ignoriert – das Beste vielleicht, was man tun kann. Das Unrecht der Landstände war also eigentlich, was sie wollten, nicht sagen zu dürfen; [...] Hegel meint aber wohl: ›Wer nicht kann, was er will, soll wollen, was er kann‹ müßte auch hier gelten.« (HBZ 163) Bei Übersendung der späteren Bogen sei-

ner Schrift sucht Hegel diese Kritik durch Hinweise auf die Spezifik der Ständeverhandlungen zu entkräften (an Niethammer, 31.1.18).

Rosenzweig hat jedoch aufgezeigt, daß bereits kurz nach Hegels Schrift die Parteien des 1819 neu gewählten Landtags die Berufung auf das »alte Recht« aufgegeben und sich viele seiner Argumente zu eigen gemacht haben – auch die »Liberalen«, vor allem jedoch die »Bürgerfreunde«: »Die von Hegel vertretenen Gedanken haben so im Jahre 1819 teils auf der ganzen Linie gesiegt, so die Ablehnung der Gültigkeit des alten Rechts, das Lob der Vernunft, der Kampf gegen Kasse und Ausschuß; teils sind sie nach Parteien auseinander getreten.« (Bd. 2.57–60)

Erstdruck: Heidelbergische Jahrbücher der Litteratur. 10. Jahrgang, 2. Hälfte. 1817. – **Text:** GW 15.30–125. – **Literatur:** Haym: Hegel und seine Zeit (1857), 347–356; Rosenzweig: Hegel und der Staat (1920), Bd. 2.30–62; Hočevar: Stände und Repräsentation (1968), 183–208; P. Gehring: Um Hegels Landständeschrift. Friedrich List im Spiel? ZphF 23 (1969), 110–121; Christoph Jamme: Die Erziehung der Stände durch sich selbst. Hegels Konzeption der neuständisch-bürgerlichen Repräsentation in Heidelberg 1817/18. In: Lucas / Pöggeler (Hg.): Hegels Rechtsphilosophie im Zusammenhang der europäischen Verfassungsgeschichte. Stuttgart-Bad Cannstatt 1986, 149–173; Rolf Grawert: Der württembergische Verfassungsstreit 1815–1819. In: Jamme / Pöggeler (Hg.): »O Fürstin der Heimath! Glükliches Stutgard«. Politik, Kultur und Gesellschaft im deutschen Südwesten um 1800. Stuttgart 1988, 126–158; Dieter Wyduckel: Die Idee der Dritten Deutschland im Vormärz. Ein Beitrag zur trialistischen Verfassungskonzeption des Freiherrn von Wangenheim. Ebd. 159–183.

7.2 Enzyklopädie der philosophischen Wissenschaften im Grundrisse

7.2.1 Entstehung und Funktion

(1) Unmittelbar nach seiner so lange erfolglos erstrebten Rückkehr an eine Universität verwirklicht Hegel seinen bereits in Jena (s. Kap. II.4.6.4) gehegten Plan der Veröffentlichung eines Kompendiums zu seinen Vorlesungen: einer *Enzyklopädie der philosophischen Wissenschaften*. Er kann dieses Projekt so überaus schnell realisieren, da er es ja seit 1808 in den Nürnberger Fassungen der »Enzyklopädie« vorbereitet hat (s. Kap. II.6.1.7). Da Hegel im Oktober 1816 nach Heidelberg kommt, die ersten Druckbogen bereits zu Beginn des Sommersemesters an seine Hörer verteilt, das Vorwort »im May 1817« unterzeichnet und der Band Mitte Juni 1817 vorliegt (GW 13.631), so ist anzunehmen, daß er seine *Heidelberger Enzy-*

klopädie – wie sie zumeist genannt wird – im wesentlichen in Nürnberg verfaßt und in Heidelberg im
Winter 1816/17 lediglich im Rahmen seiner Enzyklopädie-Vorlesung eine abschließende Revision vorgenommen habe – zumal in die letzten Monate des
Jahres 1816 neben seinen Vorlesungen, die ihn stark
beanspruchen (an Niethammer, 11.12.17), auch noch
die Ausarbeitung seiner *Jacobi-Rezension* fällt.

(2) Mit der *Enzyklopädie* verwirklicht Hegel seine
Konzeption, daß »das Wahre nur als Totalität, und
nur durch Unterscheidung und Bestimmung seiner
Unterschiede die Nothwendigkeit derselben und die
Freyheit des Ganzen seyn kann; sie ist also nothwendig S y s t e m . « (¹§ 7) Und doch enthält sein Buch gerade nicht dieses »System«. Hegel gibt deshalb seinem Werk nicht den früher in Lektions- und Ver-
lagskatalogen angekündigten und auch noch der
Phänomenologie vorangestellten Titel »System der
Wissenschaft«; er nennt es *Enzyklopädie der philosophischen Wissenschaften im Grundrisse.* Man kann
dies als eine Weiterführung des traditionellen und
ihm durch Niethammers *Normativ* (s. Kap. II.6.1.1)
nochmals nahegelegten Titels lesen. Vor allem aber
muß man es als Hinweis darauf werten, daß Hegel dieses Werk ausdrücklich nicht als verbindliche Darstellung seines »Systems« verstanden wissen
will: »Als E n c y k l o p ä d i e aber ist die Wissenschaft
nicht in der ausführlichen Entwicklung ihrer Besonderung darzustellen, sondern ist auf die Anfänge und
Grundbegriffe der besondern Wissenschaften zu beschränken.« (¹§ 9)

Diesen Aspekt bringen die beiden dem Titel ange-
fügten Worte »im Grundrisse« noch deutlicher zum
Ausdruck: Es handelt sich nicht um eine gültige Darstellung des »Systems der Wissenschaft« – dessen
ersten Teil nun nicht mehr die *Phänomenologie,* sondern die *Wissenschaft der Logik* bildet –, sondern lediglich um einen »Grundriß« dieses Systems »Zum
Gebrauch seiner Vorlesungen« – nach der damals
zwar nicht mehr allgemein geforderten, aber noch
weithin üblichen Praxis, Vorlesungen ein Lehrbuch
zu Grunde zu legen. Für seine erste Vorlesung über
Enzyklopädie im Winter 1816/17 kann Hegel sein
Buch noch nicht heranziehen; vielmehr redigiert er
wahrscheinlich parallel zu ihr die Endgestalt des Textes. Die *Enzyklopädie* legt er erstmals im Sommer
1817 den Vorlesungen über die Wissenschaft der Logik (GW 23,1.13–154) sowie – wie aus einem Eintrag
in seinem Handexemplar hervorgeht (GW 13.311) –
über Anthropologie und Psychologie zu Grunde, ferner seiner Privatvorlesung für Prinz Gustav von
Schweden vom Winter 1817/18 (GW 13.628).

Über diesen Status der *Enzyklopädie* als eines Vorlesungskompendiums spricht Hegel sich stets sehr
klar aus: Der Titel *Enzyklopädie* an Stelle von ›System‹ »sollte theils den Umfang eines Ganzen, theils
die Absicht anzeigen, das Einzelne dem mündlichen
Vortrage vorzubehalten.« (GW 13.5) In den beiden
späteren Auflagen erläutert er diese duale Konzeption von Kompendium und Vortrag nochmals präziser: Ein »encyclopädischer Leitfaden« steht nicht für
sich selbst; auch nach den späteren Erweiterungen
bleibt es seine Bestimmung, als »Vorlesebuch zu dienen, das durch mündlichen Vortrag seine nöthige
Erläuterung zu erhalten hat.« (GW 19.5; 20.27,31)

Die *Enzyklopädie* bildet somit insgesamt einen integralen Bestandteil dieser Vorlesungen – nicht allein der spezifischen »Vorlesungen über die Enzyklopädie« (s. Kap. II.9.1), sondern auch weiterer Einzeldisziplinen seines Systems. Zwar hat Hegel nicht alle
Disziplinen seines Systems auf der Basis der *Enzyklopädie* vorgetragen, aber doch die Logik, die Naturphilosophie und die Philosophie des (subjektiven)
Geistes. In diesen Disziplinen bilden die Ausführungen der *Enzyklopädie* einen Bestandteil der Vorlesungen, so daß es sich auch hier nahelegt, sie im
Kontext der Vorlesungen über die jeweilige Disziplin
zu behandeln (s. Kap. II.9.2–9.4).

7.2.2 Die Auflagen 1827 und 1830

(1) Hegel legt die *Enzyklopädie* des Jahres 1817 ein
Jahrzehnt lang – weit länger als die beiden späteren
Fassungen – seinen Vorlesungen als Kompendium
zu Grunde. Während dieser langen Jahre arbeitet er
kontinuierlich an dem in ihr entworfenen Gerüst
weiter. Ein Zeugnis dieser Weiterarbeit bildet sein
Handexemplar zur Geistesphilosophie. Er läßt es
sich mit eingeschossenen Blättern für seine späteren
Notizen binden, wie vermutlich auch Exemplare für
die beiden anderen Teile der *Enzyklopädie,* die Logik
und die Naturphilosophie, die jedoch nicht erhalten
sind. Nicht alle dieser Notizen lassen sich in den
Nachschriften der späteren Vorlesungen wieder auffinden; gleichwohl sind sie ein Dokument der kontinuierlichen Arbeit an dieser Thematik (GW
13.250–543). Ein weiteres Zeugnis seiner Weiterarbeit an der Materie der *Enzyklopädie* bilden Diktate (GW 13.581–596) und zusätzliche Manuskripte,
von denen aber wohl nur noch ein Teil erhalten ist
(GW 13.545–580; 19.419–435).

Hegels weitere Arbeit an der *Enzyklopädie* beschränkt sich jedoch nicht bloß auf diese ergänzenden Texte. Bereits am 30.7.22 spricht er gegenüber

Duboc seine Absicht einer Neubearbeitung aus: Er habe sich vorgenommen, »auf die Erhebung der Philosophie zur Wissenschaft hinzuarbeiten. [...] Eine Uebersicht habe ich in meiner Enzyklopädie zu geben versucht, die aber sehr einer Umarbeitung bedarf.« Aber erst, nachdem die erste Auflage 1825 vergriffen ist, beginnt er 1826 die Neubearbeitung, die sich bis Anfang 1827 hinzieht; sie erscheint – mit der Hilfe seines Heidelberger Freundes, des Theologen Carl Daub, bei der Revision – wohl kurz nach Beginn des Wintersemesters 1827/28 (GW 19.462).

Trotz ihres übereinstimmenden Aufrisses ist diese zweite Auflage gegenüber der ersten eigentlich ein neues Buch. Sie ist nicht allein um hundert Paragraphen angewachsen, sondern auch in der Diktion und in der Berücksichtigung des Details durchgängig verändert. Gleichwohl versteht auch sie sich unverändert als Vorlesungskompendium, nicht als Darstellung des »Systems der Wissenschaft«. Geringfügig erscheinen demgegenüber die Abweichungen der dritten Auflage, die auf Grund der gestiegenen Hörerzahlen Hegels bereits 1830 erforderlich wird; in Hegels *Gesammelten Werken* (GW 20) sind sie in einem besonderen Apparat verzeichnet.

(2) Nach Rosenkranz' Urteil enthält die Erstausgabe der *Enzyklopädie* »noch ganz den schöpferischen Hauch der ersten Production. Die späteren Ausgaben sind in der Ausführung des Einzelnen, namentlich aber in polemischen und apologetischen Anmerkungen, viel ausführlicher geworden; um aber Hegel's System in seiner concentrirten Totalität zu haben, wie es mit der ganzen Kraft des primitiven Erscheinens hervortrat, wird man immer auf diese erste Ausgabe zurückkommen und sie daher auch wieder abdrucken müssen.« (R 306) Allerdings berücksichtigt dieses Urteil zu wenig die lange Entstehungsgeschichte der *Enzyklopädie* in den Nürnberger Kursen; auch die Erstausgabe ist ja nicht, wie Athene, in voller Rüstung Zeus' Haupt entstiegen, sondern sie ist die späte Frucht einer langjährigen Entwicklung. Zudem könnte Rosenkranz' Sicht bereits durch die Neuausgabe der dritten Auflage im Rahmen der *Freundesvereinsausgabe* beeinflußt sein. Denn diese verändert den Charakter von Hegels *Enzyklopädie* nachhaltig durch die Beigabe von »Zusätzen«, die in einem nicht mehr durchsichtigen Verfahren vor allem aus Vorlesungsnachschriften, aber auch aus Manuskripten Hegels komponiert sind. Diese Erweiterungen haben in der Tat ein neues Buch entstehen lassen, oder besser drei neue Bücher, geteilt in Logik, Naturphilosophie und Geistesphilosophie. Manifest wird diese Veränderung insbesondere in dem Titel, den der Herausgeber Michelet 1842 dem zweiten Teil der früheren *Enzyklopädie* gibt: »Vorlesungen über die Naturphilosophie als der Encyclopädie der philosophischen Wissenschaften im Grundrisse Zweiter Theil«. Gleichwohl wird dieses in seinem Charakter völlig veränderte Werk der Hegel-Schule bis in die Gegenwart allgemein als ein Werk Hegels rezipiert. Es ist insofern folgerichtig, wenn auch lediglich die Folge dieser Zerstörung des spezifischen Werkcharakters der *Enzyklopädie,* daß Hermann Glockner diese erweiterte Fassung in seiner *Jubiläumsausgabe,* einem Nachdruck der *Freundesvereinsausgabe,* gar nicht mehr unter den Titel einer *Enzyklopädie der philosophischen Wissenschaften im Grundrisse* stellt, sondern unter den neuen, Hegels ausdrückliche Intention konterkarierenden Titel »System der Philosophie«. Bis zur Neuedition der *Enzyklopädie* (^{3}1830) durch Friedhelm Nicolin und Otto Pöggeler im Jahre 1959 ist die *Enzyklopädie* ausschließlich in dieser wirkungsgeschichtlich einflußreichen, jedoch pervertierten Gestalt als ›Hegels System‹ rezipiert worden.

7.2.3 Die drei Vorreden

(1) Der von Rosenkranz bemerkte »polemische und apologetische« Ton der späteren Ausgaben der *Enzyklopädie* drängt sich wohl am stärksten bei einem Vergleich der beiden Vorreden zur ersten und zur zweiten Fassung auf. Zwar polemisiert bereits die erste Vorrede (1817, GW 13.5–7) gegen zeittypische Erscheinungen – gegen die »Seichtigkeit« und den Gedankenmangel der späten Aufklärung ebenso wie gegen ihren Widerpart, die »Willkühr« der Romantik, die eine Zeit lang imponiert habe, aber jetzt »für eine selbst bis zur Verrücktheit gesteigerte Aberwitzigkeit gehalten« werde. Diesen abgelebten Gestalten hält Hegel »den deutschen Ernst« und die »Morgenröthe des verjüngten Geistes« entgegen, wie schon in seiner *Heidelberger* und wenig später in der *Berliner Antrittsrede* (GW 18.1–8,9–31). Und gegen die bloße Berufung auf »unmittelbares Wissen« und »Gefühl« erinnert Hegel an den auch in diesem wirksamen »Trieb vernünftiger Einsicht«, der jenen Standpunkt selbst noch als »R e s u l t a t philosophischen Wissens« versteht – wörtlich übereinstimmend mit seiner *Jacobi-Rezension* (GW 15.9).

(2) Die zweite Vorrede (1827, GW 19.5–18) hingegen gibt der Polemik und Apologie nicht allein breiten Raum; sie verrät zudem fast durchgängig das Bewußtsein »mea res agitur«. Bereits Ende Mai 1821 äußert Hegel gegenüber Creuzer seine Befürchtung,

»die eigentümliche Frömmigkeit unserer Zeiten, und der üble Wille derselben und anderen – Demagogen, bei denen bekanntlich die Frömmigkeit hoch blüht, wird leicht für solche Führer sorgen [sc. die die spekulative Philosophie auf Atheismus zurückführen] und das fast vergessene Schlagwort: Atheismus, nachdem es einmal wieder genannt worden, wieder in Aufnahme bringen.« Wenig später, während des Ausklingens der »Demagogenverfolgung«, in der durch Verdächtigungen geschwängerten Atmosphäre der Restauration, muß Hegel sich gegen die erstmals 1823 von Friedrich August Gotttreu Tholuck anonym gegen ihn erhobene Anklage des »Pantheismus« zur Wehr setzen (¹1823, 234; ²1825, 231; vgl. V 4.763). »Pantheismus« (oder »Spinozismus«) bezeichnet damals ja nicht bloß eine theologische Irrlehre, sondern zugleich den Bankerott aller Moral: Denn wenn für Spinozismus und Identitätssystem Alles Eins sei, so sei auch der Unterschied zwischen Gott und Mensch wie auch zwischen Gut und Böse zum bloßen Schein herabgesetzt und alle Sittlichkeit aufgehoben – und somit auch die Basis, um eine bürgerliche Stellung zu bekleiden, gar als Lehrer der studentischen Jugend. Hegels Verteidigung gegen diese auch damals noch gefährliche Denunziation bedient sich nicht so sehr der Distanzierung vom Spinozismus als vielmehr der Aufklärung über Spinoza, der der Zeit trotz des Pantheismusstreits (1785) immer noch als »todter Hund« gilt: Im Gedanken der Einheit der Substanz Spinozas liege freilich kein Unterschied – aber eben deshalb, weil die Wortpaare Gott / Mensch oder gut / böse auf dieser gedanklichen Ebene noch gar keinen Ort haben.

Hegel bezichtigt deshalb Tholuck, den »begeisterten Repräsentanten pietistischer Richtung«, in drei Fußnoten und unter Verweis auf ²§ 573 – ohne ausdrückliche Erwähnung seiner Denunziation – der gewöhnlichen Verstrickung in die Entgegensetzungen des Verstandes sowie einer »eigenthümlichen Ungeschicklichkeit und Verkehrung« und der Teilnahme am »Gerede von dem P a n t h e i s m u s« – und zudem noch einer inhaltsleeren, die Trinitätslehre preisgebenden Theologie. Ihr gegenüber beruft er sich auf Franz von Baader, mit dem er sich damals in der Hinwendung zu einem objektiven Inhalt der Religion einig glaubt – obgleich er die spezifische Form der »Gnosis« Baaders im selben Zusammenhang relativiert und ablehnt. Statt der Beschäftigung mit »den trüberen Gestaltungen« der Offenbarung des Göttlichen, mit »gnostischen und kabbalischen Phantasmagorien«, empfiehlt Hegel den Rückgang auf die Gestaltung, die die Idee durch Platon und

Aristoteles gefunden habe, als eine »unendlich würdigere« und als das Wahre, das (nach Spinoza!) »index sui et falsi« sei.

(3) Die schon die zweite Vorrede prägende apologetische Tendenz verstärkt sich nochmals in der dritten (1830, GW 20.27–32). Die Vielzahl und die zunehmende Schärfe der theologisch-religiös motivierten Angriffe auf seinen »Pantheismus« und »Atheismus« nötigt Hegel – ergänzend zu seinen *Repliken* (s. Kap. II.8.7.6) – auch hier zu einem Gegenangriff auf diejenigen, »welche im ausschließlichen Besitz der Christlichkeit zu seyn versichern« und sich deshalb das Recht anmaßen, »die Schlüssel Petri zu handhaben« und Zeitgenossen »in die höllische Verdamniß zu verurteilen« – und nicht allein nur bereits Verstorbene, wie bei Dante, und zudem »in Kraft der Begeisterung göttlicher Poësie«. Um sich diesem ihm prognostizierten Schicksal zu entziehen, bietet Hegel eine Fülle von Bibelstellen auf – ohne freilich seine Ankläger damit zu überzeugen oder wenigstens zu beschwichtigen. Zudem räumt Hegel der Position der prononcierten »Christlichkeit« in einem Punkte sogar ein gewisses Recht ein: Ihre »Prätension der anklagenden Frömmigkeit« ist nicht unverständlich angesichts der ihr entgegengesetzten »Prätension der freyen Vernunft«. Diese sei zwar »die Kategorie des u n e n d l i c h e n R e c h t s des Geistes« – doch habe sie sich zum bloßen »Formalismus des Negativen« versteift und ihre »Abstractionen des abgestandenen, nicht lebendigen rationalistischen Verstandeswassers« verbreitet – letzteres fraglos ein Seitenhieb auch auf seinen früheren Freund und seit 1817 erbitterten politischen Gegner, den rationalistischen Theologen Paulus (s. Kap. II.7.1.2).

Vor allem aber diagnostiziert Hegel eine Voraussetzung und eine Folge dieser unerfreulichen Auseinandersetzungen für die Philosophie: Der aus dem »unbedingten Interesse der menschlichen Natur« entspringende »tiefe und reiche Gehalt« des Geistes ist »verkommen«; die fromme und die reflektierende Religiosität finden gemeinschaftlich »die höchste Befriedigung ohne Inhalt« – und damit ist auch »die Philosophie ein zufälliges, subjectives Bedürfniß geworden.« Doch auch hier zeigt sich der Grundzug des Hegelschen Denkens: Er ergeht sich nicht in bloßen Klagen über diesen Verlust des metaphysischen Gehalts; vielmehr setzt er der resignativen Verführung, das ›Ende der Metaphysik‹ zu beklagen, eine neue Gewißheit entgegen: Die Philosophie sei nun »ganz dem freyen Bedürfniß des Subjects anheimgegeben; es ergeht keine Art von Nöthigung dazu an dasselbe, vielmehr hat diß Be-

dürfniß, wo es vorhanden ist, gegen Verdächtigungen und Abmahnungen standhaft zu seyn; es existirt nur als eine innere Nothwendigkeit die stärker
ist als das Subject, von der sein Geist dann ruhelos
getrieben wird, ›daß er überwinde‹, und dem Dran-
ge der Vernunft den würdigen Genuß verschaffe. So
ohne Anregung irgend einer auch nicht der religiösen Autorität, vielmehr für einen Ueberfluß und gefährlichen oder wenigstens bedenklichen Luxus erklärt, steht die Beschäftigung mit dieser Wissenschaft um so freyer allein auf dem Interesse der Sache und der Wahrheit.«

7.2.4 Das Einleitungsproblem

(1) Während Hegel somit in den drei »Vorreden« sein
Denken in Relation zum Geist und Ungeist der Zeiten
stellt, skizzieren die beiden Formen der »Einleitung«
und des »Vorbegriffs« zur Logik einige Grundbestimmungen seines Verständnisses von Philosophie überhaupt und ihrer speziellen, bereits oben angesproche-
nen Präsentationsform in einer »Enzyklopädie«. In
der Einleitung (1817) charakterisiert er Philosophie
als »Wissenschaft der V e r n u n f t « – aber nicht einer
bloß subjektiven, sondern einer Vernunft, die »ihrer
selbst als a l l e s S e y n s bewußt wird« (¹§ 5). Sie umfaßt das Wahre als »Totalität«, als »System« – jedoch
nicht als ein System, das wie das transzendentalphilosophische auf einem speziellen Grundsatz basiert
(¹§ 8, s. Kap. II.4.3.2, 4.3.3, 4.7.1).

(2) Die Einleitungen von 1827 und 1830 wiederholen diese Bestimmung der Philosophie als »Wissenschaft der V e r n u n f t « nicht; sie charakterisieren
die Philosophie nun als »d e n k e n d e B e t r a c h-
t u n g « (²§ 2) der Wirklichkeit (im emphatischen
Sinne verstanden). Als solche stehe die Philosophie
im Verhältnis teils zur Religion, teils zu den empirischen Wissenschaften – und ihre »Uebereinstimmung mit der Wirklichkeit und Erfahrung« bezeichnet Hegel gar als äußeren »Prüfstein der Wahrheit«.
Das »Nachdenken« als Prinzip der Philosophie
schließe »Erfahrung« keineswegs aus – zumal alles,
was im Bewußtsein ist, erfahren werde. Sie habe zwar
auch einen Kreis von Gegenständen – »F r e i h e i t,
G e i s t, G o t t« –, der nicht dem Felde der endlichen
Dinge angehöre – doch habe es »einen richtigen und
gründlichern Sinn, daß die E n t w i c k l u n g der Philosophie, der Erfahrung zu verdanken ist.« (²§ 12) In
dieser starken Akzentuierung des Erfahrungsbegriffs
– bei gleichzeitigem Verzicht auf die rationalistische
Formel von der »Wissenschaft der V e r n u n f t « und
sonst weitgehend identischem Wortlaut – liegt die

differentia specifica dieser späteren Einleitungen gegenüber der frühen.

(3) Sowohl die frühe als auch die späteren Einleitungen haben lediglich den Charakter einer vorläufigen Orientierung, eines räsonnierenden Vorgriffs
auf die nachfolgende »Wissenschaft«; sie haben nicht
die Funktion der wissenschaftlichen »Einleitung« in
das System der Philosophie, die Hegel 1807 der *Phänomenologie* zugeschrieben hat. Auf diese wichtige
Differenz kommt Hegel, wiederum mit kleinen Sub-
differenzen, jeweils im »Vorbegriff« der Logik zu
sprechen. In Jena habe er, so Hegel in ¹§ 36, die *Phänomenologie* als »wissenschaftliche Geschichte des
B e w u ß t s e y n s, in dem Sinne als ersten Theil der
Philosophie behandelt, daß sie der reinen Wissenschaft vorausgehen solle, da sie die Erzeugung ihres
Begriffs ist.« Aber auch dieses Bewußtsein sei kein
»absoluter Anfang, sondern ein Glied in dem Kreise
der Philosophie«; eine alternative Einleitungsform
wäre der Skeptizismus – doch was er leisten könnte,
die »V e r z w e i f l u n g a n A l l e m«, sei »eigentlich
in dem Entschluß, r e i n d e n k e n z u w o l l e n,
durch die Freiheit vollbracht, welche von Allem abstrahirt«. In diesem »Entschluß« scheint deshalb die
Einleitungsproblematik aufgehoben zu sein – ohne
daß die Bedingungen zur Sprache kämen, unter denen ein derartiger »Entschluß« steht.

Differenzierter ist die Begründung in § 25 der
zweiten und dritten Auflage: Die *Phänomenologie*
habe mit dem »u n m i t t e l b a r e n B e w u ß t s e y n«
anfangen und seinen Fortgang nachzeichnen wollen,
doch habe sie nicht »beim Formellen des bloßen Bewußtseyns« stehenbleiben können und »die concreten Gestalten des Bewußtseyns« voraussetzen und
»in jene zunächst nur auf das Formelle beschränkt
scheinende Entwicklung des Bewußtseyns« einbeziehen müssen, so daß die Darstellung »verwickel-
ter« geworden sei: »was den concreten Theilen angehört, fällt zum Theil schon mit in die Einleitung.«
Hier beschreibt Hegel knapp und angemessen das
Darstellungsproblem der *Phänomenologie*: Sie muß
die Resultate der Wissenschaft voraussetzen, um in
diese einleiten zu können.

Doch beläßt Hegel es hier nicht bei dem bloßen
Verzicht auf eine Erhebung auf den »Standpunkt«
des Systems: Er ersetzt sie durch eine Erhebung zu
dem Begriff, »um dessen Bestimmung und Gültigkeit das Interesse des philosophischen Standpunkts
jetziger Zeit und die Frage um die W a h r h e i t und
die E r k e n n t n i ß derselben sich dreht.« Als diesen »absoluten G e g e n s t a n d« führt Hegel den schon aus
der *Wissenschaft der Logik* bekannten Begriff des

»objektiven Denkens« ein – eine paradox erscheinende, »unbequeme« Begriffsbildung. Doch gerade darin liegt ihr systematischer Rang: Sie bezeichnet den Gedanken, der nicht bloß als Erzeugnis selbstbewußten Denkens im Kontrast zur Wirklichkeit gilt, sondern den Gedanken als einen zugleich objektiven, als »Vernunft in der Welt«, als ›objektive Vernunft‹, die wiederum der Gegenstand der ›subjektiven Vernunft‹ ist.

(4) Die Sittlichkeit, Politik, Religion und ›Wissenschaft‹ umfassende Bewußtseinsgeschichte, die die *Phänomenologie* als Erhebung auf den Standpunkt des »absoluten Wissens« und damit des Systems durchläuft, wird somit hier auf den kleinen – wenn auch systematisch zentralen – Aspekt einer Typologie der drei »Stellungen des Gedankens zur Objectivität« beschränkt, die zugleich als Erhebung zum Begriff des objektiven Denkens gelten soll: »Die dem Denken zur Objektivität gegebenen Stellungen sollen als nähere Einleitung, um die Bedeutung und den Standpunkt, welcher hier der Logik gegeben ist, zu erläutern und herbeizuführen, nun betrachtet werden.«

7.2.5 Die Stellungen des Gedankens zur Objektivität

(1) Die erste Stellung (§§ 26–36) charakterisiert Hegel als das »u n b e f a n g e n e Verfahren, welches noch ohne das Bewußtseyn des Gegensatzes in und gegen sich den G l a u b e n enthält, daß durch das N a c h d e n k e n d i e W a h r h e i t e r k a n n t« werde. Historisch gesehen umfaßt sie die Metaphysik von ihren Anfängen bis hin zu Kant. In seinen *Vorlesungen über die Wissenschaft der Logik* (GW 23/1–3) ordnet er ihr ausdrücklich auch die griechische Philosophie zu – und auf sie bezieht sich seine Bemerkung, daß diese erste Stellung auch »ä c h t e s s p e c u l a t i v e s Philosophiren« sein könne (§ 27). Es wäre unbillig, gegen eine derart weit gefaßte Skizze epochaler Characteristica einzelne Einwände geltend machen zu wollen – etwa auf den antiken Skeptizismus oder auf den Cartesischen Zweifel zu verweisen, die sich nicht zwanglos dem Stichwort »unbefangenes Verfahren« zuordnen lassen. Ohnehin könnte Hegel beide Gestalten ausdrücklich für sein Schema in Anspruch nehmen, da er den antiken Skeptizismus primär gegen die Sinnlichkeit gerichtet sieht und Descartes' methodische Skepsis letztlich auch diejenige Form der vorkritischen Schulphilosophie des 18. Jahrhunderts Metaphysik begründet, die Hegel im folgenden paradigmatisch in den Blick nimmt – als diejenige Grenzgestalt, die trotz ihres »unbefan-

genen Verfahrens« »in e n d l i c h e n Denkbestimmungen« und »in d e m n o c h u n a u f g e l ö s t e n Gegensatze« verweilt.

Entgegen der allgemeinen Abwertung der rationalistischen Metaphysik zeichnet Hegel diese sogar in Einer Hinsicht aus: Sie betrachte »die Denkbestimmungen als die Grundbestimmungen d e r D i n g e«, und sie stehe wegen ihrer Überzeugung, »daß das, was i s t, damit daß es g e d a c h t wird, a n s i c h erkannt werde, höher als das spätere kritische Philosophiren« – wobei sich dieser Rang nach dem Maßstab seiner eigenen Philosophie bemißt. Doch erhebt er zugleich zwei Einwände, die diesen Vorzug wieder zunichte machen: Sie lege diese Denkbestimmungen dem Absoluten als Prädikate bei, ohne zu untersuchen, ob die Form des Urteils Wahrheit enthalte; und sie nehme ihre Gegenstände – Seele, Welt, Gott – aus der Vorstellung auf. Diese Kritik richtet sich ersichtlich nicht gegen die »unbefangene« Annahme der Übereinstimmung des Denkens und des Gedachten, sondern lediglich gegen Form und Inhalt der rationalistischen Metaphysik, in der die erste Stellung des Gedankens ihre geschichtlich letzte Form gefunden hat (§§ 26–36).

(2) Unter dem Titel »zweite Stellung des Gedankens zur Objectivität« vereint Hegel zwei Richtungen des Denkens, die in anderer Perspektive als Gegensatz erscheinen: den Empirismus und die Philosophie Kants – und dies nicht etwa in der Absicht einer Diffamierung des Kritizismus. Vielmehr zeichnet Hegel ein sehr affirmatives, seiner eigenen Philosophie angenähertes Bild des Empirismus: Im Empirismus liege »diß große Princip, daß was wahr ist, in der Wirklichkeit seyn und für die Wahrnehmung da seyn muß« – und nicht etwas bloß Gesolltes und Jenseitiges. »Wie der Empirismus erkennt […] auch die Philosophie nur das was i s t«. Und zudem entdeckt Hegel im Empirismus – anders als im Rationalismus! – »das wichtige Princip der F r e i h e i t […], daß nämlich der Mensch, was er in seinem Wissen gelten lassen soll, s e l b s t sehen, sich s e l b s t darin p r ä s e n t wissen soll.«

Zwar suche der Empirismus das Wahre nicht im Gedanken selbst, sondern in der Erfahrung – doch diese Erfahrung sei dem Denken keineswegs bloß entgegengesetzt. Vielmehr erhebe der Empirismus den der einzelnen Wahrnehmung angehörigen Inhalt »in die F o r m a l l g e m e i n e r V o r s t e l l u n g e n , S ä t z e und G e s e t z e«. Er arbeitet gleichsam von seiner Seite auf den Gedanken zu – doch verkennt er den wahren Charakter seines Resultats, indem »diese allgemeinen Bestimmungen (z. B. Kraft) keine weitere Bedeutung und Gültigkeit für sich haben sollen als die aus der Wahrnehmung genommene, und kein als in der Erscheinung nachzuweisender Zusammenhang Berechtigung haben soll.« Darin liegt der Kern der Kritik Hegels: »Die Grundtäuschung im wissenschaftlichen Empirismus« besteht darin, die Denkbestimmungen »auf eine völlig unkritische und bewußtlose Weise« zu gebrauchen, somit einer schlechten Metaphysik zu verfallen und sein Resultat, das Allgemeine, nicht als Allgemeines und Notwendiges zu erkennen (§§ 37–39).

(3) In eben dieser Erkenntnis liegt eine wichtige Differenz der Philosophie Kants zum Empirismus. Hegel jedoch ordnet die kritische Philosophie dem Empirismus zu, da sie ebenfalls die Erfahrung als einzigen Boden der Erkenntnisse nehme; doch anders als der Empirismus lasse sie diese nicht als Wahrheiten, sondern nur als Erscheinungen gelten. (»Empirismus« bezeichnet hier einen »ersten«, an Hume exemplifizierten, nicht den räsonnierenden und in seiner »Consequenz« dogmatischen, materialistischen und naturalistischen Empirismus, vgl. § 60). Die hieran anschließende Skizze der Philosophie Kants folgt den bereits aus der *Wissenschaft der Logik* bekannten Linien, die Hegel später, in seinen *Vorlesungen über die Geschichte der Philosophie*, nochmals nachzeichnet. Und auch wenn sie sich in vielen Punkten auf Andeutungen beschränkt, bildet sie doch die systematisch geschlossenste Auseinandersetzung mit der kritischen Philosophie überhaupt.

Das thematische Problem diskutiert Hegel zunächst an der transzendentalen Analytik der *Kritik der reinen Vernunft* – und trotz einiger problematischer Formulierungen erkennt er sehr genau, daß Kant hier die vorhergehenden Annahmen über die Stellung des Gedankens zur Objektivität revolutioniert: Die Begriffe von Objektivität und Subjektivität erhalten einen neuen systematischen Sinn. Sie bezeichnen nun »den Unterschied der Elemente i n n e r h a l b der Erfahrung. Die O b j e c t i v i t ä t heißt hier das Element von A l l g e m e i n h e i t und N o t h w e n d i g k e i t , d.i. von den Denkbestimmungen selbst, – dem sogenannten A p r i o r i s c h e n .« Und weil es auf Grund der Resultate der transzendentalen Ästhetik kein Außerhalb der Erfahrung mehr gibt, fällt sie insgesamt »in die S u b j e c t i v i t ä t « – eine Lösung, die Hegel als »ein s u b j e c t i v e r (platter) I d e a l i s m u s «, und insoweit als zu teuer erkauft gilt. Von der kritischen Philosophie werde die vormalige »unbefangene« Einheit von Denken und Gegenstand, die im Wissen um die Differenz beider zerbrochen ist, lediglich durch einen Konstitutionsakt des

Subjekts wieder hergestellt – aber so verbleibe sie strikt innerhalb der Einheit des Selbstbewußtseins. Ihr gegenüber scheine nur noch das »Ding an sich« zu stehen (womit Hegel sich dem Singular Jacobis anschließt und damit auch dem Mißverständnis, als sei unter dem Ding an sich »auch der Geist, Gott, befaßt«) – aber so, als Resultat einer vollständigen Abstraktion von aller Bestimmtheit, als vermeintlich vermittlungsloser Gegensatz zum Denken, sei es vielmehr selbst gedacht als ein bloßes »P r o d u c t des Denkens«, als »Caput mortuum« der Abstraktion (§§ 40–45).

Weit mehr Platz und auch Gewicht räumt Hegel der transzendentalen Dialektik als der »zweiten Seite der V e r n u n f t k r i t i k ein; und diese zweite ist für sich wichtiger als die erste.« Trotz aller Kritik des Details von Kants Kritik der vormaligen metaphysica specialis sucht Hegel doch bei keinem ihrer Themen – Paralogismus, Antinomie und Gottesbeweis – jene Metaphysik gegen Kants Kritik wiederherzustellen. Vielmehr versucht er in Kants Argumentation eine Dynamik des Gedankens aufzuzeigen, die auch über diesen hinaus, zum Begriff des »objektiven Denkens« weitertreibt (§§ 46–52). Schritte auf diesem Wege sieht Hegel bereits in Kants praktischer »Forderung, daß das Gute weltliches Daseyn, äußerliche Objectivität habe d. i. daß der Gedanke nicht blos s u b j e c t i v , sondern objectiv überhaupt sey«, und mehr noch in der *Kritik der Urteilskraft,* im »Princip eines a n s c h a u e n d e n V e r s t a n d e s «. In ihm findet Hegel »den Gedanken d e r I d e e ausgesprochen«, das wahrhafte Verhältnis des »A l l g e m e i n e n des Verstandes zum B e s o n d e r e n der Anschauung« – wenn auch vorerst nur in antizipatorischer und mit dem Konzept abstrakt-allgemeiner Vernunft unvermittelter Form, nämlich noch ohne »die Einsicht, daß jenes das w a h r h a f t e , ja die W a h r h e i t selbst i s t .« (§§ 53–60)

(4) Bereits in seiner *Jacobi-Rezension* billigt Hegel Jacobi zu, gemeinsam mit Kant »der v o r m a l i g e n M e t a p h y s i k nicht so sehr ihrem Inhalte nach, als ihrer W e i s e d e r E r k e n n t n i ß , ein Ende gemacht und damit die Nothwendigkeit einer völlig veränderten Ansicht des L o g i s c h e n begründet zu haben. Jacobi hat hiedurch […] in der Geschichte der Philosophie überhaupt eine bleibende Epoche gemacht.« (s. Kap. II.7.1.1) Die Konkretion dieser Einschätzung trägt er ein Jahrzehnt später nach, in seiner Beurteilung der »dritten Stellung, die dem Denken zur Wahrheit gegeben wird« (wie er hier einmal abweichend formuliert, § 73). Ihr Characteristicum besteht darin, »das Denken als Thätigkeit nur d e s

besondern aufzufassen und es auf diese Weise gleichfalls für unfähig zu erklären, Wahrheit zu erfassen.« Dieses »Dritte« ist also nicht Negation der Negation, Erhebung über die Endlichkeit, sondern eine weitere Form von Endlichkeit; für sie sind die Denkbestimmungen nur »Anthropopathismus«, und das Denken »die Thätigkeit, nur zu verendlichen.« Die »Kategorie« wird hier nicht allein, wie von Kant, wegen ihres subjektiven Ursprungs, sondern »als solche für endlich erkannt.«

So wenig diese Ansicht für Hegel letztlich eine akzeptable Lösung bietet, so räumt er doch ein, daß auch sie etwas Wahres ausspreche, nämlich die Wahrheit über das Feld des Endlichen, auf dem die Naturwissenschaften ihre »glänzenden Erfolge« feierten: »Jacobi sah mit Recht keinen andern Ausgang auf dem Wege des bloßen Fortgehens in Vermittlungen.« Unrecht hat er hingegen darin, daß er diesem Verharren in der Endlichkeit nur den Sprung in eine Vernunft entgegensetzt, die »unmittelbares Wissen, Glaube« ist. Hegels Kritik dieses »unmittelbaren Wissens« ist jedoch nun, verglichen mit früher, sehr moderat: Das »unmittelbare Wissen« wisse, »daß das Unendliche, Ewige, Gott, das in unserer Vorstellung ist, auch ist, – daß im Bewußtseyn mit dieser Vorstellung unmittelbar und unzertrennlich die Gewißheit ihres Seyns verbunden ist.« Und dem widerspreche »die Philosophie« keineswegs – sondern nur der ausschließenden, isolierten Stellung, die solches »unmittelbare Wissen« gegenüber der Philosophie beanspruche, und ferner, daß es »als Thatsache genommen werden soll«, als »Factum des Bewußtseyns« und Kriterium der Wahrheit, unter Ausschluß der ihm notwendig zu Grunde liegenden Vermittlungen und Erhebung. Und so überführt Hegel diese dritte Stellung ihrer faktischen Unwahrheit und läßt sie – doch wohl gegen ihr Selbstverständnis – als ihre eigentliche Einsicht aussprechen, »daß weder die Idee als ein blos subjectiver Gedanke, noch blos ein Seyn für sich das Wahre ist«, sondern »die Idee nur vermittelst des Seyns, und umgekehrt das Seyn nur vermittelst der Idee, das Wahre ist.«

Diese Einsicht charakterisiert Hegel zunächst jedoch nicht als den entscheidenden Schritt zur Erhebung auf den Boden seiner eigenen Philosophie, sondern als Rückkehr zum Anfang der »unbefangenen Metaphysik«, zu Descartes. Dessen »Cogito, ergo sum« bezeichnet er als den Satz, »um den, wie man sagen kann, sich das ganze Interesse der neuen Philosophie dreht« – denn er behaupte die »einfache Untrennbarkeit des Denkens und Seyns des

Denkenden«, und ebenso »die Unzertrennlichkeit der Vorstellung von Gott und seiner Existenz«. Hingegen weiche der »moderne Standpunkt« von Descartes darin ab, daß er dessen Methode des wissenschaftlichen Erkennens auf die Endlichkeit beschränke; somit behalte er für die Erkenntnis des Unendlichen keine Methode übrig und überlasse sich »der wilden Willkühr der Einbildungen und Versicherungen, einem Moralitäts-Eigendünkel und Hochmuth des Empfindens« (§§ 61–78).

Damit scheint ein weiterer Schritt erforderlich – und nicht allein negativ die Einsicht in die »gänzliche Voraussetzungslosigkeit« der Wissenschaft oder der »Entschluß, rein denken zu wollen«, wie Hegel in § 78 – im Rückgriff auf [1]§ 36 – sagt. Erforderlich ist vielmehr die Ausbildung einer Methode auch für die Erkenntnis des Unendlichen – oder besser einer allgemeinen, den Gesamtbereich des Wissens umgreifenden Methode – oder nochmals mit den Worten der *Jacobi-Rezension*: eine »völlig veränderte Ansicht des Logischen« (s. Kap. II.7.1.1).

(5) Doch diese angedeutete, durch Anknüpfung wie auch durch Kritik vollzogene Überleitung zum »näheren Begriff« seiner Logik kann nicht darüber hinwegtäuschen, daß diese Form der »Einleitung« in die Logik und damit zugleich in das enzyklopädische System kein Äquivalent zur *Phänomenologie* bietet. Formell gesehen wiederholt sich der Zirkel, den er nun selber gegen seine *Phänomenologie* einwendet: Wenn diese auf Inhalte und Methode der »Wissenschaft« vorgreifen muß, die doch erst durch sie gerechtfertigt werden soll, so setzt Hegels neuer Versuch, die Dynamik der neuzeitlichen Philosophiegeschichte in nuce als eine auf seine eigene Philosophie zulaufende Bewegung darzustellen, a fortiori den Vorgriff auf die erst der Logik angehörenden Denkbestimmungen als Kriterium voraus. Er kann zwar das Verlangen nach Begriffsklärungen erwecken – aber er kann den »Entschluß, rein denken zu wollen«, nicht in einer dem eigenen wissenschaftlichen Anspruch adäquaten Weise rechtfertigen.

Literatur: Hegel: Der »Vorbegriff« zur Wissenschaft der Logik in der Enzyklopädie von 1830. Hg. von Alfred Denker / Annette Sell / Holger Zaborowski. Freiburg / München 2010.

7.2.6 Die Konzeption des »absoluten Geistes«

(1) Gestützt auf die *Enzyklopädie* als »Vorlesebuch« (s. Kap. II.7.2.1) trägt Hegel in seinen Vorlesungen die Einzeldisziplinen Logik und Metaphysik, Natur-

philosophie und Philosophie des (subjektiven) Geistes vor – nicht jedoch die Philosophie des objektiven Geistes, für die er ein eigenes Kompendium, die *Grundlinien*, ausarbeitet (s. Kap. II.8.1), und auch nicht die Philosophien der Weltgeschichte sowie des »absoluten Geistes«, für die er eigene Manuskripte anlegt (s. Kap. II.9.6). Gleichwohl behandelt er den »absoluten Geist« im Schlußkapitel der *Enzyklopädie* ([1]§§ 453–477, [3]§§ 553–577). Die Differenz zwischen dieser Darstellung und den Vorlesungen über Ästhetik, über Religionsphilosophie und über Geschichte der Philosophie ist offensichtlich: Entgegen der umfassenden systematischen und geschichtlichen Ausarbeitung der jeweiligen Einzeldisziplinen in den Vorlesungen thematisiert die *Enzyklopädie* nach kurzer Einleitung (§§ 553–555) die Kunst vorwiegend als griechische Kunst (§§ 556–563), die Religion als christliche Religion (§§ 564–571) und die Philosophie – mit besonderem Blick auf Hegels System – implizit als neuzeitliche Philosophie ([2]§§ 572–574 bzw. [3]§§ 572–577).

Dies hat zur Überlegung veranlaßt, ob die enzyklopädische Philosophie des absoluten Geistes bloß dessen verkürzte, auf die Vollendungsgestalten der drei Partialgeschichten der Kunst, Religion und Philosophie beschränkte Version biete oder ob sie vielmehr die eigenständige Exposition einer »Systematik des absoluten Geistes« sei, die diesen in Form einer »absoluten Geschichte« entfalte, eines Prozesses von der griechischen Kunst zur christlichen Religion und zur neuzeitlichen Philosophie. In diesem Fall wäre der enzyklopädische Grundriß der Philosophie des absoluten Geistes nicht einfach durch die Substitution seiner drei Formen Kunst, Religion und Philosophie zu konkretisieren; seine Einheit würde hierdurch vielmehr gesprengt (Fulda 1965, 225–251; 2001, 242–255).

Unstrittig ist der gute Sinn der Unterscheidung einer Geschichte des absoluten Geistes von der Weltgeschichte. Jene bildet deren geistige Substanz; sie ist insofern gleichsam das Innerste der Weltgeschichte. Strittig ist hingegen, ob jene sich auf die drei Gestalten der griechischen Kunst, der christlichen Religion und der neuzeitlichen Philosophie beschränke und nicht vielmehr die Totalität der Partialgeschichten von Kunst, Religion und Philosophie umfasse, innerhalb deren jene drei Vollendungsgestalten freilich herausgehobene Stadien darstellen. Das stärkste Argument für die Beschränkung der »absoluten Geschichte« auf die Vollendungsgestalten liegt in deren Abfolge im Kapitel über den »absoluten Geist«. Aber auch hier hat Hegel sich keineswegs prägnant zu die-

ser Lesart bekannt. Der Abschnitt über die Kunst geht ja auch auf die nicht-klassische, auf die symbolische und die romantische Kunst ein (§§ 561 f.), und der Abschnitt über die Philosophie läßt überhaupt keinen expliziten Zeitbezug erkennen. Vor allem aber steht Hegels eigene Ausführung dieses enzyklopädischen Grundrisses in den Notizen in seinem Handexemplar dieser Deutung entgegen: Sie behandelt Kunst, Religion und Philosophie tendenziell in derselben geschichtlichen und geographischen Breite wie auch die Vorlesungen; sie läßt keine Differenz zwischen der Totalität der Geschichten der Kunst, Religion und Philosophie und einer auf die jeweiligen Vollendungsgestalten beschränkten »absoluten Geschichte« erkennen. Sie enthält sogar einen ausdrücklichen Aufriß der gesamten Philosophiegeschichte (GW 13.503–543; Jaeschke 2000, 387). Leider sind Hegels *Vorlesungen über die Enzyklopädie* nicht durch Nachschriften überliefert (s. Kap. II.9.1), so daß auch aus ihnen keine zusätzlichen Argumente für oder gegen die Annahme einer speziellen »absoluten Geschichte« zu erhalten sind. Und zudem zählen für Hegel nicht allein die Vollendungsgestalten – die griechische Kunst, die christliche Religion und die neuzeitliche Philosophie –, sondern alle Gestalten der Kunst, Religion und Philosophie zum »absoluten Geist«, so daß wenig für eine »Geschichte des absoluten Geistes« spricht, die weniger als die Gesamtheit seiner Gestalten umfaßte – sonst hätte Hegel sie schwerlich so umfassend thematisiert.

7.2.7 Die drei Schlüsse der Philosophie

(1) Den letzten vier Paragraphen der *Enzyklopädie*, die die sogenannten »Schlüsse der Philosophie« exponieren (§§ 574–577), hat die Forschung der letzten Jahrzehnte besondere Aufmerksamkeit geschenkt. Dennoch ist sie nicht zu einem weitgehend akzeptierten Ergebnis gekommen; ihr Resultat besteht vielmehr in der weitestgehenden Diskrepanz der Deutungen. Sie beginnt beim wörtlichen Verständnis und sie endet bei der Frage, welche Funktion diesen Schlüssen für die Gesamtkonzeption der Philosophie Hegels zukomme. Versuche, in den Schlüssen vorhandene Schriften oder Systemteile zu identifizieren, wechseln mit Überlegungen, ob er hier vielleicht neben der *Enzyklopädie* eine alternative Form seines Systems konzipiere – oder gar deren mehrere.

(2) Zudem geben die genannten Paragraphen noch entwicklungsgeschichtliche Rätsel auf. In der Erstfassung der *Enzyklopädie* sind sie enthalten

(^{1}§§ 474–477), doch fehlen sie in der Fassung von 1827, während die dritte wiederum mit den Schlüssen der Philosophie endet. Diese Änderungen haben auch deutliche Spuren in der Formulierung des Details hinterlassen. Gründe für diesen sonst nicht üblichen Wechsel lassen sich nicht mit Sicherheit benennen; an Mutmaßungen fehlt es nicht, und eine weitere Interpretation sei am Schluß dieses Abschnitts erwogen. Der Verzicht auf die Lehre von den Schlüssen in der zweiten Ausgabe und ihre Wiederaufnahme in der dritten scheinen jedenfalls nicht im Zusammenhang mit anderen Konzeptionsänderungen zu stehen, sondern eher eine gewisse Unsicherheit in der Gestaltung auszudrücken. Leider tragen auch Hegels handschriftliche *Notizen* (GW 13.537–543) nichts Definitives zum Verständnis der drei Schlüsse bei.

(3) Trotz der unbestreitbar schlußlogischen Konzeption der §§ 575–577 ist es nicht unproblematisch, ihre Struktur auf die Schlußlehren der *Wissenschaft der Logik* oder der *Enzyklopädie* abzubilden und mit Bestimmtheit zu sagen, welche Schlußfiguren den Paragraphen jeweils zu Grunde liegen. Deutlich ist jedoch, daß Hegel sie als einen vollständigen Syllogismus konzipiert: als einen Schluß aus drei Schlüssen, in dem jedes Glied sowohl Anfang als auch Mitte und Resultat ist. Das Vorbild hierfür bildet die Lehre des Platonischen *Timaeus* (31c–32a) vom »schönen Band«. Hegel zitiert diesen Gedanken bereits in seiner *Differenz-Schrift* – und zwar in dem Kontext, in dem er seine Formel von der »Identität der Identität und Nichtidentität« entwickelt (GW 4.65). In dieser Kreisstruktur sieht Hegel sein Ideal vollständiger Vermittlung erfüllt. Denn nur durch diese Weise der Vermittlung bleiben keine unvermittelten, unbewiesenen Prämissen zurück.

(4) Erhebliche Meinungsverschiedenheiten bestehen darüber, was eigentlich der Inhalt der vier Paragraphen sei – und dies, obgleich Hegel diese Frage vergleichsweise deutlich zu beantworten scheint. § 574 hat die Logik zum Thema – aber nicht in dem Sinne, wie sie den Anfang der *Enzyklopädie* gebildet hat. Dort wird sie aufgefaßt gleichsam als »D a r s t e l l u n g   G o t t e s [...] v o r   d e r   E r s c h a f f u n g   d e r   N a t u r   u n d   e i n e s   e n d l i c h e n   G e i s t e s« (GW 21.34). Hier hingegen hat das Logische die Bedeutung der im konkreten Inhalt – eben in der Natur- und Geistesphilosophie – »b e w ä h r t e n Allgemeinheit«. Hegels *Notizen* präzisieren: Das Logische sei Resultat und »nicht eine isolirte, abgesonderte Entwiklung neben dem übrigen Reichthum der Natur« – »und des Geistes« wäre sinngemäß zu ergänzen.

Und zur vermeintlichen »Unmittelbarkeit« und Anfänglichkeit der Logik erläutern die *Notizen*: »Im Anfang – Man will diesen Standpunkt u n m i t t e l b a r nehmen« (GW 13.537). Dies deutet an, daß er in Wahrheit nicht auf diese Unmittelbarkeit zu beschränken – daß er nicht nur als ein Anfängliches, Unmittelbares zu nehmen sei, sondern ebenso als Resultat. Und zur Rede vom »Resultat« der Wissenschaft erläutert die Erstauflage: »die V o r a u s s e t z u n g ihres Begriffs oder die Unmittelbarkeit ihres Anfangs, und die Seite der E r s c h e i n u n g, die sie darin an ihr hatte, ist aufgehoben.«

Dieses Stichwort »Erscheinung« nehmen die §§ 575–577 wieder auf. § 575 stellt die »erste Erscheinung« – die Natur – in den Mittelpunkt und gibt ihr somit zugleich die Stellung eines Mittelbegriffs in diesem ersten Schlusse. Diese Vermittlung durch die Natur darf jedoch nicht als eine affirmative Leistung eines Selbständigen verstanden werden, »das als Andres nur Andere zusammenschlösse«. Denn zum einen ist die Natur kein wahrhaft Selbständiges; ihr kommt keine eigene Wirklichkeit zu, und sie ist nur »an s i c h die Idee«. Und zum anderen ist sie nur »Durchgangspunkt und negatives Moment«. Die *Notizen* präzisieren: »N a t u r das Vermittelnde; das abstracte Andersseyn, Als sich aufhebendes – Endlichkeit – aus dem sich der Geist in sich reflectirt und mit dem logischen identisch setzt – Erfüllung – Concretwerden des Logischen«. Sodann unterstreichen die *Notizen* noch die Aussage des Corpus, daß die Vermittlung des Begriffs »die äusserliche Form des Ü b e r g e h e n s« habe: »Aber Ü b e r g e h e n die Hauptsache«. Damit schreibt Hegel dieser Vermittlung den Bewegungsmodus der seinslogischen Kategorien zu – das Übergehen in ein Anderes (§ 161) –, wie ja auch die Erstfassung mit dem Hinweis schließt, die Wissenschaft habe in diesem Schluß die Form »e i n e s S e y n s«.

(5) § 576 behandelt die zweite Form der Erscheinung. Im Mittelpunkt steht hier der endliche Geist als die subjektive Tätigkeit des Erkennens. Es steht der Natur aber bekanntlich nicht in der Weise gegenüber, daß er sie s e t z t, sondern lediglich v o r a u s setzt und mit dem Logischen zusammenschließt, insofern es das Logische in ihr erkennt und heraushebt. Daß der »Zweck« dieses subjektiven Erkennens »die Freyheit und es selbst der Weg ist, sich dieselbe hervorzubringen«, fügt Hegel erst der dritten Auflage hinzu. – Nur bei diesem zweiten Schluß greift er ausdrücklich auf seine Schlußlogik zurück, indem er ihn den »Schluß der geistigen R e f l e x i o n in der Idee« nennt – ohne allerdings diesen Rückbezug unter

Hinweis auf die in sich wiederum dreigliedrige Struktur des »Schlusses des Reflexion« (§ 190) auszuführen. Kaum mehr als eine Andeutung dieses Zusammenhangs kann man finden zwischen der Aussage der *Notizen*, »daß es Einzelne Individuen sind, welche philosophiren«, und der ersten Figur des Reflexionsschlusses, des »Schlusses der Allheit«, daß in ihm die Mitte »zugleich als A l l e e i n z e l n e c o n - c r e t e Subjecte« zu denken sei. Die hierher gehörenden weiteren Formen – die Schlüsse der Induktion und der Analogie – sind ohnehin nicht auf § 576 abzubilden.

(6) Vom dritten, in § 577 dargestellten Schluß gibt Hegel zwar keine Schlußart an. Doch charakterisiert er ihn als »die Idee der Philosophie, welche d i e s i c h wi s s e n d e Ve r n u n f t , das Absolut-Allgemeine zu ihrer M i t t e hat«. Inhaltlich verweist dies auf den Beginn von § 574, wo Hegel den Begriff der Philosophie als »d i e s i c h d e n k e n d e Idee, die wissende Wahrheit« einführt. Und strukturell gesehen verweist es auf den »Schluß der Notwendigkeit«: Auch er hat – nach der dritten Schlußfigur (B-A-E) – das Allgemeine zur Mitte. Weiter lassen sich noch spezielle Übereinstimmungen mit der dritten Art dieses Schlusses aufweisen, mit dem disjunktiven Schluß. In ihm ist nach Auskunft der Logik »das vermittelnde Allgemeine auch als Totalität seiner B e s o n - d e r u n g e n , und als ein e i n z e l n e s Besonderes, ausschließende Einzelheit, gesetzt, [...] so daß eins und dasselbe Allgemeine in diesen Bestimmungen als nur in Formen des Unterschieds ist.« (§ 191) Dem entspricht in § 577 nicht allein die Wendung, daß dieses Allgemeine »sich in G e i s t und N a t u r entzweyt«, sondern auch die Rede von einem »S i c h - U r t h e i l e n der Idee in die beyden Erscheinungen«, die in §§ 575 f. betrachtet worden sind. Dies letztere nimmt eine Formulierung der *Notizen* auf; sie bemerken: »Philosophie hebt selbst ihre Subjectivität auf, d. h. erkennt die Diremtion ihrer Idee in diese 2 Extreme«.

Während das im konkreten Inhalt bewährte Logische als die sich wissende Vernunft in § 574 nur als Resultat in den Blick kam, bildet es hier die Mitte, deren Manifestationen »die beiden Erscheinungen« sind: die Natur (von der es in § 575 geheißen hatte, sie sei »a n s i c h die Idee«) als der Prozeß der an sich seienden Idee und der endliche Geist als der Prozeß der subjektiven Tätigkeit der Idee. Sie bilden damit aber nicht gewissermaßen gleichrangige Momente – wie man aus § 577 folgern könnte. Die Erstfassung hält sehr deutlich fest: als ein solches Extrem der Diremtion sei »die Natur unmittelbar nur ein Gesetztes,

so wie der Geist eben dieß an ihm selbst, nicht die Voraussetzung sondern die in sich zurückgekehrte Totalität zu seyn.«

(7) Und noch ein weiteres mögliches Mißverständnis kann durch den Rückgang zwar nicht auf die Erstfassung, aber auf die *Notizen* zu ihr ausgeschlossen werden: die Ansicht, als bildeten die drei Schlüsse gleichsam einen fortlaufenden Zusammenhang. Demgegenüber halten die *Notizen* ausdrücklich fest: »Alle 3 Standpunkte sind in Einem vereinigt a.) es ist die Natur der Sache, die sich fortbewegt b.) Bewegung Thätigkeit des Erkennens c.) eben darin weder subjectiv noch objectiv – sondern die E i n e Idee die sich darstellt, und in ihrer Entwiklung durch b e s o n d e r e Sphären zugleich Moment, diese Eine Idee ist«. Insgesamt bildet dieser Rückblick der *Notizen* offensichtlich eine Vorform des letzten Hauptsatzes von § 577. Doch gegenüber der dort sehr unbestimmt gelassenen Formulierung »es vereinigt sich in ihr« sagen sie sehr viel bestimmter, daß die drei Schlüsse in diesem letzten vereinigt sind – daß die beiden ersten nur die Momente dieses letzten bilden: § 575 hat die Bewegung der »Natur der Sache« in der »Form des Ü b e r g e h e n s « (§ 575) zum Gegenstand, und § 576 die Bewegung der Tätigkeit des Erkennens. Und sie sagen auch bestimmt, was sonst nur zu erschließen ist: daß der »absolute Geist«, von dem in § 577 die Rede ist, nicht auf die Seite der »Thätigkeit des Erkennens« gehört, sondern ein Drittes gegenüber den Bewegungen der Natur und des Erkennens ist.

(8) Hegels Exposition der drei Schlüsse ist außerordentlich vielschichtig und undurchsichtig. Es verwundert deshalb nicht, daß sie ebensoviele Interpreten wie Deutungen gefunden hat. Deren Gemeinsamkeit besteht fast nur darin, daß sie sämtlich schwer mit dem in der *Enzyklopädie* ausgeführten Systemaufriß in Harmonie zu bringen sind. An den zwei Fragen nach dem Verbleib der Logik und des objektiven Geistes sei dies näher erläutert.

Von der Logik sagt § 574, sie sei »die im concreten Inhalte [...] b e w ä h r t e Allgemeinheit«. Gleichwohl bleibt die Frage nach ihrer Stellung im Systemaufriß. Auch als »b e w ä h r t e « wird sie vom absoluten Geist ja nicht erübrigt und verschlungen. In §§ 575 f. redet Hegel von der Logik anscheinend im ursprünglichen Sinne. Deshalb findet in diesen Paragraphen der absolute Geist keine Erwähnung. Dieses Verhältnis kehrt sich in § 577 – sehr wahrscheinlich – um. Wäre unter dem »absolut-Allgemeinen«, das sich in Natur und Geist entzweit (§ 577), der absolute Geist zu verstehen, so hätte die

Logik keinen Ort im System. Würde hingegen die Logik selber (und nicht als im Konkreten bewährte) darunter verstanden, so wäre der absolute Geist ortlos – es sei denn, er würde auf der Seite des subjektiven Erkennens angesiedelt, wofür aber nichts spricht. – Diese Schwierigkeit erinnert an die frühesten Systemskizzen Hegels, die er zu Beginn seiner Jenaer Jahre, zur Zeit der Zusammenarbeit mit Schelling niedergeschrieben hat (s. Kap. II.4.6). Auch in der dort entfalteten Philosophie des absoluten Indifferenzpunktes hat die Logik – neben dem Subjektiven und der Natur – keinen rechten Ort.

Und nicht allein die Logik findet in der in § 577 umrissenen Konzeption keinen Ort. Alle drei Schlüsse thematisieren den endlichen Geist nur als subjektiven; den objektiven erwähnen sie nicht. Der Geist geht somit nur in derjenigen Bestimmung in die drei Schlüsse ein, die er schon als das transzendentalphilosophische Moment der absoluten Indifferenz gehabt hat. Auch auf die Frage nach dem systematischen Ort des objektiven Geistes wird man an die frühe Konzeption der Identitätsphilosophie weiterverwiesen.

(9) Daraus läßt sich nur der eine Schluß ziehen: Die Schwierigkeit der Deutung der drei Schlüsse ist – zumindest zum Teil – dadurch bedingt, daß Hegel hier der *Enzyklopädie* ein Vermittlungsmodell aufpfropft, das der frühesten Phase seiner Systemkonzeptionen angehört. Dem Vermittlungsmodell, das Hegel in § 577 entwirft, liegt die frühe Konstruktion des Absoluten durch die Entgegensetzung einer subjektiven und einer objektiven transzendentalen Anschauung zu Grunde – »jene Ich, diese Natur, beides die höchsten Erscheinungen der absoluten sich selbst anschauenden Vernunft.« (GW 4.77) Lediglich in der Überordnung der Seite des Geistes über die Natur zeigt sich eine Spur von Hegels späterer, aber bereits seit 1803 gewonnener Einsicht in die höhere Stellung des Geistes.

Sonst aber lassen sich die Beziehungen bis in die Wortwahl hinein verfolgen. Schon die Rede von »Erscheinungen« im letzten Zitat ist ein Indiz dafür, und nicht das einzige: Die *Differenz-Schrift* formuliert im Blick auf die Zweiheit der Philosophien der Natur und der Intelligenz: »Wir haben bisher beyde Wissenschaften bey ihrer innern Identität einander entgegengesetzt; in der einen ist das Absolute ein subjektives, in der Form des Erkennens, in der andern ein objektives in der Form des Seyns.« (GW 4.74) Nach der Erstfassung der *Enzyklopädie* hat die Wissenschaft in der ersten Form der Erscheinung die Form »eines Seyns« ([1]§ 475, vgl. [3]§ 575), und in der

zweiten erscheint sie »als ein subjectives E r k e n n e n.« ([1]§ 476, vgl. [3]§ 576)

Und auch die Rede von »drei Schlüssen« weist auf die Zeit der Genese der Systemkonzeption zurück. Eigentümlicher Weise läßt sie sich nicht in Hegels Schriften aus dieser Zeit nachweisen, wohl aber in Schellings Kritik eines derartigen Ansatzes, dessen Urheber er zwar nicht nennt, der aber mit Sicherheit als Hegel zu identifizieren ist. Im Kontext einer Kritik der Bedeutung der Logik für die Philosophie skizziert Schelling eine Konzeption, die das Absolute der Form und der Materie nach in je drei Schlüsse auseinanderfallen läßt, und er legt dort »Bruno« die harsche Kritik in den Mund: »Von allen also, welche in dieser Art der Erkenntniß die Philosophie suchen, das Seyn aber des Absoluten auf diesem Wege oder überhaupt beweisen wollen, werden wir urtheilen, daß sie noch nicht die Schwelle der Philosophie begrüßt haben.« (SW I/4.300). Auch in seiner wenig späteren Schrift *Philosophie und Religion* nimmt Schelling nochmals hierauf Bezug: Den Reflexionsphilosophen entgehe, daß die »Formen, in denen das Absolute ausgesprochen werden kann, und in denen es ausgesprochen ist, sich auf die drey einzig möglichen reduciren, die in der Reflexion liegen, und die in den drey Formen der Schlüsse ausgedrückt sind, und daß nur die *unmittelbare anschauende Erkenntniß* jede Bestimmung durch Begriff unendlich übertrifft.« (PLS 3/1.106).

Dieser doppelte – konzeptuelle wie terminologische – Rückgriff der Lehre von den Schlüssen auf die frühesten Entwürfe zeigt aber nicht eine wirkliche Rückkehr zu den Jenaer Anfängen an. Er ist ein Rückgriff auf ein Instrumentarium, das der späteren Konzeption nicht mehr angemessen ist. Denn es erlaubt nicht, den systematischen Ort der Logik zu bestimmen, und es bringt Verwirrung in Hegels Geistesphilosophie überhaupt, da es die Existenz des objektiven Geistes ebenso ignoriert wie den Umstand, daß die Abhandlung des absoluten Geistes nicht mehr – wie die der absoluten Indifferenz – den beiden Wissenschaften der Natur und des subjektiven Geistes schlechthin entgegengesetzt, sondern innerhalb der e i n e n Geistesphilosophie das Dritte zum subjektiven und objektiven Geist bildet.

Diese Inkompatibilität der Lehre von den drei Schlüssen mit der späteren Systemkonzeption mag der Grund dafür sein, daß Hegel sie 1827 aus der *Enzyklopädie* ausschließt. Dort heißt es in § 574 zunächst übereinstimmend mit der dritten Fassung, das Logische sei das Resultat als das Geistige, doch dann fährt Hegel fort: »welches sich als die an und für sich seyende Wahrheit erwiesen, und aus ihrem voraussetzenden Urtheilen, der concreten Anschauung und Vorstellung ihres Inhalts in sein reines Princip zugleich als in sein Element sich erhoben hat.« Dieser Abschluß des Systems entspricht der neuen Konzeption der Geistesphilosophie überhaupt und des absoluten Geistes im besonderen. Hegel verwirft ihn jedoch ebenfalls wieder – möglicher Weise, weil dieser Abschluß seine Idee einer umfassenden Selbstvermittlung seines Systems der Philosophie – wie er sie im zitierten Anschluß an Platons *Timaeus* und auch in § 192 zum Ausdruck bringt – nur unbefriedigend verwirklicht. So nimmt er die Lehre von den drei Schlüssen wieder in der Form auf, die sie in der Erstfassung der *Enzyklopädie* gefunden hat – mit nur geringfügigen Abänderungen, die eher geeignet sind, diese Konzeption zu verdunkeln als zu erhellen.

Erstdruck: Heidelberg ¹1817; ²1827; 31830. – **Text:** GW 13; GW 19; GW 20. – **Quelle:** [Friedrich August Gotttreu Tholuck]: Die Lehre von der Sünde und vom Versöhner, oder: Die wahre Weihe des Zweiflers. Hamburg ¹1823; ²1825. – **Literatur:** Karl Rosenkranz: Kritische Erläuterungen des Hegelschen Systems. Königsberg 1840 (ND Hildesheim 1963); Fulda: Problem einer Einleitung (1965); 169–202; Reinhard Heede: Die göttliche Idee und ihre Erscheinung in der Religion. Untersuchungen zum Verhältnis von Logik und Religionsphilosophie bei Hegel. Diss. phil. Münster 1972, 276–303; Bruno L. Puntel: Darstellung, Methode und Struktur. Untersuchungen zur Einheit der systematischen Philosophie G. W. F. Hegels. Bonn 1973; Emil Angehrn: Freiheit und System bei Hegel. Berlin / New York 1973; Ernst Behler: Friedrich Schlegels Enzyklopädie der literarischen Wissenschaften im Unterschied zu Hegels Enzyklopädie der philosophischen Wissenschaften. HS 17 (1982); Vittorio Hösle: Hegels System. Der Idealismus der Subjektivität und das Problem der Intersubjektivität. 2 Bde. Hamburg ¹1987; Karen Gloy / Rainer Lambrecht: Bibliographie zu Hegels »Enzyklopädie der philosophischen Wissenschaften im Grundrisse«. Primär- und Sekundärliteratur 1817–1994. Stuttgart-Bad Cannstatt 1995; Herbert Schnädelbach (Hg.): Hegels »Enzyklopädie der philosophischen Wissenschaften« (1830), Frankfurt am Main 2000; darin: Christa Hackenesch: Die Wissenschaft der Logik (§§ 19–244); Wolfgang Neuser: Die Naturphilosophie (§§ 245–376); Hermann Drüe: Begriff des Geistes (§§ 377–387), Der subjektive Geist (§§ 388–482); Schnädelbach: »Der objektive Geist (§§ 483–552); Annemarie Gethmann-Siefert: Die Kunst (§§ 556–563); Walter Jaeschke: »Die geoffenbarte Religion« (§§ 553–555, 564–571), »Die Philosophie« (§§ 572–577); Fulda: Hegels Begriff des absoluten Geistes. HS 36 (2001), 171–198; Halbig: Objektives Denken (2002), 219–324: Drei Stellungen des Gedankens zur Objektivität; Hans-Christian Lucas / Burkhard Tuschling / Ulrich Vogel (Hg.): Hegels enzyklopädisches System der Philosophie. Von der ›Wissenschaft der Logik‹ zur Philosophie des absoluten Geistes. Stuttgart-Bad Cannstatt 2004.

8 Berliner Schriften und Entwürfe (1821–1831)

8.1 Grundlinien der Philosophie des Rechts

8.1.1 Entstehung

(1) Das letzte Buch, das Hegel – abgesehen von den späteren Neuauflagen der *Enzyklopädie* und der *Logik* – veröffentlicht, sind die *Grundlinien der Philosophie des Rechts* oder, nach dem weniger bekannten Haupttitel, *Naturrecht und Staatswissenschaft im Grundrisse*. Das im 18. Jahrhundert aufkommende Wort »Staatswissenschaft« greift Hegel nicht etwa aus v. Hallers *Restauration der Staatswissenschaft* (1816–1834) auf; er verwendet es bereits in Nürnberg als Komplement zu »Rechtswissenschaft« (s. Kap. II.6.1.4 f.), und ebenso im Titel seiner Heidelberger Vorlesungen (GW 26/1.3). »Philosophie des Rechts« hingegen ist damals eine neue, auf Verwunderung stoßende Wortbildung, die sich vermutlich auf Grund von Hegels Vorlesungen durchgesetzt hat – zumal er selber diesen Titel favorisiert hat, etwa in der Ankündigung für das Wintersemester 1819/20: »Ius naturae et civitatis, i. e. philosophiam iuris« (Br IV/1.114).

Wie die *Enzyklopädie,* so sind auch die *Grundlinien* kein für sich selbst stehender Teil eines ausgeführten »Systems«, sondern, wie das Titelblatt weiter belegt, ein Kompendium »Zum Gebrauch für seine Vorlesungen«. Es ist aus seinen Heidelberger und frühen Berliner Vorlesungen über Rechtsphilosophie hervorgegangen und liegt wiederum den späteren Vorlesungen zu Grunde, und somit bildet es selber einen Bestandteil dieser Vorlesungen – auch wenn man nicht annehmen wird, daß Hegel bei seinem Vortrag zunächst den jeweils thematischen Paragraphen vorgelesen und ihn anschließend kommentiert hätte. Wegen dieser Verschränkung von Kompendium und Kommentierung wird hier, um Wiederholungen zu vermeiden, erst im Kontext der *Vorlesungen über Rechtsphilosophie* inhaltlich auf die Konzeption der Rechtsphilosophie eingegangen (s. Kap. II.9.5).

(2) Die Vorlesungen über *Naturrecht und Staatswissenschaft* vom Winter 1817/18 (Heidelberg) und 1818/19 (Berlin) hat Hegel nicht an Hand seiner *Enzyklopädie* gehalten – wohl wegen deren zu geringen Ausführlichkeit –, sondern auf der Grundlage von

Diktaten. Die rasche Wiederholung dieser Vorlesungen hat v. Thaden annehmen lassen, daß Hegel ihre Veröffentlichung beabsichtige (an Hegel, 12.11.18); es gibt jedoch keinen Beleg dafür, daß Hegel damals oder gar schon in Heidelberg eine Publikation der Rechtsphilosophie erwogen hätte. Der bloße Umstand, daß Hegel sich am 1.2.18 vom Heidelberger Verleger Winter »Hugo's Rechtsgeschichte« erbittet (Riedel, Bd. 1.15), gegen die er später in den *Grundlinien* polemisiert, ist ja kein hinlänglicher Beleg für einen Publikationsplan. Erst im Brief an Niethammer vom 26.3.19 spricht Hegel diese Absicht aus: »Auf die Leipziger Messe soll ich noch ein Buch schreiben (mein Naturrecht in §§).« Diese knappe Mitteilung enthält mehrere wichtige Informationen: Daß Hegel das Buch noch »schreiben« soll, deutet darauf hin, daß er nicht daran gedacht hat, lediglich seine Diktatvorlage in Satz zu geben; seine Erwähnung von Paragraphen deutet auf ein Vorlesungskompendium; die genannte Messe kann allein die Michaelismesse im Herbst 1819 sein, da die Jubilatemesse ja unmittelbar bevorsteht, und das »soll« deutet an, daß Hegel damals schon mit dem Verlag in Kontakt, vielleicht sogar im Kontrakt steht. Auch die – wohl im August verfaßte – Ankündigung für das Wintersemester verweist auf ein demnächst erscheinendes Lehrbuch: »ad compendium proxime in lucem proditurum« (Br IV/1.114).

Das nächste Zeugnis für die Entstehungsgeschichte ist Hegels Brief an Creuzer vom 30.10.19 – und um diesen Brief ranken sich Legenden über eine angebliche Verzögerung der Rechtsphilosophie aus Furcht vor der Zensur (vgl. dagegen Lucas / Rameil). Der stets verbreiteten Sehnsucht nach Legendenbildung kommt dieser Brief auch deshalb entgegen, weil er in einer politisch sehr aufgewühlten Zeit geschrieben ist: zur Zeit der »Demagogenverfolgung«, nach den »Karlsbader Beschlüssen« der dort tagenden Minister und kurz nach Übernahme der vom Frankfurter Bundestag verabschiedeten restriktiven Beschlüsse durch die Regierungen der deutschen Länder, auch Preußens (s. Kap. I.8.1). Hegel schreibt, er hätte ein Buchgeschenk Creuzers gern »mit ein paar Bogen §§ über Rechtsphilosophie« erwidert – doch sei er nicht »so fleißig und frisch in den Arbeiten« wie Creuzer. »Ich wollte eben anfangen drucken zu lassen, als die Bundestagsbeschlüsse ankamen. Da wir jetzt [wissen,] woran wir mit unserer Zensurfreiheit sind, werde ich [sie] jetzt nächstens in Druck geben.« Dieser Passus ist so mißverstanden worden, als habe Hegel damals – im »Spätsommer« oder »Frühherbst« (so im Anschluß an Ilting noch Schnädel-

bach 2000, 165,170) – über ein »druckfertiges Manuskript« (Ilting 1973, Bd. 1.64,67) der *Grundlinien* verfügt und sich nun genötigt gesehen, sie umzuarbeiten, um sich den neuen Verhältnissen zu akkomodieren – und daraus erkläre sich, daß sie erst Anfang Oktober 1820 erschienen seien. Ilting (1975, 69 f.) behauptet gar, Hegel habe auf Grund der Karlsbader Beschlüsse »seine Konzeption des modernen Staates geopfert und um der Anpassung an bestehende Verhältnisse willen seine Theorie des modernen Staates in zwei Teile auseinanderfallen lassen, die miteinander unvereinbar sind. Es ist vermutlich die Dunkelheit seiner Darstellung, auf die man es zurückzuführen hat, daß dieser entscheidende Bruch – man ist fast versucht, von einem Verrat an den eignen Prinzipien zu sprechen – bislang noch keineswegs die Aufmerksamkeit gefunden hat, die er verdient.«

Ein unvoreingenommener Blick auf Hegels Ankündigungs- und Publikationspraxis – seit den ersten Jenaer Jahren – hätte lehren können, daß die vermeintlich politisch bedingte Verzögerung nichts Geheimnisvolles in sich birgt: Publikationsankündigungen hat Hegel wenn überhaupt, dann stets mit Verspätung eingelöst. Vor allem aber hat er – wie auch andere Autoren dieser Zeit – seine Publikationen nicht als ganze, sondern in kleineren Partien in Satz gegeben, sie in einzelnen Druckbogen zurückerhalten und gegebenenfalls an Hörer oder Freunde verteilt. Dieses Verfahren hat Hegel offensichtlich auch hier befolgen wollen. Er spricht Creuzer gegenüber ja von »ein paar Bogen« – daraus ist gerade nicht auf ein vollständiges druckreifes und dann zurückgehaltenes Manuskript zu schließen, sondern lediglich, daß Hegel den Anfang – wohl die »Einleitung« – nunmehr für druckfertig hielt. Und er kündigt Creuzer auch keineswegs an, daß sich sein Buch auf Grund der neuen politischen Lage verzögern, sondern daß er diese Partien »jetzt nächstens in Druck geben« werde. Da das Semester aber bereits begonnen hatte, wären die ersten Bogen für die Studenten ohnehin zu spät gekommen, und so hat Hegel die weiteren Partien wohl parallel zu seinem Vortrag der Rechtsphilosophie ausgearbeitet und erst am 9.6.20 die erste Hälfte »(oder etwas darüber)« an den Verlag, die »Nicolaische Buchhandlung«, gesandt – mit der Bitte, diese erste Hälfte bereits zur Zensur einzureichen, aber »den Druck nicht anfangen zu lassen, bis auch der Rest, den ich bald nachsenden werde, aus der Zensur zurück ist« (Br IV/2.34). Zu diesem Zeitpunkt werden die *Grundlinien* im wesentlichen vollendet gewesen sein; die Unterzeich-

nung der Vorrede am 25.6.20 markiert das Ende seiner Arbeiten.

Und auch hinter dem Umstand, daß die *Grundlinien* Anfang Oktober 1820, jedoch mit dem Datum »1821« erscheinen, sind keine geheimnisvollen
Vertuschungsabsichten zu wittern – denn dies ist
ein auch heute übliches Verfahren. So läßt sich denn
von keiner Passage der *Grundlinien* mit Grund behaupten, daß sie sich einem politischen Standort-
wechsel oder gar einer nachträglichen Akkomodation verdanke. Eher kann es verwundern, daß sie
gegen Friedrich Carl v. Savigny überaus deutlich
zu Gunsten der Kodifikation von Gesetzbüchern
(und somit implizit auch für die Kodifikation einer
Verfassung) optieren (§ 211, vgl. GW 4.470) und zudem in der sog. »Haller-Diatribe« (§§ 258,219) den
hauptsächlichen Wortführer der damaligen Restauration und Günstling der nachmaligen preußischen
»Kronprinzenpartei«, Carl Ludwig v. Haller, in
kaum zu überbietender Schärfe angreifen (Jaeschke
1986b, 227–234).

Am 10.10.20 übersendet Hegel die *Grundlinien* an
den Minister v. Altenstein – und er vermerkt im Entwurf zum Übersendungsschreiben, sein Buch bringe
es mit sich, »daß ich auf diese Weise Nachricht über
den Umfang derjenigen Grundsätze abgebe, die ich
über den vorliegenden Gegenstand vortrage – eine
Rechenschaft, welche ich bei der wahrhaften Freiheit
des Philosophierens, die in den königlichen Landen
und unter der hohen Leitung E[uer] E[xzellenz] eines
so gerechten Schutzes und [einer zu] bewundernden
Beförderung sich zu erfreuen hat, [...] abzulegen für
meine Schuldigkeit halte.« Deutlicher erklärt er sich
im Entwurf zu einem Übersendungsschreiben an den
Staatskanzler, Fürst Hardenberg: Sein wissenschaftli-
ches Bestreben gehe dahin, »von der Philosophie dasjenige auszuscheiden, was diesen Namen fälschlich
usurpiert und vielmehr den Einklang der Philosophie
mit denjenigen Grundsätzen zu beweisen, welche die
Natur des Staates überhaupt braucht, am unmittel-
barsten aber den Einklang mit demjenigen, was unter
seiner [Majestät des Königs] erleuchteten Regierung
und unter der weisen Leitung E[uer] D[urchlaucht]
der Preußische Staat, dem ebendarum anzugehören
mir selbst zu besonderer Befriedigung gereichen
muß, teils erhalten, teils noch zu erhalten das Glück
hat.« Schwerlich wird dem Staatskanzler der – unter
den damals politisch-korrekten untertänigen, heute
devot erscheinenden Wendungen verborgene – Hinweis auf die Einlösung des Verfassungsversprechens
entgangen sein – wenn er den Brief denn überhaupt
zur Kenntnis genommen hat.

8.1.2 Vorrede

(1) Nicht in die rechtsphilosophischen Vorlesungen
eingegangen ist Hegels »Vorrede« zu den *Grundlini-
en* (GW 14/1.5–17). Deren Rezeptionsgeschichte hat
sie jedoch entscheidend geprägt. Fraglos ist sie einer
der brillantesten, aber auch brisantesten Texte Hegels. Auch heute noch wird sie als »publizistisches
Unglück« und »philosophiepolitisches Pamphlet«
gelesen (Schnädelbach 2000, 327), ja als Manifest der
politischen Restauration – freilich von Kritikern, die
nicht zu erkennen geben, daß sie sich jemals mit den
politischen Entwürfen der damaligen Restaurationspartei beschäftigt hätten. Und die kritischen Vorbehalte, die die »Vorrede« geweckt hat, sind auch
nicht auf die *Grundlinien* beschränkt geblieben;
mehrfach hat sie Hegels Philosophie insgesamt in
Mißkredit gebracht.

(2) Der restaurative Charakter der »Vorrede« erscheint gleichsam fokussiert in der Gnome »Wa s
v e r n ü n f t i g   i s t ,   d a s   i s t   w i r k l i c h ;   u n d   w a s
w i r k l i c h   i s t ,   d a s   i s t   v e r n ü n f t i g . « (GW
14/1.14) Es bedarf indes nur geringer hermeneuti-
scher Künste, um sich davon zu überzeugen, daß
dieser »Doppelsatz« nicht als platte Rechtfertigung
bestehender politischer Verhältnisse zu lesen ist.
Denn die »Vorrede« beschreibt die »S t e l l u n g   d e r
P h i l o s o p h i e   z u r   W i r k l i c h k e i t « insgesamt
mittels einer ›ontologischen Differenz‹ zwischen der
»wirklichen Vernunft« und den »auf der Oberfläche
sich zeigenden Gestaltungen und Zufälligkeiten«.
Wie die Philosophie die in der Natur »gegenwärtige,
w i r k l i c h e   Vernunft, nicht die auf der Oberfläche
sich zeigenden Gestaltungen und Zufälligkeiten,
sondern ihre ewige Harmonie, aber als ihr i m m a -
n e n t e s Gesetz und Wesen zu erforschen u n d   b e -
g r e i f e n d zu fassen habe«, so auch in ihrer Erkenntnis der sittlichen Welt (GW 14/1.8): Sie hat deren immanente Gesetzmäßigkeit herauszuarbeiten
– die interne Logik des Staates, die »Architectonik
seiner Vernünftigkeit, die durch die bestimmte Unterscheidung der Kreise des öffentlichen Lebens und
ihrer Berechtigung und durch die Strenge des Maßes, in dem sich jeder Pfeiler, Bogen und Strebung
hält, die Stärke des Ganzen aus der Harmonie seiner
Glieder hervorgehen macht« (GW 14/1.10). Denn
diese immanente Vernunftstruktur ist das eigentlich
»Wirkliche« und als solches der Gegenstand der
Philosophie – und nicht der Streit um Tagespolitik
oder gar die politische Agitation.

Deshalb polemisiert Hegel gegen eine sich selbst
als Philosophie verstehende Strömung, die in seinen

Augen durch ihre Berufung auf »Unmittelbarkeit« »diesen gebildeten Bau in den Brey des ›Herzens, der Freundschaft und Begeisterung‹ zusammenfließen« lasse: Dieses »Getreibe« verfehle nicht allein den Philosophiebegriff, sondern es bringe zudem die Philosophie in Mißkredit. Namentlich nennt er den Mann, in dem er gleichsam die Inkarnation dieses »Getreibes« erblickt: den »Heerführer dieser Seichtigkeit, die sich Philosophiren nennt«, seinen alten Gegner Jakob Friedrich Fries. Diese Kritik ist gelegentlich als schäbig bezeichnet worden, da Fries damals wegen seiner ›demagogischen Umtriebe‹, insbesondere wegen seiner Rede auf dem Wartburgfest seine Stellung verloren hatte. Doch wiederholt Hegel hier einerseits nur seine frühere Kritik – aus der Zeit, als er noch Schulmann in Nürnberg, Fries aber Professor in Heidelberg war –, und vor allem darf über Fries' Verdiensten um die Philosophie nicht der nationalistische und antisemitische Bodensatz seiner politischen Agitation verschwiegen werden, der sich nahtlos verbindet mit einem anderen von Hegel kritisierten Ingredienz der zeitgenössischen »Seichtigkeit«: mit der Frömmigkeit, die damals ja auch zur Legitimation des politischen Meuchelmords aufgeboten wurde (s. Kap. I.8.1).

Es ist bisher nicht bemerkt worden, daß Hegel seine Kritik einerseits der Restauration, andererseits der ihr entgegengerichteten ›demagogischen Umtriebe‹ unter denselben Begriff stellt: »Haß gegen das Gesetz« (GW 14/1.10). Diesen Haß erkennt Hegel einerseits dort, wo die Berufung auf das »Gefühl« oder »die heilige Kette der Freundschaft« (von der dann bestimmte Gruppen der Bevölkerung ausgeschlossen werden) die Vernunfterkenntnis ersetzen will. Den »bittersten Haß gegen alle Gesetze, Gesetzgebung, alles förmlich und gesetzlich bestimmte Rechte« erkennt er gleicherweise bei den Repräsentanten der Restauration: »Der Haß des Gesetzes, gesetzlich bestimmten Rechts ist das Schiboleth, an dem sich der Fanatismus, der Schwachsinn, und die Heucheley der guten Absichten offenbaren und unfehlbar zu erkennen geben, was sie sind, sie mögen sonst Kleider umnehmen welche sie wollen.« (§ 258 Fußnote)

(3) Zum philosophiepolitischen Traktat wird die »Vorrede« somit nicht durch ihre angebliche Rechtfertigung des zufällig Bestehenden oder gar der programmatischen Restauration des bereits Vergangenen, sondern vielmehr durch ihren Versuch, die Philosophie aus solchen tagespolitischen Auseinandersetzungen herauszuhalten und auf die apolitische Erkenntnis der Vernunftstruktur der gesellschaftli-

chen Wirklichkeit zu verpflichten. Sie müsse die »bunte Rinde« des Reichtums von Erscheinungen durchstoßen: »Die unendlich mannichfaltigen Verhältnisse aber, die sich in dieser Aeußerlichkeit, durch das Scheinen des Wesens in sie, bilden, dieses unendliche Material und seine Regulirung, ist nicht Gegenstand der Philosophie. Sie mischte sich damit in Dinge, die sie nicht angehen« (GW 14/1.14 f.) – und zwar nicht, weil sie sie mit schlechtem Gewissen ignorierte, sondern weil sie der Erkenntnis des Allgemeinen verpflichtet ist.

Dieses – im Sinne der Tagespolitik apolitische – Programm impliziert allerdings einen weiteren stabilisierenden Aspekt: Das Erkennen der immanenten Vernunft der geistigen Welt kann stets nur ein Erkennen dessen sein, was ist; es kann die Gegenwart nicht überspringen. Wie das Individuum ohnehin »ein Sohn seiner Zeit« ist, so ist auch die Philosophie »ihre Zeit in Gedanken erfaßt«. Gleichwohl läßt sich noch nicht einmal von ihr sagen, daß sie in der reinen Gegenwart lebe: »Als der Gedanke der Welt erscheint sie erst in der Zeit, nachdem die Wirklichkeit ihren Bildungsproceß vollendet und sich fertig gemacht hat. [...] Wenn die Philosophie ihr Grau in Grau mahlt, dann ist eine Gestalt des Lebens alt geworden, und mit Grau in Grau läßt sie sich nicht verjüngen, sondern nur erkennen; die Eule der Minerva beginnt erst mit der einbrechenden Dämmerung ihren Flug.« Auf diese Erkenntnis ist die Philosophie verpflichtet; sie hat den Staat nicht zu konstruieren, wie er sein soll, sondern: »Das was ist zu begreifen, ist die Aufgabe der Philosophie, denn das was ist, ist die Vernunft.« (GW 14/1.15 f.)

In diesem ausschließlich auf die Erkenntnis dessen, was ist, verpflichteten Philosophiebegriff hat man einen durch die Restauration bedingten resignativen Zug erkennen wollen. Eine derartige zeitliche Zuordnung ignoriert jedoch, daß Hegel bereits in der *Verfassungsschrift* die Philosophie durch diese Rolle einer nachträglichen Erkenntnis dessen, was ist, charakterisiert sieht (s. Kap. II.4.1) – also unter politischen Auspizien, die von denen der Restaurationszeit weitestgehend geschieden sind. Die These vom resignativen Charakter dieses Philosophiebegriffs wird durch diese Analogie freilich weniger bestritten als bestärkt. Damit ist jedoch noch nichts über die Angemessenheit dieses Begriffs ausgemacht.

(4) Die Einbettung der Gnome von der Vernünftigkeit des Wirklichen in den sie erklärenden Kontext hat nicht das fatale Mißverständnis verhindert, als sei es Hegel um die Rechtfertigung eben der zufälligen Er-

scheinung gegangen, mit der die Philosophie gerade nach seinem Ansatz nichts zu tun hat. Die unmittelbaren Vorformen der Äquivalenzformel sind diesem Mißverständnis weniger ausgesetzt. So durchzieht die Formel »was vernünftig ist, muß geschehen« die Nachschrift des Kollegs 1817/18 Vorl. Rechtsphil. (GW 26/1.164 u. ö.), und aus dem Kolleg 1819/20, also aus der Zeit der Arbeit an den *Grundlinien,* wenn auch wohl noch nicht der »Vorrede«, ist eine ähnliche Formel überliefert: »Was vernünftig ist, wird wirklich, und das Wirkliche wird vernünftig.« (GW 26/1.338) Hier tritt die kritische Potenz hervor, die der »Doppelsatz« (Henrich) zumindest ebenso in sich enthält. Auch Heinrich Heines Erzählung eines (wohl fiktiven) Gesprächs mit Hegel hebt auf sie ab: »Als ich einst unmutig war über das Wort: ›Alles, was ist, ist vernünftig‹, lächelte er sonderbar und bemerkte: Es könnte auch heißen: ›Alles, was vernünftig ist, muß sein.‹« (HBZ 235) Doch die Überlieferung desselben Kollegs 1819/20 durch Ringier folgt ohnehin den *Grundlinien:* »was vernünftig ist, ist wirklich und umgekehrt« – und sie präzisiert durchaus im Sinne der *Grundlinien:* »aber nicht in der Einzelheit und dem Besonderen, das sich verwirren kann.« (GW 26/1.338 f.).

(5) Die Brisanz des »Doppelsatzes«, zumindest seine »leichte Mißverständlichkeit« im Sinne eines politischen Quietismus (R 335), hat Hegel genötigt, den Sinn dieser »einfachen Sätze« in der zweiten Fassung der *Enzyklopädie* (^{2}§ 6) zu präzisieren – durch Unterscheidung zwischen »Erscheinung« und »Wirklichkeit« im emphatischen Sinne wie überhaupt durch Berufung auf die differenzierte Begrifflichkeit von Dasein, Existenz und anderen Bestimmungen in seiner Logik. Es wäre aber nicht gerechtfertigt, diese Erläuterung als Ausflucht zu werten, als Rückzug aus der rauhen Welt der Politik in die leidenschaftslose Stille der nur denkenden Erkenntnis. Denn sie geht keineswegs über die Differenzierung zwischen zufälliger »Erscheinung« und »Wirklichkeit« hinaus, die seine »Vorrede« ohnehin durchzieht. Auch sie spricht von »Wirklichkeit« ja im Sinne eines Gegenbegriffs gegen die platte Faktizität der politischen Verhältnisse. Ebenso betont Hegel auch jetzt, nur im gemeinen Leben nenne man »jede noch so verkümmerte und vergängliche Existenz zufälligerweise eine W i r k l i c h k e i t«. Doch selbst einem »gewöhnlichen Gefühl« sei die Differenz zwischen dem bloß Zufälligen und dem im affirmativen Sinne Wirklichen bekannt, und dieses Wirkliche sei Moment der Idee, die weder zu vortrefflich noch zu chimärisch sei, um sich Wirklichkeit zu geben: »Man muß aber wissen, was wirklich ist.« (V 8.50)

8.1.3 Rezeption

(1) Anders als die großen Werke der *Phänomenologie* oder der *Logik* haben die *Grundlinien* bei den Zeitgenossen ein starkes Echo ausgelöst – jedoch ein für Hegel durchweg unerfreuliches. Dies ist keineswegs unverständlich – denn mit den *Grundlinien* hat Hegel sich in ein gespanntes Verhältnis zu allen Parteien gesetzt, die an den damaligen literarischen Auseinandersetzungen beteiligt waren: mit der historischen Rechtsschule wegen der Kritik an Hugo, mit v. Savignys politischer Option wegen der Forderung nach Kodifikation eines Gesetzbuches, mit der Restauration wegen der scharfen Polemik gegen v. Haller, und mit denjenigen, die den deutschen Nationalismus der Wartburg-Redner teilten, wegen der »Vorrede«. Die philosophische Substanz der *Grundlinien* ließ sich hingegen nur schwer erschließen. Selbst ein guter Bekannter wie Karl Johann Friedrich Roth bekennt am 18.12.20 zu seinem »Bedauern, daß ich die Paragraphen gar nicht und auch in den Anmerkungen manches nicht verstehe. […] Es scheint mir unmöglich, daß ein Mann von solcher Geisteskraft der Isagogik nicht mächtig sein sollte, die meines Bedünkens im Anfange, obgleich nicht im Fortgange, populär sein muß.« Ähnliche Probleme hat auch Niethammer, doch resümiert er am 16.4.21: »Aber bei allem Bedenken, das ich finden mag, sage ich mir doch, daß es Zeit war, dem Stumpf- und Flachsinn nicht bloß unsrer politischen Kannegießer, sondern unsrer Staatswissenschaftler selbst so zu kommen, und wenn Sie sich bei diesen keinen Dank verdienen, so sind Sie dessen bei andern nur um so gewisser.« Und v. Thaden, der sich einen treuen Freund und eifrigen Schüler Hegels nennt, faßt am 8.8.21 die Wirkung des Buches prägnant zusammen: »Sie haben einen neuen Feldzug, größer denn je begonnen und Freund und Feind ohne Schonung beleidigt und verwundet […] Die große Sache ist nun auf die Spitze getrieben, und wenn der Krieg auf dem Boden des Geistes mit den legitimen Waffen der Wissenschaft geführt wird, so muß es sich bald entscheiden, wer das rechte Recht dargestellt, mithin wirklich recht hat.« Einzig der Minister v. Altenstein dankt Hegel, wenn auch erst verspätet, am 24.8.21: Indem Hegel darauf dringe, »das Gegenwärtige und Wirkliche zu erfassen, und das Vernünftige in der Natur und Geschichte zu begreifen, geben Sie der Philosophie, wie mir scheint, die einzig richtige Stellung zur Wirklichkeit, und so wird es Ihnen am Sichersten gelingen, Ihre Zuhörer vor dem verderblichen Dünkel zu bewahren, welcher das Bestehende,

ohne es erkannt zu haben, verwirft und sich besonders in Bezug auf den Staat in dem willkürlichen Aufstellen inhaltsleerer Ideale gefällt.« (R 337)

(2) Die Rezensionen der *Grundlinien* hat Manfred Riedel unter den Titel »mißlungene Rezeption« gestellt (1975, 1.17–20) – und dies, obschon einige von ihnen (Herbart, Z. C., Collmann) sehr ausführlich und um eine sachliche Auseinandersetzung bemüht sind; fast ausschließlich polemisch ist hingegen die anonym erschienene Rezension seines früheren Freundes und (seit dem Württembergischen Verfassungsstreit, s. Kap. II.7.1.2) nachmaligen Gegners Paulus, die sich vor allem auf Hegels »Vorrede« bezieht, die allerdings auch in den anderen Rezensionen einen wichtigen Raum einnimmt. Dies hat Hegel freilich selber provoziert; am 9.5.21 schreibt er an Daub, er habe mit der »Vorrede« »dieser kahlen und anmaßenden Sekte – dem Kalbe, wie man in Schwaben zu reden pflegt – ins Auge schlagen wollen.« Und an Niethammer formuliert er am 18.7.22 ebenso drastisch: Man könne über derartige Materien ohnehin nur von wenigen Zustimmung erhoffen; »daß ich aber bei unserem Freiheitsgesindel nicht besser ankommen wollte, habe ich bereits ausdrücklich selbst bezeugt.« Über die *Allgemeine Literaturzeitung,* die sein Verdikt über Fries als persönliche Verunglimpfung eines ohnehin schon Gestraften bezeichnete, hat er sich jedoch so erregt, daß er sich den Vorwurf abschreibt und »in einem weitläufigen Schreiben vom Ministerium des Unterrichts Schutz gegen diese Denunciation, wie er es nannte«, verlangt (R 336 f.) – übrigens ohne jeglichen Erfolg.

Die Hauptzielscheibe der Kritik bildet neben Hegels heraklitischer »Verschlossenheit« und »Undurchdringlichkeit« (Paulus; Riedel 1975, 1.53) sein »Doppelsatz« von der Vernünftigkeit des Wirklichen und der Wirklichkeit des Vernünftigen, der als bloße Apologie des Bestehenden aufgefaßt wird – bis hin zur platten Identifizierung: »was wirklich ist, – d. h. was unmittelbar wahrgenommen wird, also das Empirische« (*Allgemeine Literaturzeitung;* Riedel 1975, 1.147). Weitere allgemeine Kritikpunkte bilden Hegels Angriff auf Fries' »Seichtigkeit« (so meint Paulus, manche »Erscheinung der Zeitumstände« hätte »eine gesunde moralische Ansicht mit dem Schleier der Vergangenheit zugedeckt« lassen sollen; Riedel, 55) sowie seine Ausrichtung der Philosophie auf das Begreifen dessen, »was ist«, statt auf ein moralisch begründetes Sollen. An diesen Gesichtspunkt schließt Z. C. als erster den bis in die Gegenwart immer wieder erneuerten Einwand: »Eine solche Philosophie kann sich freilich nach allem akkomodie-

ren, was eben an der Tagesordnung ist.« (Riedel 1975, 1.102)

Neben diesen gemeinsamen Einwänden machen alle Rezensionen spezifische Perspektiven geltend: Gustav Hugo kritisiert – ebenfalls rein negativ – Hegels Behandlung des römischen Rechts (und seiner eigenen *Rechtsgeschichte*), woraufhin Hegel mit einer *Erklärung* dupliziert (GW 14/2.289 f.). Die anderen Rezensionen suchen jedoch die philosophische bzw. rechtswissenschaftliche Auseinandersetzung. Probleme bereiten auch zwei Punkte, die heute unstrittig sind: Hegels Unterscheidung von »Staat« und »bürgerlicher Gesellschaft« (Z. C.; Riedel 1975, 1.134) sowie seine Einführung der Begriffe »Philosophie des Rechts« oder »Rechtsphilosophie« an Stelle des alten »Naturrechts« (Z. C. und Collmann; Riedel, 1.107,159).

Die Rezensenten vermerken zwar etliche Übereinstimmungen, und sie spenden teilweise auch »Lob« – doch die Kritik überwiegt bei weitem. Herbart sieht Hegel als einen zwar »männlichen Denker«, der jedoch, mit hinabgerissen durch Schellings »Unfall des Versinkens in den Spinozismus«, in den *Grundlinien* einen überarbeiteten Spinozismus, vermischt mit Ingredienzien Kantischer transzendentaler Freiheit und Platonischer Ideenlehre biete (Riedel 1975, 1.98). Die *Allgemeine Literaturzeitung* diagnostiziert ebenfalls – in stillschweigender Adaption einer Wendung Jacobis (vgl. JWA 1.122) – »unentwickelten, oder neu verworrenen Spinozismus« (Riedel 1975, 1.151), und auch Z. C. bedauert, daß Hegel »durch die Brille der Identitätslehre« geblickt habe und nicht »auf der Bahn fortgegangen« sei, »die vor ihm ein Hufeland, Hoffbauer, Maaß etc. betreten haben«. Collmann schließlich sieht die *Grundlinien* als »ein riesiges Werk, das aber eben wegen seiner ungemessenen Höhe weit über Menschliches hinausgeht« – und somit notwendig scheitere (Riedel 1975, 1.144 f. bzw. 167).

(3) Rosenkranz hat hervorgehoben, Hegels Rechtsphilosophie habe, »namentlich als Kathedervortrag, außerordentlich segensreich« gewirkt (R 337). Eine Wendung in der öffentlichen Rezeption der *Grundlinien* ist jedoch erst nach Hegels Tod eingetreten: Denen, die den unverstandenen »Doppelsatz« als ein Danteskes »Lasciate ogni speranza« über dem Tor zur Hegelschen Begriffshölle anbringen, hält Eduard Gans in seinem Vorwort zur Neuausgabe der *Grundlinien* entgegen, Hegels Werk sei vielmehr »aus dem einen Metalle der Freiheit errichtet« (W VIII.X). Und auch Carl Friedrich Göschels fast vergessene *Zerstreute Blätter* bilden ein frühes Zeugnis einer kurzen, produktiven Phase der Wirkungs-

geschichte der *Grundlinien*, die sich dann bis zu Karl Marx' *Zur Kritik der Hegelschen Rechtsphilosophie* (1843) fortsetzt.

8.1.4 Ergänzungen

(1) Dem gedruckten Text der *Grundlinien* sind nachträglich zwei Ergänzungen hinzugefügt worden. Eine erste hat Hegel selber vorgenommen: Wie von der *Enzyklopädie* (1817), so hat Hegel sich auch von den *Grundlinien* ein Handexemplar mit »durchschossenen Blättern« binden lassen. Das überlieferte Exemplar umfaßt jedoch nur den ersten Teil der *Grundlinien* (bis einschließlich § 180). Vermutlich hat Hegel für den zweiten Teil ebenfalls ein solches Handexemplar gehabt, doch gibt es hierfür keinen Beleg. Diese Notizen hat erstmals Georg Lasson im *Hegel-Archiv* (1914–1916) herausgegeben; danach hat er sie seiner Edition der *Grundlinien* hinzugefügt, und spätere Herausgeber haben sich dem, jeweils mit Verbesserungen, angeschlossen, zuletzt die *Gesammelten Werke* (GW 14/2.292–773). Zusätzlich zu diesen Notizen seines Handexemplars hat Hegel wahrscheinlich noch über weitere Manuskripte verfügt, die sich jedoch bis auf einen geringen Rest (GW 14/2.285–288) nicht erhalten haben.

(2) Die zweite Ergänzung fällt in die Zeit nach Hegels Tod: 1833 hat Hegels Schüler und Freund Eduard Gans die *Grundlinien* im Rahmen der *Freundesvereinsausgabe* veröffentlicht und dabei – wie nach ihm die Herausgeber der *Enzyklopädie* – aus Vorlesungsnachschriften »Zusätze« komponiert. Für die Wirkung der Rechtsphilosophie Hegels bis in die Gegenwart sind diese »Zusätze« sehr wichtig geworden – und weniger deshalb, weil sie den *Grundlinien* mehrfach sonst unbekannte Erweiterungen beigeben, als vielmehr, weil die Sprache der Vorlesungsnachschriften, zudem in der freien Redaktion durch Gans, dem Verständnis weit geringere Hindernisse entgegensetzt als der Text der Hegelschen Paragraphen und selbst der Anmerkungen. Aber wie bei der *Enzyklopädie*, so bilden auch hier diese Zusätze keinen Bestandteil des von Hegel veröffentlichten Buches. Durch die gesonderten Editionen der Vorlesungsnachschriften sind sie jetzt inhaltlich überholt; sie lassen sich den heute vorliegenden Nachschriften Hotho und Griesheim zuordnen. Gleichwohl behalten sie ihre rezeptionsgeschichtliche Bedeutung – aber eben nur diese.

Erstdruck: Grundlinien der Philosophie des Rechts. Naturrecht und Staatswissenschaft im Grundrisse. Berlin 1821. – **Text:** GW 14/1–3. – **Rezensionen:** [H. E. G. Paulus], in: Heidelberger Jahrbücher der Literatur, April 1821, 392–405, Nrr 25–26; Gustav Hugo, in: Göttingische Gelehrte Anzeigen, 61. St., 16.4.21, 601–607; Anonym, in: Allgemeines Repertorium der neuesten in- und ausländischen Literatur für 1821, Leipzig 1821, 436–441; [J. F. Herbart], in: Leipziger Literaturzeitung, 20.–22.2.22, 353–371, Nrr 45–47; Z. C. [Carl Salomo Zachariae?], in: Hermes oder Leipziger kritisches Jahrbuch der Literatur, Januar 1822, Bd. 1.309–351; Anonym, in: Allgemeine Literaturzeitung, Halle, Februar 1822, 305–317, Nrr 39–40; [K. Chr. Collmann], in: Jenaer Allgemeine Literatur-Zeitung, Januar 1828, Ergänzungsblätter Nrr 2–7, 9–53; alle in Riedel: Materialien zu Hegels Rechtsphilosophie. Frankfurt 1975, Bd. 1.53–206. – **Literatur:** Carl Friedrich Göschel: Zerstreute Blätter aus den Hand- und Hülfsacten eines Juristen. 3 Bde. Erfurt / Schleusingen 1832–1842; Karl Marx: Zur Kritik der Hegelschen Rechtsphilosophie (Manuskript und gedruckte Einleitung, 1843), MEW 1.201–333 bzw. 378–391; Haym: Hegel und seine Zeit (1857), 357–391; Hanns Henning Ritter (Hg.): Eine polemische Erklärung Hegels zur Rechtsphilosophie. HS 5 (1969), 31–39; Hegel: Vorlesungen über Rechtsphilosophie 1818–1831. Edition und Kommentar in 6 Bänden. Hg. von Karl Heinz Ilting. Stuttgart-Bad Cannstatt. Bd. 1 1973, 23–126: Einleitung; Manfred Riedel: Materialien zu Hegels Rechtsphilosophie. 2 Bde. Frankfurt am Main 1975; darin 52–78: Karl-Heinz Ilting: Die Struktur der Hegelschen Rechtsphilosophie; Hans-Christian Lucas / Udo Rameil: Furcht vor der Zensur? Zur Entstehungs- und Druckgeschichte von Hegels Grundlinien der Philosophie des Rechts. HS 15 (1980), 63–93; Dieter Henrich (Hg.): Hegel. Philosophie des Rechts. Die Vorlesung von 1819/20 in einer Nachschrift. Frankfurt am Main 1983; Jaeschke: Die Vernünftigkeit des Gesetzes. Hegel und die Restauration im Streit um Zivilrecht und Verfassungsrecht. In: Lucas / Pöggeler (1986), 221–256; Adriaan Th. Peperzak: Philosophy and Politics. A Commentary on the Preface to Hegel's Philosophy of Right. Dordrecht 1987; Ludwig Siep (Hg.): G. W. F. Hegel, Grundlinien der Philosophie des Rechts. Berlin 1997; Schnädelbach: Hegels praktische Philosophie (2000), 163–370; Jaeschke: Ist Schwabe als preußischer Staatsphilosoph? In: Patrick Bahners / Gerd Roellecke (Hg.): Preußische Stile. Ein Staat als Kunststück. Stuttgart 2001, 249–259; Robert B. Pippin: Hegel's Practical Philosophy. Rational Agency as Ethical Life. New York 2008; Walter Jaeschke / Birgit Sandkaulen: Das Ewige, das gegenwärtig ist – Metaphysik und Naturrecht. In: Kurt Seelmann / Benno Zabel (Hg.): Autonomie und Normativität. Zu Hegels Rechtsphilosophie. Tübingen 2014, 423–434.

8.2 Vorrede zu Hinrichs

(1) In die damaligen Auseinandersetzungen greift Hegel auch mit der Vorrede zur Dissertation seines Heidelberger Schülers Hermann Friedrich Wilhelm Hinrichs (1794–1861) ein – und wenn auch nicht in die rechtsphilosophischen, so doch in die gewiß nicht minder zugespitzten Streitigkeiten um die Religionsphilosophie. Hinrichs hat bereits Mitte Okto-

ber 1820 und mehrfach danach seinen ehemaligen Lehrer um ein Vorwort zu seinem Buch gebeten (an Hegel, 14.10.20, 14.3.21, 22.4.22, 28.5.21), und Hegel hat ihm dies am 7.4.21 zugesagt. Nachträglich sind ihm jedoch Bedenken hinsichtlich der Publikation einer Schrift religionsphilosophischen Inhalts gerade in diesen politischreligiös aufgewühlten Jahren gekommen – fraglos nicht unabhängig davon, daß er im Sommer 1821 sein erstes Kolleg über Religionsphilosophie gelesen hat.

Unter dem Eindruck der aktuellen Streitigkeiten und des Klimas der Verdächtigungen notiert Hegel in einem Ende Mai 1821 geschriebenen Entwurf eines Briefes an seinen Heidelberger Freund Friedrich Creuzer die Sorge, ob Hinrichs' Buch auch wirklich alles vermeide, was ihn in den Verdacht des Atheismus bringen könne: »Ich werde Hinrichs selbst über diese Seite schreiben. Ich habe sein Manuskript nach diesem Gesichtspunkt damals, als ich es in Händen hatte, nicht näher angesehen, – inwiefern es zu Mißverständnissen in Ausdrückungen Gelegenheit geben könnte.« Auch Hinrichs ist sich der prekären Situation wohl bewußt. So trägt er Hegel am 13.10.21 selbst sein Bedenken vor, der ihm für seine Schrift eigentlich angemessen erscheinende Titel »Philosophische Begründung der Religion durch die Wissenschaft« sei »etwaiger zu erregender Mißverständnisse wegen wohl nicht ratsam«. Statt dessen schlägt Hinrichs in diesem Brief als Titel vor: »Philosophische Begründung der von Jacobi, Kant, Fichte und Schelling gemachten Versuche, die Religion wissenschaftlich zu erfassen und nach ihrem Hauptinhalt zu entwickeln.« Am 25.1.22 berichtet Hinrichs nochmals ausführlich über den Stand seiner Arbeiten – wobei er auch mehrfach das Verhältnis der Philosophie Hegels zur Religion anspricht.

(2) Diesen Bericht zitiert Hegel am Ende seines Vorworts, mit einigen stilistischen, aber auch einigen signifikanten Änderungen: Er wendet alle Äußerungen Hinrichs' über destruktive Wirkungen der Hegelschen Philosophie, die öffentlich gegen ihn verwandt werden konnten, ins Allgemeine. Hinrichs schreibt am 25.1.22:

»I h r e Wissenschaft nahm mir aber dieses vorstellende Element, und was war natürlicher, als daß ich [...] die durch I h r e Wissenschaft in mir bewirkte höchste Entzweiung und höchste Verzweiflung aufzuheben [...] bemüht war. [...] Kann ich das, was [...] in dem Christentum als die absolute Wahrheit vorliegt, nicht durch d i e H e g e l s c h e Philosophie in der reinen Form des Wissens begreifen, [...] so will ich nichts mehr von i h r wissen«.

Hegel veröffentlicht hingegen eine neutrale Version, in der nicht mehr von s e i n e r Philosophie, sondern schlechthin von »der« Wissenschaft oder Philosophie die Rede ist:

»D i e Wissenschaft nahm mir aber das vorstellende Element, [...] und was war natürlicher, als daß ich die durch d i e Wissenschaft in mir bewirkte höchste Entzweiung und höchste Verzweiflung aufzuheben [...] bemüht war. [...] kann ich das, was in dem Christenthum als die absolute Wahrheit vorliegt, nicht durch d i e Philosophie in der reinen Form des Wissens begreifen, [...] so will ich nichts mehr von a l l e r P h i l o s o p h i e wissen.« (GW 15.142)

Diese – hier hervorgehobenen – Abänderungen spricht Hegel auch in dem Brief an, mit dem er Hinrichs, drei Tage nach dem Hauptteil, den Schluß seiner Vorrede zusendet – und zwar mit der sehr bestimmten Aufforderung, seine Korrekturen nicht etwa wieder rückgängig zu machen: »Die Worte in Ihrer Abfassung, die meine Philosophie näher ausdrücken, habe ich weggestrichen. [...] wenigstens so, wie es lautet, ist es gut und muß so bleiben.« (7.4.22)

(3) Den von Hegel befürchteten Anstoß wegen etwaiger atheistisch zu mißdeutender Wendungen hat Hinrichs' Schrift nicht erregt. Daß sie gleichwohl erheblich Anstoß erregt hat, ist nicht durch ihren Verfasser verschuldet, sondern vielmehr durch Hegels Vorwort. Denn Hegel beklagt hier nicht allein den allgemeinen Verlust der Theologie und den »Mangel an g e w u ß t e r W a h r h e i t, e i n e m o b j e c t i v e n I n h a l t, e i n e r G l a u b e n s l e h r e«, der gegenüber »das Vieh in der That die viel reinere, wahrhafte, nemlich die ganz unbefangene Bescheidenheit der Unwissenheit besitzt.« (GW 15.131,134) Er führt hier den bekannten, freilich nicht namentlichen Angriff auf Schleiermacher, mit dem er seit den Auseinandersetzungen um de Wette (s. Kap. I.8.1) ohnehin in gebrochenem, wenn auch durch formell-höfliche Briefe (16.11.19) geglättetem Verhältnis lebt: »Gründet sich [nach § 9 der *Glaubenslehre* Schleiermachers] die Religion im Menschen nur auf ein Gefühl, so hat solches richtig keine weitere Bestimmung, als das G e f ü h l s e i n e r A b h ä n g i g k e i t zu seyn, und so wäre der Hund der beste Christ, denn er trägt dieses am stärksten in sich, und lebt vornehmlich in diesem Gefühle. Auch Erlösungsgefühle hat der Hund, wenn seinem Hunger durch einen Knochen Befriedigung wird.« (GW 15.137)

Mit dieser Wendung wiederholt Hegel lediglich seine bereits in der *Berliner Antrittsrede* vorgetragene Kritik des Gefühls als der »t h i e r i s c h e n F o r m des vernünftigen Selbstbewußtseyns« (GW 18.24) – aber durch ihre – wenn auch unausgesprochene – Adressierung an Schleiermacher verleiht er ihr nun eine spezifische Schärfe. In dieser Form ist sie »im Stil gewiß eine Entgleisung, in der Sache aber nur die konsequente Spitze der Argumentation« Hegels gegen eine Begründung der Religion auf das Gefühl (Lange 1983, 218). Gegenüber Hinrichs spielt Hegel am 4.4.22 diese Polemik herunter, indem er sein Vorwort so charakterisiert: »auf unsre jetzige Theologie hat es hin und wieder direkten Bezug«. Doch hält die Entrüstung über die Heftigkeit des Hegelschen Ausfalls in manchen Kreisen bis in die Gegenwart an. Sie hat allerdings auch dazu geführt, daß man sich ein sachliches Eingehen auf die Probleme des Gefühlsbegriffs, die Hegel in dieser Kritik an Schleiermacher berührt, ersparen zu können geglaubt hat. Auch Schleiermacher selber hat auf diesen Angriff bewußt nicht geantwortet und dies am 28.12.22 brieflich gegenüber Karl Heinrich Sack sowie im Sommer 1823 gegenüber de Wette begründet (Briefe 4.306,309).

(4) Zwei Dimensionen der Kritik Hegels an Schleiermachers *Glaubenslehre* sind zu unterscheiden – eine philosophische und eine theologie- bzw. kirchenpolitische. In seinem Briefwechsel mit Hinrichs und seinen Heidelberger Freunden steht die kirchenpolitische Dimension im Vordergrund. Hegel nutzt die Gelegenheit der *Hinrichs-Vorrede*, um einen öffentlichen Streit um die theologische Richtung der eben begründeten Kirche der preußischen Union zwischen Lutheranern und Reformierten auszulösen. Deshalb schreibt er auch am 4.4.22 an Hinrichs, er erwarte von dem Heidelberger Theologen und Freund Carl Daub »eine offene Erklärung, ob denn das die Dogmatik der unierten evangelischen Kirche sei, was man uns, – freilich in einem e r s t ersten Teile, vermutlich weil man für Weiteres in diesen Zeiten der Unterdrückung, wie man es heißt, nicht traut, – als solche zu bieten die Unverschämtheit und Plattheit gehabt hat.« Und am 7.4.22 schreibt er weiter: »Es tut not, daß wir nach und nach lauter werden. Sagen Sie D a u b ganz im Stillen, es sei ein Gedanke des Ministers, ihn und S c h w a r z hieher einzuladen, um über Theologie und Kirche zu konferieren. [...] Wenn mir der Herr Minister davon spricht, werde ich ihm sagen, er brauche nur die beiden Herrn 1) um die Artikel Ihrer Union [gemeint sind Ausführungen zur Badischen Union] und 2) um eine Kritik der Dogmatik der evangelischen Kirche (wovon der Verfasser mit dem 2ten Teil, der schon Weihnachten erscheinen sollte, sich wohl nicht getraut herauszurücken) ersuchen, so werde er schon klar genug finden können, was sie von Theologie und solcher

Berliner Theologie halten.« – Diese Erwartungen Hegels haben sich jedoch nicht erfüllt.

Philosophisch ist Hegels Kritik gegen die beiden Begriffe in der Grundlegung von Schleiermachers *Glaubenslehre* gerichtet, die gemeinsam die Formel vom »Gefühl der Abhängigkeit« tragen: gegen die Rede von »Abhängigkeit« und gegen die Rede von »Gefühl«. Jeder Gedanke an »Abhängigkeit« liegt Hegels Verständnis der christlichen Religion fern – auch wenn er die Rolle eines derartigen Abhängigkeitsgefühls in früheren Religionen keineswegs unterschätzt. Er bestreitet zwar nicht, daß ein solches Abhängigkeitsgefühl in Religionen vorkomme – aber es bilde geradezu einen Index des Verfehlens des wahren Gehalts der Religion. In seiner Rezeption des ersten Bandes der *Glaubenslehre*, unmittelbar nach ihrem Erscheinen Ende Juni 1821 (KGA I/7,1.XXX), stößt er sich in seinen religionsphilosophischen Vorlesungen vom Sommer 1821 deshalb sogar primär an Schleiermachers Rede von Abhängigkeit. Die Formel vom »Grundgefühl der Abhängigkeit« fließt ihm zuerst in die Darstellung der Religion Israels ein, in den Kontext der »Furcht des Herrn« und der Knechtschaft des Volkes (V 4.64). Noch enger sieht er jedoch den Zusammenhang zwischen dem Abhängigkeitsgefühl und der römischen Religion: Das Abhängigkeitsgefühl führe zur religiösen Verehrung der politischen Macht und in letzter Konsequenz zur Teufelsanbetung: »Den Teufel anbeten, aus Abhängigkeitsgefühl / Kaiser – einen wirklichen Menschen als Gott verehren – Ursache von Zuständen, viel ärger als Fieber und Pest – Herr über Hunger, unmittelbar über Leben – den Teufel angebetet – hierin das Abhängigkeitsgefühl am stärksten« (V 4.648). In der christlichen Religion hingegen sieht er dafür keinen Platz; sie bildet für ihn geradezu den Gegenpol zu solcher Rede von »Abhängigkeit«: Denn wo der Geist des Herrn ist, da ist nicht Abhängigkeit, sondern Freiheit (2. Kor. 3,17; vgl. Jaeschke 1985, 1158 f.). Selbst »in den schlechtesten Religionen«, in denen »die Knechtschaft und damit der Aberglaube am mächtigsten ist«, ist für den Menschen in der Erhebung zu Gott der Ort, wo er seine Freiheit, Unendlichkeit, Allgemeinheit, d. i. das Höhere, was nicht aus dem Gefühle als solchem, sondern aus dem Geiste stammt, fühlt, anschaut, genießt.« (GW 15.137)

Hinsichtlich des zweiten Elements, des Gefühls, läßt sich Hegels Kritik auf eine knappe Formel bringen. Ausführlicher entfaltet ist sie in seinen religionsphilosophischen Vorlesungen, insbesondere in der Partie aus dem Kolleg 1824, die die Lehre von den Formen des religiösen Bewußtseins noch unter dem frischen Eindruck der Auseinandersetzung mit Schleiermacher formuliert (V 3.175–183): Der Inhalt der Religion müsse auch im Gefühl sein – aber das Gefühl sei eine leere Form, die beliebigen – guten wie bösen – Inhalt zwar in sich aufnehmen, aber eben deshalb nicht als berechtigt erweisen könne. Hierfür kann Hegel nicht allein Bibelzitate, sondern auch sonst gute Argumente anführen, und er könnte sich hier auch mit Kants Kritik des Gefühls einig wissen: Legitimierende Kraft hat nicht das Gefühl, sondern allein das Denken. Eine andere Frage ist, ob Schleiermachers Rede vom frommen Gefühl und vom Gefühl der Abhängigkeit überhaupt unter den angedeuteten Gefühlsbegriff zu subsumieren sei und wie diese Formeln anderenfalls zu verstehen seien – eine Frage, an deren Antwort bekanntlich auch heute noch vielfältig gearbeitet wird (Arndt 1996, 1200–1209).

Erstdruck: Hermann Friedrich Wilhelm Hinrichs: Die Religion in den inneren Verhältnisse zur Wissenschaft. Nebst Darstellung und Beurtheilung der von Jacobi, Kant, Fichte und Schelling gemachten Versuche, dieselbe wissenschaftlich zu erfassen, und nach ihrem Hauptinhalte zu entwickeln. Mit einem Vorworte von Georg Wilhelm Friedrich Hegel. Heidelberg 1822. Vorwort: I–XXVIII. – **Text:** GW 15.126–143, BSchr 62–86. – **Literatur:** Friedrich Daniel Ernst Schleiermacher: Der christliche Glaube nach den Grundsätzen der evangelischen Kirche im Zusammenhange dargestellt (1821/22). Kritische Gesamtausgabe. Bd 7/1. Berlin – New York 1980; Aus Schleiermacher's Leben. In Briefen. Bd 4. Berlin 1863, ND 1974; Dietz Lange: Die Kontroverse Hegels und Schleiermachers um das Verständnis der Religion. HS 18 (1983), 201–224; Jaeschke: »Paralipomena Hegeliana zur Wirkungsgeschichte Schleiermachers.« In: Internationaler Schleiermacher-Kongreß Berlin 1984. Hrsg. von Kurt-Victor Selge. Berlin-New York 1985, 1157–1169; Andreas Arndt (Hg.): Friedrich Schleiermacher: Schriften. Frankfurt am Main 1996.

8.3 Anmerkungen zu Creuzers Proclus-Edition

(1) Auch die nächstfolgende Veröffentlichung Hegels verweist noch zurück auf seine kurzen, aber fruchtbaren Heidelberger Jahre: die Anmerkungen zur Proclus-Edition seines Freundes Creuzer. Dieser berichtet später in seinen Lebenserinnerungen über Hegels Mitarbeit: »Hegel hielt weniger auf Plotin als auf Proclus, und legte besonders diesem Buche des letzteren einen grossen Werth bei. Daher er, wissend, dass ich handschriftliche Hülfsmittel dazu habe, dringend mir anlag, es neu zu bearbeiten. Ich willfahrte ihm unter der Bedingung, dass ich ihm die Druckbogen zusende, und mir seine Bemerkun-

gen dazu mittheile. Diess ist denn auch […] brieflich von ihm geschehen, und ich habe sie in einem Epimetrum zu der im folgenden Jahre erschienenen Ausgabe abdrucken lassen, und sie wurde ihm […] gewidmet.« (GW 15.305)

(2) Diese Vereinbarung wird noch während Hegels Aufenthalt in Heidelberg erfolgt sein, da sie nicht Gegenstand des späteren Briefwechsels ist. Dennoch ist der Entstehungsprozeß der Anmerkungen Hegels aus den Briefen der Folgezeit noch genauer darzustellen. Nur kurz nach Abschluß der Neubearbeitung seiner *Symbolik und Mythologie,* am 30.5.20, schreibt Creuzer an Hegel über Victor Cousin, einen gemeinsamen Bekannten: »Aber unser Herr Professor Cousin hat sich nicht schön gegen mich benommen. Was helfen alle Flatterien? – Sie wissen doch, daß er selbst sagte, er verstehe kein Griechisch. Nun mutete er mir ein[fach zu] a) ich solle ihm meine Sammlungen zum Proclus abgeben [für] nur 500 fl. – ohne die Mühe –, b) ich solle ihm, damit er den Proclus herausgebe, einen deutschen Verleger suchen. Ich dachte, keine Antwort ist auch eine, und ließ eine Ankündigung drucken. Nun kommt er mit seinen lateinischen Uebersetzungen von Stücken des Proclus – die großenteils bei Fabricius stehen –, schickt, ich weiß nicht was, aus Tiedemann und Tennemann voraus und versichert das Publikum, mein Proclus werde in ewiger Zeit nicht erscheinen. Ich habe also darauf dem Publikum doch sagen müssen, daß wirklich an meiner Edition gedruckt wird und daß Herr Cousin mehr versichert, als er wissen kann und worum ihn niemand gefragt hat. Sie werden im Herbst dieses griechische Buch erhalten, und ich bitte um gütige Aufnahme.«

Ende Mai 1821 erhält Hegel die ersten acht Bogen, vermutlich des dritten Teils, und er dankt Creuzer: »Die Uebersetzung dazu und die Anmerkungen, womit Sie das, was Sie gegeben, – und die Vervollständigung und Verbesserung des Text[es] –, diese Abhandlung des Proclus ist mir von dem, was mir von den Neuplatonikern zu Gesicht gekommen, das liebste und werteste – Platonische Dialektik – und zugleich die in ihm jetzt höhre als Platon beginnende Systematisierung, Organisierung der Idee in ihr selbst, – ist der ungeheure Schritt in der Philosophie, der vornehmlich Proclus' Verdienst ist, aus dem die Folgenden geschöpft. Sie haben mit dieser Ausgabe einem großen Bedürfnis abgeholfen, und ich lasse es in meinen Vorlesungen über die Geschichte der Philosophie nicht fehlen, auf den Proclus und bestimmt auf diese Schrift aufmerksam zu machen, die mir der wahre Wendepunkt, der Uebertritt der alten Zeit in die neue, der alten Philosophie in das Christentum zu sein scheint – und den es jetzt wieder geltend zu machen zu tun ist. – Es scheint mir daher nichts so an der Zeit zu sein, als diese neue Ausgabe des Proclus.« In den folgenden Monaten muß Hegel seine Anmerkungen fertiggestellt und an Creuzer gesandt haben. Brief und Manuskript sind zwar nicht überliefert, doch bereits am 8.9.21 berichtet Creuzer: »Der Text von Proclus' Büchlein στοιχείωσις θεολ ist zwar von mir abgeliefert; aber nun muß ich, weil die Setzer nicht warten, in dieser ersten Ferienwoche noch ein Epimetrum dazu machen, weil ich erst kürzlich einige Specimina varr. lectt. aus 3 andern Codd. mss. und Taylor's englische Uebersetzung jenes Buchs erhalten habe. [...] In diesem Epimetro nun werden auch besonders Ihre Bemerkungen ihre Stelle finden, wofür ich Ihnen aufs dankbarste verpflichtet bin.« Am 11.9.21 berichtet Hegel, er habe nun den Text »bis zum 12ten Bogen inclusive in Händen«, und am 23.9.21 antwortet Creuzer: »Der Proclus-Text ist fertig. Wegen des notwendig gewordenen Epimetri werden Sie aber den Schluß erst im November erhalten.« Am 26.1.22 schließlich kündigt Creuzer an, Hegel werde »im Februar die στοιχείωσις θεολογική erhalten. Sie ist Ihnen dediziert und einem Philologen, dessen Sie sich nicht schämen werden, van Heusde, der gut über Plato gearbeitet und von deutscher Literatur Kenntnis besitzt.«

(3) Philologische Arbeiten dieser Art sind Hegel nicht fremd gewesen: Zwei Jahrzehnte zuvor hat er sich an der Spinoza-Edition seines damaligen Freundes Paulus beteiligt (s. Kap. I.4.4, II.4.5.5). Soweit sich Hegels Bemerkungen aus Creuzers Edition erkennen lassen, betreffen sie nur drei kurze Passagen, doch demonstrieren sie seine textkritische Kompetenz auch auf diesem ihm vertrauten und von ihm hochgeschätzen Gebiet der spätantiken Philosophie.

Erstdruck: Initia philosophiae ac theologiae ex Platonicis fontibus ducta sive Procli Diadochi et Olympiodori in Platonis Alcibiadem Commentarii. Ex codd. mss. nunc primum graece edidit itemque eiusdem Procli institutionem theologicam integriorem emendatioremque adjecit Fridericus Creuzer. Pars tertia. Francofurti ad Moenum 1822, insbesondere 319–332: Epimetrum. Variae Lectionis et Annotationis. – **Text:** GW 15.253 f. – **Literatur:** Creuzer: Aus dem Leben eines alten Professors. Leipzig und Darmstadt 1848, 124.

8.4 Fragment zur Philosophie des subjektiven Geistes

(1) Bis zum Beginn der Berliner Jahre hält Hegel an seinem Plan aus den Nürnberger Jahren fest, die einzelnen Disziplinen seines Systems zwar nicht mehr,

wie er es in Jena versucht hat, in einem Bande, sondern sukzessiv in Wissenschaftsform auszuarbeiten und zu veröffentlichen. In diesem Publikationsplan räumt er der Geistesphilosophie – entgegen dem Aufbau des Systems – Priorität vor der Naturphilosophie ein. Bereits am 10.10.11 schreibt er an Niethammer, er wolle seiner Logik »späterhin« die Psychologie folgen lassen – womit sicherlich die gesamte Lehre vom subjektiven Geist gemeint ist, nicht allein deren damals zweiter und – seit 1816 – dritter Teil (s. Kap. II.6.1.5). In ^{1}§ 367 der *Enzyklopädie* (1817) beklagt er den »höchst schlechten Zustand« der Psychologie, der zudem damit kontrastiere, daß ihr die »grössere Wichtigkeit beygelegt worden« sei, daß sie »in ihrem e m p i r i s c h e n Zustande die Grundlage der Metaphysik a u s m a c h e n s o l l e, als welche in nichts anders bestehe, als die T h a t s a c h e n des menschlichen B e w u ß t s e y n s, und zwar als T h a t - s a c h e n, wie sie g e g e b e n sind, e m p i r i s c h auf - zufassen« – wiederum ein Seitenhieb auf Fries' *Neue Kritik der Vernunft*. v. Thaden beklagt am 26.4.18 die gedrängte Kürze der enzyklopädischen Geisteslehre – und er hofft hier auf künftigen Aufschluß: »Wohl uns, daß wir noch über die beiden Abschnitte von der Natur und vom Geiste einen Kommentar zu erwarten haben«. In den rechtsphilosophischen Vorlesungen kommt Hegel auf seinen Publikationsplan zurück: Er habe in seiner *Enzyklopädie* in den §§ 363–399 die »Grundzüge« der Lehre vom Geiste dargestellt und angemerkt, daß sich »nicht leicht eine philosophische Wissenschaft in so vernachlässigtem und schlechtem Zustande befindet, als die L e h r e v o m G e i s t e, die man gewöhnlich Psychologie nennt« – und so hoffe er, »deren weitere Ausführung dereinst geben zu können« (*Grundlinien* § 4).

(2) Den modifizierten – teils erweiterten, teils verkürzten – Ansatz zur angekündigten »weiteren Ausführung« bietet das *Fragment zur Philosophie des subjektiven Geistes*. Erweitert ist er, sofern es nicht allein die »Psychologie« im Sinne der genannten Paragraphen 363–399 umfaßt, sondern die Lehre vom subjektiven Geiste überhaupt – auch wenn der gegenwärtige Umfang des *Fragments* lediglich die Einleitung in die Geisteslehre und die Anthropologie enthält. Verkürzt ist er, sofern bereits seine äußere Form, die Einteilung in Paragraphen, darauf hindeutet, daß Hegel nicht eine der *Logik* vergleichbare wissenschaftliche Ausarbeitung zum »System«, sondern – wie mit den *Grundlinien der Philosophie des Rechts* – ein Kompendium für seine Vorlesungen ausarbeiten wollte. Sein Bezug auf Henrik Steffens' *Anthropologie* (1822), die etwa zum Jahreswechsel 1821/22

erschienen ist (Hinrichs an Hegel, 25.1.22), gibt einen terminus post quem, und die verbale Ähnlichkeit dieses Bezugs mit einem Bericht Michelets über die Vorlesung über die Philosophie des Geistes von 1822 (GW 15.302) deutet darauf, daß die Zeitpunkte beider nicht weit auseinanderliegen. Ein – nicht in Paragraphen abgefaßter – »Anhang« zu diesem *Fragment* ist hingegen wegen frappanter Übereinstimmungen in der Formulierung mit den Nachschriften zur Vorlesung von 1825 »gewiß eigens für den Gebrauch bei der Vorlesung niedergeschrieben – vielleicht erst 1825« (Nicolin 1961, 11).

(3) Den Plan zur Publikation von »Grundlinien der Philosophie des subjektiven Geistes« hat Hegel wahrscheinlich um 1825, mit dem Beginn der Arbeiten an der zweiten Auflage der *Enzyklopädie* (1827), wieder aufgegeben – zumindest gibt es kein Indiz dafür, daß er nach 1825 am *Fragment* weitergearbeitet hätte. Doch die Erweiterungen, die er in der *Enzyklopädie* gegenüber der Erstauflage vornimmt, bilden kein Aequivalent für das nicht mehr weiter verfolgte Projekt eines Kompendiums für die Geistesphilosophie. Denn schon dieses – in sich nochmals fragmentarische – Fragment, das noch keineswegs eine Druckvorlage bildet, sondern das Hegel – wie seine Randbemerkungen ausweisen – noch weiter überarbeiten wollte, bietet die eindrucksvollsten Ausführungen zum Geistbegriff.

(4) Zur begrifflichen Schärfe gewinnt Hegels Sprache hier auch noch poetische Schönheit, wenn er die eigentümliche Stellung des Geistes »zwischen« den beiden Extremen Natur und Gott, »zwischen der natürlichen Welt und der ewigen Welt«, beschreibt – als ein »zwischen« zwischen Ausgangspunkt und Ziel. Die Begriffsbestimmung des Geistes, heißt es zunächst, schließe die beiden Fragen ein, woher er komme und wohin er gehe – doch dann zeigt sich, daß eben diese beiden Fragen »es allein wahrhaftig sind, durch welche erkannt wird, was er i s t. / Wo er herkommt, – es ist von der Natur; wo er hingeht, – es ist zu seiner Freyheit. Was er i s t, ist eben diese Bewegung selbst von der Natur sich zu befreyen. Diß ist sosehr seine Substanz selbst, daß man von ihm nicht als einem so feststehenden Subjecte sprechen darf, welches diß oder jenes thue und wirke, als ob solche Thätigkeit eine Zufälligkeit, eine Art von Zustand wäre, ausser welchem es bestehe, sondern seine Thätigkeit ist seine Substantialität, die Actuosität ist sein Seyn.« (GW 15.207,249) Wohl an keiner weiteren Stelle hat Hegel den Übergang von der »Substanz« zum »Subjekt«, und auch von der »feststehenden« Subjektivität der Per-

son zur wahrhaften Subjektivität des Geistes, so prägnant und anschaulich zugleich ausgesprochen. Und noch eine Reihe weiterer Punkte spricht Hegel hier mit sonst selten erreichter Klarheit an – etwa das Verhältnis seiner Geistesphilosophie zur vorhergehenden empirischen und rationalen Geisteslehre, übrigens in Übereinstimmung mit dem Hervortreten des Erfahrungsbegriffs in der »zweiten Stellung des Gedankens zur Objektivität« (s. Kap. II.7.2.5). Die Philosophie des Geistes könne »weder empirisch noch metaphysisch seyn«, sondern sie habe »den B e g r i f f des Geistes in seiner immanenten, nothwendigen Entwicklung aus sich selbst zu einem Systeme seiner Thätigkeit zu betrachten.« Die Wertung der beiden einseitigen Momente »empirisch« und »metaphysisch« ist jedoch sehr unterschiedlich: Auch wenn die »Wissenschaft« letztlich »etwas ganz anderes erfordert« als die empirische Kenntnis der Erscheinungen, so ist diese doch »von höchster Wichtigkeit, ja eine durchaus unentbehrliche Kenntniß«. Von der Rationalen Psychologie hingegen heißt es, sie habe den Geist »in ganz a b s t r a c t e r Allgemeinheit« betrachtet, doch: »In solcher Betrachtungsweise tritt das, wodurch Geist Geist ist, nicht ein.« (GW 15.211,213)

Distanziert und zugleich entschieden behandelt Hegel das damals vergleichsweise moderne Thema der »anthropologischen Besonderung« – oder das, »was die R a c e n v e r s c h i e d e n h e i t des Menschen genannt worden ist.« Die hier zu beschreibenden Unterschiede »fallen in die b e s o n d e r e Natur des Menschen«; sie »betreffen deswegen nicht die Vernünftigkeit selbst, sondern die Art und Weise der Objectivität derselben, und begründen nicht eine ursprüngliche Verschiedenheit in Ansehung der Freyheit und Berechtigung unter den sogenannten Racen.« Im selben Sinne heißt es in Hegels Kolleg, man könne und brauche der Natur über ihre Besonderheiten keine Vorwürfe machen – »denn das Wesentliche ist, daß der Mensch Mensch sei und an das, was ihn dazu macht, haben alle Menschen gleiches Recht« (V 13.49, GW 25/2.619). Man muß diese sehr prononcierten Aussagen vor dem Hintergrund der damals »fortgeschrittenen« und noch bis ins 20. Jahrhundert reichenden Wissenschaft – der »Cranioskopie« – sehen, deren durchaus angesehene Repräsentanten (u. a. Samuel Thomas Sömmering) durch Messungen des Schädelumfangs und damit des Volumens des Gehirns anderer Rassen deren Inferiorität »wissenschaftlich bewiesen« haben – woraus sich dann leicht politische Folgerungen rechtfertigen ließen.

Die an das Problem der »Racenverschiedenheit« angeschlossenen zeitgenössischen Diskussionen, »ob das Menschengeschlecht von Einem Paare abstamme«, diskreditiert Hegel als »phantastische Extravaganzen«, »worin die Idee und natürliche Existenz ineinander gebraut sind« (GW 15.224–227) – und ähnlich kurz darauf die Frage nach einem vollendeten Urzustand oder Goldenen Zeitalter: Sie beruhe »auf der gänzlichen Verkennung der Natur des Geistes«, weil sie die Wahrheit des Geistes in einem Zustand der Unmittelbarkeit finden will. Solcher Romantik der Unmittelbarkeit gegenüber gilt vielmehr: »Das Denken ist nur Wissen und Erkennen, insofern es sich befreyt hat, und zwar befreyt wesentlich von der Weise der blossen Unmittelbarkeit der Seele« (GW 15.245–247).

Erstdruck: Ein Hegelsches Fragment zur Philosophie des Geistes. Eingeleitet und hg. von Friedhelm Nicolin. HS 1 (1961), 17–48. – **Text:** GW 15.207–249. – **Quelle:** Henrik Steffens: Anthropologie. 2 Bde. Breslau 1822. – **Literatur:** Friedhelm Nicolin: Einleitung zum Erstdruck, ebd. 9–17.

8.5 Über das Sehen und die Farben

(1) Bekannt – und oft belächelt – ist das konstante Interesse, das Hegel in Jena, Nürnberg, Heidelberg und Berlin für Goethes Farbenlehre gezeigt und das ihn mit Goethe verbunden hat (s. Kap. I.4.5, 7.4). Nicht bekannt ist bis vor kurzem gewesen, daß Hegel über die Hinweise in der *Enzyklopädie* und in der *Logik* hinaus auch eigene Abhandlungen über das Sehen und die Farben verfaßt hat. Sie werden zwar erwähnt in einem Brief, den Hegel am 15.9.22 auf seiner Reise in die Vereinigten Niederlande aus Magdeburg an Goethe schreibt. Er geht zunächst – wie auch in anderen Briefen, etwa vom 24.2.21 – ausführlich auf Probleme der Farbenlehre ein, und er schließt: Schließlich bemerke [ich], daß ich mir die Freiheit genommen, ein paar Aufsätze in der Gestalt, wie sie sind, ins Reine schreiben zu lassen und sie beizuschließen. – Sie verdanken ihren Ursprung ganz den Unterhaltungen mit Herrn Schultz und von Henning vom vorigen Winter und betreffen einige Nebenumstände; der erste hat vielleicht ein weiteres Interesse, um ein bei Gelegenheit des Doppelsehens hereinkommen wollendes N a h e s und F e r n e s zu entfernen. – Einen dritten habe [ich] nicht mehr zu redigieren Zeit gewinnen können«. Johannes Hoffmeister bemerkt hierzu in der Briefausgabe: »Von diesen Aufsätzen ist nichts bekannt, als ein Hinweis bei Ros[enkranz: Hegels Leben] S. 339 über das Vorhandensein eines Manu-

skripts über die physiologischen Farben, das den ersten Aufsatz enthalten könnte.« Bei diesem letztgenannten Manuskript dürfte es sich vielmehr um den von Hegel erwähnten – heute verschollenen – dritten Aufsatz handeln; die beiden an Goethe übersandten hingegen sind jetzt veröffentlicht.

(2) Der erste der beiden neu aufgefundenen Aufsätze befaßt sich nicht eigentlich mit der Farbenlehre; er bezieht sich auf eine Abhandlung »des Herrn Geheimen OberRegierungsRaths Schulz« [!] »Über physiologische Gesichts- und Farben Erscheinungen« aus dem Jahre 1816, »dessen HauptGegenstand das Doppelsehen ist«. Dieses Problem ist auch Thema einer Reihe von »Abendunterhaltungen« zwischen Christoph Ludwig Friedrich Schultz, v. Henning und Hegel im Winter 1821/22 gewesen, auf die Hegel im einzelnen eingeht. Bezugspunkt der Abhandlung Hegels ist jedoch der Aufsatz von Schultz und insbesondere eine dort enthaltene sehr komplexe Figur, ohne deren Kenntnis ein Verständnis der Abhandlung Hegels nicht möglich ist. Denn Hegel sucht zu zeigen, daß diese Figur, an der das »Phänomen des Doppelsehens« erläutert wird, »zu einem Misverständnisse in Ansehung desselben Veranlassungen geben zu können scheint«. Er referiert auch einen »interessanten Einwand«, den Schultz mündlich gegen seine Abhandlung vorgebracht hat, und sucht ihn zu entkräften (GW 15.255–269).

(3) Auch der zweite Aufsatz greift auf eine »Abendunterhaltung« mit Schultz zurück. Erst er thematisiert die Farbenlehre, und zwar auf Grund eines Versuchs, den Christoph Heinrich Pfaff, der Bruder von Hegels Nürnberger Kollegen, ein Anhänger Newtons, in einer Schrift über dessen Farbentheorie aus dem Jahre 1813 beschreibt: »daß wenn auf einem schwarzen Grunde ein blaues und ein rothes Viereck in horizontalem Nebeneinander gesetzt und durch [ein] Prisma betrachtet werden, das Blaue mehr verrückt werde als das Rothe.« Hegel wendet gegen Pfaffs »sogenannte Erfahrung« ein, »Herr von Goethe« habe sie schon »zur Genüge beleuchtet, und ihren Ungrund aufgedeckt.« Hegel macht gegen das Experiment geltend, daß bei seiner Anordnung entscheidende Umstände verfehlt worden seien; Pfaff trete »insofern in die Fußtapfen Newtons, von dessen Experimenten Goethe hinlänglich gezeigt hat, daß in Vielem der Hauptwerth in dem Verstecken dessen liegt, worauf es ankommt.« Zur Unterstützung seiner Kritik und zur Aufhellung des Phänomens zieht er auch Material heran, das v. Henning ihm beschafft hat. Und er schließt, indem er seine Kritik bekräftigt: »Solche Weise des Experimentierens und Folgerns,

wie sie Herr Pfaff übt, und deren Stärke darin besteht, diejenigen Umstände, auf die es allein ankommt, nicht zu beachten, hat auch das Unangenehme, daß die Beleuchtung solcher Versuche und Schlüsse auf keine Art von Gehalt führt.« (GW 15.270–276)

Erstdruck: Wilhelm Raimund Beyer: Nürnberg als die Geburtsstadt der entoptischen Farben. (»Gevatter« Hegel). In ders.: Gegenwartsbezüge Hegelscher Themen. Mit unbekannten Hegel-Texten zur Farbenlehre. Königstein / Ts. 1985, 49–120, insbesondere 93–112. – **Text:** GW 15.255–276. – **Literatur:** R 339 f.; Wolfgang Bonsiepen: Bei Goethe in Weimar. In: Otto Pöggeler (Hg.): Hegel in Berlin. Preußische Kulturpolitik und idealistische Ästhetik. Zum 150. Todestag des Philosophen. Wiesbaden 1981, 171–180.

8.6 Ueber die Bekehrten

(1) Diese kleine, für Hegels Urteile über die zeitgenössische Kunst jedoch nicht unwichtige Zuschrift ist im Januar 1826 in zwei Artikeln und insgesamt fünf Folgen in der von Moritz Saphir herausgegebenen *Berliner Schnellpost für Literatur, Theater und Geselligkeit* anonym erschienen, einer dreimal wöchentlich erscheinenden Zeitschrift, die sich vornehmlich dem Berliner Literatur- und Theaterleben gewidmet hat. Ergänzt wird sie durch eine *Beilage zur Berliner Schnellpost*, den *Beiwagen für Kritik und Antikritik zur Berliner Schnellpost*. Die Titelseiten der eigentlichen *Schnellpost* tragen ein Motto aus Goethes *Schwager Kronos* (Verse 6–8): »Nur frisch, holpert es gleich, über Stock und Stein den Trott rasch in's Leben hinein«; auf dieses Motto spielt die Schlußwendung von Hegels erstem Artikel an; der *Beiwagen* hat zum Motto Vers 138 aus dem Prolog zu Schillers *Wallensteins Lager*: »Ernst ist das Leben, heiter ist die Kunst.«

(2) Hegels Zuschrift *Ueber die Bekehrten* ist unter all seinen veröffentlichten Texten das am wenigsten glückliche Schicksal beschieden gewesen: Der erste Artikel, mit dem Untertitel *Antikritisches*, ist in verstümmelter, um ein Viertel seines Inhalts verkürzter Form überliefert worden. Bei ihrer Aufnahme der vier Folgen dieses Artikels in Band 17 der *Freundesvereinsausgabe* haben Friedrich Förster und Ludwig Boumann nicht allein Hegels Schlußwendung (GW 16.13,20–25) weggelassen; sie haben sogar die dritte Lieferung in Nummer 10 der *Berliner Schnellpost*, somit das dritte Viertel des ersten Artikels, übersehen (GW 16.8,1–10,20). Sämtliche späteren Ausgaben haben diesen Fehler durch Abschreiben wiederholt, und die Forschung hat sich nicht daran gestoßen, daß der Text in dieser amputierten Form nicht kohä-

rent verständlich ist. Er ist erst durch die neue Studienausgabe der *Berliner Schriften* (BSchr) vervollständigt worden. Sowohl die absichtlich weggelassenen als auch die vergessenen Textabschnitte sind somit seit ihrem Erstdruck bis vor kurzem unbekannt geblieben.

Noch weniger glücklich ist das Schicksal des zweiten Artikels, unter dem Titel *Postscript*, verlaufen: Er ist von allen bisherigen Ausgaben ignoriert worden und somit bis zu seiner Veröffentlichung im Jahr 2001 (GW 16.14 f.) der Forschung insgesamt unbekannt geblieben.

(3) *Die Bekehrten* lautet der Titel eines »Lustspiels in fünf Akten« von Ernst Raupach, einem damals in Berlin mehrfach gespielten Dichter, mit dem Hegel auch persönlich bekannt war. Es handelt sich um eine Verwechslungskomödie: Zwei Liebende, Clotilde und Torquato, trennen sich durch ein Mißverständnis ihrer Liebe. Als Clotilde heiraten soll, verlobt sich Torquatos Onkel, ein Graf, mit ihr, weil er dem Neffen die Braut erhalten will. Er geht jedoch nach Rom und gibt sich für tot aus, kehrt aber als Eremit zurück und sorgt – unter eifriger, wenn auch nicht immer glücklicher Mithilfe des Narren Burchiello und des Kammerkätzchens Fiametta dafür, daß es nach zahlreichen Verwicklungen schließlich zum glücklichen Ende kommt.

(4) Hegel hat die Erstaufführung der *Bekehrten* am 3. Januar 1826 im Königlichen Schauspielhaus in Berlin gesehen. Von dieser Aufführung ist in der *Berliner Schnellpost* eine – nicht namentlich gezeichnete, wohl vom Herausgeber Moritz Gottlieb Saphir stammende – Charakteristik erschienen, die sowohl auf das Stück als auf die Aufführung eingeht. Sie ist keineswegs gänzlich abschätzig; Saphir (zu ihm siehe Hugo Falkenheim im Anhang zu Kuno Fischer: *Hegel*, 1236 f.) zollt den Schauspielern Beifall, und er endet mit der Wendung: »Das Stück im Ganzen wird das Publikum noch manchen Abend ergötzlich unterhalten.« Gleichwohl finden sich eine Reihe von Einwänden gegen das Stück, die Hegels Widerspruch und anonyme *Antikritik* herausgefordert haben.

Im Blick auf die Handlung – oder vielmehr auf den Mangel an Handlung, wie Hegel schreibt – wendet Saphir ein: »Unsere neueren Lustspieldichter scheinen sehr wohl von dem schlechten Zustande des Merkantils unterrichtet zu sein, da sie alle H a n d l u n g in ihren Stücken vermeiden.« »Das Talent des geschätzten Herrn Verfassers, den ich in manchen Produkten hochschätze, und dessen Geist auch heute in vielen schönen Szenen ans Licht tritt, gefällt sich zu sehr, mit Außerwesentlichem, mit Zufälligkeiten zu spielen.« Saphir bemängelt ausdrücklich, wie Hegel zitiert, daß der Stoff des Stücks »aus einer überschraubten Gewaltaufgabe eines blinden Zufalls« herrühre – und daß das Stück hierdurch seinen Charakter als Lustspiel verfehle: »Es ist kein Lustspiel, eher ein Possenspiel, wie es der gute Graf selbst nennt.« – Daß der kritisierte Artikel, wie Hegel schreibt, die beiden Hauptfiguren gleich anfangs für so mürbe genommen habe, daß sie nichts zu tun gehabt hätten, als einander schon beim ersten Anblick in die Arme zu fallen, nimmt ebenfalls eine Wendung Saphirs auf: »die Leutchen sind so mürbe und bekehrlich, daß eine Bibelgesellschaft ihre Freude an ihnen hätte.« Und daß das Stück bereits im ersten Akt zu Ende wäre, wenn nicht Narr und Kammerkätzchen es aufhielten, spiegelt den Satz Saphirs: »Fiametta, das Kammerkätzchen, und Burchiello, der Narr, müssen nun das Stück aufhalten, sonst wäre es im ersten Akte schon zu Ende.« – In all diesen Aspekten nimmt Hegel Saphirs Einwände angemessen auf, sucht sie aber teils durch übergreifende ästhetische Erwägungen, teils durch Vergleiche mit anderen damals gespielten Stücken, teils durch abweichende Akzentuierungen speziell der *Bekehrten* zu entkräften.

(5) Im kurzen zweiten Artikel, *Postscript*, nimmt Hegel nicht allein erneuten Bezug auf die Leistung der ihm vertrauten Schauspieler, sondern auch auf die beiden Stücke, die jeweils am Abend nach der Erstaufführung bzw. vor der Zweitaufführung der *Bekehrten* gespielt wurden, da diese den Theaterabend nicht gefüllt haben: das Vaudeville *Der Hahn im Korbe* bzw. *Der Puls,* ein Lustspiel von Bado. Um künftig solchen unnötigen »Ballast« zu vermeiden, regt er eine »Gallerie des Bessern« an, »was sich auf unserem Repertoire erhalten hat« – entsprechend der Anregung Goethes in »Wunsch und Begehren« und »Nach Berlin«, die »Notizen und Urtheile das Theater betreffend« in den »Haude und Spenerischen Berliner Nachrichten« in Auszügen zu einem Buch zusammenzustellen, »damit der Kunstfreund möglich finde, sie bequem und behaglich der Reihe nach und auch wohl wiederholt, in mannigfaltigem Bezug zu lesen, zu betrachten und zu bedenken.«

Erstdruck: 1. Artikel: Ueber die Bekehrten. Antikritisches. (Eingesandt.) In: Berliner Schnellpost für Literatur, Theater und Gesselligkeit. Folgen 1–3: Sp. 31–40, Nrr 8–10; Mittwoch, 18. Januar, Sonnabend, 21. Januar, und Montag, 23. Januar 1826, jeweils in der Abteilung »Remise für Theater und Novellistik«. – Folge 4: Beiwagen für Kritik und Antikritik zur Berliner Schnellpost. Nr 4; Montag, 23. Januar 1826, 3 unpaginierte S. – 2. Artikel: Postscript. In: Beiwagen für Kritik und Antikritik zur Berliner Schnellpost. Nr 6;

Sonnabend, 28. Januar 1826, 2 unpaginierte S. – **Text:** GW 16.1–15; BSchr 87–100. – **Kritisierter Text:** Die Bekehrten. Berliner Schnellpost für Literatur, Theater und Gesselligkeit. Nr 3, 7.1.26, Sp. 11a–12a, in der Abteilung »Remise für Theater und Novellistik«. – **Quellen:** Ernst Raupach: Die Bekehrten. Lustspiel in fünf Akten. Hamburg 1827; Goethe: Über Kunst und Alterthum. WA I/40.122–124,126. – **Literatur:** Stefan Kraft: Hegel, das Unterhaltungslustspiel und das Ende der Kunst. Zur Stellung der modernen Komödie in Hegels Ästhetik. In: Hegel-Studien 45 (2010), 81–102.

8.7 Rezensionen aus den Jahrbüchern für wissenschaftliche Kritik

8.7.1 Von der »Kritischen Zeitschrift der Literatur« zu den »Jahrbüchern für wissenschaftliche Kritik«

(1) Die Gründung der »Societät für wissenschaftliche Kritik« und ihrer *Jahrbücher für wissenschaftliche Kritik* im Umkreis Hegels und seiner Schule verwirklicht – wenn auch in modifizierter Form – einen alten, bereits in Jena gehegten Plan Hegels zur Herausgabe eines Rezensionsorgans: Bereits damals hat er *Maximen des Journals der deutschen Literatur* formuliert (GW 4.509–514) – doch der energische Schlußsatz »Mit Julius 1807 wird angefangen« hat sich in der damals schwierigen politischen Lage nicht verwirklichen lassen. Auch Hegels Hoffnungen, von Jena aus nach Heidelberg berufen zu werden und dort die Redaktion der *Heidelbergischen Jahrbücher* zu übernehmen, haben sich zunächst nicht erfüllt (an Niethammer, 20.2.07); statt dessen hat Hegel in den Jahren 1807–1808 die *Bamberger Zeitung* redigiert und dabei auf zuvor unerwartete und ungeliebte Weise Redaktionserfahrung gesammelt. Erst ein Jahrzehnt später, nach seiner Berufung nach Heidelberg, hat er auch an den *Heidelbergischen Jahrbüchern* mitgewirkt – nicht allein durch seine *Jacobi-Rezension* und die *Zweite Württemberg-Schrift* (s. Kap. II.7.1.1 f.), sondern auch in der Redaktion. So ist es naheliegend, daß er nach seiner Berufung nach Berlin den Plan zur Begründung eines Rezensionsorgans weiter verfolgt hat – zumal die Berliner Universität damals noch nicht über ein repräsentatives Publikationsorgan verfügt hat. Denn die *Allgemeine Literaturzeitung* war zwar 1804 von Jena nach Preußen verlegt worden – aber nicht nach Berlin, sondern nach Halle, in die Stadt der damals angesehensten preußischen Universität.

(2) Kurz nach Hegels Berufung nach Berlin, im Winter 1819/20, haben Gespräche zwischen ihm und dem zuständigen Minister v. Altenstein über die

Gründung einer Zeitschrift stattgefunden, und am 27. Februar 1820 hat Hegel dem Minister einen Vorschlag *Über die Einrichtung einer kritischen Zeitschrift der Literatur* zugeleitet. Von diesem Konzept waren bis vor kurzem nur Hegels handschriftlicher Entwurf und ein hiervon mehrfach abweichender Druck in Bd. XVII der *Freundesvereinsausgabe* bekannt; jüngst ist auch die Reinschrift veröffentlicht geworden, die Hegel dem Minister v. Altenstein mit einem Begleitschreiben zugesandt hat.

Dieses Konzept zielt auf eine Zeitschrift unter staatlichem Patronat, »unter den Auspicien einer Königlichen Staatsbehörde« (GW 16.424), analog zu den auf Veranlassung Metternichs begründeten Wiener *Jahrbüchern der Literatur* und insbesondere zum *Journal des Savans* (vgl. HBZ 326 f.). Max Lenz hat geurteilt, daß dieser Plan ein »Napoleonisches Element« enthalten habe (308). Er ist aber nicht verwirklicht worden – aus einer Reihe von Gründen, die sich nicht einfach durch die Schlagwörter »liberal« und »staatlich« simplifizieren lassen (vgl. Obenaus 1994). Neben Hegels Konzept lagen dem Minister noch eine Reihe weiterer Vorschläge vor – und zu ihnen allen äußert er sich abschließend: »Der Sache keine weitere Folge gegeben da die Sache zu große Schwierigkeit hat. Es wird eine Zeit kommen wo mehr Sinn für dergleichen Mittel Preußen aus intellectuellem Uebergewicht zu erhöhen vorhanden seyn wird und dann wird es auch an den Mitteln zur Ausführung Geld und Menschen schon nicht fehlen.«

(3) Nur kurz nach dem Scheitern dieses Planes haben Schüler und Freunde Hegels versucht, eine Zeitschrift zu gründen: die *Neue Berliner Monatschrift für Philosophie, Geschichte, Literatur und Kunst*. Ihre Initiatoren waren Friedrich Förster, Leopold v. Henning und Friedrich Wilhelm Carové – aber nicht Hegel, wie man damals vermutet hat (an Hinrichs, 7.4.21). Die *Neue Berliner Monatschrift* konnte sich jedoch nur ein Jahr lang halten; weitere Projekte folgten – sogar ein Vorschlag von Eduard Gans an Heinrich Heine, eine *Berliner kritische Zeitschrift* für Rechts- und Staatswissenschaften herauszugeben (Hogemann 1994, 60).

(4) Obgleich Hegel seine Journal-Pläne über fast zwei Jahrzehnte verfolgt hat, ist die schließliche Begründung der *Jahrbücher für wissenschaftliche Kritik* im Jahr 1826 nicht auf seine Initiative hin erfolgt, sondern im wesentlichen ein Verdienst von Hegels Freund und jüngerem Kollegen an der juristischen Fakultät, Eduard Gans (1836; vgl. Br 3.390–399, HBZ 325–330). Dessen eigenständigem Vorstoß vom

Sommer 1825 beim Stuttgarter Verleger Johann Friedrich v. Cotta zur Gründung einer Berliner Literaturzeitung steht Hegel zunächst durchaus zögerlich gegenüber – schon deshalb, weil er eine Literaturzeitschrift unter einer privaten Trägerschaft sowohl aus ökonomischen als auch aus wissenschaftlichen Gründen als nicht tragfähig ansieht (vgl. GW 16.432 f.). Den ersten Hinweis auf die geplanten *Jahrbücher* gibt Carl Daubs Brief an Hegel vom 29.3.26, nach einem Besuch von Gans in Heidelberg; im Frühjahr führt Gans Gespräche insbesondere mit Hegel und Varnhagen von Ense, und am 18.7.26 lädt Hegel zu einer Sitzung am 23.7.26 ein, auf der sich die »Societät für wissenschaftliche Kritik« konstituiert. Sie gliedert sich in die philosophische, naturwissenschaftliche und historisch-philologische Klasse, denen jeweils ein Sekretär vorsteht; ihr erster Generalsekretär ist zunächst Gans, seit 1828 Leopold v. Henning.

Schon die Gründungsmodalitäten lassen erkennen, daß zwei bereits von Zeitgenossen gegen die *Jahrbücher* erhobene Bedenken an deren Charakter vorbeigehen: Sie sind weder eine »Hegel-Zeitung« noch eine »Staatszeitung«. In letzterer Hinsicht waren die *Jahrbücher* von Beginn an in einer prekären Lage: Da es wenig Hoffnung gab, daß sie sich ohne finanzielle Unterstützung tragen könnten, hat die Redaktion bereits 1826 versucht, eine staatliche Unterstützung zu beantragen – denn andere Förderinstitutionen gab es damals nicht. Dem Wunsch nach staatlicher Förderung stand jedoch bereits früh die Befürchtung entgegen, daß derartige Zuwendungen auch den Versuch der staatlichen Einflußnahme nach sich ziehen würden (HBZ 336). Doch trotz der erheblichen finanziellen Schwierigkeiten und der jahrelangen Bemühungen seitens der »Societät« hat das Kultusministerium – erst nach Intervention des Verlegers Cotta und nach Verlegung des Druckorts nach Berlin – ab 1830 jährlich eine vergleichsweise geringe Beihilfe von 800 Talern für das defizitäre Unternehmen bewilligt – nicht, um es hierdurch zu einer »Staats-Zeitung« zu machen, sondern um seine drohende Einstellung zu verhindern. Die Möglichkeit zur staatlichen Einflußnahme hat ohnehin auch unabhängig von der finanziellen Unterstützung schon deshalb bestanden, weil die *Jahrbücher* wie andere Publikationen der Zensur unterworfen waren. Soweit bekannt, hat die preußische Regierung zu Lebzeiten Hegels nur einmal, im Februar 1831, versucht, inhaltlichen Einfluß auf die *Jahrbücher* zu nehmen und eine kritische Besprechung einer Schrift Jarckes durch Gans zu verhindern, da Jarcke als Redakteur des Berliner *Politischen Wochenblatts* vorgesehen war, das als Vereinigungspunkt der konservativen und restaurativen Tendenzen in Preußen gedacht war (Obenaus 1994, 28–38).

Der Vorwurf andererseits, daß die *Jahrbücher* eine »Hegel-Zeitung« seien, war dadurch heraufbeschworen, daß Hegel und seine Schüler fraglos in der »Societät« wie auch in der Redaktion der *Jahrbücher* eine zentrale Rolle spielten. Andererseits ist das Bemühen der Initiatoren nicht zu verkennen, das Unternehmen von Anfang an auf eine breite, keineswegs nur durch Hegels Schule gebildete Basis zu stellen – und nicht ohne Erfolg, wie die Namen Boeckh, Bopp, Creuzer, Goethe (WA 42/1. 20–54) , Wilhelm v. Humboldt, A. W. Schlegel, Rückert, Thibaut, Varnhagen zeigen – wenn auch einige der Genannten dem Unternehmen nicht ohne Bedenken beigetreten und andere aus Verärgerung über einzelne Rezensionen oder über den Stil der »Societät« wieder ausgetreten sind. Schwerlich dürfte sich jemals wieder eine so illustre Schar zur Herausgabe einer Zeitschrift vereint haben. Das heutige Interesse an den *Jahrbüchern*, das ausschließlich auf die Rezensionen Hegels und einiger seiner Schüler gerichtet ist, verdeckt den Umstand, daß deren Arbeiten einen quantitativ geringen Anteil an den *Jahrbüchern* haben. Ihnen steht eine Fülle naturwissenschaftlicher, mathematischer, medizinischer, historischer und philologischer Rezensionen gegenüber, die keinerlei Bezug zu Hegels Philosophie haben – als Beispiel seien hier nur die Arbeiten Friedrich Rückerts zur orientalischen Literatur erwähnt. Zum Zwecke der Propagierung der Philosophie Hegels hingegen wäre eine personelle Beschränkung auf seine Schule und eine thematische Beschränkung der *Jahrbücher* auf die Philosophie und verwandte Gebiete vorteilhaft gewesen. Treffend beschreibt Varnhagen Hegels Vorgehen: Er suche »eine Faktion zu bilden […], einen persönlichen, mehr auf Umstände als auf Gesinnung gegründeten Anhang (HBZ 323). Dem entspricht auch Hegels Begründung gegenüber Niethammer und Roth: »Il faut enfin avoir la parole« (an Niethammer, 11.9.26; vgl. GW 16.428).

Bemerkenswert im Blick auf den Streit um die *Jahrbücher* ist ein Zeugnis August Boeckhs. In den frühen Berliner Jahren betont er mehrfach, er und Hegel seien keine Freunde; am 5.8.27 jedoch schreibt er an Karl Otfried Müller: »Übrigens wird Hegel jetzt hier von allen Seiten attackiert, und zwar auf eine plumpe und ungerechte Weise, während er gerade anfängt, sich zu mäßigen; alle dergleichen leidenschaftlichen Angriffe sind mir so zuwider, daß gerade nichts mehr als diese mich mit ihm aussöhnen. Und es ist gerade nicht zu verkennen, daß diejenigen,

die gegen ihn Partei machen, von einer blinden Leidenschaft hingerissen sind, die ohne alles Maß ist, und daß es ihnen nicht um die Sache, sondern bloß um Persönlichkeit zu tun ist.« (HBZ 345)

Die Begründung dieser »Societät« und ihrer *Jahrbücher* wird zuweilen als eine Kompensation für die Nichtaufnahme Hegels in die Akademie und als Gründung einer »Gegenakademie« angesehen (Jamme 1994) – eine Deutung, die sich vornehmlich auf Hegels entschlossenen Widerwillen gegen die Aufnahme Schleiermachers in die »Societät« – im Gegenzug gegen dessen Verhinderung der Aufnahme Hegels in die Königliche Akademie – berufen kann (HBZ 329 f., s. Kap. I.8.1). Die Gründung der *Jahrbücher* darf aber nicht primär in dieser engen Perspektive persönlicher Rivalität gesehen und beurteilt werden. Ihr Spezifikum liegt zum einen in dem gegenüber den damaligen Literaturzeitungen neuen, heute selbstverständlichen Stil der namentlichen Kennzeichnung der Rezensionen und zum anderen in ihrem der Intention nach universalen, auf die *universitas litterarum* gerichteten Ansatz – und nicht in einer persönlichen oder zeitbedingten Polemik oder in einem Versuch Hegels, hiermit eine Plattform zur Propagierung seiner Philosophie zu schaffen.

Erstdruck des Konzepts »Über die Einrichtung einer kritischen Zeitschrift der Literatur«: W XVII.368–390. – **Text:** GW 15.147–187 (Entwurf); GW 16.423–439 (Reinschrift). – **Literatur:** Neue Berliner Monatschrift für Philosophie, Geschichte, Literatur und Kunst. Berlin 1821, ND Stuttgart-Bad Cannstatt 1988; Eduard Gans: Rückblicke auf Personen und Zustände. Berlin 1836, ND Stuttgart-Bad Cannstatt 1994, 215–256: »Die Stiftung der Jahrbücher für wissenschaftliche Kritik«; Lenz: Geschichte der Universität Berlin (1910), Bd 2/1.308; Christoph Jamme (Hg.): Die »Jahrbücher für wissenschaftliche Kritik«. Hegels Berliner Gegenakademie. Stuttgart-Bad Cannstatt 1994. Darin 15–56: Sibylle Obenaus: Berliner Allgemeine Literaturzeitung oder »Hegelblatt«? Die »Jahrbücher für wissenschaftliche Kritik« im Spannungsfeld preußischer Universitäts- und Pressepolitik der Restauration und des Vormärz«; 57–87: Friedrich Hogemann: Die Entstehung der »Societät« und der »Jahrbücher für wissenschaftliche Kritik«; 204–227: Gunter Scholtz: Schleiermacher, Hegel und die Akademie; 377–390: Helmut Schneider: Die Zusammenarbeit von Hotho und Varnhagen im Rahmen der »Jahrbücher für wissenschaftliche Kritik«. Hothos Rezension der »Wanderjahre«; Nobert Waszek (Hg.): Materialien zu den »Jahrbüchern für wissenschaftliche Kritik« (1827–1846). Stuttgart-Bad Cannstatt 1994.

8.7.2 Humboldt-Rezension

(1) Hegels Besprechung von Wilhelm v. Humboldts Abhandlung *Ueber die unter dem Nahmen* BHAGAVAD-GITA *bekannte Episode des Mahabharata* ge-

hört zu denjenigen Rezensionen, mit denen sich die *Jahrbücher für wissenschaftliche Kritik* im Januar 1827 erstmals dem Publikum vorstellten; vielleicht sollte sie die *Jahrbücher* sogar eröffnen. Über die Entstehungsgeschichte der Rezension gibt es keine Nachrichten außer der kurzen brieflichen Bemerkung Hegels gegenüber Carl Daub vom 19.12.26, er sei unter anderem durch den ersten Artikel dieser Rezension von seiner Arbeit an der zweiten Auflage der *Enzyklopädie* abgehalten worden. Dies kann sich allenfalls auf das letzte Viertel des Jahres 1826 beziehen. Die *Jahrbücher* wurden zwar bereits am 23.7.26 formell konstituiert (s. Kap. II.8.7.1), und Humboldt hatte den ersten Teil seiner Abhandlung schon am 30.6.25 in der Akademie der Wissenschaften vorgetragen und den zweiten Teil am 15.6. 26. Aber erst vom 30.9.26 ab sandte Humboldt den Sonderdruck seiner Vorträge an auswärtige Freunde. Albert Leitzmann, der Herausgeber von Humboldts *Gesammelten Schriften,* nennt Goethe (30.9.), Schlegel und Welcker (10.10.) sowie Friedländer (22.10.26) als Empfänger. Humboldts Abhandlungen sind also gerade zu der Zeit erschienen, von der Varnhagen berichtet, bei einem Besuch bei Humboldt habe dieser »fast von nichts anderm als von der neuen Literaturzeitung« gesprochen, »die ihn höchlich zu interessieren schien.« (HBZ 320 f.) Zu dieser Zeit wird auch Hegel ein Exemplar der – erst 1828 im Handel erschienen – Schrift Humboldts erhalten haben.

(2) Auch über die zeitgenössische Aufnahme dieser Rezension ist wenig bekannt. Humboldt hat zwar gleich nach Erscheinen des »Ersten Artikels« der Rezension Hegel am 25.1.27 mit freundlichen Worten gedankt: »Es ist mir ein wahres Bedürfnis, Ew. Wohlgeboren gleich in dem Augenblick, in dem ich Ihre Beurteilung meiner letzten akademischen Abhandlung erhalten und gelesen habe, meinen lebhaften und wärmsten Dank für die gütige und schmeichelhafte Art abzustatten, mit der Sie meine Arbeit bei dem Publikum eingeführt haben. Ueber die Ideen, welche Sie auf eine so geistvolle und scharfsinnige Weise entwickeln, hoffe ich, erlauben Sie mir, mich nächstens mündlich weiter zu besprechen. Das Ende Ihres Artikels hat mich mit der schmeichelhaften Aussicht überrascht, daß Ew. Wohlgeboren sich noch einmal mit meinem Aufsatz zu beschäftigen die Güte haben wollen.« Es ist nicht bekannt, ob es zu diesem Gespräch gekommen ist und wie Humboldt auf die Fortsetzung der Rezension Hegel gegenüber geantwortet hat. Humboldt ist jedoch inzwischen Mitglied der »Societät für wissenschaftliche Kritik« geworden; sein Name ist im Oktoberheft 1827 der *Jahrbücher*

verzeichnet. Im Rahmen der Sitzungen dieser »Societät« können Gespräche zwanglos stattgefunden haben. Daß die zitierten Formulierungen mehr förmlich gehalten waren und Humboldts Einschätzung nicht wirklich wiedergeben, lehrt sein Brief an Friedrich v. Gentz vom 1.3. 28. Er berichtet hier über die Berliner *Jahrbücher,* daß er trotz einiger vorzüglicher Artikel dem Ganzen »den Geschmack nicht abgewinnen« könne, und äußert sich sodann ambivalent über Hegel: »H e g e l ist gewiß ein tiefer und seltener Kopf, allein daß eine Philosophie dieser Art wahrhaft Wurzel schlagen sollte, kann ich mir nicht denken. Ich wenigstens habe mich, soviel ich es bis jetzt versucht, auf keine Weise damit befreunden können. Viel mag ihm die Dunkelheit des Vortrags schaden. Diese ist nicht anregend und, wie die Kantische und Fichtische, kolossal und erhaben wie die Finsternis des Grabes, sondern entsteht aus sichtbarer Unbehilflichkeit. Es ist, als wäre die Sprache bei dem Verfasser nicht durchgedrungen. Denn auch wo er ganz gewöhnliche Dinge behandelt, ist er nichts weniger als leicht und edel. Es mag an einem großen Mangel von Phantasie liegen. Dennoch möchte ich über die Philosophie nicht absprechen. Das Publikum scheint sich mir in Absicht Hegels in zwei Klassen zu teilen; in diejenigen, die ihm unbedingt anhängen, und in die, welche ihn, wie einen schroffen Eckstein, weislich umgehen. Er gehört übrigens nicht zu den Philosophen, die ihre Wirkung bloß ihren Ideen überlassen wollen, er macht Schule und macht sie mit Absicht. Auch die Jahrbücher sind daraus entstanden. Ich bin sogar darum mit Fleiß in die Gesellschaft getreten, um anzudeuten, daß man sie nicht so nehmen solle. Ich gehe übrigens mit H e g e l um und stehe äußerlich sehr gut mit ihm. Innerlich habe ich für seine Fähigkeit und sein Talent große und wahre Achtung, ohne die oben gerügten Mängel zu verkennen.« In diesem Zusammenhang kommt er auch auf Hegels Rezension zu sprechen: »Die lange Rezension über mich kann ich am wenigsten billigen. Sie mischt Philosophie und Fabel, Echtes und Unechtes, Uraltes und Modernes; was kann das für eine Art der philosophischen Geschichte geben? Die ganze Rezension ist aber auch gegen mich, wenn gleich versteckt, gerichtet, und geht deutlich aus der Überzeugung hervor, daß ich eher alles, als ein Philosoph sei. Ich glaube indes nicht, daß mich dies gegen sie parteiisch macht.« (Schlesier 1840, 298 f.)

Diese Befürchtung Humboldts trifft schwerlich zu. Gleichwohl sind seine Vorbehalte gegen Hegels Besprechung nicht unverständlich – obgleich sie den Hauptmangel von Hegels »Rezension« gar nicht bestimmt aussprechen: Es handelt sich gar nicht im strengen Sinne um eine Rezension, sondern in der Hauptsache um die Ausbreitung einer Fülle von Materialien zur indischen Religion und Literatur, die Hegel auch im Zusammenhang seiner Vorlesungen über Religionsphilosophie und über Geschichte der Philosophie ausführlich vorgetragen hat (insbesondere V 4.835–858, V 6.458,462–483). Thema und Methode der ersten Abhandlung v. Humboldts werden hingegen trotz häufiger Bezugnahmen nicht verdeutlicht, und auf die zweite Abhandlung geht Hegel, wie er am Schluß des »Zweiten Artikels« seiner Rezension selber einräumt, ohnehin nicht ein.

(3) Den Ausgangspunkt von Hegels Rezension bildet sein Referat von Partien der *Bhagavad-Gita,* wobei Hegel die englische Übersetzung durch Wilkins mit August Wilhelm v. Schlegels lateinischer Übersetzung minutiös vergleicht und soweit möglich auch Humboldts Teilübersetzungen einbezieht. Sein philosophisches Interesse ist dabei auf die Schwierigkeit der Wiedergabe der indischen Begriffe durch Begriffe der europäischen Sprachen gerichtet: Die Verschiedenheit der Denkwelten, denen sie angehören, läßt auch vermeintlich analoge Begriffe einen sehr unterschiedlichen Gehalt annehmen – wie er etwa am Begriff der »Pflicht« verdeutlicht: Das Sanskritwort wird von Wilkins mit »duty«, von Schlegel mit »officium« übersetzt – aber es handelt sich im indischen Epos nicht um den verinnerlichten Pflichtgedanken der neueren Philosophie, sondern um eine »Pflicht«, die sich aus der Kastenstruktur der indischen Gesellschaft ergibt, und somit nicht um ein »moralisches Verhältnis« in unserem Sinn. Weiter versucht er, den Sinn des mit dem Wort »Yoga« bezeichneten Denksystems – und dessen Verhältnis zum Sankhya-System – zu verstehen, und deshalb erwägt er, ob Humboldts Übersetzung von »yoga« durch »Vertiefung« hier angemessen sei – angesichts des Umstands, daß »jede Uebertragung eines aus ganz eigenthümlicher Ansicht entspringenden Ausdrucks einer Sprache durch ein einzelnes Wort einer andern mangelhaft bleibe« (GW 16.32). Nicht allein Humboldt, sondern auch August Wilhelm Schlegel bezeugt Hegel großen Respekt; hingegen greift er beider Kritik an Arnold Hermann Ludwig Heeren gern auf.

(4) Doch bleibt Hegels Rezension nicht bei diesen allgemeinen, durch Humboldts Abhandlung aufgeworfenen Fragen stehen. Er verläßt bald sowohl den Vortrag Humboldts als auch den Text der *Bhagavad-Gita* und breitet statt dessen all die Materialien aus, die er auch in seinen Vorlesungen teils über Re-

ligionsphilosophie, teils über Geschichte der Philosophie verwendet. Er rezipiert ja begierig die damals zahlreich erscheinenden Nachrichten über die indische und die orientalische Kultur überhaupt: nicht allein die unterschiedlichen Übersetzungen der *Bhagavad-Gita,* sondern die Aufsätze in den *Asiatic Researches,* insbesondere die Abhandlungen Henry Thomas Colebrookes, sowie auch dessen ausführliche Abhandlung der indischen Philosophie in den *Transactions of the Royal Asiatic Society* (1824), aber auch alle sonstigen Übersetzungen von Passagen indischer Literatur, deren er habhaft werden kann, etwa der Übersetzungen seines Berliner Kollegen und Freundes, des Indologen Franz Bopp, ferner lange Passagen aus dem *Ramayana,* aber auch Berichte englischer Reisender oder Offiziere, unter anderem lange Passagen aus James Mills *History of British India* (s. die Bibliographien in V 4.835–858 bzw. V 6.485–497).

(5) Mit der Beziehung der in der Tat vorhandenen kritischen Untertöne von Hegels Rezension auf sich persönlich hat Humboldt Hegels Vorbehalte jedoch kaum adäquat getroffen. Hegel sucht vielmehr eine sachliche Auseinandersetzung um die mögliche Bedeutung der indischen Texte für die Philosophie zu führen. Er tritt nicht als Philologe, sondern als Philosoph an diese Texte heran, und hierin gründet seine merkliche Reserve – im Blick nicht auf Humboldt, sondern auf die philosophische Dignität der indischen Texte. Er liest sie zwar als Zeugnisse für die Breite der Entfaltung des geschichtlichen Reichtums des absoluten Geistes – aber doch nur als Zeugnisse für solche Stufen von dessen Geschichte, die nicht mehr die unseren, und die selbst von der griechischen Welt bereits zurückgelassen sind. Auf die Fragen etwa nach dem Göttlichen und Sittlichen erkennt er in ihnen keine Antwort, die den gegenwärtigen Geist befriedigen könnte.

Die nüchtern-kritische Frage Hegels nach den philosophisch aktualisierbaren Potentialen der neugewonnenen umfassenderen literatur- und religionsgeschichtlichen Kenntnisse gewinnt zudem ihre spezifische Schärfe durch ihre Entgegensetzung gegen die vermeintliche Aneignung der Gedankenwelt des Orients durch die Romantik – unter Einschluß der späteren Kehrtwendung in dieser romantischen Zugangsweise. Zunächst nimmt sie den Orient als besseren Ersatz für die abgelebte christliche Religion in den Blick. Der junge Friedrich Schlegel ruft in seiner »Rede über die Mythologie« im *Gespräch über die Poesie* (1800) dazu auf, die »Schätze des Orients«, und im Orient »das höchste Romantische« zu suchen

(PLS 1/1.119), und auch der junge Joseph Görres sucht in seiner *Mythengeschichte der asiatischen Welt* in phantastischer Manier die orientalischen Mythen den Zeitgenossen als eine tiefere Quelle der Wahrheit vor Augen zu stellen. Aber auch später, nach der Konversion des einen und der Reversion des anderen, spielt der Orient eine nicht unwichtige Rolle. Wenn er auch nicht mehr als der tiefere Quell der Weisheit gilt, so doch als Beleg für die damals grassierende, auch von Schelling mit Emphase vorgetragene Annahme einer göttlichen Uroffenbarung, als deren versprengte Trümmer die orientalischen Mythen zu gelten hätten – eine Annahme, die zur Zeit von Hegels *Humboldt-Rezension* insbesondere im Dienst der christlichen Restauration in Frankreich eine große Rolle spielt (GW 18.186–190; V 4.146,153 f.).

Hegels Absicht ist es hingegen, sich in ein kritisches Verhältnis zu diesen zuvor unbekannten Texten zu setzen und über der Freude darüber, daß sie uns erstmals erschlossen werden, nicht die Frage zu vernachlässigen, was sie uns zu sagen haben. Er will sie nicht nur positivistisch aufgreifen – wie es dann insbesondere der spätere Historismus getan hat –, sie aber auch nicht dogmatisch instrumentalisieren, sondern im Rahmen einer übergreifenden Geschichte des Geistes verstehen und ihren geschichtlichen Ort erkennen. In dieser Weise des Vorgehens kann er sich – zumindest nach dem Erscheinen von dessen *Nachgelassenen Schriften* – auch mit seinem verstorbenen Kollegen Karl Wilhelm Ferdinand Solger einig wissen (vgl. GW 16.97–99).

Erstdruck: Jahrbücher für wissenschaftliche Kritik, 1827, 51–63 (Nrr 7/8), 1441–1492 (Nrr 181–188). – **Text:** GW 16.19–75; BSchr 101–173. – **Rezensiert:** Wilhelm von Humboldt: »Über die unter dem Namen Bhagavad-Gítá bekannte Episode des Mahá-Bhárata. Gelesen in der Akademie der Wissenschaften am 30. Juni 1825 und 15. Juni 1826.« In: Abhandlungen der historisch-philologischen Klasse der Königlichen Akademie der Wissenschaften zu Berlin. Berlin 1828, 1–44, 45–64. – **Quellen:** Friedrich Schlegel: Gespräch über die Poesie. In: Athenäum. Eine Zeitschrift von August Wilhelm Schlegel und Friedrich Schlegel. Bd. 3, Stück 1. Berlin 1800, 103 (PLS 1/1.99–137); Joseph Görres: Mythengeschichte der asiatischen Welt. 2 Bde. Heidelberg 1810; Karl Wilhelm Ferdinand Solger: Nachgelassene Schriften und Briefwechsel. Hg. von Ludwig Tieck und Friedrich von Raumer. 2 Bde. Leipzig 1826 (ND Heidelberg 1973). Bd. 1.709,757 f.; Eduard Gans: Rückblicke auf Personen und Zustände. Berlin 1836, 251–256. – **Literatur:** Gustav Schlesier (Hg.): Schriften von Friedrich Gentz. Ein Denkmal. Bd. 5. Mannheim 1840; Albert Leitzmann: »Bemerkungen zur Entstehungsgeschichte«, in: Wilhelm v. Humboldt: Gesammelte Schriften. Bd. 5. Berlin 1846, 479; Michel Hulin: Hegel et l'Orient. Suivi de la tradition annotée d'un essai de Hegel sur la Bhagavad-Gita. Paris 1979.

8.7.3 Solger-Rezension

(1) Mehr noch als die *Humboldt-Rezension* steht die Rezension der *Nachgelassenen Schriften und Briefwechsel* (=NSB) seines Berliner Kollegen Karl Wilhelm Ferdinand Solger im Umkreis von Hegels Auseinandersetzung mit der Romantik. Über ihre Entstehung ist nichts bekannt, und auch über das Verhältnis Hegels zu Solger finden sich – abgesehen von Hegels Rezension – nur wenige Nachrichten. So ist es nicht einmal sicher, ob und wieweit sie sich aus ihrer gemeinsamen Zeit in Jena, 1801/02, gekannt haben. Zu Beginn seiner Rezension referiert Hegel die Darstellung von Solgers Leben durch die beiden Herausgeber der *Nachgelassenen Schriften* – Friedrich v. Raumer und Ludwig Tieck –, und er fügt in deren Bericht die implizite Korrektur ein, Solger sei 1802 nach Jena gegangen, um Schelling zu hören. Dort nimmt Solger auch an dem von Schelling und Hegel geleiteten Disputatorium teil, wodurch eine frühe Bekanntschaft Solgers mit Hegel gesichert scheint – doch anders als seine Kommilitonen Troxler und Abeken erwähnt Solger in seinen Briefen Hegel kein einziges Mal, und er ist auch nicht unter den Hörern der Vorlesungen Hegels genannt (Nicolin 1974; Henckmann 1978, 59). 1811 wird Solger an die Berliner Universität berufen; er setzt sich bereits im Jahre 1816, beim ersten Versuch, Hegel nach Berlin zu berufen, für diesen ein (HBZ 117), und er begrüßt auch dessen Berufung im Jahre 1818: »Ich bin begierig, was Hegels Gegenwart für eine Wirkung machen wird. Gewiß glauben viele, daß mir seine Anstellung unangenehm sei, und doch habe ich ihn zuerst vorgeschlagen und kann überhaupt versichern, daß, wenn ich etwas von ihm erwarte, es nur eine größere Belebung des Sinnes für Philosophie, also etwas Gutes ist. […] Ich verehre Hegel sehr und stimme in vielen Stücken höchst auffallend mit ihm überein. In der Dialektik haben wir beide unabhängig von einander fast denselben Weg genommen, wenigstens die Sache ganz von derselben und zwar neuen Seite angegriffen. Ob er sich in manchem anderen, was mir eigentümlich ist, ebenso mit mir verstehen würde, weiß ich nicht. Ich möchte gern das Denken wieder ganz in das Leben aufgehen lassen« (NSB 1.619 f.) . Noch von Heidelberg aus läßt Hegel über seinen ehemaligen Heidelberger und dann auch Berliner Kollegen Wilken bei Solger nach dessen Themen im Wintersemester 1818/19 anfragen, um sich mit ihm abzustimmen; etwa im Mai 1818 gibt Solger Hegel hierüber Auskunft und fährt fort: »Möchte es mir gelingen, mir, wenn Sie hier sein werden, Ihre Freund-

schaft zu erwerben! Ich will keine langen Vorreden machen über die innige und tiefe Verehrung, die mir von jeher Ihre Schriften eingeflößt haben. Ich habe das Werk auf meine Weise und auf einem andern Wege versucht und wünschte, daß Ihnen dies auch nicht ganz mißfiele. Vielleicht ist es möglich, daß wir nicht nur in Eintracht, sondern auch im Einverständnis arbeiten, und dies Glück würde ich um so höher schätzen, da man dessen so wenig gewohnt ist.« Am Tage der Antrittsrede Hegels schreibt Solger an v. Raumer:»Hegel ist kurz vor meiner Rückkehr hier angekommen, hat mich aber, weil ich mit Umziehen beschäftigt war, erst vor kurzem besucht. Er gefällt mir sehr wohl, und ich hoffe und wünsche ihn näher zu kennen« (NSB 1.681 f.) – eine Formulierung, die zumindest keine nähere Bekanntschaft zur Jenaer Zeit andeutet. Einen Monat später notiert Solger die bereits oben zitierte Verwunderung über die geringe Aufmerksamkeit, die Hegel zu Beginn seiner Berliner Tätigkeit gefunden habe. Und auch Hegel erwähnt Solger noch ein weiteres Mal, am 30.10.19 – aber hier muß er Friedrich Creuzer mitteilen, er habe zwei Tage zuvor Solger zu Grabe geleitet; es liege nicht fern von dem des Fichtes, und dort werde einmal auch sein Grab sein.

(2) Über sein Verhältnis zu Hegels Philosophie äußert Solger sich nur einmal, am 1.1.19, Tieck gegenüber. Er kritisiert hier zunächst den Fehler »der S***schen« [sc. Schleiermacherschen] »Schule«, »daß alle Wahrheit bloß dem Grade nach verschieden sei von der Art, die Dinge anzusehen, die der gemeine Verstand befolgt«, und kommt dann auf die gegenteilige Ansicht zu sprechen:»In einen anderen Fehler verfallen dagegen die strengern Philosophen, zu welchen ich jetzt besonders H. rechne, so hoch ich ihn auch wegen seiner großen Kenntnisse und seiner klaren Einsicht in die verschiedenen wissenschaftlichen Metamorphosen des Denkvermögens achten muß. Diese nämlich erkennen zwar das höhere spekulative Denken als eine ganz andere Art an, als das gemeine, halten es aber in seiner Gesetzmäßigkeit und Allgemeinheit für das einzig wirkliche, und alles Übrige, auch die Erfahrungserkenntniß, insofern sie sich nicht ganz auf diese Gesetze zurückführen läßt, für eine täuschende und in jeder Rücksicht nichtige Zersplitterung desselben. Beim ersten Anblick könnte es nun scheinen, als müsse dies recht meine Meinung sein; Ihnen, hoffe ich, wird es nicht so vorkommen. Ich leugne nämlich keineswegs, daß das unwahre Erkennen und sein Gegenstand sei: beides ist nur allzusehr da; aber es ist als das Nichts, es ist mit einem Worte das Böse.« (NSB 1.702.) Hegel hat verneint, daß hierin eine Differenz zwischen ihm und Solger liege (GW 16.103 Fußnote) – wie er überhaupt die fraglos vorhandenen Unterschiede zwischen Solgers und seinem Denken zu begrenzen sucht und dabei manchen möglichen Streitpunkt mit Stillschweigen übergeht.

(3) Hegels *Solger-Rezension* ist insgesamt weniger eine Auseinandersetzung mit Solger als ein Streit um Solger, um die postume Bundesgenossenschaft Solgers. In ihrem Interesse sucht Hegel, bei aller Anerkennung der engen Freundschaft Solgers mit Ludwig Tieck, die ästhetischen Bindungen Solgers an den Romantikerkreis nachträglich zu lockern. Gegenüber den Zügen in Solgers Werk und Persönlichkeit, die ihn der Romantik zuordnen, hebt Hegel diejenigen Momente hervor, die Solger als einen dem Klassischen zugewandten, auch von der Persönlichkeitsbildung her »klassischen« und damit Hegel verwandten Denker erscheinen lassen: seine Übersetzung des Sophokles, sein Verständnis Goethes, seine – gegenüber Friedrich Schlegels »Frechheit« – tiefere Auffassung und systematische Begrenzung der Ironie (GW 16.114–118; vgl. W X/1.84–90, *Grundlinien*, § 140). Wo Hegel gleichwohl Mißgriffe Solgers anprangert, da erweckt er den Eindruck, als gehörten sie der Frühzeit Solgers an oder sie seien durch Tieck oder andere Freunde veranlaßt, ja seiner Freundschaft »abgedrungen« (GW 16.85). Die Auseinandersetzung mit der Romantik, ihren »Verirrungen des Geschmacks«, ihrer Mißachtung des Objektiven, die Hegel im Interesse seines Kampfes um Solger führt, läßt seine Rezension sogar zum Schlüsseltext für seine Kritik der Romantik werden – ein knappes Jahrzehnt bevor die Veröffentlichung seiner *Vorlesungen über Ästhetik* diese Kritik allgemein bekanntmacht hat. Varnhagen von Ense berichtet, die Rezension mache »wegen der Schärfe gegen Tieck und Friedrich von Schlegel hier großes Aufsehen.« (HBZ 383.) Das hier ausgesprochene Urteil Hegels – nicht allein über die Genannten, sondern über die Romantik insgesamt – zeichnet bereits die Linien vor, denen später Theodor Echtermeyers und Arnold Ruges Manifest *Der Protestantismus und die Romantik* in den (linkshegelianischen) *Hallischen Jahrbüchern* folgt (PLS 4/1.192–325; s. Kap. II.9.7.4.3, III.3.1).

(4) Enger als die Berührungen in den Urteilen über die neuere Literatur sind diejenigen in der spekulativen Philosophie. Hier kann Hegel viele verwandte und der Romantik auch recht fern stehende Gedankengänge Solgers hervorheben – etwa die Auffassung der Negation der Negation als Affirmation (GW 16.101). Hegel spricht aber auch die Differenzen

deutlich aus: Solger sei in einem unkritischen Gebrauch der Kategorien, in einem inkonsistenten Umgang mit den höchsten Gesichtspunkten steckengeblieben; er habe die innere Notwendigkeit des Fortschreitens des Begriffs nicht erkannt, und er habe die Dialektik über das Dialogische zur Konversation werden lassen (GW 16.106–114,119,124–127).

Weitere Berührungspunkte ergeben sich hinsichtlich der Stellung der Philosophie zur Religion – etwa im Blick auf Solgers Plan, zu zeigen, »wie das Christenthum aus rein speculativen Gründen verstanden und zur Einsicht gebracht werden könne« (GW 16.105; vgl. NSB 1.349), oder auf die Bemerkungen Solgers, die Hegel als Anerkennung der Bedeutung der Trinitätslehre interpretiert (GW 16.101; vgl. NSB 1.632 f.). Aber auch hier bleiben zahlreiche, schwerlich überbrückbare Differenzen – insbesondere gegenüber Solgers, an Jacobi gemahnender Ausweitung des Offenbarungsbegriffs (GW 16.105,109–113; NSB 1.461) und seiner Ansicht, daß die Philosophie im Glauben ihren Schlußstein finden müsse (NSB 1.599–605) .

(5) Es sind aber nicht allein diese durchaus brüchigen Übereinstimmungen in den Urteilen über die neuere Literatur oder über das Verhältnis von Philosophie und Religion, die Hegel mit Solger verbinden. Auf einem weiteren Gebiet ist diese Übereinstimmung allem Anschein nach nahtlos gewesen: in der Haltung zu den zeitgenössischen politischen Auseinandersetzungen. Die von Hegel zitierten Passagen über »das Gewäsch der Wartburgsredner« oder über diejenigen, die den Studenten seit zehn Jahren vorgepredigt haben, »sie seien die Weisen und Vortrefflichen, von denen die Wiedergeburt des Staats und der Kirche ausgehen müsse«, und seine Bemerkung über die »Verunglimpfung wegen serviler Gesinnung« (GW 16.91) sprechen eine überaus deutliche Sprache: Es ist Hegels eigene Stellung zu den betreffenden Zeitereignissen, die Solger hier ausspricht; und die Verunglimpfung, die diesem zunächst seines Schweigens, dann seines Todes wegen erspart geblieben ist, hat jener selber erfahren. Bemerkenswert aber ist es, daß Hegel den Satz Solgers mit Stillschweigen übergeht, der die ohnehin nur wenig verhüllten Adressaten seiner Kritik namentlich preisgibt. An der Stelle eines von Hegel sehr dezent gesetzten Gedankenstrichs (GW 16.90,34) heißt es in Solgers Nachgelassenen Schriften: »So würden S-r und F-s wohl sonst einander sehr unähnliche Philosophen sein und einander wohl gar bekämpfen; jetzt will das Unglück der Zeit, daß sie doch gewissermaßen gemeinschaftliche Sache ma-

chen und sich sogar in einem Dritten, dem schwachen d. W., berühren müssen.« (NSB 1.725 f.) Niemand, der damals nicht gewußt hätte, daß von Schleiermacher, Fries und de Wette die Rede sei! Erstaunlich ist es, daß v. Raumer den an ihn gerichteten Brief Solgers vom 21.4.19 in dieser überdeutlichen, von Hegel entschärften Form veröffentlicht hat. Das große Gewicht, das die politischen Auseinandersetzungen für Hegels Berliner Jahre gehabt haben, läßt es wahrscheinlich werden, daß Hegels völlige Übereinstimmung mit dieser Sichtweise Solgers nicht sein geringster Grund war, Solger nicht einfach von seinen Gegnern vereinnahmen zu lassen, sondern dem überraschten Publikum als eigenen Bundesgenossen vorzustellen – womit die anderen genannten Berührungspunkte keineswegs verdunkelt werden sollen.

(6) Der eingebürgerte Kurztitel *Solger-Rezension* hat aber – anders als im Falle der *Humboldt-Rezension* – auch noch eine charakteristische Bedeutung. Hegel gibt keineswegs eine bloße Besprechung der *Nachgelassenen Schriften,* sondern eine Charakteristik des Solgerschen Werkes und darüber hinaus auch des »ganzen Menschen« Solger. Eigentümlich ist es, daß Hegel hier einen Typus von »Rezension« erneuert, wie ihn vor allem der in ihr so scharf angegriffene Friedrich Schlegel in seiner Rezension von Jacobis Roman *Woldemar* ausgearbeitet hat. In seinem Brief an Friedrich Heinrich Jacobi vom 23.1.97 bezeichnet Wilhelm v. Humboldt diesen Typus als die Art, »nie bei einem, ja nicht bei allen Werken eines Schriftstellers zusammengenommen stehenzubleiben, sondern immer zugleich den ganzen Menschen selbst zu rezensieren (PLS 1/1.271) – wobei es sich im Falle Solgers aber nicht um eine »gehässige« Rezension handelt, wie Humboldt dies Schlegels *Woldemar-Rezension* vorwirft, sondern um eine postum werbende, auf eine postmortale Bundesgenossenschaft abzielende Darstellung.

Erstdruck: Jahrbücher für wissenschaftliche Kritik, 1828, Bd. 1.403–428 (Nrr 51–54), 838–870 (Nrr 105–110). – **Text:** GW 16.77–128; BSchr 174–241. – **Rezensiert:** Solger's nachgelassene Schriften und Briefwechsel. Hg. von Ludwig Tieck und Friedrich von Raumer. 2 Bde. Leipzig 1826, ND Heidelberg 1973. – **Literatur:** Otto Pöggeler: Hegels Kritik der Romantik. Bonn 1956, ND München 1999; Hermann Fricke: Solger. Ein brandenburgisch-berlinisches Gelehrtenleben an der Wende vom 18. zum 19. Jahrhundert. Berlin 1972; »Aus Schellings und Hegels Disputatorium im Winter 1801/02. Ein Hinweis.« Von Friedhelm Nicolin. HS 9 (1974), 43–48; »Solgers Schellingstudium in Jena 1801/02. Fünf unveröffentlichte Briefe. Mitgeteilt und erläutert von Wolfhart Henckmann.« HS 13 (1978), 53–74; Henckmann: Solger und die Berliner Kunstszene. HSB 22 (1983), 199–228; Heinrich Clairmont: ›Kritisiren heißt einen Autor besser verstehn als er sich selbst verstanden hat‹. – Zu Hegels Solger-Rezension; Giovanna Pinna: Kann Ironie tragisch sein? Anmerkungen zur Theorie des Tragischen in Hegels Solger-Rezension. Beide in: Jamme (Hg.): Die »Jahrbücher für wissenschaftliche Kritik«, 257–279 bzw. 280–300.

8.7.4 Hamann-Rezension

(1) Auch Hegels *Hamann-Rezension* gehört diesem Typus einer Rezension »zugleich des ganzen Menschen« an. Unter seinen Rezensionen ist keine, die weniger Berührung mit seiner eigenen Philosophie hätte als diese. Hier wagt Hegel sich in eine ihm fremde Gedankenwelt vor – und sie bleibt ihm fremd. Hamann ist für ihn weniger eine Gestalt der Geschichte der Philosophie als eine eigentümliche »Particularität«, in der sich eine ebenso eigentümliche Konstellation der Zeit ausspricht. Zu Beginn seiner Rezension entwirft er mit wenigen Strichen ein anschauliches Bild dieser Konstellation: Hamann gehöre »der Zeit an, in welcher der d e n k e n d e Geist in Deutschland, dem seine Unabhängigkeit zunächst in der Schulphilosophie aufgegangen war, sich nunmehr in der Wirklichkeit zu ergehen anfing, und was in dieser als fest und wahr galt, in Anspruch zu nehmen und ihr ganzes Gebiet sich zu vindiciren begann.« In Deutschland habe dieser »große Impuls« sich »in zwei verschiedene Charaktere« gespalten: einerseits in das trockene Verstandesdenken im »Mittelpunkt«, in der Berliner Aufklärung, andererseits in einen »Kranz origineller Individualitäten« in der Peripherie: in Königsberg, in Weimar und Jena, in Pempelfort und in Wolfenbüttel. Was hier »in Genie, Geist und Vernunft-Tiefe erblühte«, sei »von jener Mitte aus aufs Gehässigste angegriffen und herabgesetzt« worden. Doch unter diesen »Individualitäten« sei Hamann »nicht nur auch originell, sondern mehr noch ein Original, indem er in einer Concentration seiner tiefen Particularität beharrte, welche aller Form von Allgemeinheit, sowohl der Expansion denkender Vernunft als des Geschmacks, sich unfähig gezeigt hat.« Er sei »nur der humoristischen, blitzenden, desultorischen Aeußerung fähig«; »das Bedürfniß der denkenden Vernunft« sei ihm »fremde und unverstanden geblieben« (GW 16.131–133).

In seinen *Vorlesungen über die Geschichte der Philosophie* behandelt Hegel Hamanns Schriften deshalb nicht – zumindest soweit sich gegenwärtig erkennen läßt. Dieses Zugleich von Wertschätzung und Distanz ist Hegel aber keineswegs eigentümlich; es findet sich nicht anders bei seinen Zeitgenossen, sofern diese sich überhaupt ins Verhältnis zu Hamann stel-

len – insbesondere bei Goethe –, während Jacobi und sein Kreis, zu dem auch der Herausgeber der *Werke* Hamanns, Karl Johann Friedrich Roth, zählt, diese Distanz zumindest ein Stück weit überwinden. Doch auch Jacobi resümiert 1788 sein persönliches Verhältnis zu Hamann: »S e i n e r   K u n s t   z u   l e b e n   u n d   g l ü c k l i c h   z u   s e y n,   b i n   i c h   n i c h t   a u f   d e n   G r u n d   g e k o m m e n, wie sehr ich es mir auch habe angelegen seyn lassen« (GW 16.183).

(2) Der Verbindung mit Jacobi und seinem Kreis verdankt Hegel seine Berührung mit dem Werk Hamanns. Roth ist ihm allerdings nicht erst durch Jacobi, sondern bereits aus früherer Zeit bekannt; brieflich erwähnt Hegel ihn erstmals gegenüber Niethammer am 1.10.08, und zumindest seit Beginn seiner Nürnberger Zeit tritt er auch in persönliche, später in freundschaftliche Verbindung zu Roth, der damals Finanzrat in Nürnberg ist; 1810 wird er in München Oberfinanzrat sowie seit 1817 Ministerialrat und 1828 Präsident des protestantischen Oberkonsistoriums. In Briefen an Niethammer nennt Hegel Roth oft im unmittelbaren Zusammenhang mit Jacobi; beide bewohnen dort dasselbe Haus (an Cousin, 5.8.18). Von einer wissenschaftlichen Verbindung mit Roth ist erstmals die Rede, als Hegel in seiner Eigenschaft als Redakteur der *Heidelberger Jahrbücher* am 19.4.17 Niethammer bittet, bei Roth anzufragen, ob er Rezensionen übernehmen wolle. Am 18.12.20 dankt Roth für die Übersendung von Hegels *Grundlinien der Philosophie des Rechts* – wobei er jedoch einräumt, daß er die Paragraphen gar nicht und auch die Anmerkungen nicht alle verstehe – und er drückt seine Hoffnung aus, Hegels Geschenk »auf Ostern mit dem ersten Teile der Hamannischen Schriften, welche rein philologisch sind, erwidern zu können«; am 9.6.21 bittet Hegel Niethammer, »Herrn Oberfinanzrat Roth […] meinen vorläufigen Dank für die vielerlei so reichhaltigen Geschenke zu machen, die seine Güte mir hat zukommen lassen.« – Der Plural könnte ein Zeichen dafür sein, daß Roth neben dem ersten Band der Schriften Hamanns auch einen Band der von ihm und Friedrich Köppen herausgegebenen Werke Jacobis an Hegel geschickt hat. Ein Jahr darauf, am 18.7.22, übersendet Hegel – ebenfalls durch Vermittlung Niethammers – Roth ein Exemplar der *Hinrichs-Vorrede* und läßt wiederum »für das Geschenk der mir so interessanten Hamannschen Schriften« danken – wahrscheinlich für den 1821 erschienenen zweiten Band.

Nach Gründung der *Jahrbücher für wissenschaftliche Kritik* lädt Hegel über Niethammer am 11.9.26 auch Roth zur Mitarbeit ein und kündigt eine Besprechung der Hamann-Ausgabe an: »Ich hoffe mit Ungeduld, daß wir diese Messe den 8ten Band erhalten, der für sich schätzbar sein wird und auf den ich noch warten muß, um einen Artikel über Hamanns Sein und Treiben für unsere Zeitschrift, wie ich gedenke, abzufassen«. Niethammer berichtet Hegel am 12.10.26, Roth habe »auf die Einladung nichts erwidert«. »Dagegen hat er mir in Beziehung auf Ihre angekündigte Anzeige von Hamanns Werken aufgetragen, Ihnen zu schreiben: 1) daß die Sammlung der Werke als mit dem 7ten Band abgeschlossen zu betrachten sei, indem der 8te Band eigentlich nur die Register enthalten werde und außerdem höchstens noch einige wenige Nachträge von wenigem Belang; 2) daß die Erscheinung dieses 8ten Bandes so bald nicht zu erwarten sei und daß er ihn nach Ankündigung Ihrer Anzeige des Werkes um so mehr noch aufzuschieben gedenke, um sich für den möglichen Fall ein Plätzchen darin in Beziehung auf Ihre Anzeige offen zu behalten; 3) insbesondere aber, daß Sie von selbst den Grund, warum Hamann so wenig begriffen worden und werde, darin finden würden, daß er oft einen sehr hohen Standpunkt genommen, wie z. B. in seinem Urteil über Homer.« Und Niethammer schließt eine persönliche Bemerkung an: »Ich für meine Person sehe Ihrem Urteil über Hamanns Werke mit großem Verlangen entgegen. Ich finde seinen Standpunkt von der Art, daß ich von einem gründlichen Urteil über ihn eine Auflösung des Mißstandes erwarte, in dem nach der gemeinen Ansicht Philosophie und Geschichte zueinander stehen. Ich halte aber die Auflösung nicht für leicht. Daß Hamann in der Vergleichung seiner Zeit mit der unsrigen als ein Seher über seinen Zeitgenossen steht, wird schwerlich widersprochen werden können. Aber unsre Zeit – wenn man dem Troß diesen Ehrennamen lassen will – versteht ihn noch weniger als seine eigne. Es ist also vollkommen an der Zeit, daß einer komme, der den Star zu stechen vermag. Ich heiße ihn von Herzen willkommen!«

Entgegen Roths Vorschlag zögert Hegel weiterhin mit der Rezension, um die Vollendung der Ausgabe abzuwarten. Am 9.8.27 schreibt er an Niethammer: »Ich wollte Hamann vornehmen, warte aber immer noch auf den 8ten Teil und dessen nötige Erläuterungen.« (Dieser Band erscheint jedoch in zwei Abteilungen erst lange nach Hegels Tod, 1842 und 1843, herausgegeben von Gustav Adolf Wiener.) Zwei Monate nach diesem Brief besucht Hegel auf der Rückreise aus Paris Goethe; Eckermann berichtet über ihr Gespräch: »Man sprach sehr viel über Hamann, wobei besonders Hegel das Wort führte und über jenen

außerordentlichen Geist so gründliche Ansichten entwickelte, wie sie nur aus dem ernstesten und gewissenhaftesten Studium des Gegenstandes hervorgehen konnten.« (HBZ 351) Zu dieser Zeit hat Hegel sich offensichtlich entschlossen, nur die sieben erschienenen Bände zum Gegenstand der Besprechung zu machen. Neben der Rezension haben sich – offensichtlich aus den Vorarbeiten – noch Notizen zu Hamann erhalten (GW 16.407 f.).

(3) Über die Aufnahme der Hamann-Rezension im Kreis um Niethammer, insbesondere durch den Herausgeber Roth, finden sich keine Nachrichten – was die Vermutung nahelegt, daß sie im Münchener Freundeskreis erhebliche Verstimmung ausgelöst habe. Vor ihrem Erscheinen schreibt Niethammer noch im Januar 1828: »An den Jahrbüchern habe ich zwar nicht immer, aber doch genug meine Freude, um ihnen von Herzen fröhliches Wachstum und Gedeihen zu wünschen.« Doch der nächste von Niethammer überlieferte Brief stammt erst vom 27.5. 31. Niethammer dankt hier für die Zusendung von Hegels »Reformationsrede«, d. h. der Rede zum Jubiläum der Confessio Augustana (s. Kap. II.8.8), und einer Anfang Dezember 1830 zu Hegels Ehren geschlagenen Medaille (vgl. Br 3.462, HBZ 419). Daß der Briefverkehr zwischen beiden in dieser Zeit jedoch nicht völlig abbricht, belegt ein neuerlich – leider nur als Regest – bekanntgewordener, ausführlicher Brief Hegels an Niethammer, der allerdings nicht ausdrücklich auf die Hamann-Rezension eingeht. Daß Hegel dort versuche, »Niethammers Vorbehalte (sc. gegen die Jahrbücher) zu zerstreuen«, kann sich auf eine Reaktion gegen die Hamann-Rezension, aber auch auf den vorhin zitierten Brief vom Januar 1828 beziehen (Döderlein 1978, 75 f.). Für eine solche Verstimmung spricht ferner, daß der von Roth beauftragte Herausgeber des achten Bandes der Hamann-Ausgabe, Gustav Adolf Wiener, im Anhang zur ersten Abteilung zwar Äußerungen von Goethe, Claudius, Jacobi, Lavater, Lessing und Jean Paul über Hamann mitteilt, jedoch lakonisch notiert: »Einer Rezension, welche in schmerzlicher Verkennung des persönlichen wie schriftstellerischen Wertes Hamanns, die bei ihm so eng zusammen gehören, und seiner ganzen Lebensstellung geschrieben ist, wird billig hier nicht weiter gedacht.« (VIIIf.)

Von den anderen Zeitgenossen wird Hegels Hamann-Rezension zumeist günstig aufgenommen. Rahel Varnhagen erwähnt »seine vortreffliche merkwürdige Rezension«, und auch Varnhagen selbst bezieht sich in der Zueignung eines Buches an Hegel auf die »vortrefflichen, so scharfen zugleich als milden Charakteristiken von Solger und Hamann, in welchen Sie die heutige Bedeutung und das Recht andrer Zeiten und Verhältnisse gleichmäßig berücksichtigt haben«, und er nennt sie »das schönste Vorbild derjenigen maßvollen und gehaltreichen Kritik [...], in deren Kreis ich dieses Buch am liebsten niederlegen möchte.« (Varnhagen 1830, IV; vgl. Br 3.455) Auch später noch, am 27.4.38, notiert er in seinem Tagebuch, er habe diese Rezension wiedergelesen »mit großem Genuß und wahrer Befriedigung. Hegel hat ihn gut gefaßt, jenen seltsamen, bewunderungswürdigen Kauz!« (Gründer 1961, 91). Über Goethes Urteil notiert Eckermann: »Hegel, fuhr Goethe fort, hat in den Berliner Jahrbüchern eine Rezension über Hamann geschrieben, die ich in diesen Tagen lese und wieder lese und die ich sehr loben muß. Hegels Urteile als Kritiker sind immer gut gewesen.« (HBZ 391 f.)

Von Hamanns Nachkommen hingegen ist die Rezension wegen Hegels Eingehen auf die Umstände von Hamanns Privatleben, insbesondere auf seine »Gewissensehe«, als Angriff auf dessen Ehre verurteilt worden, also als eine »gehässige« Rezension der vorhin (s. Kap. II.8.7.3) bezeichneten Art. Eine Tochter Hamanns, Magdalena Katharina Rosenberger, schreibt an Hegel, ihr sei beim »zufälligen Durchblättern der Jahrbücher« diese »Schmähschrift« in die Augen gekommen – und ihr langer Brief besteht im wesentlichen aus Anschuldigungen: Hegel habe Hamann zum Gegenstande seiner »Schmähsucht« gemacht (Br 4/2.84–87) – obgleich Hegel doch nur die in der rezensierten Ausgabe von Roth bereits zusammengestellten Nachrichten referiert. Dennoch hat diese Kritik sehr wahrscheinlich dazu geführt, daß die beiden ersten Absätze des »Zweiten Artikels« der *Hamann-Rezension,* in denen diese Seite ausführlicher zur Sprache kommt, bei der Neuedition in der *Freundesvereinsausgabe* getilgt worden sind: Die Spalten 859–864 des Erstdrucks fehlen dort ohne Hinweis (vgl. W XVII.66 mit GW 16.149–151). Dies kann schwerlich ein Versehen sein – wie bei dem Artikel über Raupachs *Die Bekehrten* (s. Kap. II.8.6) –, zumal mit dem Wegfall des Beginns des »Zweiten Artikels« auch die Überschrift »Erster Artikel« zu Anfang der Rezension getilgt worden ist.

(4) Diese Kritik aus der Perspektive kindlicher Pietät und Betroffenheit wird Hegels *Hamann-Rezension* nicht gerecht. Denn das bunte Bild von Hamanns Persönlichkeit – dem frühen Aufenthalt in England, den Verwicklungen in Riga, den Spannungen in seinen beiden Hauslehrerstellen und im Dienst als Packhofverwalter, den Mißverständnis-

sen mit den Freunden in Königsberg, auch mit Kant, und schließlich dem Aufenthalt in Münster und Pempelfort – dieses Bild ist der von Hegel rezensierten Ausgabe und zusätzlich dem Briefwechsel Hamanns und Jacobis wie auch dem *Auserlesenen Briefwechsel* Jacobis entnommen. Er rekonstruiert es jedoch zum Teil akribisch aus einer Fülle einzelner Briefstellen und Nachrichten – denn er sieht, daß der »schriftstellerische Charakter« Hamanns »ganz nur der Ausdruck der bisher geschilderten persönlichen Eigenthümlichkeit ist« (GW 16.161) Zu diesem Bild gehört wesentlich die seinen literarischen Stil prägende spezifische Ausformung von Hamanns Frömmigkeit: In ihr verbinde sich »abstracte Innerlichkeit« mit dem Festhalten an den objektiven Lehren von Dreieinigkeit und Versöhnung (GW 16.154,158) – jedoch nicht in der Weise der »verholzten orthodoxen Theologie« (GW 16.132). In seiner »ursprünglichen Widerborstigkeit« und »feindseligen Empfindung« gegen sein Publikum wie auch in seinen »eben so großartigen als höchst barocken Expectorationen« (GW 16.171,169) lassen sich Werk und Person nicht von einander scheiden. Deshalb sei Hamann, ähnlich wie Jacobi, auch nicht fähig gewesen, ein wirkliches Buch zu schreiben – und Hegel beruft sich auf den Herausgeber Roth: Hamanns Schriften seien »wahre Gelegenheitsschriften, voll Persönlichkeit und Oertlichkeit, voll Beziehung auf gleichzeitige Erscheinungen und Erfahrungen, zugleich aber Anspielungen auf die Bücherwelt, in der er lebte.« (GW 16.161)

Hamanns wichtigste Beiträge zur Philosophie sieht Hegel in *Golgatha und Scheblimini,* einer Kritik an Mendelssohns *Jerusalem* (1783), und insbesondere in seiner »sehr merkwürdigen« – »merkwürdig« im alten, affirmativen Sinne! – »Metakritik über den Purismum der reinen Vernunft«. Mit seiner Kritik des »t r a n s c e n d e n t a l e n A b e r g l a u b e n s an e n t i a r a t i o n i s« stelle Hamann sich »in die Mitte des Problems der Vernunft«, das er »aber in der Gestalt der S p r a c h e« fasse. Und wie Hegel ohnehin keine Gelegenheit verstreichen läßt, Herder herabzusetzen, so moniert er auch hier, daß Herder aus dieser Quelle »seine, mit großem Dünkel aufgetretene und mit gerechter Herabwürdigung aufgenommene, nun längst vergessene Metakritik geschöpft habe«, während seine Korrespondenz mit Hamann in einen »geschraubten Ton« und »in die Langeweile der Klagseligkeit herabverfallen« sei (GW 16.167 f.,177). Im Blick auf Hamanns Verhältnis zu Jacobi sieht Hegel sehr scharf, wie Jacobi sich an Hamann anzuschließen sucht, etwa mit seinem

Begriff des Glaubens, wie Hamann jedoch über Jacobi mit »Alles mißbilligenden Explosionen« herfällt, da er »den Spinoza, ›den armen Schelm von cartesianisch-kaballistischem Somnambulisten, wie einen Stein im Magen‹ herumtrage« – ohne daß dies »das innige Vertrauen« Jacobis zu Hamann geschwächt hätte. Dennoch hört Hegel sehr genau die Untertöne in den Briefen, die über Hamanns Besuch in Münster und Pempelfort berichten, über sein Leben mit den Freunden, »die wie die Hälften zu meinen I d e a l e n d e r S e e l e passen.« Diese Briefe zeigen eine eigentümliche Diskrepanz zwischen der Empfindung, die Hamann gleichsam als Präsenz eines Eschaton formuliert, als »Vorschmack des Himmels auf Erden«, und der Rastlosigkeit des »Besessenen«, »den ein böser Geist wechselsweise bald ins Feuer bald ins Wasser warf«. Jacobi faßt deshalb seinen Eindruck so zusammen: »ein wahres πᾶν ist dieser Mann an Gereimtheit und Ungereimtheit, an Licht und Finsterniß, an Spiritualismus und Materialismus« – woraus auch Hamanns Interesse für Giordano Brunos »principium coincidentiae« verständlich wird, das Hegel – im Unterschied zu Jacobi – mit Hamann teilt, während er etwa, anders als Jacobi, Hamanns Frömmigkeit distanziert gegenübersteht (GW 16.170). So resümiert Hegel schließlich – allerdings nicht wirklich zutreffend – Jacobi sei durch Hamanns »Gegenwart an ihm nicht irre geworden, aber irre geblieben« – und in diesem Zwiespalt scheint auch Hegels eigenes Verhältnis zu Hamann vorgebildet (GW 16.182–184).

Erstdruck: Jahrbücher für wissenschaftliche Kritik, 1828. Bd. 2.620–640 (Nrr 77–80), 859–900 (Nrr 107–114). – **Text:** GW 16.129–187; BSchr 242–317. – **Rezensiert:** Friedrich Roth (Hg.): Hamann's Schriften. 2 Bde. Berlin 1821–1825. – **Quellen:** Moses Mendelssohn: Jerusalem, oder über religiöse Macht und Judenthum. Berlin 1783; [Johann Georg Hamann:] Golgatha und Scheblimini! Von einem Prediger in der Wüsten. [Riga] 1784, 38 (Hamann: Sämtliche Werke. Hg. von Nadler. Bd. 3); Jacobi: Werke. Bd IV/3: J. G. Hamanns Briefwechsel mit F. H. Jacobi. Leipzig 1819; Friedrich Heinrich Jacobi's auserlesener Briefwechsel. 2 Bde. Leipzig 1825–1827, ND Bern 1970. – **Literatur:** Karl August Varnhagen von Ense (Hg.): Denkwürdigkeiten des Philosophen und Arztes Johann Benjamin Erhard. Stuttgart und Tübingen 1830; Käthe Nadler: Hamann und Hegel. Zum Verhältnis von Dialektik und Existentialität. In: Logos. Internationale Zeitschrift für Philosophie der Kultur 20 (1931), 259–285; Karlfried Gründer: Nachspiel zu Hegels Hamann-Rezension. HS 1 (1961), 89–101; Johann Ludwig Döderlein (Hg.): Regest eines Briefes von Hegel an Niethammer. HS 13 (1978), 75 f. vgl. Br 4/2.72; Stephen N. Dunning: The Tongues of Men. Hegel and Hamann on Religious Language and History. Missoula, Montana 1979.

8.7.5 Göschel-Rezension

(1) Anders als die vorangegangenen Rezensionen zeigt die *Göschel-Rezension* Hegel in der Verteidigung. Gemeinsam mit den wenig später folgenden *Repliken* bildet sie die Gruppe der primär apologetischen Rezensionen. Daß auch sie bereits der Verteidigung dient, bleibt allerdings eher implizit. Geschrieben ist sie in einer Situation, in der sich die Anklagen häufen, Hegels Philosophie sei Pantheismus (s. Kap. I.8.8). Soweit sich ersehen läßt, hat als erster der Berliner protestantische Theologe – und somit Kollege – Friedrich August Gottreu Tholuck (1823) anonym Hegel des Pantheismus bezichtigt (s. Kap. III.2.1). Derartige – allerdings politisch erfolglose – Angriffe gab es auch sonst innerhalb wie außerhalb der Berliner Universität durch v. Keyserlingk und Gottlob Benjamin Jäsche (Lenz 1910, 294; Jäsche 1828).

Es ist keineswegs befremdlich, daß Hegel in dieser Lage eine Schrift als wohltuend empfindet, die nicht allein ausdrücklich für seine Philosophie Partei ergreift, sondern ein »Autoritätszeugniß eines frommen Herzens« für sie ablegt (GW 16.215). Deshalb verweist er sowohl in seiner *Enzyklopädie* (§ 564) als auch in seinen *Vorlesungen über die Beweise vom Dasein Gottes* (GW 18.252) auf diese Schrift. Marie Hegel berichtet damals an Hegels Schwester Christiane: »Es ist in der letzten Zeit viel über seine Philosophie geschrieben worden, viel Hartes, viel Giftiges; je weiter sich seine Philosophie ausbreitet, je mehr Anhang sie findet, je mehr regt sich der Neid und Verdruß derer, deren Reich dadurch einen Stoß bekommt oder ein Ende gemacht wird. [...] Eine Schrift, die m i r auf so viele harte Anklagen wohlgetan hat und die mit Wärme Hegels Philosophie verficht, ist von einem ihm u n b e k a n n t e n Gelehrten in Naumburg.« (HBZ 396 f.) Dabei war ihr Verfasser – Carl Friedrich Göschel (1781–1861) – nicht einmal ein »Gelehrter« von Profession, sondern Oberlandesgerichtsrat in Naumburg und damit Kollege des einflußreichen Konservativen Ernst Ludwig von Gerlach, des nachmaligen Initiators des »Hallischen Streits« (s. Kap. I.8.8).

Trotz dieser erfreuten Aufnahme der *Aphorismen* Göschels dauert es noch mehrere Monate, bis Hegel eine persönliche Beziehung zu ihm anknüpft. Am 10.5.29 verweist er seinen ehemaligen Schüler Ravenstein »auf eine vor etlichen Monaten hier [...] erschienene Schrift« und führt dazu aus: »Der Verfasser beschäftigt sich darin vornehmlich mit meinen Darstellungen der christlichen Ideen und einer nach allen Seiten sich wendenden Rechtfertigung derselben und zeigt eine ausgezeichnete Vereinigung tiefer,

christlicher Frömmigkeit und des gründlichsten spekulativen Denkens.« Ravenstein wendet sich daraufhin an Göschel und zitiert dann in seinem Antwortschreiben an Hegel vom 21.9.29 aus einem Schreiben
Göschels, das bereits Hegels Rezension berücksichtigt: »Auch kann ich nicht verbergen, daß die Urteile
des Herrn Professor Hegel über meine Aphorismen
in den Berliner Jahrbüchern mich nicht allein belehrt, sondern nach dem ganzen Menschen bewegt
haben; es spricht sich darin neben der bestimmtesten
Schärfe eine Milde aus, die mir sehr wohlgetan hat.
Ich sehe diese freundliche Anerkennung meiner unter vielen Dienstgeschäften niedergeschriebenen
Blätter als eine Vergeltung für die große Verehrung
und Liebe an, womit ich meinen Lehrer in der Philosophie, ohne ihn zu kennen, seit 10 Jahren auf dem
Herzen getragen und so oft in mündlichen Gesprächen gegen einzelne Mißverständnisse möglichst in
Schutz genommen habe. Dennoch habe ich bis jetzt
keine Beziehung zu diesem sehr verehrten Meister
erhalten können; indessen fühle ich mich jetzt in
mehr als einer Hinsicht verpflichtet, mich mit schrift-
lichem Danke an ihn zu wenden. Sollten Sie dem
Herrn Professor Hegel früher als ich schreiben, so
bitte ich Sie sehr, ihm im voraus meine größte Verehrung und Dankbarkeit nicht bloß für seine
Freundlichkeit gegen mich, sondern auch für alles,
was ich seit 10 Jahren von ihm gelernt, in meinem
Namen auszudrücken.« Bereits zuvor aber scheint
Hegel auf seiner Reise nach Böhmen einen Besuch
bei Göschel beabsichtigt, ihn aber verfehlt zu haben,
wie man dessen erstem und sehr ausführlichen
Schreiben an Hegel vom 14.10.29 entnehmen kann.
Hiermit beginnt der Briefwechsel zwischen beiden;
Hegel antwortet zwar erst – mit »ungehöriger Verspätung« – am 13.12.30, aber ebenso ausführlich,
wofür Göschel sich am Sylvestertag dieses Jahres bedankt; sein letzter Brief an Hegel, vom 24.2.31, enthält die Glückwünsche zur Verleihung des Roten Ad-
lerordens an Hegel.

(2) Göschels Schrift ist durch Hegels Rezension
zwar einem größeren Leserkreise bekanntgemacht,
doch zugleich eher verdeckt als vorgestellt worden.
Zudem wird ihre Lektüre von der späteren Rolle
überschattet, die Göschel im Umkreis der Restauration gespielt hat; Gleiches gilt für seine von der Forschung zur Rechtsphilosophie des Hegelianismus
bislang beharrlich ignorierten *Zerstreuten Blätter.*
Übersehen wird deshalb auch, daß Hegels erfreuter,
dankbarer Händedruck keineswegs uneingeschränk-
tes Einverständnis signalisiert; er ist eher eine »diplomatische«, eine politische Antwort.

(3) Hegel sieht »das Ausgezeichnete und Seltene«
der *Aphorismen* darin, daß ihr Verfasser »in from-
mem Sinne, durchdrungen ebenso von der Wahrheit
der alten d. i. eigentlichen christlichen Glaubenslehre als von dem Bedürfnisse der denkenden Vernunft
und zwar in durchgeübter Bildung derselben sich beweist. Hiemit befindet sich hier das Interesse dem Inhalt und der Form nach unmittelbar in dem Mittelpunkte der speculativen Philosophie.« Seine Schrift
befasse sich »mit der Auflösung des subjectiven
Räthsels, wie jene ursprüngliche Einheit des Christenthums und der speculativen Vernunft, und die
selbstbewußte Einigung derselben, sich für die Vorstellung als unfaßlich zeigen möge.« Denn in dieser
Unfaßlichkeit liege der Anlaß, daß sich bibelgläubige
Christen mit ihren rationalistischen Gegnern gegen
die spekulative Philosophie verbünden – wodurch
jedoch der Charakter beider depraviert werde. (GW
16.188–191)

Das zeitgenössische Phänomen der Proklamie-
rung des »Nichtwissens« analysiert Göschel im ersten Teil an Hand Jacobis – und es ist wenig bekannt,
daß seine Schrift in den 1820er Jahren wohl die in-
tensivste Auseinandersetzung sowohl mit Jacobis im
engeren Sinne philosophischen Schriften als auch
mit seinen Romanen bildet. Göschel stellt sich hier
zunächst auf Jacobis Standpunkt, daß der Glaube von
der »Wissenschaft« zerstört werde – oder mit Jacobis
Schrift *Von den Göttlichen Dingen und ihrer Offenbarung:* daß es das Interesse der Wissenschaft sei,
daß kein Gott sei (JWA 3.96). Und er analysiert –
durchaus mit den Mitteln Hegels – den Widerspruch,
den das emphatische Nichtwissen Gottes dadurch
begeht, daß es zunächst in Verstandesidentitäten verharrt (»Gott ist Gott«), ihm aber doch all das zuschreiben will, was es ihm zunächst abgesprochen
hat – insbesondere die Persönlichkeit – und sich
schließlich aus dem Bewußtsein um diesen Widerspruch in die Behauptung der Unerkennbarkeit und
Unbegreiflichkeit Gottes flüchtet. Und Hegel hebt
Göschels Nachweis hervor, daß »diejenigen, welche
auf diese Weise ihr Nichtwissen deduciren, in gleichen Nihilismus verfallen« wie diejenigen, gegen
sich ihre Kritik richtet – einen Nachweis, den Göschel just an der Schrift führt, die erstmals den Pan-
theismus-Vorwurf gegen Hegel erhebt, und auch an
Jacobi selbst (GW 16.194).

In ähnlicher Weise bespricht Hegel auch den zweiten, dem »absoluten Wissen« gewidmeten Haupttteil
der *Aphorismen,* in dem Göschel auf den Satz der
Phänomenologie zurückgeht, »daß die absolute Substanz ebensosehr Subject, und das absolute Subject

ebensosehr Substanz sei«. Göschel weist hier des weiteren den Vorwurf der »S e l b s t v e r g ö t t e r u n g des Wissens« zurück, indem er »zeigt, daß darin, daß der Mensch Gott erkenne, nicht nur dieß liegt, daß Gott im Menschen ist, sondern auch dieß, daß der Mensch in Gott ist, aber n u r dieß, daß d e r M e n s c h i n G o t t i s t, nicht daß der Mensch Gott ist« (GW 16.199–201). In Göschels drittem Abschnitt schließlich werde »der moderne Gegensatz von Wissen und Glauben nach allen Seiten und Wendungen vorgenommen, und die Nichtigkeit der vermeintlichen Unverträglichkeit beider, und ihrer Trennbarkeit selbst aufgezeigt.« Hegel referiert hier Göschels immanente Kritik des Rationalismus, der zugleich »n u r exegetisch, n u r biblisch seyn« will und damit den Selbstbetrug begeht, sich zu verbergen, »daß es der eigne Geist ist, der exegisirt«. Und er schließt sich Göschels Lösung an, die ja ohnehin seine eigene Lösung ist: Der Unterschied zwischen Wissen und Glauben »kann nicht abgeläugnet werden, aber die Identität schließt den Unterschied nicht aus, so daß zwar in jeder Weise die andere sich findet und unterscheidet, aber auch zugleich als unzertrennlich verbunden weiß.« (GW 16.210–215)

(4) In Göschels *Aphorismen* begrüßt Hegel insofern die »Morgenröthe« des Friedens zwischen Glauben und Wissen, als er diejenigen Züge heraushebt, die seiner Verteidigung gegen den Vorwurf des Pantheismus, der Umwendung der Anklage gegen ihre Verfechter und der Untermauerung seines eigenen Anspruchs dienen: daß die Philosophie mit der Religion einen und denselben Inhalt habe – nämlich das Absolute – und daß dieser dem begreifenden Denken und nicht allein dem Glauben oder gar dem Gefühl zugänglich sei. Hingegen übergeht er diejenigen Aussagen mit Stillschweigen, die Göschels Tendenz verraten, über diesen Philosophiebegriff hinauszugehen. Besonders deutlich wird dies in Göschels »Nachwort« über Hegels Auffassung des Sündenfalls (Göschel 1829, 190–195) sowie in der Behauptung des Vorworts, den Jammer der Negativität und die alles zersetzende und zermalmende Dialektik bestehe nur »der s p e c u l a t i v e Geist, welcher dem Subjecte gegeben wird, wenn es im Gebete und im Glauben anhält, und in allen seinen Nöthen bey der Schrift, als dem Worte Gottes, Zuflucht sucht.« (ebd. VII) Gleiches gilt für die drei Mottos auf den Seiten II (1. Kor. 1,20–23), IX (1. Kor. 3,18 f.) und X (Kol. 2,8 f.), von denen die beiden erstgenannten die Weisheit dieser Welt als Torheit bei Gott identifizieren, während das letztgenannte vor der Beraubung durch die Philosophie und der Abkehr von Christo warnt.

Mit ebenso beredtem Stillschweigen übergeht Hegel die von Ravenstein und Göschel brieflich gebrauchten prononciert-frommen, dem Pietismus zumindest nahestehenden Wendungen. Ravenstein etwa schreibt (21.9.29), ihm sei klar geworden, »daß Christus nur in einem gänzlich zerbrochenen Herzen wohnen kann«, und Göschel bekennt, es mache ihm zu schaffen, daß der Widerspruch gegen seine Schrift von seiten des lebendigen Glaubens der Pietisten sich am schärfsten vernehmen lasse, mit denen er sich »in Christo verbunden fühle« (14.10.29). Ohne Vergleich mit Göschels *Aphorismen* und diesen Briefen aber erweckt Hegels Rezension allerdings den Eindruck einer nahtlosen Übereinstimmung mit Göschel.

(5) Es ist deshalb nicht verwunderlich, daß Hegel für diese Rezension Beifall auch aus Kreisen erhalten hat, zu denen er sonst auf Distanz geblieben oder gegangen ist – etwa von Immanuel Hermann Fichte am 12.10.29. – Fichte sieht seine eigene Philosophie in Übereinstimmung mit Göschel, vertritt aber gegen Hegel das Programm einer »christlichen Philosophie«, deren Aufgabe im Erweis der Persönlichkeit Gottes und der individuellen Unsterblichkeit der Seele besteht (s. Kap. III.2.2). Karl Joseph Hieronymus Windischmann, der Schwiegervater Karl Ernst Jarckes, eines nachmals wichtigen Repräsentanten der preußischen Restaurationspartei, verweist Hegel am 27.10.29 auf übereinstimmende Äußerungen in seinem Vorwort zur Übersetzung eines der einflußreichen Bücher der französischen Restaurationsideologie: von Joseph de Maistres *Abendstunden zu St. Petersburg*. Andererseits ruft Hegel – nach Rosenkranz' späterem Bericht – großes Erstaunen hervor, als er sich die von Göschel »mit seinem advokatisch gewandten Apologetentalent« »nachgewiesene Christlichkeit seiner Philosophie allen Ernstes sehr zur Ehre rechnete und mit dem vollen B e w u ß t s e i n ü b e r d e n b ö s e n S c h e i n, den er der Menge dadurch gab, dem Verfasser für seine Rechtfertigung vor dem ganzen Publikum freundlich die Hand drückte.« (R 400, vgl. GW 16.215)

(6) Der sehr distanzierte Ton dieser Einschätzung aus dem Jahre 1844 dürfte jedoch erst durch den Streit um Hegels Religionsphilosophie und die Auseinandersetzungen innerhalb der Schule in den Jahren um 1840 sowie durch Göschels Wechsel der Fronten eingestimmt worden sein. Dessen stetes Gefühl der Verbundenheit mit dem Pietismus läßt ihn nach Hegels Tod versuchen, solchen schon zuvor beschworenen »lebendigen Glauben« auf recht unvermittelte und unproblematische Weise mit der Phi-

losophie Hegels zu verknüpfen und die im Interesse der Frömmigkeit an Hegels Philosophie gerichteten Forderungen als von dieser immer schon erfüllt auszugeben – wobei er zur Legitimation seiner Sichtweise stets auf Hegels »dankbaren Händedruck« pochen kann. Prekär wird dies insbesondere nach dem Streit um David Friedrich Strauß' *Das Leben Jesu, kritisch bearbeitet* (1835/36), in dessen Folge sich Göschel vollends von Hegels Philosophie abwendet und dem damaligen Bündnis von Pietismus und Reaktion anschließt – was durch seine Ernennung zum Mitglied des Preußischen Staatsrates und zum Konsistorialpräsidenten in Magdeburg berufliche Früchte für ihn trägt (s. Kap. III.2.5).

Erstdruck: Jahrbücher für wissenschaftliche Kritik 1829. Bd. 1.789–816,833–835 (Nrr 99–102,105–106). – **Text:** GW 16.188–215; BSchr 318–353. – **Rezensiert:** Carl Friedrich G …..l: Aphorismen über Nichtwissen und absolutes Wissen im Verhältnisse zur christlichen Glaubenserkenntniß. Ein Beytrag zum Verständnisse der Philosophie unserer Zeit. Berlin 1829. – **Quelle:** Joseph de Maistre: Abendstunden zu St. Petersburg oder Gespräche über das Walten der göttlichen Vorsehung in zeitlichen Dingen. Mit Beilagen von C. J. H. Windischmann. 2 Bde. Frankfurt am Main 1825. – **Literatur:** Gottlob Benjamin Jäsche: Der Pantheismus nach seinen verschiedenen Hauptformen. Bd. 2. Berlin 1828, XXII, XXVII, XLIV; Göschel: Zerstreute Blätter aus den Hand- und Hilfsakten eines Juristen. 3 Bde. Erfurt, Schleusingen 1832–1842; Lenz: Geschichte der Universität Berlin (1910), Bd. 2/1.294; Jaeschke: »Urmenschheit und Monarchie. Eine politische Christologie der Hegelschen Rechten.« HS 14 (1979), 73–107; Arndt Haubold: Karl Friedrich Göschel (1784–1861). Ein sächsisch-preußisches Lebensbild des Literaten, Juristen, Philosophen, Theologen zwischen Goethezeit und Bismarckära. Bielefeld 1989; Peter Jonkers: Unmittelbares Wissen und absolutes Wissen. Göschels Aphorismen über Jacobis Nichtwissen. In: Walter Jaeschke / Birgit Sandkaulen (Hg.): Ein Wendepunkt der geistigen Bildung der Zeit. Friedrich Heinrich Jacobi und die Klassische Deutsche Philosophie. Hamburg 2004, 359–375.

8.7.6 Repliken

(1) Vermutlich schon während der Arbeit an der *Göschel-Rezension* beginnt Hegel eine weitere, groß angelegte Antwort auf fünf gegen seine Philosophie – und insbesondere gegen das Verhältnis seiner Philosophie zur christlichen Religion (und somit zum Staat) – gerichtete, überwiegend anonyme Schriften. Als Verfasser der ersten Schrift nennt Erdmann (1896, § 332,1, Bd. 2.642) einen »Hülsemann«, von dem jedoch nicht viel mehr bekannt ist, als daß er noch ein weiteres Mal gegen Hegel geschrieben und dabei sein Incognito geringfügig gelüftet hat. Die Vorrede zu dieser späteren Schrift *Ueber die Wissen-*

schaft der Idee (1831) bildet insgesamt eine Duplik auf Hegels Rezension; hier bezeichnet sich der Verfasser als einen 32 Jahre alten Protestanten, der nie mit einem Hegelianer oder gar mit Hegel in Berührung gekommen sei und dessen Philosophie nur durch Lektüre kennengelernt habe; etwas später heißt es, er sei »ehemaliger preußischer, jetzt als invalid verabschiedeter Offizier«.

(2) Hingegen hat Hegel mit dem einen der beiden Verfasser der zweiten Schrift, Karl Ernst Schubarth, zuvor sogar in enger und freundlicher, durch Goethes Fürsprache vermittelter Verbindung gestanden. Goethes Sympathie für Schubarth beruht auf dessen Interesse für Goethes Farbenlehre (Br 2.485); im Winter 1821/22 gehört Schubarth dem Kreis um Hegel, Schultz und v. Henning an, der in Berlin Versuche zur Farbenlehre durchführt und aus dem auch Hegels Abhandlungen zur Optik hervorgegangen sind (s. Kap. II.8.5). Später, am 9.5.27, wendet Goethe sich wegen einer Anstellung Schubarths in preußischen Diensten an Hegel; dieser ersucht am 18.6.27 Altenstein um eine Audienz »zur Vorlegung einer gehorsamsten Bitte« – wahrscheinlich Schubarth betreffend. Am 29.6.27 antwortet Hegel Goethe und gibt Rat, was zur Erhöhung der Erfolgsaussichten auf eine Anstellung Schubarths in Preußen zu berücksichtigen sei: Eine nur »persönliche Verwendung« reiche nicht aus, denn der König dränge darauf, »daß sich die Befähigung des Empfohlenen auf reglementsmäßigem Wege konstatiere«. Goethe gibt daraufhin am 9.7.27 Schubarth sehr detaillierte Hinweise – die man fast die Vorformulierung eines Briefes nennen könnte –, wie er sein Gesuch an den Minister Altenstein abzufassen habe (WA IV/42.250–253). Am 17.8.27 dankt Goethe Hegel für den Anteil, den er an Schubarths Schicksal nehme, und hier nennt er Schubarth einen »vorzüglichen, obgleich durch gewisse Eigenheiten verkürzten Mann«. Etwa um diese Zeit arbeitet Schubarth aber wohl schon an seinem Pamphlet gegen Hegel, denn bereits am 16.1.29 übersendet er sein Buch an Goethe – in der Hoffnung auf dessen Zustimmung (vgl. Hoffmeisters ausführliche Darstellung dieser Vorgänge in Br 3.407–410). Goethe scheint es umgehend gelesen zu haben, denn bereits am 27.1.29 trägt er in sein Tagebuch ein: »Mittags Dr. Eckermann. Bei Gelegenheit von Schubarths Anti-Hegel über diese wichtige Angelegenheit das Entscheidende durchgesprochen.« (HBZ 391; vgl. 397 sowie Daub an Hegel, 15.4.29)

Eigentümlicher Weise ist Goethes Urteil über Schubarth durch dessen »Anti-Hegel« nicht wesentlich getrübt worden. Eckermann berichtet über ein

Gespräch mit Goethe vom 4.2.29: »Ich habe im Schubarth zu lesen fortgefahren, sagte Goethe; er ist freilich ein bedeutender Mensch, und er sagt sogar manches sehr Vorzügliche, wenn man es sich in seine eigene Sprache übersetzt. Die Hauptrichtung seines Buches geht darauf hinaus, daß es einen Standpunkt außerhalb der Philosophie gebe, nämlich den des gesunden Menschenverstandes; und daß Kunst und Wissenschaft, unabhängig von der Philosophie, mittels freier Wirkung natürlicher menschlicher Kräfte, immer am besten gediehen sei. Dies ist durchaus Wasser auf unsere Mühle. Von der Philosophie habe ich mich selbst immer frei erhalten; der Standpunkt des gesunden Menschenverstandes war auch der meinige, und Schubarth bestätiget also, was ich mein ganzes Leben selber gesagt und getan habe. / Das einzige, was ich an ihm nicht durchaus loben kann, ist, daß er gewisse Dinge besser weiß als er sie sagt, und daß er also nicht immer ganz ehrlich zu Werke geht. So wie Hegel zieht auch er die christliche Religion in die Philosophie herein, die doch nichts darin zu tun hat. Die christliche Religion ist ein mächtiges Wesen für sich, woran die gesunkene und leidende Menschheit von Zeit zu Zeit sich immer wieder emporgearbeitet hat; und indem man ihr diese Wirkung zugesteht, ist sie über aller Philosophie erhaben und bedarf von ihr keiner Stütze. So auch bedarf der Philosoph nicht das Ansehen der Religion, um gewisse Lehren zu beweisen, wie z. B. die einer ewigen Fortdauer.«

(3) In seinen *Repliken* geht Hegel – neben den allgemeinen Klagen über das Unverständnis seiner Gegner – sehr, ja allzu detailliert auf die gegen ihn erhobenen Vorwürfe ein. Von der ersten Schrift sagt er zwar: »Es ist unmöglich ihr in die Einzelheiten nachzugehen; beinahe jede Zeile enthielte eine Aufforderung zu einer Correctur; es ist nichts anders thunlich, als zu versuchen ihre Manier in eine Charakterisirung zusammen zu fassen, und dann Details als Beleg hinzuzufügen.« Doch eine solche Charakteristik, wie sie Hegel bei Solger und Hamann gelingt, läßt sich nicht von den Pamphleten geben, deren Angriffe er hier abwehren will. Sie ergehen sich in »verworrenen Versuchen von Deductionen« und »pomphaften Declamationen voll vortrefflicher Gesinnungen und hoher Anforderungen; von den Anstrengungen wird behaglich in gemüthlichen, salbungsvollern Ergießungen ausgeruht.« (GW 16.218) Zu Beginn des »Zweiten Artikels« »sehnt und bestrebt« Hegel sich zwar, »aus diesem unergründlichen Pfuhle einen Ausgang zu gewinnen« – doch gelingt ihm dies den ganzen Artikel über nicht. Er diagnostiziert wiederum »eine kunterbunte Vermischung abstracter Formeln, trivialer psychologischer Popularitäten, unterbrochen durch salbungsreiche Tiraden vortrefflicher Gesinnungen« – hier insbesondere bezogen auf Hegels *Logik* –, aber er läßt sich wiederum darauf ein, sie im Detail zu widerlegen. Gelegentlich kann er zeigen, daß der anonyme Gegner bei der Ausarbeitung seiner Polemik gegen die spekulative Philosophie von dieser »angesteckt« sei – und er wertet dies als Beleg für die Wirksamkeit des Satzes, den Jacobi als Motto seinem *Allwill* (1792) voranstellt: »La verité en la repoussant, on l'embrasse« (GW 16.248). Die zweite, 1831 erschienene Anklageschrift des Anonymus – diesmal nicht mehr auf Pantheismus, sondern auf Atheismus – hätte ihn jedoch an der Wahrheit dieses Mottos verzweifeln lassen, wenn er sie noch gelesen hätte.

(4) Auf die zweite Schrift – von Schubarth und Carganico (über den nichts weiter bekannt ist) – geht Hegel im dritten Artikel ein. Sie beginnt weit prätentiöser als die erste – zumal die Verfasser »in ihren Gesichtskreis d a s G e b i e t d e r g a n z e n P h i l o s o p h i e aufnehmen, ja! denselben über das Gebiet der Philosophie hinaus erweitern« wollen. Dabei schmückt sie sich, so oft es nur geht, mit Goethe-Zitaten – was den beabsichtigten Effekt in Weimar nicht verfehlt, Hegel jedoch nicht sonderlich beeindruckt; er wertet sie lediglich als eine »schülerhafte« (GW 16.262) Verballhornung Goethescher Einsichten. Den zweiten Teil dieser Schrift – der sich selbst als Abriß der *Enzyklopädie* (1827) versteht – übergeht Hegel fast vollständig, und auch den dritten, eine »Kritik des Hegel'schen Systems«, fertigt er vergleichsweise kurz ab – wobei er Schubarth mehrfach eklatante Ungereimtheiten seiner früheren *Ideen über Homer und sein Zeitalter* (1821) entgegenhält (GW 16.251–272).

Doch weist er die beiden Angriffe zurück, die damals die bürgerliche Existenz bedrohen konnten: Schubarths, mit »behaglicher Gehässigkeit« wiederholten Hinweis auf die Diskrepanz zwischen Hegels Neigung zum Constitutionalismus und seiner Stellung als Beamter in einem Staate, »welcher n i c h t im e i g e n t l i c h e n und e n t w i c k e l t e r n Sinn c o n s t i t u t i o n e l l genannt werden kann«, und seinen Angriff auf Hegels »Lehre von der Unsterblichkeit«. Und dies mit gutem Grund: »Diese Lehre ist außer den politischen Insinuationen diejenige, die am häufigsten gebraucht zu werden pflegte, auf eine Philosophie Gehässigkeit zu werfen.« Allerdings sind die Verdächtigungen gegen eine heterodoxe Auffassung von Unsterblichkeit selten so plump vorgetragen wie hier, wo sie in Schubarths Frage gipfeln, ob Hegel meine, »bei lebendigem Leibe gen Himmel gefahren zu seyn« (GW 16.272–274). – Nach Hegels und Goethes Tod, unter den verschärften Bedingungen der Restauration, hat Schubarth seine politischen Insinuationen in gesteigerter Form wiederholt und durch die Behauptung der »Unvereinbarkeit der Hegel'schen Staatslehre mit dem obersten Lebens- und Entwickelungsprinzip des Preußischen Staats« die Hegel-Schule politisch zu vernichten gesucht (s. Kap. III.2.5).

(5) Im Frühherbst des Jahres 1829, also kurz nach Erscheinen seines »Zweiten Artikels«, gibt Hegel sich noch der Hoffnung auf einen gewissen Erfolg seiner Repliken hin. Über die gegen ihn gerichteten Angriffe schreibt er am 27.9. an Daub: »Beschränkt man sich auf das etwa nicht Abweisbare, eine dergleichen Schrift flüchtig zu durchlaufen, so kommt man mit dem allgemeinen Verdrusse ab. Aber eine Kritik bringt es mit sich, alle Einzelheiten des üblen Willens und der Unfähigkeit des Denkens durchzugenießen. Ganz verloren beim Publikum mag jedoch die kritische Arbeit, so sauer sie ist, nicht sein, so groß sich dasselbe durch solche Schriften den leeren Kopf oft machen läßt und durch Stillschweigen in dem günstigen Eindruck bestätigt wird, so gibt es denselben auch wieder ebenso leicht auf und will nichts davon gehalten haben, wenn man ihrer Blöße stark entgegentritt. Es ist in der Tat in diesen Schriften vieles zu niederträchtig.« In gesteigertem Maß trifft diese Charakterisierung auf die Schriften zu, mit denen die Verfasser der von Hegel rezensierten Schriften ihre Angriffe wiederholen und verstärken.

(6) Die drei weiteren zur Besprechung angekündigten Schriften hat Hegel jedoch nicht mehr rezensiert. Bedauerlich ist dies im Blick auf die Schrift Christian Hermann Weißes – denn sie ist unter den genannten die einzige, mit der eine philosophische Auseinandersetzung möglich gewesen wäre. Die kleine Schrift *Über Sein, Nichts und Werden*, teilt er am 27.9.29 Daub mit, habe ihm sein »Kollege und Freund Schmalz, selbst zugeschickt« (wobei man das Wort »Freund« ironisch zu verstehen hat), und als Verfasser der *Briefe gegen die Hegelsche Enzyklopädie* wird ihm Schleiermacher genannt – eine Vermutung, die sicherlich nicht zutrifft, die aber auch Carl Daub teilt (11.10.29).

Daß Hegel seinen Rezensionsplan nicht ausführt, mag zum Teil dadurch veranlaßt sein, daß er im Oktober dieses Jahres das Rektorat antritt – ein Umstand, der ihn auch verhindert, andere Rezensionen zu übernehmen. Am 23.2.30 schreibt Varnhagen an

Goethe, Hegel sei »mit Geschäften überhäuft; ein schönes Vorhaben von ihm, die Seherin von Prevorst, welches Buch hier wie in München und andern Orten den Gläubigen eine Heilsnahrung, den Vornehmen eine scharfduftende Leckerei geworden, für die Jahrbücher zu rezensieren, scheint in den zeitraubenden Pflichten und Ehren seines Rektorats untergegangen; sonst wäre zu erwarten gewesen, daß er tüchtig eingegriffen und manches von seinem Ort Gerückte gründlich dahin zurückgestellt hätte« (HBZ 410) – fraglos im Einklang mit seiner Bemerkung in der Vorrede zur *Enzyklopädie* (1830): Viele, die sich »im ausschließlichen Besitz der Christlichkeit« wähnen, wie auch »die Gläubigen an die Seherin von Prevorst, thun sich etwas darauf zu gut, mit Gesindel von Gespenstern in gutem Vernehmen zu stehen und Ehrfurcht vor demselben zu haben, statt diese Lügen eines widerchristlichen knechtischen Aberglaubens zu verjagen und zu verbannen.« (GW 20.28 f.)

Doch bespricht Hegel später auch noch die Schriften von Ohlert und Görres, so daß die Überhäufung mit Amtsgeschäften keine ausreichende Erklärung für den Abbruch der Sammelrezension bietet. Einen anderen, wohl tieferen Grund teilt K. F. Zelter am 10.11.29 Goethe mit: »Vorige Woche gestand mir Hegel (der mich für sein Blatt werben will), es tue ihm leid, sich mit seinen Gegnern eingelassen zu haben.« (HBZ 406) Bereits in der *Solger-Rezension* formuliert Hegel ja seine – dann aber nicht befolgte – Einsicht mit den folgenden Worten: »man ist überhaupt der Erklärung der Philosophen müde geworden, daß man sie mißverstanden habe« (GW 16.107).

Erstdruck: Jahrbücher für wissenschaftliche Kritik, 1829. Bd. 2.77–80,97–109,293–308,313–318,936–960 (Nrr 10–11,13–14,37–40,117–120. – **Text:** GW 16.216–274; BSchr 354–428. – **Rezensiert:** Anonym (Hülsemann?): Ueber die Hegelsche Lehre oder: absolutes Wissen und moderner Pantheismus. Leipzig 1829; Karl Ernst Schubarth / K. A. Carganico: Ueber Philosophie überhaupt, und Hegel's Encyclopädie der philosophischen Wissenschaften insbesondere. Ein Beitrag zur Beurtheilung der letztern. Berlin 1829. – **Zu rezensieren beabsichtigt:** C. H. Weiße: Ueber den gegenwärtigen Standpunct der philosophischen Wissenschaft. In besonderer Beziehung auf das System Hegels. Leipzig 1829; Anonym: Briefe gegen die Hegel'sche Encyklopädie der philosophischen Wissenschaften. Erstes Heft, vom Standpuncte der Encyklopädie und der Philosophie. Berlin 1829; [Theodor Anton Heinrich Schmalz:] Ueber Seyn, Nichts und Werden. Einige Zweifel an der Lehre des Hrn. Prof. Hegel. Berlin, Posen, Bromberg 1829. – **Literatur:** Schubarth: Erklärung in Betreff der Recension des Hrn. Professor Hegel in den letzten Nummern der Jahrbücher für wissenschaftliche Kritik vom vorigen Jahre. Berlin 1830; Anonym (Hülsemann?): Ueber die Wissenschaft der Idee.

Erste Abtheilung. Die neueste Identitätsphilosophie und Atheismus oder über immanente Polemik. Breslau 1831, V.XXXV; Schubarth: »Persönliches in biographischen Notizen«. In Schubarth: Gesammelte Schriften philosophischen, ästhetischen, historischen, biographischen Inhalts. Hirschberg 1835, 235–267; Schubarth: Ueber die Unvereinbarkeit der Hegel'schen Staatslehre mit dem obersten Lebens- und Entwickelungsprinzip des Preußischen Staats. Breslau 1839 (ND in Riedel: Materialien, Bd. 1.249–266); Johann Eduard Erdmann: Grundriß der Geschichte der Philosophie. ⁴1896, § 332,1, Bd. 2.642; Johann Peter Eckermann: Gespräche mit Goethe in den letzten Jahren seines Lebens. Hg. von H. H. Houben, Wiesbaden 1957, 235.

8.7.7 Ohlert-Rezension

(1) Unter Hegels Rezensionen nimmt die Besprechung der Schrift Ohlerts über den »Idealrealismus« – genauer gesagt: des allein erschienenen ersten Teils dieser Schrift, unter dem besonderen Titel »Der Idealrealismus als Metaphysik« – eine Sonderstellung ein: Sie dient weder dem Angriff noch der Verteidigung noch einer umfassenden »Charakteristik«, wie die *Solger-* und die *Hamann-Rezension.* Zwar hat Ohlert seine Arbeit am 4.12.30 Hegel übersandt, und er nimmt in ihr auch Bezug auf Hegel. Im Blick auf Hegels Begriff des Absoluten in der *Differenz-Schrift* spricht er sogar von dem »genialen Hegel« (Ohlert 1830, 57) – doch ist dies sicherlich kein zureichender Grund für Hegels Besprechung in den *Jahrbüchern.*

(2) Über Albert Leopold Julius Ohlert ist wenig bekannt. Bei Erscheinen seines *Idealrealismus* ist er bereits durch eine Abhandlung der Geschichte des Ich-Begriffs vor Fichte und in der Fichteschen Philosophie (1823) sowie durch eine kurzgefaßte Logik (1825) hervorgetreten. Karl Rosenkranz bezeichnet ihn als Ostpreußen, Ohlert selber sich als Westpreußen, und zwar auf dem Titelblatt seiner Dissertation, die Rosenkranz wohl nicht eingesehen hat; er nennt ihn einen »Schüler Herbarts«, wohl auch in dem Bemühen, Hegels Rezension zu einer Auseinandersetzung mit Herbarts Metaphysik zu stilisieren (R 405). Vermutlich deshalb erklärt Hermann Glockner Ohlert schlicht zum »Herbartianer« (*Jubiläumsausgabe* Bd. 20.XV). Doch ist weder in Ohlerts Buch noch in Hegels Besprechung von Herbart die Rede, und in seiner *Religionsphilosophie* bezeichnet Ohlert Herbarts System als die kühnste, konsequenteste und scharfsinnigste Durchführung des Realismus – aber somit als einen einseitigen Ansatz, den er durch seinen »Idealrealismus« vielmehr ebenso zu überbieten trachtet wie den einseitigen Idealismus.

(3) Eine Antwort Hegels auf Ohlerts Schreiben ist nicht bekannt. In der Rezension beurteilt Hegel ihn

»als einen geübten und scharfsinnigen Denker, der – ein Haupterforderniß des Philosophirens – die Geduld hat, sich mit abstracten Gedanken zu beschäftigen«; Ohlerts viertes »Buch« beruhe »ganz auf speculativer Idee«. Hegels Rezension folgt dem Argumentationsgang Ohlerts durch die vier Kapitel »Der Mensch im Zustande des Philosophirens überhaupt«, »Der reine Idealismus«, »Der reine Realismus« und »Der reine Idealrealismus«, doch er nimmt die systematische Quintessenz Ohlerts bereits am Beginn der Rezension vorweg: Nach dem Anfangskapitel über allgemeine Widersprüche, Zweifel und Fragen »werden die zwei entgegengesetzten, einseitigen Wege dieser Lösung, der reine Idealismus und der reine Realismus auseinandergesetzt und kritisirt, und zuletzt der reine Idealrealismus als das Versöhnende beider und als das die Forderungen, die man an die Philosophie zu machen berechtigt sei, befriedigende System dargestellt.« (GW 16.275 f.)

Diese Absicht der Überwindung des »reinen« Idealismus und Realismus durchzieht ohnehin Hegels Philosophie seit dem Beginn ihrer systematischen Ausarbeitung (s. Kap. II.4.6.5) – auch wenn er sie selber nie in dieser etwas schematischen Weise ausgesprochen und durchgeführt hat. In dieser Konvergenz mag der Grund für Hegels Rezension liegen. So stimmt er Ohlert im wesentlichen zu; er ist »mit dem zu Grunde liegenden Gehalte ganz wohl einverstanden« und verweist den Verfasser nur vergleichsweise zurückhaltend auf gelegentliche Unschärfen in der Formulierung oder Mißgriffe in der Darstellung der behandelten Positionen.

Allerdings wendet Hegel – suaviter in modo, fortiter in re – schließlich ein, in Ohlerts Exposition des vierten Kapitels, vor allem wegen des von ihm bevorzugten Ausdrucks »Schauen«, müsse »jeder Leser wesentlich den B e w e i s vermissen, daß die Idee, wie sie als jene Einheit bestimmt worden ist, in der That absolut, das Wahre ist.« Es genüge nicht, die Einseitigkeit von Idealismus und Realismus aufzuweisen; vielmehr sei es erforderlich, das Geistige und das Sinnliche »an ihnen selbst zu betrachten und in ihnen zu erkennen, daß sie, wie sie bestimmt gegeneinander sein sollen, vielmehr dieß sind, in ihr Gegentheil sich aufheben, somit die Identität eines jeden mit seinem Andern aus ihnen selbst sich ableitend zu wissen, – was die wahrhafte Dialektik und allein die von der Philosophie zu leistende Beweisführung ist.« (GW 16.287–289)

(4) Eine briefliche Reaktion Ohlerts auf die Rezension ist nicht bekannt – vielleicht wegen des unerwarteten Todes Hegels. Doch geht Ohlert im Vor-

wort zu seiner *Religionsphilosophie* (XII) auf Beurteilungen seines *Idealrealismus* ein: »Außer der ausführlichen Inhaltsanzeige in B e c k s a l l g e m e i n e m R e p e r t o r i u m ([...]) ist mir zuerst die Rezension des verewigten H e g e l in dem Junihefte der wissenschaftlichen Jahrbücher für 1831 zu Gesichte gekommen, welche mir nicht nur als eine der letzten literarischen Arbeiten des verehrungswürdigen Mannes interessant gewesen ist, sondern gründlich und eindringend, wie alle Aufsätze Hegels, mich auch auf vielfache Weise belehrt hat. Dank dem verehrten und hochverdienten Philosophen noch im Grabe dafür.«

Hieran schließt sich eine ausführliche Auseinandersetzung mit Immanuel Hermann Fichte. Dies ist nicht eine bloße Geste aus der Distanz zu Hegels Philosophie; im Verlauf seiner weiteren Ausführungen erklärt Ohlert sich ferner für ein Verhältnis von Philosophie und Christentum, wie es in der neueren deutschen Philosophie von Kant vorbereitet und von Schelling – gemeint ist der frühe Schelling – und Hegel auf je eigentümliche Weise verkündet worden sei: »aus beiden strahlt der Hauptgedanke hervor, daß die Vernunft, wie sie sich im Menschen ausspricht, mit der göttlichen, die in der christlichen Offenbarung redet, übereinstimmen müsse, wolle anders nicht das Relative dem Absoluten entgegen sein. [...] So bemüht sich die Wissenschaft der Vernunft, oder die wahre Philosophie, in unsern Tagen immer mehr, mit den Wahrheiten, die die unmittelbare Offenbarung verkündigt, die genaueste Verbrüderung zu schließen, und es wird hoffentlich die unselige Spaltung zwischen P h i l o s o p h i e und c h r i s t l i c h e r R e l i g i o n, oder meinetwegen T h e o l o g i e, welche früher stattfand, soviel an der Philosophie ist, nicht mehr vorkommen« (ebd. 192).

Erstdruck: Jahrbücher für wissenschaftliche Kritik, 1831. Bd. 1.848–864 (Nrr 106–108). – **Text:** GW 16.275–289; BSchr 490–508. – **Rezensiert:** Albert Leopold Julius Ohlert: Der Idealrealismus. Erster Theil. Der Idealrealismus als Metaphysik. In die Stelle des Idealismus und Realismus gesetzt. Neustadt a. d. Orla 1830. – **Literatur:** Ohlert: De notione τοῦ ego dissertatio [...]. Königsberg 1823; Ohlert: Grundriß der allgemeinen reinen Logik zum Gebrauche für seine Vorlesungen. Königsberg 1825; Ohlert: Religionsphilosophie in ihrer Übereinstimmung mit Vernunft, Geschichte und Offenbarung. Leipzig 1835.

8.7.8 Görres-Rezension

(1) Hegels letzte Rezension, von Görres' Münchener Vorträgen über die Weltgeschichte, steht an Schärfe den kurz zuvor geschriebenen *Repliken* nicht nach – obgleich er sich hier nicht eines Angriffs erwehren

muß, sondern selbst zum Angriff übergeht. Schon die früheren Erwähnungen von Görres in den an Hegel gerichteten Briefen lassen ein zumindest sehr distanziertes Verhältnis vermuten. Bereits Ende Januar 1807 fordert Franz Joseph Schelver, ein aus Jena nach Heidelberg übergesiedelter Kollege, Hegel auf, »sich ganz unumwunden über die philosophischen Manieren der Görres- und Windischmann'schen Produkte beispielsweise zu erklären«. Dies läßt vermuten, daß Hegel bereits in der frühen Jenaer Zeit Görres' mythologische Schriften zur Kenntnis genommen habe. Ein Wissen beider von einander bestätigt auch ein Brief Clemens Brentanos von Anfang 1810 an Görres; Brentano schreibt, er habe »den ehrlichen hölzernen Hegel« in Nürnberg besucht: »er las Heldenbuch und Nibelungen und übersetzte sie sich unter dem Lesen, um sie genießen zu können, ins Griechische.« (HBZ 103) In Nürnberg könnte Hegel sich durch seinen Kollegen am Realinstitut, Johann Arnold Kanne, noch näher mit Görres' »Manieren« vertraut gemacht haben, und auch sein Heidelberger Freund Creuzer steht in enger Verbindung mit Görres. In der Berliner Zeit erwirbt Hegel das von Görres herausgegebene *Heldenbuch von Iran*, das er auch für seine religionsphilosophischen Vorlesungen heranzieht (V 4.655,726,781,803).

(2) Hegels Rezension weist aber auch einige Berührungspunkte mit seiner *Solger-Rezension* auf. Denn auch im Blick auf die Bearbeitung der Mythologie weiß er sich mit Solger einig. Solger etwa schreibt im Rahmen der Auseinandersetzung mit seinem Freund von der Hagen an diesen, er sei »nach und nach zur festesten und klarsten Überzeugung gekommen [...], daß die Art und Weise, wie schon Creuzer, noch mehr aber Görres, Kanne und ähnliche die Geschichte der Religionen und die damit zusammenhängende Weltgeschichte behandeln, auf der absoluten Unfähigkeit beruht, die wahre Natur dieser Dinge zu begreifen« (Solger 1826, I.745); auf den folgenden Seiten begründet er sein scharfes Urteil.

Mehr noch als für Solger stellt sich für Hegel aber das Problem des Verhältnisses von Vernunft und Geschichte. Es stellt sich aber gerade nicht in der Weise, daß beide unvereinbar seien und der Philosophie die ungeschichtliche Vernunft, der mythologischen Forschung hingegen die Geschichte zufalle. Gegen die Okkupation des Geschichtsbegriffs – oder eigentlich nur des Wortes »Geschichte« – durch die mythologische Schule macht Hegel sehr scharf geltend, daß diese das Wort »Geschichte« zwar ständig im Munde führe, ihr ungeschichtlich schematisierendes und sich mit biblischen Einsprengseln dekorierendes Verfahren aber jeden Gedanken an Geschichte ad absurdum führe und der Phantasie freien Lauf lasse.

Dies bezeichnet die methodologische Grunddifferenz: Es scheine Görres »völlig unbekannt, für ihn überhaupt nicht vorhanden zu sein, daß die Einsicht in die Nothwendigkeit allein durch das Denken und Begreifen bewirkt, wie die Beglaubigung des Geschichtlichen nur auf historische Zeugnisse und deren kritische Würdigung gegründet werden kann, und daß solche Erkenntniß allein Wissenschaftlichkeit genannt wird.« Wer von »Geschichte«, gar von »Weltgeschichte« redet, muß sich deshalb »auf historische Zeugnisse und deren kritische Würdigung« stützen – und nicht auf mythologische oder sonstige religiöse Phantasie – mag sie sich auch in einer »lebhaften, warmen Bildersprache« aussprechen (GW 16.291). Hegels Streit mit Görres ist ein Streit um den Geschichtsbegriff – und er hätte ihn ebenso mit Schelling ausfechten können, wenn er von dessen Spätphilosophie in den ersten Münchener Vorlesungen Nachrichten gehabt hätte.

(3) Mit dieser Kritik am Geschichtsbegriff der mythologischen Schule sucht Hegel einem bereits damals verbreiteten Vorurteil entgegenzuwirken, das auch noch die späteren Auseinandersetzungen um seine Philosophie verzerrt und belastet. Es zeigt sich kurz vor Veröffentlichung seiner Rezension auch bei Görres selber. Am 15.5.31 schreibt Ernst v. Lasaulx, der auch Schelling in München gehört und seine Vorlesungen nachgeschrieben hat, an Görres: »So las ich die neue Ausgabe der Enzyklopädie, einige polemische Broschüren dagegen und Hegels Kritik derselben ... Eine größere Kraft im Festhalten des reinen Gedankens und ihn zwingen, alle immanenten Begriffsmomente zu explizieren habe ich nirgends gefunden, aber diese Dialektik des Begriffs ist wie ein trockenes Feuer der Intelligenz, das alles feuchte Leben der Natur aussaugt und statt des grünen Lebens ein gespenstisches Schema hinstellt. Der frische lebenswarme Frühlingshauch, der überall in der Schellingschen Naturphilosophie wehet, ist durch eine Wissenschaft der Logik ersetzt, die am Ende des Systems die Bedeutung der spekulativen Theologie erfüllt.« (HBZ 429) Görres bestätigt am 27.5.31 diesen Eindruck und verallgemeinert ihn: »Dein Urteil über Hegel scheint mir großenteils wahr, doch ist die Dürre, die Du ihm vorwirfst, auch noch in höherem Grade bei allen mathematischen Untersuchungen, und nicht zu trennen von jeder mit wissenschaftlicher Schärfe – und die hat er in eminentem Grade – geführten Untersuchung. Er ist eben ein logischer Geo-

meter, nichts mehr und nichts weniger, und baut sich seine Welt aus einigem Zugegebenen, [...] aber von dieser Welt bis zur überreichen wirklichen mit allen ihren Kurven, Kräften und Lebendigkeiten ist noch ein weiter Schritt.« (HBZ 430) Der eigentliche Streitpunkt ist aber nicht, o b hier ein solcher Schritt von der angeblichen »logischen Geometrie« zum »Leben der Natur« zu machen sei, sondern w i e er zu machen sei: durch Görres' Amalgamierung eines »Reflexionsformalismus« mit mythologischer Phantasie und christlicher Frömmigkeit – oder eben durch historische Forschung.

(4) Von dieser Rückbindung an historische Forschung weiß Görres' »Weltgeschichte« sich völlig frei: Er entwickelt ein Schema von »historischen Perioden«, die wiederum in einer Anzahl von »Zeiten« abgelaufen seien, deren Signatur jedoch allein darin liegt, daß sie überhaupt keine »historischen Perioden«, sondern mythologische Fiktionen sind, wenn auch im lockeren Anschluß an die ›Urgeschichte‹ des Alten Testaments. In der ersten Periode habe Gott allein gewirkt, in der zweiten sei »die Genesis des B ö - s e n « erfolgt, die dritte reiche vom Sündenfall bis zur Sintflut. Für sie, so Hegel, wisse Görres »vielen Bescheid darüber zu geben, was die H a b e l i t e n und die S e t h i t e n und K a i n i t e n gleichfalls in s e c h s Momenten gethan haben w ü r d e n, w e n n kein Sündenfall eingetreten, und, wieder im entgegengesetzten Fall, der Fluch der Sünde allein geherrscht hätte« (GW 16.305 f.). Und auch die weiteren »historischen Perioden« zeichnen sich durch ihre unendliche Ferne gegenüber aller erforschbaren Geschichte aus.

(5) Die *Görres-Rezension* wirkt somit wie eine verspätete Einlösung der frühen Aufforderung Schelvers an Hegel, sich über Görres' »Manieren« auszusprechen. Daß sie aber erst zu dieser Zeit geschrieben wird, dürfte nicht ohne Zusammenhang mit den veränderten Umständen sein, unter denen Görres' Schrift entstanden ist. Zu dieser Zeit ist Görres nicht mehr bloß der phantastische Mythologe; er ist einer der profiliertesten Vertreter des politischen Katholizismus und als solcher an die neugegründete Universität München berufen – wo er neben Schelling lehrt. Niethammer schreibt im Januar 1828 an Hegel, er sei unter den Hörern der eben begonnenen Münchener Vorlesungen Schellings: »In der Tat sind diese Vorlesungen in mehr denn einer Beziehung zu den merkwürdigen Erscheinungen des Tages zu zählen. Um auch nur einiger Äußerlichkeiten dabei zu gedenken: neben Görres' Bauchrednerei und unter einer Menge schwarzer Talare aus dem Klerikalseminar!«

Gegen diese Verbindung der mythologischen Schule und der Romantik mit dem politischen Katholizismus ist Hegels Angriff – gerade in seinen letzten, von politisch-religiösen Auseinandersetzungen gezeichneten Lebensjahren – gerichtet. Ein weiteres Indiz hierfür bildet auch das Abbrechen seiner Beziehungen zu dem ebenfalls schon von Schelver genannten Windischmann, mit dem er auf seinen Reisen 1822 und 1827 noch freundlichen Kontakt pflegt (s. Kap. I.8.7). Dessen letzter Brief an Hegel datiert vom 1.8.29. Windischmann ist inzwischen Schwiegervater eines zeitweiligen Kollegen Hegels, zu dessen Konversion er maßgeblich beigetragen hat: Karl Ernst Jarckes, des späteren ultramontanen Nachfolgers von Friedrich v. Gentz als Sekretär Metternichs (Lenz 1910, 2/1. 386–388). In der *Görres-Rezension* selbst bleiben diese Zusammenhänge jedoch im Hintergrund, bis auf eine Stelle, an der Hegel auf das damals grassierende Phantasma einer Uroffenbarung eingeht, das Görres »mit Fr. von Schlegel, und andern katholischen Schriftstellern, besonders mit modernen Französischen außer dem Abbé Lamennais, Baron Eckstein, auch Gelehrten, die mit der Congregation zusammenhingen, teilt. Im Interesse der katholischen Religion, um ihr auch der E x i s t e n z n a c h Allgemeinheit und Ursprünglichkeit zu vindiciren,« werde die in den Menschen als Geist, als Ebenbild Gottes, ursprünglich gelegte Vernunft als ein am Beginn der Geschichte stehender Zustand vorgestellt (GW 16.294). Gegen diese Vorstellung von der Uroffenbarung polemisiert Hegel seit seinen späteren Jenaer Jahren und insbesondere in seinen Berliner Vorlesungen: Sie verwechsle das Erste im Begriff mit dem Ersten in der Geschichte (V 4.146,170–172 mit Anm.). In seinem letzten Lebensjahr drängt sich ihm jedoch die Verbindung dieser romantischen Vorstellung mit den Kreisen der katholischen Restauration in Frankreich auf, wie er sie etwa im Journal *Le Catholique* findet (GW 18.187–189).

Ein späterer Herausgeber von Görres' Schrift, M. A. Strodl, hat im Gegenzug Hegels Kritik sowohl an ihren mythologischen als auch an ihren theologisch-politischen Aspekten zurückgewiesen. Im Blick auf den Wissenschaftsanspruch von Hegels Kritik wirft er ihm vor, daß seine Philosophie der Geschichte von historischen Unrichtigkeiten strotze, und im Blick auf die politischen Aspekte erinnert er an Hegels Parteinahme für Preußen.

Erschienen ist die *Görres-Rezension* im September 1831. Sie ist damit der letzte Text, dessen Erscheinen Hegel noch erlebt hat. Ähnlich wie in den *Repliken* kündigen sich auch in ihr die Auseinandersetzungen an, die in den 1830er und 1840er Jahren um seine Philosophie geführt worden sind und zum Verlust ihrer Geltung in religiös gestimmten Kreisen entscheidend beigetragen haben.

Erstdruck: Jahrbücher für wissenschaftliche Kritik. 1831. Bd. 2.438–463 (Nrr 55–58). – *Text:* GW 16.290–310; BSchr 509–535. – **Rezensiert:** J[oseph] Görres: Ueber die Grundlage, Gliederung und Zeitenfolge der Weltgeschichte. Drei Vorträge, gehalten an der Ludwig-Maximilians-Universität in München. Breslau 1830. – **Literatur:** Görres: Das Heldenbuch von Iran aus dem Schah Nameh des Firdussi. 2 Bde. Berlin 1820; Solger: Nachgelassene Schriften und Briefwechsel. 2 Bde. Leipzig 1826; Görres: Ueber Grundlage, Gliederung und Zeitenfolge der Weltgeschichte. […] In zweiter Auflage mit einem Vor- und Nachwort hg. von M. A. Strodl, München 1880, 123,152 f.; Jaeschke: »Unsere heutigen Mythologen«, oder: Über die Unbequemlichkeit des Denkens. In: Anne Baillot/Mildred Galland-Szymkowiak (Hg.): Grundzüge der Philosophie Solgers. Münster 2014, 207–223.

8.8 Rede zur dritten Säkularfeier der Augsburgischen Konfession

(1) Hegels letztes Lebensjahr zeigt ihn äußerlich auf dem Höhepunkt seines Wirkens: Für das akademische Jahr 1829/30 wird er zum Rektor der Berliner Universität gewählt. Am 16.10.29 ersucht er in dieser neuen Funktion um eine Audienz beim Minister v. Altenstein; am 18.10. tritt er sein neues Amt an (HBZ 404; hiernach wäre das Datum der 19.10.) – mit einer lateinischen Rede (W XVII.311–317). Diese Stellung dürfte auch der Grund dafür sein, daß Hegel, wie er zu Beginn seiner Rede zur Feier der *Confessio Augustana* sagt, vom Senat der Universität aufgefordert worden sei, anläßlich der dritten Säkularfeier ihrer Übergabe die Festrede zu halten – und er mag sich bei dieser Gelegenheit an den ersten Eintrag in seinem Tagebuch – vom 26.6.85 – erinnert haben: »In der Morgenkirch predigte Herr Stiffts-prediger Rieger, er verlaß die Augspurgische Confession, und zwar zuerst den Eingang in dieselbe; dann wurde gepredigt. Wenn ich auch sonst nichts behalten hätte, so wäre doch meine Historische Kenntniß vermert worden. Ich lernte nemlich, daß den 25 J u n i 1530 die Augspurgische Confession überreicht wurde, daß Anno 1535 den 2ten Februar Wirtemberg reformirt wurde, und daß Anno 1599 durch den Prager Vertrag die evangelische Religion bestätigt wurde; den Namen Protestanten erhielten sie von der Protestation gegen den harten Reichsschluß zu Speier Anno 1529. Noch fällt mir ein daß Luther Anno 1546 den 18 Februar starb, und daß der Churfürst von Sachsen

Johann der Weise, Anno 1547 den 24 April todal geschlagen, und gefangen wurde.« (GW 1.3).

(2) Zu dieser Feier lädt Hegel auch den Minister v. Altenstein persönlich ein (Hegel an v. Altenstein, 21.6.30) – nur wenige Tage vor Ausbruch der Juli-Revolution in Frankreich. Drei Tage vor der Feier, am 22.6.30, dankt Hegel seinem Schüler und Freund Friedrich Förster für eine Sendung »Lacrimae Christi«. Er wertet diesen Wein als Beweis dafür, »daß die Tränen, die der Herr über das katholische Unwesen ausgegossen, nicht salziges Wasser nur gewesen, sondern Flaschen tropfbaren Feuers«, und er äußert die Hoffnung, daß dieses Feuer »dem lateinischen Redewasser, das ich dermalen durchzukneten habe«, aufhelfen werde.

Diese – etwas extravagante – Deutung des Anlasses für die Tränen Christi verrät bereits den Grundton seiner Rede, mit dem Hegel eine konfessionspolitisch delikate Aufgabe meistert. Primär ist die *Confessio Augustana* ja eine lutherische Bekenntnisschrift. Ursprünglich trennt sie Lutheraner und Reformierte, und sie wird erst allmählich – auf Grund einer abgeänderten Fassung – zur Bekenntnisschrift auch der reformierten Konfession. Am Ende eines Jahrzehnts, das kirchenpolitisch durch den Versuch einer Überwindung der Differenzen zwischen Lutheranern und Reformierten durch die preußische »Union« der protestantischen Konfessionen geprägt ist, eben deshalb aber auch durch ein erneutes Aufbrechen des Gegensatzes von Seiten der Lutheraner, geht Hegel jedoch – trotz seines sonst prononciert ausgesprochenen Lutherthums (BSchr hg. Hoffmeister, 572–575) – mit keinem Wort auf diese innerprotestantischen Differenzen ein (vgl. R 409 f.). Er nutzt vielmehr diese Gelegenheit, um die *Confessio Augustana* entgegen ihrer historischen Rolle als allgemein protestantische Bekenntnisschrift gegen den Katholizismus zu präsentieren und unter Absehung von den innerprotestantischen Differenzen den Protestantismus als politisches Prinzip zu empfehlen.

(3) Dem Gegensatz zwischen Protestantismus und Katholizismus mißt Hegel nicht stets dieselbe Bedeutung bei wie gegen Ende seiner Berliner Jahre. Noch an ihrem Beginn, in den *Grundlinien der Philosophie des Rechts* und ebenso in den »Vorlesungen über Philosophie der Weltgeschichte« (1822/23, GW 27/1.73 f.), scheint der Konfessionsgegensatz für ihn bedeutungslos geworden zu sein: Im Einklang mit den staatskirchenrechtlichen Regelungen seiner Zeit räumt Hegel dem Staate das Recht ein, »von allen seinen Angehörigen zu fordern, daß sie sich zu einer Kirchen-Gemeinde halten, – übrigens zu irgend einer, denn auf den Inhalt [...] kann sich der Staat nicht einlassen.« (GW 14/1.216) Während damals aber – nach Art. 16 der Deutschen Bundesakte – die Staatsbürgerrechte an die Zugehörigkeit zur katholischen, lutherischen oder reformierten Konfession gebunden sind, zieht Hegel diesen Kreis erheblich weiter: Gerade der starke Staat könne sich anderen religiösen Gemeinschaften gegenüber um so liberaler verhalten. Mit bemerkenswertem Sarkasmus wendet Hegel sich insbesondere gegen den – aus der rechtlichen Privilegierung der drei christlichen Konfessionen folgenden – Ausschluß der Juden: Das gegen die Verleihung von Bürgerrechten an Juden »erhobene Geschrey« übersehe, daß die Juden »zu allererst M e n s c h e n sind und daß diß nicht nur eine flache, abstracte Qualität ist.« (*Grundlinien* § 270 Fußnote, GW 14/1.217)

Die Erfahrung der politischen Lage in den romanischen Ländern der 1820er Jahre, insbesondere im Frankreich der Restauration, und ihres Einflusses auf die deutschen Staaten wie auch auf die »Vereinigten Niederlande« läßt Hegel seine frühere Annahme der politischen Indifferenz konfessioneller Differenzen revidieren. Die Gefahr der »Zertrümmerung aller sittlichen Verhältnisse« sieht er nun nicht mehr in den unbesonnenen Aktionen einzelner, »die den H e r r n s u c h e n, und in ihrer ungebildeten Meynung alles u n m i t t e l b a r zu haben sich versichern« und unter Berufung auf ihr frommes und deshalb unfehlbares und unantastbares Herz sich das Recht selbst zum politischen Mord anmaßen und hierin auch noch von geistlichen Führern bestätigt werden (ebd. § 270 Anm.). Er sieht sie nun durch eine Konfession bedroht, die sich der Sittlichkeit des Staates nicht unterstellt, sondern ihn unter ihre Herrschaft zu bringen sucht – gestützt auf die Behauptung, daß die weltliche Macht nicht unmittelbar von Gott verliehen sei, sondern durch seinen Stellvertreter auf Erden. Deshalb sieht Hegel es nun nicht mehr als gleichgültig an, welche Konfession bestimmenden Einfluß in einem Staat ausübt.

Hierin liegt jedoch nicht etwa die Forderung, den Protestantismus zur Staatsreligion zu erheben – dies wäre der falsche Weg. Der moderne Staat beruht für Hegel gerade insofern auf dem »protestantischen Prinzip«, als er sich als ein säkularer Staat versteht: Das protestantische Element liegt für ihn eben darin, keine konfessionelle Bindung zu fordern. Doch sieht Hegel in seiner Gegenwart Indizien dafür, daß ein solcher säkularer Staat nur dort zu verwirklichen sei, wo die religiöse Konfession dem nicht entgegenarbeitet. Hierfür bedarf es gleichsam eines Bündnisses zwischen Staat, Religion und Philosophie, denn:

»Es ist Ein Begriff der Freiheit in Religion und Staat.«
(V 3.340, s. Kap. II.9.5.8)

(4) Es ist ein eigentümliches Zusammentreffen, daß sowohl die erste schriftliche Äußerung Hegels als auch eine seiner letzten Stellungnahmen der *Confessio Augustana* gilt – und daß sich sogar ein übereinstimmender Aspekt zeigt. Im Berner Fragment *Jedes Volk ...* erinnert Hegel sich gleichsam der Kindheitserfahrung des Verlesens der *Confessio Augustana:* Er spricht von der »in einigen protestantischen Kirchen gewöhnlichen jährlichen Ablesung der Augspurgischen Konfession, die jedem Zuhörer gewöhnlich Langeweile macht, und ausser der kalten Predigt, die darauf folgt, welches ist das Fest, das das Andenken jener Begebenheit feyerte – es scheint als ob die Gewalthaber in Kirche und Staat es gern sähen, daß das Andenken, daß einst unsre Vorältern dieses Recht [sc. in seinen religiösen Meinungen seiner selbst errungenen Überzeugung zu folgen] gefühlt, und tausend Leben an die Behauptung eines solchen Rechts wagen konnten, daß das Andenken hieran in uns schlummre, ja nicht lebendig erhalten werde«. Die Berliner Feier des Jahres 1830 beschränkt sich hingegen nicht auf »Ablesung« und »kalte Predigt«; sie dient der »Er-innerung« (im Hegelschen Sinne) der »Behauptung des Rechts«, von dem der Berner Hegel sagt, daß es zu den wenigen Begebenheiten gehöre, »an denen ein Theil der Nation ein Interesse genommen hat, und zwar ein Interesse, das nicht, wie das an den Kreuzzügen mit der Erkaltung der Einbildungskraft, verdunstete« (GW 1.360). Und das »Fest«, das der junge Hegel hier gegen die Beförderung des Vergessens einklagt, wird 1830 unter anderem durch seinen und Goethes Freund Zelter gestaltet: Zelter schreibt darüber an Goethe, seine 81 Studiosen hätten bei dieser Gelegenheit »eine Musik hören lassen, wie solche jetzt der Papst selber nicht hat«; Tedeum und Lutherischer Choral hätten »das Dach des Universitätsgebäudes aufgehoben und die Umgegend mitklingend gemacht« (HBZ 413).

(5) Ein charakteristischer Zug der späten Festrede Hegels liegt in der Hervorhebung der Rolle, die die »Fürsten der deutschen Staaten und die Bürgermeister der Freien Reichsstädte«, d. h. die nichtkirchlichen und nicht-theologischen Gruppierungen, bei der Behauptung des religiösen Rechts durch die Übergabe der *Confessio Augustana* gespielt haben. Sonst entspricht der Tenor seiner Rede den etwa gleichzeitigen Ausführungen zum Verhältnis von Religion und Staat in den *Vorlesungen über die Philosophie der Religion* (V 3.339–347: »Das Verhältnis der Religion zum Staat«) sowie der umfassenden Anmerkung zu § 552 der *Enzyklopädie:* Wohl ist der Freiheitsbegriff zuerst in der Religion gefaßt worden – aber der Staat ist die Wirklichkeit der Freiheit, und diese wirkliche Freiheit und Sittlichkeit des Staates darf nicht durch unmittelbare Berufung auf ein religiöses Prinzip gefährdet und ausgehöhlt werden, sei es unter pseudoliberaler Berufung auf die Frömmigkeit und Reinheit des eigenen Herzens, sei es unter restaurativer Berufung auf die religiöse Fundierung aller sittlicher Verhältnisse – die dann konsequent im Versuch der Kontrolle über diese religiöse Fundierung enden muß.

(6) Unter diesem Gesichtspunkt der Wirklichkeit der Freiheit wird Hegels – zunächst nur in der lateinischen Fassung veröffentlichte – Rede ein knappes Jahrzehnt später von F. A. Maercker erstmals übersetzt und in die nunmehr äußerst zugespitzten politisch-theologischen Auseinandersetzungen eingeführt. Maercker ist sich der Aktualität dieses Problems wohl bewußt: »Nichts dürfte geeigneter sein, uns auf den wahren Standpunkt der c h r i s t l i c h e n F r e i h e i t, wie wir ihn jener herrlichsten Entwicklungsepoche deutschen Geistes danken, zu stellen, als eine akademische Rede, welche H e g e l bei der dritten Säkularfeier der Übergabe der augsburgischen Konfession im Jahre 1830 in lateinischer Sprache gehalten, und von der am hiesigen Ort eine deutsche Übertragung zu geben, wir inmitten der neuerweckten religiösen und konfessionellen Wirren unserer Zeit für angemessen und erprießlich halten.« (Maercker 1839, 195)

Erstdruck: Oratio in Sacris Saecularibus Tertiis Traditae Confessionis Augustanae ab Universitate Regia Friderica Guilelma Berolinensi die XXV. M. Iunii A. MDCCCXXX. rite peractis habita a Georgio Guilelmo Friderico Hegel, Rectore, Philosophiae Doctore, Professore Publico Ordinario. Berolini et Stettini, A. MDCCCXXX. In Libraria Nicolai. – **Erstübersetzung:** F. A. Maerker: Hegel und die christliche Freiheit. In: Der Freihafen 2 (1839), 192–209. – **Text:** lateinische Fassung: GW 16.311–322; deutsche Übersetzung: BSchr 429–442 bzw. Stefan Strohm, s. unten. – **Literatur:** Jaeschke: Staat aus christlichem Prinzip und christlicher Staat. Zur Ambivalenz der Berufung auf das Christentum in der Rechtsphilosophie Hegels und der Restauration. In: Der Staat 18/3 (1979), 349–374; Stefan Strohm: Freiheit des Christenmenschen im Heiligtum des Gewissens. Die Fundierung des Hegelschen Staatsbegriffs nach seiner »Akademischen Festrede zur dritten Säkularfeier der Confessio Augustana«, gehalten am 25. Juni 1830 in Berlin. In: Blätter für württembergische Kirchengeschichte. Hg. von Gerhard Schäfer und Martin Brecht. Nr. 80/81 (1980/81), 204–278, Edition und Übersetzung: 208–229; Jaeschke: Hegels Begriff des Protestantismus. In: Richard Faber / Gesine Palmer (Hg.): Der Protestantismus – Ideologie, Konfession oder Kultur? Würzburg 2003, 77–91.

8.9 Über die englische Reformbill

8.9.1 Entstehung im geschichtlichen Zusammenhang

(1) Das letzte Jahr seines Lebens hat Hegel öffentliche Anerkennung durch das Rektorat und den Roten Adlerorden gebracht, doch ebensosehr eine weitere Zunahme der Heftigkeit der Angriffe auf seine Philosophie und Person. Vor allem aber ist es durch eine politische Krise von europäischen Ausmaßen belastet (s. Kap. I.8.9). Außenpolitisch ist dieses Jahr geprägt durch die Juli-Revolution in Frankreich, das Zerfallen der »Vereinigten Niederlande«, an deren Schicksal Hegel wegen seines Freundes und Schülers Peter Gabriel van Ghert und wegen seiner zweimaligen Reise (s. Kap. I.8.7) besonderen Anteil nimmt, ferner durch den Aufstand in Polen, aber auch durch die innenpolitische Krise in England (Losurdo 1989, 353–388).

Sicherlich haben diese bedrohlichen Entwicklungen – entgegen Hegels Formulierung (s. Kap. I.8.9) – seine philosophischen Interessen keineswegs völlig verschlungen: Er hat in diesem Jahr neben seiner Lehrtätigkeit die Neubearbeitung des ersten Teils der *Logik* – »Die Lehre vom Seyn« – vollendet, und er hat eine Neubearbeitung der *Phänomenologie des Geistes* und die Ausarbeitung seiner *Vorlesungen über die Beweise vom Dasein Gottes* für den Druck begonnen (GW 21.400–403; 9.472–478; 18.394–400). Gleichwohl hat das politische Interesse auch ihn ereilt – und dies hat seinen Niederschlag in Hegels Abhandlung *Über die englische Reformbill* gefunden.

(2) Ihr erster Teil ist Ende April 1831 anonym in der Preußischen *Allgemeinen Staats-Zeitung* erschienen. Mit dieser Anonymität wird es zusammenhängen, daß jeder Hinweis auf ihre Entstehung fehlt. Hegel hat zwar stets eine Neigung zur politischen Publizistik erkennen lassen. Schon seine erste Veröffentlichung ist eine politische Streitschrift (s. Kap. II.3.2); es folgen die nicht erhaltene Flugschrift über die Württembergische Verfassungskrise von 1798 (s. Kap. II.3.3), die Schrift über die Verfassung Deutschlands aus den Jahren um 1800 (s. Kap. II.4.1) sowie noch 1817 die Rezension der Verhandlungen der Württembergischen Landstände (s. Kap. II.7.1.2). Hegel ist auch stets ein aufmerksamer Beobachter der politischen Lage Englands und Frankreichs gewesen – doch erklärt dies schwerlich die Publikation einer derart detaillierten, weniger philosophischen als verfassungsrechtlichen Abhandlung über die politischen Verhältnisse Englands, und zumal in der *Allgemeinen*

Staats-Zeitung. Ob er seine Abhandlung auf fremde Veranlassung oder aus eigenem Antrieb geschrieben habe, ist jedoch nicht bekannt. Karl Rosenkranz berichtet zwar, angesichts der Diskussion um die Reformbill »ward er [sc. Hegel] von den quälerischsten Vorstellungen erfaßt, die ihn Tag und Nacht beunruhigten.« (R 418) Belege führt der Biograph – der damals weder in Berlin lebt noch gar dem engeren Kreise um Hegel angehört – hierfür jedoch ebensowenig an wie für seinen dramatisierenden Bericht über Hegels Stellung zur Juli-Revolution (s. Kap. I.8.9). Franz Rosenzweig übernimmt Rosenkranz' Bericht, ohne diesen als Quelle zu nennen – und gemäß der Logik der Legendenbildung versetzt er Rosenkranz' bereits problematisches Zeugnis in den Plural: Hegel sei, »nach guten Zeugnissen, von quälendster Unruhe erfaßt« worden (Rosenzweig 1920, Bd. 2.229).

(3) Hegel hat seine Abhandlung in der überraschend kurzen Zeit von knapp vier Wochen niedergeschrieben – von Ende März bis zum Beginn der Veröffentlichung am 26. April 1831. Sie zeigt eine erstaunlich detaillierte, wenn auch nicht völlig fehlerfreie Kenntnis der Verhältnisse Englands und Irlands, die im wesentlichen auf der Lektüre englischer Zeitungen mit Berichten über Parlamentsdebatten sowie auf Parlamentsprotokollen beruht, aber auch auf den ausführlichen Darstellungen der Preußischen *Allgemeinen Staats-Zeitung*, die im allgemeinen englischen Blättern entnommen sind.

(4) Von seiner Abhandlung sind jedoch nur drei Folgen in der *Allgemeinen Staats-Zeitung* erschienen – und sogar in einer durch deren Redaktion nicht allein geglätteten, sondern politisch entschärften Form, wie man aus den Varianten zwischen seinem Manuskript und dem Druck in der Zeitung ersehen kann: Die Redaktion hat an einer Reihe von Formulierungen Anstoß genommen und sie durch abgeschwächte ersetzt oder gar gänzlich gestrichen. Der Abdruck des Endes dieser Abhandlung ist sogar auf Anordnung des Königs unterblieben. Marie Hegel berichtet Niethammer hierüber am 2.12.31, Hegel habe im abgelaufenen Jahr gearbeitet an einem »Aufsatz über die Reform-Bill (der halb abgedruckt in der Staatszeitung auf Königl. Befehl nicht fortgesetzt werden durfte).« In einer Fußnote erläutert sie dieses Verbot: »Seine Majestät hatten an und für sich nichts dagegen, nur die Bedenklichkeit, daß ein Ministerielles Blatt einen Tadel gegen die Engl. Verhältnisse enthielt. – Auf Befehl wurde die Fortsetzung besonders abgedruckt und unter der Hand verteilt und Hegel, der nicht genannt sein wollte, erhielt privatim die größten Elogen dafür.« (HBZ 498)

Die Zuverlässigkeit dieses Berichts läßt sich jetzt durch drei Briefe belegen. Zur Begründung der Einstellung des Abdrucks hat der Geheime Kabinetts-Rat Albrecht dem Redakteur (?) der *Allgemeinen Staats-Zeitung*, Philipsborn, eine Notiz zugesandt, die in Hegels Abschrift vorliegt: »S. Maj. haben den Aufsatz über die Reformbill nicht getadelt, finden ihn aber zur Aufnahme in die Staatszeitung nicht geeignet, und ich muß daher bitten, den mir gefälligst mitgeteilten, hiebei zurückgehenden Schluß desselben zurückzulegen. Potsdam, den 3. Mai 1831. Albrecht.« Philipsborn hat Hegel auf dessen Anfrage hin zu diesem Vorgang mitgeteilt: »Der befohlene Schluß des Aufsatzes erfolgt anbei: wie leicht es übrigens wird, sich Gehör zu verschaffen, wollen Euer Hochwohlgeboren aus der s u b v o t o r e m i s s i o n i s zur v e r t r a u l i c h e n Kenntnisnahme angeschlossenen Antwort des Herrn Geh. Kabinetts-Rats Albrecht gefälligst ersehen. Wäre man nicht ein zu solider Protestant, was könnte man alles werden? – Hochachtungsvoll und ganz ergebenst der Ihrige bin und bleibe ich Philipsborn. 8/5. 31.« Ausführlicher sind wir über die Vorgänge unterrichtet durch einen Brief Hegels an den befreundeten vormaligen Minister Karl Friedrich v. Beyme, der offensichtlich in einem – nicht überlieferten – Brief vom 16.5.31 die »schmeichelhafte Bezeugung der Zufriedenheit« mit der Abhandlung bezeugt und »zu großes Lob« spendet; hierauf könnte sich die Äußerung Marie Hegels über »die größten Elogen« beziehen.

Der mit der *Allgemeinen Staats-Zeitung* vereinbarten Anonymität wegen bekennt Hegel sich sogar v. Beyme gegenüber nicht ausdrücklich zur Verfasserschaft. Doch erläutert er ihm die Gründe für den Abbruch der Publikation des Aufsatzes: »Da die Tendenz desselben, Prinzipien in Anspruch zu nehmen, die unter anderem auch eine konstante Quelle der Verkennung und Verunglimpfung der preußischen Verfassung und Gesetzgebung sind, wie gegen dieselbe auch die Prätention und der zugestandene Ruhm der englischen Freiheit gelten gelassen wird, die Gelegenheit der englischen Reformbill genommen hat, so hat der Gesichtspunkt daraus erwachsen können, daß die englische Staatsverfassung damit angegriffen wurde, was als ungeeignet für die preußische Staatszeitung den Abdruck des Beschlusses des Artikels verhindert habe. Ein besonderer Abdruck, wozu Eurer Exzellenz gnädige Aufmunterung der wichtigste Bestimmungsgrund sein würde, erforderte wohl eine größere Ausführung, wozu es wohl weniger an Stoff als an Zeit gebräche.«

Beyme scheint somit den Anstoß zu einem privaten Abdruck von Hegels Abhandlung gegeben zu haben. Dieser Separatdruck hat sich nicht erhalten, jedoch sehr wahrscheinlich der Veröffentlichung in den *Werken* zu Grunde gelegen. Daß es zu diesem Separatdruck gekommen ist, legt allerdings die Vermutung nahe, daß »die größten Elogen«, von denen Marie Hegel schreibt, nicht allein von Beyme gemacht worden sind.

Rosenzweig hat darüber hinaus wahrscheinlich gemacht, daß die von Hegel nicht antizipierte dramatische Wendung des Konflikts in England – die Auflösung des Parlaments durch den englischen König – den weiteren Abdruck »höchst unpassend« gemacht hätte (Rosenzweig 1920, Bd. 2.235). Seine weiteren Hinweise auf das anhaltende Wohlwollen des preußischen Königs Friedrich Wilhelm III. stützen sich aber ebenfalls nur auf den Brief Marie Hegels; sie haben keinen eigenen Quellenwert.

8.9.2 Analyse der Situation und der Lösungen

(1) Als »Reformbill« wird das Gesetz bezeichnet, das im Jahr 1831 eine neue, gerechtere Aufteilung der Wahlkreise für die Wahlen zum Unterhaus einführen sollte. Die Frühindustrialisierung hatte Bevölkerungswanderungen von abgelegenen ländlichen Gegenden in die Städte ausgelöst, die bei der Zumessung von Wahlkreisen und Mandaten nach dem früheren Stand erheblich benachteiligt waren, während die Eigentümer veröderter Landstriche Abgeordnete ins Unterhaus entsandten. Schon in der rechtsphilosophischen Vorlesung 1818/19 kritisiert Hegel dieses Unrecht: »Dörfer, die sehr unbedeutend oder sogar vom Meer überschwemmt und so vernichtet sind, haben das Wahlrecht in England, und großen Städten, wie z. B. Manchester, die später entstanden, geht es ab.« (GW 26/1.239) Hierdurch konnten sich Großgrundbesitzer auf Kosten der städtischen Bevölkerung ein erhebliches politisches Gewicht verschaffen: Die Kontrolle über einen Großteil der Mandate lag in der Hand weniger Familien. Zudem hatten sich in langen Jahren etliche Mißbräuche eingestellt: Bestechung und Handel mit Parlamentssitzen.

(2) Seinen Kritikern zufolge stellt Hegel sich mit seiner *Reformbill-Schrift* ausdrücklich auf die Seite der konservativen Gegner der Reformbill – also auf die Seite der Grundbesitzer und Handelshäuser, die vom status quo der ungerechten Mandatsverteilung am meisten profitiert haben. Zu diesem Eindruck mag auch Hegels insgesamt scharfe und fraglos einseitige Kritik der politischen Zustände Englands beigetragen haben: ein schwacher König, ein korruptes

Parlament, eine Gesellschaft von »fox-hunters«, skrupellose Ausbeutung der Bevölkerung durch Adel und Kirche, insbesondere in Irland. Auch wenn Hegel diese Mißstände selber aus englischen Quellen, aus Protokollen von Parlamentsdebatten und Zeitungen kennengelernt hat, hat er doch dadurch, daß er sie ungeschminkt ausspricht und sein Bild weitgehend durch sie bestimmen läßt, genug Ärgerniß gegeben – denn das politische System Englands hat damals wie auch später für »liberale Kreise« Deutschlands häufig Vorbildcharakter. Denn angesichts der von Hegel angeprangerten Mißstände erscheint nun mancher Mangel in Deutschland oder speziell in Preußen als das kleinere und deshalb erträglichere Übel.

Bereits Rosenkranz meint deshalb, daß man dem Aufsatz bei aller Gediegenheit doch eine »krankhafte Verstimmung« anmerke (R 419), und Hegels beständiger Kritiker – oder besser: Verleumder – Rudolf Haym nutzt die Gelegenheit zu ungehemmter Polemik: »ein Mißbehagen ohne Grenzen bemächtigte sich auch des Philosophen der Restauration.« »Die ganze vorurtheilsvolle Beschränktheit, die ganze leidenschaftliche Verstimmtheit, welche das Urtheil von politischen Parteien über ihre Gegenpartei charakterisirt, macht sich in dem Urtheil Hegel's über das englische Parlament Luft« (1857, 455,457). »Übellaunige Herzenserleichterungen« oder »Raisonnement des selbstzufriedenen und angsterfüllten Büreaukratismus« (458 f.) sind weitere Ausdrücke aus dem überreich gefüllten Arsenal seiner Polemik.

(3) Der Nerv der *Reformbill-Schrift* liegt jedoch darin, daß Hegel ein Argument ihrer Befürworter aufgreift und umdreht. Während sie die Revolutionsfurcht mit dem Argument schüren, man müsse vernünftig reformieren, damit nicht gewaltsam revoltiert werde, sucht Hegel zu zeigen, daß die Gefahr der Revolution auch dann drohe, wenn das Wahlrecht durch die Reformbill reformiert werde: »Sollte aber die Bill, mehr noch durch ihr Princip als durch ihre Dispositionen, den dem bisherigen System entgegengesetzten Grundsätzen den Weg in das Parlament, somit in den Mittelpunkt der Regierungsgewalt, eröffnen, so daß sie mit grösserer Bedeutung, als die bisherigen Radicalreformer gewinnen konnten, daselbst auftreten könnten, so würde der Kampf um so gefährlicher zu werden drohen als zwischen den Interessen der positiven Privilegien und den Foderungen der reellern Freyheit keine mittlere höhere Macht, sie zurückzuhalten und zu vergleichen, stünde, weil das monarchische Element hier ohne die Macht ist, durch welche ihm andere Staaten den

Übergang aus der frühern nur auf positivem Rechte gegründeten Gesetzgebung in eine auf die Grundsätze der reellen Freyheit basirte – und zwar einen von Erschütterung, Gewaltthätigkeit und Raub rein gehaltenen Übergang verdanken konnten.«

In dieser Schlußwendung seiner *Reformbill-Schrift* ist fraglos die im letzten Teil gegebene Begründung entscheidend: das Fehlen einer »mittleren höheren Macht«, die die divergierenden Standpunkte moderieren könnte. Hegel bestreitet somit keineswegs das Argument, daß auch ein Nichtreformieren zur Revolution führen werde – schon deshalb nicht, weil er ja die tatsächlich vorhandenen Mißstände sehr deutlich sieht, ja sie vielleicht sogar überzeichnet. Und es ist auch nicht zweifelhaft, daß ihm der Zustand der »reellern Freyheit« als erstrebenswert gilt – dies liegt schon in der Wortbildung. Sein Problem liegt jedoch darin, daß er sich nicht davon überzeugen kann, daß der Weg, den die Reformbill dorthin einschlagen will, auch wirklich zum gewünschten Erfolg führen werde.

Schon Rosenzweig hat ausgeführt, daß die geplante Reform Hegel einerseits zu weit, andererseits nicht weit genug gehe. Zwar unterstützt Hegel die Bestrebungen, Privilegien abzubauen, Ungerechtigkeiten in der Einteilung der Wahlkreise und in der Besetzung der Parlamentsstellen zu beseitigen. Dennoch lehnt er die Reformbill ab, weil sie seines Erachtens im Blick auf die vorhandenen, schreienden Mißstände voraussichtlich nichts verändern werde – und unter den Bedingungen ihrer Kontinuierung sieht er eine parlamentarische Lösung scheitern. Er vermutet, daß es der herrschenden landbesitzenden Klasse ein Leichtes sein werde, trotz der geplanten Neuregelung des Wahlrechts die alten Machtstrukturen binnen kurzem zumindest wiederherzustellen, wenn nicht gar auszubauen – lediglich unter dem Mäntelchen einer Liberalisierung. Sollte allerdings doch eine Veränderung eintreten, so würde sie zur Beseitigung der Homogenität der herrschenden Klasse führen – und dies könnte in Anbetracht der fortdauernden Mißstände im Extremfall einen gefährlichen Ansatzpunkt für eine Revolution geben, wenn die zahlenmäßig geringe Opposition innerhalb sich mit den Volksmassen außerhalb des Parlaments verbündet.

Deshalb lehnt Hegel die Reformbill als untauglich zur Lösung der vorhandenen gesellschaftlichen Konflikte ab. Zu deren Lösung müßte anders verfahren werden: Zunächst wären die gesellschaftlichen Mißstände zu beseitigen, und erst nach Entschärfung der daraus resultierenden Konflikte könnten auch gerechtere Wahlrechtsbestimmungen in Kraft treten.

Daß dieses Argument nicht bloß einer Verzögerungstaktik entspringt, läßt sich schon daraus entnehmen, daß Hegel es bereits in der ersten *Württemberg-Schrift* verwendet (s. Kap. II.3.3), in der es ihm doch wahrlich um die Abschaffung von Mißständen zu tun war. Dieser frühen Überzeugung bleibt er auch hier treu: Wenn man nicht vor der Änderung des Wahlrechts die gesellschaftlichen Verhältnisse selbst reformiert, so importiert man nur die sozialen Spannungen in das neu zu konstituierende Repräsentationsorgan.

Mit dem Hinweis auf diese Analogie ist allerdings zugleich die Beziehung zum impliziten Scheitern der ersten *Württemberg-Schrift* hergestellt. Hegel verlangt dort, daß eine materielle Änderung der gesellschaftlichen Situation den Änderungen der formellen Verhältnisse im Staate vorausgehe. Doch kann er im Blick auf Württemberg eigentlich nicht angeben, wie die materiellen Verhältnisse geändert werden könnten. Das gleiche Dilemma gilt im Blick auf England. Innerhalb der herkömmlichen institutionellen Verhältnisse ließen sich Veränderungen allein durch einen Appell an die Einsicht der politisch Verantwortlichen zur Selbstaufhebung ihrer Privilegien herbeiführen – und diesen moralischen Weg hat Hegel stets für illusorisch gehalten.

(4) In dieser schwierigen Situation sieht Hegel das größte Hemmnis in der Form der englischen Repräsentativverfassung. Seine Bedenken richten sich nicht gegen das Instrument einer Repräsentativverfassung überhaupt; im Unterschied zur antiken Polis sind in den modernen Staaten schon wegen ihrer Größe Repräsentativverfassungen unverzichtbar. Hegels Einsicht in die Notwendigkeit von Repräsentativverfassungen impliziert aber nicht seine Zustimmung zur Nationalrepräsentation. Den Gedanken einer »abstrakten« Volksvertretung hält er für einen liberalistischen Irrtum, nicht anders als den Gedanken der Volkssouveränität. Demgegenüber favorisiert er das Prinzip der ständischen Repräsentation – gerade auch für England. Denn die dort stereotyp erhobene Forderung, daß »die großen Interessen« der Nation im Parlament repräsentiert sein sollten, findet Hegel in einer ständischen Repräsentation besser verwirklicht als durch das Prinzip der Nationalrepräsentation. Die Nationalrepräsentation basiert in seinen Augen auf der Atomisierung der Einzelwillen; der Einzelne stehe der Allgemeinheit des Staates abstrakt gegenüber, nicht durch besondere Instanzen, durch Stände oder Korporationen vermittelt und »organisch« einbezogen in das strukturierte Ganze des sittlichen Staates. Deshalb bietet Hegel all seine Bered

samkeit auf für den Nachweis der Unwirksamkeit des allgemeinen Wahlrechts – zumal dieses noch nicht einmal wirklich allgemein, sondern an Bedingungen geknüpft ist. Sein Plädoyer für die ständische Repräsentation trägt zweifellos konservative Züge, auch wenn die modernen ›Stände‹ nicht mit den festen, unveränderlichen Ständen des Mittelalters gleichzusetzen sind. Auch der Rückgriff auf den Organismus-Gedanken erinnert – allerdings erst in der späten Retrospektive – an die konservative Staatstheorie. Die besonderen Instanzen dürfen sich nicht im schlechten Sinne als partikulare verstehen, sondern als Besonderungen eines Allgemeinen, nämlich des sittlichen Staates.

(5) Hegels Ablehnung der Nationalrepräsentation hat allerdings noch eine zweite, nicht unberechtigte Seite, wodurch sie zugleich ein progressives, gesellschaftskritisches Moment in sich birgt. Das Prinzip der Nationalrepräsentation führt nicht notwendig zu einem Fortschritt in der Verwirklichung von Freiheit. Nicht selten werden in Repräsentativsystemen im Namen der Freiheit die Interessen der anderen nicht vertreten, sondern zertreten. Und diese Gefahr, daß im Namen der allgemeinen Freiheit lediglich die Privatinteressen der besitzenden Klasse durchgesetzt werden, sieht Hegel insbesondere bei der Repräsentation nach dem von der Reformbill angestrebten Muster gegeben. Das ›Volk‹, das da repräsentiert werden soll, ist selbst eine Abstraktion, nämlich eine Abstraktion von den konkreten Einzelinteressen, die dadurch aber nicht verschwinden. Solange in einem ›Volk‹ derart divergierende Einzelinteressen, ja Klasseninteressen bestehen – und gerade in diesem Kontext häuft sich bei Hegel die Verwendung des Klassenbegriffs –, so lange bleibt auch der Gedanke der Volksvertretung ein Phantom, das lediglich die Klasseninteressen verdeckt, die in den realen Eigentumsverhältnissen gründen. Dieser Effekt tritt vermutlich allein dann nicht ein, wenn die Wahlen zum Repräsentativorgan nicht durch ein Censuswahlrecht geregelt sind – ein Ausweg, über den Hegel sich stets belustigt, da es schlechterdings nicht einzusehen sei, wieso die politische Einsicht an 10 Pfund Grundrente geknüpft sein solle. Doch bei Aufgabe dieses – verspotteten – Censuswahlrechts sagt Hegel ein Überwiegen der revolutionären Tendenzen voraus. Das unausweichliche Resultat wäre die Zertrümmerung des Staates. Die nach Ständen gegliederte Vertretung wird somit nach Hegel dem tatsächlich vorhandenen, in sich strukturierten Ganzen des sittlichen Staates besser gerecht: Sie bringe diese gegebene Gliederung des Staates, die Standesdifferenzen und

Eigentumsverhältnisse besser als die Nationalrepräsentation zum Ausdruck und deshalb auch zum vernünftigen Ausgleich.

(6) Das Charakteristische der englischen Situation sieht Hegel aber darin, daß dort eigentlich die Interessen der verschiedenen Gruppierungen – der landbesitzenden Klasse und des Gewerbes – faktisch im Parlament repräsentiert sind – wenn auch nur durch Zufall oder richtiger: durch die Macht der Interessen, die sich ihre Repräsentation erkaufen können. Es handelt sich gleichsam um eine verkappte ständische Repräsentation im Gewand der Nationalrepräsentation. Die von Hegel für konsequent gehaltene Entwicklung zu einer ausdrücklichen ständischen Repräsentation – wie sie damals in der Mehrzahl der europäischen Staaten in Kraft ist – zeichnet sich jedoch in England nicht ab. Außerdem wäre zu bezweifeln, ob die Umwandlung der Nationalrepräsentation in eine ständische Repräsentation einen hinreichenden Beitrag zur Beseitigung der gesellschaftlichen Konflikte durch Abbau einmal vorhandener Privilegien leisten könnte. Dies muß vor allem deshalb als wenig wahrscheinlich gelten, da ja Hegels Ansicht zu Folge das Parlament faktisch der Form der ständischen Repräsentation näher steht als der Nationalrepräsentation, ohne daß doch irgendeine Änderung eingetreten wäre. Deshalb liegt in den Besonderheiten des englischen Repräsentationssystems auch nicht die eigentliche Ursache der von Hegel analysierten Probleme.

(7) Das eigentliche Problem, das England zu lösen hat und in dessen Gefolge auch die übrigen Probleme lösbar wären, sieht er im privatrechtlichen Charakter der öffentlich-rechtlichen Verhältnisse. Die politischen Verhältnisse Englands beruhen insgesamt auf positivem Recht; die durch das positive Recht abgesicherten, aus früheren Zeiten überkommenen Institutionen tragen aber sämtlich die Spuren ihres privatrechtlichen Ursprungs noch allzu deutlich an sich. Was England fehlt, ist die Umwandlung dieser privatrechtlich begründeten Verhältnisse in staatsrechtliche – eine Entwicklung, die sich in seinen Augen auf dem Kontinent in der jüngsten Geschichte vollzogen hat.

Zum geschichtlichen Ursprung und Schicksal solcher privatrechtlich begründeter Verhältnisse enthalten die weltgeschichtlichen Vorlesungen Hegels interessante Hinweise. Er führt dort aus, daß Frankreich und England, so unterschiedlich in diesen beiden Ländern die Entwicklung seit dem Mittelalter auch verlaufen sei, doch in dieser Hinsicht im Resultat übereinkämen. Wenn der König den Adel ent-

machtet, wie in Frankreich, so läßt er doch – oder gerade – die privatrechtlichen Verhältnisse des Adels zu den von ihm Abhängigen bestehen. Wenn andererseits die Barone dem König ihre Rechtsstellung abtrotzen, wie in England, so werden dadurch die privatrechtlichen Verhältnisse des Adels zu den Abhängigen in keiner Weise angetastet. Auch die gegenwärtigen privatrechtlichen Verhältnisse im politischen Leben Englands tragen noch die Spuren ihrer Herkunft aus dem Lehenssystem des Feudalismus an sich. Die privatrechtlichen Verhältnisse bilden natürlich den Ausdruck von Privatinteressen, und wo sie in die modernen Staaten hinreichen, blockieren sie auf Grund ihrer positiv-rechtlichen Absicherung die vernünftige Ausbildung staatsrechtlicher Verhältnisse, die Ausbildung des Rechts zur allgemeinen Sittlichkeit des Staates. Dieser privatrechtliche Charakter der eigentlich staatsrechtlichen Verhältnisse geht Hegel zu Folge in England so weit, daß dort der »allgemeine Stand« – eine selbständige, nicht auf Privilegien beruhende, sondern durch Fähigkeiten konstituierte Beamtenschaft – fehlt.

(8) Das Kernproblem Englands, die Überführung privatrechtlicher in staatsrechtlich begründete Verhältnisse, sieht Hegel auf dem Kontinent als gelöst an – durch die politische Entwicklung seit der Französischen Revolution wie auch insbesondere durch deren Konsequenzen für die Aufhebung des alten Reichsrechts und durch die napoleonischen Neuerungen. Eine solche Entwicklung hat aber in England nicht stattgefunden. Damit zeigt sich deutlich das Dilemma, vor dem Hegels Analyse steht: Er analysiert einen Zustand, der auf dem Kontinent durch eine einzigartige politische und rechtliche Entwicklung überwunden und zu einem Resultat geführt worden ist, das Hegel als ein »vernünftiges« begrüßt. Diese Lösung läßt sich aber nicht einfach auf andere Staaten wie England übertragen – weder die politische Entwicklung noch die verfassungsrechtliche.

Ein zweites Moment kommt hinzu, dessen Herausarbeitung Hegel erhebliche Kritik eingetragen hat: In Württemberg hat die Monarchie die »modernen« staatsrechtlichen Regelungen durchgesetzt – doch der englischen Monarchie traut Hegel diese Kraft nicht zu. Damit hat er die politische und rechtliche Stellung des englischen Königs falsch eingeschätzt – wie sich wenige Tage nach der Publikation der *Reformbill-Schrift* in der Auflösung des Parlaments durch den König zeigt. Dennoch kann es nicht zweifelhaft sein, daß der König weder die politische Macht noch die Rechtsstellung gehabt hat, aus eigener Kompetenz die Gesamtheit der privatrechtlich begründeten Strukturen in staatsrechtliche zu überführen.

(9) Dieser Vergleich der englischen Situation mit der kontinentalen legt die Problematik der *Reformbill-Schrift* offen: Als Lösung schwebt Hegel die nachrevolutionäre politische und rechtliche Entwicklung der kontinentalen Staaten vor. Darüber hinaus weiß er eigentlich keine Vorschläge zu unterbreiten, wie die Lösung des nämlichen Problems für England erfolgen könnte. Daher erklärt sich auch die eigentümliche Ratlosigkeit, von der die *Reformbill-Schrift* sehr viel stärker gekennzeichnet ist als von der Revolutionsfurcht oder von der angeblichen Propagierung restaurativer Lösungen: Es ist nicht leicht zu sagen, wie man mittels vernunftrechtlicher Argumente den Rechtscharakter privatrechtlich begründeter Privilegien aufheben und ein System reeller Rechte und reeller Freiheit schaffen könne. Denn auch nach der Reformbill bleibe die »res publica« gleichwohl eine »res privata«.

Rosenzweig trifft deshalb exakt den eigentümlichen Zug dieser Abhandlung, wenn er ihren aporetischen Charakter hervorhebt: Trotz seiner scharfen Kritik der herrschenden Zustände und seiner Sympathie für die zu schaffenden habe Hegel sich nicht zu einem mutigen Nein gegen jene und einem entschlossenen Ja zu diesen durchgerungen. »Ein hamletischer Zug, ihm sonst fremd, liegt über seinem Verhalten.« (Rosenzweig 1920, Bd. 2.236) Allerdings charakterisiert dieser »hamletische Zug« nicht minder bereits Hegels erste *Württemberg-Schrift* wie auch die *Verfassungsschrift* (s. Kap. II.3.3, 4.1).

So vermeidet Hegel, eindeutig Partei zu ergreifen oder gar konkrete Vorschläge zu unterbreiten. Gegen die alten Zustände sprechen ebensoviel Gründe wie gegen die angestrebten neuen Verhältnisse. Doch die Rolle des Philosophen sieht er ohnehin darauf beschränkt, diese Situationen zu vergleichen, zu analysieren und zu kommentieren, und zwar auf einer Ebene, die den Teilnehmern am politischen Streit so vielleicht gar nicht vor Augen steht. Die Philosophie kann aber nicht konkrete Handlungsanweisungen für politische Entscheidungen geben; sie kann lediglich die herrschende Bewußtlosigkeit über die wahren Ursachen der oft nur vordergründig diskutierten Probleme aufdecken. Indem sie dies leistet, trägt sie ebenfalls zu deren Bewältigung bei. Die Lösung selbst erwartet Hegel aber nicht von der philosophischen Erkenntnis, sondern von einer anderen Macht: von der Geschichte. Im Blick auf die am Beispiel Englands behandelten Probleme ist dieser von Hegel beschworenen Instanz die Lösung besser gelungen,

als Hegel selbst – und viele seiner Zeitgenossen – es in den Diskussionen um die Reformbill zu hoffen gewagt haben.

Erstdruck: Preußische Allgemeine Staats-Zeitung 1831, Nrr 115/116 (Dienstag, 26. April), Nr 118 (Freitag, 29. April) (S. 853 f., 857 f., 867 f.). – **Text:** GW 16.325–404; BSchr 443–489. – **Literatur:** Haym: Hegel und seine Zeit, 454–459; Rosenzweig: Hegel und der Staat (1920), Bd 2.225–239; Shlomo Avineri: Hegels Theorie des modernen Staates. Frankfurt am Main 1976, 247–261; Domenico Losurdo: Hegel und das deutsche Erbe. Philosophie und nationale Frage zwischen Revolution und Reaktion. Köln 1989; Christoph Jamme / Elisabeth Weisser-Lohmann (Hg.): Politik und Geschichte. Zu den Intentionen von Hegels Reformbill-Schrift. HSB 35 (1995).

9 Heidelberger und Berliner Vorlesungen (1816–1831)

9.0 Ein System in Vorlesungen

(1) Den erstrebten Wechsel von Heidelberg nach Berlin hat Hegel gegenüber dem Badischen Innenministerium nicht – in der Perspektive eines Hochschullehrers – mit der Hoffnung begründet, in der neu errichteten und bereits hoch angesehenen Berliner Universität ein reicheres Betätigungsfeld für die akademische Lehre zu finden, sondern mit einer »namhaften Gehaltsvermehrung« und mit der Aussicht, »in weiter vorrückendem Alter von der prekären Funktion, Philosophie auf einer Universität zu dozieren, zu einer andern Tätigkeit übergeben und gebraucht werden zu können« (s. Kap. I.7.5). Das Scheitern dieser Pläne hat Hegel genötigt, diese in Jena (1801–1806) eher marginal wahrgenommene, in Bamberg und Nürnberg (1807–1816) schmerzlich vermißte und erst seit seiner Heidelberger Professur (1816–1818) in vollem Umfang übernommene »prekäre Funktion« bis an sein Lebensende auszuüben. Er hat somit, abgesehen vom kurzen Intermezzo bei der *Bamberger Zeitung*, die gesamte zweite Hälfte seines Lebens Philosophie gelehrt – acht Jahre am Gymnasium und zwanzig Jahre an der Universität –, und damit erheblich länger als Fichte oder Schelling. So ist es nicht verwunderlich, daß er auch seine Philosophie im Kontext seiner Lehre entfaltet hat. Lehre und Ausbildung seiner Philosophie zum System sind für ihn eins.

Seit seinem Übergang von Frankfurt nach Jena ist Hegels Interesse darauf gerichtet, sein jugendlichideales Denken »zur Reflexionsform, in ein System zugleich [zu] verwandeln« (an Schelling, 2.11.00). Die ersten Zeugnisse dieser Verwandlung bilden die »Jenaer Systementwürfe«. Bei ihnen handelt es sich jedoch nicht primär um Buchprojekte – auch wenn Hegel in diesen frühen Jahren fast ständig das Erscheinen von Büchern ankündigt –, sondern um Materialien, die mit Bestimmtheit seinen damaligen Vorlesungen zuzuordnen sind: teils um Vorlesungsmanuskripte, teils um Texte, die als überarbeitete Fassungen solcher Manuskripte anzusehen sind. Hegels Jenaer »Systementwürfe« sind Vorlesungsmanuskripte. Die Texte hingegen, die Hegel damals veröffentlicht – noch vor dem Beginn seiner Lehrtätigkeit die *Differenz-Schrift* (s. Kap. II.4.3) und parallel zu ihr die zum Teil recht umfangreichen Abhandlungen aus dem *Kritischen Journal* (s. Kap. II.4.5) –, sind ihrem Charakter nach »Kritische Schriften« (so auch der Bandtitel von GW 4), aber nicht in gleicher Weise wie die Vorlesungsmanuskripte Entwürfe oder Bausteine des »Systems«. Und aus diesen Vorlesungen, insbesondere aus den »Einleitungen zur Logik und Metaphysik«, entspringt schließlich, wie schon Rosenkranz berichtet, »die Anlage zur Phänomenologie« als der Einleitung in das »System der Wissenschaft«. Hegel hat sie – wenn auch sicher nur ihre Anfangspartien – sogar noch im Sommer 1806 in seinen Vorlesungen an Hand von Druckbogen vorgetragen (R 202,214). Doch trotz ihrer Genese aus dem Umkreis der Vorlesungen ist die *Phänomenologie* das eine der beiden Bücher, das weit über deren Rahmen hinausgreift: Als Einleitung in das ausgeführte »System der Wissenschaft« ist sie selber dessen erster Teil.

Neben ihr hat Hegel, wenig später, nur noch e i n weiteres Buch (in drei Teilbänden) veröffentlicht, das außerhalb des Kontextes seiner Vorlesungen steht – obschon es ebenfalls aus ihnen und, wie man jetzt aus der umfassenden Edition der Nürnberger Logikentwürfe in GW 10 ersehen kann, aus seinem Gymnasialunterricht »entsprungen« ist: die *Wissenschaft der Logik* (1812–1816, 1832). Sie ist der grundlegende, aber auch der einzige Systemteil, den Hegel in Wissenschaftsform ausgeführt hat. Darauf beruht ihre einzigartige Stellung in Hegels System. Die drei Auflagen der *Enzyklopädie der philosophischen Wissenschaften im Grundrisse (!)* hingegen, und auch die *Grundlinien (!) der Philosophie des Rechts,* sind nicht Teile des in Wissenschaftsform ausgeführten »Systems«, sondern Kompendien, »Vorlesebücher« für die akademische Lehre. Diese Zuordnung wird selbst heute noch verdeckt durch die von den »Freunden des Verewigten« veranstaltete Verunstal-

tung seines Vorlesungsgrundrisses zum »System der Philosophie« (wie es in Hermann Glockners *Jubiläumsausgabe* ausdrücklich im Titel heißt; s. Kap. II.7.2.2). Und auch die »Philosophie des subjektiven Geistes« hat Hegel in Form eines Vorlesungskompendiums zu publizieren beabsichtigt – als Grundriß, und nicht als einen in Wissenschaftsform ausgeführten Systemteil (s. Kap. II.8.4).

(2) Die Vorlesungen bilden somit nicht gleichsam einen – im Grunde ignorablen – Appendix zum »eigentlichen« Werk; sie sind ein nicht bloß gleichberechtigtes, sondern vielmehr das dominierende Element der »Werkform« der Hegelschen Philosophie, also derjenigen Form, in der er seine Philosophie ausgearbeitet hat. Man mag dies bedauern, aber im Blick auf diese Werkform der Philosophie Hegels ist die *Wissenschaft der Logik* geradezu atypisch – was ihre für das System grundlegende und überragende Bedeutung fraglos nicht schmälert. Wahrscheinlich verdankt sie sich dem Umstand, daß Hegel zur Zeit ihrer Abfassung seine Philosophie nicht in Form von eigentlichen Vorlesungen ausbilden und seine Arbeitskraft ganz auf die Buchform konzentrieren konnte. Sie ist aber der einzige Teil des späteren Systems, den Hegel ausgeführt hat. Die Werkform seiner Philosophie ist nicht das »System der Wissenschaft«. Von seinem späteren, in Wissenschaftsform ausgeführten »System« liegt einzig die *Wissenschaft der Logik* vor – und neben ihr stehen die Vorlesungen, von denen Hegel zwar einige zu Systemteilen ausarbeiten wollte, ohne doch über Kompendien oder auch nur Ansätze zu ihnen hinauszugelangen.

Deshalb verwundert es nicht, daß die unmittelbare Wirkungsgeschichte seiner Philosophie ein getreues Spiegelbild ihrer Werkform ist: Ihre Wirkung beruht auf den Vorlesungen, und insbesondere auf den Vorlesungen über die »realphilosophischen« Teile seiner Philosophie. Paradox formuliert: Die Wirkung des Hegelschen »Systems« ist die Wirkung eines Systems, das er nicht, zumindest nicht in der ihm vorschwebenden Form des »Systems der Wissenschaft« ausgeführt, sondern lediglich in seinen Vorlesungen skizziert hat. Hegels »System« ist überwiegend ein »System in Vorlesungen«.

(3) Die dominante Bedeutung der Vorlesungen für die Werkform der Philosophie Hegels beruht somit nicht etwa auf einem (un)glücklichen Zufall seiner Überlieferungsform. Sie setzt natürlich Hegels lange Lehrtätigkeit voraus, aber sie verdankt sich letztlich nicht einem besonderen didaktischen Eros – und allenfalls zu einem Teil seinen bekannten rhetorischen Defiziten, die ihn zu einer intensiven Aus-

arbeitung seiner Kompendien und Vortragsmanuskripte genötigt haben. Entscheidend ist jedoch etwas anderes: Die starke Akzentuierung oder gar Dominanz der Werkform »Vorlesung« entspringt aus einer allgemeinen Veränderung in der Auffassung und Funktion des akademischen Vortrags, die sich um 1800 auch bei seinen Zeitgenossen zeigt – noch nicht bei Reinhold, wohl aber seit Fichte, der seiner Jenaer Lehrtätigkeit die Schrift *Ueber den Begriff der Wissenschaftslehre* als *Einladungsschrift zu seinen Vorlesungen* vorausschickt und dessen *Grundlage der gesammten Wissenschaftslehre* den Untertitel führt: *als Handschrift für seine Zuhörer.* Für Schelling sind die frühen Vorlesungen – soweit sich jetzt erkennen läßt – weniger bedeutend für die Werkform seiner Philosophie; anders steht es um seine »Spätphilosophie«. Für Schleiermacher hingegen haben die Vorlesungen wiederum eine große Bedeutung – auch wenn sie durch andere Werkformen wie Predigten und Übersetzungen nivelliert wird.

Diese Verlagerung des Akzents von der Publikation auf die Lehrtätigkeit ist fraglos eine Folge des Endes der »Schulphilosophie« des 18. Jahrhunderts – ihres festgefügten Kanons philosophischer Disziplinen, aber auch ihrer Lehrform, Kompendien – eigene oder auch anderer Autoren – dem eigenen Vortrag zu Grunde zu legen und dadurch ein tendenziell statisches Wissen an jeweils neue Studentengenerationen weiterzugeben. Mit dem Erlöschen dieser »Schulphilosophie« am Ende der Aufklärung beginnt eine überaus fruchtbare Epoche der Ausbildung der Philosophie im Kontext der akademischen Lehre – und dies in doppelter Hinsicht.

Zum einen wird der Kanon der philosophischen Wissenschaften neu gestaltet. Während im späten 18. Jahrhundert Logik, Ontologie, rationale und empirische Psychologie und Kosmologie und natürliche Theologie sowie »Naturrecht« vorgetragen werden, verschwinden seit Kants Kritik sukzessiv die Disziplinen der metaphysica specialis – rationale Psychologie, Kosmologie und Theologie – aus dem Lehrangebot; neue Disziplinen treten unter neuen Namen auf. Und während Naturphilosophie, Geistesphilosophie und Rechtsphilosophie noch Beziehungen zur früheren Kosmologie, Psychologie und zum Naturrecht behalten, treten auch völlig neue Disziplinen hinzu – wie »Philosophie der Weltgeschichte«, »Philosophie der Kunst«, »Philosophie der Religion« und »Geschichte der Philosophie«. Man kann diesen epochalen Wandel an Hegels Lehrangebot ablesen, und seine eigene Lehrtätigkeit hat fraglos dazu beigetragen, den neuen Kanon zu etablieren.

Über diesen Wandel hat Hegel sich sehr präzise ausgesprochen, in seinem Gutachten *Ueber den Vortrag der Philosophie auf Universitäten*, das er im Zuge der Vorklärung seiner Berufung nach Berlin am 2.8.16 »an den Königlich Preußischen Regierungsrat und Professor Friedrich von Raumer« sendet (W XVII.349–356). Er konstatiert hier, daß »die vormalige wissenschaftliche Ausbildung« der Philosophie […] nach Form und Inhalt, mehr oder weniger antiquirt worden, – daß aber auf der andern Seite die an die Stelle getretene Idee der Philosophie noch ohne wissenschaftliche Ausbildung steht, und das Material der besonderen Wissenschaften seine Umbildung und Aufnahme in die neue Idee unvollständig oder gar noch nicht erlangt hat.« Die neue Idee habe »die Forderung noch nicht erfüllt, das weite Feld von Gegenständen, welche in die Philosophie gehören, zu einem geordneten, durch seine Theile hindurch gebildeten Ganzen zu gestalten.« »Was wir daher auch im Durchschnitt auf Universitäten und in Schriften vorgetragen sehen, sind noch einige der alten Wissenschaften, Logik, empirische Psychologie, Naturrecht, etwa noch Moral; denn auch denen, welche sich sonst noch an das Aeltere halten, ist die M e t a p h y s i k zu Grunde gegangen, wie der Juristenfakultät das deutsche Staatsrecht; wenn dabei die übrigen Wissenschaften, die sonst die Metaphysik ausmachten, nicht so sehr vermißt werden, so muß dieß wenigstens in Ansehung der n a t ü r l i c h e n T h e o l o g i e der Fall seyn, deren Gegenstand die vernünftige Erkenntniß Gottes war.«

Von diesem Wandel im Philosophiebegriff ist also zum einen die Systematik der philosophischen Teildisziplinen betroffen, doch zum anderen müssen auch die einzelnen Disziplinen dieses neuen Kanons neu entworfen werden. Auch dies hat Hegel als seine Aufgabe klar erfaßt und ausgesprochen. Am 11.12.17, inzwischen ein Jahr lang in Heidelberg, schreibt er an Niethammer, er habe die Wissenschaften, die er vortrage, »eigentlich meist erst zu machen«. Diese Formulierung beschreibt sehr treffend eine Situation, in der Vorlesungen zu einem konstitutiven, ja dominanten Element der Form eines philosophischen Werkes werden: Sie sind die Akte der Erfindung einer neuen, nicht die Entfaltung oder gar die bloße Repetition einer schon bestehenden Wissenschaft.

(4) Aus der Einsicht in diese Umstände der Produktion der Vorlesungen und in ihre vielleicht ungeliebte, aber faktische Dominanz für die Werkform der Philosophie Hegels folgt für den Interpreten die Verpflichtung, der Funktion gerecht zu werden, die

Hegel selber ihnen zugewiesen hat. Sie bilden nicht einen Bereich minderen Rechts gegenüber den Publikationen. Sie sind sogar die primäre Form der Entfaltung seiner Philosophie – auch wenn Hegels Intention fraglos stets auf das »System der Wissenschaft« ausgerichtet ist. Sicherlich sind sie nicht – wie in ihrer frühen Wirkungsgeschichte – als in Wissenschaftsform ausgeführte und ihr adäquate Systemteile mißzuverstehen: Sie sind Versuche Hegels, die in ihnen vorgetragenen Wissenschaften allererst zu erfinden: aus dem gegebenen Material dessen innere Form herauszuarbeiten – und zumal unter den zeitlich angespannten Bedingungen des akademischen Lehrbetriebs.

Schon auf Grund dieser Entstehungssituation und Bestimmung sind sie auch nicht als erstarrter, in logische Fesseln gebannter Geist anzusehen, sondern als Dokumente des Werdens der jeweiligen Wissenschaft. Deshalb ist ihre entwicklungsgeschichtliche Varianz herauszuarbeiten und nicht etwa als Einwand oder gar als Selbstwiderspruch anzusehen. Wer ihre gedankliche Bewegung nicht wahrnimmt – und sei es aus Gründen einer unzureichenden Edition –, kann sie freilich nur als statisch ansehen. Doch nichts ist absurder als der seit Dilthey kursierende Einwand, sie dokumentierten die fortschreitende Sklerotisierung des späten Systems; sie sind ja nicht einmal Teile des in Wissenschaftsform ausgeführten Systems. Die ausgeführte Wissenschaft kann in anderer Weise zum Thema werden – doch selbst sie kennt die Varianz, wie das Verhältnis der zweiten zur ersten Auflage der *Wissenschaft der Logik* zeigt. Selbst sie ist ungeachtet ihres hohen Anspruchs auf Erkenntnis des Absoluten immer eine Wissenschaft »in statu nascendi«. Und alle anderen Disziplinen seiner Philosophie hat Hegel ohnehin nicht als Bestandteil des »Systems der Wissenschaft«, sondern in der vorbereitenden Werkform »Vorlesungen« und der hierdurch begünstigten Varianz ausgeführt.

(5) Hegels Lehrtätigkeit hat im Winter 1801/02 sehr übereilt begonnen, vermutlich im unmittelbaren Anschluß an seinen Probevortrag und nach äußerst knapper Vorbereitungszeit (s. Kap. II.4.6.1). Soweit bekannt, hat er diese erste Vorlesung auf der Basis von Vorlesungsmanuskripten gehalten, von denen nur wenige Fragmente überliefert sind (GW 5.269–275). Doch schon seit seinem zweiten Semester, seit dem Sommer 1802, wird eine Grundunterscheidung für die Form der Lehre Hegels konstitutiv: die Differenz zwischen Vorlesungen nach einem Lehrbuch (»secundum librum«) und nach Diktaten (»ex dictatis«) – und hierzu tritt später das Lesen

nach einem Manuskript. Für den Sommer 1804 fehlt ein spezifizierender Hinweis – vielleicht zufällig, denn für den Winter 1804/05 wird die ganze, in sich differenzierte Vorlesung »ex dictatis«, und für den Sommer 1805 werden beide Vorlesungen »ex libro« angekündigt. Im Winter 1805/06 liest Hegel die Realphilosophie wiederum »ex dictatis«; für die Geschichte der Philosophie hingegen fehlt ein solcher Hinweis – und hier ist auf ein Vorlesungsmanuskript zu schließen, von dem ja einige Partien in die Ausgabe der Vorlesungen eingegangen sind (W XIII–XV). Für den Sommer 1806 kündigt Hegel wiederum seine Vorlesungen teils »ex libro suo«, teils »ex dictatis« an. – Freilich hat Hegel sich in all diesen Jahren – bis zum Sommer 1806, in dem er die Druckbogen der *Phänomenologie* verteilt – nicht wirklich auf ein Lehrbuch stützen können, sondern jeweils auf Manuskripte zurückgreifen müssen.

Dennoch zeigt sich in dieser frühen Zeit eine klare Alternative zwischen »Lehrbuch« und »Diktat«, die im Sonderfall 1805/06 durch eine Vorlesung nach einem Manuskript ergänzt wird. Sie scheint auch noch für die Heidelberger Vorlesungen prägend zu sein: Für das erste, das Wintersemester 1816/17, läßt sich der Ankündigung zwar nichts entnehmen, doch in den drei folgenden Semestern liest Hegel »Logik und Metaphysik« nach der (angekündigten) *Enzyklopädie* und alle anderen Vorlesungen nach Diktaten – selbst die Geschichte der Philosophie. Dies ist jedoch nicht so zu denken, als habe Hegel ausschließlich diktiert; vielmehr hat er – zumindest seit seinen Nürnberger Jahren – jeweils einen Paragraphen diktiert und dann freie Erläuterungen angeschlossen.

In Berlin verändert sich dieses Grundmuster: Im ersten Semester behält er es zwar noch bei, sofern er noch ein Mal »ius naturae et civitatis« nach Diktaten liest. In den folgenden Jahren setzt sich jedoch eine andere Dualität durch: die Alternative zwischen Vorlesungen an Hand eines Kompendiums und eines Vorlesungsmanuskripts. Über Logik und Metaphysik sowie Philosophie der Natur und des Geistes liest Hegel an Hand der *Enzyklopädie,* über Rechtsphilosophie an Hand der *Grundlinien* und über Philosophie der Weltgeschichte, der Kunst, der Religion sowie über Geschichte der Philosophie gestützt auf Manuskripte.

(6) Diese Differenz zwischen »Kompendiumvorlesungen« und »Manuskriptvorlesungen« ist grundlegend für die Berliner Vorlesungen, und sie ist für die Werkform »Vorlesung« in mehrfacher Hinsicht von Bedeutung. Ein Blick auf die Überlieferungslage zeigt, daß unter den Studenten die Neigung zum

Mitschreiben von Kompendiumvorlesungen weniger groß gewesen ist als bei Manuskriptvorlesungen. Jene sind deshalb insgesamt weit spärlicher durch Nachschriften überliefert als diese; die Überlieferung eines, in einem Semester vorgetragenen Kollegs durch mehrere Nachschriften ist hier die Ausnahme. In der Werkform »Kompendiumvorlesungen« steht somit zwar die Authentizität des Kompendiums außer Frage – doch die Überlieferung von Hegels mündlichem Vortrag, als der wesentlichen Ergänzung des Kompendiums, ist im allgemeinen weniger gut gesichert als bei den Manuskriptvorlesungen. In der Werkform »Manuskriptvorlesungen« hingegen tritt die Manuskript-Komponente wegen des Überlieferungsverlustes weitgehend zurück – doch die Überlieferung des gesprochenen Wortes durch Nachschriften ist insgesamt dicht und auch relativ zuverlässig, obschon der Quellenwert der Nachschriften fraglos stark schwankt. Dies darf jedoch nicht zur pauschalen Diskreditierung führen, sondern zur quellenkritischen Bearbeitung der überlieferten Zeugnisse und zur Sicherung ihres gedanklichen Gehalts.

(7) Seinen Vortrag hat Hegel jedoch nicht allein auf die *Enzyklopädie* in ihren jeweiligen Fassungen gestützt; er hat sich zusätzliche Manuskripte (»Hefte« und »Konvolute«) angelegt, von denen sich nur wenige Fragmente erhalten haben. Wie umfangreich diese Blätter einmal gewesen sein mögen, ist nicht mehr zu festzustellen.

Bereits diese zusätzlichen Manuskripte lassen vermuten, daß Hegel seinen Vortrag nicht streng an den Paragraphen der *Enzyklopädie* orientiert hat – und soweit sich erkennen läßt, gilt dies für alle Kompendium-Vorlesungen. Die mehrfach geäußerte Annahme, Hegel habe jeweils den Paragraphen vorgelesen und anschließend kommentiert, läßt sich für keine Kompendium-Vorlesung belegen. Der jetzt mögliche Vergleich von Vorlesungsnachschriften aus demselben Kolleg zeigt, daß einige Nachschreiber bei der häuslichen Ausarbeitung ihrer Notizen die jeweiligen Paragraphen des Kompendiums in ihre Nachschrift eingeblendet haben. Die Rückbindung des Vortrags an das Kompendium ist vielmehr erstaunlich lose. Soweit die wenigen vorhandenen Beispiele erkennen lassen, ist sie sogar lockerer als zwischen Vorlesungsmanuskript und -nachschrift. Im wesentlichen bieten die mündlichen Ausführungen weder eine Wiederholung noch eine strenge Erläuterung des Kompendiums, sondern freie Ergänzungen.

Noch eine weitere wichtige Differenz besteht zwischen Kompendium- und Manuskriptvorlesungen –

allerdings nicht zwischen einzelnen Nachschriften zu diesem oder jenem Vorlesungstypus, sondern zwischen den in diesen beiden Werkformen vorgetragenen Disziplinen: Bei Manuskriptvorlesungen ist die entwicklungsgeschichtliche Differenz zwischen den Kollegien einer Disziplin bei weitem größer: Sie betrifft stets auch die systematische Form der jeweiligen Disziplin. Hegel gewinnt die Systemform hier erst im Durchlaufen mehrerer Kollegien. Die Kompendiumvorlesungen sind demgegenüber – durch die Orientierung am unveränderten Kompendium – konzeptuell weitgehend festgelegt; die Varianz zeigt sich hier fast ausschließlich in Akzentverschiebungen bei der Ausarbeitung des Details. Für unsere heutige Kenntnis der Philosophie Hegels kommt somit den Nachschriften von Manuskriptvorlesungen eine größere Bedeutung zu als den Nachschriften der Kompendiumvorlesungen. Deshalb kann sich die folgende Darstellung der einzelnen Disziplinen bei den Kompendiumvorlesungen auf das Verhältnis von Kompendium und Nachschriften beschränken; bei den Manuskriptvorlesungen hingegen muß sie zugleich die Entwicklung ihrer Systemform berücksichtigen.

Ein Kompendium fungiert somit zwar als Übersicht für die Hörer und als Stütze für die Entwicklung des jeweiligen Vortrags – und es erspart den an der Berliner Universität inzwischen als unakademisch angesehenen Aufwand des Diktierens. Andererseits beschränkt es die konzeptuelle Weiterentwicklung einer Disziplin. Allerdings hat Hegel die *Enzyklopädie* erst nach langen Vorbereitungsjahren im Nürnberger Gymnasialunterricht veröffentlicht, und die *Grundlinien* erst nach mehrfachem Vortrag der Rechtsphilosophie in Heidelberg und Berlin – wohl in der Annahme, daß er diese Wissenschaften nun zumindest insoweit ›erfunden‹ habe, als ihre systematische Form gefunden, wenn auch nicht notwendig zur »Wissenschaft« ausgearbeitet sei.

(8) Abgesehen von der *Logik* liegen alle Disziplinen des Hegelschen »Systems« nur in der Werkform »Vorlesung« vor. Für die Interpretation stellt sich deshalb nicht die hermeneutische Alternative, sich an Publiziertem oder an Vorlesungen zu orientieren, sondern allein das Problem der Vollständigkeit der Überlieferung und ihrer Authentizität. Doch – kann der Werkform »Vorlesungen« in der gegenwärtigen, durch große Textverluste verschlechterten Überlieferungslage überhaupt diejenige Funktion zukommen, die sie im ursprünglichen Konzept der Philosophie Hegels einmal gehabt hat? Diese Frage ist für die unterschiedlichen Elemente der Werkform »Vorlesun-

gen« – Kompendien, Manuskripte, Nachschriften – jeweils unterschiedlich zu beantworten.

Bei den Kompendien ist keine Differenz gegenüber dem früheren Stand zu verzeichnen. Bei den Vorlesungsmanuskripten hingegen stellt sich zwar ebenfalls nicht die Frage der Authentizität, doch sind erhebliche Verluste eingetreten – sei es dadurch, daß die Schüler die ihnen zur Edition in der *Freundesvereinsausgabe* übergebenen Manuskripte weder der Familie Hegel zurückerstattet noch in der Königlichen Bibliothek deponiert haben (wie Marheineke das Manuskript zur »Religionsphilosophie«, W$_2$ XI.VII), sei es dadurch, daß Manuskripte später absichtlich von der Familie vernichtet worden sind (Henrich / Becker 1981, 590,613). Dadurch ist die Integrität der Werkform »Vorlesung« bereits durch die Überlieferungslage zerstört – und dies seit dem Abschluß der *Freundesvereinsausgabe*. Von den zahlreichen Vorlesungsmanuskripten Hegels, seinen »Heften«, und den ergänzenden Konvoluten mit Materialien hat sich allein das Manuskript zur Religionsphilosophie erhalten – doch dieses hat nur dem ersten der vier religionsphilosophischen Kollegien als Grundlage gedient, wenn Hegel es auch noch für die späteren Vorlesungen punktuell herangezogen hat (GW 17.356–359). Die zweitgrößte Gruppierung bilden die Manuskripte zu den geschichtsphilosophischen, und die drittgrößte diejenige zu den philosophiegeschichtlichen Vorlesungen (GW 18.35–111 bzw. 121–214). Die beiden letztgenannten Gruppierungen umfassen aber jeweils fast ausschließlich die Einleitungen, und auch sie nur fragmentarisch. Von den Vorlesungen über die Philosophie der Kunst haben sich gar nur zwei kleine Fragmente erhalten (GW 18.115–117).

Anders als der Bestand der Vorlesungsmanuskripte hat sich die Zahl der überlieferten Nachschriften heute sogar gegenüber der *Freundesvereinsausgabe* erhöht: Auch wenn die damaligen Herausgeber nicht alle ihre Quellen nennen, lagen ihnen doch sehr wahrscheinlich weniger Nachschriften vor als den heutigen Editoren. So erfreulich dieser Zuwachs ist, so ist es doch unabänderlich, daß den Nachschriften geringere Authentizität zukommt als von Hegel verfaßten Texten. Gleichwohl machen der schmale Umfang der überlieferten Vorlesungsmanuskripte die Nachschriften zu unverzichtbaren Quellen für Hegels Denken: Von den genannten zwei kurzen Fragmenten abgesehen ist die Ästhetik nur durch Nachschriften überliefert, und auch unsere Kenntnis von Disziplinen wie der Geschichtsphilosophie, der Religionsphilosophie oder der Geschichte der Philosophie stützt sich fast ausschließlich auf Nach-

schriften. Auf diese zu verzichten bedeutete, auf die durch sie überlieferten Disziplinen zu verzichten und Hegels Philosophie durch Eliminierung weiter Bereiche zu verstümmeln, die nicht allein in ihrer Wirkungsgeschichte eine bedeutende Rolle gespielt haben, sondern eben integrale Teile der Werkform seiner Philosophie sind. Freilich sollten Nachschriften nicht unbesehen ediert und interpretiert werden; sie bedürfen einer quellenkritischen Bearbeitung und der Prüfung ihrer Authentizität. Doch sofern sie diese Kritik bestehen, ist ein pauschales Mißtrauen ihnen gegenüber nicht gerechtfertigt – und vor allem auch nicht fruchtbar, angesichts des Fehlens einer Alternative.

Die gegenwärtige Forschung verrät im Umgang mit Hegels Texten eine eigentümliche philosophisch-philologische Doppelmoral: Verständlichen Skrupeln gegen die Interpretation von Nachschriften stehen in mittlerweile größerem Umfang Editionen einzelner, oft mehr oder weniger glücklich gefundener Nachschriften gegenüber, die lediglich auf Grund des bloßen Faktums ihrer Entdeckung und nicht eines – auch nur minimalen – kritischen Vergleichs mit anderen Textzeugen veröffentlicht werden und deshalb keine Kontrolle des edierten Textes erlauben. Und vor allem werden die den Nachschriften gegenüber an den Tag gelegten Skrupel allzu häufig restlos suspendiert gegenüber den »Zusätzen« zu den Kompendien der *Freundesvereinsausgabe*, zur *Enzyklopädie* und zu den *Grundlinien* – obgleich doch die Authentizität der »Zusätze« weit geringer ist als die der Nachschriften: Sie sind durch ein von Band zu Band, von Herausgeber zu Herausgeber wechselndes undurchsichtiges Auswahlverfahren teils aus Nachschriften, teils aus anderen Quellen und möglicherweise eigenen Zutaten kompiliert. Den »Zusätzen« gegenüber haben deshalb die Nachschriften Quellencharakter – selbst wenn sie gelegentlich unreine Quellen sein mögen. Diesen Grad der Reinheit oder Unreinheit zu bestimmen und der letzteren entgegenzuwirken ist jedoch die Aufgabe ihrer kritischen Edition.

(9) Es ist die erste Aufgabe der historisch-kritischen Edition, die Quellen von späteren Deformationen zu befreien und ihre ursprüngliche Form wiederherzustellen. Doch gerade durch diese Restaurierung geht die Edition ungewollt, aber unvermeidlich über die bloße Restauration hinaus und verändert die Rezeptionssituation: Während der Hörer Hegels im allgemeinen nur einen Vortrag der jeweiligen Disziplin hörte, wird sein Leser mehrere Kollegien lesen. Hierdurch erschließt sich ihm ihre Varianz –

und bereits diese steht dem vielerorts liebevoll gepflegten Bild des zunehmend verknöcherten Systematikers Hegel entgegen. Und hinter der bloßen, vielleicht spielerischen Varianz wird zudem auch die Entwicklungsgeschichte der jeweiligen Disziplinen erkennbar – und sie läßt sich stets, von den ersten bis in die letzten Berliner Kollegien Hegels verfolgen.

Diese Entwicklung ist jedoch nicht in irgend welchen plakativen Umschwüngen zu suchen – gleichsam in der Wandlung Hegels vom Rechts- zum Linkshegelianer und umgekehrt, oder vom christlichen zum pantheistischen Denker. Sie betrifft vielmehr die Ausbildung der jeweiligen Disziplinen – die Prozesse ihrer Grundlegung wie auch der Veränderung und Erweiterung der ursprünglichen Ansätze, zum Teil auf Grund der umfassenden und intensiven Auswertung der Quellen, die Hegel sich jeweils von Kolleg zu Kolleg neu erschlossen hat, zum Teil aber auf Grund der fortschreitenden Bestimmtheit des Gedankens. In ihr liegt die entscheidende Dimension der Entwicklung: in der Ausbildung der Systemform der jeweils erst zu »erfindenden« Wissenschaft, in der eigentümlichen Spannung zwischen der Identität des Ansatzes im allgemeinen und der Differenz seiner spezifischen Ausformung. Zwar spannt sich von Hegels erster Vorlesung in Jena (1801/02) ein Bogen bis hin zu seinen späten Vorlesungen. Doch seit dieser ersten Vorlesung ist Hegels Systemgedanke zugleich mit dem Prinzip der (freilich nicht unendlichen) Perfektibilität verknüpft – und es wäre ein schaler Einwand, beide Prinzipien für unvereinbar mit einander zu erklären: Die spezifische Ausformung der einzelnen Disziplinen erfolgt erst sukzessiv, durch die Vorlesungen, auch wenn sie das System nicht materialiter darstellen.

In der Erkenntnis der schrittweisen Herausbildung der Systemform der Manuskriptvorlesungen liegt der systematische Ertrag ihrer entwicklungsgeschichtlichen Darbietung. Denn dieser historischen Erkenntnis kommt für sich selbst systematische Bedeutung zu, insofern sie zeigt, wie der Gedanke auf dem Wege der Negation seine Bestimmtheit gewinnt. Deshalb wäre es ebenfalls verfehlt, statt der phantasievollen Flickwerke früherer Herausgeber jeweils die späteste – und zumindest in diesem Sinne reifste – Form eines Kollegs der Edition zu Grunde legen. Denn auch hierdurch ginge die Einsicht in diesen Prozeß der Herausbildung der Systemform, in die Motive, die ihn steuern, verloren. Eben die Verständigung über diesen Prozeß bildet ein konstitutives Moment unseres Wissens von der jeweiligen Disziplin.

Aufgabe der Nachschriftenedition ist es deshalb, ergänzend zur Edition der Vorlesungsmanuskripte (GW 17–18), die Kluft zwischen der Werkform der Hegelschen Philosophie und ihrer Überlieferungslage nach Möglichkeit zu überbrücken: Seit Beginn seiner Tätigkeit als Hochschullehrer entfaltet sich Hegels Philosophie fast ausschließlich im Rahmen und in Abhängigkeit von seiner Lehrtätigkeit. Die Lehre ist für Hegel – wie für viele seiner Zeitgenossen – nicht ein »Abfallprodukt« seiner Publikationen, sondern der Ort, an dem seine Philosophie ihre allgemeine Gestalt und ihre spezifische gedankliche Bestimmtheit gewinnt – eine Bestimmtheit, die Hegel nur in den beiden Ausnahmen der *Phänomenologie* und der *Wissenschaft der Logik* noch weiter zum »System der Wissenschaft« entfaltet hat.

Literatur: Jaeschke: Probleme der Edition der Nachschriften von Hegels Vorlesungen. In: Allgemeine Zeitschrift für Philosophie 5/3 (1980), 51–63; Fragen und Quellen zur Geschichte von Hegels Nachlaß. I. Dieter Henrich: Auf der Suche nach dem verlorenen Hegel. II. Willi Ferdinand Becker: Hegels hinterlassene Schriften im Briefwechsel seines Sohnes Immanuel. In: ZphF 35 (1981), 585–591 bzw. 592–614; Jaeschke: Gesprochenes und durch Überlieferung gebrochenes Wort. Zur Methodologie der Edition von Vorlesungsnachschriften. In: Zu Werk und Text. Beiträge zur Textologie. Hrsg. von Siegfried Scheibe und Christel Laufer. Berlin 1991, 157–168; Jaeschke: Manuskript und Nachschrift. Überlegungen zu ihrer Edition an Hand von Schleiermachers und Hegels Vorlesungen. In: Textkonstitution bei mündlicher und bei schriftlicher Überlieferung. [...] In: editio, Internationales Jahrbuch für Editionswissenschaft. Beiheft 1, Tübingen 1991, 82–89; Berichte über Nachschriften zu Hegels Vorlesungen. HS 26 (1991); Jaeschke: Eine neue Phase der Hegel-Edition. HS 36 (2001), 15–33.

9.1 Enzyklopädie

(1) Hegels Vorlesungen über Enzyklopädie reichen bis in den Anfang seiner Lehrtätigkeit zurück – wenn auch nicht unter diesem Namen. Bereits in Jena, im Sommer 1803, kündigt er etwas Vergleichbares an: »Philosophiae universae delineationem, ex compendio currente aestate (Tub. Cotta.) prodituro«. Die deutsche Übersetzung nennt hier bereits »Enzyklopädie der Philosophie«. Sie stammt jedoch sicher nicht von Hegel, wie daraus zu ersehen ist, daß er in einem anderen Semester gegen die veröffentlichte deutsche Übersetzung protestiert (s. Kap. II.4.6.5). Auch für die folgenden Semester kündigt Hegel jeweils eine Vorlesung über das Gesamtsystem an – über »philosophiae speculativae systema« (1803/04), philosophiae systema universum« (1804) oder »to-

tam philosophiae scientiam« (1804/05 und 1805); seit dem Winter 1805/06 hingegen widmet er seine Vorlesungen nur noch einzelnen Disziplinen.

Seine Ankündigung, jeweils Vorlesungen über das Gesamtsystem zu halten, hat Hegel aber wohl allein im »System der speculativen Philosophie« vom Winter 1803/04 befolgt. Aus ihm sind jedoch nur Fragmente zur Philosophie der Natur und des Geistes überliefert (s. Kap. II.4.6.5). Danach scheint Hegel sein Programm trotz der allgemeinen Ankündigung jeweils auf Teile des Systems begrenzt zu haben: im Winter 1804/05 auf »Logik, Metaphysik, Naturphilosophie« (s. Kap. II.4.6.6) und im Winter 1805/06 auf »Naturphilosophie und Philosophie des Geistes« (s. Kap. II.4.6.7). Denn schon in diesen späten Jenaer Jahren ist ihm der Stoff für das »System« so angeschwollen, daß er sich vor die Alternative gestellt sieht, entweder nur einen Ausschnitt vorzutragen oder das Ganze auf einen wenig ausgeführten Grundriß zu verknappen.

Aus dem gleichen Grund läßt er in den Nürnberger Berichten über seine Unterrichtsgegenstände Vorbehalte gegen die Forderung des *Normativs* nach Vortrag der »Enzyklopädie« erkennen: Sie könne »nichts Anderes enthalten, als den a l l g e m e i n e n   I n h a l t   d e r   P h i l o s o p h i e, nämlich die Grundbegriffe und Principien ihrer besondern Wissenschaften, […]. So zweckmäßig es nun ist, auf dem Gymnasium eine solche Uebersicht der Elemente zu geben, so kann sie auch wieder bei näherer Betrachtung für überflüssig angesehen werden, – darum, weil die in der Encyklopädie k u r z zu betrachtenden Wissenschaften in der That schon selbst a u s f ü h r l i c h e r - g r ö ß t e n t h e i l s   d a   g e w e s e n   s i n d.« (GW 10.826)

Dieser letztgenannte Vorbehalt trifft freilich nicht auf den Beginn seiner Heidelberger Vorlesungen zu. Vielmehr liegt es nahe, daß Hegel seinen neuen Hörern hier zunächst einen weiten Überblick über die Gebiete geben möchte, die er in den späteren Vorlesungen dann im einzelnen abhandeln will – und so ist es verständlich, daß er in seinen vier Heidelberger Semestern gar drei Mal über Enzyklopädie liest: im ersten Kolleg (1816/17) – was ihm überdies die Möglichkeit bietet, die Druckfassung der ersten Auflage der *Enzyklopädie* zu redigieren –, sodann im Winter 1817/18 eine nicht angekündigte Privatvorlesung für den Prinzen Gustav von Schweden (GW 13.628,639 f.) und nochmals im Sommer 1818, diesmal bereits mit »erläuternden Dictaten«, die also über die gedruckte Fassung bereits hinausweisen (GW 13.581–596). Aus dem gleichen Grund – um eine allgemeine Übersicht über seine Philosophie zu

geben – beginnt er in Berlin ebenfalls mit einer Enzyklopädie Vorlesung (1818) – doch dann liest er nur noch einmal über Enzyklopädie, 1826/27, als er die zweite Auflage seines Kompendiums vorbereitet.

(2) Die Vorlesung über Enzyklopädie gehört deshalb nicht im strengen Sinne zum Kanon seiner Lehre; sie erfüllt eine Randfunktion. Er liest über Enzyklopädie nur dann, wenn es ihm darum zu tun ist, die Grundlinien seiner Philosophie in Form eines weit gefaßten Überblicks vorzutragen – in den ersten Semestern in Heidelberg und Berlin sowie in der Heidelberger Privatvorlesung. Daß er diese Vorlesung aber auch im Sommer 1818 zum Abschluß in Heidelberg wiederholt, wird schlicht den Grund haben, den Hegel etwa gleichzeitig gegenüber Niethammer und v. Raumer nennt: daß die neue Idee der Philosophie »noch ohne wissenschaftliche Ausbildung steht und das Material der besondern Wissenschaften seine Umbildung und Aufnahme in die neue Idee unvollständig oder gar noch nicht erlangt hat« (2.8.16) – oder daß er die Wissenschaften, die er vortragen muß, noch nicht »gemacht« hat (an Niethammer, 11.12.17). Wohl deshalb trägt er in Heidelberg auch die Ästhetik und die Geschichte der Philosophie zweimal vor, obgleich er dort nur vier Semester lehrt. In dem Maße jedoch, in dem die einzelnen Wissenschaften von ihm ausgearbeitet werden und seine Hörer mit ihnen vertraut werden, entfällt auch der Anlaß, über »Enzyklopädie« insgesamt zu lesen.

(3) Es ist deshalb nicht unverständlich, daß die »Enzyklopädie« die einzige Vorlesungsdisziplin ist, die gegenwärtig nicht durch Nachschriften belegt ist. Über diese Vorlesungen ist deshalb nichts bekannt. Wahrscheinlich hat Hegel seinen Vortrag so eng an den gedruckten Text angeschlossen, daß seine Hörer auf eine zusammenhängende Nachschrift verzichtet haben – sei es selbst, wie in Heidelberg 1816/17, im Vorgriff auf die angekündigte Publikation. Die »erläuternden Diktate« hingegen, die Hegel 1818 seinem Vortrag der »Enzyklopädie« hinzugefügt hat, sind überliefert. Sie bilden rasche, nicht einmal ein Jahr nach dem Erscheinen der ersten Auflage ausgearbeitete »retractationes« zu einzelnen Paragraphen, die Hegel nun als korrektur- oder zumindest erläuterungsbedürftig erschienen sind. Deshalb sind sie bei jeder Interpretation der betreffenden Paragraphen der *Enzyklopädie* heranzuziehen.

Kollegien: Winter 1816/17; 1817/18 (Privatvorlesung für Prinz Gustav von Schweden); 1818; 1818/19; 1826/27. – **Erstdruck:** Friedhelm Nicolin (Hg.): Unveröffentlichte Diktate aus einer Enzyklopädie-Vorlesung Hegels. HS 5 (1969), 9–30. – **Text:** GW 13.581–596.

9.2 Logik und Metaphysik

9.2.1 Überlieferung

(1) Hegels Vorlesungen über »Logik und Metaphysik« bilden gleichsam den »roten Faden«, der seine Lehrtätigkeit insgesamt – von der ersten bis zur letzten Vorlesung – durchzieht. Über kein Thema hat er öfter gelesen – so sehr sich auch seine Konzeption in diesen drei Jahrzehnten (1801–1831) gewandelt hat. Und selbst die große Zahl der Logik-Vorlesungen gibt noch kein vollständig adäquates Bild von der Präsenz dieses Themas, denn »Logik und Metaphysik« sind nicht nur in den Vorlesungen thematisch, die ausschließlich diesem Teilgebiet gewidmet sind. Schon in Jena nennen zwar nur die Ankündigungen zu den ersten drei Semestern, vom Winter 1801/02 bis zum Winter 1802/03, »logicam et metaphysicam« als Titel einer Vorlesung, und dann nochmals die Ankündigung vom Sommer 1806. Doch in den dazwischen liegenden sechs Semestern hat Hegel »Logik und Metaphysik« fünf Mal im Kontext der Vorlesungen über sein Gesamtsystem abgehandelt – oder dies zumindest beabsichtigt –, unter ausdrücklicher Erwähnung dieser Teildisziplin im Vorlesungsverzeichnis, und im Sommer 1806 hat er der Logik die »Phänomenologie des Geistes« vorgeschaltet, wie Rosenkranz überliefert (R 214). Lediglich im Winter 1805/06 hat er keine Logik angekündigt oder vorgetragen; hier nimmt die »Geschichte der Philosophie« die Stelle der »Logik« ein.

Es mag insbesondere durch Hegels kontinuierliche Ausarbeitung der Logik bedingt sein, daß sich aus den Jenaer Jahren hierzu nur zwei Manuskripte erhalten haben (GW 5.269–275, 7.3–178; s. Kap. II.4.6.1, 4.6.6). Nachschriften finden sich aus dieser Zeit ohnehin nicht – bis auf die wenigen Seiten, die Troxler doch mehr am Rande seiner Nachschrift von Schellings Vorlesungen überliefert und die schon dadurch ein Zeugnis der damaligen Zusammenarbeit Hegels und Schellings bilden.

(2) In Heidelberg hat Hegel – auf ausdrücklichen Wunsch von Daub (16.8.16) – »Logik und Metaphysik« noch nicht für das erste Semester angekündigt, sondern erst im Sommer 1817 ausdrücklich darüber gelesen (GW 23/1.13–154), bereits an Hand der Druckbogen seiner *Enzyklopädie*. Doch hat er die »Logik« sicher auch im Kontext der beiden Enzyklopädie-Vorlesungen im Winter 1816/17 und im Sommer 1818 abgehandelt – und ebenso später in den beiden Berliner Enzyklopädie-Vorlesungen. Hierüber ist allerdings nichts bekannt.

Für die Berliner Jahre stellt sich die Situation übersichtlicher dar: Es ist ein Indiz für die grundlegende Bedeutung, die Hegel der Logik gibt, daß er in jedem Sommersemester über »Logik und Metaphysik« gelesen hat, an Hand der *Enzyklopädie* in ihrer jeweils aktuellen Fassung – vom Sommer 1819 (worüber es keine Nachrichten gibt) bis zum Sommersemester 1831. Diese Vorlesungen sind zwar nicht lückenlos, aber doch ausführlich überliefert; die nachgeschriebenen Texte liegen nun vollständig in der kritischen Edition vor – in GW 23/1 die Nachschriften zu den Kollegien, die Hegel auf der Grundlage der Enzyklopädie (1817) gehalten hat, und in GW 23/2 zu den auf der Basis der zweiten Ausgabe (1827) gehaltenen. Sie zeigen, daß Hegel bei seinem Vortrag einen sehr starken Akzent auf die Erläuterung des »Vorbegriffs« der *Enzyklopädie* gelegt hat, insbesondere auf die Kommentierung der Paragraphen zu den drei »Stellungen des Gedankens zur Objektivität«. Aber auch die späteren Partien der enzyklopädischen »Wissenschaft der Logik« werden von einigen Nachschriften ausführlich erläutert; sie sind deshalb auch in ihrer Varianz ein unverzichtbares Instrument zum Verständnis der Logik.

9.2.2 Enzyklopädische Logik (1817) und »Wissenschaft der Logik« (1812–1816; 1832)

(1) Wegen ihrer Publikation in der ausgeführten Form der »Wissenschaft« liegt Hegels Logik im Rahmen seines späteren »Systems« – also abgesehen von den Jenaer Entwürfen – in zwei Gestaltungen vor: in den drei Büchern der *Wissenschaft der Logik* (1812–1816; 1832) und in der Werkform »Vorlesungen«, also in den Nachschriften und den drei Fassungen der *Enzyklopädie,* die diesen Systemteil ebenfalls – etwas irreführend – unter den Titel »A. Die Wissenschaft der Logik« stellen (während Hegel die beiden anderen Teile »Philosophie der Natur« bzw. »des Geistes« nennt). Diese beiden Gestaltungen stimmen fraglos im Ansatz und in den Grundlinien der Ausführung überein. Dies verbietet es, nach der *Wissenschaft der Logik* (s. Kap. II.6.2.1) nun auch die Konzeption der enzyklopädischen Logik nochmals ausführlich darzustellen. Gleichwohl weisen beide Fassungen eine Reihe von Differenzen auf – und allein diese sind hier zu markieren.

Diese Differenzen zwischen den beiden Ausformungen der *Logik* und der *Enzyklopädie* liegen zum großen Teil in der sprachlichen Verdichtung und in den materialen Verkürzungen, die die *Enzyklopädie* als Kompendium unvermeidlich gegenüber der wissenschaftsförmlichen Ausführung der *Logik* vornimmt. Doch lassen sie sich mit den beiden Begriffen »Verdichtung« und »Verkürzung« nicht vollständig beschreiben. Die enzyklopädische Logik ist nicht bloß die *Wissenschaft der Logik* en miniature – eine »kleine Logik« als Abbreviation der »großen Logik«, wie sie häufig, wenn auch wenig präzise, genannt wird. Sie weist eigenständige Ableitungszusammenhänge auf – und insofern bildet sie eine eigene Grundform der Logik.

(2) Dies betrifft nicht allein den »Vorbegriff« (s. Kap. II.7.2.4), der der enzyklopädischen Logik eigentümlich ist und bei ihrem Vortrag einen überproportional breiten Raum eingenommen hat. Augenfällig ist vor allem die – keineswegs bloß äußerliche – Differenz in der Architektur der Logik. In der *Wissenschaft der Logik* leitet Hegel aus dem Begriff der Logik als der »Einheit des Subjectiven und Objectiven« die Notwendigkeit ab, daß diese Einheit sich entfalte, und zwar durch »die Darstellung dessen, was sie in sich enthält, also jenes Unterschiedes von Seyn und von Denken.« Hieraus folgt für ihn die Grundeinteilung der Logik: »Die Logik kann daher überhaupt in die Logik des S e y n s und des D e n k e n s, in die o b j e c t i v e und s u b j e c t i v e Logik eingetheilt werden.« Dieser Unterscheidung folgt auch die Gliederung in die beiden »Bände« »objective« und »subjective Logik«. Erst am Schluß der Einteilung präzisiert Hegel: »Die Logik zerfällt zwar überhaupt in objective und subjective Logik. Bestimmter aber hat sie die drey Theile« Seins-, Wesens- und Begriffslogik (GW 11.30,32).

Die *Enzyklopädie* hingegen verzichtet auf die ausdrückliche Fundierung der Struktur der Logik in der in sich differenzierten Einheit von Denken und Sein, und deshalb streicht sie die Untergliederung in objektive und subjektive Logik. Statt dessen konstatiert sie nur noch: »Die r e i n e W i s s e n s c h a f t oder L o g i k zerfällt in drey Theile, in die Logik des S e y n s, des W e s e n s, und des B e g r i f f s oder der I d e e; – des u n m i t t e l b a r e n, des r e f l e c t i r e n d e n und des aus der Reflexion in sich gegangenen und i n s e i n e r R e a l i t ä t b e y s i c h s e l b s t s e y e n d e n G e d a n k e n s. « ([1]§ 37, vgl. [3]§ 83). Auf Grund dieses Strukturprinzips der drei Formen des »Gedankens« stehen die drei Teile der Logik in einem anderen Verhältnis als durch das Prinzip der Entwicklung der Einheit von Denken und Sein in ihren internen Unterschied. Andererseits verdeckt das enzyklopädische Strukturprinzip Hegels Anknüpfung an die Architektonik der Schulmetaphysik – seinen Hinweis, daß die objektive

Logik die Stelle der früheren Ontologie einnehme (GW 11.31 f.).

(3) Nur wenige Jahre trennen die erste Auflage der *Enzyklopädie* und die in ihr formulierte »Wissenschaft der Logik« von der *Wissenschaft der Logik*; zur Begriffslogik beträgt der Abstand sogar nur ein Jahr. Schon deshalb legt sich eine entwicklungsgeschichtliche Interpretation der Differenzen nicht nahe, und insbesondere deshalb nicht, weil auch Hegels späte Neubearbeitung der Seinslogik (1832) trotz aller Abweichungen des Details im Aufriß deren erster Fassung (1812) folgt, und nicht der zeitlich nahestehenden *Enzyklopädie* (1830) – etwa im Titel des dritten Kapitels der »Quantität«: »Das quantitative Verhältniß« (GW 11.179, 21.310) gegenüber »Der Grad« ([1]§ 55, [3]§ 103). Und auch die Unterscheidung von »objectiver« und »subjectiver Logik« kehrt in der späten Überarbeitung der Seinslogik wieder. Allerdings sind die Differenzen der beiden Grundformen in der Seinslogik ohnehin gering. Neben den bereits berührten Einleitungspartien und dem »Vorbegriff« betreffen sie insbesondere die Wesenslogik – also denjenigen Teil, der in der Entwicklungsgeschichte der Logik seine systematische Form ohnehin als letzter gefunden hat.

(4) Wie die *Wissenschaft der Logik,* so gliedert auch die *Enzyklopädie* (1817) die Wesenslogik in drei Abschnitte, deren zweiter und dritter zudem dieselben Überschriften wie in der *Logik* tragen: »Erscheinung« (§§ 74–89) bzw. »Wirklichkeit« (§§ 90–107). Der erste Abschnitt (§§ 65–73) weist jedoch eine tiefgreifende Veränderung auf. In der *Logik* trägt er den Titel »Das Wesen als Reflexion in ihm selbst«, und er ist in die drei Kapitel »Der Schein«, »Die Wesenheiten oder die Reflexions-Bestimmungen« und »Der Grund« untergliedert. In der *Enzyklopädie* hingegen entfällt das erste Kapitel des ersten Abschnitts der *Logik* (»Der Schein«); das vormalige dritte Kapitel (»Der Grund«) bezieht Hegel in stark verkürzter Form in das zweite Kapitel ein, und dieses – also die Abhandlung der Reflexionsbestimmungen – wird somit zum einzigen Inhalt des ersten Abschnitts der *Enzyklopädie* – wobei Hegel allerdings die ursprüngliche Folge von Identität, Unterschied und Widerspruch zur Zweiheit von Identität und Unterschied verkürzt und als Drittes den »Grund« behandelt, der nun seine eigenständige Stellung eingebüßt hat.

Diese Veränderungen scheinen einem äußerlichen, kosmetischen Interesse an der Vereinfachung der komplexen Struktur zu entspringen, die dieser Abschnitt in der *Logik* aufweist. Doch greifen sie tief in die Logik des Wesens ein. Dies gilt noch nicht so

sehr für die inhaltliche Amputation der umfassenden und gehaltvollen Ausführungen des vormaligen
dritten Kapitels »Der Grund« (GW 11.291–322) zu
den beiden knappen Paragraphen über den »Grund«
als Reflexionsbestimmung (¹§§ 72 f.), sondern für
die Veränderungen zu Beginn der Wesenslogik.
Denn mit dem ersten Kapitel »Der Schein« entfällt
nicht allein die systematische Einführung des Begriffs des Wesens, sondern auch die Exposition der
»setzenden«, »äusseren« und »bestimmenden Reflexion« – und damit eine Partie, die in der neueren
Forschung gesteigerte Aufmerksamkeit gefunden
hat. Denn von ihr aus scheinen sich die spezifische
Gestalt der wesenslogischen Dialektik und das Verhältnis von Unmittelbarkeit und Negation zu erschließen, da sie einen »Überschuß gegenüber der
abstrakten Darlegung der Methode [sc. am Ende der
Logik] aufweist« (Henrich 1971, 105). So überrascht
es, daß Hegel gerade diese methodologisch wichtigen Partien nicht in die zweite Grundform seiner
Logik, in die Enzyklopädie, aufgenommen hat. Und
auch die Überlieferung seines Vortrags folgt dem
neuen, abgeänderten Aufriß der Enzyklopädie (GW
23/1.92 f.) – obgleich Hegel an anderer Stelle im Vortrag auf Inhalte der Wissenschaft zurückgreift, die er
aus Gründen der Umfangsbegrenzung aus dem
Kompendium ausgeschlossen hat. Statt dessen greift
er auch zur Erläuterung der Reflexionsbestimmungen wieder auf Beispiele aus der Philosophiegeschichte und der Naturphilosophie zurück – bis
hin zu Newtons Farbenlehre.

Diese Veränderungen sind jedoch nur zum geringsten Teil wirkliche Neugestaltungen: Sie restitu-
ieren im wesentlichen diejenige Gestalt des Beginns
der Wesenslogik, die diese bereits vor der Wissenschaft der Logik, nämlich in der Nürnberger »Logik
für die Mittelklasse« (1810/11; GW 10/1.158–160)
gefunden hat (§§ [34–41]). Auch sie behandelt im
ersten Abschnitt nur »Die Bestimmungen des Wesens«, d. h. Identität, Verschiedenheit, Entgegensetzung und Grund. Sie kennt nicht das spätere Kapitel
über den Schein, und auch sie behandelt den
»Grund« als »dritte« – allerdings gezählt als »4.)« –
der Reflexionsbestimmungen (s. Kap. II.6.1.2).

(5) Eine zweite Veränderung scheint zunächst
ebenfalls primär den Charakter einer Amputation zu
haben: Die Begriffe und Begriffspaare – Form und
Wesen, Form und Materie, Form und Inhalt; formeller, realer, vollständiger Grund; relativ und absolut
Unbedingtes –, durch die Hegel in der Logik zum Begriff der Existenz hinführt, gehen nicht in die Enzyklopädie (1817) ein. Im Vortrag hingegen greift er

hinter den Text der Enzyklopädie wieder zurück auf
die Ausführungen der Logik (GW 23/1.97–102).
Ähnlich stellt sich dies für die Behandlung der »Erscheinung« dar: Auch hier verkürzt Hegel in der Enzyklopädie den Text der Logik so sehr, daß der philosophiegeschichtliche Rückbezug auf Kants Er-
scheinungsbegriff, auf den Gegensatz von »erschei-
nender« und »an sich seyender Welt« nicht mehr
ersichtlich ist, während die Nachschrift zumindest
einen vagen Hinweis darauf bewahrt (GW 23/1.102).

Die beiden späten Auflagen der Enzyklopädie revidieren jedoch diese Amputationen, und zugleich
nähern sie sich formal der Architektur der Wissenschaft der Logik wieder an: Sie kehren zurück zur
doppelten Dreigliederung des ersten Abschnitts,
nun unter dem Obertitel »Das Wesen als Grund der
Existenz«. Doch restituiert Hegel nicht mehr die Kapitel über den »Schein« und die drei Reflexionen.
Statt dessen läßt er hier auf die Reflexionsbestimmung »Grund« das kurze Kapitel »Die Existenz«
(³§§ 123 f.) und die längeren Ausführungen über
»Das Ding« (³§§ 125–130) – mit der Dialektik von
Form und Materie – folgen, die sowohl in der Wissenschaft der Logik als auch in der »Logik für die
Mittelklasse« (1810/11) erst im zweiten Abschnitt
»Erscheinung« exponiert werden (GW 10/1.160–
162; 11.324–340). Während sich somit die enzyklopädische Fassung der Wesenslogik (1817) insgesamt
dem letzten Bearbeitungsstand vor der Wissenschaft
der Logik annähert, greifen die beiden späteren Fassungen auch auf Gehalte und Strukturen der Wissenschaft der Logik zurück. Und auch die Überlieferung
seines letzten Logik-Kollegs entwirft kein anderes
Bild (GW 23/2.747–762).

(6) Ein drittes Element der eigenständigen Grundform der enzyklopädischen Logik bildet der Abschnitt »Die Wirklichkeit«. Die Art seiner Veränderung weist Analogien zur Behandlung der Reflexionsbestimmungen auf. Doch hier geht es nicht um
ein spezielles Thema des Hegelschen Ansatzes, sondern um das zentrale Problem des Verhältnisses von
Relations- und Modalkategorien. Im Abschnitt
»Wirklichkeit« behandelt die Wissenschaft der Logik
in einem ersten Kapitel den Begriff des Absoluten –
»Die Auslegung des Absoluten«, »Das absolute Attribut« und »Der Modus des Absoluten«. Hieran
schließt Hegel im zweiten Kapitel – nochmals unter
dem Titel »Die Wirklichkeit« – die Modalkategorien.
Anders als in den Gymnasialkursen der Nürnberger
Jahre behandelt er sie hier als einen eigenständigen
Bereich. Und erst im Anschluß an den hier formu-
lierten Gedanken der »absoluten Nothwendigkeit«,

der notwendigen Selbstauslegung des Absoluten, geht Hegel über zum dritten Kapitel, in dem er unter dem Titel »Das absolute Verhältniß« die Relationskategorien abhandelt.

In der *Enzyklopädie* ist der entsprechende Abschnitt weit einfacher gebaut: sie kennt weder ein Kapitel über das Absolute noch eine selbständige Abhandlung der Modalbestimmungen. Das erste, den Begriff des Absoluten exponierende Kapitel entfällt, und das zweite und dritte, die Abhandlung der Modal- und der Relationskategorien, zieht Hegel zu einem einzigen Abschnitt zusammen, dessen Struktur allerdings diffus ist: Er beginnt mit den Modalkategorien (§§ 90–96), untergliedert durch arabische Ziffern, und schließt hieran ohne weitere Zäsur die Relationskategorien an (§§ 97–107), untergliedert nach lateinischen Buchstaben. Hierdurch erscheint entweder diese Gliederung gleichsam als Untergliederung der vorangehenden Ziffer »3)« – und somit die Relationslogik als Appendix der Modallogik –, oder umgekehrt die Modallogik als Präfix zur Relationslogik. Modal- und Relationskategorien bleiben dadurch zwar unterschieden, fallen aber in der Architektonik der Logik in unbestimmter Weise in eins. Auch die Überlieferung des Vortrags bietet kein anderes Bild; vielmehr ebnet sie die Differenz zwischen Modal- und Relationskategorien noch weiter ein (GW 23/1.105–113).

Auch diese Präsentationsform ist jedoch nicht völlig neu. Denn bereits in der »Philosophischen Encyclopädie« (1808/09) handelt Hegel die Modalkategorien in einem der Relationslogik vorangestellten Paragraphen ab (§ 43) – obgleich der Titel auch dieses Abschnitts »Wirklichkeit« lautet und somit die Modal- und nicht die Relationskategorien assoziieren läßt. Auch die »Logik für die Mittelklasse« (1810/11) behandelt unter dem Titel »Wirklichkeit« die Relationskategorien, und hier ordnet Hegel die Modalkategorien dem Substanzbegriff zu (§§ 66–69]). Die differenzierte, parallele Abhandlung von Modal- und Relationskategorien ist somit nur in der *Wissenschaft der Logik* verwirklicht. Denn auch die späten Fassungen der *Enzyklopädie* kehren zur Form der »Philosophischen Encyclopädie« (1808/09) zurück: Sie stellen die Modalkategorien (§§ 142–149) der Abhandlung der Relationskategorien (§§ 150–159) als dem eigentlichen Thema dieses Abschnitts voran – während ein derartiger Primat der Relationskategorien in der *Enzyklopädie* (1817) nicht erkennbar ist. Allerdings läßt sich dieses Verhältnis auch umkehren: Nach ³§ 150 (vgl. GW 23/2.768) erscheint die gesamte Abhandlung der Relationskategorien als

Explikation des zuvor exponierten Begriffs der Notwendigkeit als des »absoluten Verhältnisses«.

(7) Hegels Ausarbeitung einer zweiten Grundform der Logik greift somit erheblich in die Gestalt ein, die die Wesenslehre in der *Wissenschaft der Logik* gefunden hat. Auch hierin zeigt sich wiederum die – angesichts des von ihm selber formulierten Methodenideals – erstaunliche Freiheit in der Disposition der logischen Elemente und die nicht minder überraschende Flexibilität in der Formulierung des von ihm selber als »nothwendig« ausgezeichneten Zusammenhangs der Denkbestimmungen. Dies nötigt dazu, Hegels Methodenbegriff insgesamt entsprechend flexibel zu fassen: Er ist vereinbar mit der alternativen Exposition logischer Verhältnisse – und nicht nur in solchen Fällen, die als Weiterentwicklung aufgefaßt werden können, sondern auch im Fall eines Nebeneinanders von ›enzyklopädischer Form‹ und ›Wissenschaftsform‹.

Die im Übergang von der *Logik* zur *Enzyklopädie* vollzogene ›Veränderung des Wesens‹ ist weitgehend als Rückkehr zu einer früheren Gestalt der Wesenslogik zu charakterisieren. Dies macht es problematisch, die enzyklopädische Grundform als eine weitere Etappe seines »Werdens« zu verstehen. Daß die sprachliche Gestalt der enzyklopädischen Darstellung – die knappe, fast dekretierende Mitteilung des in eher verborgener Entwicklung der Denkbestimmungen jeweils erreichten Standes unter Verzicht auf eigentliche Argumentation – mit derjenigen der »Logik für die Mittelklasse« (1810/11) und anderer Entwürfe aus dieser frühen Zeit übereinkommt, ist die unausweichliche Folge des Gesamtcharakters der *Enzyklopädie* als eines bloßen Grundrisses zu Vorlesungen. Dies macht aber nicht die Restitution einer als überholt geglaubten Konzeption plausibel. Und der Zwang zur Kürze, der der *Enzyklopädie* ohne Zweifel auferlegt ist, kann die rückwärts gewandten Abweichungen ebensowenig legitimieren.

Man kann mit gutem Grund und Erfolg Argumente dafür zu entwickeln suchen, daß Hegel in der *Wissenschaft der Logik* den Beginn der Wesenslehre durch die Einführung des »Scheins« und der drei Reflexionen umgestaltet habe, weil er so erst den Begriff des Wesens wirklich erreichen konnte. Man kann aber nicht gleichermaßen gute Gründe dafür vorbringen, daß er eben diese Verbesserung und Absicherung des Gedankengangs in der *Enzyklopädie* wieder zurückgenommen habe – etwa in Folge einer gereifteren Einsicht, daß der in der *Wissenschaft der Logik* versuchte Weg wider Erwarten doch nicht gangbar sei. Ebensowenig aussichtsreich dürfte allerdings der Versuch ausfallen, die genannten Differenzen – wie auch die Differenz bei der Behandlung der Modalbestimmungen im Abschnitt »Wirklichkeit« – am Unterschied der literarischen Form von *Wissenschaft der Logik* und *Enzyklopädie* festzumachen. Man müßte denn Argumente entwickeln, die nicht allein trivial auf die größere Ausführlichkeit der *Logik* gegenüber dem enzyklopädischen Grundriß abhöben, sondern die klarstellten, weshalb die fraglos vorhandenen Unterschiede im Darstellungsmodus zwischen *Wissenschaft der Logik* einerseits und *Enzyklopädie* bzw. »Logik für die Mittelklasse« (1810/11) andererseits eine Differenz auch in der Strukturierung des Gedankengangs erforderten. Solche Argumente sind bisher aber noch nicht vorgetragen worden – wenn auch allein deshalb nicht, weil die hier skizzierte Differenz nicht als offenes Problem einer Interpretation der Logik erkannt worden ist.

Kollegien: 1817; 1819–1831. – **Text: a) Kompendien:** GW 13, §§ 12–192; GW 19, §§ 19–244; GW 20, §§ 19–244; **b) Nachschriften:** GW 23/1–3 (Voreditionen: V 10 [1831], V 11 [1817]). – **Blätter zur Logik:** GW 13.545–560,565–569; GW 19.419–435. – **Literatur:** Henrich: Hegels Logik der Reflexion (1971), 95–156; Klaus Düsing (Hg.): Schellings und Hegels erste absolute Metaphysik (1801–1802). Zusammenfassende Vorlesungsnachschriften von I. P. V. Troxler. Köln 1988, insbesondere 63–77.

9.3 Philosophie der Natur

9.3.1 Überlieferung

(1) Die Naturphilosophie steht in gewissem Sinne am Beginn der akademischen Tätigkeit Hegels – denn er habilitiert sich über ein naturphilosophisches Thema (s. Kap. II.4.6). Gleichwohl kündigt er in den Jahren 1801/02–1802/03 keine Vorlesungen über Naturphilosophie an, obgleich er doch über seine Dissertation hinaus über ausführliche Studien auf diesem Gebiet verfügt. Diese Zurückhaltung dürfte eine Folge der Situation in Jena sein, in der er neben Schelling die Rolle seines Juniorpartners zu übernehmen hat. Erst vom Sommer 1803 ab, also nachdem Schelling Jena verlassen hat, kündigt Hegel in jedem Semester Naturphilosophie an – zunächst im Rahmen der Darstellung seines Gesamtsystems und in den Semestern 1805/06 und 1806 als »Realphilosophie«, also zusammen mit der Geistesphilosophie. Diese Verbindung kündigt Hegel auch noch für die Semester 1806/07 und 1807 an, in denen er jedoch nicht mehr gelesen hat. – Aus diesen Jahren 1803–1806 haben sich keine Nachschriften erhalten, jedoch Hegels Vorlesungsmanuskripte, die *Systementwürfe I, II* und *III* (s. Kap. II.4.6.5–4.6.7).

(2) In Nürnberg geht Hegel bereits am Schluß der »Philosophischen Enzyklopädie« (1808/09) kurz auf die Naturphilosophie ein (GW 10/1.80–83); diese wenigen Paragraphen umfassen jedoch nur die Abschnitte »I. Mathematik« und »II. Physik überhaupt«; damit brechen die überlieferten Diktate ab. Doch schon im folgenden Schuljahr behandelt Hegel im Anschluß an die »Logik« ab Ostern 1810 das »System der besondern Wissenschaften«, und hier beginnt er mit der »Naturwissenschaft«, in der er wiederum »Mathematik« sowie die »Allgemeine« und die »Besondere Physik des Unorganischen«, dann aber auch noch die »Physik des Organischen« vorträgt (GW 10/1.86–97). Diese Diktate überarbeitet Hegel – wahrscheinlich 1814/15 – nochmals sehr detailliert (GW 10/1.311–339). Gleichwohl liegt der Schwerpunkt seiner Systementwicklung in Nürnberg nicht auf der Naturphilosophie – entsprechend seiner Einschätzung, daß die Naturphilosophie für den Gymnasialunterricht weniger geeignet sei (s. Kap. II.6.1.3).

(3) In Heidelberg trägt Hegel die Naturphilosophie jeweils im Rahmen seiner Vorlesungen über die Enzyklopädie vor, also im Winter 1816/17, in der Privatvorlesung für Prinz Gustav von Schweden vom Winter 1817/18 und schließlich im Sommer 1818, und in der letzteren Vorlesung mit »erläuternden Diktaten«. In den überlieferten Diktaten bezieht sich jedoch nur die Ausführung »Zu §. 196. [§. 197.] u. f.« auf die Naturphilosophie (GW 13.593 f.) – doch gewährt gerade diese Ergänzung Einblick in Hegels weitere Ausbildung der Naturphilosophie (s. Kap. II.9.3.3). Insgesamt aber bleibt die *Enzyklopädie* die einzige Quelle für die Naturphilosophie der beiden Heidelberger Jahre.

(4) Auch in seinem ersten Berliner Jahr behandelt Hegel die Naturphilosophie nur im Rahmen der Enzyklopädie-Vorlesung (1818/19). Im Winter 1819/20 jedoch macht er die Naturphilosophie erstmals zum Hauptthema einer Vorlesung, und er wiederholt sie zunächst im Zweijahresabstand, also in den Wintersemestern 1821/22, 1823/24, 1825/26 (GW 24/1–2). Dann jedoch verdrängt die Vielzahl der umfangreichen Vorlesungen, die er inzwischen ausgearbeitet hat, die Naturphilosophie in das kürzere Sommersemester: Statt im Winter 1827/28 liest Hegel erst wieder im Sommer 1828 und ein letztes Mal im Sommer 1830 über Naturphilosophie, und zwar beide Male an Hand der zweiten Auflage der *Enzyklopädie*.

Eigentlich hat Hegel der letzten Vorlesung die dritte Auflage oder zumindest Druckbogen von ihr zu Grunde legen wollen, doch ist es hierzu – wegen der Verzögerung des Drucks – nicht gekommen (GW 20.586–590).

(5) Die drei Fassungen der *Enzyklopädie* bilden jedoch nicht die einzige Basis für den Vortrag der Naturphilosophie. In seiner Vorrede zum zweiten Band der *Enzyklopädie* berichtet dessen Herausgeber, Carl Ludwig Michelet, über Hegels Quellen: »Den beiden ersten Berliner Vorlesungen diente wieder ein vollständiges Heft in Quarto zur Grundlage. Für die Vorlesungen von 1823–1824 verfaßte er eine neue Einleitung, und schloß daran ein neues ergänzendes Heft, Beides in Folio; so jedoch daß für diese und die späteren Vorlesungen auch die früheren Hefte, selbst das Jenaische, benutzt wurden.« Diese Hefte sind seit der Benutzung durch Michelet verloren; erhalten ist nur seine Beschreibung: »Die Berliner Hefte Hegels, obgleich vor dem Erscheinen der zweiten Ausgabe der Encyclopädie abgefaßt, befolgen im Ganzen den Gang der Materien, wie er in dieser schon vorhanden und in der dritten Ausgabe unverändert geblieben ist; nur ein Theil der Farbenlehre hatte in jenen Heften noch eine andere Stelle […]. Denn obgleich dieselben und die daraus entsprungenen Vorlesungen noch die erste Ausgabe der Encyclopädie vor Augen hatten, wo viele Materien anders gestellt waren: so fühlte Hegel doch bald nach der Herausgabe dieses Werks das Fehlerhafte dieser Anordnung, die indessen immer schon der zuletzt angenommenen näher steht, als der im Jenaischen Hefte herrschenden« (W VII/1.XVIII–XX).

(6) Zu den drei Heidelberger Vorlesungen und zur Berliner von 1818/19 über Enzyklopädie haben sich keine Nachschriften erhalten. Von den sechs Berliner Kollegien über Naturphilosophie sind die ersten fünf gut durch Nachschriften dokumentiert und auch vollständig ediert (GW 24/1–2); nicht überliefert ist jedoch das Kolleg 1830. Die Zusätze Michelets zu seiner Ausgabe des zweiten Teils der *Enzyklopädie* (W VII/1) bieten zwar eine umfangreiche Erläuterung und Ergänzung der knapp formulierten Paragraphen; ihr Quellenwert ist jedoch zweifelhaft, zumal Michelet sehr unterschiedliche Materialien – sowohl Hegels Jenaer Manuskripte als auch Berliner Nachschriften – zu einer Kompilation verarbeitet, deren Kompositionsprinzipien nicht mehr erkennbar sind; da sie im Textbestand aber mehrfach über die erhaltenen Nachschriften hinausgehen, werden sie in GW 24/3 als Sekundäre Überlieferung mitgeteilt.

9.3.2 Systemform

(1) Es mag mit der Distanz zusammenhängen, die Hegel in seinen Nürnberger Jahren zur Naturphilosophie gehalten hat, daß deren gültige Systemform auch im ersten enzyklopädischen Grundriß (1817) noch nicht gefunden ist. Die Änderungen, die er in den späteren Auflagen vornimmt, sind hier weit größer als bei den anderen Disziplinen. Wie in den Nürnberger Entwürfen, so stellt Hegel auch in der *Enzyklopädie* (1817) – nach einer Einleitung in die Naturphilosophie – deren ersten Teil unter den Titel »Die Mathematik«. Dieser Titel ist jedoch allenfalls insofern berechtigt, als Hegel hier auf den Begriff des Raumes und dessen drei Dimensionen eingeht, die Voraussetzungen für die Geometrie bilden und bilden dürfen. Doch im Anschluß daran geht er zum Begriff der Zeit und ihrer Dimensionen über, und er konstatiert, der endlichen Wissenschaft des Raumes, der Geometrie, stehe »unmittelbar keine solche W i s s e n s c h a f t d e r Z e i t gegenüber«. Ferner räumt er ein, der Name »Mathematik« sei »für die philosophische Betrachtung des Raums und der Zeit gebraucht worden, weil er derselben wenigstens am nächsten liegt, ungeachtet die Mathematik nur die G r ö s s e b e s t i m - m u n g an diesen Gegenständen« betrachte. Und auch seine anschließenden Überlegungen zu einer »p h i l o s o p h i s c h e n M a t h e m a t i k« führen eher in die Logik zurück als in die Naturwissenschaft hinein ([1]§ 203, [3]§ 259).

Deshalb beginnt Hegel in den späteren Fassungen zwar ebenfalls mit den Begriffen von Raum und Zeit, doch nicht im Rückblick auf »Mathematik«, sondern im Vorblick auf »Ort und Bewegung« sowie auf »Materie und Bewegung«. Er stellt diesen Teil nun – wie schon in Jena (s. Kap. II.4.6.7) – unter den Titel »Mechanik«. Zu diesem neuen Aufriß findet Hegel jedoch nicht erst in der *Enzyklopädie* (1827). Den ersten Anhaltspunkt für seine Unzufriedenheit über den Beginn mit der »Mathematik« gibt bereits das Diktat zur Heidelberger Vorlesung vom Sommer 1818: Hegel experimentiert hier mit einer an der Seinslogik orientierten Spezifikation der Natur als des »Seyns«. Von »Mathematik« spricht er hingegen nicht mehr, allerdings auch noch nicht von »Mechanik«. Diese nennt jedoch schon das erste Berliner Kolleg über Naturphilosophie (1819/20) als das Thema des ersten Teils – obgleich Hegel dieses Kolleg noch an Hand der ersten *Enzyklopädie* vorträgt: »Mechanik (nicht bloß Mathematik)«. Auch im dritten Kolleg (1823/24) spricht Hegel diese Diskrepanz zwischen Kompendium und Vortrag ausdrücklich an: »ich werde jedoch diesem Theile einen größeren Umfang geben, als dieß in meiner Enzyklopädie geschehen ist, und werde hier das aufnehmen, was in den § 197–217 abgehandelt ist.« (GW 24/1.530)

(2) Die Ausgliederung der »Mechanik« aus der »Physik« zieht weitere umfangreiche Revisionen dieses zweiten Teils nach sich. Hegel gestaltet diesen Teil völlig neu: Dessen früheren zweiten Abschnitt »B. Elementarische Physik« (¹§§ 219–234) erweitert er unter Einfügung umfangreicher Materialien und in Orientierung an den logischen Bestimmungen zu den beiden Abschnitten »A. Physik der allgemeinen Individualität« (³§§ 274–289) und »B. Physik der besondern Individualität« (³§§ 290–307). Den ursprünglichen dritten Abschnitt der »Physik«, »C. Individuelle Physik«, nutzt Hegel als – wenn auch schmale – Basis für den neuen dritten Abschnitt, »C. Physik der totalen Individualität«. – Im dritten Teil der Naturphilosophie, der »Organischen Physik«, bleibt der Grundriß, die Folge von geologischer und vegetabilischer Natur sowie tierischem Organismus, hingegen konstant. Hier liegt die Veränderung nicht in der systematischen Form, sondern in der intensiven Ausgestaltung des Details.

(3) Der Vorzug des neuen, seit dem Kolleg 1819/20 gültigen Aufrisses besteht fraglos darin, daß er die »Mathematik« nicht als erste der Naturwissenschaften abhandelt. Er ist jedoch durch den Nachteil erkauft, daß die »Mechanik«, die in der *Enzyklopädie* (1817) den ersten Teil der »Physik« bildet, von dieser abgetrennt und ihr als ein selbständiger Teil vorgeordnet wird, während Hegel den dritten Teil der Naturphilosophie, die »Organik«, weiterhin als »Organische Physik« bezeichnet und somit einem weiten Begriff von »Physik« als ›Naturlehre‹ unterstellt.

9.3.3 Der Begriff der Natur

(1) Das Verhältnis von »Natur« und »Idee« faßt Hegel in der Formel, die Natur sei die »Idee in der Form des Andersseyns«; als Natur sei die Idee in der Bestimmung der »Aeußerlichkeit«. Für das Verständnis von Natur hängt offensichtlich alles davon ab, wie diese »Aeußerlichkeit« und jenes »Andersseyn« zu denken seien. Trotz ihrer vordergründigen Prägnanz ist Hegels Formel sehr komplex, und vor allem ist sie ambivalent: Entgegen dem früheren cartesianischen Dualismus von res cogitans und res extensa faßt sie das Verhältnis von »Idee« und »Natur« zwar dual, aber gleichwohl monistisch. Doch entgegen einem ontologischen Monismus, einem Spiritualismus, betont sie das Moment der Distanz: Die

Natur ist ja nicht schlechthin »Idee« oder »Geist«, sondern das »Andere«. Wäre Natur nicht die »Idee in der Form des Andersseyns«, des Negativen, so entfiele die Differenz zwischen Idee und Natur; wäre sie nicht die Idee in der Form des Andersseins, so läge eine ontologische Kluft, ein »garstiger breiter Graben« zwischen ihnen, von dem sich schwerlich sehen ließe, wie er durch Erkenntnis je überbrückt werden könnte – es sei denn mittels des traditionellen, nach der Aufklärung aber methodologisch nicht mehr legitimen Rekurses auf den Gottesgedanken.

Hegels Formel bestimmt das Verhältnis von »Idee« und »Natur« somit als eine differenzierte Einheit, allerdings im Unterschied zur frühen Naturphilosophie Schellings nicht als ein Gleichgewicht beider – so daß die Natur versteinerte Idee, die Idee vergeistigte Natur wäre –, sondern unter dem Primat der Idee. In der Natur ist die Idee »sich äußerlich«, jedoch nicht etwa umgekehrt die Natur sich äußerlich in der Idee. Die Natur ist das Negative, die Äußerlichkeit der Idee, und als solche Äußerlichkeit schlechthin ist sie auch relativ auf die Idee äußerlich. Mittels dieser wenig anschaulichen, formelhaften Ausdrucksweise sucht Hegel den entscheidenden Grundzug des Verhältnisses von Natur und Idee auszusagen: sowohl ihre Identität als auch ihre Differenz. Denn von einem Ansatz her, der hier nur Identität oder nur Differenz konstatierte, ließe sich dieses Verhältnis gar nicht denken. Dies trifft auch dann zu, wenn der Übergang von der Idee zur Natur nur vorausgesetzt und nicht genetisch beschrieben werden kann (³§ 247).

(2) Die »Aeußerlichkeit« der Natur zeigt sich für Hegel nicht in ihrer »Ausdehnung« – obschon sie, anders als der Geist, fraglos ein Ausgedehntes und insofern »res extensa« ist. Die »Aeußerlichkeit« zeigt sich im Verhältnis der Begriffsbestimmungen zu einander, darin, daß sie hier »den Schein eines gleichgültigen Bestehens und der Vereinzelung gegeneinander« haben, und ebenso darin, daß die Begriffsbestimmungen in der Natur nicht als solche, in ihrer logischen Prägnanz, festgehalten sind. »Spuren der Begriffsbestimmung werden sich allerdings bis in das Particulärste hinein verfolgen, aber dieses sich nicht durch sie erschöpfen lassen«. Schon diese klare Stellungnahme dementiert den so oft gegen Hegel erhobenen Vorwurf des Panlogismus. Das logische Verhältnis etwa von Gattung und Art gilt auch für die Natur – doch an die Stelle der Bestimmtheit des Begriffs tritt in der Natur die »bestimmungslose Mannichfaltigkeit der Arten«. Ob es 67 oder ein weiteres Dutzend Papageienarten gibt, läßt sich nur noch em-

pirisch abzählen, aber nicht mehr durch den Begriff bestimmen (GW 12.218), und dies gilt sogar für die Dreiheit der Dimensionen des Raumes. Aus dem Umstand, daß Hegel die Geometrie davon freispricht, die drei Dimensionen zu deduzieren, weil sie keine philosophische Wissenschaft sei, wäre zwar zu entnehmen, daß die Naturphilosophie diese Aufgabe habe, und auch in der Vorlesung sagt Hegel, diese Dreiheit müsse »bewiesen werden, nicht gewiesen« (GW 24/1.535) – doch hierzu unternimmt Hegel keine Anstrengung. Denn der bloße Hinweis auf die Dreiheit der logischen Momente reicht hierfür nicht aus, zumal diese ja auch eine inhaltliche Bestimmtheit gegeneinander haben, was er selber für die drei Dimensionen des Raumes dementiert.

Hegel räumt auch ein, daß er bei seinem Versuch, solche »Spuren« aufzufinden, noch nicht so weit vordringt, wie ihm dies möglich und erwünscht erscheint. So gibt er zwar »einige Grundzüge« an, »wie die Hauptbestimmungen der freien Bewegung m i t d e m B e g r i f f e zusammenhängen« – doch dann spricht er sehr offen aus, dies könne »für seine Begründung nicht ausführlicher entwickelt, und muß daher zunächst seinem Schicksal überlassen werden.« (§ 270) Solche Ausführungen zeigen sehr klar Hegels Option: Die »Mannichfaltigkeit der Formen« der Natur offenbart für ihn nicht etwa die Macht der Natur, sich der Einheit des Begriffs entgegenzusetzen, sondern vielmehr die »Ohnmacht der Natur«: Sie kann den Begriff nicht festhalten. Doch was in der Perspektive des Begriffs als »Ohnmacht der Natur«, erscheint in der Perspektive des Lebens als ihr Reichtum. Auch Hegel spricht hier vom »unendlichen Reichthum« – aber er kann ihm wenig abgewinnen, zumal dieser ja nicht Thema der Philosophie ist, und so assoziiert er ihn mit »Zufälligkeit«. Verständlich allerdings ist es, wenn er diesen »unendlichen Reichthum« nicht »als die hohe Freiheit der Natur, auch als die Göttlichkeit d e r s e l b e n oder wenigstens die Göttlichkeit in derselben gerühmt« sehen will. Denn von »Freiheit« kann hier allerdings keine Rede sein, und die »Göttlichkeit« liegt für ihn nicht in der »Aeußerlichkeit« der beliebig mannigfaltigen Formen, sondern in der Einheit der logischen Bestimmung (^{3}§ 250).

(3) Hegels Naturphilosophie gehört einer Zeit an, in der der Naturbegriff extremen Spannungen und Friktionen unterliegt. In einer epochalen Rationalisierungsleistung wird im 18. Jahrhundert der Prozeß der »Entzauberung« der Natur grundsätzlich abgeschlossen und auch konzeptualisiert (JWA 2.399). Dies verhindert freilich nicht, daß seine Nach-

geschichte bis in die Gegenwart reicht. Doch die Kraft der frühneuzeitlichen Deutung der Natur ist gebrochen: Natur gilt nun nicht mehr als durch den Sündenfall verderbt und deshalb als dämonisch, und auch das Wunder ist nicht mehr konstitutives Moment der Natur. Solche theologisch dominierten Deutungen werden durch das Verständnis der Natur als eines durch Gesetze bestimmten und somit berechenbaren Zusammenhangs verdrängt.

Damit sind jedoch nur einige theologische Optionen ausgeschlossen, und es bleibt eine Reihe weiterer: Die Physikotheologie des 18. Jahrhunderts begreift die Natur in ihrer Gesetzmäßigkeit als ein Werk des Schöpfers, dessen Güte, Weisheit und Macht im Gegenzug wiederum aus seinem Geschöpf erkannt werden kann: Die Himmel rühmen des Ewigen Ehre, und nicht allein die Himmel, sondern die gesamte Schöpfung bis in die kleinste und unansehnlichste Kreatur. Im Umkreis der ›Empfindsamkeit‹ des ausgehenden 18. Jahrhunderts erhält die Natur sogar göttliche Qualitäten zugesprochen; sie wird nun auch selbst als ein ›Heiliges‹, als »heilige Natur« erfahren. Doch findet sich auch die Gegenposition: Obgleich Jacobi der ›Empfindsamkeit‹ in vielen Zügen und Äußerungen nahesteht, zeichnet er mit vielen anderen das Bild der gesetzmäßig aufgefaßten Natur als »einer ununterbrechbaren Kette von lauter wirkenden Ursachen ohne Anfang und Ende«. Solche Natur verberge Gott, und von einer im neutralen Sinne gott-losen wird sie ihm zu einer widergöttlichen Natur, die er nun in düsteren, fast gnostischen Farben malt: Er nennt sie »eine gräßliche, von Ewigkeit zu Ewigkeit nur Schein und Schattenleben brütende Mutter Nacht – Tod und Vernichtung, Mord und Lüge, wo es taget.« (JWA 3.117,12) Schelling hingegen nennt in seiner Akademierede *Ueber das Verhältniß der bildenden Künste zu der Natur* (1807) die Natur – mit deutlichem Anklang an die spinozistische »natura naturans« – »die heilige, ewig schaffende Urkraft der Welt, die alle Dinge aus sich selbst erzeugt und werkthätig hervorbringt.« (SW I/7.293)

Gegenüber diesen so eindrucksvollen wie gegensätzlichen Bildern nimmt sich Hegels Deutung der Natur bescheiden, ja fast farblos aus. Für ihn ist Natur weder etwas Widergöttliches noch etwas Heiliges – denn sie ist ihm ja die »Idee«, aber diese eben »in der Form des A n d e r s s e y n s«. Deshalb »mag und soll man in ihr wohl die Weisheit Gottes bewundern« – aber entgegen der Naturfixierung der Physikotheologie »ist jede Vorstellung des Geistes, die schlechteste seiner Einbildungen, das Spiel seiner zufälligsten Launen, jedes Wort ein vortrefflicherer Erkenntniß-

grund für Gottes Seyn, als irgend ein einzelner Naturgegenstand« – etwa der Strohhalm des Vanini.
Und Hegel steigert diese Überlegenheit des Geistes
über die Natur noch in provozierender Weise: Selbst
die Willkür, die »bis zum B ö s e n fortgeht«, ist »noch
ein unendlich höheres, als das gesetzmäßige Wandeln der Gestirne oder als die Unschuld der Pflanze;
denn was sich so verirrt, ist noch Geist.« (^{3}§ 248) Solche Äußerungen haben immer wieder Anstoß erregt
– und Hegel steht Goethe wohl nirgends ferner als in
ihnen. Doch sie entspringen nicht einem Affekt gegen die Natur, sondern sie folgen konsequent aus Hegels Auffassung der Natur als eines »S y s t e m s v o n
S t u f e n«, deren letzte zum Geist hin überschritten
wird, so daß das Geistige insgesamt einer höheren
Stufe angehört als das bloß Natürliche. Selbst das Böse ist ja ein Produkt der Freiheit – und deshalb ist es
mehr als nur Natur (^{3}§ 248). Der Mangel der Natur
zeigt sich gleichsam darin, daß sie nicht einmal böse
sein kann.

(4) Ein weiteres Characteristicum seines Naturbegriffs spricht Hegel in diesen einleitenden Partien
der *Enzyklopädie* nicht mit der gleichen Bestimmtheit aus – wohl schon deshalb, weil es sich von seinem Gesamtansatz her ohnehin versteht. In den
Vorlesungen ist er hierüber jedoch sehr ausführlich:
»Natur« ist nicht etwas bloß »Objektives«, dem Bewußtsein von außen her Gegebenes; sie ist nicht
»ein substantielles gegen mich sondern ebenso als
die meine [...]. Sie ist ebensowohl Sache des Geistes
als ungeistiges dem Geist entgegen aber nicht ihm
fremd, sondern in diesem andern besitzt er sich
selbst.« Natur ist nichts bloß Unmittelbares, sondern ein immer schon geistig Erfaßtes – und diese
Erkenntnis ist auch nicht ein rein durch den Gegenstand determiniertes Erfahrungswissen, sondern
vielmehr ein Komplement unserer Begrifflichkeit.
Von den Naturgesetzen heißt es deshalb: »Wir erhalten sie von außen aber wir erhalten darinn das
unsere. Die Form der Allgemeinheit ist das unsre.«
(GW 24/1. 4 f.)

Dieser Ansatz verdankt sich dem Erbe der Transzendentalphilosophie. Gleichwohl spielt Hegel nie
diese gewußte, immer auch durch Leistungen der
Subjektivität konstituierte Natur gegen eine ›Natur
an sich‹ aus: So, wie sie im Bewußtsein ist, so ist sie –
und es ist sinnlos, ihr selbst darüber hinaus ein ›wahres‹, jedoch nicht erkennbares Sein zuzusprechen.
Konstitutiv für das Bild der Natur, das dieses Bewußtsein entwirft, sind aber nicht allein die zeitlos
gültigen apriorischen Bedingungen der Erkenntnis,
sondern ebenso die Sedimentierungen kultur-

geschichtlicher, menschheitsgeschichtlicher Entwicklungen. Dies zeigt sich bereits im Blick auf die
genannten unterschiedlichen theologischen Deutungen wie auch auf den Gegensatz von mechanis-
tischer und teleologischer Interpretation der Natur.
Die Erfahrung der Natur ist ein integrales Moment
von Welterfahrung überhaupt; sie setzt sowohl die
apriorische Begrifflichkeit als auch die umfassende
Geistigkeit einer jeden Epoche voraus.

(5) Auf Grund dieser apriorischen und geschichtlichen Voraussetzungen ist die Natur für Hegel »als
ein S y s t e m v o n S t u f e n zu betrachten, deren eine aus der andern nothwendig hervorgeht und die
nächste Wahrheit derjenigen ist, aus welcher sie re-
sultirt«. Das Proprium dieses Ansatzes liegt somit
nicht schon in der Auffassung der Natur als eines
»S y s t e m s v o n S t u f e n«, sondern in deren Verbindung: Hegel entwirft »ein beeindruckendes Gesamtbild der Natur: einen d u r c h g ä n g i g e n Z u -
s a m m e n h a n g der Naturphänomene in der Form
einer Stufenfolge, die eine Tendenz im Sinn zunehmender Kohärenz und Idealität zeigt – vom elemen-
taren Außereinandersein bis zur Idealität des Psychischen.« (Wandschneider 2001, 166) Und dieses,
als durchgängiger Zusammenhang gedachte »System« ist für Hegel nichts bloß Faktisches, Opakes.
Als Voraussetzung von Keplers »glänzenden Entdeckungen« rühmt er »den tiefen Glauben, daß V e r -
n u n f t i n d i e s e m S y s t e m e i s t« (§ 280). Auf
diesem »Glauben«, daß Vernunft in der Natur sei
und daß sie eben hierdurch und auch nur soweit erkennbar sei, als Vernunft in ihr sei, beruht auch seine
eigene Konzeption. Den keineswegs dogmatischen,
sondern heuristischen Charakter dieses »Glaubens«
drückt Hegel an anderer Stelle so aus, daß »der B e -
g r i f f sich in der bestimmten Natur vermuthete und
die Idee einer N a t u r p h i l o s o p h i e faßte« (§ 312).
Die Aufgabe der Naturphilosophie ist es deshalb, diese Vermutung zur Gewißheit zu erheben.

(6) Eine derartige Konzeption des »Systems« der
Natur als einer durchgängigen und über sie hinaus-
weisenden Stufenfolge könnte als Antizipation der
Evolutionstheorie gelesen werden, zumal diese sich
auch ungezwungen in Hegels Konzeption einbrin-
gen ließe. Aber gerade gegen ein solches Mißverständnis wendet Hegel sich in der Fortsetzung seines
Satzes mit Emphase: »aber nicht so, daß die eine aus
der anderen n a t ü r l i c h erzeugt würde, sondern in
der innern den Grund der Natur ausmachenden
Idee. Die M e t a m o r p h o s e kommt nur dem Begriffe als solchem zu, da dessen Veränderung allein
Entwicklung ist.«

Über allem wohlfeilen Spott, daß Hegel zu Beginn desjenigen Jahrhunderts den Evolutionsgedanken ausdrücklich ausschließt, der dann seit der Mitte des Jahrhunderts seinen Siegeszug antritt, ist jedoch zweierlei nicht zu vergessen: Hegel schließt den Evolutionsgedanken eben deshalb aus, weil er von der empirischen Wissenschaft seiner Zeit nicht bestätigt wird. Er betrachtet ihn als »eine ungeschickte Vorstellung älterer auch neuerer Naturphilosophie«, die einen derartigen Evolutionsprozeß dadurch deutlicher machen will, daß sie ihn »in das Dunkel der Vergangenheit« verlegt (³§ 249) – und solchem Vorgehen will er sich nicht anschließen. Deshalb betrachtet er »Evolution« als eine ebenso dubiose Deutung wie »Emanation« und selbst »Metamorphose« – letzteres trotz seiner gegebenen und stets auch gesuchten Nähe zu Goethe (GW 24/1.518–522). Und ferner ist Hegels Verständnis der Natur als eines in sich zusammenhängenden »S y s t e m s v o n S t u - f e n« erheblich breiter angelegt als die Evolutionstheorie, der ja nur eine regionale Bedeutung für die »organische Physik« zukommt.

9.3.4 Naturwissenschaft und Naturphilosophie

(1) Eine herausragende Aufgabe der Naturphilosophie ist es, Natur insgesamt als »System« und als integrierendes Moment innerhalb des Systems der Philosophie überhaupt zu begreifen, indem sie die »Spuren der Begriffsbestimmung« in ihr nachweist. Sie hebt sich damit ab von der rationalen Kosmologie der vormaligen metaphysica specialis, aber sie hebt sich ebenso ab von der Naturphilosophie der Romantik und Schellings. Erst in den drei vergangenen Jahrzehnten scheint es Hegels Naturphilosophie gelungen zu sein, aus deren übermächtigem Schatten herauszutreten. Zwar sucht Hegel schon in Jena, in seinem ersten Entwurf der Naturphilosophie (s. Kap. II.4.6.5), die Distanz zu Schelling. In der Folgezeit grenzt er sich wiederholt – und zum Teil recht polemisch – von dessen »Formalismus« ab, sei es in der »Vorrede« zur *Phänomenologie des Geistes,* sei es in der privaten Versicherung gegenüber seinem – damaligen – Freund Paulus, daß er sich »mit Mathematik, neuerlich mit der höhern Analysis, der Differential-Rechnung, mit Physik, Naturgeschichte, Chemie zu sehr beschäftigt habe, um mich von dem Schwindel der Naturphilosophie, ohne Kenntnisse und durch Einbildungskraft zu philosophieren und leere Einfälle selbst des Aberwitzes für Gedanken zu halten, ergreifen zu lassen.« (30.7.14) Mit der Konzeption, die seit der *Enzyklopädie* (1817) vorliegt und die Hegel seit 1819/20 vorträgt und weiter ausarbeitet, verfügt er über einen eigenständigen, unverwechselbaren Ansatz. Gleichwohl hat die Rezeptionsgeschichte sich bis vor kurzem die erforderliche Mühe der Differenzierung erspart und sich statt dessen lieber an die – zudem falsch verstandene – Anekdote über Hegels angebliches Wegspekulieren eines faktischen Planeten erbaut (s. Kap. II.4.2).

(2) Hegels Naturphilosophie ist – mit der späteren Unterscheidung – eine »materiale« Disziplin, nicht eine »formale« im Sinne einer kritischen Reflexion auf Naturwissenschaft oder gar einer Wissenschaftstheorie der Naturwissenschaft. Sie zielt auch »nicht auf eine metaphysische Grundlegung theoretischer naturwissenschaftlicher Disziplinen«. Sie verzichtet darauf, »eine Grundlegung erfahrungswissenschaftlicher Naturerkenntnis durch theoretische Erkenntnis a priori anzustreben oder metaphysische Voraussetzungen aufzudecken, deren die mathematischen Physiker nicht entbehren können. Der Verzicht ist ein Gewinn.« (Fulda 2003, 143) Die Naturphilosophie thematisiert nicht die Naturwissenschaft, sondern – wie diese ebenfalls – die Natur. Dennoch unterscheidet sie sich von der Naturwissenschaft prägnant durch die spezifische Fragestellung, mit der sie ihren Gegenstand erfaßt, die jedoch der empirischen Forschung gar nicht zugänglich ist. Sie treibt keine Naturforschung, und sie fragt auch nicht nach dem einzelnen Naturphänomen, sondern sie begreift Natur – als das Anderssein der Idee – als ganze, und zwar nicht bloß als ein starres »S y s t e m v o n S t u - f e n«, sondern als ein »lebendiges Ganzes«. Geordnet ist es nach der sukzessiven Ausbildung von Subjektivitätsstrukturen, da diese den Übergang von der Natur zum »Geist« anzeigen, »der die Wahrheit und der Endzweck der Natur und die wahre Wirklichkeit der Idee ist.« (³§ 251). Es geht Hegel deshalb nie um ein bloß theoretisches Verständnis irgendeines Gegenstands oder Phänomens der »Natur«, sondern stets um ihre Stellung auf dem Weg des Geistes zu sich selbst – so sehr er auch bei den einzelnen Gegenständen verharrt und sie zu begreifen sucht.

»Natur« ist für Hegel nichts bloß ›Objektives‹. Deshalb ist ein ausschließlich theoretisches Verhältnis zu ihr eine bloße Abstraktion. Sie zu begreifen schließt immer ein Sichselbstbegreifen des Geistes ein. Von hier aus bestimmt Hegel den Begriff der Naturphilosophie: Sie ist auch keine ›objektive‹, rein theoretische Disziplin, sondern ihre höchste Aufgabe liegt in der »Vereinigung der Gegensätze«, die das Naturverhältnis des Menschen bestimmen, nämlich des theoretischen und des praktischen Zugangs zur Natur. Dem theoretischen Zugriff erscheint »Natur« zunächst als ein von uns Bewundertes und Verehrtes, als ein von uns Unabhängiges und für sich Bestehendes, als ein Tätiges und auf Zwecke Gerichtetes, und somit als Subjekt. Sie ist auch keineswegs das abstrakt Andere, der bloße Widerpart der Freiheit, an dem sich die Freiheit vergebens abarbeitet, sondern etwas in sich vernünftig Strukturiertes und somit gleichsam die Vorhalle unserer Freiheit.

Gleichwohl ist sie für uns unvermeidlich ein Gegenstand des praktischen Zugriffs, ein von uns Benutztes und Beherrschtes, Ausgebeutetes und Vernichtetes, ja durch die List der menschlichen Vernunft Zerstörtes und Zertrümmertes: »Dies ist der Bewußtlose Zwiespalt in dem wir uns unmittelbar zur Natur befinden.« »Das Problem der Naturphilosophie ist also diese entgegensezung zu lösen.« »Die Vereinigung der Gegensäze besteht näher also darinn: daß ich die Natur nicht nur betrachte als ein substantielles gegen mich sondern eben so als die meine und umgekehrt; Daß die Natur nicht nur das Selbstlose sondern auch das für sich seiende ist.« (GW 24/1.4)

(3) Demnach läßt sich die Aufgabe der Naturphilosophie primär als praktisch fassen, als die Überwindung des Zwiespalts, als die Versöhnung des Geistes mit der Natur. Diese praktische Bestimmung der Aufgabe der Naturphilosophie tritt allerdings in der Durchführung zurück – freilich ohne revoziert zu werden. Ihr generelles Verfahren läßt sich – mit dem bereits zitierten Wort – beschreiben als das Aufsuchen der »Spuren der Begriffsbestimmung« in der Natur – methodisch übrigens nicht anders als in der Philosophie des absoluten Geistes. Man könnte dieses Programm ebensogut mit dem Kantischen Wort als das Herausarbeiten der »metaphysischen Anfangsgründe der Naturwissenschaften« beschreiben – auch wenn Hegel damit nicht die Absicht einer metaphysischen Grundlegung verfolgt. Und er legt ausdrücklich Wert darauf, daß es hier nur um solche »Spuren« oder »metaphysischen Anfangsgründe« gehen könne: »Spuren der Begriffsbestimmung werden sich allerdings bis in das Particulärste hinein verfolgen, aber dieses sich nicht durch sie erschöpfen lassen. Die Spuren dieser Fortleitung und innern Zusammenhangs werden den Betrachter oft überraschen […]. Aber man hat darüber mistrauisch zu seyn, daß solche Spur nicht für Totalität der Bestimmung der Gebilde genommen werde« (³§ 250). Denn dies widerspräche nicht allein dem Begriff der Natur, der ja Zufälligkeit und äußere Anordnung, ja die

Ohnmacht der Natur einschließt, und machte Natur zu etwas ausschließlich logisch Bestimmtem. In dem Programm einer vollständigen logischen Ableitung der Naturbestimmungen sieht Hegel zudem die Gefahr, daß die auf philosophisch-redliche Weise nicht mehr apriorisch faßbare Dimension der Natur durch eine vermeintlich vernunftgeleitete Etikettierung verdeckt wird, so daß die Naturphilosophie zu einem »Verfahren der Vorstellung und Phantasie (auch der Phantasterei) nach A n a l o g i e n« herabsinkt, den Gegenständen »Bestimmungen und Schemata nur ä u ß e r l i c h auf[zu]drücken« (§ 246).

(4) Im Interesse ihrer praktischen Aufgabe ist die Naturphilosophie auf die Erkenntnis der »Spuren« des Begriffs gerichtet, somit auf die Erkenntnis des Apriorischen in der Natur. Aber eben um diese »Spuren« des Begriffs freizulegen und nicht in einen Panlogismus und dann konsequent in einen Formalismus zu geraten, bedarf es der Erfahrung. Hierzu hat Hegel sich mit aller Klarheit bekannt, und man kann es schwerlich deutlicher aussprechen als er: »Nicht nur muß die Philosophie mit der Natur-Erfahrung übereinstimmend seyn, sondern die E n t s t e h u n g und B i l d u n g der philosophischen Wissenschaft hat die empirische Physik zur Voraussetzung und Bedingung«. Und Hegel fordert, »daß außerdem daß der Gegenstand nach seiner B e g r i f f s b e s t i m m u n g in dem philosophischen Gange anzugeben ist, noch weiter die e m p i r i s c h e Erscheinung, welche derselben entspricht, namhaft zu machen und von ihr aufzuzeigen ist, daß sie jener in der That entspricht.« In der Betonung des Voraussetzungscharakters der empirischen Wissenschaft ist freilich nicht impliziert, daß die Naturphilosophie nun mit empirischer Wissenschaft einzusetzen habe oder gar durch sie legitimiert werde – denn selbst für die Naturwissenschaft gilt: »Ein anderes aber ist der Gang des Entstehens und die Vorarbeiten einer Wissenschaft, ein anderes die Wissenschaft selbst« (³§ 246). »Wenn die Wissenschaft fertig ist, fängt sie allerdings nicht mehr vom Empirischen an, aber daß sie zur Existenz komme, dazu gehört der Gang vom Einzelnen, vom Besonderen zum Allgemeinen« (V 9.76) – also der Gang der Induktion.

Diese Aussage gehört keineswegs einer Ebene des bloß programmatischen Bekenntnisses an, das bei der nachfolgenden Ausarbeitung der Naturphilosophie ungehört und wirkungslos verhallt wäre – hiergegen spricht bereits Hegels ausführliche Orientierung an den Resultaten wie auch seine gelegentliche Korrektur von Annahmen der Einzelwissenschaften seiner Zeit – wie man nicht allein der Forschungsliteratur der letzten drei Jahrzehnte, sondern auch den Anmerkungen zu den neueren Editionen entnehmen kann. Hegels Kritik richtet sich nicht gegen den Rekurs auf Erfahrung, sondern gegen die verfehlten Resultate, die oftmals aus ihr gezogen werden, und sie richtet sich insbesondere gegen die verdeckte »Verstandesmetaphysik« der Naturwissenschaften – etwa gegen »die Ueberschwemmung der physischen Mechanik mit einer u n s ä g l i c h e n M e t a p h y s i k, die – gegen Erfahrung und Begriff –« sich allein auf mathematische Bestimmungen bezieht (§ 270). Diese Kritik an einer falschen, »metaphysischen« Auffassung der Resultate der Erfahrung, am »metaphysischen Galimathias« (³§ 320) durchzieht seine gesamte Naturphilosophie. Hiergegen klagt er die Berücksichtigung der Erfahrung ein – sicherlich nicht mit dem Ziel, bei ihr stehenzubleiben, sondern ihre Verwechselung mit der schlechten Metaphysik des Verstandes zu beenden: die Phänomene vor ihrer Deformation durch Verstandesreflexion und -metaphysik zu retten und Raum zu gewinnen für eine den Phänomenen besser angemessene spekulative Deutung der Erfahrung. So wendet er sich auch gegen die Versuche seiner Zeitgenossen, Naturphänomene auf Stofflichkeit zu reduzieren und sich dabei in Tautologien zu verlieren – indem sie etwa Klänge auf einen »Klangstoff« oder Wärme auf einen »Wärmestoff« zurückführt (§ 304 f.), ja letztlich das Einschlafenkönnen auf eine »vis dormitiva«. Und so kulminiert seine Klage in dem beschwörenden Ausruf: »Wann wird die Wissenschaft einmal dahin kommen, über die metaphysischen Kategorien, die sie braucht, ein Bewußtseyn zu erlangen und den Begriff der Sache statt derselben zu Grunde zu legen!« (§ 270)

(5) Gespannt ist das Verhältnis der Naturphilosophie nicht zur »Erfahrung«, sondern zu einer schlecht-metaphysischen Interpretation der empirischen Befunde – und auch zu ihrer mathematischen Interpretation. Allerdings trennt Hegel im Blick auf die Funktion der Mathematik sehr präzise zwischen zwei unterschiedlichen Zugriffsweisen. Er sieht es als ein völlig berechtigtes Verfahren, die interne Gesetzmäßigkeit empirischer Befunde mit Hilfe der Mathematik zu formulieren – und so lobt er Lagrange, der in seiner *Théorie des fonctions* durch die Anwendung mathematischer Funktionen auf die Mechanik »diese Bestimmungen nicht für einen B e w e i s d e s G e s e t z e s gebrauchen will, sondern dieses, wie hier gehörig, aus der Erfahrung aufnimmt und dann die mathematische Behandlung darauf anwendet.« (§ 267) Auf dem Abweg sieht er die Naturwissenschaft allein dort, wo sie falschen Gebrauch von den

Möglichkeiten der Mathematik macht – wo sie »die Linien, die für die mathematische Bestimmung gezogen werden müssen, in physische Wirklichkeiten verwandelt.« (§ 270) Denn damit vergißt sie eine grundlegende Einsicht: »Man muß wißen daß die angewandte Mathematik kein naturgesez beweisen kann.« (GW 24/1.38)

Fraglos hat Hegel aus der empirischen Forschung nicht stets das erkannt und aufgenommen, was sich im späteren Verlauf der Wissenschaftsgeschichte bewährt und durchgesetzt hat – aber darin unterscheidet sich seine Naturphilosophie keineswegs von der empirischen Naturwissenschaft seiner Zeit. Auch sein einseitiges Votum gegen Newtons und für Goethes Farbenlehre läßt sich ja nicht aus einer Option für oder gegen Erfahrung herleiten. Statt einer Geringschätzung der Erfahrungswissenschaften könnte man Hegel eher eine Überschätzung der Bedeutung des Erfahrungsbegriffs für die neueren Naturwissenschaften vorwerfen.

(6) Hegel hätte jedoch der empirischen Wissenschaft schwerlich solche wissenschaftskonstitutive Bedeutung zugeschrieben, wenn er die von ihr proklamierte »Erfahrung« nur als ein von der Theorie unberührtes Sammeln des Einzelnen und als Beharren bei ihm verstanden hätte. Doch er sieht sehr klar, daß ein solches Verständnis von Erfahrung eben den Begriff der Erfahrungswissenschaften unterliefe. »Die Empirie ist nicht bloß Aufnehmen der Sinne, sondern geht wesentlich darauf, das Allgemeine, die Gesetze, Gattungen zu finden, und indem sie diese hervorbringt, so erzeugt sie ein solches, was dem Boden der Idee, des Begriffs angehört, in den Boden des Begriffs aufgenommen werden kann.« Dieser Begriff der Erfahrungswissenschaft steht für Hegel bereits am Beginn oder noch vor dem eigentlichen Beginn der neuzeitlichen Philosophie – in Francis Bacons *Novum Organum* (V 9.76).

Zudem gilt die konstitutive Bedeutung, die Hegel der »empirischen Physik«, also den empirischen Naturwissenschaften überhaupt, für »die E n t s t e h u n g und B i l d u n g der philosophischen Wissenschaft« zuspricht, nicht allein speziell für die Naturphilosophie, wie man vom Kontext her verstehen könnte (§ 246). Der Sinn dieser Aussage erhellt aus einer Passage der philosophiegeschichtlichen Vorlesungen, in der Hegel analog und mit großem Nachdruck betont: »ohne die Ausbildung der Erfahrungswissenschaften für sich hätte die Philosophie nicht weiter kommen können als sie bei den Alten gekommen ist.« (V 9.76) Hegel schreibt also den Erfahrungswissenschaften eine konstitutive Funktion für die neuzeitliche Philosophie insgesamt zu – ja letztlich für die Ausbildung auch des »absoluten Wissens« (GW 9.430).

9.3.5 Mechanik

(1) Als erste Stufe der Natur behandelt Hegel die »Mechanik« – und zwar als einen fundierenden, aber zugleich begrenzten Bereich von Naturphänomenen: von Raum und Zeit, von Materie und Bewegung und insbesondere der Bewegung der Himmelskörper. Die Fundierungsfunktion der Mechanik verführt Hegel jedoch nicht zu einer mechanizistischen Erklärung der Natur (Wahsner 1996, 116), zu ihrer deterministischen Deutung als eines geschlossenen Kausalzusammenhangs, die am Ende der Aufklärung herrschend ist – bis in den »dritten Widerstreit« der Antinomie der reinen Vernunft (B 473) und zu Jacobi. Hegel hingegen geht es »um die Einschränkung des Orts mechanischer Erklärungen, die Eindämmung überschwänglicher Thesen über die Natur, die angeblich nichts als ein mechanisches System von Bewegungen von Atomen, materiellen Partikeln sei.« (Stekeler-Weithofer 2001, 132)

Im ersten Kapitel erörtert Hegel zunächst Phänomene, die der »endlichen Mechanik« noch vorausgehen: Raum und Zeit, Ort und Bewegung. In den Begriffen von Raum und Zeit sieht er die erste Bestimmung der Natur als des »Außereinander«, des »A u ß e r s i c h s e y n s«. Dieses Außereinander kann nicht vom Raum als eines seiner Prädikate ausgesagt werden – als ob er außerdem noch etwas anderes wäre. Er ist das Außereinandersein schlechthin, »nur das Absolute Außersichsein« (GW 24/1.14). Doch ist der Raum ja nicht real durch die in ihm möglichen Unterschiede zerteilt – und so ist er »nur die Möglichkeit, nicht das G e s e t z t s e y n des Außereinanderseyns und Negativen, daher schlechthin continuirlich«, »reine Q u a n t i t ä t«, »als unmittelbar und äußerlich seyend«, oder die bloße Form oder »A b s t r a c t i o n [...] der unmittelbaren A e u ß e r l i c h k e i t«.

Insofern sieht Hegel hier zwar auch eine Berührung mit Newtons Begriff des absoluten Raumes, jedoch nur, indem er den »absoluten Raum« als »abstrakten Raum« denkt (GW 24/1.20). Enger ist seine Nähe zu Kants transzendentalphilosophischem Begriff des Raums als einer Form der Anschauung. Doch versteht Hegel diesen Form-Charakter des Raums ausdrücklich nicht im Sinne des »subjectiven Idealismus« einseitig als eine der subjektiven Erkenntnis angehörende Form der Anschauung. Raum und Zeit sind zwar Formen; sie haben aber auch Realität, zumal sie »uns totschlagen können« – durch einen bewegten Ziegelstein (GW 24/1.25) oder eine Bleikugel (GW 24/1.553). Es ist aber nicht möglich, diese Idealität und die Realität des Raumes wie auch der Zeit von einander zu trennen und einander entgegenzusetzen. Der Raum ist gleichsam »ein Mittelding« (GW 24/1.15) – und wie den Raum, »so geht auch die Zeit der Unterschied der Objectivität und eines gegen dieselbe subjectiven Bewußtseyns nichts an.« (§§ 253–261)

(2) In dieser Mittelstellung von Raum und Zeit – zwischen subjektiver und objektiver Deutung – liegt ein erstes Proprium des Hegelschen Ansatzes. Ein zweites, und sehr bemerkenswertes, liegt in der engen begrifflichen Verzahnung, die Hegel zwischen Raum und Zeit herstellt. Sie seien nichts völlig Verschiedenes: »Die inre dialectik des Raums ist das übergehen in die Zeit. [...] Die Zeit ist umgekehrt auch ein übergehn in den Raum[.] [...] So geht Zeit in Raum und Raum in Zeit über.« (GW 24/1.23 f.). Nur die Vorstellung verleiht ihnen den Schein des gleichgültigen und selbständigen Bestehens, während sie doch nur zusammen – und zusammen mit Materie und Bewegung – begriffen werden können. Diese Kritik der Vorstellung fällt heute auf einen Boden, der fruchtbarer ist als zu ihrer Zeit – obschon es überzogen wäre, um ihretwillen Hegel zum Vorläufer der Relativitätstheorie zu stilisieren.

Die Identität von Raum und Zeit findet Hegel im zweiten Begriffspaar realisiert, in den Begriffen der Bewegung und der Materie. Die Bewegung ist die »beide Momente in i h r e r E n t g e g e n s e t z u n g bindende Einheit«, und die Materie führt Hegel als »das in sich Zusammenfallen« des der Bewegung immanenten Widerspruchs ein. Hegel ist deshalb weniger an der Bestimmung der Materie als »z u s a m m e n g e s e t z t« oder als »u n d u r c h d r i n g l i c h« interessiert denn an ihrer Bestimmung der »Schwere«. In ihr liegt, daß der materielle Körper »wesentlich Bewegung hat, d. h. die Zeit setzt sich räumlich und der Raum zeitlich. Die Materie ist Einheit des Raumes und der Zeit, aber so, daß die Unterschiede noch nicht an ihr gesetzt sind.« (GW 24/1.28) Sie ist räumlich, aber sie hat auch die zeitliche Komponente der Dauer und vor allem der Bewegung, eben in ihrer Schwere. Denn die Fallbewegung, die sie durch ihre Schwere vollzieht, kommt ihr nicht nur äußerlich zu, wie dem geworfenen oder gestoßenen Körper; während diese Wurfbewegung eine bloß »a c c i d e n t e l l e « ist, ist jene die dem Körper »wesentliche«, »immanente« des freien Falls. Deshalb insistiert Hegel darauf, daß auch im Wurf die akzidentelle und die wesentliche Bewegung zusammengehören, und die methodische Isolierung der erstgenannten – zur reinen, nur durch Reibung gebremsten Wurfbewegung – »weder der Erfahrung noch dem Begriffe, nur der abstrahirenden Reflexion« angehört und »die endliche Bewegung unzertrennlich mit der Schwere verbunden ist« (§§ 261–268).

Die »Gravitation« ist für Hegel deshalb die »Substanz der Materie« oder »der wahrhafte und bestimmte B e g r i f f der materiellen Körperlichkeit, der zur I d e e r e a l i s i r t ist« und ein »System m e h r e r e r K ö r p e r« organisiert. Denn die »Bewegung als solche hat überhaupt schlechthin nur im Systeme m e h r e r e r und zwar nach verschiedener B e s t i m m u n g zu einander im Verhältniß stehender Körper einen Sinn und Existenz.«

(3) Die Verhältnisse der Himmelskörper, »in welchen der Begriff der Schwere frei für sich realisirt ist«, behandelt Hegel unter dem Titel »Absolute Mechanik« als die »absolut-freie Bewegung«. Hier sucht er vor allem nachzuweisen, daß Newtons »Beweise« der Keplerschen Gesetze in Wahrheit teils aus diesen selbst folgen, teils nicht weit genug reichen, sofern sie nur nachweisen, daß die Planetenbahnen die Gestalt einer »k o n i s c h e n S e c t i o n«, nicht aber speziell einer Ellipse haben müssen, und teils ebenfalls »nur aus der Erfahrung durch Induction aufgezeigt« sind. Er wendet sich mit Nachdruck gegen »die Ueberschwemmung der physischen Mechanik mit einer u n s ä g l i c h e n M e t a p h y s i k«, die lediglich auf mathematischen Bestimmungen beruhe, sie jedoch – »gegen Erfahrung und Begriff« – zu realen Kräften stilisiere, insbesondere zur Zentrifugal- und Zentripetalkraft, und er entrüstet sich hier – wie schon in der *Logik* (GW 11.228 f.) über die derb-sinnliche und zudem unplausible Vorstellung, daß auf bestimmten Punkten der Planetenbahnen, im Aphelium und Perihelium, die eine – sogar schwächere – Kraft die stärkere überwältige. Im Kolleg 1819/20 differenziert er allerdings zwischen Newton einerseits und seinen »Nachbetern« in Frankreich und Deutschland andererseits, die »viel Verwirrung hereingebracht« hätten (GW 24/1.30). Er selbst sucht den Grund dafür, daß die Umlaufbahn eine Ellipse und nicht ein Kreis ist, in der Komplexität der hier zu Grunde liegenden Bestimmung: da hier »räumliche und zeitliche Bestimmung in V e r s c h i e d e n h e i t, in ein qualitatives Verhältniß zu einander treten, tritt nothwendig diß Verhältniß an d e m R ä u m l i c h e n selbst als eine D i f f e r e n z desselben hervor, welche hiemit z w e i Bestimmungen erfordert. Dadurch wird die Gestalt der in sich zurückgehenden Bahn wesentlich eine E l l i p s e.« (§§ 269–271)

9.3.6 Physik

(1) Den Mittelteil der Naturphilosophie bildet die »Physik«, als ein System der Stufen der noch nicht belebten Natur. Unter dem Titel »Physik der allgemeinen Individualität« behandelt Hegel zunächst das System der Himmelskörper, das er in Jena (s. Kap. II.4.6.6) noch der Physik der irdischen Körper und der Mechanik systematisch vorgeordnet hat. Hierbei führt er allerdings die himmlischen Körper nicht einfach als vorhanden ein, sondern er geht vom Begriff der Materie zum Begriff des Lichts über: »Diß existirende allgemeine S e l b s t der Materie ist das Licht, – als Individualität, der S t e r n, und derselbe als Moment einer Totalität, die S o n n e.« Für Hegel ist Licht somit differenziert identisch mit Materie – nämlich als die einfache »reine Idealität« der Materie, als »das Abstrakte« (GW 24/1.49), deshalb absolut leicht, unwägbar – ein »u n e n d l i c h e s A u ß e r s i c h s e y n aber als reines Manifestiren«. Es selber ist aber gerade nicht materiell; Hegel sucht vielmehr alle Bestimmungen des Lichts, die auf Materialität verweisen – von »discreten einzelnen L i c h t s t r a h l e n und T h e i l c h e n und B ü n d e l n derselben«, zu Gunsten der bloßen Einfachheit des Lichts zu entfernen.

Während Hegel hier den Akzent nicht auf die Individualität, auf die Stellung der Sonne als des Zentralkörpers legt, sondern auf den Begriff des Lichts, handelt er als den Gegensatz des Lichts weniger das »Dunkle« ab als vielmehr die lunarischen und kometarischen Körper. Sie stehen insofern in Differenz gegenüber der Sonne und der Erde, als sie sich nicht um ihre eigene Achse drehen, wohl aber um einen Zentralkörper. Die Planeten hingegen – und insbesondere die Erde – sieht Hegel dadurch ausgezeichnet, daß sie sich sowohl um ihre eigene Achse als auch um einen Zentralkörper drehen. Diesen differenzierten Zusammenhang der unterschiedlichen Bewegungsformen – Drehung um die Achse, um einen Zentralkörper und sowohl um Achse als auch Zentralkörper – versteht Hegel als das System der himmlischen Körper – und seine Differenziertheit ist ihm ein Beweis dafür, »daß V e r n u n f t i n d i e s e m S y s t e m e i s t« und nicht bloße Zufälligkeit – einen Gedanken, den er mit Keplers Entdeckungen assoziiert.

Doch versucht Hegel nicht, die weitere Bestimmtheit der internen Relationen dieses Systems aus seiner immanenten »Vernunft« abzuleiten – weder die Relationen unseres Sonnensystems gegenüber anderen noch die Zahl oder die Größe der Planeten unseres Systems, und auch nicht die Reihenfolge ihrer Abstände, nach der bereits seine Habilitationsschrift gefragt hat (s. Kap. II.4.2). Und er sieht auch keine andere Instanz, die hierüber Auskunft gäbe: »Was die Reihe der Planeten betrifft, so hat die Astronomie über die nächste Bestimmtheit derselben, ihre E n t - f e r n u n g e n noch kein wirkliches Gesetz entdeckt.« (³§§ 272–280)

In der absteigenden Reihe vom Allgemeinen zum Einzelnen behandelt Hegel als nächstes die allgemeinen Bestimmungen, die der Erde als dem »Körper der Individualität« zukommen: die »Bestimmungen der elementarischen Totalität« oder die »allgemeinen p h y s i k a l i s c h e n Elemente«: Luft, Feuer und Wasser, und Erde – wobei Feuer und Wasser wiederum einen Gegensatz ausmachen, eine in sich gebrochene Mitte. Hegel hält hier bewußt an dem traditionellen Begriff des »Elements« fest, gegen die damals neu aufkommende und von ihm als »willkührlich« eingestufte Bedeutung der »c h e m i s c h e n E i n - f a c h h e i t «. Die Elemente bilden Momente in dem Prozeß, den Hegel »das physicalische Leben der Erde, den m e t e o r o l o g i s c h e n P r o c e ß« nennt – und unter diesen weit gefaßten Titel stellt er auch noch Erdbeben und Vulkanismus.

Im Blick auf den »allgemeinen Proceß der Erde« polemisiert Hegel dagegen, in ihm »dieselben Bestimmungen wieder zu erkennen und nachzuweisen, welche sich an den Processsen der vereinzelten Körperlichkeit zeigen«, und insbesondere gegen »die Verwandlung aller Verhältnisse an den Erscheinungen in S t o f f e und M a t e r i e n zum Theil i m p o n - d e r a b l e, wodurch jede physicalische Existenz zu dem schon erwähnten C h a o s von Materien und deren Aus- und Eingehen in den erdichteten Poren jeder andern, gemacht wird«. Auch dieser Protest wäre nicht richtig begriffen, wenn er unter den Titel »Spekulation vs. Erfahrung« gestellt würde. Hegel betont ja vielmehr, daß sich ein derartiges Verständnis nicht auf Erfahrung stützen könne: »es wird noch eine empirische Existenz angenommen, während sie sich nicht mehr empirisch zeigt.« (³§§ 281–289)

(2) Im nächsten gedanklichen Schritt erörtert Hegel – unter dem Titel »Physik der besonderen Individualität« – diejenigen Bestimmungen, die an den nun nicht mehr elementarischen, sondern individuellen Körpern auftreten: spezifische Schwere und Kohäsion sowie Klang und Wärme. Anders als beim System der himmlischen Körper überrascht hier die Zusammenstellung dieser Phänomene. Die spezifische Schwere unterscheide sich von der allgemeinen dadurch, daß in ihr der gesuchte Einheitspunkt

nicht mehr außerhalb der Körper, in ein Gravitationszentrum falle. Und Hegel betont sehr nachdrücklich, unter seiner Rede von »materiellen T h e i l e n« seien »nicht Atome, noch Molecules, d. h. nicht abgesondert für sich bestehende zu verstehen, sondern nur quantitativ oder zufällig unterschiedene, so daß ihre Continuität wesentlich von ihrer Unterschiedenheit nicht zu trennen ist« – wie ja auch die Zenonischen Paradoxien allein dann unauflöslich seien, wenn Raum und Zeit als in eine Unendlichkeit von isolierten Raum- und Zeitpunkten zerfallend gedacht würden. – Im Phänomen des Klangs, das er an Hand zeitgenössischer Studien erörtert, vermischen sich für ihn Räumlichkeit und Zeitlichkeit, und von den Schwingungen, die dem Klang zu Grunde liegen, leitet Hegel über zum Begriff der Wärme, zumal diese sich, durch das Phänomen der Ausdehnung, auch zum Raumbegriff in Beziehung setzen läßt. Hingegen polemisiert Hegel hier gegen die ihm noch zeitgenössische Annahme einer besonderen »W ä r - m e - M a t e r i e«, in der er wiederum das Phantasieprodukt einer schlechten Verstandesmetaphysik sieht (³§§ 290–307).

(3) Der dritte Abschnitt, die Physik des individuellen Körpers oder »der totalen Individualität«, ist in seiner Komposition am schwierigsten zu durchschauen. Hegel beginnt hier mit dem Begriff der »Gestalt« – aber er leitet von ihr unmittelbar über zum Magnetismus und zu dessen Verhältnis zu Elektrizität und Chemismus. Im Blick darauf weist er der Naturphilosophie die wichtige vermittelnde Funktion zu, an der Identität dieser Phänomene festzuhalten und gleichwohl ihre Differenz nicht aufzugeben: »Früher ist Magnetismus, Electricität und Chemismus gänzlich abgesondert, ohne Zusammenhang mit einander, jedes als eine selbstständige Kraft betrachtet worden. Die Philosophie hat die Idee ihrer I d e n t i t ä t, a b e r mit ausdrücklichem V o r b e h a l t ihres U n t e r s c h i e d e s gefaßt, in den neuesten Vorstellungsweisen der Physik scheint auf das Extrem der I d e n t i t ä t dieser Erscheinungen übergesprungen worden und die Noth zu seyn, – daß und wie sie zugleich auseinander zu halten seyen.« (³§§ 308–315)

Unter der Überschrift »Besonderung des individuellen Körpers« setzt Hegel sich zunächst detailliert mit dem Phänomen des Lichts auseinander – und hierbei geht er wiederum auf die Differenz zwischen Newtons *Optik* und Goethes Farbenlehre ein. Als weitere Phänomene behandelt er Geruch und Geschmack – anschließend jedoch noch, etwas überraschend, »Electricität« (³§§ 323–325).

Vergleichsweise ausführlich behandelt Hegel schließlich den »chemischen Proceß«. In der *Enzyklopädie* (1817) stellt er ihn noch unter das Stichwort »Vereinzelung« (^{1}§ 252–260); in den beiden späteren Fassungen hingegen sieht er das Proprium des chemischen Prozesses in der doppelten Bewegung von »Vereinung« – als einer Bewegung »vom indifferenten Körper aus durch seine Begeistung zur Neutralität« – und »von dieser Vereinung zurück zur Scheidung in indifferente Körper«. Auch hier sucht Hegel Phänomene aus der zeitgenössischen Wissenschaft aufzugreifen – insbesondere den Galvanismus. Er erörtert dessen Verhältnis zu Elektrizität und Chemismus und polemisiert auch hier wiederum gegen die zeitgenössische »I d e n t i f i c i r u n g der Electricität und des Chemismus«, durch die der Galvanismus als eigenständiges Phänomen aufgelöst werde: Alle »im chemischen Proceß vorkommende Veränderung der specifischen Schwere, Cohäsion, Gestalt, Farbe u. s. f., ferner aber der sauren, kaustischen, kalischen u. s. f. Eigenschaften ist bei Seite gestellt und alles in der Abstraction von Electricität untergegangen.« Deshalb fordert er von den Einzelwissenschaften: »Man werfe doch der Philosophie nicht mehr ihr Abstrahiren von dem Besondern und ihre leeren Allgemeinheiten vor! wenn über positiver und negativer Electricität alle jene Eigenschaften der Körperlichkeit vergessen werden dürfen.« Hingegen zitiert er zustimmend Berthollets Kritik an »der einseitigen Bedingung der Wahlverwandschaft« ohne Analyse der spezifischen Umstände einer chemischen Reaktion. Der chemische Prozeß sei stets »in seiner vollständigen Totalität zu nehmen«, nämlich »als die Dreiheit von innigst in einander greifenden Schlüssen«, und »die abstracte Vorstellung vom chemischen Processe überhaupt als blos der E i n w i r k u n g eines Stoffes auf einen Andern« sei zu überwinden. Auch hier ist es wieder Hegels Ziel, »der Metaphysik, welche in der Chemie wie in der Physik herrschend ist, nämlich den Gedanken oder vielmehr wüsten Vorstellungen von U n v e r ä n d e r l i c h k e i t d e r S t o f f e unter allen Umständen, wie den Kategorien von der Z u s a m m e n s e t z u n g und dem B e s t e h e n der Körper aus solchen Stoffen, entgegen zu wirken.«

Im chemischen Prozeß sieht Hegel bereits Züge, die auf das »Leben« vorausdeuten: »der individuelle Körper wird ebenso in seiner Unmittelbarkeit a u f g e h o b e n als h e r v o r g e b r a c h t«. Er notiert auch, daß in der Chemie bereits »die Bestimmung der Z w e c k m ä ß i g k e i t« für Erklärungen herangezogen werde. Entscheidend für diesen Übergang vom Chemismus zum Organismus ist, daß jener die vorausgesetzten Bedingungen und Eigenschaften negiert und zum Produkt herabsetzt oder »die R e l a t i v i t ä t der unmittelbaren Substanzen und Eigenschaften« setzt und sie dadurch zum Moment der Individualität macht. Hierdurch bildet er den begrifflichen Übergang zum Leben als dem sich selbst hervorbringenden und unterhaltenden Prozeß (^{3}§§ 326–336).

9.3.7 Organische Physik

(1) Bereits für den Übergang vom Chemismus zum Organismus greift Hegel auf den Begriff der »Thätigkeit« zurück, und an ihn knüpft er zu Beginn der »organischen Physik« wieder an: mit dem Begriff der »Subjectivität«. Er erweist sich als Schlüsselbegriff insbesondere dieser Sphäre, sofern er sie als ganze strukturiert: Er liegt bereits dem »g e o l o g i s c h e n Organismus« zu Grunde sowie intensiviert, als »besondere, formelle Subjectivität«, dem Leben als vegetabilischem Organismus und schließlich, »als einzelne concrete Subjectivität«, dem animalischen Organismus. Die ›Stufen des Organischen‹ sind somit Stufen der Verwirklichung von Subjektivität, von Tätigkeit und selbstbezüglicher Tätigkeit. So leistet auch die Naturphilosophie ihren Beitrag zur Beantwortung der Frage, was es heißt, die Substanz ebensosehr als Subjekt aufzufassen. Freilich bleibt die Entfaltung der Subjektivität hier auf die Stufen der Tätigkeit und der Selbstbeziehung beschränkt. Um zur denkenden Selbstbeziehung, zur selbstbewußten Subjektivität zu gelangen, bedarf es eines kleinen, aber entscheidenden Schrittes: des Übergangs vom Reich der Natur zum Reich des Geistes.

(2) Es liegt in der Logik dieser Konzeption, daß die erste Stufe, die »geologische Natur«, eine eigentümlich ambivalente Stellung einnimmt: Hegel bezeichnet sie einerseits als »Leben« – jedoch als ein Leben, das hier nur »u n m i t t e l b a r e Idee« und somit eigentlich »Nicht-Leben«, abgestorbenes Leben ist. Er nennt die »geologische Natur« den »ersten Organismus« – jedoch einen Organismus, der die »Totalität der als unlebendig existirenden, mechanischen und physicalischen Natur« ist, gleichsam ein Organismus des Nicht-Organischen. Er hat wohl einen Bildungsprozeß – aber dieser ist ein vergangener, »eine vorausgesetzte Vergangenheit«. Und dennoch ist der Erdkörper nicht allein »das a l l g e m e i n e S y s t e m der individuellen Körper, sondern »das u n m i t t e l b a r e S u b j e c t des meteorologischen Processes« und als solches die Basis allen

Lebens. Sie »schlägt unendlich auf jedem Punkte in punktuelle und vorübergehende Lebendigkeit« aus – durch »generatio aequivoca« oder, mit der heute gebräuchlichen Vorstellung, durch ›Emergenz‹ (³§§ 337–342).

(3) Sowohl die Differenz zwischen der geologischen und der vegetabilischen Natur als auch die interne Strukturierung des Reichs der »vegetabilischen Natur« bestimmt Hegel am Leitfaden der Entfaltung von Subjektivität – als Differenz zwischen der punktuellen, vorübergehenden Subjektivität und der Gestaltung eines »objectiven Organismus« bzw. nach dem Verhältnis dieses Organismus und der Subjektivität desselben: In der Pflanze seien beide noch identisch; die Pflanze ist »noch nicht für sich seyende Subjectivität« »gegen ihren an sich seyenden Organismus«. Sie ist wohl Individualität, aber noch »nicht zur Subjectivität befreit«: Sie bestimmt nicht ihren Ort; ihre Nahrungsaufnahme erfolgt nicht willkürlich, sondern »continuirlich strömend«, und sie »verhält sich nicht zu individualisirtem Unorganischen, sondern zu den allgemeinen Elementen.«

Den Prozeß des vegetabilischen Lebens konkretisiert Hegel näher als Gestaltungsprozeß, als innere Diremtion der Pflanze sowie als Wachstum und Produktion eines neuen Individuums; ferner als Spezifikation des vegetabilischen Lebens nach außen – in dessen Wendung gegen Wasser, Erde, Licht und Luft –, sowie schließlich als Gattungsprozeß, der auf der Stufe des vegetabilischen Lebens aber noch weitgehend mit dem Gestaltungsprozeß zusammenfalle.

Es ist Hegel hier um die Bestimmung des Spezifischen des vegetabilischen Lebensprozesses zu tun – im Unterschied sowohl zum chemischen Prozeß als auch zum animalischen. Für seine Deutung des pflanzlichen Lebens beruft Hegel sich auf Goethe und auf seinen Kollegen Carl Heinrich Schultz. Goethes »Metamorphose der Pflanzen hat den Anfang eines vernünftigen Gedankens über die Natur der Pflanze gemacht, indem sie die Vorstellung aus der Bemühung um bloße Einzelnheiten zum Erkennen der Einheit des Lebens gerissen hat.« Als »Hauptsache«, die den Lebensprozeß von den vorhergehenden Stufen unterscheidet, hebt Hegel »die substantielle Veränderung, d. i. die unmittelbare Verwandlung eines äußern oder besondern Stoffs überhaupt in einen andern« heraus; »es tritt ein Punkt ein, wo die Verfolgung der Vermittlung, es sey in chemischer oder in Weise mechanischer Allmählichkeit, abgebrochen und unmöglich wird. Dieser Punkt ist allenthalben und durchdringend,

und die Nicht-Kenntniß oder vielmehr das Nichtanerkennen dieser einfachen Identificirung so wie der einfachen Diremtion ist es, was eine Physiologie des Lebendigen unmöglich macht.« (³§§ 343–349)

(4) Erst den tierischen Organismus sieht Hegel als »den wahrhaften Organismus, worin die äußere Gestaltung mit dem Begriffe übereinstimmt, daß die Theile wesentlich Glieder und die Subjectivität als die durchdringende Eine des Ganzen existirt.« Den Organismus in seinen Teilen auffassen zu wollen wäre die Sache des Anatomen, der jedoch nur das Tote und gerade nicht das Lebendige analysiert: »Sie haben nur Teile in ihrer Hand. Es fehlt leider das geistige Band« (GW 24/1.133) – wie Hegel wiederum mit Mephistopheles spottet (Vers 1938 f.). Im Tier existiere die organische Individualität »als Subjectivität, in sofern die eigene Aeußerlichkeit der Gestalt zu Gliedern idealisirt ist, der Organismus in seinem Processe nach Außen die selbstische Einheit in sich erhält.« Und als weitere Characteristica dieser gegenüber der Pflanze komplexeren Subjektivität führt Hegel Selbstbewegung, Stimme, animalische Wärme, unterbrochene Intussusception und Gefühl an.

Den animalischen Lebensprozeß bestimmt Hegel in Analogie zum vegetabilischen durch die Titel »Gestalt«, »Assimilation« und »Gattungsproceß«. »Gestalt« ist hier im animalischen Leben jedoch wesentlich »Gestaltungsproceß«. Deshalb behandelt er hier die damals vieldiskutierten Themen Sensibilität, Irritabilität und Reproduktion, und er ordnet ihnen das »Nerven-, Blut- und Verdauungssystem« zu – letzteres als »unmittelbare, vegetative, in dem eigentlichen Systeme der Eingeweide aber die vermittelnde Reproduction«. Entscheidend für diesen Begriff des Gestaltungsprozesses ist, daß der Organismus »sich, d. i. eben diese Totalität der Gegliederung, selbst producirt, so daß jedes Glied wechselseitig Zweck und Mittel, aus den andern und gegen sie sich erhält«.

Verwirrend erscheint es, daß Hegel im Blick auf den animalischen Lebensprozeß von »Assimilation« spricht – und auch wenn man diesen Titel akzeptiert, lassen sich doch die Phänomene, die er hier behandelt, nicht bruchlos unter ihn subsumieren. Denn Hegel behandelt hier zunächst den »theoretischen Proceß«, die Ausbildung der fünf Sinne in Anknüpfung an den Begriff der Sensibilität, und sodann, in Anknüpfung an den Begriff der Irritabilität, »das praktische Verhältniß«: das Gefühl des Mangels und den Trieb, diesen Mangel aufzuheben. Trieb, Instinkt, Bedürfnis faßt Hegel als Negationen, »gesetzt als in der Affirmation des Subjects selbst enthalten.«

Deshalb ist für ihn hier wiederum der Ort, den Begriff der Subjektivität herauszuheben: »Ein solches, das den Widerspruch seiner selbst in sich zu haben und zu e r t r a g e n fähig ist, ist das S u b j e c t; diß macht seine U n e n d l i c h k e i t aus.«

In diesem Zusammenhang geht Hegel auch auf die damals weit verbreitete Erregungstheorie des Brownianismus ein. Dessen Reduktion der Krankheiten auf lediglich zwei – sthenische und asthenische – kommentiert Hegel zwar spöttisch: »So kann man in einer halben Stunde Arzt werden« (GW 24/1.179) – vielleicht mit Rückblick auf Schellings mißlungene Therapie der Tochter Carolines, Auguste Böhmer. Gleichwohl sieht Hegel die Einführung des Erregungsbegriffs – gegenüber der Rede von einer Einwirkung äußerer Ursachen – als einen wichtigen Schritt zum Verständnis des Organismus: Eine positive Beziehung zum Lebendigen setze voraus, daß deren Möglichkeit »durch den Begriff bestimmt, somit dem Subjecte immanent« ist. Er wendet sich aber mit scharfen Worten gegen die bloß quantitative Auffassung der Unterschiede des Organismus – und diese wirft er weniger Brown als vielmehr Schellings Rezeption und Umformung des Brownianismus vor: »Die Veranlassung zu dieser Verirrung lag in dem Grundirrthum, daß nachdem das Absolute, als die absolute Indifferenz des Subjectiven und Objectiven bestimmt worden war, alle Bestimmung nun nur ein q u a n t i t a t i v e r Unterschied seyn sollte.« Eben diesen Vorwurf richtet Hegel ja auch in der *Logik* gegen Schelling (GW 21.227). Und hieran schließt er auch noch eine generelle Kritik des »unphilosophischen und rohsinnlichen« Formalismus, der »an die Stelle von Begriffsbestimmungen gradezu gar den K o h l e n s t o f f und S t i c k s t o f f, Sauer- und Wasserstoff setzte« usf. Gegenüber solchem Formalismus erinnert Hegel an Aristoteles: Dessen »gründliche Bestimmung« des Lebendigen, »daß es als nach dem Zwecke wirkend zu betrachten sey, ist in neuern Zeiten beinahe verloren gewesen, bis K a n t in der i n n e r n Zweckmäßigkeit, daß das Leben als S e l b s t z w e c k zu betrachten sey, auf seine Weise diesen Begriff wieder erweckte.« Hegel hingegen faßt diesen Begriff der inneren Zweckmäßigkeit nicht bloß auf die »Weise« Kants, nämlich als eine Bestimmung der reflektierenden Urteilskraft; er sieht im Begriff der inneren Zweckmäßigkeit die Verwirklichung der Struktur des »Begriffs« überhaupt im Organismus, nämlich dessen Selbstbeziehung, seine Rückkehr in sich, sein »Zusammenschließen mit sich« (³§§ 350–366).

Seine höchste Stufe erreicht das animalische Leben im »Gattungs-Proceß«. Die Bestimmung des Verhältnisses von »Gattung« und »Arten« bietet Hegel Gelegenheit zur Auseinandersetzung mit den Klassifikationssystemen der Zoologie und der Botanik. Gegenüber künstlichen Systemen habe in der neueren Zeit die vergleichende Anatomie, als Hilfswissenschaft der Zoologie, größere Fortschritte gemacht – und zwar weniger in der Richtung auf eine Erweiterung der empirischen Beobachtungen als darin, »daß ihr Material sich gegen den Begriff hin gearbeitet hat«, also in einer Annäherung der einzelwissenschaftlichen Strukturierung des Materials an ein philosophisches Begreifen – und Hegel diskutiert die Vorzüge unterschiedlicher Klassifikationssysteme – nach den Rückenwirbeln, nach dem »Habitus« oder nach Zähnen und Klauen, also nach den »Waffen« der Tiere.

Dieser Annäherung der empirischen Wissenschaften an den Begriff ist jedoch eine prinzipielle Grenze gesetzt: »Die U n m i t t e l b a r k e i t der Idee des Lebens ist es, daß der Begriff nicht als solcher im Leben e x i s t i r t [...]. Die Thierwelt kann fast noch weniger als die andern Sphären der Natur, ein in sich unabhängiges vernünftiges System von Organisation darstellen« – nämlich wegen der »Schwäche des Begriffs« in der Natur. Das Verhältnis von Gattung und Art ist wohl ein Vernunftverhältnis, doch die einzelnen Gattungen und Arten lassen sich durch Vernunft nicht zureichend bestimmen, und zudem sind die Gattungen wie auch die Individuen mannigfachen Bedingungen und Veränderungen des äußeren Naturlebens ausgesetzt, die sie noch weiter von Verhältnissen entfernen, die durch Vernunft bestimmt wären.

Die Grundbestimmung des Gattungsprozesses ist jedoch eine zweifache Negation: »wie die Negation der innerlichen Allgemeinheit der Gattung, so die Negation der nur unmittelbaren Einzelnheit, in welcher das Lebendige als noch natürliches ist«: also das Setzen und Aufheben der Arten und der einzelnen Individuen. Das Geschlechtsverhältnis versteht Hegel als eine Negation dieser ursprünglichen Negation der Ausdifferenzierung zum Einzelnen. Sein Grund liegt in der Unangemessenheit des Einzelnen zu seiner immanenten Gattung und dem daraus entspringenden Gefühl des Mangels, das zum Versuch der Komplementierung treibt. Doch sein Produkt ist nicht diese Erfüllung, sondern immer wieder nur ein Einzelnes, und so geht der Prozeß der Fortpflanzung »in die schlechte Unendlichkeit des Progresses aus. Die Gattung erhält sich nur durch den Untergang der Individuen, die im Processe der Begattung ihre Bestimmung erfüllt, und insofern sie keine höhere haben, damit dem Tode zugehen.« Die Vernichtung der Individuen kann zwar äußerlich erfolgen, als gewaltsamer Tod, aber so ist er selbst etwas Zufälliges. Krankheit und Tod liegen jedoch bereits im Begriff des Individuums selbst: »Seine Unangemessenheit zur Allgemeinheit ist seine u r - s p r ü n g l i c h e K r a n k h e i t und [der] angeborne K e i m d e s T o d e s«; das Leben tötet sich aus sich selbst. Das ›malum physicum‹ kann zwar auch ein zufälliges sein, doch seinen letzten Grund und seine Notwendigkeit hat es im ›malum metaphysicum‹.

(5) Vom Tod des Natürlichen macht Hegel den Übergang zum »Geist«, »der die Wahrheit und der Endzweck der Natur und die wahre Wirklichkeit der Idee ist« (³§ 251) – und es gehört »vermutlich zu den tiefsinnigsten Gedanken Hegels, daß unser Geist in der Natur gerade am Verschwinden unserer eigenen, natürlichen Existenz sein Gegenbild findet.« (Fulda 2003, 152) Hegel ergeht sich hier jedoch nicht etwa in erbaulichen Wendungen über die Vergänglichkeit und Nichtigkeit des natürlich-Endlichen. Im Kolleg 1819/20 kommt er hier auf die praktische Aufgabe der Naturphilosophie zurück: Ihr Resultat sei, »daß, indem [man] die Natur der Natur kennt so ist das Versöhnung des Geistes mit der Natur ist.« (GW 24/1.181) Denn die Natur der Natur zu kennen bedeutet, ihre Äußerlichkeit als die Äußerlichkeit des Begriffs, und sie somit als ein System von Stufen der Subjektivität zu erkennen.

Vor allem aber sucht Hegel den Übergang von der Natur zum Geist an einer logischen Struktur aufzuzeigen: Der Tod des Natürlichen »ist das Aufheben des f o r m e l l e n G e g e n s a t z e s , d e r u n m i t t e l - b a r e n E i n z e l n h e i t und der A l l g e m e i n h e i t der Individualität«. Das Characteristicum der Natur liegt im Mißverhältnis zwischen der Allgemeinheit und der Unmittelbarkeit der Einzelheit – daß das unmittelbar Einzelne selbst das Allgemeine sein soll – und deshalb wird das Einzelne aufgehoben. Doch dies ist für Hegel nur die eine, die negative Seite; sie bildet aber den Übergang zur nächsthöheren Sphäre. Denn das dem Begriff angemessene Verhältnis von Einzelheit und Allgemeinheit zeigt sich erst im Geist – in der »Subjectivität des Begriffs, deren O b j e c t i v i t ä t selbst die aufgehobene Unmittelbarkeit der Einzelheit, die c o n c r e t e A l l g e m e i n h e i t ist, so daß der Begriff gesetzt ist, welcher die ihm entsprechende Realität, den Begriff zu seinem D a s e y n hat, – der G e i s t .« (³§§ 367–376)

Kollegien: 1819/20; 1821/22; 1823/24; 1825/26; 1828; 1830. – **Text:** a) **Kompendien:** GW 13, §§ 193–299; GW 19, §§ 245–376; GW 20, §§ 245–376; b) **Nachschriften:** GW

24/1–4. (Voreditionen: Hegel: Naturphilosophie. Bd. 1. Die Vorlesung von 1819/20. In Verbindung mit K. H. Ilting hg. von Manfred Gies. Napoli 1982; Hegel: Vorlesung über Naturphilosophie Berlin 1823/24. Nachschrift von K. G. J. v. Griesheim. Hg. und eingeleitet von Gilles Marmasse. Frankfurt am Main u. a. 2000; Hegel: Vorlesungen über die Philosophie der Natur. Berlin 1819/20. Nachgeschrieben von Johann Rudolf Ringier. Hg. von Martin Bondeli und Hoo Nam Seelmann. Hamburg 2002 = V 16. – **Blätter zur Naturphilosophie:** GW 13.561–564. – **Literatur:** Dietrich von Engelhardt: Hegel und die Chemie. Studie zur Philosophie und Wissenschaft der Natur um 1800. Wiesbaden 1976; Olaf Breidbach: Das Organische in Hegels Denken. Studie zur Naturphilosophie und Biologie um 1800. Würzburg 1982; Dieter Wandschneider: Raum, Zeit, Relativität. Grundbestimmungen der Physik in der Hegelschen Naturphilosophie. Frankfurt am Main 1982; Wolfgang Bonsiepen: Hegels Raum-Zeit-Lehre. Dargestellt anhand zweier Vorlesungsnachschriften. HS 20 (1985), 9–78; Rolf-Peter Horstmann / Michael John Petry (Hg.): Hegels Philosophie der Natur. Beziehungen zwischen empirischer und spekulativer Naturerkenntnis. Stuttgart 1986; Olaf Breidbach: Hegels Evolutionskritik. HS 22 (1987), 165–172; Brigitte Falkenburg: Die Form der Materie. Zur Metaphysik der Natur bei Kant und Hegel. Frankfurt am Main 1987; Michael J. Petry (Hg.): Hegel und die Naturwissenschaften. Stuttgart-Bad Cannstatt 1987; Karl-Norbert Ihmig: Hegels Deutung der Gravitation. Eine Studie zu Hegel und Newton. Frankfurt am Main 1989; Wolfgang Bonsiepen: Hegels Vorlesungen über Naturphilosophie. HS 26 (1991), 40–54; Stefan Büttner: Natur als sich fremde Vernunft. Studien zu Hegels Naturphilosophie. Diss. phil. München 1991, Darmstadt 1993; Karen Gloy / Paul Burger (Hg.): Die Naturphilosophie im Deutschen Idealismus. Stuttgart-Bad Cannstatt 1993; Michael J. Petry: Hegel and Newtonianism. Dordrecht u. a. 1993; Luca Illetterati: Natura e Ragione. Sullo sviluppo dell'Idea di Natura in Hegel. Trento 1995; Wolfgang Neuser: Natur und Begriff. Studien zur Theorienkonstitution und Begriffsgeschichte von Newton bis Hegel. Stuttgart / Weimar 1995, 148 ff., 175–216; Renate Wahsner: Zur Kritik der Hegelschen Naturphilosophie. Über ihren Sinn im Lichte der heutigen Naturerkenntnis. Frankfurt am Main u. a. 1996; Paul Ziche: Mathematische und naturwissenschaftliche Modelle in der Philosophie Schellings und Hegels. Stuttgart-Bad Cannstatt 1996; Wolfgang Bonsiepen: Die Begründung einer Naturphilosophie bei Kant, Schelling, Fries und Hegel. Mathematische versus spekulative Naturphilosophie. Frankfurt am Main 1997; Ulrich Ruschig: Hegels Logik und die Chemie. Fortlaufender Kommentar zum »realen Maß«. Bonn 1997 (HSB 37); Thomas Kalenberg: Die Befreiung der Natur. Natur und Selbstbewußtsein in der Philosophie Hegels. Hamburg 1997; Stephen Houlgate (Hg.): Hegel and the Philosophy of Nature. Albany 1998; Bernard Mabille: L'épreuve de la contingence. Paris 1999; Nicolas Février: La mécanique hégélienne. Commentaire des paragraphes 245 à 271 de l'Encyclopédie de Hegel. Louvain / Paris 2000; Olaf Breidbach / Dietrich v. Engelhardt (Hg.): Hegel und die Lebenswissenschaften. Berlin 2001; Pirmin Stekeler-Weithofer: Hegels Naturphilosophie. Versuch einer topischen Bestimmung. HS 36 (2001), 117–145; Dieter Wandschneider: Hegels naturontologischer Entwurf – heute. HS 36 (2001), 147–169; Michael

John Petry: Hegelianism and the Natural Sciences: Some Current Developments and Interpretations. HS 36 (2001), 199–237; Fulda: Hegel (2003), 133–156; Cinzia Ferrini: From Geological to Animal Nature in Hegel's Idea of Life. HS 44 (2010), 45–93 (dort weitere Literatur); Cinzia Ferrini: Hegel on Nature and Spirit: Some Systematic Remarks. In: Hegel-Studien 46 (2012), 117–150.

9.4 Philosophie des Geistes

9.4.1 Überlieferung und Systemform des subjektiven Geistes

(1) Daß diese Vorlesung über die Philosophie des (subjektiven) Geistes für Hegel ein besonderes Gewicht erhalten hat, zeigt sich schon darin, daß er sie in den beiden letzten Kollegien (1827/28 und 1829/30) nicht mehr wie zuvor in den kürzeren Sommersemestern, sondern im Wintersemester gehalten hat, um den Stoff in der ihm geboten erscheinenden Ausführlichkeit abhandeln zu können. Aus eben diesem Grunde aber ist die gegenwärtige Überlieferungslage – trotz der inzwischen vollständigen Publikation dieser Vorlesungen – nicht voll befriedigend: Neben den enzyklopädischen Kompendien haben sich von Hegels Hand nur das *Fragment zur Philosophie des subjektiven Geistes* sowie wenige *Blätter* mit Aufzeichnungen erhalten. Sie sind auch weit schlechter als die anderen Kompendiumvorlesungen (abgesehen von »Logik und Metaphysik«) durch Nachschriften belegt: Nur zur Hälfte der sechs Kollegien, nämlich zu den Vorlesungen 1822, 1825 und 1827/28, haben sich Nachschriften erhalten.

Dabei nimmt Hegels Geistesphilosophie – oder genauer: die Vorlesung über »Anthropologie und Psychologie« – eine besondere Stellung unter den von ihm neu konzipierten philosophischen Disziplinen ein. Schon in Jena kündigt er kontinuierlich vom Winter 1803/04 bis zur letzten Ankündigung für das Sommersemester 1807 jeweils »philosophia mentis« an – ein Titel, der nicht wirklich erkennen läßt, was Hegel unter »Geistesphilosophie« versteht. Die – sicher nicht von ihm stammende – deutsche Ankündigung für das Semester 1803/04 gibt »philosophia mentis« als »Seelenlehre« wieder; sie ordnet diese Disziplin somit – fälschlich – in die Tradition der rationalen oder empirischen Psychologie der Schulphilosophie ein. Für das Sommersemester 1806 lautet die Übersetzung »Philosophie des menschlichen Verstandes« – was Hegel zu einer »Berichtigung« veranlaßt: statt dessen sei »Philosophie […] des Geistes« zu übersetzen. Im Winter 1806/07 wird die-

se Korrektur befolgt, doch im Sommer 1807 wiederholt sich der Fehler des Vorjahres (Kimmerle 1967, 54–56). Diese Fehlübersetzungen spiegeln die Verständnisprobleme der Zeitgenossen: Die Übersetzung als »Philosophie des Geistes« legt sich damals offensichtlich nicht nahe. Für Hegel ist sie jedoch eine angemessene Wiedergabe – und so bezieht er sich für den Winter 1806/07 sogar auf seine *Phänomenologie des Geistes* als »Phaenomenologia mentis« – und nicht etwa als »Phaenomenologia spiritus«.

(2) Die Jenaer »philosophia mentis« umfaßt jedoch noch die gesamte Geistesphilosophie – einschließlich der Thematik des später so genannten »objektiven« und »absoluten Geistes« – und ebenso die Nürnberger »Geisteslehre«. In den überlieferten Nürnberger Texten ist die Trias »subjektiver, objektiver und absoluter Geist« zwar vorbereitet, aber noch nicht ausdrücklich durchgeführt (s. Kap. II.6.1.4), sondern erst in der *Enzyklopädie* (1817) – und im Sommer 1817 liest Hegel auf sie gestützt sein erstes Kolleg über die Philosophie des subjektiven Geistes. Er kündigt es jedoch unter dem Titel »Anthropologie und Psychologie« an, vermutlich weil diese Termini für die mit seiner Philosophie noch nicht vertrauten Studenten aussagekräftiger sind als »subjektiver Geist«. Das Mittelstück seiner Vorlesungen, die Lehre vom Bewußtsein bzw. die »Phänomenologie des Geistes«, erwähnt er in den Ankündigungen ohnehin nicht – wohl um Verwirrungen zu vermeiden. In den drei letzten Kollegien – 1825, 1827/28 und 1829/30 – ergänzt er den Kollegtitel »Anthropologia et Psychologia« jeweils durch den Zusatz »i. e. [bzw. sive] philosophia mentis« – so daß dieser Terminus nun nicht mehr umfangsgleich mit dem Abschnitt »Philosophie des Geistes« der *Enzyklopädie* ist, da dieser ja auch den »objektiven« und den »absoluten« Geist« umfaßt. Und in den beiden letzten Kollegien nennt Hegel gar die Psychologie vor der Anthropologie – jedoch ohne daß sich diese Vertauschung im Kolleg widerspiegelte.

(3) Hierin deuten sich terminologische Schwierigkeiten, wenn nicht gar Konfusionen an. Sie vergrößern sich noch bei einem näheren Blick auf die thematischen Gegenstände. Die Lehre von der Seele entwickelt Hegel nicht – wie vom Terminus her zu erwarten – in der »Psychologie«, sondern in der »Anthropologie«; die »Psychologie« hingegen versteht er als die eigentliche Lehre vom Geiste in seinem Begriff. Diese Verwirrung besteht noch nicht in der *Enzyklopädie* (1817): Hier gliedert Hegel die Lehre vom subjektiven Geist in die Abschnitte »Seele«, »Bewußtseyn« und »Geist«. Zugleich kündigt er je-

doch Vorlesungen über »Anthropologie und Psychologie« an, wobei er die »Anthropologie« als Disziplin der »Seele« zuordnet und die »Psychologie« dem »Geist«. Vermutlich im Interesse der Vereinheitlichung und leichteren Orientierung seiner Hörer überschreibt er in den beiden späteren Auflagen der *Enzyklopädie* die drei Teile der »Philosophie des subjektiven Geistes« mit den Vorlesungstiteln »Anthropologie« und »Psychologie« (und zwischen ihnen steht die »Phänomenologie des Geistes«) und degradiert die ursprünglichen Titel »Seele«, »Bewußtseyn« und »Geist« zu Untertiteln.

Für die Lehre vom Geist in seinem Begriff erwägt Hegel zwar einmal die Bezeichnung »Pneumatologie«, doch verwirft er sie, weil dieser Terminus die »Pneumatologie« der Schulphilosophie des 18. Jahrhunderts assoziieren läßt. Denn dort ist »Pneumatologie« ein anderes Wort für die »rationale Psychologie« gewesen, also für eine Disziplin der »metaphysica specialis« – und von ihr grenzt Hegel sein Vorhaben entschieden ab: »Die Pneumatologie gab solche Bestimmungen des Geistes wie z. B. Immaterialität, worauf man Unsterblichkeit gründete. Aber damit weiß man von dem Geiste als konkretem sehr wenig. Um nun von diesem zu wissen, da in der Metaphysik wenig zu holen, ist sich an die Erfahrung zu wenden und aus dieser das Konkrete zu nehmen. Sie hat zu ergänzen die Armut der metaphysischen apriorischen Betrachtung des Geistes«. Diese Kritik des Kollegs 1827/28 (Nachschrift Erdmann, vgl. GW 25/2.562) an der »psychologia rationalis« (vgl. GW 15.212 f.) argumentiert gänzlich anders als Kants Kritik des »Paralogismus«. Hegels Betonung der Notwendigkeit der Erfahrung für diese Wissenschaft stimmt überein mit seiner Insistenz auf »Erfahrung« in der Einleitung zur *Enzyklopädie* ²§§ 6 f. bzw. in der »Zweiten Stellung des Gedankens zur Objectivität« (s. Kap. II.7.2.5). Der Erfahrung gesteht Hegel für die Erkenntnis des Geistes jeweils eine weit größere Bedeutung zu als dem apriorischen Wissen. »Erfahrung, empirische Seelenlehre und Philosophie, begreifendes Denken [sind] nicht einander entgegengesetzt, wie es oft den falschen Anschein hat.«

Doch bildet auch hier die Erfahrung ein zwar notwendiges Element, aber keine allein tragfähige Basis der Wissenschaft des Geistes – und zumal in der Form, in der sie unter Verzicht auf das begreifende Denken zur »empirischen Psychologie« herausgeformt ist: »die empirische Form des Wahrnehmens« kann nicht die Grundlage der Philosophie bilden. »Die Philosophie muß mit dem Wirklichen übereinstimmen; sie betrachtet, was in der Tat ist,

und was ist, muß sich nachweisen lassen, aber sie zeigt die Notwendigkeit, und zu dieser Erkenntnis bringt es die Erfahrung nicht.« Zudem beruhe auch die Erfahrung immer schon auf einer – ihr selbst verdeckten – Metaphysik. Und ebenso lehnt Hegel die – sich geschichtlich an Kant anschließende – Wendung ab, daß die Psychologie, »und zwar in ihrem e m p i r i s c h e n Zustande die Grundlage der Metaphysik a u s m a c h e n s o l l e, als welche in nichts anders bestehe, als die T h a t s a c h e n des menschlichen B e w u ß t s e y n s, und zwar als T h a t s a c h e n, wie sie g e g e b e n sind, e m p i r i s c h aufzufassen und sie zu zergliedern« (¹§ 367) – und dies sieht Hegel wohl weniger in Gottlob Ernst Schulzes *Enzyklopädie der philosophischen Wissenschaften zum Gebrauche für seine Vorlesungen* (1814) als in Fries' *Neuer Kritik der Vernunft* (1807). Dennoch verwirft er die empirische Psychologie keineswegs; für ihn stehn sich vielmehr »2 Wissenschaften gegen über: die empirische Psychologie hat nur das Vielfache, die rationelle nur das abstracte vor sich; die erste stellt zwar auch den Geist vor in seinem Reichthum, aber in seinem aufgelösten, diese aber in seiner abstracten Einfachheit; darin besteht die Einseitigkeit von beiden.« Dagegen zeichnet er auch hier eine Form des Rückgangs auf die Erfahrung aus, die sich einer in seinem Sinne spekulativen Interpretation nicht widersetzt: »die Bücher des Aristoteles über die Seele«; sie sind für ihn »das Einzige was darüber noch gelesen zu werden verdient.« (GW 25/2.565; vgl. ³§ 378)

Trotz dieser Einschätzung und seiner Klage über den »höchst schlechten Zustand« der Psychologie (¹§ 367) – die man wohl auf die Lehre vom subjektiven Geist insgesamt beziehen darf – greift Hegel umfassend, wenn auch oft kritisch, auf Einzelstudien seiner Zeitgenossen zurück, die man der »empirischen Psychologie« zurechnen kann, insbesondere in der »Anthropologie«. Seine ebenso provokativ wie selbstentlarvend erscheinende Aussage im *Privatgutachten* an Niethammer (1812), was er in der Psychologie »von Carus' Manier kenne«, sei »so langweilig, unerbaulich, leblos, geistlos, daß es gar nicht auszuhalten ist«, bezieht sich allerdings nicht – wie mehrfach angenommen wird – auf Carl Gustav Carus, der damals erst gut zwanzig Jahre alt war, sondern auf den heute nahezu unbekannten Friedrich August Carus. Carl Gustav Carus' Dresdener *Vorlesungen über Psychologie* von 1829/30 sind erst im Jahr nach Hegels Tod erschienen, und Eduard Benekes *Lehrbuch der Psychologie als Naturwissenschaft* – das Hegels Beifall fraglos nicht gefunden hätte – erst 1833. Als Werke, »welche von einem höhern Standpunkte der Philosophie ausgehen« als dem bloß empirischen, nennt Hegel im *Fragment zur Philosophie des subjektiven Geistes* Eschenmayers *Psychologie* (1817) und Steffens' *Anthropologie* (1822). Die wenigen hier genannten Namen vermitteln aber ein gänzlich unzureichendes, ja irreführendes Bild von Hegels Aufnahme empirischer Studien: Wie der Kommentar zu diesen Vorlesungen (GW 25/3) zeigt, hat Hegel in einem so großen Maße auf die zeitgenössische Litetatur zurückgegriffen, daß die gelegentlich verbreitete Ansicht, der spekulative Philosoph habe die Empirie mißachtet, als nahezu böswillige Verleumdung erscheint – und gleiches gilt, mutatis mutandis, für die anderen Vorlesungsdisziplinen.

(4) Die »Anthropologie und Psychologie« trägt Hegel stets auf der Grundlage der ersten bzw. zweiten Ausgabe der *Enzyklopädie* vor. Deshalb bleibt ihr dreigliedriger Aufriß – Seele / Anthropologie, Bewußtsein / Phänomenologie des Geistes, Geist / Psychologie, den sie in den letzten Nürnberger Überarbeitungen der Geisteslehre gefunden hat (s. Kap. II.6.1.4) – trotz der terminologischen Differenz sachlich unverändert, auch wenn die spätere umfassendere Ausarbeitung differenzierte Gliederungen erfordert. Die einzige gravierende Änderung nimmt Hegel erst in der *Enzyklopädie* (1830) vor: In der Untergliederung der »Psychologie« fügt er dem »theoretischen« und dem »praktischen« Geist eine dritte Form an, den »freien Geist«.

Damit ist kein völlig neuer Inhalt eingeführt; daß der zu sich gekommene Geist frei sei, versteht sich für Hegel ohnehin, und er betont es auch in ²§ 483. Deshalb ist die dreimalige Erwähnung des »freien Geistes« in der Einleitung zur Vorlesung 1827/28 nicht als frühe Antizipation der Einführung des »freien Geistes« als einer eigentümlichen dritten Gestalt zu verstehen (anders Tuschling, V 13.XVIII). Hegel führt den »freien Geist« dadurch ein, daß er den Schluß von ²§ 481, der Geist in der Wahrheit seiner Selbstbestimmung sei »objectiver Wille, o b j e c t i v e r Geist überhaupt«, verändert zu ³§ 480: In der Wahrheit seiner Selbstbestimmung sei der Wille »w i r k l i c h f r e i e r W i l l e«. Dann redigiert er die ²§§ 482 f., die 1827 den Beginn des »objectiven Geistes« machen, zu den neuen ³§§ 481 f. über den »freien Willen«, indem er das 1827 vom »objectiven Geist« Gesagte nun auf den »freien Willen« umschreibt: Dieser ist nun »die Einheit des theoretischen und praktischen Geistes.« Und erst von diesem Fundament aus geht Hegel zum »objectiven Geist« über: »Die Idee erscheint so nur im Willen, der ein endlicher, aber die T h ä t i g k e i t ist, sie zu ent-

wickeln und ihren sich entfaltenden Inhalt als Daseyn, welches als Daseyn der Idee W i r k l i c h k e i t ist, zu setzen, o b j e c t i v e r G e i s t.« (³§ 482)

(5) Bereits hierdurch ist das Thema »Freiheit« stärker akzentuiert als in der Fassung von 1827 – und Hegel unterstreicht dies ferner durch eine Anmerkung zu ³§ 482, in der er die Idee der Freiheit – als eine Idee mit »den ungeheuersten praktischen Folgen« – gegenüber solchen Kulturen hervorhebt, die sie seiner Ansicht nach nicht kennen (Afrika, der Orient), aber auch gegenüber solchen (Griechen und Römer), die sie deshalb verfehlen, weil sie die Freiheit an gesellschaftliche Voraussetzungen (freie Geburt) oder persönliche Eigentümlichkeiten (wie durch Philosophie erworbene Charakterstärke) binden. Sie sei erst »durch das Christenthum in die Welt gekommen, nach welchem das Individuum a l s s o l c h e s einen u n e n d l i c h e n Werth hat, indem es Gegenstand und Zweck der Liebe Gottes, dazu bestimmt ist, zu Gott als Geist sein absolutes Verhältniß, diesen Geist in sich wohnen zu haben, d. i. daß der Mensch a n s i c h zur höchsten Freiheit bestimmt ist.«

Kollegien: 1817; 1820; 1822; 1825; 1827/28; 1829/30. – **Text: a) Kompendien:** GW 13, §§ 300–399; GW 19, §§ 377–481; GW 20, §§ 377–482; Fragment zur Philosophie des subjektiven Geistes: s. Kap. II.8.4; Notizen und Blätter zur Philosophie des Geistes: GW 13.251–415, 570–580; **b) Nachschriften:** GW 25/1–3 (Voreditionen: V 13; Hegels Philosophie des subjektiven Geistes / Hegel's Philosophy of Subjective Spirit. Edited and translated with an introduction and explanatory notes by M. J. Petry. 3 Bde. Dordrecht / Boston ¹1978, ²1979). – **Quellen:** Friedrich August Carus: Nachgelassene Werke. Bde. 1–2: Psychologie. Leipzig 1808; Jakob Friedrich Fries: Neue Kritik der Vernunft. Heidelberg 1807; Gottlob Ernst Schulze: Enzyklopädie der philosophischen Wissenschaften zum Gebrauche für seine Vorlesungen. Göttingen 1814; Carl August Eschenmayer: Psychologie in drei Theilen als empirische, reine und angewandte. Zum Gebrauch seiner Zuhörer. Stuttgart / Tübingen ¹1817, ²1822; Henrik Steffens: Anthropologie. 2 Bde. Breslau 1822; Carl Gustav Carus: Vorlesungen über Psychologie, gehalten im Winter 1828/29 zu Dresden. Leipzig 1832; Friedrich Eduard Beneke: Lehrbuch der Psychologie als Naturwissenschaft. Berlin ¹1833. – **Literatur:** Kimmerle: Dokumente zu Hegels Jenaer Dozententätigkeit (1801–1807) (1967); Iring Fetscher: Hegels Lehre vom Menschen. Ein Kommentar zu den §§ 387–482 der Enzyklopädie der philosophischen Wissenschaften. Stuttgart 1970; Hermann Drüe: Psychologie aus dem Begriff. Hegels Persönlichkeitstheorie. Berlin / New York 1976; Lothar Eley (Hg.): Hegels Theorie des subjektiven Geistes in der »Enzyklopädie der philosophischen Wissenschaften im Grundrisse«. Stuttgart-Bad Cannstatt 1990; Rossella Bonito Oliva: La »magia dello spirito« e il »gioco del concetto«. Considerazioni sulla filosofia dello spirito soggetivo dell' Enciclopedia di Hegel. Milano 1995; Dirk Stederoth: Hegels Philosophie des subjektiven Geistes. Ein komparatorischer Kommentar. Berlin 2001.

9.4.2 Der Begriff des Geistes

(1) In allen drei Fassungen der *Enzyklopädie* stellt Hegel der Abhandlung des »Subjektiven Geistes« allgemeine Aussagen über den Begriff des Geistes voran. Die Paragraphen [1]§§ 300–306 der ersten Fassung übernimmt er später unter den Titeln »Begriff des Geistes« sowie »Eintheilung« (²/³§§ 381–384), und er ordnet ihnen nochmals vier einleitende Paragraphen (²/³§§ 377–380) vor. Diese enthalten zwar fundamentale, aber gleichwohl nur karge Aussagen über den Begriff des Geistes; sie bilden keinen »Vorbegriff« – analog zur *Logik* – der Philosophie des Geistes und müssen deshalb durch das *Fragment zur Philosophie des subjektiven Geistes* ergänzt werden. Den Nachschriften der Kollegien 1822 und 1827/28 ist allerdings zu entnehmen, daß Hegel diese grundlegenden Paragraphen sogar nur einleitend streift, die wirkliche Kommentierung aber erst mit dem »Subjektiven Geist« beginnt; lediglich 1825 (GW 25/1.151–154) geht Hegel etwas ausführlicher, aber immer noch sehr knapp auch auf diese allgemeinen Aussagen über den Begriff des Geistes ein.

(2) Hegel führt den Begriff des Geistes zunächst negativ ein, als die Wahrheit und das »a b s o l u t E r s t e« der Natur, also als das Negative desjenigen Negativen, das die Natur ist: als Aufhebung der Entäußerung des Begriffs und somit als »a b s o l u t e N e g a t i v i t ä t«. Damit ist aber noch nicht positiv gesagt, was denn »Geist« eigentlich sei: nämlich formell »die zu ihrem Fürsichseyn gelangte Idee [...], deren O b j e c t eben sowohl als das S u b j e c t d e r B e g r i f f i s t.« Es gibt nicht eine substantiale »geistige Wirklichkeit«, der zusätzlich ein Wissen zugeschrieben werden könnte, sondern Geist ist ein Dasein, das keine andere Wirklichkeitsform hat als das Wissen und Wollen. Während die Natur auch als denkend durchdrungene immer etwas vom Geiste Unterschiedenes, Unmittelbares bleibt, auf das »der Begriff« gerichtet ist, gleichsam ein äußerer Gegenstand intentionaler Akte, fallen im Geist Gegenstand und Begriff in eins. »Geist« ist das Begreifende und das Begriffene – der Begriff, der »den Begriff zu seinem D a s e y n hat« (³§ 376). Darin besteht die gegenüber dem natürlichen Sein prinzipiell unterschiedene Struktur des Geistes: »Erkenntnis des Geistes« ist stets als genitivus subiectivus et objectivus zu lesen; es ist der Geist, der erkennt und der erkannt wird.

Deshalb ist Geist, der auf Geistiges gerichtet ist, bei sich und somit frei – und Hegel bestimmt deswegen das »Wesen des Geistes« als »die F r e i h e i t, die absolute Negativität des Begriffes als Identität mit sich«. Und weil diese Freiheit des Geistes dadurch vermittelt ist, daß er das »a b s o l u t E r s t e« gegenüber der Natur und deren Wahrheit ist, drückt Hegel die hier erreichte Stufe des Gedankens in einer neuen und zugleich der »höchsten Definition des Absoluten« aus: »D a s A b s o l u t e i s t d e r G e i s t« – eben als dasjenige, was sich als das absolute Prius des Logischen und der Natur, somit als die wahrhafte Wirklichkeit erweist. Und trotz seiner sonstigen Sprödigkeit gegenüber »Definitionen« zeichnet Hegel diese nicht allein als die angemessene aus, als eine adäquate ›ontologische‹ Aussage über die interne Verfassung von Wirklichkeit, sondern zudem als Movens und Ziel der Weltgeschichte: »Diese Definition zu finden und ihren Sinn und Inhalt zu begreifen, diß kann man sagen, war die absolute Tendenz aller Bildung und Philosophie, auf diesen Punkt hat sich alle Religion und Wissenschaft gedrängt; aus diesem Drang allein ist die Weltgeschichte zu begreifen.« (³§§ 381–384)

(3) Die Struktur der Identität von Wissendem und Gewußtem, die Hegel hier gegenüber dem früh gefundenen Wort und der religiösen »V o r s t e l l u n g des Geistes« als die begriffene Struktur des Geistes in diesen vorausgeschickten Paragraphen eher andeutet als exponiert, ist diejenige, die – ob zutreffend oder nicht – vom transzendentalen Idealismus Fichtes und des frühen Schelling sowie dessen Identitätsphilosophie am »Selbstbewußtsein« abgelesen worden ist – ein Wort übrigens, das bei Hegel in diesem Kontext nicht fällt. Man kann seinen Geistbegriff auch in den weiteren Horizont der Philosophiegeschichte stellen: Hegel interpretiert hier den Begriff des Nus, der Noesis Noeseos, nach dem Modell der transzendentalidealistischen Identität von Wissendem und Gewußtem und verbindet ihn – unter Aufnahme Plotinischer Elemente (*Enneade* V,3) – mit dem neuzeitlichen Problem des Selbstbewußtseins.

Für den transzendentalen Idealismus ist im Selbstbewußtsein – und allein in ihm – diese Subjekt-Objekt-Identität wirklich: Wissen und Gewußtes sind eins. Doch im Selbstbewußtsein sind die beiden Relate, das wissende und das gewußte Ich, nicht real different, sondern nur begrifflich zu unterscheiden. Hegel hingegen begreift »Selbstbewußtsein« ebensowenig wie Kant nach dem Modell eines solchen internen Selbstbezugs der Reflexion, und es läßt sich so auch nicht denken. Deshalb sind all die Probleme, die aus dem Reflexionsmodell des Selbstbewußtseins zu fließen scheinen, bloß fiktiv, und nicht allein der Sache, sondern auch ihrer Thematisierung unangemessen – zumindest was Hegel und Kant betrifft.

Aber eben diese vermeintlich am Selbstbewußtsein abgelesene reflexive Struktur löst Hegel vom einzelnen Selbstbewußtsein ab und erkennt sie als grundlegend für den Begriff des Geistes: Geist ist Sichwissen im Anderen seiner selbst. Hier, im Geist, sind die im Selbstbewußtsein nur vermeintlichen Relate von einander unterschieden. Anders als das Sichwissen des Selbstbewußtseins ist das dem Geist angehörende Sichwissen eine Einheit real Differenter. Und während die Relation im Begriff des Selbstbewußtseins notwendig leer bleibt, wird der wissende Selbstbezug hier als Struktur von Prozessen des realen Geistes gedacht – als mit Realität gesättigtes Sichwissen im Anderen.

(4) Diese selbstbezügliche Struktur des Geistes ist nicht schon in dessen eigentümlicher Verfassung manifest, daß das Wissen stets ein Etwas-Wissen ist, also in dessen bloßer ›Intentionalität‹. Ihr fehlt vielmehr das Moment der Reflexivität: Auch wenn »Geist« ein Dasein ist, das Wissen ist, so ist doch der Inhalt dieses Wissens nicht notwendig zugleich dieses Dasein. Das Dasein, das Wissen ist, kann auch anderes als sich wissen – auch solches, in dem es nicht zu sich selbst im Verhältnis steht. Die Reflexivität ist jedoch für alle Gestalten des Geistes grundlegend. Sie zeigt sich bereits in basalen Formen – als »Selbstgefühl« oder als »Selbstbewußtsein« (in dem Sinne, daß alles Bewußtsein Reflexivität einschließt; etwas ist nicht lediglich »bewußt«, sondern stets »mir bewußt«). Auch für das Wissen eines Anderen ist die reflexive Struktur grundlegend: Wäre das Wissen eine bloße Richtung auf das Andere, so wüßte i c h nichts von diesem.

(5) Diese Selbstbezüglichkeit tritt im Zuge der Exposition der einzelnen Formen des Geistes zunehmend deutlicher hervor – bereits bei den Formen des subjektiven, sowohl des theoretischen als des praktischen Geistes. Ihre für den Begriff des Geistes charakteristische Gestalt findet sie jedoch erst dort, wo sie über solche interne Reflexivität hinausgeht – zur Objektivierung des Geistes durch den Willen, also zur »Form der R e a l i t ä t als einer von ihm hervorzubringenden und hervorgebrachten W e l t, in welcher die Freiheit als vorhandene Nothwendigkeit ist, – o b j e c t i v e r G e i s t.« Denn ›Objektivierung‹ ist notwendig ›Selbst-Objektivierung‹ – sowohl ›Sich-als-Welt-Hervorbringen‹ als auch Selbstbeziehung in dieser Welt des objektiv gewordenen, »objectiven Geistes« (s. Kap. II.9.5.2). Von ihr unterscheidet Hegel noch die Welt des »absoluten Geistes«, in der einerseits seine Realität als Wissen des Geistes von sich selbst zu begreifen ist und andererseits der Gegenstand des Wissens nichts anderes als der Begriff des Geistes ist – in der er somit »in an und für sich s e y e n d e r und ewig sich hervorbringender E i n h e i t der Objectivität des Geistes und seiner Idealität oder seines Begriffs« steht: »der Geist in seiner absoluten Wahrheit« (^{3}§ 385).

(6) Selbstbezüglichkeit und Selbstproduktion oder Objektivierung zum »objectiven« wie auch zum »absoluten Geist« bilden zwei Charakteristika des Geistbegriffs, die Hegel unter dem Titel »Begriff des Geistes« (^{3}§ 381) nicht bzw. nur andeutungsweise erwähnt. Und auch ein drittes berührt er nur flüchtig – in seiner Bemerkung, die »Weltgeschichte« sei allein aus dem Drang zu begreifen, die Definition des Absoluten als des Geistes zu finden. Damit deutet er einen Zusammenhang zwischen »Geist« und »Geschichte« an, den er jedoch in den einleitenden und zugleich grundlegenden Partien seiner Geistesphilosophie nicht entfaltet – weder in den *Enzyklopädien* noch in den drei überlieferten Kollegien.

Geist und Geschichte stehen ja nicht nur in dem genannten Verhältnis zu einander – obschon ihr Zusammenhang auch dadurch eng geknüpft ist. Denn wenn die Bewegung der Weltgeschichte darin besteht, den Begriff des Absoluten als des Geistes zu finden, so ist Geschichte ein konstitutives Moment des Prozesses dieser Selbsterkenntnis des Absoluten. Daß dies so ist, beruht jedoch darauf, daß Geschichte überhaupt die spezifische Objektivationsform des Geistes ist. Dagegen läßt sich zwar einwenden, daß diese Objektivation doch primär als systematische Ausdifferenzierung der Sphären des objektiven und des absoluten Geistes zu denken sei. Aber auch die Gestalten, die diese Sphären bilden, entfalten sich geschichtlich – Kunst, Religion und Philosophie ebenso wie Recht, Moralität und Sittlichkeit – auch wenn Hegel die Geschichte des objektiven Geistes nicht eigens thematisiert, sondern lediglich die »Weltgeschichte« aus dem Verhältnis der Staaten zu einander hervorgehen läßt (s. Kap. II.9.6.1). Die »Weltgeschichte« als Prozeß der Staaten ist jedoch nicht gleichzusetzen mit derjenigen »Weltgeschichte«, die den Begriff des Absoluten als des Geistes herausarbeitet.

Hier berührt Hegel den Zusammenhang von Geist und Geschichte, doch versäumt er es, ihn in der Form systematisch herauszuarbeiten, die seine Philosophie ermöglicht und nahelegt: Alles Geistige muß als Geschichtliches gedacht werden. Es gibt nichts Geistiges, was nicht zugleich ein Geschichtliches ist. Denn Geschichte ist die Explikationsform des Geistes, weil Geist allein durch Freiheit gedacht werden kann. Ebenso gilt auch umgekehrt: Nur geistiges Sein ist geschichtliches Sein. Denn nur etwas Geistiges kann Geschichte haben – es versteht sich: Geschichte im prägnanten Sinn, nicht bloße zeitliche Veränderung, wie sie auch für die Natur charakteristisch ist, die wir aber – aus gutem Grund – nicht »Geschichte« nennen. Alle Geschichte ist Geschichte des Geistes: Geistes-Geschichte im prägnanten Sinn, nicht in dem verwaschenen Sinn, in dem wir seit Dilthey von Geistesgeschichte zu reden gewohnt sind. Anderen, nicht-geistigen Bereichen der Wirklichkeit schreiben wir deshalb keine Geschichte zu – oder allenfalls insofern, als sie in geistiges Leben hineinragen, zu Momenten geistigen Lebens werden.

Mehr noch als Kant (»Geschichte der reinen Vernunft«, B 880), aber auch als Herder ist Hegel damit der Entdecker der »Geschichtlichkeit« geworden – ein Wort, das sich anscheinend erstmals bei ihm findet (s. Kap. II.9.6.2) –, und zwar der Geschichtlichkeit als der eigentümlichen Explikationsform des Geistes. Allerdings verdeckt Hegel diese Entdeckung auch wieder, indem er den Zusammenhang von Geist und Geschichte nirgends systematisch exponiert, sondern ihn statt dessen allein in den geschichtlichen Partien seiner Philosophie aufzeigt. Er muß jedoch im Begriff des Geistes selber verankert werden.

Literatur: Adriaan Peperzak: Selbsterkenntnis des Absoluten. Grundlinien der Hegelschen Philosophie des Geistes. Stuttgart-Bad Cannstatt 1987, 17–37; Jaeschke: Die Geschichtlichkeit der Geschichte. In: Hegel-Jb 1995. Berlin 1996, 363–373.

9.4.3 Anthropologie

(1) Dem entwicklungsgeschichtlich gesehen letzten und systematisch gesehen ersten Teil der Geistesphilosophie, der Anthropologie, hat Hegel in seinen Vorlesungen den größten Raum gegeben – obgleich er seinen Stoff sonst sehr bedacht disponiert und der systematische Akzent zudem auf der »Psychologie« als der eigentlichen Geisteslehre liegt; diese ist deshalb in den *Enzyklopädien* stets am breitesten ausgeführt.

Vom »Menschen« allerdings ist in Hegels »Anthropologie« explizit sehr wenig und auch nur in einer sehr eingegrenzten Perspektive die Rede: Sie ist primär »Seelenlehre« – also eigentlich »Psychologie« im Wortsinne. In der *Enzyklopädie* (1817) lautet der Titel dieses Abschnitts ja auch schlicht und durchaus angemessen: »Die Seele«; in den beiden späteren Auflagen wird dies zum Untertitel. Und als Seelenlehre thematisiert diese Teildisziplin einerseits Bereiche, die noch vor dem spezifisch Menschlichen liegen, wie sie andererseits eine Reihe von Themen einer Anthropologie ausblendet – von der Lehre »Von den fünf Sinnen« bis hin zur gesamten »Lebenswelt« des Menschen.

(2) Der Begriff ›Seele‹ ist zu Hegels Zeit nicht allein kein selbstverständlicher Begriff einer Anthropologie; er ist zudem ein durchaus problematischer und ortloser Begriff. Durch Kants Kritik der »rationalen Psychologie« ist die ›Seele‹ im Sinne eines substantialen Seienden aus der Metaphysik ausgebürgert worden – und sie hat keinen Eingang in seine *Anthropologie in pragmatischer Hinsicht* gefunden (1798, AA VII). Die »Seele« ist seit der Antike und dem Christentum dem materiellen »Körper« als das Immaterielle entgegengesetzt worden, und Descartes' Dualismus von res cogitans und res extensa hat diese traditionelle Entgegensetzung noch vertieft, zur »realis mentis (oder animae) a corpore distinctio«. Unter dieser Voraussetzung ist es zu einem Kardinalproblem der frühneuzeitlichen Philosophie geworden, den gleichwohl bestehenden Zusammenhang zwischen Körper und Geist, das »commercium corporis et mentis« begrifflich zu fassen. Da ein physischer Wechseleinfluß von Seele und Körper auf Grund der substantialen Differenz beider nicht denkbar war, schien ihr gleichwohl offenkundiger Zusammenhang allein unter Rückgriff auf den Gottesgedanken denkbar – ob nun in Form des »Okkasionalismus« Malebranches oder in Leibnizens »prästabilierter Harmonie«.

Diese Tradition verfällt gegen Ende des 18. Jahrhunderts, und Hegels differenzierter Monismus tritt ihr dezidiert entgegen. Auch für ihn ist die Seele zwar immateriell – aber nicht im Sinne eines Substanzendualismus, sondern als »die allgemeine Immaterialität der Natur, deren einfaches ideelles Leben« (^{3}§ 389). Als solche ist sie stets auf »Natur« bezogen. Die »Anthropologie« ist deshalb der systematische Ort, an dem – im Begriff der Seele – der Zusammenhang zwischen Geist und Natur gedacht – und eben in einer Form gedacht wird, die sich völlig von der vormaligen »rationalen Psychologie« absetzt. Die von Kant widerlegten Anstrengungen der rationalen Psychologie, mittels der Einfachheit der Seelensubstanz deren Unsterblichkeit zu erweisen, sind für Hegel nicht einmal mehr der Erwähnung, geschweige denn einer eigenen Widerlegung wert. Auch wenn Hegel von der »natürlichen Seele« die »fühlende« (bzw. die »träumende«, ^{2}§ 403) und die »wirkliche Seele« unterscheidet, bleiben alle drei Formen auf »Natur« bezogen. Es ist geradezu der Begriff der Seele, sich nie völlig von ihrem Bezug auf Natur zu befreien: Seele ist nur dort, wo Leiblichkeit ist. Sie steht aber für Hegel nie in ruhiger Harmonie mit ihrer Leiblichkeit, sondern ist insgesamt die Bewegung, diese Leiblichkeit in Richtung auf das Bewußtsein zu transzendieren.

(3) Den Zusammenhang von Natur und Seele sieht Hegel insbesondere bei der ersten Form, der im engeren Sinne »natürlichen Seele« gegeben: Hier lebt der Geist noch »ein Naturleben, das in ihm zum Theil nur zu trüben Stimmungen kommt«. Hegel listet eine Reihe von »Naturbestimmtheiten« auf: Wechsel der Klimate, der Jahres- und Tageszeiten – doch gegenüber der damals verbreiteten Rede »vom k o s - m i s c h e n , s i d e r i s c h e n , t e l l u r i s c h e n Leben des Menschen« ist Hegel sehr bestimmt. Das Tier lebt in dieser Sympathie, und auch in menschlichen Krankheitszuständen können sie eine Rolle spielen, doch insgesamt gilt: »Beim Menschen verlieren dergleichen Zusammenhänge um so mehr an Bedeutung, je gebildeter er und je mehr damit sein ganzer Zustand auf freie geistige Grundlage gestellt ist.« In diesem Zusammenhang erwähnt Hegel auch wieder die »Racenverschiedenheit«, zu der er sich im *Fragment zur Philosophie des subjektiven Geistes* bereits dezidiert geäußert hat (s. Kap. II.8.4). – Als weitere Formen der »Naturbestimmtheit« behandelt Hegel Temperament, Talent, Charakter, Physiognomie, Geschlechtsdifferenz, Veränderungen wie die Lebensalter und wechselnde Zustände wie Wachen und Schlafen (wobei er sich für die Unterscheidung von Wachen und Träumen auf »den Kantischen Unterschied der O b j e c t i v i t ä t der Vorstellung (ihres Bestimmtseyns durch Kategorien)« beruft). Und in einer anderen Hinsicht schließt er sich implizit an Leibniz (*Nouveaux Essais,* II,13 f.) an: »Man hat gefragt, ob die Seele im Schlaf auch tätig sei. Der Geist, die Seele, ist wesentlich Tätigkeit, nicht ein Ding, ein abstrakt sich auf sich beziehendes, reflektiertes, ruhendes, totes Sein, ist ewige Bewegung.«

Mit dem letzten hier behandelten Thema – der »Empfindung« – greift Hegel bereits auf die »fühlende Seele« vor – denn für »Empfindung und Fühlen gibt der Sprachgebrauch eben nicht einen durchdringenden Unterschied an die Hand«; allenfalls gehe »Empfindung« mehr auf die passive Seite des Findens, »das Gefühl zugleich mehr auf die Selbstischkeit, die darin ist«. Hegel wiederholt hier jedoch nicht allein die Ansicht, die seiner Kritik sowohl der Theologie Schleiermachers (s. Kap. II.8.2) als auch der Pectoraltheologie zu Grunde liegt: Zwar muß alles in der Empfindung sein – oder im »Herzen« –, da diese die ursprüngliche Form der Geistigkeit bezeichnen.

Ebendeshalb können sie nicht »zum Kriterium des Guten, Sittlichen und Religiösen« dienen: »Es kann keine trivialere Erfahrung geben als die, daß es wenigstens gleichfalls böse, schlechte, gottlose, niederträchtige u. s. f. Empfindungen und Herzen gibt«.

Hegel fordert hier jedoch auch – in einer für ihn eher atypischen Weise – gegenüber der bloßen Physiologie eine offensichtlich empirische »eigenthümliche Wissenschaft«, eine »p s y c h i s c h e   P h y s i o - l o g i e«, die das »S y s t e m   d e s   i n n e r e n   E m p f i n d e n s in seiner sich verleiblichenden B e s o n d e r u n g« untersucht – und er konkretisiert den Inhalt dieser künftigen Wissenschaft jeweils im Modus eines zukunftsgerichteten Konjunktivs, was alles durch sie zu begreifen »wäre«: Letztlich »wäre ein gründlicheres Verständniß als bisher über die bekanntesten Zusammenhänge zu fassen, durch welche von der Seele heraus die Thräne, die Stimme überhaupt, näher die Sprache, Lachen, Seufzen, und dann noch viele andere Particularisationen sich bilden, die gegen das Pathognomische und Physiognomische liegen.« ([3] §§ 391–402)

(4) Den Schritt von der »natürlichen« zur »fühlenden Seele« sieht Hegel als einen Schritt in Richtung »innerliche Individualität«, »Fürsichseyn« und letztlich zum »Ich«, als einem Einfachen, in dem doch die Mannigfaltigkeit von Eindrücken und Vorstellungen wie in einem »bestimmungslosen Schacht« »aufbewahrt ist ohne zu existiren« – aber doch so, daß »Vorstellungen, Kenntnisse wieder zum Vorschein kommen, die seit vielen Jahren vergessen heißen, weil sie in so langer Zeit nicht ins Bewußtseyn gebracht wurden.« Die »fühlende Seele« ist zwar »u n m i t t e l - b a r bestimmt, also natürlich und leiblich, aber das Außereinander und die sinnliche Mannichfaltigkeit dieses Leiblichen gilt der Seele eben so wenig als dem Begriffe als etwas Reales und darum nicht für eine Schranke; die Seele ist der e x i s t i r e n d e Begriff, die Existenz des Speculativen.« Damit schreibt Hegel bereits der »fühlenden« als einer »individuellen« Seele die Bestimmung zu, die er doch sonst für das »Ich« reserviert, und auch das Verhältnis dieser Seele zu ihrem Inhalt bestimmt Hegel analog zum Ich, obschon mit einer spezifischen Differenz: Was sie von sich unterscheidet, »ist noch nicht ein äußeres Object wie im Bewußtseyn, sondern es sind die Bestimmungen ihrer empfindenden Totalität«.

Die »fühlende Seele« charakterisiert Hegel als »p a s s i v«, somit noch nicht als ein in sich reflektiertes Subjekt – und deshalb ist für ihn hier der Ort zur Erörterung derjenigen Erscheinung, die zu seiner Zeit große Aufmerksamkeit erregt hat: des »anima-

lischen Magnetismus« oder – nach seinem Entdecker
Franz Anton Mesmer – des »Mesmerismus«, aber
auch allgemein des Somnambulismus und verwand-
ter Phänomene. Es ist keineswegs bloß der »Zeitgeist«, der ihn im Kolleg zu den umfangreichen Ausführungen motiviert, sondern der unverkennbare
Bezug dieses Bereichs zum Thema seiner »Seelenlehre«: die Verbindung natürlicher und geistiger Elemente. Gemeinsam ist den zahlreichen damals berichteten Beispielen, daß sie sich nicht einer Wissen-
schaftssystematik einfügen, die sie entweder nur als
geistige oder nur als materielle Phänomene deutet.
Wichtig sind sie, weil sie diese strikte Unterscheidung durchbrechen. Hegels Schilderungen ist nicht
immer zu entnehmen, ob und wie weit er die von
ihm referierten Fallbeispiele jeweils für vertrauens-
würdig hält. Das »Factische« scheint der Bewährung
bedürftig – doch diejenigen, die solche Bewährung
fordern, würden sie ohnehin a priori verwerfen, und
es sei für das Verständnis dieser Erscheinungen vielmehr nötig, »nicht in den Verstandeskategorien befangen zu seyn.« So läßt Hegel sich ein Stück weit auf
diese Erscheinungen ein – und dann zieht er eine allgemeine Folgerung: Sie gehören der »Unmittelbarkeit« und »der Dumpfheit des fühlenden Lebens« an,
oder gar einer Krankheitsgeschichte des Menschen,
nicht dem zum freien Bewußtsein entwickelten Denken: »es ist thöricht, Offenbarungen über Ideen vom
somnambulen Zustand zu erwarten.« Dieses Urteil
zieht sich in vielfachen Variationen durch seine Ausführungen hindurch: »Abgeschmackt aber ist es, das
Schauen dieses Zustandes für eine Erhebung des
Geistes und für einen wahrhaftern, in sich allgemeiner Erkenntnisse fähigen Zustand zu halten.« Und hierfür ruft er selbst Platon als Zeugen an.
    Die Grundlage für Magnetismus und Somnam-
bulismus, die Verbindung des Natürlichen und
Geistigen, bildet für ihn auch die allgemeine Grundlage für ›Geisteskrankheiten‹. Der ›reine Geist‹ kann
nicht krank sein; nur durch das Beharren in der Besonderheit seines Selbstgefühls, durch seine »par-
ticuläre Verleiblichung« ist das »zum verständigen
Bewußtseyn gebildete Subject, noch der Krankheit fähig«. »Deswegen ist sie eine Krankheit des
Psychischen, ungetrennt des Leiblichen und Geistigen; der Anfang kann mehr von der einen oder der
andern Seite auszugehen scheinen und ebenso die
Heilung.« Die Krankheit bricht aus, »indem die
Macht der Besonnenheit und des Allgemeinen, der
theoretischen oder moralischen Grundsätze über
das Natürliche nachläßt, von welcher dasselbe sonst
unterworfen und versteckt gehalten wird«. Das be-

sonnene Subjekt hingegen »ist der herrschende
Genius über diese Besonderheiten« – was »Es«
war, ist »Ich« geworden, könnte man antizipierend
sagen. Das Natürliche, Leibliche muß fortschreitend
überwunden werden – nicht allein auf dem Gebiet
der Krankheiten, sondern auch in Formen wie Gewohnheit und Geschicklichkeit: Wenn die Seele sich
innerlich bestimmt und sich Zwecke setzt, »ist die
Leiblichkeit als unmittelbares äußerliches
Seyn und Schranke bestimmt«. In der Setzung
solcher Zwecke wird »die an sich seyende Idealität
des Materiellen überhaupt und der bestimmten
Leiblichkeit als Idealität gesetzt« (^{3}§§ 403–410).
    (5) In diesem Prozeß der Befreiung des Geistes
von der Natürlichkeit wird die Leiblichkeit schließlich herabgesetzt zur »Aeußerlichkeit als Prädicat, in welchem das Subject sich nur auf sich bezieht«
– und diese Gestalt nennt Hegel die »wirkliche Seele«. Die »Leiblichkeit« ist hier keineswegs als ein
schlechthin ›Widergeistiges‹, Verwerfliches gewertet; sie ist das Äußere, das mit dem Inneren in Identität steht, jedoch als diesem unterworfen. Und auch
das Wort »unterworfen« weckt eher falsche, martia-
lische Assoziationen. Besser drückt Hegel seinen Gedanken aus, indem er von einem »über das Ganze
ausgegossenen geistigen Ton« spricht, »welcher den
Körper unmittelbar als Aeußerlichkeit einer höhern
Natur kund gibt« – im aufrechten Gang, in der Bildung der Hand zum »absoluten Werkzeug« wie auch
im Lachen und Weinen. Das Geistige steht für Hegel
nicht abstrakt neben der Leiblichkeit, sondern es
durchdringt sie. Hegel erfüllt hier antizipierend die
Forderung, die Feuerbach später gegen ihn erhebt:
auch die Sinnlichkeit des Menschen als eine nicht
bloß ungeistige, ja animalische, sondern als spezifisch menschliche Sinnlichkeit zu denken. Allerdings: Obgleich die Leiblichkeit des Menschen eine
vom Geist verwandelte ist, bleibt sie doch mit Zufälligkeit behaftet, und somit ist sie nur die »erste Erscheinung desselben und die Sprache sogleich sein
vollkommenerer Ausdruck.« Hieraus zieht Hegel
wiederum im Blick auf einige Modeerscheinungen
seiner Zeit eine vernichtende Konsequenz: »die Physiognomik, vollends aber die Cranioskopie zu Wissenschaften erheben zu wollen, war einer der
leersten Einfälle, noch leerer als eine signatura rerum, wenn aus der Gestalt der Pflanzen ihre Heil-
kraft erkannt werden sollte.« (^{3}§§ 411 f.)

Literatur: Murray Greene: Hegel and the Soul. A Specula-
tive Anthropology. The Hague 1972; Dieter Sturma: Hegels
Theorie des Unbewußten. Zum Zusammenhang von
Naturphilosophie und Philosophischer Psychologie. HJb

1990, 81–99; Michael Wolff: Das Körper-Seele-Problem. Kommentar zu Hegel, Enzyklopädie (1830), § 389. Frankfurt am Main 1992; Christoph J. Bauer: Eine »Degradierung der Anthropologie«? Zur Begründung der Herabsetzung der Anthropologie zu einem Moment des subjektiven Geistes bei Hegel. HS 43 (2008), 13–35; Birgit Sandkaulen: »Die Seele ist der existierende Begriff«. Herausforderungen philosophischer Anthropologie. In: Hegel-Studien 45 (2011), 34–50.

9.4.4 Phänomenologie des Geistes

(1) Den mittleren Abschnitt der Geistesphilosophie, »Die Phänomenologie des Geistes« oder »Das Bewußtseyn« (¹§ 329), trägt Hegel in dem Umriß vor, zu dem er in der Nürnberger »Geisteslehre« die Eingangspartien seiner *Phänomenologie* umgestaltet hat (s. Kap. II.6.1.4) – jedoch in weiter ausgearbeiteter Form. Das Bewußtsein führt Hegel als »Verhältniß« oder »Erscheinung« des Geistes ein (wodurch sich der Titel dieses Abschnitts rechtfertigt). Die beiden Seiten dieses Verhältnisses sind zunächst recht unterschiedlich: Das eine Extrem ist »Ich, das Subject des Bewußtseyns«.

Dieses »Ich« – als unterschieden von der »Seele« und vom »Selbstbewußtseyn«, als das Einfache, das zugleich das Allgemeine und so der existierende Widerspruch und ineins damit die Auflösung des Widerspruchs ist (GW 25/2.746–748) – charakterisiert Hegel als reine »Gewißheit seiner selbst«. Trotz dieser reflexiven Begrifflichkeit versucht Hegel aber nicht, die Genese dieses Ich aus seiner internen Selbstbeziehung zu erhellen. Die »unendliche Beziehung des Geistes auf sich« ist nicht nach dem Reflexionsmodell des Selbstbewußtseins zu denken. Das Ich ist für ihn zwar »für sich seyende Reflexion« oder »reine ideelle Identität« – aber dies sind logische Bestimmungen, und Hegel stellt sich gar nicht das Problem, wie diese Selbstgewißheit zu Stande kommt, ebensowenig wie die Frage, wie das Selbstgefühl in die Seele kommt. Er charakterisiert beide als Formen eines Selbstverhältnisses – ohne den Versuch zu unternehmen, die Genese dieses Selbstverhältnisses zu beschreiben. Statt dessen hebt er das Ich von der Seele ab: Das Ich – als formelle Identität – trennt den mannigfach bestimmten Inhalt, das »Naturleben der Seele« von sich ab, stellt es sich »als selbstständiges Object« gegenüber und bezieht sich darauf. In diesem Objekt ist es in sich reflektiert – nicht in einer vor dem Objektverhältnis liegenden internen Struktur. Und in dieser Beziehung auf sein Objekt ist es nicht bloß, wie es zu Anfang schien, das eine Extrem des Bewußtseinsver-

hältnisses, sondern es ist »Eine Seite des Verhältnisses und das ganze Verhältniß; – das Licht, das sich und noch Anderes manifestirt« – wie Hegel mit Spinozas Parallele von Licht und Wahrheit sagt: »lux seipsam, & tenebras manifestat« (*Ethica*, II,43).

Im Kolleg 1827/28 (GW 25/2.746–754) geht Hegel sehr viel ausführlicher als zuvor auf den Begriff des Ich ein – und obgleich das Ich eine Gestalt der Realphilosophie ist, bedient er sich ausnahmslos logischer Bestimmungen, um den einzigartigen Charakter des Ich nachzuzeichnen. Ich ist das Einzelne, als das jeder sich identifiziert, wenn er »Ich« sagt – aber damit ist es zugleich das Allgemeine; es ist »das ganz reine und leere, vollkommen einfache sich selbst Gleiche, das ganz Bestimmungslose«, »das Allgemeine in der unendlichen Einzelheit«, die Identität von Allgemeinheit und Einzelheit; es ist »Negation der Negation« oder »absolute Negativität« durch Ausschluß alles anderen; es ist abstrakte Endlichkeit, aber zugleich unendlich, also »unendliche Endlichkeit«; und als die sich auf sich beziehende Allgemeinheit ist es »der existierende Begriff, sonst existiert er nirgends, als Ich existiert er als freier Begriff« (s. Kap. II.6.2.7). Das Ich ist somit der Sonderfall einer realphilosophischen ›Entität‹, die ausschließlich logisch bestimmt werden kann, weil es gerade kein »ens«, sondern die reine Negativität und Negation allen bestimmten Inhalts ist (³§§ 413–417).

Das Ich ist diejenige »Einheit, welche nur durch jenes negative Verhalten, welches als das Abstrahiren erscheint, Einheit mit sich ist, und dadurch alles Bestimmtseyn in sich aufgelöst enthält« (GW 12.17). Entscheidend für diesen Begriff des Ich ist zweierlei: Das Ich ist Einheit »nur« durch Negation des Bestimmtseins durch Anderes, und nicht durch einen der Negation vorgängigen internen Selbstbezug. Und diese Negativität darf nicht als seine bewußte Leistung oder als sein freies Handeln gefaßt werden. Hierfür wäre das Ich, ja das Bewußtsein überhaupt schon vorausgesetzt. Fraglos kann die Abstraktionsbewegung partiell auch bewußt nachvollzogen werden – aber die für das Ich konstitutive Negativität arbeitet gleichsam hinter seinem Rücken, als eine allein mit den Mitteln der Logik beschreibbare notwendige Tätigkeit.

(2) Den Weg des Geistes durch Bewußtsein und Selbstbewußtsein zur Vernunft beschreibt Hegel in Anlehnung an die *Phänomenologie* als »Erhebung« der Selbstgewißheit des Ich zur Wahrheit, nämlich zu derjenigen Stufe, auf der die Bestimmungen des Selbstbewußtseins als die Bestimmungen der Gegenstände selbst erkannt sind. Auch die einzelnen Schrit-

te innerhalb von »Bewußtseyn« (sinnliches Bewußtsein, Wahrnehmen, Verstand) und »Selbstbewußtseyn« (Begierde, Anerkennen, allgemeines Selbstbewußtsein) läßt Hegel sich von der *Phänomenologie*
vorgeben – obgleich er sich in einigen Aspekten von
ihr distanziert: Die Reservierung der Rede von »Gewißheit« für die Selbstgewißheit des Ich läßt ihn nun
vom »sinnlichen Bewußtseyn« statt von der »sinnlichen Gewißheit« sprechen, und das »Hier« und
»Jetzt«, so Hegel, sei nicht Gegenstand des sinnlichen
Bewußtseins, sondern gehöre »eigentlich dem Anschauen an«. Vor allem aber hebt er mit Nachdruck
heraus, was auf Grund der Einleitungsfunktion der
Phänomenologie an ihrem Beginn nicht möglich gewesen wäre: Das Bewußtsein als Verhältnis enthalte
»nur die dem abstracten Ich oder formellen Denken
angehörigen Kategorien, die ihm Bestimmungen des
Objects sind«; das sinnliche Bewußtsein wisse »daher
nur von diesem als einem S e y e n d e n , E t w a s ,
e x i s t i r e n d e n D i n g e , E i n z e l n e m «.

Die weitere Darstellung des »Bewußtseyns« und
»Selbstbewußtseyns« durchläuft die entsprechenden
Kapitel der *Phänomenologie* in sehr komprimierter
Form, die im Kolleg jedoch wieder erweitert ist (GW
25/2.746–798). Hegel führt hier einen in § 418 nur
angedeuteten Gedanken breiter aus: Dem »sinnlichen Bewußtsein« liege der Kontrast des Reichtums
der Empfindung und der »Armut der Bestimmtheit«
zu Grunde. Das Ich schließe diesen, der Seele angehörenden Reichtum und damit seine unmittelbare
Natürlichkeit aus sich aus und beziehe sich darauf als
auf ein Objekt, das mit logischen, »objektiven Bestimmungen« begriffen werde. Das gewöhnliche Bewußtsein beziehe sich jedoch nur auf den Gegenstand und nicht auf die gesamte Bewußtseinsbezie-
hung; es wisse deshalb nicht, »daß der Gegenstand
die Bestimmungen, die er hat, als Noumen hat, nur
hat durch mich, in Beziehung auf mich«; es »weiß
nicht davon, daß Ich das Bestimmende bin.«

Der weitere Fortgang von der Gewißheit zur
Wahrheit besteht darin, daß dieses Wissen von der
an sich erkenntniskonstitutiven Funktion des Ich
auch für das Bewußtsein wird – jedoch nicht in dem
Sinne, daß die Gegenstandskonstitution etwas Willkürliches wäre. Einen so (miß)verstandenen Idealismus gebe »man mit Recht für Narrheit aus. Die Dinge finden sich von selbst so, wie wir sie finden, und
wir sind darin unfrei.« Aber der Gegenstand habe
neben der Seite der »Empfindungsbestimmtheit«
auch »die Seite der Kategorie, nach welcher der Gegenstand ein Noumen ist, d. h. ein System von Ge-
dankenbestimmungen.« Deutlicher als im »sinn-

lichen Bewußtseyn« zeigt sich dies im »Wahrnehmen«, das den Gegenstand als einen »nicht blos unmittelbaren, sondern als vermittelten, in sich
reflectirten und Allgemeinen« nimmt, jedoch nicht
aus dem Widerspruch zwischen Sinnlichem und
Geistigem herausfindet, und nochmals deutlicher in
den Erfahrungswissenschaften – die ja keine bloßen
Aggregate von Wahrnehmungen bilden – und wiederum im »Verstand«, der die »Erscheinung« vom
kategorial bestimmten Allgemeinen und »Inneren
der Dinge« abtrennt und dessen Gegenständlichkeit
für das Bewußtsein aufhebt. Das Bewußtsein weiß
deshalb in diesem »Gegenstand« sich selbst, es wird
zum Selbstbewußtsein (³§§ 418–423).

(3) Das »Selbstbewußtseyn« ist für Hegel der
Grund des Bewußtseins, »so daß in der Existenz alles
Bewußtseyn eines andern Gegenstandes Selbstbewußtseyn ist«. Faßt man hingegen das Selbstbewußtsein bloß als »Ich=Ich; – a b s t r a c t e F r e i -
h e i t , reine Idealität«, so »ist es ohne Realität, denn es
selbst, das G e g e n s t a n d seiner ist, ist nicht ein solcher, da kein Unterschied desselben und seiner vorhanden ist.« Und schon wegen dieser Ununterschie-
denheit, die kein Gegenstandsverhältnis erlaubt,
kann es keinen Zirkel des Selbstbewußtseins geben.

Unter dem Titel »Selbstbewußtseyn« handelt Hegel deshalb auch hier nicht von den internen Konsti-
tutionsproblemen eines ›Ichbewußtseins‹, sondern
von dem Prozeß der Realisierung des Selbstbewußtseins im Durchlaufen der äußeren Unterschiede, in
die sich das in sich unterschiedslose Selbstbewußtsein hineinbegibt – in Begierde und Anerkennung.
Der »Zusammenschluß«, von dem hier die Rede ist,
ist nicht derjenige eines subjektiven und eines objektiven Ich, sondern der Zusammenschluß des Ich mit
der äußeren Wirklichkeit und seine Befriedigung in
ihr, sei es durch das Verzehren äußerer Gegenstände,
sei es durch den Kampf um Anerkennung mit einem
anderen Selbstbewußtsein und seine schließliche
Auflösung im »allgemeinen Selbstbewußtseyn«, in
dem beide Selbstbewußtsein »a b s o l u t e S e l b s t -
s t ä n d i g k e i t « haben, sich aber in ihrer Allgemeinheit nicht unterscheiden, sondern sich im Anderen
frei wissen. Das Ich hat Ich zum Gegenstand – aber
nicht in Form einer prozessual zu verstehenden internen Selbstbeziehung, sondern: »ich habe mich
zum Gegenstand, ich bin einem Menschen gegenüber, aber das ist Ich; dies ist die absolute Idee des
Menschen: diese Ununterscheidbarkeit des Ich und
Ich. (der andre ist auch ich, und es ist das Ich also
ganz allgemein) hat aber auch die vollkommene Unterschiedenheit in sich; denn der andre ist ebenso das

sich ausschließende, sich auf sich beziehende, das Persönliche « (GW 25/2.785). Hegels Begriff des Selbstbewußtseins wird zwar häufig als dem Standpunkt einer Subjektivitätsphilosophie verhaftet kritisiert. Doch ist der Begriff des Selbstbewußtseins wohl in keinem Ansatz so konsequent intersubjektiv konzipiert wie gerade im Hegelschen – bis hin zum Verlust der alltagssprachlichen Bedeutung des Wortes ›Selbstbewußtsein‹ (^{3}§§ 424–437).

(4) Dieser Prozeß, und nicht eine interne, durch die transzendentalphilosophische Analyse zu erschließende Konstitution der Subjektivität, bildet für Hegel die »Geschichte des Selbstbewußtseins« im engeren Sinn (Jaeschke 2009) – gegenüber dem weiteren Sinn, in dem sie die *Phänomenologie des Geistes* insgesamt umfaßt. Ihr Resultat, die Allgemeinheit und Objektivität des Selbstbewußtseins, nennt Hegel mit dem schon häufig begegneten Wort »Vernunft«.

Dieser Vernunftbegriff umfaßt allerdings zwei Aspekte, deren Interferenz Hegel nicht ausreichend herausgearbeitet hat. Er führt den Vernunftbegriff über den des »allgemeinen Selbstbewußtseyns« ein, in dem das Gewußte selbst ein Selbstbewußtsein ist. Wenn »Begriff« und »Realität« beide Selbstbewußtsein sind, so ist zwischen ihnen in der Tat »ein Unterschied, der keiner ist«. Zugleich führt Hegel aus, daß der nun überwundene »Gegensatz des Begriffs und der Realität überhaupt […] hier die nähere Form des für sich existirenden Begriffs, des Bewußtseyns und des demselben gegenüber äußerlich vorhandenen Objectes gehabt hat« (§ 437). Dieses äußerlich vorhandene »Object« ist jedoch ein anderes als das andere Selbstbewußtsein. Doch der zweite Aspekt drängt sich schließlich im Vernunftbegriff vor: »Das Selbstbewußtseyn so die Gewißheit, daß seine Bestimmungen eben so sehr gegenständlich, Bestimmungen des Wesens der Dinge, als seine eigenen Gedanken sind, ist die Vernunft«. Hier ist nicht auf die Beziehung eines Selbstbewußtseins auf ein Selbstbewußtsein, sondern auf ein ihm Äußeres, eine »Welt«, abgehoben, und auch im Kolleg betont Hegel diesen letzteren Aspekt: »Die Vernünftigkeit des allgemeinen bewußtseins ist also: sich, seinen Inhalt in der Welt, im Object zu finden; der Geist sagt zur Vernunft du bist Vernunft von meiner Vernunft, wie Adam sprach zu Eva: du bist bein von meinem bein – So geht der Geist an die Welt, mit diesem Glauben: daß der Inhalt der Welt ebenso vernünftig ist, als er selbst ist (Inhalt der Welt sind die Bestimmungen der Vernunft)« (GW 25/2.798). Doch diese Gewißheit ist zwar durch den Gang der *Phänomenologie* insgesamt, jedoch nicht schon durch den hier, in der

»Phänomenologie« der *Enzyklopädie,* durchlaufenen Prozeß des Selbstbewußtseins verbürgt – weder durch die »Begierde« noch durch den »Kampf um Anerkennung« (^{3}§§ 438 f.).

Literatur: Dieter Henrich: Selbstbewußtsein. Kritische Einleitung in eine Theorie. In: Rüdiger Bubner u. a. (Hg.): Hermeneutik und Dialektik. Aufsätze I. Tübingen 1970, 257–284; Konrad Cramer: »Erlebnis«. Thesen zu Hegels Theorie des Selbstbewußtseins mit Rücksicht auf die Aporien eines Grundbegriffs nachhegelscher Philosophie. HSB 11 (1974), 537–603; Edith Düsing: Intersubjektivität und Selbstbewußtsein. Behavioristische, phänomenologische und idealistische Begründungstheorien bei Mead, Schütz, Fichte und Hegel. Köln 1986, 328–351; Konrad Cramer u. a. (Hg.): Theorie der Subjektivität. Frankfurt am Main 1987; Christof Schalhorn: Hegels enzyklopädischer Begriff von Selbstbewußtsein. HSB 43 (2000); Jaeschke: Das Selbstbewußtsein des Bewußtseins. In: Hoffmann 2009, 15–30.

9.4.5 Psychologie

(1) Erst mit dem Beginn der etwas unglücklich »Psychologie« genannten eigentlichen Geisteslehre erreicht Hegel den Begriff, in dem seine Philosophie seit seiner ersten Systemskizze (1801/02, s. Kap. II.4.6.1) kulminiert: den Begriff des Geistes. Denn erst hier und von hier ab gehören die thematischen Begriffe ausschließlich dem »Geist« an; die Bindung der Seele an die ihr vorausliegende Natürlichkeit und des Bewußtseins an eine dem Ich entgegenstehende Äußerlichkeit entfällt. Es ist nun nicht mehr um das Wissen eines »Gegenstandes« zu tun, sondern um das Wissen des Geistes von sich selbst: »Der Geist fängt daher nur von seinem eigenen Seyn an und verhält sich nur zu seinen eigenen Bestimmungen.« Wegen dieses Selbstverhältnisses des Geistes erklärt Hegel es für »gleichgültig, was als sein Begriff und was als dessen Realität bestimmt wird« – ob jeweils die »objective Vernunft« oder das »Wissen«. Doch trotz dieses Selbstverhältnisses sieht Hegel den »Geist« hier zunächst noch als endlichen: sofern nämlich »das Wissen das An- und Fürsichseyn seiner Vernunft nicht erfaßt, oder eben so sehr daß diese sich nicht zur vollen Manifestation im Wissen gebracht hat.«

Die zitierten Wendungen mögen den Eindruck erwecken, als sei zu ihrem Verständnis eine besondere Initiation vorausgesetzt. Und doch geht es nicht um etwas Geheimnisvolles, wie ja auch »Geist« keine mythologische Größe ist, sondern eben die Geistigkeit des Menschen selbst (s. Kap. II.9.4.2). Hegel akzentuiert hier lediglich die Differenz der Geistesphilosophie zu den ihr vorausgehenden Sphären der Logik und der Natur. Dort war der (erkennende) Geist jeweils auf etwas anderes gerichtet; in den nun folgenden Partien seiner Philosophie hingegen steht der Geist nur noch im Verhältnis zu sich selber – als theoretischer, praktischer und freier und schließlich als objektiver und absoluter Geist. Alle Gestalten, die im weiteren Gang noch thematisiert werden, sind Gestalten des Geistes selber, und nicht ein ihm Fremdes. Dies gilt für die Objektivationen des Willens im gesellschaftlichen Leben ebenso wie für Kunst, Religion und Philosophie, die Hegel als Formen des Sichwissens des Geistes versteht. Sie sind aus dem subjektiven Geist hervorgegangen, und deshalb verhält der Geist sich in ihnen nicht zu etwas ihm Fremden, sondern zu sich selbst. Das Wissen von ihnen ist ebenso »Existenz« des Geistes wie der von diesem Wissen gewußte »Gegenstand«, der eben deshalb nicht mehr im strengen Sinne »Gegenstand« ist.

Die Explikation der Formen des Geistes bezeichnet Hegel hier als »Fortschreiten« bzw. als »Entwicklung« – ja er spricht von einem »Ziel des Geistes, die objective Erfüllung und damit zugleich die Freiheit seines Wissens h e r v o r z u b r i n g e n.« Diese Wendungen sind jedoch nicht so zu verstehen, als ob Hegel hier – wie oben (s. Kap. II.9.4.2) gefordert – andeuten wollte, daß die Geschichte die Explikationsform des Geistes sei. Er bezieht lediglich Stellung gegen die Annahme, daß das Entstehen der »sogenannten Vermögen des Geistes« durch ein »vermeintlich n a t ü r l i c h e s Hervorgehen« zu erklären sei, bei dem die Sinnlichkeit als ein affirmativer Ausgangspunkt zu Grunde liegen bliebe. Diese »sogenannten Vermögen« versteht er ohnehin nicht als Natürliches, sondern als Geistiges, und zudem als eine Reihe von Stufen der »Befreiung« des Geistes. Sie sind »Productionen« des Geistes – und dies in doppelter Hinsicht: Sie sind nicht willkürliche Produkte, sondern so, »daß der Inhalt sowohl der a n s i c h s e y e n d e, als nach der Freyheit der s e i n i g e seye.« Durch diesen Gedanken, daß der Inhalt des Geistes sowohl etwas Ansichseiendes sei, als er vom Geiste hervorgebracht, Produkt seiner Freiheit sei, gewinnt Hegel die Unterscheidung des theoretischen und des praktischen Geistes: Nach der Seite seines Ansichseins ist er Gegenstand des ersten, nach der Seite seiner Produktion aus Freiheit des letzten – und die in dieser Unterscheidung gelegene »gedoppelte Einseitigkeit« sucht Hegel in der dritten Auflage der *Enzyklopädie* durch die Einführung einer dritten Gestalt, des »freien Geistes«, aufzuheben (³§§ 440–444).

(2) Die »Befreiung« und »Erhebung« faßt Hegel näher in der Perspektive der Differenzierung des theoretischen und des praktischen Geistes – aber zugleich so, daß beide nicht auseinanderfallen, sondern zusammenwirken: »Die Intelligenz f i n d e t sich b e s t i m m t; diß ist ihr Schein, von dem sie in ihrer Unmittelbarkeit ausgeht, als W i s s e n aber ist sie diß, das Gefundene als ihr eigenes zu setzen.« Das praktische Moment tritt nicht erst nachträglich zum theoretischen Wissen hinzu, sondern es wirkt im Wissen selber. Begrifflich sind beide zu unterscheiden – aber sie dürfen nicht als isolierte gegen einander gesetzt werden, und deshalb ist auch die Trennung von ›Theorie‹ und ›Praxis‹ eine »nachhegelsche Abstraktion« (Bubner, 1971). Diese Warnung vor der Isolierung dessen, was zwar begrifflich zu unterscheiden, aber nicht real zu trennen ist, richtet Hegel ebenso gegen eine Isolierung der sogenannten »Kräfte« oder »Vermögen« des theoretischen Geistes. Er versteht sie als »Momente« des Erkennens und nicht als dessen selbständige Formen, deren Zusammenwirken dann eigens erklärt werden müßte. Sie lassen sich zwar im Leben gegen einander isolieren – Anschauen, Erinnern, Phantasieren usf. –, aber diese Isolierung bildet für Hegel ein durch Willkür oder Unbildung verschuldetes Indiz des Verfehlens der Erkenntnis.

Unter den Haupttiteln »Anschauung«, »Vorstellung« und »Denken« systematisiert Hegel die mannigfachen Momente der Erkenntnis – wobei er etwa der »Anschauung« auch das »Gefühl« zuordnet (und dabei seine stereotype ambivalente Einschätzung des Gefühls wiederholt); unter »Vorstellung« werden auch »Erinnerung«, »Einbildungskraft« und »Gedächtniß« abgehandelt, und diese werden nochmals detaillierter untergliedert, jeweils am Leitfaden der »Befreiung« des Geistes. So enthält etwa die »Erinnerung«, die die Bilder im »nächtlichen Schachte« der Intelligenz »in v i r t u e l l e r Möglichkeit« aufbewahrt, noch mehr Unmittelbarkeit als die »r e p r o d u c t i v e Einbildungskraft« und diese wiederum mehr als die »Phantasie«. Erst in ihr »ist die Intelligenz nicht als der unbestimmte Schacht und das Allgemeine, sondern als Einzelnheit, d. i. als concrete Subjectivität«, und während das von der Phantasie produzierte Bild nur subjektiv anschaulich sei, füge sie im »Zeichen« »die eigentliche Anschaulichkeit hinzu«. Diese Anschaulichkeit komme zwar auch dem »Symbol« zu – aber ihm gegenüber sei das »Zeichen« wiederum eine weitere Stufe der Befreiung: Beim Zeichen als solchem hingegen gehe »der eigene Inhalt der Anschauung, und der, dessen Zeichen sie ist, einander nichts an« – und insofern beweise die Intelligenz beim Zeichen »eine freiere Willkühr und Herrschaft im Gebrauch der Anschauung, denn als symbolisirend.« (³§§ 446–458)

Hier, beim »Zeichen«, sieht Hegel den systematischen Ort für die Abhandlung der »Sprache« als der »T h a t der theoretischen Intelligenz im eigentlichen Sinne«, ihrer gegenüber Erinnerung und Phantasie usf. »äusserlichen Äusserung« (GW 18.195). Sie kommt jedoch hier, in einer philosophischen Wissenschaft, wie er einschränkt, »nur nach der eigenthümlichen Bestimmtheit als das Product der Intelligenz, ihre Vorstellungen in einem äußerlichen Element zu manifestiren, in Betracht.« Dem »elementarischen Material«, dem »Lexicalischen«, und auch dem »Formellen«, der Grammatik, widmet Hegel nur wenige Bemerkungen – wobei er sich in der *Enzyklopädie* (1830) u. a. auf Jacob Grimms *Deutsche Grammatik* und auf Wilhelm v. Humboldts kurz zuvor erschienene Akademieabhandlung *Ueber den Dualis* bezieht. Gegenüber der Sprachphilosophie des späten 18. Jahrhunderts fällt insbesondere auf, daß Hegel die damals so heftigen Auseinandersetzungen über den göttlichen oder natürlichen Ursprung der Sprache mit keinem Wort mehr erwähnt. Er beschränkt seine Bemerkungen zur Sprache auf eine knappe, wenn auch im Lichte der Bedeutung, welche die Sprache in der Philosophie des 20. Jahrhunderts erlangt hat, zu knappe Skizze der Funktion der Sprache als eines Zeichensystems: Sie »gibt den Empfindungen, Anschauungen, Vorstellungen ein zweites höheres, als ihr unmittelbares Daseyn, überhaupt eine Existenz, die i m R e i c h e d e s V o r s t e l l e n s gilt.«

Obgleich Hegel neben »der Tonsprache, als der ursprünglichen«, die Schriftsprache »nur im Vorbeygehn« erwähnen will, liegt doch der eigentliche Akzent seiner Darstellung auf ihr – und insbesondere auf dem damals – seit Leibniz – geführten Streit um die Überlegenheit der Buchstaben- oder der Hieroglyphenschrift. Unter diesem Terminus bezieht Hegel sich – wie damals üblich, zumal beide als »statarische« Kulturen galten – zumeist auf die chinesische Schrift, nicht auf die ägyptische, obschon er im Kolleg über die damals begonnene Entzifferung der Hieroglyphen »zuerst« durch Thomas Young berichtet (GW 25/2.848), die durch den glücklichen Fund des »Steins von Rosette« (1799) möglich geworden ist; Jean François Champollion, der 1822 und 1824 Youngs Ansätze weiter entwickelt hat, erwähnt er der Überlieferung zu Folge nicht.

Gegen Leibniz' Überlegungen über den Vorteil der Hieroglyphenschrift gegenüber der Buchstabenschrift sieht Hegel »die Grundbestimmung für die Entscheidung über den Werth dieser Schriftsprachen« darin, daß die Hieroglyphenschrift »dem

Grundbedürfnisse der Sprache überhaupt, dem Namen, widerspricht, für die unmittelbare Vorstellung, welche so reich ihr Inhalt in sich gefaßt werden möge, für den Geist im Namen einfach ist, auch ein einfaches unmittelbares Zeichen zu haben, das als ein Seyn für sich nichts zu denken gibt, nur die Bestimmung hat, die einfache Vorstellung als solche zu bedeuten und sinnlich vorzustellen.« Namen sind »für sich s i n n l o s e A e u ß e r l i c h k e i t e n, die erst als Z e i c h e n eine Bedeutung haben« – und eben darauf beruhe ihre unverzichtbare Funktion für die Sprache: »Es ist in Namen, daß wir denken.« (^{3}§§ 458 f., 462)

Während jedoch der Name um dieser ihm eigenen Bedeutungslosigkeit willen auf eine außer ihm liegende Bedeutung verwiesen ist, um die »Sache« zu sein, sieht Hegel das Gedächtnis als den »Uebergang in die Thätigkeit des G e d a n k e n s, der keine B e d e u t u n g mehr hat, d. i. von dessen Objectivität nicht mehr das Subjective ein Verschiedenes ist«. Gegenüber einer zeitgenössischen Abwertung des Gedächtnisses insistiert Hegel auf dessen Bedeutung: »es ist einer der bisher ganz unbeachteten und in der That schwersten Punkte in der Lehre vom Geiste, in der Systematisirung der Intelligenz die Stellung und Bedeutung des Gedächtnisses zu fassen, und dessen organischen Zusammenhang mit dem Denken zu begreifen.« Wegen dieser Bedeutung, die er dem Gedächtnis zuschreibt, kritisiert er scharf die »vor einiger Zeit [sc. nämlich Ende des 18. Jahrhunderts] wieder aufgewärmte und billig wieder vergessene M n e m o n i k der Alten«, weil sie das Gedächtnis zum Mechanismus erniedrige und es nicht als – wenn auch einseitiges – »Moment der E x i s t e n z des Denkens« begreife (^{3}§§ 461–464).

Anders als im Kolleg (GW 25/2.866–877) widmet Hegel in der *Enzyklopädie* dem »Denken« im engeren Sinne nur wenige Paragraphen (^{3}§§ 465–468), obgleich sich der »theoretische Geist« in ihm vollendet und dessen spekulativer Charakter erst hier prägnant gefaßt wird. Gegenüber der dritten bieten die beiden ersten Auflagen der *Enzyklopädie* hierfür eine sprachlich glücklichere Formulierung, deren Struktur auf den »Doppelsatz« der Vorrede zu den *Grundlinien der Philosophie des Rechts* (s. Kap. II.8.1.2) vorausweist: »Was g e d a c h t ist, i s t; und w a s i s t, ist nur, in sofern es Gedanke ist.« (^{2}§ 465, ^{1}§ 384) Die Kollegnachschriften formulieren weniger prägnant, aber wohl etwas zugänglicher: »Der Sinn des Denkens ist dieser: w a s ich denke, das ist die Sache; [...] die Sache wird nur erst durch das Denken. Das ist e r s t d i e O b j e c t i v i t ä t wenn die Sache durch die Intelligenz zur Sache geworden ist; sonst ist noch kein Objectives, sondern bloß Äußerlichkeit. Das Denken ist erst das Objective.« (GW 25/2.867 f.) Die Nähe zum transzendentalphilosophischen Begriff der ›Objektivität‹ drängt sich hier auf: ›Objektivität‹ ist nicht das dem Subjekt Gegenüberstehende, sondern allererst das durch das Subjekt Konstituierte. »Gedanke« bedeutet hier offensichtlich nicht ein willkürliches Produkt des Denkens im weiten Sinne; ein »Gedanke« im affirmativen Sinn ist nicht ein Einfall, sondern »das wahrhafte Allgemeine, welches die übergreifende Einheit seiner selbst über sein Anderes, das Seyn, ist«, oder die »einfache Identität des Subjectiven und Objectiven.« Hegel greift somit hier auf die Bestimmung des Vernunftbegriffs als der »einfachen I d e n t i t ä t d e r S u b j e c t i v i t ä t des Begriffs und seiner O b j e c t i v i t ä t und Allgemeinheit« zurück (³§§ 438 f.). Diese Identität ist nun für das Denken selber geworden: Der »Gedanke« ist nun sein eigener Gegenstand.

Und doch sagt Hegel von diesem »denkenden Erkennen«, es sei zunächst noch formell: weil die zum Denken erinnerten Vorstellungen noch ein gegebener Inhalt seien, den das Denken – als formeller Verstand – »zu Gattungen, Arten, Gesetzen, Kräften u. s. f. überhaupt zu den Kategorien verarbeitet, in dem Sinne, daß der Stoff erst in diesen Denkbestimmungen die Wahrheit seines Seyns habe.« Die Bewegung des Denkens besteht nun darin, diesen Rest von Unmittelbarkeit, von Gegebenheit aufzuheben. Als Verstand erklärt es das Einzelne aus seinen Allgemeinheiten, den Kategorien; als Negativität, Diremtion, Urteil erklärt es das Einzelne »f ü r ein Allgemeines (Gattung, Art)«, und darin erscheint der Inhalt als gegeben; und als »f o r m e l l e V e r n u n f t, s c h l i e ß e n d e r V e r s t a n d« bestimmt es den Inhalt aus sich und hebt damit die Formdifferenz zwischen sich und dem Gegebenen auf.

Die Intelligenz tilgt damit die letzte Unmittelbarkeit; sie eignet sich diese Unmittelbarkeit an und »ist nach vollendeter B e s i t z n a h m e nun in ihrem E i g e n t h u m e«. Schon sprachlich greift Hegel damit auf die Sphäre des Praktischen voraus, zu der von hier aus nur noch ein kleiner Schritt zurückzulegen ist: Denn die Intelligenz, welche die ihr vermeintlich gegenüberstehende Unmittelbarkeit getilgt hat, ist frei, und indem sie sich als das den Inhalt Bestimmende weiß, ist sie Wille.

(3) Schon der Umstand, daß Hegel vom Begriff des Denkens zum Begriff des Willens, vom Begriff des »theoretischen Geistes« zu dem des »praktischen Geistes« übergeht, deutet den engen Zusammenhang

an, den er trotz der erforderlichen Differenzierung zwischen diesen Begriffen sieht. Ein bloßer Wille, ohne das Moment des Erkennens, ist für ihn schlechthin undenkbar, ebenso aber auch ein bloßes Erkennen, dem nicht ein praktisches Moment innewohnte, ein »Interesse«, dem ja sogar eine erkenntnisleitende Funktion zukommen kann. Und wie Hegel den Willen stets als einen »denkenden Willen« denkt, denkt er ihn auch stets als einen »freien Willen«. Ein nicht-freier Wille wäre ein ebensolches Unding wie ein nicht-denkender Wille. Gleichwohl bezeichnet Hegel es als den »Weg des Willens, […] sich zum denkenden Willen zu erheben« – nämlich vom bloß an sich denkenden zum wahrhaft denkenden und freien Willen.

Hegels Darstellung des praktischen Geistes wirkt schon vom Umfang, aber auch von ihrer begrifflichen Durchbildung her eher als schmaler Appendix zur Abhandlung des »theoretischen«. Doch kommt dem »praktischen Geist« insofern eine systematische Schlüsselfunktion zu, als er im engeren Sinne die Grundlegung für die Welt des »objektiven Geistes« leistet – denn die Objektivierung des Geistes beruht nicht auf der »Erkenntniß«, sondern auf dem »Willen«: »als Wille tritt der Geist in Wirklichkeit, als Wissen ist er in dem Boden der Allgemeinheit des Begriffs.« Deshalb greift die »Einleitung« zu den *Grundlinien der Philosophie des Rechts* (1821) auf den Begriff des Willens zurück, und sogar sehr detailliert, da der »praktische Geist« in der *Enzyklopädie* (1817) noch wenig ausgeformt ist. Die Untergliederung in »praktisches Gefühl«, »Triebe«, »Willkühr und Glückseligkeit« führt Hegel erst in der zweiten Auflage der *Enzyklopädie* ein, und in der dritten modifiziert er sie nochmals geringfügig zu »praktisches Gefühl«, »Triebe und Willkühr« und »Glückseligkeit«.

Diese systematische Differenzierung bezeichnet Hegel als den »Weg des Willens« zum »objectiven Geist«. Die Dynamik, ihn zu durchlaufen, liegt im Widerspruch zwischen dem Begriff des freien, sich selbst bestimmenden Willens und der Fixierung des formellen Einzelwillens auf seine Bestimmtheit. Im zunächst nur an sich freien Willen muß erst die Freiheit »zur Existenz« gebracht werden. Als erste Form führt Hegel das »praktische Gefühl« ein, als Gegenstück zur »Empfindung« der »Seele« und zum »Gefühl« im theoretischen Geist. Und seine Kritik dieses Gefühls verläuft wiederum in den bekannten Bahnen, zumal er auch bei den bisherigen Formen des Gefühls jeweils auf praktische Momente vorausgreift: »Das Gefühl ist aber nichts anderes, als die Form der unmittelbaren eigenthümlichen Einzelnheit des Subjects«, in die letztlich jeder Inhalt gesetzt werden kann. Deshalb »ist es ver dächtig, und sehr wohl mehr als diß«, schon an der Form des Gefühls das Wahre haben zu wollen, statt am vernünftigen Inhalt, an Recht und Sittlichkeit, der freilich auch in der Form des Gefühls sein muß, um dem Subjekt auch nach der Seite seiner Einzelheit anzugehören.

In diesem Zusammenhang führt Hegel den Begriff ein, dessen Marginalisierung in seinem Werk von vielen seiner Kritiker beanstandet wird: den Begriff des Sollens. Seit dem Ende des frühneuzeitlichen Naturrechts, das auch in seinen »säkularen« Formen den Begriff des Sollens letztlich am göttlichen Willen befestigt hat, ist es erheblich schwieriger geworden, ihn systematisch zu verankern. Hiervon zeugt auch Hegels Umgang mit diesem Begriff. Er spricht zwar sogar von einem »gedoppelten Sollen«; dessen erste Form beruht jedoch lediglich auf dem Verhältnis des natürlichen Willens »gegen äußere Objecte«, die diesem Willen gemäß werden sollen – also auf zufälligen Zwecken. Hier findet Hegel zugleich die Antwort auf die »berühmte Frage n a c h d e m U r s p r u n g e d e s U e b e l s in der Welt« – also auf die bis in die Antike und den Alten Orient zurückreichende, von Leibniz unter den Titel »Theodizee« gestellte Frage ›unde malum‹: »Das Uebel [sc. beschränkt auf das malum physicum, das Unangenehme und den Schmerz] ist nichts anders als die Unangemessenheit des S e y n s zu dem S o l l e n.« Doch wenn schon nicht der Ort dieser Frage und die lakonische Knappheit ihrer Beantwortung überrascht, so zumindest deren Pointe: Das »Sollen« hat keineswegs immer schon recht gegenüber dem »Seyn«. Ein Sollen, das der Inkongruenz zufälliger, endlicher Zwecke und des Seins entspringt, hat keine Wahrheit. In Ansehung solcher Zwecke »ist das Uebel nur das Recht, das an der Eitelkeit und Nichtigkeit ihrer Einbildung ausgeübt wird. Sie selbst sind schon das Uebel.« Die Klage über das Übel wird somit abgewiesen mit dem Bescheid, das eigentliche Übel sei vielmehr die Klage selbst. In einer bewußtseinsgeschichtlichen Situation, in der es keinen Verantwortlichen für das physische Übel mehr gibt und auch keinen verantwortlichen Adressaten für eine derartige Klage über sie, ist die Klage sinnlos geworden. Wegen ihrer Sinnlosigkeit wird sie dann selbst zum Übel, da sie mit ihren unberechtigten Zwecken nur den Blick auf das »Seyn« des Lebendigen und des Geistes verstellt, in dessen Verfassung die »immanente Unterscheidung« liegt – und somit »die Principien des Uebels und des Schmerzens«: »Negativität, Subjectivität, Ich, die Freiheit«.

Im Blick auf die zweite, philosophisch problematische Dimension des Sollens schlägt Hegel insofern einen ähnlichen Weg ein wie Kant, als er das »Sollen« aus dem Gegensatz von Allgemeinheit und Einzelheit entspringen läßt: Die vorhin betrachtete »erste Selbstbestimmung« des einzelnen Willens gegenüber äußeren Objekten ist »zunächst nicht in die »Allgemeinheit des Denkens erhoben, welche daher a n s i c h das Sollen gegen jene sowohl der Form nach ausmacht, als dem Inhalte nach ausmachen kann.« Das »Sollen« geht also nicht von einer äußeren Instanz aus, sondern es liegt in der recht verstandenen »Allgemeinheit des Denkens«. Sie tritt selbst schon mit berechtigtem normativen Anspruch auf – und diesem Anspruch unterstehen bereits die »Modificationen des formellen praktischen Gefühls« – wie »Vergnügen, Freude, Schmerz u. s. f., Scham, Reue, Zufriedenheit u. s. w.« (^{3}§§ 469–472)

Die weiteren Formen des »praktischen Geistes« – Trieb, Neigung, Leidenschaft – erfreuen sich traditionell keiner sonderlichen Reputation, und a fortiori scheinen sie solcher immanenten ›Vernünftigkeit‹ zu widersprechen. Doch Hegel macht sich beinahe zu ihrem Apologeten; er sucht sie von dem moralischen Makel zu befreien, der ihnen gemeinhin anklebt: Sie haben »gleichfalls die vernünftige Natur des Geistes einerseits zu ihrer Grundlage« – wenn sie auch andererseits »mit Zufälligkeit behaftet« sind. Formell gesehen enthält »Leidenschaft« nur die Beschränkung auf eine besondere unter vielen Willensbestimmungen, ohne Ansehung des Inhalts. »Um dieses Formellen willen aber ist die Leidenschaft weder gut noch böse; diese Form drückt nur diß aus, daß ein Subject das ganze lebendige Interesse seines Geistes, Talentes, Charakters, Genusses in einen Inhalt gelegt habe.« Und hieran schließt sich der Satz, der so große Bedeutung für Hegels Geschichtsphilosophie hat: »Es ist nichts Großes ohne Leidenschaft vollbracht worden, noch kann es ohne solche vollbracht werden. Es ist nur eine todte, ja zu oft heuchlerische Moralität, welche gegen die Form der Leidenschaft als solche loszieht.« (s. Kap. II.9.6.4)

Nicht allein gegen eine solche »heuchlerische«, sondern überhaupt gegen eine moralische Bewertung betreibt Hegel die Rehabilitation von Trieb, Neigung, Leidenschaft und »Interesse«. Denn es kommt auch »nichts ohne Interesse zu Stande«. Hegel spricht ihnen zunächst die »f o r m e l l e Vernünftigkeit« zu, »durch die Thätigkeit des Subjects selbst die Subjectivität aufzuheben, realisirt zu werden.« Sie sind damit als ein bewegendes, für Leben und Geschichte konstitutives Moment ernstgenommen und insofern zumindest formell gerechtfertigt: »Trieb und Leidenschaft ist nichts anderes als die Lebendigkeit des Subjects, nach welcher es selbst in seinem Zwecke und dessen Ausführung ist.« Und ihre »wahrhafte Vernünftigkeit« erweist sich nicht einer »äußern Reflexion«, sondern sie fällt in die »immanente Reflexion des Geistes selbst, über ihre B e s o n d e r h e i t wie über ihre natürliche U n m i t t e l b a r k e i t hinauszugehen, und ihrem Inhalte Vernünftigkeit und Objectivität zu geben, worin sie als n o t h w e n d i g e Verhältnisse, R e c h t e und P f l i c h t e n sind.« Sie manifestiert sich also im Prozeß ihrer Objektivierung zu sittlichen Verhältnissen, deren Betrachtung die »Philosophie des objectiven Geistes« zu leisten hat – in der »L e h r e von den rechtlichen, moralischen und sittlichen Pflichten.« (^{3}§§ 473–475)

Den Begriff der »Glückseligkeit« stellt Hegel in den beiden ersten Auflagen der *Enzyklopädie* in engen Zusammenhang mit den Begriffen des »reflectirenden Willens« und der »Willkühr« – letztere im traditionellen, wörtlichen Sinne verstanden als die Fähigkeit des – freien und denkenden – Willens, »zwischen Neigungen zu wählen«. Doch sofern er zwischen solchen – endlichen, partikularen – Trieben und Neigungen nur wählt, bleibt er selber dieser Sphäre der Endlichkeit verhaftet. Er ist »der W i d e r s p r u c h, sich in einer Besonderheit zu verwirklichen, welche zugleich für ihn eine Nichtigkeit ist«. Aus diesem Prozeß der Verdrängung einer Neigung durch eine andere, des Taumelns von Begierde zu Genuß und von Genuß zu Begierde, scheint allein die Vorstellung einer umfassenden und bleibenden Befriedigung zu befreien, die traditionell im Begriff der »Glückseligkeit« gedacht wird. Doch während die Ethik der Aufklärung, wie Hegel mehrfach kritisch anmerkt, bis zu Kant bloße Glückseligkeitsethik gewesen sei (V 7.171; 9.149), sei eben der Begriff der Glückseligkeit seit Kants »Analytik der reinen praktischen Vernunft« in Mißkredit geraten (AA V.25). Hegel nimmt diese Kritik auf – und er bestreitet sogar noch seinen Begriffscharakter: »Die Glückseligkeit ist die verworrene Vorstellung der Befriedigung a l l e r Triebe, deren einer dem andern aber ganz oder zum Theil aufgeopfert, vorgezogen und vorgesetzt werden soll.« (^{1}§ 396) Als »Wahrheit« dieses sich selbst zerstörenden Ungedankens ergibt sich ihm vielmehr »die a l l g e m e i n e Bestimmtheit des Willens an ihm selbst, d. i. sein Selbstbestimmen selbst, d i e F r e i h e i t« – und damit leitet Hegel in der *Enzyklopädie* (1830) zur letzten Gestalt des »subjectiven Geistes«, dem »freien Geist«, über (s. Kap. II.9.4.1, ^{3}§§ 476–482).

Quellen: Jacob Grimm: Deutsche Grammatik. Teil 1. Göttingen ^{2}1822; Wilhelm v. Humboldt: Ueber den Dualis. Gelesen in der Akademie der Wissenschaften am 26. April 1827. Berlin 1828; Humboldt: Gesammelte Schriften. Hg. von Albert Leitzmann. Bd. 6. Berlin 1907, 4–30. – **Literatur:** Odo Marquard: Hegel und das Sollen. In: ders.: Schwierigkeiten mit der Geschichtsphilosophie. Frankfurt am Main 1973, 37–51; Henrich (Hg.): Hegels philosophische Psychologie. HSB 19 (1979); Adriaan Peperzak: Selbsterkenntnis des Absoluten. Grundlinien der Hegelschen Philosophie des Geistes. Stuttgart-Bad Cannstatt 1987, 38–57; Willem A. de Vries: Hegel's Theory of Mental Activity. An Introduction to Theoretical Spirit. Ithaca / London 1988; Adriaan Theodoor Peperzak: Hegels praktische Philosophie. Ein Kommentar zur enzyklopädischen Darstellung der menschlichen Freiheit und ihrer objektiven Verwirklichung. Stuttgart-Bad Cannstatt 1991, 17–106. – Zu »Sprache«: Josef Simon: Das Problem der Sprache bei Hegel. Stuttgart u. a. 1966; Manfred Züfle: Prosa der Welt. Die Sprache Hegels. Einsiedeln 1968; Theo Bodammer: Hegels Deutung der Sprache. Interpretationen zu Hegels Äußerungen über die Sprache. Hamburg 1969; Bruno Liebrucks: Sprache und Bewußtsein. Bde. 5–6. Frankfurt am Main 1970–1974; Bruno Schindler: Die Sagbarkeit des Unsagbaren. Hegels Weg zur Sprache des konkreten Begriffs. Würzburg 1994.

9.5 Rechtsphilosophie

9.5.1 Überlieferung

(1) Hegels Vorlesungen über »ius naturae et civitatis« bilden – nach den Vorlesungen über »Logik und Metaphysik« – den zweiten Schwerpunkt seiner Lehrtätigkeit. Sie prägen seine Lehre vom zweiten Jenaer Semester im Sommer 1802 (auch wenn diese Vorlesung wohl nicht zu Stande gekommen ist, weil ihn damals »seine literarischen Arbeiten gänzlich in Anspruch nahmen«, R 161) bis zum letzten Kolleg im Winter 1831/32. »Naturrecht und Staatswissenschaft« ist deshalb auch der eigentliche – wenn auch wenig gebräuchliche, in manchen Ausgaben und Übersetzungen gar nicht genannte – Haupttitel der *Grundlinien der Philosophie des Rechts*. Und es ist ein Indiz für das Gewicht, das Hegel diesen Vorlesungen einräumt, daß er in Jena zuweilen auch dann, wenn er sein gesamtes System vorträgt – »Philosophiae universae delineationem« o. ä. –, eine zusätzliche Vorlesung über Naturrecht ankündigt – so im Sommer 1803, im Winter 1803/04, und wieder im Sommer 1805.

Über diese Vorlesungen ist jedoch nichts bekannt – auch wenn man aus den gleichzeitigen Manuskripten ihren Inhalt im Umriß erschließen kann (s. Kap. II.4.6.5, 4.6.7). Auch die Nürnberger Gymnasialkurse über »Rechts- und Pflichtenlehre« sind nur unzureichend belegt (s. Kap. II.6.1.5). Erst seit der ersten Heidelberger Vorlesung (1817/18) ist seine Rechtsphilosophie lückenlos überliefert. Hegel hat sie hier so vorgetragen, daß er zunächst Paragraphen diktiert und dann jeweils durch freie Ausführungen erläutert hat (GW 26/1; V 1). Dieses Verfahren hat er noch bei seiner ersten Berliner Vorlesung 1818/19, also unmittelbar nach seiner Ankunft in Berlin, befolgt (GW 26/1; V 1.267–280). Spätestens Anfang 1819 hat er sich jedoch entschlossen, nach der *Enzyklopädie* ein weiteres Kompendium für seine Vorlesungen zu veröffentlichen: die *Grundlinien der Philosophie des Rechts* (s. Kap. II.8.1.1). In der Vorlesung von 1819/20 hat Hegel, soweit die beiden überlieferten Nachschriften (GW 26/1) erkennen lassen, bereits auf Diktate verzichtet; nach der Veröffentlichung der *Grundlinien* hat er ohnehin nicht mehr diktiert (Nachschriften [anonym 1821/22], Hotho [1822/23] und Griesheim [1824/25]). In den darauf folgenden Jahren hat Hegel diese Vorlesung seinem Schüler und Freund Eduard Gans überlassen. Für das Wintersemester 1830/31 hat er sie erneut angekündigt, sie dann aber »wegen Unpäßlichkeit« ausfallen lassen. Erst im Herbst 1831, in der politisch aufgewühlten Zeit nach den Revolutionen und Aufständen des Vorjahres, hat er erneut über Rechtsphilosophie lesen wollen, jedoch nur noch die Eingangspartien vortragen können. Arnold Ruge berichtet 1867 (!), diese Wiederaufnahme seiner Vorlesung sei auf eine Aufforderung durch den Kronprinzen, den späteren König Friedrich Wilhelm IV, zurückgegangen, der Hegel zu Tisch geladen habe (HBZ 437) – doch diese gern weitererzählte und in abgeschwächter Form von Johann Eduard Erdmann in ADB XI.272 f. übernommene Anekdote wird man so lange ins Reich der Mährchen verbannen müssen, als nicht eine bessere Quelle sie bestätigt.

Kollegien: 1817/18; 1818/19; 1819/20; 1821/22; 1822/23; 1824/25; 1831/32 (angefangen). – **Text: a) Kompendien:** GW 14; GW 13, §§ 400–452; GW 19, §§ 482–552; GW 20, §§ 483–552; **b) Nachschriften:** GW 26/1–4 (Voreditionen: Hegel: Vorlesungen über Rechtsphilosophie 1818–1831. Edition und Kommentar in sechs Bänden von Karl-Heinz Ilting. Stuttgart-Bad Cannstatt. Bd. 1: 1973; Bde. 2–4: 1974 (mehr nicht erschienen); Hegel: Philosophie des Rechts. Die Vorlesung von 1819/20 in einer Nachschrift. Hg. von Dieter Henrich. Frankfurt am Main 1983; Hegel: Vorlesungen über Naturrecht und Staatswissenschaft. Heidelberg 1817/18 mit Nachträgen aus der Vorlesung 1818/19. Nachgeschrieben von P. Wannenmann. Hamburg 1983 (=V 1); Hegel: Die Philosophie des Rechts. Die Mitschriften Wannenmann (Heidelberg 1817–18) und Homeyer (Berlin 1818–19). Hg. von Karl-Heinz Ilting. Stuttgart 1983; Hegel: Philosophie des Rechts. Nachschrift der Vorlesung von 1822/23 von Karl Wilhelm Ludwig Heyse. Hg. von Erich

Schilbach. Frankfurt am Main u. a. 1999; Hegel: Vorlesungen über die Philosophie des Rechts. Berlin 1819/1820. Nachgeschrieben von Johann Rudolf Ringier. Hg. von Emil Angehrn, Martin Bondeli und Hoo Nam Seelmann. Hamburg 2000 (=V 14); Hegel: Die Philosophie des Rechts. Vorlesung von 1821/22. Hg. von Hansgeorg Hoppe. Frankfurt am Main 2005). – **Literatur:** Carl Friedrich Göschel: Zerstreute Blätter aus den Hand- und Hülfsacten eines Juristen. 3 Bde. Erfurt, Schleusingen 1832–1842; Friedrich Julius Stahl: Die Philosophie des Rechts nach geschichtlicher Ansicht. Heidelberg. Bde. 1, 2/1 und 2/2: ¹1830, 1833, 1837; Bd. 1: ³1854; Lenz: Geschichte der Universität Berlin. Bd. 2 (1910); Rosenzweig: Hegel und der Staat (1920), Bd. 2.75–204; Hermann Heller: Hegel und der nationale Machtstaatsgedanke in Deutschland. Ein Beitrag zur politischen Geistesgeschichte. 11921, ND Aalen 1963; Gerhard Dulckeit: Rechtsbegriff und Rechtsgestalt. Untersuchungen zu Hegels Philosophie des Rechts und ihrer Gegenwartsbedeutung. Berlin 1936; Eric Weil: Hegel et l'état. Paris 1950; Bernard Bourgeois: La pensée politique de Hegel. Paris 1969; Manfred Riedel: Studien zu Hegels Rechtsphilosophie. Frankfurt am Main ¹1969, Stuttgart ²1982; Rolf Konrad Hočevar: Hegel und der preußische Staat. Ein Kommentar zur Rechtsphilosophie von 1821. München 1973; Henning Ottmann: Individuum und Gemeinschaft bei Hegel. Bd. 1. Berlin / New York 1977; Vittorio Hösle (Hg.): Die Rechtsphilosophie des deutschen Idealismus. Hamburg 1989; Peperzak: Hegels praktische Philosophie (1991), 107–370; Ludwig Siep: Praktische Philosophie im Deutschen Idealismus. Frankfurt am Main 1992; Siep (Hg.): G. W. F. Hegel, Grundlinien der Philosophie des Rechts. Berlin 1997; Schnädelbach: Hegels praktische Philosophie (2000), 163–370; Adriaan T. Peperzak: Modern Freedom. Hegel's Legal, Moral, and Political Philosophy. Dordrecht u. a. 2001; Michael Salter (Hg.): Hegel and Law. Hants / Burlington 2002; Robert B. Pippin: Hegel's Practical Philosophy. Rational Agency as Ethical Life. New York 2008, Klaus Vieweg: Das Denken der Freiheit. Hegels »Grundlinien der Philosophie des Rechts«. München 2012.

9.5.2 Naturrecht, Rechtsphilosophie, Philosophie des objektiven Geistes

(1) Hegels Vorlesungen über Rechtsphilosophie fallen in eine Zeit des theoretischen wie auch des politischen und des gesellschaftlichen Umbruchs. Ein erstes Indiz hierfür bildet die eigentümliche Diskrepanz zwischen seinen Ankündigungen, »ius naturae et civitatis« zu lesen, und seiner scharfen Absetzung vom Naturrechtsbegriff. Bereits im Kolleg 1817/18 formuliert er sehr dezidiert: »Der Nahme des N a t u r - r e c h t s verdient aufgegeben und durch die Benennung philosophischer RechtsLehre, oder, wie es sich auch zeigen wird, Lehre von dem objectiven Geiste, ersetzt zu werden« – und zwar, weil er die Zweideutigkeit enthält, »daß darunter [1] das Wesen der Begriff von etwas verstanden wird, und 2) die bewustlose unmittelbare Natur als solche.« (GW 14/1.8)

(2) Hegel ist keineswegs der erste Kritiker des Naturrechtsbegriffs. Seit dem Ende des 18. Jahrhunderts wird der altehrwürdige, noch um die Jahrhundertmitte unangefochtene Titel »Naturrecht« von zwei Seiten aus angegriffen. Den einen Angriff führt Kant in der *Grundlegung zur Metaphysik der Sitten* – und zwar im Namen der »Vernunft«: »Natur« ist der Inbegriff dessen, was ist, und als solche Gegenstand von Deskription – doch dadurch ist keine Norm gesetzt. Die Beschreibung etwa der Natur des Menschen hat ihren systematischen Ort in der (pragmatischen) Anthropologie – aber aus dieser Beschreibung dessen, was der Mensch ist, läßt sich nicht die Erkenntnis dessen gewinnen, was er sein soll. Der Grund moralischer oder rechtlicher Verbindlichkeit liegt nicht in einer »Natur«, »sondern lediglich a priori in Begriffen der reinen Vernunft« (AA IV.389). Das vormalige »Naturrecht« ist somit als »Vernunftrecht« zu rekonstruieren – wobei allerdings die Dualität von Vernunftrecht und positivem Recht bestehen bleibt. Vermutlich wegen dieser Entgegensetzung bezeichnet Kant, in einem ähnlichen terminologischen Schwanken wie Hegel, in der *Metaphysik der Sitten* seine philosophische Rechtslehre auch wieder als »Naturrecht« (AA VI.237,242).

Der zweite Angriff auf das Naturrecht erfolgt im Namen des in der Wirklichkeit immer schon vorhandenen und sich geschichtlich entwickelnden Rechts. Diese Kritik ist besonders erfolgreich, da sie sich nicht nur auf rechtsphilosophische Argumente stützt, sondern ein politisches Implikat enthält, das sich in den Jahren nach der Französischen Revolution als durchschlagend erweist: die Identifizierung von Natur = Vernunft = Aufklärung = Revolution. Wirkungsgeschichtlich erfolgreich wird diese Kritik insbesondere durch Edmund Burkes *Reflections on the Revolution in France* (1790), die – insbesondere in der deutschen Übersetzung von Friedrich Gentz und verschärft durch dessen Zusätze (1793) – die Kritik an der Revolution mit dem Rekurs auf »Geschichte« verbinden.

In dieser theoretischen Situation wird erstmals der traditionelle wissenschaftssystematische Gegensatz von Naturrecht und positivem Recht überlagert durch den neuen wissenschaftspragmatischen Gegensatz von Universalität und Kontextualität in der Begründung des Rechts, der auch heute noch die Debatten zwischen Kontraktualismus und Kontextualismus, Liberalismus und Kommunitarismus durchzieht. Gegen das Natur- oder Vernunftrecht wird nun nicht der traditionelle Einwand erhoben, daß es nicht im strikten Sinne Recht sei, sofern auf seine

Verletzung zumindest keine unmittelbare Sanktion erfolge, sondern daß sein universeller Anspruch die Wirklichkeit des geschichtlich vorhandenen Rechts zerstöre – und dies mit allgemein bekannten katastrophalen politischen Folgen.

Zwar beruht die Gesellschaft auch für Burke auf Zustimmung, wie im Naturrecht auch – aber auf Zustimmung nicht in Folge eines Aktes der Vernunft, sondern in Folge von langfristig erworbenen Gewohnheiten und Vorurteilen – oder besser: von Lebensformen. In diesen Lebensformen drückt sich die Zustimmung zur jeweiligen Herrschaftsform aus. Die Legitimation politischer Herrschaft gründet nicht in einem Akt der – aktiven oder passiven – Unterwerfung, aber auch nicht in einem vernunftrechtlich vorgestellten Gesellschaftsvertrag, sondern sie gründet in der geschichtlichen Entwicklung eines politischen Systems, das die Befriedigung der Bedürfnisse und das Wohlergehen der Bürger garantiert. Die moderne Vernünftigkeit hingegen sei künstlich, wie im modernen Staat überhaupt alles künstlich sei – und deshalb auch haltungslos. Die moderne Vernunftphilosophie stelle zwar das Ideal der Humanität auf – aber gerade so, mit ihrem künstlichen, »gemachten« Ideal, könne sie nicht die wirkliche Humanität verwirklichen, sondern sie treibe in die Revolution und ende in der Bestialität. Diese Kritik pflanzt sich mehr als ein halbes Jahrhundert fort, bis ans Ende der durch den Namen des österreichischen Staatskanzlers Metternich charakterisierten Restaurationsepoche. Auch noch nach der gescheiterten Revolution von 1848 wird sie wiederholt von Friedrich Julius Stahl, dem einflußreichsten konservativen Denker der beiden Jahrzehnte nach Hegels Tod: »Der Liberalismus oder die Revolution in diesem Sinne ist die Wirkung eben der Prinzipien, auf welchen das ›Naturrecht‹ beruht.« (Stahl 1830/1854, ³289)

(3) Diese Auseinandersetzungen um Naturrecht und Geschichte prägen die Situation, in der Hegel die Grundlagen seiner Rechtsphilosophie konzipiert und diese im Verlauf zweier Jahrzehnte ausarbeitet. Er macht sich früh mit diesem epochalen Konflikt vertraut – und er zieht daraus die Konsequenz, daß er sich nicht auf die Seite der Vernunft- oder der Geschichtspartei schlägt, sondern die beiden widerstreitenden Pole zu umfassen und zu vereinigen sucht. Die Doppelheit seines Interesses läßt sich an dem Nebeneinander zweier seiner Schriften veranschaulichen: In seiner *Verfassungs-Schrift* (GW 5.1–219, s. Kap. II.4.1) zeigt er sich eng vertraut mit der politischen Situation und mit geschichtlichen Argumenta-

tionen, mit der Anerkennung des Rechtes von Verhältnissen, die sich geschichtlich herausgebildet haben, und ebenso mit dem Problem ihrer Legitimität
angesichts einer radikal gewandelten politischen
Wirklichkeit. Unmittelbar nach dem Abschluß dieser
Arbeiten greift er jedoch mit seinem *Naturrechts-Auf-
satz* in die Debatte um das neuzeitliche Naturrecht
ein – und zwar als ein Kritiker sowohl des »empirischen« Naturrechts der frühen Neuzeit als des »reinformellen Naturrechts« oder Vernunftrechts Kants
und Fichtes. Und seine Kritik kulminiert in dem provozierenden Satz: »Den frühern Behandlungsarten
des Naturrechts, und demjenigen, was für verschiedene Principien desselben angesehen werden müßte,
muß für das Wesen der Wissenschaft alle Bedeutung
abgesprochen werden.« (GW 4.419, s. Kap. II.4.5.6)

(4) Die skizzierten Auseinandersetzungen ziehen
sich bis in Hegels Heidelberger Zeit, und sie erreichen damals – im Streit zwischen der »vernunftrechtlichen« und der »geschichtlichen« Partei (Thibaut vs. Savigny) um die Kodifikation eines »bürgerlichen Gesetzbuchs« und einer Verfassung – sogar
einen neuen Höhepunkt. Sie sind deshalb für die
Konzeption seines rechtsphilosophischen Ansatzes
konstitutiv – auch wenn Hegel nur selten ausdrücklich auf sie zurückkommt: Seine Rechtsphilosophie
sucht nach einer Durchfahrt zwischen der Scylla des
Vernunftrechts und der Charybdis des bloß historischen, aber gleichwohl mit dem Anspruch auf Legi-
timationskraft auftretenden Rechtsgedankens.

Die Vermittlung beider ist, entsprechend dem
auch sonst von Hegel ausgeführten Verfahren, als
doppelseitig zu denken: Es gilt zu zeigen, daß Vernunft nicht ein bloß abstraktes, am Schreibtisch er-
sonnenes Prinzip ist, das, selber unvermittelt mit der
politisch-gesellschaftlichen Wirklichkeit, abstrakt
gegen diese gewendet wird, sondern daß sie nur
dann Vernunft ist, wenn sie immer schon mit dieser
Wirklichkeit vermittelt ist. Und ebenso gilt es zu zeigen, daß Geschichte selbst nicht bloße Faktizität,
sondern daß sie die Explikationsform des Geistes
und somit »Geschichte der Freiheit« ist. Der Geschichte läßt sich nur dann ein normativer Anspruch
vindizieren, wenn ihre Bewegung zugleich eine Entfaltung normativer Inhalte ist. Und umgekehrt: Der
Vernunft läßt sich nur dann ein normativer Anspruch gegenüber der Wirklichkeit zubilligen, wenn
er nicht die Zerstörung von Wirklichkeit zur Folge
hat, sondern wenn man dafür argumentieren kann,
daß Vernunft allein dann richtig gedacht werde,
wenn sie als immer schon mit solcher Wirklichkeit
versöhnt gedacht werde.

(5) Seinen Gegenentwurf gegen ein Rechtsdenken, das entweder in »Vernunft« oder in »Geschichte« seinen letzten Halt findet, spricht Hegel mehrfach
sehr bestimmt aus – schon in Heidelberg mit den
Worten: »Die Sphäre des Rechts ist nicht der Boden
der Natur, […] sondern die Sphäre des Rechts ist die
geistige, und zwar d i e S p h ä r e d e r F r e i h e i t«
(GW 14/1.8). Noch prägnanter heißt es in den
Grundlinien: »Der Boden des Rechts ist überhaupt
das G e i s t i g e, und seine nähere Stelle und Ausgangspunkt der W i l l e, welcher f r e y ist, so daß die
Freiheit seine Substanz und Bestimmung ausmacht,
und das Rechtssystem das Reich der verwirklichten
Freiheit, die Welt des Geistes aus ihm selbst hervorgebracht, als eine zweite Natur, ist.« (§ 4) In diesen
Begriffen des Geistes und der Freiheit sucht Hegel
den Gegensatz von Vernunft und Geschichte zu
überbrücken, der das Rechtsdenken seiner Zeit charakterisiert.

Der tragende Begriff des neuen Ansatzes ist jetzt
nicht mehr, wie in Jena, der Begriff der »Sittlichkeit«,
sondern der des »Geistes«, und seit der *Enzyklopädie*
(1817) näher der Begriff des »objektiven Geistes«
(^{1} § 400). In diesem Begriff – der dann eine eigene, bis
ins 20. Jahrhundert, zu Hans Freyer und Nicolai
Hartmann reichende Geschichte haben wird – faßt
Hegel den Charakter des gesellschaftlichen Lebens
mit ingeniöser Prägnanz: »Objektiver Geist« ist die
geistige Welt, in der der »subjektive Geist« und näher
der Wille objektiv, sich gegenständlich wird. Durch
diese Begriffsbildung wird der Resultatcharakter des
gesellschaftlichen Lebens herausgehoben. Es ist geistiges Leben, es beruht nicht auf natürlichen Verhältnissen, sondern auf subjektivem Geist, auf der Geistigkeit, die menschliches Leben auszeichnet. Wo sie
fehlt, gibt es – trivialer Weise – keine gesellschaftlichen Institutionen. Recht, Moralität und Sittlichkeit
sind ja nicht »von Natur.« Sie sind vom Geist, und
näher vom Willen, vom freien Willen hervorgebrachte Formen; Geist ist ihre »Substanz«, wie Hegel sagt. Sie lassen sich zwar nicht vollständig aus
ihm explizieren, doch sind sie niemals ohne diesen
freien Willen. Dies mag banal erscheinen – doch
gleichwohl ist es nicht falsch, sich diese häufig vergessene und auch zuvor nie so deutlich ausgesprochene Wahrheit ins Bewußtsein zurückzurufen.
Auch zu Hegels Zeit ist sie nicht selbstverständlich
gewesen. Sein Kollege und Rivale Schleiermacher etwa formuliert programmatisch, in seinen *Vorlesungen über die Lehre vom Staat* eine »Physiologie des
Staates« zu geben (KGA II/8.496,69) – und Hegel
hätte diese Formulierung teilen können, sofern nur

klargestellt ist, daß der Gegenstand solcher »Physiologie«, die »Physis«, die Natur des Staates, Geist ist, und zwar durch Willensakte gesetzter, deshalb »objektiver Geist«.

(6) Der Begriff des objektiven Geistes ermöglicht die einheitliche, Recht, Moralität und Sittlichkeit übergreifende Deutung des gesellschaftlichen Lebens. Dessen Wissenschaft ist deshalb eine – freilich in sich differenzierte – »Einheitswissenschaft«. Sie zerfällt nicht in Ethik einerseits und Rechtsphilosophie andererseits wie heute – soweit man heute im Zuge der »Rehabilitierung der praktischen Philosophie« die Rechtsphilosophie nicht ohnehin vergessen hat. Und die Einheit von Recht, Moralität und Sittlichkeit, die Hegel im Begriff des objektiven Geistes denkt, ist nicht etwa dadurch erkauft, daß er nun seinerseits die Ethik vergessen hätte. Er hat seine »Philosophie des objektiven Geistes« auch als Nachfolgedisziplin der Ethik angelegt. Ihre Einbindung in den Kontext von Recht und sittlichen Institutionen läßt sich allenfalls temporär, methodisch suspendieren, aber nicht folgenlos ignorieren.

Innerhalb der Sphäre des objektiven Geistes lassen sich die Differenzen zwischen den Sphären »Recht« und »Moralität« oder »Moralität« und »Sittlichkeit« präzise angeben. Etwas verwirrend mag hingegen das Verhältnis von »Recht« und »Sittlichkeit« erscheinen, da Hegel den Terminus »Recht« im zweifachen Sinne gebraucht – in dem weiten Sinne, in dem er seinem Kompendium den Titel *Grundlinien der Philosophie des Rechts* gibt, und im engeren, auf das »abstrakte Recht« beschränkten Sinne. Im weiten Sinne umfaßt »Recht« nicht bloß »das beschränkte juristische Recht«, sondern »das Daseyn a l l e r Bestimmungen der Freiheit« (^{3}§ 486) – also auch die Formen der Sittlichkeit. Sie sind Formen des gesellschaftlichen Lebens überhaupt, aber als solche sind sie natürlich auch Rechtsformen: die Familie nicht anders als die »Bürgerliche Gesellschaft« oder der Staat. Sie müssen als Rechtsformen begriffen werden – aber sie dürfen nicht n u r und nicht einmal p r i m ä r als Rechtsformen begriffen werden. Man verkürzt etwa den Gehalt des Staates als einer Form der Sittlichkeit, wenn man ihn ausschließlich unter dem Titel »Öffentliches Recht« abhandelt – wie Kant in seinen *Metaphysischen Anfangsgründen der Rechtslehre*.

Die Gestalten der Sittlichkeit sind Formen der Wirklichkeit des freien Willens, Lebensformen der Freiheit. Als solche haben sie zwar eine rechtliche Seite, aber sie gehen nicht in ihr auf, und sie lassen sich auch nicht auf sie reduzieren. Recht im engen

Sinne des »formellen Rechts« und Moralität sind hingegen »beide Abstracte, deren Wahrheit erst die Sittlichkeit ist, Einheit der Subjectivität und des Begriffs des Willens.« (GW 26/2.805) Es ist für Hegel deshalb ein Anzeichen einer historischen Verfallsform, wenn die Formen der Sittlichkeit primär als Formen des Rechts wahrgenommen werden – im Übergang von der griechischen zur römischen Antike nicht anders als in der Aufklärung, die er ja ebenfalls als eine Epoche der »Verrechtlichung« beschreibt – obgleich er damals nur den Beginn dieses Prozesses der Verrechtlichung erlebt hat, der sich bis in unsere Gegenwart mit beschleunigter Dynamik fortsetzt und wohl weiter fortsetzen wird.

Mit dieser Differenzierung zwischen weitem und engem Begriff des Rechts scheint Hegels Sprachgebrauch sehr flexibel zu sein – doch läßt sich gegen ihn einwenden, daß die Ausweitung des Rechtsbegriffs – als des »Daseyns der Freiheit« – bis auf die Weltgeschichte seinen Gehalt doch allzusehr verdünne. Der enge Begriff des »formellen« oder »juristischen« oder »bürgerlichen« Rechts hingegen dürfte eher zu eng gefaßt sein – zumal Hegel unter dem Titel »abstraktes Recht« auch nur allgemein naturrechtliche bzw. vernunftrechtliche Bestimmungen aus der Sphäre des Privatrechts und des Strafrechts abhandelt, nicht hingegen das Öffentliche Recht. Hegels systematischen Intentionen wie auch dem thematischen Umfang der *Grundlinien* entspricht deshalb der Titel »Philosophie des objektiven Geistes« weit besser als der Titel »Rechtsphilosophie«. Denn alle Phänomene, die hier ihren Ort haben, sind fraglos »objektiver Geist«.

Literatur: Hans Welzel: Naturrecht und materiale Gerechtigkeit. Göttingen ^{4}1980; Karl-Heinz Ilting: Naturrecht und Sittlichkeit. Begriffsgeschichtliche Studien. Stuttgart 1983; Walter Jaeschke: Immanuel Kant und G. W. F. Hegel: Vernunftrecht und Geschichte. In: Von der religiösen zur säkularen Begründung staatlicher Normen. Zum Verhältnis von Religion und Politik in der Philosophie der Neuzeit und in rechtssystematischen Fragen der Gegenwart hg. von Ludwig Siep, Thomas Gutmann, Bernhard Jakl und Michael Städtler. Tübingen 2012, 119–140.

9.5.3 Freiheit und Notwendigkeit

(1) Der andere Hegels Rechtsphilosophie tragende Begriff ist bereits angesprochen worden: der Begriff der Freiheit. Eduard Gans ist der erste gewesen, der die zentrale Bedeutung dieses Begriffs herausgehoben hat. Im Vorwort zu seiner Neuausgabe der *Grundlinien* schreibt er, dieses ganze Werk sei »aus dem einen Metalle der Freiheit errichtet«. Die Frei

heit – freilich »nicht jene subjektiv-laute, jene enthusiastisch und raketenmäßig emporzischende, sondern vielmehr die zur Sättigung, aber auch dadurch zu größerer Festigkeit gediehene« Freiheit – sei nicht bloß das »Grundelement« dieses Werkes, sondern sein »einziger Stoff« (W VIII.Xf.). Es ist, als ob Gans hier an ein Wort aus Hegels letzter Vorlesung – zudem über Rechtsphilosophie – anknüpfte: »Die Freyheit ist das Innerste, und aus ihr ist es, daß der ganze Bau der geistigen Welt hervorsteigt.« (GW 26/3.1495)

Diesen Begriff der Freiheit als des »Innersten« setzt die Rechtsphilosophie aus der Philosophie des subjektiven Geistes voraus. Diese entfaltet den Begriff des Willens als des »freien Willens« – und im Kontext der Rechtsphilosophie greift Hegel einleitend auf diesen vorausgesetzten Begriff zurück (*Grundlinien*, §§ 1–32). Den Begriff des freien Willens sieht Hegel unzertrennlich mit dem Begriff des Subjekts verknüpft – eines Subjekts, das nicht teils ein denkendes, teils ein wollendes ist, sondern in seiner Unteilbarkeit denkend und wollend zugleich. Die Freiheit ist deshalb »das Innerste«, weil sie ein konstitutives Moment von Subjektivität überhaupt ausmacht. Sie ist sowohl Aufheben von Bestimmung, »schrankenlose Unendlichkeit der a b s o l u t e n A b s t r a c t i o n oder A l l g e m e i n h e i t«, negative Freiheit, als auch »B e s t i m m e n und Setzen einer Bestimmtheit als eines Inhalts und Gegenstands« (§ 5 f.). Und sie ist die einzige Quelle von Bestimmtheit – nicht ein Wissen von einem sittlich Guten oder vom Sittengesetz, das anderweitig seinen Ursprung und seinen Geltungsgrund hätte, sei es in einer an sich vorhandenen Ideenwelt, sei es im göttlichen Ratschluß. Sie ist vielmehr selber das Prinzip, die begründende Instanz solcher Rede vom sittlich Guten. Und als ein solches Prinzip ist Freiheit Selbstgesetzgebung, Autonomie – ein Begriff, der zwar seiner spezifisch Kantischen Konnotationen wegen bei Hegel zurücktritt, jedoch keineswegs von ihm widerrufen, sondern konkreter bestimmt wird.

Doch wendet Hegel sich gegen Kants Freiheitsbegriff, insofern auch bei Kant – wie in der Naturrechtstradition bis zurück zu Hobbes – Freiheit als eine ursprünglich vorhandene und schrankenlose, etwa in einem »Naturzustand« vorgestellte Qualität des Willens gedacht wird, die erst nachträglich, beim Eintritt in den gesellschaftlichen Zustand, eingeschränkt würde. Ein solcher Begriff einer zunächst schrankenlosen Freiheit ist für Hegel jedoch nichts als eine unwahre Abstraktion – und zudem mit bedenklichen Nebenwirkungen, weil sie das rechtlich geregelte menschliche Zusammenleben als einen de

fizienten Zustand erscheinen läßt. Hegel hingegen denkt Freiheit stets als das Verhältnis freier Willen zu einander – oder mit dem heutigen Begriff, der so oft gegen ihn eingeklagt wird: Freiheit ist stets als »intersubjektiv« vermittelt zu denken.

(2) Aus dieser Freiheit steigt der ganze Bau der geistigen Welt empor – nicht allein die Welt des gesellschaftlich-politischen Lebens, sondern ebenso die Welt des »absoluten Geistes«. Und diese Genese der geistigen Welt setzt keineswegs voraus, daß das Subjekt sich als das letzte Prinzip alles Erkennens und Wollens und als dasjenige weiß, das diesen Bau aufführt. Sie kann sich ebensosehr einer Freiheit verdanken, die ihrer selbst nicht bewußt, vielleicht in einem Mißverständnis ihrer Autonomie begriffen ist. Denn alles, was sich in der Welt des Geistes findet, ist ein nicht-Natürliches und auch ein nicht anderweitig dem Subjekt Gegebenes. Es ist durch dieses selbst, also durch seine Freiheit hervorgebracht, durch den an sich freien Willen und die freie Erkenntnis – und auch dort, wo das Subjekt dieses Produkt seiner Freiheit als deren Einschränkung erfährt.

Auch das Recht begreift Hegel als Verwirklichung, als Dasein der Freiheit – zumindest einer formalen Freiheit. Denn alles Recht hat seinen Geltungsgrund im freien, das Recht setzenden Willen; es gibt kein Recht, das gleichsam in der Natur oder in einem göttlichen Ratschluß begründet und nicht aus dem freien Willen der rechtsetzenden Subjekte hervorgegangen wäre. Alles Recht entspringt aus Freiheit – auch wenn diese Freiheit bekanntlich nicht immer die allgemeine Freiheit aller Rechtsgenossen ist. Zum wirklichen Dasein der Freiheit wird das Recht deshalb erst, wo es im allgemeinen Willen der Rechtsgenossen gründet. Um dieser Allgemeinheit willen ist rechtliche und politische Freiheit nur dann wirkliche Freiheit, wenn sie die Besonderheit ausschließt oder, anders formuliert, wenn sie nicht nur meine Freiheit, sondern zugleich die Freiheit des Anderen ist. So ließe sich für den ganzen Bau der geistigen Welt der Nachweis nicht nur andeuten, sondern wirklich führen, daß er aus der Freiheit hervorgegangen sei – auch wenn er zunächst als ein Natürliches, Positives, die Freiheit Behinderndes erscheint.

(3) Es dürfte sich schwerlich eine andere Philosophie finden lassen, die mit einer vergleichbaren Emphase, aber auch Plausibilität das Ganze der geistigen Welt als aus Freiheit hervorgegangen versteht. Und doch sieht Hegel nicht allein diese Seite des Hervorgangs aus Freiheit – er entdeckt in ihm zugleich die Notwendigkeit. Das Hervorgehen aus Freiheit gehorcht selber einer internen Notwendigkeit. Die Sig

natur von Hegels Philosophie des objektiven Geistes liegt erst in dem Zugleich beider Seiten – der Freiheit u n d der Notwendigkeit – und in der spezifischen Form ihrer Verknüpfung: Die Notwendigkeit, die dem Bewußtsein der Freiheit entgegenzustehen scheint, ist selber die Notwendigkeit der Entwicklung der Freiheit.

Es mag widersprüchlich erscheinen, von einer »Logik«, von einer »Notwendigkeit« des freien Willens zu sprechen. Doch trotz naheliegender Bedenken hat diese Formulierung einen guten Sinn, und das durch sie bezeichnete Problem ist keineswegs nur ein internes Problem der Rechtsphilosophie Hegels: Es ist ein zentrales Problem der Gestaltung gesellschaftlicher Verhältnisse überhaupt. Hegel hat es in seiner Rechtsphilosophie nur erstmals in seiner Schärfe erkannt und ausgesprochen. Deshalb mag seine Lösung zwar als widersprüchlich erscheinen – doch dürften sich diese vermeintlichen Widersprüche als in der Sache selber liegend erweisen, wenn man die Frage stellt, worauf denn »Sittlichkeit« überhaupt beruhe.

Diese Frage läßt sich durch einen kurzen Rückblick leicht beantworten. Für das ältere Naturrecht hat sie sich nicht gestellt – denn sie war immer schon in doppelter Weise beantwortet: Die Gestalten der Sittlichkeit – Familie und Staat – galten entweder als durch göttliche Anordnung begründet oder als Gestalten, die »von Natur« sind. Da aber diese »Natur« im christlichen Denkraum stets als von Gott geschaffene, wenn auch vielleicht als gefallene Natur gedacht worden ist, laufen beide Antworten letztlich auf eine hinaus. Heute ist es fast unmöglich sich auch nur vorzustellen, welche ungeheure Macht diese Annahme bis ins 17. Jahrhundert über die Gemüter gehabt hat.

Entsprechend radikal ist der Umbruch, den das Naturrecht der frühen Neuzeit vollzieht: Recht und Sittlichkeit beruhen auf dem freien Willen – und da dieser freie Wille in der Realität als Vielzahl von freien, zumal von konfligierenden Willen auftritt, wird dieses Fundierungsverhältnis als Vertrag gedacht. Der Vertragsgedanke dient der Begrenzung, aber auch der Legitimation staatlicher Macht – aber er dient ebenso der hypothetischen, wenn auch nicht der historischen Erklärung ihrer Genese. Denn nur unter der Annahme, daß Familie und Staat ihren Ursprung im freien Willen haben, kann der freie Wille als kritische Legitimationsinstanz bestehender Verhältnisse fungieren. So lange die gesellschaftlichen Verhältnisse als im Willen Gottes oder in der »Natur« begründet gelten, ist der freie Wille rechtlos: Er

kann nur das legitimieren oder auch verwerfen, was den Grund seiner Wirklichkeit in ihm selbst hat.

Die epochale Leistung der Vertragstheorie steht außer allem Zweifel – doch dies enthebt sie nicht jeglicher Kritik. Zur Zeit Hegels ist sie primär aus politischen Gründen verworfen worden, als geistige Wegbereitung der Französischen Revolution – und gerade dies empfiehlt sie den heutigen Interpreten, als eine den Liberalismus begünstigende Theorie. Gleichwohl darf dies nicht über ihre, von Hegel aufgedeckte Insuffizienz hinwegtäuschen: Die Vertragstheorie macht die Gestalten der Sittlichkeit zum direkten Produkt bewußt vollzogener freier Willensakte – zum Produkt beliebiger Disposition, wenn nicht gar der Willkür im pejorativen Sinne. Und damit schießt sie gleichsam über ihr Ziel hinaus. Denn auch wenn alle Gestalten der Sittlichkeit und alle Formen des Rechts durch den freien Willen bestehen, so verdanken sie die Form dieses Bestehens keineswegs bewußt vollzogenen Willensakten, sondern einer hinter diesen Akten agierenden Notwendigkeit.

Bereits Kant hat in seiner Rechtslehre auf einen Aspekt dieser Schwäche der Vertragstheorie hingewiesen: Es steht keineswegs zur Disposition der Vertragspartner, ob sie beschließen, aus dem Naturzustand in den bürgerlichen Zustand überzugehen. Falls die Vertragspartner einmütig beschlössen, im Naturzustand zu verharren, täten sie zwar nicht einander Unrecht, aber doch Unrecht überhaupt, »weil sie dem Begriff des Rechts selber alle Gültigkeit nehmen« – denn die Forderung, aus dem Naturzustand herauszugehen und eine das Recht verwaltende bürgerliche Gesellschaft (im traditionellen Sinne dieses Ausdrucks) zu bilden, ist eine kategorische Forderung (AA VI.307 f.). Hier wie auch in einigen anderen Partien seiner *Metaphysik der Sitten* deutet Kant Vernunftstrukturen an, die tiefer liegen als der Wille der vertragschließenden Parteien – ohne damit die prinzipiellen Einsichten der neuzeitlichen Vertragstheorie in Frage zu stellen. Allerdings hat diese Forderung – als ein Sollen – bei ihm noch einen äußeren, gleichsam moralischen Charakter; es handelt sich hier nicht um den Nachweis einer immanenten Logik. Die Signatur der Rechtsphilosophie Hegels hingegen liegt darin, daß er diese Problematik der inneren Logik des freien, sich objektivierenden Willens und ihrer Stellung zum Selbstbewußtsein der Freiheit erstmals ins Bewußtsein hebt.

Es ist Hegel oft zum Vorwurf gemacht worden, daß er der neuzeitlichen Vertragstheorie wenig Bedeutung zumesse. Doch folgt dies sehr konsequent aus seiner Einsicht, daß das gesellschaftliche Leben, die Sittlichkeit, durch eine interne Logik strukturiert werde, die nicht durch den Rückgang auf den Vertragsgedanken oder auf den abstrakt-freien Willen expliziert werden kann. Hegels neue Einsicht ist aber auch nicht eine bloße Rückkehr zum griechischen Gedanken des Primats der gesellschaftlichen Verhältnisse vor dem Willen des Einzelnen. Es geht ihm vielmehr – in der Rechtsphilosophie wie in den anderen Realphilosophien – um eine völlig neue Einsicht in ein systematisches Grundproblem: Recht und Sittlichkeit sind ihrem Begriff nach »selbstbewußte Freiheit« – aber eine selbstbewußte Freiheit, die zur »Natur« oder zur »Welt« geworden ist (^{3}§ 430, *Grundlinien* § 142). Sittlichkeit i s t Freiheit, die sich zur Wirklichkeit einer Welt gestaltet (^{3}§ 484). Doch wenn sich die selbstbewußte Freiheit zur Wirklichkeit einer Welt gestaltet, unterliegt sie einer internen Logik, einer ihr nicht verfügbaren Notwendigkeit. Was ist dann aber mit der Behauptung gesagt, daß die F r e i h e i t – und nicht etwa die Natur – sich zur Welt der Sittlichkeit gestalte? Denn diese interne Logik der Ausbildung und Umbildung gesellschaftlicher Strukturen und Institutionen kann aus dem Gedanken der Freiheit, des seiner selbst bewußten und die Freiheit wollenden freien Willens nicht konstruiert, sondern allein aus wirklichen Verhältnissen durch die Rechtsphilosophie rekonstruiert werden. Dann wird deutlich, daß diese Notwendigkeit nichts der selbstbewußten Freiheit Fremdes, sondern ihre eigene Notwendigkeit ist.

Diese Rekonstruktion hat keineswegs allein philosophisch-systematisches Interesse; sie hat zugleich eine eminent politische Seite, indem sie bewußt macht, daß die Gestalten der Sittlichkeit und ihre abstrakte Formulierung durch das Recht selber Produkte des freien Willens sind. Der revolutionäre Elan, solche institutionellen Formen schon deshalb zu zerbrechen, weil sie etwas dem freien Willen Entgegenstehendes sind, beweist deshalb nur das Selbstmißverständnis der Freiheit, als sei nur d a s ihr Produkt, was aus bewußten Akten entspringt, nicht hingegen das Resultat ihres unbewußten Produzierens. Daß sie solche Resultate einer internen Logik der Entfaltung der Freiheit sind, lehrt bereits die negative Überlegung, daß sie gar keinen anderen Ursprung haben können – sie sind ja nicht »von Natur«. Die »Natur«, von der sie sind, ist lediglich die Natur des Geistes selber, also seine immanente Logik – und es ist die entscheidende Frage, wieweit Freiheit sich in dieser Logik selber erkennen kann.

Bei diesem Doppelcharakter von Sittlichkeit und Recht handelt es sich nicht etwa um eine Idiosynkra-

sie, die sich aus irgend welchen selbst auferlegten Zwängen des Hegelschen Systems oder aus seiner angeborenen Sehnsucht nach Widersprüchen ergäbe. Es handelt sich um das Resultat seines Blicks auf die spannungsvolle interne Verfassung menschlichen Zusammenlebens, in dem er eine wichtige Problemschicht des gesellschaftlichen Lebens sehr treffend analysiert: Alle Gestalten und Formen des gesellschaftlichen Lebens gehen aus subjektiver Freiheit hervor. Doch wenn der Bau der geistigen Welt aus ihr emporsteigt, wenn Freiheit in gesellschaftlichen Institutionen zu »Natur« wird, dann gehorcht dieser Bau einer nicht aus dem bloßen Freiheitsgedanken verständlich zu machenden immanenten Logik, und diese Logik kann geradezu als Unfreiheit gegen Freiheit in Erscheinung treten. Selbst diejenige Freiheit, die die Freiheit will, generiert im Akt ihrer Objektivierung gemäß deren interner Logik notwendige Verhältnisse, die sogar als ein »stahlhartes Gehäuse« erfahren werden können, das Freiheit zu ersticken droht. Dies gilt für die Gestalten der Sittlichkeit ebenso wie für das Recht, das die sittlichen Beziehungen regelt.

Damit ist das entscheidende Problem der Rechtsphilosophie Hegels und jeder philosophischen Thematisierung des gesellschaftlichen Lebens exponiert: Wieweit sind die – aus Freiheit hervorgegangenen – Strukturen der Sittlichkeit noch dem freien Willen zuzurechnen, wieweit stehen sie ihm zur Disposition, und wieweit blockieren sie eben die Freiheit, aus der sie hervorgegangen sind? Oder anders gefragt: Wie weit lösen sich die Gestalten der Sittlichkeit und die Formen des Rechts auf Grund ihrer internen Logik von ihrer Herkunft aus Freiheit ab? Und wenn sie zwar aus Freiheit entspringen, aber in ihrer Entwicklung ihrer inneren Logik folgen: Wie weit sind sie dann noch durch Freiheit regulierbar? Genau hier liegt das von Hegel herausgearbeitete Problem – und ebensosehr das Problem gegenwärtiger Politik: Der »Natur der Sache«, die aus der Freiheit hervorgegangen ist, steht das Bewußtsein der Freiheit entgegen (*Grundlinien*, § 144), das sich in dieser aus ihr selbst hervorgegangenen »Natur der Sache« oft genug nicht mehr erkennt – vergleichbar dem Zauberlehrling, der die Geister, die er rief, nicht mehr zu bannen weiß. Die Notwendigkeit der gesellschaftlichen Verhältnisse könnte stets durch den freien Willen aufgehoben werden – und dennoch ist es diese Notwendigkeit, die den freien Willen in ihren Dienst zwingt – die eher ihn aufhebt als er sie.

Angesichts der Radikalität dieser Einsicht muß ein oft vorgetragener Einwand als oberflächlich abgetan werden: daß Hegel den Wert des Individuums mißachte, weil nach ihm die Freiheit als das Objektive, als »Kreis der Nothwendigkeit« der sittlichen Mächte das Leben der Individuen regiere und diese Individuen nur die erscheinende Gestalt und Wirklichkeit der objektiven sittlichen Mächte seien. Dies ist in der Tat ein häufig ausgesprochenes Resultat Hegels (*Grundlinien*, § 145) – aber es reicht nicht aus, auf eine derartige Analyse mit Verunglimpfung zu reagieren, sie moralisch zu verteufeln. Es kommt allein darauf an, ob dieses Resultat zutreffe, und nicht, ob es erwünscht sei.

Hegel selbst hat seine Einsicht in die Spannung zwischen dem Selbstbewußtsein der Freiheit und der Notwendigkeit der objektivierten Freiheit keineswegs als bedrohlich empfunden – er ist überzeugt, daß die subjektive und die objektive Vernünftigkeit sich vermitteln würden, weil diese objektive Seite selbst die Explikation der Idee der Freiheit sei. Und die Wirklichkeit der Freiheit schien ihm in der objektiven Logik ihrer Entfaltung besser bewahrt als in subjektiven Akten. Heute freilich verdünnt sich diese von Hegel gehegte Überzeugung zur bloßen, kaum mehr gehofften Hoffnung. Denn was berechtigt noch zu der Annahme, daß die interne Logik der Sittlichkeit tatsächlich eine Logik der Freiheit sei, wenn sie nicht aus dem seine Freiheit wollenden Willen begriffen werden kann?

(4) An diese Frage nach dem Verhältnis von Freiheit und Notwendigkeit schließt sich noch ein Folgeproblem: Wie verändert sich der Status von »Normen«, wenn gesellschaftliche Verhältnisse durch ihre interne Logik gesteuert werden und die Kluft zwischen dieser internen Logik und dem freien, seine Freiheit wollenden Willen sich zusehends zu verbreitern scheint? Denn der Begriff der Norm verändert sich, wenn ihr Grund nicht mehr der selbstbewußte freie Wille ist, sondern der objektivierte, in den »Kreis der Nothwendigkeit« gebannte Wille. Hier scheint sich ein Umschlag von der sittlichen Norm zur »Normativität des Faktischen« abzuzeichnen.

Hegel ist sich dieses Problems wohl bewußt gewesen – doch hat er auf Grund seiner Überzeugung von der Einheit der beiden für uns zunehmend auseinanderfallenden Seiten angenommen, daß es lösbar sei. Deshalb oszilliert sein Begriff von »Sittlichkeit« zwischen Norm und Deskription. Den normativen Charakter der Sittlichkeit sucht Hegel bereits durch die Herkunftsgeschichte dieses Begriffs sicherzustellen: Die »systematische Entwicklung des Kreises der sittlichen Nothwendigkeit« sei die »ethische Pflichtenlehre« – freilich eine »ethische Pflichtenlehre«, »wie

sie o b j e k t i v ist, nicht in dem leeren Princip der moralischen Subjektivität befaßt seyn soll«. Hegel spricht somit der Entwicklung der objektiven Bestimmungen der Sittlichkeit normativen Charakter zu – wenn er auch anfügt, er wolle im Folgenden auf den eigentlich jeweils anzufügenden Nachsatz »also ist diese Bestimmung für den Menschen eine Pflicht« verzichten. Eine nicht-philosophische Sittenlehre nehme ihren Stoff aus den vorhandenen Verhältnissen, hingegen: »Eine immanente und konsequente Pflichtenlehre kann aber nichts anders seyn, als die Entwickelung d e r   V e r h ä l t n i s s e , die durch die Idee der Freyheit nothwendig, und daher w i r k l i c h in ihrem ganzen Umfange, im Staat sind.« (*Grundlinien*, § 148) Der normative Charakter der »Entwickelung d e r   V e r h ä l t n i s s e « gründet somit allein in der von Hegel festgehaltenen Überzeugung, daß diese Verhältnisse »durch die Idee der Freyheit nothwendig« seien. Deshalb schwindet er in eben dem Grade, als die Überzeugung schwindet, daß die vorhandenen Verhältnisse »durch die Idee der Freyheit nothwendig« seien. Die normative Theorie geht dann in eine deskriptive über; die sittliche Notwendigkeit der Verhältnisse pervertiert in faktischen Zwang.

Literatur: Andreas Arndt: Geschichte und Freiheitsbewusstsein. Zur Dialektik der Freiheit bei Hegel und Marx. Berlin 2015.

9.5.4 Systemform der Philosophie des objektiven Geistes

(1) Bereits in der *Enzyklopädie* (1817) skizziert Hegel den Grundriß einer »Philosophie des objektiven Geistes« – wenn auch deutlich weniger detailliert als denjenigen der »Philosophie des subjektiven Geistes«. Diesen Grundriß hat Hegel in seiner Heidelberger Vorlesung über »Naturrecht und Staatswissenschaft« konkretisiert, aber nicht mehr abgeändert, und ebensowenig in den folgenden Vorlesungen und auch nicht in den *Grundlinien*. Seit der *Enzyklopädie* (1817) bleibt seine Konzeption konstant – doch ihre Entstehung liegt im Dunkeln. Die Jenaer Entwürfe sind noch durch eine weite Distanz von ihr getrennt, und auch im Nürnberger »System der besonderen Wissenschaften« (1810/11) deuten sich allenfalls in den späten Korrekturen (1814/15) der Begriff des objektiven Geistes (der hier noch zunächst »Geist in seiner Realisirung«, sodann »realer Geist« genannt wird [GW 10.341 bzw. 359–362]) und die Systemform der Philosophie des objektiven Geistes in vagen Umrissen an – zumal das Verhältnis des »praktischen Geistes« zum »realen Geist« hier noch nicht

geklärt ist (s. Kap. 6.1.4). Manifest werden Begriff und Systemform erst in der *Enzyklopädie*.

Es ist der Hegel-Forschung bisher nicht zum Problem geworden, daß von den unterschiedlichen Disziplinen des Einen Systems auch nicht zwei dieselbe Systemform aufweisen. Eine der Erhellung der einzelnen Abschnitte vorgeordnete Aufgabe der Interpretation besteht somit darin, diese Systemform aus dem Begriff der jeweiligen Disziplin zu gewinnen – wenn man sich nicht mit der Lösung begnügen will, daß sie sich traditionellen Vorgaben, empirischer Bedingtheit oder gar zufälligen Funden und Entscheidungen verdanke.

(2) In den *Enzyklopädien* gewinnt Hegel die Einteilung der Philosophie des objektiven Geistes auf unterschiedliche Weise: In der ersten Ausgabe geht er aus vom einzelnen Willen als Wissen des Begriffs des absoluten Geistes, »der seinen Inhalt und Zweck ausmacht und dessen nur formelle Thätigkeit er ist. – Diese Identität 1) als einfacher unmittelbarer B e g r i f f ist das R e c h t; 2) als Reflexion oder Urtheil die M o r a l i t ä t; 3) als ihrem Begriffe gemäße Realität, oder die Totalität des S c h l u s s e s , die S i t t l i c h - k e i t. « (¹§ 401) In den beiden späteren Ausgaben bezieht er die Dreiheit von Recht, Moralität und Sittlichkeit zurück auf die Dreiheit des unmittelbaren, des in sich reflektierten und des substantiellen Willens (³§ 487) – in Anlehnung an § 33 der *Grundlinien*. Als Strukturprinzip nennt Hegel dort die »Entwicklung der Idee des an und für sich freyen Willens« – wobei er das dritte Moment gegenüber den ersten ausdrücklich als »E i n h e i t und W a h r h e i t dieser beyden abstracten Momente« begreift: »die gedachte Idee des Guten realisirt in dem in sich r e - f l e c t i r t e n W i l l e n und in ä u ß e r l i c h e r W e l t ; – so daß die Freyheit als die S u b s t a n z eben so sehr als W i r k l i c h k e i t und N o t h w e n d i g k e i t exis- tirt, wie als s u b j e c t i v e r Wille; – die I d e e in ihrer an und für sich allgemeinen Existenz; die S i t t l i c h - k e i t. « Zur Rechtfertigung dieser Einteilung verweist Hegel in der Anmerkung zu § 33 auf seine »speculative Logik«. Doch deren Darlegung, daß ein »Inhalt, der erst seinem B e g r i f f e nach oder wie er a n s i c h ist, gesetzt ist, die Gestalt der U n m i t t e l b a r - k e i t oder des S e y n s hat«, kann weder die Zuordnung der Sphären des Rechts und der Moralität hinlänglich begründen noch gar die Systemform der Rechtsphilosophie insgesamt begreiflich machen – was von Hegels Wissenschaftsverständnis her jedoch gefordert ist. Deshalb beruft er sich bereits in der »Vorrede« auf die Logik: »Die Natur des speculativen Wissens habe ich in meiner W i s s e n s c h a f t d e r

L o g i k , ausführlich entwickelt; in diesem Grundriß ist darum nur hie und da eine Erläuterung über Fortgang und Methode hinzugefügt worden. Bey der concreten und in sich so mannichfaltigen Beschaffenheit des Gegenstandes ist es zwar vernachläßigt worden, in allen und jeden Einzelnheiten die logische Fortleitung nachzuweisen und herauszuheben; theils konnte diß, bey vorausgesetzter Bekanntschaft mit der wissenschaftlichen Methode für über flüssig gehalten werden, theils wird aber es von selbst auffallen, daß das Ganze wie die Ausbildung seiner Glieder auf dem logischen Geiste beruht. Von dieser Seite möchte ich auch vornehmlich, daß diese Abhandlung gefaßt und beurtheilt würde. Denn das, um was es in derselben zu thun ist, ist die W i s s e n s c h a f t , und in der Wissenschaft ist der Inhalt wesentlich an die F o r m gebunden.« (GW 14/1.6)

Der Ort dieses nachhaltigen Rekurses auf das logische Fundament der Rechtsphilosophie – die »Vorrede« zu den *Grundlinien* – läßt vermuten, daß ihm neben der wissenschaftlichen Funktion zugleich eine politische zukomme: den wissenschaftlichen und insofern nicht an den tagespolitischen Ereignissen orientierten Charakter des Buches zu betonen. Freilich ist Hegel der Mißerfolg dieser Absicht nicht verborgen geblieben; am 18.7.22 schreibt er an Niethammer: »Am schlechtesten aber kommt man mit Begriffen und Vernunft über Materien des Staats an«. Dies dürfte nicht allein darin begründet sein, daß er durch provozierende Formulierungen selbst die Rezeption auf das politische Gleis gelenkt hat (s. Kap. II.8.1.2), sondern ebenso darin, daß der so eindringliche Rückverweis auf die Logik als Grundlage nicht so konkretisiert ist, daß wenigstens die Systemform, wenn nicht gar die Struktur des Details aus der Logik begriffen werden könnte: »Nach der Darstellung des abstrakten Rechts verschwinden Hegels eigene Hinweise auf logische Begriffe und Gestaltungen quasi total. Auch bei den Übergängen, wo Hegel jedesmal die Logik erwähnt, gibt er nie die genauen logischen Bestimmungen« (de Vos 1981, 119 f.).

(3) Es dürfte aber ohnehin vergebens sein, die Fundierungsfunktion der Logik für die Rechtsphilosophie – oder jede beliebige andere Disziplin des Systems – so geradewegs im unmittelbaren Rückbezug auf Strukturen der Logik und nicht vielmehr auf die immanente Logik des spezifischen Gegenstandes erweisen zu wollen. Schon die sehr unterschiedliche Anlage eng benachbarter Disziplinen wie der Ästhetik und der Religionsphilosophie zeigt die mögliche Variationsbreite in der Systemform geistesphilosophischer Disziplinen.

In den religionsphilosophischen Vorlesungen (1827) formuliert Hegel einmal ein verbindliches Schema einer solchen allgemeinen Systemform: Es sei »immer der Gang in aller Wissenschaft: zuerst der Begriff, dann die Bestimmtheit des Begriffs, die Realität, Objektivität und endlich dies, daß der erste Begriff sich selbst Gegenstand ist, für sich selbst ist, sich selbst gegenständlich wird, sich zu sich selbst verhält.« (V 5.177, vgl. V 3.83 f.) Doch obgleich er diese Abfolge von Begriff, Geschichte und vollendeter Gestalt hier für die »Wissenschaft« überhaupt proklamiert, gestaltet er die einzelnen Wissenschaften seines Systems keineswegs in dieser Form. Nach diesem Modell der systemeinheitlichen Folge von Begriff, Geschichte und vollendeter Gestalt wäre die Rechtsphilosophie anders zu entwerfen: als Exposition des Begriffs des objektiven Geistes, seiner Geschichte und seiner Vollendungsgestalt.

Der berechtigte Sinn dieser Konzeption liegt darin, daß alle Gestalten des Geistes geschichtliche Gestalten, und somit durch eine geschichtlich fortschreitende Explikation ihres Inhalts charakterisiert sind. Daß dies in ersten Ansätzen schon für den subjektiven Geist gilt, hat Hegel noch nicht berücksichtigt. Für die Sphäre des objektiven gilt es jedoch nicht weniger als für die des absoluten Geistes. Doch anders als in dessen Abhandlung hat Hegel in die Rechtsphilosophie kein geschichtliches Element eingefügt – obgleich die geschichtliche Prägung dieser Begriffe von Beginn an gegenwärtig ist: Hegel betont etwa den geschichtlichen Charakter selbst der Begriffe des »abstrakten Rechts«, wie der Person und des Eigentums, und insbesondere die Geschichtlichkeit der anderen Begriffe, sowohl im Abschnitt über die »Moralität« als auch über die »Sittlichkeit«, deren geradezu zeitgeschichtliche Implikationen ja gleichsam mit Händen zu greifen sind. Dennoch exponiert Hegel Recht und Moralität wie auch die sittlichen Institutionen Familie, bürgerliche Gesellschaft und Staat als hierarchisch geordnete Formen, aber nicht als geschichtliche Gestalten. Sein Ansatz wirkt daher wie eine statisch-vernunftrechtliche Exposition der gesellschaftlichen Wirklichkeit. Und so sehr ihm die Geschichte des Rechts und der Institutionen vor Augen steht, so nachdrücklich schließt er ihre Explikation aus seiner Rechtsphilosophie aus.

(4) Doch wenn das Recht das »Daseyn der F r e y - h e i t « ist (*Grundlinien*, § 30), so ist die Geschichte des Rechts die Geschichte der Freiheit – ihrer fortschreitenden Verwirklichung. Das Emporsteigen der ganzen geistigen Welt aus der Freiheit vollzieht sich ja nicht mit einem Schlag, sondern als Geschichte, und eben auch als Rechtsgeschichte. Diese hätte bereits mit Stadien anzusetzen, die noch vor einer weltgeschichtlichen Betrachtung im Sinne Hegels liegen: mit der Herausbildung des Rechtsbegriffs – in der Ablösung des »ius« vom »fas«. Und sie hätte die geschichtliche Entwicklung aller Rechtsinstitute zu beschreiben – als Formen der sich verwirklichenden Vernunft –, und fortzuschreiten etwa über die Herausbildung der Begriffe der Zurechnung und der Verbindlichkeit und – heute über Hegel hinausgehend – bis hin zur Ausbildung des modernen Völkerrechts als einer vor dem 20. Jahrhundert ungekannten, eigentümlich strukturierten Gestalt des Rechts. Denn nur, wenn die Herausbildung aller Rechtsinstitute und der politischen Institutionen als Formen der Verwirklichung der Vernunft begriffen werden, läßt sich der Konflikt von Vernunft und Geschichte überwinden, der geschichtlich und systematisch den Ausgangspunkt seiner Rechtsphilosophie bildet. Denn nur so, im Kontext einer geschichtlichen Entfaltung des Freiheitsbegriffs, kann der Gegensatz zwischen dem normativen Gehalt seiner Begriffsentwicklung, die Vernunftgehalte zu explizieren (*Grundlinien*, § 3), und der Faktizität von Rechtsordnungen und -systemen vermittelt werden.

(5) Wahrscheinlich ist es eine spezifische wissenschaftsgeschichtliche Konfrontation gewesen, die Hegel davon abgehalten hat, der Rechtsgeschichte den Rang einzuräumen, der ihr nicht allein von einem allgemeinen Gesichtspunkt aus gebührt, sondern der ihr auch von seinem eigenen systematischen Ansatz her zukäme: die Konfrontation mit der historischen Rechtsschule, mit Gustav Hugo und Friedrich Carl von Savigny. Für diese Erklärung spricht, daß diejenigen Partien, in denen Hegel gänzlich unhegelisch zwischen begrifflicher und geschichtlicher Methode schroff trennt, in eine Polemik gegen die historische Rechtsschule eingebettet sind. Ihr wirft Hegel vor, daß sie die wahrhafte Rechtfertigung aus dem Begriff eingetauscht habe gegen »eine Rechtfertigung aus Umständen«, daß sie das äußerliche Entstehen mit dem Entstehen aus dem Begriff verwechsle und daß sie – entgegen ihrer Selbstbezeichnung als »historische« Rechtsschule – vielmehr ganz unhistorisch denke und das Recht von heute im Recht von gestern begründe, auch wenn dieses durch die zwischenzeitliche Änderung der gesellschaftlichen Situation obsolet geworden sei (*Grundlinien*, § 3). Auch in den *Vorlesungen über die Geschichte der Philosophie* zeigt sich mehrfach dieser Konflikt: Hier heißt es, die Juristen muteten es einem

zu, »das als ein Verstehen der Sache zu ehren, wenn sie anzugeben wissen, wie es vormals gehalten worden« (GW 18.85, V 6.73).

In diesen Vorlesungen wird aber auch deutlich, daß Hegels Kritik an der historischen Rechtsschule über das Ziel hinausschießt – wenn er der Rechtsgeschichte allen normativen Charakter abspricht und behauptet, der Geist sei in der Rechtsgeschichte nicht bei sich. Daß die Rechtsgeschichte Partikularitäten enthält, wie ja auch die Religionsgeschichte, so daß wir ja auch unsere Knie nicht mehr vor Jupiter beugen (V 6.327), ist ja kein schlüssiges Argument. Letzteres wäre sonst ein Beleg zunächst dagegen, daß der Geist in der Religionsgeschichte bei sich sei – und dies hat Hegel doch schwerlich bestreiten wollen. Zumindest hat die Differenz unseres heutigen Geistes, der den Kniefall verweigert, und der früheren Religionen Hegel nicht davon abgehalten, die Religionsgeschichte als die Verwirklichung des Begriffs der Religion in den Kontext seiner Religionsphilosophie einzubeziehen: Er gesteht also der Geschichte der Kunst, der Religion und der Philosophie zu, was er der Rechtsgeschichte verweigert.

Die Konfrontation mit der historischen Rechtsschule hat Hegel offenbar den Blick dafür verstellt, daß es zwischen einer von der Geschichte absehenden systematischen Entfaltung des Rechtsbegriffs und der von Hegel verständlicher Weise verworfenen bloß historischen Behandlung der Rechtsgeschichte noch einen dritten, den Weg eines philosophischen Begreifens der Rechtsgeschichte gibt, und das heißt eben: den Weg der philosophischen Rekonstruktion der Verwirklichung des Rechts. Diese Geschichte wird keineswegs durch die – in philosophischer Perspektive wie auch im legitimatorischen Interesse freilich unzureichende – bloß historische Behandlung der Rechtsgeschichte hinfällig – ebensowenig wie die Religionsgeschichte durch eine historische Betrachtung der Kirchengeschichte hinfällig wird, die sich nur noch mit Äußerlichkeiten zu schaffen macht: die nur noch die Daten der Konzilien kennt, auf denen irgend welche Dogmen oder Organisationsstrukturen der Kirche beschlossen worden sind (V 3.76 u. ö.). Die scharfe Trennlinie, die Hegel zwischen der Methode der historischen Rechtsschule und seinem eigenen Ansatz ziehen wollte, hat ihm offensichtlich den Blick dafür verstellt, daß die empirische Abhandlung der Rechtsgeschichte in einer philosophischen Ansprüchen nicht genügenden Methode und nicht etwa in einer eigentümlichen Verfaßtheit dieser Geschichte selber ihren Grund habe.

Dies läßt sich an einer Überlegung veranschaulichen, mit der Hegel die Rechtsgeschichte von der Religionsgeschichte unterscheidet: »Es ist hier (sc. in der Religionsphilosophie) nicht so, wie wenn man z. B. das Recht empirisch abhandelt. Die Bestimmtheiten der Rechtsgeschichte folgen nicht aus dem Begriff, sondern man nimmt sie anderswoher. Da bestimmt man erst überhaupt, was Recht heißt; die bestimmten Rechte aber, das römische, deutsche sind aus der Erfahrung zu nehmen. Hier dagegen (sc. in der Religionsphilosophie) hat sich die Bestimmtheit aus dem Begriff selbst zu ergeben.« (V 3.84) Stimmte dies im Blick auf die Rechtsgeschichte, so wäre es ein Einwand weniger gegen die Rechtsgeschichte als vielmehr gegen den Begriff des Geistes. Doch auch hier nennt Hegel keinen Grund für seine Behauptung, daß der Geist als objektiver, als Recht, ein anderes Verhältnis zu seiner Geschichte habe denn der Geist als absoluter, als Religion – und es läßt sich mit Hegelschen Mitteln auch nicht begründen. Er versichert ja sonst mit Nachdruck, es sei jeweils nur e i n Prinzip, e i n Geist, der das gemeinschaftliche Gepräge der Religion, der politischen Verfassung, der Sittlichkeit und des Rechtssystems ausmache (GW 18.196 f.). Dann aber kann in diesem e i n e n Geist kein Gegensatz von Geschichtlichkeit und Ungeschichtlichkeit stattfinden. Im Gegenteil: Wie für die Religionsphilosophie eine Philosophie der Religionsgeschichte unverzichtbar ist, die die Vernunft in der Religion zu erkennen weiß, und zwar auch in ihren zunächst wenig vernünftig erscheinenden Gestalten, so ist auch für die Rechtsphilosophie eine Philosophie der Rechtsgeschichte unverzichtbar, die die Rechtsgeschichte als Geschichte der Freiheit verstehen lehrt. Die gerade durch seinen Ansatz ermöglichte und von ihm aus geforderte Rechtsgeschichte aber hat Hegel nicht abgehandelt. Statt dessen hat er seine Rechtsphilosophie als eine formal vernunftrechtliche Konstruktion entfaltet, welche die in seiner Konzeption immanenten kontextualistischen und geschichtlichen Momente nicht mit den vernunftrechtlichen in Übereinstimmung bringt.

(6) Allerdings enthält auch Hegels Rechtsphilosophie sehr wohl ein geschichtliches Moment: Sie gipfelt ja – nach Abhandlung des inneren und äußeren Staatsrechts – in einem Überblick über die Weltgeschichte. Doch die Weltgeschichte – wie Hegel sie im Anschluß an das »äußere Staatsrecht« überraschend skizziert, als eine Geschichte der Staaten (s. Kap. II.9.6.2) – ist kein Äquivalent für die in der Systemform seiner Philosophie des objektiven Geistes fehlende Rechtsgeschichte.

Aus Hegels eigener Einsicht in den geschichtlichen Charakter des »objektiven Geistes« und aus seinen programmatischen Formulierungen über den Aufbau der Disziplinen seines Systems lassen sich somit Argumente gewinnen, die diejenige Systemform in Frage stellen, die er in der *Enzyklopädie* (1817) überraschend entworfen hat. Für den Zweck der Strukturierung seines Vortrags der Rechtsphilosophie mag sie ausreichend gewesen sein. Im Blick auf eine als »Wissenschaft« ausgeführte Philosophie des objektiven Geistes erscheint es jedoch als Nachteil, daß Hegel diese Konzeption nur wenig später »kanonisiert« und in den *Grundlinien* festgeschrieben hat – anders als etwa in den religionsphilosophischen Vorlesungen, deren Form er erst im Durchlaufen vieler Kollegien herausgearbeitet hat. Die verwirklichte Systemform der Rechtsphilosophie erschöpft aber keineswegs die Optionen, die von seinem systematischen Ansatz für eine Philosophie des objektiven Geistes zur Verfügung stehen.

Literatur: Gustav Hugo: Lehrbuch der Geschichte des Römischen Rechts. Berlin ⁵1815; Friedrich Carl v. Savigny: Über den Zweck dieser Zeitschrift. In: Zeitschrift für geschichtliche Rechtswissenschaft 1 (1815), 1–12, in: Hans Hattenhauer (Hg.): Thibaut und Savigny. Ihre programmatischen Schriften. München 1973, 261–268; Hans Friedrich Fulda: Das Recht der Philosophie in Hegels Philosophie des Rechts. Frankfurt am Main 1968; Henrich / Horstmann (Hg.): Hegels Philosophie des Rechts. Die Theorie der Rechtsformen und ihre Logik. Stuttgart 1982, darin 393–427: Hans Friedrich Fulda: Zum Theorietypus der Hegelschen Rechtsphilosophie, 428–450: Dieter Henrich: Logische Form und reale Totalität. Über die Begriffsform von Hegels eigentlichem Staatsbegriff; Lu de Vos: Die Logik der Hegelschen Rechtsphilosophie: eine Vermutung. HS 16 (1981), 99–121; Jaeschke: Die vergessene Geschichte der Freiheit. In: Hegel-Jb 1993/94, Berlin 1995, 65–73; Sandkaulen 2009: darin 284–301: Jaeschke: Genealogie des Rechts; 302–327: François Kervégan: Recht zwischen Natur und Geschichte.

9.5.5 Das abstrakte Recht

(1) Es hat mehrfach zu Mißverständnissen Anlaß gegeben, daß Hegel den ersten Teil seiner Rechtsphilosophie unter den Titel »Das abstrakte Recht« stellt – bis hin zur Ansicht, daß Hegel unter diesem Titel das Römische Recht behandle, das jedoch gerade kein abstraktes Recht, sondern vielmehr »konkret« sei (Villey 1975, 145 f.). Doch auch wenn Hegel sich hier mehrfach auf das Römische Recht bezieht, beabsichtigt er keineswegs dessen Darstellung. Ohnehin ist seine Begrifflichkeit mehr am Naturrecht der Neuzeit, insbesondere des 18. Jahrhunderts, orientiert. Es

geht in dieser ersten Sphäre aber auch nicht um dessen Abhandlung, sondern um eine systematische Exposition der basalen Bestimmungen des freien Willens als eines noch »abstrakten« – und nicht in dem fiktiven Sinne, als ob dieser Wille noch nicht in konkrete Lebenszusammenhänge eingebettet wäre, sondern im Sinne eines Willens, bei dessen Betrachtung von dieser vorhandenen Verflechtung abstrahiert wird: Person – oder Persönlichkeit – ist »ein Selbstbewußtseyn von sich als vollkommen abstractem Ich, in welchem alle concrete Beschränktheit und Gültigkeit negirt und ungültig ist.« »In der P e r s ö n l i c h k e i t liegt, daß ich als D i e s e r vollkommen nach allen Seiten […] bestimmte und endliche, doch schlechthin reine Beziehung auf mich bin und in der Endlichkeit mich so als das U n e n d l i c h e , A l l g e m e i n e und F r e y e weiß.« (*Grundlinien*, § 35)

Die »Person« zeichnet Hegel als »die selbst abstracte Grundlage des abstracten und daher f o r m e l l e n Rechtes« aus (§ 36) – und indem er diesen Ansatzpunkt der Rechtsphilosophie markiert, geht er deutlich über Kants *Metaphysik der Sitten* hinaus. Um ihrer Allgemeinheit willen ist Persönlichkeit mehr als bloßes konkretes, individualisierendes Selbstbewußtsein; in einer Welt, in der das Selbstbewußtsein nicht zu dieser im Personbegriff gedachten Allgemeinheit fortginge, gäbe es kein Recht – denn dieses richtet sich an den einzelnen Willen als einen allgemeinen. Die Persönlichkeit ist deshalb das Prinzip der allgemeinen »Rechtsfähigkeit«.

Dennoch sieht Hegel, daß selbst dieser basale Begriff ein geschichtlicher Begriff ist: »Es ist wohl an die anderthalb tausend Jahre, daß die F r e i h e i t d e r P e r s o n durch das Christenthum zu erblühen angefangen hat und unter einem übrigens kleinen Theile des Menschengeschlechts allgemeines Princip geworden ist.« (*Grundlinien*, § 62) Diese Herleitung ist sicher nicht als eine erschöpfende Auskunft gemeint; sie reduziert fraglos die im »Prinzip der s e l b s t s t ä n d i g e n i n s i c h u n e n d l i c h e n P e r s ö n l i c h k e i t des Einzelnen« wirksamen geistigen Strömungen auf eine einzelne Tradition, unter Ausblendung insbesondere der römischen Tradition, die er an späterer Stelle selber hervorhebt (§ 185). Wichtiger ist, daß Hegel auch den Personbegriff als einen Begriff thematisiert, der selbst erst geschichtlich zu Bewußtsein gebracht werden muß. Dies bedeutet freilich nicht, daß es dort, wo er nicht in seiner Allgemeinheit gedacht und in selbstbewußter Form ausgesprochen ist, kein Recht gäbe. Es steht jedoch zu vermuten, daß unter geschichtlichen Bedingungen, unter denen der Personbegriff noch nicht zum allgemeinen Bewußtsein gebracht worden ist, auch das Recht nur in einem defizienten, noch nicht allgemeinen Modus ausgebildet sein wird. Die vollendete Verwirklichung dieses Prinzips spricht Hegel an späterer Stelle aus: »Der M e n s c h gilt s o, w e i l e r M e n s c h i s t, nicht weil er Jude, Katholik, Protestant, Deutscher, Italiener u. s. f. ist, – dieß Bewußtseyn, dem der G e d a n k e gilt, ist von unendlicher Wichtigkeit« (§ 209).

(2) Der Sinn des vorhin zitierten Satzes ist es, der in der Weltgeschichte schon anderthalb Jahrtausende blühenden »Freiheit der Person« die »Freiheit des Eigenthums« entgegenzustellen, die erst »seit gestern, kann man sagen, hier und da als Princip anerkannt worden« sei – trotz des engen Zusammenhanges, den Hegel zwischen beiden Begriffen erkennt. Denn er führt den Eigentumsbegriff nicht – wie Kant – über den Gedanken ein, daß ohne die Möglichkeit eines äußeren Mein und Dein Gegenstände der Willkür an sich herrenlos wären (AA VI.246), sondern als ein notwendiges Komplement zur Persönlichkeit: »Die Person muß sich eine äußere S p h ä r e i h r e r F r e y h e i t geben, um als Idee zu seyn« (*Grundlinien,* § 41) – und diese Äußerlichkeit des freien Willens ist das Eigentum. Hegel faßt das Eigentum somit nicht als ein zur Befriedigung der Bedürfnisse nützliches Mittel. Die »wahrhafte Stellung« sieht er vielmehr darin, »daß vom Standpunkte der Freyheit aus das Eigenthum als das erste D a s e y n d e r s e l b e n, w e s e n t l i c h e r Z w e c k f ü r s i c h i s t.« (§ 45)

Diesen Zusammenhang zwischen Person und Eigentum hat das neuzeitliche Naturrecht nicht hergestellt – und es ist fraglos ein brisanter Zusammenhang. Seinetwegen erscheint Hegel als bürgerlicher Ideologe, als Apologet des Privateigentums. Die Frage nach der Wahrheit der Begriffskonstellation »Person / Eigentum« ist freilich unabhängig von derartigen Etikettierungen – es sei denn, man könnte zeigen, daß diese Konstellation selbst nur geschichtlich-vergänglich und zudem problematisch sei: daß sie unter dem Schein der Verwirklichung der Freiheit lediglich ihre Verdinglichung verberge. Und auch Hegels Einschränkung, daß zwar das Eigentum das Vernünftige, es jedoch zufällig sei, wieviel jemand besitze, hat mißtrauisch gemacht gegenüber einer Vernunft, die die Gleichheitsforderung als Ausgeburt der »abstracten Identität des Verstandes« abwertet und die Forderung nach einem »Auskommen« für alle teils als einen moralisch-frommen Wunsch, teils als eine an die Fürsorge der bürgerlichen Gesellschaft gerichtete Forderung weiterleitet

(§ 49). Doch andererseits erscheint es nicht minder ideologisch, die Erkenntnis des notwendigen Zusammenhangs zwischen der »Person« und einer ihr äußeren Sphäre ihrer Freiheit mit Gleichheitsforderungen zu belasten. Und für die Notwendigkeit des Zusammenhangs kann Hegel sich darauf berufen, daß ohne ihre Annahme nicht erklärbar wäre, weshalb derjenige, der mein Eigentum verletzt, mich verletzt (auch wenn mein Wille im äußeren Eigentum »nicht in dieser unmittelbaren Gegenwart und Wirklichkeit ist« wie in meinem Körper, § 48). Und gegen das potentielle Mißverständnis dieses Zusammenhangs als wechselseitig-konstitutiv – so daß also derjenige, der kein Eigentum hätte, auch nicht Person sein könnte – ist eindringlich darauf zu verweisen, daß die »Persönlichkeit« nicht etwa durch »Eigentum« konstituiert ist, sondern einzig durch diejenige Selbstbeziehung, die aus der Abstraktion von aller Bestimmtheit resultiert: daß Persönlichkeit Freiheit ist, und aus dieser Freiheit erst die Notwendigkeit der Objektivierung in einer äußeren Sphäre folgt – und nicht etwa umgekehrt aus dem Eigentum die Persönlichkeit.

Im Aufweis dieses Nexus zwischen Person und Eigentum liegt die spezifische Leistung des Hegelschen Eigentumsbegriffs. Seine weiteren Ausführungen – auch über »Gebrauch« und »Verjährung« – greifen gängige Kapitel des Naturrechts auf. Den Topos von der »ursprünglichen Besitzergreifung« (prima occupatio) ironisiert Hegel durch die Bemerkung, daß sie sich von selbst verstehe, »weil ein zweiter nicht in Besitz nehmen kann, was bereits Eigenthum eines Andern ist« (§ 50), und das Eigentumsrecht des Ersten nicht daraus fließe, daß er der Erste sei, sondern »weil er freier Wille ist« (GW 26/2.816). Mit dieser mehrfach wiederholten Betonung, daß die Basis des Eigentums im Verhältnis des Willens zur Sache liege, schließt Hegel sich eng an Kants transzendentalen Begriff des Eigentums an. Freilich muß zum bloßen Willen auch die äußere Besitznahme hinzutreten – durch körperliche Ergreifung, Formierung oder Bezeichnung des Eigentums. Die für John Locke so wichtige Formationstheorie ist hierdurch zu einem äußeren Akt relativiert, der die Willensbestimmung ergänzt und durch andere Formen ersetzt werden kann.

(3) Eine Implikation, die in seinem Begriff des freien Willens immer schon mitgedacht ist, spricht Hegel erst beim »Uebergang vom Eigenthum zum Vertrage« ausdrücklich aus: »als Daseyn des W i l l e n s« ist das Eigentum »nur f ü r d e n W i l l e n einer andern Person. Diese Beziehung von Willen auf

Willen ist der eigenthümliche und wahrhafte Boden, in welchem die Freyheit D a s e y n hat.« (§ 71) Hegel betont hier auch ausdrücklich, daß in Verhältnissen des objektiven Geistes das Moment der Anerkennung immer schon »enthalten und vorausgesetzt« sei. ›Intersubjektivität‹ ist somit nichts, was erst auf einer bestimmten Stufe in die Philosophie des objektiven Geistes einträte; alle seine Formen sind vielmehr als intersubjektive gedacht. – Wie schon das Eigentum, so begreift Hegel auch den »Vertrag« nicht von der Seite seines Nutzens für die Befriedigung von Bedürfnissen, sondern als ein Institut, das aus der »Idee des reellen (d. i. nur im Willen vorhandenen) Daseyns der freyen Persönlichkeit« entspringt: Verträge gibt es nicht, weil sie den Vertragschließenden Nutzen bringen, sondern weil der Vertrag eine Form ist, in der freie Willen zu einander stehen.

Entsprechend dieser Hervorhebung des Willensbegriffs, die bereits das Eigentumskapitel auszeichnet (Bergés 2012), sieht Hegel das Wesen des Vertrags »in der Ü b e r e i n k u n f t zweier Personen zur Bildung eines g e m e i n s a m e n W i l l e n s, nicht im Austausch der Leistungen.« (Landau 1975, 188 f.) Es ist jedoch eigentümlich, daß Hegel – entgegen dieser durchgängigen Betonung des Willens – mit der dominierenden Tradition des neuzeitlichen Naturrechts und auch mit der Rechtspraxis seiner Zeit am Prinzip der materialen Gerechtigkeit und der Äquivalenz der vertraglich vereinbarten Leistungen festhält – wobei sich der Wert einer Sache gemäß der aristotelischen Tradition am Bedürfnis bemißt und nicht – mit Adam Smith – nach Gebrauchs- und Tauschwert unterschieden wird und auch nicht – mit der Werttheorie David Ricardos – nach der Arbeitsmenge ermittelt wird. Andererseits hält Hegel an der Äquivalenz nicht auf Grund des Gesichtspunktes eines übergreifenden Gemeinwohls fest, sondern wiederum auf Grund des Gedankens, daß der Einzelne durch seine Willensbestimmung objektives Dasein erlangt und darin nicht verletzt werden darf: »Insofern ist Hegels Vertragslehre keine bloße Wiederholung des Naturrechts – trotz der Aufnahme von Grundbegriffen dieser Lehre –, sondern e i n e S y n t h e s e n a t u r r e c h t l i c h e r G e d a n k e n m a t e r i a l e r V e r t r a g s g e r e c h t i g k e i t m i t d e m P r i n z i p d e r P r i v a t a u t o n o m i e.« (Landau 1975, 188)

(4) Als der Tradition – in einem unguten Sinne – verhaftet gilt insbesondere der dritte Abschnitt des »abstrakten Rechts«: Hegels Abhandlung des »Unrechts« und insbesondere seine Straftheorie. Zu die-

ser Einschätzung hat Hegel schon durch seine kompromißlose Wendung gegen bekannte Strafrechtstheoretiker der Aufklärung beigetragen. Der Marchese Beccaria spreche dem Staat das Recht zur Todesstrafe ab, »weil nicht präsumirt werden könne, daß im gesellschaftlichen Vertrage die Einwilligung der Individuen, sich tödten zu lassen, enthalten sey«. Doch: »der Staat ist überhaupt nicht ein Vertrag« (§ 100) – und aus falschen Prämissen können keine richtigen Folgerungen abgeleitet werden. Paul Johann Anselm Feuerbach hingegen, der Vater des Philosophen Ludwig Feuerbach, begründe das Recht staatlichen Strafens darauf, daß die Strafe angedroht gewesen sei und der Verbrecher diese Drohung gekannt und übertreten habe. Doch: »Aber wie steht es denn mit der Rechtlichkeit der Drohung?« Die Strafe werde hier so begründet, »wie wenn man gegen einen Hund einen Stock erhebt. Da ist also der Mensch wie ein Hund behandelt, nicht nach seiner Ehre, seiner Freiheit.« (GW 26/2.855 f.) Und Ernst Ferdinand Kleins *Grundsätzen des gemeinen Deutschen peinlichen Rechts* wirft Hegel die Verharmlosung von »Unrecht« zu »Übel« vor: Wenn das Verbrechen und auch die Strafe beide als »Uebel« bestimmt werden, »so kann man es freilich als unvernünftig ansehen, ein Uebel bloß deswegen zu wollen, w e i l s c h o n e i n a n d e r e s U e b e l v o r h a n d e n i s t. […] Es ist aber weder bloß um ein Uebel, noch um dieß oder jenes Gute zu thun, sondern es handelt sich bestimmt um U n r e c h t und um G e r e c h t i g k e i t.« (*Grundlinien*, § 99)

Gegenüber den zeitgenössischen relativen, die Strafe aus einer Relation auf einen Zweck (wie Vorbeugung oder Besserung) rechtfertigenden Ansätzen vertritt Hegel eine »absolute« Straftheorie: Gestraft wird, weil ein Unrecht geschehen ist (»quia peccatum est«), und nicht (wie nach einer relativen Theorie), damit nicht weiteres Unrecht geschehe (»ne peccetur«). Mit diesem Ansatz scheint auch Hegel – wie vor ihm Kant – in alte Vorstellungen vom Vergeltungsprinzip (»ius talionis«) zurückzufallen, hinter die zeitgenössische, vom Geist der Aufklärung geprägte Strafrechtstheorie. Dieses Bild eines »Rückfalls« setzt jedoch zum einen ein homogenes Bild der Strafrechtstheorie der Aufklärung voraus, das sich so nicht belegen läßt; und zum anderen kann die »Modernität« der relativen Begründungen des staatlichen Rechtes zu strafen nicht verbergen, daß auch sie keineswegs unproblematisch sind – wie man an ihrem Rekurs auf den Gesellschaftsvertrag oder auf Nützlichkeitserwägungen zeigen kann (Seelmann 1987, 229–233). Schon Kant hatte Beccarias Begründung

kurz abgemacht: »Alles Sophisterei und Rechtsver-
drehung.« (AA VI.335)

Auch einer kleinen Skizze Feuerbachs läßt sich
entnehmen, daß die damalige Diskussion keineswegs einen weithin geteilten überzeugenden Ansatz
bietet: »Dem einen ist Strafe, unmittelbare Abschre-
ckung Anderer durch die Zufügung der Strafe: Der
andere sieht in der Zufügung der bürgerlichen Strafe
nur die Realisirung der Androhung, welche durch
das Gesetz geschieht: dem dritten ist Strafe und unmittelbare Sicherung vor dem Verbrecher eins – und,
wer vor der Consequenz des Systems erzittert, kne-
tet, um recht sicher zu gehen, diese verschiedenen
Theorien in einander und tischt sie, mit Brühen des
Gefühls durchwässert, dem genügsamen Criminal-
recht auf.« (Feuerbach 1800b, 5) Diese Aufzählung
möglicher Begründungen ließe sich leicht vermeh-
ren – etwa durch Kants programmatischen Satz:
»Das S t r a f r e c h t ist das Recht des Befehlshabers
gegen den Unterwürfigen, ihn wegen seines Verbrechens mit einem Schmerz zu belegen.« (AA VI.331)

Diese archaisch anmutende Formulierung enthält
eine ähnlich archaisch wirkende Begründung: Der
Täter wird gestraft »wegen seines Verbrechens«. Sie
ist aber keineswegs unreflektiert übernommenes
Traditionsgut; Kant entwickelt vielmehr sehr beden-
kenswerte Argumente gegen relative Straftheorien,
insbesondere gegen die Theorie der General- oder
Spezialprävention: »Richterliche Strafe […] kann
niemals bloß als Mittel ein anderes Gute zu befördern für den Verbrecher selbst, oder für die bürgerliche Gesellschaft, sondern muß jederzeit nur darum
wider ihn verhängt werden, w e i l e r v e r b r o c h e n
h a t« (AA VI.331)). Damit scheint das alte »ius talionis«, das Gesetz der Vergeltung zu triumphieren –
doch Kant begründet seine Aussage mit einer Überlegung, die sich nicht einfach als antiquiert abtun
läßt: »denn der Mensch kann nie bloß als Mittel zu
den Absichten eines Anderen gehandhabt und unter die Gegenstände des Sachenrechts gemengt
werden, wowider ihn seine angeborne Persönlichkeit
schützt«. Dieses Argument gewinnt Kant aus der
zweiten Formulierung des kategorischen Imperativs,
die sich sonst weitgehender Zustimmung erfreut:
»Handle so, daß du die Menschheit sowohl in deiner
Person, als in der Person eines jeden andern jederzeit
zugleich als Zweck, niemals bloß als Mittel brauchst.«
(AA IV.429) Und daraus ist die Consequenz zu ziehen: Der Verbrecher »muß vorher s t r a f b a r befun-
den sein, ehe noch daran gedacht wird, aus dieser
Strafe einigen Nutzen für ihn selbst oder seine Mit-
bürger zu ziehen.« (AA VI.331) »Ne peccetur« zu

strafen ist unrechtlich, wenn das »peccare« nicht
selbst schon etwas Strafwürdiges ist.

Wie in der Eigentumslehre, so schließt Hegel sich
auch in der Ablehnung der relativen Straftheorie eng
an Kant an – und sei es auch, daß er hierdurch nur
mit ihm »auf Einen Scheiterhaufen zu sitzen komme«, wie Goethe einmal bei ähnlicher Gelegenheit
schreibt (JWA 1.381). Sie unterscheiden sich jedoch
in der Begründung dafür, daß eine Handlung überhaupt strafbar sei. Kant argumentiert hier mit dem
»strengen Wiedervergeltungsrecht«, Hegel vornehmlich mit der Notwendigkeit der Restitution des
verletzten Rechts: Verletztes Recht muß wiederher-
gestellt werden – denn sonst wäre das Recht aufgehoben und statt seiner würde das Verbrechen gelten
(*Grundlinien*, § 99). Die erforderliche Wiederherstellung des verletzten, negierten Rechts kann nur durch
Negation seiner Verletzung erfolgen. Der gegen den
Verbrecher gerichtete staatliche Zwang kommt nicht
von außen an ihn, sondern er ist gleichsam die zweite
Hälfte seines Verbrechens – oder im mythologischen
Bild: Die Eumeniden schlafen, aber das Verbrechen
weckt sie auf. Die Strafe ist nicht ein fremdes, über
den Verbrecher hereinbrechendes »Übel«, sondern
sie wird durch sein Verbrechen selber inszeniert, weil
es etwas (im transzendentalen Sinne) an sich Nichtiges ist. Die Rechtsverletzung »ist zwar eine p o s i t i -
v e, äußerliche E x i s t e n z, die aber i n s i c h nichtig
ist, und diese Nichtigkeit gilt es zu erweisen, durch
Negation der Negation (§ 97). Da das Verbrechen
aber nicht als ein Geschehen rückgängig gemacht
werden kann, hat der Erweis seiner Nichtigkeit an
der Stelle anzusetzen, von der es seinen Ausgang genommen hat – am Willen des Verbrechers: Denn die
»p o s i t i v e E x i s t e n z d e r V e r l e t z u n g ist nur
als der b e s o n d e r e W i l l e d e s V e r b r e c h e r s.«

Diese Wiederherstellung des Rechts durch die
Verletzung seiner Verletzung ist nicht zu denken als
etwas, das bloß gegen den Willen des Verbrechers geschieht, als ein von außen an ihn kommender Zwang.
Der vom Verbrecher verletzte an sich seiende Wille
ist auch sein eigener, vernünftiger Wille. Deshalb ist
auch die Verletzung, die ihm widerfährt, »nicht nur
a n s i c h gerecht, – als gerecht ist sie zugleich sein a n
s i c h s e y e n d e r Wille, ein Daseyn seiner Freyheit,
s e i n R e c h t« (§ 100).

Kritikern ist es als blanker Zynismus erschienen,
daß Hegel dem Verbrecher zusätzlich zur Strafe
noch seine Einwilligung in deren Zumessung und
Vollzug unterstellt – doch nimmt Hegel hier ein berechtigtes Moment der sonst von ihm verworfenen
vertragstheoretischen Strafbegründung auf: Der ge-

gen den Verbrecher gerichtete Zwang ist nicht allein legitim als staatlicher Gegenzwang; er folgt auch nicht nach einem äußeren Mechanismus, sondern aus dem vernünftigen Willen des Verbrechers selbst, der neben seinem fürsichseienden Willen besteht – und dieser vernünftige Wille darf auch dem Verbrecher nicht abgesprochen werden, wenn man ihn nicht zum Tier erniedrigen will. Mit diesem Argument ist es Hegel sehr ernst; es kehrt in leicht veränderter Gestalt auch im Moralitätskapitel wieder: Der Verbrecher ist »als Subject nicht das Einzelne d i e s e s Augenblicks oder diese isolirte Empfindung der Hitze der Rache; so wäre er ein Thier, das wegen seiner Schädlichkeit und der Unsicherheit, Anwandlungen der Wuth unterworfen zu seyn, vor den Kopf geschlagen werden müßte.« (§ 132, vgl. § 120) Die Anerkennung seiner Menschheit unterstellt ihm zugleich den an sich vernünftigen Willen und damit die Einwilligung in seine Strafe.

Quellen: Cesare Beccaria: Dei delitti e delle pene. (anonym [1]1764) Milano 1977; Paul Johann Anselm Feuerbach: Revision der Grundsätze und Grundbegriffe des positiven peinlichen Rechts. Bd. 1. Erfurt 1799, Bd. 2. Chemnitz 1800a; Feuerbach: Ueber die Strafe als Sicherungsmittel vor künftigen Beleidigungen des Verbrechers. Chemnitz 1800b; Ernst Ferdinand Klein: Grundsätze des gemeinen Deutschen peinlichen Rechts, nebst Bemerkung der Preußischen Gesetze. Halle [1]1795, [2]1799. – **Literatur:** Karl Larenz: Hegel und das Privatrecht. In: B. Wigersma (Hg.): Verhandlungen des zweiten Hegelkongresses vom 18. bis 21. Oktober 1931 in Berlin. Tübingen / Haarlem 1932, 135–148; Ossip K. Flechtheim: Hegels Strafrechtstheorie. Berlin [2]1975; Riedel: Materialien zu Hegels Rechtsphilosophie (1974), Bd. 2; darin 131–151: Michel Villey: Das Römische Recht in Hegels Rechtsphilosophie, 152–175: Joachim Ritter: Person und Eigentum. Zu Hegels »Grundlinien der Philosophie des Rechts« §§ 34–81, 176–197: Peter Landau: Hegels Begründung des Vertragsrechts; Wolfgang Schild: Die Aktualität des Hegelschen Strafbegriffes. In: Erich Heintel (Hg.): Philosophische Elemente der Tradition des politischen Denkens. Wien / München 1979, 199–233; Igor Primoratz: Banquos Geist. Hegels Theorie der Strafe. HSB 29 (1986); Christoph Jermann (Hg.): Anspruch und Leistung von Hegels Rechtsphilosophie. Stuttgart-Bad Cannstatt 1987; darin 55–99: Vittorio Hösle: Das abstrakte Recht, 227–237: Kurt Seelmann: Hegel und die Strafrechtsphilosophie der Aufklärung; Diethelm Klesczewski: Die Rolle der Strafe in Hegels Theorie der bürgerlichen Gesellschaft. Eine systematische Analyse des Verbrechens- und des Strafbegriffs in Hegels Grundlinien der Philosophie des Rechts. Berlin 1991; Siep (Hg.): Hegel. Grundlinien der Philosophie des Rechts (1997), 95–124; Schnädelbach: Hegels praktische Philosophie (2000), 199–218; Alfredo Bergés: Der freie Wille als Rechtsprinzip. Untersuchungen zur Grundlegung des Rechts bei Hobbes und Hegel. Hamburg 2012; Amir Mohseni: Abstrakte Freiheit. Zum Begriff des Eigentums bei Hegel. Hamburg 2015.

9.5.6 Die Moralität

(1) Rezeptionsgeschichtlich steht der zweite Teil der Rechtsphilosophie im Schatten der großen Themen »Naturrecht und Staatswissenschaft« bzw. »Recht und Sittlichkeit«. Ungünstig hat sich insbesondere ausgewirkt, daß sein Titel, »Die Moralität«, bei den Interpreten die Erwartung geweckt, jedoch nicht eingelöst hat, daß Hegel hier gleichsam auf dem Boden seines Systems »Metaphysische Anfangsgründe der Tugendlehre« aufzeige. Doch geht es ihm hier nicht um eine Ethik. »Moralität« bezeichnet – in Hegels Sprache – diejenige Sphäre insgesamt, deren Prozeß es ist, »den zunächst nur für sich seyenden Willen, der unmittelbar nur a n   s i c h identisch ist mit dem a n   s i c h seyenden oder allgemeinen Willen, nach diesem Unterschiede, in welchem er sich in sich vertieft, aufzuheben, und ihn für sich als i d e n t i s c h mit dem an sich seyenden Willen zu setzen.« (*Grundlinien*, § 106) Diese Differenz zwischen dem an sich seienden, allgemeinen und dem fürsichseienden, einzelnen Willen wird von diesem als »Sollen« erfahren. Die Sphäre der Moralität also ist der Bereich der Vermittlung zwischen dem für sich seienden Willen des einzelnen Subjekts und dem an sich seienden oder »allgemeinen Willen« – und somit gleichsam die begriffliche Genese der ›volonté générale‹.

Auch Hegels Erläuterungen der Bedeutung, in der er von »Moralität« spricht, sind nicht stets geeignet, deren Kontur scharf hervorzuheben. In [3]§ 503 der *Enzyklopädie* merkt er an, das Moralische müsse hier »in dem weitern Sinne genommen werden, in welchem es nicht bloß das Moralisch g u t e bedeutet. Le Moral in der französischen Sprache ist dem Physique entgegengesetzt und bedeutet das Geistige, Intellectuelle überhaupt.« Doch dies ist der vor allem frühneuzeitliche Begriff des »esse morale«, der noch in Kants Entgegensetzung einer Metaphysik der Natur und der *Metaphysik der Sitten* nachwirkt. Auch für Hegel bedeutet »das Moralische« zwar nicht bloß das moralisch-Gute, sondern den gesamten Bereich, in dem die Bezeichnungen »gut« oder »böse« sinnvoll gebraucht werden können – doch ist dieser Bereich für ihn sehr eng begrenzt auf die »Willensbestimmtheit, in sofern sie im I n n e r n des Willens überhaupt ist«. Diese Willensbestimmtheit bleibt aber nicht nur im »I n n e r n« eingeschlossen, sondern der Wille äußert sich in der »Handlung«.

Unter dem Titel »Moralität« bietet Hegel somit – modern gesprochen – eine Handlungstheorie (Quante, 1993), und zwar als Analyse der Relation zwischen der Selbstbestimmung des Willens und der

Handlung. Statt die erwartete Ethik zu liefern, entwirft er Grundzüge einer neuartigen Disziplin, die von Kants Ethik her nicht in den Blick getreten ist – und er »bereitet damit die wertfreie Moralpsychologie und Moralsoziologie des 19. und 20. Jahrhunderts vor.« (Schnädelbach 2000, 224)

Die »Moralität« bildet insofern eine neue Sphäre gegenüber dem »abstrakten Recht«, als es nun nicht mehr um das Dasein der Freiheit der Person in einer äußerlichen Sache zu thun ist, sondern um »die Willensbestimmtheit überhaupt als Daseyn in ihm als die seinige«: »Der subjective Wille ist insofern moralisch frei, als diese Bestimmungen innerlich als die seinigen gesetzt und von ihm gewollt werden. Seine thätliche Aeußerung mit dieser Freiheit ist Handlung« (³§ 503).

Diese Betrachtung des Willens als eines in sich reflektierten, sich innerlich bestimmenden erweitert die – abstrakte – Zuordnung von »Person und Sache« im abstrakten Recht zum Begriffspaar »Subjekt und Handlung« – ohne daß damit der gute Sinn jener ersten Sphäre aufgehoben wäre: Im Recht ist der einzelne Wille nur nach der Seite seiner Allgemeinheit angesprochen, nicht nach der Seite seiner Besonderheit oder seiner Reflexion in sich und seiner Selbstbestimmung. Sie fällt erst in die »Moralität«. Das »moralische«, in sich reflektierte, wollende und handelnde Subjekt ist konkreter bestimmt als die »Person« der Rechtssphäre. In dieser ist der subjektive Wille marginalisiert; in der »Moralität« hingegen kommt er zu seinem Recht – ja Hegel bestimmt sie geradezu als »die Entwickelung des Rechtes des subjectiven Willens« (Grundlinien, § 107).

Dieser subjektive Wille bleibt aber nicht in die Grenzen des Subjektiven eingeschlossen; er ist auf einen Inhalt oder Zweck gerichtet, und zwar so, daß diese Beziehung auf Äußeres Selbstbeziehung wird: daß er »nicht nur als mein innerer Zweck, sondern auch, insofern er die äußerliche Objectivität erhalten hat, meine Subjectivität für mich enthalte.« (§ 110) Er enthält aber nicht allein sie, sondern als Gegenstand des (stets auch allgemeinen) Willens zugleich »die Objectivität des Begriffes« und die Beziehung auf andere Willen (§§ 110–112). In seinem Résumé führt Hegel den Schlüsselbegriff dieser Sphäre ein: »Die Aeußerung des Willens als subjectiven oder moralischen ist Handlung. Die Handlung enthält die aufgezeigten Bestimmungen, α) von mir in ihrer Aeußerlichkeit als die Meinige gewußt zu werden, β) die wesentliche Beziehung auf den Begriff als ein Sollen und γ) auf den Willen Anderer zu seyn.«

(2) Im ersten Abschnitt, »Der Vorsatz und die Schuld« (§§ 115–118), behandelt Hegel die unterschiedlichen Dimensionen des Problems der Zurechnung. Er räumt hier einerseits einen weiten Begriff des Verschuldens und der Haftung ein, der sich auch auf solche Fälle erstreckt, die nicht eigentlich meine »That«, sondern etwa durch mein Eigentum verursacht sind. Enger ist der Kreis dessen, was meine »That« ist und was als deren Folge geschieht. Aber auch gegen eine umstandslose Zurechnung meiner »That« bekräftigt Hegel »das Recht des Willens«, »in seiner That nur dieß als seine Handlung anzuerkennen, und nur an dem Schuld zu haben, was er von ihren Voraussetzungen in seinem Zwecke weiß, was davon in seinem Vorsatze lag.« (§ 117) Dieses Moment des Vorsatzes trennt somit den Handlungsbegriff vom Tatbegriff. Dennoch faßt Hegel den Begriff des Vorsatzes nicht bloß subjektiv: Er schließt in ihn auch die Folgen ein, allerdings nur diejenigen, die mit dem Zweck der Handlung unmittelbar zusammenhängen, und nicht sämtliche weiteren, die der Äußerlichkeit und dem Zufall unterliegen.

Auch hier deutet Hegel an, daß eine derartige Zurechnung allein von »Handlungen« auf Grund eines »Vorsatzes« das Resultat eines rechtsgeschichtlichen Prozesses ist: Entsprechend seiner Ausblendung der Rechtsgeschichte verfolgt er ihn zwar nicht ausführlich, aber er unterscheidet zumindest die staatlichen Verhältnisse vom »heroischen Selbstbewußtseyn«: dieses sei »aus seiner Gediegenheit noch nicht zur Reflexion des Unterschiedes von That und Handlung, der äußerlichen Begebenheit und dem Vorsatze und Wissen der Umstände, so wie zur Zersplitterung der Folgen fortgegangen, sondern übernimmt die Schuld im ganzen Umfange der That.« (Caspers, 2012) An diesem und an ähnlichen Beispielen hätte Hegel leicht aufzeigen können, daß die Gestalt des Rechtsbewußtseins nicht durch apriorische Grundmuster fixiert ist, sondern sich einer Vertiefung der Subjektivität in sich, einem »Fortschritt im Bewußtsein der Freiheit« verdankt.

(3) Auch im zweiten Abschnitt, »Die Absicht und das Wohl« (§§ 119–128), geht Hegel von einer geschichtlichen Zäsur aus: In neueren Zeiten frage man viel nach Beweggründen: »Dieß hat man auch genannt auf das Herz des Menschen sehn. Dabei vorausgesetzt ist ein Bruch des Objectiven der Handlungen und des Subjectiven der Beweggründe, des Innern.« »Dieser Bruch liegt im Standpunkt des Selbstbewußtseins des Menschen, und macht in der Weltgeschichte wie in jedem Individuum Epoche.« (GW 26/2.879) Gegen diese Trennung betont Hegel aber »das Recht

des Subjects, in der Handlung seine Befriedigung zu finden« (§ 121), das »Recht der Absicht« und zugleich »das Recht der Objectivität der Handlung«: daß beides, Wille und objektive Qualität der Handlung, nicht auseinanderfallen. Im Begriff der »Absicht« zeigt Hegel eine auch etymologisch greifbare Ambivalenz auf: Sie enthält einerseits ein allgemeines Element, das Absehen im Sinne von Abstraktion, andererseits ein besonderes, nämlich »das Herausnehmen einer besondern Seite der concreten Sache« (*Grundlinien*, § 119). Allgemeines und Besonderes, an und für sich geltende Zwecke und subjektive Befriedigung sind deshalb nicht zu trennen. Hegel wendet sich deshalb sowohl gegen die Ansicht, daß beide sich ausschlössen, als auch gegen die Forderung, daß nur allgemeine Zwecke gewollt werden dürften. Er wendet sich aber ebenso gegen die Herabwürdigung des objektiven Zwecks zu einem Mittel der subjektiven Befriedigung. Denn das Subjekt kann nicht seinen Wert unter Absehen von seinen Handlungen behaupten: »Was das Subject ist, ist die Reihe seiner Handlungen.«

Diese Berechtigung des Subjekts, sich selbst in seinen Handlungen zu finden und zu befriedigen, führt Hegel wiederum auf die große bewußtseinsgeschichtliche Revolution zurück, die sich auch in der Rechtsgeschichte widerspiegelt: »Das Recht der Besonderheit des Subjects, sich befriedigt zu finden, oder, was dasselbe ist, das Recht der subjectiven Freyheit macht den Wende- und Mittelpunkt in dem Unterschiede des Alterthums und der modernen Zeit. Dieß Recht in seiner Unendlichkeit ist im Christenthum ausgesprochen und zum allgemeinen wirklichen Princip einer neuen Form der Welt gemacht worden.« (§ 124)

(4) Diese Auszeichnung des Rechtes der subjektiven Freiheit als des neuen welthistorischen Prinzips könnte alle ihm entgegenstehende Objektivität zu verflüchtigen oder zumindest zu einem Moment herabzusetzen scheinen. Doch davon ist Hegel im dritten Abschnitt »Das Gute und das Gewissen« (§§ 129–141) fern: »Das Recht, nichts anzuerkennen, was Ich nicht als vernünftig einsehe, ist das höchste Recht des Subjects, aber durch seine subjective Bestimmung, zugleich formell, und das Recht des Vernünftigen als des Objectiven an das Subject bleibt dagegen fest stehen.« (§ 132) Es geht somit nicht um die Preisgabe des einen Rechts zu Gunsten des anderen, sondern um die Befriedigung beider – und diese Befriedigung denkt Hegel im Begriff des Guten als der »Idee«, die sowohl die subjektive Seite des Willens als die Äußerlichkeit –

bis hin zur »Zufälligkeit des äußerlichen Daseyns« umfaßt; sie ist »die realisirte Freyheit, der absolute Endzweck der Welt.« (§ 129)

Wichtiger als die Objektivität im Sinne solcher Äußerlichkeit ist diejenige, die dem innersten Sichwissen des Subjekts, dem »Gewissen«, als selber sittliche Instanz entgegentritt. Das Gewissen ist zwar »ein Heiligthum, welches anzutasten Frevel wäre. Ob aber das Gewissen eines bestimmten Individuums, dieser Idee des Gewissens gemäß ist, ob das, was es für gut hält oder ausgiebt, auch wirklich gut ist, dieß erkennt sich allein aus dem Inhalt dieses Gutseynsollenden. [...] Der Staat kann deswegen das Gewissen in seiner eigenthümlichen Form, d. i. als subjectives Wissen nicht anerkennen« (§ 137).

Hinter dieser scharfen Kontrastierung des Rechtes des Gewissens und seiner Nicht-Anerkennung durch das Allgemeine steht fraglos die Erfahrung der Auseinandersetzungen um die Ermordung Kotzebues durch Sand (s. Kap. I.8.1). Hegel spricht hier dem Staat unumwunden das Recht zu, gegen das »reine Herz« und das »gute Gewissen« des Täters dessen Handlung als Mord zu qualifizieren und entsprechend zu bestrafen – und fraglos mit Recht. Das Gewissen zeigt sich hier als äußerst ambivalent: Auch dort, wo es nichts als formelle Reflexion des Selbstbewußtseins in sich ist, erhebt es Anspruch auf die »Heiligkeit«, die ihm doch nur dort zukommt, wo das Gewissen und das wahrhaft Gute identisch sind. Wo dies jedoch nicht der Fall ist, ist es in seiner subjektiven Borniertheit vielmehr böse – und Hegel sieht es immer »auf dem Sprunge [...], ins Böse umzuschlagen.« (§ 139)

Nur hier hat auch das Böse seinen Ursprung – »in dem Mysterium, d. i. in dem Speculativen der Freyheit, ihrer Nothwendigkeit, aus der Natürlichkeit des Willens herauszugehen, und gegen sie innerlich zu seyn.« (§ 139) In den Vorlesungen geht Hegel noch ausführlicher auf die traditionelle Frage »unde malum« ein, auch auf die Antworten, die sie im Mythos und in der »Theodizee« gefunden hat. Hegel hält diese traditionellen theologischen Auskünfte für prinzipiell unzureichend: »Wird bei der Erschaffung der Welt Gott, als das absolut positive vorausgesetzt, dann mag man sich drehn, wie man will, das Negative ist in diesem Positiven nicht zu erkennen« (GW 26/2.902). Für ihn ist die Frage nach der Herkunft des Bösen entschieden: Gutes und Böses haben ihren Ursprung ausschließlich im Willen, und »der Wille ist in seinem Begriffe sowohl gut als böse« – und zwar sowohl der natürliche als der in sich reflektierte Wille, denn das Natürliche steht im Gegensatz zur Freiheit, und die Reflexion in sich im Gegensatz zur Allgemeinheit des Willens.

Mit dieser Erklärung des Ursprungs des Guten und des Bösen aus der Subjektivität verbindet Hegel eine Kritik sich selbst verfehlender Gestalten der Subjektivität. Sie gehören sämtlich erst der modernen Welt an, die dem Prinzip der Subjektivität diesen hohen Rang einräumt, der das Verfehlen so fatal und zur »letzten abstrusesten Form des Bösen« macht. Das Subjekt vermag allemal, auch schlechte Handlungen durch einen positiven Zweck als eine »Pflicht und vortreffliche Absicht« zu rechtfertigen – entweder vor anderen, »so ist es Heucheley«, oder für sich selbst – »so ist es die noch höhere Spitze der sich als das Absolute behauptenden Subjectivität.« Die Heuchelei setze immer noch voraus, »daß gewisse Handlungen an und für sich Vergehen, Laster und Verbrechen sind« und halte somit noch ein objektives Bewertungskriterium fest. »Wenn aber das gute Herz, die gute Absicht und die subjective Ueberzeugung für das erklärt wird, was den Handlungen ihren Werth gebe, so giebt es keine Heucheley und überhaupt kein Böses mehr, denn was einer thut, weiß er durch die Reflexion der guten Absichten und Bewegungsgründe zu etwas Gutem zu machen, und durch das Moment seiner Ueberzeugung ist es gut.«

Es ist sicherlich nicht zufällig, daß Hegel zur Widerlegung dieser Ansicht einen Brief Jacobis an den Grafen Holmer heranzieht (§ 140) – denn Jacobi steht im Bewußtsein der Zeit irrtümlich für einen derartigen Rückgang in die Unmittelbarkeit der Subjektivität, in die »schöne Seele« – obgleich er doch gegen die Begründung des Guten aus der bloßen Subjektivität das Moment einer für sich bestehenden Sittlichkeit geltend macht (JWA 1.129–135).

Als »höchste Form« einer solchen »sich als das Letzte erfassenden Subjektivität« charakterisiert Hegel schließlich die »Ironie« – freilich nicht ohne Platon und Fichte sowie trotz einiger kritischer Bemerkungen auch seinen verstorbenen Kollegen Solger (s. Kap. II.8.7.3) von diesem Verdikt auszunehmen. Er charakterisiert die (romantische) Ironie als den Standpunkt, der sich als das »Beschließen und Entscheiden über Wahrheit, Recht und Pflicht« weiß und schließlich darin kulminiert, »sich selbst als diese Eitelkeit allen Inhalts zu wissen, und in diesem Wissen sich als das Absolute zu wissen.« In den Vorlesungen spricht Hegel ausdrücklich aus, was auch seinen damaligen Lesern schwerlich entgangen sein wird: daß er hier Friedrich v. Schlegel vorwirft, was dieser von

ihm behauptet, nämlich »für den Teufel Kegel zu schieben«, wie August Wilhelm v. Schlegel dies in seinen Spottversen sehr treffend pointiert (s. Kap. I.8.6).

Literatur: Karl Ludwig Michelet: Das System der philosophischen Moral, mit Rücksicht auf die juridische Imputation, die Geschichte der Moral und das christliche Moralprinzip. Berlin 1828, ND Bruxelles 1968; Karl Larenz: Hegels Zurechnungslehre und der Begriff der objektiven Zurechnung. Leipzig 1927; Riedel: Materialien zu Hegels Rechtsphilosophie (1975), Bd. 2, darin 201–216: Josef Derbolav: Hegels Theorie der Handlung, 217–244: Joachim Ritter: Moralität und Sittlichkeit. Zu Hegels Auseinandersetzung mit der Kantischen Ethik; Miguel Giusti: Bemerkungen zu Hegels Begriff der Handlung. HS 22 (1987), 51–71; Christoph Jermann: Die Moralität. In: Jermann (Hg.): Anspruch und Leistung von Hegels Rechtsphilosophie. Stuttgart-Bad Cannstatt 1987, 101–144; Michael Quante: Hegels Begriff der Handlung. Stuttgart-Bad Cannstatt 1993; Siep (Hg.): Hegel, Grundlinien der Philosophie des Rechts (1997), 125–192; Schnädelbach: Hegels praktische Philosophie (2000), 219–245; Britta Caspers: ›Schuld‹ im Kontext der Handlungslehre Hegels. Hamburg 2012.

9.5.7 Die Sittlichkeit

9.5.7.1 Der Begriff der Sittlichkeit

(1) Den dritten, nicht allein vom Umfang her gewichtigsten Teil seiner Philosophie des objektiven Geistes überschreibt Hegel mit dem Titel »Die Sittlichkeit« – also mit dem Begriff, der – wohlunterschieden vom Begriff der »Moralität« – bereits in Jena zum Zentralbegriff seiner praktischen Philosophie geworden ist (s. Kap. II.4.5.6). Doch ungeachtet dieser bleibenden Differenz zwischen »Moralität« und »Sittlichkeit« hat sich deren Begriffsgehalt auf dem Weg von Jena nach Heidelberg und Berlin gewandelt. Obgleich er auch in Jena keineswegs auf eine bestimmte Geschichtsepoche, auf die Antike, fixiert ist, hat er doch starke historische Konnotationen. Jetzt hingegen wird er zu einem formell geschichtsindifferenten Begriff, obschon er inhaltlich, seit der Vorlesung über *Naturrecht und Staatswissenschaft* (1817/18), sogar durch eine sehr moderne Differenzierung strukturiert ist, die sich so auch bei Kant und Fichte noch nicht findet: durch die Differenzierung zwischen »Bürgerlicher Gesellschaft« und »Staat«. Und vor allem betont Hegel nun nicht mehr den »substantialen« Charakter der »Sittlichkeit«, sondern ihre Genese aus Freiheit: Alle ihr angehörenden Bestimmungen gehen ja aus Freiheit hervor – wenn auch aus einer zunächst ihrer selbst nicht bewußten und deshalb unwahren Freiheit. Sie ist »der zur vorhandenen Welt und zur Natur des Selbstbewußtseyns gewordene

Begriff der Freyheit« und damit »die Idee
der Freyheit« (*Grundlinien*, § 142).

Doch gerade diese Struktur der Sittlichkeit läßt sie
in sich widersprüchlich erscheinen: Ihre Momente –
»Gesetze und Gewalten« – haben für das einzelne
Subjekt zunächst nicht den Charakter von Freiheit,
sondern eines Fremden, Verpflichtenden, ja Zwin-
genden; sie haben »im höchsten Sinne Selbstständigkeit, – eine absolute, unendlich festere Autorität und
Macht, als das Seyn der Natur«. Und dennoch sind sie
sein eigenes Produkt und das Zeugnis seines eigenen
Wesens – sie sind ja nicht »von Natur«, sondern allein
aus dem Willen hervorgegangen. In der Akzentuierung dieser immanenten Widersprüchlichkeit liegt
ein Spezifikum der Hegelschen Philosophie des objektiven Geistes – und ihr Vorzug besteht darin, keine
der beiden widerstreitenden Aussagen ignorieren
oder ihre Wahrheit dementieren zu müssen.

(2) Dieses Fürsichbestehen der Sittlichkeit gegen
den einzelnen Willen impliziert ein Element, das
Hegels Rechtsphilosophie in Gegensatz gegen eine
dominante Tendenz der frühen Neuzeit setzt und sie
als ›anti-aufklärerisch‹ erscheinen läßt: Die feste Autorität der Formen der Sittlichkeit relativiert und dementiert den Vertragsgedanken. In Hegels Sicht verwischt die vertragstheoretische Begründung von Familie und Staat den Unterschied zwischen sittlichen
und beliebigen Vertragsverhältnissen, deren Will-
kürlichkeit schon darin zum Ausdruck kommt, daß
sie gegenüber der Zahl der Vertragschließenden und
dem Inhalt des Vertrags indifferent sind. Als Wirklichkeit der Idee der F r e i h e i t erscheint »Sittlichkeit« als ein eminent neuzeitlicher Begriff; jedoch als
für sich bestehende W i r k l i c h k e i t der Freiheit
steht sie einer Begründung im Willen des einzelnen
Subjekts entgegen. Für Hegel hat der Vertragsgedanke seinen Ort ausschließlich im Privatrecht; die Formen der Sittlichkeit hingegen unterliegen nicht der
willkürlichen Disposition des einzelnen vertragschließenden Willens – sie sind vielmehr seine
»Substanz«. Und Hegel sieht es nicht als einen zwin-
genden Einwand gegen diesen Begriff der Sittlichkeit, daß dessen Formen gleichwohl, als geistige, einer geschichtlichen Entfaltung unterliegen – Familie
und Ehe nicht anders als »bürgerliche Gesellschaft«
und »Staat«.

9.5.7.2 Die Familie

(1) Diese Entgegensetzung des Begriffs der Sittlichkeit gegen den Vertragsgedanken prägt bereits Hegels Abhandlung von Familie und Ehe. Damit ist
keineswegs geleugnet, daß die Familie auch ein Ver-

tragsmoment enthalte – doch tritt dieses erst dort in
den Vordergrund, wo das sittliche Verhältnis gefährdet oder zerstört ist. Wäre die Ehe als Vertrag zu verstehen, so wäre ja die Zahl der Vertragschließenden
und auch der Vertragsinhalt beliebig – was offensichtlich nicht der Fall ist, auch nicht für die Vertreter der Vertragsdeutung. Deshalb verweist Hegel
hier zurück auf § 75 der *Grundlinien*, in dem er die
»Schändlichkeit« der kontraktualistischen Eheauf-
fassung Kants bereits angeprangert hat. Sein Begriff
von Sittlichkeit steht einerseits gegen deren vertragstheoretische Reduktion, andererseits aber ebenso
gegen die naturalistische Reduktion der Ehe – als sei
sie ein durch die Geschlechtsdifferenz der Partner
schon hinlänglich bestimmtes natürliches Verhältnis. Beide Deutungen verkennen den eigentümlichen Zwischencharakter des Sittlichen überhaupt
und insbesondere von Ehe und Familie: durch einen
Willensakt konstituiert zu werden und doch kein
beliebiges Vertragsverhältnis zu sein, und ebenso
nicht bloße Natur zu sein, aber doch ein natürliches
Moment zu haben (Bockenheimer, 2013). – Diese
Betonung der natürlichen Grundlage der Ehe hat
Hegel allerdings auch dazu veranlaßt, in der Beschreibung der Geschlechterrollen dem zu folgen,
was seine Zeit für »natürlich« hielt: Dem Mann sind
»f r e y e A l l g e m e i n h e i t «, Gedanke und objektives Wollen in der Öffentlichkeit zugeordnet, der
Frau »concrete E i n z e l n h e i t « und »E m p f i n -
d u n g « in der Familie (§ 166).

(2) Und noch in einem weiteren Aspekt bleibt Hegel der Sichtweise seiner Zeit verhaftet: daß die Ehe
dieses natürlichen Moments, der Geschlechtsdifferenz, nicht entbehren könne. Dies ist allerdings nicht
allein ihm, sondern auch heute noch weithin unvor-
stellbar – obgleich sich der Verzicht darauf von Hegel
her als eine Vertiefung des geistig-personalen Charakters der Ehe auf Kosten ihres natürlichen Moments charakterisieren läßt. Denn ihren eigentlichen
Kern sieht er in der Umwandlung der »nur äußerlichen E i n h e i t der natürlichen Geschlechter, in eine
G e i s t i g e , in selbstbewußte Liebe«, in der Aufgabe
der isolierten Person, »aus der gegenseitigen u n g e -
t h e i l t e n Hingebung dieser Persönlichkeit« und
der Bildung einer neuen, übergreifenden Persönlichkeit (§ 161,167).

Als eine Gestalt der Sittlichkeit erfordert diese Bildung der neuen Person jedoch nicht eine bloße gegenseitige Versicherung, sondern einen förmlichen
Akt und seine Anerkennung durch »Familie und Gemeinde«. Und im Widerspruch zur Rechtslage seiner
Zeit wie im Vorgriff auf die Neuregelung des Ehe-

rechts der Bismarck-Ära setzt Hegel hinzu: »daß in dieser Rücksicht die K i r c h e eintritt, ist eine weitere hier nicht auszuführende Bestimmung« (§ 164) – sie widerspricht ja seiner Auffassung des Staates als der wahrhaften Sittlichkeit. Da aber ein institutioneller Rahmen das Gelingen einer Ehe nicht garantieren, und auch ein sittliches Verhältnis zerstört werden kann, erklärt Hegel die Ehe für »nur a n s i c h unauf-löslich« – und für die Möglichkeit der Scheidung be-ruft er sich gar auf Christus. Doch verlangt er von den Gesetzgebungen, sie »müssen die Möglichkeit der Auflösung aufs höchste erschweren, sie müssen das Recht des Sittlichen möglichst aufrecht erhalten« und die Ehe nicht »dem nächsten Belieben« auslie-fern (GW 26/3.1283). Um einem solchen schwan-kenden Belieben vorzubeugen, polemisiert er gegen Positionen, die eine förmliche Verankerung zu etwas Unnötigem oder gar Störendem erklären: gegen »die Frechheit und den sie unterstützenden Verstand« (§ 164) – sprich: gegen Friedrich Schlegels *Lucinde* (1799, KFSA V.1–82) und Schleiermachers *Vertraute Briefe über Friedrich Schlegels Lucinde* (1800, KGA I/3.139–216).

9.5.7.3 Die »bürgerliche Gesellschaft«

(1) In seiner sorgfältig ausbalancierten Darstellung von Ehe und Familie zeigt Hegels Rechtsphilosophie eine insgesamt eher traditionelle Seite; seine Theorie der zweiten Gestalt der Sittlichkeit, der »bürger-lichen Gesellschaft«, gilt hingegen als ihr progres-sivstes und auch wirkungsgeschichtlich wichtigstes Element. Hegel führt es nicht erst, wie immer noch zu lesen ist, in den *Grundlinien* (1821) ein: Bereits das Kolleg 1817/18 enthält eine ausgearbeitete Ab-handlung der »bürgerlichen Gesellschaft«.

Das lateinische Pendant, »societas civilis«, ist frei-lich selbst ein traditioneller, in die Antike zurückrei-chender Terminus. Im Naturrecht der frühen Neu-zeit, seit Hobbes, fungiert »bürgerliche Gesellschaft« als Gegenbegriff zum »Naturzustand«: Der Mensch muß den Naturzustand (status naturalis) verlassen und eine bürgerliche Gesellschaft (societas oder sta-tus civilis) oder einen »Staat« begründen. Hegel hin-gegen verwendet den Terminus nicht allein in einem engeren Sinn: »Bürgerliche Gesellschaft« bezeichnet die zwischen den Ebenen der Familie und der staatli-chen Institutionen angesiedelte wechselseitige Ver-flechtung der ihre Privatinteressen verfolgenden In-dividuen. Deshalb aber ist sie nicht mehr der Gegen-begriff zum »Naturzustand«, sondern gleichsam die geschichtliche Wirklichkeit des in der neuzeitlichen Staatstheorie nur fiktiven »Naturzustands«: Denn

während Hobbes den »Naturzustand« als einen »Kampf aller gegen alle« charakterisiert, aus dem in die »bürgerliche Gesellschaft« hinauszugehen ist, ist für Hegel eben diese »bürgerliche Gesellschaft« »der Kampfplatz des individuellen Privatinteresses Aller gegen Alle« (§ 289) – oder prägnant: Die »bürger-liche Gesellschaft« i s t der zuvor nur g e d a c h t e Na-turzustand.

(2) Diese Umkehrung ist keineswegs eine bloße, provokativ gemeinte und gelungene Pointe. Hegel gibt hier nicht allein einem traditionellen Begriff eine neue und entgegengesetzte Bedeutung; er bringt viel-mehr eine Form des gesellschaftlichen Lebens auf den Begriff, die in der politischen Wirklichkeit und Theorie der Antike wie auch der frühen Neuzeit kein Vorbild hat und sich erst seit der Französischen Re-volution als die spezifisch moderne apolitische Vari-ante des politischen Lebens etabliert. »Bürgerlich« ist diese Gesellschaft als Lebensraum des »bourgeois« (§ 190), des sein Privatleben und seine ökonomi-schen Verhältnisse besorgenden Bürgers, im Gegen-satz zum »Staatsbürger«, zum »citoyen«. Der Begriff des »bourgeois« enthält die terminologische Recht-fertigung, die neu entdeckte Sphäre »bürgerliche Ge-sellschaft« zu nennen – anderenfalls wäre die Rede von »bürgerlicher Gesellschaft« als terminologische Bosheit einzustufen. Und die Analogie zwischen dem fiktiven und dem »bürgerlichen Naturzustand«, die beide zum »bellum omnium contra omnes« wer-den läßt, liegt in der Abwesenheit staatlicher Ord-nungsstrukturen. Deshalb gilt auch für diesen neuen »bürgerlichen Naturzustand« weiterhin Hobbes' Im-perativ »exeundum esse e statu naturali« (*De cive*, I,13): Aus dem einen wie dem anderen ist hinaus-zugehen in den Staat.

(3) Und doch hat das »exeundum esse« im Blick auf die »bürgerliche Gesellschaft« einen anderen Sinn: Sie ist nicht zu verlassen wie der rechtsfreie Na-turzustand, sondern sie ist durch die ihr übergeord-nete Sphäre des eigentlich Politischen, des Staates zu kontrollieren; sie darf sich nicht als das Höchste set-zen. Aber auch abgesehen von der Dominanz des Staates ist die »bürgerliche Gesellschaft« keineswegs als negativ gezeichnet: Zwar ist sie ein Kampf aller gegen alle, und durch die Jagd nach der Befriedigung der Bedürfnisse bietet sie »das Schauspiel eben so der Ausschweifung, des Elends und des beyden gemein-schaftlichen physischen und sittlichen Verderbens dar« (§ 185).

Doch diese Befriedigung der individuellen Be-dürfnisse ist etwas durchaus Berechtigtes, und zudem ist die »bürgerliche Gesellschaft« nicht auf die ökonomische Sphäre beschränkt: Sie ist derjenige Bereich des gesellschaftlichen Lebens, in dem die Individuen das Recht ihrer Besonderheit wahrnehmen und ihr Leben als »Menschen« führen – als »das Concretum der Vorstellung, das man Mensch nennt«, im Unterschied zur bloßen »Person« des abstrakten Rechts wie auch zum »Subjekt« der Moralität (§ 190). In dieser Anerkennung des Rechtes der Besonderheit sieht Hegel die entscheidende Differenz des antiken und des modernen Staates: Die »alten Staaten« werden durch die »selbstständige Entwicklung der Besonderheit« zerstört: »Das Prinzip der selbstständigen in sich unendlichen Persönlichkeit des Einzelnen, der subjectiven Freyheit, das innerlich in der christlichen Religion und äußerlich daher mit der abstracten Allgemeinheit verknüpft in der römischen Welt aufgegangen ist, kommt in jener nur substantiellen Form des wirklichen Geistes nicht zu seinem Rechte.« Das Prinzip der modernen Staaten hingegen sieht Hegel in einer Einheit, welche dieser Besonderheit gerecht wird: »welche den Gegensatz der Vernunft zu seiner ganzen Stärke auseinandergehen läßt, und ihn überwältigt hat, in ihm somit sich erhält, und ihn in sich zusammenhält.« (§ 185)

(4) Es ist jedoch keineswegs nur ein äußeres Einwirken des Staates, das die »bürgerliche Gesellschaft« stabilisiert. Auch die zunächst chaotisch scheinende Befriedigung der Bedürfnisse organisiert sich zu einem »System der Bedürfnisse« – und unter diesem Titel greift Hegel auf die Einsichten der »Staats-Oekonomie« zurück. Diese Rezeption der Nationalökonomie in der politischen Philosophie ist auch zu Beginn des 19. Jahrhunderts keineswegs selbstverständlich. Für Kants *Metaphysik der Sitten* (1797) spielt sie noch keine Rolle; Fichte hingegen versteht seinen »philosophischen Entwurf« *Der geschloßne Handelsstaat* (1800, GA I/7) als einen »Anhang zur Rechtslehre«, doch geht er hier eigene Wege, die wenig Nachfolge gefunden haben. Spuren einer Rezeption der Nationalökonomie finden sich auch in Schleiermachers *Vorlesungen über die Lehre vom Staat* (KGA II/8), jedoch weit weniger entwickelt als bei Hegel. So ist es verständlich, daß Marx seine Kritik der politischen Ökonomie später insbesondere im Blick auf Hegel und in Absetzung von ihm entwickelt.

Aus der Nationalökonomie nimmt Hegel insbesondere die Einsicht auf, daß die Sphäre der Bedürfnisse und ihrer Befriedigung ein »System« bildet – ein sich selbst organisierendes Ganzes –, dessen interne Gesetzmäßigkeit theoretisch beschrieben werden kann und das deshalb nicht mehr als Teilbereich

der praktischen Philosophie aufzufassen ist – was zudem Hegels Ansatz der Philosophie des objektiven Geistes entgegenkommt. Die dieser Sphäre immanente Vernunft gliedert sie »zu einem organischen Ganzen von Unterschieden«, die auch dort, wo sie auf Natürliches zurückgehen, gleichwohl »aus dem Geiste producirt« sind (§§ 200 f.) Dies gilt selbst für die unmittelbar und natürlich erscheinenden Bedürfnisse: Sie gingen gar nicht »von denen aus, die diese Bedürfnisse haben sollten, sondern von Andern, die die Unbequemlichkeit auffinden und ihr abzuhelfen suchen« – und letztlich »von der Gewinnbegierde Jener, die aufmerksam auf Unbequemlichkeiten machen, die Jenen entgingen.« So wird das Bedürfnis schließlich »zur Sache der subjectiven Willkühr, der Meinung«, die befriedigt werden will (GW 26/2.955; 26/3.1318).

Diese gesellschaftliche Vermitteltheit des Bedürfnisses macht es plausibel, daß diejenigen, die ihr Privatinteresse zu verfolgen scheinen, eben hierdurch zum Wohl des Ganzen beitragen – dank der Regie der »invisible hand« (Adam Smith), die die ökonomische Sphäre zu einem sich selbst regulierenden System erhebt. Die »subjective Selbstsucht« schlägt »in den Beytrag zur Befriedigung der Bedürfnisse Aller andern um« (§ 199). So ist die »bürgerliche Gesellschaft« die Sphäre, in der die Individuen trotz ihres Kampfes gegen einander nicht allein ihre Subsistenz finden, sondern zugleich das »Wohl« des Ganzen verwirklichen. Eine Bedingung dieses Systemcharakters sieht Hegel in der Differenzierung der »bürgerlichen Gesellschaft« in drei ökonomische »Stände« – den substantiellen oder unmittelbaren, den reflektierenden oder formellen und den allgemeinen Stand, oder in Ackerbau, Gewerbe und Beamtenschaft. Diese Gliederung ist für ihn nichts bloß Faktisches, sondern etwas an sich Vernünftiges – denn ein sich selbst organisierendes »System« ohne interne Differenzierung kann es nicht geben. Die Zugehörigkeit zu diesen Ständen ist für ihn jedoch nichts Fixes; sie ist zwar bedingt durch »Naturell, Geburt und Umstände«, »aber die letzte und wesentliche Bestimmung liegt in der subjectiven Meynung und der besondern Willkühr« (§ 206).

(5) Die »bürgerliche Gesellschaft« beschränkt sich jedoch nicht auf ein solches »System der Bedürfnisse«: Hegel spricht ihr noch weitere intern regulierende Strukturen zu – zunächst die »Rechtspflege« (§§ 209–229). Es hat Verwunderung erregt, daß der ›Etatist‹ Hegel die Rechtspflege nicht als eine der Gewalten des Staates denkt, sondern sie der »bürger-

lichen Gesellschaft« zuordnet – mit dem Argument, daß die Sphäre des Relativen selbst »dem Rechte das Daseyn giebt, als allgemein anerkanntes, gewußtes und gewolltes zu seyn« (§ 209). Das Recht ist somit nichts, was erst von »außen« oder von »oben«, aus der Sphäre des Staates, in die »bürgerliche Gesellschaft« eindringt, sondern es erzeugt sich in ihr selbst. Es muß aber auch in ihr ausgesprochen und bekanntgemacht werden. Hegel plädiert deshalb für die Kodifikation des in der Wirklichkeit immer schon vorhandenen »vernünftigen« Rechts – insbesondere, aber nicht allein in der trotz des Verschweigens des Namens sehr exponierten Kritik an der Kodifikationsfeindlichkeit v. Savignys (§ 211). Gegen dessen Ablehnung des *Allgemeinen Landrechts für die Preussischen Staaten* (1794) betont Hegel, Herrscher, die ihren Völkern ein Gesetzbuch geben, insbesondere ein systematisch geordnetes »Landrecht«, seien »die größten Wohlthäter derselben geworden« – und dies gelte auch dann, wenn ein solches Gesetzbuch keineswegs »Vollendung« und Unabänderlichkeit beanspruchen könne (§§ 215 f.). Dies ist ohnehin unmöglich, wenn die Gesetzesformen an faktische Lebensformen, die Rechtsentwicklung an die Entwicklung der Gesellschaft gebunden bleiben. Deshalb fällt für Schnädelbach (2000, 284) »Hegels Theorie der Rechtspflege in die Vorgeschichte der modernen Rechtssoziologie«. – Weiter macht Hegel sich hier – gegen die Tendenz der Restauration zur Bekräftigung der Patrimonialgerichtsbarkeit – die zeitgenössischen Forderungen nach »Oeffentlichkeit der Rechtspflege« und einem »Geschworenengericht« zu eigen (§§ 224,227).

(6) Neben der »Rechtspflege« ordnet Hegel noch einen weiteren Bereich der »bürgerlichen Gesellschaft« zu: »Polizei und Corporation« (§§ 230–256). Daß Hegel hier von »Polizei« handelt ist weniger verwunderlich: Er orientiert sich an dem älteren, dem 18. Jahrhundert angehörenden Begriff der Polizei als einer Instanz, die nicht speziell für die Sicherheit gegen Verbrechen zuständig ist, sondern für die Sorge für das Wohlergehen des Ganzen insgesamt – für »Aufsicht und Vorsorge« (§ 235). Es geht Hegel hier auch keineswegs um Verbrechensbekämpfung, sondern um die ordnungspolitisch erforderliche Korrektur ökonomischer Fehlentwicklungen, die die interne Dynamik der »bürgerlichen Gesellschaft« freisetzt: Wie sie auf der einen Seite den Reichtum vermehrt, vergrößert sie auf der anderen Seite »die Vereinzelung und Beschränktheit der besondern Arbeit und damit die Abhängigkeit und Noth der an diese Arbeit gebundenen Classe«,

und auch »bey dem Uebermaße des Reichthums«, den sie erzeugt, ist sie doch nicht reich genug, »dem Uebermaße der Armuth und der Erzeugung des Pöbels zu steuern.« (§§ 243,245)

Gegen derartige Fehlentwicklungen setzt Hegel nicht allein die »Polizei«, sondern ebenso die »Corporation« – berufsständische, genossenschaftliche Organisationen der drei zuvor genannten Stände, insbesondere des Gewerbes. Ihnen schreibt Hegel die Aufgabe der Versittlichung der sonst für sich isolierten Gewerbe zu, und deshalb versteht er sie, neben der Familie, als »die zweyte, die in der bürgerlichen Gesellschaft gegründete sittliche Wurzel des Staats« (§ 255). Doch im Gegenzug weist Hegel ebenso dem Staat die Aufsicht über die Korporationen zu – »denn ein solches verknöchert gern, verhaußt sich in sich« – wie in den alten Zünften, und: »der Zunftgeist kann sehr engherzig werden nach der Gesinnung und der rechtlichen Seite« – und so auch die Korporation. »Allein diese Nachtheile betreffen nicht das Wesen, die innere Berechtigung der Sache selbst« (GW 26/2.997; 26/3.1403).

(7) Doch letztlich reichen diese der »bürgerlichen Gesellschaft« immanenten Institutionen – »Polizei und Corporation« – nicht aus, um die Fehlentwicklungen zu begrenzen, die von ihr ausgehen. Hierzu bedarf es des Staates als des machthabenden Allgemeinen – auch wenn Hegel es streng vermeidet, den Staat um seines Nutzens für die »bürgerliche Gesellschaft« willen zu legitimieren. Heute allerdings scheint es, als sei die von Hegel angestrebte Dominanz des Staates nicht verschont geblieben von der Dynamik der »bürgerlichen Gesellschaft«, die er in anderer Hinsicht sehr drastisch beschreibt: Die »bürgerliche Gesellschaft« habe bereits die Familie als die traditionelle ökonomische Basis in sich aufgesogen. Sie reiße das Individuum aus dem Band der Familie heraus, »entfremdet dessen Glieder einander, und anerkennt sie als selbstständige Personen«; das Individuum sei hierdurch statt zum Sohn seiner Eltern zum »Sohn der bürgerlichen Gesellschaft« geworden« (§ 238). Diese sei »die ungeheure Macht, die ihn [sc. den Menschen] an sich reißt, von ihm fordert für sie zu arbeiten, alles durch sie zu sein, vermittelst ihrer zu thun.« (GW 26/2.993) Inzwischen allerdings scheint es, als habe die »bürgerliche Gesellschaft« das ihr von Hegel zugewiesene Unterordnungsverhältnis gegenüber dem Staat umgekehrt und auch diesen für die Durchsetzung ihrer Interessen instrumentalisiert – und zumal unter der zynischen Vorspiegelung der Befreiung des Individuums von Herrschaftsverhältnissen.

9.5.7.4 Der Staat

(1) Für den Heidelberger und Berliner Hegel ist die vollendete Gestalt der Sittlichkeit der Staat – und nicht mehr das »Volk«, wie in der von Herder und der Romantik beeinflußten Jenaer Konzeption. Auch der vieldiskutierte Begriff des »Volksgeistes« hat in der Berliner Rechtsphilosophie – anders als in der Geschichtsphilosophie – keinen systematischen Ort mehr; er findet sich nur noch einmal (*Grundlinien*, § 257), verbunden mit dem Hinweis auf Athene, und drei Mal in der Pluralform. In dieser Verabschiedung des Volksbegriffs bündeln sich mehrere Tendenzen: die systematische Orientierung am Willensbegriff statt am substantialen Sein, die stärkere Verrechtlichung der politischen Sphäre und – damit verbunden – ihre »organische« Strukturierung, die im Volksbegriff gerade nicht gedacht wird, auch wenn er auf Grund seines biologischen Implikats mit dem Organismusbegriff verknüpft scheint, und schließlich die Distanz zur Romantik, insbesondere zu ihren damaligen Erscheinungsformen in Deutschtümelei und Forderung nach einem Nationalstaat. Für Hegel hingegen ist das Volk nun eine natürliche und keine politische Einheit – ja abgesehen von seiner politischen Gliederung bleibt ihm nur »die wüste Vorstellung des Volkes« übrig (§ 279). Deshalb ist nicht das Volk, sondern der Staat »die Wirklichkeit der sittlichen Idee«, als Einheit der in der unmittelbaren Existenz bestehenden »Sitte« und des Selbstbewußtseins des Einzelnen, der den Staat als seinen Zweck und auch als Produkt seiner Tätigkeit weiß und darin seine Freiheit hat (§ 257). Allerdings präzisiert Hegel hier sehr genau, wie diese Produktion zu verstehen sei: »Bei der Freiheit muß man nicht von der Einzelnheit, vom einzelnen Selbstbewußtsein ausgehen, sondern vom Wesen des Selbstbewußtseins; dieß Wesen ist die Freiheit, der Mensch mag es wissen oder nicht, und dieß Wesen realisirt sich als selbstständige Gewalt, in der die einzelnen Individuen nur Momente sind« (GW 26/3.1405 f.).

(2) Es ist eigentümlich, daß der häufig gegen Hegels Staatsbegriff erhobene Verdacht sich ausschließlich gegen eines seiner Momente richtet – gegen das Moment der Allgemeinheit. Für Hegel liegt die Signatur des Staates jedoch in der Vermittlung von Allgemeinheit und Einzelheit: Die »Vernünftigkeit« des Staates bestehe »in der sich durchdringenden Einheit der Allgemeinheit und der Einzelnheit, und hier concret dem Inhalte nach in der Einheit der objectiven Freyheit d. i. des allgemeinen substantiellen Willens und der subjectiven Freyheit als des individuellen Wissens und seines besondere Zwecke suchen-

den Willens – und deswegen der Form nach in einem nach gedachten, d. h. allgemeinen Gesetzen und Grundsätzen sich bestimmenden Handeln.« (§ 258) Und diese Einheit ist für Hegel nichts Unmittelbares, sondern das Resultat einer von der Antike ausgehenden verfassungsgeschichtlichen Entwicklung: »Das Prinzip der modernen Staaten hat diese ungeheure Stärke und Tiefe, das Prinzip der Subjectivität sich zum selbstständigen Extreme der persönlichen Besonderheit vollenden zu lassen, und zugleich es in die substantielle Einheit zurückzuführen und so in ihm selbst diese zu erhalten.« (§ 260) Für ein Denken, für das »das Interesse der Einzelnen als solcher der letzte Zweck« ist (§ 258), erscheint Hegels Drängen auf »Vereinigung« von Allgemeinheit und Individuum freilich als Verrat an dessen Integrität – für Hegel hingegen ist eine derartige Fixierung auf den Einzelnen durch die Abstraktion vom vorhandenen Allgemeinen erkauft – und somit nicht allein eine irreale, sondern eine nicht einmal wünschenswerte politische Illusion.

Ein weiterer Einwand richtet sich dagegen, daß Hegel dem Staat göttliche Ehren zuspricht. Doch gilt dies zum einen nicht für die bloße – und damit abstrakte – Allgemeinheit des Staates, sondern für eben diese Vermittlung von Allgemeinheit und Einzelheit, für das sich Wissen und sich frei Wissen des Individuums im Staat; und zum anderen betont Hegel in seinen Vorlesungen, der »wirkliche Gott« sei nicht etwa ein besonderer Staat, sondern »die Idee« als das Prinzip der Einheit von Wirklichkeit und Wissen (GW 26/3.1406). Ferner hat dieser Anspruch auf göttliche Ehren den erwünschten politischen Effekt, die von der Restauration beabsichtigte unmittelbare Unterwerfung des Staates unter ihm äußerliche religiöse Zwecke zu blockieren: Als »wirklicher Gott« kann der Staat nicht im Dienst der Religion instrumentalisiert werden – ähnlich wie schon für Hobbes die Auszeichnung des Staates als des »sterblichen Gottes« (*Leviathan*, XVII) dessen Eigenständigkeit gegenüber kirchlichen Herrschaftsansprüchen unterstreicht. Und schließlich ist genau zu sehen, was solche ›Göttlichkeit‹ des Staates bedeutet: Er ist eine letzte, nicht mehr transzendierbare wahrhafte Wirklichkeit. Aber auch diese Präzisierungen können nicht darüber hinwegtäuschen, daß Hegels Ausdrucksweise ein Relikt einer Zeit ist, in der sich die politische Sphäre erst schrittweise von religiösen Begründungsgängen ablöst. Was zu Hegels Zeit provokant geklungen hat, erscheint in der Epoche des säkularen Staates als Atavismus vergangener Zeiten.

(3) Für die Erkenntnis des Begriffs des modernen Staates hebt Hegel Rousseau heraus – eher unerwartet, da er Rousseau zumeist seines abstrakten Freiheitsbegriffs wegen kritisiert. Doch hier zeichnet er als Rousseaus Verdienst aus, »ein Prinzip, das nicht nur seiner Form nach, (wie etwa der Socialitätstrieb, die göttliche Autorität) sondern dem Inhalte nach Gedanke ist, und zwar das Denken selbst ist, nämlich den Willen als Prinzip des Staats aufgestellt zu haben.« Gleichwohl wirft er ihm vor, den Willen falsch, nämlich als einzelnen Willen gefaßt zu haben, und daß er andererseits den »allgemeinen Willen« »nicht als das an und für sich Vernünftige des Willens, sondern nur als das Gemeinschaftliche, das aus diesem einzelnen Willen als bewußtem hervorgehe, faßte« (§ 258).

In diesen wenigen, aber entscheidenden Worten skizziert Hegel den paradoxen Charakter der Genese des modernen Staates: Er entspringt dem Denken, dem Willen, also dem »Prinzip der Subjektivität« – und deshalb kann der Einzelne sich in ihm als versöhnt finden. Er entspringt aber gerade nicht dem seiner selbst bewußten Denken und Willen, sondern gleichsam ›hinter dem Rücken des Selbstbewußtseins‹. Man verfehlt deshalb den Gedanken des modernen Staates sowohl, wenn man ihn für etwas Natürliches hält und nicht sieht, daß er aus dem vernünftigen Willen hervorgeht – aber nicht minder, wenn man ihn als Produkt des selbstbewußten Willens versteht. Dann nämlich scheint er sich einem Vertrag, einer ausdrücklichen Einwilligung der Einzelnen nach dem Modell des Privatrechts zu verdanken – und aus diesem Mißverständnis sieht Hegel die ambivalenten Folgen entspringen, die das »ungeheure Schauspiel« der Französischen Revolution aufgeführt haben: »die Verfassung eines großen wirklichen Staates mit Umsturz alles Bestehenden und Gegebenen, nun ganz von Vorne und vom Gedanken anzufangen, und ihr bloß das vermeynte Vernünftige zur Basis geben zu wollen, andererseits, weil es nur ideenlose Abstractionen sind, haben sie den Versuch zur fürchterlichsten und grellsten Begebenheit gemacht.« Diese ambivalente Einschätzung der Französischen Revolution bleibt von seinen Berner Briefen (s. Kap. I.2.1) bis in seine spätesten Stellungnahmen unverändert.

(4) Die Konstitution des Staates erörtert Hegel unter dem Titel »Das innere Staatsrecht«, das er seit der Vorlesung von 1819/20 nochmals in »Innere Verfassung für sich« und »Souveränität gegen Außen« untergliedert – wenn auch sehr asymmetrisch, da fast die gesamte Abhandlung des »inneren Staatsrechts«

unter die »innere Verfassung« fällt, nämlich als Exposition der drei Gewalten des Staates. Ihr schickt Hegel jedoch noch allgemeine Ausführungen zu den Grundlagen des Staates voraus (§§ 260–271, 272–274), in denen er die für ihn zentrale Aufgabe des Staates, die Vermittlung der Allgemeinheit und Einzelheit, des »allgemeinen Endzwecks und des besonderen Interesses der Individuen«, der Notwendigkeit und der Freiheit nochmals herausstellt und ausführt – etwa zur dualen Struktur von »politischer Gesinnung« und »Organismus des Staats« oder politischer Verfassung (§§ 267 ff.). In ihnen sieht Hegel jedoch nicht zwei gleichursprüngliche und -berechtigte Momente der Idee: Er versteht die »Gesinnung« – oder den »Patriotismus« im allgemeinen Sinne – als »Resultat der im Staate bestehenden Institutionen, als in welchem die Vernünftigkeit wirklich vorhanden ist« (§ 268). Habermas' Schlagwort »Verfassungspatriotismus« liegt hier nicht fern – sofern nur unter »Verfassung« nicht ein kodifiziertes »Grundgesetz«, sondern die Wirklichkeit des bestehenden, vernünftig gegliederten Staates verstanden wird, die wiederum in der »Gesinnung« ein den Staat stabilisierendes Moment erzeugt: »Durch die Gewalt (ist die Vorstellung oft) hänge der Staat zusammen, doch das Haltende ist das Grundgefühl der Ordnung, das alle haben« (GW 26/2.1002).

Das wirkliche Bestehen einer solchen Ordnung ist für Hegel entscheidend. Deshalb räumt er zwar ein, es sei »höchst wichtig, daß man in neueren Zeiten bestimmtere Anschauungen über den Staat im Allgemeinen hat; Verfassungen zu machen ist ein höchst Allgemeines geworden. Aber damit ist es nicht abgemacht.« (GW 26/2.1008 f.). Und so läßt er keinen Zweifel daran, daß die Frage, »wer die Verfassung machen soll?«, »sinnlos« sei – denn eine Verfassung ist nichts »Gemachtes«, sondern »das schlechthin an und für sich seyende, das darum als das Göttliche und Beharrende, und als über der Sphäre dessen, was gemacht wird, zu betrachten ist« – was jedoch ihre verfassungsgemäße Fortschreibung keineswegs ausschließt (§ 273). Damit wendet Hegel sich gegen die bis in die Antike zurückreichende Vorstellung eines weisen Gesetzgebers, des »législateur« Rousseaus, wie auch gegen die Verfassungsdiktate Napoleons – und dies mit einem Argument analog zum Protest der Historischen Rechtsschule gegen ein vernunftrechtliches »Machen«, aus dem nur ein »Gedankending« resultieren kann.

Gegenüber der Betonung des wirklichen Bestehens einer verfassungsmäßigen Ordnung wird eine weitere Frage sekundär: ob diese Verfassung in einer

Urkunde kodifiziert sei. Auch Staatslehrer, die heute als »liberal« gelten, zeigen noch in den 1830er Jahren wenig Verständnis für das Verlangen nach einer geschriebenen Verfassung. Schleiermacher etwa polemisiert dagegen, daß einem solchen »Papiere eine solche garantirende Bedeutung beigelegt ist« (KGA II/8.585) – in Wendungen, ähnlich denjenigen, mit denen wenig später der preußische König Friedrich Wilhelm IV. die Erfüllung des alten Verfassungsversprechens verweigert: Er wolle nicht, daß ein solches »Papier« zwischen ihm und seinem Volke stehe. In dieser Distanz zur Kodifikationsforderung spricht sich nicht etwa eine opportunistische Akkomodation an die Nichterfüllung des königlichen Verfassungsversprechens aus. Sie ist vielmehr ein Ausdruck der politischen Erfahrung, daß die Kodifikation nicht das Entscheidende sei: Denn Länder wie Frankreich, die bereits solche Verfassungen haben, vermitteln keineswegs den Eindruck, daß sie die Stabilität der politischen Verhältnisse garantiere; England hingegen zeigt ohne geschriebene Verfassung eine weit größere Stabilität. Und dennoch optiert Hegel zwar implizit, aber gleichwohl eindeutig zu Gunsten der Kodifikation – etwa in seiner Polemik gegen v. Savignys Ablehnung einer Privatrechtskodifikation (in deren Hintergrund ohnehin die Kodifikation einer Verfassung stand) und gegen v. Hallers »Haß des Gesetzes« (§ 211,258; s. Kap. II.8.1.1).

(5) Das Strukturprinzip der Staatslehre Hegels liegt in der Gewaltenteilung (§§ 272–320). Die Gestalt, die er ihr gibt, weicht jedoch von derjenigen ab, die sich damals herauskristallisiert und bis heute die Verfassungswirklichkeit bestimmt – und zwar in formaler wie in materialer Hinsicht. Hegel wertet sie als eine »höchst wichtige Bestimmung«, »welche mit Recht, wenn sie nämlich in ihrem wahren Sinne genommen worden wäre, als die Garantie der öffentlichen Freyheit betrachtet werden konnte [...] – denn in ihr ist es eben, wo das Moment der v e r n ü n f t i g e n B e s t i m m t h e i t liegt.« (§ 272) Bereits die Rede von »Gewaltenteilung« erwecke jedoch die falschen Assoziationen des Verstandes, als sei damit die »a b s o l u t e S e l b s t s t ä n d i g k e i t der Gewalten gegeneinander« ausgesprochen – und deren Folge wäre, wie das Beispiel der Französischen Revolution lehre, »die Zertrümmerung des Staats« (§ 272).

Diesen Vorbehalt gegen die Teilung der Gewalten spricht Hegel provokativ aus – übrigens nicht anders als Schleiermacher (KGA II/8.539) . Ohnehin ist es nicht zweifelhaft, daß auch in der Verfassungswirklichkeit der Gegenwart keine strikte Teilung der Gewalten stattfindet, sondern lediglich eine Differen-

zierung. Sie erlaubt es etwa, die Spitze der exekutiven Gewalt durch die legislative wählen zu lassen – und ähnliches gilt für die Iudikative –; ein weiteres Beispiel bildet die Initiative zu Gesetzesvorhaben. Schon dadurch ist der von Hegel befürchtete »Kampf« der Gewalten gegeneinander ganz in seinem Sinne verhindert. Sein Modell verlangt jedoch noch eine weitergehende Vermittlung: »daß j e d e dieser G e w a l t e n selbst in sich die T o t a l i t ä t dadurch ist, daß sie die andern Momente in sich wirksam hat und enthält« (§ 272). Seine Darstellung der einzelnen Gewalten sucht die Verwirklichung dieses Prinzips nachzuweisen – wobei ihm entgegenkommt, daß seine Gewaltentrias von der inzwischen kanonischen materialen unterschieden ist.

Die Unterscheidung der Gewalten ist damals, wie etwa aus Kants *Rechtslehre* oder Schleiermachers *Vorlesungen über die Lehre vom Staat* zu ersehen ist, noch nicht auf die Dreiheit von Legislative, Exekutive und Iudikative festgelegt, auch wenn diese bereits dominieren. Entgegen den zum Teil willkürlichen Aufzählungen einer Vielheit von Gewalten sucht Hegel sie am Maßstab der Begriffsmomente zu entfalten: Die gesetzgebende und die ausführende entsprächen der »Allgemeinheit« und der »Besonderheit«; die richterliche sei »nicht das Dritte des Begriffs, denn ihre Einzelheit liegt außer jenen Sphären« (GW 26/2.1010). Hegel ersetzt die Iudikative durch die »fürstliche Gewalt« – und durch diesen heute befremdenden Schritt löst er drei Probleme zugleich: Er erweist die logische Struktur des Begriffs als die Struktur auch der politischen Wirklichkeit, er adaptiert die Gestalt der Gewaltentrias an die Erfordernisse der konstitutionellen Monarchie und er verleiht dieser den Schein der Legitimation durch den Begriff. Es war damals ja nicht zweifelhaft, daß der Monarch diejenige verfassungsmäßige »Gewalt« darstellte, in der sich die anderen vereinigen – und wenn man ihn nicht als eine der drei Gewalten begriffe, hätte man ihn als eine ›Gewalt höherer Ordnung‹, als eine ›Gewalt über den Gewalten‹ bestimmen müssen, was kaum weniger befremdlich wäre.

Diese Ersetzung der Iudikative durch die »fürstliche Gewalt« hat vielfache Kritik ausgelöst. Verstärkt wird sie noch durch den Umstand, daß Hegel die drei Gewalten nicht in der logischen Reihenfolge abhandelt, sondern mit der »Einzelnheit«, der fürstlichen Gewalt, beginnt und über die Besonderheit (Exekutive) zur Allgemeinheit (Legislative) fortschreitet. Dies allerdings dürfte primär ein Darstellungsproblem sein und nicht ein Ausdruck politischen Wohlverhaltens – zumal bei Hegel ja eigentlich die dritte

Kategorie sich als Grund der vorhergehenden erweist, so daß die Umstellung eher einer Depotenzierung der fürstlichen Gewalt gleichkommt. Sie hat auch nichts mit preußischer Staatsphilosophie oder mit den »Karlsbader Beschlüssen« zu tun – denn Hegel nimmt diese »Kategorienvertauschung« bereits in seiner Heidelberger Vorlesung 1817/18 vor (GW 26/1.171–210).

Fraglos ist für Hegel die konstitutionelle Monarchie die am höchsten entwickelte Staatsform – wiederum wie auch für Schleiermacher (KGA II/8) und überhaupt für die Staatsphilosophie seiner Zeit, die ja aus der Anschauung der Französischen Revolution und damit auch der »terreur« entspringt. Sie ist es aber nicht etwa, weil sie im Gegensatz gegen die Verwirklichung von Freiheit steht, sondern gerade die monarchische Verfassung gilt als diejenige, die am besten geeignet erscheint, Freiheit zu sichern (§ 286) – und in Anbetracht der damaligen politischen Situation nicht zu Unrecht. Doch hat Hegels ungewöhnliche Behandlung der »fürstlichen Gewalt« die Zweischneidigkeit seiner Ausführungen verdunkelt: Er hebt die Stellung des Monarchen zwar gebührend heraus – ja er sieht sie der »Vorstellung« benachbart, »das Recht des Monarchen als auf göttliche Autorität gegründet zu betrachten« – doch fährt er fort: »Aber es ist bekannt, welche Mißverständnisse sich hieran geknüpft haben« (§ 279). Gegen die Restauration betont er, daß die Staatsgeschäfte mit den »besonderen Persönlichkeiten« nur »äußerlicher und zufälligerweise verbunden« seien und die Staatsgeschäfte »daher nicht Privat-Eigenthum seyn« können (§ 277). Die »Souveränität« habe ihre Existenz in der Persönlichkeit des Monarchen – aber sie ist die Souveränität des Staates (§§ 278 f.). Im Moment der Persönlichkeit liege auch das Moment der Zufälligkeit und Natürlichkeit, und so sei es die »natürliche G e b u r t«, die »zur Würde des Monarchen bestimmt«. Dies ist auch in den nicht wenigen heutigen Monarchien der Europäischen Union nicht anders – und es hängt schon für Hegel unablösbar damit zusammen, daß es nur um die formelle »Spitze der Entscheidung« zu tun ist: »Was man also braucht zu einer Monarchie ist dieß einen Menschen zu haben, der »Ja« sagt«. Das »Ich will« des Monarchen – nicht anders übrigens als das eines gewählten Präsidenten – setzt lediglich die objektive Seite des Gesetzes in Kraft; es setzt den »Punkt auf das I [...], denn die Spitze soll so sein, daß die Besonderheit des Characters nicht das Bedeutende sei« (GW 26/2.1015). – Varnhagen berichtet in seinen Tagebüchern (9.1.1840, Bd. 1.161), der König habe auf die Denunziation, Hegels Lehre untergrabe u. a. wegen dieser Behauptung Monarchie, Religion und Sittlichkeit, lediglich spöttisch geantwortet: »Und wenn er es nun n i c h t macht?«. Man mag an der Historizität dieser Anekdote zweifeln – aber sie trifft die damalige Situation exakt. Auch Koselleck sieht in dieser Frage die damalige Stellung des Monarchen treffend charakterisiert: »Er konnte Handlungen unterlassen, ohne daß die Behörden ihn hätten zwingen können. Aber er konnte nicht handeln, ohne der ministeriellen Zustimmung sicher zu sein.« (1975, 278)

(6) Anders als für den Monarchen fordert Hegel für die Ausübung der »Regierungsgewalt« den Erweis der »Befähigung« (§ 291) – und Gleiches gilt für den »Staatsdienst« überhaupt, für die Beamtenschaft. Sie ist damals ein vergleichsweise neues Phänomen, und Hegel sucht sie auf den Begriff zu bringen, »mit bemerkenswert modernen Thesen zur Soziologie des Beamtentums« (Schnädelbach 2000, 317). Er strebt aber auch ein politisches Bündnis mit ihr an, da sie in diesen frühen Jahren des Vormärz ein progressives Element gegenüber den restaurativen Kräften bildet (Koselleck 1975, 263,387–389).

(7) In der »gesetzgebenden Gewalt« schließlich sieht Hegel gemäß seinem Vermittlungsprogramm auch das monarchische Element und die Regierungsgewalt wirksam. Den Kern ihrer Darstellung bildet jedoch Hegels Lehre von den Ständen und der Repräsentation. Und so sehr er sich mit ihr auf das Feld der zeitgenössischen Auseinandersetzungen begibt, so sehr erscheint sie heute als ein antiquiertes Modell: Die ständische Repräsentation ist durch Nationalrepräsentation und Parteiendemokratie abgelöst.

Das Parteienprinzip allerdings kennt Hegels Staatslehre nicht – in Übereinstimmung mit seiner politischen Umwelt, in der es keine Parteien im gegenwärtigen Sinne gibt. Das Modell der Nationalrepräsentation hingegen ist ihm aus der Französischen Revolution vertraut – doch lehnt er es mit den meisten seiner Zeitgenossen ab. Vor dem Hintergrund des zeitgenössischen Organismusgedankens häuft er prinzipielle und pragmatische Argumente gegen die Nationalrepräsentation auf: Sie sei atomistisch, auf das abstrakte Individuum fixiert; sie verleite zur Gleichgültigkeit der Stimmabgabe und dadurch zur Dominanz des zufälligen Interesses einer einzigen Partei, das eigentlich in das Ganze eingebunden sein sollte; ihre vermeintliche Allgemeinheit werde überall durch einen vernunftwidrigen Wahlzensus eingeschränkt, der die Fähigkeit zur Stimmabgabe an den Bezug einer Leibrente binde. Repräsentation, die der »organischen« Gliederung des Ganzen gerecht

werde, müsse vielmehr ständische Repräsentation
sein. Die Repräsentanten sollten gerade »nicht R e -
p r ä s e n t a n t e n als von E i n z e l n e n, von einer
Menge seyn, sondern R e p r ä s e n t a n t e n einer der
wesentlichen S p h ä r e n der Gesellschaft« und die
»großen Interessen« zur Geltung bringen.

Wenige Partien der Rechtsphilosophie scheinen
so handgreiflich antiquiert wie die Ständelehre – obgleich Hegel nicht die alten Feudalstände zu restitu-
ieren sucht, die er bereits in seiner Schrift über die
Württembergischen Landstände scharf kritisiert (s.
Kap. II.7.1.2). In den politischen Ständen sieht Hegel
»das Moment der subjectiven f o r m e l l e n F r e y -
h e i t, das öffentliche Bewußtseyn als e m p i r i s c h e
A l l g e m e i n h e i t der Ansichten und Gedanken der
V i e l e n« zur Existenz kommen; sie stehen als »v e r -
m i t t e l n d e s Organ« zwischen der Regierung und
dem »in die besondern Sphären und Individuen aufgelösten Volke« (§§ 301 f.) – übrigens mit dem beabsichtigten Effekt, daß »die Vielen auch zum Mit-
sprechen kommen, die empirische Allgemeinheit
ihr Recht mitzusprechen erlangt, [das] Moment der
subjektiven Freiheit« (GW 26/3.1453). Im Kolleg
1817/18 weist Hegel der Ständeversammlung jedoch
über diese Vermittlung hinaus noch eine weitere
Aufgabe zu: die »Controlle über die Regierungsgewalt« – und zu deren Wahrnehmung hält er auch
die »Opposition« für ein »Hauptmoment« der Ständeversammlung (GW 26/1.193).

Die durch die Stände vermittelte Teilhabe am politischen Leben, ihr »Mitwissen, Mitberathen und
Mitbeschließen« (§ 314), vollzieht sich jedoch auf
zwei scharf geschiedenen Ebenen: Hegel konzipiert
die politischen Stände zwar gleichsam als Variante
der Berufsstände der »bürgerlichen Gesellschaft« in
der Sphäre des Staates – allerdings mit dem markanten Unterschied, daß im »Stand der natürlichen Sittlichkeit« die durch die Geburt begünstigten Majo-
ratsherren an die Stelle der Bauern treten und eine
eigene »Kammer« bilden – das ›Herrenhaus‹
(§§ 305–307). Diesem ersten Stand spricht Hegel
pauschal die Berechtigung »zur Erscheinung« zu
(§ 308). Mit dem »andern Theil des ständischen Elements« hingegen tritt das Problem der Repräsentation ein: Die (restliche und eigentliche) »bürgerliche
Gesellschaft« muß auf Grund ihrer großen Zahl
durch Abgeordnete vertreten werden – und deren
Abordnung läßt Hegel auf den Aufruf der fürstlichen
Gewalt hin erfolgen, in Anlehnung an die vorhandene Gliederung der bürgerlichen Gesellschaft »in ihre
ohnehin constituirten Genossenschaften, Gemein-
den und Corporationen« (§ 308).

Damit zeichnet Hegel einen groben Umriß der damaligen Form der ständischen Repräsentation – und
hierbei ist keineswegs nur an Preußen zu denken: Die
damaligen Verfassungen sind überwiegend ständisch
– ob die altständische Viergliederung des schwe-
dischen Reichstags oder die in Italien durch Napoleon erlassenen Verfassungen mit ihrer Einteilung in
»Possidenti, Dotti, Merchanti«. Und Hegels Forderung nach Repräsentation der »großen Interessen«
(§ 311) erinnert wörtlich an seine Bemerkungen über
die Zusammensetzung des englischen Unterhauses
(GW 16.365,361). Doch anders als bei seiner Konstruktion der »fürstlichen Gewalt« löst Hegel hier
nicht mehr seinen Anspruch ein, die spezifischen
Verfassungsbestimmungen durch den »Begriff« zu
rechtfertigen. Dies würde schon am Zweikammersys-
tem scheitern, das er lediglich durch pragmatische
Überlegungen rechtfertigt. Er macht sich zwar ›fort-
schrittliche‹ Forderungen zu eigen, etwa die Forderung nach »O e f f e n t l i c h k e i t der Ständeverhandlungen«, und er verweist auf die ambivalente Bedeutung der »öffentlichen Meinung« (§§ 314–320). Dennoch bleibt seine Ständelehre dem Verdacht
ausgesetzt, sie wolle das Faktische zum Vernünftigen
verklären – wobei es freilich als Ironie des Fortschritts
anzusehen ist, daß das Spektrum der Bevölkerung
nach Hegels Modell in größerer Breite und die »großen Interessen« weniger versteckt repräsentiert wären und agierten als in den heutigen Parlamenten.

Literatur: Karl August Varnhagen von Ense: Tagebücher.
Bd. 1. Leipzig ²1863; Adam von Trott zu Solz: Hegels Staatsphilosophie und das Internationale Recht. Göttingen ¹1932,
ND 1967; Riedel: Bürgerliche Gesellschaft und Staat.
Grundproblem und Struktur der Hegelschen Rechtsphilosophie. Neuwied / Berlin 1970; Riedel: Materialien zu Hegels Rechtsphilosophie, Bd. 2 (1975); Reinhart Koselleck:
Preußen zwischen Reform und Revolution. Allgemeines
Landrecht, Verwaltung und soziale Bewegung von 1791 bis
1848. Stuttgart ¹1967, ²1975; Georg Ahrweiler: Hegels Gesellschaftslehre. Darmstadt / Neuwied 1976; Shlomo Avineri: Hegels Theorie des modernen Staates, Frankfurt am
Main 1976 (=Hegel's Theory of the Modern State, Cambridge 1972); Charles Taylor: Hegel and Modern Society.
Cambridge u. a. 1979; Udo Rameil: Sittliches Sein und Subjektivität. Zur Genese des Begriffs der Sittlichkeit in Hegels
Rechtsphilosophie. HS 16 (1981), 123–162; Lucas / Pöggeler (Hg.): Hegels Rechtsphilosophie im Zusammenhang der
europäischen Verfassungsgeschichte. Stuttgart-Bad Cannstatt 1986; H. Tristram Engelhardt, Jr. / Terry Pinkard (Hg.):
Hegel Reconsidered. Beyond Metaphysics and the Authori-
tarian State. Dordrecht u. a. 1994; Siep (Hg.): Hegel, Grundlinien der Philosophie des Rechts (1997), 193–265; Schnädelbach: Hegels praktische Philosophie (2000), 245–323;
Susanne Brauer: Die Familie in Hegels Rechtsphilosophie.
Freiburg/München 2007; Albena Neschen: Ethik und Ökonomie in Hegels Philosophie und in modernen wirtschafts-

ethischen Entwürfen. Hamburg 2008 (HSB 49); Hannes Kastner: Noch einmal: die Stellung des Monarchen. Oder: Hegels ›versteckte‹ Demokratietheorie. HS 43 (2009), 67–85; Maxi Berger: Arbeit, Selbstbewusstsein und Selbstbestimmung bei Hegel. Zum Wechselverhältnis von Theorie und Praxis. Berlin 2012; Eva Bockenheimer: Hegels Familien- und Geschlechtertheorie. Hamburg 2013.

9.5.8 Staat und Religion

(1) Noch in den allgemein gehaltenen Eingangspartien zum Kapitel »Das innere Staatsrecht«, in der Anmerkung zu § 270, geht Hegel auf eines der großen Themen seiner Zeit ein: auf das Verhältnis von Religion und Staat. Die damaligen Auseinandersetzungen sind von gegenläufigen Tendenzen geprägt: Einerseits lag die große Säkularisation, in der die Fürsten im Interesse ihrer Entschädigung für die linksrheinischen Gebietsverluste wenig Rücksicht auf die Integrität der Kirche nahmen, erst wenige Jahre zurück; andererseits waren die protestantischen Fürsten zugleich die obersten Bischöfe der Kirchen ihrer Länder; und die Romantiker, vornehmlich Novalis, propagierten den Gedanken einer Wiederherstellung der alten Einheit der christlichen Welt – nicht allein der seit der Reformation getrennten Konfessionen, sondern von Kirche und Staat überhaupt.

(2) Im Gegenzug gegen diese Tendenzen spricht Hegel schon früh seine Einsicht aus, daß das spannungsreiche Verhältnis von Kirche und Staat nicht durch die Restitution ihrer Einheit – unter vorangegangener Revision der Konfessionsspaltung – befriedet werden könne. Allerdings habe diese Spaltung den Staat »vollständig zerrissen.« Aber erst diese Zerreißung des Staates durch die Konfessionskirchen und Sekten habe »auf wunderbare Weise doch zugleich die Ahndung einiger Grundsätze gegeben, worauf ein Staat beruhen kan.« An die Stelle der alten, von der Kirche gestifteten substantiellen Einheit des Staates sei eine äußerliche Verbindung als »Princip der modernen Staaten« getreten. Im Rückblick erweisen sich die Konfessionsspaltung, und in ihrer Folge die Trennung von Kirche und Staat, sogar als conditio sine qua non für den Begriff des Staates: »Daß nur ein Staat möglich ist, ist die Trennung der Religion und Politik nothwendig« (s. Kap. II.4.1).

Der Staat also, kann man ergänzen, wird durch das Faktum der Kirchenspaltung zerrissen. Er wird aber nur so lange durch sie zerrissen, als er wesentlich auf die Kirche als sinnstiftende Mitte bezogen bleibt. Verliert er diese Mitte, muß er sich als eine äußerliche Verbindung neu konstituieren. Diese äußerliche Verbindung ist Prinzip des modernen Staates,

und sie ist zu hüten vor den mannigfaltigen Versuchen einer Resubstantialisierung – auch vor einer religiösen. Hegel spricht hier das Prinzip des modernen Staates bei weitem schärfer und angemessener aus als seine Zeitgenossen – und nicht nur als seine Zeitgenossen, sondern auch als Theoretiker noch des 20. Jahrhunderts: Noch zu dessen Beginn bezeichnete Ernst Troeltsch (1906, 30) die konfessionelle Gespaltenheit als einen Geburtsfehler des deutschen Staates, den wir schwerlich je heilen werden.

(3) Hegels frühe Einsicht, daß das Prinzip des modernen Staates die bloß äußerliche Verbindung sei, läuft allerdings dem Urteil nicht nur vieler späterer Staatsphilosophen weit voraus; sie wird auch durch seine normative Entfaltung der Grundlagen des Staates als der Wirklichkeitsgestalt sittlichen Lebens im genannten Paragraphen der *Grundlinien* nicht vollständig eingeholt. Das Band, das den Staat als »sittlichen Staat« zusammenhält, ist nun nicht mehr ein bloß äußeres. Es umfaßt auch die Religion – jedoch nicht ohne einen wichtigen Vorbehalt: Wohl ist die Religion das den Staat »für das Tiefste der Gesinnung integrirende Moment« – jedoch nur, wenn sie sich nicht für sich apart setzt, sondern wenn sie sich ihrerseits in die allgemeine Sittlichkeit des Staats einfügt. »Von denen, die den H e r r n s u c h e n , und in ihrer ungebildeten Meynung alles u n m i t t e l b a r zu haben sich versichern, […] kann nur Zertrümmerung aller sittlichen Verhältnisse, Albernheit und Abscheulichkeit ausgehen«. Es ist »das wohlfeilste, […] an der Gottseeligkeit bereits alle Erforderniß zu haben, um die Natur der Gesetze und der Staatseinrichtungen zu durchschauen, über sie abzusprechen und wie sie beschaffen seyn sollten und müßten anzugeben, und zwar, weil solches aus einem frommen Herzen komme, auf eine unfehlbare und unantastbare Weise.« In derartigen Konstellationen kann es geschehen, daß gegen die Religion »vielmehr eine rettende Macht gefodert ist, die sich der Rechte der Vernunft und des Selbstbewußtseyns annehme.« Diese schwer überhörbare Warnung Hegels richtet sich aber nicht gegen die Kirchen überhaupt, sondern gegen fehlgeleitete Aktionen aus ihrem Umkreis oder mit nachträglicher theologischer Billigung, die sich gegen die wirkliche, in seiner Organisation entfaltete Vernunft des Staates auf ein höheres Recht berufen zu können glauben – etwa zu einem angeblich reinen Herzens vollzogenen politischen Mord (s. Kap. I.8.1).

Trotz solcher Bedenken wird im frühen 19. Jahrhundert die Faktizität des religiösen Bekenntnisses um ihres politischen Integrationspotentials willen noch weithin geschätzt. Auch Hegel spricht deshalb dem Staate noch das Recht zu, »von allen seinen Angehörigen zu fordern, daß sie sich zu einer Kirchen-Gemeinde halten« – aber er fährt fort: »übrigens zu irgend einer, denn auf den Inhalt […] kann sich der Staat nicht einlassen.« Dies können sogar Religionsgemeinschaften sein, die keine Pflichten gegen den Staat anerkennen, wie Quäker oder Wiedertäufer. Mit bemerkenswertem Sarkasmus wendet Hegel sich deshalb gegen die damals im Deutschen Bund geltende Bindung der Staatsbürgerrechte an die Zugehörigkeit zu einer der drei damals in Deutschland privilegierten Konfessionskirchen. Das gegen die Verleihung von Bürgerrechten an Juden »erhobene Geschrey« übersehe, daß die Juden »zu allererst M e n s c h e n sind und daß diß nicht nur eine flache, abstracte Qualität ist«. Wir wissen heute, wie verheerend sich die damalige gut gemeinte Absicht ausgewirkt hat, den Staat durch seine Begründung auf christlich-religiöse Fundamente, durch die Bindung der Staatsbürgerrechte an die Zugehörigkeit zu den drei christlichen Konfessionen, politisch zu stabilisieren, statt ihn als ein Gebilde eigenen Rechtes und eines eigenen Ethos zu verstehen.

(4) Die religionspolitische Zuspitzung im Laufe der 1820er Jahre im Zuge der europäischen Restaurationsbewegung – insbesondere in Frankreich – nötigt Hegel jedoch dazu, in den beiden späteren Fassungen der *Enzyklopädie* (^{2}§ 563, ^{3}§ 552) und in den religionsphilosophischen Vorlesungen (V 3.339–347) sowie in seiner Rede zur Jubiläumsfeier der *Confessio Augustana* (s. Kap. II.8.8) die Position der *Grundlinien* wie auch der »Vorlesungen über Philosophie der Weltgeschichte« (1822/23, GW 27/1.73 f.) in einem wichtigen Punkt zu revidieren. Er muß zur Kenntnis nehmen, daß die politische Neutralisierung und Depotenzierung der Kirchen keineswegs so weit fortgeschritten ist, wie er – mit dem Neuprotestantismus seiner Zeit – zunächst angenommen hat. Er sieht nun eine divergierende Haltung der Konfessionen gegenüber dem Prinzip des »modernen Staates«, und deshalb hält er es nun nicht mehr für beliebig, welcher kirchlichen Gemeinschaft der einzelne zugehöre. Als »sittlicher« hebt der Staat die frühere Entzweiung von Weltlichkeit und Heiligkeit in sich auf; die »Göttlichkeit« steht ihm nicht gegenüber, sondern er hat sie in sich selbst. Seine Stabilität wird deshalb nicht so sehr durch unbesonnene Aktionen einzelner und ihre ebenso unbesonnene Rechtfertigung gefährdet. Sie wird durch diejenige Kirche bedroht, die sich dieser Sittlichkeit des Staates nicht unterstellt, sondern ihn unter ihre Herrschaft zu bringen sucht – gestützt auf die Behauptung, daß die weltliche Macht nicht unmittelbar von Gott verliehen sei, sondern durch seinen Stellvertreter auf Erden. Jeder Versuch, den Staat Forderungen im Namen eines außer ihm stehenden Heiligen zu unterwerfen, muß sein sittliches Leben zerstören.

Hegel revidiert deshalb seine frühere Indifferenz gegenüber dem Konfessionsunterschied. Auch in seinen »Vorlesungen über die Philosophie der Weltgeschichte« (1830/31) polemisiert er nun gegen die (von ihm noch wenige Jahre zuvor geteilte) »Thorheit unserer Zeiten, Staatsverfassungen unabhängig von der Religion erfinden und ausführen zu wollen; die katholische Religion obgleich mit der protestantischen gemeinschaftlich innerhalb der christlichen Religion läßt die innere Gerechtigkeit und Sittlichkeit des Staates nicht zu, die in der Innigkeit des protestantischen Princips liegt« (GW 18.173). Sittliches Leben und freie Verfassungen können sich nur in Verbindung mit einer Konfession entfalten, die sich als Träger dieses Freiheitsgedankens versteht und die Selbstgenügsamkeit der Weltlichkeit anerkennt – und dies ist nach den Erfahrungen dieser Jahre die protestantische. Hegel zeichnet sie also nicht deshalb aus, weil sie dem sittlichen Leben eine protestantisch-konfessionelle Fundierung zu geben geeignet wäre, sondern weil das »protestantische Prinzip« vielmehr darin besteht, die Sittlichkeit des Staates anzuerkennen und sie nicht von außen her religiös motivierten Forderungen zu unterwerfen. Denn allein sie spricht das Prinzip des Christentums als das Selbstbewußtsein der Freiheit aus – und: »Es ist Ein Begriff der Freiheit in Religion und Staat.« (V 3.340)

Dieser »politische Protestantismus« Hegels wird leicht mißverstanden – als wolle Hegel nun den Protestantismus als Staatsreligion inthronisieren und den Glauben zumindest protestantischer Provenienz zum Hüter der individuellen Freiheit und der Sittlichkeit des Staates berufen. Der Protestantismus ist jedoch nur die negative Bedingung solcher Freiheit – und zwar deshalb, weil er die Sittlichkeit des Staates anerkennt als in diesem selbst gegründet, als unabhängig von einer spezifisch religiösen Fundierung und Steuerung. Paradox formuliert: Für den Hegel der späten 1820er Jahre ist ein freier Staat ein protestantischer Staat, und zwar nicht, weil der Protestantismus geeignet wäre, den Staat zu fundieren, sondern umgekehrt: weil der »protestantische Staat« vielmehr kein durch explizite Religion fundierter Staat ist, sondern sein Fundament in sich selber hat.

Und doch findet Hegel hier aus einem Schwanken und Zweifeln hinsichtlich der Tragfähigkeit dieses

Fundaments nicht hinaus: An anderer Stelle sieht er die Ablösung der Religion vom Staate zwar als notwendig an, aber dennoch als eine letztlich nicht glückliche Lösung: »jenes Losreissen des Staatsrechtlichen, der Verfassung [ist] um der Eigenthümlichkeit jener Religion willen, die das Recht und die Sittlichkeit nicht als an sich seyend, als substantiell anerkennt, nothwendig; aber so losgerissen von der Innerlichkeit, von dem letzten Heiligthume des Gewissens, dem stillen Orte wo die Religion ihren Sitz hat, kommen die staatsrechtlichen Principien und Einrichtungen ebensowohl nicht zu einem wirklichen Mittelpunkte, als sie in der Abstraction und Unbestimmtheit bleiben.« (GW 18.173)

Literatur: Ernst Troeltsch: Die Trennung von Staat und Kirche, der staatliche Religionsunterricht und die theologischen Fakultäten. […] Heidelberg 1906; Reinhart Maurer: Hegels politischer Protestantismus. HSB 11 (1974), 383–415; Ernst-Wolfgang Böckenförde: Der Staat als sittlicher Staat. Vortrag bei der Entgegennahme des Reuchlinpreises der Stadt Pforzheim 1978 am 22. April 1978; Jaeschke: Staat aus christlichem Prinzip und christlicher Staat. Zur Ambivalenz der Berufung auf das Christentum in der Rechtsphilosophie Hegels und der Restauration. In: Der Staat 18/3 (1979), 349–374; Jörg Dierken: Hegels »protestantisches Prinzip«. HSB 38 (1998), 123–146; Andreas Arndt / Christian Iber / Günter Kruck (Hg.): Staat und Religion in Hegels Rechtsphilosophie. Berlin 2009; Ludwig Siep: Der Staat als irdischer Gott. Genese und Relevanz einer Hegelschen Idee. Tübingen 2015.

9.5.9 Souveränität gegen Außen und Äußeres Staatsrecht

(1) Als »Organismus«, »Fürsichsein«, »Individuum« oder »Person« steht der Staat notwendig im Verhältnis zu anderen Staaten. Erst so ist er wirkliches Individuum (§ 322). Die äußere Relation tritt nicht erst nachträglich zum entwickelten Begriff des Staates hinzu, sondern sie bildet ein integrales Moment dieses Begriffes selbst: Er umfaßt sowohl die innere als auch die äußere »Souveränität«. Vermutlich deshalb hat Hegel bereits 1819/20 eine Differenzierung zwischen »Souverainetät gegen außen« und »äußerem Staatsrecht« im Ansatz eingeführt (GW 26/1.575–577) und im Folgejahr die Architektonik der *Grundlinien* so gestaltet, daß die »Souveränität gegen Aussen« nach der »Inneren Verfassung für sich« zum zweiten Element des »Inneren Staatsrechts« wird und hierauf erst das »Äußere Staatsrecht« folgt (§§ 321–329, 330–340). Daß Hegel nicht von »Völkerrecht« spricht, dürfte dadurch bedingt sein, daß unter dem traditionellen Begriff des »ius gentium« das bei den Völkern übereinstimmend geltende

Recht gedacht ist und gerade nicht unser heutiges »Völkerrecht« und daß sowohl das individualistische ›klassische Völkerrecht‹ als auch das moderne die Beziehungen nicht zwischen Völkern, sondern zwischen Staaten regelt.

Thematisch ist die Unterscheidung zwischen »Souverainetät gegen außen« und »äußerem Staatsrecht« allerdings nicht konsequent durchgehalten, und auch die Rezeption hat sie wieder eingeebnet: Hegels Kritikern gelten beide Kapitel unterschiedslos als diejenigen Partien, in denen die bereits in der »Vorrede« manifeste Problematik seines Ansatzes unwiderruflich und erschreckend manifest wird – das im Theoretischen, ja in der Deskription verharrende vermeintliche Begreifen realer politischer Strukturen unter Verzicht auf den Entwurf von Modellen, wie sie zum Besseren verändert werden sollten. Doch das Begreifen dessen, was ist, ist für Hegel nie eine bloße – oder gar eine »wertfreie« – Deskription; es hat stets zugleich eine normative Implikation: »denn das was ist, ist die Vernunft« (GW 14/1.15). Allerdings ist diese Vernunft keine »praktische Vernunft« im Sinne Kants, sondern eine immanente Logik, der gegenüber moralische Appelle wirkungslos und deshalb sinnlos sind.

(2) Doch wenn auch die Formel vom »Begreifen dessen, was ist« Hegels Programm insgesamt beschreibt, so führt sie selten zu einer derart trostlosen Diagnose wie hier und in den anschließenden Partien über die Weltgeschichte – ganz im Gegensatz zu dem naiv-optimistischen Glauben an billige Versöhnungen, der Hegel gern unterstellt wird. Hegel liefert eine nüchterne und ernüchternde Beschreibung des Zustands der Staatenwelt, deren (bedauerliche) Richtigkeit die auf ihn folgende Zeit nur zu oft bestätigt hat und bis heute immer wieder bestätigt. Er analysiert die zwischenstaatlichen Verhältnisse mit einem Pathos der Illusionslosigkeit, dessen unerbittliche Härte Zustimmung zu signalisieren scheint – doch um sie geht es hier nicht.

Bei dieser Analyse greift Hegel auf den im Naturrecht der frühen Neuzeit zentralen Begriff des Naturzustandes zurück (§ 333). Was dort jedoch methodische Fiktion im Dienste der Legitimation des Staates ist (weil der einzelne Wille immer schon in einen durch noch so rudimentäres Recht geregelten gesellschaftlichen Kontext eingebunden ist), ist im Verhältnis der souveränen Staaten zu einander Realität: Es gibt keine über die Staaten übergreifende machthabende und rechtsetzende Instanz; sie agieren nicht im Rahmen einer ihnen vorausliegenden übergreifenden Rechtsordnung, sondern in einem rechtlich nicht geregelten Raum. Und weil und so lange sie nicht in einem Rechtsverhältnis zu einander stehen, können sie einander auch nicht Unrecht tun – sie haben gleichsam das »Recht auf alles«, das Hobbes den Individuen im gedachten Naturzustand notwendig zuschreibt. Daraus folgt die erst im frühen 20. Jahrhundert problematisch gewordene Annahme, daß der Staat ein Recht zum Kriege (»ius ad bellum«) habe. Dieses mündet zwar nicht notwendig in ein »bellum omnium contra omnes«, da die Kräfte sich erschöpfen, aber es führt doch ebensowenig zu einem dauerhaften Frieden, sondern vielmehr zu einem Zustand der »Abwechselung« zwischen dem Halten und Brechen der Verträge. Der alte naturrechtliche Satz »pacta sunt servanda« spricht ja nur ein leeres »Sollen« aus, über dessen Befolgung faktisch die souveränen Staaten nach der Berechnung ihres Vorteils entscheiden, so lange kein Prätor die Verträge verbindlich interpretiert, über ihre Einhaltung wacht und gegen Verstöße Sanktionen verhängt. In diesem Zustand ist selbst der Begriff der »Verletzung« der Interpretation durch die betroffenen Staaten anheimgestellt (§ 334), und deshalb bleibt der Krieg die letzte Entscheidung eines Streites, »insofern die besonderen Willen keine Uebereinkunft finden« – etwa mit Hilfe einer vorausgehenden Schlichtung durch einen (Kantischen) Staatenbund (§§ 333 f.). Hegel erklärt sich keineswegs gegen ein derartiges Verfahren – er sieht in ihm jedoch keine Garantie für die Verhinderung von Konflikten. Deshalb – so formuliert Hegel mit der »geradezu erbarmungslosen Konsequenz seines Denkens« (Schnädelbach 2000, 324) – »finden Kriege, wo sie in der Natur der Sache liegen, Statt; die Saaten schießen wieder auf, und das Gerede verstummt vor den ernsten Wiederholungen der Geschichte« (§ 324 Zusatz).

Wohl noch mehr als die Analyse dieses Mechanismus hat es empört, daß Hegel den Krieg nicht allein als ›ultima ratio‹ in einem derartigen Streit akzeptiert, sondern daß er auch noch eine ›ratio‹ in ihm findet: Der Krieg sei »nicht als absolutes Uebel und als eine bloß äußere Zufälligkeit zu betrachten«. In ihm erweise sich die Substanz als die allgemeine Macht gegen alles Einzelne und Besondere; sie setze das Endliche, seinem Begriff gemäß, als Endliches und Zufälliges, so daß es nicht bloß durch die Notwendigkeit der Natur zu Grunde geht, sondern durch einen Akt der Freiheit (§ 324). Freilich läßt sich hier einwenden, ob es wirklich die Aufgabe des Geistes sei, der Natur ihr Zerstörungswerk abzunehmen und es sogar noch gründlicher als sie durchzuführen – doch es geht hier ja nur um die Einsicht, daß solche

Zerstörung sowohl im Reiche der Natur wie auch des Geistes beheimatet ist.

Hegel schreibt ihr sogar noch positive Folgen zu – und er hält diesen Gedanken für so wichtig, daß er hier einmal zum überaus seltenen Mittel des Selbstzitats greift und behauptet, daß »die sittliche Gesundheit der Völker in ihrer Indifferenz gegen das Festwerden der endlichen Bestimmtheiten erhalten wird, wie die Bewegung der Winde die See vor Fäulniß bewahrt, in welche sie eine dauernde Ruhe, wie die Völker ein dauernder oder gar ewiger Friede versetzen würde.« Allerdings beeilt sich Hegel, in einer wiederum seltenen Wendung zu versichern, daß dies »übrigens n u r philosophische Idee, oder, wie man es anders auszudrücken pflegt, eine Rechtfertigung der V o r s e h u n g ist, und daß die wirklichen Kriege noch einer anderen Rechtfertigung bedürfen (§ 324, vgl. GW 4.450 und Platon: Theaitetos 153c).

Es gibt guten Grund, sich über eine derart schale Rechtfertigung der Vorsehung zu empören – allerdings ist die distanzierte Wendung »wie man es anders auszudrücken pflegt« ein deutlicher Hinweis darauf, daß dies nicht die angemessene Ausdrucksweise ist, daß jedoch diejenigen, die sich so auszudrücken belieben, Verständnis für das beschriebene Faktum aufbringen sollten. Vor allem aber bleibt zu bedenken, daß Hegel damals nicht »ins Gelag hinein«, wie er einmal formuliert, sondern aus einer nahezu lebenslangen Erfahrung von Kriegen und Revolutionen spricht – die er übrigens gleichzeitig gegenüber Creuzer (30.10.19) beklagt. Dennoch begrüßt er die neuen Staaten, die aus den revolutionären und den Napoleonischen Kriegen hervorgegangen sind, als einen Fortschritt gegenüber der politischen Landschaft des späten 18. Jahrhunderts – und diese (schwer bestreitbare) Erfahrung, daß aus den genannten Kriegen etwas Besseres hervorgegangen ist, mag seine Einschätzung veranlaßt haben.

(3) Ohnehin ist mit dem bisher Gesagten nur e i n Aspekt der Ausführungen Hegels erfaßt. Der Vergleich der Staaten mit den Individuen im Naturzustand enthält ja neben seiner bedrohlichen auch eine zukunftsweisende Komponente: Die Erinnerung an den Naturzustand impliziert die Aufforderung »exeundum esse e statu naturali«. Wie die Individuen, tun auch die Staaten gut, aus dem Naturzustand herauszutreten – denn wenn sie in ihm verharren, tun sie zwar nicht einander Unrecht, aber Unrecht überhaupt. Dies ist zwar eine Kantische Wendung (AA VI.307), doch auch Hegels Rechtsphilosophie enthält hierfür ein – von ihm nicht vollständig ausgeschöpftes – Potential. Schon die neunte Habilitationsthese

hält ja fest: »Status naturae non est injustus, et eam ob causam ex illo exeundum« (GW 5.227).

Die Staaten, die sich analog den Individuen zu einander verhalten, stehen als freie Willen immer schon in einem zumindest rudimentären Rechtsverhältnis. Und wenn, wie Hegel stets gegen Rousseau und Kant hervorhebt, der Begriff der Freiheit nicht als nachträgliche Einschränkung einer ursprünglich schrankenlosen Freiheit des einzelnen Willens zu denken ist, sondern als konkrete Freiheit, so ist die Freiheit der Staaten analog zu denken. Ein basales Moment solcher Freiheit besteht in der gegenseitigen »Anerkennung« und in der Begründung eines Rechtsverhältnisses durch Verträge. Diese können zwar gebrochen werden, und um so mehr, als kein »machthabendes Allgemeines« ihre Einhaltung erzwingt – aber wer sie bricht, handelt nicht mehr im rechtsfreien Raum, sondern tut Unrecht. Selbst wenn es zum Krieg kommt, bildet die gegenseitige Anerkennung eine gemeinsame Basis, »so daß im Kriege selbst der Krieg als ein vorübergehensollendes bestimmt ist«. Und trotz seiner Distanz zum damaligen individualistischen, vom heutigen universalistischen sehr verschiedenen Völkerrechtsgedanken zählt Hegel hier die völkerrechtlichen Bestimmungen auf, die auch im Kriegsfall noch gelten, weil sie »die Möglichkeit des Friedens erhalten« sollen: Respektierung der Gesandten, der inneren Institutionen sowie des Familien- und Privatlebens, Orientierung der Kriegführung an den Sitten der Nationen, §§ 338 f. – Bestimmungen also, die durch die heutige Waffentechnik überwiegend ins Reich der schönen Träume und unerfüllbaren Ideale versetzt worden sind. Und es darf nicht verwundern, daß Hegel in seiner Zeit noch nicht diejenigen vielversprechenden und doch noch so fragilen Formen des Völkerrechts antizipiert hat, die sich erst in Reaktion auf die geschichtlichen Katastrophen und Aufgaben des 20. Jahrhunderts allmählich herausgebildet haben und bilden – und die doch zugleich so erschreckend wirkungslos gegen die an so vielen Orten aufgeflammten Kriege sind, als ob es sie gar nicht gäbe.

Auch für Hegel also ist der Krieg etwas »vorübergehensollendes« – aber er ist für ihn nicht etwas schlechthin Nichtseinsollendes, und Hegel kennt kein kategorisches Gebot der Vernunft, »es soll kein Krieg sein«. Die Tendenz zum Kriege liegt in der Individualität der Staaten, die immer das Moment der Negation einschließt. Sie kann auch nicht einfach durch einen Zusammenschluß von Staaten (wie damals etwa die »Heilige Allianz«) beseitigt werden, denn: »Wenn also auch eine Anzahl von Staaten sich zu einer Familie macht, so muß sich dieser Verein als Individualität einen Gegensatz creiren, sich einen Gegensatz, einen Feind erzeugen.« (GW 26/3.1471). Diese, in Kants Schrift *Zum ewigen Frieden* nicht problematisierte Logik der Bildung großer politischer Blöcke hat sich wohl niemals stärker bestätigt als im 20. Jahrhundert. Gegen sie ist der Appell an ein moralisches Sollen wirkungslos – sie läßt sich allenfalls auf derselben Ebene durch Integrationsmaßnahmen kompensieren. Und sie ließe sich in Hegels Sicht auch nicht durch die Schaffung des in der Aufklärungszeit geforderten Universalstaates, der »civitas maxima« verwirklichen – denn diese widerspräche dem Begriff der Individualität des Staates, der die negative Beziehung auf andere Individuen einschließt – und diese immanente Negativität würde sich dann gegen den Weltstaat richten und ihn von innen aufbrechen. Wenn aber die Instrumente zur einvernehmlichen Beilegung eines Streites zwischen Staaten nicht greifen, so gibt es auch »keinen Prätor«, der ihn entschiede: Die Entscheidung fällt dann in die Weltgeschichte – ohne daß sie damit als sachlich angemessen oder gar als moralisch berechtigt qualifiziert würde)

Literatur: Adam von Trott zu Solz: Hegels Staatsphilosophie und das Internationale Recht. Göttingen 1932, ND 1967; Andreas Arndt und Jure Zovko (Hg.): Zwischen Konfrontation und Integration. Die Logik internationaler Beziehungen bei Hegel und Kant. Berlin 2007; Walter Jaeschke: Vom Völkerrecht zum Völkerrecht. Ein Beitrag zum Verhältnis von Philosophie und Rechtsgeschichte. In: Deutsche Zeitschrift für Philosophie 56 (2007), 277–298; Giovanni Gerardi: Die Hegelsche Theorie des Völkerrechts. In: Hegel-Jahrbuch 2014. Berlin 2014, 340–345.

9.6 Philosophie der Weltgeschichte

9.6.1 Überlieferung

(1) Erst im Winter 1822/23 beginnt Hegel, »Vorlesungen über die Philosophie der Weltgeschichte«, über »Philosophiam historiae universalis« zu halten; er wiederholt sie im Zweijahresturnus, und zwar wegen ihres Materialreichtums jeweils in den längeren Wintersemestern der Jahre 1824/25, 1826/27, 1828/29 und 1830/31, also im Wechsel mit den philosophiegeschichtlichen Kollegien. Die »Philosophie der Weltgeschichte« ist damit diejenige Disziplin seiner Philosophie, die Hegel als zeitlich letzte ausarbeitet – denn die nur einmal, im Sommer 1829, gehaltenen *Vorlesungen über die Beweise vom Dasein Gottes* sind kein eigenständiger Systemteil (s. Kap. II.9.10).

Allerdings bilden auch die weltgeschichtlichen Vorlesungen im strengen Sinne keine separate Disziplin, sondern den breit ausgeführten Schlußabschnitt der »Philosophie des objektiven Geistes«, der »Rechtsphilosophie«. Diesen Ort im System weist Hegel dem Thema »Weltgeschichte« bereits in der *Enzyklopädie* (1817) zu (^{1}§§ 448–452), noch bevor er 1822 sein erstes Kolleg über Geschichtsphilosophie liest. Seine damalige Entscheidung bestätigt er in den *Grundlinien der Philosophie des Rechts*, die bereits sehr viel ausführlicher auf die »Weltgeschichte« eingehen (§§ 341–360), und sie bleibt auch in den späteren Fassungen der *Enzyklopädie* in Kraft (^{3}§§ 548–552).

(2) Im Aufbau der Disziplinen seines »Systems« ist das Kolleg über »Philosophie der Weltgeschichte« das erste, das Hegel nicht an Hand eines Kompendiums hält, sondern gestützt auf handschriftliche Ausarbeitungen, also die erste »Manuskriptvorlesung«. Damit verknüpfen sich spezifische Probleme der Überlieferung, die sich für die bisher behandelten Disziplinen nicht stellen. Gemessen am großen Umfang des Kollegs sind heute nur wenige Blätter erhalten: drei Blätter zur Einleitung des Kollegs 1828/29, über die »Arten der Geschichtsschreibung« (GW 18.121–137), und die umfassende, aber lückenhafte sog. »Einleitung« zum Kolleg 1830/31, die den grundlegenden Teil der Vorlesungen bietet (GW 18.138–207), ferner zwei Fragmente mit Vorstufen zu diesem ersten Teil (GW 18.208–214). Vom zweiten, von den geschichtlichen Partien, hat sich lediglich ein Fragment *Zur Geschichte des Orients* in sekundärer Überlieferung erhalten (GW 18.221–227). Die weiteren Ausführungen zum zweiten Teil sind nur durch – zur Zeit 16 – Vorlesungsnachschriften überliefert; die Nachschriften zum Kolleg 1822/23 liegen bereits in kritischer Edition vor (GW 27/1).

(3) Es gibt keine gesonderten Belege dafür, daß Hegel geplant hätte, seine Geschichtsphilosophie zu veröffentlichen. Doch ist dies aus der Anlage des Manuskripts von 1830/31 zu vermuten, das den ersten Teil der Vorlesungen enthält. Es weist einen weit fortgeschrittenen Stand der Ausarbeitung auf, der dem einer Reinschrift sehr nahe kommt (GW 18.381) – bis hin zur Verzeichnung von Fußnoten mittels Asterisken. Damit ist der Reinschriftcharakter dieses Manuskripts viel weiter fortgeschritten als etwa derjenige der ungefähr gleichzeitigen *Reformbill-Schrift*, deren Manuskript sich neben ihm fast als Entwurf ausnimmt. Für dieses Semester hat Hegel zudem nicht, wie üblich, »Philosophiam historiae universalis« angekündigt, sondern lediglich »Philosophiae historia universalis partem priorem« – vermutlich,

um diesen Teil in endgültiger Form auszuarbeiten. Auf eine Publikationsabsicht deuten auch spezifische nachträgliche Erweiterungen des Manuskripts gegenüber dem Vortrag (Jaeschke 2009).

9.6.2 Weltgeschichte und Geschichtlichkeit

(1) Daß Hegel die »Philosophie der Weltgeschichte« erst vergleichsweise spät zum Gegenstand eines eigenen Vorlesungszyklus macht, dürfte daran liegen, daß »Geschichtsphilosophie« zu Beginn des 19. Jahrhunderts wenn überhaupt, so zumindest kein üblicher Gegenstand der akademischen Lehre ist. Für ihre Etablierung im Spektrum der akademischen Philosophie fällt Hegel fraglos eine Schlüsselrolle zu. Dies ist schon auf Grund seines persönlichen Interesses verständlich: Es dürfte wohl keinen Philosophen geben, in dessen Denken »Geschichte« einen breiteren Raum eingenommen hätte als in seinem – von der Beschäftigung mit Gibbon und Hume (Waszek 1997) in seinen Berner Jahren bis hin zur intensiven Auseinandersetzung mit den geschichtlichen Umbrüchen im Revolutionsjahr 1830. Seine Kommentierung der Schrift über das Waadtland, seine *Verfassungsschrift*, seine Redaktion der Nachrichten in der *Bamberger Zeitung* oder sein Eingreifen in den Württembergischen Verfassungskonflikt und schließlich seine *Reformbill-Schrift* belegen ein intensives Studium der jeweiligen geschichtlichen Situation und ihrer teils weit zurückreichenden Wurzeln. Diese Beispiele zeigen auch, daß Hegels Interesse an Geschichte keineswegs antiquarisch ist, sondern zu einem gewichtigen Teil seinem politischen Interesse entspringt – dem Interesse am »Eingreifen in das Leben der Menschen«, wie er in einem anderen Kontext formuliert (an Schelling, 2.11.00).

Geschichte bildet für ihn aber nicht allein einen Gegenstand seines persönlich-politischen Interesses, sondern ebenso einen Erkenntnisgegenstand seiner Philosophie – und dies in doppelter Gestalt. In Form eines gleichsam ›objektiven Prozesses‹ ist sie Geschichte von Staaten, letztlich »Weltgeschichte«. Zugleich aber ist »Geschichte« die Explikationsform des objektiven und absoluten Geistes überhaupt (s. Kap. II.9.4.2) – und diese Seite hat sowohl systematische als auch zeitliche Priorität: Nur weil Geschichte diese Explikationsform des Geistes ist, gibt es eine ›objektive‹ Geschichte. In einer Geist-losen Welt gäbe es weder Staaten noch Geschichte. In diese beiden Richtungen eines allgemein-geistesphilosophischen und eines an »Staatengeschichte« orientierten Geschichtsbegriffs ist Hegels Interesse an der Geschichte stets aufgefächert – doch sie sind von ihm nicht in der prägnanten Form differenziert und zugleich auf einander bezogen, die gerade sein Ansatz der Geistesphilosophie nahelegt. Hieraus resultieren systematische Verschränkungen und Spannungen, die jedoch nicht die Bedeutung aufsprengen, die beide Seiten je für sich haben.

(2) Die Wortbildung »Philosophie der Geschichte« läßt weniger die Geschichte des Geistes überhaupt als vielmehr »Geschichte« im Sinne von »Weltgeschichte« assoziieren. Sie gehört der Aufklärung an, ist also damals noch jung; insbesondere Voltaire und Herder sind für ihre Formulierung und geschichtliche Etablierung zu nennen. Anders als die traditionelle »historia universalis« oder »histoire universelle« steht »Philosophie der Weltgeschichte« unter einer doppelten Voraussetzung: »Historia universalis« bezeichnet eine allgemeine, umfassende Nachricht von einzelnen Ereignissen, »Weltgeschichte« hingegen eine ›objektive‹ oder quasi-objektive Wirklichkeit sui generis. »Philosophie der Geschichte« ist denkendes Erfassen dieses spezifischen Bereichs der Wirklichkeit, und nicht etwa einer »Historie«, einer Erzählung. Hegels Vorlesungsankündigung einer »philosophia historiae universalis« setzt somit, obschon sie den traditionellen Terminus aufgreift, die Bedeutungsverschiebung von »historia« oder »Geschichte« von der ›subjektiven‹ Nachricht oder Erzählung auf den ›objektiven‹ Zusammenhang voraus, die sich seit der Mitte des 18. Jahrhunderts ereignet. Gegenstand der philosophischen Betrachtung ist ja nicht die Nachricht, sondern deren Gegenstand.

In einer Zeit, in der der Philosophiebegriff noch nicht inflationär entwertet ist, verbürgt diese fundamentale Bedeutungsverschiebung von der ›subjektiven‹ zur ›objektiven Geschichte‹ jedoch nicht schon, daß der Bereich, der nun in seiner Eigenständigkeit und Eigengesetzlichkeit allererst ins Bewußtsein tritt, ein möglicher Gegenstand von »Philosophie« ist. Unter den Bedingungen eines rationalistischen Philosophiebegriffs sind »Fakta« nicht Gegenstand von »Wissenschaft« oder Philosophie, sondern von »Historie«. Die Begriffsbildung »Philosophie der Geschichte« beruht insofern auf einer weiteren – und doppelten – Vermittlung: auf der Überwindung des strikten Gegensatzes zwischen den »Fakta« und der »Vernunft« sowie des auf diesen Gegensatz gestützten Philosophiebegriffs. Doch auch wenn Philosophie nicht mehr auf den rationalistischen Vernunftbegriff festgelegt, aber gleichwohl noch als »denkende Betrachtung« von Wirklichkeit gefaßt ist, muß

diese Wirklichkeit somit ein Allgemeines sein – etwas, das nicht allein in seiner »Faktizität« erzählt, sondern gedacht werden kann. Oder mit der bekannten Hegelschen Wendung: »Philosophie der Geschichte« ist nur möglich, wenn »Vernunft in der Geschichte« ist. Gleiches gilt – mutatis mutandis – für die Disziplinen des »absoluten Geistes«.

(3) Die ›objektive Geschichte‹ begrenzt Hegel auf die Geschichte von Staaten – wobei »Staat« nicht im prägnanten Sinne der spezifisch neuzeitlichen Herrschaftsform verstanden ist, sondern auch frühere Herrschaftsformen – wie »Polis« oder »Imperium« – umfaßt. Trotz dieser Erweiterung des Staatsbegriffs erscheint Hegels Ausschluß vorstaatlicher Lebensformen aus der Geschichte zunächst als willkürlich – sogar als mißliche Konsequenz eines Defekts der Systemarchitektonik: In der *Enzyklopädie* wie in den *Grundlinien der Philosophie des Rechts* handelt Hegel von der »Weltgeschichte« stets im Abschnitt über den »Staat«, indem er mit einer geschickten, wenn auch nicht unproblematischen Wendung vom »äußeren Staatsrecht«, das keinen übergeordneten Prätor kennt, zur »Weltgeschichte« überleitet und die Streitigkeiten der Staaten dem Spruch ihres »Weltgerichts« überantwortet.

»Weltgeschichte« ist jedoch nicht nur die Geschichte der Relationen zwischen den etablierten Staaten, wie es nach diesem Übergang scheinen könnte. Sie umfaßt auch die Herausbildung staatlicher Verfassungen, und speziell die »Ausbildung des Staats zur constitutionellen Monarchie«: »die Geschichte dieser wahrhaften Gestaltung des sittlichen Lebens ist die Sache der allgemeinen Weltgeschichte« (*Grundlinien*, § 273). »Weltgeschichte« ist demnach sowohl die ›innere‹ als die ›äußere Geschichte‹ von Staaten.

Doch neben diesem partiellen gebraucht Hegel auch noch einen umfassenden Begriff der »Weltgeschichte«. Sie erschöpft sich für ihn nicht in dieser Geschichte von Staaten, sondern sie umfaßt letztlich die Entwicklung des Geistes überhaupt. In seiner systematischen Exposition der Weltgeschichte bestimmt er sie als solche Totalität der Manifestationen des Geistes: Sie enthalte »die geistige Wirklichkeit in ihrem ganzen Umfange von Innerlichkeit und Aeußerlichkeit« (*Grundlinien*, § 341); im folgenden Paragraphen nennt er sie »die Auslegung und Ver wir k lich ung des allgemeinen Geistes«. Diese ›universelle Weltgeschichte‹ kann ihren systematischen Ort nicht schon am Ende der »Rechtsphilosophie« haben, im Kapitel über den »Staat«. Sie umfaßt ja auch die Geschichten der Kunst, der Religion und der Philosophie, die am Ende der »Rechtsphilosophie« noch gar nicht behandelt sind.

Diese Spannung zwischen dem partiellen und dem umfassenden Begriff der »Weltgeschichte« ist jedoch keine bloße Inkonsistenz; sie deutet vielmehr auf ein wohl unvermeidliches Problem, das der Systemarchitektonik aus der wechselseitigem Abhängigkeit der Sphären der geistigen Welt erwächst: Unter Absehen von den Formen des »absoluten Geistes« läßt sich »Weltgeschichte« weder als ›innere Geschichte‹ des Staates noch als ›äußere Geschichte‹ der Staaten schreiben. Schon die Entwicklung der inneren Verfassung steht im Kontext der »Vertiefung des Geistes der Welt in sich«. Deshalb greift Hegel in seinen Vorlesungen sehr ausführlich auf die Sphären des »absoluten Geistes« voraus. Andererseits ist die Weltgeschichte damit nicht schlechthin abhängig von der Ausbildung des »absoluten Geistes«. Denn dessen volle Entfaltung erfolgt wiederum erst auf dem Boden des Staates – auch wenn seine Anfänge hinter ihn zurückreichen. »Weltgeschichte« im partiellen Sinn von Staatengeschichte läßt sich somit nur denken in Wechselbeziehung mit der »universellen« Weltgeschichte des Geistes. Deshalb bindet Hegel Geschichte im emphatischen Sinn an das Auftreten der Staaten: Erst mit der Entstehung der Staaten formieren sich die Gestalten des »absoluten Geistes« und damit diejenigen Formen des Wissens, die eine ›conditio sine qua non‹ nicht allein der »Vertiefung« des Staates darstellen, sondern insbesondere dafür, daß seine Bewegung a l s G e s c h i c h t e g e w u ß t wird.

(4) »Weltgeschichte« in ihrem ›universellen‹ Begriff ist somit diejenige Geschichte, in der die – innere und äußere – Partialgeschichte des Staates mit denen der Kunst, der Religion und der Philosophie verflochten ist. Entwicklungsgeschichtlich gesehen haben diese Geschichten des »absoluten Geistes« sogar Priorität: Die Philosophiegeschichte behandelt Hegel bereits 1805/06 in Jena, die Geschichte der Kunst vermutlich in Heidelberg 1818 und die Geschichte der Religion in Berlin 1821 – die »Weltgeschichte« hingegen erstmals 1822/23. Ihre späte Exposition dient jedoch nicht der Erfindung einer abgehobenen Superstruktur für die Teilbereiche des geistigen Lebens, sondern vielmehr der begrifflichen Bestimmung ihrer fraglos bestehenden Relationen, ja Interdependenzen. Der e i n e Geist, der die jeweilige Wirklichkeit durchdringt, ist nicht in isolierte Partialgeschichten aufzuspalten. Die ›Einheit der Geschichte‹ beruht darauf, daß sie in allen ihren Aspekten doch jeweils Geschichte des Geistes ist – ›Geistes

Geschichte‹ also im prägnanten, nicht im heute üblichen verwaschenen Sinne. »Geschichte« ist ja gar nichts anderes als die spezifische Entwicklungsform des Geistes – auch wenn natürliche Elemente – Klima, Bodenformen usf. – in sie hineinspielen (GW 27/1.77–95).

Diesen überaus kühnen Entwurf der »Weltgeschichte« als der e i n e n Geschichte des Geistes hat Hegel nicht ausgeführt – schon wegen der Dispositon und Aufgliederung seiner Vorlesungen, die die Beschränkung auf jeweils eine, in einem Semester abzuhandelnde Thematik erforderten, aber fraglos auch wegen der Größe dieses Entwurfs. Doch hat Hegel an mehreren Punkten der geschichtlichen Entwicklung aufgezeigt, wie die unterschiedlichen Aspekte des geistigen Lebens in einander greifen und in einem einheitlichen Ansatz zu thematisieren sind – politische Geschichte, Verfassungsgeschichte sowie die Geschichten von Kunst, Religion und Philosophie, aber auch ›Wissenschaftsgeschichte‹ im neueren Verständnis. Die Aufgabe einer Geschichtsphilosophie liegt aber ohnehin nicht darin, in diesem Sinne »Weltgeschichte« zu schreiben, sondern den Begriff von »Geschichte« zu klären, auch über einen ›objektiven‹ Begriff von Geschichte hinaus.

(5) Hegel hat seine »Geschichtsphilosophie« insgesamt als eine »Philosophie der Weltgeschichte«, als deren denkende Betrachtung entworfen. Hierdurch hat er das Thema »Geschichte« zwar verkürzt; den Begriff der Geschichte handelt er nur in der »Einleitung« ab – und auch wenn er diese in der Vorlesungsankündigung 1830/31 als »ersten Teil« bezeichnet, so fällt seine Abhandlung des Geschichtsbegriffs doch weit schmaler aus als etwa diejenige des Begriffs der Religion. Dennoch gibt sie – gemeinsam mit den einschlägigen Texten der Philosophien des »absoluten Geistes« – entscheidende Anstöße für die Grundfrage einer Geschichtsphilosophie – freilich einer Geschichtsphilosophie, die den gesamten Horizont dieses Themas allererst eröffnet und ausmißt und sich nicht den gegenwärtig modischen Restriktionen beugt. Diese Grundfrage zielt nicht etwa auf den »Sinn der Geschichte« (von dem Hegel ohnehin nicht spricht) oder auf das »Ende der Geschichte«, sondern darauf, was Geschichte überhaupt sei: was sie zur Geschichte mache und von anderen Bereichen natürlichen und vielleicht auch geistigen Seins unterscheide, und wie sich schließlich verstehen lasse, daß es überhaupt so etwas wie Geschichte gebe – und nicht vielmehr keine.

Die frühen Versuche der Aufklärung zur Systematisierung von Geschichte, die Deutungen des Ge schichtsverlaufs an Hand der Paradeigmata der Erziehung oder des Fortschritts, gar der unendlichen Perfektibilität, stellen noch nicht diese Frage nach dem spezifischen Begriffsgehalt von Geschichte. Auch nach der Bedeutungsverschiebung in der Verwendung des Wortes wird der nunmehr als Geschichte bezeichnete ›objektive Prozeß‹ nicht in seiner internen Verfassung zum Problem der Philosophie. So unterschiedliche Denker wie Condorcet und Herder haben Geschichte naiv-objektivistisch aufgefaßt. Sie haben unterstellt, daß es so etwas wie Geschichte gebe und daß sich darüber nachdenken lasse, welche Verlaufsform sie habe – ob sie mit einem Rückschritt verbunden sei oder ob sie die Richtung auf größere Vollkommenheit nehme. Der Geschichtsbegriff selber wird dabei zunächst nicht zum Problem der Philosophie. Die damalige Geschichtsphilosophie beschäftigt sich mit etwas an der Geschichte – mit ihrem Ursprung, ihrem Ende, ihrer Struktur oder auch ihrer providentiellen Leitung –, aber sie klärt nicht die begriffliche Bestimmung von Geschichte.

Es ist nicht zufällig, daß die hierfür wichtigsten Aussagen Hegels sich nicht in seinen geschichtsphilosophischen, sondern in seinen philosophiegeschichtlichen Vorlesungen finden. Die Philosophiegeschichtsvorlesung (1805/06) ist ja der Ort, an dem Hegel – in zeitlicher Nachbarschaft zur *Phänomenologie* – das Thema »Geschichte« als Thema seiner Philosophie entdeckt – lange vor seiner ersten Vorlesung über »Philosophie der Weltgeschichte«, der ja auch noch die ästhetischen und religionsphilosophischen Vorlesungen vorangehen. In den philosophiegeschichtlichen Vorlesungen stellt Hegel dieses Problem, was Geschichte überhaupt sei – und damit gelingt ihm die Entdeckung der Geschichtlichkeit des Geistes, ja die Entdeckung der Geschichtlichkeit im prägnanten Sinne überhaupt. Deshalb verwundert es nicht, daß sich das Wort »Geschichtlichkeit« – das dann bis ins 20. Jahrhundert eine aufregende Begriffsgeschichte durchläuft – erstmals in seinen Vorlesungen nachweisen läßt – auch wenn es damals gleichsam ›in der Luft gelegen‹ hat, wie andere, nahezu gleichzeitige Belegstellen zeigen (Renthe-Fink, Bauer) – u. a. bei Suabedissen. »Geschichtlichkeit« bezeichnet bei Hegel nicht die bloße Faktizität eines Ereignisses, und auch nicht nur die Einordnung eines solchen faktischen Ereignisses in einen temporalen Zusammenhang. Die Bedeutungsnähe, aber auch -differenz von »Geschichtlichkeit« gegenüber »Faktizität« zeigt sich in den beiden frühesten Verwendungsweisen dieses Wortes, die später jeweils

eine eigene, bis in die Gegenwart reichende Tradition ausgebildet haben.

In der einen Verwendungsweise charakterisiert Hegel gegenüber den Gnostikern die kirchliche Ansicht von Christus: »Es ist also die wahrhafte Idee des Geistes in der bestimmten Form der Geschichtlichkeit zugleich.« (W$_1$ XV.137; ähnlich W$_2$ XV.107) »Geschichtlichkeit« bezeichnet hier also nur die bloße Faktizität – gegenüber einer gnostischen Verflüchtigung des Faktischen in mythische Bilder. Diese Verwendungsweise erhält wenig später eine Schlüsselrolle in der auf Hegel folgenden Theologiegeschichte – in der Frage nach dem »geschichtlichen Jesus«. Der zweite Beleg findet sich im Kontext von Hegels allgemeiner Charakterisierung des Beisichseins des Geistes in der griechischen Welt: »in diesem Charakter der freien, schönen Geschichtlichkeit, der Mnemosyne – (daß was sie sind, auch als Mnemosyne bei ihnen) – liegt auch der Keim der denkenden Freiheit, und so der Charakter, daß bei ihnen die Philosophie entstanden ist« (W$_1$ XIII.173 f.). Hier bezeichnet »Geschichtlichkeit« nicht die ›Faktizität‹, sondern – angedeutet durch die Nennung der »Mnemosyne« – die Doppelstruktur von Zeitlichkeit und Reflexion auf Zeitlichkeit – ein wissendes Beisichsein des Geistes. »Geschichtlichkeit« bezeichnet diejenige spezifische Struktur der Einbettung in einen Zusammenhang, die im vollen Sinne erst durch das Ineinanderfallen von Zeitlichkeit und Reflexion auf Zeitlichkeit konstituiert wird und die letztlich die Struktur von Geschichte selber ist: das, was Geschichte zu Geschichte macht und als Geschichte von anderem unterscheidet. »Geschichte« ist nicht schon eine bloße Abfolge von Ereignissen, sondern diese wird zu »Geschichte« erst dadurch, daß das Subjekt, das in der Kette dieser Ereignisse steht, sein eigenes Sein hierdurch bestimmt weiß und im gleichen Akt sich in ein »geschichtliches« Verhältnis setzt und eben dadurch Ereignisfolgen erst zu Geschichte konstituiert.

Diese beiden Hinweise auf die Verwendung des Substantivs »Geschichtlichkeit« lassen sich erweitern durch zwei Hinweise auf die Verwendung des Adjektivs ›geschichtlich‹ in der Einleitung zu Hegels »Vorlesungen über die Geschichte der Philosophie«. In seinem Manuskript von 1820 spricht Hegel von einem Schatz der Vernunfterkenntnis, den die uns vorausgehende Geschichte der Philosophie erarbeitet habe und den die jeweils späteren Generationen erweitern: »Was w i r geschichtlich sind, […] ist die Erbschaft und das R e s u l t a t d e r A r b e i t […] aller vorhergegangenen Generationen des Menschengeschlechts.« (GW 18.36) Unsere »Geschichtlichkeit« erscheint hier zunächst nur als Erbschaft und Resultat der Arbeit anderer. Dann aber fehlt gerade das vorhin genannte Moment der Erinnerung und der Reflexion. Doch als Hegel sein Manuskript drei Jahre später nochmals abschreibt, unterstreicht er die zentrale Bedeutung dieser Passage noch durch die folgende Erweiterung – und erst so spricht er den vollen Gedanken der Geschichtlichkeit aus: »was w i r sind, sind wir zugleich geschichtlich, oder genauer, wie in dem was in dieser Region, der Geschichte des Denkens, das Vergangene nur die Eine Seite ist, so ist in dem, was wir sind, das gemeinschaftliche Unvergängliche unzertrennt mit dem, daß wir geschichtlich sind, verknüpft.« (GW 18.100 f.) »Geschichtlich« zu sein bedeutet demnach nicht bloß, faktisch zu sein, und auch nicht, wandelbar zu sein, geboren zu werden und zu sterben, in diesem oder in jenem Jahrhundert zu leben, der Geschichte unterworfen zu sein und die Erbschaft der Vergangenheit angetreten zu haben. Es bedeutet vor allem, in jenem Prozeß der Entwicklung der Vernunft, des Geistes zu stehen und sich seiner Stellung in diesem Prozeß mittels der Mnemosyne zu vergewissern und dem Vergangenen so gegenüberzustehen, daß diese Beziehung zum Vergangenen, die Mnemosyne, konstitutiv für das eigene Sein ist: auch darum zu wissen, daß, was wir sind, wir nur geschichtlich sind.

Diese Formulierungen dessen, was es heißt, geschichtlich zu sein, sind für uns zuerst greifbar in Hegels Manuskripten zur Geschichte der Philosophie von 1820 und 1823 sowie in seinen geschichtsphilosophischen Vorlesungen. Material gesehen könnte der Neologismus »Geschichtlichkeit« schon Hegels Jenaer Vorlesungen über die Geschichte der Philosophie (1805/06) angehören. Die *Phänomenologie des Geistes* verwendet dieses Wort jedoch nicht – obgleich sie ja hinreichend deutliche Aufschlüsse über den Gedanken der Geschichtlichkeit der Vernunft gibt, und auch über die Konsequenzen, die dieser Gedanke für Hegels Philosophie überhaupt hat und die er zunächst für die Abhandlung der Philosophie und der Religion, später auch der Kunst gezogen hat: Die Philosophie der Kunst, der Religion und letztlich die Rückwendung der Philosophie auf sich selber müssen geschichtlich konzipiert werden. Es ist gar nicht möglich, über Kunst, Religion und Philosophie unter Abstraktion von der Geschichte dieser drei Gestalten des absoluten Geistes zu handeln – eben weil ihre Geschichtlichkeit zum Begriff des Geistes selber gehört.

»Geschichte« ist somit – entgegen dem Anschein, den ihre Abhandlung als »Weltgeschichte« in der *Enzyklopädie* und in den *Grundlinien der Philosophie des Rechts* erweckt – nichts bloß Objektives, Vorfindliches, auch nichts »Natürliches«. Sie gründet in der spezifischen Verfassung des Geistes, zeitlich Vergangenes als solches zu distanzieren und sich zu ihm in ein Verhältnis der Identität und Differenz zu setzen. Diese Struktur ist grundlegend für den »Aufbau der geistigen Welt« – um einen späteren Titel zu adaptieren. Der Historismus des späteren 19. und frühen 20. Jahrhunderts hat an Hegels Einsicht angeknüpft, daß wir, was wir sind, nur geschichtlich sind, allerdings ohne den geistesphilosophischen Rahmen seiner Philosophie zu übernehmen – mit der Ausnahme der *Historik* Johann Gustav Droysens, wie sehr dieser auch immer bestrebt war, die Spuren seiner Abhängigkeit von Hegel zu verwischen. So wird die Veränderung, die für Hegel immer erst als gewußte, durch Reflexion und Mnemosyne einen »geschichtlichen« Charakter erhält, wieder zu einer quasi-natürlichen ›objektiven Geschichte‹.

9.6.3 Die Konstitution von Geschichte

(1) Dieser Begriff der Geschichtlichkeit ist fundamental für alle Bereiche des geistigen Lebens – für die politische Sphäre, für die Wissenschaft, die Kunst, die Religion, die Philosophie. Daß diese Bereiche »geschichtlich« verfaßt sind, bedeutet nicht, daß ihnen ein ›Gewordensein‹ im Sinne eines Naturprozesses zukommt, analog zum natürlichen Lebenslauf eines Menschen – den wir ja auch nicht als seine »Geschichte« bezeichnen –, sondern ein ›Geschaffensein‹ durch geistige Produktion und Aneignung, durch »Arbeit« und »Erbschaft« – in der erinnernden Reflexion auf das Gewesene. Einen weiteren Aspekt, der sich hier aufzudrängen scheint, berücksichtigt Hegel nicht: daß der Begriff der Geschichtlichkeit erst dann vollständig erfaßt ist, wenn zur »Mnemosyne« auch der Zukunftsentwurf hinzutritt.

Fundamental ist dieser Begriff insbesondere für die Reflexion über den Bereich, der ausdrücklich die Bezeichnung »Geschichte« trägt. Auch nach ihrer (vermeintlich) objektiven Seite ist Geschichte in der Geistigkeit, in der Geschichtlichkeit fundiert. Geschichte ist deshalb nichts Vorfindliches; sie ist durch das geschichtliche Bewußtsein gemacht und begriffen, d. h. als Geschichte konstituiert. Ohne einen derartigen Konstitutionsakt gibt es Vorfälle, auch Ereignisketten, aber keine »Geschichte«. Durch die Geschichtsbetrachtung werden Begebenheiten in ein

»Werk der Vorstellung« umgeformt – und erst so, als zu diesem Werk konstituierte, werden die Begebenheiten zu »Geschichte«. Hierin zeigt sich der spezifische, im Hegelschen Sinne »spekulative« Charakter des Geschichtsbegriffs: Das, was als »objective Geschichte« erscheint, ist selbst ein Werk der subjektiven Vorstellung; diese schafft erst die Objektivität, die wir der Geschichte zuschreiben – und auch zurecht zuschreiben, weil sie eben keine überflüssige Zutat ist, sondern das geschichtskonstitutive Moment schlechthin. Aber sie schafft es nicht aus Nichts, sondern aus ihr vorgegebenem Material, das als solches aber noch nicht »Geschichte« ist.

(2) Es ist eine Konsequenz dieser nicht-objektivistischen Fassung des Geschichtsbegriffs, daß er weite Bereiche und Epochen des geistigen Lebens als »ungeschichtlich« ausschließt: Bereiche einer keineswegs unentwickelten, vielleicht sogar hoch entwickelten Geistigkeit, in der jedoch dieses Moment der Geschichtlichkeit des Geistes sich selbst noch verdeckt und weder nach der objektiven noch nach der subjektiven Seite herausgearbeitet ist. Weil der Geist nichts Natürliches ist, unterliegt die Realisierung seiner Momente nicht einem bloß zeitlichen Ablauf, sondern sie muß eigens ergriffen und verwirklicht werden. Ein Volk kann auch einen Bildungsgang von »dritthalb«, also zweieinhalb tausend Jahren zurücklegen, ohne zu einer Bildung zu gelangen, in der Geschichte möglich ist (GW 18.124). Dies gilt unabhängig von der Frage, ob Hegels Diagnose von ›Geschichtslosigkeit‹ jeweils zutrifft oder ob sie durch Informationsdefizite verschuldet ist. Selbst wenn sie in diesem oder jenen Fall durch die heutige vertiefte Quellenkenntnis revidiert werden muß, bleibt es doch unwidersprochen, daß selbst »jenes so reiche, ja unermesliche Werk der Zunahme von Familien zu Stämmen, der Stämme zu Völkern [...] ohne Geschichte sich nur zugetragen hat« – also ein Vorgang, den man im Sinne eines objektivistischen Geschichtsbegriffs als Reihe von Begebenheiten und somit als Geschichte anzusprechen hätte. Gleiches gilt für die Ausbildung der Sprachen als einer »That der theoretischen Intelligenz«: Ihr Ursprung fällt nicht in die Geschichte, sondern »bleibt in das Trübe einer stummen Vergangenheit eingehüllt«; sie verdanken sich nicht den »Thaten des selbstbewußtwerdenden Willens, nicht der sich andere Aeusserlichkeit, eigentliche Wirklichkeit gebenden Freyheit« – ohne daß dies ein Indiz ihres überirdischen Ursprungs wäre. Die »Voreiligkeit der Sprache« eilt der Geschichte voraus, und die Sprachgeschichte umfaßt erst spätere Phasen, die unter anderen Bedingungen

stehen, insbesondere unter den Bedingungen der Staatenbildung (GW 18.195 f.).

(3) »Objective Geschichte« ist für Hegel stets ›objektivierte‹, durch das geschichtliche Bewußtsein konstituierte Geschichte. Freilich wird dieser Konstitutionsakt der »objectiven Geschichte« nicht durch jedes einzelne Bewußtsein vollzogen, sondern durch die Geschichtsschreibung – nicht schon durch Annalen, wiewohl diese als Vorstufe zur Geschichtsschreibung anzusehen sind. Es ist für Hegel jedoch keineswegs so, daß die »subjective Seite«, die Historie, nur zu der materialen Seite der Begebenheiten hinzuträte und sie zu »Geschichte« konstituierte, sondern durch das Hinzutreten der »subjectiven Seite« ändert die materiale ihren Charakter: »die eigentliche objective Geschichte eines Volkes, fängt erst da an, wo sie auch eine Historie haben« (GW 18.124). Sie fängt somit in doppeltem Sinne erst durch die Historie an: indem sich ihre Verlaufsform, der materiale Charakter der Handlungen ändert und indem sie als Geschichte konstituiert wird.

Geschichte vollzieht sich somit stets in dem Zwischenbereich zwischen objektiver und subjektiver Geschichte – oder besser: Sie ist diejenige komplexe Wirklichkeit, die sowohl äußere Gegenständlichkeit als auch subjektive Konstitution umfaßt, die nie bloß ›objektiv‹ ist, aber ebensowenig bloß ›subjektiv‹ – was sie in gegenwärtigen Ansätzen wird, deren Narrationsbegriff schließlich nicht mehr zwischen Erzählung von Geschehenem und Phantasiegebilden unterscheiden kann.

Diese Zusammengehörigkeit von »objectiver« und »subjectiver Geschichte« hat Hegel mit Nachdruck herausgehoben: »Die Vereinigung der beyden Bedeutungen müssen wir für höhere Art als für eine äusserliche Zufälligkeit ansehen; es ist dafür zu halten, daß Geschichtserzählung mit eigentlich geschichtlichen Thaten und Begebenheiten gleichzeitig erscheinen; es ist eine innerliche gemeinsame Grundlage, welche sie zusammen hervortreibt.« Völker »sind darum ohne objective Geschichte, weil sie keine subjective, keine Geschichtserzählung aufweisen«; »ohne einen Endzweck des Fortschreitens und der Entwicklung [...] ist kein denkendes Andenken, kein Gegenstand für die Mnemosyne vorhanden« (GW 18.192–194). Demnach scheint der Seite des Bewußtseins, der Formulierung eines solchen Endzwecks, die Initiative zuzufallen – doch läßt Hegel die Frage der Priorität letztlich unentschieden, zumal es ihm hier wie stets auf die Zusammengehörigkeit beider Seiten ankommt. Um zu begreifen, warum es unter diesen, aber nicht unter jenen Bedingungen zur Konstituierung von »Geschichte« als Geschichte kommt, ist stets eine Vielzahl von Faktoren zu berücksichtigen – bis hin zu natürlichen Bedingungen. Auch die Faktoren der Ausbildung staatlicher Verhältnisse oder des »absoluten Geistes« sind ja selbst nichts Unmittelbares, sondern ihrerseits aufklärungsbedürftig.

(4) »Objective Geschichte« ist stets durch »subjective« konstituiert; hingegen kommt die »subjective« meistens zu spät, um den materialen Charakter von Geschichte dadurch zu beeinflussen, daß sie einen geistigen Horizont eröffnet, der auf das Handeln der Akteure zurückwirkt. Unter den »Arten der Geschichtsschreibung«, die Hegel in den Kollegien 1822/23 und 1828/29 unterscheidet, ist dies allenfalls der »ursprünglichen Geschichtsschreibung« möglich – obschon es auch für sie schwer nachweisbar ist. Doch wäre es zumindest voreilig, Thukydides' oder Caesars Geschichtswerken eine derartige Funktion für die griechische und die römische Welt abzusprechen; für spätere Zeiten ist sie ohnehin vorauszusetzen. Doch selbst ein problematisches Urteil über die unmittelbar-geschichtsverändernde Bedeutung eines Geschichtswerks tangierte nicht dessen geschichtskonstitutive. Schon durch die »ursprüngliche Geschichtsschreibung« der Augenzeugen und Zeitgenossen werden Begebenheiten in ein »Werk der Vorstellung« umgeformt; auch die »objective Geschichte« ist stets ein »Werk der Vorstellung« (GW 18.124). Es ist immer erst der Geschichtsschreiber, der »das, was in der Wirklichkeit bereits vorübergegangenes, in der subjectiven, zufälligen Erinnerung zerstreut und selbst flüchtiger Erinnerung aufbewahrtes ist, zu einem Ganzen componirt es in den Tempel der Mnemosyne aufstellt, und ihm so unsterbliche Dauer verschaft.« (GW 18.123) Solcher »ursprünglichen Geschichtsschreibung« gilt Hegels Sympathie – bis in die neuere Zeit hinein, zur »Histoire de mons tems de Frédéric II«. Als eine Bedingung ihres Gelingens sieht er es an, »daß nicht nur die Bildung in einem Volke in einer hohen Stufe vorhanden sey, sondern auch daß sie nicht einsam in der Geistlichkeit, den Gelehrten u. s. f. isolirt, sondern mit den Staats- und Heerführern vereinigt sey«. Denn von denen, die »oben« stehen, werde die Geschichte nicht »durch das Loch irgend einer moralischen Bouteille oder sonstigen Weisheit betrachtet« (GW 18.128 f.).

Doch kann die »ursprüngliche« Geschichte nur einen kurzen Zeitraum umfassen; sie muß somit durch die »Compilationen« der »reflectirenden Geschichte« ergänzt werden. Deren geschichtskon-

stituierende Arbeit fällt in spätere Zeiten und steht unter gewandelten Bedingungen. Sie verfehlt ihre Aufgabe, wenn sie, wie Livius' *Historien* oder Johannes von Müllers *Geschichten Schweizerischer Eidgenossenschaft*, diese Differenz zu tilgen und eine Unmittelbarkeit zu suggerieren sucht. Hegel kritisiert dies unter Berufung auf Goethe (*Faust*, V. 578): »Will der Geschichtsschreiber den Geist der Zeiten schildern, so pflegt es der eigne Geist der Herrn zu seyn«. Und er attackiert insbesondere den Typus des Geschichtsschreibers, der »den Begebenheiten und Individuen von Zeit zu Zeit mit einem moralischen Einhauen in die Flanke fällt, mit erbaulichen christlichen und andern Reflexionen aufwacht aus dieser tröselnden Erzählerey«. Günstiger beurteilt Hegel die »pragmatische« Geschichte – und hierbei mag er sich dessen erinnert haben, daß er in einer seiner ersten Tagebuchnotizen festhält, er habe eine, »obgleich eine zimlich dunkle und einseitige Idee davon erhalten«, »was eine pragmatische Geschichte sey« (GW 1.5). Auch diese Geschichtsschreibung habe »ein gegenwärtiges Interesse«; sie verzichte aber auf die Simulierung einer Gleichzeitigkeit mit dem Dargestellten. Gleichwohl können »Gegenstand und Zweck der Geschichtsschreiber aber auch Zweck des Volks, Zweck der Zeit selbst« zusammenfallen. Er wendet sich auch nicht generell gegen eingestreute »pragmatische Reflexionen«: »Solche pragmatischen Reflexionen so sehr sie abstract sind, sind so in der That das Gegenwärtige, und die Erzählung der Vergangenheit beleben, zum gegenwärtigen Leben bringen sollende«. Diese Form findet er mehr bei den »Franzosen« – im Unterschied zur neuesten Tendenz der deutschen Historiker: »Deutsche befriedigen uns mehr, so sey es gewesen« – eine sybillinische Anspielung auf seinen kurz zuvor erwähnten Kollegen Leopold von Ranke. Und Hegel faßt sein Urteil über die pragmatische Geschichtsschreibung nochmals mit Goethe zusammen: »Ob nun solche Reflexionen in der That interessant und belebend seyen, das kommt auf den eignen Geist des Schriftstellers an« (GW 18.136 f.)

9.6.4 Die Vernunft in der Geschichte

(1) Mit dieser Einschätzung der pragmatischen Geschichtsschreibung bricht Hegels Manuskript zur Einleitung aus dem Jahre 1828/29 ab – vermutlich deshalb, weil die hier einmal folgenden Ausführungen über die »philosophische Geschichte« (vgl. GW 27/1.14–95) in sein umfangreiches Manuskript von

1830/31 eingegangen sind. Und trotz des Interesses, das gerade Hegels einleitende Darstellung der »Arten der Geschichtsschreibung« gefunden hat, ist sein eigenes Urteil über diese Einleitungsversion nicht zu vergessen: Es handle sich um »eine Übersicht, die nichts philosophisches enthalten kann« (GW 18.122). Über die »philosophische Geschichte« jedoch ist nicht vorweg in einer Außenperspektive zu referieren; sie zu explizieren ist das Gesamtprogramm der Vorlesungen Hegels.

Ein zentraler Begriff dieser »philosophischen Geschichte« ist der Begriff der Vernunft. In wenigen Passagen seines Werkes beruft Hegel sich so umfassend und beharrlich auf »Vernunft« – und auch selten so unbestimmt wie hier. Die Philosophie trage nur den einzigen Gedanken der Vernunft an die Geschichte heran: »daß die Vernunft die Welt beherrscht, daß es also auch in der Weltgeschichte vernünftig zugegangen ist.« Allerdings verweist er auf die spekulative Philosophie: Sie erweise, »daß die V e r n u n f t […] die S u b s t a n z, wie die unendliche Macht, sich selbst der u n e n d l i c h e S t o f f alles natürlichen und geistigen Lebens – wie die u n e n d - l i c h e F o r m, die Bethätigung dieses ihres Inhalts ist« (GW 18.140, vgl. § 549).

(2) Auf solche Formulierungen mag sich die Bezeichnung der Philosophie Hegels als »Panlogismus« stützen – nur macht dieses Wort um nichts deutlicher, was mit der Rede von der Herrschaft der Vernunft gesagt sei. Und Hegel scheint sein Programm einer »philosophischen Geschichte« auch dadurch zu diskreditieren, daß er es gegen Einwände methodologisch immunisiert: Denn wenn die Philosophie den Gedanken von der Weltregierung der Vernunft schon mitbringt und wenn derjenige, der die Welt vernünftig ansieht, im Gegenzug auch von ihr vernünftig angesehen wird, so scheint das Resultat immer schon vorweggenommen – gegen alle potentiellen Einwände, die aus der eklatanten Widervernünftigkeit der Geschichte zu erheben wären. Eine derartige apriorische Geschichtsschreibung brauchte sich auf das geschichtliche Detail nicht erst einzulassen. Andererseits ist es jedoch ebenso plausibel, daß – wie bei jeder Analyse – nur eine auf die Erkenntnis einer immanenten Vernunft gerichtete Geschichtsbetrachtung eine derartige »Substanz« zu Tage fördern wird.

Hegel hat das Problem einer möglichen Korrumpierung der Resultate einer empirischen Geschichtsforschung durch seine hermeneutische Voraussetzung selbst gestellt – doch hat er es als entschärft betrachtet, und dies aus zwei Gründen. Der erste ist

eher taktischer Art: Hegel gibt der vermeintlich empirisch verfahrenden Historie seiner Zeit den Vorwurf der apriorischen Geschichtsschreibung zurück – und im Blick selbst auf Barthold Georg Niebuhrs Behauptungen über die römische Frühzeit mit gutem Recht. Die Philosophie überlasse »dergleichen Apriovitäten […] den geistreichen Historikern von Fach«. Diese Kritik stellt aber noch nicht sicher, daß die Philosophie sich nicht lediglich auf Apriovitäten anderer Art kapriziere, sondern einen besseren Weg einschlage. Doch der zweite Grund, den Hegel hier nennt, erscheint zumindest in seiner programmatischen Form als tragfähig: Die Philosophie lasse sich von solchen Historikern nicht verführen; sie profiliere sich gegen sie durch ihre Treue zur Empirie: »die Geschichte aber haben wir zu nehmen wie sie ist; wir haben historisch, empirisch zu verfahren.« »Es hat sich also erst und es wird sich aus der Betrachtung der Weltgeschichte selbst ergeben, daß es vernünftig in ihr zugegangen« (GW 18.142). Methodologisch ist sein Unternehmen deshalb zu beschreiben als ein empirisches Verfahren, geleitet von dem heuristischen Prinzip, die in der Geschichte wirkliche Vernunft herauszuarbeiten.

(3) Daß der bloße Gedanke der Weltregierung der Vernunft allein noch keineswegs verläßliche Resultate garantiert, zeigt Hegel selber an zwei prominenten Gestaltungen: Als erster habe Anaxagoras dieses Prinzip aufgestellt. Sokrates' wie Hegels Einwände richten sich nicht gegen sein Prinzip, auch nicht dagegen, daß Anaxagoras die Vernunft nicht als »Intelligenz« oder »als selbstbewußte Vernunft« faßt, sondern allein dagegen, daß er es auf die Natur beschränkt und die konkrete Vermittlung zwischen dem Prinzip und dem angeblich Prinzipiierten nicht geleistet habe. Weit kritischer stellt er sich gegen die zweite Form, gegen die fromme Auskunft, daß eine persönlich gedachte »Vorsehung« die Welt nach einem Plan regiere. Auch dieser Glaube an die »Vorsehung« sei unbestimmt – und vor allem polemisiert Hegel gegen die Diskrepanz, daß von einem »Plan der Vorsehung« geredet und zugleich darauf insistiert wird, es sei »Vermessenheit«, ihn zu erkennen. Das fromme Gemüt mag zwar Erbauung daran finden, seine Überzeugung in einzelnen Begebenheiten bestätigt zu sehen – doch die Philosophie könne bei dieser »Kleinkrämerey des Glaubens an die Vorsehung« nicht stehenbleiben. Sie müsse endlich dazu übergehen, »auch diese reiche Production der schöpferischen Vernunft zu begreifen, welche die Weltgeschichte ist« – und zwar jetzt, wo »das, was Endzweck der Welt, endlich auf allgemeine, bewußte

Weise in die Wirklichkeit getreten« ist. Erst dann kann man nämlich begreifen, was es mit der Vorstellung von einem »Plan der Vorsehung« auf sich hat: Die Vernunft in der Geschichte liegt darin, daß sie sich als »der vernünftige nothwendige Gang des Weltgeistes« begreifen läßt. Was an sich Endzweck der Geschichte ist, das Wissen des Geistes von seiner Freiheit, wird auch als solcher gewußt (GW 18.142–150, vgl. *Grundlinien*, § 343).

(4) Mit diesen Aussagen über den Endzweck der Geschichte und seine Realisierung scheint Hegel den Gipfel der philosophischen Hybris erklommen zu haben. Und auch abgesehen von ihrem hybriden Charakter scheinen sie auf offenkundig unzulänglichen Voraussetzungen zu beruhen. Denn über einen »Endzweck der Geschichte« lasse sich doch erst an ihrem Ende reden – und zuvor allenfalls in der Form eines Vorgriffs auf dieses Ende, wie er von der Geschichtstheologie vollzogen werde. Geschichtsphilosophie bleibe somit schon strukturell abhängig von Geschichtstheologie; sie sei von ihrer Entstehung her ein Säkularisat der biblischen Eschatologie und bleibe auch weiterhin nur als Geschichtstheologie möglich – so eine früher einflußreiche, jedoch weder als historische noch als systematische These haltbare Unterstellung (zur Kritik Jaeschke 1976). Doch diese Denkfigur der sog. »Prolepsis« liegt Hegel fern. Für ihn folgt die Bestimmung des Endzwecks des »Weltgeistes« vielmehr aus dem Begriff des Geistes: Geist ist stets auf Selbstbewußtsein, auf sein Sichwissen angelegt, er hat ja die Struktur des Selbstbewußtseins – der »Weltgeist« nicht anders als das einzelne geistige Subjekt. Dieses Sichwissen ist sein immanentes Telos; Geist ist entelechial auf solches Sichwissen angelegt und vollendet sich in ihm – analog der Aristotelischen Noesis noeseos, aber eben nicht im Sichdenken des Gottes, sondern in der Wirklichkeit, die sich in solchem Wissen vollendet. Geschichte als Explikation des Begriffs des Geistes zu deuten, bedeutet notwendig, sie als einen Prozeß zu deuten, der das Selbstbewußtsein des Geistes verwirklicht – das Wissen von seiner Freiheit.

»Geschichte« ist ja keine natürliche Entwicklung und auch keine formelle Prozessualität, sondern sie ist Explikation des Geistes. Sie gründet ja in der »Geschichtlichkeit«, und in dieser liegt mit der vermittelten Selbstbeziehung bereits der »Keim der denkenden Freiheit« (s. Kap. II.9.6.4). »Geschichte« im prägnanten Sinn beginnt für Hegel erst, »wo die Vernünftigkeit, in weltliche Existenz zu treten beginnt«. Und dies ist nicht etwas, was äußerlich an sie herankäme: Ihr ›Material‹ sind selbst schon Akte der Freiheit:

»Die Freyheit ist nur solche allgemeine, substantielle Gegenstände, wie das Gesetz und das Recht zu wissen und zu wollen, und eine Wirklichkeit hervorzubringen, die ihnen gemäß ist, – den Staat.« (GW 18.190 f.)

(5) Dieser Begriff von Geschichte beruht allein auf Hegels Begriff des Geistes; er ist noch nicht mit der geschichtlichen Wirklichkeit vermittelt. Doch Hegel formuliert ja als sein Programm, es müsse »sich aus der Betrachtung der Weltgeschichte selbst ergeben, daß es vernünftig in ihr zugegangen« sei, und um dies festzustellen, sei historisch-empirisch zu verfahren (GW 18.142). Seine »philosophische Geschichte«, seine Abhandlung der Weltgeschichte, dient der historischen Verifikation des vorausgesetzten Begriffs: daß sie zurecht als Verwirklichung des Selbstbewußtseins des Geistes und der Freiheit gedeutet werden kann. Es ist nicht sehr redlich, über Hegels Apriorismus und über seine »große Erzählung« zu klagen, mittels deren er den guten Sinn seines Geschichtsbegriffs bewähren will, und diesen zumindest versuchten empirischen Nachweis zugleich a priori zu ignorieren.

Dieses Ziel der empirischen Bewährung des geistesphilosophischen Geschichtsbegriffs nimmt Hegel sehr ernst – so sehr, daß er gelegentlich ganz in die Empirie einzutauchen scheint. Gerade damit hebt sein Vorgehen sich wohltuend ab von den unter seinen Zeitgenossen grassierenden Urzustandsphantasien, wie sie sich im Umkreis der Restauration, auch bei Schelling und Friedrich Schlegel, finden – von der Annahme, am Beginn der Geschichte habe ein vollkommener, von Gott geschaffener Urzustand gestanden, nach dessen Zerstörung heute nur noch gelegentlich »Trümmer« anzutreffen seien. Sein Programm der empirischen Bewährung grenzt Hegel zudem sehr nachdrücklich gegen die mythologischen Delirien ab, die Joseph v. Görres unter dem Titel *Ueber die Grundlage, Gliederung und Zeitenfolge der Weltgeschichte* stellt; er sieht sich genötigt, Görres sehr eindringlich an die Binsenwahrheit zu erinnern, daß »die Beglaubigung des Geschichtlichen nur auf historische Zeugnisse und deren kritische Würdigung gegründet werden kann, und daß solche Erkenntniß allein Wissenschaftlichkeit genannt wird.« (s. Kap. II.8.7.8)

(6) Ein für Hegels Geschichtsphilosophie schwieriges Problem liegt in der Vermittlung zwischen seinem rein geistesphilosophischen Geschichtsbegriff und den einzelnen Taten und Begebenheiten, die dem Betrachter der Geschichte zunächst ins Auge fallen. Der »Weltgeist« ist ja nicht in dem Sinne »Akteur« der Geschichte wie die in ihr handelnden Indi-

viduen. Der »allgemeine Zweck« des Geistes und der »bewußte Zweck« der Individuen fallen auseinander – zumal Hegel die zwischen beiden ohnehin bestehende Kluft zusätzlich noch weiter aufreißt, indem er den geschichtlichen Individuen den »allgemeinen Zweck« gemeinhin abspricht. Über die realen Triebkräfte in der Geschichte denkt er alles andere als »idealistisch«: Geschichte wird nicht durch – hehre – Ideen bewegt oder etwa dadurch, daß die geschichtlich agierenden Subjekte die Verwirklichung des Endzwecks des Geistes auf ihre Fahnen geschrieben hätten. Sie wird bestimmt durch ihre Interessen, Bedürfnisse, Triebe, durch selbstsüchtige Zwecke und Leidenschaften: »Es geschieht daher nichts, wird nichts vollbracht, ohne daß die Individuen, die dabey thätig sind, auch sich befriedigen«. Und dies ist keineswegs verwerflich, ja nicht einmal bedauerlich, sondern es »ist das unendliche Recht des Subjects, das zweite wesentliche Moment der Freyheit, daß das Subject sich selbst befriedigt findet, in einer Thätigkeit, Arbeit«. Und Hegel wiederholt hier nahezu wörtlich den oben (s. Kap. II.9.4.5) zitierten Satz der *Enzyklopädie*, »daß n i c h t s G r o ß e s in der Welt o h n e L e i d e n s c h a f t vollbracht worden ist.« (GW 18.158–161)

Diese Diskrepanz zwischen dem »allgemeinen«, im Begriff des Geistes liegenden, aber von den geschichtlichen Akteuren nicht bewußt verfolgten Zweck und deren »bewußten«, aber gerade nicht auf das Allgemeine gerichteten Zwecken sucht Hegel auf doppelte Weise zu überbrücken – mittels des ›berüchtigten‹ Gedankens der »welthistorischen Individuen« und des nicht minder ›berüchtigten‹ Theorems der »List der Vernunft«. Von dieser »List« ist allerdings in der Literatur über Hegel mehr die Rede als in seinen Texten; in seinem – zwar fragmentarischen, aber in der thematischen Partie vollständigen – Manuskript zur Philosophie der Weltgeschichte findet sich dieser Ausdruck nicht, nur einmal in den *Vorlesungen über die Philosophie der Weltgeschichte* (W IX.41). In der *Logik* (GW 12.166) wie auch in der *Enzyklopädie* ³§ 209 spricht Hegel zwar von der »List der Vernunft«, jedoch beim Begriff der Teleologie, und näher in einem nicht geschichtlichen, sondern eher naturphilosophisch gefärbten Kontext.

Dennoch ist dieser Ausdruck – eben in seiner provokativen Kraft – glücklich gewählt. Hier scheinen zwar wiederum, wie schon bei der Rede vom »Weltgeist«, mythologische Figuren in einen geschichtstheoretischen Ansatz hineinzuwandern – aber auch hier dient das bewußt anstößig gewählte Bild lediglich dazu, ein dringliches Problem zunächst zu be-

zeichnen und damit auch schon seine Lösung anzudeuten: die Diskrepanz zwischen einem Geschichtsverlauf, der durch eine wenn auch nicht störungsfreie, so doch insgesamt »lineare«, vielleicht ja gar als »Fortschritt« zu charakterisierende Entwicklung bestimmt ist, und den stets gleichen Bedürfnissen und Interessen der zwar immer anderen, aber sich doch stets gleichbleibenden endlichen Akteure.

Die Formel von der »List der Vernunft« zeigt das gleiche Problem an, das Kant in seiner *Idee zu einer Geschichte in weltbürgerlicher Absicht* (1784, AA VIII) ebenfalls metaphorisch unter den Titel einer »Naturabsicht« stellt: Ein der Geschichte immanenter Antagonismus lenkt sie in eine Richtung, auch wenn die handelnden Personen diese gar nicht als Ziel ihres Willens gesetzt haben. Eine Geschichtsphilosophie, die sich nicht auf das lebenspraktisch unwichtig gewordene und auch theoretisch ausgedünnte Erkenntnisinteresse der neueren analytischen Geschichtsphilosophie beschränken will, muß zu beantworten suchen, weshalb geschichtliche Prozesse anders als Naturprozesse, wenn auch durch Verzögerungen oder gar Rückfälle in frühere Stufen, durch natürliche oder sittliche Katastrophen gestört, irreversibel in einer Richtung verlaufen – was selbst die Geschichte des 20. Jahrhunderts bestätigt. Sie muß darüber Auskunft geben, wie Geschichte, obgleich in ihr als alleinige Akteure die Individuen mit ihren partikularen Zwecken auftreten, eine Richtung nimmt, die nicht aus ihrem übereinstimmenden Willen entspringt und sich auch nicht als eine Resultante aus divergierenden individuellen Zielsetzungen beschreiben läßt, sondern einer inneren Logik folgt. Gegen einen solchen Ansatz läßt sich leicht einwenden, er mißachte das Individuum – doch geht es nicht um die moralische Frage, ob das Individuum solche übergreifende, geschichtsgestaltende Bedeutung erhalten solle, sondern allein darum, wie sich geschichtliche Prozesse adäquat beschreiben und begreifen lassen.

Diesen schwierigen Punkt der Vermittlung zwischen dem Allgemeinen und dem Besonderen in der Geschichte hat Hegel nicht in der erforderlichen Klarheit herausgearbeitet. Er exponiert lediglich die Problemlage: »d i e W e l t g e s c h i c h t e beginnt nicht mit i r g e n d einem b e w u ß t e n Z w e c k e«; sie »fängt mit ihrem a l l g e m e i n e n Z w e c k e, daß der B e g r i f f des Geistes befriedigt werde, nur a n s i c h an, – d. h. als N a t u r; er ist der innere, der innerste bewußtlose Trieb – und das ganze Geschäft der Weltgeschichte ist wie schon oben überhaupt erinnert, die Arbeit ihn zum Bewußtseyn zu bringen.« Diejenigen, die diese »Arbeit« leisten, sind »die Mittel und die Werkzeuge eines Höheren, [...] von dem sie nichts wissen, das sie bewußtlos vollbringen«.

Doch statt darzulegen, wie dieser »allgemeine Zweck« gleichsam hinter dem Rücken des Bewußtseins der »Mittel und Werkzeuge« wirkt, wie das Allgemeine in den besonderen Zwecken ist und sich durch sie vollbringt, verweist Hegel zum einen auf die »Logik«, die die spekulative Natur der Vereinigung des Allgemeinen und Einzelnen aufzeige. Für dieses spezielle Problem der geschichtlichen Vermittlung gibt sie allerdings keinen Aufschluß. Zum anderen sucht er diese Vereinigung durch ein Beispiel zu veranschaulichen, das eigentlich Fragen der Imputation betrifft und insofern nicht einmal sonderlich glücklich gewählt ist. Ein Teil einer Antwort hätte im Hinweis darauf gelegen, daß jedes Individuum neben seinem »besonderen« immer auch ein »allgemeines« und »geschichtliches« Leben führt, immer auch in allgemeinen Zusammenhängen steht – als Mitglied eines »Standes« der »Bürgerlichen Gesellschaft«, als Bürger eines Staates, als Mitglied einer Religionsgemeinschaft oder als Teilnehmer an einem Kriege, und in dieser Vermitteltheit Moment des Allgemeinen ist und an dessen Bewegung teilhat. Ein anderer – und wichtigerer – Teil der Antwort hätte im Nachweis bestehen müssen, daß geschichtliche Handlungen als Manifestationen des objektiven Geistes stets als Akte der Freiheit auf einander bezogen sind und durch ihre immanente Logik auf Verwirklichung von Freiheit angelegt sind.

Anschaulich wird diese »Vereinigung des Allgemeinen und Besondern« hingegen in Hegels Lehre von den »welthistorischen Individuen«. Sie sind die herausgehobenen Personen, deren besondere Zwecke mit dem allgemeinen Zweck zusammenfallen – und so sind sie nicht die »Mittel«, sondern die »Geschäftsführer« des Zweckes des Weltgeistes. Freilich fragt es sich, ob diese Einheit ihres besonderen Zweckes mit dem allgemeinen Zweck nicht bloß eine vermeintliche, und vielmehr als kausale Wirkung ihres partikularen Zwecks auf den Gang der Geschichte zu betrachten sei – die »Alleinherrschaft Roms« nicht als Telos der römischen Geschichte, sondern als Wirkung von Caesars Machtstreben. Doch bleibt auch zu bedenken, daß eben der Umstand, daß solche partikularen Zwecke verwirklicht worden sind, eine geschichtliche Situation voraussetzt, in der diese Partikularität durchsetzungsfähig gewesen ist – eben weil sie mit einer objektiven Tendenz übereingestimmt hat.

Weit weniger bekannt als Hegels – oft als Provokation empfundene – Rede vom Individuum als »Mittel und Werkzeug« sind seine Überlegungen zum Selbstzweck-Charakter der Individuen – obgleich sie fraglos dominant sind. Auch im Kontext der Überlegungen zum Mittel-Charakter (GW 18.159) betont Hegel ja unmißverständlich »das unendliche Recht des Subjects« auf Befriedigung, und hieran knüpft er später an: Schon im Bereich der natürlichen Dinge stehen »Mittel« und »Zweck« nicht in einem bloß äußerlichen Verhältnis, und um so weniger stehen die Menschen im äußerlichen Verhältnis zum Vernunftzweck (GW 18.166). Sie haben an ihm Teil »und sind ebendadurch Selbstzwecke« – und nicht nur in dem Sinne wie Organismen, sondern »dem Inhalte des Zweckes nach.« Moralität, Sittlichkeit, Religiosität, Vernunft, Freiheit sind »der Kategorie eines Mittels entnommen« – im Sinne von ›überhoben‹. Sie haben »unendlichen Werth«, auch in ihrer einfachen, naiven Gestalt; sie bleiben »unangetastet« und »dem lauten Lärm der Weltgeschichte« entnommen – auch dann, wenn diese Geschichte gleichwohl über sie hinwegrollt, weil sie alles Endliche aufhebt – wenn auch nur darin, daß sie immer neues Endliche produziert (GW 18.161–171).

9.6.5 Theodizee

(1) Der Charakter eines Werkzeugs kommt dem Individuum somit nach seiner »allgemeinen« Seite zu, nach der es in das Leben seines Staates eingebunden ist und den allgemeinen Zweck verwirklicht; nach der Seite seiner Besonderheit ist es »Selbstzweck«. Noch empörender als die Rede von »Mitteln und Werkzeugen« erscheint gemeinhin eine ungeheure Diskrepanz in Hegels Urteil über Geschichte: Er spricht von der Weltgeschichte als einer »verworrenen Trümmermasse«, als einer »Schlachtbank«, »auf welcher das Glück der Völker, die Weisheit der Staaten und die Tugend der Individuen zum Opfer gebracht worden«. Und trotz dieser ungeschminkten Aussagen weist er der philosophischen Geschichtsbetrachtung die Funktion einer Theodizee zu, einer »Rechtfertigung Gottes, welche Leibniz metaphysisch auf seine Weise in noch abstracten, unbestimmten Kategorien versucht hat; das Übel in der Welt überhaupt, das Böse mit innbegriffen, sollte begriffen, der denkende Geist mit dem Negativen versöhnt werden.« Angesichts der Opfer erscheint jede Rede von »Versöhnung« als Verhöhnung – und dies nicht erst, wenn auch fraglos ins Unendliche gesteigert nach den Massenmorden des 20. Jahrhunderts.

(2) Die jedem Versuch einer Theodizee immanenten Spannungen treten in Hegels Geschichtsphilosophie auch deshalb so klar ins Bewußtsein, weil er den Charakter der Weltgeschichte weit drastischer zeichnet als etwa Kant – ganz zu schweigen von Leibniz' beschwichtigender Versicherung, es könne auf dieser besten aller möglichen Welten so schlimm doch nicht sein, da es ja schließlich mehr Häuser als Gefängnisse gebe (Theodizee, B 148). Hegel hingegen sucht die Wirklichkeit des Übels nicht zu beschönigen – und nicht allein durch die Bemerkung, »daß die Weltgeschichte nicht ein Boden des Glücks ist, denn die Perioden des Glücks sind für die Geschichte leere Blätter« (GW 27/1.54). Sie ist aber nicht allein durch die Abwesenheit des Glücks charakterisiert: »es ist in der Weltgeschichte, daß die ganze Masse des concreten Übels uns vor die Augen gelegt wird.« Man kann ihre Darstellung »zu dem furchtbarsten Gemählde erheben, und ebenso damit die Empfindung zur tiefsten rathslosesten Trauer steigern, welcher kein versöhnendes Resultat das Gleichgewicht hält« (GW 18.150, 156–158).

Doch trotz dieser illusionslosen Schilderung sieht Hegel es als den falschen Weg an, »in den leeren, unfruchtbaren Erhabenheiten jenes negativen Resultats sich trübselig zu gefallen.« Seine »philosophische Geschichte« hält an der Möglichkeit der »Versöhnung« fest, gleichsam einer Versöhnung zwischen Leibniz' *Theodizee* und Voltaires *Candide*: »Diese Aussöhnung kann nur durch die Erkenntniß des Affirmativen erreicht werden, in welchem jenes Negative zu einem Untergeordneten und Überwundenen verschwindet; – durch das Bewußtseyn, theils was in Wahrheit der Endzweck der Welt sey, theils daß derselbe in ihr verwirklicht worden sey und nicht das Böse neben ihm ebensosehr und gleich mit ihm sich geltend gemacht habe.« Allein in diesem doppelten Wissen – im begreifenden Wissen des Endzwecks und in der Bewährung dieses Wissens durch die geschichtliche Erfahrung – liegt die Versöhnung; andere Wege zu ihr gibt es nicht, und sie hat keineswegs einen triumphalistischen, leichtfüßig über die Opfer hinwegeilenden Charakter, sondern eher den trotzigen eines ›Dennoch‹. Es geht Hegel hier, nicht anders als Kant, darum, »etwas Weniges«, »schwache Spuren« (AA VIII.27) der Realisierung des Endzwecks, nämlich der vollkommenen Staatsverfassung zu entdecken – wobei Kant metaphorisch von einer »Naturabsicht« spricht, während Hegel die in der Geschichte selbst liegende Tendenz auf einen Endzweck hin als eine Logik der Freiheit herauszuarbeiten sucht.

(3) Gegen Hegels Betrachtung der Weltgeschichte als »Theodizee« erhebt eine breite Kritik den Vorwurf der Mediatisierung, der Instrumentalisierung und gar der Verhöhnung der Opfer – doch diese Kritik ist unzutreffend bis zur Unredlichkeit (allenfalls mit der Ausnahme Adornos). Und dies nicht allein deshalb, weil derjenige, der das trostlose Erscheinungsbild der Weltgeschichte in so düsteren Farben malt wie kein anderer und sich auch nicht scheut, sie der Wahrheit gemäß als »Schlachtbank« der Völker und Individuen zu bezeichnen, dieses Resultat damit nicht schon als erwünscht oder als moralisch gerechtfertigt bezeichnet. Hegels Geschichtsphilosophie ist vielmehr die einzige der klassischen Konzeptionen, der man den Vorwurf einer Instrumentalisierung nicht machen kann.

Der Grund hierfür ist leicht zu erkennen: Instrumentalisierung setzt einen bewußten Zweck voraus, wie er in den personalistischen theologischen Denkmodellen enthalten ist – doch Hegels Konzeption kennt keinen Gott, der in bewußter Zwecksetzung, als »Vorsehung«, die Geschicke der Menschheit nach einem »Plan« lenkte, und damit fehlt der Adressat für die Anklage, die das Verfahren der Theodizee in Gang setzen muß. Hegel bedient sich zwar noch dieser damals vorherrschenden Terminologie – und nicht ohne sie korrigieren –, aber sie ist nur noch eine erstarrte Fassade. Hinter ihr verbirgt sich nicht mehr der persönliche, über »Mittel« und »Zwecke« disponierende Gott des Kirchenglaubens, und auch nicht mehr der Leibnizische Gott, der durch eine moralische Notwendigkeit genötigt würde, die beste aller möglichen Welten zu wählen, obschon sie leider immer noch des Übels genug enthielt – so daß Kritiker sie mit gutem Grund als die schlechteste aller möglichen werten konnten. Hier agiert auch nicht mehr die segensreiche Leitung einer Vorsehung, die auch über Millionen von Leichnamen zum Ziel gehe, wie der junge Herder einmal so anmutig in Aussicht stellt (hg. Suphan V.576). Das Göttliche, das in Hegels »Theodizee« gerechtfertigt wird, ist der »Geist«, das auf Freiheit und das Bewußtsein der Freiheit gerichtete Handeln und Wissen – und nicht mehr ein der moralischen Imputation fähiges Subjekt. Deshalb ist auch das Wort »Theodizee« hier nur ›cum grano salis‹ zu verwenden.

Die Kritik an der Verhöhnung der Opfer ist im Recht gegenüber jeder »Theodizee«, die mit einem personalen Gottesgedanken arbeitet – und dies sind seit der Antike nahezu alle Gestalten der »Theodizee«. An Hegels Ansatz aber geht sie völlig vorbei. Es ist eine – in vielen Fällen wohl beabsichtigte –

merkwürdige Verkehrung, Hegels Konzeption wegen eben der Züge zu kritisieren, die an den traditionellen theologischen Gestalten der »Theodizee« unvermeidlich kritikabel, aber eben deshalb aus seiner Konzeption eliminiert sind.

Dies gilt auch für die Formel, die Hegel sich durch Schillers Gedicht *Resignation* vorgeben läßt: »Die Weltgeschichte ist das Weltgericht« (*Grundlinien*, § 340; Jüngel 2001; Hüffer 2002, 185). Dies heißt ja nicht, daß in Gestalt der Weltgeschichte ein schlechthin kompetenter und unbestechlicher Richter auf dem Richterstuhl säße, sondern daß auf die Erwartung eines nachträglichen Aktes transzendenter Gerechtigkeit zu »resignieren« sei: Die Weltgeschichte i s t s c h o n das Weltgericht; wir haben keines anderen zu erwarten, und auch keiner sonstigen Veranstaltung, in der die Tränen der Gerechten getrocknet werden. Gegen den ›Spruch‹ der Weltgeschichte ist keine Berufung möglich, auch wenn er im Einzelfall noch so verheerend ausfällt. Die einzige »Versöhnung« liegt allein im Wissen um den Endzweck und seine fortschreitende Realisierung – in der Erkenntnis, daß auch »Vernunft in der Geschichte« sei, trotz des »furchtbarsten Gemähldes«, als das sie sich uns zunächst darbietet (GW 18.150–158).

9.6.6 Fortschritt im Bewußtsein der Freiheit

(1) Diese »Vernunft in der Geschichte« liegt darin, daß Geschichte in ihrem subjektiv-objektiven Doppelcharakter Geschichte der Freiheit ist. Die »objective Geschichte« hat ja keine andere Existenz als in freien Handlungen, und die »subjective« konstituiert aus ihnen die »objective Geschichte«. Geschichte ist aber nicht allein »aus dem einen Metalle der Freiheit errichtet« (um Eduard Gans' Dictum über die *Grundlinien* zu adaptieren, W VIII.X), sondern Geschichte ist – in ihrer höchsten Bestimmung – »Fortschritt im Bewußtseyn der Freyheit« (GW 18.153).

Geschichtsphilosophie hat für Hegel zur Aufgabe, diesen Fortschritt zu erkennen und in seiner »Nothwendigkeit« zu erkennen. Sie ist damit, könnte man sagen, eine ›Hermeneutik der Freiheit‹: Sie offenbart ihren Gehalt nur demjenigen, der nach ihm fragt. Dem scheint ein vielzitiertes, auch von Rosenzweig (1920, Bd 2.1) herangezogenes Wort Goethes über Geschichte zu widersprechen: »Man sieht in dieser ungeheuern Empirie nichts als Natur und nichts von dem was wir Philosophen so gern Freyheit nennen möchten.« (an Schiller, 9.3.02; WA IV/16.49) Doch ist Goethes Rede von der »ungeheuern Empirie« keine Charakteristik von Geschichte überhaupt, sondern sie bezieht sich auf eine einzelne Darstellung der Französischen Revolution, die diesen Freiheitsaspekt nicht herausgearbeitet hat, und vor allem hätte Hegel gegen eine derartige Darstellung geltend gemacht, daß auch das, was sie als »Natur« erscheinen läßt, nichts als Akte der Freiheit sind – wenn auch sicherlich zum großen Teil Akte einer sich selbst mißverstehenden Freiheit.

(2) Mit dieser exponierten Rede von »Fortschritt« scheint Hegel sich der sogenannten naiven Fortschrittsgläubigkeit der Aufklärung anzuschließen. Doch profiliert er seinen Begriff des Fortschritts material und formal gegen Fortschrittskonzeptionen der Aufklärung.

Formal grenzt er ihn ab gegen den Gedanken der Perfektibilität: »Die abstracte Veränderung überhaupt, welche in der Geschichte vorgeht, ist längst in einer allgemeinen Weise gefaßt worden, so daß zugleich einen Fortgang zum Bessern, Vollkommenern enthalte.« Das Recht einer solchen Fortschrittskonzeption liegt darin, daß sie die Verlaufsform der Geschichte vom »Kreislauff« der Natur unterscheidet, in dem nichts Neues unter der Sonne geschieht. Sie unterstellt »eine wirkliche Veränderungsfähigkeit und zwar wie gesagt zum Bessern, Vollkommenern, – ein[en] Trieb der P e r f e c t i b i l i t ä t.« Hegel erwähnt, daß dieses Prinzip »von den Religionen, wie der katholischen« und ebenso von Staaten, die auf ihre Stabilität pochen, »übel aufgenommen worden« sei. Aber auch er verteidigt es keineswegs, wenn auch aus anderem Grund: »In der That ist die Perfectibilität beynahe etwas so bestimmungsloses, als die Veränderlichkeit überhaupt; sie ist ohne Zweck und Ziel; das Bessere, das Vollkommene, worauf sie gehen soll, ist ein ganz unbestimmtes.« Er nimmt somit nicht an der Veränderung Anstoß, sondern an ihrer Ziellosigkeit – daran, daß sie in einen unendlichen Progreß einmündet, den Hegel ja auch an Kants Ethikotheologie verwirft (GW 18.181 f.).

Hegels Kritik der Perfektibilität betrifft jedoch nicht ein weiteres geschichtsphilosophisches Modell der Aufklärung: das Modell der »Erziehung des Menschengeschlechts«, das ihm, dem »Vertrauten Lessings« (s. Kap. I.2.3), fraglos in dessen Fassung und weniger in der Variante Herders vor Augen steht (LM 13.413–436). Auf den religionsgeschichtlichen Hintergrund läßt Hegel sich jedoch nicht ein, ebensowenig auf das Problem der Übertragbarkeit des Erziehungsbegriffs (Jaeschke 1976, 273–324). Entgegen Lessings Intentionen integriert Hegel dieses Modell in einer Randnotiz in seine eigene Konzeption einer

Geschichte der Freiheit: »Erziehung des Menschengeschlechts zu was? Zur Freyheit – Mensch erzogen dazu – nicht unmittelbar. Resultat –« (GW 18.153). Inhaltlich wird Lessings *Erziehung des Menschengeschlechts* für Hegels Religionsphilosophie wichtiger als für seine Geschichtsphilosophie.

Material unterscheidet sich Hegels Fortschrittsbegriff von den elaboriertesten Konzeptionen der Aufklärung durch die Reduktion seines Umfangs. Condorcet etwa erwartet einen umfassenden und einheitlichen »Fortschritt« auf allen Gebieten des menschlichen Lebens, bis hin zur Steigerung der Lebenserwartung, da die Natur Wahrheit, Glück und Tugend unauflöslich mit einander verkette. Die von ihm prognostizierten künftigen Fortschritte betreffen die Beseitigung der Ungleichheit der Nationen, den Fortschritt bei der Gleichheit innerhalb eines Volkes und die wirkliche Vervollkommnung des Menschen. Für derart weit gefaßte Erwartungen hat Hegel stets nur Spott übrig gehabt – etwa auch für Fichtes Hoffnungen, daß »in dem Ideal der moralischen Weltordnung, die Vulcane u. s. w. nicht mehr immerdar so bleiben wie sie annoch sind, daß jene nach und nach ausbrennen, die Orcane zahmer, die Krankheiten weniger schmerzhaft, der Dunstkreis der Wälder und Sümpfe verbessert werde« (GW 4.407). Gegenüber solchen Erwartungen einer Verbesserung der natürlichen Lebensbedingungen oder der Moralität oder der menschlichen Glückseligkeit begrenzt Hegel den »Fortschritt« strikt auf den »Fortschritt im Bewußtseyn der Freiheit« – eben weil er die immanente und untilgbare Bewegung zur Verwirklichung und zum Sichwissen von Freiheit als ein konstitutives Moment des Begriffs des Geistes sieht.

(3) Hegels Formel wird gelegentlich vorgeworfen, daß sie, allzu idealistisch, den Fortschritt nur in das Bewußtsein und nicht auch in die Wirklichkeit setze – doch auch dieser Einwand verfehlt Hegels Gedanken. Der Fortschritt betrifft nicht die Seite des An-sich, denn an sich i s t der Mensch frei – sonst könnte er es auch nie werden. Geschichtlich variabel, Gegenstand des Fortschritts ist deshalb nur, ob und wieweit dieses Ansich auch f ü r den Menschen ist. Die Weltgeschichte ist der Weg des Geistes, »wie er z u m W i s s e n d e s s e n zu kommen sich erarbeitet, was er a n s i c h ist.« (GW 18.152 f.) »Fortschritt im Bewußtseyn der Freiheit« meint nicht naiv, daß es in der sittlichen Welt alle Tage etwas freier zugehe, sondern das fortschreitende Bewußtsein darüber, daß sie aus der Freiheit hervorgehe – wenn auch allzu oft aus einer sich selbst mißverstehenden oder die Freiheit anderer mißachtenden Freiheit .

Der Gehalt dieses Gedankens läßt sich – verkürzt – in die populäre Formel bringen, daß »der Mensch als solcher an sich frey ist«. Sicherlich findet sich dieser Freiheitsgedanke nicht am Beginn der Geschichte, auch nicht der europäischen. Es bedurfte erst einer langen Geschichte seiner Herausbildung – einer Geschichte, die Hegel ebenfalls in eine populäre Formel kondensiert: Im Orient sei nur Einer frei gewesen – der Despot; im griechischen und römischen Altertum nur einige – die Freien im Gegensatz zu den Sklaven. Unter solchen Bedingungen ist auch die Freiheit »theils nur eine zufällige, vergängliche unausgearbeitete und beschränkte Blume, theils zugleich eine harte Knechtschaft des Menschlichen, des Humanen. – Erst die g e r m a n i s c h e n Nationen sind im Christenthum zum Bewußtseyn gekommen, daß der Mensch als Mensch frey, die Freyheit des Geistes seine eigenste Natur ausmacht«.

Diesen – vierten – Schritt zum Bewußtsein der Freiheit beschreibt Hegel mehrfach als in sich zweigeteilt: das Bewußtsein sei »zuerst in der Religion, in der innersten Region des Geistes aufgegangen« – aber ein weiterer und zeitaufwendiger Schritt sei die »A n w e n d u n g des Princips auf die Wirklichkeit« gewesen, die Hineinbildung dieses Prinzips in »das weltliche Wesen« (GW 18.152 f.), also der Prozeß der Ver-Weltlichung, den seine Schüler später »Säkularisierung« genannt haben – und damit haben sie den kulturgeschichtlichen Begriff von »Säkularisierung« geprägt (Jaeschke 2001, 10 f.). Doch trotz der Differenzierung zwischen »Prinzip« und »Anwendung« ist dieses Modell noch unangemessen: Es unterstellt, daß das Prinzip nach seiner glücklichen Auffindung nur noch angewendet zu werden brauchte. Es bedurfte jedoch vielmehr eines langen Weges vom ersten »Aufgehen« dieses Prinzips zu seiner ausdrücklichen Formulierung – und erst mit ihr beginnt die entscheidende Phase seiner Verwirklichung.

In seinen philosophiegeschichtlichen Vorlesungen beschreibt Hegel diesen Prozeß detaillierter als in seinen geschichtsphilosophischen: Im Christentum sei der Mensch frei gewesen als Gegenstand der Gnade Gottes – und Hegel rühmt diesen Fortschritt in der Geschichte des Freiheitsgedankens, implizit gegenüber dem Freiheitsgedanken der Stoa, die den Freiheitsgedanken an die Kraft des Geistes bindet: »diese – sc. christlichen – Bestimmungen machen die Freyheit unabhängig von Geburt, Stand, Bildung u. s. f. und es ist ungeheuer viel, was damit vorgerückt worden ist«. Doch fährt er fort: »aber sie« (sc. diese religiösen Bestimmungen) »sind noch verschieden von dem, daß es den B e g r i f f des Menschen ausmacht, ein Freyes zu sein.« (GW 18.57) Und d i e s e s Wissen, fährt Hegel hier historisch korrekt fort, »i s t n i c h t sehr a l t«. Auch wenn es sich zurückverfolgen läßt bis zu jenem denkwürdigen, aber zu seiner Zeit eben nicht zur geschichtlichen Wirklichkeit gestalteten Satz des römischen Rechtsgelehrten Ulpian (D.1,1,4 pr.), »cum iure naturali omnes liberi nascerentur« – »daß nach dem Naturrecht alle als Freie geboren werden« –, ist es ja erst vom Naturrecht seit der Mitte des 18. Jahrhunderts als allgemeines Prinzip formuliert worden. Noch Pufendorf und Locke kennen ja den »Sklaven«, der nicht unter das Prinzip der Freiheit des Menschen a l s Menschen subsumierbar ist. Und erst nach der Formulierung des Prinzips als Prinzips setzt allmählich und zögernd seine politische Verwirklichung ein – gemäß der »L a n g s a m - k e i t« des Weltgeistes (GW 18.56).

(4) An der europäischen Verfassungsgeschichte und an der Geschichte der Menschenrechte, des Gedankens der Freiheit des Menschen a l s Menschen, läßt sich Hegels Bestimmung der Dynamik der Geschichte als »Fortschritt im Bewußtseyn der Freyheit« eindrucksvoll veranschaulichen – etwa bei der Rechtsbegründung in der Erkenntnis, daß das Recht seinen Grund nicht in der ›Natur‹ hat, sondern im freien Willen. Und es kann auch nicht ernstlich strittig sein, die Gegenwart mit Hegel als eine Phase im Prozeß der »Durchbildung des weltlichen Zustands« durch das Prinzip der Freiheit zu begreifen.

Gleichwohl verkürzte eine bloß rechtliche Interpretation diesen Gedanken – wozu der von Hegel gewählte systematische Ort der Geschichtsphilosophie allerdings Anlaß gibt. Hegel sieht jedoch, daß das Bewußtsein des Menschen von seiner rechtlichen Freiheit im Zusammenhang mit der Ausbildung gesellschaftlicher Institutionen steht, in denen diese Freiheit wirklich ist, und er deutet diesen Zusammenhang nicht in der Weise »idealistisch«, daß das Freiheitsbewußtsein solche Institutionen hervortreibe und verändere. Es sind ebensosehr die Institutionen, die das Bewußtsein verändern, das sich in ihnen begreift – auch wenn der komplexe Zusammenhang von Sozial-, Wirtschafts- und Bewußtseinsgeschichte sich der Auszeichnung eines einzelnen für diese »Durchbildung« ursächlichen Moments verweigert.

Hegel sieht diese Verflechtungen im Gebiet des »objektiven Geistes« und darüber hinaus ihren Zusammenhang mit den Partialgeschichten des »absoluten Geistes«, von Kunst, Religion und Philosophie. Es gelingt ihm aber nicht mehr, alle für die Geschichte der Selbstbewußtwerdung des Geistes relevanten Faktoren zu beschreiben und die von ihm anvisierte

Geschichtslogik umfassend herauszuarbeiten – was freilich nur allzu plausibel ist: »ars longa vita brevis«. Insofern harrt sein Projekt einer Logik der Geschichte als Hermeneutik der Freiheit immer noch der Bearbeitung. Erst seine Ausarbeitung wäre »Philosophie der Weltgeschichte« im Sinne ihres umfassenderen Begriffs.

(5) Hegels Konzeption der Weltgeschichte hat jedoch noch einen weiteren Aspekt, der bereits in seiner Schule Fragen aufgeworfen und noch jüngst unter dem Stichwort »Ende der Geschichte« für Verwirrung gesorgt hat (vgl. Fukuyama 1992). »Geschichte« im prägnanten Sinne des Begriffs von Geschichtlichkeit ist stets gedacht als Selbstentfaltung des Geistes – nicht als unendliche Perfektibilität, sondern als eine auf ein Telos zulaufende Bewegung, und zwar im Doppelsinn von Telos: auf ein Z i e l und auf ein E n - d e hin. Die Vollendung des Begriffs aber tilgt die Zeit, wie Hegel schon früh sagt (GW 9.429) – oder vielleicht leichter einsehbar: Das Zusichkommen des Geistes tilgt dessen Geschichte, eben weil sie nichts als die Form seiner Entfaltung ist. Diese getilgte Geschichte ist aber nicht die ›Geschichte‹ im Sinne einer Reihe von Begebenheiten, von der man annehmen mag, daß sie unbekümmert um eine derartige Tilgung der Zeit in eine leere Unendlichkeit fortlaufe. Diese gehorchte mitnichten dem Hegelschen Begriff der Geschichtlichkeit, sonst müßte sie ja in der Tat abbrechen – was offenkundig weder der Fall noch jemals von Hegel behauptet worden ist.

Die an ihr Ziel und Ende kommende Geschichte ist die Geschichte des Geistes, und zwar sowohl die des objektiven Geistes qua Rechts- und Verfassungsgeschichte als auch die des absoluten Geistes. Das »Ende der Geschichte« ist – zunächst – das Ende dieser absoluten Geschichte; im strikten Sinne beendet ist sie, wenn der »Kampf des endlichen Selbstbewußtseyns mit dem absoluten Selbstbewußtseyn, das jenem außer ihm erschien«, aufhört. Deshalb proklamiert Hegel mit großer Emphase am Ende seiner philosophiegeschichtlichen Vorlesungen des Jahres 1805/06: »Es ist eine neue Epoche in der Welt entsprungen.« (W XV.689, vgl. R 202). Nach der Erkenntnis des Prinzips der »Weltgeschichte« kann der Gehalt dieser »neuen Epoche« allein in der »Durchbildung des weltlichen Zustands« liegen. So zeigt ja auch die Rede von einer »neuen Epoche«, daß die Geschichte keineswegs zu Ende ist, sondern einen neuen Charakter gewinnt.

Mit diesem Fortschreiten von der Formulierung des Prinzips zu seiner geschichtlichen Verwirklichung tritt allerdings das Prinzip der Perfektibilität wieder in Hegels Konzeption ein. Denn so unproblematisch es ist, die »neue Epoche« der Geschichte als »Einweltlichung«, als »Einbildung« im Sinne von Hineinbildung des Prinzips der Freiheit »in das weltliche Wesen« zu denken, so unausdenkbar ist ein Zustand, in dem solche »Durchbildung« und somit auch die von Hegel proklamierte »neue Epoche« abgeschlossen wäre. Die (leere) Alternative zur Perfektibilität wäre eine ›Geschichte‹ im Sinne einer bloßen Ereignisfolge, die vom neuen und endgültigen »Ende der Geschichte« gänzlich unberührt bliebe – eben deshalb, weil nicht die Entfaltung des Geistes wäre. Wäre sie es, müßte auch sie an ihr Ende kommen. Doch den Vorteil, nicht zu Ende zu sein, erkaufte solche ›Geschichte‹ im Sinne einer leeren Ereignisfolge damit, daß sie derjenigen Geschichtlichkeit entbehrte, die die Geschichte des Geistes auszeichnet – oder, um es paradox zu sagen: dadurch, daß sie nicht geschichtlich wäre. Hegel allerdings begiebt sich nicht auf das Feld, auf dem solche leeren Möglichkeiten erwogen werden: denn die Philosophie und gerade auch die Geschichtsphilosophie hat zu erkennen, was ist, und sie hat es nicht mit dem Prophezeien zu tun.

Kollegien: 1822/23; 1824/25; 1826/27; 1828/29; 1830/31. – **Erstdruck:** W_1 bzw. W_2 IX. – **Text: a) Manuskripte und sekundäre Überlieferung:** GW 18.119–214,221–227; **b) Nachschriften:** Hegel: Vorlesungen über die Philosophie der Weltgeschichte. GW 27/1–5 (Voreditionen: Hegel: Vorlesungen über die Philosophie der Weltgeschichte. Die Vernunft in der Geschichte (hg. Hoffmeister). Hamburg ^{5}1955 und ND; Bde. 2–4: Die orientalische Welt. Die griechische und römische Welt. Die germanische Welt (hg. Lasson). Hamburg ^{2}1923 und ND; V 12). – **Quellen:** Johann Gottfried Herder: Auch eine Philosophie der Geschichte zur Bildung der Menschheit. In: Sämmtliche Werke. Hg. Bernhard Suphan. Bd. V. Berlin 1891; Marie-Jean-Antoine-Nicolas Caritat, Marquis de Condorcet: Entwurf einer historischen Darstellung der Fortschritte des menschlichen Geistes. (^{1}1793), Frankfurt am Main 1963. – **Literatur:** Theodor W. Adorno: Negative Dialektik. Frankfurt (^{1}1966) 1992; Jörn Rüsen: Begriffene Geschichte. Genesis und Begründung der Geschichtstheorie J. G. Droysens. Paderborn 1969; Hayden White: Metahistory. Die historische Einbildungskraft im 19. Jahrhundert in Europa. Aus dem Amerikanischen von Peter Kohlhaas. Frankfurt am Main 1991 (Original: Baltimore / London 1973); Jaeschke: Die Suche nach den eschatologischen Wurzeln der Geschichtsphilosophie. Eine historische Kritik der Säkularisierungsthese. München 1976; Emil Angehrn: Vernunft in der Geschichte? Zum Problem der Hegelschen Geschichtsphilosophie. ZphF 35 (1981), 341–364; Stephan Otto: Rekonstruktion der Geschichte. Zur Kritik der historischen Vernunft. München 1982; Robert L. Perkins (Hg.): History and System. Hegel's Philosophy of History. Albany 1984; Oscar Daniel Brauer: Dialektik der Zeit. Untersuchungen zu Hegels Metaphysik der Welt-

geschichte. Stuttgart-Bad Cannstatt 1982; Timo Bautz: Hegels Lehre von der Weltgeschichte. Zur logischen und systematischen Grundlegung der Hegelschen Geschichtsphilosophie. München 1988; Francis Fukuyama: Das Ende der Geschichte. Wo stehen wir? München 1992; Norbert Waszek: David Hume als Historiker und die Anfänge der Hegelschen Geschichtsphilosophie. In: Schneider / Waszek (Hg.): Hegel in der Schweiz (1997), 173–206; Hegel-Jb 1995/1996, Berlin 1996/97, zum Thema »Vernunft in der Geschichte?«; darin u. a. in Bd. 1.363–373: Jaeschke: Die Geschichtlichkeit der Geschichte; Elisabeth Weisser-Lohmann / Dietmar Köhler (Hg.): Hegels Vorlesungen über die Philosophie der Weltgeschichte. HSB 38 (1998); Christoph Johannes Bauer: »Das Geheimnis aller Bewegung ist ihr Zweck«. Geschichtsphilosophie bei Hegel und Droysen. HSB 44 (2001); Eberhard Jüngel: »Die Weltgeschichte ist das Weltgericht« aus theologischer Perspektive. In: Rüdiger Bubner / Walter Mesch (Hg.): Die Weltgeschichte – das Weltgericht? Stuttgart 2001, 13–33; Jaeschke: Art. »Säkularisierung«, in: Handbuch religionswissenschaftlicher Grundbegriffe. Bd. 5. Stuttgart u. a. 2001, 9–20; Wilm Hüfer: Theodizee der Freiheit. Hegels Philosophie des geschichtlichen Denkens. HSB 46 (2002); Jong-Seok Na: Praktische Vernunft und Geschichte bei Vico und Hegel. Würzburg 2002; Jaeschke: Die List der Vernunft. HS 43 (2008), 87–102; Ulrich Thiele: Verfassung, Volksgeist, Religion. Hegels Überlegungen zur Weltgeschichte des Staatsrechts. Berlin 2008; Jaeschke: Das Geschriebene und das Gesprochene. Wilhelm und Karl Hegel über den Begriff der Weltgeschichte. HS 44 (2009), 13–44; Susan Buck-Morss: Hegel und Haiti. Für eine neue Universalgeschichte. Aus dem Englischen von Laurent Faasch-Ibrahim. Berlin 2011. Zu »Geschichtlichkeit« siehe David Theodor August Suabedissen: Die Grundzüge der philosophischen Religionslehre. Marburg und Cassel 1831, II-Iff.,196 ff; Leonhard v. Renthe-Finck: Geschichtlichkeit. Ihr terminologischer und begrifflicher Ursprung bei Hegel, Haym, Dilthey und Yorck, Göttingen ^{2}1968; Gerhard Bauer: Geschichtlichkeit. Wege und Irrwege eines Begriffs, Berlin 1963.

9.7 Philosophie der Kunst

9.7.1 Überlieferung

(1) So sehr »Schönheit« als metaphysischer Begriff im Umkreis eines »ästhetischen Platonismus« eine wichtige Funktion in Hegels frühen Aufzeichnungen hat, so wenig widmen diese sich doch der Kunst im engeren Sinne. Demgegenüber weist schon Hegels erste Systemskizze (1801/02) der Philosophie der Kunst – gemeinsam mit der Religionsphilosophie – eine systematisch herausgehobene Bedeutung zu: Der vierte, abschließende Teil des Systems soll darstellen, wie das »freye Volk« »in der Philosophie der Religion und Kunst zur reinen Idee zurükkehrt, und die Anschauung Gottes organisirt.« (GW 5.264)

Kunst ist also Anschauung Gottes. Trotz dieser Bestimmung und trotz – vielleicht auch wegen – der etwa gleichzeitigen Vorlesungen Schellings über die Philosophie der Kunst (SW I/5) hat Hegel diesen Gegenstand zunächst – gemessen an den anderen Partien seines Systems – eher vernachlässigt. Bei der Ausarbeitung seines »Systems« liegt der Akzent zunächst nicht auf der Philosophie der Kunst. In einem Fragment zur Geistesphilosophie (1803) kommt er zwar auf die »Poesie« zu sprechen – jedoch bereits mit der später stereotypen Ambivalenz: Kunst ist zwar »absoluter Geist« – aber sie ist etwas Beschränktes; »der absolute Geist [...] entflieht der Poësie selbst; er ist allein in der Philosophie auszusprechen und darzustellen« (GW 5.373). Die gleiche Tendenz zeigt ein *Fragment zum Ende des Systems* aus dieser Zeit: Die Kunst kann ihrem Inhalt »sein wesentliches, daß er keine Gegenwart hat, sondern nur absolute Sehnsucht nicht durch die Form benehmen.« (GW 6.331). Ausführlicher wird Hegel im Manuskript *Naturphilosophie und Philosophie des Geistes,* im *Systementwurf III*. Hier führt er sogar den Begriff der »absoluten Kunst« ein – doch urteilt er, die ihr eigene Form der Unmittelbarkeit und der Anschauung sei dem Geist nicht angemessen; Kunst könne »ihren Gestalten nur einen beschränkten Geist geben« – und so sei die Kunst in ihrer Wahrheit Religion (GW 8.277–280). Die *Phänomenologie des Geistes* thematisiert die Kunst deshalb nicht als selbständige Gestalt, sondern nur als Gestalt der Religionsgeschichte, als »Kunst-Religion« (GW 9.376–399). Und in Nürnberg plädiert Hegel dafür, der Ästhetik einen größeren Anteil am Gymnasialunterricht einzuräumen – allerdings unter einer Bedingung: Sie »könnte einerseits die neueren, besseren Ansichten von dem Wesen und dem Zwecke der Kunst geben, andererseits aber müßte sie ja nicht ein bloßes Gewäsche von der Kunst bleiben« (s. Kap. II.6.1.1).

(2) Erst in Heidelberg beginnt Hegel damit, sich ausführlich mit der Philosophie der Kunst zu beschäftigen. Obschon er in der *Enzyklopädie* die Kunst noch – wie in Jena – unter den Titel »Die Religion der Kunst« stellt (^{1}§§ 456–464), liest er doch in den vier Heidelberger Semestern zweimal, in den Sommern 1817 und 1818, über Ästhetik, jeweils nach Diktaten. In Berlin liest Hegel »Aestheticen s. philosophiam artis« erstmals im Winter 1820/21, nun nicht mehr nach Diktaten, sodann in den Sommern 1823 und 1826 sowie im Winter 1828/29 – also nicht, wie die anderen Disziplinen, in einem festen Turnus. Allerdings fühlt er sich bereits nach der ersten Berliner Vorlesung in dieser Disziplin so sicher, daß er Ende

Mai 1821 an Creuzer schreibt, er beabsichtige, »mit der Zeit auch wohl etwas darüber drucken [zu] lassen«. Hierzu ist es nicht gekommen; es ist jedoch nicht auszuschließen, daß ein einzeln überliefertes Blatt über »B. Phantastische Symbolik«, wohl aus dem Umkreis des Kollegs 1828/29, ein Zeugnis für die Ausarbeitung eines Kompendiums über Ästhetik bilde – falls es nicht doch aus dem Heidelberger Heft stammt, das, als Diktatvorlage, sicherlich in Paragraphen gegliedert war (GW 18.117). Hegel hat aber die – wenigen – Paragraphen der *Enzyklopädie* über Ästhetik in den beiden späteren Auflagen etwas erweitert – und vor allem hat er »Die Kunst« in der Systemarchitektonik aus der Umklammerung durch die Religion befreit und sie als eine eigenständige Gestalt des »absoluten Geistes« neben die »Geoffenbarte Religion« gestellt ($^{2/3}$§§ 556–563).

(3) Unbefriedigend ist gegenwärtig sowohl die Überlieferungs- als auch die Editionslage. Die wichtigsten Quellen – Hegels »Hefte« aus Heidelberg und Berlin – sind verschollen; aus dem umfangreichen Berliner Heft hat sich ein einziges Blatt über »Die wahrhafte Objectivität des Kunstwerks« erhalten (GW 18.115 f.) Über beide Hefte unterrichtet Hegels Schüler Heinrich Gustav Hotho im Vorwort zu seiner Ausgabe der »Vorlesungen über die Ästhetik« im Rahmen der *Freundesvereinsausgabe:* »Das älteste Heft schreibt sich aus Heidelberg her und trägt die Jahreszahl 1818. Nach Art der Encyklopädie und späteren Rechts-Philosophie in kurz zusammengedrängte Paragraphen und ausführende Anmerkungen geteilt, hat es wahrscheinlich zu Diktaten gedient, [...] schon im Oktober 1820 begann er eine durchgängig neue Umarbeitung, aus welcher das Heft entstanden ist, das von nun an die Grundlage für alle seine späteren Vorlesungen über den gleichen Gegenstand blieb, so daß die wesentlicheren Abänderungen aus den Sommer-Semestern 1823 und 1826, so wie aus dem Winter-Semester 1828/29 nur auf einzelne Blätter und Bogen aufgeschrieben und als Beilagen eingeschoben sind.« (GW 18.342) Diese Charakterisierung des Heftes von 1820 als der bleibenden »Grundlage« trifft sich mit der vorhin zitierten Absicht Hegels vom Mai 1821, »etwas darüber drucken [zu] lassen« – obschon spätere Korrekturen der Konzeption dadurch nicht ausgeschlossen sind.

Auch über Heidelberger Nachschriften ist nichts bekannt. Da Hegel diktiert hat, muß es solche Aufzeichnungen gegeben haben – doch sie scheinen Hotho nicht vorgelegen zu haben (GW 18.343). Die heute überlieferten Quellen stammen erst aus den

Berliner Vorlesungen: Das erste Berliner Kolleg 1820/21 ist durch eine Nachschrift belegt, das zweite bereits durch zwei Nachschriften (GW 28/1). Die Kollegien 1826 und 1828/29 sind durch sechs bzw. drei, erst partiell veröffentlichte Nachschriften belegt (V 2.LXVI–LXXVII); die Nachschriften zum Kolleg 1828/29 sind noch nicht veröffentlicht.

(4) Bis zu diesen jüngsten Editionen ist die einzige Quelle für Hegels »Ästhetik« die von Hotho besorgte Ausgabe im Rahmen der *Freundesvereinsausgabe* gewesen; die sonstigen späteren Ausgaben basieren letztlich auf ihr. Wie die anderen Editionen von Vorlesungsnachschriften im Rahmen der *Freundesvereinsausgabe* ist allerdings auch sie eine durchaus dubiose Quelle – und vielleicht sogar in noch höherem Grade. Denn Hotho ist weitgehend gelungen, was er ganz im Sinne der damaligen Herausgeber programmatisch formuliert: »die verschiedenartigsten oft widerstrebenden Materialien zu einem wo möglich abgerundeten Ganzen mit größter Vorsicht und Scheu der Nachbesserung zu verschmelzen« (W X/1.VII). Die *Ästhetik* ist deshalb im Kreis der Schüler gerühmt worden, weil es Hothos Redaktionstätigkeit gelungen sei, aus Hegels Vorlesungen ein ›Buch‹ zu machen, gleichsam *Die Wissenschaft der Ästhetik* in Analogie zur *Wissenschaft der Logik*. Eben dieses Programm erweckt jedoch heute den Verdacht der mangelnden Authentizität – und dies nicht ohne Grund.

Die »Ästhetik« ist die – abgesehen von der »Philosophiegeschichte« – erste Vorlesung, die Hegel weder an Hand von Diktaten noch eines Kompendiums gehalten hat – im Winter 1820/21; im anschließenden Sommer 1821 hat er erstmals über Religionsphilosophie vorgetragen. Beide Vorlesungen bilden – gemeinsam mit den Vorlesungen über die Philosophie der Weltgeschichte und über die Geschichte der Philosophie – die Gruppe der »Manuskriptvorlesungen«. Gleichwohl unterscheiden sich die beiden letztgenannten von den ersteren in einem wichtigen Punkt: In »Weltgeschichte« und »Philosophiegeschichte« beginnt Hegel jeweils mit einer »Einleitung« – die allerdings eher eine Grundlegung bildet –, und anschließend folgt er dem Leitfaden der geschichtlichen Entwicklung, der zwar Modifikationen erlaubt, aber nicht frei disponierbar ist. Für »Ästhetik« und »Religionsphilosophie« hingegen stellt sich zusätzlich das Problem der Systemform.

Gegen Hothos Editionsprinzipien und -praxis hat Annemarie Gethmann-Siefert in den beiden letzten Jahrzehnten in mehreren Abhandlungen und insbesondere in der Einleitung zu ihrer Edition von Ho-

thos Nachschrift des Kollegs 1823 schwerwiegende Vorwürfe erhoben: Hotho verfälsche mehrfach in seinem eigenen Sinne Hegels Urteile, und vor allem sei in den Nachschriften »ein in vielen Teilen ursprünglicherer ›Hegel‹ präsent«, »eine oft entscheidend von der Druckfassung differierende Konzeption der Ästhetik« (V 2.XIX); »durch das später von Hotho integrierte System wird Hegels *Ästhetik* zu einer spekulativen Ästhetik vollendet« (V 2.CIX) – damit aber verfälscht. In den Nachschriften hingegen begegne nicht allein »ein ›neuer Hegel‹«, »ein anderer Hegel als der gewohnte«, sondern ein »aktueller Hegel«, der mit anderem philosophischem Interesse und besserem Erfolg rezipiert werden könne: Die Nachschriften »bieten der philosophischen Diskussion eine weit adäquatere Grundlage, die bereits als solche vielen Vorurteilen der Hegelkritik entgegenwirkt«, indem sie den Vorwurf, daß Hegel dem geschichtlichen Phänomen »das System einer dialektischen, unlebendigen Denkmechanik« überstülpt, »von vornherein entkräftet« (V 2.XX,LXXXVIIf.). Stamme, »wie sich aus Hothos V o r r e d e zur Ä s t h e t i k ergibt, das System der Ästhetik nicht von Hegel, sondern von Hotho, so sind automatisch die genannten Grundaporien der Ästhetik vermeidbar« (V 2.XCI).

Einige dieser Vorwürfe lassen sich ebenso gegen andere Vorlesungseditionen der »Freunde des Verewigten« erheben: Die hier jeweils vorgenommene Verschmelzung der unterschiedlichen Quellen zu einem ›Buch‹ ist so unausweichlich gewaltsam, wie ihre vermeintliche systematische Aufbesserung der Texte durch nachträgliches Einschieben trichotomischer Gliederungen läppisch. Gleichwohl scheinen die systematischen Verformungen der Konzeption Hegels durch Hotho geringer als etwa bei den religionsphilosophischen Vorlesungen – die allerdings nicht das Phänomen der möglicher Weise absichtlichen Verfälschung des Wortlauts kennen. Und fraglos ist die Authentizität der oft geschmähten Nachschriften größer als diejenige der Ausgabe, die solche Nachschriften nach undurchsichtigen Prinzipien zu ›Büchern‹ verarbeiten. Insofern unterstreicht das bisherige Ergebnis der Kritik der Edition Hothos die Notwendigkeit einer historisch-kritischen Edition des gesamten Materials. Erst die historisch-kritische Veröffentlichung aller Vorlesungsjahrgänge einschließlich des Kollegs 1828/29 wird Hothos Ausgabe ersetzen, das jetzt erforderliche ›duale‹ Studium von Nachschriften und Ausgabe beenden und ein abschließendes Urteil über seine Redaktion erlauben.

Letzte Sicherheit wird sich aber auch dann nicht gewinnen lassen: denn mehrere der Nachschriften, auf die Hotho seine Edition stützt, sind verschollen. Vor allem aber sind Hegels Vorlesungsmanuskripte und auch seine späteren Sammlungen von Kollektaneen verloren. Deshalb läßt sich die Gefahr einer Fehleinschätzung der Redaktion Hothos niemals völlig ausschließen: Auch gegen die Edition der Religionsphilosophie in der *Freundesvereinsausgabe* würde man etliche ungerechtfertigte Vorwürfe zu erheben, wenn Hegels Manuskript nicht überliefert wäre.

Aber auch gegenwärtig ist eines deutlich: Es wäre vergebliche Mühe, Hegels Ästhetik und insbesondere ihre »Aktualität« durch das Ausspielen des »Phänomens« gegen das »System«, also letztlich durch die Eliminierung dessen retten zu wollen, worin für Hegel der spezifische Charakter seiner Realphilosophien besteht: Der Systemcharakter liegt für Hegel ja nicht in realitätsenthobenen »mechanistisch-dialektischen Begriffskonstruktionen« – dies wäre ein grobes Mißverständnis und eine schlimme Entstellung seiner Philosophie! –, sondern in der gedanklichen Durchdringung der Phänomene, also hier der Kunstwerke. Auch seine Ästhetik »gewinnt nämlich immer schon […] ihren spezifischen Charakter aus der konstruktiven Zusammenfügung von systematischem und phänomenal-geschichtlichem Interesse« (V 2. XCI, CVII.).

9.7.2 Systemform

(1) Die Ästhetik ist zu Hegels Zeit eine vergleichsweise junge Disziplin der Philosophie; selbst der Terminus hat erst Mitte des 18. Jahrhunderts die Bedeutung »Philosophie der Kunst« erlangt. Trotz ihrer Kürze aber ist die vorhegelsche Geschichte der Ästhetik bereits sehr intensiv verlaufen, wie schon die Namen Winckelmann, Lessing, Herder, Kant und Schiller ahnen lassen; auch der Streit um die Überlegenheit der alten oder der neuen Kunst, die »Querelle des Anciens et des Modernes«, einschließlich ihres deutschen Nachspiels bei Lessing, Schiller, Friedrich Schlegel und Schelling, liegt Hegels Ästhetik weit voraus. Schelling schließlich erhebt im *System des transzendentalen Idealismus* (1800) und in seiner Identitätsphilosophie, also zur Zeit seiner engen Zusammenarbeit mit Hegel (1801/03), die Ästhetik sogar über die Natur- und Transzendentalphilosophie an die Spitze des Systems. Denn ihr Gegenstand sei der höchste: die Kunst als die Anschauung des Absoluten. Und auch Hegel weist der Kunst später einen hohen Rang im System zu, allerdings nicht den höchsten: Sie ist »eine Art und Weise […], das

Göttliche, die tiefsten Interessen des Menschen, die umfassendsten Wahrheiten des Geistes zum Bewußtseyn zu bringen und auszusprechen« (W X/1.11), also eine Form der Selbstanschauung des Geistes – und deshalb gibt es auch überall Kunst, wo geistiges Leben, sei es auch noch so rudimentär, sich entwickelt.

(2) Die Partien in Hegels Werk, die der *Ästhetik* gewidmet sind – bis hin zur *Enzyklopädie*, [1]§§ 456–464 –, lassen zwar den Grundansatz der *Ästhetik* erkennen, doch bieten sie kein zur Gestaltung ihrer Systemform hinlänglich bestimmtes Prinzip. Und doch hat Hegel die Form dieser Wissenschaft nicht in derselben Weise erst erfinden müssen wie diejenige der anderen Disziplinen. Dies läßt sich aus Hothos Edition nicht erkennen. Denn sie ist dreiteilig: Auf die »Einleitung« folgen I. »Die Idee des Kunstschönen oder das Ideal«, II. Entwicklung des Ideals zu den besonderen Formen des Kunstschönen«, III. »Das System der einzelnen Künste«. Die nun vorliegenden Editionen der Nachschriften aus den Kollegien 1820/21, 1823 und 1826 lassen erkennen, daß Hegel seine Vorlesungen in diesen drei Kollegien nicht dieser Weise strukturiert: Hier folgt auf die »Einleitung« ein »allgemeiner Teil«, in sich untergliedert in [1] »Das Schöne überhaupt« und [2] »Die allgemeinen Kunstformen« (nämlich die symbolische, klassische und romantische Form) und schließlich »Der besondere Teil« mit der Darstellung der einzelnen Künste Architektur, Skulptur, Malerei, Musik und Poesie.

Im Vergleich mit den anderen Disziplinen erscheint diese Zweiteilung als eigentümlich. Sie stammt auch gar nicht von Hegel, sondern von Schelling. Denn soweit man der Edition seines Sohnes vertrauen kann, gliedert Schelling seine Jenaer Vorlesungen (1802) ebenfalls in einen »allgemeinen« und einen »besonderen Teil«, in dem er die einzelnen »Kunstformen« der »realen Seite« (Musik, Malerei und Plastik einschließlich Architektur) und der »idealen Seite« (Poesie) abhandelt. Hegel folgt Schelling zwar weder in der »Construction« der Kunst, ihres Stoffs und ihrer Form im allgemeinen Teil noch in der »Entgegensetzung der realen und idealen Reihe« im besonderen Teil – doch die Anregung, die *Ästhetik* in den allgemeinen und besonderen Teil (mit Darstellung der Künste) zu gliedern, geht fraglos auf Schelling zurück. Hothos Edition verdeckt diese zunächst vorhandene formale Übereinstimmung und Abhängigkeit – wahrscheinlich absichtslos, da er – anders als Hegel – Schellings Vorlesungen nicht gekannt haben kann (es sei denn, man unterstellt, er habe eine der von Schellings Vorlesung kursierenden Nachschriften gesehen).

Die Annahme, Hegel habe sich in der Zweigliederung zunächst an Schellings Aufriß orientiert, macht sowohl einen internen Bruch dieser Konzeption als auch deren spätere Erweiterung plausibel. Der erste, »allgemeine Teil« ist ja keineswegs homogen: Der Ductus der Ausführungen über »Das Schöne überhaupt« unterscheidet sich erheblich von der an seine Abhandlung anschließenden geschichtlichen Entfaltung der sogenannten »allgemeinen Kunstformen« – ebenfalls innerhalb des »allgemeinen Teils«. Schon im ersten Kolleg (1820/21) macht sich bei Hegel hier ein terminologisches Schwanken bemerkbar, indem er beim Übergang zur Darstellung der drei geschichtlichen Kunstformen – symbolisch, klassisch und romantisch – von dem »besondere[n] Theil der Kunst spricht – obgleich er sich doch noch innerhalb des »Allgemeinen Theils« bewegt und der eigentlich so genannte »Besondere Theil« erst erheblich später beginnt (GW 28/1.65,116) Der durch Hegels Geistbegriff gelenkte Blick auf dessen Entfaltung in der Geschichte der Kunst bricht Schellings Erörterung der »Kunstformen« in einem »allgemeinen Teil« auf. In ihrer geschichtlichen Bestimmtheit sind die »allgemeinen Kunstformen« ja vielmehr »besondere Kunstformen« – und als solche behandelt Hegel sie anscheinend in seiner letzten Vorlesung, gefolgt von einem dritten, »individuellen Teil«, in dem nun die einzelnen Künste an Hand von Beispielen eingehend dargestellt werden (V 2.XXXVIII,LXXIVf.). Mit dieser letzten Konzeption, mit der Herauslösung der Geschichte der Kunst aus dem »allgemeinen Teil« und ihrer Verschiebung in den »besonderen«, überwindet Hegel seine Orientierung an der Architektonik Schellings, und er gelangt so zu einer Fassung, die diesem Teil der Ästhetik eine Stellung gibt, die sowohl ihrem Begriff als auch ihrem inhaltlichen Gewicht entspricht und überdies in der Systemarchitektur der Abhandlung der Religionsgeschichte in der Religionsphilosophie analog ist. Es ist nicht unverständlich, daß Hotho – vor die Wahl zwischen der Konzeption der drei ersten Kollegien und der des vierten gestellt – seiner Edition diese letztere Konzeption zu Grunde legt.

9.7.3 Selbstbewußtsein des Geistes und Schönheit

(1) Aus der Perspektive der Deutung der Künste läßt sich diese Veränderung der Systemform beschreiben als »bewußt vorgenommene Modifikation und Rekonstruktion des Materials unter radikalisierter systematischer Prämisse, die eine eingehendere Auseinandersetzung eben mit den problematischen Teilen, mit der Konzeption der ›Symbolischen Kunstform‹ und mit – insbesondere zeitgenössischen – Beispielen der ›Romantischen Kunstform‹ fordert.« (V 2.LXXIV) Sie ist aber ebenso von Hegels übergreifendem geistesphilosophischem Ansatz her gefordert. Nach einer programmatischen Formulierung der Religionsphilosophie ist ja »in aller Wissenschaft« das erste der allgemeine Begriff – nämlich hier, in der Sphäre des »absoluten Geistes«, der Begriff des Geistes; das zweite ist »die Bestimmtheit des Begriffs, der Begriff in seinen bestimmten Formen«, und das dritte das Fürsichwerden des Begriffs (V 3.83–85). Da alles Geistige ein Geschichtliches ist, bildet die Abhandlung des Bestimmten als eines Geschichtlichen einen integralen Bestandteil einer Philosophie des objektiven oder absoluten Geistes.

(2) Gemeinsam mit Religion und Philosophie ist die Kunst für Hegel eine Form des absoluten Geistes – und diese drei Formen erschöpfen die Totalität dessen, was Hegel »absoluten Geist« nennt: Geist, der sich auf sich bezieht und sich erkennt, wie er an sich ist, und in diesem Erkennen seines Ansich für sich und damit frei ist. Diese geistesphilosophische Grundlegung ist entscheidend auch für eine »Philosophie der Kunst« – und dies sowohl systematisch als entwicklungsgeschichtlich. Schon die frühesten Notizen, die Hegel in einer Systemskizze über die Kunst niederschreibt, entwerfen zunächst – ohne auf Einzelnes einzugehen – diesen geistesphilosophischen Rahmen: Die Philosophie der Kunst ist – gemeinsam mit der Philosophie der Religion – diejenige Form, in der der Geist in Gestalt eines »freyen Volkes« »zur reinen Idee zurückkehrt, und die Anschauung Gottes organisirt« (GW 5.264). Noch bevor Hegel irgend eine einzelne Bestimmung von der Kunst – oder der Philosophie der Kunst – aussagt, legt er diesen geistesphilosophischen Grund der Kunst und der Ästhetik: Wie auch immer Kunst näher zu bestimmen sei – sie ist stets Wissen des Geistes von sich und darin Rückkehr zu sich, wissende Selbstbeziehung.

Diese geistesphilosophische Grundlegung wird ebenfalls deutlich im ersten Text, der etwas detaillierter auf Kunst eingeht und bereits ein System der Künste skizziert – im *Systementwurf III*. Zugleich mit ihr deutet Hegel aber bereits die Differenz der Kunst gegenüber den beiden anderen Formen des absoluten Geistes an: Die Kunst ist eine Form des sich wissenden Geistes, und sie »erzeugt die Welt als geistige und für die A n s c h a u u n g «. Sie ist aber nur die erste Form dieser Selbstanschauung; in ihr schaut sich der Geist in einer aus dem subjektiven Geist geborenen Gestalt an, die noch die natürliche Unmittelbarkeit an sich hat. Eben damit ist sie »der indische Bacchus, der nicht der klare sich wissende Geist ist, sondern der b e g e i s t e r t e G e i s t – der sich in Empfindung und Bild einhüllende, worunter das Furchtbare verborgen ist«. Ihr Element sei die Anschauung, deshalb die nicht vermittelte Unmittelbarkeit – ein dem Geiste unangemessenes Element, ein beschränkter Geist, »g e m e y n t e Unendlichkeit«, »g e m e y n t e nicht w a h r e Vorstellung«, ja: Die Schönheit ist hier »Taüschung der absoluten Lebendigkeit«, sie ist »vielmehr der Schleyer, der die Wahrheit bedekt, als die Darstellung derselben.« (GW 8.278 f.)

Auch die *Heidelberger Enzyklopädie* bekräftigt diese geistesphilosophische Fundierung der Kunst und ihre Stellung gegenüber Religion und Philosophie – als die erste der Gestalten des sich wissenden Geistes. Und doch deutet sich hier eine Verschiebung des Akzents an. Kunst ist »A n s c h a u u n g und V o r - s t e l l u n g des absoluten Geistes als des I d e a l s « – und dessen Bedeutung »ist die Substantialität als das identische und concrete Wesen der Natur und des Geistes, welches concrete Wesen G o t t genannt wird.« (¹§ 456 f.) Einige Paragraphen weiter führt Hegel als die Wahrheit der unmittelbaren Gestalten dieses Wissens »die aus dem Geiste geborne concrete Gestalt« ein, »in welcher die natürliche Unmittelbarkeit« »von ihrer Zufälligkeit befreit« und »nur als Z e i c h e n des Gedankens«, zu dessen »Ausdruck so durch ihn selbst verklärt ist, daß die Gestalt sonst nichts anderes an ihr zeigt; – die Gestalt der S c h ö n - h e i t .« (¹§ 459)

Die beiden Berliner Fassungen der *Enzyklopädie* (§§ 556–563) wiederholen zum Teil dieselben Worte. Und dennoch verschieben sie den Akzent noch weiter: Indem Hegel die eben zitierte Passage später in den ersten Paragraphen seiner Abhandlung der Kunst zieht (²§ 556), wird der Begriff der Schönheit, der in der *Heidelberger Enzyklopädie* noch keinen systematisch herausgehobenen Rang hat, nunmehr neben den Begriff des Sichwissens des Geistes zu einem weiteren Schlüsselbegriff – und die folgenden Paragraphen bestätigen diese Funktion durch die mehrfache Rede vom Schönen.

Die *Vorlesungen über die Philosophie der Kunst* schließlich bekräftigen nochmals diese, durch sie selber veranlaßte Akzentverschiebung – ob man nun Hothos Edition oder seine Nachschrift zur Hand

nimmt: Gleich deren erster Satz bestimmt den Gegenstand der Vorlesungen »als das Reich des Schönen, näher als das Gebiet der Kunst« (GW 28/1.219), und die Edition wiederholt dies etwas ausgeschmückt: Der Gegenstand sei »das w e i t e R e i c h d e s S c h ö n e n , und näher ist die K u n s t , und zwar die s c h ö n e K u n s t « das Gebiet dieser Vorlesungen. An die Stelle des in der Wissenschaft »ersten«, des »Begriffs«, hier also des Begriffs des Geistes in der spezifischen Form, die er im Begriff der Kunst gewinnt, setzt Hegel in der *Ästhetik* die Erörterung des Begriffs des »Schönen«.

Damit fällt allerdings eine schwerwiegende und vor dem Hintergrund der Herausbildung der Ästhetik, ja sogar des Textes der Vorlesungen keineswegs selbstverständliche Entscheidung. Hegel hebt den Begriff des Schönen sogar so sehr heraus, daß er mit dem Gedanken spielt, den eigentlich unpassenden Namen »Ästhetik« durch den – nach seinen Worten – auch sonst erwogenen Namen »Kallistik« zu ersetzen. Und er lehnt dies nicht etwa deshalb ab, weil dadurch der Begriff der Schönheit überbetont, ja ins Zentrum gestellt würde, sondern weil seine Vorlesungen »nicht das Schöne überhaupt, sondern rein das Schöne der K u n s t « betrachten (W X/1.3). »Philosophie der Kunst«, könnte man sagen, i s t »Kallistik«, Schönheitslehre« – und nur, weil deren Bereich weiter gefaßt ist, beläßt Hegel es für sein Unternehmen bei »Ästhetik« und »Philosophie der Kunst«.

(3) Diese starke Akzentuierung des Begriffs der Schönheit dementiert fraglos nicht den Primat des geistesphilosophischen Ansatzes – dies belegen sowohl die *Enzyklopädie* als auch der weitere Fortgang der Vorlesungen hinreichend deutlich. Die Verbindung zwischen beiden Aspekten – der Orientierung am Begriff des Selbstbewußtseins des Geistes und am Begriff der Schönheit – arbeitet Hegel jedoch nicht hinreichend heraus. Der Begriff des Schönen jedenfalls ist nicht mehr, wie in den früheren Aussagen, nur e i n Begriff neben anderen, und wegen des im Schönen implizierten »Scheins« zudem ein problematischer. Für die Programmatik der Philosophie der Kunst ist der Begriff der Schönheit nun zum tragenden Begriff geworden – und dies schwerlich unabhängig von dem zunehmenden Gewicht, das die Philosophie der Kunst seit den Heidelberger Jahren für Hegels Lehrtätigkeit erhält. Andererseits wird die Durchführung der Vorlesungen dieser programmatischen Auszeichnung des Schönen nicht gerecht. Spezifisch für sie ist der allgemein geistesphilosophische Ansatz: »Die Kunst hat keinen anderen Beruf, als das Wahre, wie es im Geiste ist, seiner

Totalität nach mit der Objektivität und dem Sinnlichen versöhnt, vor die sinnliche Anschauung zu bringen.« Ihr erstes, ursprüngliches Bedürfnis ist, »daß eine Vorstellung, ein Gedanke aus dem Geiste hervorgebracht, durch den Menschen als sein Werk producirt und von ihm hingestellt werde« (W X/2.255,272) Die Kunst ist nie bloße Darstellung eines Seins, ohne zugleich Produktion und darin Manifestation des Selbst zu sein – selbst dort, wo sie vielleicht den Anschein erweckt, bloß ›objektive Darstellung‹ eines Natürlichen zu sein. »Denn dem Kunstwerke darf es nur darauf ankommen, das zur Darstellung zu bringen, was der Vernunft und Wahrheit des Geistes zusagt« (W X/3.531) Das Kunstwerk ist ja aus dem Geist geboren und zudem nicht bloß zu Gebrauch und Verbrauch bestimmt, sondern für die geistige Rezeption – aus dem Selbst und für ein Selbst. Man mag dies als eine »Ästhetik von oben« diffamieren – doch eine allgemeine Deutung dessen, was Kunst überhaupt sei (und nur sie berechtigt zum Singular »Kunst«), kann nur »von oben« kommen. Ohnehin kommt es letztlich nicht darauf an, ob eine Deutung »von oben« oder »von unten« kommt, sondern ob sie etwas sichtbar macht und das gedeutete Phänomen erschließt.

Deshalb stellt sich die Frage nach dem Verhältnis des Begriffs des Schönen zum Begriff des Selbstbewußtseins des Geistes – nach dem Grund der systematischen Auszeichnung des Begriffs des Schönen als des Zentralbegriffs einer geistesphilosophisch konzipierten Philosophie der Kunst. Aus dem Begriff der Kunst als einer Form des Selbstbewußtseins des Geistes läßt sich der Begriff des Schönen nicht durch begriffsanalytische Operationen gewinnen, und ebensowenig aus dem Begriff des Schönen derjenige des Selbstbewußtseins des Geistes. Und dies betrifft nicht allein die Möglichkeit, den jeweils anderen Begriff durch Zergliederung des einen zu gewinnen, sondern es gilt ebenso für das Verhältnis beider Begriffe im Kontext einer ausgeführten Konzeption: Es dürfte zwar schlechthin unplausibel sein, im Kontext einer geistesphilosophisch fundierten Ästhetik auf den Begriff des Schönen ganz zu verzichten – doch bereitet es wenig Mühe, die herausgehobene Bedeutung dieses Begriffs zurückzustufen, ihn wieder zu einem Begriff neben anderen werden zu lassen. Noch leichter versteht es sich, daß sich der Begriff des Schönen ins Zentrum einer Philosophie der Kunst stellen ließe, die sich nicht als Explikation des sichwissenden Geistes versteht. Was aber prädestiniert dann den Begriff des Schönen zum vermeintlich adäquaten oder gar zum einzig adäquaten Aus-

druck des Selbstbewußtseins des Geistes, das Kunst doch für Hegel ist?

Die Verbindung beider Begriffe – »Selbstbewußtsein des Geistes« und »Schönheit« – läßt sich auch nicht durch Rekurs auf die »Idee des Schönen« gewinnen – im Sinne einer metaphysischen oder auch nur wertphilosophischen Fundierung von Bereichen des geistigen Lebens durch die Ideen- oder Werttrias des »Wahren, Guten und Schönen«. Derartige, zunächst plausibel erscheinende Versuche verstricken sich ja allzu leicht in Schematismen oder in Schwierigkeiten. Es sei nur an die Bemühungen im Neukantianismus erinnert, die Teilgebiete der Philosophie jeweils einem solchen Wertbegriff zu unterstellen – was nicht allein zur Ergänzung der Ideentrias des Wahren, Guten und Schönen durch den neuen Wert des »Heiligen« geführt hat, sondern auch zu kaum endenden Diskussionen darüber, ob dieser nun als vierter Wert neben die drei früheren oder als übergeordneter Wert über sie zu stehen komme.

Hegel versucht ja ohnehin nirgends, die Architektonik des »absoluten Geistes« durch Rekurs auf die traditionelle Ideentrias zu fundieren. Man kann die Ideen des Wahren und des Guten zwar mit der theoretischen und der praktischen Philosophie in Relation setzen. Doch die Idee des Schönen hat Hegel nach einigen in einem Nürnberger Manuskript gestrichenen, erneuerten und wieder gestrichenen Ansätzen (s. Kap. II.6.1.2) schließlich nicht in die *Logik* einbezogen. Und vor allem macht er keinerlei Anstalten, bei der Abhandlung der beiden anderen Formen des absoluten Geistes in analoger Weise einen derartigen Begriff auszuzeichnen, wie den Begriff des Schönen in den *Vorlesungen über die Philosophie der Kunst*. Die Religionsphilosophie kennt keine »Idee des Heiligen« als systematische Basis, und die Philosophie der Philosophie hat es zwar mit dem »Wahren« und »Guten« zu tun, doch kommt diesen Begriffen auch nicht annähernd die Funktion der Idee des Schönen für die Ästhetik zu. Wie aber läßt sich dann diese Funktion der Idee des Schönen und ihr Verhältnis zum Begriff des Selbstbewußtseins des Geistes begreifen?

(4) Die Klärung dieses Verhältnisses wäre vom ersten, »allgemeinen Teil« der Ästhetik zu erwarten – doch diese Erwartung wird enttäuscht. Wie in den anderen Disziplinen betont Hegel zwar auch dort, die einzelnen Systemteile müßten sich als »aus dem Begriff des Ganzen hervorgegangen darstellen« (GW 28/1.245) – doch rechtfertigt er weder die Zweiteilung seiner Vorlesungen in einen »allgemeinen« und einen »besonderen Teil« noch das Zerbrechen des

»allgemeinen Teils« in die Abhandlung der Idee des Schönen und der angeblich »allgemeinen«, schon ihrer Pluralität wegen aber vielmehr besonderen Kunstformen. Es ist ja keineswegs selbstverständlich, dem Begriff des Schönen für die Ästhetik diesen Schlüsselcharakter zuzuschreiben. Statt solcher Rechtfertigung für die systematische Auszeichnung des Begriffs des Schönen als zentralen Begriffs findet sich lediglich eine lapidare Behauptung: »der allgemeine Theil hat die Idee des Schönen überhaupt zu betrachten« – nämlich das Schöne als »Einheit des Inhalts und der Weise des daseins dieses Inhalts, das Angemessen-sein und -Machen der Realität dem Begriffe« (GW 28/1.246).

Diese Kritik, daß Hegels Einführung des Begriffs des Schönen systematisch nicht ausgewiesen sei, betrifft Hothos Nachschrift mutatis mutandis ebenso wie seine Edition. Daß die Philosophie der Kunst nicht Philosophie der mechanischen Künste, sondern der »schönen Kunst« sei, ist ja eine terminologische Verlegenheit angesichts der Vieldeutigkeit des Wortes »Kunst« und keine hinlängliche Begründung für die Konzentration auf den Begriff des Schönen. Und unabhängig von diesem gemeinsamen Rechtfertigungsdefizit gilt ebenfalls für beide – Nachschrift wie Edition –, daß auch die jeweiligen Ausführungen über den Begriff des Schönen weit hinter dem Grad der begrifflichen Ausarbeitung zurückbleiben, den man für die Abhandlung eines zentralen Begriffs fordern darf und muß.

Das Schöne wird eingeführt als »Idee« – »und zwar in einer bestimmten Form«. Es ist nicht als »abstrakte Form« zu erfassen, etwa durch Regelmäßigkeit oder formale Harmonie; es hat die metaphysische Bedeutung, den Bruch zwischen dem Natürlichen und dem Geistigen zu heilen: Die Werke der schönen Kunst sind »das erste versöhnende Mittelglied zwischen dem bloß Aeußerlichen, Sinnlichen und Vergänglichen und zwischen dem reinen Gedanken, zwischen der Natur und endlichen Wirklichkeit und der unendlichen Freiheit des begreifenden Denkens.« (W X/1.12) Als Werk der Kunst ist die Unmittelbarkeit nur Zeichen der Idee: in der Schönheit. Das Naturschöne, das wegen seines Vermittlungscharakters in Kants *Kritik der Urteilskraft* im Vordergrund steht, gilt Hegel als ein bloßer »Reflex des dem Geiste angehörigen Schönen« (W X/1.5), und deshalb schließt er es aus der Ästhetik als einer »Philosophie der schönen Kunst« oder auch des »Kunstschönen« aus, ebenso wie die Bestimmung der Kunst als »Mimesis«, als Nachahmung der Natur. Alles Natürliche gilt Hegel als

dem Geistigen Unterlegenes – auch wenn der Geist erst die Entzweiung hervorbringt, die er in den Formen des absoluten Geistes wieder versöhnt. Diese metaphysische Bedeutung des Schönen befreit das Kunstwerk auch von dem Vorwurf, »bloßer Schein« im Gegensatz gegen die Wirklichkeit zu sein: Seine »scheinende«, aus dem Geist geborene Wirklichkeit hat vielmehr »höhere Realität« als die »schlechte, vergängliche Welt« (W X/1.13); es hat, als Schönes, zugleich Wahrheit.

Doch an diese knappen programmatischen Bestimmungen schließen sich lange Ausführungen über »die Natur des Begriffs als solchen« wie auch über die »Realität des Begriffs« – und über das selbständige Hervortreten der Begriffsunterschiede an »höheren Naturen«, die dadurch zu einem »System« werden. Diese Ausführungen betreffen weder allgemein die Ästhetik noch gar speziell den Begriff des Schönen; sie könnten ebenso anderen Vorlesungen angehören, vornehmlich den naturphilosophischen. Denn es sind allgemeine »Bestimmungen eines Lebendigen«, die Hegel hier entwickelt – die Begriffe des Lebens, der Individualität, des Organismus, der Körperlichkeit, die er als einen »Idealismus der Lebendigkeit« interpretiert, als »objektiven Idealismus« oder »praktischen Idealismus« – und dies hat mit dem Begriff des Schönen nur wenig zu tun. Denn das Lebendige ist wohl Erscheinen der Zweckmäßigkeit – aber eben nicht das spezifische Scheinen, das in der Kunst thematisch ist.

Auch die hieran anknüpfenden, allmählich zum Thema überleiten sollenden Ausführungen bleiben noch weit von ihm entfernt – ja sie nähern sich ihm kaum: die Abhebung der in sich differenten Einheit des Organischen gegenüber der bloßen »Regelmäßigkeit«, die man auch bei einem Regiment bunt- und dennoch gleichgekleideter Soldaten findet. »subjective Einheit setzt Mannigfaltigkeit der Theilbildung voraus« – dies trifft fraglos zu, doch solche »subjektive Einheit« muß dort, wo sie vorliegt, keineswegs als »schön« ausgezeichnet werden. Fische können einen »ungeheuren Kopf« und einen »kleinen Schwanz« haben; die subjektive Einheit der Mannigfaltigkeit der Teilbildung ist hier vorhanden. Gleichwohl nennen wir sie nicht schön – und sei es auch bloß auf Grund der subjektiven Notwendigkeit der »Gewohnheit«, die uns sonst andere Größenverhältnisse zeigt (GW 28/1.266). »Der innre Zusammenhang ist das Ganze, ist die Seele selbst« – aber dieser innere Zusammenhang ist nur für den Gedanken, nicht für die Kunst, und er ist schon gar nichts Schönes. Allenfalls erscheine uns etwas als schön,

»in sofern wir in den Gebilden des Natürlichen solch eine Nothwendigkeit des Begriffs ahnen.« (GW 28/1.267,269) Dies allerdings müßte für alles Natürliche zutreffen, sofern ja nichts von Gott oder auch von dieser »Notwendigkeit des Begriffs« völlig verlassen ist, weil alles, was besteht, nur durch sie besteht, und ohne sie nichts bestünde.

Erste Schritte zum Begriff der Schönheit geht Hegel mit der Bestimmung der Identität von Form und Materie, des Einwohnens der Form in der Materie, so daß die Form »die eigentliche Natur dieses Materiellen« wird – etwa im Beispiel des Kristalls, obgleich Hegel hier letztlich wieder auf die bloße »Symetrie und Regelmässigkeit« abhebt (GW 28/1.272). »Noch schöner ist das organische Lebendige, überhaupt alles, was die freie innere Regsamkeit ankündet« – wobei allerdings das Faultier leer ausgeht, weil es an dieser »Regsamkeit« fehlen läßt, während das Schnabeltier sich zwar nicht durch mangelnde Regsamkeit unbeliebt und unschön macht, jedoch als »ein Gemisch von Vogel und vierfüßigem Tier« – ein Verdikt, das sinngemäß eigentlich auch Engel treffen müßte. Von der »Schönheit einer Landschaft« lasse uns hingegen nicht die »Notwendigkeit des Begriffs« sprechen, sondern »die Bezüglichkeit solcher Gegenstände auf das Gemüth« (GW 28/1.270) Hegels Ausführungen über »das Schöne überhaupt« verweilen allzu lange beim Naturschönen, obgleich eben dieses für ihn nicht das eigentlich Schöne ist. Sie erschöpfen sich zwar nicht in der Betrachtung und Kritik des Naturschönen, doch kehrt Hegel, obschon er mehrfach zur Betrachtung des Kunstschönen ansetzt (GW 28/1.267,269), unter dem Titel »Das Schöne überhaupt« immer wieder zum Naturschönen zurück, um sich über dessen Unzureichendheit auszulassen – ja sogar zum Organismus und seiner Selbsterhaltung, zur Pulsation des Blutes und zur Bindung von Tieren an Naturelemente.

Im Vergleich zu diesen am Thema vorbeizielenden Ausführungen gerät der zweite Abschnitt, »Das Kunstschöne oder das Ideal überhaupt« (GW 28/1.285–289), trotz seiner systematischen Privilegierung schon quantitativ allzu schmal, während der dritte, über das »Dasein des Ideals«, zwar wiederum sehr umfangreich ist, sich jedoch einzelnen Gestaltungen zu- und von den prinzipiellen Fragen abwendet, so daß er für diese ebenfalls nicht ergiebig ist. Und selbst im zweiten, in dem endlich das Kunstschöne thematisch sein soll, greift Hegel nochmals »zur Erläuterung« auf die menschliche Gestalt zurück. Es fällt schwer, hierin nicht ein Ausweichen vor der selbstgestellten Aufgabe zu sehen.

Entsprechend knapp fällt die Belehrung über die Aufgabe der Kunst aus: Sie habe, »was für das prosaische Bewußtsein nur als endlich vorhanden ist, überall durchsichtig zu machen, so daß es an allen Organen den Ton der Seele, das Geistige offenbare.« Sie habe »die Darstellung der Wahrheit des Daseins zum Gegenstand« – aber eben nicht bloß im Begriff, sondern in der Anschauung. Sie enthebe den Geist »der Endlichkeit äußerer Zufälligkeiten, der Verkrüppelungen des Daseins des Begriffs« – zu verstehen ist wohl: der Verkrüppelungen, die der Begriff in seinem Dasein erleidet; sie erhebe das Sinnliche in das Reich der Schatten und des Idealen. Sie schaffe die »wahre Wirklichkeit«, eben aus der Aufhebung dessen, was sich dem Blick zunächst als »wahre Wirklichkeit« präsentiere, ohne es zu sein.

Doch die Bewegung, die hier zu vollziehen ist, ist nicht bloß die eindimensionale der Erhebung, sondern eine doppelte. Hegel faßt sie in das nicht ganz passende, doch eben deshalb besonders plastische Bild, daß »der Geist den Fuß in das Sinnliche setzt, aber ihn zu sich zurückzieht« (GW 28/1.288). Die *Enzyklopädie* kleidet denselben Gedanken in etwas anspruchsvollere Begriffsform: Das Schöne ist die »aus dem subjectiven Geiste geborne concrete Gestalt, in welcher die natürliche Unmittelbarkeit nur Z e i c h e n der Idee, zu deren Ausdruck so durch den einbildenden Geist verklärt ist, daß die Gestalt sonst nichts anderes an ihr zeigt« (§ 556).

Hier streckt der Geist seinen Fuß gleichsam nur für einen äußerst kurzen Moment heraus, so daß fast keine Unmittelbarkeit an ihm kleben bleibt – oder anders: das, was dennoch an ihm kleben bleibt, wird vollständig in Geist verklärt, sublimiert. Selbst die »concrete Gestalt«, die man doch der Sinnlichkeit zuzurechnen geneigt ist, gilt hier nicht als aus der Natürlichkeit aufgenommen, sondern als »aus dem subjectiven Geiste geboren« – und dies ist ja auch ganz richtig. Es ist hier nicht etwa eine Art »Harmonie« von Sinnlichem und Geistigem anvisiert, sondern das Sinnliche dient gleichsam nur als Anhaltspunkt, an dem das Geistige sich festzumachen scheint, freilich nur, um sich von ihm abzustoßen – als eine vom Geiste selbst geschaffene und sich vorausgesetzte Reibefläche, an der er sich erst selbst entzündet. Oder wie es an anderer Stelle heißt: »der Geist will« nicht die »concrete Materiatur«; diese ist nur für die Begierde; aber er will auch nicht das Allgemeine, den Gedanken, sondern »das Sinnliche, Einzelne, abstrahirt vom Gerüst der Materiatur; er will »nur die Oberfläche des Sinnlichen«; (GW 28/1.235) – und dies in den geistigeren Künsten, in Musik und Poesie, bis zu dem Punkt, an dem diese sinnliche Oberfläche selbst aus dem Geist geboren ist. Und doch darf diese »Oberfläche« nicht bloß oberflächlich werden – sonst fehlte gerade der Ernst, die tiefere Dimension des Schönen.

Der Begriff des Schönen – als des Kunstschönen – ist insofern rein geistesphilosophisch gefaßt – nicht durch »objektive«, dem Gegenstand angehörende Verhältnisse: schon gar nicht durch seine Materiatur, aber auch nicht durch Symmetrie, Regelmäßigkeit oder ähnliches, und nicht einmal als Harmonie von Natürlichem und Geistigem. Diese Fassung des Begriffs des Schönen ist geeignet, die für Hegel so wichtige Differenz zwischen dem Naturschönen und dem Kunstschönen präzise zu fassen: Der Begriff der Schönheit bleibt für die Sphäre des Geistes reserviert, doch kann er auch insofern auf die Natur bezogen werden, als diese ja nicht der unversöhnliche Gegensatz zum Geiste ist, sondern sein Anderes, und sofern sie selbst ein Übergehen zum Geist ist – was sie ja für Hegel ist. Allenfalls in einem übertragenen Sinn kann man den Begriff des Schönen auf Verhältnisse außerhalb des Geistes beziehen – etwa auf natürliche Formen, die sich als Analogie zur geistigen Verklärung deuten lassen, nämlich auf Formen, die gleichsam eine Entmaterialisierung vollziehen, oder auf Gegebenheiten wie die schöne Landschaft oder die vielberufene und -besungene Mondnacht, die unmittelbar geistige Wirkungen auslösen und insofern eine analoge Transformation von Natürlichkeit in Geistigkeit vollziehen.

(5) Die gesuchte Verbindung zwischen den beiden getrennten Ansätzen zur Deutung von Kunst, dem geistesphilosophischen Weg und dem Weg über den Begriff der Schönheit, scheint sich somit dadurch herzustellen, daß sich der Begriff des Schönen als ausschließlich geistesphilosophisch bestimmt erweist. Diese Lösung hätte den Vorzug der Eleganz – und doch erhebt sich gegen sie ein doppeltes Bedenken.

Das erste richtet sich gegen die interne Verfassung dieses Begriffs und vor allem gegen seine Vereinbarkeit mit Hegels Durchführung seines Ansatzes. Die rein-geistesphilosophische Interpretation des Begriffs der Schönheit als Verklärung des Natürlichen ins Geistige führt, wenn sie konsequent durchgehalten wird, zu einer Modifikation des Hegelschen, an der Deutung der antiken Kunst orientierten Begriffs der Schönheit. Der rein geistesphilosophische Begriff des Schönen ist zu stark auf das Moment der »Verklärung«, gleichsam der Transzendierung von Endlichkeit und Natürlichkeit angelegt – und somit wird er Hegels Darstellung der vollendeten Schön-

heit letztlich nicht gerecht. Denn auf Grund der Dynamik des geistesphilosophischen Begriffs wäre nicht die Statue des griechischen Gottes mit ihrer »Uebereinstimmung des Innern und Äusseren« (GW 28/1.319), mit ihrer vollendeten Harmonie von Natürlichkeit und Geistigkeit der Inbegriff des Schönen, sondern vielmehr die Pietà, die den »herben Schmerz der Endlichkeit« (GW 28/1.289) ausspricht und ihn zugleich verwandelt, läutert, verklärt. Im Lichte dieses Begriffs wäre die Geschichte der Kunst als Geschichte der Schönheit nicht eine von den symbolischen Anfängen zur vollendeten Schönheit aufsteigende und mit dem Rückzug, mit der Vertiefung des Geistes in sich wieder absteigende Bewegung. Sie wäre vielmehr – zumindest bis zur christlich-religiösen Kunst – eine kontinuierlich aufsteigende Linie.

Dieses Bedenken gegen einen rein geistesphilosophischen Begriff des Schönen wird ergänzt durch ein komplementäres Bedenken. Es betrifft die systematische Reichweite und Tragfähigkeit des Begriffs der »Schönheit« für eine Philosophie der Kunst – und sogar für Hegels eigene Philosophie der Kunst. Auch wenn man den Begriff des Schönen rein-geistesphilosophisch faßt, klafft dennoch eine Lücke zwischen diesem Begriff des Schönen und dem übergreifenden geistesphilosophischen Ansatz, daß Kunst eine Form des Selbstbewußtseins des Geistes sei. Dieses Selbstbewußtsein spricht sich ja nicht allein im Begriff des Schönen aus. Es ist weit reicher; in ihm liegt weit mehr als die Verwirklichung der Einheit des Natürlichen und Geistigen im Schönen oder die Verklärung der Natürlichkeit ins Geistige. Die Zentrierung des Begriffs der Kunst im Begriff der Schönheit bringt e i n , aber auch nur e i n Element des geistesphilosophischen Ansatzes zur Geltung, innerhalb dessen die Kunst – schon aus Gründen der Hegelschen Systemarchitektur – primär zu interpretieren ist. Doch zugleich verdunkelt sie eine Fülle von Perspektiven auf das Phänomen »Kunst«, die sich gerade von Hegels Ansatz her bieten, und damit provoziert und begünstigt sie die – allerdings gleichwohl unzutreffende – Beschuldigung des Klassizismus.

(6) Hegels weitgehende Orientierung an der »Idee des Schönen« statt am Begriff der Kunst überhaupt hat ihn diese übergreifende geistesphilosophische Deutung der Kunst weniger ausarbeiten lassen als diejenige der Religion oder der Geschichte der Philosophie; in dieser Perspektive erweist sie sich als Verengung. Gleichwohl bieten bereits die Anfangspartien der Vorlesungen mehrere wichtige, basale Anknüpfungspunkte für eine geistesphilosophische Interpretation.

Eingangs stellt Hegel die Frage nach dem »Bedürfnis der Kunst«: »Warum produziert der Mensch ein Kunstwerk?« – und seine Antwort trifft diese allgemeine Dimension, in der auch seine Philosophie der Kunst zu rekonstruieren und zu reformulieren ist: Weil »der Mensch denkender, bewußter ist. Indem er Bewußtsein ist, muß er das, was er ist und was überhaupt ist, vor sich hinstellen, zum Gegenstand für sich haben.« Von »Schönheit« ist hier nicht die Rede – sondern lediglich von der eigentümlichen Struktur des Bewußtseins und des Geistes überhaupt. Das Kunstwerk ist eine vom Menschen selbst geschaffene Weise, »dem Menschen das, was er ist, vor ihn zu bringen.« Es ist ein Spiegel seiner Geistigkeit – und nicht allein und nicht einmal primär, wenn es ihn ausdrücklich abbildet, im Porträt oder in der Skulptur, sondern in allem, was es ist, ist das Kunstwerk eine Objektivation der menschlichen Geistigkeit und somit deren Selbstbewußtsein.

Die Quelle dieser Verdoppelung liegt – auch wenn sich dies für heutige Ohren pathetisch anhören mag – nirgends als im »Wesen des Geistes«, in der für das Geistige konstitutiven Struktur der Entzweiung oder Entäußerung oder auch der Projektion. Nicht nur, aber insbesondere in der Kunst drückt der Mensch der Natürlichkeit sein Siegel auf, »um aus der Gestalt der dinge sich selbst wiederzuerkennen.« Sie ist eine herausragende Form dieser von Hegel ausdrücklich als »vernünftig« klassizierten Struktur des Geistes, »daß der Mensch als Bewußtsein sich äussert, sich verdoppelt, sich zur Anschauung für sich und Andere bringt.« Und darin ist sie auch ein Element seiner Praxis: »das Kunstwerk ist demnach vom Menschen gemacht, damit das Bewußtsein sich selbst zum Gegenstande werde. Und diß ist die große Nothwendigkeit der Vernünftigkeit des Menschen.« (GW 28/1.229 f.) Diese Objektivation seines Wesens – als geistigen Wesens – umfaßt auch das Verhältnis des Geistes zur Natur und zum Göttlichen – das ja nichts als ein solches Selbstverhältnis des Geistes ist.

Diese fundamentalen Aussagen lassen sich nicht auf den Begriff der Schönheit stützen. Der Begriff der Kunst ist deshalb zu eng gefaßt, wenn sie als Verwirklichung der Idee des Schönen bestimmt wird und im »allgemeinen Teil« der Vorlesungen primär die Idee des Schönen exponiert werden soll – zumal dort ohnehin recht wenig über sie gesagt wird. Primär ist die Kunst nicht Manifestation der Idee des Schönen, sondern Ausdruck dieser im Begriff des Geistes überhaupt liegenden Struktur der Entzweiung und Vergegenständlichung – und dies abgesehen von bestimmten Zwecken, denen die Herstellung von Kunstwerken natürlich auch dienen k a n n . Man kann solche Zwecke aufstellen – doch bleiben sie sekundär oder gar tertiär gegenüber dem, was Hegel, spannungsreich, gern »die Natur des Geistes« nennt. Die Kunst entspringt nicht einzelnen Zwecken, sondern dieser Natur des Geistes selbst – von ihren ersten, Hegel noch gar nicht bekannten Werken bis hin zur Gegenwart. Dieser geistesphilosophischen Fundierung gegenüber ist die Aufstellung von Zwecken eine nachträgliche Rationalisierung dieser allgemeinen Struktur zu einem bewußten einzelnen Akt. Deshalb sind solche Zwecke auch um so angemessener formuliert, je mehr sie sich der allgemeinen Verfassung des Geistes annähern.

Da diese Erhebung der vorhandenen Verfassung des Geistes zu einem bewußten Zweck offensichtlich einem Bedürfnis entgegenkommt, räumt Hegel schließlich ein: »Will man [den] Endzweck nun des Kunstwerks aufstellen, so ist es dieses: die Wahrheit zu enthüllen, vorzustellen, was sich in der Menschenbrust bewegt und zwar auf bildlich concrete Weise. Solchen Endzwek hat die Kunst mit der Geschichte der Religion und anderem gemein.« (GW 28/1.243) Diese Formulierung des Zwecks der Kunst – und gemeinsam mit ihr auch der anderen Formen des absoluten Geistes – erinnert wohl nicht zufällig an jene andere Formulierung, in der Friedrich Heinrich Jacobi ein Mal ums andere Mal, vom Lessing-Gespräch bis in seine späten Texte, die Aufgabe s e i n e r Kunst – und gerade auch seiner Romane – zusammenfaßt: »Nach meinem Urteil ist es das größeste Verdienst des Forschers, D a s e y n zu enthüllen, und zu offenbaren« (JWA 1.29). Jacobis Formulierung ist freilich nicht in den Kontext einer expliziten geistesphilosophischen Konzeption von Kunst eingebunden. Dennoch ist die Parallele zwischen der Enthüllung der Wahrheit und des die Menschenbrust Bewegenden und der Enthüllung des Daseins unüberhörbar. Und dieser Zweck der Kunst, die Wahrheit zu enthüllen, Dasein zu enthüllen, ist so endlos wie der Wandel dieses Daseins selbst – schon deshalb, weil er eigentlich gar kein subjektiv vorgesetzter »Zweck« ist, sondern in einer Struktureigentümlichkeit des Geistes selbst wurzelt.

Die Orientierung der *Ästhetik* am Begriff des Schönen schöpft nur einen geringen Teil dessen aus, was von Hegels geistesphilosophischem Ansatz über Kunst zu sagen ist – und zudem unterminiert sie die Einheit der drei Formen des absoluten Geistes. Fundamental für diese gesamte Sphäre ist ja der Begriff des Sichwissens des Geistes im Anderen seiner selbst.

Primär von hier aus muß auch Kunst verstanden werden. Welche Rolle dem Begriff der Schönheit dann auch weiterhin für diese wissende Selbstbeziehung zukommt: Diese umfaßt fraglos weit mehr, als sich vom Begriff des Schönen her in den Blick nehmen läßt. Der geistesphilosophische Ansatz ist somit weit flexibler und ›anschlußfähiger‹ als die Restriktion auf den Begriff der Schönheit. Trotz des heute anstößigen Wortes »Geistesphilosophie« ist es ja nicht zweifelhaft, daß eine Deutung, die Kunst als Vergegenständlichung des Geistes und als Sichwissen im Gegenstand, als Einheit von Sein und Selbst begreift, weit eher geeignet ist, die Vielgestaltigkeit des Phänomens »Kunst« und gerade auch seine zeitgenössischen Formen zu begreifen, als die – zudem unausgewiesene – Fixierung auf den Begriff des Schönen. Das Deutungspotential, das die geistesphilosophische Grundlegung der Philosophie der Kunst erschließt, ist erheblich größer als ihre Fundierung auf den Begriff des Schönen. Die Orientierung an der geistesphilosophischen Grundlegung befreit die Philosophie der Kunst von der verengten Perspektive auf den Begriff des Schönen. Sie befreit sie damit auch von Engführungen, die mit diesem Begriff verkoppelt sind – zumindest in der Form, wie Hegel ihn in seiner Abhandlung der klassischen Kunst – als des Angelpunkts der Geschichte der Kunst – prägt.

9.7.4 Die Geschichte der »Kunstformen«

(1) Zunächst innerhalb des »allgemeinen Teils«, im letzten Kolleg im »besonderen Teil«, läßt Hegel der Grundlegung der *Ästhetik* eine Abhandlung der »Kunstformen« folgen – eigentlich eine Geschichte der Kunstepochen. Den Begriff der »Kunstformen« nimmt er wohl von Schelling auf, der in seinem »allgemeinen Theil« ja ebenfalls die »Kunstformen« behandelt, doch er deutet ihn geschichtlich um. Diese Einbeziehung der Geschichte der Kunst in die *Ästhetik* steht für Hegel nicht im Belieben des Ästhetikers: Kunst ist eine Gestalt des Geistes, und deshalb hat ihre Wirklichkeit notwendig die Form der geschichtlichen Entfaltung. Eine umfassende Philosophie der Kunst muß somit diese als geschichtliches Phänomen verstehen – sie verkürzte sonst unvermeidlich ihren Gegenstand.

Die Geschichte der Kunst teilt Hegel nach dem Kriterium des Begriffs des Schönen in die Epochen der »symbolischen«, der »klassischen« und der »romantischen Kunst« – in die noch nicht schöne, die schöne und die nicht mehr schöne Kunst. Man mag diese Dreigliederung als Ausdruck eines penetranten

Schematismus belächeln; sie ist jedoch selbst aus der Wendung gegen einen Schematismus geboren. Hegel entzieht sich durch sie der im Banne der »Querelle des Anciens et du Modernes« stehenden, nahezu dogmatischen, noch von Schelling (SW I,5.372) bekräftigten Zweiteilung in antike und moderne Kunst. Der Begriff der »symbolischen Kunst« ermöglicht es Hegel, hinter die griechische zurückzugehen und die Kunst insbesondere des Orients als eine eigenständige Epoche in eine übergreifende Geschichte der Kunst zu integrieren – und dies ist ein Gewinn, auch wenn es heute nicht fraglich ist, daß ein derartiger Ansatz viel zu pauschal ist, um die Differenziertheit der unter diesem Titel betrachteten Phänomene zu erfassen.

9.7.4.1 Die symbolische Kunst

(1) Mit der Benennung der ersten Kunstepoche als der »symbolischen« greift Hegel einen damals vielfältig verwendeten Terminus auf, doch gibt er ihm eine – auch gegenüber seinem eigenen früheren Wortgebrauch (Kwon 2001, 39–65) – neue Bedeutung. Das Symbolische bezeichnet nun nicht mehr, wie etwa für Schelling, eine gelungene Ineinsbildung des Endlichen und Unendlichen, sondern die erste und deshalb unvollkommene, in der Zweideutigkeit verharrende Herausbildung des geistigen Gehalts aus der Natur. Hegels Fassung des »Symbols« entspricht weithin dem Symbolbegriff der *Symbolik und Mythologie* seines Heidelberger Freundes Friedrich Creuzer – und auf die Verbindung mit ihm wird wohl Hegels Auszeichnung einer Epoche der »symbolischen Kunst« zurückgehen. Hier wie auch in der Religionsphilosophie verteidigt er Creuzer gegen die Angriffe insbesondere durch Johann Heinrich Voß, dem er im Blick auf die Betonung der Eigentümlichkeit der griechischen Kultur gegenüber der orientalischen jedoch nähersteht als Creuzer. Andererseits folgt er Creuzers Ansatz, die »tiefere Bedeutung«, das »Vernünftige«, die »innere Vernünftigkeit« der symbolischen und mythologischen Vorstellungen herauszuheben. Und er gewinnt dessen Interpretation sogar noch eine moralische Dignität ab: »Den Menschen aber in seinem geistigen Bilden und Gestalten zu rechtfertigen, ist ein edles Geschäft, edler als das bloße Sammeln historischer Äußerlichkeiten.« (W X/1.401 f., GW 28/1.333)

Hegel greift aber nicht den bei Creuzer noch präsenten griechischen Sinn des Symbols als eines Erkennungszeichens auf – als zweier, aus dem Brechen etwa eines Stabes oder Knochens entstandener Teile, deren ursprüngliche Einheit sich beim späteren Zusammenfügen erweist. Der »Bruch«, der im Mittelpunkt des ursprünglichen Bildes steht, ist für Hegel zu einem ausschließlich metaphorischen geworden: zu einem Bruch zwischen Äußerem und Innerem, zwischen Darstellung und Bedeutung. Hierbei greift er auf die ›Zeichentheorie‹ seiner »Philosophie des subjektiven Geistes« (s. Kap. II.9.4.5) zurück: Das Symbol ist ein Zeichen, aber nicht ein beliebiges, sondern »solch ein Zeichen, das in seiner Aeußerlichkeit zugleich den Gehalt der Vorstellung enthält, welchen es darstellen soll.« Es »ist die bildliche Darstellung einer allgemeinen Vorstellung, eines Inneren.« Auf Grund dieser Trennung der Bedeutung vom Ausdruck hat es unaufhebbar eine Seite, welcher die Bedeutung nicht adäquat ist – und daraus erklärt sich eine häufig anzutreffende Eigentümlichkeit des Dargestellten: »daß es bedeutend sei, muß es verzerrt werden; daß man dem Stoff ansehe, daß er bedeutend sei, muß ihm Gewalt angethan werden.« (GW 28/1.369) Da die Bedeutung ein Anderes als die Darstellung und durch diese nicht festgelegt ist, ist das Symbol »wesentlich z w e i d e u t i g«, und man kann die symbolische Kunst »als einen fortlaufenden Streit der Angemessenheit und Unangemessenheit von Bedeutung und Gestalt auffassen« (W X/1.391–395,410; vgl. GW 28/1.329–334).

Diese interne Spannung ist konstitutiv für die symbolische Kunst, und sie läßt sich auch nicht beliebig überwinden; denn sie gehört im wesentlichen einer frühen Epoche der Bewußtseinsgeschichte an, in der Stoff und Form noch nicht mit einander vermittelt sind. Ihre Inkommensurabilität geht aber nicht etwa zu Lasten einer künstlerisch-handwerklichen Insuffizienz: Vielmehr ist »die darstellung nicht vollkommen, weil die Bedeutung noch nicht den absoluten Gehalt hat« (GW 28/1.338). Denn nur der wahrhafte Gehalt kann in vollendeter Form dargestellt werden. Das Symbolische aber ist »mehr ein b l o ß e s S u c h e n der Verbildlichung als ein Vermögen wahrhafter Darstellung« (W X/1.99); die Idee sucht noch »ihren ächten Kunstausdruck, weil sie in sich selbst noch abstrakt und unbestimmt ist«. Denn der Geist wird hier noch nicht als freies Subjekt gewußt und dargestellt. Hegel stellt deshalb die symbolische Kunst insgesamt unter die Kategorie des »Noch nicht«; sie ist Kunst im Modus der »Vorkunst« (W X/1.388–391,406).

Unter dem Titel der »symbolischen Kunst« entwirft Hegel eigentlich mehr das Bild einer frühen Epoche der Bewußtseinsgeschichte als eine spezifische Deutung ihrer Kunst – sicherlich auch bedingt durch die damals noch geringe Kenntnis der Kunst

des Orients. Geschichtlich läßt er die Kunst erst nach der Religion auftreten. Diese beginne bereits mit der Verehrung von Naturkörpern, die für sich noch nicht symbolisch gefaßt seien, etwa des Lichts, während das Symbolische in Religion und Kunst erst mit dem Losreißen des Allgemeinen von der besonderen Weise des Daseins einsetze (GW 28/1.338). In den späteren religionsphilosophischen Vorlesungen ist Hegel allerdings sehr wohl der Ansicht, daß auch die sogenannte »Naturvergötterung« nie beim bloßen Naturgegenstand stehenbleibe (zumal unser Begriff eines prosaischen Naturgegenstandes hier gar nicht zu unterstellen sei), sondern immer schon eine geistige Seite heraushebe (V 4.428 f.). Demnach enthält also entweder – in der Religion – eine existierende Gestalt eine allgemeine Bedeutung, oder im symbolischen Kunstwerk wird eigens eine Gestalt geschaffen, der solche Bedeutung zugesprochen wird. Insgesamt aber sieht Hegel die symbolische Kunst in einem starken Bezug zur Religion, wenn nicht gar unter ihrem Primat: Denn diese von der Darstellung getrennte »allgemeine Bedeutung« muß ja in einem eigenen Kontext und somit in einer Mythologie oder einer »heiligen Poesie« (GW 28/1.353) expliziert werden – womit der Übergang zur Religion fließend wird.

In Anlehnung an den geschichtlichen Aufriß der »Kunstformen« führt Hegel hier noch eine Binnendifferenzierung in drei »Stufen der Symbolik« ein – nach der Edition in die »unbewußte Symbolik«, die »Symbolik der Erhabenheit« und die »bewußte Symbolik der vergleichenden Kunstform«. In der Nachschrift ist diese Folge zwar nicht so prägnant herausgehoben, aber ebenso vorhanden. Die Grundbestimmung der Religion Irans gilt Hegel jedoch weder als symbolisch, noch kennt er hier Kunstwerke; beides findet sich erst ansatzweise in Indien und ausdrücklich in Ägypten – doch rechnet er anscheinend diese Auffassungen wie auch die »Symbolik der Erhabenheit« (also Israels, nach den *Werken* auch die Poesie der islamischen Welt) insgesamt einer »naiven und b e w u ß t l o s e n Symbolik« zu (W X/1.487), in der das Symbol noch a l s Symbol gesetzt ist. – Der Gesamtcharakter dieser Kunstepoche läßt sich kurz mit Stichworten wie »Tiergestalt«, »Rätselhaftigkeit« und »Erhabenheit« (im Sinne der Inkommensurabilität des Endlichen und Unendlichen) andeuten; die Einheit der unter dem Titel des Symbolischen zusammengefaßten sehr unterschiedlichen Kulturen läßt sich jedoch allenfalls negativ ausdrücken: Sie ist diejenige Kunst, in der »die der Idee angemessene Gestaltung noch nicht gefunden ist« (§ 561). Für Hegel ist sie insgesamt eine defiziente Gestalt, die der klassischen Kunst als »Vorkunst« vorausliegt.

Einen gänzlich anderen Charakter hat dagegen die dritte Form, die »bewußte Symbolik der vergleichenden Kunstform«. Eine geschichtlich definite Form ist sie allein insofern, als sie nicht der Epoche der »symbolischen Kunst« angehört, da deren Signatur eben darin liegt, daß sie sich des Symbols noch nicht bewußt als eines solchen bedient. Unter dem Titel der »bewußten Symbolik« exponiert Hegel unter Rückgriff auf zahlreiche Beispiele, auch aus der Dichtung der Gegenwart, poetische Formen wie Fabel, Parabel, Rätsel, Allegorie, Metapher (GW 28/1.355–368, W X/1.486–547).

9.7.4.2 Die klassische Kunst

(1) Die »klassische Kunst« steht im Zentrum der Ästhetik Hegels – und dies nicht allein in der Perspektive der Systemarchitektonik. Sie ist diejenige Form, in der die »schöne Welt« der griechischen Antike ihren adäquaten Ausdruck gefunden hat und auch noch in unsere Gegenwart hinüberstrahlt. Sie ist auch nicht bloß eine, die mittlere von drei Epochen der Geschichte der Kunst, sondern das absolute Maß der Kunst. In ihr hat sich die Kunst als schöne Kunst und nach ihrer höchsten Möglichkeit vollendet: »Schönres kann nichts seyn und werden.« (W X/2.121; vgl. GW 28/1.405) Denn anders als in der symbolischen seien in ihr Form und Inhalt einander adäquat geworden, Begriff und Realität, Natur und Geist zu einer untrennbaren Einheit zusammengewachsen. So kommt dieser, obgleich nur kurzen Epoche der Bewußtseinsgeschichte der Menschheit eine schlechthin herausragende Stellung zu. Hierdurch wird sie zugleich zum organisierenden Zentrum, das die Geschichte der Kunst in einen Aufstieg zur Vollendungsgestalt und einen Abstieg von ihr gliedert und somit alle frühere Kunst zu einem »Vor« und alle spätere zu einem »Nach« degradiert. Doch ihre Nachgeschichte kann sich nicht mehr völlig von der Vollendungsgestalt befreien; sie ist zugleich die Geschichte der Trauer über den Verlust der »schönen Welt« der Griechen und ihrer Götter.

In solchen fast hymnischen Wendungen scheint sich Hegels Klassizismus unverhüllt auszusprechen. In eben dem Maße, in dem sie schon sprachlich über eine geschichtliche Beschreibung und philosophische Deutung hinausgreifen, erwecken sie deshalb den Argwohn, auch der Hegel der *Vorlesungen über die Ästhetik* habe sich nicht mehr von der Graecomanie befreien können, der bereits der Freund Hölderlins in seinen Studienjahren erlegen sei, und ebenso

wenig vom Klassizismus seiner Zeit. Und er sei bereit, für diese Hochschätzung der griechischen Kunst den überhohen Preis der Abwertung aller früheren und späteren zu bezahlen. Neben diesen, eine klassizistische Fixierung anzeigenden Wendungen stehen jedoch andere Gesichtspunkte, die andere Akzentuierungen erlauben.

Den »klassischen« Charakter dieser Kunst bestimmt Hegel im Rückblick auf die symbolische formal als »absolute Vereinigung« (GW 28/1.369) dessen, was dort getrennt ist: Form und Inhalt, Begriff und Realität, und ebenso Dargestelltes und Bedeutung seien hier einander adäquat. Diese, scheinbar schwer verifizierbare Aussage folgt aus den geistesphilosophischen Prämissen der Ästhetik Hegels: Kunst ist ja Selbstbewußtsein des Geistes in der Form der Anschauung. Deshalb muß sie dort ihre wahre Gestalt finden, wo ihr Gegenstand, das Geistige, nach seiner Wahrheit angeschaut wird. Es kann sich aber nur in der menschlichen Gestalt offenbaren und angeschaut werden. Das Menschliche macht »den Mittelpunkt und Inhalt der wahren Schönheit und Kunst aus;« nur in der – von allen Gebrechen der Endlichkeit gereinigten – menschlichen Gestalt erhält der Geist »das ihm gemäße Daseyn im Sinnlichen und Natürlichen« (W X/2.10,13): »Die sinnliche Gestalt des Menschen ist allein die, in welcher der Geist zu erscheinen vermag. Sie ist an ihr selbst bedeutsam; was sie bedeutet, ist der Geist, der in ihr heraustritt« – ja sie ist »der Spiegel des Geistes« (GW 28/1.376) Sie ist nicht Symbol des Geistes, sie bedeutet nicht etwas anderes als sie ist; sie verweist nicht nur auf den Geist, sondern er ist in ihr präsent. Die klassische Kunst offenbart das Geistige in sinnlicher Weise und macht somit »den Mittelpunkt und Inhalt der wahren Schönheit und Kunst aus« (W X/2.10).

Die menschliche Gestalt kann aber allein dann der höchste Ausdruck des Geistigen sein, wenn sie auch die Gestalt des Gottes ist, also das Göttliche ihre Geistigkeit nicht dementiert. Der Anthropomorphismus der griechischen Götter ist somit ein konstitutives Moment der Vollendung dieser Kunst. Das Göttliche kann nun auch nicht mehr in der tierischen Gestalt erscheinen; sie ist ihm nicht angemessen – und wenn der Gott einmal vorübergehend tierische Gestalt annimmt, etwa die eines Schwans, führt er nichts Gutes im Schilde. Mit der Heraushebung der menschlichen Gestalt als der angemessenen Manifestation des Geistes ist unvermeidlich die Herabsetzung des Tierischen verbunden, des bloß Natürlichen oder gar der bloßen Naturmacht, und damit auch des Symbolischen.

Hegels konzeptuelle und auch emotionale Bindung an die griechische Welt hat ihn nicht dazu verleitet, deren Herkunft aus der Bewußtseinsform des Symbolischen zu leugnen. Er sieht, daß die »klassische« Welt auf dem symbolischen Bewußtsein aufruht. Geschichtlich zeigt sich dies schon in den mannigfachen Beziehungen der griechischen Volksreligion zu orientalischen Religionen. Die klassische Kunst setzt – wie schon die symbolische und später die romantische – die Religion voraus, und die griechische Volksreligion ihrerseits frühere Formen der Religiosität, die der symbolischen Welt angehören. Homer und Hesiod haben zwar, nach dem von Hegel häufig zitierten Wort Herodots (II,53), den Griechen ihre Götter gemacht – aber doch nicht aus dem Nichts, sondern durch eine Umgestaltung der symbolischen Religionen im Sinne des griechischen Geistes – ein geschichtlicher Vorgang, der als Kampf der Olympier gegen die Titanen oder allgemeiner als Zwist der alten und neuen Götter in die Mythologie selber eingeht und dort angeschaut und reflektiert wird. In diesem Sinne betont Hegel hier, der vorausgesetzte religiöse Inhalt sei für sich fertig gewesen, der Künstler habe ihn vorgefunden – aber eben auch abgewandelt und erst damit das vollendete Werk der klassischen Kunst geschaffen. Die künstlerische Phantasie bemächtigt sich der religiösen Vorstellungen und gestaltet sie frei mit dem Zweck der Schönheit – nicht ohne Folgen übrigens für die Religiosität, die sich ursprünglich in ihnen ausspricht. So sehr Hegel deshalb einerseits diese Kontinuität des Klassischen mit dem Symbolischen unterstreicht, so sehr hebt er auch die Zäsur hervor, die durch diese Umgestaltung erfolgt – und zwar weit stärker als Creuzer, der hier eher einen fließenden Übergang zeichnet (GW 28/1.376–381, W X/2.98).

Der Schlüsselbegriff in Hegels Abhandlung der klassischen Kunst ist der Begriff des Geistes, des in der menschlichen Gestalt sich offenbarenden Geistes. Auffällig ist hingegen, und insbesondere in Hothos Nachschrift, daß der Begriff des Schönen nur marginal auftritt. Den Begriff der klassischen Kunst führt Hegel über den Geistbegriff ein: Daß sie aus dem Geist, aus Freiheit erzeugt ist, gilt zwar für alle Kunst – aber hier kommt noch eine unterscheidende und entscheidende Bestimmung hinzu: »Die klassische Kunst ist Freiheit im Inhalt. Ihr Inhalt ist der Geist in seiner Freiheit.« Und auch wo Hegel der klassischen Kunst schließlich das »substantielle Schöne« in der Gestaltung der Götter zuspricht, bestimmt er dieses wiederum durch den Geistbegriff: »Es hat zu seinem absoluten Inhalt nicht das Geistige

in seiner abstrakten Geistigkeit des Gedankens, sondern als geistige Subjectivität« oder als »subjektive Geistigkeit«, die in der menschlichen Gestalt erscheint (GW 28/1.369,375 f.).

Die *Werke* geben dem Begriff der Schönheit zwar mehr Raum, doch seinen eigentlichen Ort findet er auch dort im Kontext nicht der Mythologie oder der Tragödie, sondern derjenigen Kunst, die Hegel als paradigmatisch für die klassische gilt: der Skulptur. Obgleich er nahezu kein Anschauungsmaterial, sondern fast ausschließlich Berichte für sie heranziehen kann, stellt er sie doch ins Zentrum der klassischen Kunst, als die Verwirklichung ihres Begriffs: als Anschauung des freien Geistes in der menschlichen Gestalt. Sie zeigt das Schöne in seiner Vollendung: »Schönres kann nichts seyn und werden« (W X/2.121). Doch gerade weil die klassische Kunst und insbesondere ihre Skulptur die Schönheit in der höchsten erreichbaren Weise steigert, brechen hier die Spannungen auf, die die weitere Geschichte der Kunst (und der Religion) bestimmen.

Die Skulptur zeigt die menschliche Gestalt, vielleicht auch den Gott in menschlicher Gestalt – aber sie ist etwas vom Künstler aus vorhandenem Material in aufwendiger Arbeit Geschaffenes und auch vom Menschen Zerstörbares. Der Geist weiß sich in ihr – aber er weiß zugleich, daß sie etwas anderes ist als er; er ist sich im Götterbild nicht wirklich gegenwärtig. »Da mag man sich nun für Schönheit und Kunst begeistern, so viel man will, diese B e g e i s t e r u n g ist und bleibt das Subjektive, das sich nicht auch in dem Objekt ihrer Anschauung, in den Göttern, befindet.« (W X/2.103) Der in menschlicher Gestalt veranschaulichte Gott ist noch nicht menschlich genug, der Anthropomorphismus noch nicht weit genug getrieben; »dem alten Götterbilde fehlt das Licht des Auges; der Gott weiß sich nicht.« (GW 28/1.407) Die Verse in Schillers *Die Götter Griechenlands:*

> Da die Götter menschlicher noch waren,
> Waren Menschen göttlicher«

bezeichnet Hegel deshalb sehr scharf als »durchweg falsch«, während er den geänderten Schluß

> »Was unsterblich im Gesang soll leben,
> Muß im Leben untergehn.«

als Indiz dafür wertet, daß diese Götter ihren Sitz nur in »Vorstellung und Phantasie« haben; sie können »weder in der Wirklichkeit des Lebens ihren Platz behaupten, noch dem endlichen Geist seine letztliche Befriedigung geben.« (W X/2.108) Hier bricht gleichsam, auf einer höheren Stufe, die für die symbolische Kunst spezifische Diskrepanz zwischen Darstellung und Bedeutung wieder auf.

Aber auch die Darstellung selbst erweist sich, nicht trotz, sondern wegen ihrer Schönheit, als letztlich dem nicht angemessen, was sie darstellen soll. In der klassischen Kunst selber bricht schon der Widerstreit auf zwischen dem, was Geist an sich ist, geistiges Insichsein, und einer Schönheit, die notwendig an Äußerlichkeit und Leiblichkeit gebunden ist (W X/2.74–76). Sie kann zwar menschliche Gestalt und Züge, ja Subjektivität überhaupt zeigen, aber nicht die freie Geistigkeit, nicht die sich als unendlich wissende Innerlichkeit. Dieses Argument gehört allerdings nicht schon der griechischen Welt an, sondern erst der Retrospektive von einem späteren Punkt der Bewußtseinsgeschichte: Der Geist, kann man zugespitzt sagen, ist nichts Schönes, und der Versuch, ihn als Schönes darzustellen, gehört einer geschichtlichen Stufe an, auf der er sich noch in Einheit mit der Natur weiß und noch keine Klarheit über sich erlangt hat. Hieraus entspringt der stille Zug der Trauer über die Vergänglichkeit des Schönen, aber eins damit das Wissen um die Notwendigkeit dieses Vergehens. Beides sieht Hegel in der klassischen Skulptur selber bereits zum Ausdruck gelangen; beides ist auch seiner eigenen Deutung so eigentümlich. Und schon dies bewahrt ihn vor einem Klassizismus, der das Heil der Kunst in der Mimesis der Antike sucht (W X/2.101 f.).

9.7.4.3 Die romantische Kunst

(1) Diese Kritik an der »klassischen Kunst« greift voraus auf die dritte Stufe, auf die »romantische«. Zu Beginn ihrer Darstellung faßt Hegel seinen trotz aller emotionalen Bindung stets vorhandenen Vorbehalt gegen jene nochmals zusammen: Wohl ist die »klassische Kunst« die vollendete Darstellung des Schönen. »Aber das Reich des Schönen selbst ist für sich noch unvollkommen, weil der freie Begriff nur sinnlich in ihm vorhanden und keine geistige Realität in sich selbst hat. […] der Geist muß sich selbst zum Boden seines daseins haben; sich eine intellectuelle Welt erschaffen. Hier vollendet sich die Innerlichkeit in sich.« (GW 28/1.405 f.) Die der Natur enthobene »geistige Realität« der Innerlichkeit aber ist nicht mehr Gegenstand als Schönes, und insofern ist dieses geistesphilosophisch relativiert.

Unter »romantischer Kunst« ist nicht die Kunst der Romantik im heutigen Sinne zu verstehen; diese Bedeutung erhält das Wort erst zu Hegels Zeit als Gegenbegriff zur Weimarer »Klassik«, und dieser neue Sprachgebrauch setzt sich erst kurz nach seinem Tod

durch, wohl insbesondere durch Heinrich Heines *Die romantische Schule* und wenig später durch Theodor Echtermeyers und Arnold Ruges Manifest *Der Protestantismus und die Romantik* (PLS 4.1.192– 225). Als »romantisch« bezeichnet Hegel – ohne dies zu rechtfertigen – die Kunst der christlichen Welt, oder mit dem Ausdruck der *Geschichtsphilosophie*: die Kunst der »germanischen«, nämlich der aus der Völkerwanderung hervor gegangenen Welt. Auch für diese Epoche gilt, wenngleich in geringerem Maße als für die symbolische, daß ihre Einheit eine negative sei: Wie jene das »Vor«, so ist diese das »Nach« der klassischen Kunst. Ihre Einheit scheint zwar auch inhaltlich, durch die Rückbindung an die christliche Religion gegeben zu sein, und zwar wegen der dogmatischen Fixierung ihrer Vorstellungswelt (einschließlich der Heiligenlegenden) in noch strengerem Maße als im Verhältnis der »klassischen Kunst« zur griechischen Volksreligion oder gar der »symbolischen Kunst« zu den sehr unterschiedlichen Religionen des Orients. Doch kommt es bei der »romantischen Kunst« zu einer für das Verhältnis von Kunst und Religion folgenschweren Entwicklung: Bereits im Mittelalter, bald nach der Zeit, in der die christliche Religion mit dem »Bilderstreit« des 8. und 9. Jahrhunderts ihr Verhältnis zur bildenden Kunst festlegt, löst sich ein neuer Themenkreis der Poesie von der expliziten Bindung an religiöse Motive ab. Seit der Renaissance beschleunigt sich diese Emanzipation der Malerei und der Literatur von der Verpflichtung auf einen ihr vorgegebenen religiösen Inhalt, und sie ergreift zunehmend auch die anderen Künste – so daß die Einheit der »romantischen Kunst« nicht minder fraglich wird als die der »symbolischen«, wenn auch aus anderem Grund.

Motivisch äußert sich diese Rückbindung der romantischen Kunst an die christliche Religion zunächst durch ihre Restriktion auf den explizit religiösen Themenkreis: auf die »Erlösungsgeschichte Christi«, die »religiöse Liebe« – insbesondere Mariae – und den »Geist der Gemeine«, d. h. auf Darstellungen von Märtyrern, Heiligenlegenden und Wunderberichten – eine Aufzählung, die schon deshalb nicht vollständig ist, weil sie die überragende Bedeutung der Bildwelt des Alten Testaments nicht erwähnt. Entscheidend ist jedoch der innere Gehalt, den die »romantische Kunst« aus diesen Motiven heraushebt: die Erhebung des Geistes, ja seine Herrschaft über die Natur.

Die Differenz der »romantischen« gegenüber der »klassischen Kunst« läßt sich schwerlich plakativer veranschaulichen als durch den Hinweis, daß der christliche Gott nicht durch die Skulptur darstellbar sei. Dies entspringt ja keineswegs dem – vorhandenen und verständlichen – Verlangen des jungen Christentums nach Abgrenzung von den Statuen der »heidnischen Götter«, sondern, in der Tradition des alttestamentlichen Bilderverbots, der »Natur« dieses Gottes selbst, keine »Natur« zu haben, sondern Herr über die Natur zu sein. Auch die – vergleichsweise wenigen – Darstellungen Gottes in der Malerei sind, mit ihrem Oszillieren zwischen Peinlichkeit und Trivialität, eher Belege für diese Nicht-Darstellbarkeit Gottes als für ein Gelingen solcher Darstellung.

Der spezifische Gegenstand der »romantischen« Darstellung ist deshalb nicht »Gott« schlechthin, sondern der Mensch gewordene Gott, das »wirkliche Subjekt«. Dies scheint sie mit der »klassischen Kunst« zu teilen – doch von der »klassischen« Darstellung des menschengestalteten Gottes unterscheidet sich die »romantische« dadurch, daß sie die Darstellung eines wirklichen Menschen ist, dem, anders als der Kultstatue, »das Licht des Auges« nicht mehr fehlt. Sie ist zudem durch ein anderes Verhältnis von Geistigkeit und Leiblichkeit charakterisiert: Für Hegel ist Christus nicht mehr »des Herakles Bruder«, der letzte der antiken Götter, und deshalb ist der Leib hier nicht mehr die schöne Form der Wirklichkeit des Gottes. Die Probleme, die sich hieraus insbesondere für die Darstellung von »Christusköpfen und Gestalten« ergeben, hat Hegel sehr klar benannt: Es reiche nicht aus, »Ernst, Ruhe und Würde« zu zeigen – wie er dies wohl einem Christusporträt v. Kügelgens zubilligt, das er 1820 auf einer Reise nach Dresden gesehen hat (GW 15.204–206). »Christus soll aber einer Seits Innerlichkeit und schlechthin a l l g e m e i n e Geistigkeit, anderer Seits subjektive Persönlichkeit und E i n z e l n h e i t haben; Beides widerstrebt der Seligkeit im Sinnlichen der menschlichen Gestalt« – und beides zu verbinden, die Mitte »zwischen dem partikulär Natürlichen und der idealen Schönheit« zu treffen sei »von höchster Schwierigkeit« (W X/2.145).

Für die Darstellung sowohl Jesu als auch der Heiligen und des Menschen überhaupt aber gilt: »Wir haben hier die Innigkeit der Seele mit sich, die in der intellectuellen Welt ist, in ihr existirt, und in dieser Innigkeit ihre Schönheit hat. die Schönheit der Seele ist hier mit der Gleichgültigkeit gegen die Gestaltung der unmittelbaren Welt verknüpft, da die unmittelbare Welt nicht würdig ist der Seligkeit der Seele in sich.« (GW 28/1.411) Wahrheit und Schönheit treten hier auseinander; das »wirkliche Subjekt« hat seine eigentliche Realität nicht in seinem Leib, sondern in seiner Innerlichkeit; es ist zugleich »unendliches Subjekt«, und sofern ihm auch »Schönheit« zugeschrieben werden kann, so ist sie doch, anders als die »bisherige«, »klassische«, eine »geistige Schönheit« (W X/2.122).

Dieses Verhältnis von »Innigkeit« und Leiblichkeit oder Sinnlichkeit gilt auch und insbesondere für die Darstellung der Liebe Mariae. Sie ist für Hegel »der gelungendste Gegenstand der romantischen Kunst« (GW 28/1.415). Anders als die »klassische« Schönheit zeigt die »Innigkeit« an, daß die Seele in ihr selbst Realität hat. Die Differenz, die hier zwischen »Innigkeit« und Realität besteht, geht jedoch nicht notwendig zur schroffen Entgegensetzung über, zum Losreißen des Geistigen vom Endlichen, zum Triumph des Geistigen über »die Welt«, wie er in der Darstellung der Martyrien, ja im Schwelgen in Grausamkeiten anschaulich wird. Eine Kunst, die dies darstellt, muß nicht allein »die ideale Schönheit« verschmähen; sie muß notwendig »unschön« werden. Und obschon auch diese Entgegensetzung zur »absoluten Geschichte der göttlichen Erscheinung« und insofern notwendig zur Signatur der »romantischen Kunst« gehört, sieht Hegel sich doch genötigt, sich von einigen Darstellungen zu distanzieren, in denen er neben der Notwendigkeit des Begriffs auch eine kranke Phantasie am Werk sieht, die zudem keinerlei praktische Wirkungen zeitigt: »die Leiden sind Grausamkeiten Anderer und das Gemüth vollbringt nicht in sich selbst das Brechen des natürlichen Willens. Man sieht hier Henker, Qualen aller Art, leibliche Verzerrungen, so daß in Betreff auf die darstellung die Entfernung von der Schönheit zu groß ist, als daß von einer gesunden Kunst dergleichen Gegenstände sollten gewählt werden können.« (GW 28/1.417)

Der »romantische«, christliche Rückzug des Geistes in sich selbst, seine Befreiung zu sich selbst hat Folgen für die künstlerische Darstellung nicht allein des Menschen, sondern ebenso der nichtmenschlichen Natur. Die Geburt der »Innerlichkeit« ist zugleich die der »Äußerlichkeit« – ein Argument, das allerdings den langwierigen und sehr komplexen Prozeß minimiert, der zur Fixierung dieser Pole als eigener »Welten« führt. Hegel stellt ihn unter das Stichwort »Entgötterung«, das ja schon Schiller in seinen *Göttern Griechenlands* und er selber in seiner *Naturrechtsvorlesung* (s. Kap. II.4.6.3) verwendet. Dort allerdings beschreibt Hegel diesen Prozeß zumindest etwas differenzierter als in der *Ästhetik* – denn hier scheint es, als sei jener Rückzug des Geistes ein momentaner Akt, und mit der prinzipiellen Entgötterung der Natur jede religiöse Besetzung der Natur ebenso prinzipiell und unabänderlich ausgeschlossen – ihre Dämonisierung ebenso wie ihre Verklärung. Dies würde es unmöglich machen, die sehr differenzierten Wandlungen im Verhältnis des erkennenden und handelnden Geistes zur Natur zu beschreiben und somit etwa das Auftreten des Phänomens »Landschaft« in der Kunst der Neuzeit zu begreifen.

Zum zweiten Themenkreis der »romantischen Kunst, dem »weltlichen Kreis«, leitet Hegel vom »religiösen Kreis« immanent über, obschon dessen ursprünglicher Gehalt die Ausbildung einer für sich bestehenden Sphäre des »Weltlichen« dementiert: »Die Tugenden der christlichen Frömmigkeit ertödten in ihrer abstrakten Haltung das Weltliche, und machen das Subjekt nur frei, wenn es sich selbst in seiner Menschlichkeit absolut verläugnet.« »Wenn aber das Reich Gottes Platz gewonnen hat in der Welt, und die weltlichen Zwecke und Interessen zu durchdringen und dadurch zu verklären thätig ist; […] dann beginnt auch das Weltliche von seiner Seite her sein Recht der Geltung in Anspruch zu nehmen und durchzusetzen. […] Wir können diesen Uebergang dadurch bezeichnen, daß wir sagen, die subjektive Einzelnheit werde jetzt als Einzelnheit unabhängig von der Vermittlung mit Gott, für sich selber frei.« (W X/2.170,166)

Doch diesem Kreis, der »Sphäre des Rittertums«, widmet Hegel so wenig Aufmerksamkeit, daß seine Eigenständigkeit schwerlich gerechtfertigt ist. Vor allem: Soweit die gegenwärtigen Editionen erkennen lassen, bezieht er sich nirgends auf Kunstwerke dieser Zeit – etwa auf das Nibelungenlied oder auf den Minnesang oder gar auf die Malerei des späten Mittelalters oder auf die gotischen Dome. Die wenigen Dichtungen, die er hier überhaupt nennt, thematisieren zwar diese Epoche, aber sie gehören Hegels Gegenwart an: Schlegels *Alarcos*, Kleists *Käthchen von Heilbronn* und Goethes *Reineke Fuchs*, daneben noch Shakespeare. Hegel beschreibt eigentlich nicht eine »Kunstform«, sondern eine Bewußtseinsform, und auch sie nur unter den Leitbegriffen »Ehre«, »Liebe« und »Treue«, und zudem weniger sie als solche, sondern sie im Rückblick auf die Antike: denn er exemplifiziert diese vermeintlichen »Tugenden« hier nicht an »Rittern«, sondern vor der Kontrastfolie der Gestalten der Mythologie und des Epos der Antike (GW 28/1.420–425, W X/2.165–190).

Einen stärkeren Akzent legt Hegel wiederum auf die Abhandlung des dritten Kreises der »romantischen Kunst«, zwar noch nicht im Kapitel »der For-

malismus der subjectivität«) in der Nachschrift des Kollegs 1823 durch Hotho, jedoch nach dem Zeugnis der Nachschrift Kromayr (GW 28/1.425–443) und auch nach der Edition Hothos (W X/2.191–240: »Die formelle Selbstständigkeit der individuellen Besonderheiten«). Auch diesen Themenkreis sucht Hegel dadurch in die Einheit der »romantischen Kunst« zu führen, daß er ihn als die letzte Gestalt einer Entwicklung beschreibt, die mit dem religiösen Kreis beginnt und kraft ihrer immanenten Dynamik mit der Loslösung von ihm endet: »die romantische Welt hatte nur ein absolutes Werk, die Ausbreitung des Christenthums. […] das Werk der Weltlichkeit ist die Vertreibung der Mauren, die Kreuzzüge. Aber die Thaten auch dieses Werks sind mehr Abendtheuer […]. das Zwecklose der Handlung ist [es], an welcher sich solche Abendtheuerei an ihr selbst auflöst und sich der comischen Behandlung darbietet.« (GW 28/1.428 f.)

Hier hat Hegel den Übergang zur Neuzeit, insbesondere die »Auflösung des Rittertums« im Blick. Formeller läßt sich die thematische Entwicklung als ein Zerfallen der substantiellen Einheit, als Auseinanderfallen der sich in sich vertiefenden Subjektivität und des Stoffes fassen: Auch hier ist es noch der religiös induzierte Rückzug in die Innerlichkeit, der die Äußerlichkeit als solche konstituiert und damit freisetzt. Die »Welt«, nicht mehr in die »Einheit des Absoluten« zurückgebunden, stellt sich »auf ihre eigene Füße« (W X/2.192) – und dies hat Folgen für die Kunst: »Stoff und subjectivität ist getrennt, und der Fortgang ist ihre Einbildung bis sie wieder auseinander fallen. Ihre absolute Einheit kommt nicht in der Kunst zu Stande. die Innerlichkeit erhebt sich zum reinen Gedanken, wo erst die wahrhafte Einheit stattfinden kann.« (GW 28/1.431) In der Kunst aber geht die »Innigkeit« nur bis zur Partikularität des Charakters und zur »Festigkeit« und »unendlichen Willenskraft der besonderen Subjektivität« fort – insbesondere bei Shakespeare – und sogar bis zur »Miserabilität moderner Charaktere« – bei Kotzebue (W X/2.198). Ihr gegenüber steht ein von der Geistigkeit des Subjekts verlassener, deshalb gleichgültiger und nichtiger Stoff: »das Romantische ist das geistige Insichsein wogegen die Weltlichkeit als ein Nichtiges gesetzt ist«. (GW 28/1.438) Da die Gegenstände der Kunst nicht mehr in eine substantielle geistige Einheit aufgenommen werden, ist es letztlich gleichgültig, wie sie dargestellt werden – als »Kreis unmittelbarer Wirklichkeit«, »wie sie sind«, oder – könnte man fortfahren – abstrakt. Denn nicht mehr der Gegenstand ist von Interesse, sondern nur noch die Art seiner Behandlung: die Technik des Malens und überhaupt »die subjektive Auffassung und Ausführung des Kunstwerks« (W X/2.220).

Als exemplarisch hierfür sieht Hegel die »Genremalerei der späteren Holländer«. Er interpretiert sie als eine Form der Versöhnung mit der »gemeinen Wirklichkeit«, ein Sicheinnisten »in die Prosa des Lebens«, das aber selber politisch-religiöse Wurzeln hat: »die niederländischen Städte hatten sich frei gemacht von weltlicher und geistlicher Herrschaft. Ihre politische Freiheit, ihren Unterhalt alles haben sie durch sich selbst, durch Bürgertugend und protestantische Frömmigkeit.« Zwar können die Gegenstände der Genremalerei »den höhern Sinn nicht befriedigen, aber die nähere Betrachtung versöhnt uns damit« – nämlich wegen der »unendliche[n] Kunst des Mahlers«, der »Kunst des Scheinens«: »Es ist hier das Scheinen, welches hier das Intresse ausmacht, das sich in sich vertiefende Scheinen. Am Schönen ist die Seite des Scheinens hervorgehoben«; »das substantielle ist entflohn, und das Scheinen festgehalten« (GW 28/1.434–436).

Die Kunst seiner Gegenwart sieht Hegel als den Schlußpunkt dieser Entwicklung. Ihre Eigentümlichkeit liege darin, »daß die Subjektivität des Künstlers über ihrem Stoffe und ihrer Production steht, indem sie nicht mehr von den gegebenen Bedingungen eines an sich selbst schon bestimmten Kreises des Inhalts wie der Form beherrscht ist, sondern sowohl den Inhalt als die Gestaltungsweise desselben ganz in ihrer Gewalt und Wahl behält« (W X/2.228) – eine Charakteristik, bei der Hegel, soweit sich erkennen läßt, insbesondere das Aufgreifen orientalischer Stoffe in Goethes *West-östlichem Divan* und in den Gedichten Friedrich Rückerts oder Nachdichtungen von Hafis' Lyrik im Blick hat. Sie trifft aber ebenso und noch mehr auf diejenige Kunst zu, die auf das Ende der »goetheschen Kunstperiode« (Heine 1835, 125) und somit auch seiner Lebenszeit erst gefolgt ist (s. Kap. III.1.1).

9.7.5 Das System der Künste

(1) Mit dieser Abhandlung der »Kunstformen« ist nach der frühen Konzeption der zweite Teil des »allgemeinen Teils« beschlossen; es folgt im »besonderen Teil« die Darstellung der einzelnen Künste. Im letzten Kolleg wertet Hegel jedoch die Abhandlung der »Kunstformen« zu einem eigenständigen zweiten Teil auf, so daß die einzelnen Künste in einen dritten Teil zu stehen kommen (s. Kap. II.9.7.2). Und soweit sich gegenwärtig erkennen läßt, geht er insbesondere hier

nicht allein detaillierter auf einzelne Kunstwerke ein: Seine Vorlesungen manifestieren – bei allem, was im einzelnen nicht oder falsch oder verkürzt gesehen sein mag – eine schlechthin überwältigende Kenntnis von Kunstwerken und auch ein tiefes Verständnis von Kunst. Es dürfte keine zweite Philosophie der Kunst geben, die über ein derart breites Spektrum verfügt – auch wenn andere Ansätze fraglos mit einer größeren Kenntnis eines begrenzten Details aufwarten können. Sein eigener Anspruch, »ich kenne so ziemlich Alles, und man soll es und kann es kennen« (W X/3.556), erscheint somit zwar als provozierend, doch ist er keineswegs unberechtigt.

In diesem jeweils letzten Teil seiner Vorlesungen unterscheidet Hegel fünf Künste – Architektur, Skulptur, Malerei, Musik und Poesie –, doch das Prinzip dieser Unterscheidung ist keineswegs selbstverständlich. Im Kolleg 1823 greift er zurück auf die zwei Formen des Sinnlichen: auf die Anschauung als unmittelbar äußerliches Bewußtsein und die Vorstellung als »schon beginnende innere Weise«, als Schwanken zwischen Sinnlichkeit und Gedanken. Nach diesem Prinzip gliedern sich die Künste nach dem Maßstab der Verfeinerung der Sinnlichkeit, der Befreiung vom gröberen Stoff – von den Künsten, die den beiden theoretischen Sinnen, dem Gesichtssinn und Gehörsinn, zugeordnet sind, also der Architektur, Skulptur, Malerei und Musik, bis hin zur Poesie, die in ihrer Bindung an die Vorstellung zwar stets den Rückbezug zur Sinnlichkeit enthält, aber ihr doch nicht unmittelbar zugeordnet ist. Diese Fünfheit scheint Hegel ferner auf die Dreiheit von bildender, tönender und redender Kunst zurückgeführt zu haben – eine Einteilung, die zumindest in Hothos Marginalien dominiert (GW 28/1.445,486).

Nach dem Zeugnis der *Freundesvereinsausgabe* wendet Hegel jedoch ein, daß diese Einteilung nach den Formen der Sinnlichkeit »statt aus dem konkreten Begriffe der Sache selbst, nur aus einer der abstraktesten Seiten derselben hergenommen« sei. Nach einer »tiefer greifenden Eintheilungsweise« sei die »Mitte« der Kunst »die Darstellung des A b s o l u t e n, des Gottes selbst als Gottes«, in einer adäquaten äußerlichen Erscheinung, und dieses göttliche Subjekt hat »sich gegenüber eine ä u ß e r e umgebende Welt« und dieser gegenüber das »s u b j e k t i v e I n n e r e«. Aus diesem Prinzip folge die Gliederung in die drei »Kunstformen«, die symbolische, klassische und romantische. Hegel erweitert es nun zum Gliederungsprinzip für die einzelnen Künste, indem er der symbolischen Kunst die Architektur zuordnet, der klassischen Kunst die Skulptur und der romantischen Malerei und Musik – sicherlich nicht in dem Sinne, daß es innerhalb der jeweiligen Kunstform nur diese Kunst gebe, aber doch im Sinne einer besonderen Affinität zwischen Kunstform und einzelner Kunst. Die Poesie stellt er ohnehin als zeitindifferent über die geschichtlich zugeordneten Kunstformen. Diese, an den Kunstformen orientierte Gliederung gruppiert die einzelnen Künste zwar anders als die an der Sinnlichkeit orientierte, jedoch ohne ihre Reihenfolge zu verändern. Fraglos ist sie mit ihrer Zuordnung der Künste zu geschichtlichen Epochen weit anspruchsvoller, und Hegel könnte sich für sie partiell auch auf das Zeugnis der Empirie berufen: auf die ausgezeichnete Stellung der Skulptur in der klassischen Welt, die aus inneren Gründen weder in der symbolischen Kunst vorweggenommen noch in der romantischen wiederholt werden kann, und auf die höhere Ausbildung von Malerei und Musik in der Neuzeit, die man mit gutem Recht auf die Vertiefung der Subjektivität in sich zurückführen kann. Zusätzlich zu dieser übergreifenden geschichtlichen Bewegung, in der sich der Gehalt von Kunst überhaupt in der Folge der Kunstformen und der ihnen spezifisch zugeordneten Künste entfaltet, schreibt Hegel aber auch noch den einzelnen Künsten als Gestalten des Geistes eine interne Geschichte zu. Eigentümlicher Weise beschreibt er sie jedoch nicht in der spezifischen Verlaufsform geistiger Entwicklung, sondern eher als Naturprozeß: nämlich als »ein Anfangen, Fortschreiten, Vollenden und Endigen, ein Wachsen, Blühen und Ausarten« (W X/2.255–264,245).

9.7.5.1 Architektur
(1) Die erste der Künste, die Architektur, handelt Hegel in streng geschichtlicher Gliederung ab – als symbolische, klassische und romantische oder »gotische«. Sie macht für ihn »den Anfang dem Begriffe nach«, aber auch geschichtlich, sofern es in ihr immer schon darum geht, das Subjekt schützend zu umschließen. Allerdings sieht Hegel die frühe Architektur auch in der Nähe zur Skulptur. Er bezieht die Architektur erst dort in seine Darstellung ein, wo sie über ihre Nutzanwendung hinaus den Charakter »schöner Kunst« erhält, und zudem den Charakter geistiger Bedeutsamkeit, als einer »lautlosen Sprache für die Geister«. Zugleich hat sie den Charakter der »Vereinigung« von Menschen – geschichtlich erstmals am »Turm von Babel«, den Hegel als »ein ungeheures Werk der Skulptur« versteht, ähnlich wie den von Herodot beschriebenen »Tempel des Bel«, dessen Beziehung zum »Turm von Babel« er jedoch unbestimmt läßt. Wegen dieser Nähe zur Skulptur

behandelt Hegel in der ersten Epoche der Architektur auch Säulen, insbesondere Phallussäulen und die tönenden ägyptischen Memnonsäulen, Obelisken, Hermen und Pagoden (GW 28/1.445–454).

(2) Für die klassische Baukunst hebt Hegel den Gesichtspunkt der »Zweckmäßigkeit« heraus, und dies nicht im Gegensatz zur Schönheit, sondern in Einheit mit ihr: »In der strengen Zweckmäßigkeit besteht hier die Schönheit.« Der Zweck, dem sie gemäß ist, »ist Raumabgrenzung für ein Geistiges, Göttliches, das sie beherbergend umschließen, schützen will« – als Tempel. Hegel geht hier auf das Detail des klassischen Tempels ein, aber – insbesondere wegen der Wölbungstechnik – auch auf die römische Architektur als »Mittelform« zwischen der griechischen und christlichen Baukunst. Er diskutiert eine Reihe damals umstrittener Fragen – etwa die Frage nach dem Primat von Holz- und Steinbau oder nach der Funktion und freien Stellung der Säule, und er setzt sich hier insbesondere mit Aloys Hirts *Geschichte der Baukunst bei den Alten* auseinander; daneben bezieht er sich – wie stets zustimmend – auf Goethe und ausnahmsweise auch einmal auf Friedrich Schlegel, wegen seines Dictums, Architektur sei »eine gefrorene Musik« (GW 28/1.454–458, W X/2.303–331).

(3) Als Paradigma der »romantischen« Baukunst behandelt Hegel die »gotische«, die zu seiner Zeit von der »Romantik« (im heutigen Sinne) neu entdeckt wird. Von der »vorgotischen«, also der romanischen, weiß er wenig mehr zu berichten, als daß sie es »mit Kreisen und Bogen zu tun« habe, und die späteren Stile – Renaissance, Barock – nimmt er noch nicht in ihrer Eigenständigkeit wahr; statt dessen fügt er noch einige Bemerkungen über die Gartenbaukunst an. – Als »Hauptcharakter« der gotischen Architektur sieht er ihre Unabhängigkeit von dem Zweck, dem Menschen zu dienen: »Die gotischen Kirchen sind Werke für sich, die Menschen verlieren sich darin wie Punkte.« »Die Menschen mit ihrem Treiben verlieren sich in diesem Grandiosen.« Die Zweckmäßigkeit des klassischen Tempels sei »beim Gotischen Nebensache.« Dies zeigt sich ihm auch in der »Naturform« des gotischen Gewölbes: Sie erinnert ihn – wie seine romantischen Zeitgenossen – an »das Gewölbe eines Waldes, das Schauerliche, zur Betrachtung Einladende. Diesen Charakter hat der Spitzbogen, das Zusammenstoßen der Säulen. Es ist die Weise, wie Baumzweige zusammenkommen und sich zum Gewölbe verzweigen« – hier freilich zu einem Gewölbe, das »für die Innerlichkeit bestimmt ist« und zur Erhebung auffordert (GW 28/1.458 f., W X/2.332–352).

9.7.5.2 Skulptur

(1) Das Proprium der Architektur aller Epochen sieht Hegel in der Umschließung der geistigen Gestalt, also in der Spannung von Äußerlichkeit und freier Geistigkeit. In der Skulptur hingegen ist diese Spannung aufgehoben; sie hat die »geistige Individualität zum Gegenstand, und sie läßt den Geist in unmittelbarer Materialität erscheinen. […] Man kann also sagen, hier werde der Geist dargestellt, wie er i s t.« Ja sie stellt sogar »das Wunder dar, wie der Geist sich der Materie einbildet, wie er sich gegenwärtig in ihr zu zeigen vermag.« Diese Einheit von Geist und Materie faßt Hegel auch in der spinozistischen Wendung (*Ethica* II,7): Sie sei »die Einheit des o r d o r e r u m e x t e n s a r u m und des o r d o r e r u m i d e a r u m, die erste schöne Einigung von Seele und Leib, insofern sich das geistige Innere in der Skulptur nur in seinem körperlichen Dasein ausdrückt.« (W X/2.365) Dennoch bleibt diese Einheit problematisch. Gegenüber der an die Fläche gebundenen Malerei billigt Hegel der Skulptur den Vorzug der Natürlichkeit zu – doch sei diese Natürlichkeit »nur die der äußeren Materialität, nicht die Natur des Geistes als Geistes.«

(2) Die Skulptur sieht Hegel ausschließlich der »klassischen Kunstform« verhaftet; diese habe schlechthin ideale, unerreichte Werke geschaffen – und auch in seinen Ausführungen über einzelne Werke orientiert sich Hegel oft an Winckelmanns Urteilen, aber er greift hier auch auf die Physiognomie und selbst auf den in der *Phänomenologie* kritisierten Franz Joseph Gall zurück, um die eigentümliche Wirkung der klassischen Gesichtsbildung zu analysieren. Wegen der Dominanz dieser Orientierung verzichtet Hegel schon hier bei der Skulptur darauf, deren interne Geschichte nachzuzeichnen. In der Vorlesung von 1823 erwähnt er die symbolische Skulptur lediglich mit wenigen Worten, nicht jedoch die spätere, »romantische«; nach der Edition geht Hegel am Ende des Abschnitts auch noch kurz auf die römische und die christliche Skulptur ein. In der »romantischen Kunst« sei die Skulptur zwar »oft zu großer Meisterschaft gebracht, doch ist sie nicht die Kunst, welche, wie die griechische Skulptur, das wahrhaft gemäße Bild des Gottes aufstellt« – denn »die ganze Richtung des christlichen Sinns […] ist, wo die religiöse Anschauung und Vorstellung an der Spitze steht, nicht auf die klassische Form der Idealität gerichtet, welche die nächste und höchste Bestimmung der Skulptur ausmacht.« Sie bleibe mehr »ein Schmuck der [religiösen] Architektur«, greife aber auch in das »gewöhnliche Leben« ein – und aus diesem Umkreis weiß Hegel zahlreiche Beispiele anzuführen, sowohl aus seinen Nürnberger Jahren als auch von Skulpturen seiner Berliner Zeitgenossen Schadow, Rauch und Tieck – ohne daß diese unmittelbare Anschauung sein Urteil modifiziert hätte (GW 28/1.460–472, W X/2.353–465).

9.7.5.3 Malerei

(1) Der »objektiven Substantialität« der Skulptur gegenüber spricht Hegel der Malerei als Hauptbestimmung »die für-sich-seiende Subjektivität« zu, die jedoch das Besondere frei entlasse und sich auch des Zufälligen annehme. Durch ihre Bindung an die Fläche und ihre Elemente »Licht« und »Farbe« löse sie sich von der »objektiven Bestimmung der Materie«. Der Kreis ihrer Gegenstände sei hierdurch »unendlich ausgedehnt« und nicht mehr bestimmbar; alles Besondere kann hier »Platz finden«. Und obgleich sich die Malerei von der Ausrichtung auf die Darstellung der menschlichen Gestalt befreit, bezeichnet Hegel sie als »viel anthropomorphistischer« – darin nämlich, daß sie den gesamten Kreis des menschlichen Lebens thematisiert, und zwar in der Perspektive der geistigen Innerlichkeit (GW 28/1.472 f.). Das hier hervortretende »Princip der Subjektivität« erfordere, »einer Seits die unbefangene Einigkeit des Geistes mit seiner Leiblichkeit aufzugeben, und das Leibliche mehr oder weniger negativ zu setzen, um die Innerlichkeit aus dem Aeußeren herauszuheben, anderer Seits dem Partikularen der Mannigfaltigkeit, Spaltung und Bewegung des Geistigen wie des Sinnlichen einen freien Spielraum zu verschaffen.« Ihr »Grundtypus« ist nicht »die schlechthin vollbrachte Ineinsbildung des Geistigen und Leiblichen […], sondern umgekehrt das Hervorscheinen des in sich konzentrierten Inneren«, der in sich unendlichen Subjektivität (W X/3.6 f.).

(2) Der geschichtlich erste ihrer Themenkreise ist deshalb der religiöse – die Darstellung des Menschlichen in der Liebe, und zwar in der begierdelosen Mutterliebe, allerdings ebenso im Schmerz, der hier einen anderen Charakter hat als in der Objektivität der antiken Skulptur: »Im romantischen Schmerz ist immer die Rückkehr in sich, das Selige der Innigkeit«. Diese Darstellungen lassen sich jedoch nicht auf den religiösen Kreis einschränken, zumal dessen Motive ohnehin aus dem Kreis des Menschlichen überhaupt genommen sind. Hegel vermerkt deshalb, daß die Kirche das Bedürfnis solcher Bilder hat, »die verehrt werden sollen. Aber je höher die Kunst steigt, desto mehr werden solche Gegenstände in die Gegenwart herübergehoben. Die Malerei macht sie ir-

disch und gegenwärtig, gibt ihnen die Vollkommenheit weltlichen Daseins«. Die Innigkeit der Seele teilt
sich auch anderen Gegenständen mit – der Landschaft und den Gegenständen des Alltags. Die Kunst
geht dabei über die Natur hinaus: »Es ist nicht diese
strenge Nachahmung des Wahrgenommenen, sondern bei der Individualisierung muß die Kunst höher
stehen als die unmittelbare Gegenwart.«

(3) Das Besondere der Malerei sucht Hegel von ihrer Bindung an die Fläche und an die Farbe her zu
verstehen. Hegel sieht die Bildkomposition der Malerei ursprünglich an der Skulptur orientiert; die Fläche erlaube es der Malerei jedoch, ihre Gegenstände
freier zu gruppieren als die Skulptur – und so versteht Hegel von hier aus die immanente Entwicklung
der Malerei als fortschreitende Ablösung von der
Skulptur. Entscheidend für den Charakter der Malerei sei jedoch die Farbe, und mit ihr der Gegensatz
des Hell und Dunkel und insbesondere das Kolorit
des menschlichen Fleisches. – Nach der Nachschrift
des Kollegs 1823 entwickelt Hegel diese Bestimmungen fast ohne Rekurs auf einzelne Gemälde; nach der
Freundesvereinsausgabe hingegen erläutert er seine
Konzeption ausführlich an einzelnen Werken – eine
Differenz, die vermutlich auf die größere Ausführlichkeit der letzten Vorlesung zurückgeht, die Hegel
ja auch erstmals in einem – längeren – Wintersemester gehalten hat (GW 28/1.472–481, W X/3.9–124).

9.7.5.4 Musik

(1) Nach der Malerei ist die Musik die »zweite romantische Kunst« – und sie ist für Hegel zugleich die »romantische Kunst« par excellence, da sie »sich das
Subjektive als solches sowohl zum Inhalte als auch
zur Form nimmt« (W X/3.127). Sie ist ganz subjektiv;
die Innerlichkeit der Musik ist die »letzte«, »die abs-
trakteste Innerlichkeit, die ganz objectlose Objectivität, die ganz subjective Objectivität« (GW 28/1.481)
– und dies ist keineswegs eine extravagante Deutung,
sondern lediglich die Beschreibung der spezifischen
Verfassung von Musik: Anders als eine Skulptur oder
ein Gemälde, und im strengen Sinne sogar auch noch
als ein poetisches Werk, hat ein Musikstück keine
»Objectivität«, kein Bestehen für sich; es hat sein Dasein ausschließlich in der individuellen Rezeption
durch ein Subjekt.

Diese Auflösung des Bezugs von Musik auf eine
für sich bestehende Äußerlichkeit und die Verankerung ihrer »Objectivität« ausschließlich in »Subjektivität« oder »Innerlichkeit« könnte einer ›Subjektivierung‹ des Gehalts von Musik in dem Sinne Vorschub zu leisten scheinen, als ob Musik eben deshalb

auch nur für »Subjektivität« im Sinne von »Empfindung« vorhanden sei. Hegel ist auch fern davon, diese Dimension von Musik in Frage zu stellen: Sie
wirkt auf das Gemüt, die Erregung, die Begeisterung, und diese Wirkung kann auch bewußt eingesetzt werden, um Effekte zu erzielen – etwa in der
Militärmusik. Doch warnt Hegel eher davor, diese
Seite der Wirkung auf das Gemüt zu überschätzen:
Heute bringen die Trompeten die Mauern von Jeri-
cho nicht mehr zum Einsturz – hierfür bedarf es anderer Mittel, und die Gesetze werden auch nicht
mehr, wie von Orpheus, durch Musik gegeben. Doch
diese ironischen Zweifel an der Wirkung von Musik
dementieren keineswegs die Bedeutung, die »Subjektivität« für die Musik hat. Denn die »Innerlichkeit«, die Hegel hier so nachdrücklich heraushebt,
beschränkt sich nicht bloß auf Gefühl oder Empfindung. Neben die emotionale Seite tritt die rationale:
In der Musik herrsche »ebensosehr die tiefste Innigkeit und Seele, als der strengste Verstand, so daß sie
zwei Extreme in sich vereinigt, die sich leicht gegeneinander verselbstständigen« – und erst beide zusammen bezeichnen den Charakter der Musik umfassend (W X/3.133).

(2) Im Kolleg 1823 behandelt Hegel im Anschluß
an diese »allgemeine Bestimmung des Elements des
Äußeren und des Inneren« den Ton als ein Sichver-
nehmen des inneren Sinns, die Negation der Äußerlichkeit des Tons, die unterschiedlichen Arten seiner
Erzeugung durch die menschliche Stimme bzw. die
anderen Instrumente, ferner die Bedeutung der Zeit
für die Musik, d. h. des Taktes, und schließlich die
Harmonie und Melodie: »In der Einheit der Harmonie und der Melodie liegt das Geheimniß der tiefen
Composition, welche die tiefsten Gegensätze der
Harmonie hervorruft, und von diesen zurückkehrt –
Es ist gleichsam der Kampf der Freiheit und Nothwendigkeit, welcher uns sich hier darstellt.« Dennoch nimmt sich diese Überlieferung dürftig aus neben dem Kapitel in der *Freundesvereinsausgabe* –
und dies nicht allein quantitativ. Im Kolleg 1823
bietet das Kapitel über die Musik keinen Einblick in
Hegels Werkkenntnis, es schweigt ebenso über die
musikalischen Gattungen und es endet zudem mit
einem krassen Fehlurteil: »wie die Architectur einen
Gott erfordert, so die subjectivität der Musik einen
Text, Gedanken, Vorstellungen, die als bestimmter
Inhalt nicht in ihr sind.« Erst der geistige Gehalt der
redenden Kunst gebe der Musik »Erfüllung«. »Die
unselbständige Musik ist nur bekleidend. Je selbstständiger sie wird, desto mehr gehört sie nur dem
Verstande an, und ist eine blosse Künstlichkeit, die

nur für den Kenner ist, und dem Zweck der Kunst ungetreu wird.« (GW 28/1.485 f.)

(3) Dieses Fehlurteil geht auf Hegels Vortrag zurück und nicht bloß auf dessen Nachschreiber; es findet sich ähnlich auch 1821 und 1826. Auch aus diesem Kolleg sind über die Instrumentalmusik die Sätze überliefert: »Hierüber kann ich nicht viel sagen. Ich muß es für ein Unglück ansehen, daß die Musik sich so selbständig, elementarisch konstituiert. Die Hauptsache ist das Singbare, Melodische. […] Indem die Musik auf diese Weise Vollkommenheit, Selbständigkeit erlangt hat, findet nur der theoretische Kenner volle Befriedigung« (Olivier, 39). Die *Freundesvereinsausgabe* entschädigt jedoch reichlich für die Defizienzen und Fehlurteile: Vermutlich auf der Basis des letzten Kollegs (1828/29) läßt sie den breiten Erfahrungshintergrund sichtbar werden – von den damals »modernen« Opern und Symphonien bis zurück zu Bach und zur alten italienischen geistlichen Musik (wobei der Name Thibauts nachzutragen ist [s. Kap. I.7.4]). Vor allem korrigiert sie das Fehlurteil über die Abhängigkeit der Musik vom Wort. Sie unterscheidet nicht allein (wie schon das Kolleg 1826) zwischen »begleitender« und »selbständiger Musik«, sondern sie vermittelt den Eindruck, daß nach Hegels neuer Einsicht die Musik erst in der letzteren, in der Ablösung vom Wort, ganz zu sich gekommen ist.

Dem steht zwar noch die irritierende Behauptung entgegen, »daß die Musik unter allen Künsten die meiste Möglichkeit in sich schließe, sich nicht nur von jedem wirklichen Text, sondern auch von dem Ausdruck irgend eines bestimmten Inhalts zu befreien, um sich bloß in einem in sich abgeschlossenen Verlauf von Zusammenstellungen, Veränderungen, Gegensätzen und Vermittelungen zu befriedigen, welche innerhalb des rein musikalischen Bereichs der Töne fallen. Dann bleibt aber die Musik leer, bedeutungslos, und ist, da ihr die eine Hauptseite aller Kunst, der geistige Inhalt und Ausdruck abgeht, noch nicht eigentlich zur Kunst zu rechnen.« Dies könnte im Sinne der drei frühen Kollegien verstanden werden – doch der Text fährt fort: »Erst wenn sich in dem sinnlichen Element der Töne und ihrer mannigfaltigen Figuration Geistiges in angemessener Weise ausdrückt, erhebt sich auch die Musik zur wahren Kunst, gleichgültig, ob dieser Inhalt für sich seine nähere Bezeichnung ausdrücklich durch Worte erhalte, oder unbestimmter aus den Tönen und deren harmonischen Verhältnissen und melodischen Beseelung müsse empfunden werden.« (W X/3.142 f.) Demnach ist der geistige Gehalt, der die Musik zur »wahren Kunst« erhebt, nicht an den

Rekurs auf die Rede gebunden – und an anderer Stelle wird deutlich, daß dies nicht bloß eine Möglichkeit bezeichnet, sondern daß die eigentliche Bestimmung der Musik in dieser Ablösung, in dieser »Befreiung« vom Wort liege: »Will die Musik aber rein musikalisch sein, so muß sie dieses ihr nicht eigentümliche Element aus sich entfernen und sich in ihrer nun erst vollständigen Freiheit von der Bestimmtheit des Wortes durchgängig lossagen.« (W X/3.211)

(4) Diese »Befreiung« läßt Hegel bereits bei der Vokalmusik beginnen, wenn sie sich von der Gebundenheit an das Wort losmacht und im bloßen, von der Stimme erzeugten Ton kulminiert (s. Kap. I.8.7). Vollends die autonome Instrumentalmusik erborgt den »Geist« nicht mehr vom Wort; in ihr wird die Form selbst Geist. Doch gerade weil Hegel diesen Prozeß der Ausbildung der Instrumentalmusik zur »selbstständigen«, also zur ›absoluten Musik‹ als Befreiung der Musik zu ihrer innersten Bestimmung beschreibt, bleibt es rätselhaft, daß er zwar Mozarts Symphonien erwähnt, jedoch – zumindest soweit sich gegenwärtig sehen läßt – nirgends Beethoven als Kronzeugen dieser Entwicklung anführt – rätselhaft trotz der Überlegungen von Carl Dahlhaus (1983) über Hegels »beredtes Schweigen« über Beethoven und sein gespanntes Verhältnis zu E. T. A. Hoffmanns Beethoven-Deutung (GW 28/1.481–486, W X/3.125–219).

9.7.5.5 Poesie

(1) Die Poesie, die »redende Kunst«, nimmt im System der Künste in mehrfacher Hinsicht eine Sonderstellung ein: Sie ist diejenige Kunst, die sich nicht – wie alle anderen – schwerpunktmäßig einer der drei Kunstepochen zuordnen läßt; sie ist zu allen Zeiten und in fast allen Kulturen gleicherweise vertreten. Und vor allem ist sie die einzige Kunst, die sich vollständig vom Medium der unmittelbaren Sinnlichkeit befreit hat, dem auch eine so von äußerlicher Objektivität befreite und auf die »Innerlichkeit« ausgerichtete Kunst wie die Musik noch angehört. Die Poesie setzt den »Ton« zu einem »bloßen Mittel« herab, zum Wort, zu einem äußerlichen Zeichen der Vorstellung, das deshalb – in Übersetzungen – auch durch ein anderes Zeichen vertreten werden kann, ohne seine Bedeutung einzubüßen. Was also als Indiz einer Beschränkung der Poesie aufgefaßt werden könnte – ihre Zuordnung zu einer Sprache und die Notwendigkeit von Übersetzungen in andere Sprachen –, wertet Hegel umgekehrt als Indiz für ihre Geistigkeit: Der Geist zieht sich aus dem sinnlichen Material zu-

rück und »wird so auf seinem eigenthümlichen Boden sich gegenständlich« (GW 28/1.486).

Schon durch diese Loslösung nicht allein vom gröberen Stoff, sondern vom sinnlichen Medium überhaupt kommt der Poesie in der Hierarchie der Künste der höchste Rang zu. Gleichwohl bleibt aber auch sie – als Kunst – noch auf Sinnlichkeit bezogen: Der Begriff, den Hegel hier an die Stelle von »Sinnlichkeit« setzt, ist der Begriff der Vorstellung – und auch »Vorstellung« bleibt stets auf Sinnlichkeit fixiert; sie hält die »Mitte zwischen Anschauung und Gedanke« (GW 28/1.489). Es ist signifikant, daß Hegel somit dieser höchsten der Künste denselben Begriff des subjektiven Geistes zuweist wie der auf die Kunst folgenden Gestalt des »absoluten Geistes«: der Religion. Beide bleiben zwar noch auf Anschauung bezogen – aber auf eine Anschauung, die nicht mehr unmittelbar vollzogen wird, sondern ins Geistige aufgehoben ist. Diese Ablösung vom sinnlich Dargestellten macht die Poesie auch zur universellen Kunst: Weil sie sich im Medium der Vorstellung bewegt, kann sie fast den gesamten Reichtum des Geistes erfassen. Verschlossen ist ihr nur der reine Gedanke, der sich gänzlich vom Sinnlichen befreit und deshalb nicht poetisch darstellbar ist. Alles hingegen, was in Raum und Zeit gedacht werden kann, ist auch für die Vorstellung.

(2) Eben wegen dieses weiten Umfangs des Vorstellungsbegriffs ist zu konkretisieren, wann und wodurch solche Vorstellungen zum Stoff der Poesie werden. Hegel grenzt sie deshalb ab gegen das Prosaische überhaupt wie auch insbesondere gegen Rhetorik und Historie. Er nennt auch drei positive, allerdings recht allgemeine Kriterien: Das poetische Kunstwerk muß ein »organisches Ganzes« sein, es muß auch einen individuellen Zweck haben, und die Teile müssen »als Teile des Organischen erscheinen«. Spezifischer als diese an der Naturphilosophie orientierten Kriterien ist deshalb wiederum das Moment der geistigen Produktion: Die Kunst kann zwar den vorgegebenen »bunten Inhalt des Geschehens« in die Vorstellung aufnehmen – doch sie hat ihn »daraus zu erschaffen, für die Vorstellung darzustellen, den Zusammenhang so zu machen, daß der Zweck aus dieser darstellung hervorgeht.« (GW 28/1.487) Anders als die Historie hat sie dabei das Recht, sich von der Bindung an äußere Gegebenheiten völlig zu befreien. Und auch wenn der »Zweck« in diesen erkennbar wäre, müßte er doch aus dem Willen des Künstlers neu hervorgehen und durch ihn seine innere Einheit und Gestaltung erhalten. Und die von ihr entworfene, also absichtsvolle Einheit muß als »absichtslos erscheinen« – anders als die Rhetorik, die ein Ganzes aus verständiger Absicht und äußerlicher Zweckmäßigkeit entwirft. Weitere Kriterien des Poetischen sind der spezifische »Ausdruck« – die Verwendung einer »uneigentlichen« Redeweise, der Rekurs auf Bildliches, auf Metaphern, und vor allem die Versifikation durch Rhythmus oder durch Reim – zwei Formen, mit deren Verwendung in unterschiedlichen Sprachen Hegel sich detailliert auseinandersetzt.

Diese allgemeinen Passagen sind in der Nachschrift des Kollegs 1823 sehr knapp gehalten; sie haben eher einleitenden Charakter. In den *Werken* sind sie breit ausgeführt – wie ja insgesamt die Darstellung der Poesie in den *Werken* etwa das Neunfache des Umfangs der Nachschrift mißt. In den *Werken* nehmen diese allgemeinen Erörterungen die beiden ersten Hauptteile der Darstellung der Poesie ein, während das Thema des Hauptteils der Nachschrift – die Abhandlung der poetischen Gattungen – in den *Werken* zu einem bloß dritten Teil herabgesetzt und wiederum mit großer Ausführlichkeit und Diskussion zahlreicher einzelner Beispiele behandelt ist.

(3) Die Gattungstrias der epischen, lyrischen und dramatischen Poesie leitet Hegel aus dem Begriff des jeweiligen Inhalts ab. Ist der Stoff »eine äußerlich entfaltete Welt, […] wo die Sache frei für sich fortgeht, sich in ihrer Objektivität entwickelt und der Dichter zurücktritt«, so wird er im Epos gestaltet; ist er hingegen »subjektive Stimmung, Erfüllung des Subjekts, das den Inhalt in sich hat und ihn ausdrückt«, ist die Gestaltung lyrisch. Die dramatische Poesie versteht Hegel als »Vereinigung« der beiden erstgenannten Formen, die ja auch als solche ins Drama hineinspielen können; er hebt aber die positive Bestimmung dieser Gattung unter Hinweis auf die griechische Wortbedeutung noch eigens heraus: »Der Inhalt endlich des Dramas ist ein objektiver, geistige konkrete Objektivität, das Handeln.« (GW 28/1.493 f.)

(4) Bei der näheren Bestimmung des epischen Inhalts konkretisiert Hegel die eben genannte Aussage: Das Epos ist nicht einfach die Darstellung einer äußerlich entfalteten Welt, sondern »das Ganze einer Welt, in welcher eine individuelle Handlung geschieht« – und deshalb ist sie »in einem besonderen Zustande aufzufassen, der die Handlung notwendig macht.« Es kann deshalb nicht die Weltgeschichte und als deren Held den Menschengeist, den »Humanus« darstellen: »dieser Stoff wäre zu hoch für die Kunst«, denn diese »hat individuelle Gestalten zu geben« (GW 28/1.495 f.). Aber auch diese Eingren-

zung des Epos auf die Darstellung des Ganzen in individueller Form ist noch zu formal: Die individuellen Handlungen sind durch Kollisionen herbeigeführt, und da das Epos auf eine objektive Totalität abzielt, sind sie Kollisionen von Völkern, also ein »Kriegszustand«, und zwar kein »einheimischer« und auch kein »zufälliger«, sondern eine »substantielle«, für die Entwicklung der Sittlichkeit konstitutive Kollision. Hieran schließt sich die weitere Forderung, »daß die Zeit des Geschehens die Heroische Zeit sein muß, wo das sittliche Leben, die Verhältnisse sich entwikelt haben und gewollt werden«. Das epische Gedicht fällt »in die erste Zeit eines Volks, das aus der Dumpfheit erwacht, sodaß eben als Sinn, als Sitte hervorgeht, was später Gesetz wird.« (GW 28/1.497, 499)

Diesen Begriff des Epos gewinnt Hegel fraglos an den Epen Homers, doch lassen sich ebenso die großen indischen Epen unter ihn stellen. Allerdings nötigt die Restriktion des Epos auf die Heroenzeit Hegel dazu, »zwischen ursprünglichen Epopöen und später gemachten zu unterscheiden«, bei denen »die Weise der Vorstellung einer andern Zeit angehört als der Inhalt«, mit dem es dann auch gar nicht Ernst ist – in Vergils *Aeneis*, aber ebenso in Klopstocks *Messias*. »Die moderne Zeit« kann kein Epos haben, denn ihr liegt solche ursprüngliche Ausbildung sittlicher Verhältnisse fern; in ihr sind alle Lebensverhältnisse fest, prosaisch geworden. So ordnet Hegel zwar nicht die Poesie überhaupt, wohl aber die poetischen Gattungen bestimmten Geschichtsepochen zu – am deutlichsten das Epos, nach den *Werken* aber auch die Lyrik (GW 28/1.499–501, W X/3.326–418).

(5) Gegenüber der »Objektivität des Gegenstandes« im Epos hebt Hegel die Lyrik als diejenige Form der Poesie heraus, die der »Subjektivität« – und zwar als »Innerlichkeit«, noch nicht als »Handlung« – ihr Recht widerfahren läßt: Der Geist steigt »in sich selber nieder, schaut in das eigene Bewußtsein und gibt dem Bedürfnisse Befriedigung, statt der äußeren Realität der Sache die Gegenwart und Wirklichkeit derselben im s u b j e k t i v e n Gemüt, in der Erfahrung des Herzens und Reflexion der Vorstellung und damit den Gehalt und die Tätigkeit des innerlichen Lebens selber darstellig zu machen.« Die Lyrik entspringt dem »Bedürfnis, s i c h auszusprechen und das Gemüt in der Äußerung seiner selbst zu vernehmen.« Hegel spricht hier auch überraschend viel vom »Herzen«, das, nach seiner »ebenso stummen als vorstellungslosen Konzentration«, »sich zum Aussprechen seiner selber aufschließt und deshalb das vorher nur Empfundene in

Form selbstbewußter Anschauungen und Vorstellungen faßt und äußert.«

Auch die folgenden Bestimmungen des Lyrischen entfaltet Hegel im Kontrast vor allem zum Epischen. Er bespricht zwar auch unterschiedliche Formen des Lyrischen – Epigramm, Romanze, Ballade, Gelegenheitsgedichte, Oden, Volkslieder – oder die »größte Mannigfaltigkeit« der für die Lyrik geeigneten Metra – aber auch diese sieht er wiederum als Folge des subjektiven Ursprungs der Lyrik. Da »die innere Subjektivität der eigentliche Quell der Lyrik« sei, so sei sie zwar nicht geeignet zur »poetischen Bibel« eines Volkes, wie die großen Epen; andererseits gehöre sie nicht bloß einer »heroischen« Ursprungszeit an, sondern allen Phasen der Entwicklung eines Volkes. Wegen dieses Rückbezugs auf das einzelne Subjekt machte »die Besonderheit der Zeit und Nationalität sowie die Einzelheit des subjektiven Genius das Bestimmende für den Inhalt und die Form der Kunstwerke« aus. Hieraus begreift Hegel nicht allein die Gliederung in die geschichtlichen Formen – in die »orientalische«, klassische und »romantische Lyrik« –, sondern auch ihre Dominanz in der »romantischen« Epoche: Wenn »sich das gesamte Leben dieser Nationen aus dem Prinzip der Subjektivität entwickelt«, gewinnt die Lyrik »überwiegende Wichtigkeit« – obgleich doch nicht sie, sondern das Drama »die höchste Stufe der Poesie und der Kunst überhaupt« bildet (W X/3.419–478).

(6) Diesen Rang erkennt Hegel der »dramatischen Poesie« zu, weil sie »die Objektivität des Epos mit dem subjektiven Prinzip des Lyrik in sich vereinigt, indem sie eine in sich abgeschlossene Handlung […] in unmittelbarer Gegenwart vorstellt.« Das Drama ist Darstellung von etwas Objektivem – wie das Epos –, doch dieses Objektive ist hier selbst die Subjektivität in ihren Handlungen; es ist »Darstellung gegenwärtiger menschlicher Handlungen und Verhältnisse für das vorstellende Bewußtsein«. Die Subjektivität wird hier also nicht nach der Seite der bloßen »Innerlichkeit« thematisch, sondern als handelnde, und zwar als in »kollidierenden Umständen« handelnde: »Das eigentlich D r a m a t i s c h e endlich ist das Aussprechen der Individuen in dem Kampf ihrer Interessen und dem Zwiespalt ihrer Charaktere und Leidenschaften.« Diese Kollision der auf einander prallenden Charaktere und Zwecke stiftet zugleich die »Einheit der Handlung« – und nur diese erkennt Hegel als konstitutiv für das Drama an, nicht die traditionell ebenfalls aufgeführten Einheiten des Ortes und der Zeit. Von diesem Kern, von der Darstellung der Handlung als Handlung her,

organisiert sich das Drama; es muß sowohl die Weit-
läufigkeit des Epischen wie »die Expektoration des
eigenen Herzens« vermeiden und alles dem einen
Gehalt, der Handlung, unterordnen. Die »Handlung« ist aber keineswegs etwas Abstraktes, sondern
ihr »Material« ist »der ganze Mensch, der nicht nur
Empfindungen, Vorstellungen und Gedanken äußert, sondern, in eine konkrete Handlung verflochten, seinem totalen Dasein nach auf die Vorstellungen, Vorsätze, das Thun und Benehmen anderer
wirkt und ähnliche Rückwirkungen erfährt oder
sich dagegen behauptet.«

Das Dramatische wäre jedoch unterbestimmt,
wenn es bloß als »Kollision« handelnder Individuen
überhaupt in ihren kleinlichen Interessen oder auch
in ihrem bösen Willen gefaßt würde. Sein Gegenstand ist die Kollision in sich berechtigter sittlicher
Mächte – und damit verankert Hegel auch das Drama, wie bereits das Epos, letztlich in einem »heroischen Weltzustand«, gegenüber der geschichtsindifferenten bzw. tendenziell eher »modernen« Lyrik.
Dieser Geschichtsbezug gilt auch für die Komödie, in
der zwar die »Subjektivität« überwiege – aber ebenfalls nicht die »moderne« Subjektivität. Denn auch
für die Komödie liefert Aristophanes das Maß – was
Hegel in den drastischen Ausdruck faßt: »Ohne ihn
gelesen zu haben kann man nicht wissen wie den
Menschen Sauwohl sein kann.« (GW 28/1.510) Die
Tragödie hat ohnehin »das ewig Substantielle« zum
Gegenstand, den Konflikt der »substantiellen Interessen«, und als ein solcher »substantieller« Konflikt
erfordert er auf der Seite der handelnden Personen
Schuld und Unschuld zugleich. »In den alten Figuren
ist es die Ehre der Charactere schuldig zu sein. [...]
Einem solchen Heros könnte man nichts schlimmres
nachsagen, als daß er unschuldig gelitten habe.«
(GW 28/1.506) Nur aus der berechtigten und durch
Kollision schuldvollen Tat entsteht »wahrhaft tragi-
sches Leiden«.

Ziel der Tragödie ist jedoch nicht die Darstellung
solchen Leidens, aber – hier einmal gegen Aristoteles
– auch nicht die Erzeugung von Furcht und Mitleid
oder eine »Reinigung«, sondern die »Versöhnung«
durch den Anblick der »ewigen Gerechtigkeit«. Von
dieser tragischen Versöhnung unterscheidet Hegel
»die epische Gerechtigkeit im Felde des Geschehens,
die allgemeine Versöhnung bloßer Ausgleichung.
Die höhere tragische Aussöhnung hingegen bezieht
sich auf das Hervorgehen der bestimmten sittlichen
Substantialitäten aus ihrem Gegensatze zu ihrer
wahrhaften Harmonie«. Erzeugt wird diese Harmonie und Befriedigung des Geistes durch die Auf-

hebung der einseitigen Ansprüche des Sittlichen –
und dieses Resultat sieht Hegel insbesondere in der
Antigone des Sophokles, die er deshalb zum »voll-
endetsten Kunstwerk« erklärt. Von dieser Form der
Versöhnung unterscheidet er noch die »innerliche
Aussöhnung«, etwa im *Ödipus auf Kolonos*. Doch
trotz der Wortwahl sieht er entgegen anderen Interpreten auch hier eine Distanz zum »christlichen
Ton«. Denn auch hier gehe es nicht um das christliche Baden »im Quell des ewigen Heils«, um die »Verklärung der Seele«, die »das Herz selbst [...] zum
Grabe des Herzens macht, sondern um die »Einheit
und Harmonie dieses s i t t l i c h e n Gehaltes selber.«

Diese Hochschätzung der antiken Tragödie macht
es Hegel nicht leicht, ein affirmatives Verhältnis zur
»modernen Tragödie« – von Shakespeare bis Goethe
– zu entwickeln. Sie ist ja durch »das Prinzip der
Subjektivität« bestimmt, durch »die subjektive Innerlichkeit des Charakters«, und insofern scheinbar
durch ein den antiken »sittlichen Mächten« entgegengesetztes Prinzip. Hegel sucht diese »Kollision«
zu lösen, indem er die Subjektivität selber zu einer
gleichsam substantiellen Macht erklärt und ihr ein
»Recht« auf Befriedigung vindiziert, das sie gegen
andere behauptet. Damit aber gerät sie teils – willent-
lich oder nicht – in »Unrecht und Verbrechen«, wie
im *Macbeth;* teils ist sie, wie in *Romeo und Julia,* »der
Hinfälligkeit des Irdischen« und dem »Schicksal der
Endlichkeit« unterworfen, so daß also eine Verkettung zufälliger Umstände einen unglücklichen Ausgang bewirkt, der als solcher nicht eigentlich tragisch
zu nennen ist und deshalb »eine nur schmerzliche
Versöhnung, eine u n g l ü c k s e l i g e S e l i g k e i t im
Unglück« gewährt. Doch insofern die moderne Tragödie wegen ihres »Prinzips der Subjektivität« den
höchsten Punkt des Tragischen nicht mehr erreichen
kann, vereinigt sich ihre Tendenz mit derjenigen der
Komödie – mit der Tendenz »zur Auflösung der
Kunst überhaupt« (W X/3.479–581, GW 28/1.508 f.).

9.7.6 Das Ende der Kunst

(1) Hegels Rede von der »Auflösung der Kunst überhaupt« läßt zunächst nicht erkennen, daß es sich für
ihn bei diesem Vorgang nicht um eine spezifisch
»moderne« und zudem auf das Gebiet der Poesie begrenzte Tendenz handelt. Sie bildet jedoch nur einen
Aspekt der provokanten und deshalb auch vieldiskutierten, aber auch so klaren und doch seit den ver-
ständnislosen Äußerungen Felix Mendelssohn-Bar-
tholdys (HBZ 430,432) immer wieder mißverstandenen These Hegels vom »Ende der Kunst«. Schon zu

seiner Zeit hat es Anlaß zum Spott geboten, daß der Philosoph in seinen Vorlesungen das Ende der Kunst verkündete, um dann über die Straße in die Oper oder ins Theater zu eilen (s. Kap. I.8.7). Und doch folgt dieser Gedanke unausweichlich aus seiner Konzeption der Ästhetik im Rahmen einer Philosophie des Geistes.

Er läßt sich bis in Hegels Jenaer Vorlesung *Über Naturrecht* zurückverfolgen (s. Kap. II.4.6.3). In dieser frühen Form begründet Hegel das Ende der Kunst allerdings durch eine mythische Konstruktion, mit dem Zerbrechen der ursprünglichen Einheit von Natur und Geist – doch diese Konstruktion verabschiedet er noch in der Mitte der Jenaer Jahre. Der veränderte systematische Rahmen der *Vorlesungen über die Ästhetik* erfordert eine Verlagerung in der Begründung für das Ende der Kunst. Angesichts der neu gewonnenen Einsicht in die historische Flexibilität der Kunstformen muß sich die These vom Ende der Kunst auf das Invariable, aller Kunst Eigene und ihr als Kunst nicht Überschreitbare stützen.

Über solche Gründe verfügt Hegel bereits im *Systementwurf III*, in der »Geistesphilosophie« von 1805/06: Sie liegen in der Einzelheit des produzierenden Selbsts und der Selbstlosigkeit des Genusses sowie in der Einzelheit des Kunstwerks. Die spätere »Philosophie des absoluten Geistes« nimmt diese Begründung auf. Schon der erste der Kunst gewidmete Paragraph der *Enzyklopädie* thematisiert die Unangemessenheit der strukturellen Eigentümlichkeit von Kunst zu ihrer höchsten Aufgabe. Hegel spricht hier von einem »Zerfallen in ein Werk von äußerlichem gemeinen Daseyn, in das dasselbe producirende und in das anschauende und verehrende Subject, andererseits ist sie die concrete A n s c h a u u n g und Vorstellung des a n   s i c h absoluten Geistes als des I d e a l s« ([3]§ 556). Wenn darin, wie das Wort »Zerfallen« andeutet, ein Mangel gesehen werden soll, so ist dieser nicht schon dadurch zu beheben, daß auf die Reflektiertheit der modernen Kunst verwiesen wird. Solche Reflektiertheit wäre auf Grund von Hegels Kritik allenfalls zu fassen als Surrogat einer strukturbedingten und deshalb unabänderlichen Defizienz. Auch das Auseinanderfallen von Produzierendem und Produziertem ist nicht hintergehbar. Es muß allerdings eigens begründet werden, warum in dieser Dreiteilung der Ausdruck oder Grund eines Mangels der Kunst liegen solle, und nicht entweder etwas Neutrales oder gar ein Vorzug. Die Mangelhaftigkeit sieht Hegel darin, daß mit dem Zerfallen in drei unterschiedene Faktoren die Unmittelbarkeit und damit Beliebigkeit der Kunst eintritt: die Unmittelbar-

keit des Inhalts, des Materials und des Produzierenden – seine naturgegebene Genialität und freie Willkür zugleich. Auf Grund dieses Eintretens der Unmittelbarkeit und Natürlichkeit wird die Vollendung der Kunst in der Schönheit, der Übereinstimmung von Form und Inhalt, zum historischen Sonderfall.

(2) Dieser Einwand trifft die Kunst als Form überhaupt, also auch die griechische. Gerade deshalb ist er aber für sich allein nicht geeignet, das Ende der Kunst zu begründen. Denn trotz des aufgewiesenen Mangels aller Kunst war doch die griechische Kunst – daran hält Hegel stets fest – geeignet, das höchste Bedürfnis des Geistes zu erfüllen. Auf die bloße Feststellung einer unabänderlichen Strukturdefizienz der Kunst läßt sich die These vom Ende der Kunst somit nicht gründen, wenn man Argumente dafür zu haben glaubt, der schönen Kunst Griechenlands einen Vollendungscharakter zuzuerkennen.

Die Unzureichendheit der Kunst erhellt eigentlich erst aus der Verbindung der Einsicht in die Strukturdefizienz mit der Einsicht in ihre Unangemessenheit – aus der Kontrastierung der so beschriebenen Verfassung der Kunst und dessen, was doch ihre Aufgabe ist: die konkrete Anschauung des an sich absoluten Geistes. Dieses zweite Moment ist geschichtlich variabel. Deshalb kann es eine Epoche geben, in der zwar die strukturelle Unzulänglichkeit der Kunst ebenso gilt wie in jeder anderen Epoche auch, während gerade wegen des Moments der Natürlichkeit, das im Strukturmangel gründet, die Unangemessenheit von Form und Inhalt nicht eintritt, so daß beide sich zu einer höchsten, nicht mehr überbietbaren Gestalt der Kunst zusammenschließen.

Diese Übereinstimmung der Strukturbedingungen und des Inhalts der Kunst ist selbst an eine spezifische Stufe der Geschichte des Geistes gebunden, sofern die Ausbildung des Inhalts einem irreversiblen Geschichtsprozeß folgt. Schönheit im nicht bloß formellen Sinne ist nur möglich in der griechischen Welt, weil dort der dargestellte Inhalt, das Geistige, das Göttliche, selbst noch mit Natürlichkeit behaftet ist. Die »Verklärung« der unmittelbaren Natürlichkeit zum »Z e i c h e n der Idee« und zur »Gestalt der S c h ö n h e i t« ([3]§ 556) ist nur möglich in der griechischen Welt, weil dort der Gegenstand des Geistes, das Göttliche, selbst noch mit Natürlichkeit behaftet ist. Die Harmonie von Strukturdefizienz und Natürlichkeit des Gottesgedankens bildet somit zwar die geschichtliche Voraussetzung der vollendeten Schönheit der Darstellung des Göttlichen in Menschengestalt; zugleich aber ist sie der Indikator einer noch unangemessenen Weise seiner Erfassung: Der schöne menschengestaltige Gott der griechischen Kunst bleibt ein vom Künstler aus natürlichem Material gemachter.

Die Bedingung der Möglichkeit von vollendeter Schönheit im wahren Sinne der absoluten Kunst ist ein geschichtlicher Standpunkt, auf dem der Gottesbegriff zwar so weit entwickelt ist, daß er bereits über das bloß Natürliche hinausgeht und Gott als freier Geist gewußt wird, aber noch nicht so weit, daß er sich vollständig von der Natürlichkeit gelöst hätte und sie sein schlechthin Negatives wäre. Auf Grund dieses Arguments kann auch die Funktion der Schönheit für das Ende der Kunst gegenüber der Jenaer Begründung neu bestimmt werden. Wenn die Unmöglichkeit einer schönen Kunst in der nachklassischen Welt mit dem Zerbrechen der unmittelbaren Harmonie der griechischen Welt begründet wird, wie in Jena, bleibt sie ein unauslöschlicher Makel aller späteren Kunst, der zudem zur Restitution der Lebensverhältnisse tendiert, in denen solche Schönheit möglich war. Beseitigt werden diese Gefahr und jener Makel erst durch die Einsicht, daß die Schönheit der Statue des Gottes selbst nur die Frucht eines unvollkommenen geschichtlichen Standes in der Ausbildung des Selbstbewußtseins des Geistes – und damit des Gottesbegriffs – ist. Der Vorzug einer »symbolischen« Darstellung des Göttlichen, mit dem Schelling die Überlegenheit der Antike begründet hatte, ist deshalb nichts Vorbildhaftes, sondern selber Ausdruck ihrer Unvollkommenheit.

(3) Für Hegel ist die im klassischen Ideal verwirklichte Schönheit kein Letztes; sie wird geschichtlich und in der künstlerischen Darstellung verdrängt durch die Erfassung der geistigen Schönheit der in sich vertieften Subjektivität. In Anbetracht der zeitunabhängigen Strukturdefizienz der Kunst fällt der Maßstab für ihr Ende in die geschichtliche Entwicklung des in ihr dargestellten Inhalts. Dieser Inhalt ist ja kein ungeschichtliches Absolutes, sondern das Selbstbewußtsein des Geistes, in religiöser Form die Menschwerdung Gottes, als die schon die *Differenz-Schrift* die Selbstkonstruktion des Absoluten bezeichnet (GW 4.75). Das Subjektwerden der Substanz ist in der griechischen Kunst zwar sehr viel besser gelungen als in den vorchristlichen Religionen – daher auch der enge Zusammenhang, den Hegel zwischen beiden herstellt. Das Verständnis dieses Zusammenhangs gleitet aber ins Erbauliche ab, wenn man dem griechischen Künstler eine Vorahnung des spezifisch Christlichen zuschreibt. Ein solches Antizipationsmodell unterstellt ein äußerliches Verhältnis. Es kann nicht erklären, wer warum antizipiert, und dies wäre doch erforderlich, wenn das Modell nicht nur geistreich sein oder nicht nur Assoziationen an die christliche Eschatologie wecken soll, wo es allerdings, streng genommen, ebenfalls verfehlt ist.

Gleichwohl ist es richtig, daß Hegel den Künstler, der die menschengestaltige Statue des Gottes schafft, als *Phidias christianus* denkt. Die Begründung hierfür liegt aber nicht darin, daß hier in einer dunklen Vorahnung ein späteres geschichtliches Ereignis vorweggenommen wird, sondern daß die gesamte Entwicklung der Kunst- und Religionsgeschichte nichts anderes als eben die Entwicklung des Selbstbewußtseins zum Inhalt hat, die in der Religion in Form des Gedankens der Menschwerdung Gottes vorgestellt wird – auch über das Christentum hinaus. Allerdings ist die Menschwerdung Gottes in der griechischen Kunst noch nicht gelungen, und sie kann in der Kunst auch nicht gelingen. Hierfür lassen sich im wesentlichen zwei Gründe angeben, deren Verhältnis auch für das Verständnis der Menschwerdung Gottes im Christentum entscheidend ist. Die Menschwerdung Gottes ist noch nicht gelungen, weil Gott noch nicht »das wirklich Andere« ist (Theunissen 1970, 192 f.); aber es ist ebenso richtig zu sagen, sie sei deshalb nicht gelungen, weil Gott hier zu sehr das Andere und noch nicht dasselbe sei. Die Menschwerdung Gottes in der Statue scheitert, weil diese ein vom Künstler Gemachtes und damit zugleich ein Unmittelbares, Natürliches, insofern also nicht ein wirklich Anderes ist. Der Gedanke der Andersheit bringt in den Gedanken der Menschwerdung eine ähnliche Zuspitzung wie die Forderung nach Persönlichkeit in die Trinitätslehre, jedoch ist die Andersheit nicht Selbstzweck. Der menschgewordene Gott muß ein wirklich Anderes sein als das einzelne Selbstbewußtsein, da er nur als ein solches Anderes dasselbe sein kann wie das Selbstbewußtsein. Der griechische Gott ist nicht das Andere, weil er nicht dasselbe ist: selbstbewußte Geistigkeit. Allein von dieser glänzend gelungenen Dialektik Hegels her läßt sich das Mißlingen der Versöhnung in der griechischen Kunst so kritisieren, daß nicht zugleich ein Verständnis des Christlichen verstellt wird.

An den griechischen Göttern ist nicht das Menschenähnliche zu kritisieren – daß sie ein Spiegelbild des menschlichen Geistes seien –, sondern daß dieser Spiegel das Bild des menschlichen Geistes nur verzerrt wiedergebe, weil Gott noch nicht als ein Selbstbewußtsein vorgestellt werde. Hegels Einwand gegen das Bild, das Schillers Gedicht *Die Götter Grie-*

chenlands entwirft, ist deshalb auch nicht, daß diese Götter zu menschlich seien und man in ihnen statt des Beisichseins im Anderen nur, kierkegaardisch, eine solipsistische Freiheit des ästhetischen Selbstgenusses habe. Für Hegel ist ihr Mangel vielmehr, daß sie noch nicht menschlich genug, noch nicht Selbstbewußtsein seien. Daher auch der Zug der Trauer in der griechischen Welt: nicht aus einem geheimen Wissen um die bloß narzistische Selbstbegegnung im Göttlichen, sondern aus der Einsicht, daß so noch keine Selbstbegegnung erfolgen kann. Nichts liegt Hegel deshalb ferner, als bloß ironisch vom Beisichsein des Menschen in den homerischen Göttern zu sprechen. Dieses Beisichsein bildet die Grundlage für den Charakter der Heimatlichkeit, den die griechische Welt für den Geist hat, der aus dem Orient kommend sich in sich selbst wendet. Gegen dieses Beisichsein wäre nur dann etwas einzuwenden, wenn die Projektion, die es ermöglicht, etwas prinzipiell Illegitimes wäre.

Die Projektion muß zwar kritisiert werden, sofern sie hier in einer Weise erfolgt, die die Rückholung des Projizierten nicht wirklich erlaubt. Denn in der Projektion der geistigen Substanz des Menschen ist die Identität verlorengegangen. Das Göttliche erscheint in beliebig mannigfaltigen individuellen Gestalten, an denen die Göttlichkeit zur Abstraktion wird. Man kann aber gegen sie nicht einwenden, daß sie erst Projektion der geistigen Substanz d e s M e n s c h e n sei – als ob es eine andere gäbe. So hätte man ja zwei geistige Substanzen, eine göttliche und eine menschliche. Daß dies ein Ungedanke sei, sucht Hegels Philosophie von Anfang an nachzuweisen. Wenn sie auch nur Eines klargestellt hätte, so dies: daß der göttliche Geist kein anderer sei als der menschliche, sofern dieser in seiner Wahrheit, in seiner »Substanz« aufgefaßt werde. Seit den frühen Schriften sucht Hegel dieses Eine unaufhörlich einzuschärfen. In dem erst ansatzweise formulierten Religionskapitel des *Systementwurfs* III heißt es: »d i e g ö t t l i c h e N a t u r i s t n i c h t e i n e a n d r e a l s d i e m e n s c h l i c h e« – sofern diese nämlich wahrhaft, in ihrer Substanz gefaßt wird (GW 8.280). Und nicht anders im späten Manuskript zu den religionsphilosophischen Vorlesungen: Es sei die Idee des Geistes, »d i e E i n h e i t d e r g ö t t l i c h e n u n d m e n s c h l i c h e n N a t u r zu sein«, und diese Einheit sei eben der absolute Geist (V 5.6). Alle anderen Religionen werden deshalb abgewertet, weil sie noch nicht zu dieser Erkenntnis der substantiellen Einheit des göttlichen und des menschlichen Geistes gekommen seien, die erst das Sichwissen des göttlichen Geistes im

Menschen ermöglicht. Dahin tendiert alle vorchristliche Religion und Kunst, aber darin liegt auch ihre Unvollkommenheit, daß sie diese Einheit nicht erreicht. Die Projektion der geistigen Substanz in der griechischen Statue des Gottes als eine solche bloß des Menschen abzuwerten, heißt deshalb für Hegel nichts anderes, als hinter den im Christentum erreichten Stand der Erkenntnis zurückzufallen – und sei es auch im mißverstandenen Interesse der christlichen Religion selbst. Wenn dieser zentrale Punkt nicht adäquat gefaßt wird, so scheitert das Verständnis nicht nur des Zusammenhangs von griechischer Kunst und christlicher Religion, sondern das Gesamtverständnis des Systems, das ja in der Philosophie des absoluten Geistes kulminiert. Denn »absoluter Geist« ist nur noch ein leeres Wort, wenn man Hegel einen Dualismus von Geistsubstanzen unterstellt.

(4) Die Welt der schönen Kunst ist aber unwiderruflich überwunden, wenn das Göttliche nicht nur in der menschengestaltigen Statue angeschaut verehrt wird, der doch das eigentlich Menschliche fehlt: das Selbstbewußtsein. Dieses ist der Kunst prinzipiell nicht herstellbar, und darin liegt der Grund ihres Scheiterns: Insofern kann sie nicht das höchste Interesse des Menschen erfüllen, wenn erst ein anderes Selbstbewußtsein des Geistes hervorgegangen ist. Dann ist das Kunstwerk als solches nicht mehr Kultgegenstand. Der »weiterblickende Geist« wendet sich von der durch die Kunst gestalteten Objektivität »in sein Inneres zurück und stößt sie von sich fort (W X/1.135). Die christliche Religion erreicht eine Stufe des Sichwissens des Geistes, die sich nicht mehr in eine Harmonie mit dem Natürlichen einbinden läßt. Die äußere Gestalt kann nicht länger als Göttliches angeschaut werden, wenn das eigentlich Menschliche, das Selbstbewußtsein, als Göttliches anerkannt ist. Deshalb kann dieses Sichwissen des Geistes seine vollendete Gestalt nicht mehr in der Kunst finden.

Wenn man in der christlichen Epoche die Knie nicht mehr vor den Statuen Apolls und Jupiters beugt, so nicht allein deshalb nicht, weil die dargestellten Götter einer vergangenen Religion angehören, sondern weil sich mit der neuen Religion auch der Begriff des Geistes und damit zugleich das Verhältnis von Kunst und Religion durchgreifend gewandelt hat. Während in der schönen Welt der griechischen Göttergestalten die Wahrheit nicht ablösbar von der Präsenz im Kunstwerk ist, so ist sie in der christlichen Welt auch unabhängig vom Kunstwerk im Bewußtsein vorhanden – und lange genug nicht allein unter Absehen, sondern sogar im Gegensatz zu ihrer künstlerischen Darstellung. Die Wahrheit ist durch die Religion vorgegeben, und ihre künstlerische Gestaltung bleibt demgegenüber etwas Nachträgliches. Die äußere, natürliche Gestalt des Menschen kann nicht länger als Göttliches angeschaut werden, wenn das eigentlich Menschliche, das Selbstbewußtsein, als Göttliches gewußt ist.

Gott ist so gewußt als dasselbe, was der Mensch auch ist. Zur Herstellung dieser Identität ist es unverzichtbar, daß der Gott nicht ein Gemachtes, sondern ein »wirklich Anderes« ist. Doch die wahre Form der Andersheit Gottes liegt eben darin, daß er dasselbe ist. Sofern man der Kunst einen absoluten Inhalt zubilligt – und nur unter dieser geistesphilosophischen Voraussetzung ist Hegels Theorem des Zusammenhangs von Kunst und Religion entworfen –, so läßt sich auch die Folgerung nicht umgehen, daß dieser Inhalt in der Religion eine besser angemessene Darstellung gefunden habe, und dies nicht zufällig, sondern weil der Geist sich in der Geschichte seines Selbstbewußtseins auf eine Stufe erhebt, die der Kunst teils nicht mehr in der Harmonie mit der Natürlichkeit darstellbar und teils prinzipiell unerreichbar bleibt.

(5) Aus der gedoppelten Aufgabe der Vergegenwärtigung des Inhalts, der als ein äußerliches Geschehen vorgestellt wird, und der Darstellung der Vertiefung des Geistes in sich folgt mit Notwendigkeit die Darstellung des Nicht-Idealen, ja des Unschönen, Verzerrten. Die Schärfe und Dissonanzen etwa der Leidensgeschichte Christi erzwingen in der Malerei die Darstellung auch des Häßlichen, wie sie andererseits im Crucifixus der Kirchenmusik die Einführung der Dissonanzen erzwingen, ohne die, allerdings auch ohne deren schließliche Auflösung, die vorgestellte Entzweiung und Versöhnung nicht zum Ausdruck kämen. Nicht nur die Schönheit im vollen Sinn als Übereinstimmung von schöner Form und Inhalt – auch die formelle Schönheit findet hier keinen Platz. Eine formelle dissonanzlose Schönheit verfehlte den Begriff der christlichen Versöhnung und damit zugleich den Begriff der romantischen Kunst. Im Lichte dieser Aufgabenstellung der christlichen Kunst kann das Nachahmungspostulat des zeitgenössischen Klassizismus für Hegel nur als fundamentales Mißverständnis der grundlegenden und unaufhebbaren Differenzen zwischen der christlichen Kunst und der des klassischen Griechenland beschrieben werden.

(6) Nach dem weltgeschichtlichen Auftreten der christlichen Religion kann die Kunst nicht mehr das höchste Interesse des Geistes ausmachen. Sie bleibt etwas Sekundäres – nicht etwa, weil ihr der »absolute Inhalt« vorgegeben wäre; dies ist er der symbolischen und klassischen Kunst ebenfalls, auch wenn er dort nicht im gleichen Sinne dogmatisch normiert ist wie im Christentum. Entscheidend ist jedoch, daß der »absolute Inhalt«, der als Wahrheit gewußt wird, der künstlerischen Darstellung nicht mehr in der Weise zugänglich ist, die die Vollendung der Kunst erlaubt. Nichts anderes besagt die These vom Ende der Kunst. Daß es eigentlich die Religion ist, die der Kunst in der christlichen Welt eine sekundäre Rolle zuweist, ist nicht unbekannt und schon historisch unbestreitbar. Das Gewicht der Position Hegels wird aber nur dann angemessen erfaßt, wenn die Ausschließlichkeit der religionsphilosophischen Begründung akzeptiert wird. Hegels These vom Ende der Kunst ist ausschließlich im Kontext ihres Verhältnisses zur Religion zu erörtern; sie ist keine kunst-, sondern eine religionsphilosophische These. Deshalb ist es auch kein Selbstwiderspruch, wenn Hegel trotz der Rede vom Ende der Kunst ebensosehr einräumt, man könne »wohl hoffen, daß die Kunst immer mehr steigen und sich vollenden werde, aber ihre Form hat aufgehört, das höchste Bedürfniß des Geistes zu seyn. Mögen wir die griechischen Götterbilder noch so vortrefflich finden, und Gott Vater, Christus, Maria noch so würdig und vollendet dargestellt sehen, es hilft nichts, unser Knie beugen wir doch nicht mehr.« (W X/1.135)

Alle anderen und gerade auch die ›aktueller‹ erscheinenden Begründungen wären für Hegel teils abwegig, teils sekundär. Die Partialität der Kunst in der Reflexionskultur der modernen Welt, oder gar die politisch-ökonomischen Verhältnisse, die die Kunst angeblich in die Nischen und Freiräume des kapitalistischen Systems abdrängen, sind nicht als Argumente für das Ende der Kunst anzuführen, da diese ihre Stellung, das höchste Interesse des Geistes auszudrücken, durch den Gang der Entwicklung des Geistes bereits vor zwei Jahrtausenden an die Religion abgetreten hat. Demgegenüber bleibt alle politisch aktualisierende Begründung für das Ende der Kunst in der modernen Welt in Hegels Perspektive eine Thematisierung von Afterphänomenen. Und zugleich ist es ausgeschlossen, von seiner Position her die Hoffnung zu rechtfertigen, daß man mittels einer Änderung der politisch-gesellschaftlichen Verhältnisse oder durch eine Selbstreflexion der Kunst deren Ende rückgängig machen könnte. Man müßte hierfür die Religionsgeschichte umkehren können – was selbst dann, wenn es sich bewerkstelligen ließe, nichts als ein Rückfall wäre. Allerdings bewirkt gerade die Ausschließlichkeit der Begründung für das Ende der Kunst, daß sie nur im Rahmen einer Konzeption überzeugend ist, die Hegels geistesphilosophische Position der Inhaltsidentität von Kunst und Religion teilt. Wer diese Position nicht akzeptiert, kann sicherlich zu anderen Argumenten hinsichtlich der Stellung der Kunst in der Moderne kommen, die dann aber nicht mehr die Hegelschen sind und eine eigene, von Hegels Philosophie unabhängige Begründung verlangen.

Kollegien: 1817; 1818; 1820/21; 1823; 1826; 1828/29; – **Erstdruck:** W₁ bzw. W₂ X/1–3. – **Text: a) Manuskripte:** GW 18.113–117; **b) Nachschriften:** W X/1–3; GW 28/1–4 (Voreditionen: Hegel: Vorlesung über Ästhetik. Berlin 1820/21. Eine Nachschrift. Hg. von Helmut Schneider. Frankfurt am Main 1995; V 2; Hegel: Philosophie der Kunst oder Ästhetik [1826]. München 2004; Hegel: Philosophie der Kunst. Vorlesung von 1826. Frankfurt a. M. 2005 [beide hg. A. Gethmann-Siefert u. a.]). – **Quellen:** Friedrich Creuzer: Symbolik und Mythologie der alten Völker, besonders der Griechen. Zweite, völlig umgearbeitete Ausgabe. 4 Bde und 1 Bd. Abbildungen. Leipzig und Darmstadt 1819–1821; Aloys Hirt: Geschichte der Baukunst bei den Alten. 3 Bde. Berlin 1820–1827. – **Literatur:** Heinrich Heine: Die romantische Schule (1835). Düsseldorfer Heine-Ausgabe Bd. 8/1. Hg. von Manfred Windfuhr. Hamburg 1979, 121–249; Helmut Kuhn: Die Vollendung der klassischen deutschen Ästhetik durch Hegel. Berlin 1931; Heinz Heimsoeth: Hegels Philosophie der Musik. HS 2 (1963), 161–201; Manfred Züfle: Prosa der Welt. Die Sprache Hegels. Einsiedeln 1968; Michael Theunissen: Hegels Lehre vom absoluten Geist als theologischpolitischer Traktat. Berlin 1970, 148–215; Henrich: Zur Aktualität von Hegels Ästhetik. Überlegungen am Schluß des Kolloquiums über Hegels Kunstphilosophie. HSB 11 (1974), 295–301; Peter Szondi: Poetik und Geschichtsphilosophie I. Frankfurt am Main 1974, insbes. 267–511: Hegels Lehre von der Dichtung; Jaeschke: Kunst und Religion. In: Graf / Wagner (Hg.): Flucht in den Begriff (1982), 163–195; Carl Dahlhaus: Hegel und die Musik seiner Zeit. In: Pöggeler / Gethmann-Siefert (Hg.): Kunsterfahrung und Kulturpolitik im Berlin Hegels. HSB 22 (1983), 333–350; Neue Quellen zu Hegels Ästhetik. Mitgeteilt und erläutert von Helmut Schneider. HS 19 (1984), 9–44; Gethmann-Siefert: Die Funktion der Kunst in der Geschichte. Untersuchungen zu Hegels Ästhetik. HSB 25 (1984); Gethmann-Siefert / Otto Pöggeler (Hg.): Welt und Wirkung von Hegels Ästhetik. HSB 27 (1986); Jens Kulenkampff: Musik bei Kant und Hegel. HS 22 (1987), 143–163; Hans Friedrich Fulda / Rolf Peter Horstmann (Hg.): Hegel und die »Kritik der Urteilskraft«. Stuttgart 1990; Gethmann-Siefert (Hg.): Phänomen versus System. Zum Verhältnis von philosophischer Systematik und Kunsturteil in Hegels Berliner Vorlesungen über Ästhetik oder Philosophie der Kunst. HSB 34 (1992); Brigitte Hilmer: Scheinen des Begriffs. Hegels Logik der Kunst. Hamburg 1997; Beate Bradl: Die Rationalität des Schönen bei Kant und Hegel. München 1998; Das Musikkapitel aus Hegels Ästhetikvorlesung von 1826. Hg. und erläutert von Alain Olivier. HS 33 (1998), 9–52; Gethmann-

Siefert: Die Kunst (§§ 553–577). In: Hegels Enzyklopädie, hg. Schnädelbach (2000), 317–374; William Maker (Hg.): Hegel and Aesthetics. Albany 2000; Silvia Vizzardelli: L'esitazione del senso. La musica nel pensiero di Hegel. Roma 2000; Jeong-Im Kwon: Hegels Bestimmung der Kunst. Die Bedeutung der »symbolischen Kunstform« in Hegels Ästhetik. München 2001; Francesca Ianelli: Das Siegel der Moderne. Hegels Bestimmung des Hässlichen in den Vorlesungen zur Ästhetik und der Rezeption bei den Hegelianern. München 2007; Alain Patrick Olivier: Hegel, la genèse de l'esthétique. Rennes 2008; Andreas Arndt, Günter Kruck, Jure Zovko (Hg.): Gebrochene Schönheit. Hegels Ästhetik – Kontexte und Rezeptionen. Berlin 2014; Tobias Braune-Krickau, Thomas Erne, Katharina Scholl (Hg.): Vom Ende her gedacht. Hegels Ästhetik zwischen Religion und Kunst. Freiburg 2014; Niklas Hebing: Hegels Ästhetik des Komischen. Hamburg 2015. HSB 63; Walter Jaeschke: Hegels Kritik an der Romantik. In: Helmut Hühn und Joachim Schiedermair (Hg.): Europäische Romantik. Interdisziplinäre Perspektiven der Forschung. Berlin /Boston 2015, 157–169.

9.8 Philosophie der Religion

9.8.1 Überlieferung

(1) Schon in seiner ersten Jenaer Systemskizze weist Hegel der Philosophie der Religion die herausgehobene systematische Funktion zu, als die abschließende Gestalt der Geistesphilosophie die »Resumtion des Ganzen in Eins« (R 179, vgl. GW 5.263) zu vollziehen – auch wenn er hier noch nicht andeutet, wie die Religionsphilosophie diese Aufgabe wahrnehmen werde. Während der Jenaer Jahre gewinnt sie fortschreitend an Inhalt und Kontur, ohne jedoch eine eigene Form der systematischen Entfaltung zu finden; sowohl im *Systementwurf III* als auch in der *Phänomenologie* bleibt der historische Aufriß bestimmend. Erst die *Enzyklopädie* (¹§§ 465–471) erweitert die Religionsphilosophie über diesen historischen Aufriß hinaus und stellt sie in den Kontext des »absoluten Geistes«; daneben bestätigt sie die Dominanz der Religion gegenüber der Kunst, die Hegel auch jetzt noch als »Religion der Kunst« (¹§ 456) anspricht. Andererseits liest er in Heidelberg zweimal über die Ästhetik, nicht aber über die Religionsphilosophie, so daß jene sich in den Vordergrund zu schieben scheint. Diesen Eindruck erweckt auch Hegels Votum vom 5. Mai 1820 an den Rektor der Berliner Universität über die Vollständigkeit des philosophischen Lehrangebots; hier erwähnt er im Rahmen der Philosophie des Geistes neben »Anthropologie und Psychologie« nur die »Ästhetik, die sich zugleich auf Religionsphilosophie bezieht (V 3.Xf.). Die Religionsphilosophie verharrt noch im

Hintergrund – und dies ist nicht verwunderlich: Wie die Geschichtsphilosophie und die Ästhetik zählt ja auch die Religionsphilosophie damals keineswegs zum selbstverständlichen Kanon der akademischen Lehre. Doch nur ein paar Monate nach seiner Unterordnung der Religionsphilosophie unter die Ästhetik kündigt Hegel für das Sommersemester 1821 überraschend »philosophiam religionis« an – und danach noch dreimal, in den Sommersemestern 1824, 1827 und 1831.

(2) Daß Hegel sich zu diesem Zeitpunkt entschließt, über Religionsphilosophie zu lesen, läßt sich aus seinem Interesse erklären, die Disziplinen seines »Systems« sukzessiv zu Gegenständen seiner Lehre zu machen und sie damit überhaupt erst zu »machen«. Daß sein Entschluß jedoch so überraschend erfolgt, läßt einen zusätzlichen Anlaß vermuten: Im Juni 1821, also zeitgleich mit Hegels erstem Kolleg über Religionsphilosophie, erscheint der erste Band der *Glaubenslehre* seines Kollegen und Kontrahenten Schleiermacher. Daß sie der Anlaß gewesen sei, läßt sich nicht belegen – doch Hegel setzt sich noch im Manuskript und in Vorstufen zu ihm unmittelbar mit Schleiermachers *Glaubenslehre* auseinander, und auch briefliche Äußerungen Hegels aus dieser Zeit zeigen, daß ihm diese Konkurrenzsituation wohl bewußt gewesen sei. Am 9.5.21 schreibt er an Carl Daub, er erwarte begierig Schleiermachers *Glaubenslehre*, zumal er selbst gerade Religionsphilosophie lese, und er fährt fort: »Schleiermacher läßt, soviel ich höre, gegenwärtig gleichfalls an einer Dogmatik drucken. Die Xenie fällt mir ein: ›Lange kann man mit Rechenpfennigen zahlen, doch endlich muß man den Beutel doch ziehn!‹ – Ob dieser Beutel aber auch weiter nichts als Rechenpfennige ausschütten wird, müssen wir sehen.«

Diese gespannte Haltung ist nicht allein Ausdruck einer persönlichen Konkurrenzsituation; sie hat auch eine kirchenpolitische Seite. Nach dem Erscheinen der *Glaubenslehre* schreibt Hegel am 4.4.22 an Hinrichs: »von Daub erwarte ich eine offene Erklärung, ob denn das die Dogmatik der unierten evangelischen Kirche sei, was man uns, – freilich nur in einem e r s t ersten Teile […] als solche zu bieten die Unverschämtheit und Plattheit gehabt hat.« Noch deutlicher wird dieser Konflikt in einem nur drei Tage späteren Schreiben: »Es tut not, daß wir nach und nach lauter werden.« Aus diesem Kontext heraus ist auch Hegels scharfe Polemik in der Vorrede zu Hinrichs' Religionsphilosophie (s. Kap. II.8.2) zu verstehen: Sie ist weniger die private Verunglimpfung eines Kollegen denn Instrument in einer religionspoliti-

schen Auseinandersetzung um die theologischen Fundamente der Evangelischen Kirche der Preußischen Union (Jaeschke 1985).

(3) Die Überlieferung des Kollegs »Religionsphilosophie« steht unter einem guten Stern, der allerdings – wenn das Bild erlaubt ist – nicht allein Licht verbreitet, sondern auch Schatten wirft: Der erfreuliche Umstand, daß wenigstens dieses eine Vorlesungsmanuskript überliefert ist, ist mit einem weniger erfreulichen Nebeneffekt verbunden: Hegel hat es anscheinend ohne ausführliche Vorarbeiten nur kurz vor dem Beginn seines ersten Kollegs begonnen und parallel zu ihm weitergeführt. Es trägt deshalb alle Zeichen eines rasch niedergeschriebenen Entwurfs an sich – nicht allein in der Gestaltung des Wortlauts, sondern auch der Konzeption, die Hegel für dieses Kolleg ja erstmals entwirft. Sehr zu begrüßen ist es, daß die im Manuskript oftmals kryptische Aneinanderreihung von Stichpunkten nun mittels einer neu aufgefundenen Nachschrift des Kollegs 1821 aufgelöst werden kann (GW 29/1). Schon im zweiten Kolleg (1824), das durch mehrere Nachschriften gut überliefert ist, löst er sich fast durchgehend von diesem Manuskript, und im dritten Kolleg (1827), das ebenfalls durch Nachschriften gut überliefert ist, sind alle Rückbezüge auf das Manuskript gekappt. Gleiches gilt auch für das vierte Kolleg (1831), das zur Zeit nur durch knappe Exzerpte belegt ist, die David Friedrich Strauß nach seiner Ankunft in Berlin aus einer unbekannten Nachschrift des im Sommer zuvor gehaltenen Kollegs angefertigt hat (V 3.XX–XXV).

Diese Distanz, die Hegel später zu seinem Vorlesungsmanuskript hält, relativiert dessen konzeptionellen Wert. Es ist zwar ›ipsissima vox‹, doch ist sie nur das Zeugnis einer ersten Bearbeitungsstufe. Die fraglos größere Authentizität des Manuskripts gegenüber den Nachschriften kann dazu verleiten, auch der durch es repräsentierten Systemform und Ausgestaltung der Religionsphilosophie größere Verbindlichkeit zuzubilligen als derjenigen, die die Nachschriften für die späteren Kollegien belegen. Dies allerdings würde den Gewinn der Entwicklung dieser Disziplin während eines Jahrzehnts preisgeben.

(4) Die Sequenz der vier Kollegien enthält keine bloß statische Variation eines Themas; sie ist zu verstehen als Suche nach der Systemform der Religionsphilosophie – und zwar als eine Suche, die schließlich ihr Ziel erreicht. Anders als in der Ästhetik läßt sich die Genese der Systemform hier überschauen, weil nicht allein Hegels Manuskript von 1821 überliefert ist, sondern auch die Nachschriften zu den

Kollegien bereits publiziert sind (V 3–5). Die früheren Editionen im Rahmen der *Freundesvereinsausgabe* (W XI–XII) und durch Georg Lasson machen diesen Prozeß allerdings unkenntlich, indem sie die unterschiedlichen Konzeptionen aller vier Kollegien in ihrer Integrität zerstören und sie mit einander zu einem fortlaufenden Text vermischen. Sie sind deshalb unbrauchbar für jede Thematisierung der Religionsphilosophie, die nicht allein an einzelnen, gegenüber der systematischen Entfaltung des Gedankens isolierten Dicta probantia interessiert ist.

9.8.2 Systemform

(1) Einen, und keineswegs einen bloß formalen oder gar stereotyp-schematischen Zug der Systemform hat Hegel jedoch schon in seinem ersten Entwurf herausgearbeitet: die Dreigliederung der Religionsphilosophie in die Exposition des »Begriffs der Religion« und in die Abhandlung der »Bestimmten Religion«, also der Religionsgeschichte, sowie der »Vollendeten Religion«, als die ihm die christliche gilt. Wie ein Vergleich mit der Ästhetik oder den anderen Disziplinen zeigt, ist dies keineswegs der übliche Aufriß einer Disziplin – auch wenn Hegel einmal sagt, es sei »immer der Gang in aller Wissenschaft: zuerst der Begriff, dann die Bestimmtheit des Begriffs, die Realität, Objektivität und endlich dies, daß der erste Begriff sich selbst Gegenstand ist, für sich selbst ist, sich selbst gegenständlich wird, sich zu sich selbst verhält.« (V 5.177, vgl. V 3.83 f.)

Falls dies zuträfe, wäre die Religionsphilosophie die einzige »begriffsgemäße« Disziplin seines Systems. Doch trotz der beanspruchten Allgemeinheit dieser Aussage ist ihr Geltungsbereich in einem ersten Schritt auf die Philosophien des objektiven und des absoluten Geistes zu beschränken, da nur sie die »Bestimmtheit des Begriffs« in Form seiner geschichtlichen Entfaltung rekonstruieren. Konzeptuell am nächsten verwandt ist der Religionsphilosophie fraglos die Ästhetik – doch erörtert Hegel dort die geschichtlichen Kunstformen in den ersten drei Kollegien in einem ersten »allgemeinen Teil«, während der »besondere Teil« die einzelnen Künste zum Gegenstand hat (s. Kap. II.9.7.2). Die Bestimmtheit ist dort also nicht primär als geschichtliche Bestimmtheit gefaßt; erst im letzten Ästhetik-Kolleg nähert Hegel die Konzeption derjenigen der Religionsphilosophie an.

Im zweiten Schritt ist Hegels allgemeine Formulierung sogar auf die Religionsphilosophie zu begrenzen. Der Grund der spezifischen Dreigliederung der Religionsphilosophie liegt in deren besonderen

systematischen Affinität zum Begriff des Geistes. In der Religion – als der nach der Philosophie höchsten Gestalt des Geistes – sieht Hegel dessen Struktur bereits so rein ausgeprägt, daß sie auch zum Strukturprinzip einer Philosophie der Religion wird. Diese Nähe des Begriffs der Religion zum Begriff des Geistes überhaupt spricht Hegel auch selber aus: »Der Begriff, den wir hier vor uns haben, ist nun ohnehin der Geist selbst; es ist der Geist selbst, der diese Entwicklung und auf diese Weise tätig ist.« (V 3.85)

(2) Die spezifische Systemform der Religionsphilosophie resultiert aus dem Geistbegriff – näher aus seinem Implikat, daß alle Bestimmtheit, alle Objektivation geistiger Formen zugleich geschichtlich ist – nicht allein ›in die Geschichte fällt‹, wie in ein ihr fremdes Medium, sondern Geschichte a l s Geschichte konstituiert (s. Kap. II.9.6.3). Hegel hat dieses Moment des Geistesbegriffs nirgends klarer systematisch ausgearbeitet als in der Religionsphilosophie. Das Selbstverhältnis des Geistes, das die Religion ist, konkretisiert sich in bestimmten Gestalten, die als geistige wesentlich geschichtliche sind. Eine philosophische Betrachtung der Religion muß diese geschichtliche Verfassung des religiösen Bewußtseins in den Blick nehmen; sie muß geschichtlich verfahren, weil sie sonst ihrem geschichtlich verfaßten Gegenstand nicht gerecht würde. Sie böte sonst nur einen Ausschnitt aus der Geschichte der Religion, und dies, ohne sich dessen bewußt zu sein und deshalb mit der Gefahr dogmatischer Verkürzungen und Verhärtungen. Für Hegel hingegen bildet die Abhandlung der Religionsgeschichte ein konstitutives und damit auch ein strukturformendes Moment der Religionsphilosophie; die Religionsgeschichte wird aus einem Gleichgültigen oder gar aus einer Geschichte des Irrtums zur Geschichte der Selbsterkenntnis des Geistes, ja sie wird zum bevorzugten Thema einer Philosophie, die das alte Gebot des Delphischen Gottes: »Erkenne dich selbst« als Aufforderung zu solcher Selbsterkenntnis des Geistes versteht.

(3) Die »wissenschaftliche« Abfolge in der Architektonik der Religionsphilosophie, der Übergang vom Begriff zur geschichtlichen Bestimmtheit, entspricht allerdings nicht der Entwicklungsgeschichte der Religionsphilosophie. Aus deren Perspektive wäre es nicht angemessen zu sagen, Hegel habe die Religionsgeschichte in seine Religionsphilosophie einbezogen. Der geschichtliche Primat liegt vielmehr bei der Religionsgeschichte. Die in Systemform ausgearbeitete Religionsphilosophie ist gleichsam aus zwei Wurzeln erwachsen: aus Hegels Geistbegriff

und aus seiner historischen Betrachtung der Religion. Diejenigen Partien der Religionsphilosophie, die über die philosophische Interpretation der geschichtlichen Religionen hinausgehend deren »Begriff« entfalten, kristallisieren sich erstmals in den Berliner Vorlesungen aus dem ursprünglich bloß geschichtlichen Aufriß heraus. In den Jenaer Jahren umfaßt Hegels Religionsphilosophie zunächst nicht mehr als die Abhandlung der geschichtlichen Religionen – auch wenn diese schon damals, sosehr sie bereits Elemente einer vergleichenden Religionsgeschichte enthält, keineswegs in einer rein geschichtlichen Darstellung aufgeht. Sie thematisiert die Religionen immer schon im Kontext einer Entwicklung des Geistes, der sein Wissen von sich sowohl in einem historischen wie in einem systematischen Gang vollendet, also im Rahmen einer ›Philosophie der Religionsgeschichte‹. Diese geht aber noch nicht von einer systematischen Exposition des Begriffs der Religion aus.

(4) Neben der Exposition eines »Begriffs der Religion« hebt noch eine zweite Eigentümlichkeit Hegels Berliner Konzeption von derjenigen der Jenaer Jahre ab: Diese kennen noch nicht die architektonische Abtrennung der christlichen Religion von einer ihr vorausliegenden Religionsgeschichte, wie sie später in der Unterscheidung der »bestimmten Religion« und der »vollendeten Religion« als des zweiten und dritten Teils der Religionsphilosophie zum Ausdruck kommt. Die Jenaer Ausführungen stellen das Christentum ohne Zäsur in eine Reihe mit den anderen geschichtlichen Religionen – wenn auch als eine ausgezeichnete Gestalt. Die *Phänomenologie des Geistes* nennt sie sogar die »absolute Religion« (s. Kap. II.4.7.4) – eine Bezeichnung, die Hegel zwar auch später noch zuweilen verwendet, aber nicht mehr in der exponierten Stellung eines Titels.

Diese ursprünglich rein geschichtliche Strukturierung der Religionsphilosophie überwindet Hegel in seinen Berliner Kollegien durch zwei weitgehende Abänderungen der Konzeption: durch die neuartige Exposition eines »Begriffs der Religion« und durch die Abtrennung der christlichen als der »vollendeten Religion« von der vorangegangenen Religionsgeschichte. Hierbei handelt es sich jedoch nicht um zwei gedanklich von einander unabhängige Neubildungen, sondern um zwei Seiten eines und desselben Wandels: Die Herauslösung des Christentums als der vollendeten Religion, seine Entgegensetzung gegen die vorausgegangene Religionsgeschichte beruht begrifflich auf der selbständigen Explikation des Begriffs der Religion, aber auch umgekehrt: Jene eigen-

ständige Exposition des »Begriffs der Religion« begünstigt diese Herauslösung. Und erst durch diese Abtrennung der »vollendeten« Religion werden die anderen Religionen zur »bestimmten Religion«.

In seinen Berliner Vorlesungen begründet Hegel die Vollendetheit der Religion nicht mehr in Relation zur – vermeintlichen – Vollständigkeit in der begrifflichen Bestimmung der Religionsgeschichte. Es müssen nicht mehr alle Momente des Begriffs in der Wirklichkeit vorhanden sein, ehe die »absolute Religion« in die Welt treten kann. Sofern Hegels Formulierungen gelegentlich diesen Eindruck erwecken, perpetuieren sie eine überholte Phase der Entwicklung seiner Konzeption. Denn der Vollendungscharakter der christlichen Religion liegt nun in einem Entsprechungsverhältnis zwischen dem »Begriff der Religion« und der »Vollendeten Religion«: Vollendet ist sie, weil sie dem Begriff der Religion gemäß ist. Damit ist nicht eine bloße Überlegenheit des Christentums über die anderen Religionen ausgesagt – etwa daß es ›vollkommener‹ sei als die »bestimmten Religionen«. Ebensowenig ist damit gesagt, daß mit den charakteristischen Zügen der christlichen Religion ein sittliches oder allgemein geistiges Niveau erreicht sei, das nicht mehr überboten werden könne – oder gar, daß allein sie als die wahre Offenbarung des wahren Gottes anzusehen sei. In der christlichen Religion ist vielmehr – wie Hegel zu sagen pflegt und unten (s. Kap. II.9.8.6) auszuführen ist – der Begriff der Religion sich gegenständlich geworden.

(5) Diese Absonderung der »vollendeten Religion« aus der Religionsgeschichte – so sehr sie zunächst als Ausdruck eines unhistorischen Verfahrens und einer dogmatisch bedingten Vorliebe für die christliche Religion erscheinen mag – hat weitgreifende und keineswegs mißliche Konsequenzen für die Deutung der »bestimmten Religion«. Es ist eigentümlich, wenn auch leicht begreiflich, daß auf Grund dieser Herauslösung der christlichen Religion aus der Religionsgeschichte deren Struktur bei weitem nicht mehr so festgelegt ist wie in der *Phänomenologie des Geistes*. Wenn der Vollendungscharakter der »vollendeten Religion« durch den »Begriff der Religion« definiert ist, muß er nicht mehr durch das vollständige Durchschreiten der Religionsgeschichte garantiert werden. Vielmehr wird deren Umfang und Ausgestaltung nahezu freigelassen, zumal im Begriff der Religion – als dem Begriff des Geistes – ja keine Strukturprinzipien der Religionsgeschichte festgeschrieben sind. Die Abtrennung der »vollendeten Religion« von der vorausgegangenen Religionsgeschichte ist geradezu eine Bedingung dafür, daß

die Frage nach deren Vollständigkeit in ähnlich doppelter Weise beantwortet werden kann wie – im Blick auf die Natur – die Frage nach der Erschöpfung der Gattung ›Papagei‹: begrifflich durch die Angabe seiner Bestimmtheit und empirisch durch Aufzählung der 67 bekannten Arten (GW 12.218), d. h. durch empirische, geschichtliche Forschung. Doch wie es für den Begriff der Gattung gleichgültig ist, ob »noch ein Dutzend [Arten] weiter aufgefunden werden«, so ist es auch für den Begriff der Religion gleichgültig, ob noch weitere Religionen in die geschichtliche Betrachtung einbezogen werden. Dies ist nicht ein zufälliger und bedauerlicher Mangel: Als Geschichte ist die Religionsgeschichte – ähnlich wie die Natur – nicht durchgängig durch begriffliche Prinzipien bestimmt. Die »Wissenschaft« muß zwar die »Bestimmtheit des Begriffs« erschöpfen, aber dies geschieht nicht durch empirische Vollständigkeit – so sehr Hegel auch selbst von Kolleg zu Kolleg die empirische Basis seiner Religionsphilosophie verbreitert hat. Doch ob der »vollendeten Religion« zwei oder zwanzig Gestalten der »bestimmten Religion« geschichtlich vorausgehen oder nachfolgen, ist durch ihren Begriff nicht festgelegt.

9.8.3 Religion als Selbstbewußtsein des Geistes

(1) Der Grundbegriff der Religionsphilosophie ist der Begriff des Geistes – des Geistes als derjenigen Wirklichkeit, die zwar ein Produkt des Menschen ist, die aber gleichwohl, analog zu Jacobis Begriff der substantialen Vernunft, mehr den Menschen hat, als daß er sie hätte (JWA 1.259). Darin, daß die Religion eine Gestalt des Geistes ist, liegt bereits, daß sie nicht ein bloßes Bewußtsein Gottes ist. Durch ihr Verständnis als eines Bewußtseinsverhältnisses wäre eben der Begriff des Geistes verfehlt. Religion ist weder ein Verhältnis, das sich der Mensch – aus welchen Gründen auch immer – zu einem ihm gegenüberstehenden Gott gibt, noch ein Verhältnis, das Gott sich zum Menschen gibt. Sie ist nicht Bewußtsein eines Gottes, sondern Selbstbewußtsein des Geistes, und als solches ist sie nicht mehr als ein Verhältnis des Menschen zu Gott oder Gottes zum Menschen zu fassen. Die Annahme Gottes und des Menschen als zweier fester, für sich bestehender Subjekte verstellt vielmehr das Eigentliche der Religion – auch wenn sie gemeinhin als ihr Eigentümliches erscheint.

Unter Voraussetzung einer derartigen Gott-Mensch-Struktur läßt sich das Proprium der Religion für Hegel gar nicht in den Blick bringen. Sie ist ein

Selbstverhältnis des Geistes – »der Geist, der seines Wesens, seiner selbst bewußt ist. Der Geist ist sich bewußt, und das, dessen er bewußt ist, ist der wahrhafte wesentliche Geist; dieser ist sein Wesen, nicht das Wesen eines Anderen.« (V 3.86) Der Gottesgedanke muß deshalb als der Gedanke des sich wissenden Geistes expliziert werden, in einer Einheit von philosophischer Theologie und Religionsphilosophie: Wenn die Philosophie Gott »Geist« nicht nur nennen, sondern ihn als Geist denken will, so muß sie ihn wesentlich als den in der Religion sich wissenden Geist denken; und ebenso wird die Religionsphilosophie zur philosophischen Theologie, sofern der Inhalt, der in der Religion gewußt wird, nicht eine Bestimmtheit des endlichen Bewußtseins, sondern eben das Göttliche ist.

Diesen Gedanken hat die Religionsphilosophie zu entfalten. Sie hat nicht Frömmigkeit zu bewirken oder Apologetik zu treiben – auch wenn sie sowohl frömmigkeitsgeschichtliche als auch apologetische Wirkungen nach sich ziehen mag. Sie hat die Religion aber auch nicht kritisch zu destruieren, sondern sie – analog zu Kunst und Philosophie – als eine Form des Geistes zu begreifen, in der dieser sich auf sich zurückwendet, sein Bewußtsein über sich gewinnt und darin »absoluter Geist« ist: eben als »Selbstbewußtsein des absoluten Geistes«. Sie ist nicht Beziehung zu einem Gott, der erst jenseits des Geistes anzutreffen wäre – zu dem erst, als zu einem für sich selbst Vorhandenen, über den Geist hinauszuschreiten wäre. Sie ist eine der drei Formen des Wissens des Geistes von sich – und zwar nicht ein Wissen des einzelnen geistigen Wesens von sich als einzelnem, sein autistischer Selbstbezug, sondern ein Wissen von dem, was es als geistiges Wesen überhaupt ist. Deshalb ist dieses Selbstbewußtsein auch nicht ein isoliertes; die Formen des geistigen Lebens sind ja – wie man damals recht gut gewußt hat – stets intersubjektiv.

(2) Als eine solche Gestalt des Geistes hat die Religion keinen anderen Inhalt als Kunst und Philosophie, nämlich den sich wissenden Geist. Doch erscheint dieser »absolute Inhalt« in den Gestalten des absoluten Geistes in unterschiedlicher Form, und zwar in der Religion in der Form der Vorstellung – als einer der »Anschauung« deshalb überlegenen Form, weil sie besser geeignet ist, das, was Geist ist, zu erfassen. Sie steht deshalb in der Systemhierarchie über der Kunst, und auch geschichtlich beerbt die (christliche) Religion die schöne Kunst darin, der wahrhafte Ausdruck des Sichwissens des Geistes zu sein. »Vorstellung« nennt Hegel die Bewußtseins-

form für solche Gegenstände, die nicht unmittelbar präsent sind – wie das Kunstwerk für die Anschauung –, aber gleichwohl den Koordinaten von Raum und Zeit wie auch dem Bildlichen verhaftet bleiben. Dies gilt auch noch für den biblischen Gott und sein Handeln an den Menschen, das ja als in Raum und Zeit geschehend vorgestellt wird, wie auch für die kindlichen Bilder von »Vater« und »Sohn« für das innertrinitarische Verhältnis.

Die Form der Vorstellung ordnet Hegel zwar auch schon der Poesie zu (s. Kap. II.9.7.5.5), da ja auch sie sich über die unmittelbare sinnliche Gegenwart und Anschauung eines Gegenstandes erhebt. Ihre Gegenstände sind zwar ›ideell‹, sie gehören nicht mehr dem äußerlich vorhandenen Sinnlichen an, werden aber noch in Raum und Zeit vorgestellt. Doch trotz dieser gemeinsamen Bindung an die Vorstellung weisen Poesie und Religion erhebliche Differenzen auf: Während der Dichter für die von ihm entworfenen Gestalten zwar »Wahrheit« beansprucht, nämlich poetische Wahrheit, spricht die Religion ihren Vorstellungsgestalten »absolute Wahrheit« zu, und sie zielt nicht auf ein ästhetisches Verhältnis zur Dichtung, sondern auf Glauben an diese Vorstellungsinhalte.

Doch so sehr Hegel die Vorstellung als die geistigere Erfassungsweise der Poesie gegenüber der Anschauung der anderen Künste hervorhebt, so ist auch sie – wegen des ihr unverzichtbaren Rückbezugs auf Zeitlichkeit und Räumlichkeit – dem Geistigen letztlich nicht angemessen. Hegel schreibt ihr eine Mittelstellung zwischen Anschauung und begreifendem Denken zu. Die Charakteristik der Religion als ›Selbstbewußtsein des Geistes in Form der Vorstellung‹ erlaubt und erfordert deshalb eine ambivalente Akzentuierung: Was – in der Sprache der religiösen Vorstellung – als positive Offenbarung an uns kommt, ist ein Produkt des Geistes und somit an sich vernünftig; es ist nicht bloß zufällig oder gar das Instrument eines abgefeimten Priestertrugs – und hierin liegt ein apologetischer Effekt der Religionsphilosophie Hegels. Aber ebenso gilt: Was zunächst als ein Positives, der Vernunft Fremdes erscheint und von der Philosophie – zumindest seinem Gehalt nach – als ein Vernünftiges erkannt wird, muß in der Form der Vernunft rekonstruiert werden – und darin liegt ein kritischer Zug. Die hermeneutische Aufgabe und Leistung der Religionsphilosophie besteht darin, beide Sichtweisen zu entwickeln: das, was zunächst als ein »Positives«, ob als Widervernünftiges oder Übervernünftiges, an uns kommt, als ein Vernünftiges zu begreifen – als eine, wenn auch nicht adäquate Gestalt des Selbstbewußtseins des Geistes –,

und dieses sodann in seiner adäquaten Begriffsgestalt zu denken. Für dieses Begreifen bedarf es zweier Momente: des Stoffes der Religion, aber ebenso der Form des philosophischen »Begriffs«. Die Vorstellung ist zwar sowohl der Gegenstand des Begriffs als auch seine geschichtliche Voraussetzung, aber sie ist nicht sein Legitimationsgrund. Vielmehr ist der Begriff der Erkenntnisgrund und das Maß für die Wahrheit der Vorstellung: Um die Hieroglyphen der Vernunft in den religiösen Vorstellungen, auch den christlichen, zu entziffern, muß man den Begriff schon haben.

Die Differenz dieses vorstellenden Denkens gegenüber dem begreifenden treibt deshalb schließlich auch über die Religion hinaus. Denn Vorstellung und Begriff sind zwar zwei Formen des einen Inhalts, aber nicht zwei gleich-gültige, gleichberechtigte Formen. Im Prozeß der Selbsterkenntnis des Geistes ist die Form der Vorstellung zwar das sowohl geschichtlich als auch im Systemaufbau Frühere, aber nicht sein wahrhaftes Prius; sein Wesen läßt sich nicht in der Fixierung auf Raum und Zeit fassen. Die angemessene Form des Geistigen ist deshalb erst diejenige, in der er sich nicht mehr in Vorstellungsform versteht und damit zugleich immer auch mißversteht – also die Begriffsform.

(3) Hegels rein geistesphilosophische Deutung der Religion steht in Kontrast zu sämtlichen anderen zeitgenössischen Deutungen – zur aufklärerischen natürlichen Theologie wie auch zum moralischen und zum romantischen Religionsbegriff und ebenso zur rationalistischen oder pietistischen Theologie. Ihnen allen wirft er vor, daß sie Gott zwar »Geist« nennten, aber ihn nicht als Geist dächten und deshalb den Gottesgedanken sei es in die Verstandesabstraktion des »höchsten Wesens«, sei es in einen unbestimmten Gefühlsinhalt und ins Linienziehen ins Blaue auflösten. Religion muß zwar auch im »Gefühl« sein – aber in diesem hat sie nicht ihren Grund. Seine Deutung steht jedoch auch im Kontrast zum Selbstverständnis der Religion. Wie die Werke der Kunst, so sind für Hegel auch alle Religionen solche Gestalten des absoluten, d. h. des sein Wesen wissenden und sich mit seinem Wesen in eins setzenden Geistes. Wie sehr die geschichtlichen Religionen dieses Verständnis auch verfehlt und verstellt haben mögen: Sie sind Gestalten dieser geistigen Einheit, die sie differenziert vorstellen als Beziehung des göttlichen Geistes als des allgemeinen zum menschlichen als dem einzelnen Geiste. Auch ein Gegenstand religiöser Verehrung, der zunächst als ein Natürliches erscheint, erweist sich der näheren

Betrachtung als ein Geistiges – sei es auch nur, sofern auf einer anfänglichen Stufe der Religion die kategoriale Differenz zwischen Natürlichem und Geistigem noch gar nicht in der uns Heutigen geläufigen Prägnanz ausgearbeitet ist. Der Gegenstand der Religion – oder »das Wesen«, wie Hegel manchmal kurz sagt – kann erfahren werden als ein mehr Natürliches oder mehr Geistiges, als ein mehr Furchtbares oder dem Menschen mehr Geneigtes; sein Bild kann mehr durch das Sittliche oder mehr durch das Schöne geprägt sein; es kann dem Menschen in schroffer Jenseitigkeit gegenüberstehen oder in menschlicher Gestalt erscheinen – stets ist es der getreue Ausdruck dessen, was der menschliche Geist sich als das Wahre vorstellt.

(4) Der Begriff des Geistes enthält die Momente der differenzierten Identität des einzelnen und des allgemeinen Geistes sowie der Entfaltung und deren Aufhebung im Wissen des Geistes von der Identität mit seinem Wesen, also das Selbstbewußtsein des absoluten Geistes. Diese Momente bilden aber die Struktur der Religion. Daraus zieht Hegel die Folgerung, daß Gott »nur wahrhaft begriffen werden kann, wie er als Geist ist und so sich selbst das Gegenbild einer Gemeinde und die Tätigkeit einer Gemeinde in Beziehung auf ihn macht, und daß die Lehre von Gott nur als Lehre von der Religion zu fassen und vorzutragen ist« (V 3.33).

Damit sind Charakter und Anspruch seiner spekulativen Religionsphilosophie prägnant ausgesprochen: Sie ist in Einem philosophische Theologie – nicht so sehr darin, daß sie einen allgemeinen Gottesbegriff entwickelt, als daß sie die philosophisch-theologische Dignität der absoluten Idee der Logik darlegt (V 3.35) – und Religionsphilosophie. Die philosophische Theologie muß letztlich als Religionsphilosophie durchgeführt werden; ihre traditionelle metaphysische Form hingegen verfehlt den Gottesgedanken, indem sie ihn der Religion gegenüber festzuhalten sucht. Gott muß als Geist und damit wesentlich als in der Religion gewußter und in seiner Identität mit dem endlichen Geist gedacht werden. Andererseits ist die Religionsphilosophie im Innersten philosophische Theologie: sofern eben Religion absoluter Geist und als solcher Wissen des Geistes von seinem eigenen Wesen als der höchsten Wirklichkeit ist.

(5) Diese Konzeption der Religionsphilosophie arbeitet Hegel aus in enger Rückbindung einerseits an die systematischen Grundlagen seiner Philosophie überhaupt, insbesondere an den Begriff des Geistes, andererseits an die geschichtlich vorhandenen Religionen, die er tendenziell in der damals erreichbaren Vollständigkeit thematisiert. Die Duplizität dieser Aufgabe folgt aus seinem Verständnis des Wesens und der Aufgaben von Philosophie überhaupt, wie er sie in dem Satz festhält, es sei die Aufgabe der Philosophie, das, was ist, zu begreifen, da das, was sei, die Vernunft sei (s. Kap. II.8.1.2). So hat auch die Religionsphilosophie, wie Hegel mehrfach einschärft, nicht die Aufgabe, dieses oder jenes »Subjekt zur Religion zu bewegen, es religiös zu machen, wenn es nichts von Religion in sich hat oder haben wollte«, und es ist ebensowenig ihre Aufgabe, eine ideale Religion zu entwerfen. Sondern sie hat »zu ihrem Endzweck, die Religion, die ist, zu erkennen und zu begreifen« (V 3.10).

Dieses Erkennen und Begreifen aber ist sicherlich kein bloßes Referieren des durch die Quellen Überlieferten. Es besteht in der, Rechtfertigung und Kritik einschließenden, deshalb ambivalent erscheinenden Vermittlung des historisch Gegebenen mit dem in der Philosophie entfalteten »Begriff«. Nur dadurch kann das, was ist, als ein Vernünftiges erkannt werden. Doch folgt daraus unvermeidlich, daß die begriffene Gestalt einer Religion nicht mit deren Selbstverständnis identisch ist. Diese Differenz des Verständnisses des zu Begreifenden und des Selbstverständnisses des Begriffenen hat sie jedoch mit jeder wissenschaftlichen Thematisierung religiöser Phänomene gemein – ohne daß man um dieser Differenz willen eine derartige Erkenntnis schlechthin verwerfen dürfte.

Jede Religion, sofern sie eben Religion überhaupt ist, gilt der Religionsphilosophie Hegels als ein Verhältnis des Geistes zum Geiste – sei es auch als ein noch so unvollkommenes, in dem der Geist sich noch nicht in einer seinem Begriff angemessenen Weise erfaßt. Deshalb ist jede Religion eine Gestalt des absoluten Geistes – und nicht etwa nur die letzte, der Geschichte schon überhobene Gestalt der Religionsgeschichte. »Absoluter Geist« – diese heute allzu gern in apologetischer oder in kritischer Tendenz mißverstandene Wendung bedeutet ja keineswegs eine Mystifikation, sondern diejenige Gestalt, in der der Geist sich auf sich selbst richtet und sein Wesen zu erkennen sucht. Aus dieser Selbstbeziehung des Geistes resultiert eine mehr oder minder gelingende oder mißlingende Gestalt seiner Selbsterkenntnis, sei es in der Weise einer orientalischen »Naturreligion«, sei es in der Weise der antiken Mythologie oder der jüdischen oder der christlichen Religion. Damit ist aber keineswegs der Beliebigkeit das Feld eröffnet. Es gibt ein Kriterium, das den Grad des Mißlingens

oder Gelingens zu bestimmen erlaubt – und dies ist
eben der Begriff des Geistes selber.

Diese beiden Seiten der Ausarbeitung der Religionsphilosophie – die geschichtliche und die begriffliche – fallen deshalb nicht auseinander. Die Bearbeitung des geschichtlichen Materials erfolgt nach den
begrifflichen Prinzipien, aber in dieser Bearbeitung
überprüft und korrigiert Hegel seine Prinzipien:
zwar nicht den Begriff der Religion als des Selbstbewußtseins des absoluten Geistes, wohl aber das begriffliche Instrumentarium, das er einsetzt, um diese
Deutung im Systemzusammenhang plausibel durchzuführen. In der fortschreitenden Ausgestaltung dieses Zusammenhangs zur konkreten Systemform der
drei Hauptteile der Religionsphilosophie liegt das
Proprium und die Dynamik der vier Kollegien.

9.8.4 Der Begriff der Religion

(1) Die systematische Bedeutung dieser Durcharbeitung wird besonders gut greifbar in der Sequenz der
Umgestaltungen des »Begriffs der Religion«, also der
Binnenstruktur des ersten, der Exposition des Begriffs der Religion gewidmeten Teils der Vorlesungen. Unter »Begriff der Religion« ist hier ja nicht eine
bloße Nominaldefinition zu verstehen, was Religion
sei. Ebensowenig geht es hier um die Angabe eines
Weges, wie man sich aus der allgemeinen Vorstellung
von Religion zu einem spekulativen Begriff der Religion erheben könne, oder gar um ein äußerliches Räsonement über Themen, die mit ›Religion‹ in Zusammenhang stehen – etwa über das Verhältnis von
Religion und Kunst oder Religion und Philosophie.

Diesen unzutreffenden Eindruck legt allerdings
Hegels Manuskript von 1821 nahe: Hier scheint es,
als sei eben dies die Aufgabe des ersten Teils der Religionsphilosophie: einen Begriff von Religion aus der
Vorstellung zu erheben (Abschnitt a), seine Notwendigkeit zu erkennen (Abschnitte b und c) und
schließlich das Verhältnis der Religion zu Kunst und
Philosophie anzugeben (Abschnitt d). Doch die späteren Kollegien, insbesondere seit dem Kolleg 1827,
zeigen, daß dies keineswegs der systematische Sinn
des »Begriffs der Religion« sei. Diese späte Durchbildung läßt aber auch erkennen, daß Hegel bereits in
seinem Manuskript der erst später ausgeführte Ansatz am Begriff des Geistes vorschwebt. Denn auch
dort nennt Hegel bereits – in Analogie zum Begriff
des Geistes, wie ihn auch die [1]§§ 453,455 bzw.
[3]§ 553 f. der *Enzyklopädie* formulieren – die Momente des Begriffs der Religion: zunächst »d i e B e s t i m -
m u n g d e r a b s o l u t e n E i n h e i t«, d. h. des absolu-

ten, substantiellen Inhalts; sodann »das Moment der
T r e n n u n g«, des Andersseins, und schließlich das
»subjektive Moment«: »daß das Selbstbewußtsein
des Geistigen selbst ewiges, absolutes Moment ist« (V
3.103–106).

Die einzige systematisch relevante Aufgabe des
ersten Teils der Religionsphilosophie besteht darin,
den Begriff der Religion in diesen drei Momenten zu
entfalten, denn sie konstituieren den Begriff der Religion, ihre interne Struktur als Gestalt des Geistes. In
seinem Manuskript nennt Hegel diese Momente jedoch nur, ohne den ersten Teil seiner Vorlesungen
durch sie zu strukturieren. Im zweiten Kolleg exponiert er diesen Begriff in der »Übersicht über den
Gang unserer Abhandlung«: »Das erste ist also das
Substantielle, das zweite der Standpunkt des Bewußtseins, das dritte ist dann das Aufheben dieses endlichen Standpunkts des Bewußtseins, die Vereinigung beider Seiten, der Kultus« (V 3.55 f.). Doch obgleich er diese Einteilung so programmatisch entwirft, befolgt er sie auch hier bei der Durchführung
des ersten Teils nicht; statt dessen lehnt er sich noch
an Themen des ersten Kollegs an. Erst die beiden letzten Kollegien entfalten den »Begriff der Religion« in
der genannten Form: Der »Begriff der Religion« besteht in gar nichts anderem als in der systematischen
Entfaltung dieser Momente. Erst damit hat dieser Teil
der Religionsphilosophie die ihm angemessene Systemform gefunden: Abschnitt »A. Der Begriff Gottes« expliziert das erste Moment, das der absoluten
Einheit; Abschnitt »B. Das Wissen von Gott« das
zweite, das Moment der Getrenntheit des Ich und seines Gegenstandes, in dem für das Selbstverständnis
der Religion die Signatur des religiösen Verhältnisses
liegt, und Abschnitt »C. Der Kultus« entwickelt das
dritte Moment – das Selbstbewußtsein des Geistigen,
das diese der Vorstellung unaufhebbare Getrenntheit
durch sein Handeln überwindet und zum Sichwissen
des Geistes führt, zum Selbstbewußtsein des absoluten Geistes, soweit dieses auf der Stufe der Religion
verwirklicht werden kann.

(2) Bei dieser Dreigliederung handelt es sich somit für Hegel nicht bloß um eine beliebige Darstellungsform, zu der es auch eine Alternative gäbe, sondern um eine aus der Natur des Inhalts folgende, notwendige Strukturierung. Nur in dem Maße, in dem
die Darlegung des »Begriffs der Religion« die Explikation dieser seiner Momente ist, handelt es sich bei
ihr um die Explikation des Inhalts selbst und nicht
um ein der Sache äußerlich bleibendes Räsonement.
Deshalb liegt in der Ausarbeitung dieser systematischen Form der eine Aspekt des Fortschritts der Re-

ligionsphilosophie in diesen Jahren. Und eben deshalb kann auch nur eine Interpretation, die sich dieser Differenzen vergewissert, dem begrifflichen Gehalt der religionsphilosophischen Vorlesungen gerecht werden. Anderenfalls wird sie notwendig durch die unterschiedlichen Inhalte der beiden früheren Kollegien irregeleitet. Denn der in Hegels Manuskript beschrittene Weg zum Begriff der Religion – seine Aufnahme aus der religiösen Vorstellung – führt nicht zu einem im prägnanten Sinne wissenschaftlichen Begriff der Religion. Dies räumt Hegel an späterer Stelle auch selber ein: Die religionsphilosophische Erkenntnis bestehe nicht darin, »daß wir einen Begriff von Gott und Religion voraussetzen und α) von diesem zu zeigen hätten, daß er richtig sei, β) jetzt subjektive Erkenntnisgründe für diesen Gehalt suchten« (V 3.131).

Ebensowenig kann es – wie es im Kolleg 1824 zunächst heißt – einen zweifachen Weg zum Begriff der Religion geben, nämlich einen empirischen und einen spekulativen (V 3.165). Daß man auf dem empirischen Wege nicht zum Begriff der Religion gelange, sagt Hegel ausdrücklich im gleichen Kolleg an späterer Stelle (V 3.218). Der methodische Sinn des dort unternommenen Versuchs, diesen Weg zu beschreiten, liegt lediglich im Nachweis, daß er nicht zum Ziel führe – und damit bleibt er dem eigentlichen systematischen Interesse der Religionsphilosophie äußerlich. Und selbst der Erweis der Notwendigkeit des religiösen Standpunkts, der in den beiden ersten Kollegien einen so breiten Raum einnimmt, muß als ein Thema erkannt werden, das nicht im strengen Sinne zum Begriff der Religion gehört. Denn der wahre Erweis der Notwendigkeit des religiösen Standpunkts liegt in der Entwicklung des Systems – von der Logik über die Naturphilosophie bis hin zum Begriff des Geistes. Sicherlich kann man ihn zu Beginn der Religionsphilosophie aus didaktischen Gründen im Geschwindschritt wiederholen; es kann aber nicht im strengen Sinne Aufgabe der Religionsphilosophie selber sein, diese Entfaltung nochmals zu vollziehen.

(3) Die Religionsphilosophie hat vielmehr lemmatisch anzusetzen am Begriff des Geistes: »Die Religionswissenschaft ist eine, und zwar die letzte Wissenschaft in der Philosophie; sie setzt insofern die anderen philosophischen Disziplinen voraus, ist also Resultat.« Deshalb kann in ihr auch von nichts anderem die Rede sein, als im Begriff des Geistes als dem Resultat der Philosophie liegt – auch wenn Hegel für dieses Resultat, für diese letzte, höchste Wirklichkeit auf den traditionellen Namen »Gott« zurückgreift:

»der Gang der Philosophie führt darauf, daß von allem diesem das letzte Resultat Gott ist. Dies Höchste ist dann der Beweis, daß Gott ist, d. h. daß dies an und für sich Allgemeine, schlechthin alles Befassende, alles Enthaltende, das, wodurch alles nur ist, Bestehen hat – daß dies die Wahrheit ist.« (V 3.265,267)

Die erste Aufgabe einer nicht bloß vorbereitenden, sondern systematisch verfaßten Religionsphilosophie ist es, diesen aus dem »System« resultierenden Begriff Gottes als des Geistes oder des schlechthin Allgemeinen oder als »das absolute Bestehen« zu entfalten. Als Ausgangspunkt formuliert Hegel: »Gott ist die absolute Substanz, die allein wahrhafte Wirklichkeit.« (V 3.269) Diese Aussage legt aber, wie er wohl weiß, den Verdacht des »Spinozismus, Pantheismus« nahe, der damals ja auch gegen seine Philosophie erhoben worden ist. Und so sucht er, sowohl die gegen ihn gerichteten Anklagen zu entkräften als auch diese Bestimmung Gottes als der »absoluten Substanz« festzuhalten, indem er – wie schon in der Vorrede zur *Phänomenologie* (s. Kap. II.4.7.2) – den Begriff der »Substanz« mit demjenigen der »Subjektivität« vermittelt. Gott als die eine wahrhafte Wirklichkeit ist »Geist«, und in der Geistigkeit liegt mehr als die bloße Substantialität: In ihr liegt das Wissen und das Sichwissen, der denkende Selbstbezug, und zwar nicht allein des Individuums, sondern einer Gemeinschaft. Für Hegel kommt es »allein« darauf an, wie dieser Gedanke Gottes als der allbefassenden Wirklichkeit näher bestimmt ist, »ob sie als Substanz oder als Geist bestimmt ist. Die ganze Philosophie ist nichts anderes als ein Studium der Bestimmung der Einheit; ebenso ist die Religionsphilosophie nur eine Reihenfolge von Einheiten, wo immer die Einheit, aber diese Einheit immer weiter bestimmt wird.« (V 3.276)

9.8.5 Die bestimmte Religion

(1) Gestaltungen dieser Einheit bilden aber auch die geschichtlichen, »bestimmten Religionen«. Hegel handelt sie im zweiten Teil seiner Vorlesungen ab, um zu zeigen, wie sich der Religionsbegriff in der Geschichte ausformt, also wie sich das im »Begriff der Religion« gedachte Verhältnis der geistigen Selbstbeziehung gestaltet, und ihn an diesen Gestaltungen zu bewähren.

Der Abhandlung der bestimmten Religionen widmet Hegel knapp die Hälfte der jeweils verfügbaren Kollegstunden; in die andere Hälfte teilen sich die »Einleitung«, der »Begriff der Religion« und die »Vollendete Religion«. Er hätte dies schwerlich so aufgegliedert, wenn er nicht überzeugt gewesen wäre, daß gerade diesem geschichtlichen Teil ein für die Religionsphilosophie herausragender Rang zukomme. Als einer der ersten läßt Hegel der »Religionsphilosophie« – zu seiner Zeit noch einer Disziplin in statu nascendi – eine umfassende systematische Ausarbeitung zuteil werden, und als erster weist er der Geschichte der Religion eine zentrale Stellung innerhalb dieser Religionsphilosophie zu. Vor den anderen zeitgenössischen Entwürfen zeichnen sich seine Vorlesungen durch den weiten, tendenziell universellen und realitätsgesättigten Blick aus, mit dem sie ihren Gegenstand erfassen.

Es macht einen der charakteristischen und gleichsam revolutionären Züge seiner Religionsphilosophie aus, daß sie die geschichtlichen Religionen nicht allein in den bekannten Gestalten der »Volksreligion« Griechenlands oder der herrschenden christlichen Religion thematisiert, sondern in ihrer geschichtlichen und geographischen Vielfalt. Hegels gedankliches Ausgreifen tendenziell auf die Totalität der Religionen durchbricht die beiden Dreierschemata, in denen traditionell und bis in seine Zeit nicht-christliche Religionen zum Thema geworden sind: sowohl das spätantike Schema von Heiden, Juden und Christen als auch das seit dem späten Mittelalter aus der geschichtlichen Erfahrung des »christlichen Abendlandes« erwachsene und noch Lessings *Nathan* zu Grunde liegende Schema von Christentum, Judentum und Islam. Und das Aufsprengen dieser Schemata vollzieht sich nicht als ein polemisches Ausspielen etwa der »Weisheit der Chinesen« oder der »Schätze des Orients« gegen die christliche Religion – wie es für einige Ansätze der Aufklärung (Leibniz, Wolff) und der frühen Romantik (Friedrich Schlegel, PLS I/1.119) charakteristisch ist.

(2) Die christliche Religion zeichnet Hegel schließlich als die »vollendete« aus – doch dient sein Blick auf die vorhergehenden Religionen keineswegs der Perhorreszierung ihres Gehalts als eines menschenunwürdigen Aberglaubens oder eines abgefeimten Priestertrugs. Diese Deutungsmuster der radikal-aufklärerischen Religionskritik entstammen übrigens ursprünglich der christlichen Apologetik. Dort bezwecken sie freilich allein die Diffamierung der »heidnischen« Religionen wegen ihres ungöttlichen Ursprungs und mangelnden Wahrheitscharakters. Hegels Interesse an der Erkenntnis der Religionen in ihrer geschichtlichen Vielfalt hingegen gilt weder der Unterminierung noch der apologetischen Bekräftigung der christlichen Religion. Es gilt der geschichtlichen Bewährung der Annahme, die seiner

Religionsphilosophie zu Grunde liegt, aber gleichwohl weniger als eine dogmatische Setzung denn als eine hermeneutische Vorgabe anzusehen ist: dem Erweis seiner Annahme, daß Vernunft in der Religion sei. Wenn aber Vernunft in der Religion ist, dann muß diese geschichtlich verwirklichte Vernunft sich auch der in der philosophischen Erkenntnis wirklichen Vernunft erschließen.

(3) Dieses »Vorurteil« hat Hegel in einem programmatischen Passus seines Manuskripts prononciert ausgesprochen: »Mit dem näheren Gestalten der Vorstellungen von Gott hängt die G e s c h i c h t e   d e r   R e l i g i o n e n zusammen; diese Geschichte, soviel sie gesammelt und bearbeitet ist, läßt vornehmlich so nur d a s   Ä u ß e r l i c h e , Erscheinende sehen; das höhere Bedürfnis ist, den Sinn, d a s POSITIVE, W a h r e und Zusammenhang mit Wahrem – kurz, d a s   V e r n ü n f t i g e darin zu erkennen; es sind Menschen, die auf solche Religionen verfallen sind; es muß also V e r n u n f t darin sein, i n   a l l e r   Z u f ä l l i g k e i t eine höhere Notwendigkeit; die G e s c h i c h t e   d e r   R e l i g i o n e n in diesem Sinn zu studieren, sich mit d e m zugleich auch v e r s ö h n e n , was S c h a u d e r h a f t e s , A b g e s c h m a c k t e s darin vorkommt, rechtfertigen, richtig, wahr finden, wie es in seiner ganzen Gestalt ist (M e n s c h e n , K i n d e r   o p f e r n), davon ist nicht die Rede; aber wenigstens den A n f a n g , die Quelle als ein Menschliches erkennen, aus dem es hervorgegangen – dies die höhere Versöhnung.« (V 3.107 f.)

Dieses Menschliche und Vernünftige, das aller Religion zu Grunde liegt, bezeichnet Hegel an anderer Stelle präziser als das Geistige. Nicht allein die christliche als die »absolute Religion« – auch die anderen in der Geschichte aufgetretenen Religionen bilden ja in seiner Sicht Gestalten des absoluten Geistes, d. h. des sich auf sich selbst beziehenden und sich erkennenden Geistes – auch wenn dieses philosophische Verständnis der Religionen deren Selbstverständnis keineswegs entspricht. Alle Religionen sind solche Gestalten des sein Wesen wissenden und sich mit seinem Wesen in eins setzenden Geistes. Dieses für alles Geistige konstitutive Verhältnis des einzelnen und des allgemeinen Geistes – wie Hegel es im ersten Teil der Vorlesungen gedanklich expliziert und im dritten Teil historisch eingelöst findet – wird in der Geschichte der Religionen zunächst zwar noch nicht nach seiner Wahrheit erkannt und gelebt. In den einzelnen Religionen bestimmen die Menschen ihr Verhältnis zum Göttlichen in sehr unterschiedlicher und – gemessen an Hegels Religionsbegriff – in sehr unvollkommener Weise. Doch wie sehr das Bewußtsein in den geschichtlich wirklichen Religionen dieses Verhältnis auch verfehlt haben mag: Gleichwohl handelt es sich bei ihnen um eine Reihe von Bestimmungen der geistigen Einheit, von Formen des Selbstverhältnisses des göttlichen Geistes als des allgemeinen und des menschlichen als des einzelnen Geistes – und dieses Verhältnis bildet gleichsam den Kristallisationspunkt des gesamten Wirklichkeitsverständnisses der Bekenner einer Religion.

(4) Hegels Konzeption der Religionsgeschichte ist einem ähnlich rapiden Wandel unterworfen wie zunächst die des ersten Teils der Vorlesungen; sie zeigt kontinuierliche Neuansätze zur gedanklichen Durchdringung und Formierung der Religionsgeschichte – auch wenn er die darin gelegenen Optionen noch nicht optimal nutzt. Von der Entwicklung der Gesamtkonzeption der Religionsphilosophie unterscheidet sich die Konzeptualisierung der Religionsgeschichte durch zwei Akzentverschiebungen: Sie geht der systematischen Ausbildung der Religionsphilosophie voran, und sie bleibt noch weitgehend im Fluß, nachdem das begriffliche Fundament der Religionsphilosophie bereits gelegt ist und die systematische Durchbildung ihrer Konzeption allmählich mit den Grundlinien seines Systems konvergiert und dadurch Festigkeit gewinnt (vor allem seit dem Kolleg 1827). Jedes der drei späteren Kollegien bereichert den mittleren, der »bestimmten Religion« gewidmeten Teil durch die Einbeziehung neuer »ethnischer Religionen« (Goethe, V 4.4) in den Gesamtentwurf. In dieser, trotz des bewußten Verzichts auf empirische Vollständigkeit vorherrschenden Tendenz zur geschichtlichen Ausweitung hätte es gelegen, wenn Hegel in einem weiteren Kolleg auch noch weitere Religionen – etwa der Germanen, der Japaner oder Indianer – in seinen Aufriß der Religionsgeschichte einbezogen hätte.

In dieser sukzessiven Umgestaltung des Aufrisses der Religionsgeschichte spiegelt sich die Erweiterung und Vertiefung des Wissens, das Hegel sich im wesentlichen in seinen Berliner Jahren von anderen, vorzugsweise von den orientalischen Kulturen erwirbt. Diese weitgefächerte Aneignung vollzieht sich im Rahmen nicht allein der Vorbereitung der religionsphilosophischen Vorlesungen, sondern ebenso der parallelen Vorlesungen über Ästhetik und über Philosophie der Weltgeschichte, auch über Geschichte der Philosophie. Hegels Quellen umfassen Reiseberichte und Berichte von Missionaren aus Afrika oder Asien, vor allem aber die Übersetzungen und Abhandlungen der damals noch jungen Sinologie und Indologie – erwähnt seien hier nur die zahlreichen

von ihm ausgewerteten Abhandlungen der *Asiatic Researches,* insbesondere Henry Thomas Colebrookes, aber auch die Arbeiten seines Berliner Kollegen, des Indologen Franz Bopp (s. Kap. I.8.3). Und auch auf die griechische Antike und den südlichen und östlichen Mittelmeerraum – ein Gebiet, das Hegel von Jugend auf vertraut ist – fällt damals neues Licht durch die Forschungen u. a. seines Freundes Creuzer (s. Kap. II.9.7.4.1) und Karl Otfried Müllers zur Symbolik und Mythologie wie auch durch die heftigen Auseinandersetzungen hierüber. Viele dieser Quellen – aber auch viele Quellen anderer Art – sind jetzt in GW 22: Exzerpte und Notizen (1809–1831) zugänglich – obschon zu beklagen ist, daß Hegels Kollektaneen in ihrer Mehrzahl vernichtet worden sind.

Es ist deshalb eine wohlfeile Kritik, der von Hegel erstmals angestrebten tendenziell vollständigen philosophischen Behandlung der geschichtlichen Religionen die im späteren Verlauf des 19. Jahrhunderts erworbenen oder gar unsere heutigen Kenntnisse entgegenzusetzen. Die Neuedition der Vorlesungen zeigt sein rastloses Bemühen um die Resultate der zeitgenössischen historischen Forschung, und dies erfordert eine grundlegende Revision der Kritik, die bisher an diesem – sonst zumeist ohnehin vernachlässigten – Teil der Vorlesungen geübt worden ist: Nichts ist Hegels Bemühung um ein philosophisches Begreifen dieses reichen Materials weniger angemessen als das gängige Bild des Kathederphilosophen, der den bunten Reichtum der geschichtlichen Wirklichkeit durch »Systemzwang«, durch ein vorfabriziertes Netz abstrakter Bestimmungen zur fahlen Räson bringen will.

(5) Die kontinuierliche Erweiterung der geschichtlichen Perspektive Hegels hat eine ebenso kontinuierliche Umarbeitung seiner Vorlesungen auf drei Ebenen zur Folge. Eine erste Ebene betrifft das Bild der jeweils einzelnen Religion: Es kann sich von Kolleg zu Kolleg tiefgreifend wandeln. Insbesondere im Falle der Religion Chinas gibt Hegel weniger eine einzige Deutung als vielmehr eine Sequenz sehr unterschiedlicher Deutungen, die sich keineswegs zu einem Gesamtbild vereinigen. Ähnlich steht es mit seiner Darstellung der Religion Israels – auch wenn die Differenzen hier eher als unterschiedliche Akzentuierungen zu beschreiben sind: In den späteren Kollegien löst Hegel sich zunehmend aus dem Umkreis der Herderschen Deutung der Religion des Alten Testamentes und des alttestamentlichen Gottes als des »Lichtwesens«; andere alttestamentliche Traditionen und Schlüsselbegriffe treten hervor. An die Stelle des einen, aus den unterschiedlichen Kollegien

gemischten und somit konturlosen Bildes der Religion Israels muß somit eine Sequenz von Bildern treten, die gegen einander gehalten und in ihrer unterschiedlichen Akzentuierung erfaßt werden müssen.

Eine zweite Ebene von Umarbeitungen berührt weniger die Zeichnung der jeweils einzelnen Religionen als deren Stellung innerhalb des Ganzen der stets hierarchisch strukturierten Religionsgeschichte. Ihre Bestimmtheit erhalten die Religionen ja nicht allein durch ihre innere Konkretion, sondern ebensosehr durch ihre Relation zu anderen. Mit der Vor- oder Nachordnung etwa des Buddhismus gegenüber dem Hinduismus oder der griechischen und der alttestamentlichen Religion ist zugleich eine Zuweisung zu einer bestimmten Stufe und Funktion innerhalb der Religionsgeschichte ausgesprochen.

Die wichtigsten dieser Veränderungen betreffen den Begriff der Naturreligion. Dessen Bedeutungsgeschichte endet keineswegs damit, daß Hegel nun die frühe Jenaer Gleichsetzung der griechischen Religion mit der Naturreligion aufgibt. Im ersten Berliner Kolleg tritt deren Begriff – bis auf eine Erwähnung (V 4.27) – zurück. Auch gewinnt die Stufe der Naturreligion hier zunächst noch keine historische Konkretion; sie ist ihm die orientalische Religion schlechthin, und ihr metaphysischer Begriff ist das einfache reine Sein. Im zweiten und im dritten Kolleg stellt Hegel – neben der Zauberei – die Religionen Chinas, Indiens, Irans und Ägyptens unter den Titel ›Naturreligion‹. Doch im letzten Kolleg gibt er diesem Begriff eine gänzlich neue und sehr viel engere Bestimmung: Als ›Naturreligion‹ bezeichnet er hier nur noch das Anfangsstadium der Religionsgeschichte, die »Religion der Zauberei«. Die Religionen Chinas und Indiens (einschließlich des Buddhismus und des Lamaismus) behandelt Hegel nun im Mittelteil, unter dem Titel »Entzweiung des religiösen Bewußtseins in sich« (V 4.615–623), gefolgt von der »Religion der Freiheit«, die hier schon mit der iranischen und der jüdischen Religion beginnt (V 4.623–642).

In dieser veränderten Zuordnung der Religionen zu Stufen der Religionsgeschichte findet Hegels fortschreitende Einsicht in den gedanklichen Gehalt der Religionen einen dreifachen Ausdruck: Die Kategorie des »Seins« ist wenig geeignet, den metaphysischen Gehalt einer Religion auszudrücken, weil jede Religion – als Religion – eine Gestalt des Geistes ist. Auch die Kategorie des Natürlichen – selbst im Sinne nicht der äußeren Natur, sondern der unmittelbaren, natürlichen Subjektivität – ist keineswegs geeignet, die Religionen Chinas und Indiens unter sich zu be-

fassen; die iranische Religion – als die »Religion des Guten« – weiß das Göttliche trotz der ihm noch anhaftenden Natürlichkeit des Lichts als ein in sich Geistiges, sich Bestimmendes, und ist deshalb einem höheren Kreise zuzuordnen. Doch wird man diese Konzeption des Kollegs 1831 gerade wegen ihrer tiefgreifenden Umgestaltung nur als die zeitlich letzte anzusehen haben – und nicht als diejenige Konzeption, in der Hegels religionsgeschichtliche Einsicht ihre auch im Sinne der Ausbildung des Gedankens abschließende, verbindliche Gestalt gewonnen habe.

Neben den Wandel der Darstellung und die Umdisposition in der Anordnung der »bestimmten Religionen« tritt noch eine dritte, und zwar eine systematisch bedeutsame Ebene der Veränderung: ein Wandel in den Prinzipien der Darstellung. Es geht Hegel nicht primär um eine historische Abhandlung der »bestimmten Religion«; er beschränkt sich auch gar nicht darauf, den durch die Abtrennung von »Begriff der Religion« und »vollendeter Religion« von der »bestimmten Religion« gewonnenen geschichtlichen Spielraum zu nutzen: die einzelnen Religionen zu beschreiben und sie schlicht in chronologischer – oder sonstiger empirischer – Folge anzuordnen. Seine Absicht ist es, die Vernunft in den geschichtlichen Religionen zu erkennen: sie als Gestalten des sein Wesen denkenden Geistes zu begreifen. Und darüber hinaus geht es ihm darum, nicht eine beliebige Vielzahl von Typen dieses Selbstbewußtseins des Geistes zu präsentieren, sondern die unterschiedlichen Vermittlungsgestalten des allgemeinen und des einzelnen Geistes in eine primär gedankliche Ordnung zu bringen, die sich schließlich als identisch mit der historischen Ordnung enthüllt. Doch die Prinzipien einer solchen gedanklichen Ordnung lassen sich aus dem bloßen Begriff der Religion nicht hinreichend ableiten. Aus diesem Begriff allein – als dem Begriff der substantiellen Einheit des Geistes, des Urteils in sich und in ein Wissen, für welches er als solches ist, und der vermittelten Identität des allgemeinen und des einzelnen Geistes – läßt sich ohne Zusatzannahmen ja nicht einmal das Faktum der Vielheit der Religionen plausibel machen.

Hegel sieht sich deshalb genötigt, derartige Ordnungsprinzipien außerhalb der Religionsphilosophie aufzusuchen. Doch sind diese Prinzipien einem ähnlich raschen Wandel unterworfen wie die Religionen, die zu ordnen sie bestimmt sind. Er ersetzt auch nicht bloß das eine Prinzip durch ein jeweils anderes, ohne die Stellung des Prinzips zum Prinzipierten zu verändern: Vielmehr nimmt er im Verlauf der drei späteren Kollegien die ursprünglichen Prinzipien zur begrifflichen Strukturierung der Religionsgeschichte schrittweise zurück, und er ersetzt sie durch jeweils flexiblere und spezifischere, der Vielzahl der Religionen und dem spezifischen Charakter dieser Sphäre besser angemessene. Die bekannte streng schematische Gliederung der »bestimmten Religion« durch die logischen Bestimmungen Sein-Wesen-Begriff findet sich nur im Manuskript, nicht mehr in den späteren Vorlesungen. Die geschichtliche Vielfalt der Religionen läßt sich nicht durch eine Begrifflichkeit einfangen, die in Hegels *Wissenschaft der Logik* an ihrem Platze sein mag. Ihre Übertragbarkeit auf das Feld der Religionsgeschichte hat Hegel ohnehin nirgends dargetan oder auch nur erwogen. Und sein zweites Prinzip – die Zuordnung der »bestimmten Religionen« zum kosmologischen und zum teleologischen Gottesbeweis – ist bei weitem nicht differenziert genug, um als Ordnungsprinzip für die vielen von ihm behandelten Religionen fungieren zu können. Die sogenannten »metaphysischen Begriffe« schließlich bilden eigentlich nur noch Konzeptualisierungen des Gehalts der jeweiligen Religionen, aber keine Ordnungsprinzipien, zumal sie selber nicht als durch ein Prinzip geordnet auftreten. Hierdurch verschiebt sich von Kolleg zu Kolleg das Gewicht von Systematik und Historie zu Gunsten der letzteren – auch wenn Hegel stets an seinem Anspruch festhält, die Reihe der Religionen als durch den Begriff geordnete zu begreifen.

(6) Doch so neuartig, ja unerhört Hegels Anspruch ist, möglichst alle damals verfügbaren Quellen für seine Religionsphilosophie heranzuziehen, und so großartig das Bild ist, das er von den einzelnen Religionen und von ihrer geordneten Gesamtheit entwirft, so kann es dennoch nicht verwundern, daß dieses Bild seit langem nicht mehr befriedigt. Die Geschichtswissenschaft, die orientalischen Philologien und die Religionswissenschaft haben sich erst seit Hegels Zeit als akademische Disziplinen konstituiert; sie haben das von ihm gezeichnete Bild fraglos in erheblichem Maße verändert. Dies gilt selbst im Blick auf die Religionen Israels sowie Griechenlands und Roms, über die zur Zeit Hegels weit eingehendere Kenntnisse verbreitet waren als über den Orient. Deshalb wird niemand, der sich nur über eine der von Hegel abgehandelten Religionen unterrichten will, zu seiner Religionsphilosophie greifen. In dieser – ersten und unangemessenen – Perspektive hat seine Darstellung allenfalls ein wissenschaftshistorisches Interesse: Sie illustriert eine geschichtliche Situation, in der die ersten detaillierteren Nachrichten über die orientalischen Religionen nach Europa drangen, in der die ersten Übersetzungen etwa von indischen Texten angefertigt wurden – oftmals zunächst ins Lateinische oder in andere europäische Sprachen –, und in der andererseits nicht nur die Adepten der romantischen Mythomanie wie Joseph Görres (s. Kap. II.8.7.8) in ihren phantastischen Schriften, sondern selbst Kenner in Fachzeitschriften abstruse Behauptungen verbreiteten – sei es auch nur, weil sie von ihren Gewährsmännern hinters Licht geführt wurden.

Doch bietet sich ein gänzlich anderes Bild, wenn man Hegels Ausführungen nicht analog zu heutigen religionswissenschaftlichen Darstellungen liest und beurteilt, sondern wenn man sich auf diejenigen Fragestellungen einläßt, die ihm philosophisch wichtig waren und um derentwillen er das noch wenig bebaute Feld der Religionsgeschichte zum Ort der Bewährung seines Religionsbegriffs erhoben hat. Dann zeigt sich auch, daß sein Ansatz mit ähnlichen Problemen zu ringen hat wie noch die neuere religionswissenschaftliche und -geschichtliche Forschung: mit der Einheit des Religionsbegriffs, mit dem Verhältnis der Religion zu Staat, Gesellschaft, Kunst und Philosophie, mit dem Wahrheitsanspruch der Religionen angesichts ihrer Vielfalt und ihres Wandels oder mit Fragen des Verhältnisses von Religion und Geschichte.

(7) Verdeutlicht sei dies hier nur am letztgenannten Thema. Seit dem 19. Jahrhundert ist ›Religionsgeschichte‹ zum geläufigen Terminus geworden – doch ist es keineswegs leicht, mit diesem Wort auch einen bestimmten Sinn zu verbinden. Mit ›Religionsgeschichte‹ ist ja weder eine vergleichende Religionswissenschaft neueren Stils gemeint noch – im Sinne des traditionellen Verständnisses von ›Geschichte‹ oder ›Historie‹ – eine Erzählung über Religionen, sondern ein objektiver Zusammenhang, in dem die Religionen zu einander stehen. Was aber konstituiert das Auftreten einer Mannigfaltigkeit von Religionen in der Geschichte der Menschheit zur Religionsgeschichte? Die Logik der Begriffsprägung unterstellt, daß es eine Geschichte der Religion im Sinne einer kontinuierlichen Entwicklung gebe, in die zumindest mehrere Religionen einbezogen seien: daß die Religion selber eine ›objektive Geschichte‹ habe, ähnlich wie die Kunst oder die Philosophie, und daß die wirklichen Religionen sich innerhalb dieser Geschichte als einzelne Etappen zu einander verhielten.

Es ist Hegels – in mehrfach variierter Weise konkretisierte – Behauptung, daß die »bestimmten Religionen« durch den Begriff der Religion zu ordnen seien: daß sie am Maßstab der in ihnen jeweils vorgestellten und verwirklichten differenzierten Identität des allgemeinen und des einzelnen Geistes in eine Ordnung zu bringen seien – wiewohl nicht notwendig in eine eindeutig festgelegte Ordnung. Eine solche vom Betrachter hergestellte Ordnung braucht – wie Hegel durch seine Abtrennung der »vollendeten Religion« von der »bestimmten« berücksichtigt hat – nicht eine Leiter zu bilden, von deren vorletzter Stufe man gleichsam durch einen letzten folgerichtigen Schritt zur »vollendeten Religion« hinaufsteigt. Sie muß sogar überhaupt nicht als eine geschichtliche Folge vorgestellt werden: Religionen aus unterschiedlichen Epochen und Kulturen könnten am Leitfaden etwa der in ihnen konzipierten Versöhnung des göttlichen und des menschlichen Geistes, also am Leitfaden des Selbstbewußtseins des Geistes hierarchisch geordnet werden – ohne den Anspruch, daß damit neben ihrem begrifflichen auch ihr realgeschichtliches Verhältnis erfaßt sei. Doch erhebt Hegel hier wie auch in seinen Vorlesungen über die Geschichte der Philosophie den Anspruch, die Ordnung durch den Begriff als zugleich geschichtliche Ordnung erweisen zu können (V 6.27). Dem »ordo idearum« soll der »ordo rerum« entsprechen, der gedanklichen Hierarchie der Religionen ihre historische Stellung zu einander. Der Weg des Begriffs wird so zum Lauf der Geschichte.

Doch genau diesen Anspruch hat Hegel nicht eingelöst, und zwar für die Religionsphilosophie plausibler Weise noch weit weniger als in seinen philosophiegeschichtlichen Vorlesungen. Seinem Anspruch korrespondiert auch gar nicht der Versuch eines Erweises, ja nicht einmal eine Reflexion über die notwendigen Voraussetzungen eines solchen Erweises. Anders als in den Vorlesungen über Philosophie- oder auch über Weltgeschichte spielen bereits chronologische Erwägungen nur eine verschwindend geringe Rolle in Hegels ›Religionsgeschichte‹. Und obgleich gerade er die überzogenen Frühdatierungen des hohen Alters der chinesischen oder der indischen Kultur kritisiert, läßt er den Weg des Weltgeistes auf dem Gebiet der Religion im wesentlichen mit der chinesischen und der indischen Religion einschließlich des Buddhismus beginnen, obschon andere Religionen – insbesondere die ägyptische und die israelische – den erstgenannten an Alter keineswegs nachstehen.

Ferner bemüht Hegel sich auch gar nicht um den Nachweis einer wenigstens partiellen geschichtlichen Kontinuität, wie man sie für das Verhältnis des Hinduismus zum Buddhismus und dessen Wirkung

auf die Religionen Chinas, aber auch für das Verhältnis der indischen und der iranischen Religion durchaus nachzeichnen könnte. Freilich haben seine Quellen eine differenzierte Einsicht in derartige Zusammenhänge nicht begünstigt, großenteils auch gar nicht erlaubt. Und den damals behaupteten Kontinuitäten, wie der Annahme eines orientalischen Ursprungs der griechischen Mythen, steht Hegel zurecht äußerst zurückhaltend gegenüber. Obgleich derartige Ansichten von Friedrich Creuzer, seinem Freund aus der Heidelberger Zeit, vertreten werden, neigt er eher der Ansicht von dessen Kritikern wie Gottfried Herrmann oder Johann Gottlieb Rhode zu.

Schließlich ignoriert Hegel noch zwei weitere Aspekte, die für eine geschichtliche Abhandlung der Religion unverzichtbar wären: Von verstreuten Nebenbemerkungen abgesehen – etwa zum Verhältnis des späteren Hinduismus zu den Veden oder der Gestalt des Mithras zum Parsismus – ignoriert er die interne Geschichte der einzelnen Religionen – obgleich er im Blick auf das Christentum doch selber betont, daß es nicht so sehr auf irgendeine ›Urgeschichte‹ oder anfängliche Offenbarung ankomme als auf die Herausbildung der Wahrheit eines Gedankens im Laufe einer geschichtlichen Entwicklung. Ein für eine geschichtliche Betrachtung so eminent wichtiger Vorgang wie beispielsweise die allmähliche Herausarbeitung des Monotheismus innerhalb der Religion Israels bleibt gänzlich jenseits seines Blickes auf die Religionen – und wohl nicht allein deshalb, weil der damalige Stand der Forschung es noch nicht erlaubt, die Spezifik und das allmähliche Zusammenwachsen der alttestamentlichen Traditionen zu überblicken. Ebensowenig ist Hegel daran interessiert, ob eine solche interne Geschichte bereits an ihr Ende gekommen sei: ob es sich bei den behandelten Religionen um noch lebende oder um vergangene handele. Die Vergangenheit oder Gleichzeitigkeit anderer Religionen im Verhältnis zum Christentum bildet für seine Betrachtungsweise kein Problem, ja nicht einmal einen Gegenstand des Interesses. Wichtig ist ihm lediglich die Vielfalt der Herausbildung von Vermittlungsgestalten des allgemeinen und des einzelnen Geistes. Die späteren, oft durch äußere Umwälzungen bedingten Schicksale hingegen gehen den sich begreifenden Geist – angeblich – nichts an.

Gleichwohl erscheinen die Religionen in Hegels Darstellung in einer Reihenfolge, die nicht durch den Begriff allein bestimmt ist und in der weniger – wie es häufig heißt – der Empirie als vielmehr dem Begriff Gewalt angetan wird. Die gedankliche Ordnung wird ergänzt und auch verbogen – jedoch nicht durch das geschichtliche Prinzip, sondern durch das geographische: Hegels Abhandlung der »bestimmten Religion« bildet weniger eine Religionsgeschichte als eine Religionsgeographie. Der Weg der Religion beginnt in China und verläuft ohne räumliche Unterbrechungen über Indien und den vorderen Orient in den Mittelmeerraum: von Ägypten und Israel weiter nach Griechenland und Rom. Auch die Erweiterung der Anzahl der Religionen, die Hegel von Kolleg zu Kolleg in den Blick nimmt, fügt sich diesem Wege ein: Geographisch – allerdings auch zeitlich – geht sie nicht über das einmal gesteckte Ziel hinaus. Diesen nur scheinbar geschichtlichen Gang von Osten nach Westen deutet Hegel jedoch zugleich als eine gedankliche Höherentwicklung: als einen Fortschritt im Selbstbewußtsein des Geistes.

(8) An dieser Stelle häufen sich die Fragen, die an seine Konzeption zu richten sind: Was bedeutet ein solcher »Fortschritt«, wenn seine Abhandlung der »bestimmten Religion« nicht – wie er vorgibt – als Geschichte, sondern als Geographie der Religion zu interpretieren ist? Was vor allem kann es dann noch heißen, daß die früheren Religionen die Voraussetzung der späteren bildeten? Ist diese Voraussetzungsstruktur schon dadurch erfüllt, daß an einem bestimmten Punkt der Weltgeschichte eine – gemessen an Hegels Religionsbegriff – höhere Gestalt des Geistes auftritt, obgleich sie zu der früheren, die als ihre Voraussetzung gilt, in keiner geschichtlich vermittelten Beziehung steht? Welcher vernünftige Sinn ließe sich mit der Behauptung verbinden, daß der Buddhismus die Voraussetzung der ägyptischen Religion sei? Doch so unbefriedigend die Antworten auf solche Fragen ausfallen, so weisen diese doch in eine wichtige Richtung.

Hegels Begriffsinstrumentarium erlaubt zwei scheinbar divergierende, aber doch miteinander in Einklang zu bringende Antworten auf diese Fragen, die jedoch beide über seinen Ansatz hinausführen. Seine Deutung, daß alle Religionen Gestalten seien, in denen der Geist das Bewußtsein seiner selbst gewinne, ist – für sich genommen – unabhängig gegenüber der Annahme eines geschichtlichen Zusammenhangs dieser Religionen. Sie beanspruchte Gültigkeit auch in einer Welt, deren Naturbeschaffenheit keinerlei Kontakt zwischen den unterschiedlichen Kulturen und somit keinen geschichtlichen Zusammenhang erlaubte. Die Religionen als Gestalten des Selbstbewußtseins des Geistes bilden sich ja nicht notwendig erst in geschichtlicher Kommunikation mit anderen oder durch einen von anderen ausgehenden Anstoß, und sie sind schon gar nicht als

Trümmer einer ursprünglichen Offenbarung zu verstehen, wie Hegel gegen den zu seiner Zeit grassierenden Uroffenbarungswahn immer wieder einschärft. Sondern sie treten für sich überall da hervor, wo Geistiges ist, weil alles Geistige kraft seiner Natur darauf angelegt ist, ein Bewußtsein über sich selbst zu gewinnen. Dieses Bewußtsein differiert in den einzelnen Völkern und später in den größeren Kulturkreisen auf Grund ihrer unterschiedlichen natürlichen und kulturellen Bedingungen. Wer über den wahrhaften Begriff der Religion verfügte, könnte diese monadischen Religionen – nach Maßgabe ihrer geringeren oder größeren Angemessenheit zu diesem Begriff – in eine gedankliche Ordnung bringen. Sie wäre aber indifferent gegenüber sowohl geschichtlichen Zusammenhängen als auch räumlicher Nachbarschaft. Daß der Geist – mit Hegel – seinen Weg von Ost nach West nehme, ist nur ein altes, mit vereinzelten Erfahrungsgehalten durchschossenes Deutungsmodell. Es ist dem spekulativen Begriff der Religion aber noch weit äußerlicher als eine geschichtliche Ordnung.

Doch andererseits widerspricht die hier zunächst unterstellte Unmittelbarkeit einer Vielzahl monadischer Religionen dem Hegelschen Begriff der Geschichtlichkeit des Geistes. Diese vorhandene Vielheit ist allenfalls eine quasi-natürliche Voraussetzung für die eigentliche Tätigkeit des Geistes, das Wissen seiner selbst hervorzubringen. Denn die im Sinne des Hegelschen Religionsbegriffs »richtige«, »vollendete« Auffassung des Verhältnisses des allgemeinen und des einzelnen Geistes kann nichts Unmittelbares sein; erst im Durchlaufen einer Geschichte gewinnt der Geist sein Bewußtsein über sich. Es widerspricht – metaphorisch gesprochen – der »Natur des Geistes«, daß der Geist gleichsam von Natur aus ein adäquates Bewußtsein seiner selbst hätte. Denn das Wesen des Geistes ist die Freiheit, und diese kann nichts Unmittelbares sein. Sie muß hervorgebracht, herausgearbeitet werden, und eben dieser Prozeß ist die Geschichte – der Kunst, der Religion und der Philosophie. Und weil in diesem Prozeß das Vorhergegangene als ein Erinnertes enthalten ist und nicht prinzipiell ignoriert werden kann, ist dieser Prozeß für Hegel notwendig ein Fortschritt im Selbstbewußtsein des Geistes (s. Kap. II.9.6.6). Spätere Gestalten des Geistes können sich zudem auch insofern auf frühere als auf ihre geschichtlichen Voraussetzungen beziehen, als sie diese nachträglich in ihr Bewußtsein aufnehmen – auch wenn sie zunächst anderen Kulturkreisen angehört haben mögen und nicht in die Konstitutionsgeschichte der späteren gehört haben.

(9) Damit könnte auf einem Umwege wieder das Bild einer Religionsgeschichte erreicht zu sein scheinen, das Hegel dem flüchtigen Leser seiner Vorlesungen ohnehin suggeriert. Doch bleiben zwei wesentliche Unterschiede.

Daß der Geist nur auf Grund seiner Geschichtlichkeit, im Durchlaufen einer Geschichte zum Bewußtsein seiner selbst gelangt, impliziert nicht, daß dieses Zusichkommen als sowohl begrifflich wie auch geschichtlich geordnete Totalität der vorausgegangenen Formen zu denken sei. Es ist nicht möglich, die Totalität dieser Formen als die Eine Geschichte der Religion zu begreifen – es sei denn, man wollte mit einem laxen Begriff von Geschichte arbeiten, der weder chronologische Bestimmtheit noch Kontinuität der Entwicklung erfordert. Doch eine bloße Erzählung von verschiedenen Religionen könnte nicht als die Entwicklung des Geistes ausgegeben werden. Geschichte des Geistes und gerade auch Geschichte der Religion gibt es nur als – nicht durch den Begriff determinierte – Vielheit partieller geschichtlicher Zusammenhänge, deren Umfang durch die jeweiligen Kulturkreise erweitert und begrenzt wird. Erst der Blick des Historikers überschaut diese Partialgeschichten. Doch ist dies eine Sicht, die nicht der Religionsgeschichte selber angehört und für die Konstitution des in ihr ausgebildeten Wissens zu spät kommt.

Diese skizzierte Revision des Hegelschen Modells macht auch plausibel, weshalb zeitlich spätere Religionen gleichwohl früheren Stadien der Entwicklung des Begriffs angehören können und weshalb mit dem Erreichen einer Vollendungsgestalt das Auftreten weiterer Religionen und auch partieller Religionsgeschichten keineswegs ausgeschlossen ist – wenn man einmal mit Hegel die Bildung eines »Begriffs der Religion« und die Rede von einer »vollendeten Religion« als sinnvoll unterstellt. Wenn die Totalität der Religionen als in die Eine Geschichte aufgehoben gedacht werden müßte – wie dies bei Hegel den Anschein hat –, wäre es ein allerdings schwer begreiflicher Rückfall hinter den erreichten Fortschritt im Selbstbewußtsein des Geistes, ein Versagen der Mnemosyne, wenn eine geschichtlich spätere Religion eine gleichsam schon überwundene Stufe repräsentierte. Doch außerhalb solcher partieller Geschichten – dort, wo keine Mnemosyne waltet – ist es eine sinnlose Forderung, daß eine bereits in der Entwicklung des Geistes erreichte Stufe nicht hinterschritten werden dürfe. Die Vorstellungen, in denen der Geist sein Wesen auszudrücken sucht, werden durch Gestalten aus anderen kulturellen Kontexten ja keineswegs überholt oder erübrigt – selbst nicht durch die Unterstellung einer Vollendungsgestalt. Anderenfalls könnte man innerhalb des Hegelschen Ansatzes die Entstehung und die Geschichte des Islam nicht begreifen. Aber auch die von Hegel mehrfach gebrauchte Formel, daß der Begriff die Zeit tilge, daß also die vollendete geschichtliche Ausprägung des Begriffs nicht mehr der zeitlichen Umgestaltung ausgesetzt sei, kann nur innerhalb der jeweiligen Grenzen einer Partialgeschichte gelten. Die Vielfalt und Partialität der Religionsgeschichte ist somit – entgegen Hegel – geradezu eine Bedingung der Plausibilität seines Begriffs der »bestimmten Religion«.

Es sind derartige Fragen, die den zweiten Teil der Vorlesungen zu einer vorzüglichen, wenn auch noch wenig ausgeschöpften Quelle für die Behandlung religionsphilosophischer Probleme machen. Die Erschließungskraft des Hegelschen Religionsbegriffs zeigt sich an Hand der hier von ihm behandelten Religionen nicht weniger klar als an Hand des dritten Teils, und die Vielzahl und die Tiefe der hier zu findenden Aufschlüsse läßt den zweiten Teil sogar als für ein religionsphilosophisches, wenn auch nicht für ein theologisches Interesse erheblich besser geeignet erscheinen. Auch viele andere Probleme finden in diesem Teil eine weit detailliertere Behandlung: die Fragen etwa nach dem Verhältnis der Vorstellung zum Kultus oder nach dem Verhältnis des Bildes, das der Mensch von sich entwirft, zum Bild, das er von Gott entwirft, oder nach dem Verhältnis der Religion zu Kunst und Philosophie und zum sittlichen Leben überhaupt. Und auch für Problemstellungen jenseits der Religionsphilosophie im engeren Sinne bietet dieser Teil eine Fülle von Einsichten: etwa für die Fragen nach dem Wesen des Geistes, nach seiner Geschichtlichkeit oder nach dem Verhältnis logischer Momente zu empirisch-phänomenologischen.

9.8.6 Die vollendete Religion

(1) In diesem systematisch-geschichtlichen Zusammenhang steht auch Hegels philosophische Explikation der Idee des Christentums; dieses ist Gegenstand und nicht Fundament seiner Philosophie. Er zeichnet die christliche Religion nicht allein dadurch vor den ihr vorausgegangenen aus, daß er ausschließlich ihr den dritten Teil seiner Vorlesungen widmet. Während er jene als »bestimmte Religion« bezeichnet, nennt er diese die »vollendete« – zumindest dominiert jetzt dieses Adjektiv über das ebenfalls noch gebrauchte »absolut«. Für viele Interpreten ist der Charakter der Hegelschen Religionsphilosophie

schon damit hinreichend bezeichnet: als eine Art philosophischer Dogmatik – den einen ein Vorbild und den anderen ein Schreckbild.

Hegel schmückt aber nicht allein die christliche Religion mit einem derartigen Epitheton; auch die anderen Religionen führt er zunächst unter einem solchen quasi-begrifflichen Titel ein. Erst nachträglich enthüllt er dann ihre historische Identität – so etwa die »Religion der Schönheit« bzw. die »Religion der Zweckmäßigkeit« als die griechische bzw. die römische Religion. Die meisten dieser Epitheta – Maß, Insichsein, Phantasie, Gutes, Rätsel, Erhabenheit – sind keine strengen Begriffsbestimmungen; man kann deshalb erwägen, ob die eine Bezeichnung nicht für eine andere Religion passender sei. »Erhabenheit« etwa wird zu Hegels Zeit ja oft als Charakterzug der indischen Kunst genannt. Die Bezeichnung »vollendete Religion« hingegen drückt bereits eine Begriffsbestimmung aus. Dies erfordert eine andere Art der Rechtfertigung als den bloßen Hinweis, warum es plausibel sei, im Blick etwa auf die Religionen Chinas oder Ägyptens vom »Maß« oder vom »Rätsel« zu sprechen.

»Vollendete Religion« – dies läßt etwa an die gebräuchliche Rede von einem »vollendeten Kunstwerk« denken. Doch anders als bei diesem ist bei der »vollendeten Religion« nicht bloß an eine höchste Steigerung des Gelingens zu denken. Es ist hiermit vielmehr eine präzise beschreibbare, von den vorangegangenen Religionen qualitativ unterschiedene strukturelle Eigentümlichkeit dieser Religion ausgesagt. Diesen Vollendungscharakter der christlichen Religion faßt Hegel mit zwei Formeln. Nach der ersten ist sie diejenige Religion, die dem Begriff entspricht. Unter »Begriff« ist hier nicht der »Begriff« schlechthin zu verstehen, sondern näher der Begriff der Religion. Doch zeigt sich rasch, daß diese Formel für sich allein noch nicht geeignet ist, eine Religion vor den anderen auszuzeichnen: Alle Religionen entsprechen ja dem Begriff der Religion – sonst wären sie gar keine Religionen. Es muß somit über das bloße »Entsprechen« hinaus eine spezifische Weise dieses Entsprechens ausgesagt sein, um die eine Religion aus der Menge der anderen als die »vollendete« herausheben zu können.

Diese spezifische Weise wird durch die zweite Formel bezeichnet: Die christliche ist diejenige Religion, in der der Begriff der Religion sich selbst objektiv, Gegenstand geworden ist. Dies ist ganz wörtlich zu nehmen: Der Begriff der Religion selber bildet den Gegenstand der christlichen Religion. Diese Formel mag mißverständlich, wenn nicht unsinnig erscheinen – als ob im Christentum ein abstrakter Begriff zu göttlichen Ehren gelange. Denn wie sollte nicht allein ein Begriff sich selber zum Gegenstand, sondern zumal die christliche Religion einen Begriff zum Gegenstand haben – vielleicht gar Begriffsidolatrie treiben? Doch der Begriff der Religion ist nach Hegels Verständnis kein »abstrakter Begriff« und auch kein Inbegriff einzelner charakteristischer Bestimmungen der Religion, sondern er ist ihre Vernunftstruktur, gleichsam ihr innerer Logos, nämlich nichts anderes als der Geist selbst, in den drei für seine wissende Selbstbeziehung konstitutiven Momenten, die Hegel – im Vorblick auf die Unterscheidung der vollendeten Religion von den bestimmten Religionen – bereits im ersten Teil seiner Vorlesungen einführt: (1) im Geist als der substantiellen Einheit des »Wissens« und des »Wesens« – rudimentär schon in »niederen Religionen« und vollendet im Gedanken der Menschwerdung Gottes, (2) im Moment des Urteils in den Geist als Gegenstand und das Wissen dieses Geistes von sich, damit aber auch der Entgegensetzung Gottes als des absolut Positiven gegen das Negative des »Weltwesens, des Menschen«, sowie (3) im Wissen, »daß das Selbstbewußtsein des Geistigen selbst ewiges, absolutes Moment ist« (V 3.102–105). Mit dieser Exposition der drei Momente amplifiziert Hegel die überaus kondensierte Bestimmung der Religion in ³§ 554 der *Enzyklopädie*: der absolute Geist sei »eben so ewig in sich seyende als in sich zurückkehrende und zurückgekehrte I d e n t i t ä t; die Eine und allgemeine S u b s t a n z als geistige, das Urtheil i n s i c h u n d i n e i n W i s s e n, f ü r w e l c h e s sie als solche ist.«

Doch obwohl diese drei Momente der Selbstbeziehung des Geistes die konstitutiven Momente des Begriffs der Religion sind und sich somit in allen Religionen finden, markiert Hegel im Blick auf sie sehr präzise den Unterschied zwischen der »bestimmten« und der »vollendeten Religion« – in einer längeren Passage, die wegen ihrer Bedeutung für das Verständnis des Begriffs der »vollendeten Religion« hier ausführlich wiedergegeben sei: »Aber ist zugleich o b e n i n A n s e h u n g d e r M e t h o d e der Wissenschaft sowohl, als in A n s e h u n g d e r F o r t b e s t i m m u n g d e s B e g r i f f s bemerkt worden, daß d i e V o l l e n d u n g d e r R e l i g i o n selbst i h r e n B e g r i f f hervorbringe, ihn sich gegenständlich mache; erst so gegenständlich gemacht ist er e n t w i c k e l t, und in ihm die B e s t i m m u n g e n s e i n e r T o t a l i t ä t g e s e t z t. αα) Ist zu bemerken, daß sie in dieser offenbaren Religion als w e s e n t l i c h e M o m e n t e des I n h a l t s, mit dem Bewußtsein des Inhalts und mit

der Bestimmung, Wahrheit zu sein, hervortreten
– d. h. als objektiv und im System des objektiven Gegenstands erscheinen. In den bestimmten Religionen aber erscheinen diese Bestimmungen auch, als wie natürliche Blumen und Gebilde, zufällig hervorgesprossen, ohne zu wissen woher noch wohin – als Ahndungen, Bilder, Vorstellungen.« (V 3.106)

Während also alle Religionen durch diese drei Momente strukturiert werden, hat die christliche Religion den Geist in diesen drei Momenten zum Gegenstand der religiösen Vorstellung: im trinitarischen Gottesgedanken. Deshalb insistiert Hegel gegen die Theologie seiner Zeit auf der Trinitätslehre, deren Sinn er eben im Geistbegriff findet: Das, was Religion an sich ist – ein durch die genannten Momente konstituiertes Selbstbewußtsein des Geistes –, wird hier für sie, zum Gegenstand ihrer Vorstellung, zum Inhalt des Gottesbegriffs selber, und macht ihren Lehrgehalt aus: im trinitarischen Gottesgedanken, als der individualisierten, personifizierten Gestaltung dieser Momente für die Vorstellung. Spuren von ihm erkennt Hegel in einigen »bestimmten Religionen«, insbesondere in der indischen Trimurti, deren Bedeutung für den Hinduismus er ebenso überschätzt wie einige damalige trinitätstheologisch ambitionierte Indologen bzw. – auf ähnlichem Gebiet – Sinologen. Doch anders als diese faßt Hegel diese »Spuren« nicht (romantisch) als Relikte einer »Uroffenbarung«, auch nicht (historisch) als Folgen kulturübergreifender geschichtlicher Vermittlungsprozesse und ebensowenig (theologisch) als Vorahnungen des Christentums oder (apologetisch) schlicht als ›Diebstahl der Hellenen‹ (und der Orientalen zugleich); er versteht sie als Manifestationen des einen ›Wesens des Geistes‹. Denn ›Geist‹ hat immer diese duale Struktur, die Hegel am Selbstbewußtsein abliest: Geist macht sich zum Gegenstand und ist darin für sich.

(2) Es ist allerdings plausibel, diejenige Religion als die vollendete auszuzeichnen, bei der diese an sich vorhandenen Momente des Religionsbegriffs nicht nur implizit vorhanden sind und in das Bewußtsein des Betrachters fallen, sondern die diese Momente selber zu ihrem Gegenstand hat: Hegel nennt die christliche Religion die vollendete, weil das, was das »Wesen« des Geistes (im Sinne von »essentia«) ist, hier auch »Wesen« des Geistes (im Sinne von »Gegenstand«) ist, oder anders: weil das, was dem Geiste hier sein »Wesen« ist, er selber ist. Hingegen ist es nicht sonderlich beweiskräftig, gegen diese Fassung des Begriffs der »vollendeten Religi-

on« etwa mit Ernst Troeltsch (³1929, 35) die Schulweisheit geltend zu machen, daß die Geschichte kein Ort für absolute Religionen (ebensowenig wie für absolute Persönlichkeiten) sei. Ernster zu nehmen ist der Einwand, daß Hegels Geistbegriff selber schon christlich geformt, und sein Argument für den Vollendungscharakter der christlichen Religion insofern zirkulär sei. Dies ist zwar vordergründig plausibel, doch ist es keineswegs leicht, solche christlichen Wurzeln nachzuweisen. Denn Hegels Geistbegriff zählt ja nicht zum als allgemein bekannt vorauszusetzenden Traditionsbestand der christlichen Religion, und er hat wenig mit dem neutestamentlichen Begriff des πνεῦμα ἅγιον gemein – auch wenn man nicht in Nietzsches Polemik einstimmt, daß »das Wort ›Geist‹ im neuen Testament bloss ein Missverständnis« sei (*Der Fall Wagner*, § 9). Zudem stehen auch entwicklungsgeschichtliche Erwägungen einer derartigen Ableitung entgegen. Die Genese des Hegelschen Geistbegriffs fällt in die Auseinandersetzung zwischen Transzendentalphilosophie und Spekulation in den Jahren nach 1801, und erst nach der Konzeption des Geistbegriffs gelingt es ihm, die christliche Religion neu zu interpretieren und sich zu ihr in ein affirmatives und zugleich systematisch fruchtbares Verhältnis zu setzen.

(3) Anders als für den »Begriff der Religion« und die »Bestimmte Religion« erreicht Hegel in seiner Darstellung der christlichen Religion als der »vollendeten« bereits in seinem Manuskript von 1821 eine ausgereifte Darstellungsform. Seit dem zweiten Kolleg (1824) wandelt er sie zwar noch einmal ab, ohne sie aber eigentlich zu überbieten. Daß er diese Form bereits so früh findet, wird man auf zwei Gründe zurückführen dürfen. Seiner Vertrautheit mit der christlichen Religion wegen hat es hier keiner langwierigen Aneignung und gedanklichen Durchdringung von zuvor unbekannten Quellen und ihrer mehrfachen Uminterpretation im Lichte neuer Nachrichten bedurft – wie im Falle seiner Deutung einiger orientalischer Religionen, aber auch der Religion Israels. Und zum anderen legt gerade die geistesphilosophische Deutung der christlichen als der »vollendeten Religion« – ihre Übereinstimmung mit der Struktur des Geistes – die Grundlinien ihrer Darstellung fest. Durch ihre Nähe zur Form des Begriffs steht sie der Systemform nahe.

In seinem Manuskript befolgt Hegel zunächst den Aufbau, nach dem er bereits die Abhandlung der »bestimmten Religion« strukturiert: Er gliedert seine Darstellung in A. Abstrakter Begriff, B. Konkrete Vorstellung und C. Kultus. Die Stellung des ersten

Abschnitts im Ganzen der Abhandlung der christlichen Religion, ja sein eigentlicher Inhalt wird durch die früheren Editionen bis zur Unkenntlichkeit entstellt. In der *Freundesvereinsausgabe* lautet sein Titel zwar »Der metaphysische Begriff der Idee Gottes«, doch ist er dort unter die einleitenden Partien verwiesen, noch vor die »Einteilung«, also gar nicht Bestandteil der eigentlichen Darstellung der christlichen Religion. Deshalb ist er auch nicht als strukturelles Analogon zur Abhandlung der metaphysischen Begriffe der anderen Religionen erkenntlich. Und zudem geht es Hegel in diesem Abschnitt keineswegs um einen »metaphysischen Begriff der Idee Gottes«, sondern um den Begriff der christlichen Religion. Georg Lasson hat in seiner Edition ein weiteres getan, um die systematische Funktion dieses Abschnitts zu verschleiern: Er stellt diesen »metaphysischen Begriff«, also die Darlegung der begrifflichen Grundlage der christlichen Religion, in seiner Ausgabe unter den Titel »Reich des Vaters« – d. h. er vermengt die Abhandlung des »metaphysischen Begriffs« mit dem Referat des trinitarischen Gottesgedankens, den Hegel nicht ohne Grund als erste Sphäre der »konkreten Vorstellung« einführt. Hegels präzise Scheidung zwischen begrifflichen Erörterungen und Referat der Vorstellungswelt der christlichen Religion ist damit beseitigt und der systematische Stellenwert beider Partien nicht mehr erkenntlich.

Als »abstrakten Begriff« der christlichen Religion behandelt Hegel im wesentlichen den ontologischen Beweis (V 5.5–12) – ähnlich wie zuvor den kosmologischen und den physikotheologischen als die metaphysischen Begriffe der Naturreligion bzw. der römischen Religion (V 4.5 ff bzw. 100 ff.). Man kann aber nicht einfach sagen, daß dieser Beweis mit jenem Begriff zusammenfalle. Denn die Gottesbeweise sind für Hegel sämtlich nur vorstellungs- und verstandesmäßige Formulierungen für Begriffsverhältnisse – im Falle des ontologischen Beweises eine letztlich unzureichende Formulierung der Identität von Begriff und Sein (s. Kap. II.6.2.7). Während aber diese Zuordnung der Gottesbeweise zu den Religionen auf dem Gebiet der »bestimmten Religion« schwankt, bleibt die Verbindung zwischen der christlichen Religion und dem ontologischen Gottesbeweis unverändert – obgleich es keineswegs offensichtlich ist, was diesen Beweis zum metaphysischen Begriff jener Religion qualifiziert.

Unter dem Titel »Konkrete Vorstellung«, den die früheren Ausgaben bezeichnender Weise unterschlagen, erörtert Hegel den dogmatischen Gehalt der christlichen Religion – allerdings in einer eigen-

tümlichen Abwandlung, die ihn offensichtlich nicht befriedigt und zu einer nachträglichen Konzeptionsänderung veranlaßt. Die Struktur dieser »Konkreten Vorstellung« läßt Hegel sich hier zunächst aus der *Enzyklopädie* vorgeben: Die drei Vorstellungssphären (V 5.16–69), in denen die religionsphilosophischen Vorlesungen den Gottesgedanken, das Verhältnis von Natur und endlichem Geist und die göttliche Geschichte der »E r l ö s u n g u n d V e r s ö h n u n g« (V 5.28) behandeln, entsprechen exakt den »b e s o n d e r e n S p h ä r e n«, zu denen die Reflexion bzw. die religiöse Vorstellung die logischen Momente Allgemeinheit, Besonderheit und Einzelheit »abscheidet« ([1]§ 466; [2/3]§ 566). Deshalb wird auch allein von den Vorlesungen her die systematische Funktion dieser Enzyklopädieparagraphen für Hegels Deutung der christlichen Religion ersichtlich: Sie sind nicht als eine Deduktion des dogmatischen Gehalts aus dem Begriff zu verstehen, sondern als Referat der religiösen Vorstellung, in der Hegel freilich den Begriff des Geistes aufspüren will, über den er aus anderer Quelle schon verfügt. Und wie Hegel diesem, den Vorlesungen mit der *Enzyklopädie* gemeinsamen Teil in den Vorlesungen noch die Abhandlung des metaphysischen Begriffs voranstellt, so schließt er hier auch noch einen Abschnitt über den Kultus an: über das Entstehen, Bestehen und Vergehen der Gemeinde (V 5.69–97).

Die früheren Editionen verwischen die Unterscheidung der begrifflich argumentierenden und der die Vorstellung aufnehmenden und sie interpretierenden Partien. Sie lassen dadurch auch nicht erkennen, daß Hegels ursprüngliche Konzeption sich mit der Dogmatik nicht vereinbaren läßt: Die begriffslogischen Momente Allgemeinheit, Besonderheit und Einzelheit bzw. die auf sie gestützten Sphären der »Konkreten Vorstellung« sind ja nicht kongruent mit dem trinitarischen Gottesgedanken. Denn Christologie und Soteriologie finden keinen Platz in der zweiten Sphäre, dem Moment der Besonderheit. Sie bilden das Thema erst der dritten Sphäre – und nehmen somit die Stelle ein, die trinitätstheologisch der »Geist« beansprucht, der aber in den genannten drei »Momenten« keinen eigenen Ort zugewiesen erhält.

Eine derartige Divergenz zwischen theologischer Dogmatik und Religionsphilosophie ist – für sich genommen – sicherlich kein hinlänglicher Grund zu einer Änderung einer philosophischen Argumentation. Doch in diesem Abschnitt der Vorlesungen geht es nicht eigentlich um die Begründung und Entfaltung eines philosophischen Gedankens, sondern um die Präsentation der »Konkreten Vorstellung« – methodisch nicht anders als in den entsprechenden Kapiteln über die vorangegangene »bestimmte Religion«. Deshalb läßt sich hier nicht davon absehen, daß der »Geist« als dritte Person unter die Gegenstände der religiösen Vorstellung zu zählen sei. Das Referat der Vorstellung muß der wirklichen Vorstellung entsprechen, und eine Abhandlung der »konkreten Vorstellung« der christlichen Religion, die den »Geist« nicht berücksichtigte, wäre ihrem Gegenstand nicht angemessen. Dies wird Hegel zur Umstrukturierung der ursprünglichen Konzeption bewogen haben. Indem er aber die Themen, die in seinem Manuskript die zweite und dritte Sphäre bilden, zur neuen zweiten Sphäre zusammenfaßt und den »Geist« – als ein Drittes – in die »Konkrete Vorstellung« einbezieht, erübrigt sich eine gesonderte Behandlung des Kultus, der Gemeinde – denn sie bildet für Hegel ja das »Reich des Geistes«. Die Bereiche des Kultus und der Vorstellung lassen sich hier, in der »vollendeten Religion«, noch weniger von einander trennen als schon bei den früheren Religionen.

Durch diese Änderung erhält die Darstellung der »Vollendeten Religion« vom zweiten Kolleg ab eine im wesentlichen trinitarische Struktur. 1824 und auch 1831 geht der Abhandlung der drei trinitätstheologisch konzipierten Sphären oder Elemente zwar noch die Abhandlung des ontologischen Gottesbeweises als des metaphysischen Begriffs der christlichen Religion voraus; der eigentliche Akzent aber liegt auf jenen drei Sphären der »konkreten Vorstellung«. Im Kolleg 1827 behandelt Hegel die Gottesbeweise insgesamt im »Begriff der Religion«; deshalb verwirklicht allein dieses Kolleg eine rein trinitarische Darstellung der christlichen Religion. Das letzte Kolleg beginnt zwar wiederum mit dem ontologischen Gottesbeweis, doch unterstreicht es im Gegenzug die trinitätstheologisch motivierte Gliederung in drei Elemente oder Sphären noch durch die bekannten Titel »Reich des Vaters«, »Reich des Sohnes« und »Reich des Geistes« (V 5.281), die Hegel auch zuvor schon beiläufig verwendet, jedoch niemals in der plakativen Weise des letzten Kollegs.

Vom zweiten Kolleg an beseitigt Hegel also die Diskrepanz, daß das Selbstbewußtsein der »vollendeten Religion« entgegen deren Begriff nicht unter ihren Vorstellungsgegenständen erscheint. An die Stelle der beseitigten Inkonsequenz tritt allerdings eine neue. Als Momente des Begriffs der Religion nennt Hegels Manuskript, wie oben erwähnt, im Einklang mit der *Enzyklopädie* die Momente der substantiellen Einheit und des Urteils sowie der vermittelten Identität (V 3.102–106, vgl. § 554). Die Dreiheit dieser Momente bildet – nach Hegels Manuskript wie nach der *Enzyklopädie* – die Struktur der »Konkreten Vorstellung«, und sie steht offensichtlich in Relation zur Trinitätstheologie des Christentums, ohne sich exakt auf diese abbilden zu lassen. Indem Hegel aber vom zweiten Kolleg ab die »Konkrete Vorstellung« trinitätstheologisch strukturiert, verstößt er gegen seine frühere Exposition der drei Momente des Begriffs der Religion. Diese ist jedoch nicht einfach ebenfalls nach dem trinitätstheologischen Modell zu korrigieren, denn sie stützt sich auf die begriffslogischen Momente Allgemeinheit, Besonderheit und Einzelheit. Vermutlich deshalb behält Hegel sie auch in den beiden späteren Fassungen der *Enzyklopädie* bei. Es zeigt sich hierin eine Inkongruenz zwischen einer begriffslogischen und einer trinitätstheologischen Strukturierung. Hegel sucht sie zwar – editions- und deshalb auch wirkungsgeschichtlich erfolgreich – zu überdecken, doch läßt sie sich nicht wirklich beseitigen. In religionsphilosophischer Perspektive muß man sie dem Unvermögen der religiösen Vorstellung anlasten, die Struktur des Geistes als den absoluten Inhalt rein aufzufassen. Sie bleibt ja auch an anderer Stelle hinter der begrifflichen Erkenntnis zurück.

(4) Gemeinsam mit den rechtsphilosophischen zählen Hegels religionsphilosophische Vorlesungen zu den besonders kontroversen Partien seines Systems. Schon wenige Jahre nach ihrer postumen Veröffentlichung ist ein heftiger Streit um sie entbrannt, und in seiner Folge ist es zunächst zur Differenzierung der Schule Hegels, dann zur Gliederung in Fraktionen und schließlich zu ihrer Spaltung gekommen (s. Kap. III.2.4). Doch bereits in Hegels letzten Lebensjahren haben sich die Denunziationen hinsichtlich der Christlichkeit seiner Philosophie überhaupt gemehrt; sie ist des Pantheismus und des Atheismus beschuldigt worden.

Diese Angriffe haben sich zunächst vor allem gegen Hegels *Logik,* daneben auch gegen die *Phänomenologie des Geistes* und die *Enzyklopädie* gerichtet. Nach Veröffentlichung der religionsphilosophischen Vorlesungen jedoch haben sie nicht allein eine erheblich breitere Basis erhalten. Zu den bereits bekannten philosophisch-theologischen Streitfragen ist nun die weitere hinzugekommen, wie die Religionsphilosophie überhaupt zu deuten sei. Dieser Streit ist hauptsächlich mit Blick auf diesen dritten Teil der Vorlesungen geführt worden. Schon darin zeigt sich, daß er nicht so sehr als eine philosophische Auseinandersetzung um Hegels Religionsbegriff anzusehen ist, sondern daß es speziell um dessen Stellung zur christlichen Religion und Theologie zu tun ist – wieweit Hegels Philosophie mit dieser Religion übereinstimme, ja sogar: ob sie den recht weit gehenden Ansprüchen eines frommen Gemütes genüge.

Dieser Streit zieht sich bis in die Gegenwart, und beide Seiten haben sich in ihm auf vermeintlich eindeutige dicta probantia berufen können. Auf Grund dieser Isosthenie hat sich die Ansicht verfestigt, Hegels Vorlesungen seien »von Anfang an wesentlich zweideutig« (Löwith 1964, 194) – ebensowohl Orthodoxie wie Häresie. Doch dieser Eindruck schwindet, wenn man Hegels Religionsphilosophie nicht vom Wortlaut, sondern von der ihr zu Grunde liegenden, in den früheren Editionen allerdings weitgehend verdeckten Konzeption her versteht – wenn man sich über die Argumentationsstruktur und den Stellenwert seiner Ausführungen verständigt und nicht diejenigen Passagen, in denen Hegel den Inhalt der religiösen Vorstellung referiert, gleichsam als eine ›metaphysische Deduktion‹ mißversteht.

Hegel hebt die christliche zwar insofern von den anderen Religionen ab, als er ihrer Abhandlung einen eigenen Teil seiner Vorlesungen zuweist. Seine Methode aber ist hier dieselbe wie schon im zweiten Teil, bei der bestimmten Religion: Er schickt zunächst den »metaphysischen Begriff« voraus, also im Fall des Christentums den ontologischen Gottesbeweis; in der weiteren Darstellung orientiert er sich an den jeweils bekannten religiösen Vorstellungen und an den Formen des Kultus. Diese konkrete Vorstellung selbst ›deduziert‹ Hegel nirgends ›aus dem Begriff‹, auch nicht aus dem vorausgestellten »metaphysischen Begriff«. Er nimmt sie aus den ihm jeweils zugänglichen Nachrichten als etwas Gegebenes auf – und so auch den Lehrgehalt und die kultischen Formen der christlichen Religion. Ein zweiter Schritt ist hiervon logisch getrennt, wenn auch material oft mit dem ersten verbunden: die Interpretation dieser aufgenommenen Vorstellung in der Perspektive des geistesphilosophischen Religionsbegriffs. Das Maß der Übereinstimmung beider ist zugleich das Maß der Rechtfertigung beider. Denn ohne Begriff wäre die Vorstellung ein bloß Positives und somit vernunft- und belanglos, und ohne Vorstellung der Begriff ein rein geistesphilosophischer, aber nicht der Begriff der Religion und ohne geschichtliche Referenz.

Entsprechend dieser Dualität lassen sich auch bei der Interpretation zwei Schritte unterscheiden. Den ersten kann man als theologische Interpretation bezeichnen; erst mit dem zweiten beginnt die philosophische Interpretation. Im ersten geht es um die berechtigte, ja unabweisbare Frage, ob denn das, was Hegel als christlich ausgibt, auch wirklich als christlich zu gelten habe – zumal Hegel selber großen Wert auf die Übereinstimmung seiner Philosophie mit der christlichen Religion legt. Diese Prämisse erscheint unproblematisch, doch ist bei ihrer Prüfung dreierlei zu berücksichtigen.

Schon die Verständigung darüber, was als ›christlich‹ zu gelten habe, ist keineswegs problemlos. Wenn man hierfür ein allzu naiv-fundamentalistisches Kriterium anlegt – wie es nicht bloß die frühe Diskussion um die Christlichkeit der Hegelschen Philosophie belastet –, so erweist sich rasch, daß auch nur wenige systematisch-theologische Entwürfe vor ihm bestehen können, schon zu Hegels Zeit und um so mehr heute – von den Resultaten der neueren Exegese ganz zu schweigen. Eine fruchtbare philosophisch-theologische Diskussion mit Hegels Religionsphilosophie kann deshalb allein auf der Basis eines reflektierten Begriffs christlicher Theologie geführt werden. Ferner ist die Übereinstimmung von spekulativer Religionsphilosophie und christlicher Religion nicht als eine bloße Tautologie zu nehmen – als ob Hegel lediglich beabsichtigt hätte, den Inhalt der Dogmatik in ›philosophischer‹ Formulierung nachzuerzählen oder mit dem Gütesiegel ›philosophischer Erkenntnis‹ zu versehen. Ebensowenig gilt sein Interesse einer religionsgeschichtlichen oder -phänomenologischen Darstellung – so sehr er sich auch um diese Empirie bemüht. Es gilt vielmehr dem Nachweis, daß Vernunft in der Religion sei, ja daß die jeweilige Vorstellungswelt und die mit ihr zusammenhängende kultische Praxis als Gestalten zu verstehen seien, in denen der Geist sein Selbstbewußtsein gewinne. Zu diesem Nachweis aber bedarf es der Interpretation der überlieferten Zeugnisse im Lichte seines geistesphilosophischen Religionsbegriffs – und hierdurch wird ihr ursprünglicher Sinn notwendig als ein geistesphilosophischer identifiziert. Zudem weist Hegel ja häufig und nachdrücklich darauf hin, daß die von ihm behauptete Übereinstimmung durch zwei Bestimmungen charakterisiert sei: durch die Inhaltsidentität von Religion und Philosophie, aber auch durch ihre Formdifferenz. Die Philosophie hat den gleichen Inhalt wie die Religion – nämlich das Absolute oder den Geist –, jedoch nicht in Form der Vorstellung, sondern des begreifenden Denkens. Deshalb ist stets zu fragen, wieweit eine bemerkte Inkongruenz als durch die Formdifferenz zwischen Vorstellung und Begriff bedingt zu begreifen sei.

Den Unterschied dieser beiden Wissensweisen – der Vorstellung als einer an Räumlichkeit und Zeitlichkeit, an Bildhaftigkeit gebundenen, und des begreifenden Denkens als einer diesen Rückbezug abstreifenden Erkenntnis – erörtert Hegel bereits im ersten Teil seiner Vorlesungen ausführlich: Vorstellung und Begriff sind nicht zwei gleich-gültige Formen des einen Inhalts; dessen angemessene Form ist allein die Begriffsform. Es ist deshalb darum zu tun, den »absoluten Stoff« auch in der »absoluten Form«, im begreifenden Denken zu fassen. Und wegen dieser logischen Priorität kann der Begriff wohl die Vorstellung verstehen, nicht aber diese jene. Deshalb kann die Vorstellung dem Begriff gegenüber auch keine Geltungsansprüche erheben; hingegen muß sie sich durch den Begriff korrigieren lassen. Vorstellung – oder als Offenbarung Vorgestelltes – und Vernunft stehen zwar einander entgegen, aber nicht als heterogen und unversöhnlich. Denn die Offenbarungswahrheiten lassen sich als Vernunftwahrheiten rekonstruieren – wie schon Lessing in § 72 seiner *Erziehung des Menschengeschlechts* programmatisch formuliert: Wir haben die Offenbarungswahrheiten so lange als Offenbarungen anzustaunen, bis die Vernunft lernt, sie aus »ihren andern ausgemachten Wahrheiten« herzuleiten und mit ihnen zu verbinden (LM XIII.430)

Was man »Umformung« oder »Aufhebung« der Vorstellung in den Begriff nennen könnte, ist somit bereits bei Lessing wie später bei Hegel eigentlich eine Rekonstruktion auf einer anderen Ebene des Denkens, eine Produktion des Inhalts aus dem Begriff. Möglich ist sie, da Vorstellung und Begriff zwar different, aber nicht wesenhaft verschieden sind; sie sind ja beide Formen des e i n e n Denkens. Denn wie es nicht eine doppelte Vernunft gibt – eine göttliche und eine menschliche –, so gibt es auch nur das eine Denken, auch wenn dieses sich zu mehreren Formen ausgestaltet. Was vorgestellt – und als geoffenbart vorgestellt – wird, ist an sich Moment dieser e i n e n Vernunft.

In dieser Differenz von Vorstellung und Begriff gründet die eigentümliche Doppelheit von Affirmation und Destruktion der religiösen Vorstellung durch das Begreifen. Sie ist deshalb nicht als Zweid e u t i g k e i t zu fassen, sondern als Zweis c h n e i d i g k e i t. Gegenüber radikaleren Formen der Religionskritik – wie etwa der späteren ›genetisch-destruktiven Kritik‹ Feuerbachs (s. Kap. III.4.1) – zeichnet Hegel die religiöse Vorstellung als ein Wissen vom absoluten Inhalt aus; gegenüber dem philosophischen Begreifen wertet er sie als eine weniger vollkommene Form ab.

Denn Vorstellung und begreifende Vernunft sind keine gleichberechtigten Formen. Der Begriff ist das Maß der Vorstellung; jede Nichtidentität beider geht zu deren Lasten. Dies spricht Hegel allerdings sehr nachdrücklich aus: Das Denken ist die tiefste, innerste Weise der Einsicht. Wenn es sich eines Inhalts vergewissert, so kann es nichts diesem Widersprechendes gelten lassen. Die philosophiegeschichtlichen Vorlesungen lassen deshalb die Auseinandersetzung mit der Lehre von der doppelten Wahrheit in den lapidaren Satz einmünden: »die Vernunft will, wie Gott, keine fremden Götter neben sich haben, noch viel weniger über sich.« (V 6.304)

Die Überlegenheit der begrifflichen Erkenntnis zeigt sich insbesondere darin, daß Hegel der religiösen Vorstellung eine vom begreifenden Denken zwar abgesonderte, aber nicht gleichsam für sich abgeschlossene Sphäre eigenen Rechtes zuweist. Er zieht die Begriffserkenntnis heran, sei es um Vorstellungsaussagen zu affirmieren, sei es, sie im Falle der Nichtübereinstimmung auch auf deren eigener Ebene ausdrücklich zu korrigieren. Beispiele hierfür bieten alle drei Vorstellungssphären. In der ersten nimmt Hegel den trinitarischen Gottesgedanken auf – im Gegensatz nicht allein gegen die rationalistische Theologie seiner Zeit, sondern auch gegen Schleiermacher und Tholuck, die beide damit ebenfalls wenig anzufangen gewußt haben. Doch moniert Hegel, daß die Vorstellung das Dritte nicht als die Einheit des Ersten und des Zweiten fasse, und ebenso, daß sie im Credo den Gedanken der Weltschöpfung bereits in die Sphäre des eigentlich als immanent-trinitarisch vorzustellenden Gottesgedankens eintrage und damit die begriffslogische Ordnung dieser Sphären verwirre (vgl. [1]§ 467, [2/3]§ 567). In der zweiten (bzw. ursprünglich der dritten) Sphäre stellt Hegel die Lehre von der gottmenschlichen Einheit dar, und er hebt die Nähe der spekulativen Interpretation zur religiösen Vorstellung hervor – gegenüber der für die Aufklärung charakteristischen bloß moralischen Sicht Jesu als eines guten Mannes und Tugendlehrers, der Hegel auch selber in seinen frühen Schriften gefolgt ist, insbesondere in seinem *Leben Jesu* (s. Kap. I.2.1). Aber so sehr die Vorstellung die Wahrheit des Gedankens der Menschwerdung Gottes, der Einheit der göttlichen und menschlichen Natur betont, so verstellt sie ihn doch ebensosehr, wie sie ihn vorstellt. Indem sie die göttliche und die menschliche Natur gegeneinander festhält und nur im e i n e n Gottmenschen kommunizieren läßt, verfehlt sie die Wahrheit dieses Gedankens: »Göttliche und menschliche Natur ist ein harter und schwerer Ausdruck; die Vorstellung, die man damit verbindet, ist zu vergessen« (V 5.143). Und in der dritten Sphäre, der des »Geistes«, sieht Hegel hier wie auch bei den vorhergehenden Religionen den eigentlichen Mittelpunkt der Religion, da es hier in besonderer Weise um das Selbstbewußtsein des Geistes zu tun ist. Dies hindert ihn jedoch nicht, an der Gemeinde auch scharfe Kritik zu üben: Das einzelne Selbstbewußtsein ist in ihr zwar zum Bewußtsein seines Wesens gekommen (V 5.100) – doch stellt die Gemeinde dieses Wesen als ein anderes Wesen vor. Sie weiß um die Identität des allgemeinen und des einzelnen Geistes – aber sie verlegt diese Einheit in einen besonderen Menschen. Sie spricht das »Einmal ist Allemal« zwar selbst aus – aber sie mißversteht dies, als ob damit nur – etwas banal – gesagt sei: »Einmal ist genug«. Ihrem Begriff nach ist sie das wirkliche Selbstbewußtsein des Geistes – aber in ihrer trüben Vorstellung zerspaltet sie diese erfüllte Gegenwart in ein Ehemals und ein Einst (vgl. GW 9.420 f.).

9.8.7 Das Ende der Religion

(1) Hegels Interesse an der Religion ist auf ihre Erkenntnis als eine Gestalt des Selbstbewußtseins des Geistes gerichtet. Die Religionsphilosophie thematisiert deshalb nicht ein entlegenes und eher gleichgültiges Gebiet des Hegelschen Systems, sondern sie ist ein für das Gesamtverständnis seiner Philosophie unverzichtbarer Teil der Philosophie des Geistes: die letzte, sein System abschließende Disziplin. Ihre Aufgabe ist es, in Analogie zur Ästhetik und zur Geschichte der Philosophie die Religion als eine derjenigen Formen des Geistes zu begreifen, in denen der Geist sich auf sich zurückwendet, sein Bewußtsein über sich selbst gewinnt und eben darin absoluter Geist ist: Selbstbewußtsein des absoluten Geistes.

Solche philosophische Erkenntnis ist unmittelbar beides: Kritik und Rechtfertigung der Vorstellung durch den Begriff. Rechtfertigung und Kritik aber lassen sich nicht nach Belieben fordern oder als überflüssig und unzumutbar abweisen. Sie entspringen unvermeidlich und unabänderlich aus einer spezifischen bewußtseinsgeschichtlichen Lage. Hegel umschreibt diese Situation in subtiler Ironie mit dem apokalyptisch-biblischen Topos der ›Fülle der Zeit‹ (Mk 1,15; Gal 4,4): daß jetzt »die Zeit erfüllt ist, daß die Rechtfertigung durch Begriff Bedürfnis ist«. Erfüllt aber ist diese Zeit, weil die früheren Legitimationsformen des »absoluten Inhalts« – Inspiration, Tradition und Schrift – durch die Aufklärung ihre verbindende und rechtfertigende Kraft eingebüßt

haben. Die ›Fülle der Zeit‹ enthüllt sich somit geradezu als die ›Leere der Zeit‹.

(2) Als Ausweg aus der für die Religion bedrohlich gewordenen Lage sieht Hegel allein die Rechtfertigung durch das begreifende Denken: Deshalb muß die »Religion in die Philosophie sich flüchten« (V 5.96). Hegel kann der Religion eine solche Flucht in den Begriff nur empfehlen, weil er sie ausschließlich geistesphilosophisch und somit in Identität mit der Philosophie begreift: Hätte sie nicht den »absoluten Inhalt« mit der Philosophie gemein, so könnte sie sich auch nicht in deren »absolute Form« flüchten. Wegen dieser Inhaltsidentität aber ist die Flucht, die Hegel der Religion anrät, nicht eine überstürzte Flucht in ein ihr fremdes und weitgehend unzugängliches Gebiet, sondern in ihren eigenen Grund – gleichsam eine ›felix fuga‹, durch die das Denken in sein eigentümliches Gebiet findet. Zudem bedeutet »Flucht in den Begriff« auch keineswegs das Programm der bloßen Ersetzung der Religion durch Philosophie, sondern ihrer neuen Grundlegung: An die Stelle der zusammengebrochenen Stützen Tradition, Schrift, Inspiration und Historie oder gar gesellschaftlicher Nützlichkeit tritt die in einer Geistesphilosophie entfaltete Vernunft.

Hegel sieht sehr klar, daß in dieser bewußtseins- und gesellschaftsgeschichtlichen Situation des »Vergehens der Gemeinde« keineswegs die kritische Historie die Aufgabe einer Sicherung des absoluten Inhalts übernehmen kann – und er sieht es weit klarer als diejenigen, die ihm noch heute vorwerfen, er habe die Erkenntnisleistung der historisch-kritischen Theologie unterschätzt: »Wenn geschichtlich behandelt, s o i s t [es] a u s« (V 5.95). Und es steht auch keineswegs in Widerspruch zu seiner Geringschätzung der kritischen Historie, daß Hegel selber die in den neutestamentlichen Texten erzählte Geschichte als »absolute Geschichte« auszeichnet – als diejenige Geschichte, die der Natur des Geistes adäquat sei. Denn diese absolute Geschichte ist nicht Geschichte in dem Sinne, daß sie der historischen Kritik zugänglich wäre, und schon gar nicht im Sinne von facta bruta: Sie ist erzählt von solchen, über die der Geist schon ausgegossen ist (V 5.246). Sie ist also – modern gesprochen – »kerygmatische Geschichte«, und der Rückgang auf das ›geschichtliche Faktum‹ wäre ein Rückfall hinter das kerygmatische Geschichtsbild. Durch den historischen Zugriff mögen sich zwar etliche Details erhellen, auch Spuren am leeren Grabe sichern lassen – aber der absolute Inhalt als Gegenstand sowohl des Glaubens als des Begreifens ist auf solchem Wege nicht zu finden.

Eine Religion hingegen, die vor dieser »Flucht in den Begriff« zurückschreckt und sich weiterhin historisch oder offenbarungspositivistisch legitimiert, bleibt in einem Mißverständnis ihrer selbst befangen – und in einer doppelten Illusion hinsichtlich ihres Fundamentes wie auch ihres Inhalts. Denn mit dem Fundament verliert sie auch ihren Inhalt und schrumpft zusammen auf jene Subjektivität, »die auf die Wahrheit und deren Entwicklung Verzicht tut« und über alles Meister ist. Der Rekurs auf Subjektivität ist zwar, wie Hegel ebenfalls, schon von seiner Auseinandersetzung mit Jacobi her, mit zunehmender Klarheit sieht, ein berechtigtes, ja unverzichtbares Moment – doch muß diese den Inhalt nunmehr aus sich erzeugen und ihn zugleich als ein nicht Produziertes, sondern Objektives, an und für sich Wahres anerkennen (V 5.267 f.). Darin aber sieht Hegel die Signatur nicht mehr der Religion, sondern der Philosophie.

(3) Deshalb gibt es neben dieser Erosion des Fundaments und zugleich des Inhalts der Religion einen weiteren Grund für deren »Flucht in den Begriff«: das Ende, das sie an der Philosophie als begreifendem Denken und somit als höherer Gestalt des Geistes findet. Dieses Theorem spiegelt noch einmal die Zwei s c h n e i d i g k e i t – und nicht etwa eine Zweideutigkeit – von Hegels Begriff der Religion. Er spricht ihr große geschichtliche Bedeutung und auch einen hohen Wahrheitsgehalt zu – jedoch nicht den höchsten, da sie ja unauflöslich an die Vorstellung gebunden bleibe. Deshalb diagnostiziert und prognostiziert er auch ihren Übergangscharakter, ihre »Aufhebung«, ja das ›Ende der Religion‹ – strukturell analog zum ›Ende der Kunst‹. Die Lehre vom ›Ende der Kunst‹ bildet deshalb das Paradigma auch der Lehre vom ›Ende der Religion‹: Wie zuvor die Kunst im Verhältnis zur Religion, so vermag nun die Religion das höchste Bedürfnis des Geistes nicht mehr zu befriedigen, wenn erst die Philosophie als die Erfassung des Geistes in Begriffsform ausgebildet ist und den »absoluten Inhalt« in der »absoluten Form« erfaßt. – Ob es sich bei diesen beiden hier gesondert eingeführten Prozessen – Erosion der Fundamente sowie des Inhalts der Religion und Etablierung der Philosophie als der höchsten Wahrheitsform – tatsächlich um getrennte Vorgänge und nicht vielmehr um zwei Seiten derselben Entwicklung handelt, hat Hegel nicht mehr ausdrücklich thematisiert.

Fraglos hat sich die Philosophie nicht ohne Vermittlung der Religion herausgebildet – doch auf die Ebene, auf der die Philosophie nun diese Begriffe ausspricht und expliziert, kann die Religion ihr nicht

mehr folgen, und damit verliert sie ihre höchste Bedeutung. Auch deshalb muß der »absolute Inhalt« sich nun in die Philosophie flüchten; nur durch sie kann er seine Rechtfertigung erlangen, da nur die philosophische die freie Form des Selbstbewußtseins des Geistes ist. Am Ende der religionsphilosophischen Vorlesungen steht deshalb nicht zufällig die Aufklärungsmetapher vom Gerichtshof der Vernunft (V 5.268) – einer Vernunft allerdings, die nicht auf eine Aburteilung des Anderen ausgeht, sondern die es als ihr Anderes anerkennt und sich durch das geschichtliche und philosophische Verstehen dieses Anderen mit ihm versöhnen will.

(4) »Flucht in den Begriff« bezeichnet somit keineswegs, wie der Ausdruck zunächst anzudeuten scheint, ein Programm, das angesichts des in Hegels erstem Kolleg von 1821 anvisierten »Vergehens der Gemeinde« eine bloße, vielleicht gar temporäre Notlösung anzielt. Es nimmt die zeitbedingten, negativen Vorzeichen, die ›Leere der Zeit‹ zum Anlaß, den ohnehin gebotenen Fortschritt im Verständnis dessen, was Religion eigentlich ist, zu vollziehen. Und trotz der Rede vom ›Ende der Religion‹, von ihrer Aufhebung in die Philosophie, von der »Flucht in den Begriff«, ist die Empfehlung der Flucht in das abgesonderte Heiligtum eines um die Welt unbekümmerten Priesterstandes keineswegs Hegels letztes Wort zum Verhältnis von Religion, Philosophie und gesellschaftlicher Wirklichkeit – auch wenn dies in beharrlichem Ignorieren der entwicklungsgeschichtlichen Differenzen immer wieder behauptet wird (Habermas 1985, 49). Denn im Blick auf dieses Verhältnis vollzieht Hegel in seinen drei späteren Kollegien eine radikale Wendung: Er ersetzt die Aufforderung zur Flucht aus dieser Welt durch das Programm einer »Realisierung des Geistigen der Gemeinde«. An die Stelle der resignativen Grundstimmung der abschließenden Partien des ersten Kollegs tritt seit dem zweiten Kolleg der Entwurf einer progressiven Realisierung des geistigen Gehalts der Religion, seiner Ein-Bildung in die Weltlichkeit (V 5.262–270).

Dies widerspricht keineswegs dem Theorem vom ›Ende der Religion‹: Auch wenn sie als separate Gestalt das höchste Bedürfnis des Geistes nicht mehr zu erfüllen vermag, kann gleichwohl ihre »Substanz«, ihr geistiger Gehalt, wie schon an die Philosophie weitergegeben, so auch in die gesellschaftliche Wirklichkeit eingebildet werden. Hegels Schüler haben diesen Gedanken weiter entfaltet. Carl Ludwig Michelet (1843, 305 f.) faßt ihn als »Verweltlichung« – aber nicht mehr im traditionellen Sinne einer kirchengeschichtlichen Verfallskategorie, sondern einer kulturgeschichtlichen Kategorie, als Verwirklichung des christlichen Prinzips; Richard Rothe bezeichnet erstmals diese »Verweltlichung« als »Säkularisierung« (1837, 85) und prägt damit den kulturgeschichtlichen Begriff der Säkularisierung als einen Gegenbegriff zu dem staatsrechtlichen der ›Säkularisation‹. »Säkularisierung« ist hier nicht als Entfremdung oder Entwendung religiöser »Substanz« gedacht, sondern als ihr Eingehen in die Weltlichkeit und ihr Aufgehen in dieser (Jaeschke 2001, 10 f.).

Diese »Realisierung des Geistigen der Gemeinde« skizziert Hegel in drei weltgeschichtlichen, »realen Stufen« der »Versöhnung mit der Weltlichkeit«. Die dritte sieht er in den sittlichen Institutionen der Neuzeit erreicht: »daß in das Weltliche selbst das Prinzip der Freiheit eingedrungen ist, und daß das Weltliche, indem es so dem Begriff, der Vernunft, der ewigen Wahrheit gemäß gebildet ist, die konkret gewordene Freiheit, der vernünftige Wille ist.« Von den »realen Stufen« unterscheidet er noch »die ideelle Seite«, die Stellung, die sich das neuzeitliche Bewußtsein gegen die Weltlichkeit gibt. In ihren beiden ersten Formen ist die Realisierung des Geistigen noch nicht gelungen: Die Aufklärung wendet die in der Religion erworbene »Freiheit der Vernunft« gegen alle Knechtschaft, und somit auch gegen die religiöse Knechtschaft; die Selbstgewißheit des Denkens beschränkt sich dann auf die letzte Spitze der Subjektivität, so daß im Subjekt aller Inhalt »verblasen ist, ohne Objektivität, ohne feste Bestimmtheit, ohne Entwicklung Gottes, der am Ende gar keinen Inhalt mehr hat.« Die dritte Form aber besteht darin, »daß die Subjektivität zwar aus sich, aber nach der Notwendigkeit den Inhalt entwickelt, daß sie einen Inhalt als notwendig und diesen notwendigen Inhalt als objektiv, an und für sich seiend weiß und anerkennt. Das ist der Standpunkt der Philosophie.« Der Begriff »produziert zwar die Wahrheit – das ist die subjektive Freiheit –, aber er erkennt diese Wahrheit als ein zugleich nicht Produziertes, als an und für sich seiendes Wahres an.« Insofern geht die geistige »Substanz«, die die Religion so lange bewahrt hat, in die Konstitutionsbedingungen auch noch der modernen sittlichen Welt ein, und somit trägt sie zur »Versöhnung« bei, zu einem »Frieden Gottes«, der nun aber nicht mehr wie früher »höher ist als alle Vernunft, sondern der durch die Vernunft erst gewußt, gedacht und als das Wahre erkannt wird.« (V 5.267–269, vgl. V 9.8 f.)

Kollegien: 1821, 1824, 1827, 1831. – **Erstdruck:** W₁ bzw. W₂ XI–XII. – **Text: a) Manuskripte:** GW 17; V 3–5; **b) Nachschriften:** V 3–5, künftig GW 29. – **Literatur:** Carl Ludwig Michelet: Entwicklungsgeschichte der neuesten deutschen Philosophie mit besonderer Rücksicht auf den gegenwärtigen Kampf Schellings mit der Hegelschen Schule. Berlin 1843; Richard Rothe: Die Anfänge der Christlichen Kirche und ihrer Verfassung. Wittenberg 1837; Ernst Troeltsch: Die Absolutheit des Christentums und die Religionsgeschichte. Tübingen ³1929. – Karl Löwith: Hegels Aufhebung der christlichen Religion. HSB 1 (1964), 194; Michael Theunissen: Hegels Lehre vom absoluten Geist als theologisch-politischer Traktat. Berlin 1970; Scheit: Geist und Gemeinde, 143–268; Falk Wagner: Der Gedanke der Persönlichkeit Gottes bei Fichte und Hegel. Gütersloh 1971; Reinhard Leuze: Die außerchristlichen Religionen bei Hegel. Göttingen 1975; Joachim Ringleben: Hegels Theorie der Sünde. Die subjektivitäts-logische Konstruktion eines theologischen Begriffs. Berlin / New York 1977; Franco Biasutti: Assolutezza e Soggetivita. L'idea di Religione in Hegel. Trento 1979; Graf / Wagner (Hg.): Die Flucht in den Begriff (1982); Quentin Lauer: Hegel's Concept of God. Albany 1982; Guy Planty-Bonjour (Hg.): Hegel et la religion. Paris 1982; Jaeschke: Die Religionsphilosophie Hegels. Darmstadt 1983; Jürgen Habermas: Der philosophische Diskurs der Moderne. Zwölf Vorlesungen. Frankfurt am Main 1985; Jaeschke: Paralipomena Hegeliana zur Wirkungsgeschichte Schleiermachers. In: Kurt-Victor Selge (Hg.): Internationaler Schleiermacher-Kongreß Berlin 1984. Berlin / New York 1985, 1157–1169; Jaeschke: Die Vernunft in der Religion. Studien zur Grundlegung der Religionsphilosophie Hegels. Stuttgart-Bad Cannstatt 1986; Adriaan Peperzak: Selbsterkenntnis des Absoluten. Grundlinien der Hegelschen Philosophie des Geistes. Stuttgart-Bad Cannstatt 1987, 79–110; Michael Schulz: Sein und Trinität. Systematische Erörterungen zur Religionsphilosophie G. W. F. Hegels im ontologiegeschichtlichen Rückblick auf J. Duns Scotus und I. Kant und die Hegel-Rezeption in der Seinsauslegung und Trinitätstheologie bei W. Pannenberg, E. Jüngel, K. Rahner und H. U. v. Balthasar. St. Ottilien 1997; Gerhard Wölfle: Kult und Opfer in Hegels Religionsphilosophie. Tübingen 1999; Jaeschke: Die geoffenbarte Religion. In: Schnädelbach (Hg.): Hegels Enzyklopädie (2000), 375–466; Jaeschke: Säkularisierung. In: Handbuch religionswissenschaftlicher Grundbegriffe. Bd. V. Stuttgart 2001, 10 f.; Jean Greisch: Le buisson ardent et les lumières de la raison. L'invention de la philosophie de la religion. Bd. 1: Héritages et héritiers du XIXe siècle. Paris 2002, 121–173: Religion et Savoir absolu. G. W. F. Hegel; Martin Wendte: Gottmenschliche Einheit bei Hegel. Eine logische und theologische Untersuchung. Berlin / New York 2007; Gunnar Hindrichs: Das Absolute und das Subjekt. Untersuchungen zum Verhältnis von Metaphysik und Nachmetaphysik. Frankfurt am Main 2008.

9.9 Geschichte der Philosophie

9.9.1 Überlieferung und »Vorgeschichte«

(1) Als dritte Gestalt des absoluten Geistes nennt Hegel in der *Enzyklopädie* die Philosophie (§§ 572–577). Nach Analogie zu den Philosophien der Kunst und der Religion wären nun »Vorlesungen über die

Philosophie der Philosophie« zu erwarten, und es lassen sich in diesen abschließenden Paragraphen auch Andeutungen zu einem solchen Projekt finden, das gleichzeitig auch von Friedrich Schlegel anvisiert wird – also zu einer nicht bloß geschichtlichen Reflexion der Philosophie auf sich selbst (Jaeschke 2000, 466). Gleichwohl hat Hegel seine Vorlesungen nicht einer solchen Disziplin, sondern allein der Geschichte der Philosophie gewidmet.

Abgesehen von »Logik und Metaphysik« hat Hegel über kein Thema so regelmäßig und über keines so ausführlich gelesen wie über die Geschichte der Philosophie – erstmals in Jena 1805/06, sodann in Heidelberg 1816/17 und 1817/18. Hierzu haben sich jedoch keine Quellen erhalten: Carl Ludwig Michelet, Hegels Schüler und erster Herausgeber dieser Vorlesungen in der *Freundesvereinsausgabe,* berichtet von einem »jenaischen Heft«, das jedoch ebenso verlorengegangen ist wie ein in Heidelberg verfaßter »kürzerer Abriß der Geschichte der Philosophie«. Quellen sind erst zu den sechs Vorlesungen erhalten, die Hegel in Berlin gehalten hat: im Sommer 1819, im Winter 1820/21 und dann im zweijährigen Turnus in den Wintern 1823/24, 1825/26, 1827/28 und 1829/30. Im Winter 1831/32, wenige Tage vor seinem Tod am 14. November, hat er erneut mit dieser Vorlesung begonnen, aber nicht einmal die Einleitung vollenden können; Michelet hat die begonnene Vorlesung fortgesetzt. Aber auch aus diesen Jahren sind nur zwei handschriftliche Fragmente zur Einleitung (1820/21 bzw. 1823/24) erhalten, und daneben ist jedes Kolleg durch mindestens eine, häufig durch zahlreiche Nachschriften überliefert (V 6.XI–XXXVII).

(2) Mit den Positionen früherer – und nicht bloß zeitgenössischer – Philosophen hat Hegel sich sehr früh auseinandergesetzt. Für seine Frankfurter Jahre ist ein intensives Studium Platons und des Skeptizismus belegt (R 100), und dieser ist auch Thema einer kritischen Abhandlung aus dem Jahre 1802 (s. Kap. II.4.5.4). Hegels frühe Schriften entwerfen aber keine Konzeption einer »Geschichte der Philosophie«. Noch seine einleitenden Bemerkungen zur *Differenz-Schrift,* über die »Geschichtliche Ansicht philosophischer Systeme« (GW 4.9–12), lassen keineswegs erwarten, daß er sich wenig später diesem Gebiet zuwenden werde; sie bieten keine Ansatzpunkte zur Entwicklung einer Konzeption der Philosophiegeschichte als eigenständiger philosophischer Disziplin (s. Kap. II.4.3.2).

Doch bereits im Winter 1805/06 liest Hegel erstmals über »Geschichte der Philosophie« – und hierfür dürfte er seine anfängliche Sicht verabschiedet

und erste Grundbegriffe seiner Lösung des Verhältnisses von Vernunft und Geschichte gewonnen haben. Das gedankliche Fundament seiner Zuwendung zur Philosophiegeschichte bietet wahrscheinlich der Begriff des Geistes, den er seit 1803 kontinuierlich ausarbeitet. Diese Vermutung läßt sich allerdings nicht belegen, da sich zu diesem Kolleg keine Quellen erhalten haben. Michelet hat Hegels »jenaisches Heft« jedoch noch für seine Edition der Vorlesungen im Rahmen der *Freundesvereinsausgabe* herangezogen, und in ihr lassen sich teils aus stilistischen Gründen, teils auf Grund von Rosenkranz' Hinweisen (R 202) einige Partien identifizieren, die aus diesem »Heft« stammen. Die wichtigste ist fraglos der geschichtliche Aufriß W XV.686–690, der sich durch eine zur nahezu gleichzeitigen *Phänomenologie des Geistes* parallele Gedankenführung auszeichnet. Zur späteren Heidelberger und Berliner Konzeption haben aber wohl erhebliche Differenzen bestanden, denn Michelet berichtet, die Einleitung zum »jenaischen Heft« sei für seine eigene Edition »bis auf einzelne Stellen unbrauchbar« gewesen (W₁ XIII.VII).

(3) Die Überlieferungslage der philosophiegeschichtlichen Vorlesungen entspricht derjenigen der Vorlesungen über die Philosophie der Weltgeschichte und über die Ästhetik: Da Hegels Manuskripte nicht erhalten sind, kommt diesen Bänden der *Freundesvereinsausgabe* ein bleibender Quellenwert zu – hier allerdings abgesehen von der Einleitung, die durch ein umfangreiches und gut ausgearbeitetes Fragment wie auch durch Nachschriften aus allen Kollegjahrgängen heute besser belegt ist als in Michelets Ausgabe (V 6). Bei der Darstellung der Philosophiegeschichte zeigt diese jedoch einen überaus großen Reichtum, der aus Hegels Manuskripten und aus den Nachschriften unterschiedlicher Kollegien zusammengetragen ist – wenn auch fraglos um den Preis von Wiederholungen, von Veränderungen und Umakzentuierungen. Diese Fülle des Materials hat Michelet dadurch zu bewältigen gesucht, daß er es in ein recht starres trichotomisches, also vermeintlich ›dialektisches‹ Schema gepreßt hat, das zumindest die Nachschriften der Berliner Kollegien nicht belegen – wie man am Kolleg 1825/26 sehen kann (V 7–9).

9.9.2 Philosophiegeschichte als Philosophie

(1) Wie schon die anderen geistesphilosophischen Themen, so gehören auch Vorlesungen über die Geschichte der Philosophie zu Hegels Zeit nicht zu den selbstverständlichen Gegenständen des akademischen Unterrichts. Die Philosophiegeschichtsschrei-

bung nimmt zwar damals – wiederum im Anschluß an Kant, und zwar an sein Dictum von der »Geschichte der reinen Vernunft« (B 880) – einen großen Aufschwung, doch die damals gängigen philosophiegeschichtlichen Werke Tennemanns, Tiedemanns und Buhles stehen nicht im Zusammenhang mit Vorlesungen über dieses Thema. Die Geschichte der Philosophie bildet keinen Teil des traditionellen Fächerkanons: Als einer historischen Disziplin wird ihr der vom Rationalismus geprägte Begriff der Wissenschaftlichkeit nicht zuerkannt. Erst in den letzten Jahren des 18. Jahrhunderts, im Zuge der grundlegenden Umgestaltung des Fächerkanons zur Zeit des Erlöschens der Schulphilosophie und der beginnenden Historisierung der Wissenschaften, erhält die Geschichte der Philosophie einen Platz im neuen Ganzen der philosophischen Disziplinen. Später, im Gefolge des Historismus, wird er noch erheblich ausgebaut – allerdings zu Lasten der Annahme, daß es in der Geschichte der Philosophie um die Geschichte der Vernunft zu tun sei.

(2) Zwei Entwicklungen von epochalem Rang bilden die Voraussetzungen von Hegels Konzeption. Die erste liegt im Bedeutungswandel von »Geschichte« (s. Kap. II.9.6.2). Die einflußreiche und auch noch von Hegel oft herangezogene »Philosophiegeschichte« von Jakob Brucker trägt den Titel *Historia critica philosophiae* – und schon das Adjektiv »kritisch« läßt erkennen, daß »Geschichte« hier im Sinne von »Bericht« zu verstehen sei, also im traditionellen subjektiven Sinne. Die Bedeutung von »Geschichte« als eines objektiven Geschehenszusammenhangs hat Brucker noch fern gelegen; deshalb ist für seine »historia«, für seine Erzählung eine strikt chronologische Disposition des Stoffs keineswegs zwingend. In den genannten philosophiegeschichtlichen Werken Tennemanns und anderer ist der Bedeutungswandel von »Geschichte« jedoch bereits vollzogen: Er gibt nicht einen Bericht von Philosophien, sondern er schildert einen quasi-objektiven Zusammenhang. Und nicht anders Hegel: Sein Fragment von 1820 beginnt mit der Ankündigung »Diese Vorlesungen haben die G e s c h i c h t e d e r P h i l o s o p h i e zu ihrem Gegenstande.« (V 6.5) Die Vorlesungen sind nicht, zumindest nicht primär selber »Historie«, sondern »Geschichte« ist ihr Gegenstand.

Die zweite Voraussetzung liegt in den bereits angedeuteten Versuchen, den im Rationalismus angelegten »garstigen breiten Graben« (LM XIII.7) zwischen notwendigen Vernunft- und zufälligen Geschichtswahrheiten wenn schon nicht zuzuschütten, so doch wenigstens hier und da zu überbrücken. In den Jahren um 1800 liegt die spezifische Signatur einer Theorie der Geschichte der Philosophie in der Suche nach einer Verbindung vernünftiger (apriorischer) und geschichtlicher (aposteriorischer) Momente. Sie läßt sich bei der Philosophiegeschichtsschreibung auch leichter finden als bei der allgemeinen Geschichtsschreibung, und insofern kommt der Philosophiehistorie auch eine wichtige methodologische Bedeutung zu: Insofern sie eine historische Disziplin ist, kann sie zwar von der Methode der allgemeinen Geschichtsschreibung nicht völlig losgelöst werden; ihr besonderer Gegenstand privilegiert sie aber gegenüber den anderen historischen Disziplinen. Denn es besteht die Erwartung, daß die Entwicklung ihres Gegenstandes – des Apriorischen oder des Vernünftigen – an dessen Verfassung partizipiere: daß sie nicht bloß dem Zufall gehorche, sondern selbst vernunftgeleitet sei. Es wird zum Kriterium der philosophischen Dignität der Philosophiegeschichtsschreibung, ob sie sich darauf beschränken muß, eine bloße »Historie« über das im wesentlichen zufällige Entstehen und Vergehen einzelner Denkgebäude zu geben, oder ob es ihr gelingt, über die genannte Sphäre hinaus auch eine vernunftgeleitete Geschichte des vernünftigen Inhalts der Philosophie selbst zu rekonstruieren.

(3) Hegels Berliner Vorlesungen bilden die klassische Gestalt einer philosophischen Philosophiegeschichtsschreibung – auch wenn die unmittelbar vorausgehenden Werke wie etwa Tennemanns Einleitung zu seiner zwölfbändigen *Geschichte der Philosophie* hiervon nicht so weit entfernt sind, wie sich dies für Hegel selber darstellt. Gleichwohl verbindet sich die neue Sicht vor allem mit seinem Namen. Es ist sein großer, alle Einzeldarstellungen durchziehender Gedanke, daß die einzelnen geschichtlichen Gestalten der Philosophie, diese Taten des sich wissenden Geistes, nicht bloß als historisch-zufällig zu nehmen seien. In ihnen vollzieht sich das Werden der Philosophie selbst, und auch ihre Sequenz wird nicht durch äußere Umstände, sondern durch ihre innere Logik gesteuert.

Schon die allgemeine Weltgeschichte ist ja nicht als eine vom Zufall und von den Leidenschaften beherrschte Folge von Ereignissen zu denken – auch wenn ihre dem flüchtigen Betrachter zugekehrte Oberfläche diesen Eindruck nahelegt und ihr geistiger Gehalt erst hinter der Fassade des Äußerlichen und bloß Empirischen erkannt werden kann. A fortiori gilt dies für die Geschichte der Philosophie: Sie ist nicht eine ins Unendliche laufende Reihe von Meinungen, Irrtümern und Widerlegungen im Reiche des Geistes, aber auch nicht bloße »memoria« der Taten der Heroen der denkenden Vernunft, sondern das Medium der Entwicklung des Geistes selber. – Entwicklungsgeschichtlich gesehen dürfte Hegel allerdings nicht allererst von der Weltgeschichte auf die Philosophiegeschichte geschlossen haben, sondern umgekehrt: Die Einsichten, die er bei den Geschichten des »absoluten Geistes« gewonnen hat, haben auch sein Bild der Weltgeschichte verändert. Auch den für die Weltgeschichte systematisch zentralen Begriff der »Geschichtlichkeit« erarbeitet Hegel sich ja primär im Kontext der Methodologie der Philosophiegeschichtsschreibung (s. Kap. II.9.6.2).

Den konstitutiven Zusammenhang von »Vernunft« und »Geschichte« spricht Hegel in nahezu axiomatischer Form aus: »Die Philosophie ist Vernunfterkenntnis, die Geschichte ihrer Entwicklung muß selbst etwas Vernünftiges, die Geschichte der Philosophie muß selbst philosophisch sein.« (V 6.14) Diese ihr immanente Vernunft aber offenbart sie – wie auch die Weltgeschichte und die anderen Partialgeschichten des absoluten Geistes – nur demjenigen, der bereit ist, sie vernünftig anzusehen. Dem, der die Vernunft nicht kennt und die Geschichte der Philosophie nicht als Geschichte der Vernunft zu deuten wagt, kann diese ihr immanente Vernunft auch nicht offenbar werden. Zur Beurteilung der Geschichte der Philosophie muß man die Idee schon mitbringen, nicht anders als zur Beurteilung von Handlungen die Begriffe von dem, was recht und gehörig ist (V 6.28).

Dies ist eine hermeneutisch legitime Bedingung der Erfassung des Vernunftgehalts der Philosophiegeschichte, und nicht etwa eine petitio principii. Die Forderung, die Idee mitzubringen, geht ja nicht zu Lasten der anderen, man müsse sich bei der Behandlung früherer Philosophie »ganz streng genau, HISTORISCH genau [an] die e i g e n s t e n Worte halten (V 6.44). Erst beide Forderungen beschreiben die Aufgabe des Philosophiehistorikers vollständig. Hegel geht allerdings noch einen Schritt weiter – wissenschaftsgeschichtlich gesehen wohl einen Schritt zurück in den Umkreis des Rationalismus –, indem er mit Nachdruck behauptet, daß erst die Konzeptualisierung der »eigensten Worte« mit Hilfe der mitgebrachten Idee, also »nur eine Geschichte der Philosophie, als ein solches System der Entwicklung der Idee aufgefaßt, d e n N a m e n e i n e r W i s s e n s c h a f t verdient« (V 6.28 f.). Anderenfalls sei sie bloße Historie – und damit auch im Hegelschen Sinn nicht Wissenschaft. Der Vernunftgehalt der Philosophiegeschichte und die von der Idee geleitete Historie bilden gemeinsam die Voraussetzung ihrer In-

tegration in das System der philosophischen Wissenschaften: »nur darum gebe ich mich damit ab, halte Vorlesungen darüber« (V 6.28).

(4) Darüber hinaus sucht Hegel den Wissenschaftscharakter der Philosophiegeschichte in der starken These zu fassen, »daß die Aufeinanderfolge der Systeme der Philosophie in der G e s c h i c h t e d i e s e l b e ist als die A u f e i n a n d e r f o l g e i n d e r logischen A b l e i t u n g der Begriffsbestimmungen der Idee« (V 6.27). In diesem kühnen Anspruch klingt Spinozas Satz nach: »ordo et connexio idearum idem est, ac ordo et connexio rerum« (*Ethica* II,7). Einer Überprüfung seiner Einlösung im Detail oder auch nur der Bedingungen seiner Einlösbarkeit hält dieser Anspruch auf Übereinstimmung des geschichtlichen ordo mit dem logischen jedoch nicht stand. Dies zeigt sich bereits an der behaupteten Korrespondenz des Anfangs der Geschichte der Philosophie mit den Eleaten und Heraklit mit dem Anfang der *Logik*: Sie erfordert erhebliche Abstriche an der historischen wie an der logischen Exaktheit. Hegel selber läßt die Geschichte der Philosophie ja nicht mit den Eleaten beginnen – auch wenn er ihnen mit Recht eine weit höhere Dignität zuerkennt als ihren Vorgängern, den ionischen Naturphilosophen und den Pythagoräern. Die Zuordnung Heraklits zur Denkbestimmung »Werden« erfordert ferner seine – problematische – Nachordnung gegenüber den Eleaten, und für die zweite Bestimmung der *Logik*, das Nichts, ist ohnehin kein historisches Pendant zu finden.

Angesichts der unabweisbaren Differenz von logischer und geschichtlicher Entwicklung läßt sich dieses Postulat der Harmonie von Logik und Geschichte nicht aufrechterhalten. Und sowohl in den philosophiegeschichtlichen als in den rechtsphilosophischen Vorlesungen (V 6.27; GW 26/2.799 f.) räumt Hegel auch selber Unterschiede der Zeitfolge und der Begriffsfolge ein – ohne jedoch zu begründen, weshalb und inwieweit dies der Fall sei. Die Vernunft der Philosophiegeschichte und ihre Wissenschaftlichkeit lassen sich nicht durch ein derart einfaches Prinzip wie den logisch-historischen Parallelismus sichern; hierzu bedarf es eines komplexeren Ansatzes.

(5) Wenn man verneint, daß der ordo idearum gleich dem ordo rerum gestarum, das Strukturprinzip der Geschichte der Philosophie wie auch ihrer Hegelschen Darstellung die Abfolge der Kategorien der *Logik* sei, so stellt sich die Frage nach dem wirklichen Verhältnis beider. Leicht – und etwas banal – beantworten läßt sich die Frage nach dem Ordnungsprinzip von Hegels Vorlesungen über die Ge-

schichte der Philosophie: Es ist kein anderes als der Zeitverlauf selber – und dies übrigens in weit reflektierterer Form als in seiner Darstellung der Geschichte der Religion.

Zum Verhältnis von Logik und Historie der Denkbestimmungen lassen sich zwei Überlegungen anschließen. Alle in der Philosophiegeschichte erarbeiteten Denkbestimmungen müssen notwendig in der *Logik* vorkommen – sonst wäre sie ja nicht deren vollständige systematische Erkenntnis. Umgekehrt ist es ebenso notwendig wie trivial, daß alle Denkbestimmungen, die die *Logik* im systematischen Ductus expliziert, auch in der Geschichte der Philosophie gedacht sein müssen – sonst wären sie ja gar nicht bekannt und kein mögliches Thema der *Logik*. Die Abkoppelung des geschichtlichen ordo vom logischen läßt das Prinzip der Identität beider zum bescheideneren Prinzip der Koextensionalität des Gehalts werden.

Doch auch dann bleibt das Maß der wechselseitigen Verschränkung oder Unabhängigkeit beider Ordnungen zu bestimmen. Hegel beschwört die Identität der logischen und der geschichtlichen Folge jeweils im Rahmen eines Plädoyers für die Anerkennung der »Notwendigkeit« des Geschichtsverlaufs und eines Protestes gegen das Mißverständnis der Philosophiegeschichte als eines »unordentlichen Haufens«, einer »Reihe von bloßen Meinungen, Irrtümern, Gedankenspielen« (V 6.28). Darin liegt jedoch nicht die unausweichliche Alternative zur logisch-historischen Identität. Vielmehr resultiert die »Notwendigkeit« der irreversiblen geschichtlichen Folge des Auftretens der Denkbestimmungen aus einer Vielzahl von weltgeschichtlichen, religiösen, sozialen und geistesphilosophischen Kontexten, die jeweils einer eigenen »Logik« gehorchen. Die *Logik* als die Wissenschaft vom immanenten Zusammenhang der reinen Denkbestimmungen ist nicht zugleich die Wissenschaft ihres geordneten Auftretens in der Geschichte. Hierzu bedarf es einer eigenständigen und weit komplexeren Logik der Philosophiegeschichte – als einer Teildisziplin der »Philosophie der Philosophie«, deren systematischen Ort die der Philosophie gewidmeten Paragraphen am Ende der *Enzyklopädie* markieren. Hegel selbst hat jedoch nur noch den historischen Aspekt einer solchen Disziplin ausgeführt.

(6) Aber auch ohne eine derartige universelle, sowohl die kategoriale als auch die geschichtliche Entwicklung umgreifende »Logik« ist die Geschichte der Philosophie keineswegs von aller Vernunft verlassen – und nicht bloß deshalb, weil diese ihr Gegenstand ist. Wie die Geschichten der Kunst und der Religion ist auch die Philosophiegeschichte die Geschichte des Geistes als Geschichte seiner Selbsterkenntnis – und zudem gegenüber Kunst und Religion nicht allein in reflektierterer Form, sondern sie ist ausdrücklich auf die Entwicklung des begreifenden Denkens gerichtet. Sie ist Geschichte der Vernunft als »Geschichte des Selbstbewußtseins« – nicht mehr im transzendentalphilosophischen Sinne einer genetischen Entwicklung der Erkenntnisvermögen, sondern der wirklichen Geschichte der Vernunft als des sich in seinem Verhältnis zur Wirklichkeit denkenden Denkens.

Oder mit Hegels Worten: Die Philosophiehistorie stellt uns nicht das »W e r d e n f r e m d e r D i n g e« dar, sondern indem sie »d a s W e r d e n u n s e r e r W i s s e n s c h a f t« darstellt, stellt sie unser eigenes Werden dar. Und dieses Werden ist nichts uns Äußerliches, das »jenseits unserer Wirklichkeit« liegt, und es ist ebensowenig »eine Sache der Vergangenheit«, sondern: »was w i r sind, sind wir zugleich geschichtlich« (V 6.9,6). Diese doppelte Identität ist es, die die (objektive) Philosophiegeschichte zum Innersten der Geschichte und ihre (subjektive) Historie zur »Wissenschaft der Philosophie selbst« (V 6.3) werden läßt: die Identität unserer selbst mit unserer Geschichte, also unsere »Geschichtlichkeit«, und die Identität des »Werdens unserer Wissenschaft« mit unserem eigenen Werden.

Die »Geschichtlichkeit« ist ja nicht durch die engen Grenzen des individuellen Lebens beschränkt, sondern durch das Maß unserer Partizipation am Geistigen überhaupt – denn es ist »in dem, was wir sind, das gemeinschaftliche Unvergängliche unzertrennt mit dem, daß wir geschichtlich sind, verknüpft« (V 6.6). Die Gemeinschaftlichkeit dieses Unvergänglichen ist gleichsam die geistige »Substanz« oder die Vernunft, und so ist auch das »Wir« nicht ein Kollektivum je individueller »Ich«, sondern dieses Gemeinschaftliche ist ein unverzichtbares Moment der Konstitution der individuellen Ich. Das »Unvergängliche« wird jedoch nicht erst durch den gemeinsamen Bezug vieler zum »Gemeinschaftlichen«, sondern bereits durch die Bedingungen seiner eigenen Konstitution. Die Philosophie ist ja »objektive Wissenschaft der Wahrheit« und »kein Ausspinnen von Meinungen« (V 6.18). Deshalb ist dieses »gemeinschaftliche Unvergängliche« »um so vortrefflicher«, je weniger es durch die Besonderheit des produzierenden Subjekts geprägt ist, sondern immer schon »dem allgemeinen Charakter des Menschen als Menschen« angehört – ja »je mehr dies eigentümlichkeitslose Denken selbst das produzierende Subjekt ist«. Dennoch ist dieses eigentümlichkeitslose Unvergängliche kein Unbewegliches; es gehört ja dem »allgemeinen Geist« an, »und der a l l g e m e i n e Geist bleibt nicht still stehen.« (V 6.6 f.) Auch sein Sein ist seine Tat, und seine Tat sein Sich-wissen – und der genuine Ort dieses Sichwissens ist eben die Geschichte der Philosophie.

(7) Hegel weiß aber sehr wohl, daß das Erscheinungsbild der Philosophiegeschichte diesem sehr anspruchsvollen Begriff nicht entspricht. Gemeinhin erscheint sie als Tummelplatz oder gar Kampfplatz von Meinungen, auf dem jeder nach Belieben behaupten und verwerfen darf, was ihm gefällt, und »die Galerie der Heroen der d e n k e n d e n Ve r-n u n f t« entpuppt sich schließlich – wenn auch nur in einer schiefen Perspektive – als »G a l e r i e der Narrheiten« (V 6.5 bzw. 15). Doch auch wenn man solche Verzerrungen einer unangemessenen Thematisierung der Philosophiegeschichte zuschreibt, weist sie einen doppelten inneren Widerstreit auf, der nicht einfach beiseite zu schieben ist: den Widerstreit zwischen dem Ewigen, das sie prätendiert, und dem Veränderlichen, das sie ist; und ebenso den Widerstreit zwischen der Vielheit der Wahrheitsansprüche und der Einheit der Wahrheit.

Beide Formen des Widerstreits erscheinen unmittelbar, ohne ausführliche Begründung als plausibel und als charakteristisch für die Philosophiegeschichte. Die Einheit der Wahrheit widerspricht zwar nicht schlechthin der Vielheit der Wahrheitsansprüche, denn es könnte ja sein, daß unter diesen vielen Ansprüchen der »wahre«, berechtigte verborgen liege – doch jeder behauptet eben dies von sich und auf Kosten der anderen, und somit ist nichts gewonnen. Ebenso sind Ewiges und Zeitliches einander heterogen, und die Philosophie erstrebt »die Erkenntnis dessen, was wahr, darum ewig und unvergänglich ist; die Geschichte hingegen »hat es nach der nächsten Vorstellung von ihr mit Geschehenem, somit Zufälligem, Vergänglichem und Vergangenem zu tun.« (V 6.13). In dieser Formulierung liegt aber auch schon der Schlüssel versteckt, mit dem Hegel den doppelten Widerstreit auflösen wird: mittels eines reflektierten Begriffs von Geschichte als der Form der sich in sich differenzierenden Totalität.

In Hegels Sicht arbeiten beide Formen des Widerstreits mit abstrakten Verstandesbegriffen: Ewigkeit und Zeitlichkeit, Vielheit und Einheit werden einander bloß entgegengesetzt – als ob das Ewige, das sich nicht zeitlich entwickelte, und das Eine, dem die Vielheit nur entgegenstände, etwas Wahres wären, und nicht vielmehr etwas Totes. Wie die Logik und

die »Metaphysik der Zeit« zeigt gerade auch die Philosophiegeschichte, daß diese Begriffspaare nicht als unvermittelter Gegensatz gedacht werden dürfen: Das Wahre ist nicht das Ewige, das die Zeit außer sich hätte, und es ist nicht das Eine, jenseits dessen erst die Vielheit läge. Philosophie ist nicht ein zeitloses System, sondern ein »System in der Entwicklung« – und »nur eine Geschichte der Philosophie, als ein solches System der Entwicklung der Idee aufgefaßt«, verdient »d e n N a m e n e i n e r Wi s s e n s c h a f t« (V 6.28 f.)

In diesem Begriff der Philosophiegeschichte sucht Hegel die beiden sich scheinbar widersprechenden Begriffe »System« und »Geschichte« zusammenzudenken – und dies ist keine bloß verbale »Synthese« zweier Differenter: »Geschichte« ist ja für Hegel nichts als die Explikationsform des Geistes; sie ist aus dem Begriff des Geistes nicht zu eliminieren. Damit ist allerdings noch nicht das spezifische Bewegungsgesetz dieser Geschichte erkannt – und Hegel deutet an, daß es auch im Geistigen unterschiedliche Bewegungsformen und Geschichtsverläufe gebe. Die Geschichten der Religion oder der Wissenschaften etwa verlaufen anders als diejenige der Philosophie. Diese zeigt »weder das Verharren eines zusatzlosen einfachern Inhalts [sc. wie die Religion], noch nur den Verlauf eines ruhigen Ansetzens neuer Schätze an die bereits erworbenen [sc. wie die Wissenschaften], sondern sie scheint vielmehr das Schauspiel nur immer sich erneuernder Veränderungen des Ganzen zu geben«, so daß schließlich die vernünftige Erkenntnis selber zu entschwinden drohe (V 6.12).

Man muß diese Bemerkung nicht als eine zutreffende Beschreibung der Wissenschaftsgeschichte akzeptieren, um einzuräumen, daß Hegels Hinweis auf die unterschiedlichen Verlaufsformen von Philosophie- und Wissenschaftsgeschichte berechtigt sei – was auch zur Vorsicht bei der Übertragung von Konzeptionen der Wissenschaftsgeschichte auf die Philosophiegeschichte mahnen sollte. Der jetzt für die Philosophiegeschichte charakteristische Entwicklungsgedanke dementiert vor allem die frühe Jenaer Konzeption: Am Anfang der Philosophiegeschichte steht nicht das »älteste Alte« (s. Kap. II.4.6.1), sondern eine wegen eben dieser Anfänglichkeit notwendig »abstrakte«, nämlich noch nicht weiter bestimmte Form des Begriffs. Seine Fortbestimmung vollzieht sich aber nicht als »ruhiges Ansetzen neuer Schätze«, sondern in der Tat als »Veränderung des Ganzen«, die allein vom Blick eines Philosophiehistorikers, der im Besitz der »Idee« ist, gleichwohl als Entwicklung eines Ganzen erfaßt werden kann – als eine Entwicklung, die man bei allem scheinbar unaufhörlichen Neuanfang doch analog zur Weltgeschichte als einen »Fortschritt im Bewußtseyn der Freiheit« qualifizieren kann. Damit ist aber auch gesagt, daß diese Entwicklung nicht in die leere Unendlichkeit hinauslaufe: Sie beginnt, »wo der freie Gedanke für sich, seinen Gegenstand als Gedanken erfassend, hervortritt« (V 6.103), und sie endet mit seiner Selbsterkenntnis.

9.9.3 Der Anfang der Philosophiegeschichte

(1) Die Bestimmung des Beginns der Philosophiegeschichte als des Selbstbezugs des Gedankens als Gedankens läßt zugleich verständlich werden, daß sie später beginnt als die Geschichten der Kunst oder der Religion. Diese beiden Formen der Selbstobjektivierung des Denkens – und insbesondere der Mythos – sind ursprünglicher als die vergleichbar hochstufige Objektivierung, mit der die Philosophie beginnt: Der Gedanke erfaßt zuerst seinen Gegenstand, bevor er diesen als sich selbst erfaßt und sich damit auf sich zurückwendet und bei sich ist. Und nur »die Darstellung des Vernünftigen im Elemente des Gedankens« verdient den Namen Philosophie (V 6.84,103).

Der Grund für die geschichtliche Priorität von Kunst und Religion läßt sich somit leicht einsehen. Weit weniger plausibel ist es, daß Kunst und Religion nicht allein früher auftreten, sondern daß sie auch weiter verbreitet sind als die Philosophie – oder angemessener: daß Philosophie als traditionsförmiger und oft institutioneller Zusammenhang einer methodisch ausgearbeiteten Selbstreflexion des Wissens ihr »Grau in Grau« nicht bloß später zu malen beginnt (GW 14/1.18), sondern daß sie eher die geschichtliche Ausnahme bildet.

(2) Dies sucht Hegel – zunächst – mit zwei sozialgeschichtlichen Argumenten zu begreifen. Häufig beruft er sich hierfür auf Aristoteles (981b): Erst die Befreiung von der Sorge für das tägliche Leben, für den unmittelbaren Nutzen befreit den Menschen zu denjenigen Wissenschaften, die sich weder auf die notwendigen Bedürfnisse noch auf die Annehmlichkeiten des Lebens beziehen, also auch zur Philosophie; hierfür muß der Mensch erst zum »Bedürfniß des schon befriedigten Bedürfnisses der Nothwendigkeit, der Bedürfnißlosigkeit« gekommen sein (GW 21.12). Damit ist zwar eine notwendige Bedingung genannt, aber sicherlich keine hinreichende. Denn diese Stufe der Entwicklung einer arbeitsteiligen Gesellschaft wird ja nahezu überall erklommen, und auch Aristoteles selber führt die Muße der

ägyptischen Priester als Grund für die Ausbildung der Mathematik und nicht der Philosophie an.

Das zweite Argument bestimmt die politische Freiheit als Voraussetzung der Freiheit auch des Gedankens: »Erst wo die bürgerliche Freiheit aufgeblüht ist, da konnte die Philosophie hervortreten. Die bürgerliche Freiheit beruht auf der Unendlichkeit des Willens als eines absolut zu respektirenden.« (V 6.93 f.) Auch diese Voraussetzung der politischen Freiheit für die Entstehung des freien Denkens der Philosophie – in der griechischen Polis – betont Hegel in seinen Einleitungen in immer neuen Wendungen: »Indem dies das Prinzip der politischen Freiheit ist, daß das Subjekt für sich gilt, so ist darin auch das freie Denken des Gegenstands enthalten« (V 6.265).

Diese sehr affirmative Sicht des Zusammenhangs zwischen der Verwirklichung politischer Freiheit und der Ausbildung des freien Denkens der Philosophie wird Hegel nie dementieren – doch modifiziert er sie in einem wesentlichen Punkt. Die Verbindung beider ist keineswegs so unproblematisch. Zumindest wird sie in Griechenland durch eine bewußtseinsgeschichtliche Entwicklung überlagert: Der denkende Geist geht über seine natürliche, substantielle Gestalt, also über die unmittelbare Sittlichkeit hinaus: »er bringt sich so eine ideale Welt hervor im Gegensatz zu jener realen Welt und entflieht in die ideelle Welt. Soll also eine Philosophie hervortreten, so muß ein Bruch geschehen sein in der realen Welt. Die Philosophie ist dann die Versöhnung des Verderbens, das der Gedanke angefangen hat; diese Versöhnung geschieht in einer ideellen Welt, in die der Gedanke entflieht, wenn die irdische Welt ihn nicht mehr befriedigt.« Wenn sie ihr »Grau in Grau« malt, »ist die Frische der Jugend und Lebendigkeit schon vorüber«, und die Versöhnung, die sie stiftet, findet »nicht in der Wirklichkeit als solcher, sondern nur in der Gedankenwelt« statt.

Dieses Argument scheint erst die dritte Phase der griechischen Philosophie zu betreffen, ihre Ausformung in der sogenannten »römischen Welt«. Hegel datiert den bewußtseinsgeschichtlichen »Bruch« auf die Zeit nach Sokrates: »Das Prinzip des Innerlichseins des Bewußtseins für sich ist die Ursache, daß die folgenden Philosophen sich von den Staatsgeschäften zurückzogen und auf die Ausbildung einer ideellen Welt beschränkten« (V 7.163). Doch auch zuvor schon, in Jonien und in der Magna Graecia, treten die Philosophen von den »Staatsgeschäften« zurück; schon hier beginnt die Entfremdung gegenüber der politischen Welt und damit die Entfaltung der »ideellen Welt« der Philosophie. Und bereits vor der »römischen Welt« wird dieser bewußtseinsgeschichtliche »Bruch« flankiert und verstärkt durch einen weltgeschichtlichen Umbruch: Nicht schon mit der affirmativen Verwirklichung politischer Freiheit in der Polis, sondern vielmehr erst mit ihrer Bedrohung und Vernichtung, mit dem »Untergang des ionischen Lebens in Kleinasien« und dem »Verderben des athenischen Volkes tritt die Zeit ein, wo die Philosophie dort versöhnend hervorkommt.« (V 6.239 f.).

Diese vier Argumente nennen fraglos wichtige geschichtliche Bedingungen für die Entstehung der Philosophie in Griechenland – aber auch sie reichen sicherlich nicht aus, um die Komplexität dieses Prozesses vollständig zu begreifen. Weitere Aspekte – wie die spezifische Ausbildung der griechischen Volksreligion und Kunst – wären hinzuzufügen. Gleichwohl belegen sie Hegels intensive Beschäftigung mit dieser Frage nach dem Aufkommen der Philosophie gerade in Griechenland und nicht in anderen Weltgegenden.

(3) Gegen diese Beschränkung auf die griechische Tradition wird heute der Vorwurf des Eurozentrismus erhoben – und er könnte um so berechtigter erscheinen vor dem Hintergrund, daß diese methodische Restriktion damals keineswegs traditionell war, sondern zu Hegels Zeit – auch von Tennemann und Tiedemann – sehr bewußt und gegen den Widerstand der älteren Tradition herbeigeführt worden ist. Für das 18. Jahrhundert ist ja eher die »ethnographische« Philosophiehistorie charakteristisch, die neben der griechischen Tradition die »Philosophie« nahezu aller Völker des Altertums und des Orients präsentiert – die »Philosophie« nicht allein der Perser und Inder, sondern auch der Ägypter und Chaldäer, der Skythen und Mongolen, sowie den »chaldäisch-persischen Realismus«, der bei den Ägyptern »Materialismus« geworden sei, und den »tibetanischen Idealismus« (V 7.192 f.). Für eine derartige Philosophiehistorie hat Hegel nur Spott übrig – und dies aus einem dreifachen Grund: Zum einen arbeitet sie mit einem völlig unreflektierten Philosophiebegriff, zum anderen stützt sie sich auf ebenso unzulängliche Quellen – und sei es auf antike Nachrichten, die etwa Zoroaster »de natura libros quattuor« zuschreiben –, und schließlich kompensiert sie den Mangel selbst an solchen Quellen durch einen überzogenen Aufwand an Gelehrsamkeit. Eine Bemerkung Hegels über die jonische Philosophie hätte auch hier ihre Stelle: »wovon man am wenigsten weiß, darüber kann man am gelehrtesten sein.« (V 7.22) Gegenüber diesem sowohl begriff- als auch em-

pirielosen Verfahren kommt der Konstituierung einer auf die abendländische Tradition begrenzten, aber auf einer soliden Quellenbasis stehenden und begrifflich prägnanten Philosophiehistorie ein erheblicher Vorzug zu.

(4) Die damalige methodologische Neubesinnung der Philosophiehistorie hat allerdings – verstärkt durch Hegels antiromantischen Affekt gegen die »Ruhmredigkeit der indischen Weisheit« (V 6.269) – auch dazu geführt, daß solche prägnante Philosophie einigen Traditionen abgesprochen worden ist, für die sich seit den Forschungen des 19. Jahrhunderts ein wiederum verändertes Bild ergibt: insbesondere für die chinesische und die indische Kultur. In seinen ersten Kollegien erwähnt Hegel die »orientalischen Ansichten« jeweils am Ende seiner Einleitung, gleichsam als Vorhof zur Geschichte der Philosophie. Es sei eine (zudem von der romantischen Mythomanie aufgewärmte) »alte Sage von hoher orientalischer Weisheit« – und so skizziert er hier einige der in den religionsphilosophischen Vorlesungen ausführlicher behandelten mythologischen Vorstellungen – aber nur um darzutun, daß es damit nichts sei: »Die orientalische sogenannte Philosophie ist mit dem bisherigen abgetan.« (V 6.86,94)

Diese Einschätzung wiederholt Hegel noch im Kolleg 1825/26: In der orientalischen Welt könne »keine eigentliche Philosophie vorhanden sein«, weil sie sich noch nicht vom Substanzmodell des Verhältnisses von Allgemeinem und Einzelnem gelöst, und noch nicht den Begriff der »Person« ausgebildet habe (V 6.266 f.) Aber aus dem allgemeinen Charakter der religiösen Vorstellungen des Orients hebt er nun zwei Kulturen heraus. Was er über die Chinesen mitzuteilen hat, geht wenig über das schon früher Ausgeführte hinaus: im Blick auf den »abstrakten Gedanken« eine kurze Erwähnung der chinesischen Klassiker, insbesondere der acht Gua und der Elementenlehre, und im Blick auf das Praktische die Bemerkung über Konfuzius, er biete wohl »gute, tüchtige moralische Lehren«, aber: »Tiefe philosophische Untersuchung darf bei ihm nicht gesucht werden. Für uns ist nichts zu gewinnen darin. Ciceros ›De officiis‹ ist vielleicht besser für uns als alle Werke des Konfuzius« – eine Bewertung, zu deren richtiger Einschätzung man Hegels abschätziges Urteil über Cicero berücksichtigen muß (V 6.369–373).

Anders steht es im Blick auf Indien: Obgleich Hegel auch hier die Ansicht wiederholt, die indische Philosophie sei »identisch mit der Religion«, sieht er nun erstmals eine Eigenständigkeit indischer Philosophie: »Erst vor kurzem haben wir bestimmte

Kenntnis von der indischen Philosophie erhalten; im ganzen verstand man darunter die religiösen Vorstellungen; in neuerer Zeit hat man aber eigene philosophische Werke der Inder kennengelernt; besonders hat uns Colebrooke [...] in den ›Transactions of the Asiatic Society‹ aus zwei indischen philosophischen Werken Auszüge mitgeteilt, und das ist eigentlich das erste, was wir über indische Philosophie haben.«

Auch wenn Hegel diese Auszeichnung Colebrookes wiederum zum stereotypen Seitenhieb auf Friedrich Schlegel nutzt, so belegt sie doch seine Bereitschaft zur Selbstkorrektur und zudem die Intensität seiner Rezeption – denn Colebrookes umfassende Abhandlung ist 1824 erschienen, also erst im Jahr vor Hegels Kolleg. Er hebt nun aus ihr »das Hochzuverehrende und das Mangelhafte im Orientalischen« heraus: Der »Idealismus, daß das Denken für sich ist, daß das Denken die Grundlage der Wahrheit ist«, sei »eine große Entdeckung des Orientalischen überhaupt«. Dessen »intellektueller Substantialität« stellt er die europäische »intellektuelle Subjektivität« entgegen – und gegenüber deren »subjektiver Eitelkeit«, die alles Objektive verflüchtigt, sieht er es als den »Vorteil« der orientalischen »intellektuellen Substantialität«, »jene subjektive Eitelkeit darin zu ersäufen«. Und auch wenn Hegel im Gegenzug das ebenfalls »Abstrakte« der orientalischen Substantialität kritisiert, den Mangel der objektiven Form, die Auflösung aller Bestimmtheit in der allgemeinen Substanz, so wird ihm die orientalische Substantialität hier doch zu einer ernstzunehmenden, wenn auch letztlich eben so abstrakten Alternative zur europäischen Subjektivität (V 6.374–400).

9.9.4 Vorbegriff, Periodisierung, Quellen

(1) Die Überwindung beider Einseitigkeiten schreibt Hegel jedoch der durch die griechische Philosophie begründeten Tradition zu: Sie umfaßt gleichsam beide Seiten, denn für sie existiert das Denken als das Allgemeine zugleich als Ich, als freies Subjekt. Für die Geschichte der Philosophie, die mit dieser Tradition beginnt, gilt auch insgesamt, was Hegel insbesondere im Blick auf ihre vom Christentum geprägte Epoche sagt: Sie ist der Prozeß des Geistes, sich zu seinem Selbstbewußtsein zu erheben (V 9.5). Alle ihre Bestimmungen sind Bestimmungen des Denkens, das sich auf sich selbst richtet, Selbstobjektivierungen des Denkens. Auch wenn es diese Objektivationsstruktur noch nicht als solche thematisiert und sich gleichsam »naiv« auf Anderes bezieht, erhebt es dieses Andere in die Form des Gedankens und macht

somit sich selber zum Gegenstand, und hier eben in der Form des freien Gedankens, als Philosophie.

Diese Selbstbeziehung des Denkens spricht Hegel auch in anderer Begrifflichkeit aus, etwa als »Prinzip der Subjektivität« oder des sich denkenden Nus. Das Denken, der Nus, ist die sich selbst bestimmende Tätigkeit – auch wenn dies von Anaxagoras noch nicht so formuliert wird (V 7.101). Aristoteles hingegen spricht diese »absolute Einheit des Subjektiven und Objektiven« bereits aus: »Der νοῦς, der sich selbst denkt, ist der absolute Endzweck, das Gute; dieses ist nur bei sich selbst, um seiner selbst willen«. Diesen Aristotelischen Gedanken des Sichselbstdenkens, der νόησις νοήσεως, bezeichnet Hegel als »das Spekulativste, was gedacht werden kann« – obschon Aristoteles noch den Anschein erweckt, als sei hier nicht vom Nus überhaupt die Rede, sondern »vom Denken eines Besonderen« (V 8.91). Doch diese Struktur des Sichselbstdenkens, die Aristoteles als Proprium des Gottesbegriffs auszeichnet, bildet eben die Struktur des Geistes überhaupt, die somit dessen Geschichte zu Grunde liegt – und nicht allein in dem Sinne, daß alle Gestalten dieser Geschichte eben diese Struktur aufweisen, sondern daß die Geschichte als ganze wiederum eine solche Form des Sichdenkens bildet.

»Geist« ist ja stets auf seine Selbsterkenntnis gerichtet; alle seine Objektivationen sind Formen seiner Selbsterkenntnis, denn er ist es ja, der sich erkennend auf diese Objektivationen bezieht, und es gibt keine Objektivationen des Geistes, die nicht Formen seiner Selbsterkenntnis wären. Deshalb ist auch die Philosophiegeschichte als »objektive« wie auch die Philosophiehistorie als »subjektive« eine derartige Form dieser Selbsterkenntnis – auch dann, wenn sie dies nicht eigens ins Bewußtsein hebt. Die Begriffe, die der Philosophiegeschichte im weiten, ihre Historie einschließenden Sinne angehören, sind deshalb als Formen des sich selbst denkenden Denkens zugleich Bestimmungen der Einheit von Denken und Sein – denn das Denken ist ja »mit seinem Sein identisch« (V 7.56). Und dieser Satz des Parmenides gilt nicht allein für das »Sein«, das einem Gedanken zukommt, im Unterschied zu anderem Sein; es ist ja vergebens, ein Sein finden zu wollen, das nicht ein gedachtes wäre. Dieser Satz bildet deshalb den »eigentlichen« Anfang der Philosophiegeschichte: »Der Gedanke beginnt so mit der eleatischen Schule eigentlich zuerst, frei für sich zu sein, als Wesen, als das allein Wahre; der Gedanke erfaßt nun sich selbst« (V 7.53); seine Geschichte ist deshalb zugleich die Geschichte seiner Freiheit. Und in modifizierter Form

wird dieser Gedanke die gesamte Philosophiegeschichte hindurch stets erneut ausgesprochen –
teils implizit, teils ausdrücklich.

(2) Anders als für alle anderen Disziplinen seiner
Philosophie bedarf es für die philosophiegeschichtlichen Vorlesungen keiner spezifischen »Systemform«. Hegel konzipiert seine Vorlesungen ja nicht –
analog zu den Philosophien der Kunst und der Religion – als eine »Philosophie der Philosophie«, etwa
in Anlehnung an die problematische Lehre von den
»drei Schlüssen« der Philosophie (s. Kap. II.7.2.7).
Die Vorlesungen bieten nicht ein »System«, sondern
nur eine »Geschichte der Philosophie«, und so tritt
als Strukturprinzip an die Stelle der Systemform die
Periodisierung.

Soweit sich erkennen läßt, ist die übergreifende
Epochengliederung der Philosophiegeschichte in allen Entwürfen Hegels konstant geblieben – die Gliederung in die antike und die »neue« oder »moderne
Philosophie«. Diese Zweiteilung erinnert nicht allein
an die »Querelle des Anciens et des Modernes« in der
Ästhetik; sie ist auch schon durch die traditionelle
Philosophiehistorie formell vorgegeben, durch die
Annahme, daß es lediglich zwei Formen der Philosophie gebe, die antike, pagane, und die neuere, christliche. Bis ins frühe 18. Jahrhundert kann diese Unterscheidung sogar die Form annehmen, daß der neuen
Zeit eine eigenständige Philosophie bestritten wird
und an deren Stelle die christliche Religion tritt (V
9.88); sie gilt ja traditionell als »nostra philosophia«.
Für Hegel hingegen ist die neue Philosophie die von
religiöser Fundierung unabhängige Philosophie der
Neuzeit. Die Philosophiegeschichte umfaßt somit eigentlich nur zwei Epochen – die Antike und die Neuzeit –, doch zwischen diese beiden Epochen stellt Hegel die mittelalterliche, als eine mit der christlichen
Religion spezifisch verbundene Philosophie. Er zögert jedoch, ihr einen eigenständigen, gleichrangigen
Status zuzusprechen; sie ist für ihn »eine Mittelpe-
riode, eine Periode der Gährung« (V 6.275). Letztlich
macht sie für ihn nicht Epoche, sondern sie füllt die
Zeit zwischen den Epochen, und das »Prinzip der
christlichen Religion« findet erst in der neuzeitlichen
Philosophie seinen angemessenen Ausdruck.

Die beiden »eigentlichen« Epochen unterscheidet
Hegel durch die Begriffe »Idee« und »Geist« oder
»sich wissende Idee« – und er verdeutlicht, daß diese
zunächst etwas schematisch wirkende Unterscheidung geeignet ist, die als Subjektivitätsgeschichte gedachte Philosophiegeschichte zu strukturieren: »die
Idee oder die an und für sich seiende ewige Sache ist
das Prinzip der griechischen Welt; diese ewige Sache

wird ausgeführt durch den Gedanken, zum Bewußtsein gebracht«. In der griechischen Philosophie pro-
duziere das Denken zwar eine »intellektuelle Welt«,
eine »Welt der Wahrheit« als gegenständliche – aber
es reflektiere noch nicht darauf, daß sie eine vom
denkenden Subjekt produzierte sei: »die Subjektivität erscheint noch zufällig«. Erst in der zweiten Epoche wird die zwar vom Subjekt produzierte, aber für
es objektiv erscheinende Welt als produzierte erkannt und in das Subjekt zurückgenommen: »Das
Ich wird erkannt in der Idee selbst, das Wissen wird
gefaßt als die unendliche Form, […] und diese muß
aufgefaßt werden als Ich, als das wissende Prinzip.«
Erst durch dieses Wissen erhalte die Subjektivität
»unendlichen Wert«: »die subjektive Seite ist der Sache, der objektiven Seite ganz identisch gemacht« –
sofern jene eben als das Produzierende und sich im
Produzierten Gegenständliche, das Denken als Sein
und das Sein als Denken gewußt wird (V 7. 4 f.).

Diese Gliederung der Philosophiegeschichte ist
allerdings nicht so mißzuverstehen, als ob die Trennlinie die beiden Epochen radikal von einander schie-
de und das neue Sichwissen der Subjektivität gleichsam vom Himmel fiele – etwa in Gestalt der christlichen Religion. Geschichtliche Entwicklungen enthalten sowohl Kontinuitäten als auch Sprünge, und
so verdankt sich auch das »Prinzip der Subjektivität«
nicht einer bloßen Diskontinuität: Es tritt bereits in
die griechische Welt ein, als das »Sokratische Prinzip«, »daß das, was wahr ist, durch das Denken vermittelt ist.« (V 7.128) Hier erscheint es aber als negativ gegen die griechische Welt gerichtet, als ihr inneres Verderben – und deshalb als die »Tragödie von
Griechenland« (V 7.130). In der – wenn auch erst
abstrakten – »Rückkehr des Selbstbewußtseins in
sich« (V 8.159) liegt ferner die Signatur der auf Platon und Aristoteles folgenden »Philosophie in der
römischen Welt«, und die Alexandrinische Philosophie deutet Hegel bereits als eine Periode, in der der
Geist »aus seiner Subjektivität wieder herausgeht zur
Objektivität, aber zugleich zu einer intellektuellen
Objektivität«, und in der »die Unendlichkeit des
Denkens, das sich nur subjektiv erfaßt hat, sich nun
gegenständlich wird«; »aus dem Verlust der Welt
wird also eine Welt erzeugt, die zugleich in ihrer Äußerlichkeit eine innerliche bleibt und folglich eine
versöhnte ist, und dies ist so die Welt der Geistigkeit,
die hier beginnt« (V 8.161,164). Herrschend wird das
»Prinzip der Subjektivität« aber erst in der zweiten
Epoche – und selbst dort setzt es sich seit Descartes
in einem überaus konfliktreichen Prozeß erst allmählich durch: Die Schulmetaphysik vor Kant rech-

net Hegel ja noch der »ersten Stellung des Gedankens zur Objektivität« zu, dem unbefangenen Denken, das den Gegenstand noch als objektiven und die Subjektivität für etwas Zufälliges nimmt (s. Kap. II.7.2.5). Die globale Zweiteilung der Philosophiegeschichte kontrastiert also nicht zwei in sich homogene Epochen, sondern sie markiert die entscheidende Zäsur in der windungsreichen und spannungsgeladenen Geschichte der Philosophie.

(3) Hegels Vorlesungen verbinden in eigentümlicher Weise diese übergreifende Deutung der Philosophiegeschichte als der Geschichte des sich objektivierenden und sich in seinen Objektivationen wissenden und bei sich seienden, freien Denkens mit einer ins Detail, auch ins historische Detail gehenden Darstellung der einzelnen Entwürfe und der Exposition des Sinnes einzelner Sätze. Sie haben insofern, neben Hegels Gesamtdeutung der Philosophiegeschichte, zugleich den Charakter allgemein philosophiehistorischer Information – und nicht allein über die einzelnen Entwürfe, sondern auch über ihre Verbindungen untereinander, die Schulgründungen und -streitigkeiten wie auch die unmittelbare und spätere Rezeptionsgeschichte. Und darüber hinaus verbinden sie die Philosophiegeschichte mit den Geschichten der Kunst, der Religion und der Staaten – und dies ist keine äußerliche, nachträgliche Verbindung: All diese Geschichten bilden ja bloße Partialgeschichten der e i n e n Geschichte des Geistes, dessen jeweiliges Prinzip sie alle übergreift. Die Philosophiegeschichte aber – als diejenige, in der der Geist sich in seiner eigenen Gestalt begreift – spricht ihn zwar nicht in seiner Totalität, aber doch in seiner reinen Form aus.

(4) Das Bild, das Hegel von der Philosophiegeschichte entwirft, erarbeitet er sich aus der Lektüre der Quellen – der griechischen, lateinischen, französischen, englischen und für die jüngste Zeit natürlich der deutschen Texte; nur für seine Darstellung des Orients muß er auf Übersetzungen zurückgreifen. Hierbei ist nicht zu vergessen, daß die damalige Überlieferungslage sich von der heutigen nicht zum Vorteil unterscheidet. So beginnen damals erst Sammlungen der Fragmente der Vorsokratiker; die Fragmente der Stoiker sind noch nicht gesammelt, und selbst das Aristotelische Werk liegt nicht in einer guten Ausgabe vor. Auf neuere philosophiehistorische Werke greift Hegel fast ausschließlich für die Angabe der Lebensumstände der Philosophen zurück, deren Beschreibung nicht selbst Gegenstand ihrer Werke ist. Doch gibt es eine, und zwar eine wichtige Ausnahme von dieser Regel: Die Philoso-

phie des Mittelalters stellt Hegel anscheinend lediglich auf der Grundlage der neueren Philosophiehistorie dar – und er sagt auch selber, angesichts der großen Zahl der Folianten »muß man sich denn an die Arbeit anderer halten« (V 6.360). Vermutlich hat er nicht einmal Anselm von Canterbury selber studiert, dessen »ontologischem Gottesbeweis« er ja großes Interesse entgegenbringt. Doch gibt es auch von dieser Ausnahme, die die Philosophie des Mittelalters im Blick auf den Umgang mit den Quellen darstellt, wiederum eine Ausnahme: Als einziges Werk dieser Epoche findet sich in Hegels umfangreicher und breit angelegten Bibliothek Moses Maimonides' *Doctor perplexorum*.

9.9.5 Antike

(1) Bei der Darstellung der griechischen Philosophie verweilt Hegel besonders lang. Seine Ausführungen hierzu nehmen zwei Drittel der gesamten geschichtlichen Darstellung ein. Dies liegt wahrscheinlich nicht an einer verfehlten Disposition; auch andere Vorlesungszyklen zeigen, daß er seinen Stoff insgesamt sehr ausgewogen abgehandelt hat. Deshalb ist zu vermuten, daß Hegel ihr diesen großen Anteil sehr bewußt eingeräumt hat. Er wirft ja auch Johann Gottlieb Buhle und Wilhelm Gottlieb Tennemann vor, sie hätten die Philosophie der Alten zu rasch bzw. inhaltlich nicht angemessen abgehandelt (V 6.362) – und dem will er fraglos entgegenwirken.

Doch ist es vor allem Ein Grund, der ihn so lange bei den Griechen verweilen läßt: Den modernen Europäer, der sich nach der Thematisierung der Kunst, der Religion oder der rudimentären Philosophie orientalischer Völker den Griechen zuwende, ergreife ein Gefühl der Heimatlichkeit. Europa habe zwar seine Religion aus »Syrien« empfangen – aber »alle Wissenschaft und Kunst, was das geistige Leben ziert und würdig macht, ist teils direkt von Griechenland ausgegangen, teils indirekt durch den Umweg der Römer zu uns gekommen«. Doch ist das Gefühl der »Heimatlichkeit« mehr als bloß die Vertrautheit der Begegnung mit den Wurzeln der eigenen Kultur: »Bei ihnen ist es uns heimatlich zu Mute, weil sie selbst bei sich in ihrer Welt zu Hause waren, sich selbst ihre Welt zur Heimat gemacht haben. Weil ihnen bei sich wohl war, darum ist uns bei ihnen wohl; der gemeinschaftliche Geist der Heimatlichkeit verbindet uns.« (V 7. 1 f.)

Trotz dieser Emphase zeichnet Hegel keineswegs ein differenzloses Bild der »Heimatlichkeit«. Sie umfaßt beides: die Selbstobjektivation, die Verwirk-

lichung und somit das Beisichsein in der Welt, »die
Heiterkeit des Geistes«, und zugleich den Bruch mit
der äußeren Welt. Doch anders als in Indien ist auch
dieses reflektierte Beisichsein in der Ausbildung der
intellektuellen Welt »nicht Befreiung der Seele durch
Flucht, Abstraktion, durch Zurückgehen in sich
selbst, sondern Befriedigung in der Gegenwart«. Allerdings schießt Hegel hier über seine eigene Periodisierung der Philosophiegeschichte hinaus, sofern
er »das Prinzip der griechischen Philosophie« als
»Freiheit des Subjekts« bestimmt, und zwar nicht nur
als an sich vorhandene Freiheit, sondern als »Ich, das
sich unendlich weiß«. Denn dieses Ich ist ihm ja
sonst das neuzeitliche – und dies sicherlich mit besserem Recht (V 7.3,14).

(2) Die griechische Philosophie gliedert Hegel –
soweit sich gegenwärtig erkennen läßt – wiederum in
drei Perioden: (I) in »das sich Entwickeln des Gedankens in sich selbst bis zur Totalität der Wissenschaft«
– d. h. von Thales bis zu Aristoteles; (II) in »das Auseinandergehen der Wissenschaft in besondere Systeme, die selbst Totalität sind« – gemeint sind Stoizismus und Epikuräismus sowie Neuere Akademie und
Skeptizismus als Gegenbewegungen; und (III) in
»die Entwicklung des Gedankens zu einer individuellen, intellektuellen Welt« – im Neuplatonismus
(V 7.5).

Die erste Periode läßt sich nicht allein ›wissenschaftsgeschichtlich‹ abgrenzen. Politisch gesehen ist
sie die Zeit der Blüte und des Verderbens der griechischen Polis; sie endet mit der Gründung des ›Welt-
reichs‹ Alexanders. Hegel gliedert sie wiederum in
drei Abschnitte, doch leitet er diese innere Strukturierung – in die ›Vorsokratiker‹ (von Thales bis Anaxagoras), die Sophisten, Sokrates und die Sokratiker
sowie schließlich in Platon und Aristoteles – nicht
aus einem Prinzip ab. Er setzt ein mit den beiden Traditionen, der jonischen und der italischen, die
schließlich in Athen als dem geographischen Mittelpunkt zusammenfließen und die klassische Gestalt
der griechischen Philosophie heraufführen. Die
›Notwendigkeit‹, die auch hier herrscht, ist die Notwendigkeit gedanklicher Entwicklungen überhaupt.

Gleichwohl gelingt es Hegel hier noch am ehesten,
eine Parallele zwischen der historischen Entwicklung und der Logik aufzuweisen: Beide beginnen mit
den einfachen Gedanken, wie sie insbesondere von
den jonischen und italischen Philosophen überliefert
sind, die eigentlich nochmals eine ›Vorhalle‹ zur Geschichte der Philosophie bilden, die im strengen Sinne erst mit den Eleaten und Heraklit einsetze. Diese
seien es auch, die das große Thema der Philosophie

erstmals ausarbeiten – das Verhältnis von Denken
und Sein, von Sein und Nichts und ihrem Umschla-
gen in »Werden«. Die Atomisten – Leukipp und De-
mokrit – behandelt Hegel im Anschluß an Empedokles; ihnen schreibt er das Prinzip des Fürsichseins
zu, und von Anaxagoras sagt er, bei ihm gehe die Entwicklung »nicht weiter als bis zur Bestimmung des
Maßes«. Doch das große Prinzip des Anaxagoras ist
ja nicht das »Maß«, sondern der »Nus«, und so zeigt
– entgegen Hegels Intention – selbst das Bild dieser
ersten Phase der griechischen Philosophie, daß die
logisch-historische Parallele nicht geeignet ist, die
Struktur der Philosophiegeschichte zu erschließen.

Die zweite Phase bilden die Sophisten, Sokrates
und die Sokratischen Schulen – und hier zeigt sich
ein eigentümlicher Zug von Hegels Darstellung der
Philosophiegeschichte: Sie ist für ihn ja eine Geschichte nicht von »Meinungen«, sondern des Denkens, das sich in seine Bestimmungen entfaltet und
seine Zeit ausspricht. Deshalb kann es eigentlich gar
keine ›falsche‹ Philosophie geben, sondern allenfalls
einseitige Entwürfe. Diese hermeneutische Maxime
verlangt, in allen »Philosophien« die »Philosophie«
zu erkennen, den sich bestimmenden Gedanken,
und die »Notwendigkeit« auch derjenigen Gestalten
herauszuheben, die – sei es in der gesamten späteren
Tradition, sei es auch nur zu Hegels Zeit – aus unterschiedlichen Gründen in theoretischen oder moralischen Verruf geraten sind. Seine Philosophiehistorie besteht deshalb aus einer langen Reihe von
»Rettungen« im Sinne Lessings – auch wenn Hegel
im einzelnen mit Kritik keineswegs spart und von einem Popeschen »Alles ist gut« weit entfernt ist.

Eine erste »Rettung« gilt den Sophisten. Hegel
schließt sich nicht der traditionellen moralisierenden Kritik an, die ja bis in die Gegenwart das gängige
Bild des Sophisten prägt. Er hingegen versteht sie
erstmals als eine bewußtseinsgeschichtlich herausragende Gruppierung, die die Auflösung der alten,
festgefügten Welt Griechenlands auf den Begriff
bringt – nämlich auf den Satz »Der Mensch ist das
Maß aller Dinge.« Hierin sieht Hegel nicht einen
Ausdruck gewissenloser Hybris, sondern »einen großen Sinn«, ja einen »großen Satz«, »um den sich von
nun an fast alles dreht« – der aber noch die »Zweideutigkeit« an sich hat, ob »der Mensch« »nach seiner partikulären Individualität« oder »nach seiner
vernünftigen Natur« verstanden sei (V 7.123).

In der Einsicht in diese Vernunftnatur des Menschen gehe Sokrates über die Sophisten hinaus. Mit
ihm trete das Bewußtsein ein, »daß das, was ist,
durch das Denken vermittelt ist.« Diese »Rückkehr

des Bewußtseins in sich selbst« sei jedoch zugleich »das Heraus aus der besonderen Subjektivität«: Das vermeintlich für sich bestehende Objektive sei nun als Subjektives erkannt, aber als ein Subjektives, das selbst objektiv, freilich »nicht äußerliche Objektivität, sondern geistige Allgemeinheit« sei. Indem Sokrates aber der früheren Objektivität dieses »Prinzip der Subjektivität« entgegenstelle, beschwöre er die tragische Kollision beider Prinzipien herauf, und so zeige sein Schicksal die »Tragödie von Griechenland«. Hegel greift nicht mehr zurück auf die aufklärerische Parallele zwischen Sokrates und Christus, und er läßt Sokrates auch nicht unschuldig sterben; vielmehr zeichnet er ihn als einen tragischen Heros, der Schuld auf sich lädt und auch für sie stirbt (V 7.127–164).

Auch Hegels Darstellungen der sokratischen Schulen, d. h. der Megariker, Cyrenaiker und Cyniker, zeigen mehrfach den Charakter von ›Rettungen‹, indem Hegel etwa die von ihnen angestrebte »Glückseligkeit« als eine allgemeine, »vernünftige« zeichnet (V 7.165–182). Die eigentliche Fortsetzung der Sokratischen Philosophie aber bildet Platon – auch wenn Hegel ihn als Gegner des Sokratischen Prinzips der Subjektivität charakterisiert. Denn Platons Philosophie liege »das Substantielle seiner Zeit zum Grunde«, wodurch »das spätere Prinzip der subjektiven Freiheit mit Bewußtsein ausgeschlossen wird aus dem Platonischen Staat.« Dennoch ist er für Hegel »eines von den welthistorischen Individuen, seine Philosophie eine von den welthistorischen Existenzen, die von ihrer Entstehung auf alle folgenden Zeiten für die Geistesbildung und Geistesentwicklung den bedeutendsten Einfluß gehabt haben.« Durch ihn sei »der übersinnliche Boden schon bebaut«, auf dem das Christentum später weitergebaut habe (V 8.53,1). Es ist aber nicht so sehr diese Unterscheidung von empirischer und intelligibler Welt, die Hegel an Platon interessiert, sondern die Methode, die »höhere Dialektik«, mit der dieser gegenüber den Eleaten das Verhältnis von Sein und Denken entwickelt – auch wenn sie bei Platon nur »abstrakt beginnt« (V 8.138). – Da Platon die Philosophie zur »Wissenschaft« erhebe, erörtert Hegel sie nicht nur nach ihrem Prinzip, sondern in ihren unterschiedlichen Disziplinen: »Dialektik«, Naturphilosophie und Philosophie des Geistes. Diese Einteilung befolgt er – teils geringfügig modifiziert – zumeist auch bei den Nachfolgern, und zunächst bei Aristoteles.

Aristoteles sei »eines der reichsten, wissenschaftlichsten, umfassendsten, tiefsten Genies gewesen, was je erschienen ist«. Mit diesen Worten beginnt die zweite der »Rettungen« – denn Aristoteles wird zu Hegels Zeit nicht sonderlich geschätzt. Als eine prägende geistesgeschichtliche Kraft hat der Aristotelismus spätestens im 18. Jahrhundert abgedankt. Hegels Zeitgenossen gilt Aristoteles im Praktischen als Anhänger der Glückseligkeitsphilosophie und im Theoretischen als Realist und Empiriker und somit als Gegenpol zum Platonischen »Idealismus« – und demgegenüber bemüht Hegel sich, die Verbindung empirischer und spekulativer Momente als Signatur des Aristotelischen Denkens hervorzuheben, die seinen weltgeschichtlichen Rang begründet – und zwar sowohl in der Naturphilosophie und in der Ethik als in der Logik und Metaphysik. Im Gedanken der νόησις νοήσεως sieht Hegel die »absolute Einheit des Subjektiven und Objektiven« ausgesprochen – und damit sieht er den »Gipfel der Aristotelischen Metaphysik« erreicht – »das Spekulativste, was gedacht werden kann« (V 8.91). Deshalb beschließt Hegel, der »deutsche Aristoteles« (Br I.497), seine *Enzyklopädie,* also die Entfaltung der Grundlinien seines eigenen Denkens, mit diesem Gedanken aus Aristoteles' Metaphysik – auch wenn er ihn fraglos im Kontext seiner eigenen Geistesphilosophie umdenkt.

Die zweite Periode der griechischen Philosophie bezeichnet Hegel – geschichtlich nicht ganz korrekt – als Philosophie in der römischen Welt. In der Hauptsache handelt er hier jedoch von der Epoche, die wir seit Hegels Schüler Johann Gustav Droysen als »Hellenismus« bezeichnen – von den beiden »dogmatischen Philosophien« Stoizismus und Epikuräismus und den beiden ihnen entgegengesetzten skeptischen Richtungen, der Neueren Akademie und dem eigentlichen Skeptizismus. »Dogmatische Philosophien« nennt Hegel die erstgenannten wegen ihres gegenüber Platon und Aristoteles veränderten ›Wissenschaftscharakters‹, ihrer größeren systematischen Geschlossenheit durch die Rückführung auf jeweils ein »Prinzip« oder »Kriterium« – bei den Stoikern auf das Denken und bei den Epikuräern auf die »Empfindung«. Die beiden letztgenannten Schulen nennt er »skeptisch«, weil sie, wie er zwar ironisch sagt, den »berühmten Unterschied von Sein und Denken« geltend machen – aber dies ist keineswegs unberechtigt: »es ist wichtig, ein Bewußtsein über diesen Unterschied zu haben, und der Unterschied ist gegen das Prinzip der Stoiker geltend zu machen, denn diese haben nicht gezeigt, daß Vorstellungen und Phantasie, das Subjektive des Denkens und das Objektive in ihrer Verschiedenheit wesentlich dies sind, ineinander überzugehen, sich identisch zu setzen« (V 8.138).

Als gemeinsamen Zug aller vier Philosophien dieser Epoche hebt Hegel heraus, daß für sie »die Befriedigung des Geistes nur in der Gleichgültigkeit, Freiheit gegen alles besteht«, in der »Imperturbabilität« (V 8.102) – und dies auf Grund teils der immanenten Weiterentwicklung des Gedankens, teils der geschichtlichen Umstände: Diese erzwingen den Rückzug des Subjekts aus dem öffentlichen, politischen Leben, das keine Befriedigung mehr gewährt, in die Innerlichkeit, ins Privatleben. Hier bildet sich das »Prinzip der Subjektivität« zum »Bewußtsein der inneren Freiheit«, zur »Freiheit des Geistes« aus, zu einer Vorform der Unendlichkeit der Subjektivität. Von der christlichen Form ist sie jedoch dadurch unterschieden, daß sie auf der inneren Stärke des Willens beruht. Dies zeichnet sie zwar moralisch aus, doch bleibt sie ein Besonderes; sie wird nicht allgemein.

In diesem Kontext nimmt Hegel die dritte seiner »Rettungen« vor: die Rettung Epikurs. Keine Philosophie ist ja in der christlichen Welt so verfehmt gewesen wie sie. Epikurs Logik und Metaphysik hält Hegel zwar überwiegend für »höchst einfach, abstrakt, aber auch sehr trivial« (V 8.122) – doch schon seiner Naturphilosophie sei »ein Wert beizulegen«: Epikur sei der »Urheber der empirischen Naturwissenschaft, empirischen Psychologie usf.« – und dies ist keineswegs als Kritik gemeint, sondern als Auszeichnung gegenüber dem »Zeug von Vogelflug, Augurien, Auspizien usf.«, das damals ja in der stoischen Philosophie eine Heimat gefunden hat (V 8.127 f.).

Doch die eigentliche »Rettung« betrifft Epikurs praktische Philosophie: »Epikurs Moral ist das Verschrienste und daher auch das Interessanteste.« Das Urteil über sie falle zwar zunächst »sehr unvorteilhaft« aus – doch Epikur suche die Glückseligkeit auf die Weise, daß sie »ein von äußerlichen Zufälligkeiten, Zufälligkeiten der Empfindung Freies und Unabhängiges werde. Es ist hier also dasselbe Ziel wie in der stoischen Philosophie.« Dieses Urteil stützt Hegel auf ein »unverdächtiges Zeugnis«: auf den von ihm sonst wenig geschätzten Seneca, der Epikurs Moral trotz des stoisch-epikuräischen Gegensatzes »eine heilige und richtige Lehre« nennt. Und selbst Epikurs seit den Stoikern vielgeschmähter Theologie gewinnt Hegel positive Seiten ab: Die Götter in den »Intermundien« seien nichts »als das Allgemeine überhaupt« – und die moderne Rede von Gott als dem »höchsten Wesen« oder »être suprême« sei trotz ihres Überlegenheitsgefühls keinen Schritt weiter gekommen (V 8.128–131).

Die dritte Phase der griechischen Philosophie fällt in strengerem Sinne in die römische Welt als die zweite: die »alexandrinische Philosophie«. Hegel nennt sie vorwiegend so, weil das Wort »Neuplatonismus« ihren, die antiken Philosophenschulen übergreifenden Charakter verenge. Sie sei aber vielmehr die Vereinigung der früheren Prinzipien, »das Resultat des ganzen Vorhergehenden« und darin auch seine Negation. Denn ihre unmittelbare Voraussetzung, insbesondere der Skeptizismus, ist »die Rückkehr des Selbstbewußtseins in sich, diese unendliche Subjektivität ohne Objektivität«, »Annihilation alles Objektiven« und »Befriedigung des Bewußtseins durch die reine, unendliche Abstraktion in sich«. Die alexandrinische Philosophie hingegen gewähre »nicht Seligkeit durch die Flucht aus dem Objektiven, sondern wesentlich durch die Richtung auf dasselbe«; »aus dem Verlust der Welt wird also eine Welt erzeugt, die zugleich in ihrer Äußerlichkeit eine innerliche bleibt und folglich eine versöhnte ist, und dies ist so die Welt der Geistigkeit, die hier beginnt« – eine Welt, in der der Geist »einen Bruch in sich macht, aus seiner Subjektivität wieder herausgeht zur Objektivität, aber zugleich zu einer intellektuellen Objektivität, zu einer Objektivität, die im Geist und in der Wahrheit ist« (V 8.159–168).

Mit dieser Anspielung auf Joh 4,24 deutet Hegel zugleich an, daß er die alexandrinische Philosophie bewußtseinsgeschichtlich als Parallele zur christlichen Religion sieht. Geschichtlich wird dieser Zusammenhang in den Gestalten greifbar, die er als Vorgeschichte des Neuplatonismus im engeren Sinne behandelt: an Philo, der Kabbala und dem Gnostizismus. Hegel geht auch auf Plotins Auseinandersetzung mit den Gnostikern ein; gegen sie behaupte Plotin »den Zusammenhang des Intelligiblen mit dem, was wirklich ist.« Plotin schreibt Hegel auch sonst »noch viel einzelnes Schönes« zu, und er hebt insbesondere den aristotelischen Gedanken der Einheit des νοῦς und des νοητόν hervor. Doch höher als Plotin stellt er Proclus, da bei diesem »die neuplatonischen und besonders die Plotinischen Ideen mehr Ausführung und Bestimmtheit erhalten haben, als sie bei Plotin hatten«; bei ihm sei »das Ausgebildetste und Vorzüglichste unter den Neuplatonikern« zu finden. Und von Proclus' »scharfsinnigster und weitläufigster Dialektik des Einen«, in der die Momente der höchsten Trias selbst wieder als Totalitäten gedacht sind, schlägt Hegel auch wieder die Brücke zum christlichen Trinitätsgedanken (V 8.169–191; s. Kap. II.8.3).

9.9.6 Mittelalter

(1) Die »zweite Periode« der Geschichte der Philosophie umfaßt wie die erste ein Jahrtausend – doch Hegel legt die »Siebenmeilenstiefel des Begriffs« an, um schnell über sie »wegzukommen«. Er gesteht dieser »Periode der Gärung« (V 6.276) ja auch nur zögernd einen eigenständigen Rang zu. Ihre Historie ist zudem sehr inhomogen: Kirchenväter, Juden und Araber, Scholastiker, Renaissance und Reformation treten in lockerer Folge auf. Auch methodologisch unterscheidet sich Hegels Darstellung von derjenigen der beiden anderen Perioden: Sie ist nicht aus den Quellen erarbeitet, sondern stützt sich auf die neuere Philosophiehistorie – und auch sie ist nicht nach ihrer stärksten Seite berücksichtigt. Es ist zwar wegen der Größe der Aufgabe verständlich, bleibt aber dennoch eigentümlich, daß Hegel sich diese Periode nicht durch eigenes Quellenstudium erschlossen hat, obgleich er doch gegenüber der modernen Seichtigkeit, daß wir von Gott nichts wissen können, immer wieder die Denker der Scholastik rühmt, weil in ihren Werken die Einheit von Theologie und Philosophie verwirklicht sei (V 9.10, GW 18.230).

(2) In dieser zweiten Periode steht die Philosophie in enger Verbindung mit der christlichen Religion, und dies prägt ihren Charakter: Sie hat die »Idee des Christentums« zu erfassen, und diese »ist verschieden gefaßt worden zu verschiedenen Zeiten.« Deshalb begreift Hegel diese Verbindung nicht als Abhängigkeit der Philosophie von der Religion – im Gegenteil. Die Religion gehe der Philosophie zwar geschichtlich voran, aber: »Um die Idee des Christentums zu fassen, muß man nun die Idee für sich erkannt haben und zum Wissen gekommen sein, daß diese allein das Wahrhafte ist«; es »muß die Wahrheit der Idee, des Konkreten, des Geistes als Geistes erkannt sein, und dies ist die eigentümliche Form bei den Kirchenvätern«: »Sie haben das christliche Prinzip der philosophischen Idee gemäß gemacht und die philosophische Idee in dasselbe hineingebildet und haben dadurch einen christlichen Lehrbegriff ausgebildet.« (V 9.3,5,10)

Hier ist sehr bestimmt der Primat des Denkens gegenüber dem historisch vorgegebenen Inhalt beansprucht. Dieser ist nichts »Festes«; auch wenn das Denken sich auf einen historisch vorgegebenen Inhalt bezieht, so geschieht doch nichts anderes »als daß der Geist, der im Menschen ist, sich selbst in den zu erklärenden Worten erkennen will und nichts anderes erkennen kann als was in ihm liegt.« (V 9.13) Wenn Hegel etwa die »Idee des Christentums« mit

den Worten ausspricht, »daß das Anundfürsichseiende, Gott, der Geist ist« (V 9.1), so ist doch fraglos der Sinn dieses Satzes gegenüber dem Bibelwort (Joh 4,24) verändert: Es komme bei dieser Idee »darauf an, daß das Weltliche, das Besondere nicht mehr in seiner Unmittelbarkeit gelassen werde, sondern daß es als Allgemeines, Intellektuelles, als in Gott seine Wurzel, seine Wahrheit habend betrachtet wird, wodurch Gott als konkret gedacht wird«. »Gott wird als sich selbst unterscheidend, als konkret gefaßt, und darin liegt die Vermittlung, der Zusammenhang mit dem, was wir Bewußtsein nannten, daß der Mensch die Wurzel seiner selbst in Gott sieht«. Die »Idee des Christentums« ist somit einbezogen in den allgemeinen Prozeß der Selbsterkenntnis des Geistes, »sich zu diesem Standpunkt seines Selbstbewußtseins zu erheben.« (V 9. 4 f.)

(3) Hegel greift in seinen Vorlesungen jedoch weit über dieses Verhältnis des Denkens zum vorgegebenen religiösen Inhalt hinaus. In Moses Maimonides berührt er kurz die jüdische Philosophie; er berichtet auch über die Philosophie der Araber, insbesondere über ihre Aristoteles-Rezeption – und er kommt zum Ergebnis, sie hätten »die Wissenschaften und die Philosophie ausgebildet, ohne die konkrete Idee weiter zu bestimmen«. Vor dem Hintergrund weltgeschichtlicher Ereignisse – der Kreuzzüge – spricht er etwas ausführlicher über die Scholastiker. Für sie sei das Denken »mit absoluter Voraussetzung behaftet« gewesen: »Das Denken erscheint also nicht als frei von sich ausgehend, sich in sich bewegend, sondern abhängig von einem gegebenen Inhalt, der spekulativ ist, aber noch die Weise des unmittelbaren Daseins in sich enthält«, also die Form der religiösen Vorstellung.

Eine ausführliche Darstellung aber überläßt Hegel »der Literaturgeschichte«, und er beschränkt sich darauf, »die Hauptmomente des äußerlichen Gangs heraus[zu]heben« (V 9.31): Er berichtet kurz über Johann Scotus Eriugena, über Anselm und Abälard, über Petrus von Navarra, Thomas von Aquin, Johannes Duns Scotus und Albertus Magnus – doch bleiben diese Berichte in der Tat äußerlich. Als »Mystiker« erwähnt er kurz Johann Charlier und Raimund von Sabunde; ausführlicher berichtet er Anekdoten über den skurrilen Scharfsinn, der sich damals des kirchlichen Lehrbegriffs bemächtigt habe. In all diesem vermag Hegel zwar »eine Ausbildung der formell logischen Wissenschaft« (V 9.45), aber nicht eine wirkliche Weiterbildung des philosophischen Gedankens zu erkennen – diese noch am ehesten im Streit zwischen Realismus und Nominalismus um das Verhältnis des Allgemeinen und des Einzelnen, in der

»Hauptfrage, ob dieses Allgemeine realiter existiere
oder ob es nur nominell sei, d. h. eine subjektive Vorstellung oder ein Gedankending.« (V 9.41)

(4) Eigentümlich ist es, daß Hegel Renaissance
und Reformation als letzte Gestalt dieser zweiten,
und nicht als Beginn der dritten Periode behandelt.
Denn die Hauptpunkte, die er hier heraushebt – die
Insistenz auf der Freiheit des Menschen, das innere
Recht der Weltlichkeit, das Wiederaufleben der antiken Philosophie, die »besonderen Individuen« des
italienischen Humanismus – könnten wohl mit besserem Recht der Neuzeit zugeordnet werden. Gleiches gilt für die Reformation, zumal Hegel sie in der
Perspektive eines prononcierten Neuprotestantismus als eine entscheidende Etappe in der Verwirklichung des »Prinzips der Subjektivität« deutet, ja als
»Beginn der Versöhnung des Menschen mit sich
selbst«: »Hier ist also das Prinzip der Subjektivität,
der reinen Beziehung auf sich selbst, der wahren
Freiheit, worauf alles andere beruht, nicht nur anerkannt; sondern es ist schlechthin gefordert, daß es
nur darauf ankomme im Kultus, in der Religion.«
»Nun ist das Gebot der christlichen Religion erst erfüllt, Gott im Geiste zu verehren. Gott, ein Geist, ist
nur unter dieser Bedingung der freien Geistigkeit
des Subjekts, denn nur diese ist es, die sich zum
Geiste verhalten kann; ein Subjekt, worin eine Unfreiheit ist, verhält sich nicht geistig, verehrt Gott
nicht im Geiste. Dies ist das Allgemeine des Prinzips.« (V 9.62 f.,65) Hegel stützt diese Sicht der Reformation vor allem auf die lutherische Abend-
mahlslehre; Aspekte, die ihr entgegenstehen – wie
etwa die Rechtfertigungslehre oder das Schriftprin-
zip –, übergeht er ebenso mit Stillschweigen wie die
bis um die Mitte des 18. Jahrhunderts so einflußreiche lutherische Orthodoxie. Er vermerkt jedoch,
daß im Zuge dieser Richtung auf »Subjektivität«
»die philosophische Entwicklung der Kirchenlehre
auf die Seite gesetzt worden« sei; »es ist in der katholischen Dogmatik viel mehr Philosophisches,
Spekulatives«; im protestantischen Lehrbegriff sei
der Inhalt »mehr in Form geschichtlicher Art gehalten, wodurch die Lehre trocken wird.« Aber gerade durch diesen Mangel sieht er wiederum die
Tendenz auf die innere Bewährung, auf das »Zeugnis des Geistes« verstärkt. Allerdings unterscheidet
Hegel diese Richtung auf »Subjektivität« von derjenigen der Philosophie: »In der protestantischen Kirche [...] hat sich das subjektive religiöse Prinzip
von der Philosophie getrennt. Aber in ihr ist es
dann auf wahrhafte Weise auch wieder auferstan-
den.« (V 9.66 f.)

9.9.7 Neuzeit

(1) Diese wahrhafte Auferstehung des »Prinzips der
Subjektivität« in der Philosophie ereigne sich erst
nach Auflösung ihrer »Einheit mit der Theologie«.
Sie erfolge aber nicht in einem Akt, sondern sie bilde
gleichsam die ›Substanz‹ der Geschichte der neuzeitlichen Philosophie. An ihrem Beginn stehe das Denken »als ein Subjektives, mit der Reflexion seines In-
sichseins, so daß es einen Gegensatz am Seienden
überhaupt hat. Das Interesse ist dann ganz allein,
diesen Gegensatz zu versöhnen, die Versöhnung in
ihrem höchsten Extrem zu begreifen, die abstrakte-
ste, höchste Entzweiung des Seins und des Denkens
zu fassen. Alle Philosophie von da an hat das Interesse dieser Einheit.« (V 9.71)

(2) Dieses Eine Interesse verfolgt die neuzeitliche
Philosophie in einer Vielzahl von Gestalten und auch
solcher Fragestellungen, die sich nicht auf den ersten
Blick als spezifische Formen ihres Kardinalproblems
erkennen lassen. Auch hier sucht Hegel wieder die
übergreifende Fragestellung mit der Abhandlung des
Details auszugleichen. Hierzu verhilft ihm die locke-
re Disposition des Stoffes. Die *Freundesvereinsaus-
gabe* gliedert dieses Kapitel – in Anlehnung an das
Kolleg 1823/24 – in drei Teile, deren einige wiederum dreifach unterteilt sind; doch in den anderen
Kollegien strukturiert Hegel seinen Stoff durch die
Hervorhebung von vier Paaren bzw. Dreiergruppen,
die teils einen Kontrast bilden, teils ein gemeinsames
Prinzip vertreten: Bacon und Böhme; Descartes und
Spinoza (und Malebranche); Locke und Leibniz (und
Wolff); Kant, Fichte und Schelling. Die anderen Phi-
losophen ordnet Hegel jeweils einer dieser dominie-
renden Gruppierungen zu.

(3) Das erste, sehr ungleiche Paar, Francis Bacon
und Jacob Böhme, der englische Lord Staatskanzler
und der deutsche Schuhmacher, fällt für Hegel noch
in die »Vorperiode der neueren Philosophie« – was
allenfalls für Bacons *De augmentis scientiarum* plausibel ist, aber nicht für sein *Novum Organum*. Hegel
tituliert ihn fast stets als den »Heerführer der Erfah-
rungsphilosophie«. Doch so abschätzig dieser Titel
scheint und auch oft gemeint ist, so respektvoll zeichnet Hegel das Bild der Philosophie Bacons: Er sei
»merkwürdig in der Geschichte der Wissenschaften
und der Philosophie«, denn er habe »eine Methode
in Rücksicht des wissenschaftlichen Erkennens und
allgemeine Prinzipien in Ansehung der Verfah-
rungsweise des Erkennens aufgestellt.« Das spekulative Erkennen könne »vornehm tun gegen dies Erkennen, aber für die wissenschaftliche Idee ist es not-

wendig, daß die Partikularität des Inhalts ausgebildet werde.« Der Erfahrungsbegriff müsse aber prägnant gefaßt werden: »Empirie ist nicht bloß Aufnehmen der Sinne, sondern geht wesentlich darauf, das Allgemeine, die Gesetze, Gattungen zu finden, und indem sie diese hervorbringt, so erzeugt sie ein solches, was dem Boden der Idee, des Begriffs angehört, in den Boden des Begriffs aufgenommen werden kann.« Und Hegel geht sogar noch einen Schritt weiter; er schreibt der Empirie eine konstitutive Funktion für die Philosophie zu: »ohne die Ausbildung der Erfahrungswissenschaften für sich hätte die Philosophie nicht weiter kommen können als sie bei den Alten gewesen ist.« (V 9.75 f.)

Hegels Stellung zu Böhme, dem »philosophus teutonicus«, ist seit seinen Jenaer Jahren unverändert: Er findet in ihm inhaltlich Verwandtes, insbesondere die Idee der Dreieinigkeit, und er sieht ihn »unendlich erhaben über das leere Abstraktum vom Unendlichen, Ewigen, höchsten Wesen usf.« Aber er stößt sich an der »Barbarei in der Ausführung«: »es ist eine barbarische Form der Darstellung und des Ausdrucks, ein Kampf seines Gemüts mit der Sprache, und der Inhalt des Kampfes ist die tiefste Idee, die die absolutesten Gegensätze zu vereinigen sucht.« Insgesamt ist er der Ansicht, man habe Böhme in der jüngsten Zeit »zuviel Ehre widerfahren lassen« – und dies richtet sich gegen Friedrich Schlegel, Schelling und Franz von Baader. Vor allem aber erfordere die Lektüre Böhmes dieselbe Voraussetzung wie die Lektüre religiöser Texte überhaupt: »Man muß mit der Idee vertraut sein, um in dieser höchst verworrenen Weise das Wahrhafte zu finden« (V 9.78–87). Zur »Philosophie der neuen Welt« kommt man »eigentlich« erst mit Descartes.

(4) Erst bei Descartes sieht Hegel den Beginn der seit den Neuplatonikern unterbrochenen »eigentlichen Philosophie«: »Hier, können wir sagen, sind wir zu Hause und können wie der Schiffer nach langem Umherirren endlich ›Land‹ rufen.« Er läßt somit das Motiv der »Heimatlichkeit« anklingen, das für ihn auch die griechische Philosophie durchzieht. Wie dort, so sieht er auch hier wieder das »freie Denken« auftreten: »Das Denken ist Prinzip; was gelten soll, gilt nur durch Denken.« Hier aber ist nicht allein die Unzertrennlichkeit von Denken und Sein, sondern auch der Primat des Denkens vor dem Sein klar ausgesprochen und methodisch begründet – sowohl in Descartes' Ausgang vom »cogito« als dem unerschütterlichen Fundament der Philosophie als auch im Gottesbeweis der 5. Meditation. Allerdings glaubt Hegel, die Descartes selbst verborgenen subjektivi-

tätsgeschichtlichen Antriebe seiner Philosophie klarer auszusprechen als ihr Autor: »es ist das Interesse der Freiheit, was zum Grunde liegt«, dieses werde jedoch von Descartes »als solches nicht herausgehoben«, sondern hinter dem Interesse an »Gewißheit« und Vermeidung des Irrtums versteckt (V 9.90–102).

Und noch in einem zweiten Punkt übt Hegel Kritik: Descartes habe die »Einheit des Denkens und Seins« wohl als Prinzip aufgestellt, doch sei er den Beweis ihrer Identität schuldig geblieben. Damit habe er jedoch der auf ihn folgenden Metaphysik das Thema vorgegeben. Auch in Spinozas Grundbegriff, im Begriff der »absoluten Substanz«, sei die »Einheit von Denken und Sein« ausgesprochen – hier allerdings ohne den Primat des Denkens und sogar in der Weise, daß alles Besondere, damit auch die individuelle Geistigkeit, als bloße Modifikation aufgefaßt und somit als etwas letztlich Unwirkliches in den Abgrund der »einen absoluten Substanz« versenkt sei – und dagegen »empört sich die Vorstellung der Freiheit des Subjekts«. Diese Empörung hält Hegel angesichts der Form des Spinozischen Systems für verständlich: »Der Geist als für sich sich unterscheidend vom Körperlichen ist substantiell, wirklich, i s t , ist nicht bloß eine Privation oder Negation. Ebenso die Freiheit i s t , sie ist nicht bloß Privation.« Lebendigkeit, Geistigkeit, Freiheit sind in der Idee selbst zu fassen – doch dies sei Spinoza nicht gelungen, und dieser Mangel seines Systems werde durch Leibniz' Prinzip der Individualität, aber auch durch Locke integriert (V 9.102–113).

(5) Der Akzent der Ausführungen Hegels über Locke und Leibniz liegt jedoch nicht auf dieser Komplementierung des Mangels des Spinozismus, sondern auf ihrer Entgegensetzung innerhalb ihrer Orientierung am Individuellen. Lockes »kurzer Gedanke« sei es, das Allgemeine aus dem Einzelnen herzuleiten, und diese Methode sei zwar einerseits »ganz richtig«, denn das Allgemeine komme später zu Bewußtsein als das Einzelne. Doch habe Locke die eigentlich wichtige Frage nach dem Status des Allgemeinen aus dem Auge verloren: »Sind diese allgemeinen Bestimmungen an und für sich wahr, und wo kommen sie nicht nur in meinem Bewußtsein, in meinem Verstande her, sondern in den Dingen selbst?« Deshalb wird hier das große Thema der Einheit von Denken und Sein nicht weiter entwickelt. Locke bleibe in einem »metaphysizierenden Empirismus« stecken – aber Hegel verbirgt sich nicht, daß dies »der Weg in den gewöhnlichen Wissenschaften« sei – und darauf beruhe Lockes große Wirkung: Es sei dieses »Philosophieren des räsonierenden Den-

kens, was jetzt allgemein geworden ist und wodurch die ganze Revolution der Stellung des Geistes hervorgegangen ist.« (V 9.116–123)

Eigentümlich ist es, daß Hegel zwar Locke und Leibniz kontrastiert, sich aber nicht am Gegensatz zwischen Lockes *Essay Concerning Human Understanding* und Leibniz' *Nouveaux Essais* orientiert. Er erwähnt zwar Leibniz' ausgebreitete wissenschaftliche und politische Wirksamkeit, auch seine *Theodizee* – »ein sehr berühmtes Werk, für uns nicht mehr recht genießbar«. Doch darüber hinaus erörtert er vor allem Leibniz' Monadologie und Lehre von der »prästabilierten Harmonie«: Durch jene stelle er Spinozas »Prinzip der absoluten Einheit« die – nur in Gott als der Monas Monadum vereinigte – »absolute Vielheit der individuellen Substanzen« entgegen, und durch diese überbrücke er die durch den Cartesischen Dualismus aufgerissene Kluft zwischen Denken und Ausdehnung (V 9.128–136).

(6) Die bisher betrachteten Gestalten rechnet Hegel im weiten Sinne zur »Metaphysik« als einer Denkform, die von allgemeinen Verstandesbestimmungen ausgeht und mit ihnen Beobachtung und Erfahrung verbindet. Er schreibt ihr zu, »die Gegensätze des Gedankens zum Bewußtsein gebracht und das Interesse auf die Auflösung des Widerspruchs gerichtet« zu haben. Doch diese Auflösung »ist gesetzt worden in Gott. Gott ist also das, in dem alle diese Widersprüche aufgelöst sind.« Damit aber sind sie als aufgelöst nur behauptet und nicht begriffen – denn hierzu hätte »die Nichtigkeit der Gegensätze und ihrer Voraussetzungen« aufgewiesen werden müssen. Deshalb falle die neuzeitliche Metaphysik hinter die griechische zurück: In jener seien zwar »die Gegensätze zum absoluten Widerspruch, also tiefer als in der alten Philosophie entwickelt, also zu etwas Höherem als in der alten.« Ihre Auflösung sei jedoch nur ins Jenseits verschoben.

Gegen diesen Rückgang auf Jenseitiges formiere sich deshalb der Versuch, feste Grundsätze zu finden, die dem menschlichen Geist immanent seien: »Ein diesseitiger verständiger Halt ist hervorgegangen, diesseitige Prinzipien sind geschöpft worden aus dem, was man gesunde Vernunft, gesunden Menschenverstand, natürliches Gefühl genannt hat«. Hier nennt Hegel die französische und die schottische Philosophie sowie die deutsche Aufklärung, und zwar sowohl auf theoretischem als auf praktischem Gebiet, auch auf dem der Religionskritik, und den herausragenden Repräsentanten dieser Richtung sieht er in David Hume, der insbesondere durch seine Kritik am Erfahrungsbegriff »den un-

mittelbaren Übergang zur Kantischen Philosophie« mache (V 9.140–146).

(7) Mit der Darstellung der neueren deutschen Philosophie – mit Kant, Jacobi, Fichte und Schelling – beschließt Hegel den langen Weg, den der Geist zurücklegt, um zu seinem Selbstbewußtsein zu kommen – denn diese Philosophie setzt am »Selbstbewußtsein« bzw. am »Ich« an, also am »Prinzip der Subjektivität«. Der Akzent seiner Darstellung liegt aber zunächst auf der ausführlichen Information über diese Entwürfe und ihren Zusammenhang – ihre wechselseitige Kritik und ihre interne Weiterbildung, von der Transzendentalphilosophie Kants über ihre konsequentere Weiterbildung durch Fichte und ihre Kritik durch Jacobi bis hin zu Schellings »Identitätssystem«.

In diesem sieht Hegel »die eigentliche Spekulation wieder emporgekommen« – allerdings mit dem Mangel, daß die Vereinigung des Gegensatzes, die »Indifferenz des Subjektiven und Objektiven vorausgesetzt wird, nicht bewiesen wird«. Und Hegel skizziert dagegen, wie dieser Beweis zu leisten sei: nämlich so, »daß das Subjektive und das Objektive jedes für sich untersucht würde in seinen logischen Bestimmungen [...], woraus sich dann ergeben müßte, daß das Subjektive dies ist, sich zu verwandeln, nicht subjektiv zu bleiben, sondern sich objektiv zu machen, und das Objektive dies ist, nicht so zu bleiben, sondern sich subjektiv zu machen.« »Aber die Betrachtung des Logischen ist es, wozu Schelling in seiner Darstellung nicht gekommen ist« – und allein durch sie werde die Identität von Subjekt und Objekt, von Denken und Sein als Wahrheit erkannt. Doch trotz dieser Kritik bleibt für ihn Schelling »die letzte interessante, wahrhafte Gestalt der Philosophie« (V 9.182,184,188) – eine Hochschätzung, die angenehm mit dem unausgesetzten Bemühen des späten Schelling kontrastiert, Hegels Philosophie nicht allein zur »Episode« herabzusetzen, sondern sie allenthalben zu diffamieren (SW I/10.126–161).

(8) Im Modus dieser Kritik an Schelling deutet Hegel an, wie die richtige Vermittlung des Gegensatzes zu konzipieren sei – aber er unterläßt es, seine eigene Philosophie als die glückliche Auflösung aller Rätsel der Philosophiegeschichte zu präsentieren. Statt dessen rekapituliert er kurz die Hauptmomente ihres Ganges, von der »Idee« der klassischen griechischen Philosophie über die »konkrete Idee im Neuplatonismus« bis zur Erfassung des Absoluten als »Geist, als die sich wissende Idee«. Die wahre Auflösung und Versöhnung des Gegensatzes des Subjektiven und Objektiven sieht er in der »Einsicht, daß

dieser Gegensatz, auf seine absolute Spitze getrieben, sich selbst auflöst«, und »das ewige Leben dieses ist, diese Gegensätze ewig zu produzieren und ewig in Identität zu setzen« – allerdings nicht, wie es nach dieser Formulierung scheinen könnte, in einem letztlich bewegungslosen Spiel, sondern in einer Reihe geistiger Gestaltungen, die notwendig aus einander hervorgehen und keineswegs in eine leere Unendlichkeit weiterlaufen.

Es wäre grotesk, Hegel zu unterstellen, er habe das ›Ende der Philosophiegeschichte‹ so verstanden, als gebe es nach ihm keine Philosophie mehr, und die Reihe der geistigen Gestaltungen werde mit ihm abbrechen. Sein Schüler v. Griesheim überliefert hier sogar den Satz, »die Reihe der geistigen Gestaltungen ist für jetzt damit geschlossen.« Doch andererseits markiert dieses »für jetzt« – falls Hegel so formuliert haben sollte – kein beliebiges Jetzt. Es ist für Hegel fraglos ein ausgezeichneter Punkt, nämlich der Zeitpunkt, an dem die innere Struktur und Bewegung der gesamten Philosophiegeschichte erkannt wird, und zwar nicht durch eine voreilige Antizipation eines künftigen Endzustands, sondern durch den Rückblick auf ihren Verlauf, von ihren Anfängen bis in Hegels Gegenwart.

Diesem Rückblick erschließt sie sich als die Arbeit des Geistes – und zugleich als das Innerste der Weltgeschichte, die ja, als Geschichte, immer schon die Struktur selbstbezüglicher Erkenntnis hat. »Tantae molis erat se ipsam cognoscere mentem« (W XV.685) – so formt Hegel den auf die Gründung Roms bezogenen Vers aus Vergils *Aeneis* (I,33) um. Und diese Arbeit, und durchaus harte Arbeit des Geistes bezeichnet er im gleichen Kontext als »das Leben des Geistes selbst«, aber auch – wohl noch mit Worten seiner Jenaer Vorlesung – nicht allein als mühselige Entwicklung, sondern als den »Kampf des endlichen Selbstbewußtseyns mit dem absoluten Selbstbewußtseyn, das jenem außer ihm erschien« (W XV.689). Die Weltgeschichte und als ihr Innerstes die Geschichte der Philosophie stellten diesen Kampf dar, und wo er aufhöre, seien sie am Ziel.

Kollegien: 1805/06; 1816/17; 1817/18; 1819; 1820/21; 1823/24; 1825/26; 1827/28; 1829/30; 1831/32 (angefangen, fortgeführt durch C. L. Michelet). – **Erstdruck:** W₁ bzw. ₂ XIII–XV. – **Text: a) Manuskripte:** GW 18.33–111; V 6.1–81. – **b) Nachschriften:** W XIII–XV; GW 30/1–5 (Voredition: V 6–9). – **Quellen:** Moses Maimonides: Doctor perplexorum […]. Basileae 1629; John Locke: An Essay Concerning Human Understanding. 2 Bde. London ⁸1721; Gottfried Wilhelm Leibniz: Nouveaux Essais, in: OEuvres philosophiques latines & françoises. Hg. von Rud. Eric Raspe. Amsterdam / Leipzig 1765; Jakob Brucker: Historia critica philosophiae a mundi incunabulis ad nostram usque aetatem deducta. 4 Bde. Lipsiae 1742–1744; Dietrich Tiedemann: Geist der spekulativen Philosophie. 6 Bde. Marburg 1791–1797; Johann Gottlieb Buhle: Lehrbuch der Geschichte der Philosophie. 8 Bde. Göttingen 1796–1804; Wilhelm Gottlieb Tennemann: Geschichte der Philosophie. 11 Bde. Leipzig 1798–1819; Buhle: Geschichte der neuern Philosophie seit der Epoche der Wiederhestellung der Wissenschaften. 6 Bde. Göttingen 1800–1804; Henry Thomas Colebrooke: On the Philosophy of the Hindus. In: Transactions of the Royal Asiatic Society of Great Britain and Ireland. Vol I. London 1824, 19–43, 92–118, 439–466, 549–579. – **Literatur:** Lutz Geldsetzer: Die Philosophie der Philosophiegeschichte im 19. Jahrhundert. Zur Wissenschaftstheorie der Philosophiegeschichtsschreibung und -betrachtung. Meisenheim 1968; Werner Beierwaltes: Platonismus und Idealismus. Frankfurt am Main 1972; Joseph O'Malley, Keith W. Algozin, Frederick G. Weiss (Hg): Hegel and the History of Philosophy. Den Haag 1974; Klaus Düsing: Hegel und die Geschichte der Philosophie. Ontologie und Dialektik in Antike und Neuzeit. Darmstadt 1983; Hans-Christian Lucas / Guy Planty-Bonjour (Hg.): Logik und Geschichte in Hegels System. Stuttgart-Bad Cannstatt 1989; Petra Kolmer: Philosophiegeschichte als philosophisches Problem. Kritische Überlegungen namentlich zu Kant und Hegel. Freiburg / München 1998; Jens Halfwassen: Hegel und der spätantike Neuplatonismus. Untersuchungen zur Metaphysik des Einen und des Nous in Hegels spekulativer und geschichtlicher Deutung. HSB 40 (1999); Jaeschke: Die Philosophie (§§ 572–577). In: Hegels Enzyklopädie, hg. Schnädelbach (2000), 375–466; David A. Duquette (Hg.): Hegel's History of Philosophy. New Interpretations. Albany 2003; Dietmar H. Heidemann / Christian Krijnen (Hg.): Hegel und die Geschichte der Philosophie. Darmstadt 2007.

9.10 Beweise vom Dasein Gottes

9.10.1 Überlieferung

(1) Hegels »Vorlesungen über die Beweise vom Daseyn Gottes« bilden in mehrfacher Hinsicht einen Sonderfall im Zusammenhang seiner Lehre. Während alle anderen Vorlesungen einzelnen Disziplinen seines »Systems« gewidmet sind, erörtern seine Vorlesungen »de existentia Dei demonstrationibus« vom Sommer 1829 ein spezielles Problem, das Beziehungen sowohl zur Logik als auch zur Religionsphilosophie aufweist. Die ersten Herausgeber – Konrad Philipp Marheineke und Bruno Bauer – haben sie indessen der Edition der religionsphilosophischen Vorlesungen angehängt, weil Hegel ohnehin in deren Kontext über die Gottesbeweise gehandelt hat.

Im Sommer 1829 unterbricht Hegel seinen gewohnten Turnus von zwei vier- bis fünfstündigen Vorlesungen, und zwar, wie er in anderem Zusammenhang gegenüber dem preußischen Kultusminister v. Altenstein ausführt, »infolge meiner geschwächten Gesundheit und um für die Bearbeitung einer neuen Ausgabe meiner Wissenschaft der Logik die nötige Muße zu gewinnen« (16.5.29). Zu diesem Zweck hätte Hegel auch eine der früheren Vorlesungen wiederholen können, statt eine neue Vorlesung zu konzipieren, doch trägt er die Gottesbeweis-Vorlesung nur einstündig vor, so daß hierdurch eine zeitliche Entlastung eintritt.

(2) Anders als bei den bisher besprochenen Disziplinen handelt es sich bei der Quelle zu den »Vorlesungen über die Beweise vom Daseyn Gottes« nicht um studentische Vorlesungsnachschriften (gegebenenfalls verbunden mit Fragmenten von Vorlesungsmanuskripten Hegels), sondern – soweit wir durch die Korrespondenz der früheren Herausgeber wissen – um eine heute verschollene »Reinschrift« Hegels – und damit um den, abgesehen von seinen Publikationen, umfangreichsten, wenn auch fragmentarischen Text aus Hegels Feder.

Leider lassen sich nicht alle Fragen zum Status dieses Textes und zu seiner Entstehung mit Gewißheit beantworten. Sein erster Herausgeber, Marheineke, berichtet: »Die Schrift von den Beweisen des Daseyns Gottes, von ihm selbst eigenhändig verfaßt und in Vorlesungen, die er darüber in einem Sommer öffentlich gehalten, abgetheilt, aber unvollendet gelassen, dachte er noch im Laufe des letzteren Winters vollends auszuarbeiten, als ihn wenige Tage nachher, da er eben mit der Verlagshandlung dieser seiner Werke deshalb Rücksprache genommen, der Tod hinwegriß.« Die Publikationsabsicht ist auch durch einen Bericht Marie Hegels (GW 21.403) und durch den – auf den »1 Oktober 1831.« datierten – Verlagsvertrag belegt (GW 18.395–399).

(3) Demnach scheint Hegels Manuskript für die Vorlesung im Sommer 1829 entstanden zu sein, und es weist auch zahlreiche Merkmale der Diktion auf, die es als Vorlesungsmanuskript qualifizieren – u. a. die Eingangsüberlegung über die Lehrgegenstände dieses Semesters, die Rückverweise auf Früheres (statt auf »oben« bzw. »unten«), ferner die traditionelle Schlußwendung »Geschlossen am 19. August 1829.« und die Abteilung in die sechzehn Vorlesungen dieses Sommersemesters. Andererseits sind die einzelnen Vorlesungen in sehr unterschiedlichem Umfang ausgearbeitet, und zudem bezieht Hegel sich mehrfach auf seinen Text als auf eine »Abhandlung« – was für ein Vorlesungsmanuskript sehr unwahrscheinlich ist.

(4) Man kann die kontrastierenden Deutungen – Vorlesungsmanuskript oder Abhandlung – durch zwei Annahmen mit einander zu verbinden suchen: (1) Hegel hat bereits seiner Vorlesung von 1829 ein für den Druck bearbeitetes Manuskript zu Grunde gelegt, das aber zugleich wichtige Merkmale eines Vorlesungsmanuskripts aufweist, und (2) er hat dieses Manuskript im Sommer 1831 im Blick auf die Publikation überarbeitet – wodurch sich die einschlägigen Merkmale erklärten. Dann allerdings hätte sein Manuskript Spuren dieser Überarbeitung aufweisen müssen, während in der Korrespondenz von einer »Reinschrift« die Rede ist (GW 18.396). Man müßte somit eine weitere Annahme einfügen, daß Hegel (3) zumindest den Anfang seines Manuskripts überarbeitet und zugleich in eine Reinschriftfassung gebracht habe, die jedoch den Vorlesungscharakter bewahrt und noch die ursprüngliche Schlußwendung enthalten habe – doch dies erscheint als unbefriedigendes Hypothesengeflecht.

Zudem widersprechen sich die sekundären Zeugnisse: Während Marheineke schreibt, die Schrift von den Gottesbeweisen »dachte er noch im Laufe des letzteren Winters auszuarbeiten« (GW 18.395), berichtet Marie Hegel, ihr Mann »arbeitete« im Sommer 1831 an der Ausarbeitung dieses Manuskripts für den Druck. Allerdings nennt sie hier auch noch weitere Projekte, die zu diesem Zeitpunkt schon publiziert waren: »Rezensionen über Ohlert und Gans [vermutlich verlesen für: Görres] – einen Aufsatz über die Reform-Bill« (GW 21.403). Allenfalls an der Görres-Rezension (s. Kap. II.8.7.8) kann Hegel im Sommer 1831 noch gearbeitet haben. Eine sichere Entscheidung über den Charakter der Gottesbeweis-Schrift und den Zeitpunkt ihrer Abfassung läßt sich deshalb nicht treffen.

(5) Noch weniger ist dies für die Datierung des Fragments »Zum kosmologischen Gottesbeweis« möglich. Es handelt sich bei ihm wohl nicht um ein Vorlesungsmanuskript, sondern um das Fragment einer Abhandlung, die auch die anderen Gottesbeweise und sogar die Religionen umfaßt hat. Wegen der großen, fast etwas schülerhaften Nähe zu Kants Text dürfte es aus früherer, vielleicht aus der Nürnberger Zeit stammen. In ihr behandelt Hegel die Gottesbeweise ja im Unterricht, und er erwähnt damals auch ein derartiges Projekt (GW 18.400–402).

9.10.2 Stellung im System

(1) Einen ersten Hinweis auf eine geplante Schrift über die Gottesbeweise gibt Hegel in der *Wissenschaft der Logik*, im Kontext der Kritik an früheren, unzureichenden Gestalten der Gottesbeweise: »Ich er

spare es jedoch auf eine andere Gelegenheit, den vielfachen Mißverstand, der durch den logischen Formalismus in den ontologischen, so wie in die übrigen sogenannten Beweise vom Daseyn Gottes gebracht
worden ist, wie auch die Kantische Kritik derselben
näher zu beleuchten, und durch Herstellen ihrer wahren Bedeutung die dabey zu Grunde liegenden Gedanken in ihren Werth und Würde zurückzuführen.«
(GW 12.129) Diese Ankündigung kann sich nicht auf
die Bemerkungen in der *Enzyklopädie* beziehen, da
Hegel zur Zeit der Niederschrift seiner Ankündigung, einige Monate, bevor sich ihm die Chance zum
Wechsel nach Heidelberg eröffnet hat, noch keine
Ausgabe der *Enzyklopädie* geplant hat.

Hier wie auch insbesondere in seiner Eingangs-
bemerkung stellt Hegel die Gottesbeweise insgesamt
– und nicht allein den ontologischen – in den Kontext der Logik: Er habe einen Gegenstand gewählt,
der mit der Logik-Vorlesung dieses Sommers »in
Verbindung stehe, und eine Art von Ergänzung zu
dieser, nicht dem Inhalte, sondern der Form nach,
ausmache, indem derselbe nur eine eigenthümliche
Gestalt von den Grundbestimmungen der Logik ist«.
Damit ist aber die Beziehung zwischen den Gottesbeweisen und der Religionsphilosophie nicht dementiert, denn inhaltlich gesehen gehören die Gottesbeweise zur Religionsphilosophie. Hierdurch entsteht der Eindruck, als gehörten die Gottesbeweise
formal zur Logik und inhaltlich zur Religionsphilosophie – doch Hegel modifiziert diesen Eindruck:
Es werde sich zeigen, daß die Religionsphilosophie,
»insofern sie eine wissenschaftliche ist, und das Logische nicht so auseinanderfallen, wie es nach dem ersten Scheine unseres Zweckes das Ansehen hat, daß
das Logische nicht bloß die formelle Seite ausmacht,
sondern in der That damit zugleich im Mittelpunkte
des Inhalts steht.« (GW 18.228)

(2) Hegel ist sich wohl bewußt gewesen, daß seine
Vorlesungen ›unzeitgemäße Betrachtungen‹ seien:
Die Gottesbeweise hätten allen Kredit verspielt, ja sie
seien in Verruf geraten, und nicht etwa allein wegen
des Kantischen Erweises ihres Scheiterns, sondern
weil sie der vormaligen Metaphysik angehörten, »aus
deren dürren Oeden wir uns zum lebendigen G l a u -
b e n zurückgerettet, aus deren trockenem Verstande
wir zum w a r m e n G e f ü h l e der Religion uns wieder erhoben haben.«

Es ist jedoch eben diese Entgegensetzung von
Denken und Gefühl, die Hegel mit seinen Vorlesungen überwinden will. Die Gottesbeweise seien »aus
dem B e d ü r f n i s s e , d a s D e n k e n , d i e V e r -
n u n f t z u b e f r i e d i g e n , hervorgegangen«. Und

bereits am Ende der ersten Vorlesung gibt er den »allgemeinen Sinn« an, in dem er sein Thema behandeln
will: daß nämlich die Gottesbeweise »d i e E r h e -
b u n g d e s M e n s c h e n g e i s t e s z u G o t t enthalten und dieselbe f ü r d e n G e d a n k e n ausdrücken
sollen, wie die Erhebung selbst eine Erhebung des
Gedankens und in das Reich des Gedankens ist.«
(GW 18.229,234) In der *Enzyklopädie* drückt Hegel
denselben Gedanken so aus, daß »diese Beweise ganz
nur den Gehalt und Inhalt jenes Gefühls ausdrücken«, nämlich »die Erhebung des etwa fühlenden
Geistes zu Gott« (³§ 398).

Hegel legt seine Vorlesungen sehr breit an; er handelt über das Beweisen (II), über Vermittlung und
Unmittelbarkeit (III), über das Gefühl (IV), über das
Erkennen Gottes (V), über die Differenz zwischen
metaphysischen und sonstigen Gottesbeweisen (VI),
vom Gottesbegriff der natürlichen Theologie (VII),
über die Vielheit der Gottesbeweise (VIII) und über
die – schon von Kant her bekannte – Systematik der
Gottesbeweise (IX). Erst von Vorlesung X ab geht er
auf den kosmologischen Gottesbeweis ein, den er
spezifischer als Beweis »ex contingentia mundi« einführt, und erst hier berühren seine Ausführungen das
Gebiet der Logik. Vorlesung XI betrachtet näher den
»Schluß von der Zufälligkeit der Welt auf ein absolut-
nothwendiges Wesen derselben«; Vorlesung XII
knüpft an diesen Begriff der absoluten Notwendigkeit
an – und »absolut heißt sehr häufig nichts weiter als
a b s t r a k t «, »absolute Nothwendigkeit« also »abstrakte Nothwendigkeit«. Vorlesung XIII geht näher
auf den Beweisgang des Kontingenzbeweises ein, auf
die Folgerung: »w e i l das Eine, das Zufällige, e x i s -
t i r t , i s t , so ist das A n d e r e , das absolut-Nothwendige« – und Hegel erinnert hier an den Protest
Jacobis, daß der Versuch, Gott zu erkennen, das Unbedingte zu einem Bedingten, Abgeleiteten mache
(vgl. JWA 1.258). Es ist ein Unding, vom »Seyn« des
Endlichen zum »Seyn« des Unendlichen übergehen
zu wollen. Denn hierbei wird das Endliche als »absolut« gesetzt, das Zufällige vom absolut-Notwendigen
getrennt und somit selbst zum Notwendigen erhoben. Vorlesung XIV exponiert in kritischer Absicht
diesen »Dogmatismus der absoluten Trennung des
Endlichen und Unendlichen« – und wiederum mit
Blick auf Jacobi: Wenn man Endliches und Unendliches so isoliert nebeneinander hinstellt, ist freilich
kein »Uebergang« vom einen zum anderen möglich,
sondern allein ein »S p r u n g « (vgl. JWA 1.30,20).
Vorlesung XV vertieft die »spekulative Betrachtung«,
indem sie »das Zufällige an ihm selbst in seiner Auflösung erkennt«, und Vorlesung XVI betrachtet das

»Resultat«: »das absolut-nothwendige Wesen« – aber damit sind die Beweise nicht etwa an ihrem Ziel angelangt, da »Wesen« »weder Subjekt, noch
weniger Geist« ist und somit »diese Bestimmung für
unsere Vorstellung Gottes nicht hinreicht«. Zur Veranschaulichung führt Hegel an, wie sich der Begriff
der absoluten Notwendigkeit in »konkreteren Gestalten« der Religionsgeschichte darstellt. Die spezifische
religiöse Ausformung des Begriffs der absoluten Notwendigkeit findet Hegel im Pantheismus – und Hegel
wiederholt hier seine bekannte Kritik der gewöhnlichen Vorstellung des Pantheismus (vgl. GW 19.8–
10); dann geht er über zur philosophischen Form dieses Standpunkts, zu den »Systemen der Substantialität«, die Gott als das Eine oder als »das
Seyn in allem Daseyn« bestimmen (vgl. JWA 1.39),
als die »absolute Substanz« oder als »causa sui« – und
auch diese Begriffe sind durch die Vermittlung Jacobis vorgegeben.

(3) Die »Vorlesungen über die Beweise vom Daseyn Gottes« münden somit in eine detaillierte Auseinandersetzung mit Jacobi; der Name »Kant«, aber
auch die spezifisch Kantische Kritik des kosmologischen Beweises, kommen in ihnen gar nicht vor. Hegels Kritik zielt auf Jacobi, da dieser die Wendung der
Zeit zum »Glauben« und »Gefühl« eingeleitet hat.
Und so zeigt er an Jacobi auf, wie dieser, »der Anfüh-
rer der Parthei des unmittelbaren Wissens,
des Glaubens, der den Verstand so sehr verwirft,
indem er Gedanken betrachtet, über den bloßen Verstand nicht hinauskommt.«

An dieser Stelle enden Hegels Vorlesungen – und
trotz der Schlußformel »Geschlossen am 19. August
1829.« ist dieses Ende nicht ein Abschluß, sondern ein
Abbrechen. Schon die Bemerkungen über Aristoteles,
Parmenides und Spinoza in den letzten Partien der
Vorlesung XVI wirken weit weniger durchgearbeitet
als das Vorhergehende; sie bilden wohl nicht einmal
den Abschluß der Behandlung des kosmologischen
Beweises – und zur Abhandlung des teleologischen
oder gar des ontologischen Beweises ist Hegel hier ohnehin nicht mehr gekommen. Er handelt sie zwar in
seinen religionsphilosophischen Vorlesungen ab, jeweils im Kontext der »metaphysischen Begriffe« der
Stufen der Religionsgeschichte (V 4/5) – doch diese
Ausführungen haben einen völlig anderen Charakter.

(4) Eckermann berichtet, er habe Goethe erzählt,
daß Hegel ein »Kollegium über den Beweis des Da-

seins Gottes« gelesen habe, und »Goethe stimmte
mir bei, daß dergleichen Vorlesungen nicht mehr an
der Zeit seien.« (HBZ 402) Demnach hätte Goethe –
wie viele nach ihm – vom bloßen Titel des Kollegs geschlossen, daß Hegel eine Wiederbelebung der Gottesbeweise der vorkritischen theologia naturalis beabsichtigt habe – und dies gleichsam am Vorabend
der Juli-Revolution in Frankreich. Doch nichts trifft
weniger zu als eine solche Ansicht. Hegel erinnert an
den Sinn der traditionellen Gottesbeweise, an die
Notwendigkeit einer »denkenden Erhebung« zu
Gott, an Stelle des Verzichts seiner Zeitgenossen auf
das begreifende Denken und ihres Rückzugs in den
»lebendigen Glauben« und das »warme Gefühl« (GW 18.229). Diese »denkende Erhebung«
muß sich jedoch von der Verstandesform der vormaligen Metaphysik befreien; sie muß sogar – wie
Hegel in seiner Auseinandersetzung mit Jacobi zeigt
– die fixen Verstandesgegensätze von Endlichem und
Unendlichem überwinden, in denen sich der »absolute Inhalt« in der Tat nicht fassen läßt, und sie muß
das Verhältnis von Begriff und Realität, von Denken
und Sein nach den Vorgaben der *Wissenschaft der
Logik* und der »Vorlesungen über die Geschichte der
Philosophie« neu bestimmen. Diese Veränderungen
sind nicht weniger revolutionär als Kants Kritik der
Gottesbeweise, die ja die Begriffe des Endlichen und
Unendlichen und selbst den Gedanken eines persönlichen Gottes nicht tangiert. Sie dementiert lediglich,
daß sich das Dasein eines solchen Gottes begrifflich
erweisen lasse; Hegels Kritik hingegen dementiert
den Begriff eines solchen Gottes. – In den Auseinandersetzungen, die in der ersten Phase seiner Wirkungsgeschichte, im Vormärz, geführt worden sind,
ist dies wohlbekannt gewesen.

Kolleg: 1829. – **Erstdruck:** W₁ XII.289–483, W₂ XII.357–
553. – **Text: a) Sekundäre Überlieferung:** GW 18.228–336;
b) Nachschriften: Hegel: Vorlesungen über die Beweise
vom Dasein Gottes. Hg. von Georg Lasson. Hamburg
¹1930, ND 1973, 1–72 (Nachschrift Werner); künftig GW
29. – **Literatur:** Dieter Henrich: Der ontologische Gottesbeweis. Tübingen 1960; Wolfgang Cramer: Gottesbeweise
und ihre Kritik. Prüfung ihrer Beweiskraft. Frankfurt am
Main 1967; Michael Theunissen: Hegels Lehre vom absoluten Geist als theologischpolitischer Traktat. Berlin 1970;
Harald Knudsen: Gottesbeweise im deutschen Idealismus.
Die modaltheoretische Begründung des Absoluten dargestellt an Kant, Hegel und Weiße. Berlin / New York 1972;
Jan Rohls: Theologie und Metaphysik: Der ontologische
Gottesbeweis und seine Kritiker. Gütersloh 1987.

III Schule

1 Zur Situation der Philosophie im frühen Vormärz

1.1 Das Epochenbewußtsein

(1) Die Juli-Revolution beseitigt zwar die Restauration in Frankreich, doch bewirkt sie darüber hinaus nur in sehr geringem Umfang gesellschaftliche Veränderungen – und naturgemäß noch weniger in den damaligen deutschen Staaten. Gleichwohl ist die auf sie folgende Epoche des »Vormärz« auch in Deutschland durch einen signifikanten Wandel des Bewußtseins geprägt. Er entspringt sicherlich nicht allein dieser politischen Wurzel – der Hoffnung oder auch der Befürchtung, daß auch in Deutschland die Tage der Restauration gezählt seien –, sondern mehr noch dem sozialen Wandel in Folge der zwar erst geringfügigen, aber doch fortschreitenden Industrialisierung. Ihm korrespondiert ein Wandel auch auf geistigem Gebiet, und dieser wird zusätzlich durch einen Generationsbruch verstärkt: Mit dem Ableben Hegels (1831), Goethes (1832), Schleiermachers (1834) und Wilhelm v. Humboldts (1835) tritt innerhalb weniger Jahre eine Generation ab, in der sich für eine lange Periode der »Geist der Zeiten« ausgesprochen hat. Mit dem Ableben der Repräsentanten dieses Geistes endet die Zeit der Klassischen Deutschen Philosophie und zugleich – wie Heinrich Heine unmittelbar und nun nicht ohne Bedenklichkeit konstatiert – die »goethesche Kunstperiode« (s. Kap. II.9.7.4.3).

Philosophiegeschichtlich wird dieser Epochenbruch heute mit den Titeln »Ende der Metaphysik« oder gar »Zusammenbruch des deutschen Idealismus« mehr plakativ bezeichnet als begriffen. Unter dem Druck des damals auch in Deutschland beginnenden frühindustriellen Zeitalters, der gravierenden sozialen Folgen und der raschen Entwicklung der empirischen Wissenschaften scheinen die metaphysischen Systeme wie Kartenhäuser in sich zusammengefallen zu sein. Doch diese vermeintlich plausible Deutung retrojiziert nur die Distanz des heutigen Denkens zur Klassischen Deutschen Philosophie in das Bewußtsein dieser Jahre. Dem historischen Rückgang bietet sich nicht allein ein erheblich differenzierteres, sondern ein partiell sogar entgegengesetztes Bild der damaligen Bewußtseinslage.

Dem geläufigen Mißverständnis liegt eine Vermischung des philosophiegeschichtlichen Epochenbegriffs und des qualitativen Begriffs des »Vormärz« zu Grunde – ähnlich wie sie auch in der Vermischung des Epochenbegriffs des »Deutschen Idealismus« und eines qualitativen Begriffs der damaligen idealistischen Philosophie zu beobachten ist. »Vormärz« bezeichnet zunächst die Epoche zwischen der Juli-Revolution in Frankreich von 1830 und der gescheiterten Märzrevolution von 1848, sodann aber in einem qualitativen Sinn das spezifisch »revolutionäre«, die Märzrevolution vorbereitende Denken insbesondere der Junghegelianer und der an sie anschließenden frühen Schriften von Marx und Engels aus den 1840er Jahren. Indem sich jedoch das Interesse der gegenwärtigen Philosophie vor allem auf diesen Strang des Denkens richtet, wird die – im qualitativen Sinne – »vormärzliche« Philosophie mit der Philosophie des Vormärz insgesamt gleichgesetzt – als ob jene für diese charakteristisch sei oder sie gar insgesamt ausfüllte. Demgegenüber treten die anderen – und keineswegs marginalen, sondern damals sogar dominanten philosophischen Strömungen nicht allein in den Hintergrund; sie geraten in Vergessenheit. Doch die Philosophie des Vormärz (im Sinne des Epochenbegriffs) ist nur zum geringsten Teil eine »vormärzliche« Philosophie (im qualitativen Sinne). Das geläufige, durch die Fixierung auf den »revolutionären Bruch im Denken des 19. Jahrhunderts« bestimmte, von Karl Löwith geprägte Bild ähnelt deshalb eher einer Karikatur als einer adäquaten Darstellung der Philosophie des Vormärz insgesamt.

(2) Ebenso charakteristisch wie das Bewußtsein, daß eine Epoche zu Ende gegangen sei, ist für eine der damaligen Gruppierungen die Empfindung, zwar nicht mehr in der alten, aber auch nicht schon in einer neuen Epoche zu leben, sondern vielmehr – mit dem eschatologischen Topos – »zwischen den Zeiten« (Gedö 1995). Der »alte Aeon« ist zu Ende gegangen, aber der »neue«, geahnte, ist allenfalls in Umrissen sichtbar und noch nicht wirklich angebrochen. Statt dessen herrscht Unentschiedenheit – eine diffuse Mischung aus anachronistischem, abgelebtem Alten und einem Neuen, das seine eigentümliche Gestalt noch nicht herausgebildet hat.

(3) Dieser Ausdruck der Unsicherheit spricht sich insbesondere in der Literatur dieser beiden Jahr-

zehnte bis zur gescheiterten Revolution von 1848 aus – bei Heine, Börne und im »Jungen Deutschland« – und dies heißt zugleich: Er entspricht dem Lebensgefühl einer literarisch zwar bemerkenswerten, zahlenmäßig aber verschwindend geringen und nicht sonderlich einflußreichen, sondern in die Isolation oder gar Emigration abgedrängten Gruppierung. Repräsentativ für das damalige Bewußtsein ist hingegen die Reaktion auf die politischen und gesellschaftlichen Veränderungstendenzen und die durch sie erzeugte Ungewißheit: die Abwendung von einer auf Freiheit und Vernunft, also auf den »Gedanken« gegründeten Ordnung, vom politischen Vertragsdenken wie vom theologischen Rationalismus, und die Rückwendung zum als fest Geglaubten, zum »Positiven«, und zwar sowohl im politischen als insbesondere im religiösen Leben. Von dieser breiten Strömung der Reaktion auf die Revolution von 1789 und – in geringerem Maße – von 1830 konnten sich die damaligen restaurativen Kräfte in Politik und Religion getragen wissen.

(4) Hegels Schüler haben weder dieses noch jenes Lebensgefühl geteilt, trotz der späteren Nähe ihres ›konservativen‹ Flügels zu Restauration, Orthodoxie und Pietismus und ihres ›progressiven‹ Flügels zum »Jungen Deutschland«. Die Hegel-Schule ist sich zwar ebenfalls des Epochenbruchs bewußt, doch begreift sie ihn teils als Differenz zwischen der Grundlegung von Prinzipien und der Ausarbeitung des Details, bis hin zur Popularisierung (Michelet 1841, 5 f.), teils unter dem Modell von begrifflicher ›Vollendung‹ und ›Realisierung des Begriffs‹, von Verwirklichung oder »Ver-Weltlichung« des geistigen Prinzips, und zwar im doppelten Sinne einerseits seiner systematischen Ausarbeitung, andererseits seiner Einbildung in die bestehende Wirklichkeit – also gemäß dem so beharrlich ignorierten Modell, das Hegel in seinen geschichts- und religionsphilosophischen Vorlesungen (s. Kap. II.9.6.6, 9.8.7) entwirft. Von ihm aus begreift sich leicht der spätere Übergang zu einer »Philosophie der Tat« (Stuke 1963) und zur Losung, die Welt »zu v e r ä n d e r n« (MEW 3.7).

Aus dem gleichen Grunde ist es verständlich, daß diese Zeit der »Verwirklichung« auch die entscheidende Etappe der Wirkungsgeschichte Hegels bildet. Wie die Epoche der Genese und der systematischen Ausbildung der Hegelschen Philosophie, so läßt sich auch ihre unmittelbare Wirkungsgeschichte, ihre »Urgeschichte« im Sinne Franz Overbecks, durch Revolutionen begrenzen: Sie beginnt kurz nach der französischen Juli-Revolution von 1830 und dauert bis zur gescheiterten deutschen Revolution von 1848. Erst in deren Gefolge wird den Nachwirkungen der Klassischen Deutschen Philosophie auch durch administrative Maßnahmen der Boden entzogen. Zwischen diesen Revolutionen aber sind die philosophischen Auseinandersetzungen in Deutschland großenteils Auseinandersetzungen um Hegels Philosophie – um ihren Philosophiebegriff wie um ihr Potential, die mit Hegels Tod angebrochene neue Epoche zu gestalten.

1.2 Die »Freundesvereinsausgabe« als Basis der Wirkungsgeschichte

(1) Mit Hegels Tod beginnt eine neue und die entscheidende Phase im langen und heftigen Streit um seine Philosophie – in einem Streit ähnlich dem »über den Leichnam Mosis zwischen dem Erzengel und Satanas«, wie Jacobi, angeregt durch Goethe, einmal im Blick auf den Streit um die Lehre des Spinoza formuliert (JWA 1.91,119). Der Beginn dieses Streits um seine Philosophie mag durch Hegels unerwarteten Tod mit bedingt sein, durch das Bedürfnis, den Diskussionszusammenhang fortzusetzen, den das plötzliche Abbrechen seines Lebens zerrissen hat. Er mag aber auch damit zusammenhängen, daß eine Philosophie, die so prononciert den allgemeinen Charakter der Zeit auszusprechen und zu verwirklichen, nämlich »ihre Zeit in Gedanken zu fassen« sucht (s. Kap. II.8.1.2), in herausgehobener Weise zum Gegenstand der gedanklichen Selbstverständigung der Zeitgenossen wird.

Entscheidend aber dürfte etwas anderes sein: Anders als das Werk Kants, Fichtes und Schellings hat Hegels Philosophie zu seinen Lebzeiten nur geringe öffentliche Aufmerksamkeit und Auseinandersetzung erfahren. Ihre eigentliche Wirkungsgeschichte setzt erst postum ein, wiederum im Kontrast zu den genannten nächst verwandten Philosophen. Die *Phänomenologie* wie auch die *Wissenschaft der Logik* sind erst nach dem Verstummen der philosophischen Streitkultur der frühen Jahre der Klassischen Deutschen Philosophie (um 1801) erschienen. Kant, Reinhold und Fichte sind damals teils verstorben, teils nehmen sie an den öffentlichen Auseinandersetzungen nicht mehr teil, ebenso wie Schelling, der sich fast durchgängig in Schweigen hüllt und sich nur noch 1812 zur Replik auf Jacobi provozieren läßt (SW I/8.19–136). Die problematische politische Situation hat die Rezeption sicherlich ebenfalls beeinträchtigt, und fraglos auch der Schwierigkeitsgrad dieser Werke. Sogar die *Grundlinien der Philosophie des Rechts* haben zwar einige Angriffe in Rezensionen, aber keine philosophische Debatte ausgelöst. Entgegen den verbreiteten Legenden, die Hegel zum philosophischen Imperator seines Zeitalters stilisieren, hat sich seine Wirkung zu seinen Lebzeiten auf seinen Hörsaal beschränkt, mit Ausstrahlung lediglich auf Halle – und selbst in Berlin ist sie nur partiell gewesen.

Die fruchtbare Phase der Rezeptionsgeschichte der Philosophie Hegels beginnt erst mit Verzögerung, nach seinem Tod – in der Phase, die seine Schüler gemäß seinem Modell als die Phase der Verwirklichung des Geistigen aufgefaßt haben. Sie hat das Bild seiner Philosophie weitgehend geprägt, das, mit den bekannten Schablonen und Frontstellungen, gleichsam zu einem integralen Moment dieser Philosophie selbst geworden ist, mit erheblichen Folgen für ihre Rezeption bis in die Gegenwart. Entgegen den Absichten von Kritikern wie Immanuel Hermann Fichte (dem Sohn Johann Gottlieb Fichtes), Christian Hermann Weiße und Carl Friedrich Bachmann, die die Situation der Philosophie »in dem Zeitpuncte von Hegels Abscheiden« analysieren, ihn als »Wendepunct« stilisieren und »die Nothwendigkeit einer nochmaligen Umgestaltung der Philosophie« proklamieren, suchen Hegels Schüler seiner Philosophie eine dauerhafte Gestalt zu geben, um sie in die geistig-gesellschaftliche Wirklichkeit hineinbilden zu können – und dies auf eine doppelte Weise.

(2) Hegels Philosophie hat zu ihrer Zeit ja nicht primär, wie etwa Kant durch seine drei »Kritiken«, durch seine Publikationen gewirkt. Seine frühen Schriften sind ohnehin nicht publiziert, und ebensowenig die Jenaer Systementwürfe. Die Jenaer kritischen Schriften sind in seinen Berliner Jahren zumindest zum Teil vergriffen, ohne jedoch neu aufgelegt zu werden, und somit weitgehend unbekannt. Von der *Phänomenologie des Geistes* hingegen ist 1829 noch die erste Auflage (von ohnehin nur 750 Exemplaren) erhältlich; sie wird erst 25 Jahre nach ihrem Erscheinen in zweiter Auflage vorgelegt – was ebenfalls nicht für eine breite Rezeption spricht; gleiches gilt für die *Wissenschaft der Logik*. Gewirkt hat Hegel insbesondere durch seine Vorlesungen in den beiden Heidelberger und vor allem in den 13 Berliner Jahren. Sie haben naturgemäß – von einzelnen Nachschriften abgesehen – über den Kreis seiner Schüler hinaus fast keine Verbreitung gefunden. Erst der unmittelbar nach Hegels Tod gebildete »Verein von Freunden des Verewigten« hat in einer bis dahin beispiellosen, bald aber von Schleiermachers Schülern wiederholten Weise nicht nur die von Hegel veröffentlichten Werke neu herausgegeben, sondern auch seine Vorlesungsmanuskripte sowie studentische Vorlesungsnachschriften gesammelt und veröffentlicht. Damit haben erst die »Freunde des Verewigten« das Corpus Hegelianum und das Bild der Hegelschen Philosophie geschaffen, das – mit seinen Stärken wie mit seinen Unzulänglichkeiten – die unmittelbare Wirkungsgeschichte bestimmt hat und dessen Nachwirkungen bis in die Gegenwart zu verspüren sind.

Auf Grund der sich verschärfenden Auseinandersetzungen hat die Arbeit an diesem Bild von Anbeginn unter einem »philosophiepolitischen« und zunehmend unter einem apologetischen Aspekt gestanden – freilich nicht in dem immer wieder prätentiös behaupteten Sinne, daß Texte verfälscht worden seien, oder daß die »Witwe Hegel« ausgewählt hätte, »was die Welt erhalten soll, was nicht« (u. a. Beyer 1967, 564). Daraus, daß sie dies in einem ihrer ersten Briefe nach Hegels Tod geschrieben hat, kann man nicht ohne Prüfung auf den verfälschten Charakter dieser Ausgabe schließen. Die Absicht, welche die editorische Gestaltung geleitet hat, liegt in der Geschlossenheit der Präsentation des Werkes – und dieser Zweck steuert die Entscheidungen über die Auswahl des Materials. Ihm, und nicht der frommen »Witwe Hegel«, sind all die Texte zum Opfer gefallen, die die ›Einheit des Systems‹ unterminiert oder zumindest in Frage gestellt hätten – wie die Frühen Schriften und die Jenaer Systementwürfe. Und auch die interne Weiterbildung des Gedankens in den Heidelberger und Berliner Vorlesungen ist stillgestellt und eliminiert worden, im Interesse der Demonstration einer eindrucksvollen, wenn auch vordergründig bleibenden Geschlossenheit. Editionsleitend ist stets die Überzeugung, daß Hegels Texte für sich selbst sprechen und allenfalls eine ungeschickte Art ihrer Präsentation Mißverständnisse hervorrufen könne. Auf die Angriffe etwa gegen Hegels Religionsphilosophie antworten die »Freunde des Verewigten« mit einer neuen Ausgabe dieser Vorlesungen, die sich nun auch auf Hegels Manuskript stützen sollte. Sie erweist sich freilich als ebenso ungeeignet, derartige Angriffe verstummen zu lassen. Vielmehr provoziert sie auf Grund ihrer Differenz gegenüber der ersten Auflage nur vermehrte Kritik und Hypothesen, deren Überprüfung die Neuausgabe jedoch nicht erlaubt (V 3.XLIII–LIV).

Diese Einschätzung, daß es allein darauf ankomme, Hegel selbst sprechen zu lassen, bestimmt auch noch die Redaktion der »Zusätze« zur *Enzyklopädie* und zu den *Grundlinien der Philosophie des Rechts* wie auch die Textauswahl der letzten Teiledition,

Karl Rosenkranz' Ausgabe der Nürnberger Propädeutik. Im Vorwort begründet er seine Einbeziehung von Hegels Ausführungen über Moralität: »Es sollte zwar schon längst unmöglich sein, dem Hegel'schen System I m m o r a l i t ä t vorzuwerfen. Wenn aber der Pietismus mitten in Berlin, wo eine genaue Kenntniß desselben in der ganzen geistigen Atmosphäre liegen sollte, von dem L i b e r t i n i s m u s und c r a s s e n E g o i s m u s des Hegel'schen Pantheismus spricht und sich anderweitigen nichtsnutzigen Anklagen auf Gewissenlosigkeit und Unsittlichkeit des Systems zugesellt, so kann man sich nur freuen, eine neue seelenvolle, gemüthstiefe Widerlegung dieses l ü g e n h a f t e n Geschwätzes zu haben.« (W XVIII.XX)

1.3 Der weitere Ausbau des Systems

(1) Trotz dieses Vertrauens auf die Überzeugungskraft des in der *Freundesvereinsausgabe* autoritativ ausgesprochenen Hegelschen Wortes lassen seine Schüler es damit nicht bewenden. Neben diese wirkungsmächtige Präsentation seines Werkes stellen sie eine zweite Form der Verwirklichung des Hegelschen Systems: dessen Weiterbildung durch ihre eigenen Arbeiten. Teils führen sie Disziplinen des Systems, die Hegel nur in Vorlesungen behandelt hat, monographisch aus – wie etwa Teile der Geschichte der Philosophie; teils wenden sie die leitenden Gesichtspunkte der Philosophie Hegels auf Materien an, die er selber nicht eigens bearbeitet hat – wie etwa in Teilbereichen der Rechtsphilosophie oder der Ästhetik. Und es verrät etwas von dem realitätsfernen, übersteigerten Selbstverständnis der Schüler, daß sie ihre Arbeiten den Hegelschen als gleichwertig zur Seite stellen oder diesen gar wegen der größeren ›systematischen‹ oder ›dialektischen‹ Ausführung überordnen – obgleich sie doch im wesentlichen von der ihnen überkommenen geistigen Substanz zehren.

Diese letztere Art der Weiterbildung erfordert eine weitgehende Beschränkung der Kompetenzen auf Teilbereiche des Systems – nicht allein, weil den Schülern der universelle Blick des Meisters abgeht, sondern weil die monographische Ausführung des Details speziellere Akzentuierungen erfordert. Diese Aufgliederung des Systems ist seit der am Grabe Hegels gehaltenen Rede Försters (s. Kap. I.8.9) häufig mit der Aufteilung des Alexanderreiches unter die Diadochen verglichen worden; dabei darf aber nicht übersehen werden, daß diese Aufteilung nicht einem strategischen Plan folgt, sondern den philosophischen Neigungen und Fähigkeiten entspringt – und

auch, daß die Diadochenkämpfe ausbleiben. Diese Literatur ist überaus umfangreich; es wären weit mehr als hundert – und keineswegs belanglose – Monographien zu nennen (Rosenkranz 1878).

Auf einigen Gebieten sind mehrere Schüler gleichzeitig tätig; die Logik, als die grundlegende Disziplin, wird von sehr vielen Schülern bearbeitet – etwa von Hermann Friedrich Wilhelm Hinrichs, Ludwig Feuerbach, Leopold v. Henning, Johann Eduard Erdmann, Karl Werder und Karl Rosenkranz. Die Philosophie des subjektiven Geistes wird wiederum von Erdmann, Rosenkranz und Julius Schaller ausgearbeitet (Exner 1842/44), die Rechtsphilosophie insbesondere von Eduard Gans, zunächst ebenfalls von Carl Friedrich Göschel, später auch von Erdmann und Hinrichs, und die Ästhetik zunächst von Christian Hermann Weiße – der sich zu Hegels Lebzeiten noch als Schüler im weiteren Sinne versteht –, dann insbesondere von Heinrich Gustav Hotho und Rosenkranz, schließlich von Friedrich Theodor Vischer und Theodor Mundt. Für die Philosophiehistorie sind wiederum Feuerbach, Carl Ludwig Michelet und Erdmann zu nennen. Sie ist das Gebiet, auf dem der Einfluß Hegels weit über den Vormärz hinaus kontinuierlich fortwirkt; noch Eduard Zeller, der Historiker der griechischen Philosophie, steht in dieser Tradition. Allein die Naturphilosophie findet keine Fortsetzung. Doch trotz dieser Weiterführung des Systems tendenziell in seinem ursprünglichen Umfang und trotz der Diskussionen, die alle hier genannten Gebiete ergreifen, finden die für die Wirkungsgeschichte Hegels entscheidenden Auseinandersetzungen ein Jahrzehnt lang fast ausschließlich auf einem einzigen Gebiet statt: in der Religionsphilosophie. Und nicht anders als der Streit um die Logik oder um die Rechtsphilosophie wird auch dieser Streit primär nicht innerhalb der Schule geführt, zwischen »rechts« und »links«, sondern als Streit der Schule mit konkurrierenden Gruppierungen.

Quellen: C. H. Weiße: Ueber das Verhältniß des Publicums zur Philosophie in dem Zeitpuncte von Hegels Abscheiden. Nebst einer kurzen Darlegung meiner Ansicht des Systems der Philosophie. Leipzig 1832; Carl Friedrich Bachmann: Ueber Hegel's System und die Nothwendigkeit einer nochmaligen Umgestaltung der Philosophie. Leipzig 1833. – **Literatur:** Franz Exner: Die Psychologie der Hegelschen Schule. 2 Bde. Leipzig 1842–1844; Karl Rosenkranz: Alphabetische Bibliographie der Hegelschen Schule. [1]1861. In: Neue Studien. Bd. 4. Zur Literaturgeschichte. Zur Geschichte der neueren deutschen Philosophie, besonders der Hegel'schen. Leipzig 1878, 440–462; Willy Moog: Hegel und die Hegelsche Schule. München 1930; Karl Löwith: Von Hegel zu Nietzsche. Der revolutionäre Bruch im Denken des 19. Jahrhunderts. Marx und Kierkegaard. [1]1941, Stuttgart

[5]1964 u. ö.; Karl Löwith (Hg.): Die Hegelsche Linke. Texte aus den Werken [...]. Stuttgart-Bad Cannstatt 1962; Hermann Lübbe (Hg.): Die Hegelsche Rechte. Texte aus den Werken [...]. Stuttgart-Bad Cannstatt 1962; Hermann Lübbe: Politische Philosophie in Deutschland. Studien zu ihrer Geschichte. [1]1963, ND München 1974; Horst Stuke: Philosophie der Tat. Studien zur »Verwirklichung der Philosophie« bei den Junghegelianern und den Wahren Sozialisten. Stuttgart 1963; Wilhelm Raimund Beyer: Wie die Hegelsche Freundesvereinsausgabe entstand. (Aus neu aufgefundenen Briefen der Witwe Hegels.) In: Deutsche Zeitschrift für Philosophie (1967), 563–569; Peter Cornehl: Die Zukunft der Versöhnung. Eschatologie und Emanzipation in der Aufklärung, bei Hegel und in der Hegelschen Schule. Göttingen 1971; Udo Köster: Literarischer Radikalismus. Zeitbewußtsein und Geschichtsphilosophie in der Entwicklung vom Jungen Deutschland zur Hegelschen Linken. Frankfurt am Main 1972; Ingrid Pepperle: Junghegelianische Geschichtsphilosophie und Kunsttheorie. Berlin 1978; Herbert Schnädelbach: Philosophie in Deutschland 1831–1933. Frankfurt am Main 1983, 25–35; András Gedö: Philosophie zwischen den Zeiten. Auseinandersetzungen um den Philosophiebegriff im Vormärz. PLS 4.1–39.

2 Der Streit um die Religion

2.1 Christliche Philosophie vs. Vernunftphilosophie

(1) Hegels Religionsphilosophie zählt bereits zu seinen Lebzeiten zu den besonders kontroversen Partien des Systems. Schon seit Mitte der 1820er Jahre häufen sich die Angriffe gegen seine Philosophie – nicht so sehr in der Form einer philosophischen Auseinandersetzung als einer – häufig anonymen – religiösen und sittlichen Verdächtigung: Hegels Berliner Kollege, der Theologe Friedrich August Gottreu Tholuck, scheint ihn als erster anonym des Pantheismus bezichtigt zu haben ([1]1823, 234; [2]1825, 231). Derartige – allerdings erfolglose – Angriffe gibt es auch innerhalb der Berliner Universität durch v. Keyserlingk (Lenz 1910, Bd. 2/1.294). Gottlob Benjamin Jäsche, der Historiker des Pantheismus, subsumiert Hegel wie selbstverständlich unter die Bezeichnung »Pantheismus« (XXII, XXVII, XLIV), und danach wird sie von den denunziatorischen Schriften übernommen, gegen die Hegel sich nicht allein in seinen Vorlesungen, sondern auch in der Vorrede und in § 573 der *Enzyklopädie* [2]1827 und schließlich in seinen Repliken in den *Jahrbüchern für wissenschaftliche Kritik* zur Wehr setzt (s. Kap. II.8.7.6). Auch für Schelling ist Hegels Philosophie Pantheismus – und

zudem »nicht der reine, stille Pantheismus des Spinoza«, sondern ein künstlicher, »bei welchem die göttliche Freiheit nur um so schmachvoller verloren geht, als man sie retten und aufrecht erhalten zu wollen sich den Schein gegeben hatte« (SW I/10.159 f.)

(2) Derartige Angriffe sind damals nichts weniger als harmlos, wie der Pantheismus-, der Atheismus- und der Theismusstreit bezeugen (s. Kap. I.6.2, II.4.3.1 bzw. 7.1.1; vgl. Philosophisch-theologische Streitsachen 2012). In der Restaurationszeit ist der Nährboden für solche Anklagen jedoch noch fruchtbarer geworden, denn die Erneuerung religiöser Lebenshaltungen durch den Neupietismus und die sich neu formierende Orthodoxie verbinden sich mit der politischen Restauration. Der damalige Umschwung hat sowohl politische wie soziale Wurzeln; politisch handelt es sich darum, ineins mit den staatlichen Strukturen auch das Denken der vorrevolutionären Welt zu erneuern; soziologisch ist er zu beschreiben als eine frühe Gegenbewegung zu der zwar erst geringfügigen, aber doch merklich fortschreitenden Modernisierung und zu der sich damit bereits abzeichnenden gesellschaftlichen Segmentierung der Religion – zu ihrer Zurückdrängung auf ein Teilgebiet des gesellschaftlichen Lebens und sogar ins Private. Daraus aber erwächst dem Bündnis von theologischer Orthodoxie und politischer Restauration ein beachtlicher politischer Einfluß: Noch 1830 werden im Berlin nahegelegenen Halle die beiden rationalistischen Theologen Gesenius und Wegscheider als theologisch unorthodox (und folglich als politisch unzuverlässig) denunziert (s. Kap. I.8.8).

Aber auch jenseits solcher gezielten Denunziationen wandelt sich unter den Bedingungen der Restaurationszeit das Verhältnis von Philosophie und Religion: Die Grenzlinie, die zuvor zwischen der Philosophie als einer »Vernunftphilosophie« und der christlichen als einer positiven Religion verläuft, wird nun in die Philosophie hinein verlegt. Die Philosophie soll nun der christlichen Religion nicht gegenüberstehen, sondern einzig auf ihrem Fundament neu erbaut werden – als »christliche Philosophie«. Dieser Ausdruck knüpft an die traditionelle Rede von der »philosophia christiana« oder »nostra philosophia« an, mit der seit Augustin die christliche Religion der antiken Philosophie als die geistige Haltung der neuen Epoche entgegengestellt wird. In ähnlicher Weise soll nun die neue »christliche Philosophie« der neuen ›heidnischen‹, nämlich der Aufklärungsphilosophie konfrontiert werden. Die Alternative ›Vernunftphilosophie oder christliche Philosophie‹ nennt ja nicht etwa zwei gleichberechtigte und sich vielleicht gar ergänzende Optionen: Der nun im Dienste Metternichs stehende Friedrich Schlegel proklamiert in mehreren Schriften den völligen Zusammenbruch der aufklärerischen Tradition der »Vernunftphilosophie« und die Notwendigkeit ihrer Ersetzung durch eine »christliche Philosophie«. »Christlich« nennt er sie, weil sie sich auf »Offenbarung« gründet, und nicht etwa auf die Offenbarung durch die Natur oder auf die »innere Offenbarung«, von der Jacobi zuvor gesprochen hat, sondern auf die »positive Offenbarung« der christlichen Religion. Diese gebe den anderen Offenbarungen erst den inneren Halt.

Schlegel sucht nun in einer ›dialektischen‹ Konstruktion der neueren Philosophiegeschichte nachzuweisen, daß diese »christliche Philosophie« die einzig verbliebene Option sei. Denn die Vernunftphilosophie oder Subjektivitätsphilosophie habe in Fichte »jenen Gipfel erreicht, […] der auf diesem Wege nun nicht weiter überschritten werden konnte, von welchem aus daher auch ein neuer Umschwung des Geistes in entgegengesetzter Richtung, eine Rückkehr aus dem selbstgemachten Abgrunde des unbedingten Denkens, zur Erkenntnis der Offenbarung oder des göttlichen Positiven ganz natürlich eintrat.« Die für den Vormärz charakteristische Kritik am Vernunftbegriff der Klassischen Deutschen Philosophie erwächst nicht aus dem Gegensatz zwischen dieser Vernunft und den aufstrebenden Erfahrungswissenschaften, sondern aus der Inkompetenz dieser Vernunft, die religiös erwünschten Resultate zu garantieren. Triumphierend verkündet Schlegel deshalb das Ende der Subjektivitätsphilosophie: »Das Zentrum der falschen Ichheit hat aufgehört und ist nicht mehr.« Und er behauptet, es sei eine ganz »unnütze Mühe«, den Weg der Vernunftphilosophie fortzusetzen. Auf ihm könne statt der immerhin noch »edlen Inkonsequenz« Johann Gottlieb Fichtes allenfalls »die viel gemeinere Beschränkung eines absoluten Stumpfsinns für alles Göttliche bei einem unendlichen Fluß und Zufluß des leeren abstrakten Denkens eintreten, wie solches etwa in dem H e g e l s c h e n System und Schriften gefunden wird.« (Jaeschke 1989, 491–495)

Damit sind die Fronten scharf umrissen: Schlegels Kampf richtet sich gegen die Vernunftphilosophie, die ihren Inhalt aus dem »Ich«, aus dem denkenden Subjekt entfaltet, die die Vernunft und nicht die Offenbarung zu ihrer Grundlage und zum Kriterium ihrer Aussagen macht. Seine Polemik speist sich sowohl aus religiösen als auch aus politischen Quellen. In seiner Abhandlung über die *Signatur des Zeitalters*

(1820–1823) erneuert Schlegel die seit Edmund Burkes *Reflections on the Revolution in France* (1790) geläufige Gleichsetzung von Vernunftphilosophie und Revolution – wobei Schlegel unter »Vernunftphilosophie« jedoch nicht mehr die französische »Encyclopédie« versteht, sondern die deutsche Philosophie von Kant bis Hegel, und unter ›Revolution‹ nicht die des Jahres 1789, sondern die für die Zukunft befürchtete.

(3) Diese Kontrastierung von »Vernunftphilosophie« und »christlicher Philosophie« scheint Schlegel als erster vorgenommen zu haben; zumindest hat er sie erstmals wirkungsmächtig vertreten. In seinem Kampf für die »christliche Philosophie« hat er bald zahlreiche Mitstreiter gefunden – neben anderen auch Schelling. Trotz seiner früher heftigen Gegnerschaft gegen Schlegel empfiehlt er beim Neubeginn seiner Lehrtätigkeit an der Universität München (1827) seine neue Philosophie ausdrücklich als »christliche Philosophie«: »Der eigentlich entscheidende Name für meine Philosophie, ist c h r i s t l i c h e P h i l o s o p h i e und dies Entscheidende habe ich mit Ernst ergriffen.« »Das Christenthum i s t aber für die Philosophie nicht sowol Autorität als Gegenstand der aber allerdings zur A u t o r i t ä t wird, denn das Christenthum zwingt mich zur rechten Erkenntniß und lehrt mich einsehen daß man es mit der bisherigen Philosophie nicht zum Ganzen bringt.« (1827/28, 9,13) Dieser Gegensatz beherrscht auch seine Kontrastierung von »geschichtlicher« und ›logischer Philosophie‹ bzw. »negativer« und »positiver Philosophie«; vgl. Jaeschke / Arndt (2012).

(4) In diesem geistigen Umfeld deutet sich bereits eine Verbindung zwischen der religionsphilosophischen und der politischen Problematik an, die in den folgenden Jahren aber erst schrittweise zur geschichtlichen Wirkung kommt: Friedrich Julius Stahl, die spätere Schlüsselfigur der Konservativen in Preußen, damals aber noch in München, greift in seiner einflußreichen, mehrfach aufgelegten *Philosophie des Rechts* unter Berufung auf Schelling die Parole ›christliche Philosophie‹ auf. Die Philosophie sei auf das Christentum angewiesen, insbesondere die Probleme der Rechtsphilosophie seien ohne die christliche Lehre von der Persönlichkeit Gottes unlösbar. Eine Philosophie wie die Hegelsche allerdings, die nach der Notwendigkeit des Christentums frage, zerstöre das Wesen der Religion (1830, Bd. 1.353–362). Doch dies sei nun überwunden: »Die Philosophie selbst hat jetzt durch Schelling die Stufe erreicht, auf der sie anerkennt, daß a priori nichts gewußt werden kann, daß alles Schöpfung,

Geschichte, freye That Gottes, freye Mitwirkung der Geschöpfe ist.« (1833, Bd. 2/1.17).

(5) Mit dieser von Schelling ausgehenden Denkrichtung konvergiert eine weitere, die zwar die religiöse, aber nicht die politische Orientierung mit ihr teilt. Noch vor dem Beginn von Schellings Vorlesungen schreibt Immanuel Hermann Fichte, es sei von jeher das höchste Ziel der Spekulation, im Unbedingten den persönlichen Gott zu erkennen (1826, XXXVIII). Unmittelbar nach Hegels Tod sucht er in seiner programmatischen Schrift *Ueber Gegensatz, Wendepunkt und Ziel heutiger Philosophie* (1832) in diesem Sinne Hegels Tod als »Wendepunkt« der Gegenwartsphilosophie zu begreifen. Darin trifft er sich mit Christian Hermann Weiße, der in seiner gleichzeitigen Schrift *Ueber das Verhältniß des Publicums zur Philosophie in dem Zeitpuncte von Hegel's Abscheiden* ebenfalls seine Hoffnung auf eine Umgestaltung und Ausrichtung der Philosophie auf den persönlichen Gott aus der Opposition gegen den Hegelschen »Begriffspantheismus« schöpft (1832, 34–41). Um Fichte und Weiße und die von ihnen herausgegebene *Zeitschrift für Philosophie und spekulative Theologie* bildet sich in den folgenden Jahren der locker geknüpfte, dann durch den Streit zwischen ihnen zerfallene Kreis, der unter dem Namen »spekulativer Theismus« oder »Spätidealismus« über mehr als ein Jahrzehnt hinweg großen Einfluß gewinnt.

(6) Solchen, im Umkreis der Restauration erhobenen, aber auch über ihn hinausstrahlenden Forderungen nach einer Verchristlichung des gesamten gesellschaftlichen Lebens, einschließlich der Kunst und der Wissenschaften, stellt Hegel sich bereits im Verlauf der 1820er Jahre mit gleichbleibender Klarheit und zunehmendem Nachdruck entgegen – am schärfsten in seinem letzten Kolleg von 1831, also nach der Juli-Revolution in Frankreich: Das sittliche und rechtliche Staatsleben ist selbst die Göttlichkeit in diesem Feld, und deshalb absorbiert es die ganze frühere Expansion des Göttlichen (V 5.289). Aus diesem Grunde ist der von Hegel konzipierte Staat nicht ein »christlicher Staat« im Sinne der Restauration (Jaeschke 1978), ebensowenig wie seine Philosophie eine »christliche Philosophie«. Beide, Staat und Philosophie, haben zwar eine auch durch das Christentum geprägte Herkunftsgeschichte; sie sind aus dem »Prinzip der Freiheit« erbaut, das Hegel zugleich als »Prinzip des Christentums« denkt. Doch schon wegen ihrer Bindung an die Vorstellung kann der christlichen Religion keine Grundlegungsfunktion für die Philosophie zukommen, und ebensowenig die Stellung als Kriterium zur Beurteilung ihrer Re-

sultate. Ein Philosophiebegriff, der der christlichen Religion die Funktion der Fundierung oder der verbindlichen Orientierung zuschriebe, fiele in die mittelalterliche »Einheit mit der Theologie« zurück, in deren Auflösung das Spezifikum der neuzeitlichen Philosophie besteht. Analog gilt dies für das Verhältnis von Religion und Staat (s. Kap. II.9.9.7 bzw. 9.5.8).

(7) Allerdings enthält auch Hegels Ansatz ein Moment, das auf eine derartige Einheit abzielt: das Theorem der Inhaltsidentität von Religion und Philosophie. Doch so nahe es dem Programm der »christlichen Philosophie« zu stehen scheint, so scharf ist es ihm entgegengesetzt, weil sein Begründungssinn in entgegengesetzter Richtung verläuft. Die »christliche Philosophie« soll ja, nach dem Bankerott der Vernunft – oder zumindest dem Eingeständnis ihrer Insuffizienz –, auf dem Fundament und nach Maßgabe der Religion errichtet werden. Hegels Theorem der Inhaltsidentität von Religion und Philosophie hingegen enthält zwar einerseits eine Legitimation der Religion durch die Vernunft, andererseits jedoch die Aufhebung der Religion in die Philosophie. Dieser Ambivalenz von Rechtfertigung und Aufhebung – unter Dominanz der Aufhebung – sind sich Hegels Zeitgenossen sehr wohl bewußt, und deshalb bestreiten sie vehement das Theorem der Inhaltsidentität, und sie beklagen die Unangemessenheit der logischen Kategorien zum Begreifen des »lebendigen Glaubens« (Weiße 1829, 209–213).

(8) Hegel hat die bereits gegen ihn gerichteten Beschuldigungen in seinen *Repliken* wie auch in der »Vorrede« zur *Enzyklopädie* (1827) zurückgewiesen (s. Kap. II.8.7.6 bzw. 7.2.3). Diese Zurückweisung dürfte allerdings kaum einen der Kritiker überzeugt, eher neue ermuntert haben. Bereits diese frühe Phase der Wirkungsgeschichte weist ein Charakteristikum auf, das sich bis in die Gegenwart verfolgen läßt: Der Streit um die Christlichkeit der Philosophie Hegels (wie auch anderer) wird nur selten am Maßstab eines theologisch reflektierten Begriffs der christlichen Religion ausgefochten. Weit häufiger ist es ein vorwissenschaftliches, naives Verständnis des Christlichen, das gegen Hegels Versuch des Begreifens der Religion ausgespielt wird. Da das Theorem der Inhaltsidentität von Religion und Philosophie die Berechtigung zu einer Überprüfung ihrer Christlichkeit so nachdrücklich einzuräumen scheint, glauben sich die Kritiker der Berücksichtigung der Regeln enthoben, die aus diesem Theorem zwingend folgen. Zu Kritikern fühlen sich all jene berufen, deren religiöses Interesse durch Hegels Philosophie nicht befriedigt oder gar gekränkt wird. Daß sie das ihnen aus der Religion ge-

läufige Gottesbild bei Hegel nicht finden, gilt ihnen als hinlänglicher Einwand gegen dessen Philosophie – und daraus ziehen sie entweder den Schluß, auf die Philosophie überhaupt zu verzichten oder sich einer »christlichen Philosophie« zuzuwenden, die das religiöse Verlangen befriedigt.

Implizit trifft solche vom Standpunkt einer naiven Religiosität aus geführte Polemik gegen die Religionsphilosophie zugleich weite Teile der wissenschaftlichen Theologie – und nicht erst dort, wo die Polemik an den »religiösen Sinn des deutschen Volkes« und dessen »Tiefe des Gemüths« appelliert oder wo sie gegen Hegels Wahrheitskriterium des Christentums einwendet, die geoffenbarte Religion sei wahr nicht wegen ihrer Übereinstimmung mit der Vernunft, sondern weil sie eben göttliche Offenbarung sei und »als göttliche Offenbarung [...] in jeder Beziehung göttliche Offenbarung« ([Hülsemann] 1831, 210,14). Bereits diese ersten Reaktionen auf Hegels Deutung der Religion – später verstärkt im Streit um Strauß und Bruno Bauer – vollziehen einen wichtigen Schritt auf dem Wege der Spaltung des naiv-religiösen Bewußtseins und der wissenschaftlich betriebenen Theologie.

(9) Die erste Phase des Streits um die Christlichkeit der Philosophie Hegels (1828–1831) steht im Zeichen solcher methodologisch naiven Kritik. Zudem steht sie auf einer schmalen Textbasis. Die Vorlesungen sind noch nicht ediert, und Hegel selbst ist damals darum bemüht, daß Kollegnachschriften nicht in falsche Hände gelangen und er für den Inhalt solcher Hefte nicht verantwortlich gemacht wird (V 3.XV). Das Religionskapitel der *Phänomenologie* (s. Kap. II.4.7.4) spielt in dieser Phase des Streits überraschend nur eine Nebenrolle, obgleich die *Phänomenologie* die Rezeption der Religionsphilosophie innerhalb der Schule maßgeblich prägt. Gerade den älteren Schülern wie Georg Andreas Gabler, dem allzu schwachen Nachfolger auf Hegels Lehrstuhl, und Hermann Friedrich Wilhelm Hinrichs wird im späteren Schulstreit mehrfach zum Vorwurf gemacht, sie seien auf dem phänomenologischen Standpunkt stehengeblieben. Dies trifft zu für die ältesten aus der Schule hervorgegangenen Bearbeitungen der Religionsphilosophie, für Hinrichs' *Die Religion im inneren Verhältnisse zur Wissenschaft* (s. Kap. II.8.2) und Isaak Rusts *Philosophie und Christenthum* (1825), weniger für Göschels *Aphorismen* (s. Kap. II.8.7.5), jedoch in hohem Maße wieder für Kasimir Conradis *Selbstbewußtseyn und Offenbarung* (1831).

Doch gilt Gleiches von der späteren Linken. Noch die Wahl der dicta probantia in Strauß' *Streitschriften*

(s. Kap. III.2.4) läßt die Bedeutung erkennen, die der *Phänomenologie* für sein Verständnis der Religionsphilosophie zukommt. Und wie stark Feuerbach von der *Phänomenologie* geprägt ist, obgleich er auch das Religionsphilosophie-Kolleg 1824 gehört hat, erhellt noch aus seinem *Wesen des Christentums* (s. Kap. III.4.1). Es mag unentschieden bleiben, ob das Religionskapitel der *Phänomenologie* aus dem beginnenden Streit um die Christlichkeit eher deshalb ausgespart wird, weil es auf erhebliche Verständnisschwierigkeiten stößt oder weil die Kritiker um Aktualität bemüht sind. Zunächst jedenfalls geht der Streit um den spekulativ-theologischen Charakter der Logik – insbesondere der enzyklopädischen Logik – und der *Enzyklopädie* überhaupt. Vor allem die letztere wird – nicht zu Unrecht – für die Diskussion wichtig wegen des Abschnitts über die drei »Stellungen des Gedankens zur Objectivität« (s. Kap. II.7.2.5). Deren dritte betrifft insofern die Grundlagen der Religionsphilosophie, als Hegel hier im Kontext der Theorie des objektiven Denkens die traditionelle Entgegensetzung von Glauben und Vernunft aufhebt. Die größere Ausführlichkeit dieses Textes erlaubt es besser als das Religionskapitel der *Enzyklopädie*, die Reichweite und die Inkompetenz von Glauben, unmittelbarem Wissen, Anschauung und Denken zu diskutieren. Deshalb hält sich Hülsemanns zweite, ebenfalls anonym erschienene Anklage Hegels – diesmal nicht bloß auf Pantheismus, sondern auf Atheismus – in ihrem Konzept streng an diesen »Vorbegriff«. Denn hier sind die logischen und erkenntnistheoretischen Grundlagen der Religionsphilosophie deutlicher dargelegt als an jedem anderen Ort vor Erscheinen der Vorlesungen.

Quellen: Edmund Burke: Reflections on the Revolution in France, 1790; übersetzt von Friedrich Gentz: Betrachtungen über die Französische Revolution. Berlin 1793; Friedrich Schlegel: Signatur des Zeitalters (1820–1823). PLS IV/1.3–90, KFSA VII.483–596; Hermann Friedrich Wilhelm Hinrichs: Die Religion in den inneren Verhältnisse zur Wissenschaft. Nebst Darstellung und Beurtheilung der von Jacobi, Kant, Fichte und Schelling gemachten Versuche, dieselbe wissenschaftlich zu erfassen, und nach ihrem Hauptinhalte zu entwickeln. Heidelberg 1822; [Friedrich August Gottreu Tholuck:] Die Lehre von der Sünde und vom Versöhner, oder: Die wahre Weihe des Zweiflers. Hamburg ¹1823, 234; ²1825, 231; Isaak Rust: Philosophie und Christenthum oder Wissen und Glauben. Mannheim ¹1825, ²1833; Immanuel Hermann Fichte: Sätze zur Vorschule der Theologie. Stuttgart / Tübingen 1826; Friedrich Wilhelm Joseph Schelling: System der Weltalter. Münchener Vorlesung 1827/28 in einer Nachschrift von Ernst von Lasaulx. Hg. und eingeleitet von Siegbert Peetz. Frankfurt am Main 1990; Gottlob Benjamin Jäsche: Der Pantheismus nach seinen verschiedenen Hauptformen. Bd 2. Berlin 1828; [Carl Friedrich Göschel:]

Aphorismen über Nichtwissen und absolutes Wissen im Verhältnisse zur christlichen Glaubenserkenntniß. Ein Beitrag zum Verständnisse der Philosophie unserer Zeit. Berlin 1829; Anonymus [Hülsemann]: Ueber die Hegelsche Lehre oder: absolutes Wissen und moderner Pantheismus. Leipzig 1829; Stahl: Philosophie des Rechts. Bd. 1–2/1: [1]1830–1833; Bd. 1: [3]1854; Anonymus [Hülsemann]: Ueber die Wissenschaft der Idee. 1. Abt. Die neueste Identitätsphilosophie und Atheismus oder über immanente Polemik. Breslau 1831; Kasimir Conrad: Selbstbewußtseyn und Offenbarung, oder Entwickelung des religiösen Bewußtseyns. Mainz 1831; Fichte: Ueber Gegensatz, Wendepunkt und Ziel heutiger Philosophie. Erster kritischer Theil. Heidelberg 1832; Weiße: Verhältniß des Publicums zur Philosophie in dem Zeitpuncte von Hegels Abscheiden (1832); Bachmann: Hegel's System und die Nothwendigkeit einer nochmaligen Umgestaltung der Philosophie (1833); Ludwig Feuerbach: Das Wesen des Christenthums (1841). In: Feuerbach: Gesammelte Werke. Bd. 5. – **Literatur:** Lenz: Geschichte der Universität Berlin. Bd. 2/1 (1910); Emerich Coreth / Walter M. Neidl / Georg Pfligersdorffer (Hg.): Christliche Philosophie im katholischen Denken des 19. und 20. Jahrhunderts. Bd. 1. Graz u. a. 1987; Jaeschke: Die hohle Nuß der Subjektivität oder: Über die Verklärung der Philosophie ins Positive. In: Albert Mues (Hg.): Transzendentalphilosophie als System. Die Auseinandersetzung zwischen 1794 und 1806. Hamburg 1989, 483–496; Georg Essen / Christian Danz (Hg.) Philosophisch-theologische Streitsachen. Pantheismusstreit– Atheismusstreit – Theismusstreit. Darmstadt 2012; Walter Jaeschke / Andreas Arndt: Die Klassische Deutsche Philosophie nach Kant. Systeme der reinen Vernunft und ihre Kritik. 1785–1845. München 2012, 693–742.

2.2 Persönlichkeit Gottes und Unsterblichkeit der Seele

(1) Der Ruf nach einer »christlichen Philosophie«, so unerwartet er angesichts des Verlaufs der neueren Philosophiegeschichte erschallt, wird keineswegs von einer nur kleinen, akademischen Gruppierung erhoben. Er ist überall dort zu hören, wo der religiöse Glaube zusätzlich nach Einsicht verlangt, aber von der Auskunft enttäuscht ist, die die Klassische Deutsche Philosophie und insbesondere die Hegelsche ihm von ihrem Ansatz her bieten können. Es sind vornehmlich zwei eng mit einander verknüpfte Forderungen, die wie selbstverständlich an die Philosophie gerichtet werden und denen zumindest diese Philosophie nach dem Urteil des religiösen Bewußtseins nicht genügt: sie habe die Persönlichkeit Gottes und die Unsterblichkeit der Seele zu erweisen.

Damit ist in den 1830er Jahren keineswegs eine neue Thematik angeschlagen; es handelt sich vielmehr um die beiden großen Themen der »philosophia christiana«, die sich – erweitert durch das neuzeitliche Thema »Welt« – bis in die rationalistische

»metaphysica specialis« des 18. Jahrhunderts durchgehalten haben: Die rationale Psychologie hat die Unsterblichkeit der Seele, und die rationale Theologie das Dasein eines persönlichen Gottes erwiesen. Es handelt sich hier aber nicht allein um ehrwürdige Traditionsstücke, sondern um die beiden Kernaussagen des Theismus und – wie sich in den drei großen philosophisch-theologischen »Streitsachen« der Epoche gezeigt hat – um die beiden Kriterien, mit denen sich der Theismus vom Atheismus bestimmt unterscheiden läßt.

Auch Kant hat sich deshalb – wenn auch wenig überzeugend – genötigt gesehen, in der *Kritik der praktischen Vernunft* die Gegenstände der durch ihn zerstörten »rationalen Psychologie« und »natürlichen Theologie« wenigstens in Gestalt von Postulaten wiederzugewinnen. Er erklärt die Persönlichkeit Gottes und die Unsterblichkeit der Seele zwar nicht zu Gegenständen der Erkenntnis, aber doch zu Postulaten der praktischen Vernunft, also zu theoretischen Annahmen, die im praktischen Interesse notwendig seien – und es hat sich ja schon um 1790 gezeigt, daß es nicht schwierig ist, den einmal postulierten Gott nachträglich mit all den Prädikaten auszustaffieren, die man im theologischen oder religiösen Interesse für erforderlich hält.

(2) In der Sicht der Kritiker kommt deshalb selbst Kants Ethikotheologie dem Interesse der Frömmigkeit an der Vergewisserung von Persönlichkeit und Unsterblichkeit weiter entgegen als Hegels Religionsphilosophie. Der Verdacht, die auf dem Boden des Hegelschen Systems denkbare Form der Persönlichkeit Gottes und der Unsterblichkeit der Seele habe mit der vom Christentum gelehrten nichts zu tun, bildet ja schon in seinen letzten Lebensjahren die Voraussetzung der gegen ihn erhobenen Anklage auf Pantheismus und Atheismus. Karl Ernst Schubarth und K. A. Carganico werfen Hegel vor, sein System lasse die Unsterblichkeit der Seele wohl nicht zufällig unerwähnt (1828, 146 f.), und Hegel repliziert – statt mit einem überzeugenden Dementi – mit einem Gegenangriff auf das Unsterblichkeitsverständnis seiner Kritiker (s. Kap. II.8.7.6). Seine Rechtfertigung ist indessen keineswegs geeignet, die Zweifel an der Christlichkeit des spekulativen Unsterblichkeitsbegriffs auszuräumen. Doch steht das Problem der Unsterblichkeit zunächst noch nicht im Zentrum der Auseinandersetzung, da die allein vorhandenen Quellen keine fundierte Kritik erlauben. Auch deshalb stoßen Feuerbachs anonyme *Gedanken über Tod und Unsterblichkeit* (1830) nicht auf größere Aufmerksamkeit. Sie versperren ihrem Verfasser

zwar zeitlebens den Weg zum Katheder, ohne jedoch in der wissenschaftlichen Diskussion das breite Echo zu finden, das ihnen wenig später sicher gewesen wäre. Es sind erst Friedrich Richters Schriften zur Eschatologie und zur Unsterblichkeit, die – zeitlich mit der Publikation der religionsphilosophischen Vorlesungen Hegels fast zusammenfallend – den Beginn der Debatte über die Persönlichkeit Gottes und die Unsterblichkeit der Seele markieren.

(3) Mit dem Versuch, diese Themen wieder der Philosophie zu vindizieren, steht im Vormärz die Frage zur Entscheidung, ob die epochale Veränderung des Philosophiebegriffs, die aus der Kritik der Spätaufklärung an der rationalistischen Metaphysik resultiert, das »Ende der Metaphysik« im Sinne der vormaligen metaphysica specialis, Bestand haben oder zur Episode werden würde – ob der Rationalitätsbegriff, der in der frühen Neuzeit noch mit traditionellen theologischen Themen vereinbar scheint und dann als hierfür ungeeignet und unzuständig erkannt wird, um dieses philosophischtheologischen Ungenügens willen nun seinerseits verabschiedet werden soll.

Die 1830er Jahre sind deshalb erfüllt mit philosophisch-theologischen Auseinandersetzungen um diese beiden Themen: um die Persönlichkeit Gottes und die Unsterblichkeit der individuellen Seele, und um die innere Verbindung beider. Carl Ludwig Michelet, wohl derjenige unter Hegels Schülern, der ihm in seinen Schriften insgesamt am treusten folgt und auch bis zu seinem Tod kurz vor der Jahrhundertwende (1893) diese Treue bewahrt, urteilt deshalb im Rückblick nicht zu Unrecht, »daß die Geschichte der Philosophie in den letzten zehn Jahren [sc. also seit Hegels Tod] eigentlich nur die Geschichte der im Schooß der Philosophie über diese Gegenstände erhobenen Streitigkeiten ist«. Beide Probleme seien nicht nur verwandt, sondern sogar »absolut identisch« – das eine nur »Widerspiel« des anderen (1841, 7 ff.).

(4) Bis zum Beginn der 1830er Jahre sind Hegels Kritiker insofern in einer ungünstigen Position, als er sich über diese Themen in seinen Publikationen – etwa in der *Enzyklopädie* – nur sehr komprimiert und nicht mit der erwünschten Faßlichkeit ausgesprochen hat. Mit der Edition der religionsphilosophischen Vorlesungen durch Konrad Philipp Marheineke (1832) scheint sich diese zunächst ungünstige Lage zu wandeln, denn sie bieten hinreichend ausführliches Material zur Analyse. Doch zeigt sich rasch, daß diese Vorlesungen gegensätzlicher Auslegungen fähig scheinen – und gerade der

innere Zusammenhang zwischen Hegels Tod und der Veröffentlichung seiner Vorlesungen schließt zum Zeitpunkt ihres Erscheinens eine autoritative Auslegung aus.

Für die Schule unternimmt es Göschel, die individuelle Unsterblichkeit als Konsequenz des Hegelschen Systems zu erweisen – zunächst in Form einer Rezension Richters (1834). Göschels vermeintliche Apologie Hegels verdeutlicht jedoch ungewollt, wo in der spekulativen Religionsphilosophie die entscheidenden Widerstände gegen die Übernahme des religiösen Unsterblichkeitsglaubens liegen. Vom Zeitbegriff her muß der Gedanke einer unendlichen Fortdauer als Ersetzung der Ewigkeit durch den schlecht-unendlichen Progreß einer endlosen Zeit verworfen werden. Andererseits schließt das Theorem einer ewigen Individualisierung des allgemeinen Geistes die schlechtunendliche Kontinuität eines einzelnen Diesen keineswegs ein. Göschels Rezension setzt deshalb nicht den erhofften Schlußpunkt hinter die Diskussion; vielmehr gibt sie den Anstoß zu einem intensiven Disput, der die Legitimität philosophischer und theologischer Rede von Unsterblichkeit prinzipiell auslotet. – Eigentümlich ist es jedoch, daß die Anhänger der christlichen Lehre von der individuellen Unsterblichkeit entgegen ihrer Prätention eher für die immortalitas animae plädieren als für den biblischen Glauben an die Auferstehung des Fleisches.

Da Schelling in den 1830er Jahren in diese Diskussionen nicht durch Veröffentlichungen eingreift, bilden die Vertreter des sogenannten »Spätidealismus« oder der »positiven Philosophie« oder besser des »spekulativen Theismus« die wichtigste Gruppierung der Kritiker: Fichte (1834) und Weiße (1834) wenden gegen Göschel ein, der Gedanke einer individuellen Unsterblichkeit könne in Hegels Philosophie entweder gar keinen oder nur einen nicht-religiösen Sinn haben. Ihnen geht es nicht um die persönliche Frömmigkeit Hegels und auch nicht um die individuelle Frage, ob sich in seinem Werk mit dem Christentum vereinbare Äußerungen über »Persönlichkeit und Unsterblichkeit« auffinden lassen, sondern um die prinzipielle, ob eine Vernunftphilosophie wie die Hegelsche bei diesem Thema überhaupt auf legitime Weise und nicht nur durch theoretische Erschleichung zu affirmativen Aussagen kommen könne. Insofern ist ihre Argumentation derjenigen Göschels methodisch überlegen, da sie nicht von einzelnen Textstellen ausgehen, die sich vielleicht im Sinne einer individuellen Unsterblichkeit deuten lassen, sondern vom methodischen

Ansatz der Philosophie Hegels: Als Vernunftphilosophie könne sie die Unsterblichkeitslehre gar nicht entfalten – denn die Vernunft wisse nichts von solcher Unsterblichkeit. In den Augen dieser Kritiker bildet es geradezu ein Indiz für die gedankliche Geschlossenheit und intellektuelle Redlichkeit der Philosophie Hegels, daß sie nicht beansprucht, wozu sie von ihrer Gesamtkonzeption her gar nicht in der Lage sein kann. Doch bildet eben diese durchaus zutreffende Einschätzung für die Kritiker auch den hinlänglichen Grund, über solche Vernunftphilosophie insgesamt hinauszuschreiten – nämlich zu einer »christlichen Philosophie«, die auf Grund ihres Ausgangs von der Offenbarung in der Lage scheint, die dem religiösen Bewußtsein unverzichtbar erscheinenden Resultate zu erbringen. Mit seinem Ignorieren der individuellen Unsterblichkeit sei Hegel zwar seinem Ansatz konsequent gefolgt – doch eben deshalb sei dieser Ansatz zu Gunsten eines theistischen zu verlassen.

Es kommt somit zu einer eigenartigen Konstellation: Die Kritiker Hegels rechtfertigen ihn seiner Konsequenz wegen, aber nur, um seine bloß »logische« Philosophie dadurch als prinzipiell ungenügend zu erweisen. Hingegen kritisieren sie Göschel, weil er irrtümlich meint, die Unsterblichkeitslehre bei Hegel finden zu können, doch rechtfertigen sie ihn, weil er an dieser Lehre festhält. In seiner Antwort – einer »Ostergabe« (1835) – hat Göschel dieses Niveau der Argumentation nicht erreichen können und seine frühere Position unterstrichen; daraufhin hat Beckers (1836) die Kritik Fichtes und Weißes erneuert.

In diesem Streit zwischen einigen Hegel-Schülern und spekulativen Theisten haben die letzteren fraglos die besseren Argumente hinsichtlich der notwendigen Begrenztheit des Erkenntnisbereichs einer Vernunftphilosophie. Göschel wie auch Gabler begreifen nicht, daß es gegen solche Einwände nicht ausreicht, aus Hegels Vorlesungen dicta probantia zu präsentieren, die in ihrem Sinne sprechen oder doch zu sprechen scheinen. Den Vertretern der Vernunftphilosophie hingegen erscheint der Versuch der spekulativen Theisten, diese unvermeidliche Begrenztheit der Vernunftphilosophie auf das eben solcher Vernunft Zugängliche durch den Rückgang auf die Offenbarung zu komplementieren und doch innerhalb der Philosophie zu verbleiben, als ein Salto mortale aus der Philosophie in die Nichtphilosophie.

(5) Das Problem der Unsterblichkeit hat Hegel in seiner Religionsphilosophie nur am Rande erwähnt. Den Schülern, die – wie Conradi (1837) und Michelet (1841; 1844–1852) – seine Position weiterführen,

bleibt deshalb wenig mehr, als diese Passagen auf dem Boden des Systems zu erläutern. Deren Tenor ist zudem einhellig: Im Gedanken der Unsterblichkeit stelle das religiöse Bewußtsein die ihm nicht als ewige Gegenwart faßbare Unendlichkeit des Geistes vor. Im Unterschied zu diesem – von Hegel her gesehen – eher entlegenen Thema rührt die Auseinandersetzung um den Gottesbegriff an die Grundlagen der Religionsphilosophie. Die zuvor nur unscharf erkennbare Durchdringung logischer und spezifisch religionsphilosophischer Momente in Hegels Gottesbegriff – das Verhältnis von absoluter Idee und absolutem Geist – kann nun, nach Veröffentlichung der Vorlesungen, eindeutig bestimmt werden. Sie belegen, daß Hegels Gottesgedanke nicht mit der absoluten Idee der *Logik* gleichzusetzen ist. Doch scheint auch der »absolute Geist« weiterhin an die *Logik* gebunden: als dialektischer Prozeß, aber nicht als lebendige Persönlichkeit, zu der man beten kann, und zudem als ein unfertiger Gott, der erst zu sich kommen muß und dazu nicht bloß der Welt bedarf, wie Hegels – eigentlich Hothos – bereits damals vielzitiertes Aperçu besagt (V 3.213), sondern insbesondere des menschlichen Selbstbewußtseins, ohne das er bestenfalls eine geist- und selbstlose Totalität von Momenten bleibt, die es nicht einmal zum Bewußtsein bringt (Fichte 1834, 33 ff.; Weiße 1833, 222 ff.; Jakob Sengler 1837, 315 ff.; Fischer 1839, 38 f.). Einer blinden, aber für die vorherrschende Kritik repräsentativen Polemik schließlich erscheint der Gott der Religionsphilosophie als ein »papierener Schulgötze« (Bachmann 1833, 282), »eine gläserne Marionette aus der Hegelschen Fabrik auf dem Kupfergraben in Berlin« (Bachmann 1835, 161 f.) oder als »ein Vernunftgötze, den sich der Philosoph aus seinen eigenen Eingeweiden erzeugt« (Eschenmayer 1834, 57). In scharfem Kontrast hierzu behaupten die Hegelianer – Göschel, Julius Schaller (1837, VI), Gabler (1836), Rosenkranz (1834, 123 ff.) und Erdmann (1845, 62–117) die Vereinbarkeit des Hegelschen Gottesbegriffs mit dem der christlichen Religion. Erst in den späteren Phasen der Diskussion mehren sich die Stimmen derer, die Hegels Gottesbegriff im Kontrast zur kirchlichen Lehre sehen und ihn gleichwohl nicht schon deshalb verwerfen (Baur 1835, 707 ff.; Michelet 1838, 643 ff.; 1843, 388), Conradi 1839, XIIIf.)

(6) Diese Debatten um die Persönlichkeit Gottes und die Unsterblichkeit der Seele verlaufen nur scheinbar ergebnislos. Sie führen zwar nicht zu einer allseitig akzeptierten Entscheidung über die »Christlichkeit« der Philosophie Hegels, wohl aber zu einer

Klärung der Bedingungen, unter denen die einer Vernunftphilosophie mögliche Rede von Gott steht. Als allzu leichtgewichtig erweist es sich, wenn man Hegels Kategorien als zur Gotteserkenntnis ungeeignet ablehnt, da sie »zum Kreise unserer Kategorien und Reflexions-Bestimmungen« gehörten, und statt dessen für Gott andere Attribute fordert als die, »welche aus unsern Kategorien abstammen«, nämlich: unerschaffen, ewig, unendlich, uranfänglich – oder wenn man Hegels »Quark von Begriffen« die »frommen Erregungen« als das eigentlich Wichtige entgegenstellte (Eschenmayer 1834, 3 f.,30). Solche Naivität trifft zu Recht der Spott der Schule. Auch die Fragwürdigkeit einer Entgegensetzung Gottes gegen die Welt – wie sie im Gegenzug gegen Hegels angeblichen Pantheismus propagiert wird – läßt sich mittels der religionsphilosophischen Dialektik deutlich herausarbeiten. Der Forderung, Gott sei auch vor und außer der Welt als selbstbewußter Geist zu fassen, begegnen die Schüler mit dem Einwand, daß ›Geist‹ dann nur noch ein leeres Wort sei, bei dem sich nichts Bestimmtes denken lasse. Sie verwerfen die Rede von einem Selbstbewußtsein eines vor- und außerweltlichen Gottes nicht bloß als einen unvertretbaren Anthropomorphismus, sondern auch als theoretische Erschleichung. Und wer Hegels Begriff einer Notwendigkeit der Schöpfung als Gott unangemessen kritisiert, findet sich durch die Schüler zu dem Nachweis aufgefordert, daß die Vorstellung einer ›irgendwann in der Ewigkeit‹ durch einen göttlichen Willensakt erfolgten Schöpfung dem Gottesbegriff besser anstehe – ganz zu schweigen von den in dieser Vorstellung implizierten philosophischen Problemen.

Und schließlich vertreten die Schüler lange Zeit einhellig die Überzeugung, gerade Hegels Religionsphilosophie sei im glücklichen Besitz der für eine sinnvolle Rede von Gottes Persönlichkeit konstitutiven Bedingung: des trinitarischen Gottesbegriffs. Dieser ist der zeitgenössischen Theologie – etwa Schleiermachers und Tholucks, im Gegensatz zu der mit Hegel weitgehend einigen »spekulativen Theologie« Carl Daubs und Konrad Philipp Marheinekes – gemeinhin fremd geworden. Die Insistenz der Schule auf Hegels Trinitätsgedanken provoziert damals zwar die Replik, die Hegelsche habe mit der christlichen Trinitätslehre nicht mehr als den bloßen Namen gemein (Bachmann 1833, 309; 1835, 109 f.; Fichte 1841, 985 ff.) Doch bleibt der systematische Zusammenhang der Lehren von der Trinität und der Persönlichkeit Gottes dadurch unbestritten. Er ist auch nicht überzeugender hergestellt als in Hegels

Religionsphilosophie. Denn selbst wo man noch an einer immanenttrinitarischen Objektivität Gottes festhält, braucht diese nicht notwendig als persönliche oder gar dreipersönliche gedacht zu sein. Bei aller Kritik an Hegel muß etwa Fichte seine Konzeption von der kirchlichen ebenso abgrenzen wie von derjenigen Hegels. Er verwirft die Retrojektion der Bezeichnungen Vater, Sohn und Geist aus der ökonomischen Trinität in die immanente, zur Bezeichnung der Momente der »Urpersönlichkeit«, des Einen Selbstbewußtseins Gottes. Statt dessen fordert er eine Neukonzeption der immanenten Trinität: die spekulativ-theistische Annahme der Einpersönlichkeit Gottes in drei Momenten (Fichte 1834, 70; 1841, 986; Weiße 1833, 14,252 ff.)

Die systematische Aktualität der Religionsphilosophie Hegels erweist sich in diesen Diskussionen somit nicht dadurch, daß man mittels ihrer auf dem königlichen Wege der philosophischen Erkenntnis schließlich doch zu den herkömmlichen biblischkirchlichen Vorstellungen gelangte und diese nur besser als zuvor, nämlich zusätzlich auf die Vernunft begründete. Sie liegt vielmehr darin, daß sie die untilgbare Differenz der positiven Lehre sowie der traditionellen Dogmatik zur spekulativen Wahrheit verdeutlicht – gerade weil ihr Anspruch darauf geht, die Idee des Christentums zu begreifen. Die Behauptung, diese Differenz sei gleichwohl bloß formal, unterscheidet die Schule als ganze von ihren Gegnern. Unter diesen setzt eine theologisch – zumeist allerdings trivial-theologisch – argumentierende Richtung aller Philosophie die unerreichbare Heiligkeit der Offenbarung entgegen (Eschenmayer 1834, 25,44 ff.). Die Auseinandersetzung mit dieser Gruppierung ist philosophisch unfruchtbar; sie verläuft sich im wesentlichen in Polemik (Strauß 1837; Rosenkranz 1840, 267 ff.,309 ff.).

Philosophisch bedeutsam hingegen ist die Auseinandersetzung der Schule mit den »spekulativen Theisten«, mit Fichte, Weiße, Fischer und Sengler. Diese halten fest an der Idee einer »mit Religion und Empirie in Wahrheit versöhnenden [...] Philosophie« (Weiße 1832, 41). Solche Versöhnung habe in Hegels System wegen dessen verfehlten Konzepts notwendig mißlingen müssen. In ihm sei »Gott lediglich als dialektischer Proceß, absolute Vernunft, Urdenken gefaßt«. Da das spekulative Denken ein »adäquates Abbild jenes göttlichen Urdenkens« sei, so sei zwar die apriorische Gotteserkenntnis in ihm vollendet – aber nicht die Gotteserkenntnis überhaupt. Die Spekulation könne sich jedoch nicht am apriorischen Faden »zur Idee einer Persönlichkeit der Urvernunft« erheben (Fichte 1834, 10 f.) In das geschlossene System der Spekulation könnten die Ideen der Persönlichkeit und der Unsterblichkeit gar nicht eingeführt werden, ohne ihren religiösen Sinn zu verlieren. Nicht das Fehlen dieser Ideen im Kontext des Hegelschen Systems wird also bemängelt, sondern das im vorgegebenen Systemzusammenhang völlig konsequente Fehlen wird zum Anlaß, prinzipiell über Hegels Philosophie hinauszuschreiten – ein Vorhaben, das einer neuen ontologischen und erkenntnistheoretischen Grundlegung bedarf (Fichte 1833/1836, Weiße 1835, Fischer 1834).

Fichtes und Weißes Versuch zur Klärung der Reichweite der Vernunftphilosophie hebt die Diskussion zwischen der Schule und dem spekulativen Theismus prinzipiell über die Ebene empor, auf der man darüber streiten kann, ob diese oder jene Aussage der Religionsphilosophie im theistischen Sinne verstehbar sei. Göschels oder Gablers apologetische Anhäufung von Zitaten verfehlt deshalb das Niveau der Auseinandersetzung. Sie hätten zunächst Fichtes Deutung der Hegelschen Philosophie als eines in sich konsequenten Zusammenhangs der Vernunfterkenntnis korrigieren und die Möglichkeit theistischer Aussagen im Kontext der Philosophie Hegels erweisen müssen. Die von Göschel und Gabler repräsentierte Form der Auslegung verharrt hingegen im Zwielicht von Vernunfterkenntnis und Glaubensaussage. Ungewollt wird sie dadurch zum wichtigsten Verbündeten der theistisch gesinnten Kritik. Ihr Versuch, Gott als absolute Persönlichkeit, absolute Subjektivität im Sinne der logischen Idee und zugleich als höchstes Individuum zu begreifen, stürzt in den Augen der zeitgenössischen Kritik lediglich das zwar als Ganzes falsche, aber doch wohlgeordnete System Hegels in Inkonsequenzen, Halbheiten und Widersprüche (Fichte 1834, 24 f.; Schelling: SW 13.91 f.) Vor allem läßt sich das rechtshegelianische Votum für die Notwendigkeit einer philosophischen Begründung der traditionellen Persönlichkeits- und Unsterblichkeitsvorstellung gegen den Wahrheitsanspruch der Religionsphilosophie Hegels kehren. Die Kritik rechnet es den Rechtshegelianern zum Vorzug an, in dieser fundamentalen Frage über Hegel hinausgeschritten zu sein – wenn auch ohne ein deutliches Bewußtsein darüber zu haben (Fichte 1834, 8; Fischer 1839, 38 f.; Staudenmaier 1844, 867 f.)

Dem Blick der Zeitgenossen stellen sich die Schulrichtungen durchaus anders dar als der heute gängigen Retrospektive, daß die Althegelianer die reine Lehre bewahrt hätten. Die rechtshegelianische Interpretation erscheint wegen ihres Fortschreitens zu den Ideen der Persönlichkeit und der Unsterblichkeit gerade als ›progressiv‹, während das spätere Zentrum und die gemäßigte Linke auf dem Standpunkt des Hegelschen Systems verharrten. Hegels Gegner kommen in der Interpretation der Religionsphilosophie mit den im Zentrum und auf der Linken angesiedelten Schülern bei der Interpretation der Hegelschen Texte zu im wesentlichen gleichen Resultaten, während sie mit der Rechten darin übereinstimmen, daß auch die Philosophie zu den traditionell christlichen Lehren finden und sie bekräftigen müsse. Die große, oft mißkannte und heute nicht mehr wiederholbare Interpretationsleistung des Zentrums und der Linken liegt darin, das Moment der formalen Nichtidentität von Vorstellung und Begriff festzuhalten und im Vertrauen auf die von Hegel beschworene Kraft des vernünftigen Denkens die Wahrheit der spekulativen Religionsphilosophie positiv durch begriffliche Ausarbeitung einzelner Themenkreise und negativ durch Kritik des Vorstellungssubstrats samt daran angelehnter Philosopheme zu erweisen. Wie weit dagegen die Rechtshegelianer die Formdifferenz von religiöser Vorstellung und begreifendem Denken einebnen und dabei hinter Hegel zurückfallen, zeigt sich insbesondere in der Frage, an der sich das Schicksal der Schule entscheiden sollte.

Quellen: Karl Ernst Schubarth / K. A. Carganico: Ueber Philosophie überhaupt, und Hegel's Encyclopädie der philosophischen Wissenschaften insbesondere. Ein Beitrag zur Beurtheilung der letztern. Berlin 1829; [Ludwig Feuerbach:] Gedanken über Tod und Unsterblichkeit aus den Papieren eines Denkers [...]. In: Feuerbach: Gesammelte Werke. Bd. 1.175–515; Weiße: Verhältniß des Publicums zur Philosophie in dem Zeitpuncte von Hegels Abscheiden (1832); Bachmann: Hegel's System und die Nothwendigkeit einer nochmaligen Umgestaltung der Philosophie (1833); Immanuel Hermann Fichte: Grundzüge zum System der Philosophie. Abt. 1. Das Erkennen als Selbsterkennen; Abt. 2. Die Ontologie. Heidelberg 1833/1836; Friedrich Richter: Die Lehre von den letzten Dingen. Eine wissenschaftliche Kritik, aus dem Standpuncte der Religion unternommen. Bd. 1. Breslau 1833, Bd. 2. Berlin 1844; Richter: Die neue Unsterblichkeitslehre. Gespräch einer Abendgesellschaft, als Supplement zu Wielands Euthanasia. Breslau 1833; Weiße: Die Idee der Gottheit. Eine philosophische Abhandlung. Als wissenschaftliche Grundlegung zur Philosophie der Religion. Dresden 1833; Carl August Eschenmayer: Die Hegelsche Religions-Philosophie verglichen mit dem christlichen Princip. Tübingen 1834; Fichte: Die Idee der Persönlichkeit und der individuellen Fortdauer. Elberfeld 1834; Carl Philipp Fischer: Die Wissenschaft der Metaphysik im Grundrisse. Stuttgart 1834; Göschel: Rezension zu Richter, in: Jahrbücher für wissenschaftliche Kritik (1834), Nr. 1–3,17–19; Weiße: Die philosophische Geheimlehre von der Unsterblichkeit des menschlichen Individuums.

Dresden [1834]; Rosenkranz: Hegel. Sendschreiben an den Hofrath und Professor der Philosophie Herrn Dr. C. Fr. Bachmann in Jena. Königsberg 1834; Bachmann: Anti-Hegel. Jena 1835; Ferdinand Christian Baur: Die christliche Gnosis oder die christliche Religionsphilosophie in ihrer geschichtlichen Entwicklung. Tübingen 1835; Göschel: Von den Beweisen für die Unsterblichkeit der menschlichen Seele im Lichte der spekulativen Philosophie. Eine Ostergabe. Berlin 1835; Weiße: Grundzüge der Metaphysik. Hamburg 1835; Hubert Beckers: Ueber C. F. Göschel's Versuch eines Erweises der persönlichen Unsterblichkeit vom Standpunkte der Hegel'schen Lehre aus. Mit einem Anhang über die Anwendung der Hegel'schen Methode auf die Wissenschaft der Metaphysik. Hamburg 1836; Georg Andreas Gabler: De verae philosophiae erga religionem christianam pietate. Berlin 1836; Kasimir Conradi: Unsterblichkeit und ewiges Leben. Versuch einer Entwickelung des Unsterblichkeitsbegriffs der menschlichen Seele. Mainz 1837; Julius Schaller: Die Philosophie unserer Zeit. Zur Apologie und Erläuterung des Hegelschen Systems. Leipzig 1837; Jakob Sengler: Ueber das Wesen und die Bedeutung der speculativen Philosophie und Theologie [...]. Specielle Einleitung [...]. Heidelberg 1837; David Friedrich Strauß: Streitschriften zur Vertheidigung meiner Schrift über das Leben Jesu und zur Charakteristik der gegenwärtigen Theologie. Heft 3, Tübingen 1837; Carl Ludwig Michelet: Geschichte der letzten Systeme der Philosophie in Deutschland von Kant bis Hegel. Bd. 2. Berlin 1838; Conradi: Christus in der Gegenwart, Vergangenheit und Zukunft. Drei Abhandlungen, als Beiträge zur richtigen Fassung des Begriffs der Persönlichkeit. Mainz 1839; Fischer: Die Idee der Gottheit. Ein Versuch, den Theismus speculativ zu begründen und zu entwickeln. Stuttgart 1839; Rosenkranz: Kritische Erläuterungen des Hegel'schen Systems. Königsberg 1840; Fichte: Beiträge zur Charakteristik der neueren Philosophie, oder kritische Geschichte derselben von Des Cartes und Locke bis auf Hegel. Sulzbach ²1841; Michelet: Vorlesungen über die Persönlichkeit Gottes und die Unsterblichkeit der Seele oder die ewige Persönlichkeit des Geistes. Berlin 1841; Michelet: Entwicklungsgeschichte der neuesten deutschen Philosophie mit besonderer Rücksicht auf den gegenwärtigen Kampf Schellings mit der Hegelschen Schule. Berlin 1843; Michelet: Die Epiphanie der ewigen Persönlichkeit des Geistes. Eine philosophische Trilogie. Bd. 1. Nürnberg 1844; Bd. 2. Darmstadt 1847; Bd. 3. Berlin 1852; Franz Anton Staudenmaier: Darstellung und Kritik des Hegelschen Systems. Aus dem Standpunkt der christlichen Philosophie. Mainz 1844; Johann Eduard Erdmann: Die Religionsphilosophie als Phänomenologie des religiösen Bewußtseins. In: Erdmann: Vermischte Aufsätze. Leipzig 1845.

2.3 Der Primat der Idee oder der Geschichte

(1) Die schulinternen Differenzen in der Lehre von der Persönlichkeit Gottes und der Unsterblichkeit der Seele liegen in zahlreichen Schriften und Rezensionen der Schüler offen zu Tage. Dennoch zerfällt die Schule noch nicht in diesem Streit in Fraktionen,

aber auch nicht im Streit um Logik und Metaphysik oder um die politisch brisante Rechtsphilosophie, sondern im Streit um ein Thema, das gar nicht zum traditionellen Bestand philosophischer Probleme zählt: das Leben Jesu. Es ist nicht einmal ein traditionell theologisches Thema. Erst im Zuge der Historisierung des Denkens wird es seit dem späteren 18. Jahrhundert mehrfach in der Theologie bearbeitet, und seit dem erbitterten Streit um Lessings Veröffentlichung der bibelkritischen *Fragmente eines Ungenannten*, d. h. Hermann Samuel Reimarus, erhält es eine zuvor nicht gekannte Brisanz: In ihm steht das historische Fundament der christlichen Religion auf dem Spiel. Es gewinnt aber auch für die Wirkungsgeschichte der Philosophie Hegels zentrale Bedeutung. Sie läßt sich noch nicht absehen, als David Friedrich Strauß in den Jahren 1835/36 sein Werk *Das Leben Jesu, kritisch bearbeitet* veröffentlicht, und sie liegt auch heute nicht offen zu Tage, sondern bedarf der Erläuterung.

(2) Wenige Tage vor Hegels Tod ist Strauß nach Berlin gekommen, um Hegel zu hören. Er hat auch den Anfang der Vorlesungen über Rechtsphilosophie und über Geschichte der Philosophie (1831/32) mitgeschrieben (GW 26/3.1487–1495 bzw. V 6.351–357) und eine Nachschrift der Vorlesungen über Religionsphilosophie vom Sommer 1831 exzerpiert (V 3–5), und ebenso zwei Nachschriften zu Schleiermachers »Vorlesungen über das Leben Jesu«. Wie auch seine späteren Marginalien bezeugen, haben diese Vorlesungen bei Strauß den Eindruck einer zwar wider Willen durchgeführten, gleichwohl außerordentlich gelungenen Destruktion des historischen Fundaments des Christentums hinterlassen. Denn Schleiermacher führt dieses Thema in seinen mehrfachen Vorlesungen bis an diese Grenze und schreckt doch stets vor ihr zurück. Er bietet zwar seine ganze Gelehrsamkeit und Beredtsamkeit auf, um sich selber und seinen Hörern – darunter auch dem jungen Strauß – die Augen für die Konsequenzen der historisch-kritischen Forschung zu verschließen. Er läßt sich ein gutes Stück weit auf die historische Kritik ein, um dann zu konstatieren, weiter dürfe man nicht gehen: »Die Evangelien – unsere einzige geschichtliche Quelle – erzählen Wunder. Deshalb muß unser Urtheil über die Wunder so sein, daß die Glaubwürdigkeit der Evangelien nicht angetastet wird, denn sonst fiele unser Glauben an die Person Christi, und er [sc. Christus] würde uns ein mythischer.« Solche Argumentationen markieren das Stadium der Theologiegeschichte, in dem das Scheitern der programmatischen Einheit von Dogma und His-

torie unwiderruflich manifest wird (Jaeschke 1985, 1161–1167; 1986a, 361–436, 328–348).

Strauß' *Leben Jesu* gilt auch heute noch weithin als das Werk, das die moderne historisch-kritische Exegese begründet. Seine Absicht ist es jedoch nachzuweisen, daß das vermeintlich tragfähige historische Fundament der christlichen Religion zerbrochen, und nicht zufällig zerbrochen sei: Die historisch-kritische Forschung zerstört das historische Fundament der evangelischen Erzählungen, das sie eigentlich zu befestigen angetreten war. Mit dieser Einsicht aber sind diese Erzählungen für Strauß nicht als sinnlos erwiesen. An die Stelle des historischen Fundaments sucht er ganz im Sinne Hegels ein begriffliches zu setzen. Er versteht die biblischen Erzählungen nicht als historische Berichte, sondern, mit Hilfe Hegelscher Begrifflichkeit und in enger gedanklicher Übereinstimmung mit ihm, als einen »philosophischen Mythos« – als vorstellungsmäßigen Ausdruck einer eigentlich nur dem begreifenden Denken zugänglichen Wahrheit. Wären die aufgedeckten Mythen bloß »historische«, so könnte die mythische Interpretation zwar manches Anstößige beseitigen, die Wahrheit des Inhalts jedoch nicht sichern. Strauß aber interpretiert die Mythen als philosophische: Was in mythischer Sprache als Geschehenes vorgestellt wird, ist in Wahrheit ein Ausdruck der Natur des Geistes. Das Scheitern einer historischen Begründung öffnet den Blick für den wahren Charakter dieser Texte und nötigt zum Rückzug in den Begriff.

Strauß' geistesphilosophische Interpretation – sein Verständnis des Gedankens der gottmenschlichen Einheit als eines »philosophischen Mythos« – löst die historische Faktizität auf: Sie sei historisch ebenso unbeweisbar wie gedanklich belanglos. Dies aber schien all denen unannehmbar, ja ein »Ischariothismus« (Eschenmayer 1835), die noch der naiven Zuversicht oder doch der Hoffnung nachhingen, solche Faktizität lasse sich sichern. Hingegen entspricht Strauß' Verfahren strikt Hegels Einsicht: Wie die Wahrheit nicht demonstriert werden kann durch historische Forschung, so kann sie auch nicht durch historische Kritik widerlegt werden. Historisch widerlegt werden kann nur der Schein, als sei es hier um Faktizität zu tun.

Strauß' Resultat ist insofern keineswegs umstürzend. Es steht für Hegel ohnehin fest, aber bloß als ein aus der Zeitdiagnose vorausgesetztes, nicht als ein demonstriertes: Allein der Begriff kann die Wahrheit des Christentums verbürgen. Doch erkennt Strauß erstaunlich treffsicher, daß Hegels abschätzige Polemik gegen die sich formierende historische Theologie die gebotene Absicherung des Systems vor Angriffen aus dieser Richtung vernachlässige. Deshalb bestimmt er den Stellenwert, der einer historischen Kritik allein zukommen kann. Die Interpretation der neutestamentlichen Texte als eines philosophischen Mythos wird zum Moment der Selbstvermittlung des spekulativen Begriffs durch den Ausschluß des Faktischen. Sie legitimiert Hegels Verwerfung einer historischen Begründung des Christentums nachträglich. Was Hegel nur antizipiert, führt Strauß herbei: Die historische Kritik zerstört die zu Hegels Zeit scheinbar noch intakte Stütze des Christentums und zwingt es zur Flucht in den Begriff.

Strauß hat seine Strategie zweifellos nicht allein aus einer Interpretation der spekulativen Religionsphilosophie gewonnen. Sie setzt eine tiefgehende Einsicht in die theologiegeschichtlichen Tendenzen seiner Zeit voraus. Das Gewicht, das seinen sehr umfangreichen Auszügen aus Schleiermachers »Vorlesungen über das Leben Jesu« zukommt, ist von der Forschung bisher nicht wirklich berücksichtigt worden. Auch wenn sie es sich nicht eingestehen, bezeugen sie doch die Unvermittelbarkeit von Dogma und Historie – und daraus liest Strauß die Aufforderung zur Flucht nicht in die Geschichte, sondern in den Begriff. Die Notwendigkeit hierzu wird nirgends augenfälliger als in diesen Auszügen und in Strauß' *Leben Jesu*.

Doch Hegels Religionsphilosophie stützt diese Strategie nicht nur nachträglich. Strauß' methodologische Reflexionen belegen, daß die Religionsphilosophie sein Konzept gefördert, ja ermöglicht habe: Die Fundierung der Wahrheit des Christentums im Begriff befreit vom verkrampften und gleichwohl mißlingenden Festhalten an der Faktizität, das Strauß für die Theologie seiner Zeit als typisch ansieht. Sie setzt das Faktische zu einem Gleichgültigen herab. Andererseits entlastet sie dadurch ungewollt die historische Forschung von den mannigfachen dogmatischen Rücksichten, denen sie sich sonst – wie auch Schleiermachers Beispiel zeigt – nicht hätte entziehen können. Es zählt zu den entscheidenden Prozessen in der Wirkungsgeschichte der Religionsphilosophie Hegels, daß die einmal freigesetzte historische Forschung dieses Junktims nicht mehr bedurft, und dazu beigetragen hat, die Begründung der Wahrheit aus der sich denkenden Vernunft zu diskreditieren.

Quellen: David Friedrich Strauß: Das Leben Jesu, kritisch bearbeitet. 2 Bde. Tübingen 1835/1836, insbesondere Bd. 2, 732–744; Carl August Eschenmayer: Der Ischariothismus unserer Tage. Eine Zugabe zu dem jüngst erschienenen Werke: Das Leben Jesu von Strauß. I. Teil, Tübingen 1835. – **Literatur:** Jaeschke: Paralipomena Hegeliana zur Wirkungsgeschichte Schleiermachers. In: Internationaler Schleiermacher-Kongreß Berlin 1984. Hg. von K.-V. Selge. Berlin / New York 1985, 1157–1169; Jaeschke: Die Vernunft in der Religion (1986a), 328–348.

2.4 Die Spaltung der Schule

(1) Mit dieser Interpretation aber löst Strauß einen in seinem Ausmaß und seiner Intensität sensationellen Sturm der Entrüstung aus, selbst für eine Zeit, die heftige philosophisch-theologische Kontroversen gewöhnt ist. Die Angriffe richten sich aber nicht allein gegen ihn persönlich, sondern gegen den »Ischariothismus« der Schule, als deren Vertreter er nicht zu Unrecht gilt. Denn obschon seine detaillierte Zerstörung des historischen Fundaments des Christentums völlig unabhängig von Hegel erfolgt, verdankt sich ihre Kühnheit der Gewißheit des begrifflichen Fundaments, und auch sein Resultat steht auf dem Boden der Hegelschen Philosophie. Deshalb ist es für die Repräsentanten der Schule unvermeidlich, in dieser Frage pro oder contra Stellung zu beziehen. Bis dahin treten die Schüler – trotz unterschiedlicher Akzentuierungen in ihrer Aneignung der Hegelschen Philosophie – den Angriffen von außen, insbesondere von seiten des spekulativen Theismus, als Einheit entgegen; erst in dieser erneut zugespitzten Situation führen die ohnehin zwischen ihnen bestehenden Auslegungsdifferenzen zur offenen Auseinandersetzung innerhalb der Schule.

(2) Erdmann, Bruno Bauer, Schaller, Gabler, Hinrichs und vor allem Göschel bestreiten vehement die Angemessenheit von Strauß' Anknüpfung an Hegel und vermeinen, ihre eigene Position in Kontinuität mit Hegel formulieren zu können. Doch bilden auch sie keine einheitliche Front. Es ist bemerkenswert, daß etwa Schaller Strauß' mythische Interpretation weithin akzeptiert, obgleich er sie nicht einmal angemessen versteht. Selbst Göschel (1838) kann nicht umhin, Strauß in manchen Punkten beizupflichten und ihn gegen ungerechtfertigte Angriffe in Schutz zu nehmen. Denn seine Verteidigung eines Mitglieds der Schule ist zugleich eine Selbstverteidigung. Göschels Schrift läßt noch mehr als die der anderen Kritiker innerhalb der Schule die Intention ihrer Kritik deutlich werden: Die scharfe Abgrenzung von Strauß ist erforderlich, um es Hegels Gegnern zu verwehren, dessen Philosophie solcher Früchte wegen zu verwerfen. Gegenüber Forderungen von Sei-

ten der Theologie, das Übel an seiner Wurzel – Hegel – zu fassen, empfiehlt Göschel unbeirrt die Religionsphilosophie des Meisters als probates Remedium gegen Strauß' Irrungen.

(3) Die Verteidigungsschriften der Hegelschen Rechten lassen ungewollt ihre Distanz zur spekulativen Religionsphilosophie noch krasser hervortreten als zuvor bei den Problemen der göttlichen Persönlichkeit und der individuellen Unsterblichkeit. Erdmann sucht mittels entwicklungsgeschichtlicher Differenzierung die Anstößigkeit einiger von Strauß beigebrachter Belege zu entkräften: Sie beleidigten zwar das religiöse Gefühl, gehörten aber Hegels Jenaer Heft zur Geschichte der Philosophie an und müßten deshalb hinter der Religionsphilosophie der Reifezeit zurücktreten (1853, 846). Dieses Argument überrascht, da gerade die von Hegels Schülern getragene *Freundesvereinsausgabe* die entwicklungsgeschichtlichen Differenzen verwischt und es zudem prekär ist, spätere Schülernachschriften gegen ein Manuskript Hegels auszuspielen, das immerhin gleichzeitig mit der *Phänomenologie* entstanden ist. Selbst Göschel zögert nicht, mehrfach Unklarheiten oder unausgereifte Partien in der Religionsphilosophie einzuräumen, wiewohl er ihr Gewicht nach Kräften herunterzuspielen sucht (1838, 16 ff.,45). Doch auch die Themen, bei denen er sich in nahtloser Übereinstimmung mit Hegel glaubt, verraten einen erheblichen Dissens, der den Zeitgenossen nicht entgeht – vor allem sein Versuch, Hegels Religionsphilosophie an historische Nachweise zu binden und sie sogar als mit einem Rest des Wunderglaubens einverstanden zu erklären (1838, 35–40); ähnlich gilt dies für Schaller (1838, 19 ff.) und sogar für Rosenkranz (1840, XXIVff.). Diese Beweisabsichten lassen die rechtshegelianische Interpretation hinter Hegels Religionsphilosophie und nicht minder hinter Schleiermacher zurückfallen – auf das Niveau einer mit spekulativen Ornamenten drapierten Orthodoxie. Als solche wird sie sowohl vom Zentrum und der Linken als auch von den »spekulativen Theisten« verworfen. Das Zentrum und die linke Mitte erkennen dagegen Strauß' Interpretation prinzipiell als legitime Auslegung der Religionsphilosophie an, wenn sie auch in wesentlichen Punkten gegen ihn Stellung beziehen – vornehmlich in der Frage, ob die Gottmenschlichkeit Eines Diesen durch die Idee oder durch zeitlich-äußerliche Umstände bedingt sei, oder in der Frage nach dem Prinzip der Göttlichkeit Jesu. Diese und andere Fragen lassen sich schulintern auf einem relativ hohen Niveau diskutieren (Rosenkranz 1836, XVIff.; 1840, XXff.; Michelet 1841,

186 ff.; Vatke 1840). Weit größer aber als die genannte Gruppe ist die Zahl derer – der »spekulativen Theisten«, des späten Rationalismus um die *Allgemeine Kirchen-Zeitung* und der neuen Orthodoxie um die *Evangelische Kirchen-Zeitung* –, die zwar ebenfalls von der Angemessenheit von Strauß' Interpretation überzeugt sind, darin jedoch nur einen neuerlichen Beweis für die Gefährlichkeit der Religionsphilosophie Hegels sehen.

(4) Durch die Fülle der gegen ihn gerichteten Angriffe sieht Strauß sich zwei Jahre nach dem Erscheinen seines *Leben Jesu* genötigt, *Streitschriften zur Verteidigung meiner Schrift über das Leben Jesu* (1837) zu veröffentlichen. Im dritten Heft wendet er sich den Auseinandersetzungen innerhalb der Schule Hegels zu und sucht zu klären, wie Hegel in den von ihm berührten Fragen gedacht habe und wie notwendiger Weise zu denken sei. Zum Kriterium macht Strauß hier die prima facie rein theologische Frage nach der Auferstehung des Gottmenschen Jesus. Sie enthüllt sich aber rasch als philosophische Frage nach dem Verhältnis von Idee und Geschichte: »Auf die Frage, ob und in wie weit mit der Idee der Einheit göttlicher und menschlicher Natur die evangelische Geschichte als Geschichte gegeben sei, sind an und für sich drei Antworten möglich: daß nämlich mit jenem Begriffe entweder die ganze evangelische Geschichte; oder daß blos ein Theil derselben; oder daß sie weder ganz noch theilweise von der Idee aus historisch zu erhärten sei.« Den drei möglichen Antworten ordnete Strauß die Vertreter der Hegelschen Schule zu – als die Hegelsche Rechte, das Zentrum und die Linke. Die drei möglichen Antworten bilden aber keineswegs gleichberechtigte Optionen – denn es kann damals wie heute kein Zweifel darüber bestehen, daß philosophisch allein die letzte, die linkshegelianische Antwort vertretbar ist. Die Fraktionierung der Schule bildet deshalb keinen stabilen Zustand; die erste Antwort läßt sich philosophisch nicht vertreten und nötigt ihre potentiellen Anhänger, ihre religiösen Interessen außerhalb der Philosophie, zumindest außerhalb einer Vernunftphilosophie anzusiedeln; und in geringerem Maße gilt dies auch für die zweite. Die dritte Antwort hingegen läßt sich mit guten Gründen verteidigen – doch ist sie diejenige Antwort, mit der sich die Mehrzahl der Zeitgenossen am wenigsten abzufinden vermag – und dies nicht aus Ignoranz, sondern weil der bewußtseinsgeschichtliche Prozeß der Ablösung der Religion durch säkulare Inhalte, nach seinem beschleunigten Verlauf in der Aufklärung, in der Restaurationszeit eine retardierende Phase durchläuft.

Quellen: Karl Rosenkranz: Kritik der Schleiermacherschen Glaubenslehre. Königsberg 1836; David Friedrich Strauß: Streitschriften zur Vertheidigung meiner Schrift über das Leben Jesu und zur Charakteristik der gegenwärtigen Theologie. Heft 3, Tübingen 1837; Carl Friedrich Göschel: Beiträge zur spekulativen Philosophie von Gott und dem Menschen und von dem Gott-Menschen. Mit Rücksicht auf Dr. D. F. Strauß' Christologie. Berlin 1838; Julius Schaller: Der historische Christus und die Philosophie. Kritik der Grundidee des Werks Das Leben Jesu von Dr. D. F. Strauß. Leipzig 1838; Wilhelm Vatke: Beitrag zur Kritik der neueren philosophischen Theologie. In: Hallische Jbb 3 (1840), Nrn. 1–8; Johann Eduard Erdmann: Versuch einer wissenschaftlichen Darstellung der Geschichte der neueren Philosophie. Bd. 3, Abt. 2. Leipzig 1853.

2.5 Politische Implikate des Streits um die Religionsphilosophie

(1) Die heftigen Kontroversen um Strauß' Zuspitzung der Problemlage eröffnen ein neues Stadium des Streits um die Christlichkeit der Religionsphilosophie Hegels. Denn diese Zuspitzung wird nicht zu Unrecht als Resultat seines Ansatzes angesehen – zumindest soweit sie das Auseinanderbrechen von »Idee« und »philosophischem Mythos« einerseits und Geschichte im Sinne von bloßer Faktizität andererseits betrifft. Daß eine »Vernunftphilosophie« Schwierigkeiten hat, die Persönlichkeit Gottes und die Unsterblichkeit der Seele dogmatisch korrekt auszusagen, kommt zumindest den »spekulativen Theisten« keineswegs unerwartet – im Gegenteil. Daß sie aber den Weg bahnt, das Leben Jesu in einen Mythos aufzulösen, bricht endgültig den Stab über sie. Und selbst damit sind die Bedenken, die man damals gegen diese Frucht der Spekulation vorbringen zu müssen glaubt, keineswegs erschöpft: Die Auseinandersetzung um Strauß' *Leben Jesu* spaltet nicht allein Hegels Schule; sie leitet auch über von der Epoche der religionsphilosophischen Zentrierung der Auseinandersetzungen um Hegels Philosophie zur zweiten, der rechtsphilosophischen oder doch wenigstens politischen Phase (s. Kap. III.3).

Unter den Bedingungen der formell zwar weitgehenden Trennung, aber gleichwohl noch starken inneren Verbindung zwischen Religion und Staat, wie sie im Gottesgnadentum des Königs ihren höchsten Ausdruck findet, kommt jedem – wirklichen oder vermeintlichen – Angriff auf Theologie und Religion zugleich eine erhebliche politische Relevanz zu: Ein Angriff auf die Grundlagen des Glaubens erscheint als Angriff auf die Grundlagen des staatlichen und des menschlichen Zusammenlebens überhaupt. Der Beginn der Ablösung der Moral und der Rechtsgrundlagen staatlichen Zusammenlebens von der Religion läßt sich zwar zumindest bis ins 17. Jahrhundert zurückverfolgen, doch tritt dieser auch heute noch nicht abgeschlossene Prozeß in den 1830er Jahren in Deutschland mit dem damaligen »Kölner Kirchenkampf« – einem Vorspiel zum späteren, der Bismarck-Ära angehörenden »Kulturkampf« – gerade erst in seine entscheidende Phase. Für die dominierende öffentliche Meinung gibt es damals keinen Zweifel: Wer nicht dem traditionellen theistischen Gottesgedanken huldigt, bietet keine Gewähr für politische und rechtliche Zuverlässigkeit: Er kann ja nicht einmal einen Eid ablegen und somit auch keine Stellung im öffentlichen Leben bekleiden – etwa als Lehrer an einer Universität. Gegebenenfalls muß er von einer solchen Stelle entfernt werden.

(2) Über diese allgemeine, damals von Seiten der Restauration – mit Nachdruck etwa von Heinrich Leo – gegen die Hegelsche Linke verfolgte Strategie hinaus scheinen jedoch aus Strauß' Interpretation der Hegelschen Religionsphilosophie noch weitere revolutionäre politische Konsequenzen zu folgen, deren impliziter, Strauß selbst zunächst verborgener politischer Aspekt geradezu zum »Hochverrat« stilisiert wird. Deshalb scheint hier zugleich der günstige Moment zur politischen Erledigung dieser mißliebigen Religionsphilosophie gekommen: Dies ersparte zudem die Mühe der theoretischen Auseinandersetzung. Hier liegt der in der ausgebreiteten Literatur über die Hegelsche Rechte und Linke häufig vermißte und zugleich konsequent ignorierte Punkt des Umschlags der religionsphilosophischen in eine politische Debatte.

Denn Strauß löst nicht allein das Leben Jesu in einen philosophischen Mythos auf; er nimmt auch (und in diesem Punkt in Gegensatz zu Hegel) eine Mehrheit von Gottmenschen als wahrscheinlich an: Es sei gar nicht die Art, wie die Idee sich realisire, »in Ein Exemplar ihre ganze Fülle auszuschütten, und gegen alle andern zu geizen« (1835/36, Bd. 2.734). Für die politische Theologie der Restauration ist dieses Dementi der Einheit des Gottmenschen nicht allein eine Gotteslästerung, sondern ein subtiler und gleichwohl massiver Angriff auf die Monarchie und ein subversives Plädoyer für die »Vielen«: also für die Republik.

Diese Wendung vom Theologischen ins Politische läßt sich nur im Horizont einer damals vorgegebenen und heute nicht mehr unmittelbar verständlichen politischen Theologie nachvollziehen. Unter Berufung auf die »christliche Philosophie« des spä-

ten Schelling sucht die damalige »positive«, die »christliche Rechts- und Staatslehre« – etwa Friedrich Julius Stahls (s. Kap. III.3.1) – die Einheit des Staates auf das Prinzip der Persönlichkeit Gottes zu begründen: die Einheit des Monarchen als Ausfluß der Einheit Gottes zu verstehen. Schelling spricht diese Verbindung auch selber aus: Dem Verlangen nach der Persönlichkeit Gottes entspreche im Staat der Wunsch nach dem König, den die Person lieben könne und vor dem alle gleich seien, wie vor Gott (SW 11.569 f.) Als der Minister v. Altenstein Göschel auffordert, Bretschneiders rationalistische Kritik an Strauß und der Hegel-Schule zu widerlegen, spitzt Göschel zunächst in einem handschriftlichen Votum an den Minister, dann in seinen *Beiträgen* (1838) diese politische Theologie mittels einer traditionellen Haupt-Leib-Symbolik zur politischen Christologie zu: Wie die Menschen in einem Staate einem Haupte untertan sind, dem Monarchen, so ist auch die Menschheit einem Haupte untertan, dem Gottmenschen. Die politische Wirklichkeit wird somit zum sicheren Fundament der Einheit des Gottmenschen und zugleich zum Kriterium der Verfehltheit der Strauß'schen Interpretation. Damit aber ist – durch einen Vertreter der Hegelschen »Rechten« – das Denken der »Linken« nicht allein als gottlos, sondern zugleich als Hochverrat gebrandmarkt – und der Streit um die Religionsphilosophie zu einem Streit um die Politik geworden (Jaeschke 1979b). Allerdings erlaubt die Willkür, mit der diese Parallele gezogen ist, ebensosehr den umgekehrten Begründungsgang – und dieser dominiert die letzte Phase des Vormärz: Da wir Pantheisten sind, müssen wir folglich auch Demokraten sein (Briese 1998, 81).

(3) In dieser Lage melden sich auch alte, zuvor erfolglose Gegner Hegels – wie Karl Ernst Schubarth (1839) – wieder zu Wort, da sie nun den Beweis offen erbracht sahen, daß Hegels Lehre gegen die Religion und damit gegen die Grundlagen des Staates verstoße. Solche Argumente werden nicht allein publiziert, sondern selbst dem immer noch amtierenden Kultusminister Altenstein gutachterlich vorgetragen, der Hegel nach Berlin berufen und ihn (wie auch Schleiermacher) mehrfach gegen Angriffe der Restauration geschützt hat. Deshalb haben sie zwar bis zum Ende der Ära Altenstein (1839) keinen unmittelbaren politischen Erfolg – dann allerdings um so nachhaltiger.

Quellen: Göschel: Beiträge zur spekulativen Philosophie von Gott und dem Menschen und von dem GottMenschen. Mit Rücksicht auf Dr. D. F. Strauß' Christologie. Berlin 1838; Karl Ernst Schubarth: Ueber die Unvereinbarkeit der

Hegelschen Staatslehre mit dem obersten Lebens- und Entwicklungsprinzip des Preußischen Staats. Breslau 1839, Teilabdruck in Riedel: Materialien zu Hegels Rechtsphilosophie. Bd. 1.249–266. – **Literatur:** Jaeschke: Urmenschheit und Monarchie. Eine politische Christologie der Hegelschen Rechten. HS 14 (1979b), 73–107; Marilyn Chapin Massey: Christ unmasked. The Meaning of »The Life of Jesus« in German Politics. Chapel Hill / London 1983; Olaf Briese: Konkurrenzen. Philosophische Kultur in Deutschland 1830–1850. Porträts und Profile. Würzburg 1998.

2.6 Christlichkeit und Antichristlichkeit

(1) Zur politischen Verschärfung und gedanklichen Verflachung dieses Streits trägt ebenfalls bei, daß die Gruppe der Kritiker unerwartete Verstärkung durch einen Mann erhält, der früher selbst zum Kreis um Hegel gezählt hat: durch Heinrich Leo. Sein Angriff auf *Die Hegelingen* richtet sich zwar formell allein gegen die Hegelsche Linke. Doch da Leo deren Gegensatz zu Hegel vornehmlich darin sieht, daß Hegel »gerade über die das religiöse Bewußtsein des Volkes untergrabenden Consequenzen seiner Lehre sich nicht klar ausgesprochen« habe (1838, 7), so gilt sein Angriff nicht minder der Religionsphilosophie des Meisters. Durch ihre ›Unklarheit‹ ist sie ja noch gefährlicher als die ›Klarheit‹ der Linken. Leos kleine, ein Jahr später stark vermehrte Schrift enthält im wesentlichen lange Zitate aus Arbeiten Michelets und Bayrhoffers, die sie in Fußnoten polemisch kommentiert. Auf eine argumentierende Auseinandersetzung verzichtet Leo wohl, weil er zuversichtlich ist, die zitierte »Gotteslästerung« spreche für sich und die junghegelianischen »Geburten der Hölle« verschlängen einander ohnehin (1838, 26). Auch sind die im Vorwort zusammengestellten Anklagen nicht neu: Die junghegelianische Partei lehre: »den Atheismus«; »daß das Evangelium eine Mythologie sei«; »eine Religion des alleinigen Diesseits«. Der vierte Anklagepunkt, daß die Hegelinge dennoch die »Gestattung christlicher Eide und der äußeren Theilnahme an christlichen Sacramenten« erschlichen, ist ein Indiz der neuen, politischen Zuspitzung des Streits, in der die Prüfung der Wahrheit einer philosophischen Aussage durch die Denunziation ihrer angeblich zerstörerischen gesellschaftlich-politischen Konsequenzen und den Ruf nach staatlichem Eingreifen ersetzt wird. Die Debatte ist damit auf ein Niveau herabgebracht, auf dem eine im gelehrt-akademischen Ton gehaltene Auseinandersetzung um die Religionsphilosophie Gefahr läuft, überhört zu werden.

(2) Der vormalige Rechtshegelianer Bruno Bauer zieht die Konsequenz aus dieser bedrohlich gewordenen Situation: Unter der Maske eines mit Bibelsprüchen überreich gewappneten Pietisten läßt er *Die Posaune des Jüngsten Gerichts über Hegel den Atheisten und Antichristen* (1841) erschallen. Leos Anklageschrift richtet sich unmittelbar nur gegen die Linke (Strauß) und das linke Zentrum (Michelet, Bayrhoffer) und setzt diese Fraktionen formal ins Unrecht. Demgegenüber beharrt Bauer auf der Übereinstimmung der linkshegelianischen Interpretation und der Religionsphilosophie Hegels: Die Linkshegelianer seien die treuen Schüler des Meisters, während die Rechte dessen Religionsphilosophie durch ihre theistische Brille mißdeute und dadurch ihr revolutionäres Potential – absichtlich oder nicht – verberge. Formal stimmt diese Deutung mit der Polemik von seiten der »spekulativen Theisten« überein, wenn auch der Posaunist die entgegengesetzte Absicht verfolgt. Seine Strategie, der linkshegelianischen Auslegung durch ihre Verketzerung zum Durchbruch zu verhelfen, ist in der Philosophiegeschichte ohne Beispiel. Dabei ist seine Schrift vergleichsweise arm an diskutierbaren Argumenten. Ihre Konzeption überhebt ihren Verfasser einer konsistenten Interpretation der genial ausgewählten Zitate, die ihm als dem eigentlichen Herausgeber der zweiten Auflage von Hegels *Vorlesungen über die Philosophie der Religion* (1840) in reicher Zahl zur Verfügung stehen. Als einzige Wehr gegen den Antichristen Hegel läßt er den bedingungslosen Verzicht auf alle philosophische Argumentation und den Rückzug auf einen frömmelnden Standpunkt gelten. Alle philosophische Kritik an Hegel denunziert er als ein Buhlen mit der Hure Vernunft, das nur noch tiefer ins Verderben stürze – wie die Selbstzerstörung des »spekulativen Theismus« zeige. Nicht bloß Hegels Lehre von der Identität von Vernunft und Offenbarung – auch alle nicht-Hegelschen Vermittlungsversuche von Religion und Philosophie entlarvt er so nachdrücklich als Werke des Teufels, daß es schließlich unausweichlich erscheint, dessen Partei zu ergreifen. Das politische Scheitern der von Hegel proklamierten Versöhnung von Religion und Philosophie findet sich nirgends krasser ausgesprochen als hier.

Die penetrant zur Schau getragene Sorge um Hegels Unterwanderung von Kirche, Staat und Sittlichkeit ist nach Leos *Hegelingen* stilisiert. Eigentlich thematisch aber ist die theoretische Konsequenz der Religionsphilosophie: der Atheismus. Ihn sieht der Posaunist unter einem doppelten Schleier verborgen. Vom ersten Schleier – der Christlichkeit – ließen sich zwar nur die Toren täuschen. Doch die Religionsphilosophie tarne sich auch mit dem Schleier des Substantialitätsstandpunkts, des Pantheismus, und dieser tiefere Schleier sei nur vom kritischen Messer des Glaubens zu entfernen. Als der »entsetzliche, schaudererregende, alle Frömmigkeit und Religiosität ertödtende Kern des Systems« erscheint schließlich, daß »das religiöse Verhältniß Nichts als ein inneres Verhältniß des S e l b s t b e w u ß t s e y n s zu sich selber ist« (Bauer 1841, 48).

In dieser Restriktion des Kerns der Religionsphilosophie auf die »Alleinherrschaft des Selbstbewußtseyns« (ebd. 127) greift der Posaunist zu kurz. Wenn er Hegels Standpunkt als den der »Vernunft«, gar des »Geistes« entwickelt hätte, hätte er seine These der Inkompatibilität von Religion und Philosophie schwerlich aufrechterhalten können. Und doch zieht diese These die Quintessenz eines Jahrzehnts des Streits um die Religionsphilosophie. Bis zum Ende der 1830er Jahre wird der Nerv der Religionsphilosophie, die These von der Inhaltsidentität von Vernunft und Religion, ausschließlich im Namen der Religion bestritten. Nun macht der erbitterte Widerstand gegen diese Identität nicht nur jedes Beharren auf ihr illusorisch. Das parallele Vermittlungsunternehmen des »spekulativen Theismus« zeigt, daß die Vernunft rasch wieder unter die Kontrolle einer nicht sehr vernünftigen Offenbarung gerät, wenn sie allzu ungestüm auf Vermittlung drängt. Aus dieser Einsicht in das faktische Scheitern des Vermittlungsanspruchs der Religionsphilosophie sind schon kurz vor dem Posaunisten irreversible Resultate gezogen worden. Es zählt zu den überraschenden und in der Retrospektive dennoch konsequent erscheinenden Prozessen der neueren Philosophiegeschichte, daß aus einer dieser Situation entsprungenen Apologie Hegels binnen weniger Jahre eine Position erwächst, die die Klassische Deutsche Philosophie samt der traditionellen Kritik an ihr überwunden zu haben glaubt.

(3) Ludwig Feuerbachs komplexe Argumentationsstrategie gegenüber Hegels Religionsphilosophie unterscheidet sich grundlegend von der sämtlicher anderer Schüler. Seine Ausführungen *Zur Kritik der »positiven« Philosophie* (1838) sowie *Über Philosophie und Christentum* (1839) – geplant als Rezensionen zu Schriften Senglers und Leos – versuchen nicht erst, Hegels Religionsphilosophie von dem Odium der Unchristlichkeit freizusprechen. Ob sie mit der christlichen Religion übereinstimme, sei »nicht nur eine gehässige, sondern auch absolut tölpelhafte und sinnlose, das Wesen der Philosophie verkennende

Frage« (Feuerbach 1839, 250). Die Frage hingegen, ob das mit dem Christentum übereinstimme, was Hegel für christlich ausgebe, sei zwar berechtigt, müsse aber unter Berücksichtigung der »unendlichen Differenz zwischen dem Gegenstand in der Religionsphilosophie und ebendemselben Gegenstand in der Religion selbst« erörtert werden. Diese Differenz liege nicht in einem behebbaren Fehler der Religionsphilosophie. Sie folge vielmehr zwingend aus deren Charakter als Philosophie (vgl. Frauenstädt 1840, IXf.,108). Bis dahin haben alle Schüler die Abweichung der Religionsphilosophie vom Christentum mit Hilfe des Theorems der Inhaltsidentität und Formdifferenz von Religion und Philosophie interpretiert. Doch haben die Angriffe gegen Hegels Philosophie zunehmend verdeutlicht, daß dieses Theorem zwar die Chance zur Kritik der religiösen Vorstellung durch den Begriff eröffnet, aber auch umgekehrt die Spekulation der Kritik von Seiten der Vorstellung aussetze. Um die Philosophie dieser Kontrollinstanz zu entziehen, gibt Feuerbachs zweischneidige Apologie das Grundtheorem der spekulativen Religionsphilosophie preis – zu Gunsten der Behauptung einer »unaustilgbaren Differenz« von Religion und Philosophie: Diese habe das Denken, jene »Phantasie und Gemüt« zum Inhalt (Feuerbach 1839, 220).

Aus seiner Betonung der Differenz von Christentum und Philosophie überhaupt sowie Religionsphilosophie im besonderen hätte ebensogut die Konsequenz gezogen werden können, daß auf solche wesensmäßig unchristliche Philosophie besser ganz zu verzichten sei. Auch orthodox gesinnte Kritiker haben ja auf der Unvereinbarkeit von Vernunft und Offenbarung bestanden und daraus auf die Nichtigkeit der Philosophie geschlossen. Feuerbach unterstützt deshalb seine Befreiung der Philosophie aus der Vormundschaft der Religion, indem er die Anklage auf Unchristlichkeit gegen die Theologie seiner Zeit wendet – gegen den modernen »Doktorglauben«, der »nur eine erkünstelte Treibhauspflanze, ein raffiniertes Reflexionsprodukt des Unglaubens« sei (Feuerbach 1839, 235 f.). Er wählt das vorkonstantinische Christentum zum Maß wahrer Christlichkeit und spricht damit der Gegenwart die Christlichkeit nicht nur der Religionsphilosophie oder der Philosophie überhaupt ab – und damit auch das Recht, dies als Vorwurf gegen andere Positionen zu richten. Denn jegliche Rückkehr zu dieser frühen Form bleibt unter den Bedingungen der modernen Welt ausgeschlossen.

Feuerbachs Kritik an Hegels Gegnern bildet den letzten Ansatz zu einer produktiven Interpretation im

Rahmen des Diskussionszusammenhangs, dem die Konzeption der spekulativen Religionsphilosophie ursprünglich angehört. Doch seine scheinbare Apologie stellt diese stärker in Frage als die heftigsten Angriffe der Gegner. Seine Strategie ist einsichtig; die Durchführung beruht jedoch auf einer Kette undiskutierter Entscheidungen. Hegels Anspruch auf Übereinstimmung seiner Religionsphilosophie mit dem Christentum läßt sich durch Feuerbachs methodologisch fragwürdiges, ahistorisches Ausspielen eines reinen Ursprungs gegen die zeitgenössische Entartung nicht erschüttern. Ebensowenig läßt sich Hegels Lehre von der Identität des Glaubens und der Vernunft außer Kurs bringen durch den bloßen Gegenentwurf eines extrem verengten, auf die Regungen des frommen Gemüts beschränkten Religionsbegriffs. Das Recht zur Auflösung der Inhaltsidentität von Religion und Philosophie erweist Feuerbach in dieser Phase nicht. Daß er dieses Fundamentaltheorem der spekulativen Religionsphilosophie nicht teilt, klingt bereits ein Jahrzehnt zuvor in dem Begleitschreiben an, mit dem er seine Habilitationsschrift an Hegel sendet (22.11.28). Doch läßt seine spätere Polemik erkennen, daß sich diese frühe Ansicht unter dem Eindruck des Streits um die Religionsphilosophie verfestigt hat und eine totale Scheidung von Religion und Philosophie auch im Interesse der Vernunft als unausweichlich erscheinen läßt.

(4) Der Nachweis der wesensmäßigen Unchristlichkeit der Religionsphilosophie Hegels hindert Feuerbach nicht, in seinen *Vorläufigen Thesen zur Reformation der Philosophie* (1842b) und in den *Grundsätzen der Philosophie der Zukunft* (1843) als das Geheimnis der spekulativen Philosophie die Theologie zu enthüllen. Ihr abgeschiedener Geist gehe in Hegels Philosophie als Gespenst um (1842b, 243,247). Feuerbachs neu gewonnener Standpunkt setzt die Unterschiede zwischen den Disziplinen des Systems zur Gleichgültigkeit herab: Es ist nicht speziell die Religionsphilosophie, sondern der theologische Charakter des Systems als Ganzen, der diesem Vorwurf gemacht wird. Die spezifisch religionsphilosophischen Probleme der Diskussion der 1830er Jahre treten folgerichtig zurück. Wenn alle Theologeme im menschlichen Wünschen gründen, so kann es nicht mehr darum zu tun sein, die Fragen nach der Persönlichkeit Gottes, der individuellen Unsterblichkeit und der Wirklichkeit des Gottmenschen aufzuklären, sondern die Ebene prinzipiell zu überwinden, auf der allein sie sinnvoll diskutierbar sind. Und auf dieser Ebene liegt auch die spekulative Religionsphilosophie.

In einer Gelegenheitsschrift dieser Zeit spricht Feuerbach sich nochmals eingehend über seine Stellung zu Hegels Religionsphilosophie aus. Dem Anlaß entsprechend betont er den Kontrast: Hegel habe das Wesen der Religion mißverstanden – im Gegensatz zu Schleiermacher. Seine Konsequenz aus dieser Einschätzung ist aber eine Hegelsche: Wenn subjektiv das Gefühl die Hauptsache der Religion sei, so bleibe allein, daß »o b j e k t i v Gott selbst nichts andres ist als das W e s e n d e s G e f ü h l s « (1842a, 230). Während Hegel den Inhalt der Religion in das Denken setzt, sieht Feuerbach sich durch den Verlauf der Diskussion auf eine Schleiermacher nahestehende Analyse zurückgeworfen. In den praktischen Konsequenzen, die er daraus zieht, trifft er sich hingegen mit Hegel. Er sieht es als »eine m o r a l i s c h e N o t w e n d i g k e i t, eine h e i l i g e Pflicht des Menschen, das dunkle, lichtscheue Wesen der Religion ganz in die Gewalt der Vernunft zu bringen« (1842a, 234). Hegels Scheitern bei der Überwindung der »welthistorischen Heuchelei« sieht er dadurch erwiesen, daß sich die Orthodoxie sowohl als die Heterodoxie auf die spekulative Philosophie beriefen.

Den immanenten Widerspruch der Religionsphilosophie sucht Feuerbach in stets neu ansetzenden Formulierungen zu erfassen. Sie sei zwar Negation der Theologie, jedoch noch auf dem Boden der Theologie (1843, 285), und nicht deren vollendete, widerspruchsfreie Negation. Diese Widersprüchlichkeit bedingt Feuerbachs ambivalente Stellung zur Spekulation. Er unterstützt sie, soweit sie »die r a t i o n e l l e oder t h e o r e t i s c h e Verarbeitung und Auflösung des für die Religion jenseitigen, ungegenständlichen Gottes« vollziehe (1843, 266). Doch verwirft er sie, sofern sie dabei in den Fehler aller Theologie verfalle und die als Wahrheit des göttlichen Wesens erkannte Vernunft wiederum absondere und dem Menschen als fremdes, selbständiges Wesen entgegenstelle: das Gespenst des absoluten Geistes. Wieweit die spekulative Philosophie diese ihr angelastete Fixierung wirklich vollziehe, untersucht Feuerbach nicht mehr. Sein neuer, gegen die »Vernunftphilosophie« gerichteter Rekurs auf »Sinnlichkeit« und »Wirklichkeit« sowie seine radikale Religionskritik lassen ihm den Gegensatz zunehmend als unbedeutend erscheinen, in den Hegels spekulative Deutung sich zur Religion im traditionellen Sinne bringt. Die Plausibilität seiner Kritik schwindet deshalb in dem Maße, in dem man die linkshegelianische Interpretation als angemessene Deutung der Religionsphilosophie anerkennt. Und ebenso schwindet sie in dem Maße, in dem man Feuerbachs Religionsbegriff nicht folgt: daß das Gefühl die Hauptsache der Religion sei. Dieses Verständnis teilen allerdings eine Reihe von Kritikern sowohl auf der Rechten als auf der Linken. Seine Angemessenheit kann zwar schwerlich als erwiesen gelten. Gleichwohl hat es das Resultat des Streits um die spekulative Religionsphilosophie präjudiziert. Denn wenn das Gefühl nicht – mit Feuerbach, aber auch mit Kritikern auf der rechten – das Wichtigste in der Religion ist, so läßt sich auch Gott nicht als das Wesen des Gefühls ansprechen. Und es gibt allerdings gute Gründe dafür, daß Gott nicht das höchste Gefühl, sondern der höchste Gedanke sei.

(5) Die scheinbar verwirrende Vielfalt der Standpunkte und Argumente in der Diskussion um die Religionsphilosophie enthüllt sich somit als ein Gang von erstaunlicher Konsequenz. Die Kritik an der theologia naturalis stellt die Möglichkeit einer Gotteserkenntnis durch die Vernunft in Frage und zieht dadurch die soeben erst proklamierte Einheit von Vernunft und Offenbarung in Zweifel, und die historische Kritik bringt die scheinbar historische Fundierung des Christentums ins Wanken. In Konkurrenz zu der ebenfalls aus dieser Situation geborenen Begründung der Religion in der Subjektivität – im verengten Sinne – sucht Hegel den »Begriff« als Fundament der Wahrheit der Religion zu erweisen. Seine Religionsphilosophie ist gegen den Ansatz an der abstrakten Subjektivität und gegen die historische Kritik entworfen. Sie kann von dieser weder bestätigt noch widerlegt werden. Strauß' mythische Interpretation geht deshalb nicht über Hegels Ansatz hinaus. Sie liefert lediglich die nachträgliche Evidenz für Hegels weit voraussilende Lösung. Feuerbach kann deshalb zu Recht seine Religionskritik als Strauß' mythischer Interpretation prinzipiell überlegen ausgeben und zugleich Hegels Religionsphilosophie als die letzte Zufluchtsstätte der Orthodoxie attackieren. Denn er entdeckt den Weg, der der Kritik noch offengeblieben ist – und zwar unabhängig von der Frage, ob diese Kritik letztlich zutreffe. Die spekulative Philosophie bietet der »objektiven Wahrheit« wohl Zuflucht vor der historischen Kritik. Aber ebensowenig wie der von ihr kritisierte subjektivistische Ansatz kann sie das Christentum schützen gegen die religionspsychologische Interpretation – gegen die Projektionstheorie, die Feuerbach in produktiver Auseinandersetzung mit Hegels Begriff des Geistes entwirft, der ja eben eine Struktur aufweist, die ihre Deutung als Projektion begünstigt. Denn hierdurch ist Hegels Philosophie selbst in Frage gestellt – ob zu Recht oder nicht, bedürfte einer eigenen Auseinandersetzung. Es sind zwar im wesentlichen Einwände

gegen die Logik, die Feuerbach zum Bruch mit der spekulativen Philosophie führen. Geschichtlich wirksam wird seine Kritik des sich verselbständigenden, nicht mehr zur »Wirklichkeit« zurückfindenden Denkens jedoch erst im Zusammenhang der Religionskritik des *Wesens des Christentums* (1841). Dieser Begründungszusammenhang erhebt die Kritik der Religion zum Paradigma der Kritik der spekulativen Philosophie, ja aller Philosophie überhaupt. Indem nun, wie Feuerbach schon in seiner Schrift gegen Leo gefordert hat, nicht nur die Theologie als das Geheimnis der Welt enthüllt ist, ist der Streit um die Inhaltsidentität von Religion und Philosophie, um die Persönlichkeit Gottes und die individuelle Unsterblichkeit sowie um die Faktizität des Gottmenschen prinzipiell verabschiedet. Die geringfügig späteren Arbeiten Franz Anton Staudenmaiers, Hermann Ulricis oder Ludwig Noacks stehen erst jenseits dieser bis zu Feuerbach führenden produktiven Bewegung des Gedankens.

Quellen: Heinrich Leo: Die Hegelingen. Actenstücke und Belege zu der s. g. Denunciation der ewigen Wahrheit. Halle 1838; Feuerbach: Zur Kritik der »positiven Philosophie« [...] (1838). In: Feuerbach: Gesammelte Werke. Bd. 8.181–207; Feuerbach: Über Philosophie und Christentum in Beziehung auf den der Hegelschen Philosophie gemachten Vorwurf der Unchristlichkeit (1839), Bd. 8.219–292; Bruno Bauer: Die Posaune des Jüngsten Gerichts über Hegel den Atheisten und Antichristen. Ein Ultimatum. Leipzig 1841; Hermann Ulrici: Ueber Princip und Methode der Hegel'schen Philosophie. Ein Beitrag zur Kritik derselben. Halle 1841; Bruno Bauer: Hegel's Lehre von der Religion und Kunst von dem Standpunkte des Glaubens aus beurtheilt. Leipzig 1842; Feuerbach: Zur Beurteilung der Schrift »Das Wesen des Christentums« (1842a), Gesammelte Werke. Bd. 9.229–242; Feuerbach: Vorläufige Thesen zur Reformation der Philosophie (1842b), Bd. 9.243–263; Feuerbach: Grundsätze der Philosophie der Zukunft (1843), Bd. 9.264–341; Franz Anton Staudenmaier: Darstellung und Kritik des Hegelschen Systems. Aus dem Standpunkte der christlichen Philosophie. Mainz 1844; Ludwig Noack: Der Religionsbegriff Hegel's. Ein Beitrag zur Kritik der Hegel'schen Religionsphilosophie. Darmstadt 1845.

3 Der Streit um Recht und Staat

3.1 Der Kampf um den »christlichen Staat«

(1) »Für Deutschland ist die K r i t i k   d e r   R e l i g i o n im wesentlichen beendigt, und die Kritik der Religion ist die Voraussetzung aller Kritik.« (1844, MEW

1.378) Karl Marx' vielzitiertes Wort zieht den Schluß-
strich unter die mehr als ein Jahrzehnt mit äußerster
Heftigkeit geführte Debatte. Dies ist nicht so zu verstehen, als seien Feuerbachs Prämissen – auf sie spielt
Marx hier an – jeder kritischen Nachfrage überhoben. Doch beendet Feuerbachs Christentumskri-
tik die Epoche der unmittelbaren Aneignung und
Kritik der Religionsphilosophie Hegels – eine Epoche, von der Michelet nicht zu Unrecht sagt, daß die
eigentlichen philosophischen Entscheidungen in der
Auseinandersetzung um Hegels Religionsphilosophie getroffen worden seien (1843, 315 f.; 1841, 7).
Die Arbeiten, die nach diesem Zeitpunkt zum Problem der spekulativen Religionsphilosophie erscheinen, entspringen nicht mehr der lebendigen Auseinandersetzung um die philosophischen Probleme
der Gegenwart. Wo sie weiterhin Hegel thematisieren, wenden sie sich doch zu ihm als einem bereits
historisch Distanzierten zurück. Ein Indiz für diesen
Wandel bildet auch das Erscheinen von Rosenkranz'
bis heute maßgeblicher Biographie *Hegel's Leben*
(1844). Allein in dem Streit um Schellings Spätphilosophie sowie für das Auseinanderbrechen des spekulativen Theismus und für die Formulierung der
Position Kierkegaards erweist Hegels Religionsphilosophie noch ihre systematische Aktualität (Jaeschke 1986a, 410–436).

(2) Anders als die religionsphilosophischen Themen nehmen »Recht« und »Staat« bis zum Ende
der 1830er Jahre nur einen geringen Platz in den
Arbeiten aus Hegels Schule ein. Die unmittelbaren
Kontroversen um Hegels *Grundlinien der Philosophie des Rechts* liegen ein Jahrzehnt zurück (s.
Kap. II.8.1.3). Von den beiden von ihr stark beeinflußten Werken hat Eduard Gans' *Erbrecht in weltgeschichtlicher Entwicklung* (1824–1835) zwar die
ohnehin bestehende Distanz Hegels zu Savignys
»Historischer Rechtsschule« vertieft, ohne jedoch
zum Kristallisationspunkt einer allgemeinen Auseinandersetzung um die Rechtsphilosophie zu werden – schon weil er von dieser Schule nicht als Gesprächspartner akzeptiert wird; und Göschels *Zerstreute Blätter aus den Hand- und Hülfsakten eines
Juristen* (1832–1842) werden ohnehin kaum rezipiert. Hinrichs' wie auch Michelets umfangreiche
historische Werke zu Recht und Staat haben nicht
allein wenig Aufmerksamkeit erregt; sie gehören
auch erst der späteren Zeit nach dem Ende der unmittelbaren, produktiven Phase der Wirkungsgeschichte Hegels an. Es dürfte an der Dominanz
der religionsphilosophischen Debatte liegen, daß
sich Hegels unmittelbare Schüler in die Geschichte

der Rechtsphilosophie, aber auch der Politikwissenschaft oder in die politische Geschichte des Vormärz nicht eingeschrieben haben (vgl. Bleek 2001,
91–142). Allein Gans übt bis zu seinem frühen Tod
(1839) großen Einfluß auf die Studenten der Berliner Universität aus – etwa durch seine Vorlesung
über Naturrecht und Universalrechtsgeschichte
(1832/33) –, und zwar im Sinne der Rechtsphilosophie Hegels, wenn auch fraglos ›progressiver‹ als
sein Lehrer, wie man bereits an seiner Begeisterung
für die Juli-Revolution erkennen kann. Seine *Rückblicke auf Personen und Zustände*, insbesondere auf
die Zustände in Frankreich am Vorabend und nach
der Juli-Revolution, auch auf den Saint-Simonis-
mus, widmen auch den sozialen Aspekten des früh-
kapitalistischen Staates – der Lage der Arbeiter-
schaft – eine damals ungewöhnliche Aufmerksamkeit, die den Eindruck auf seine Studenten nicht
verfehlt haben wird (1836, 99 ff.). Unter ihnen sitzt
auch derjenige, der wenige Jahre später Hegels
Rechtsphilosophie nicht allein kritisieren, sondern
eine völlig neue Epoche ihrer Wirkungsgeschichte
eröffnet wird: Karl Marx.

(3) Trotz der geringen Zahl von Auseinandersetzungen mit Hegels Rechtsphilosophie in den 1830er
Jahren wird in der Hegel-Forschung nur selten berücksichtigt, daß Friedrich Julius Stahl noch in Hegels letzten Lebensjahren einen überaus wirkungs-
vollen Angriff gegen seine Rechtsphilosophie vorträgt. Es gibt keinen Beleg dafür, daß Hegel seinen
»Antipoden« (Kaufmann 1906, VIII) noch wahrgenommen hätte. Gestützt auf Friedrich Schlegels
und Schellings Parole »christliche Philosophie« wie
auch auf dessen »positive Philosophie« setzt Stahl zu
einem umfassenden Angriff auf die Rechts- und
Staatsphilosophie der Epoche von Kant bis Hegel, also der »Vernunftphilosophie«, an. Sein Vorstoß gegen den rechtsphilosophischen »Rationalismus«
steht im Einklang mit der dem »Positiven« zuneigen-
den Stimmung der Zeit. Deshalb ist er weit wir-
kungsvoller als Carl Ludwig von Hallers *Restauration
der Staatswissenschaft* (s. Kap. II.8.1.2), die stets nur
die Zustimmung kleiner, wenn auch einflußreicher
Kreise gefunden hat (Jaeschke, 1986b).

In seiner *Philosophie des Rechts nach geschichtlicher Ansicht* (1830–37) stellt Stahl sich mit der Ent-
schlossenheit des Konvertiten auf den Boden der
»christlichen Philosophie«, wie er sie aus Schellings
Münchener Vorlesungen kennengelernt hat (s. Kap.
III.2.1). »Christliche Philosophie« bzw. »christliche
Rechts- und Staatslehre« werden hier zu Kampf-
begriffen, wie zuvor bei Schlegel gegen den Fichte-

schen, so nun insbesondere gegen den Hegelschen »Rationalismus«. An die Stelle einer Begründung von Recht und Staat auf die Vernunft – oder abschätzig: auf die Hypothesengeflechte der Philosophen – tritt nun die Begründung auf das »Positive«, auf das untrügliche Wort der Offenbarung und insbesondere auf das bereits genannte Prinzip der Persönlichkeit Gottes (Jaeschke 1979a). Hierfür beruft Stahl sich auf Schelling: »Die Philosophie hat jetzt durch Schelling die Stufe erreicht, auf der sie erkennt, daß a priori nichts gewußt werden kann, daß alles Schöpfung, Geschichte, freye That Gottes, freye Mitwirkung der Geschöpfe ist.« (Bd. 2/1.17)

Der Grund der »positiven«, »geschichtlichen« oder besser christlichen Lehre von Recht und Staat liegt nicht in der Vernunft, sondern in Gott. Gott ist es, in dessen »Persönlichkeit« alles Wechselnde, Mannigfaltige seine systematische Einheit findet. »Wir streben nur darum, alles systematisch zu machen, weil Gott persönlich ist.« »Der Staat soll auch eine Einheit seyn, er soll äußerlich darstellen, was Gott innerlich ist, die Einheit der Persönlichkeit.« »Wahrhafte […] Einheit gewährt also allein der persönliche Gott.« Für diese Denkweise beansprucht Stahl sogar den Begriff der (wahren) Spekulation: »Spekulative Philosophie ist also diejenige, welche die Welt als eine freye That des persönlichen Gottes betrachtet.« Hegel hingegen leugne sowohl die Persönlichkeit Gottes als auch die freie Tat – aber ohne die Persönlichkeit Gottes seien die Probleme der Rechtsphilosophie nicht lösbar (Bd. 1.330–332,362). Die strikte Alternative zwischen der Berufung auf Gottes Wort oder auf Menschenwort erspart dabei jede weitere Auseinandersetzung: Denn von einer Berufung auf die »Vernunft« der Philosophen sei nur die Zerstörung aller staatlichen und rechtlichen Verhältnisse zu erwarten: das Prinzip der »Volkssouveränität« – und als seine Folge die Revolution, die bereits Schlegel in der *Signatur des Zeitalters* als Folge der »Sünde« entlarvt hat.

(4) Es dürfte sich dem abstrusen Charakter dieses Ansatzes verdanken, daß er – wie auch v. Hallers *Restauration der Staatswissenschaft* (s. Kap. II.8.1.2) oder andere Texte der Restauration – heute nur selten rezipiert wird. Dadurch verschieben sich jedoch die Koordinaten des gegenwärtigen Bildes von der damaligen Situation der Rechts- und Staatsphilosophie: Die programmatischen und damals einflußreichen Schriften der Restauration treten nicht mehr ins Bewußtsein der gegenwärtigen Forschung, und auf Grund dieser Verschiebung erscheinen Werke, die im zeitgenössischen Spektrum die Mitte zwischen Restauration und Revolution halten, heute als Manifest der Restauration.

Der kritische Widerspruch, den die Schriften der Restauration damals erfahren haben, steht im Blick sowohl auf die Zahl als auch auf die Wirkung in umgekehrtem Verhältnis zur Wirksamkeit der Konservativen. Ludwig Feuerbach jedoch, selber der Sohn des bedeutenden, von der Aufklärung und insbesondere von Kant geprägten Rechtsdenkers Paul Johann Anselm Feuerbach, unterzieht in einer frühen, noch ganz im Geiste Hegels geschriebenen Rezension (1835) Stahls Ansatz einer vernichtenden Kritik.

Das letzte Prinzip dieser »christlichen Rechtsphilosophie«, die sich gegen alle »Vernunftphilosophie« oder allen »Rationalismus« und insbesondere gegen dessen letzte, Hegelsche Gestalt richtet, sei, so Feuerbach, das »asylum ignorantiae« der göttlichen Offenbarung, das es erlaube, jede gewünschte staatliche Regelung oder sittliche Institution als aus dem Willen Gottes fließend zu rechtfertigen – und zudem in stetiger Umkehrung der wirklichen Verhältnisse. Die »christliche Rechtsphilosophie« sieht etwa den Grund der Familie in der Zeugung des ewigen Sohnes Gottes wie auch den Grund unserer Persönlichkeit in der Persönlichkeit Gottes. Feuerbach erkennt sehr scharf, daß ein derartiger Anspruch auf vermeintlich theologische Grundlegung eines christlichen Rechts und Staates bewußtseinsgeschichtlich gesehen einen Atavismus, philosophisch gesehen eine Verkehrung des Begründungsverhältnisses und pragmatisch gesehen ein untaugliches Verfahren darstellt. Zudem ist es durch ein sacrificium intellectus erkauft. Feuerbach sieht, daß die bis in die frühe Neuzeit hineinreichende unmittelbar theologische Fundierung der unterschiedlichen Bereiche des gesellschaftlichen Lebens durch eine säkulare Ordnung ersetzt worden ist, und er sieht ebenso klar, daß die neben der Berufung auf das Christentum stehende, an säkular gesinnte Geister adressierte Programmformel des »Geschichtlichen« von dieser Schule eigentlich »nur aus Ironie« gebraucht sein kann.

Denn eben diese Rede vom »Geschichtlichen« treibt der Geschichte alles Geschichtliche aus, um sie zum unverrückbaren Fundament einer sich christlich nennenden restaurativen oder zumindest konservativen Weltsicht zu machen. In ihrem theologischen Aspekt dogmatisiert sie die Verpflichtung auf »geschichtliche« Texte, deren Geschichtscharakter sie eben dadurch aufhebt, und rechts- und staatsphilosophisch ersetzt sie eine vernünftige Auseinandersetzung um die rechtliche Angemessenheit gesellschaftlicher Verhältnisse durch den Verweis auf ihre überkommene Faktizität. Diesen letzteren Punkt kritisiert insbesondere Marx in seiner Einleitung *Zur Kritik der Hegel'schen Rechts-Philosophie* ganz in Hegels Sinn mit schneidenden Worten: Die historische Rechtsschule – deren Umkreis sich auch Stahl zurechnet – sei es, »welche die Niederträchtigkeit von heute durch die Niederträchtigkeit von gestern legitimiert« und »jeden Schrei des Leibeigenen gegen die Knute für rebellisch erklärt, sobald die Knute eine bejahrte, eine angestammte, eine historische Knute ist« (MEW 1.380).

(5) Auch nach der Ausweitung der religionsphilosophischen Auseinandersetzungen auf die politische Ebene (1838) versucht die Hegelsche Linke – noch fern vor aller Radikalität – zunächst weiterhin, Preußen auf seine geistigen Wurzeln im Protestantismus und in der Aufklärung zu verpflichten. Diesem Ziel der »Verständigung über die Zeit und ihre Gegensätze« dienen die *Hallischen Jahrbücher,* ein 1838 von den Hegelianern Theodor Echtermeyer und Arnold Ruge gegründetes Organ vornehmlich der Hegelschen Linken, in Konkurrenz zu den Berliner *Jahrbüchern für wissenschaftliche Kritik* (s. Kap. II.8.7). Neben Junghegelianern zählt es aber auch andere Autoren zu seinen Mitarbeitern: Johann Gustav Droysen, Jacob Grimm oder Hermann Ulrici. Nach seinem Verbot 1841 wird es zunächst unter dem Titel *Deutsche Jahrbücher für Wissenschaft und Kunst* in Dresden fortgesetzt – bis es dort Anfang Januar 1843 ebenfalls verboten wird.

Als ihr Ziel setzen sich die *Hallischen Jahrbücher* die Synthese von Protestantismus und freier Wissenschaft in einem freien Staat. Dieser Option dient insbesondere Theodor Echtermeyers und Arnold Ruges »Manifest« *Der Protestantismus und die Romantik* (1839/40): »Die Widersetzlichkeit gedrückter, von dunkler Gemütsbewegung beklommener Geister gegen die neuerdings eingetretene letzte Phase der Reformation, d i e f r e i e B i l d u n g u n s e r e r g e i s - t i g e n W i r k l i c h k e i t , bereitet den Kampf, der uns jetzt bewegt.« In ihm beabsichtigen die Verfasser – in einem martialischen Bild –, »den Gegnern des wahren und freien Geistes in alle ihre Schlupfwinkel und Verschanzungen mit geschlossener Linie nachzudringen« (PLS 4/1.192 f.). Ihr Kampf richtet sich damals keineswegs gegen die christliche Religion, sondern lediglich gegen die Verbindung von Politik, Christentum und Romantik – und damit gegen die Synthese, zu der sich damals diejenigen Kräfte zusammengefunden haben, die unter Ausschluß des freien Denkens teils frühere Zustände restaurieren oder zumindest die Gegenwart konservieren wollen

– im »christlichen Staat« wie in der »christlichen Wissenschaft«.

(6) Feuerbachs Kritik an Stahl gipfelt zwar in dem unwilligen Ausruf »Sat sapienti« – aber sie prallt doch wirkungslos am Zeitgeist ab, der damals nicht von den »sapientes« ausgesprochen wird. Weder seine noch Michelets 1839 erschienene Rezension des 1837 erschienenen letzten Teilbandes von Stahls *Philosophie des Rechts* können verhindern, daß Stahl 1840, nach dem Tode Altensteins und nach der Thronbesteigung des »Romantikers« Friedrich Wilhelms IV., gleichzeitig mit Schelling nach Berlin berufen wird, um dort die »Drachensaat« des Hegelianismus auszureuten. Nach den alsbald eingeleiteten Entlassungen und massiven Zensurmaßnahmen – die nicht allein die Hegelsche Linke, wie u. a. Ludwig Feuerbach, Bruno Bauer und Arnold Ruge treffen, sondern auch Rechtshegelianer wie Hinrichs, dessen politische Vorlesungen verboten werden – wird die Hoffnung auf eine Reform des Staates im Zeichen der Verbindung von »Vernunft« und »Protestantismus« zur Illusion.

Bruno Bauer wendet sich zwar noch einmal massiv gegen die Ideologie des »christlichen Staates«, indem er ein abschreckendes geschichtliches Bild eines solchen Staates – seit Byzanz – zeichnet. Und er beschwört seine Zeitgenossen, von diesem Programm abzulassen und besser ein Bündnis mit der Wissenschaft zu schließen: »Bedenkt, noch ist es vielleicht Zeit! Vielleicht nur noch ein Augenblick, und ihr habt – alles versäumt und verloren.« (1841b, 43). Aber auch Arnold Ruge, der noch zum Jahreswechsel 1839/40 für ein Bündnis des preußischen Staates mit der Tradition der Aufklärung und einem von der Aufklärung geprägten Protestantismus streitet, gibt nun die Hoffnung auf die Verwirklichung dieses Bündnisses verloren. Am 4.4.40 schreibt er an Rosenkranz: »der Umschwung zum dummen Christenthum und zur Stütze der Aristocratie, der abgeschmackten, lügenhaften Theologie statt der Philosophie und der protestantischen Durchbildung geht schwindelnd rasch.« Und Eduard Zellers – durch Ärger, Erstaunen und Ratlosigkeit angesichts der politischen Lage gleichermaßen geprägte – Kritik des »christlichen Staates« der Restauration macht wenig später (1844) deutlich, daß im Kampf gegen diese »Chimäre« des christlichen Staates der spezifisch Hegelsche, von der spekulativen Vernunft geprägte Begriff des Christlichen verlorengegangen und die Chance zu einer politischen Verwirklichung der von Hegel angestrebten Versöhnung von Staat, Religion und Philosophie endgültig vertan ist.

Quellen: Friedrich Schlegel: Signatur des Zeitalters (1820–1823); Eduard Gans: Das Erbrecht in weltgeschichtlicher Entwicklung. 4 Bde. Berlin 1824–1835; Stahl: Philosophie des Rechts (¹1830–1837); Eduard Gans: Naturrecht und Universalrechtsgeschichte [1832/33]. Hg. von Manfred Riedel. Stuttgart 1981; Carl Friedrich Göschel: Zerstreute Blätter aus den Hand- und Hülfsacten eines Juristen. 3 Bde. Erfurt / Schleusingen 1832–1842; Gans (Hg.): Beiträge zur Revision der Preußischen Gesetzgebung. Berlin 1830–1832; Feuerbach: Rezension zu Stahl: Die Philosophie des Rechts nach geschichtlicher Ansicht. In: Feuerbach: Gesammelte Werke. Bd. 7.24–43; Gans: Rückblicke auf Personen und Zustände. Berlin 1836, ND Stuttgart-Bad Cannstatt 1994; Theodor Echtermeyer und Arnold Ruge (Hg.): Hallische Jahrbücher für deutsche Wissenschaft und Kunst. Leipzig 1838–1841, danach: Deutsche Jahrbücher für Wissenschaft und Kunst. Leipzig 1841–1843; Michelet: Rezension zu Stahl: Philosophie des Rechts, Bd. 2/2. In: Jahrbücher für wissenschaftliche Kritik. August 1839, 177–223; Arnold Ruges Briefwechsel und Tagebuchblätter aus den Jahren 1825–1880. Hg. von Paul Nerrlich. Bd. 1. Berlin 1886; Bruno Bauer: Der christliche Staat und unsere Zeit (1841). In: Bauer: Feldzüge der reinen Kritik. Hg. von Hans-Martin Saß. Frankfurt am Main 1968, 7–43; Karl Marx: Zur Kritik der Hegel'schen Rechts-Philosophie. In: Deutsch-Französische Jbb hg. von Arnold Ruge und Karl Marx. Paris 1844, 71–85, MEW 1.380; Eduard Zeller: Der christliche Staat und die Wissenschaft. In: Jahrbücher der Gegenwart. Tübingen 1844, 8–23, 110–164. – **Literatur:** Erich Kaufmann: Studien zur Staatslehre des monarchischen Prinzips. Leipzig 1906; Lenz: Geschichte der Universität Berlin. Bd. 2/1 (1910); Heinz-Joachim Heydorn: Vom Hegelschen Staat zur permanenten Revolution. Eine Einleitung zur Neuherausgabe der »Hallischen« und »Deutschen Jahrbücher« 1838–1843. In: Heydorn / Gernot Koneffke: Studien zur Sozialgeschichte und Philosophie der Bildung. II. Aspekte des 19. Jahrhunderts in Deutschland. München 1973, 133–177; Jaeschke: Staat aus christlichem Prinzip und christlicher Staat. Zur Ambivalenz der Berufung auf das Christentum in der Rechtsphilosophie Hegels und der Restauration. In: Der Staat 18/3 (1979a), 349–374; Jaeschke: Vernunft in der Religion (1986a); Jaeschke: Die Vernünftigkeit des Gesetzes. Hegel und die Restauration im Streit um Zivilrecht und Verfassungsrecht. In: Lucas / Pöggeler (Hg.): Hegels Rechtsphilosophie im Zusammenhang der europäischen Verfassungsgeschichte. Stuttgart-Bad Cannstatt 1986b, 221–256.

3.2 Das Ende der unmittelbaren Wirkungsgeschichte

(1) Marx' ausführliche und eindringliche *Kritik des Hegelschen Staatsrechts* (1843) und seine »Einleitung« *Zur Kritik der Hegelschen Rechtsphilosophie* (1843/44) bezeichnen bereits den Grenzpunkt der unmittelbaren Wirkungsgeschichte der Hegelschen Rechtsphilosophie: Der erstgenannte Text wird da-

mals nicht, und der zweite in Paris, in den *Deutsch-französischen Jahrbüchern* (1844) veröffentlicht. Vor allem aber schreibt Marx nach dem von Feuerbach zu Beginn des Jahres 1842 proklamierten – obschon unmittelbar revozierten – »radikalen Bruch« mit der Spekulation (s. Kap. III.4.3). Aus dieser späten Perspektive, aus der zeitlichen Distanz zum Kritisierten schwindet auch die Distanz zwischen den unterschiedlichen Gegenständen seiner Kritik: der theologischen und politischen Restauration einerseits und der Hegelschen Philosophie andererseits. Marx erkennt zwar an, daß die deutsche Staats- und Rechtsphilosophie »durch H e g e l ihre konsequenteste, reichste und letzte Fassung erhalten hat,« und er hebt sie als »die einzige mit der o f f i c i e l l e n modernen Gegenwart a l p a r i stehende deutsche Geschichte hervor (MEW 1.383 f.). Doch bewahrt sie dies nicht davor, ebenfalls, und mit »entschiedener Verneinung«, als eine Form des verkehrten Weltbewußtseins verworfen zu werden. Sie gilt Marx als »vornehmster, universellster, zur Wissenschaft erhobener Ausdruck« »der ganzen bisherigen W e i s e d e s d e u t s c h e n p o l i t i s c h e n u n d r e c h t l i c h e n B e w u ß t s e i n s «. Gerade ihr relativ-ausgezeichneter Status prädestiniert sie nicht etwa zur akzeptablen oder wenigstens tolerablen Alternative, sondern zum vornehmsten Gegenstand einer radikalen Kritik (MEW 1.384).

(2) Der »radikale Bruch« mit der Hegelschen Philosophie aber erscheint nun unausweichlich, nachdem die geschichtlichen Erfahrungen um 1840 die Notwendigkeit eines radikalen Bruchs mit der damaligen politischen Wirklichkeit gezeigt hat. Ein theoretisches Programm, Wirklichkeit zu begreifen und gar als »vernünftig« zu begreifen, erscheint angesichts dieser Wirklichkeit als zum Scheitern verurteilt. Denn diese Wirklichkeit ließ sich nicht mehr leben, sondern nur noch kritisieren und fliehen. Die rückwärts gewandten Geister aus Religion und Politik bekämpfen Hegels Religionsphilosophie wie seine Rechtsphilosophie mit Entschiedenheit und auch mit administrativem »Erfolg« – durch Verbot von Publikationen, von Zeitschriften. Sie ziehen die Hegelsche Rechte – genannt sei wiederum Göschel – in ihr Lager, verdächtigen und isolieren die Hegelsche Mitte und drängen die Linke von ihrer Bereitschaft zu einer reformerischen politischen Mitgestaltung schrittweise in die Radikalität ab, und weiter, teils in die innere, teils auch in die äußere Emigration – bis der »radikale Bruch« mit dem herrschenden Ungeist der Zeit unausweichlich erscheint. Denn wenn die damals tonangebenden

Gruppen einerseits religiösen Glauben und politische Legitimität, andererseits Vernunft und Revolution identifizieren, so muß die Revolution als die angemessene Verwirklichung der politischen Vernunft erscheinen.

Diese Kämpfe – und damit die unmittelbare Wirkungsgeschichte der Philosophie Hegels – enden mit dem Scheitern der Revolution von 1848. Sie bietet den Konservativen einen letzten Anlaß zur Diffamierung und Zerschlagung der Schule – eigentümlicher Weise gerade wegen ihrer Nichtbeteiligung. Denn »die Philosophie H e g e l's […] stand während dieser großen Katastrophe des Weltgeistes stumm und müßig, sie hatte kein Wort zu belehren und zu ergreifen, kein Fähnlein zog und focht unter ihrer Devise, während der alte positive Glaube und die alte Treue gegen die positiven geschichtlichen Ordnungen ihre Massen ins Feld schickten und den Kampf für die geistigen Güter, auch für Wissenschaft und Philosophie, von der sie so gering geschätzt worden, gegen die hereinbrechende Barbarei führten.« (Stahl 1854, PLS 4/1.436) Mit der von Schlegel ausgegebenen und von Stahl unermüdlich wiederholten Gleichung zwischen Vernunftphilosophie, politischer »Revolution« und »Sünde« (Stahl, 1854) läßt sich damals das Ende der Klassischen Deutschen Philosophie politisch erzwingen und zugleich auch noch ihr Erbe verschleudern.

Quellen: Karl Marx: Kritik des Hegelschen Staatsrechts (§§ 261–313) (1843), MEW 1.203–333; Marx: Zur Kritik der Hegel'schen Rechts-Philosophie. In: Deutsch-Französische Jbb hg. von Arnold Ruge und Karl Marx. Paris 1844, 71–85, MEW 1.380; Stahl: Was ist die Revolution? […] Berlin 1852, PLS 4/1.422–432; ders.: Philosophie des Rechts. Vorrede zur dritten Auflage. Heidelberg 1854, PLS4/1.433–444. – **Literatur:** Jaeschke: Staat aus christlichem Prinzip und christlicher Staat. Zur Ambivalenz der Berufung auf das Christentum in der Rechtsphilosophie Hegels und der Restauration. In: Der Staat 18/3 (1979a), 349–374; Kurt Rainer Meist: Altenstein und Gans. Eine frühe politische Option für Hegels Rechtsphilosophie. HS 14 (1979), 39–72; Unzeit des Biedermeiers. Historische Miniaturen zum Deutschen Vormärz 1830–1848. Hg. von der Akademie der Wissenschaften der DDR. Leipzig u. a. 1985; Jaeschke: Die Vernünftigkeit des Gesetzes. Hegel und die Restauration im Streit um Zivilrecht und Verfassungsrecht. In: Lucas / Pöggeler (Hg.): Hegels Rechtsphilosophie im Zusammenhang der europäischen Verfassungsgeschichte. Stuttgart-Bad Cannstatt 1986b, 221–256; Domenico Losurdo: Zwischen Hegel und Bismarck. Die achtundvierziger Revolution und die Krise der deutschen Kultur. (italienisch 1983) Berlin 1993; Hermann Klenner: Rechtsphilosophie zwischen Restauration und Revolution. PLS 4.87–99; Wilhelm Bleek: Geschichte der Politikwissenschaft in Deutschland. München 2001.

4 Der Streit um die Metaphysik

4.1 Religionskritik und »Ende der Metaphysik«

(1) Die unmittelbare Wirkungsgeschichte der Philosophie Hegels zeigt in ihren beiden wichtigsten Strängen einen charakteristischen Verlauf, der sich ungezwungen mit einem Hegelschen Modell beschreiben läßt. Seine Philosophie stößt zunächst auf die erbitterte Kritik einer »christlichen Philosophie«. Deren konservative bis restaurative Tendenz zur Vindizierung der Themen »Persönlichkeit Gottes« und »Unsterblichkeit der Seele« provoziert schließlich die Ausbildung der genetisch-kritischen Religionsphilosophie: in Ludwig Feuerbachs *Das Wesen des Christentums* (1841). Diese stellt sich auf die Basis der Religionsphilosophie Hegels, da sie von Hegels Gedanken der Selbstproduktion des Geistes ausgeht. Deshalb wird sie von den Zeitgenossen zurecht als Produkt der Schule Hegels aufgefaßt, und nicht etwa als »materialistische« Gegenposition, wie der späte Friedrich Engels 1886/88 ebenso geschichtsverfälschend wie dogmatisierend behauptet (MEW 21.272). Doch zugleich markiert Feuerbachs Gedanke der Projektion einen Gegensatz zu Hegel – allerdings nicht schon darin, daß diese Vergegenständlichung für Hegel im Dienste der Selbsterkenntnis des Geistes steht, für Feuerbach hingegen das religiöse Bewußtsein das Gattungswesen des Menschen vergegenständlicht. Auch dies läßt sich ja als Akt der Selbsterkenntnis begreifen – und auch die »Notwendigkeit« dieses Prozesses sehen beide übereinstimmen. Die Differenz beider liegt erst darin, daß Hegel die aus dieser Vergegenständlichung entspringende religiöse Vorstellung zwar in den Begriff »aufhebt«, aber sie doch als eine – im Sinne einer historischen Anthropologie – berechtigte, ja geschichtlich notwendige Form versteht, während Feuerbach den Illusionscharakter dieser Projektion und die an sie geknüpften verderblichen Folgen betont.

Zumindest in Deutschland ist solche allgemeine Religionskritik bis zu diesem Zeitpunkt ein unbekanntes Phänomen. Zuvor sind einzelne Züge der Religion kritisiert worden, um andere Aspekte hervorzuheben – etwa den moralischen Gehalt der Religion auf Kosten des »statutarischen«. Doch Feuerbachs genetisch-destruktive Religionskritik stellt jetzt die Religion überhaupt in Frage – als eine zwar im Wesen des menschlichen Geistes liegende, von ihm selbst zunächst undurchschaute, schließlich jedoch aufzuhebende Projektion. Nietzsches späterer Aphorismus »Die historische Widerlegung als die endgültige« charakterisiert – ohne Namensnennung – Feuerbachs Strategie: »Ehemals suchte man zu beweisen, dass es keinen Gott gebe, – heute zeigt man, wie der Glaube, dass es einen Gott gebe, e n t s t e h e n konnte und wodurch dieser Glaube seine Schwere und Wichtigkeit erhalten hat: dadurch wird ein Gegenbeweis, dass es keinen Gott gebe, überflüssig.« (*Morgenröthe* 95; KSA 3.86)

Die Radikalität dieser Religionskritik ist provoziert durch die nicht minder radikale Forderung nach Verchristlichung des gesamten Lebens. In strenger Parallele zu dieser Provozierung der radikalen Religionskritik durch orthodoxe Forderungen verläuft auch die Entwicklung in der politischen Philosophie: Gegen Hegels Rechtsphilosophie wird zunächst die Parole des »christlichen Staates« ausgegeben – und die zeitgenössischen Versuche, diesen Staat zu etablieren, provozieren nach 1840 die generelle Kritik der damaligen Gesellschaftsform, bis hin zum Ruf nach Revolution und Abschaffung des Staates.

(2) Der »revolutionäre Bruch im Denken des 19. Jahrhunderts« ereignet sich somit nicht, wie Karl Löwith unter völligem Absehen von den wirkungsmächtigen Diskussionen der 1830er Jahre ebenfalls dogmatisierend suggeriert, zwischen der »Bewahrung der Hegelschen Philosophie durch die Althegelianer« und dem »Umsturz der Hegelschen Philosophie durch die Junghegelianer« (¹1941, ⁵1964, 65,78). Der Bruch – soweit überhaupt von ihm gesprochen werden kann – hat vielmehr eine komplexere Struktur: Er besteht in der Reaktion auf die im weiten Sinne restaurativen Tendenzen, die sich in Philosophie, Religion und Staat in den 1830er Jahren gegen Hegels Philosophie wenden. Somit ist eigentlich von einem ›doppelten Bruch‹ zu sprechen – wobei der mit dem Beginn der Restaurationszeit erfolgende ›restaurative Bruch‹, die wirkungsmächtige Losung ›Zurück zum Positiven‹ in Religion und Staat, die geistige und politische Voraussetzung des dagegen gerichteten »revolutionären Bruches« bildet.

Ohnehin darf die Rede von einem derartigen »Bruch« nicht vergessen lassen, daß er – gemessen an der Zahl wie auch an der damaligen Bedeutung – einen nur marginalen und zudem politisch marginalisierten Sektor des Kreises der damaligen Philosophie erfaßt – wenn auch den in der heutigen Retrospektive wirkungsmächtigen und innovativen. Der breite Strom der Universitätsphilosophie dieser Jahre hingegen wird von diesem Bruch nicht erfaßt

(Köhnke 1986) – und von ihr aus erfolgt im Nachmärz der geschichtliche Übergang zu Neukantianismus und Lebensphilosophie. Die akademische Philosophie berührt der »Bruch« allenfalls indirekt, sofern etliche des Hegelianismus verdächtige Vertreter nach der gescheiterten Revolution von 1848 Lehrverbot erhalten. Zudem wird die historische Tendenz der Philosophie des Nachmärz, die ohnehin im Einklang steht mit der allgemeinen Historisierung des Zeitgeistes, durch den politischen Druck noch weiter verstärkt, ja erzwungen – bis sie sich schließlich gegen diejenigen wendet, die sie zunächst für ihre restaurativen Zwecke instrumentalisiert haben. Auch diesen Umschlag hat Nietzsche überaus prägnant gefaßt – im Aphorismus »Die Feindschaft der Deutschen gegen die Aufklärung« (*Morgenröthe* 197; KSA 3.171 f.)

4.2 Transformation oder Begrenzung der »Metaphysik«

(1) Dem vorherrschenden Bild der Philosophiegeschichte zu Folge betrifft der »Bruch im Denken des 19. Jahrhunderts« vor allem die Metaphysik: Das Ende des (Hegelschen) »absoluten Geistes« bedeutete demnach zugleich das »Ende der Metaphysik« überhaupt. Diese Annahme verdankt sich jedoch dem großzügigen Ignorieren der im Vormärz veröffentlichten philosophischen Werke. Es sind wohl selten mehr Bücher mit dem Titel »Metaphysik« und Abhandlungen logisch-metaphysischen Inhalts veröffentlicht worden als gerade im Vormärz, in dem sich angeblich das »Ende der Metaphysik« ereignet. Der Vormärz – im Sinne des Epochenbegriffs – ist nicht die Zeit des »Endes der Metaphysik«, sondern ihrer – wenn auch nur ephemeren – Wiederbelebung. Denn ihr prinzipielles Ende hat sie bereits am Ende der Aufklärung, durch Kants Kritik, gefunden.

(2) Im strengen, historisch bestimmten Sinne des Wortes setzt Hegels Philosophie das »Ende der Metaphysik« bereits voraus – nämlich als das Ende der Metaphysik der rationalistischen Schulphilosophie des 17. und 18. Jahrhunderts: Was vor Kants *Kritik der reinen Vernunft* »M e t a p h y s i k« hieß, ist, so zu sagen, mit Stumpf und Styl ausgerottet worden, und aus der Reihe der Wissenschaften verschwunden.« Und – so Hegel weiter in der *Wissenschaft der Logik* –: »Es ist diß ein Factum, daß das Interesse theils am Inhalte, theils an der Form der vormaligen Metaphysik, theils an beyden zugleich verlohren ist.« (GW 11.5) Ähnlich schreibt er am 2.8.16 an v. Raumer:

»auch denen, welche sich sonst noch an das Aeltere halten, ist die M e t a p h y s i k zugrunde gegangen wie der Juristenfakultät das deutsche Staatsrecht.« Hegel konstatiert dieses »Factum« mit Verwunderung und nicht ohne bedauernden Unterton – doch unternimmt er nichts, diese Metaphysik wieder in ihre vormalige Würde einzusetzen. Auch für ihn ist die frühere »metaphysica specialis« vergangen, und im Blick auf die »metaphysica generalis«, die Ontologie, folgt er der von Kant vorgezeichneten Linie zu ihrer Umgestaltung in Logik (s. Kap. II.6.2.2). In ihr sucht er dem »mit seinem reinen Wesen sich beschäftigenden Geist« ein neues Dasein zu geben (GW 11.5). Damit allerdings verbleibt er im Umkreis der »Vernunftphilosophie«. Unter ihren Bedingungen ist Metaphysik nur noch möglich als Selbsterkenntnis des Geistes – seiner internen Struktur oder seiner »Logik«. Diese Einsicht leitet Hegels Denkentwicklung vom *Systementwurf II* (1804/05), der ja noch eine »Metaphysik der Objectivität« kennt (s. Kap. II.4.6.6), zur *Wissenschaft der Logik*. In der Form einer Selbsterkenntnis des Geistes allerdings bildet solche »Metaphysik« einen fundamentalen und unverzichtbaren Bereich der Philosophie, der sich nur um den hohen Preis des sacrificium intellectus aufgeben läßt.

(3) Gegenüber dieser »Metaphysik« ist die Polemik seitens der »christlichen Philosophie« gegen die »Vernunftphilosophie« weit weniger erfolgreich und durchschlagend gewesen als in den für das gesellschaftliche Leben empfindlichen Bereichen »Religion« und »Staat«. Sie hat hier mehr den Charakter einer ›innerakademischen‹ Auseinandersetzung, und sie zielt hier letztlich auch nicht auf die generelle Beseitigung solcher »Metaphysik«, sondern entweder auf ihre Transformation in eine »christliche Philosophie«, also auf ihre Fundierung in der christlichen Offenbarung, oder auf die strikte Begrenzung des Umfangs der im Rahmen einer »Vernunftphilosophie« möglichen »Metaphysik« – etwa als einer »negativen Philosophie« – und auf ihre Komplementierung und Überbietung durch eine »positive Philosophie«. Diese, heute nur noch im Blick auf Schellings Spätwerk geläufige Unterscheidung durchzieht ja weithin den damaligen Streit um die systematische Reichweite der sogenannten »Vernunftphilosophie«.

Soweit die damaligen Verfasser metaphysischer Entwürfe der Schule Hegels angehören, erneuern sie dessen Konzeption von »Logik und Metaphysik«, wenn auch stets gegenüber der *Logik* des Meisters mit einer Reihe von wirklichen oder vermeintlichen Verbesserungen. Sie verfolgen überwiegend die Tendenz, Hegels strikte Einheit von Logik und Metaphysik aufzulockern – teils durch die kategoriale Erweiterung der Logik, teils durch die Rückkehr zu einer Binnendifferenzierung zwischen Logik und Metaphysik. Hier sind etwa die Arbeiten von Hinrichs, Mußmann, Erdmann, Kuno Fischer und Rosenkranz zu nennen, auch die Auseinandersetzungen zwischen ihm und seinen Kritikern Ferdinand Lasalle und Michelet (Jaeschke 1980; Burkhardt 1993). Adolf Trendelenburgs *Logische Untersuchungen* (¹1840), dieses Werk der »Spätromantik«, ist zwar von politisch und religiös interessierter Seite als Widerlegung Hegels gefeiert worden, hat jedoch diese Logik-Arbeit der Hegel-Schule nicht beeinträchtigt (Köhnke 1986, 48–57).

Soweit die Autoren der damaligen »Metaphysiken« hingegen dem Kreis der »spekulativen Theisten« angehören oder nahestehen, suchen sie die »logische Philosophie« entweder im Gedanken der Persönlichkeit Gottes neu zu fundieren oder sie als »Vernunftphilosophie« zu belassen, aber durch eine im Positiven, in der Idee der Persönlichkeit Gottes und seiner Offenbarung verankerte Philosophie zu komplementieren. Immanuel Hermann Fichte, Weiße und Fischer, aber auch Sengler und Chalybäus sind hier zu nennen. Der Höhe- und Wendepunkt dieses Diskussionsstranges fällt fraglos in die Auseinandersetzung zwischen Weiße und Fichte in ihren *Sendschreiben* und *Antwortschreiben* aus den Jahren 1842/43. Sie gehört nicht minder zur Wirkungsgeschichte Hegels als die Arbeiten aus dem engeren Umkreis der Schule – denn wie dort geht es auch hier um die Interpretation der Philosophie Hegels und um die Bedeutung seines Erbes wie überhaupt um die systematische Leistungsfähigkeit einer »metaphysischen« oder »apriorischen Philosophie« in der philosophischen Situation der Gegenwart.

(4) Für diese Fragen hat eine für die 1830er Jahre charakteristische Entwicklung keine unmittelbare Auswirkung: die Ausbildung der Erkenntnistheorie zu einem eigenständigen Systemteil. In dieser Verselbständigung der Erkenntnistheorie wirkt ein Kantisches Erbe nach, das in Hegels Philosophie unterdrückt, zumindest in seinem Eigengewicht verkannt scheint. Hegel ergießt ja stets seinen Spott über die Bemühungen, vor dem Erkennen das Erkennen erkennen zu wollen – wie, mit einem alten Dictum, über die Absicht des Scholastikus, schwimmen lernen zu wollen, bevor er ins Wasser geht (V 3.79). Dennoch tangiert diese Ausbildung einer eigenständigen Erkenntnistheorie seit den 1830er Jahren nicht notwendig die Stellung der Metaphysik. Sie hat ja nicht die Aufgabe, die Metaphysik zu ersetzen, son-

dern das Terrain für sie zu bereiten. Dies zeigt sich schon beim jüngeren Fichte, der in seinen *Grundzügen zum Systeme der Philosophie* ebenfalls die Erkenntnistheorie der Ontologie vorangehen läßt.

(5) Insgesamt geht es dieser durchaus repräsentativen Richtung keineswegs darum, ein »Ende der Metaphysik« herbeizuführen, sondern das durch Kant bewirkte und von Hegel nicht revozierte »Ende der Metaphysik« nun endlich rückgängig zu machen, um der Philosophie diejenigen Gegenstände zu vindizieren, die in der vorkritischen metaphysica specialis den höchsten Punkt des Denkens gebildet haben: die Persönlichkeit Gottes und die Unsterblichkeit der Seele. In diesem Interesse trifft sich der »spekulative Theismus« des Kreises um Fichte und Weiße mit der Spätphilosophie Schellings. Sie spricht ihr innerstes Motiv und das »Signal zur Umkehrung und damit zur positiven Philosophie« ja als das Verlangen des Ich nach einem persönlichen Gott und nach Erlösung aus: »I h n , I h n will es haben, den Gott, der handelt, bei dem eine Vorsehung ist, [...] kurz der der H e r r des Seyns ist« (SW 11.566).

4.3 Anthropologie vs. »Metaphysik«

(1) Der Streit, der zwischen diesen Richtungen und der Hegel-Schule um die Metaphysik geführt wird, ist ein Streit um die Wiedergewinnung der seit der Aufklärung zerstörten Inhalte, wenn auch nicht der Form der vorkritischen Metaphysik. Nach der faktischen, politischen Niederlage der Schule im Streit um Religion und Politik wird jedoch eine neue Front im Kampf auch um die Metaphysik eröffnet, und erst jetzt tritt dieser in ein für die Wirkungsgeschichte der Philosophie Hegels entscheidendes Stadium: durch die Kritik, daß sie nicht etwa zu wenig, sondern immer noch zuviel Theologie in sich habe.

(2) »Zweifel« hat Ludwig Feuerbach nach seinem eigenen Zeugnis schon früh formuliert – in seinem gleichnamigen Fragment von 1827/28: »Wie verhält sich das Denken zum Sein, wie die ›Logik‹ zur Natur? Ist der Übergang von jener zu dieser begründet? Wo ist die Notwendigkeit, wo das Prinzip dieses Übergangs? [...] Gäbe es keine Natur, nimmermehr brächte die unbefleckte Jungfer ›Logik‹ eine aus sich hervor.« Und hieran schließt er sofort eine Frage nach dem Verhältnis von Philosophie und Religion an (Bd. 10.155 f.). Trotz dieser Zweifel schreibt Feuerbach eine völlig durch Hegel geprägte Dissertation, die er unter dem Titel *De ratione, una, universali, infinita* 1828 als Habilitationsschrift veröffentlicht. Die

Kollegien, die er um 1830 in Erlangen über Logik hält, sind sogar die ›orthodoxeste‹ Logik-Bearbeitung aus den Reihen der Schüler. Und in den anschließenden Jahren verteidigt Feuerbach auch auf religions- und rechtsphilosophischem Gebiet Hegels Philosophie gegen konservative Kritiker.

Erst als in den Jahren 1838/39 der Streit um Religionsphilosophie und Politik die Verabschiedung von Hegels These der Inhaltsidentität von Philosophie und Religion erzwingt, ist für Feuerbach der Zeitpunkt gekommen, auch Hegels Logik zu verabschieden: Seine Abhandlung *Zur Kritik der Hegelschen Philosophie* (1839) folgt nicht zufällig erst auf seine Abhandlungen *Zur Kritik der positiven Philosophie* (1838) und *Über Philosophie und Christentum* (1839). Und selbst in seiner Hegel-Kritik wendet er sich gegen »die Spekulation der Positivisten [sc. der Anhänger der christlich-positiven Philosophie]; denn statt ü b e r Hegel hinauszugehen, ist sie tief u n t e r Hegel hinabgefallen« (Bd. 9.61).

(3) Feuerbachs *Kritik der Hegelschen Philosophie* knüpft zunächst an Strauß' Argument gegen die »absolute Inkarnation der Gattung in einer bestimmten Individualität« an. Er gibt diesem Argument aber nicht die damals von der Restauration bekämpfte politische Wendung gegen die Monarchie, sondern eine Spitze gegen Hegel: Auch dessen Philosophie kann nicht »die absolute Wirklichkeit der Idee der Philosophie« sein – sonst stünde ja die Zeit still. Alle Philosophien aber sind »hervorgegangen zu einer bestimmten Zeit«; sie haben deshalb endlichen Charakter, und sie vergehen, »weil die Menschen und Zeiten vergehen und die Menschen nicht von der Erbschaft ihrer Vorfahren, sondern von dem selbsterworbenen Vermögen leben wollen.« Hier wie auch an anderer Stelle spricht Feuerbach neben dem geschichtlich-relativen auch ein voluntatives Moment der Abkehr von Hegel prononciert aus: Um der eigenen Identität willen muß man den Mut zur Absetzung von der Vätergeneration, ja sogar zur historischen Ungerechtigkeit haben. Doch daneben steht ein objektiver Aspekt: Da die Zeit ohnehin alle geistigen Produktionen und somit auch Hegels Philosophie relativiert, ist es »Pflicht und Aufgabe des denkenden Menschen, die notwendigen, unausbleiblichen Wirkungen der Zeit durch die Vernunft zu antizipieren« und »der Zeit durch die Vernunft zuvorzukommen und nachzuweisen, daß sie wirklich eine bestimmte, spezielle Philosophie ist.« (Bd. 9.20–23)

Zu diesem Zeitpunkt hat Feuerbachs Kritik an Hegels Logik noch einen rhapsodischen, suchenden und eher provokativen als argumentierenden Charakter: Gegen Hegels Anfang mit dem Begriff des Seins wendet er ein, man solle besser »mit dem Sein selbst, d. h. dem wirklichen Sein, beginnen« (Bd. 9.23) – als ob nicht auch das »wirkliche Sein«, über das gesprochen und geschrieben wird, stets ein gedachtes wäre. »Die Einheit des Subjektiven und Objektiven« gilt ihm nun als »ein ebenso unfruchtbares als verderbliches Prinzip, weil sie auch im besondern die Unterscheidung zwischen dem Subjektiven und Objektiven aufhebt« (Bd. 9.53). An Stelle der Hegelschen »Vermittlung« fordert er eine »Unmittelbarkeit« – freilich eine »andere Unmittelbarkeit« als die subjektive Jacobis –, und doch zugleich die Vermittlung zwischen »Ich und Du«, als die Bedingung von Wahrheit (Bd. 9.26–30). Und daß »Dialektik« »kein Monolog der Spekulation mit sich selbst, sondern ein Dialog der Spekulation und Empirie« sei, hat auch Feuerbach nirgends anders gelernt als bei Hegel, gegen den er nun diesen Gedanken vorbringt.

(4) Feuerbach bereitet seinen »Bruch mit der Spekulation« dadurch vor, daß er Hegel einen »absoluten Bruch mit dem sinnlichen Bewußtsein« vorwirft – in der *Phänomenologie*. Hegel gelange deshalb nie zum »Anderssein des Gedankens«, sondern lediglich zum »G e d a n k e n v o n d e m A n d e r s s e i n d e s G e d a n k e n s« (Bd. 9.45). Programmatisch ist sein »Bruch mit der Spekulation« somit als Revision des von der Spekulation vollzogenen Bruches mit Unmittelbarkeit, Sinnlichkeit und Anschauung angelegt – und insbesondere mit dem »Inbegriff der Wirklichkeit«: mit der »Natur«. Und so klingt sein Résumé geradezu rousseauistisch: »Die Rückkehr zur Natur ist allein die Quelle des Heils« (Bd. 9.61).

Am pointiertesten formulieren Feuerbachs *Vorläufige Thesen zur Reformation der Philosophie* und *Grundsätze der Philosophie der Zukunft* seine Abwendung von der Metaphysik. Aber auch sie zeigen überdeutlich, daß der Impetus seiner Metaphysikkritik und sein Interesse an der Ersetzung der Metaphysik durch Anthropologie sich aus der Religions- und Theologiekritik speisen. Deshalb kritisiert er die »spekulative Philosophie« primär als »spekulative Theologie«. Auch in seinem Manuskript *Grundsätze der Philosophie. Notwendigkeit einer Veränderung* zeigt er diese »Notwendigkeit« am Verhältnis zum Christentum auf – und insbesondere zum modernen Christentum: Auch in der Metaphysikkritik geht es ihm primär um die Befreiung von diesem Christentum – und deshalb ist auch alle Philosophie zu verabschieden, die noch unter Theologieverdacht steht oder sich gar ein affirmatives Ver-

hältnis zur Religion gibt – und somit auch die Philosophie Hegels.

Entgegen seiner früheren und besseren Einsicht interpretiert Feuerbach diese nun als Theologie, um sie mit größerem Recht verwerfen zu können – und mit ihr zugleich die gesamte frühere Philosophie. Hegels Begriff des »absoluten Geistes« steht nun im Verdacht, daß in ihm »der ›abgeschiedene Geist‹« der Theologie »noch als G e s p e n s t umgeht« (Bd. 9.247). Die spekulative Vernunft sei nichts als der Verstand Gottes – aber die Verwandlung des Deus in die Vernunft hebe den Deus nicht auf (Feuerbach 1996, 107,125). Diese Kritikfigur, die pauschale Verdächtigung und Diffamierung eines Gedankens als eines Relikts früherer Theologie läßt sich allerdings beliebig wiederholen, und so richtet sich die Iteration des Theologieverdachts wenig später gegen Feuerbachs eigenen Neuansatz. Denn wie er im Vernunftbegriff der spekulativen Philosophie den alten Gottesgedanken am Werke sieht und den Menschen als das Geheimnis Gottes erweist, so wendet Friedrich Engels, angeregt durch Max Stirner (alias Johann Caspar Schmidt), mit besserem Recht gegen ihn ein: »der Feuerbachsche ›Mensch‹ ist von Gott abgeleitet, Feuerbach ist von Gott auf den ›Menschen‹ gekommen, und so ist ›der Mensch‹ allerdings noch mit einem theologischen Heiligenschein der Abstraktion bekränzt.« (an Marx, 19.11.44, MEW 27.11 f.)

Wenn man der Äußerung des Theologieverdachts argumentativen Wert zuschreibt, ist dieser Einwand um so mehr berechtigt, als Feuerbach seine neue, gegen Hegel gerichtete Philosophie in einer Hegelschen Gedankenfigur zur »Realisation« der Hegelschen stilisiert, freilich zu einer Realisation, die zugleich deren »w i d e r s p r u c h s l o s e Negation« sei. Denn: »Die V o l l e n d u n g der neueren Philosophie ist die H e g e l s c h e Philosophie. Die h i s t o r i s c h e N o t -w e n d i g k e i t u n d R e c h t f e r t i g u n g der neuen Philosophie [sc. der Philosophie Feuerbachs] knüpft sich daher hauptsächlich an die K r i t i k H e g e l s.« (Bd. 9.295) Zuvor heißt es sogar, die neue Philosophie könne »nicht auf positivem Wege«, sondern »nur als die N e g a t i o n der Hegelschen Philosophie aus ihr abgeleitet« werden (Bd. 9.247).

Die erstrebte neue »Unmittelbarkeit« leitet sich somit aus philosophiegeschichtlichen Vermittlungsprozessen her. Feuerbachs Forderung nach einem radikalen Bruch, nach dem Ende der Metaphysik bleibt deshalb in Programmatik und verbaler Radikalität stecken. Im Brief an Ruge vom 13.2.42 formuliert er programmatisch: »ein radikaler Bruch ist notwendig« – doch fährt er fort: »Damit soll aber natürlich nicht das ›peu à peu‹ ausgeschlossen sein. Es handelt sich vor allem jetzt darum, etwas zu geben, wornach man dozieren kann. Das beste ist, sich an Hegel anzuschließen – sein Gang ist ein ganz richtiger –, aber ihn natürlich zu reformieren nach den neuen Prinzipien.« (Bd. 18.159)

Deshalb verwundert es nicht, daß viele der Einwände Feuerbachs gegen Hegel nur dessen Kritik der vormaligen Metaphysik rekapitulieren, etwa seine Auszeichnung des Bewußtseins als des »wirklichen Seins« (Bd. 9.252). In dem Maße hingegen, als Feuerbach über die Iteration des Theologieverdachts hinausgeht und die alte Metaphysik wie auch die Hegelsche Logik inhaltlich kritisiert – etwa im Blick auf das Verhältnis von Denken und Sein –, schwindet die eigentümliche Suggestivkraft seiner Darlegungen. Das »wirkliche Sein«, das er gegen das »gedachte Sein« geltend macht, ist ihm »das Unsagbare. Wo die Worte aufhören, da fängt erst das Leben an, erschließt sich erst das Geheimnis des Seins.« »Sein«, »Existenz«, sind ihm schließlich etwas Unsagbares – aber damit nicht Nichts: »Die Existenz hat für sich selbst, auch ohne Sagbarkeit, Sinn und Vernunft.« (Bd. 9.308)

(5) In der Aufwertung der Stichworte »Sein«, »Unmittelbarkeit«, »Existenz« zeigt sich eine allgemeine Tendenz in der Bewußtseinsgeschichte der Zeit, die sich – jenseits der Wirkungsgeschichte Hegels – auch bei Kierkegaard und Schelling verfolgen läßt, dort allerdings nicht in Spannung zu Religion und Theologie. Eine wenig beachtete Nähe zu Feuerbach weist jedoch das *Antwortschreiben* des jüngeren Fichte auf Weißes *Sendschreiben* auf: Fichte konstatiert hier eine erneuerte Hinneigung der gegenwärtigen Philosophie vom trügerischen Boden des dialektischen Ausspinnens bloßer Begriffsabstraktionen zum Empirismus – und dies bringe zudem den Vorzug mit sich, daß im Gebiet der Erfahrung auch schwache spekulative Talente etwas leisten könnten. Statt in der sterilen Wüste der Abstraktion nach Brunnen lebendigen Wassers zu graben, gelte es, sich zur Einen ewig strömenden Lebensquelle des Realen zu wenden. Im Vordergrund steht hier aber nicht etwa eine wissenschaftsgeschichtliche Wende, sondern das Verlangen nach Einsicht in die Immanenz des göttlichen Geistes in der Welt – also nach einer Einsicht, die im Rahmen der traditionellen Religion nicht mehr erreichbar schien und auf spekulativem Wege nicht gewonnen werden sollte (Fichte 1843, 207–211).

Die gleiche Tendenz durchzieht die Einleitung zu Fichtes *Spekulativer Theologie* (1846): Die Befreiung von der lastenden Autorität des Hegelschen Denkens könne nicht – im Stil der Schule – durch immer neue Begriffsdistinktionen erfolgen, sondern nur durch Verzicht auf diese »abgezogenen Begriffe« – obschon Fichte selber eine dickleibige *Spekulative Theologie oder allgemeine Religionslehre* voller solcher Begriffe schreibt. Der »abstrus transzendenten Welt der Begriffe« stellt er das anschaubar Wirkliche und Unmittelbare entgegen. Nicht durch begriffliche Erkenntnis werde Gott erkannt, sondern er sei nun für die Wissenschaft ein »praesens numen« geworden. Auf diese Weise sucht Fichte den Prozeß der Ausbildung der Einzelwissenschaften und der aus ihr folgenden Veränderung des Wissenschaftsbegriffs für sein religiöses Interesse zu instrumentalisieren. Und so träumt er von einem Zeitalter, wo man philosophieren wird »im gemeinsamen Lichte gotterleuchteter Wissenschaft und die Eitelkeit und Eigenliebe selbstgemachter Systeme in Nichts verschwindet«. Durch die Einseitigkeit und Öde unserer spekulativen Bildung sei Gott zum reinen, natur- und wirklichkeitslosen Gedankending geworden, an das man nicht mehr glauben könne. Gegen diese philosophische »Afterwissenschaft« beschwört Fichte die ewige, ursprüngliche Kraft der Religion – in der nicht unbegründeten Erwartung, daß sie sich mit den entstehenden Einzelwissenschaften problemloser arrangieren könne als mit der spekulativen Philosophie (Fichte 1846, II–XX).

(6) In enger Allianz mit der politischen Option hat diese, über zwei Jahrzehnte wiederholte theologische Option schließlich die erste Phase der Wirkungsgeschichte der Hegelschen Philosophie beendet. Diese politisch-theologische Konstellation hat in der bürgerlichen, wenig »vormärzlich« revolutionär gesinnten Epoche des Vormärz weithin Resonanz gefunden – sowohl im akademischen als auch im politisch bestimmten Milieu – und hierdurch das Ende der unmittelbaren Wirkungsgeschichte der Hegelschen Philosophie herbeigeführt. Hingegen gibt es keine unmittelbare Konfrontation zwischen Hegels Philosophie und den sich formierenden Einzelwissenschaften. Hier lassen sich sogar Wirkungslinien nachzeichnen – etwa die durch Feuerbach vermittelte Rezeption der Hegelschen Philosophie durch den Physiologen Jacob Moleschott in der Vorgeschichte des »Materialismusstreits« (1855). Insgesamt aber sind die Beziehungen zwischen der Philosophie und der Wissenschaftsgeschichte im Vormärz bisher nur punktuell erforscht – und dies im scharfen Kontrast zu der weithin geteilten Überzeugung, der sogenannte »Zusammenbruch des Deutschen Idealismus« sei durch die Einzelwissenschaften bewirkt worden.

Schwerer wiegt etwas anderes: Die Ausbildung der Einzelwissenschaften vollzieht sich in einer eigenen Sphäre und nach einer eigenen Logik, ohne Rekurs auf spekulative Philosophie. Die Ausdifferenzierung der Einzelwissenschaften scheint nicht allein der Metaphysik, sondern der Philosophie überhaupt nicht zu bedürfen und sie somit überflüssig zu machen; die Philosophie leistet keinen Beitrag zu ihrem Erfolg. Während die Philosophie von Seiten der Religion und Politik bekämpft wird, wird sie von Seiten der Einzelwissenschaften ignoriert. Und erst unter diesen Bedingungen, im Streit zwischen »Idealismus« und »Materialismus« nach der Jahrhundertmitte, in dem die pauschalen Etikettierungen überwiegen, wird die Klassische Deutsche Philosophie unter den Titel »Deutscher Idealismus« gestellt (Jaeschke, 2000b). Dieser Prozeß ist weder als »Widerlegung« noch gar als »Zusammenbruch« zu beschreiben, sondern im besseren Fall als »Historisierung«, im schlechteren als ein schlichtes Verdrängen, Ignorieren und Diffamieren der Fragestellungen und des Problemniveaus dieser Philosophie. Die Wirkungsgeschichte der Philosophie Hegels wird hier in einem bewußtseinsgeschichtlichen Prozeß absorbiert, in dem der »mit seinem reinen Wesen sich beschäftigende Geist« ortlos und fremd geworden ist. Das Wort, das Hegel bereits an den Beginn seiner *Wissenschaft der Logik* stellt, gewinnt seine volle Berechtigung nicht schon im Jahr 1812, sondern erst am Ende des Vormärz. Es schließt nun auch die in die »Logik« aufgesogene Metaphysik ein, die nichts als die Selbsterkenntnis des Geistes zum Gegenstand hat: »Es ist diß ein Factum, daß das Interesse theils am Inhalte, theils an der Form der vormaligen Metaphysik, theils an beyden zugleich verlohren ist.« (GW 11.5)

Quellen: Ludwig Feuerbach: De ratione, una, universali, infinita (1828). In: Feuerbach: Gesammelte Werke. Bd. 1.1–173; Immanuel Hermann Fichte: Grundzüge zum Systeme der Philosophie. 1. Abt.: Das Erkennen als Selbsterkennen. Heidelberg 1833; 2. Abt.: Die Ontologie. Heidelberg 1836; 3. Abt.: Die speculative Theologie oder allgemeine Religionslehre. Heidelberg 1846; Carl Philipp Fischer: Die Wissenschaft der Metaphysik im Grundrisse. Zum Gebrauch für seine Vorlesungen. Stuttgart 1834; Weiße: Grundzüge der Metaphysik. Hamburg 1835; Feuerbach: Zur Kritik der positiven Philosophie […] (1838, Bd. 8.181–207); Feuerbach: Über Philosophie und Christentum in Beziehung auf den der Hegelschen Philosophie gemachten Vorwurf der Unchristlichkeit (1839, Bd. 8.219–292); Feuerbach: Zur Kritik der Hegelschen Philosophie (1839, Bd. 9.16–62); Feuerbach: Das Wesen des Christentums (1841, Bd. 5); Feuerbach: Vorläufige Thesen zur Reformation der Philosophie (1842, Bd. 9.243–263); Feuerbach: Grundzüge der Philosophie der Zukunft (1843, Bd. 9.264–341); Feuerbach: Grundsätze der Philosophie. Notwendigkeit einer Veränderung. In: Feuerbach: Entwürfe zu einer Neuen Philosophie. Hg. von Walter Jaeschke und Werner Schuffenhauer. Hamburg 1996, 119–135; Adolf Trendelenburg: Logische Untersuchungen. Berlin ¹1840; Christian Hermann Weiße: Das philosophische Problem der Gegenwart. Sendschreiben an Immanuel Hermann Fichte. Leipzig 1842; Fichte: Der Begriff des negativ Absoluten und der negativen Philosophie. Antwortschreiben an […] C. H. Weiße. In: Zeitschrift für Philosophie und speculative Theologie (1843), 157–217; Fischer: Speculative Charakteristik und Kritik des Hegel'schen Systems und Begründung der Umgestaltung der Philosophie zur objectiven Vernunftwissenschaft, mit besondrer Rücksicht auf die Geschichte der Philosophie. Erlangen 1845; Heinrich Moritz Chalybäus: Entwurf eines Systems der Wissenschaftslehre. Kiel 1846; Jakob Sengler: Die Idee Gottes. Heidelberg 1847; Rosenkranz: Wissenschaft der logischen Idee. In zwei Bänden. Bd. 1. Metaphysik; Bd. 2. Logik und Ideenlehre. Königsberg 1858/59; Friedrich Nietzsche: Morgenröthe. Gedanken über die moralischen Vorurteile (1881). In: Nietzsche: Kritische Studienausgabe. Bd. 3. München und Berlin / New York 1980; Friedrich Engels: Ludwig Feuerbach und der Ausgang der klassischen deutschen Philosophie. ¹1886, revidierter Sonderabdruck Stuttgart 1888, MEW 21.261–307. – **Literatur:** Karl Löwith: Von Hegel zu Nietzsche. Der revolutionäre Bruch im Denken des 19. Jahrhunderts. Marx und Kierkegaard. ¹1941, Stuttgart ⁵1964 u. ö.; Jaeschke: Art. »Logik, (spekulativ-) dialektische«. In: Historisches Wörterbuch der Philosophie. Band L-Mn. Basel / Stuttgart 1980, Sp. 389–398; Jaeschke (1986a), 410–436; Klaus Christian Köhnke: Entstehung und Aufstieg des Neukantianismus. Die deutsche Universitätsphilosophie zwischen Idealismus und Positivismus. Frankfurt am Main 1986; Bernd Burkhardt: Hegels »Wissenschaft der Logik« im Spannungsfeld der Kritik. Historische und systematische Untersuchungen zur Diskussion um Funktion und Leistungsfähigkeit von Hegels »Wissenschaft der Logik«. Hildesheim u. a. 1993; Jaeschke: Zur Genealogie des Deutschen Idealismus. Konstitutionsgeschichtliche Bemerkungen in methodologischer Absicht. In: Andreas Arndt / Walter Jaeschke (Hg.): Materialismus und Spiritualismus. Philosophie und Wissenschaften nach 1848. Hamburg 2000, 219–234; Kurt Bayertz / Myriam Gerhard / Walter Jaeschke (Hg.): Weltanschauung, Philosophie und Naturwissenschaft im 19. Jahrhundert. Bd. 1: Der Materialismus-Streit; Bd. 2: Der Darwinismus-Streit; Bd. 3: Der Ignorabimus-Streit. Hamburg 2007.

IV Anhang

1 Zeittafel

1770
27. August: Geburt in Stuttgart als ältester Sohn des Rentkammersekretärs Georg Ludwig Hegel (1733–1799) und seiner Ehefrau Maria Magdalena Louisa, geb. Fromm (1741–1783)

1773
April: Geburt der Schwester Christiane Luise († 1832)
Besuch der deutschen Schule

1776
wahrscheinlich Besuch des Gymnasiums
Geburt des Bruders Georg Ludwig († 1812)

1780
Erste Teilnahme am Landexamen

1783
20. September: Tod der Mutter

1784
Schüler des Obergymnasiums

1788
September: Abgang vom Gymnasium; Abiturrede
Oktober: Eintritt ins Tübinger Stift; Beginn des Studiums an der Universität Tübingen
Dezember: Rede zum Baccalaureatsakt

1790
September: Erwerb des Magistergrads; Übergang zur theologischen Fakultät

1793
September: Konsistorialexamen in Stuttgart
Oktober: Antritt der Hauslehrerstelle bei Carl Friedrich v. Steiger in Bern und Tschugg

1795
Mai: Reise nach Genf

1796
Juli: Wanderung durch die Berner Alpen
Jahresende: Reise von Bern nach Stuttgart

1797
Januar: Antritt der Hauslehrerstelle bei Johann Noë Gogel in Frankfurt

1798
anonym: *Vertrauliche Briefe über das vormalige staatsrechtliche Verhältniß des Waadtlandes (Pays de Vaud) zur Stadt Bern. Eine völlige Aufdekkung der ehemaligen Oligarchie des Standes Bern. Aus dem Französischen eines verstorbenen Schweizers übersezt und mit Anmerkungen versehen*

1799
14. Januar: Tod des Vaters

1800
September: Reise nach Mainz

1801
Jahresanfang: Übersiedelung nach Jena
27. August: Habilitation
Oktober: Habilitationsschrift: *Dissertatio philosophica de Orbitis Planetarum*
Differenz des Fichteschen und Schellingschen Systems der Philosophie

1802/03
Kritisches Journal der Philosophie (gemeinsam mit Friedrich Wilhelm Joseph Schelling herausgegeben)

1805
Ernennung zum außerordentlichen Professor

1807
5. Februar: Geburt des unehelichen Sohnes Ludwig Fischer
März: Übersiedelung nach Bamberg; Redakteur der Bamberger Zeitung
April: *Phänomenologie des Geistes*

1808
November: Rektor des Gymnasiums in Nürnberg

1811
September: Heirat mit Marie Helena Susanna von Tucher (1791–1855)

1812

April / Mai: *Wissenschaft der Logik*, Buch 1: Die Lehre vom Sein
Sommer: persönliche Bekanntschaft mit Friedrich Heinrich Jacobi (1744–1819)

1813

Dezember 1812: *Wissenschaft der Logik*, Buch 2: Die Lehre vom Wesen (Erscheinungsdatum: 1813)
Ernennung zum Schulrat
7. Juni: Geburt des Sohnes Karl Friedrich Wilhelm († 1901)

1814

25. September: Geburt des Sohnes Thomas Immanuel Christian († 1891)

1816

September / Oktober: *Wissenschaft der Logik*, Buch 3: Die Lehre vom Begriff
Oktober: Professor in Heidelberg; Antrittsrede: 28. Oktober

1817

Mitredakteur der *Heidelbergischen Jahrbücher der Literatur*
Januar: *Jacobi-Rezension*
Juni: *Enzyklopädie der philosophischen Wissenschaften im Grundrisse*
November / Dezember: Rezension von *Verhandlungen in der Versammlung der Landstände des Königreichs Würtemberg*

1818

Oktober: Professor in Berlin als Nachfolger Johann Gottlieb Fichtes (1762–1814);
Antrittsrede: 22. Oktober

1820

Oktober: Publikation der *Grundlinien der Philosophie des Rechts* (Erscheinungsdatum 1821)

1822

Vorrede zu H. F. W. Hinrichs: Die Religion im inneren Verhältnisse zur Wissenschaft. Heidelberg 1822
September-Oktober: Reise über Köln in die Vereinigten Niederlande

1824

September-Oktober: Reise über Dresden und Prag nach Wien

1826

Januar: *Über die Bekehrten* von Ernst Raupach

1827

Beginn der *Jahrbücher für wissenschaftliche Kritik*
Januar / Oktober: *Humboldt-Rezension*
Juli: *Enzyklopädie der philosophischen Wissenschaften im Grundrisse*, 2. Auflage
August-Oktober: Reise nach Paris und Brüssel

1828

März: *Solger-Rezension*
Oktober / Dezember: *Hamann-Rezension*

1829

Juli / August / Dezember: *Repliken*
September: Reise nach Prag; Besuch bei Goethe
Oktober: Rektor der Universität

1830

Juni: *Rede zur dritten Säkularfeier der Augsburgischen Konfession*
Oktober: *Enzyklopädie der philosophischen Wissenschaften im Grundrisse*, 3. Auflage

1831

April: *Über die englische Reformbill*
Juni: *Ohlert-Rezension*
September: *Görres-Rezension*
7. November: Unterzeichnung der Vorrede zur 2. Auflage der *Wissenschaft der Logik*, 1. Buch: Die Lehre vom Sein (Erscheinungsdatum 1832)
14. November: gestorben (an der Cholera?)

2 Literaturhinweise

2.1 Ausgaben

Standardausgaben sowie ausgewählte Nachdrucke und Voreditionen

Werke

Gesammelte Werke. In Verbindung mit der Deutschen Forschungsgemeinschaft hg. von der Nordrhein-Westfälischen (1968–1995: Rheinisch-Westfälischen) Akademie der Wissenschaften (seit 2009: … und der Künste). Hamburg 1968 ff. (= GW).
Sämtliche Werke. Hg. von einem Verein von Freunden des Verewigten. Berlin 1832–1845 (=W).

Nachdrucke:
Jubiläumsausgabe. Hg. von Hermann Glockner. Stuttgart 1927 ff.
Hegel: Werke in zwanzig Bänden. Theorie Werkausgabe. Redaktion: Eva Moldenhauer und Karl Markus Michel. Frankfurt am Main 1970 ff.

Vorlesungen

Gesammelte Werke (=GW 23–30).

Voreditionen, Einzelausgaben:
Vorlesungen. Ausgewählte Manuskripte und Nachschriften, Hamburg 1983 ff. (=V). 16 Bde.
Vorlesungen über Rechtsphilosophie 1818–1831. Edition und Kommentar in sechs Bänden von Karl Heinz Ilting. Stuttgart-Bad Cannstatt. Bd. 1: 1973; Bde. 2–4: 1974 (mehr nicht erschienen).
Naturphilosophie. Bd. 1. Die Vorlesung von 1819/20. In Verbindung mit K. H. Ilting hg. von Manfred Gies. Napoli 1982.
Henrich, Dieter (Hg.): Hegel. Philosophie des Rechts. Die Vorlesung von 1819/20 in einer Nachschrift. Frankfurt am Main 1983.
Vorlesung über Ästhetik. Berlin 1820/21. Eine Nachschrift. Hg. von Helmut Schneider. Frankfurt am Main 1995.
Vorlesung über Naturphilosophie Berlin 1823/24. Nachschrift von K. G. J. v. Griesheim. Hg. und eingeleitet von Gilles Marmasse. Frankfurt am Main u. a. 2000.
Philosophie der Kunst oder Ästhetik [1826]. Hg. von Annemarie Gethmann-Siefert und Bernadette Collenberg-Plotnikov. München 2004.
Philosophie der Kunst. Vorlesung von 1826. Hg. von Annemarie Gethmann-Siefert, Jeong-Im Kwon, Karsten Berr. Frankfurt am Main 2005.
Die Philosophie des Rechts. Vorlesung von 1821/22. Hg. von Hansgeorg Hoppe. Frankfurt am Main 2005.
Die Philosophie der Geschichte. Hg. von Klaus Vieweg. München 2005.

Briefe:
Briefe von und an Hegel. Hg. von Johannes Hoffmeister. Hamburg [1]1956, Bde. I-III: Hamburg [3]1969, Bde IV/1 und IV/2: Hg. von Friedhelm Nicolin. Hamburg 1977 bzw. 1981 (=Br).

Nachträgliche Ergänzungen:
Hegel an Sigmund von Tucher. Ein unbekannter Brief Hegels aus dem Jahre 1815. Mitgeteilt von Gerhard Hirschmann. HS 17 (1982), 41–43.
Aus Hegels Briefwechsel mit Karl Daub. Mitteilungen von Friedhelm Nicolin. HS 17 (1982), 45–52.
Hegel an Kirejewskij. Ein unbekannter Brief mitgeteilt von Arsen Gulyga. HS 19 (1984), 47 f.
An Mademoiselle Christiane Hegel. Ein unveröffentlicher Brief Hegels und ein Briefkonzept des Dekans Göriz. Mitgeteilt und erläutert von Hans-Christian Lucas. HS 22 (1987), 9–16.
Ein unbekannter Brief Hegels an F. L. Göriz, mitgeteilt und erläutert von B. Kortländer. HS 24 (1989), 9–13.
»Ihr so interessantes Vaterland«. Ein Brief Hegels an den ungarischen Gelehrten Ludwig Schedius. Mitgeteilt und erläutert von Klaus Vieweg. HS 30 (1995), 39–44.

2.2 Bibliographien

Kurt Steinhauer (Hg.): Hegel Bibliographie. Materialien zur Geschichte der internationalen Hegel Rezeption und zur Philosophie-Geschichte. München u. a. 1980. Teil II, Bde. 1–2: München 1998.
Gernot U. Gabel: Hegel. Ein Verzeichnis der Dissertationen aus sieben westeuropäischen Ländern 1885–1980. Köln 1986.
Erwin Hasselberg / Frank Radtke: Hegels »Wissenschaft der Logik«. Eine internationale Bibliographie ihrer Rezeption im 20. Jahrhundert. 3 Bde. Wien 1993.
Karen Gloy / Rainer Lambrecht: Bibliographie zu Hegels »Enzyklopädie der philosophischen Wissenschaften im Grundrisse«. Primär- und Sekundärliteratur 1817–1994. Stuttgart-Bad Cannstatt 1995.
Die »Hegel-Studien« berichten in ihrer Rubrik »Bibliographie« kontinuierlich über die neu erschienenen »Abhandlungen zur Hegel-Forschung«.

2.3 Periodica

Hegel-Jahrbuch. Begründet von Wilhelm Raimund Beyer. Hg. von Andreas Arndt, Karol Bal und Henning Ottmann. Seit HJb 1993/94: Berlin.
Hegel-Studien. Hg. von Friedhelm Nicolin und Otto Pöggeler (Bde 1–35), Walter Jaeschke und Ludwig Siep (Bde 36–46) sowie Michael Quante und Birgit Sandkaulen (Bde 47 ff.). Bonn 1961–1997 bzw. Hamburg 1998 ff.
Hegel-Studien Beihefte. Hg. von Friedhelm Nicolin und Otto Pöggeler (Bde 1–46), Walter Jaeschke und Ludwig Siep

(Bde 47–60) sowie Michael Quante und Birgit Sandkaulen (Bde 61 ff.). Bonn 1963–1999 bzw. Hamburg 2000 ff.
Internationales Jahrbuch des Deutschen Idealismus / International Yearbook of German Idealism. Hg. von / edited by Karl Ameriks und / and Jürgen Stolzenberg. Berlin 2003 ff.
Jahrbuch für Hegelforschung. Hg. von Helmut Schneider. Sankt Augustin 1995 ff.
Owl of Minerva. Biannual Journal of the Hegel Society of America. 1969 ff.

2.4 Biographien, Einführungen und Sammelbände

Biographien

Rosenkranz, Karl: Georg Wilhelm Friedrich Hegel's Leben. Berlin 1844.
Haym, Rudolf: Hegel und seine Zeit. Vorlesungen über Entstehung und Entwickelung, Wesen und Werth der Hegel'schen Philosophie. Berlin 1857.
Hondt, Jacques d': Hegel Biographie. Paris 1998.
Pinkard, Terry: Hegel. A Biography. Cambridge u. a. 2000.

Einführungen und Sammelbände

Fetscher, Iring (Hg.): Hegel in der Sicht der neueren Forschung. Darmstadt 1973.
Pöggeler, Otto (Hg.): Hegel. Einführung in seine Philosophie. Freiburg / München 1977.
Helferich, Christoph: Georg Wilhelm Friedrich Hegel. Stuttgart 1979.
Inwood, Michael: Hegel. Oxford Readings in Philosophy. Oxford 1985.
Inwood, Michael: A Hegel Dictionary. Oxford / Cambridge, MA 1992.
Rossi, P. (Hg.): Hegel. Guida storica e critica. Bari 1992.
Beiser, Frederick C. (Hg.), The Cambridge Companion to Hegel. Cambridge 1993.
Cesa, Claudio (Hg.): Hegel. Fenomenologia, Logica, Filosofia della natura, Morale, Politica, Estetica, Religione, Storia. Roma / Bari 1997.
Schnädelbach, Herbert: Hegel zur Einführung. Hamburg 1999.
Emundts, Dina / Horstmann, Rolf-Peter: G. W. F. Hegel. Eine Einführung. Stuttgart 2002.
Frederick Beiser: Hegel. New York 2005.
Paul Cobben / Paul Cruysberghs / Peter Jonkers / Lu De Vos (Hg.): Hegel-Lexikon. Darmstadt 2006.
The Bloomsbury Companion to Hegel. Edited by Allegra de Laurentiis and Jeffrey Edwards. London / New York 2013, ND 2015.

2.5 Dokumentationen

Blank, Inge: Dokumente zu Hegels Reise nach Österreich. HS 16 (1981), 41–55.
Fragen und Quellen zur Geschichte von Hegels Nachlaß. I. Dieter Henrich: Auf der Suche nach dem verlorenen Hegel. II. Willi Ferdinand Becker: Hegels hinterlassene Schriften im Briefwechsel seines Sohnes Immanuel. In: ZphF 35 (1981), 585–591 bzw. 592–614.
Georg Wilhelm Friedrich Hegel als Rektor des Nürnberger Gymnasiums 1808–1816. Ausgewählte Dokumente. Nürnberg 1977.
Hegel 1770–1970. Leben, Werk, Wirkung. Eine Ausstellung des Archivs der Stadt Stuttgart. Katalog von Friedhelm Nicolin. Stuttgart 1970.
Henrich, Dieter: Leutwein über Hegel. Ein Dokument zu Hegels Biographie. HS 3 (1965), 39–77.
Hölderlin. Zum 200. Geburtstag. Eine Ausstellung des Schiller-Nationalmuseums Marbach a. N. Katalog von Werner Volke. München 1970.
Kimmerle, Heinz (Hg.): Dokumente zu Hegels Jenaer Dozententätigkeit (1801–1807). HS 4 (1967), 21–99.
Kimmerle, Heinz: Zur Chronologie von Hegels Jenaer Schriften. HS 4 (1967), 125–176.
Kimmerle, Heinz: Die Chronologie der Manuskripte Hegels in den Bänden 4 bis 9. GW 8.348–361.
Nicolin, Friedhelm: Der junge Hegel in Stuttgart. Aufsätze und Tagebuchaufzeichnungen 1785–1788. Stuttgart 1970.
Nicolin, Friedhelm: Hegel als Professor in Heidelberg. Aus den Akten der philosophischen Fakultät 1816–18. HS 2 (1963), 71–98.
Nicolin, Friedhelm: Hegels Haushaltsbuch von 1831. HS 1 (1974), 49–72.
Nicolin, Günther: Hegel in Berichten seiner Zeitgenossen. Hamburg 1970.
Schneider, Helmut: Hegel und der Verlag Schrag. Neue Dokumente. HS 12 (1977), 9–18.
Schüler, Gisela: Zur Chronologie von Hegels Jugendschriften. HS 2 (1963), 111–159.
Schumm, Karl: Bildnisse des Philosophen Georg Wilhelm Friedrich Hegel. Stuttgart 1974 (Veröffentlichungen des Archivs der Stadt Stuttgart. Hg. von Kurt Leipner. Sonderband 5).
Verzeichnis der von dem Professor Herrn Dr. Hegel und dem Dr. Herrn Seebeck hinterlassenen Bücher-Sammlungen […]. Berlin 1832.
Ziesche, Eva: Der handschriftliche Nachlaß Georg Wilhelm Friedrich Hegels und die Hegel-Bestände der Staatsbibliothek zu Berlin Preußischer Kulturbesitz. Wiesbaden 1995, 2 Teile. (=Staatsbibliothek zu Berlin Preußischer Kulturbesitz. Kataloge der Handschriftenabteilung. Hg. von Tilo Brandis. Zweite Reihe: Nachlässe. Bd. 4).
Ziesche, Eva: Unbekannte Manuskripte aus der Jenaer und Nürnberger Zeit im Berliner Hegel Nachlaß. In: ZphF 29 (1975), 430–444.

2.6 Sekundärliteratur

Im Folgenden sind nur diejenigen Titel verzeichnet, die in den Literaturangaben öfter als zweimal und deshalb mit Kurztitel zitiert werden.

Anonym (Hülsemann?): Ueber die Wissenschaft der Idee. Erste Abteilung. Die neueste Identitätsphilosophie und Atheismus oder über immanente Polemik. Breslau 1831.

Avineri, Shlomo: Hegels Theorie des modernen Staates, Frankfurt am Main 1976 (=Hegel's Theory of the Modern State, Cambridge 1972).

Baum, Manfred: Die Entstehung der Hegelschen Dialektik. Bonn 1986.

Bertaux, Pierre: Hölderlin und die Französische Revolution. Frankfurt am Main 1969.

Birkert, Alexandra: Hegels Schwester. Auf den Spuren einer ungewöhnlichen Frau um 1800. Ostfildern 2008.

Bondeli, Martin / Linneweber-Lammerskitten, Helmut (Hg.): Hegels Denkentwicklung in der Berner und Frankfurter Zeit. München 1999.

Bondeli, Martin: Hegel in Bern. HSB 33 (1990).

Bubner, Rüdiger (Hg.): Das älteste Systemprogramm. Studien zur Frühgeschichte des deutschen Idealismus. HSB 9 (1973).

Dilthey, Wilhelm: Die Jugendgeschichte Hegels und andere Abhandlungen zur Geschichte des deutschen Idealismus [1905]. In: Dilthey: Gesammelte Schriften. Bd. 4. Stuttgart 1959, 5–187.

Düsing, Edith: Intersubjektivität und Selbstbewußtsein. Behavioristische, phänomenologische und idealistische Begründungstheorien bei Mead, Schütz, Fichte und Hegel. Köln 1986.

Düsing, Klaus (Hg.): Schellings und Hegels erste absolute Metaphysik (1801–1802). Zusammenfassende Vorlesungsnachschriften von I. P. V. Troxler, hrsg., eingeleitet und mit Interpretationen versehen. Köln 1988.

Düsing, Klaus: Das Problem der Subjektivität in Hegels Logik. HSB 15 (¹1976, ²1984).

Fulda, Hans Friedrich / Henrich, Dieter (Hg.): Materialien zu Hegels »Phänomenologie des Geistes«. Frankfurt am Main 1973.

Fulda, Hans Friedrich / Horstmann, Rolf-Peter (Hg.): Hegel und die »Kritik der Urteilskraft«. Stuttgart 1990.

Fulda, Hans Friedrich / Horstmann, Rolf-Peter (Hg.): Rousseau, die Revolution und der junge Hegel. Stuttgart 1991.

Fulda, Hans Friedrich / Horstmann, Rolf-Peter (Hg.): Vernunftbegriffe in der Moderne. Stuttgart 1994.

Fulda, Hans Friedrich / Horstmann, Rolf-Peter (Hg.): Skeptizismus und spekulatives Denken in der Philosophie Hegels. Stuttgart 1996.

Fulda, Hans Friedrich: Das Problem einer Einleitung in Hegels Wissenschaft der Logik. Frankfurt am Main 1965.

Fulda, Hans Friedrich: Georg Wilhelm Friedrich Hegel. München 2003.

Gadamer, Hans Georg: Hegels Dialektik. Sechs hermeneutische Studien. Tübingen ²1980; Tübingen ¹1971 unter dem Titel Fünf hermeneutische Studien.

Görland, Ingtraud: Die Kantkritik des jungen Hegel. Frankfurt am Main 1966.

Göschel, Carl Friedrich: Zerstreute Blätter aus den Hand- und Hülfsacten eines Juristen. 3 Bde. Erfurt / Schleusingen 1832–1842.

Graf, Friedrich Wilhelm / Wagner, Falk (Hg.): Die Flucht in den Begriff. Materialien zu Hegels Religionsphilosophie. Stuttgart 1982.

Guzzoni, Ute / Rang, Bernhard / Siep, Ludwig (Hg.): Der Idealismus und seine Gegenwart. Festschrift für Werner Marx zum 65. Geburtstag. Hamburg 1976.

Halbig, Christoph: Objektives Denken. Erkenntnistheorie und Philosophy of Mind in Hegels System. Stuttgart-Bad Cannstatt 2002.

Halfwassen, Jens: Hegel und der spätantike Neuplatonismus. Untersuchungen zur Metaphysik des Einen und des Nous in Hegels spekulativer und geschichtlicher Deutung. HSB 40 (1999).

Hartkopf, Werner: Der Durchbruch zur Dialektik in Hegels Denken. Studien zur Entwicklung der modernen Dialektik III. Meisenheim am Glan 1976.

Hartmann, Klaus (Hg.): Die ontologische Option. Studien zu Hegels Propädeutik, Schellings Hegel Kritik und Hegels Phänomenologie des Geistes. Mit Beiträgen von Klaus Hartmann, Friedhelm Schneider, Klaus Brinkmann und Reinhold Aschenberg. Berlin / New York 1976.

Hegel 1770–1970. Leben, Werk, Wirkung. Eine Ausstellung des Archivs der Stadt Stuttgart. Katalog von Friedhelm Nicolin. Stuttgart 1970.

Henrich, Dieter: Hegel im Kontext. Frankfurt am Main 1971.

Henrich, Dieter: Der Grund im Bewußtsein. Untersuchungen zu Hölderlins Denken (1794–1795). Stuttgart 1992.

Henrich, Dieter: Konstellationen. Probleme und Debatten am Ursprung der idealistischen Philosophie (1789–1795). Stuttgart 1990.

Henrich, Dieter (Hg.): Die Wissenschaft der Logik und die Logik der Reflexion. Hegel-Tage Chantilly 1971. HSB 18 (1978).

Henrich, Dieter (Hg.): Immanuel Carl Diez: Briefwechsel und Kantische Schriften. Wissensbegründung in der Glaubenskrise. Tübingen / Jena (1790–1792). Stuttgart 1997.

Henrich, Dieter / Düsing, Klaus (Hg.): Hegel in Jena. Die Entwicklung des Systems und die Zusammenarbeit mit Schelling. HSB 20 (1980).

Henrich, Dieter / Horstmann, Rolf-Peter (Hg.): Hegels Philosophie des Rechts. Die Theorie der Rechtsformen und ihre Logik. Stuttgart 1982.

Hölderlin. Zum 200. Geburtstag. Eine Ausstellung des Schiller-Nationalmuseums Marbach a. N. Katalog von Werner Volke. München 1970.

Hoffmann, Thomas Sören: Hegel. Eine Propädeutik. Wiesbaden 2004.

Hoffmann, Thomas Sören (Hg.): Hegel als Schlüsseldenker der modernen Welt. HSB 50 (2009).

Hondt, Jacques d': Hegel en son tems. Paris 1968, deutsch: Hegel in seiner Zeit. Berlin, 1818–1831. Berlin ¹1973, ²1984.

Hondt, Jacques d': Hegel secret. Recherches sur les sources cachées de la pensée de Hegel. Paris 1968; deutsch: Verborgene Quellen des Hegelschen Denkens. Berlin 1972.

Horstmann, Rolf-Peter (Hg.): Seminar: Dialektik in der Philosophie Hegels. Frankfurt am Main 1978.

Horstmann, Rolf-Peter / Petry, Michael John (Hg.): Hegels Philosophie der Natur. Beziehungen zwischen empirischer und spekulativer Naturerkenntnis. Stuttgart 1986.

Hösle, Vittorio: Hegels System. Der Idealismus der Subjektivität und das Problem der Intersubjektivität. 2 Bde. Hamburg ¹1987.

Hočevar, Rolf Konrad: Stände und Repräsentation beim jungen Hegel. Ein Beitrag zu seiner Staats- und Gesellschaftslehre sowie zur Theorie der Repräsentation. München 1968.

Jaeschke, Walter: Staat aus christlichem Prinzip und christlicher Staat. Zur Ambivalenz der Berufung auf das Christentum in der Rechtsphilosophie Hegels und der Restauration. In: Der Staat 18/3 (1979), 349–374.

Jaeschke, Walter: Die Religionsphilosophie Hegels. Darmstadt 1983.

Jaeschke, Walter: Paralipomena Hegeliana zur Wirkungsgeschichte Schleiermachers. In: Kurt-Victor Selge (Hg.): Internationaler Schleiermacher-Kongreß Berlin 1984. Berlin / New York 1985, 1157–1169.

Jaeschke, Walter: Die Vernunft in der Religion. Studien zur Grundlegung der Religionsphilosophie Hegels. Stuttgart-Bad Cannstatt 1986a.

Jaeschke, Walter: Die Vernünftigkeit des Gesetzes. Hegel und die Restauration im Streit um Zivilrecht und Verfassungsrecht. In: Lucas, Hans Christian / Pöggeler, Otto (Hg.): Hegels Rechtsphilosophie im Zusammenhang der europäischen Verfassungsgeschichte. Stuttgart-Bad Cannstatt 1986b, 221–256.

Jaeschke, Walter und Andreas Arndt: Die Klassische Deutsche Philosophie nach Kant. Systeme der reinen Vernunft und ihre Kritik. München 2012.

Jamme, Christoph (Hg.): Die »Jahrbücher für wissenschaftliche Kritik« – Hegels Berliner Gegenakademie. Stuttgart-Bad Cannstatt 1994.

Jamme, Christoph / Pöggeler, Otto (Hg.): »Frankfurt aber ist der Nabel dieser Erde«. Das Schicksal einer Generation der Goethezeit. Stuttgart 1983.

Jamme, Christoph / Pöggeler, Otto (Hg.): »O Fürstin der Heimath! Glükliches Stuttgard«. Politik, Kultur und Gesellschaft im deutschen Südwesten um 1800. Stuttgart 1988.

Jamme, Christoph: ›Ein ungelehrtes Buch‹. Die philosophische Gemeinschaft zwischen Hölderlin und Hegel in Frankfurt 1797–1800. HSB 23 (1983).

Jermann, Christoph (Hg.): Anspruch und Leistung von Hegels Rechtsphilosophie. Stuttgart-Bad Cannstatt 1987.

Kimmerle, Heinz: Das Problem der Abgeschlossenheit des Denkens. Hegels »System der Philosophie« in den Jahren 1800–1804. HSB 8 (1970).

Köhler, Dietmar / Pöggeler, Otto (Hg.): Hegel. Phänomenologie des Geistes. Berlin 1998.

Kondylis, Panajotis: Die Entstehung der Dialektik. Eine Analyse der geistigen Entwicklung von Hölderlin, Schelling und Hegel bis 1802. Stuttgart 1979.

Lenz, Max: Geschichte der Königlichen Friedrich-Wilhelms-Universität zu Berlin. 4 Bde. Halle 1910; insbesondere Bd. 2/1: Ministerium Altenstein, 177–404: Unter dem Gestirn Hegels.

Lucas, Hans-Christian / Planty-Bonjour, Guy (Hg.): Logik und Geschichte in Hegels System. Stuttgart-Bad Cannstatt 1989.

Lucas, Hans-Christian / Pöggeler, Otto (Hg.): Hegels Rechtsphilosophie im Zusammenhang der europäischen Verfassungsgeschichte. Stuttgart-Bad Cannstatt 1986.

Peperzak, Adriaan Theodoor: Hegels praktische Philosophie. Ein Kommentar zur enzyklopädischen Darstellung der menschlichen Freiheit und ihrer objektiven Verwirklichung. Stuttgart-Bad Cannstatt 1991.

Peperzak, Adriaan: Selbsterkenntnis des Absoluten. Grundlinien der Hegelschen Philosophie des Geistes. Stuttgart-Bad Cannstatt 1987.

Pöggeler, Otto (Hg.): Hegel in Berlin. Preußische Kulturpolitik und idealistische Ästhetik. Zum 150. Todestag des Philosophen. Berlin 1981. Ausstellung der Staatsbibliothek Preußischer Kulturbesitz Berlin in Verbindung mit dem Hegel-Archiv der Ruhr-Universität Bochum und dem Goethe-Museum Düsseldorf Anton-und-Katharina-Kippenberg-Stiftung. (Staatsbibliothek Preußischer Kulturbesitz. Ausstellungskataloge 16). Wiesbaden 1981.

Pöggeler, Otto / Gethmann-Siefert, Annemarie (Hg.): Kunsterfahrung und Kulturpolitik im Berlin Hegels. HSB 22 (1983).

Pöggeler, Otto: Hegels Idee einer Phänomenologie des Geistes. Freiburg / München ¹1973, ²1993.

Riedel, Manfred (Hg.): Materialien zu Hegels Rechtsphilosophie. 2 Bde. Frankfurt am Main 1974.

Rosenkranz, Karl: Aus Hegels Leben. In: R. E. Prutz (Hg.): Literarhistorisches Taschenbuch. Bd. 1. Leipzig 1843.

Rosenzweig, Franz: Hegel und der Staat. 2 Bde. München / Berlin 1920.

Sandkaulen, Birgit / Gerhardt, Volker / Jaeschke, Walter (Hg.): Gestalten des Bewußtseins. Genealogisches Denken im Kontext Hegels. HSB 52 (2009).

Schäfer, Rainer: Die Dialektik und ihre besonderen Formen in Hegels Logik. HSB 45 (2001).

Scheit, Herbert: Geist und Gemeinde. Zum Verhältnis von Religion und Politik bei Hegel. München / Salzburg 1973.

Schmidt, Thomas M.: Anerkennung und absolute Religion. Formierung der Gesellschaftstheorie und Genese der spekulativen Religionsphilosophie in Hegels Frühschriften. Stuttgart-Bad Cannstatt 1997.

Schnädelbach, Herbert (Hg.): Hegels »Enzyklopädie der philosophischen Wissenschaften« (1830). Frankfurt am Main 2000.

Schnädelbach, Herbert: Hegels praktische Philosophie. Ein Kommentar der Texte in der Reihenfolge ihrer Entstehung. Frankfurt am Main 2000.

Schneider, Helmut / Waszek, Norbert (Hg.): Hegel in der Schweiz (1793–1796). Frankfurt am Main u. a. 1997.

Siep, Ludwig (Hg.): G. W. F. Hegel, Grundlinien der Philosophie des Rechts. Berlin 1997. 3. bearbeitete Auflage Berlin 2014.

Siep, Ludwig: Anerkennung als Prinzip der praktischen Philosophie. Untersuchungen zu Hegels Jenaer Philosophie des Geistes. Freiburg / München 1979; Hamburg 2014.

Siep, Ludwig: Praktische Philosophie im Deutschen Idealismus. Frankfurt am Main 1992.

Siep, Ludwig: Der Weg der »Phänomenologie des Geistes«. Ein einführender Kommentar zu Hegels »Differenzschrift« und zur »Phänomenologie des Geistes«. Frankfurt am Main 2000.

Solger, Karl Wilhelm Ferdinand: Nachgelassene Schriften und Briefwechsel. Hg. von Ludwig Tieck und Friedrich von Raumer. 2 Bde. Leipzig 1826.

Stahl, Friedrich Julius: Die Philosophie des Rechts nach geschichtlicher Ansicht. Heidelberg. Bde. 1–2/1 und 2/2: [1]1830, 1833, 1837. Bd. 1: [3]1854.

Stewart, Jon Bartley (Hg.): The Phenomenology of Spirit Reader. Critical and Interpretive Essays. Albany 1998.

Strahm, Hans: Aus Hegels Berner Zeit. In: Archiv für Geschichte der Philosophie 41 (1932), 514–533, ND in: Schneider / Waszek (Hg.): Hegel in der Schweiz (1997), 287–316.

Theunissen, Michael: Hegels Lehre vom absoluten Geist als theologisch-politischer Traktat. Berlin 1970.

Varnier, Giuseppe: Ragione, negatività, autocoscienza. La genesi della dialettica hegeliana a Jena tra teoria della conoscenza e razionalità assoluta. Napoli 1990.

Weckwerth, Christine: Metaphysik als Phänomenologie. Eine Studie zur Entstehung und Struktur der Hegelschen »Phänomenologie des Geistes«. Würzburg 2000.

Weisser-Lohmann, Elisabeth / Köhler, Dietmar (Hg.): Verfassung und Revolution. Hegels Verfassungskonzeption und die Revolutionen der Neuzeit. HSB 42 (2000).

Wildt, Andreas: Autonomie und Anerkennung. Hegels Moralitätskritik im Lichte seiner Fichte-Rezeption. Stuttgart 1982.

Züfle, Manfred: Prosa der Welt. Die Sprache Hegels. Einsiedeln [1968].

3 Werkregister

Dieses Register verzeichnet nur die im Text – nicht in den Quellen- und Literaturverweisen – erwähnten Werke Hegels und anderer Verfasser. Längere Titel werden in abgekürzter Form zitiert. Hegels Briefwechsel wird im Text kontinuierlich – durch Angabe der Briefdaten – als Quelle herangezogen; auf einen Einzelnachweis der zitierten Briefe wird deshalb verzichtet.

3.1 Werke Hegels

3.2 Werke anderer Autoren

3.3 Periodica

4 Sachregister

5 Personenregister

Dieses Verzeichnis erfaßt nur die Namen historischer Personen aus dem gedanklichen und persönlichen Umkreis Hegels. Namen, die einen Bestandteil von Buchtiteln bilden, werden nicht verzeichnet. In der Bibel vorkommende Personen seit der Zeit Abrahams werden aufgeführt, da sie überwiegend analog historischen Personen handeln.

Gerd Irrlitz
Kant Handbuch
Leben und Werk
3., überarbeitete und ergänzte Auflage 2015,
549 Seiten, € 24,95
ISBN 978-3-476-02613-2

Philosophie als Begründung methodischer Rationalität: Kants Werk bietet für fast alle philosophischen Richtungen der Gegenwart den letzten einheitlichen Bezugspunkt dieser europäischen Tradition.

Das Handbuch erschließt alle Werke und Aufsätze Immanuel Kants durch Referat und knappe Interpretation und gibt Einblick in die Bezüge Kants zu den philosophischen, wissenschaftlichen, religiösen, künstlerischen und politischen Tendenzen der Zeit. Eine nach Themengruppen geordnete Einführung in die Kant-Literatur seit dem deutschen Neukantianismus, eine Zeittafel und ausführliche Register machen das Handbuch zu einem philosophiehistorischen Nachschlagewerk.

Die dritte Auflage bietet eine überarbeitete Einleitung, eine umfänglich aktualisierte Bibliographie und ein ausführliches Nachwort.

info@metzlerverlag.de
www.metzlerverlag.de
J.B. METZLER

Michael Quante
David P. Schweikard (Hg.)
Marx-Handbuch
Leben – Werk – Wirkung
2016, IX, 500 Seiten, geb., € 49,95
ISBN 978-3-476-02332-2

Karl Marx ist einer der weltweit einflussreichsten deutschen Philosophen. Sein Werk ist bis heute von ungebrochener Aktualität. Dieses Handbuch stellt das Marxsche Denken und seine zentralen philosophischen Konzeptionen vor. Darüber hinaus präsentiert es die von ihm ausgehenden philosophischen Strömungen und seine Einflüsse auf andere Disziplinen. Die Beiträge des Handbuchs erörtern, inwieweit sich die Marxschen Diagnosen zu Entfremdung und Verdinglichung, seine Analyse kapitalistischer Gesellschaftssysteme und seine philosophische Anthropologie auf aktuelle Probleme in der Arbeitswelt, der sozialen oder internationalen Gerechtigkeit sowie im Umgang mit natürlichen Ressourcen anwenden lassen.

info@metzlerverlag.de
www.metzlerverlag.de
J.B. METZLER